Veröffentlichungen der Kommission
Landeskunde in Baden-Wür

Reihe A

Quellen

24. Band

VERÖFFENTLICHUNGEN DER
KOMMISSION FÜR GESCHICHTLICHE LANDESKUNDE
IN BADEN-WÜRTTEMBERG

REIHE A

Quellen

24. Band

Großherzog Friedrich I. von Baden und die Reichspolitik 1871-1907

2. Band: 1879-1890

Herausgegeben

von

Walther Peter Fuchs

1975

W. KOHLHAMMER VERLAG STUTTGART

ISBN 3-17-001656-3

Satz und Druck: Gulde-Druck, Tübingen.

Inhaltsverzeichnis

V

Vorwort

Der in dieser Publikation verwandte Begriff „Reichspolitik" entbehrt der eindeutigen Definition. Gemeint ist hier der Anteil, den das Großherzogtum Baden als Bundesstaat bzw. sein Landesherr Großherzog Friedrich I. an der politischen Willensbildung innerhalb des Reichsganzen genommen hat, im weiteren Sinn auch alle diejenigen Vorgänge im Kaiserreich, die das Verhältnis der Einzelstaaten untereinander und zu Institutionen und Vertretern der Reichsführung betreffen. „Reichspolitik" meint stets ein wechselseitiges Verhältnis: Neben den z. B. von Baden ausgehenden Versuchen, allgemein politisch auf die Reichsführung einzuwirken, stehen naturgemäß auch die Bemühungen der Reichsspitze, Baden in bestimmte Reichsinteressen einzubeziehen. Der Umkreis aller dieser Beziehungen ist nicht exakt zu begrenzen. Er erschöpft sich nicht in dem, was man die 1871 den Bundesstaaten belassene „Außenpolitik" nennen könnte. In der Landespolitik sind die zwischen „innen" und „außen" verlaufenden Fäden so überaus zahlreich und vielgestaltig, zumal sie keineswegs nur zwischen offiziellen Instanzen gesponnen wurden, daß man gut daran tut, sie bei der Offenlegung nicht zu durchschneiden.

Vor allem gehört zu einer Dokumentation der Reichspolitik die Berichterstattung der badischen Gesandten bzw. Bundesratsbevollmächtigten aus Berlin, der ersten Informationsquelle für alle Bundesregierungen. Seit dem Wegfall seiner eigenen Gesandtschaften innerhalb des Reichs war das Großherzogtum, von seinem Verhältnis zu Preußen abgesehen, wie alle Bundesstaaten in Regierungsgeschäften, in die keine Reichsgesetze eingriffen, weithin auf sich gestellt. Zu den größeren Bundesstaaten bestanden weder höfische noch amtliche Verbindungen. Nach München und Dresden gab es von Karlsruhe aus keine direkten Drähte. Badische und württembergische Fachminister besprachen zwar gelegentlich Fragen ihrer Ressorts, die sich aus der unmittelbaren Nachbarschaft ergaben, eine regelmäßige gegenseitige Unterrichtung ist dadurch in keinem Fall entstanden. Was in den größeren Mittelstaaten und ihren Residenzen an Entwicklungen und Entscheidungen sich anbahnte, nahmen die Karlsruher Ministerien in der Regel aus der Presse zur Kenntnis. Die liberale Fürstengruppe Baden, Oldenburg, Sachsen-Weimar und Sachsen-Coburg-Gotha war noch am ehesten geneigt, Probleme des Reichs und der eigenen souveränen Stellung in persönlichen Gesprächen und Korrespondenzen zu erörtern; eine laufende sachliche Unterrichtung über sie gleichmäßig interessierende Fragen und Entscheidungen entwickelte sich daraus nicht. Von einem Gruppenpartikularismus unter deutschen Souveränen kann nach 1871 keine Rede sein. Unter diesen Umständen ist begreiflich, wie sehr der badische Landesherr und seine Beamten der Nachrichten, besonders der Hintergrundinformationen aus der Reichshauptstadt bedurften, um in der Isolierung sowohl unterrichtet zu sein, als auch eigene Initiativen und Entscheidungen vorzubereiten und richtig abzuschätzen.

Daß der Anteil Badens an der Reichspolitik hier in Großherzog Friedrich personalisiert wird, rechtfertigt sich sowohl aus seiner verfassungsrechtlichen Stellung und dem Geschäftsgang seiner obersten Verwaltung wie aus seinem verwandtschaftlichen Verhältnis zum Kaiserhaus und der Artung seiner Persönlichkeit. In zahlreichen Fällen erreichten die von ihm geführten politischen Korrespondenzen — Informationen wie Initiativen — nie die ministerielle Ebene.

Die Absicht, alle diese Vorgänge dokumentarisch in wesentlichen Teilen zu erfassen, stößt auf Grenzen und Schwierigkeiten. Die ebenso fleißige wie umfassende Berichterstattung des Freiherrn Marschall von Bieberstein 1883 bis 1890, die an Gediegenheit der Informationen und Sicherheit des Urteils seine Vorgänger auf dem Berliner Posten weit übertrifft, mußte bei der Wiedergabe auf die inneren Probleme des Reichs beschränkt werden. Marschalls kaum weniger zahlreichen und dank seiner persönlichen Verbindungen zum Auswärtigen Amt hervorragend unterrichteten außenpolitischen Berichte konnten aus Raumgründen nicht berücksichtigt werden. Der Verzicht ist vertretbar: einmal löste dieser Teil seiner Berichterstattung in Karlsruhe, so willkommen er dort zur eigenen Meinungsbildung war, keinerlei Versuche aus, sich auf diplomatischem Felde einzuschalten; zum anderen ist Bismarcks Politik in Europa und Übersee aus direkten Quellen so reich dokumentiert, daß Marschalls Beiträge aus zweiter Hand den Themen nur wenig Neues hinzufügen können.

Die hier ausgewerteten archivalischen Bestände sind in einer Reihe von Fällen unter verschiedenartigen Gesichtspunkten bereits von anderen Bearbeitern benutzt, besonders bedeutsame Aktenstücke auch im Wortlaut mitgeteilt worden (*Gradenwitz, Gagliardi, Reichert, Gall*). Es ließ sich gelegentlich nicht ganz vermeiden, bereits Gedrucktes erneut aufzunehmen, sollte der Leser nicht an wichtigen Stellen mit Regesten abgefertigt, ihm der volle Zusammenhang vorenthalten und er zur Vervollständigung seines Urteils auf eine vielschichtige Literatur verwiesen werden. Das trifft besonders auf Otto *Gradenwitz* zu, der in größerer Anzahl Marschalls Berichte über die Vorgänge bei Bismarcks Sturz veröffentlicht hat. Hans Klaus *Reichert* fand dazu parallele, direkt an den Großherzog gerichtete Berichte Marschalls und druckte sie, ohne daß sie mit dem von ihm behandelten Thema in Zusammenhang standen, im Anhang seiner Dissertation, wo wiederum niemand sie vermutet. Die vorliegende Publikation zeigt indessen, daß auch damit die im GLA vorhandenen Quellen zur Entlassung Bismarcks noch nicht erschöpft sind. Zum Verständnis der hier zum erstenmal bekannt gemachten Stücke blieb also nichts anderes übrig, als auch das Bekannte erneut aufzunehmen. Lediglich für die 1890 einsetzende Korrespondenz zwischen Philipp Eulenburg und Großherzog Friedrich wurde, um Doppelarbeit zu vermeiden, vereinbart, den vollen Wortlaut J. C. G. *Röhl* zu überlassen, der im Auftrage der Historischen Kommission bei der Bayerischen Akademie der Wissenschaften an der vollständigen Erschließung des Nachlasses Eulenburg arbeitet, und hier mit kurzen Inhaltsangaben vorliebzunehmen.

Auf den badischen Kulturkampf, der mit zeitlicher Verschiebung in seinen Phasen u. a. auch als Vorläufer entsprechender Ereignisse in Preußen verstanden werden muß, brauchte im ersten Band dieser Edition nicht näher eingegangen werden, weil die erschöpfende Darstellung von Josef *Becker* vor dem Abschluß stand. Nachdem diese verdienstvolle, bis 1876 reichende Untersuchung nunmehr vorliegt, fordert die badische Kirchenpolitik, so weit die Reichspolitik davon betroffen ist, wiederum volle Berücksichtigung. Um die Wiederbesetzung des erzbischöflichen Stuhles in Freiburg nach langer Vakanz verständlich zu machen, mußte, obwohl der vorliegende Band mit dem Jahre 1880 einsetzen sollte, noch einmal auf die Vorgänge des Vorjahres zurückgegriffen werden.

Badens Anteil an der Arbeit des Bundesrates, der zentralen Institution für seine Mitwirkung am Reichswillen, konnte nicht in dem ursprünglich beabsichtigten Umfang über die Berichterstattung der badischen Bundesratsbevollmächtigten hinaus geklärt werden. Die badischen Stellungnahmen müssen in den Akten des Staatsministeriums und der Fachressorts gesucht werden. Bei der Arbeitsweise des Bundesrates konnten bei weitem nicht für alle Vorgänge in Karlsruhe Akten angelegt werden. Sie wie die entsprechende Berichterstattung aus Berlin fehlen auch für so bedeutende Vorhaben der 80er Jahre wie z. B. die Reichssozialgesetzgebung.

Der größte Teil des hier wiedergegebenen Materials stammt aus dem Generallandesarchiv Karlsruhe. Das Großherzogliche Familienarchiv stellte wiederum mit beispielhafter Liberalität seine reichen Schätze zur Verfügung. Darunter befindet sich auch der größte Teil der in diesem Bande ausgewerteten Fürstenkorrespondenzen, so daß die Großherzoglichen Familienarchive in Weimar und Oldenburg und das Fürstlich Hohenzollernsche Hausarchiv in Sigmaringen nur noch wenige ergänzende Stücke beisteuern konnten. Nachforschungen im Herzoglich Coburgschen Hausarchiv im Staatsarchiv Coburg und im Fürstlich Wiedschen Archiv in Neuwied brachten nur geringe Ausbeute. Die Berichte der preußischen Gesandten in Karlsruhe und die einschlägigen Akten des Auswärtigen Amtes standen nur insoweit zur Verfügung, als sie in Bonn liegen; die im Deutschen Zentralarchiv Merseburg aufbewahrten waren mir nicht zugänglich. Aus seiner Sammlung „Staat und Kirche in Baden" stellte Josef Becker einige wichtige, aus dem Erzbischöflichen Archiv Freiburg stammende Aktenstücke zur Verfügung, wofür ihm herzlich gedankt sei. Mit Ausnahme der Stadtbibliothek Trier, die die Einsicht in die im Nachlaß Franz Xaver Kraus gesammelte Korrespondenz des Großherzogs mit Kraus wegen eigener Publikationsabsichten nicht gestattete, habe ich von allen Archiven bereitwillige und weitgehende Auskünfte und Hilfen erfahren, ganz besonders durch Jahre hindurch von den Beamten des Generallandesarchivs Karlsruhe. Ihnen allen bin ich zu Dank verpflichtet. Ohne ihren vielfältigen Rat und ihre selbstlose Mitwirkung hätte dieser Band nicht erarbeitet werden können.

Es ist besonderen Glücksfällen zu danken, daß auch dieser Band wiederum aufschlußreiche Mitteilungen aus privatem Besitz auswerten kann. Prof. Dr. Dr. Matthias Gelzer in Frankfurt/M. steuerte wie schon im ersten Band die von ihm verwahrten, überaus wichtigen Tagebücher seines Großvaters Heinrich Gelzer bei. Frau v. Babo in Konstanz-Egg gestattete mir die Durchsicht des von ihr aufbewahrten Nachlasses des langjährigen Legationsrates und Chefs des Großherzoglichen Geheimen Kabinetts Hugo v. Babo. Der Satz des vorliegenden Bandes hatte bereits begonnen, als ich von dem Tagebuch Marschalls von Bieberstein aus seiner Berliner Gesandtenzeit im Besitz seiner Tochter Frau v. Seyfried in Oberkirch/Baden erfuhr. Dieses nur in Stichworten geführte, nur in einer vorsorglich schon vor dem Kriege angefertigten maschinenschriftlichen Abschrift erhaltene Tagebuch — das Original verbrannte während des Krieges — mußte noch nachträglich eingefügt werden. Daraus erklären sich die Einschübe in Anmerkungen oder selbständige, mit „a" bezeichnete Nummern. In allen diesen Häusern habe ich herzliche Gastfreundschaft genossen, für die ich mich ebenso bedanke wie für die Erlaubnis, aus diesen Papieren alle erwünschten Mitteilungen machen zu dürfen.

IX

Bei der technischen Erstellung dieses Bandes, beim Schreiben des umfangreichen Manuskripts, beim Kollationieren der Texte und wiederholten Lesen der Korrekturen haben mir geholfen Fräulein Traute Bröer, Dr. Wolfgang Stark, Dr. Jürgen Thiel und cand. phil. Lux, denen ich auch an dieser Stelle herzlich danke. Mein besonderer Dank gilt Herrn Oberstaatsarchivdirektor i. R. Prof. Dr. Walter Grube, bis zum 1. August 1974 Vorsitzender der Kommission für geschichtliche Landeskunde in Baden-Württemberg. Er hat nicht allein den Druck dieses umfangreichen Bandes nachdrücklich befürwortet, sondern auch seine Drucklegung laufend überwacht und Unebenheiten im Manuskript oder Satz mit Hilfe seiner Mitarbeiter im Hauptstaatsarchiv Stuttgart stillschweigend beseitigt.

ABGEKÜRZT VERZEICHNETE LITERATUR[1]

Baumstark, Reinhold: Die Wiederherstellung der katholischen Seelsorge im Großherzogtum Baden. Dem katholischen Clerus und Volke Badens nach authentischen Actenstücken und eigenen Erlebnissen erzählt. ²1882.

Berner, E. (Hg.): Kaiser Wilhelms des Großen Briefe, Reden und Schriften. 1—2. 1906.

Becker, Josef: Liberaler Staat und Kirche in der Ära von Reichsgründung und Kulturkampf. Geschichte und Strukturen ihres Verhältnisses im Großherzogtum Baden 1860—1876 (Veröffentlichungen der Kommission für Zeitgeschichte B 14) 1973.

Bismarck, Otto v.: Die Gesammelten Werke (Friedrichsruher Ausgabe). 1—15 und 4 Ergänzungsbde. 1924—1935.

Bluntschli, Johann Caspar: Denkwürdiges aus meinem Leben. 1—3. 1884.

Bußmann, Walter (Hg.): Staatssekretär Graf Herbert v. Bismarck. Aus seiner politischen Privatkorrespondenz (Deutsche Geschichtsquellen des 19. und 20. Jahrhunderts 44) 1964.

Eppstein, G. Freiherr v.: Fürst Bismarcks Entlassung. Nach den hinterlassenen bisher unveröffentlichten Aufzeichnungen . . . des Staatsministers K. H. v. Boetticher und des Chefs der Reichskanzlei unter dem Fürsten Bismarck Dr. F. J. v. Rottenburg. 1920.

Foerster, E.: Adalbert Falk. Sein Leben und Wirken als preußischer Kultusminister. 1927.

Frank, Walter: Hofprediger Adolf Stoecker und die christlich-soziale Bewegung. 1928.

Frauendienst, Werner (Hg.): Die geheimen Papiere Friedrich v. Holsteins. Hg. N. *Rich* und M. H. *Fisher*, deutsche Ausgabe. 1—4. 1956—1963.

Gagliardi, Ernst: Bismarcks Entlassung. 1—2. 1927—1941.

Goldschmidt, Hans: Das Reich und Preußen im Kampf um die Führung. Von Bismarck bis 1918. 1931.

Gradenwitz, Otto: Bismarcks letzter Kampf 1888—1898. Skizzen und Akten. 1924.

Die Große Politik der europäischen Kabinette 1871—1914. 1926 ff.

Haller, Johannes (Hg.): Aus fünfzig Dienstjahren. Erinnerungen, Tagebücher und Briefe aus dem Nachlaß des Fürsten Philipp zu Eulenburg-Hertefeld. 1925.

Heckel, Johannes: Die Beilegung des Kulturkampfes in Preußen. In: ZSRG 50 (1930) S. 215—353.

Heyderhoff, Julius (Hg.): Im Ring der Gegner Bismarcks. Denkschriften und politischer Briefwechsel Franz v. Roggenbachs mit Kaiserin Augusta und Albrecht v. Stosch 1865—1896 (Deutsche Geschichtsquellen des 19. u. 20. Jahrhunderts 35) ²1935.

Kraus, Franz Xaver: Tagebücher. Hg. Hubert *Schiel*. 1957.

Krone, R. (Hg.): Großherzog Friedrich von Baden. Reden und Kundgebungen 1852—1896. 1901.

Lerchenfeld-Köfering, Hugo Graf: Erinnerungen und Denkwürdigkeiten. 1935.

Lill, Rudolf: Vatikanische Akten zur Geschichte des deutschen Kulturkampfes. Leo XIII, Teil 1: 1878—1880. 1970.

Lucius v. Ballhausen, Robert Freiherr v.: Bismarck-Erinnerungen. 1920.

Meisner, Heinrich Otto (Hg.): Denkwürdigkeiten des Generalfeldmarschalls Alfred v. Waldersee. 1—3. 1922—1923.

— (Hg.): Aus dem Briefwechsel des Generalfeldmarschalls Alfred Grafen v. Waldersee. 1: Die Berliner Jahre 1886—1891. 1928.

— (Hg.): Kaiser Friedrich III. Das Kriegstagebuch 1870/71. 1926.

---

[1] Bereits in Bd. 1 aufgeführte Literatur wird hier nicht wiederholt.

Morsey, Rudolf: Die oberste Reichsverwaltung unter Bismarck 1867—1890 (Neue Münsterische Beiträge zur Geschichtsforschung 3) 1957.

Oncken, Hermann: Rudolf v. Bennigsen. 1—2. 1910.

Philippi, H.: Bismarck und die braunschweigische Thronfolgefrage. In: Niedersächsisches Jahrbuch für Landesgeschichte 32 (1960).

—: Preußen und die braunschweigische Thronfolgefrage (Veröffentlichungen der Historischen Kommission für Niedersachsen XXV, 6) 1966.

Poschinger, Heinrich v.: Fürst Bismarck und die Parlamentarier. 1894—1896.

—: Otto Fürst v. Bismarck. Neue Tischgespräche und Interviews 1889—1895. 1—2. 1895—1899.

—: Fürst Bismarck und der Bundesrat 1867—1900. 1—5. 1897—1901.

Puttkamer, A. v.: Staatsminister v. Puttkamer. Ein Stück preußischer Vergangenheit 1828—1900. 1928.

Reichert, Hans Klaus: Baden am Bundesrat 1871—1890. Diss. Heidelberg 1963.

Renk, H.: Bismarcks Konflikt mit der Schweiz. Der Wohlgemuth-Handel von 1889 (Basler Beiträge zur Geschichtswissenschaft 125) 1972.

Richter, H.: Aus kritischen Tagen. In: Deutsche Rundschau 190 (1922).

Samwer, Karl: Zur Erinnerung an Franz v. Roggenbach. 1909.

Schiel, Hubert: Im Spannungsfeld von Kirche und Politik. F. X. Kraus, Gedenkschrift zum 50. Todestag. 1951.

—: Die Trierer Bischofskandidatur von Michael Korum und Franz Xaver Kraus. In: Trierer Theologische Zeitschrift 64 (1955).

Schmidt-Volkmar, Erich: Der Kulturkampf in Deutschland 1871—1890. 1962.

Schneider, Hans: Der preußische Staatsrat 1817—1918. 1952.

Schuster, G. (Hg.): Briefe, Reden und Erlasse des Kaisers Friedrich III. 1907.

Siegfried, N.: Aktenstücke betreffend den preußischen Kulturkampf. 1882.

Stadelhofer, Manfred: Der Abbau der Kulturkampfgesetzgebung im Großherzogtum Baden 1878—1918 (Veröffentlichungen der Kommission für Zeitgeschichte bei der Katholischen Akademie in Bayern B 3) 1968.

Wacker, Theodor: Das erste Friedenswerk im badischen Kulturkampf. 1882.

Weber, Christian: Kirchliche Politik zwischen Rom, Berlin und Trier 1876—1888. Die Beilegung des preußischen Kulturkampfes (Veröffentlichungen der Kommission für Zeitgeschichte bei der Katholischen Akademie in Bayern B 7) 1970.

Zechlin, Egmont: Staatsstreichpläne Bismarcks und Wilhelms II. 1890—1894. 1929.

356. Großherzog Friedrich an Kardinal Hohenlohe.

Karlsruhe, 29. April 1879.

Ihr sehr freundliches Schreiben vom 22. März[1] beantworte ich etwas spät, da ich erst eine angemessene Gelegenheit benützen kann, um Ihnen mit meinem herzlichsten Dank die von Ihnen für Herrn Pucinelli[2] gewünschten Orden zu senden, d. h. das Ritterkreuz des Zähringer Löwenordens. Ich bitte um Ihre freundliche Nachsicht wegen dieser verspäteten Antwort und hoffe um so sicherer, daß Sie mir dieselbe gerne werden zuteil werden lassen, wenn ich noch einen besonderen Grund dafür angebe, daß ich nur mit dieser sicheren Gelegenheit an Sie schreiben wollte.

Sie sind so freundlich, in Ihrem werten Brief zu sagen, daß Sie die beste Hoffnung für ein gutes Resultat der bestehenden Friedensverhandlungen hegen, zu denen der Grundstein einst von uns beiden bei dem unvergeßlichen Franchi gelegt worden[3]. Es freut mich, daß Sie das sagen können, und ich wünsche von Herzen, daß ein baldiger bleibender Erfolg ins Leben treten möge.

Eine wesentliche Sache für einen solchen Erfolg wäre aber auch die endgültige Regelung der Wiederbesetzung des erzbischöflichen Stuhls in Freiburg i. Br. mit einer passenden Persönlichkeit. Ich halte dafür, daß Bischof Hefele[4] der rechte Mann an [!] diesem Posten wäre, da er, wie ich glaube, das Vertrauen Seiner Heiligkeit des Papstes besitzt, auch von der Preußischen Regierung gerne gesehen ist und mit den süddeutschen Verhältnissen derart verwoben, daß ihm allenthalben ein großes Vertrauen in der Erzdiözese entgegengebracht würde.

Bei einem früheren Anlaß hat Bischof Hefele ein Anerbieten dieser Art abgelehnt[5], weil von Seite meiner früheren Minister ihm sehr weitgehende Forderungen in Betreff des staatlichen Eides und der Unterwerfung unter die Gesetze gestellt wurden[6]. Das würde jetzt nicht mehr geschehen, sondern ein gewöhnlicher Eid verlangt werden wie auch in Württemberg. Überhaupt würde die jetzige Regierung gerne alles tun, um Hefele die Aufgabe zu erleichtern. — Aber die Hauptsache wäre, daß Seine Heiligkeit der Papst mit dieser Person einverstanden wäre und, wenn dies der Fall ist, daß dem Bischof Hefele auch der päpstliche Wille ausgesprochen werde, diese Stelle anzunehmen.

So weit erlaube ich mir heute, diese Frage Ihnen vorzulegen, lieber Prinz, und dabei zu bemerken, daß noch k e i n e r l e i vorbereitende Schritte in dieser Angelegenheit geschehen sind. N i e m a n d weiß etwas davon als Sie und ich und ein Vertrauensmann[7] hier. Meine Bitte an Sie geht nun dahin, Sie möchten gütigst sondieren, ob eventuell die Person Hefeles dem Heiligen Vater für Freiburg genehm wäre. — Erst wenn ich das weiß, würde ich weitere Schritte einleiten, um mich zu vergewissern, ob Hefele annehmen will, und wenn das dann so weit ist, würde ich mir erlauben, Ihnen wiederum zu schreiben, damit die Pression eventuell auf Hefele und auf das Domkapitel geübt werden wollte. — Der jetzige Erzbistumsverweser Bischof Kübel[8] ist so viel jünger als Hefele, daß er ganz gut neben ihm im Domkapitel als Weihbischof bleiben kann oder ein Bistum erhalten könnte. Wenn es gelingen sollte, den Bischof Hefele nach Freiburg als Erzbischof zu bringen, so würden alle jetzt noch bestehenden kleinen Differenzpunkte damit sofort beseitigt sein, z. B. die Examensfrage wäre per se als erledigt anzusehen.

Sollten Sie meine hier mitgeteilte Frage nicht für genügend dargelegt erachten, so darf ich bitten, mir die nötigen Fragen zu stellen, bevor Sie etwa geneigt sein sollten, Ihre ersten vertraulichen Schritte zu tun. Ich hoffe aber, daß meine Fragen Ihnen genügend erscheinen werden und daß Sie meine Bitte mit der mir bekannten Geneigtheit aufnehmen wollen. *[. . .]*

GLA FA Korresp. 13 Bd. 53 Fasz. 143 Nr. 1 eig. Konz.

¹ Nicht vorhanden. Zu Hohenlohes Ordenswünschen vgl. unten Nr. 571.

² Vermutlich: Commendatore Edmondo Puccinelli, 1891 Maestro di Casa dei Palazzi Apostolici, wirkl. Kammerherr des Papstes (frdl. Mitt. v. R. Lill).

³ Vgl. Bd. I Nr. 235—240, 243 (Febr. bis März 1877).

⁴ Hefele hat kurz vor seinem Tode seinen gesamten Nachlaß vernichtet; nur weniges Erhaltene ist zusammengetragen im Ordinariatsarchiv Rottenburg, Sammlung Linsenmann „Biographie Hefele" Büschel 8 Umschlag 6. Vgl. R. *Reinhardt,* Der Nachlaß des Kirchenhistorikers u. Bischofs Karl Josef v. Hefele (1809—93), Zschr. f. Kirchengesch. (1971) S. 361 ff. und: *Ders.,* Zum Verbleib der Nachlaßpapiere Hefeles, Theol. Quart. Schr. 152 (1972) S. 26 ff.

⁵ Über die 1874 geführten Verhandlungen vgl. jetzt: J. *Becker,* Liberaler Staat u. Kirche in der Ära von Reichsgründung u. Kulturkampf. Gesch. u. Struktur ihres Verhältnisses im Großherzogtum Baden 1860—76. Veröff. d. Kom. f. Zeitgesch. an der Kath. Akademie in Bayern (1973) S. 339 ff.

⁶ Zum Eid der Freiburger Erzbischöfe vgl. Nr. 406 Anm. 1.

⁷ Vermutlich: Heinrich Gelzer.

⁸ Lothar v. Kübel (1823—81), 1847 Priester, 1857 Konviktsdirektor in Freiburg, 1867 Domdekan, Generalvikar u. Weihbischof, 1868 Erzbistumsverweser.

357. Kardinal Hohenlohe an Großherzog Friedrich.

Rom, 8. Mai 1879.

Dank für Nr. 356 zugleich mit der Versicherung, daß ich bereits die Schritte getan habe, die E. K. H. wünschten, und sobald ich eine bestimmte Antwort habe, werde ich sie E. K. H. senden, wahrscheinlich durch den Feldjäger. *[. . .]*

GLA FA Korr.sp. 13 N 414 eig.

358. Kardinal Hohenlohe an Großherzog Friedrich.

Rom, 12. Mai 1879.

E. K. H. Wunsch gemäß habe ich sondiert und gutes terrain gefunden. Ich kann versichern, daß die Wahl des Bischofs Hefele zum Erzbischof von Freiburg durchaus keine Schwierigkeiten hier beim Papste finden würde und daß natürlich diese meine Mitteilung im tiefsten Geheimnis stattfindet; daß einstweilen die vorbereitenden Schritte von E. K. H., wie Sie selbst die Gnade hatten es anzudeuten, getan werden könnten, natürlich mit Vorsicht wegen der Fanatiker. Auch wünschte der Papst, daß für Rottenburg zugleich gesorgt werde. Ich schlug Knebel¹ vor, den man sofort annahm. Geht dies nicht, so bitte ich um anderweitige Mitteilung und bitte mir zu sagen, ob E. K. H. selbst bei der württembergischen Regierung Schritte tun lassen wollen, daß auf das Rottenburger Kapitel eingewirkt wird für Knebel oder für sonst eine annehmbare Persönlichkeit. *[...]*

GLA FA Korresp. 13 N 414 eig.

¹ Nicht ermittelt.

359. Aktennotiz des Ministerialrats Hardeck vom gr. Staatsministerium.

Karlsruhe, 13. August 1879.

Zu den Akten zu bemerken:

Am 9. d. M. eröffnete der derzeitige interimistische kgl. preußische Geschäftsträger Herr von Neumann¹ mündlich — bzw. durch teilweises Verlesen eines Erlasses des Auswärtigen Amtes (gez. Bucher) — daß auf Antrag der römischen Kurie dermalen zu Wien zwischen dem deutschen Botschafter Prinz Reuß und dem päpstlichen Nuntius Jacobini Verhandlungen wegen eines modus vivendi für die kirchlich katholischen Verhältnisse in Preußen stattfinden. Der Reichskanzler sei der Meinung, daß bei einer Behandlung dieser Frage für die Einzelstaaten leichter eine Verständigung sich werde finden lassen, als wenn sie für das Reich verhandelt würde. Als Reichssache würde daraus eine politisch schwer wiegende Frage entstehen, während es wünschenswert sei, daß die Sache auf dem Niveau einer administrativen Frage erhalten bleibe.

Wegen des erzbischöflichen Stuhls zu Freiburg sei Preußen für Hohenzollern indirekt beteiligt; das preußische Interesse werde aber nach wie vor lediglich durch das Benehmen zwischen der preußischen und der badischen Regierung wahrzunehmen sein.

Hieran knüpfte Herr von Neumann die Frage, ob wegen der Besetzung des erzbischöflichen Stuhles von Freiburg seither schon etwas geschehen sei. Der Unterzeichnete erwiderte, daß er diese Frage nach ihm sonderlich gewordenen Andeutungen glaube verneinen zu können, daß er indessen nähere Nachricht in dieser Beziehung einholen werde. Herr von Neumann bat um weitere Mitteilung über das Ergebnis und stellte seinen Besuch auf Mitte der nächsten Woche (etwa 13. d. M.) in Aussicht.

Herr von Neumann stellte sich bereits am 12. d. M. mittags wieder ein, und ist ihm von dem Unterzeichneten nach wiederholter vorgängiger Rücksprache mit dem Herrn Präsidenten des Ministeriums des Innern Folgendes eröffnet worden: Man sei hier durchaus damit einverstanden, daß die Verständigung über einen modus vivendi seitens der Einzelstaaten erfolge. Es seien übrigens hier bezüglich der katholischen Kirche nur zwei Fragen zu regeln, die Prüfungsfrage und die Wiederbesetzung des erzbischöflichen Stuhles². Nur die erstere sei mehr oder weniger dringender Natur (und zwar wesentlich für die Kurie wegen der infolge der Vermeidung der Prüfung zunehmenden Zahl der vakanten Stellen und abnehmenden Zahl des priesterlichen Nachwuchses). Infolge gelegentlicher Anfrage von an Erledigung des Gegenstandes interessierten Personen sei der erzbischöflichen Kurie angedeutet worden, daß eine tatsächliche Lösung der Prüfungsfrage damit sich erreichen lasse, daß die Prüfung — statt hier in Karlsruhe — in Freiburg vor der theologischen Fakultät vorgenommen werde.

3

Neuerdings sei von Seite der Kurie ein Schreiben hieher gelangt, besagend, daß man in Freiburg auf die vertrauliche Eröffnung (welche man inzwischen übrigens mehr oder weniger abgelehnt hatte) eingehende Vorschläge der Regierung erwartet habe. Da die Prüfungsfrage und die Frage des Staatseides (Gehorsamserklärung) der Lösung harrten, so möge die Gr. Regierung sich nach Rom wenden.

Es wurde beabsichtigt, hierauf lediglich zu antworten, daß die Prüfungsfrage jederzeit in der oben erwähnten Weise beigelegt werden könne. Die Kurie möge, wenn sie hiezu nicht kompetent sei, von Rom bezügliche Instruktion einholen.

Was die Besetzung des erzbischöflichen Stuhles betreffe, so werde diese Frage zunächst noch der Zukunft zu überlassen sein. Selbstverständlich werde man darin ohne Benehmen mit Preußen nichts Abschließendes tun. Übrigens sei seit den 1874/76 vorgenommenen Verhandlungen wegen Wiederbesetzung des Stuhles nichts vorgekommen.

GLA 233/10694 fol. 91 ff.

[1] Wilhelm Friedrich v. Neumann (geb. 1823), 1855 Attaché an der preuß. Gesandtschaft in Karlsruhe, 1858 unbesoldeter Legationssekretär ebd., nahm 1867 unbefristeten Urlaub, wurde aber weiterhin mit der Vertretung des Gesandten während dessen Urlaub beauftragt, 1868 Verleihung des Charakters eines Legationsrates, Mitglied des preuß. Herrenhauses, 1883 Abschied auf dem preuß. Staatsdienst (frdl. Auskunft von Dr. Sareyko, Archiv des Ausw. Amtes, Bonn).
[2] Die im Folgenden vorgelegte Dokumentation hat nicht die Absicht, zu den bis 1882 verfolgten kirchenpolitischen Problemen, Milderung des Examensgesetzes und Wiederbesetzung des erzbischöflichen Stuhles in Freiburg, die Quellen erschöpfend auszubreiten. Dazu vgl. R. *Baumstark*, Die Wiederherstellung der katholischen Seelsorge im Großherzogtum Baden. Dem katholischen Clerus und Volke Badens nach authentischen Actenstücken und eigenen Erlebnissen erzählt (1882) (zur Entstehungsgeschichte vgl. unten Nr. 411, 412, 413, 415, 421); Th. *Wacker*, Das erste Friedenswerk im badischen Kulturkampfe (1882); M. *Stadelhofer*, Der Abbau der Kulturkampfgesetzgebung im Großherzogtum Baden 1878—1918, Veröff. d. Kom. f. Zeitgesch. bei der Kath. Akademie in Bayern (1969) S. 26 ff. Da *Stadelhofer* die Bestände des GLA nur unzureichend ausgeschöpft und daher dem Prozeß der Meinungs- und Willensbildung innerhalb der badischen Regierung weniger Aufmerksamkeit geschenkt hat, werden im Folgenden nur solche Lücken geschlossen, die das starke persönliche Eingreifen des Großherzogs betreffen.

360. Aktennotiz des Ministerialrats Hardeck vom gr. Staatsministerium.

Karlsruhe, 23. August 1879.

Zu den Akten wird bemerkt:

Der k. preußische Geschäftsträger Herr von Neumann erschien heute bei dem Unterzeichneten und verlas einen Erlaß des Auswärtigen Amts (vom 20. d. M. gez. Bucher) im wesentlichen folgenden Inhalts:

Der Bericht des Herrn von Neumann über die ihm auf seine Mitteilung vom 9. d. M. gewordene Erwiderung habe dem Reichskanzler vorgelegen. Die Mitteilungen, welche ihm über die zwei Fragen geworden, „welche die Kurie in die beabsichtigten Wiener Verhandlungen[1] hereinziehen wolle", werden verbindlich verdankt. So sehr man beiderseits darüber einverstanden sei, daß die fraglichen Verhandlungen nicht amtlich von Reichswegen geführt werden, so gerne werde man „den vertraulichen Austausch von Mitteilungen über die beiderseits befolgte Kirchenpolitik fortsetzen".

In diesem Sinne werde der Herr Geschäftsträger beauftragt, eine Anzahl Schriftstücke zu übergeben. Herr von Neumann überreichte zugleich die anliegenden zehn Schriftstücke².

Der Unterzeichnete sprach den verbindlichsten Dank für diese gefällige und interessante Mitteilung aus und glaubte sich auch auf diesen Dankesausdruck beschränken zu sollen, als Herr von N. die Frage stellte, ob er berichten könne, daß man diesseits auf den vorgeschlagenen Austausch eingehe. Er bat H. v. N., seine Meldung darauf zu beschränken, daß er seinen Auftrag ausgerichtet habe. Da die angeregte Zusage ein bestimmtes Engagement enthalte, fügte der Unterzeichnete vertraulich bei, so nehme er Anstand, ohne weiteres dieselbe ausdrücklich zu machen, wenn schon er persönlich nicht glaube, daß den gewünschten Mitteilungen etwas im Wege stehe³, überdies liege ja eine ähnliche Zusage in dem Schlusse der ihm (Herrn v. N.) bereits gemachten Eröffnung. Der Unterzeichnete konstatierte, daß in den Unterredungen zwischen ihm und H. v. N. nicht davon die Rede gewesen sei, daß die Kurie (scil. die römische Kurie) die Verhandlungen über die h i e r schwebenden zwei Kirchenfragen mit den Wiener Verhandlungen verbinden wolle; H. v. N. stimmte dem bei und bemerkte, daß sein Bericht zu einem bezüglichen Mißverständnis nicht habe Anlaß geben können.

Der Unterzeichnete hat H. v. Neumann eine weitere Mitteilung hinsichtlich der fraglichen Zusage nicht in Aussicht gestellt; ein Zurückkommen hierauf wie überhaupt auf den Gegenstand steht jederzeit offen.

GLA 233/10694 fol. 94 f. eig.

¹ Die seit dem 1. Aug. 1879 in Wien in Gang gekommenen Verhandlungen zwischen dem Botschafter Prinz Reuß und Nuntius Jacobini.
² Es wurden folgende Stücke mitgeteilt: 1. Leo XIII. an Wilhelm I., 20. Febr. 1878 (zuerst gedr. Reichs- u. Staatsanzeiger v. 1. Juli 1878), jetzt: N. *Siegfried*, Aktenstücke betr. den preuß. Kulturkampf, Freiburg 1882, S. 353; F. X. *Schulte*, Gesch. d. „Kulturkampfes" in Preußen (1882) S. 588. — 2. Wilhelm I. an Leo XIII., 24. März 1878, gedr. *Siegfried* S. 353, *Schulte* S. 588. — 3. Leo XIII. an Wilhelm I., 17. Apr. 1878, ins Deutsche übersetzt: E. *Foerster*, Adalbert Falk (1927) S. 515 ff. — 4. Kronprinz Friedrich Wilhelm an Leo XIII., 10. Juni 1878 (zuerst gedr. Reichs- u. Staatsanzeiger v. 1. Juli 1878), jetzt: *Siegfried* S. 354 f.; vgl. Bd. I Nr. 295 Anm. 3. — 5. Leo XIII. an Wilhelm I., 29. Juni 1879. — 6. Leo XIII. an Wilhelm I., 30. Mai 1879, gedr. *Foerster* S. 617 f. — 7. Wilhelm I. an Leo XIII., 21. Juni 1879, gedr. *Foerster* S. 618 f. — 8. Leo XIII. an Wilhelm I., 9. Juli 1879. — 9. Wilhelm I. an Leo XIII., 18. Aug. 1879. — 10. Auszug eines Schreibens v. Bismarck, Kissingen 8. Aug. 1878.
³ Die badische Regierung teilte am 4. Okt. 1879 der preuß. Regierung den mit der Freiburger Kurie geführten Briefwechsel vertraulich mit (vgl. *Stadelhofer* S. 43 f.).

361. Aktennotiz des Ministerialrats Hardeck.

Karlsruhe, 2. September 1879.

Zu den Akten wird bemerkt:

Der Unterzeichnete begab sich am 29. v. M. nach Baden und stattete dort dem Herrn von Neumann einen Besuch ab, um Gelegenheit zu finden, demselben — der von Herrn Ministerialpräsidenten Stösser nach eingeholtem allerhöchsten Einverständnis empfangenen Ermächtigung gemäß — unter Bezug auf die am 23. v. M. stattgehabte Unterredung zu eröffnen, daß die gr. Regierung mit Vergnügen bereit sei, den vertraulichen Austausch von Mitteilungen über die beiderseits befolgte Kirchenpolitik, wie bereits eingeleitet, fortzusetzen.

Der Unterzeichnete sprach sodann wiederholt den Wunsch aus, daß wegen der bereits relevierten Stelle des Erlasses dd. Berlin 20. v. M.,

welche die Kurie in die beabsichtigten Wiener Verhandlungen hereinziehen wolle,

kein Mißverständnis in Berlin bestehen bleibe. Herr von Neumann bemerkte darauf, daß er seine bezügliche Berichterstattung nochmals genau durchgesehen habe (derselbe teilte mir zur Bestätigung die betreffenden Passus mit) und in der Tat darin keinerlei Angabe der Wendung zu finden sei, welche in Berlin die Meinung hätte erzeugen können, als sei unter uns in jenem Sinne die Anregung der erzbischöflichen Kurie besprochen worden.

Er könne nunmehr übrigens mir mitteilen, daß nach den ihm vertraulich gewordenen Mitteilungen der päpstliche Nuntius Jacobini gegen den Prinzen Reuß von den wünschenswerten Verhandlungen zwischen Rom und Baden gesprochen und gerade auch die zwei fraglichen Angelegenheiten berührt habe. Er könne deshalb nicht anders als annehmen, daß der fragliche Relativsatz als eine Einschiebung seitens des Reichskanzlers nach dessen Information gemeint sei. Diese Ansicht gewinnt allerdings bei der mir gewährten Einsichtnahme des genauen Wortlauts des Erlasses des Auswärtigen Amts an Wahrscheinlichkeit; es tritt darin denn auch der Gegensatz deutlicher hervor: Rom möchte in Einem für das ganze Reich verhandeln; der Reichskanzler hält dagegen eine getrennte Behandlung für zweckmäßig. Der Erlaß lautet nämlich — nachdem bemerkt ist, daß die Berichterstattung des Herrn von Neumann dem Reichskanzler vorgelegen und ihm nach dessen Bemerkungen mitgeteilt werde:

Ew. Hw. möchten dem Vertreter (des Herrn Ministers) [danken] für die vertraulichen Mitteilungen über die beiden Punkte, Besetzung des erzbischöflichen Stuhles in Freiburg und Staatsprüfung der Geistlichen, welche die Kurie in die beabsichtigten Wiener Verhandlungen hereinziehen wolle. So wenig es auch nach der übereinstimmenden Auffassung der preußischen und der badischen Regierung zweckmäßig sein würde, die Differenzen der einzelnen Bundesstaaten mit dem Vatikan amtlich von Reichs wegen zu behandeln, so gerne würde man den vertraulichen Austausch von Mitteilungen über die beiderseits befolgte Kirchenpolitik fortsetzen. Zu dem Ende empfange Herr von Neumann eine Anzahl von Schriftstücken usw.

Gestern verabschiedete sich Herr von Neumann vor seinem bevorstehenden Wiederabgange und bemerkte bei diesem Anlasse, daß er über die abgegebene Bereitwilligkeitserklärung nach Haus berichtet habe[1].

GLA 233/10694 fol. 114 ff.

[1] Bis zur Beilegung des badischen Kulturkampfes wurde die amtliche Korrespondenz zwischen Karlsruhe und Freiburg in Abständen nach Berlin mitgeteilt (GLA 233/10694).

362. Großherzog Friedrich an Kardinal Hohenlohe.

Karlsruhe, 4. Dezember 1879.

Im Vertrauen auf Ihre bewährte freundschaftliche Gesinnung erlaube ich mir, Ihnen eine wichtige Angelegenheit vorzutragen, für die Sie sich gewiß mit aller Wärme interessieren werden.

Sie wissen, daß im Februar 1874 ein Gesetz erlassen wurde, das die Geistlichen im Großherzogtum vor ihrer Anstellung einer Prüfung unterzieht, welche von Staates wegen erfolgt. — Dieses Gesetz verlangt den Nachweis einer allgemein wissenschaftlichen Vorbildung außer der theologischen Vorbildung als Bedingung für die Möglichkeit der Erlangung einer Pfründe[1].

Alsbald nach Publikation dieses Gesetzes hat das erzbischöfliche Vikariat von Freiburg Protest dagegen erhoben und den Kandidaten des geistlichen Standes sowie den Geistlichen, welche in der Lage waren, dem Gesetz Folge zu leisten, verboten, sich der vorgeschriebenen Prüfung zu unterziehen. — Auch die im Gesetz vorgesehene Dispens von der Prüfung ward den Geistlichen verboten, bei der Regierung nachzusuchen. Solche Geistliche, die von der Regierung Dispens sich erbaten und sie erhielten, wurden vom Erzbistumsverweser bestraft und abgesetzt.

Dieses Verbot hatte zur Folge, daß keine Kandidaten des geistlichen Standes mehr zum Ersatz der vakanten Pfründe eintreten konnten und so allmählich eine Verwaisung der Pfarreien eintrat, die in rascher Progression immer weitere Ausdehnung nahm. — Die verwaisten Pfarreien mußten von den nachbarlichen Pfründebesitzern aushülfsweise mitverwaltet werden; eine Aufgabe, die besonders älteren Geistlichen sehr beschwerlich wurde und zu den übelsten Folgen führte. — Die zu großen Anstrengungen in Ausübung des Berufs rafften uns eine große Anzahl der würdigsten Seelsorger hinweg, und den Gemeinden entsteht daraus mehr und mehr Nachteil und Sorge.

Die Regierung, von der Wichtigkeit und von dem Ernst dieser Interessen sich wohl bewußt [!], hat schon seit längerer Zeit ihre Aufmerksamkeit dieser Notlage zugewandt und nach Wegen gesucht, um eine richtige Abhülfe herbeizuführen. — Sie hat daher zunächst das erzbischöfliche Vikariat zu Freiburg zu milderer Anschauung der gesetzlichen Bestimmungen zu bewegen gesucht. Sie hat dieser Kirchenbehörde Vorschläge gemacht, welche es ermöglichen sollten, daß von ihr aus auf Grundlage des dringenden Bedürfnisses ein erster entgegenkommender Wunsch an die Regierung gelangen möge[2]. Solchem Entgegenkommen wollte die Regierung gerecht werden und darin ein Motiv erkennen, um dem Landtag eine Gesetzesänderung in Vorschlag zu bringen.

Viele vergebliche Versuche überzeugten die Regierung, daß der von jedermann erkannte Notstand die Kirchenbehörde immer noch nicht bewegen werde, die so nötige Initiative zur Abhülfe zu ergreifen. — Die Staatsregierung aber glaubte, ohne eine solche Initiative der Kirchenbehörde den Weg der Gesetzesänderung nicht mit Aussicht auf Erfolg betreten zu können.

Von dem Wunsche beseelt, einen baldigen geordneten Zustand herbeizuführen, wandte sich der Präsident meines Ministeriums des Innern an den Herrn Bischof von Rottenburg Dr. Hefele mit der Bitte um freundliche Vermittlung in dieser Angelegenheit. Mit dankenswerter Bereitwilligkeit nahm der Herr Bischof das Anerbieten an und trat mit einem an ihn abgesandten Kommissär[3] der Regierung in nähere Verbindung.

Unser Vorschlag ging im wesentlichen dahin, unsere gesetzlichen Bestimmungen in Betreff des staatlichen Examens der Geistlichen nach dem Muster der in Württemberg bestehenden Einrichtungen zu modifizieren. Ein bezüglicher Gesetzentwurf wurde von dem Herrn Bischof Hefele mit dem genannten Kommissär endgültig besprochen und vereinbart. Der Herr Bischof übernahm es, diesen Entwurf dem Erzbistumsverweser zu Freiburg anzuempfehlen und dessen Annahme zu befürworten. Diese sehr wohlwollende Vermittlung hatte guten Erfolg, insofern der Erzbistumsverweser sich bereit fand, auf nähere Besprechungen der Regierungsvorschläge einzugehen.

Infolge davon haben vor wenigen Tagen Besprechungen zwischen dem Erzbistumsverweser Kübel und einem Regierungs-Kommissär in Freiburg stattgefunden, die zu einer vollständigen Einigung führten. Diese Verständigung ist aber nur eine vorläufige, da Bischof Kübel erklärt, nur mit Genehmigung Seiner Heiligkeit des Papstes eine bestimmte Zusage geben zu können, da auch sein Protest gegen das oben genannte Gesetz vom Jahr 1874 die päpstliche Approbation erfahren habe. Der Erzbistumsverweser hat aber nun Schritte getan, um die päpstliche Genehmigung zu erlangen.

Gleichzeitig ist der Herr Bischof Hefele von der Regierung gebeten worden, auch seinerseits befürwortende Schritte beim päpstlichen Stuhl zu unternehmen. Diese Empfehlung ist gewiß von besonders günstigem Erfolg, da der Herr Bischof von Rottenburg aus eigener Erfahrung die Einrichtungen in Württemberg als vorzüglich bewährt zu schildern vermag.

Da nun sowohl von Freiburg als von Rottenburg befürwortende Empfehlungen nach Rom gelangen, so sind zwar die wesentlichen Schritte geschehen, um Seiner Heiligkeit dem Papste die Anschauungen der zunächst Beteiligten kundzugeben. Immerhin aber lehrt die Erfahrung, daß sich auch Einflüsse bei solchen Anlässen geltend machen, die kein Interesse am Frieden haben, da sie nur bei der Fortdauer des Unfriedens ihr Interesse zu finden hoffen. Es liegt daher sehr nahe, die einflußreichsten Kräfte anzurufen, damit sie ihr reines, selbstloses Wollen im Interesse dieser wichtigen Frage geltend machen. In solcher Absicht erlaube ich mir, die Bitte an Sie zu richten, auch Ihr so wohlwollendes Fürwort bei Seiner Heiligkeit dem Papste einzulegen, damit er seine Genehmigung erteile.

Für den Fall, daß Sie überhaupt geneigt sein sollten, nach genauer Kenntnis der Lage, wie ich sie zu schildern versuchte, ein Fürwort zu übernehmen, lege ich hier in Abschrift das letzte entscheidende Schreiben an, welches mein Ministerium des Innern an das erzbischöfliche Kapitels-Vikariat gerichtet hat und womit der Gesetzentwurf vorgelegt wurde, über den der Erzbistumsverweser sich mit dem Regierungs-Kommissär verständigt hat. Auch dieser Gesetzentwurf liegt hier an.

Aus dem genannten Schreiben des Ministeriums des Innern werden Sie manche wichtige Erläuterung des Gesetzentwurfs entnehmen und erkennen wollen, wie die Regierung geneigt ist, der Kirchenbehörde den Übergang aus dem alten Zustand in die neu geplanten Verhältnisse in jeder Beziehung zu erleichtern. — Sie werden aber auch daraus erfahren, daß die Lage der Dinge in allen Teilen als eine dringende betrachtet werden muß.

Wenn nämlich eine päpstliche Autorisation für den Erzbistumsverweser in Freiburg b a l d schon erteilt werden könnte, so würde die Regierung in der vorteilhaften Lage sein, den Gesetzentwurf zur Regelung der Examensfrage noch dem gegenwärtig versammelten Landtag vorzulegen, und dann könnte die ganze Angelegenheit mit dem neuen Jahr ihren glücklichen Abschluß finden. Dazu wäre aber nötig, daß diese Vorlage spätestens in der [zweiten?] Hälfte des Monats Januar 1880 erfolgte, da der Landtag mit dem Zeitpunkt des Zusammentritts des Reichstags — Anfang Februar — seine Arbeiten schließen muß.

Wenn eine solche Vorlage also nicht mehr im nächsten Monat stattfände, so müßte diese wichtige Angelegenheit noch längere Zeit ruhen und würde weiterer unberechenbarer Schaden für viele brave katholische Gemeinden daraus erwachsen. Es würde durch solche Verschiebung der weitere Nachteil entstehen, daß dieselbe direkt dem päpstlichen Willen zugeschrieben werden müßte; während im Fall baldiger Erledigung zu Gunsten der Gemeinden dieser Vorzug der wohlwollenden päpstlichen Vermittlung verdankt werden könnte. Dieser Vorzug wäre für die weitere Entwicklung dieser bedeutungsvollen Angelegenheit von besonderem Wert, ja sogar für die Regierung eine stärkende Wirkung.

Ich lege somit diese folgenreiche Angelegenheit mit aller Wärme der Empfehlung an Ihr wohlwollendes mitfühlendes Herz und bitte Sie, Seiner Heiligkeit dem Papste eine recht lebhafte Schilderung des Notstandes der betreffenden katholischen Gemeinden meines Landes darlegen zu wollen.

Ich benütze diesen Anlaß, um Ihnen mitzuteilen, daß Herr Bischof Hefele auf Anfrage nicht geneigt war, die Kandidatur für den erzbischöflichen Stuhl zu Freiburg anzunehmen[4]. Er hat besonders geltend gemacht, daß sein hohes Alter und seine schwache Gesundheit es ihm unmöglich machen, ein so verantwortungsvolles Amt zu übernehmen, in welchem ihm alle Verhältnisse neu und alle Personen unbekannt sind. Ein Fußleiden verhindre ihn an der freien Bewegung, während er doch der ganzen und vollen Kraft bedürfe, um solch ein wichtiges Amt gut zu führen. Ich beklage sehr diese feststehende Tatsache, wünsche aber nur um so mehr, über diese wichtige Angelegenheit auch mit Ihnen wieder einmal verkehren zu können. [. . .]

GLA FA Korresp. 13 Bd. 53 Fasz. 143 Nr. 2 eig. Ausf.; 48/5443 Konz. eig.

[1] Bd. I Nr. 147. 152. Vgl. *Becker* S. 326 ff.
[2] Großherzog Friedrich setzte bereits seit Sommer 1879 Hoffnungen auf die ausgleichende Wirksamkeit von Fr. X. Kraus in Freiburg. Von seiner ersten Audienz beim Großherzog am 10. Juli 1878 in Karlsruhe berichtet Kraus: „Es sei nur e i n Ziel, dem Staat und Kirche zustreben, und es sei sein heiligster Wunsch, dies allerseits erkannt zu sehen. Mit Bestimmtheit hoffte der Großherzog auf eine Beilegung des kirchlichen Kampfes. Er teilte mir mit, der Nuntius Masella habe ihm in Dresden kürzlich gesagt, nach der Ansicht seines Auftraggebers, des Kardinal Franchi, könne und müsse im Laufe der nächsten Wochen eine Verständigung gefunden werden" (F. X. *Kraus*, Tagebücher, hg. v. H. Schiel (1957) S. 388). — Gaetano Aloisi Masella (1826—1902), 1877—79 Nuntius in München, mit dem Bismarck 1878 in Kissingen über die Beilegung des Kulturkampfes verhandelte. — Erste konkrete Angebote der bad. Regierung erhielt Kraus zur Weitergabe an den Bistumsverweser in Freiburg in einer Unterredung mit Nokk und Stösser am 21. Apr. 1879 in Karlsruhe (*Kraus*, Tagebücher S. 400 f.; vgl. *Stadelhofer* S. 36 ff.).
[3] *Stadelhofer* S. 52 ff. Der Regierungskommissär: August Joos (1833—1909), Ministerialrat im Ministerium d. Innern, Referat: kath. Kultus- u. Schulwesen, mit der Leitung des Oberrats der Israeliten in Baden beauftragt.
[4] Einzelheiten bei *Becker* S. 339 ff.

Anlage

Das badische Ministerium des Innern an das erzbischöfliche Kapitelsvikariat in Freiburg.

Karlsruhe, 3. Dezember 1879.

Dem erzbischöflichen Kapitelsvikariat teilen wir in Ergänzung unseres Schreibens vom 14. d. M. mit:

Aus dem Inhalte der Zuschrift Wohldesselben vom 6. v. M. glauben wir den Schluß ziehen zu dürfen, daß dortseits Geneigtheit bestehe, in Beziehung auf den Nachweis der allgemein wissenschaftlichen Vorbildung der Kandidaten des geistlichen Standes zur Herstellung einer der württembergischen entsprechenden Einrichtung mitzuwirken, sofern die Hindernisse beseitigt werden können, welche gegenwärtig das Gesetz vom 19. Februar 1874 einer unveränderten Einführung des württembergischen Verfahrens in Baden in den Weg legen würde. Inzwischen haben auch die in beiden Kammern der Ständeversammlung stattgehabten Verhandlungen über die Antwortadressen auf die von S. K. H. dem Großherzog bei Eröffnung des Landtages gehaltene Thronrede[1] bei jenen Faktoren der Staatsgesetzgebung mehr Bereitwilligkeit, etwaigen Vorschlägen der Gr. Regierung in der Richtung einer Änderung der Gesetzesbestimmungen über das sog. Staatsexamen der Geistlichen zuzustimmen, erkennen lassen, als wir bei Erlassung unseres Schreibens vom 4. Okt. d. J. glaubten voraussetzen zu dürfen. Mit Rücksicht auf diese Umstände sind wir nach nochmaliger eingehender Erwägung des Gegenstandes zu dem Ergebnis gelangt, Wohldemselben unsere Geneigtheit zu erklären, unter Voraussetzungen, die wir nachstehend näher bezeichnen werden, höchsten Orts die Ermächtigung zur Einbringung einer Gesetzesvorlage an die versammelten Stände nach dem in der Anlage enthaltenen Entwurfe zu erwirken.

Zur Erläuterung des Entwurfes gestatten wir uns, Folgendes zu bemerken:

1. Wir setzen voraus, daß die theologische Fachprüfung, welcher ein staatlich ernannter Kommissär anzuwohnen hätte, für die Kandidaten des k a t h o l i s c h e n Bekenntnisses von der theologischen Fakultät der Universität Freiburg abzunehmen wäre.

2. Die Vorschrift in § 15 der landesherrlichen Verordnung vom 1. Oktober 1869 über die Organisation der Gelehrtenschulen (Ges. u. Verord. Bl. 1869 Nr. 22), wonach die Studierenden der Jurisprudenz, Medizin und der Kameralwissenschaften, um zur Staatsprüfung zugelassen zu werden, den Nachweis bringen müssen, daß sie in einem jeden der drei ersten Semester wenigstens e i n e mindestens vier Stunden in der Woche betragende Vorlesung aus dem Lehrkreise der philosophischen Fakultät mit Fleiß gehört haben, hätte auch für die Zulassung zur theologischen Fachprüfung in Anwendung zu kommen.

3. Die Tätigkeit des staatlichen Kommissärs würde sich beschränken auf die Verlässigung darüber, daß bezüglich aller Kandidaten der Nachweis der bestandenen Abiturienten- bzw. Maturitäts-Prüfung und des dreijährigen Besuches einer deutschen Universität ordnungsgemäß geliefert, auch der unter Ziffer 2 vorstehend erwähnten Vorschrift genügt ist, sodann auf die Anwohnung bei dem Prüfungsverfahren selbst in der Weise, daß derselbe bei der mündlichen Prüfung (ohne selbst Fragen zu stellen) anwesend ist und von den schriftlichen Prüfungsarbeiten der Kandidaten Einsicht nimmt. Über den Befund, insbesondere über das von der Fakultät festgestellte Ergebnis der Prüfung hätte der Kommissär an das Ministerium des Innern zu berichten. Für die auf die Vorlage des Kommissärs von dem Ministerium zu treffende Entschließung würde als Regel gelten, daß bei denjenigen Kandidaten, welche von der Fakultät als bestanden in der theologischen Fachprüfung erklärt sind, damit auch der Nachweis des Besitzes einer hinlänglichen allgemein wissenschaftlichen Bildung für erbracht angenommen wird.

4. Sollte gleichwohl jemals der Fall sich ergeben, daß ein von der Fakultät für bestanden erachteter Kandidat von dem Ministerium des Innern wegen Mangels hinlänglicher allgemein wissenschaftlicher Bildung beanstandet würde, bliebe dem Betreffenden anheim gegeben, sich nochmals der t h e o l o g i s c h e n F a c h p r ü f u n g zu unterziehen.

5. Die Bitte um die in der Übergangsbestimmung des Artikels II vorgesehene Dispensation könnte nach der Absicht der gr. Regierung sowohl von den beteiligten Geistlichen selbst — unmittelbar oder durch Vermittelung ihrer kirchlichen Vorgesetzten — bei dem Ministerium des Innern eingebracht als auch von dem kirchlichen Oberen namens der unterstehenden betreffenden Geistlichen eingelegt werden.

Die Voraussetzung nun, von welcher die gr. Regierung die Einbringung einer dem beiliegenden Entwurfe entsprechenden Gesetzesvorlage abhängig machen muß, bezeichnen wir dahin, daß eine amtliche Erklärung Wohldesselben erfolge, welche der gr. Regierung dafür Sicherheit bietet, daß im Falle des Zustandekommens des Gesetzes die bischöfliche Behörde zu dessen Ausführung mitwirke werde, insbesondere den Geistlichen, auf welche die Übergangsbestimmung des Art. II des Entwurfes in Anwendung zu kommen hätte, die Nachsuchung der Dispensation gestatte. Dabei bliebe, wie bereits erwähnt, dem Ermessen der bischöflichen Behörde anheim gegeben, neben der Zulassung der unmittelbaren Dispenserwirkung durch den einzelnen Geistlichen auch selbst Dispensationsgesuche namens der betreffenden Geistlichen einzulegen und die für jeden einzelnen erforderlichen Belege dem Ministerium des Innern mitzuteilen.

Wir gestatten uns aber noch weiter, dem W u n s c h e Ausdruck zu geben, daß gleichzeitig mit der Übermittelung der Erklärung, welche wir vorstehend als B e d i n g u n g der Einbringung der Gesetzesvorlage bezeichnet haben, eine Entschließung Wohldesselben erfolge und in amtlicher Weise uns mitgeteilt werde, welche denjenigen Geistlichen, die nach Art. 4 des Gesetzes vom 19. Februar 1874 jetzt schon „auf ihre persönliche Bitte" dispensiert werden können, die alsbaldige Nachsuchung dieser Dispensation gestattet. Es würde damit das Entgegenkommen der Staatsregierung eine Erwiderung von kirchlicher Seite finden, welche auf die Stellung der gr. Regierung für die Vertretung der in Aussicht genommenen Gesetzesvorlage den Ständen gegenüber den günstigsten Einfluß äußern und die Wahrscheinlichkeit der Zustimmung b e i d e r Kammern sehr erheblich verstärken müßte. Um zu beweisen, wie die gr. Regierung für die Erreichung eines für Staat und Kirche so wünschenswerten Zieles bis zur äußersten Grenze des ihr Möglichen zu gehen bereit ist, sehen wir davon ab, das V o r a u s g e h e n der Kirchenbehörde mittels Zurücknahme des Verbotes der Dispens-Nachsuchung zur Bedingung des staatlichen Entgegenkommens zu machen, und wir legen damit in die kirchlicherseits zu treffende Entschließung, ob von einem Mittel Gebrauch gemacht werden will, welches die Erreichung des beiderseits erstrebten Zieles so mächtig zu fördern geeignet wäre.

Für den Fall, daß Wohldasselbe vor Abgabe einer Erklärung über die in gegenwärtiger Mitteilung enthaltenen Verschläge die Einholung einer Entschließung des päpstlichen Stuhles als geboten erachten sollte, wollen wir nicht unterlassen, darauf aufmerksam zu machen, daß der Landtag, zu welchem gegenwärtig beide Kammern der Stände versammelt sind, voraussichtlich nur von kurzer Dauer sein wird. Könnte die in Aussicht genommene Gesetzesvorlage nicht noch einige Zeit vor Landtagsschluß eingebracht werden, so würde die Aussicht auf Beilegung der die sog. Examensfrage betreffenden Differenz, insofern dieselbe nicht auf der Grundlage des gegenwärtigen Gesetzes zu erzielen wäre, wiederum volle zwei Jahre hinausgerückt sein.

GLA FA Korresp. 13. Bd. 53 Fasz. 143 ad Nr. 2 Abschr.

[1] Thronrede vom 18. Nov. 1879 gedr. *Schultheß* S. 284, vollständig: R. *Krone*, Großherzog Friedrich v. Baden, Reden u. Kundgebungen 1852—96 (1901) S. 156 ff. Zur Diskussion in der II. Kammer vgl. *Stadelhofer* S. 54 ff.

363. Kardinal Hohenlohe an Großherzog Friedrich.

Rom, 19. Dezember 1879.

E. K. H. gnädiges Schreiben vom 4. d. M.[1] erhalte ich erst so spät, daß ich wohl gerechtfertigt bin, wenn meine Antwort auch erst spät kommt. Ich habe vorgestern dem Kardinal Nina die Sache ans Herz gelegt und heute noch einen detaillierten Bericht dem heiligen Vater gesandt in Ihrem Sinne. Ich hoffe nun, daß man die Sache beschleunigen wird, wiewohl ich w e n i g zu Rate gezogen werde und S c h n e l l i g k e i t nicht gerade die hervorragende Eigenschaft meines gnädigsten Herrn ist. Die Lage ist für b e i d e so ernst, daß man wirklich keine Zeit verlieren sollte. Was die Besetzung des erzbischöflichen Stuhls von Freiburg betrifft, so weiß ich niemanden, schlage aber vor, den Bischof Hefele oder den Erzbischof Schreiber von Bamberg[2] darüber zu befragen und sende hierbei ein Schreiben an den Erzbischof von Bamberg, das E. K. H. verbrennen oder rekommandiert absenden wollen, je nachdem es Ihnen genehm ist[3].

Ich denke noch oft an die herrlichen Stunden, die ich mit E. K. H. und der Frau Großherzogin zubringen durfte. Möge sie Gott reichlichst segnen!

Wenn E. K. H. weitere Befehle haben, so bitte ich überzeugt zu sein, daß ich stets bereit bin mitzuwirken, wo es gilt, Gutes zu tun und Frieden zu stiften. [...]

GLA FA Korresp. 13 N 264 eig. Vermerk des Großherzogs: „pr. Karlsruhe 24. 12. 79, beantwortet 10. 1. 80".

[1] Nr. 362.
[2] Friedrich Joseph Schreiber (1819—90) 1875 Erzbischof von Bamberg.
[3] Kardinal Hohenlohe an Erzbischof Schreiber von Bamberg, Rom, 19. Dez. 1879: „[...] Heute komme ich mit einer Bitte. Sie wissen, daß der erzbischöfliche Stuhl von Freiburg in Baden noch immer unbesetzt ist. Es wäre wünschenswert, einen friedfertigen, unterrichteten Geistlichen auf diesen erzbischöflichen Stuhl zu bekommen. Wenn Sie mir den Gefallen tun wollten, darüber nachzudenken und einige Kandidaten dem Bischof Hefele von Rottenburg, der hierüber wohl konsultiert wird, — vorzuschlagen, so wäre ich sehr dankbar dafür. Aber wollen sie keine Zeit verlieren. Die Sache hat Eile." [...] (ebd. Ausf.).

364. Erzbistumsverweser Lothar v. Kübel an Großherzog Friedrich.

Freiburg, 29. Dezember 1879.

Neujahrsglückwünsche. In landesväterlichster Sorge und Liebe haben E. K. H. gegen die Neige des Jahres vom erhabenen Throne aus das sichere Herannahen des kirchenpolitischen Friedens dem Lande verkündet[1]. Zum innigsten wärmsten Danke haben E. K. H. durch diese hochherzigen und trostvollen Worte mich und alle Katholiken des Landes verpflichtet.

Mit E. K. H. wünschen dringend und hoffen zuversichtlich ich und das Metropolitankapitel, daß das kommende Jahr bei uns wenigstens die brennendste Frage in den Verhältnissen der katholischen Kirche zur friedlichen Lösung bringen werde. Ja, Gott gebe es und schenke Frieden dem engeren und weiteren geliebten Vaterlande. [...]

GLA FA Korresp. 13 N 433 Ausf.
[1] Vgl. Nr. 362 Anlage Anm. 1.

365. Roggenbach an Großherzog Friedrich.

Segenhaus, 2. Januar 1880.

Dank für Neujahrswünsche. Wie wenig Grund auch vorliegt, irgend eine erhebliche Besserung der inneren Verhältnisse der öffentlichen Zustände in Deutschland in diesem Jahre zu erwarten, so darf doch gehofft werden, daß wieder einige kritische Tage wie in schweren Krankheitsfällen in demselben überwunden werden. Schließlich aber folgt, da Völker nicht so leicht unterliegen, auch nach langem Siechtum wieder eine verhältnismäßige Genesung. So wird es wohl auch Deutschland gehen, wenn es die Kanzlerkrankheit überstanden hat. Um so mehr, als nicht wenig Symptome einer Besserung vorzuliegen scheinen. — Anders ist es freilich mit der auswärtigen Lage. — Wieviel auch von dem diplomatischen Erfolge Lärm gemacht wurde, daß die europäischen Mächte den Bismarckschen Bedingungen in Betreff des Schiedsgerichtes in der türkisch-griechischen Angelegenheit[1] beigetreten seien, während diese Bedingungen doch nur selbstverständlich waren, so zeigt der Verlauf der Galatzer Kommissionsverhandlungen, wie ohnmächtig die Alliierten Deutschland [und] Österreich für sich allein sind, ihre einseitigen Satzungen durchzusetzen. Die gleiche Ohnmacht zeigt sich in Griechenland, und es kann unter solchen Umständen kaum ausbleiben, daß eine Rückkehr zu einem neuen Experiment mit dem Drei-Kaiser-Verhältnis im Oriente gemacht wird[2]. Die Frage wird sein, ob dieser neuen Konstellation gegenüber die Friedensstimmung in Frankreich dauernd vorhalten wird, wenn erst die griechischen Geschicke ihren verhängnisvollen blutigen Verlauf genommen haben werden. — Daß dem im neuen Jahre so sein möge, ist gewiß der beste Wunsch, den man im Interesse von Deutschland wie der Menschheit formulieren kann. — Zur Zeit hat es glücklicherweise den Anschein, als ob diese Strömung zu Gunsten der Enthaltung und des Friedens in Frankreich sehr tief greife und nicht so leicht eine Umkehr stattfinden werde, wie es wohl sonst bei diesem beweglichen Volke vorgekommen ist. Wirkliche Sicherheit würde aber jedenfalls für Deutschland nur in einer solchen Gruppierung der europäischen Allianzbeziehungen gegeben sein, die Frankreich dauernd isolieren würde, wie es z. B. das Louis Philipp'sche Frankreich durch die ganze Regierungszeit dieses Königs, selbst während der sog. entente cordiale mit England gewesen ist. Statt dieser Isolierung ist Frankreich zur Zeit viel umworben und keineswegs eingedämmt in seinem Ehrgeize, wenn es nur erst wieder welchen haben will.

Was die wirtschaftlichen Verhältnisse der großen Industrien betrifft, die ich vom Niederrhein aus übersehen kann, so dauert der Zustand fort, über den so lange geklagt wird. „An Bestellungen fehlt es nicht, aber die Preise lohnen die Arbeit nicht." Wie die Beteiligten nun sagen, durch die große inländische Konkurrenz, da von Einfluß des ausländischen Imports nicht mehr die Rede sein kann. Wo einmal ein Betrieb noch lohnend ist, entsteht sofort ein Rivalitätsgeschäft, das den Gewinn auf den Nullpunkt bringt[3].

Die Antisemitenbewegung unerfreulichen Anblickes hat sich zur Zeit nicht über die Ungezogenheiten von Gymnasiasten und stille Wünsche überschuldeter Existenzen hinaus in hiesigen Gegenden gezeigt. Leider ist zu fürchten, daß das gefährliche Feuer, mit dem gespielt wird, im stillen unter der deckenden Asche mehr scheinbarer als wirklicher Kultur und Humanität weiter glimmt und plötzlich einen verheerenden Ausbruch nimmt.

Auch in dieser Hinsicht hat das Jahr 1880 eine ernste Friedensmission zu erfüllen, die nicht leicht ist. [. . .]

GLA FA Korresp. 13 N 500.

[1] Der Berliner Kongreß 1878 sprach Griechenland auf Kosten der Türkei Grenzerweiterungen in Epirus zu. Die in Prevesa im Febr. 1879 zusammengetretene türkisch-griechische Kommission konnte sich über die Grenzregulierung nicht einigen. Als Griechenland sich um Vermittlung an die europäischen Mächte wandte, traten im Juni 1879 auf Drängen Frankreichs ihre Botschafter in Konstantinopel zu einem neuen Versuch zusammen, in freien Verhandlungen mit den streitenden Parteien zu einer friedlichen Lösung zu gelangen. Bis Jahresende 1879 kam keine Lösung zustande. Erst eine Konferenz der Mächte in Berlin Juni/Juli 1880 sprach Griechenland ganz Thessalien und den größten Teil von Epirus zu.

² Erste Fühlungnahmen zur Erneuerung des Dreikaiserbündnisses erfolgten im Jan. und Febr. 1880, der Abschluß am 18. Juni 1881 (Große Politik der europäischen Kabinette, Bd. 3 [1927] S. 137 ff.).

³ Wie Großherzog Friedrich auch die wirtschaftlichen Verhältnisse, allerdings aus der Perspektive von Handel und Industrie beobachtete, bezeugt eine vermutlich in das Jahr 1877 zu datierende eig. Ausarbeitung, die erst nach Abschluß von Bd. I ans Licht getreten ist und hier nachgetragen sei. Sie gehört offenbar in den Zusammenhang des Umschwungs vom Freihandel zum Schutzzoll 1878/79.

Großherzog Friedrich über die Wirtschaftskrise.

[1877]

Die Darstellung der bestehenden Handels- und Industriellen Krisis, wie sie Freiherr von Oppenheim¹ unternommen hat in seiner Eingabe vom Juni dieses Jahres, der allerhöchsten Teilnahme S. M. des Kaisers und Königs zu empfehlen, gehört zu den verdienstvollsten Arbeiten unserer Zeit. Sie verdient eine sorgfältige Beachtung und dürfte bei genauer Prüfung der angegebenen Tatsachen eine nur zu sichere Bestätigung derselben ergeben.

Aus dem Bereich meiner Erfahrungen im Süden Deutschlands kann ich nur beistimmen, daß die Eisenindustrie sich in einem Existenzkampfe befindet, der ohne Zweifel zu ihrem Nachteile enden wird, wenn nicht rechtzeitige Hülfe eintritt.

Daß diese Hülfe zunächst in dem zu gewährenden Schutz besteht, wie ihn Frh. von Oppenheim vorschlägt, scheint mir unerläßlich. Es wäre daher sehr zu beklagen, wenn aus den von Staatsminister Delbrück angeführten Gründen unterlassen würde, eine genaue Untersuchung der gegenwärtigen Lage der gesamten deutschen Industrie insbesondere der Eisenindustrie anzuordnen. Die Tatsachen sprechen zu laut, als daß man sich denselben gegenüber untätig verhalten dürfte und eine Bahn verfolgen, welche prinzipiell vielleicht richtig sein mag, gegenwärtig aber zum Ruin einzelner Industriezweige führt.

Nicht nur die Eisenindustrie hat schwer zu kämpfen, um bestehen zu können — auch andere Industriezweige befinden sich in dieser Lage. Wir dürfen uns eben nicht verhehlen, daß ein großer Teil unserer deutschen Industrie noch sehr jung ist und daher große Mühe hat, die Konkurrenz älterer Industrien zu ertragen oder zu überwinden. Daher konnte der Aufschwung des deutschen Handels nach dem Krieg von 1870—71 von keiner Dauer sein, und es zeigte sich der Rückschlag, so bald die älter begründeten Industrien von England und Frankreich sich wieder von den Nachteilen der Kriegszeit erholt hatten. Die deutsche Industrie wird sich aber erst fest begründen können, wenn wir ihr helfen, in Deutschland selbst einen sicheren Markt zu bereiten, so wie dies in ihrer Zeit die Engländer und Franzosen taten. Wir werden dabei nicht fragen dürfen, ob ein theoretischer Grundsatz darunter leidet, wenn wir unsere Industrie schützen, sondern ob der Grundsatz zu weichen hat, wenn er für Handel und Industrie schädlich wird.

Wenn Fabriken stille stehen oder nur noch arbeiten, damit die Arbeiter nicht brotlos werden, dann ist es hohe Zeit, nach den Gründen einer Kalamität zu fragen, die eine Volkswohlfahrt in Frage zu stellen droht. Wenn wir bei Ergründung dieser Frage finden sollten, daß Deutschland den unbeschränkten Freihandel noch nicht ertragen kann, so werden wir eben diejenigen Schranken ziehen müssen, welche die Wohlfahrt der Nation erfordert.

Diese Erwägungen sind um so ernster in Anbetracht dessen, daß die Steuerkraft des Reichs in den nächsten Jahren eine größere Anspannung verlangt, welche nur dann zu ertragen ist, wenn der Wohlstand zunimmt, die aber gefährlich vom politischen Gesichtspunkte aus werden kann und verderblich in ökonomischer Beziehung wird, wenn nicht gleichzeitig die Mittel gefunden und gegeben werden, um den gesunkenen Wohlstand wieder zu heben und hoffentlich zur Blüte zu bringen.

GLA 60/602 eig.

¹ Simon Frhr. v. Oppenheim (1803—80), Herr auf Schlenderhan, Bankier. Seine Denkschrift ist nicht bekannt.

366. Aus Gelzers Tagebuch.

Steineck, 7. Januar 1880.

Ein merkwürdiger Traum: Ich ging mit dem Großherzog durch ein weitläufiges verfallenes Schloß und eröffnete ihm die zentrale Idee des Evangeliums als Schlüssel für die Christus-Religion der Liebe und für die freie Völkerkirche der Zukunft. — Die transzendente Immanenz Gottes und des Gottesreichs in der Schöpfung und in der Geschichte! (Geschichte ist Offenbarung der Wege Gottes.) Zum Unterschied von der Religion, die nur als ein Ruhekissen für Sterbende und ein Hoffnungstrost für Leidende geduldet oder geachtet wird. — Wiedergeburt der Welt, d. h. persönliche und soziale Regeneration (des Individuums und der Gesellschaft) durch die Gründung des Gottesreichs — das ist die welterobernde Idee des Weltheilandes. — Aber der Großherzog eilte weg und ich erwachte! *[. . .]*

Frankfurt, Besitz Matth. Gelzer.

367. Roggenbach an Großherzog Friedrich.

Segenhaus, 8. Januar 1880.

Dank für Ihr Schreiben[1]. Möge es mir gestattet sein, meinerseits dem Gefühle Ausdruck zu geben, daß für eine Tätigkeit, die für mich selbst so voller Befriedigung war und die in sich selbst so gering bleiben mußte, es auch nur an mir war, zu danken und gewiß nicht noch außergewöhnliche Gnadenbeweise zu empfangen. Mir erschiene die natürliche Ordnung einigermaßen verrückt, wenn für etwas, was jetzt und immer zu meiner größten und gewiß reinsten Freude gehören wird, E. K. H. und den Angehörigen der großherzoglichen Familie irgend von kleinem oder großem Nutzen sein zu können, sich etwas reihen könnte, was als eine äußere Anerkennung gewertet werden müßte. *[. . .]*

GLA FA Korresp. 13 N 500 eig.
[1] Nicht vorhanden.

368. Großherzog Friedrich an Kardinal Hohenlohe.

Karlsruhe, 10. Januar 1880.

Ihr sehr wertes Schreiben aus Rom, den 19. Dezember v. J.[1], ist mir am 24. Dezember über Berlin zugekommen und hat mich dankbarst erfreut. Ich spreche Ihnen meinen Dank dafür so spät erst aus, da ich hoffen durfte, Ihnen vielleicht ein greifbares Resultat Ihrer so überaus gütigen Bemühungen mitteilen zu können. Nun aber die Zeit vorrückt, ehe dies möglich ist, so darf ich nicht länger zögern, Ihnen herzlich dafür zu danken, daß Sie in freundlich entgegenkommender Weise bereit waren, meinen Wunsch zu erfüllen. Ihre sehr schätzbare Vermittlung hat in sehr kurzer Zeit die erwünschten Folgen gezeigt, denn am gleichen 24. Dezember waren Sie so freundlich, mir die frohe Friedensbotschaft telegrafisch mitzuteilen[2], welche eine baldige günstige Entscheidung Seiner Heiligkeit des Papstes in nahe Aussicht stellte. — Ich danke Ihnen von ganzem Herzen dafür, daß Sie mir diese Weihnachtsfreude zu bereiten die freundliche Aufmerksamkeit hatten.

Inzwischen ist die päpstliche Genehmigung erfolgt[3], und der Erzbistumsverweser in Freiburg hat die gewünschte Antwort an die Regierung erteilt[4]. Es wird nun in nächster Zeit die zugesagte Vorlage an den Landtag durch die Regierung bewirkt werden[5], nach deren Annahme eine bessere Zeit für unsere katholische Geistlichkeit beginnen kann. Ich wünsche nur, daß der Landtag keine Schwierigkeiten bereitet und der Regierung die Durchführung ihrer Absichten erschwert. Leichter würde es allerdings der Regierung werden, diese Sache durchzusetzen, wenn der Erzbistumsverweser sich entschließen könnte, die Verordnung zurückzunehmen, welche er gegen das Examensgesetz erlassen hat, um den Geistlichen zu verbieten, sich dem Gesetz zu unterwerfen. Bischof Kübel kann sich aber dazu nicht entschließen, obgleich Bischof Hefele es ihm empfohlen hat als durchaus möglich im Angesicht einer bevorstehenden Gesetzesänderung[6]. Es wurden noch verschiedene Versuche gemacht, den Bischof Kübel zur Zurücknahme zu bewegen[7], allein er erklärte schließlich, die Weisungen von Rom verböten es ihm.

Trotzdem wird die Regierung das vereinbarte Gesetz dem Landtag vorlegen und versuchen, ihn dasselbe annehmen zu machen. Gebe Gott, daß es uns gelinge!

Sie sind so überaus freundlich gewesen, auch die Frage der Besetzung des Erzbischöflichen Stuhls von Freiburg einer geneigten Erwägung zu unterziehen. Ich danke Ihnen bestens dafür und besonders für das Vertrauen, womit Sie es in meine Hand legten, Ihr Schreiben an den Herrn Erzbischof Schreiber von Bamberg[8] je nach Lage der Verhältnisse an ihn gelangen zu lassen. Die gewissenhaftesten Erwägungen brachten mich zum Entschluß, Ihr wertes Schreiben noch zurückzuhalten, da mir der Zeitpunkt für eine eingehende Behandlung dieser wichtigen Frage noch nicht gekommen zu sein scheint. — Wir müssen erst die nun schwebenden Fragen des Examensgesetzes endgültig geregelt haben, bevor diese schwierige Personalfrage in Angriff genommen werden kann. Ich erlaube mir daher, Ihr Schreiben an den Herrn Erzbischof von Bamberg einstweilen gut zu verwahren, bis Sie es etwa wieder zu erhalten wünschen oder eine andere Verfügung darüber treffen. [...]

Ich schließe mit der Bitte, es möge Ihnen gefallen, Seiner Heiligkeit dem Papste gelegentlich meine ganze Erkenntlichkeit für sein wohlwollendes Entgegenkommen in dieser Angelegenheit kundgeben zu wollen. [...]

GLA FA Korresp. 13 Bd. 53 Fasz. 143 Nr. 3 eig. Ausf.; N 264 eig. Abschr.

[1] Nr. 363.
[2] Nicht vorhanden.
[3] Vom 29. Dez. 1879; vgl. *Stadelhofer* S. 67 f.
[4] Mit Schreiben vom 5. Jan. 1880 und der Bitte, auf den im Schreiben der gr. Regierung vom 3. Dez. 1879 (Nr. 362 Anlage) geäußerten Wunsch zu verzichten, die erzbischöflichen Dispensverbote vor der Verhandlung über das Examensgesetz in der Kammer aufzuheben (*Stadelhofer* S. 69 f.).
[5] Die Vorlage des Staatsministeriums über die Änderung des Examensgesetzes an den Großherzog vom 13. Jan. 1880 gedr. Th. *Wacker,* Das erste Friedenswerk im badischen Kulturkampf (1882) S. 35 f., der Gesetzentwurf vom 15. Jan. 1880 und die Motivierung ebd. S. 40 ff. Vgl. *Stadelhofer* S. 73 f.
[6] Vgl. *Stadelhofer* S. 53.
[7] Stösser an Kübel, Karlsruhe 7. Jan. 1880 (GLA FA Korresp. 13 N 526 Konz.); die erneute Sendung von Joos an Kübel am 8. Jan. 1880 endete ergebnislos (Stösser an den Großherzog, Karlsruhe 9. Jan. 1880, ebd. Ausf.). Vgl. *Stadelhofer* S. 70 ff.
[8] Vgl. Nr. 363 Anm. 3.

369. Kardinal Hohenlohe an Großherzog Friedrich.

Villa d'Este, 16. Januar 1880.

Gestern erhielt ich E. K. H. gnädiges Schreiben[1], und heute habe ich die notwendigen Stellen für den Papst übersetzt, die morgen in seinen Händen sein werden. Ich erwarte, was er mir dann aufträgt, E. K. H. zu antworten, wenigstens habe ich ihn darum gebeten. Hoffentlich gestaltet sich alles nach unseren Wünschen und der Kübel nimmt sich am Hefele ein Beispiel.

Nächstens mehr, sobald ich etwas erfahre. [. . .]

GLA FA Korresp. 13 N 264 eig.

[1] Nr. 368.

370. Stösser an Großherzog Friedrich.

Karlsruhe, 22. Januar 1880.

E. K. H. beehre ich mich untertänigst anzuzeigen, daß das Schicksal der Examensvorlage seit gestern abend eine bedrohliche Wendung genommen hat. Die nationalliberale Fraktion hat gestern abend mit allen gegen die eine Stimme des Landeskommissärs Frech[1] beschlossen, auf die Gesetzesvorlage nicht einzugehen, bevor nicht der Bischof sein Verbot zurückgenommen habe. Nach der einen, von Kiefer vertretenen Meinung soll diese Zurücknahme in dem kirchlichen Verordnungsblatt geschehen, nach der anderen von Lamey vertretenen soll eine dahingehende Erklärung an das Ministerium des Innern genügen.

Ich habe nun sofort an Herrn Bistumsverweser Kübel geschrieben und ihn unter Hinweisung auf jene Abstimmung gebeten, die Erklärung in der milderen Form zu geben und dazu, wo nötig, sich die Ermächtigung von Rom in telegraphischer Weise zu verschaffen. Als weitere Konzession stellte ich dafür seitens der Regierung in Aussicht, daß dieselbe auf die Anwesenheit des landesherrlichen Kommissärs bei der Fachprüfung verzichten und sich mit dem Nachweis der Abiturientenprüfung und des dreijährigen Besuchs einer deutschen Universität begnügen könne. Das kann nach meiner Meinung die Regierung unbedingt, und da jener Vorschlag zugleich das Steckenpferd Lameys ist, so wird die Modifikation des Gesetzentwurfs in diesem Sinne dessen Durchgehn unzweifelhaft erleichtern. Heute früh reist Herr Baumstark[2] in meinem Auftrag nach Freiburg mit einem von mir formulierten Entwurf der bischöflichen Erklärung und der Erläuterung der in Aussicht zu nehmenden Gesetzesänderung [. . .].

Da der Bischof durch seine Erklärung unbedingt in die Hand der Regierung sich gibt, so hielt ich mich verpflichtet, demselben ein Pfand für volles Eintreten der letztern zu geben. Ich ermächtigte daher Herrn Baumstark, dem Bischof zu sagen, daß, wenn nach Einkunft seiner Erklärung dem von uns in obigem Sinne amendierten Gesetzesentwurf die Kammer nicht zustimmen sollte, alsdann die Auflösung derselben oder meine Entlassung stattzufinden hätte. Mehr als meine Person kann ich nicht zum Opfer bringen.

Wie aber alsdann weiter der kirchliche Friede zustande gebracht werden soll, ist von mir nicht abzusehen. Ich zweifle, daß der Bischof auch nur die jetzt geforderte Erklärung abzugeben vermag, jedenfalls geht er so weit, als ihm dies gestattet ist. Die Ablehnung des Gesetzes, gegen dessen Inhalt man im übrigen keine erheblichen Bedenken zu erheben hat, wegen der Frage, ob der Bischof jetzt oder in 14 Tagen den Dispens gestatten werde, mag ja prinzipiell von Wichtigkeit sein, praktisch ist sie nicht. Das Volk würde sich aber alsdann um seine Hoffnung auf Beendigung des gegenwärtigen heillosen Zustandes geprellt und denselben im Gegenteile verewigt sehn, ohne zu verstehen, warum man sich auf eine so billige Erledigung nicht einzulassen vermöge.

Der ganze Beschluß ist wieder ein Ergebnis des unseligen Fraktionsterrorismus; obwohl ich einige Leute dringend warnte, doch vorerst die Regierung zu hören, ehe sie ihre Meinung feststellten, so ließen sie sich doch wieder in das gewohnte Netz mit gewohnter Unselbständigkeit einfangen. Daher schwebt auch schon auf vielen Lippen, und zwar gerade echt liberaler Männer, der Wunsch nach Auflösung der Kammer, damit endlich das Land aus dieser Knechtschaft erlöst werde. Sie äußert sich auf dem finanziellen und administrativen wie auf kirchlichem Gebiete. *[. . .]*

GLA FA Korresp. 13 N 526.

¹ Albert Frech (1826—96), 1856 Assessor am Bezirksamt Baden, 1857 Amtsrichter, 1869 Stadtdirektor in Heidelberg, 1876 Min. Rat u. Landeskommissär für die Kreise Mannheim, Heidelberg u. Mosbach.
² Reinhold Baumstark (1831—1900), Oberamtsrichter, 1869 Übertritt zum Katholizismus, 1868—70 Mitglied der II. Kammer, 1877 aus Gesundheitsrücksichten Beamter im Ruhestand, 1879—82 Abgeordneter in der II. Kammer, zunächst als Mitglied der kathol. Volkspartei, bei deren Anschluß an das Zentrum: Austritt, Verfechter eines religiösen gegenüber einem politischen Katholizismus.

371. Großherzog Friedrich an Kardinal Hohenlohe.

Karlsruhe, 22. Januar 1880.

Nr. 369 habe ich am 20. durch Vermittlung des Botschafters, Herrn von Keudell, erhalten und danke Ihnen bestens dafür. Ich bin sehr erfreut darüber, daß Sie die wichtigsten Stellen aus meinem Brief vom 10. Januar¹ Seiner Heiligkeit dem Papste in Übersetzung mitgeteilt haben. Die Schwierigkeiten, welche ich Ihnen damals als möglich schilderte, sind inzwischen eingetreten. Die Mehrheit der zweiten Kammer des Landtages will das vorgelegte Gesetz über das Examen der Geistlichen nicht annehmen, ja nicht einmal in Beratung ziehen, insolange der Erzbistumsverweser seine früheren Verbotsverordnungen nicht zurückgenommen hat². Diese Zurücknahme wird von der extremen Seite in der Weise gemeint, daß dieselbe in dem kirchlichen Verordnungsblatt geschehe; während die mildere Anschauung sich mit einer dahingehenden Erklärung des Bischofs an das Ministerium des Innern begnügt.

In dieser Lage wurde der Herr Erzbistumsverweser vom Präsidenten des Ministeriums des Innern gebeten, die Erklärung in der milderen Form zu geben und dazu, wo nötig, sich die Ermächtigung von Rom in telegrafischer Weise zu erbitten. Als weitere Konzession wurde ihm dafür seitens der Regierung in Aussicht gestellt, daß dieselbe auf die Anwesenheit des landesherrlichen Kommissärs bei der Fachprüfung verzichten und sich mit dem Nachweis der Abiturienten-Prüfung und des dreijährigen Besuchs einer deutschen Universität begnügen könne³.

Nachdem dieser letzte Versuch gemacht ist⁴, den guten Intentionen der Regierung ein erwünschtes Resultat zu verschaffen, will ich nicht versäumen, Sie von dieser Lage zu unterrichten, damit Sie erwägen können, ob dies etwa Veranlassung geben dürfte, eine weitere günstige Instruktion des Papstes an den Bischof Kübel zu provozieren. [...]

GLA FA Korresp. 13 Bd. 53 Fasz. 143 Nr. 4 eig. Konz.; N 264 eig. Abschr.

[1] Nr. 368.
[2] *Stadelhofer* S. 73 ff.
[3] Nr. 370.
[4] Das Domkapitel erklärte am 24. Jan. 1880 lediglich seine Bereitschaft, die Dispensverbote zurückzuziehen, falls das projektierte Gesetz zustandekomme (*Stadelhofer* S. 79 Anm. 212).

372. Stösser an Großherzog Friedrich.

Karlsruhe, 23. Januar 1880.

[...] Soeben verläßt mich Herr Baumstark, welcher von Freiburg leider keine guten Nachrichten brachte, indem der Bistumsverweser weiter nicht gehen zu wollen erklärt, als er schon gegangen ist. Weder eine nochmalige Anfrage in Rom noch eine Besprechung mit dem Domkapitel wollte er zugeben, so daß von dieser Seite aus augenblicklich nichts zu hoffen ist. Auch eine Vermittelung Hefeles wird hier nicht fruchtbar sein, weil nach dessen ehrerbietig angeschlossenem Brief an Joos[1] auch Hefele die Zulassung des Dispenses erst nach Zustandekommen des Gesetzes für erlaubt hält; er meint, die anderslautende Berichterstattung von Joos über seine Anschauung in dieser Beziehung müsse auf einem Mißverständnis beruhen.

Um nichts an Vorsicht zu versäumen, schrieb ich dann noch an Lamey, welchem ich, anknüpfend an die Zeitungsnachricht über die Fraktionsabstimmung, mitteilte, daß ich zwar den Regierungsentwurf für sehr verteidigungsfähig ansehe, aber, um meinen guten Willen zu einer Verständigung zu zeigen, bereit sei, mir eine Amendierung des Art. I des Gesetzentwurfs in seinem Sinne gefallen zu lassen. Mein Vorschlag war identisch mit dem an den Bistumsverweser gemachten, und empfing ich hierauf heute früh den ebenfalls ehrerbietigst angeschlossenen Brief von Lamey. Ich sandte ihm darauf sofort mit den Ministerialakten, aus welchen er sich über Gang und Abschluß der Verhandlungen mit Freiburg unterrichten könne[2], einen ausführlichen Brief. Ich führte in demselben, die ablehnende Antwort von Freiburg voraussehend, aus, daß man sich mit der letzten bischöflichen Erklärung vom 5. Januar d. J. zu begnügen habe. [...]

Baumstark, welchem ich dies alles mitteilte, meinte, der Erfolg meines Versuchs bei Lamey werde dem seinen in Freiburg gleichen. Er habe aus häufigem persönlichen Verkehr mit Kiefer und nach Rücksprache mit Lamey die Überzeugung gewonnen, daß zwischen beiden ein tiefes persönliches Einverständnis bestehe dahingehend, daß der gegenwärtige Anlaß zum Sturz des Ministeriums zu benützen sei. Ich hoffe, Lameys gesunder Menschenverstand, welcher freilich durch persönliches Interesse und Kiefers Leidenschaft verdunkelt werden kann, soll Baumstarks Ahnung dementieren. Sollte sich dieselbe bewahrheiten, so stünde man im Falle einer Ablehnung vor der Frage des Rücktritts des Ministeriums und einer Kammerauflösung, welche ja jetzt schon auf allen Lippen schwebt und in allen Zeitungen erwogen wird. Ich habe gestern abend mit Herrn Staatsminister die Sache erwogen, er hält noch einen Mittelweg für möglich, nämlich nach Ablehnung des Gesetzes die Vertrauensfrage zu stellen. Nach reiflicher Überlegung halte ich einen solchen Mittelweg nicht für möglich, wenigstens nicht für mich, der ich ja anders zur Sache stehe wie meine Kollegen. Ich vermöchte unter der Schande einer solchen Begnadigung, das Vertrauensvotum etwa zusammengesetzt aus Ultramontanen, Deutsch-Konservativen und den Beamten in der Kammer, mein Amt nicht weiterzuführen, während ich und bez. die Regierung mit einer infolge einer Kammerauflösung zu erwartenden ultramontanen-konservativen Mehrheit jedenfalls besser die Geschäfte zu erledigen vermöchte als mit der gegenwärtigen, ihre Herrschsucht und ihren Hochmut bis zur Unerträglichkeit steigernden Klique. Ich glaube aber, daß, selbst Lameys persönliche Absichten vorausgesetzt, es zu einer solchen Katastrophe nicht kommen wird. Kiefers überstürzende Leidenschaft hat ihm den Plan verdorben. Die Fraktionsgenossen, ohne Kenntnis der Sache, die meisten, ohne Entwurf und Motive gelesen zu haben, in wilder Hast zusammengetrieben und zu einer übereilten Abstimmung überwältigt, werden allmählich zu einer bessern Einsicht kommen und sicher so viel von ihnen dem Entwurf beistimmen, daß er mit den ultramontanen [und] deutsch-konservativen Stimmen die Mehrheit gewinnt.

Für die Regierung liegt das größte Interesse dafür vor, Zeit zu gewinnen. Je mehr die Abgeordneten Zeit haben werden, sich mit der Sache zu beschäftigen, und je mehr namentlich die öffentliche Meinung Raum gewinnt, auf die Abgeordneten einzuwirken, desto mehr werden sie für die Vorlage und das in ihr angebahnte Friedenswerk sich gestimmt fühlen.

Ruhe und Kraft müssen jetzt die Parole der Regierung sein. [. . .]

GLA FA Korresp. 13 N 526.

¹ Nicht vorhanden, ebenso die weiteren in diesem Absatz erwähnten Schreiben.
² Stösser an Großherzog Friedrich, Karlsruhe 29. Jan. 1880: „Das Gerücht, Lamey habe die Akten Kiefer gegeben, ist auch zu meinen Ohren gekommen, es scheint sich aber nicht zu bewahrheiten" (ebd.).

373. Kardinal Hohenlohe an Großherzog Friedrich.

Villa d'Este, 27. Januar 1880.

Nr. 371 beantwortend, melde ich einstweilen, daß ich sofort meinen gnädigen Herrn in Kenntnis gesetzt habe von Dero Mitteilungen, in allen möglichen Formen ihm die Notwendigkeit schnellen Entschlusses vorstellend. — Sobald ich Näheres erfahre, mache ich sofort Mitteilung. [. . .]

GLA FA Korresp. 13 N 414.

374. Stösser an Reinhold Baumstark.

[Karlsruhe] 2. Februar 1880.

Der Großherzog, von Ihrer Absicht bezüglich einer Audienz des Herrn Erzbistumsverwesers in Kenntnis gesetzt, schreibt mir: „Ich bin sehr geneigt, auf den Vorschlag einzugehen, daß der Erzbistumsverweser persönlich bei mir erscheint und infolge seines persönlichen Ausspruchs mir die Möglichkeit gibt, ihm eine Antwort zu geben, welche ihn veranlasse, das Verbot sofort zurückzunehmen. Will er das tun, so empfange ich ihn auf telegraphische Anmeldung."

Der Großherzog wird nämlich dem Herrn Erzbistumsverweser die Zusicherung geben, daß ein neuer Gesetzentwurf mit Strich des landesherrlichen Kommissärs und der Staatsprüfung den Ständen vorgelegt werde, sobald die Zurücknahme des Verbotes erfolgt. Der Großherzog kann aber den Herrn Erzbistumsverweser nur empfangen, wenn er sicher ist, daß nach stattgehabter Audienz die Zurücknahme auch wirklich erfolgt. Der Herr Erzbistumsverweser müßte deshalb zur Abgabe einer solchen Erklärung, ehe er sich zur Audienz meldet, von Rom ermächtigt sein, allwo die erforderliche Information schon erfolgt ist, so daß die Angelegenheit sehr leicht telegraphisch sich erledigen ließe.

Erzbischl. Archiv Freiburg, Generalia Kirche u. Staat (frdl. Mitteilung von J. *Becker*), gedr. *Baumstark*, Wiederherstellung S. 72 ff. u. *Wacker* S. 81 Anm. 1. Vgl. *Stadelhofer* S. 86 f.

375. Stösser an Großherzog Friedrich.

Karlsruhe, 2. Februar 1880.

[. . .] Vorlage eines Schreibens von Baumstark[1], weil dasselbe auf einen auch von E. K. H. angeregten Gedanken zurückkommt. Ich glaube, nicht zu diesem Versuche raten zu können; so wie sich die Sache entwickelt hat, ist klar, daß der Bischof nicht kann, und in diesem Falle kann oder will auch die Fraktion nicht. Es würde daher die allerhöchste Person des Landesherrn nur ohne Nutzen in die Sache noch weiter hereinziehen. Dies kann und darf nach meiner monarchischen Empfindung nicht geschehen. So sehr ich mit tiefgefühltem Danke die gnädige Gesinnung E. K. H. empfinde, so vermag ich nach reichlichem Bedenken, und zwar aus dem eben erwähnten Gesichtspunkte, mich nicht zu entschließen, daß die Deckung meiner Person durch das so huldvoll in Aussicht gestellte allerhöchste Handschreiben stattfinde. Ich werde mit Gelassenheit und Festigkeit die gestern angeordnete Stellung der Regierung zu dem Gesetzentwurf in Kommission und Kammer vertreten, wenn aber die Abstimmung stattgefunden hat, dann wollen E. K. H. es meiner Ergebenheit für die allerhöchste Person und dem Stolz eines Mannes zugute halten, welcher, nachdem er eine gute Sache bis an die Grenzen der Möglichkeit vertreten, den Schauplatz mit gutem Gewissen verläßt, der ihm nur noch eine aufreibende und doch trotz aller Opfer seiner Ehre nur ergebnislose Tätigkeit in Aussicht stellen würde.

Wollen E. K. H. diesen Ausdruck meiner Empfindung entschuldigen, er beruht auf der Grundlage einer unbedingten Hingebung an die allerhöchste Person, welche mir nicht gestattet, E. K. H. für mich, der ich ja das einzige Ziel des Angriffs bin, eintreten zu lassen, einer, es sei mir gestattet, dies zu sagen, wenig rücksichtsvollen Kameraderie gegenüber. Ich werde heute noch das Haus hüten, um morgen gestärkt dann unter Gottes Beistand meinen Feinden entgegenzugehen.

GLA FA N 526 Ausf.

[1] Vgl. Nr. 374.

376. Großherzog Friedrich an Turban.

[Karlsruhe, 3. [?] Februar 1880.]

Ich bedaure, daß die Mehrheit der zweiten Kammer beschlossen hat, das dem Landtag vorgelegte Gesetz über das Examen der Geistlichen abzulehnen, da ich mit dem Staatsministerium gehofft hatte, es werde dieses Gesetz besonders für viele katholische Gemeinden des Landes eine dankbar erkannte Wohltat werden. Von der Überzeugung durchdrungen, daß die Rechte des Staates unverletzt bleiben, wenn dieses Gesetz ausführbar geworden wäre, bin ich auch heute noch überzeugt, daß meine Regierung eine unabweisliche Pflicht erfüllte, indem sie versuchte, den Landtag zur Annahme ihrer Vorschläge zu bewegen.

Ich kann in dem Scheitern dieser Bemühungen keinen genügenden Grund erblicken, den Rücktritt des Gesamtministeriums zu genehmigen. Ich muß vielmehr wünschen, daß das Gesamtministerium seine Tätigkeit fortsetze, um auch die im Landtag noch unerledigten Vorlagen der Regierung im Interesse des Landes zu vertreten.

Mein Vertrauen zum Gesamtministerium ist umso weniger erschüttert, als ich mich in Übereinstimmung mit demselben befinde in den Zielen, welche bisher unentwegt verfolgt wurden. Ich weiß, daß Sie und Ihre Herren Kollegen wahrhaft freisinnige Männer sind, die das Wohl des Landes zu fördern als ihre höchste Ehre betrachten und dabei dem Landesherrn in der Treue dienen, welche auf Selbstlosigkeit beruht.

Die Aufgaben, denen sich meine Regierung zu widmen hat, sind zu vielseitig und umfassend, als daß ich es für zulässig erkennen könnte, aus dem Scheitern des genannten Gesetzes eine entscheidende Frage für den Bestand des Gesamtministeriums zu machen. Ich gebe mich vielmehr der Hoffnung hin, es werde meiner Regierung gelingen, diese für die Interessen meiner katholischen Untertanen so wichtige Frage allmählich einer günstigen Lösung entgegenzuführen.

Im Interesse einer ungeschwächten Autorität der Staatsregierung, deren Wirksamkeit durch jeden Wechsel leidet, weil Unsicherheit in die Verwaltung des Landes einkehrt und daraus Schäden erwachsen, die ich mit dem ganzen Gewicht meiner Verantwortlichkeit zu verhindern mich berufen fühle — ersuche ich Sie, mit dem Gesamtministerium mir auch ferner zur Seite zu stehen und mich in der Aufgabe zu unterstützen, das wahre Wohl des Landes treu zu fördern.

GLA 48/5443 Konz. eig.

377. Turban an Großherzog Friedrich.

Karlsruhe, 3. Februar 1880, abends 9 [Uhr].

E. K. H. erlaube ich mir in aller Kürze gehorsamst mitzuteilen, daß unser Zusammentritt mit der Kommission der II. Kammer über das Examensgesetz heute abend ½ 6 bis ¾ 8 Uhr stattgehabt und — wenigstens äußerlich — einen durchaus anständigen Verlauf genommen hat. Außer den Kommissionsmitgliedern waren so ziemlich alle anderen Kammermitglieder als Zuhörer anwesend. Lamey als Berichterstatter legte den E. K. H. bekannten Standpunkt der Kommissionsmehrheit dar, suchte insbesondere die Bedeutung des landesherrlichen Prüfungskommissärs abzuschwächen und stellte in Abrede, daß der Bischof der Vornahme der Fachprüfung durch die theologische Fakultät zustimme; die vorgängige Zurücknahme der bischöflichen Verbote sei unerläßlich, zumal nun das Gesetz nach den Vorschlägen der Kommission amendiert werde, weil dann für die erst nach dem Erscheinen des Gesetzes erfolgende Zurücknahme kein rechter Grund übrig bleibe.

Kollege Stösser hat in wohl disponierter und erschöpfender, durchaus klarer und fließender Rede den Regierungsentwurf vertreten, auch nachgewiesen, warum derselbe nicht von der vorgängigen Zurücknahme des bischöflichen Verbots habe abhängig gemacht werden können, und wie die Gr. Staatsregierung kein Recht noch Ansehen des Gesetzes preisgegeben, vielmehr gegenüber den bischöflichen Renitenzen seit den 1850er Jahren eine sehr weitgehende Sühne erlangt habe; — und mit dem staatlichen Prüfungskommissär eine höchst wertvolle Einrichtung. Das eventuelle Eingehen auf Änderung des Entwurfs wurde übrigens in Aussicht gestellt.

Lamey hat zwar in seiner Replik eine Anzahl Gegenbemerkungen, die mehr nur in kurz abfälliger Weise gehalten waren, erhoben. Indessen bin ich doch der Meinung, daß Stössers Ausführungen dem zahlreichen Auditorium eine bessere Meinung von der Haltung des Ministeriums beigebracht haben müssen, als es in der letzten Woche die Presse getan, und wenn auch nur dieser Erfolg heute erzielt wurde, so ist er von großem Wert. Die Kommission wird auf ihren Anträgen beharren. Morgen erwartet Stösser die Antwort Baumstarks. [. . .]

GLA FA Korresp. 13 N 536 Ausf.

378. Lamey an Großherzog Friedrich.

Karlsruhe, 4. Februar 1880.
Die Mitteilung, welche mir Herr Geheimrat Nüßlin machte, hat mich mit tiefer Sorge erfüllt. Ich halte mich nicht für berechtigt, E. K. H. eine Darlegung meiner Anschauung über die Lage der Dinge zu geben, insofern darin meinerseits eine Einmischung in den Gang der Regierung liegen würde, die von mir niemals versucht wurde. Aber ich darf wohl die Stellung bezeichnen, welche von mir eingenommen wurde, um damit darzutun, daß ich meinerseits durchaus alles getan, was eine friedliche Lösung der Prüfungsfrage herbeiführen kann, deren Erledigung E. K. H. am Herzen liegt. Ich glaube auch berechtigt zu sein zu sagen, daß niemand mit besserm Rechte behaupten darf, daß in dieser Frage seine Ansichten auf Seite der Wünsche E. K. H. liegen, als dies bei mir der Fall ist.

Gegen mein Erwarten und nur nach und nach ist mir möglich geworden, die liberalen Abgeordneten, von denen eine große Zahl für das Gesetz von 1874 sehr engagiert war, für ein Ändern dieses Gesetzes im Sinn der Rückkehr zu der von 1860 bis 1867 beobachteten Praxis zu gewinnen. Da die Herrn Minister in der gestrigen Kommissionssitzung gegen die Amendierung des Gesetzentwurfs in dieser Richtung keine besondern Einwendungen machten, was sie übrigens im persönlichen Verkehr mit mir auch früher nicht getan, so darf ich wohl unterlassen, die Gründe anzuführen, die für ein so prinzipielles Verfahren entscheidend sind. Vielleicht hat sich Herr Staatsminister Turban selbst gestern noch mehr überzeugt, wie dadurch allein künftigem Streit vorgebeugt werden kann und wie leicht solcher wieder entstehen könnte, ja sozusagen auf der Schwelle stünde, wenn Art. I des Gesetzentwurfs im Sinne der Begründung dazu einfach angenommen würde.

Das Aufgeben der seither von vielen mit Energie festgehaltenen Ansicht über die Notwendigkeit der Staatsprüfung des Gesetzes von 1874, welche von der Regierung selbst nicht nur durch Jolly, sondern auch noch auf dem vorigen Landtag vertreten wurde, machte irgend eine Vermittelung nötig, welche es erklärlich machte, daß ebendieselben Abgeordneten nun zu dem Prinzip übergingen, das von 1860—1867 Geltung hatte. Dies fiel um so nötiger, als durch das Aufgeben der Prüfung — und hierauf erlaube ich mir E. K. H. besonders aufmerksam zu machen — ein Verlangen, daß die Geistlichen Dispens von der Prüfung nachsuchen, nicht wohl mehr möglich war, daß somit der Art. II des Entwurfs seine Berechtigung verlor, und das Versprechen des Ordinariats, diesen Dispens nach Art. II nach Verkündigung des Gesetzes zuzulassen, gegenstandslos geworden wäre. Damit war somit die Wahl gegeben, entweder auf jede Sühne der Dispensation von 1867, 1872 und 1874 zu verzichten oder die Forderung zu stellen, daß dies Verbot nunmehr nach dieser Amendierung vor Erlassung des Gesetzes aufgehoben würde. Ich persönlich hätte wohl einem frei und ohne Rücksicht auf Verhandlungen mit dem Ordinariat gegebenen Gesetze über Aufhebung der Staatsprüfung nach der seither von mir eingenommenen Stellung meine Zustimmung geben können, den andern Abgeordneten konnte ich billiger Weise dies zur Zeit nicht zumuten, um so weniger, als die Regierung ja selbst die nachträgliche Aufhebung des Dispensverbots als Bedingung verlangt und wiederholt beim Ordinariat den Wunsch dringlichst ausgesprochen hatte, dasselbe solle mit der Vorlage des Gesetzentwurfs das Dispensverbot zurücknehmen, und zur nachdrücklichen Begründung dieses Wunsches gerade das hervorgehoben hatte, das sonst leicht eintreten könne, daß die Landstände ablehnen würden, auf Beratung und Änderung des Gesetzes von 1874 einzugehen. Diese Eventualität, die jetzt unter veränderten und günstigern Umständen eintreten kann, hätte nach meiner Ansicht die Regierung ruhig ertragen und sich völlig damit rechtfertigen können, daß sie selbst in loyaler Weise die Kurie auf die leichte Möglichkeit ihres Eintritts aufmerksam gemacht hatte. Sie hätte damit eine Stärkung zur Wiederholung ihres Wunsches um vorherige Zurücknahme des Dispensverbots gefunden und, da sie dem Aufgeben der Staatsprüfung nicht widerspricht, der Kurie zugleich zeigen können, daß nach dieser an sich in Freiburg erwünschten Sachlage die Aufhebung des Dispensverbots vor Erlassung des Gesetzes eine Notwendigkeit sei, da ein späteres Aufheben gegenstandslos erschiene. Überdies hat die Kurie in einem Erlaß vom 9. Dez. v. J. bereits ihre Bereitwilligkeit zur Erfüllung des Wunsches der Regierung für den Fall erklärt, wenn das Zustandekommen des Gesetzes in sicherer Aussicht stehe, eine Voraussetzung, deren Eintritt dann sichergestellt war.

Weshalb unter diesen Umständen dieser Gegenstand zu einem Konflikte heranwuchs, ist mir nicht erklärlich. Vielleicht liegen die Gründe in dem Umstand, daß, bevor sich die liberalen Abgeordneten alle entschließen konnten, meinen Vorschlag der Aufhebung der Staatsprüfung anzunehmen, da und dort eine schroffere Auffassung zu Tage trat, später sodann in einem Mißverständnis über die Bedeutung und Tragweite meines Antrags, vorzugsweise vielleicht in der Presse, wobei ich nicht verhehlen kann, daß die Karlsruher Zeitung selbst den Anlaß zu einer schroffern und selbst, wie ich höre, zu einer Anstoß erregenden Entgegnung gegeben, welch letztre nach bestimmtester Versicherung nicht von einem Kammermitgliede herrührt.

Damit und durch andre Maßnahmen scheinen die einfachen Vereinigungspunkte ohne hinbringlichen Grund stark an ihre Stelle gerückt, ohne daß dies in Wahrheit der Fall ist; um so mehr sehe ich mich zu maßvollem Verhalten verpflichtet, und ich hoffe, daß E. K. H. in dem Berichte über den Gesetzentwurf dies Maßhalten nicht vermissen und mir das Zeugnis nicht versagen werden, daß ich alles getan habe, was nach der Sachlage mir möglich war, um den kirchlichen Konflikt über die Prüfungsfrage im dermaligen Stadium nach den berechtigten Wünschen E. K. H. zu lösen. Ich darf beifügen, daß dieser Wunsch ein allseitiger ist, daß ich unter meinen Meinungsgenossen niemand kenne, der ihn nicht geteilt und hofft, daß der eingeschlagene Weg in Bälde und dauernd zum Guten führt.

Gegen die in der Presse laut gewordne Insinuation, als ob ich nach einer Ministerstelle strebe, brauche ich mich bei E. K. H. nicht zu verteidigen. Ich wünschte, daß E. K. H. aus dem Gesagten die Überzeugung gewinnen möchte, daß ich nur in treuer Ergebenheit gegen meinen hohen Landesfürsten und so, wie ich glaube, das Wohl des Landes fördern zu können, diesmal meine Stellung genommen. Überhäufung mit Geschäften und darunter leidende Gesundheit mögen es entschuldigen, wenn meine Darstellung weniger klar sein sollte, als ich es wünsche. [. . .]

GLA FA Korresp. 13 N 437 eig. Marginalie des Großherzogs: „pr. Karlsruhe 4. 2. 80 abends 5 Uhr, ad acta F."

379. Großherzog Friedrich an Turban.

Karlsruhe, 4. Februar 1880.

Durch Geheimrat Nüßlin wurde mir nach seiner Unterredung mit Geheimrat Lamey in Aussicht gestellt, daß letzterer beabsichtige, sich schriftlich an mich zu wenden. Dies ist geschehen, und erhielt ich das anliegende Schreiben um 5 Uhr abends[1]. Über die Bedeutung desselben werden wir noch Gelegenheit haben zusammen zu verkehren. Zunächst will ich nicht säumen, es zu Ihrer Kenntnis zu bringen und Sie zu bitten, es auch an Präsident Stösser mitzuteilen.

Ob dieses Schreiben zum Ausgangspunkt weiterer Verständigungsversuche gewählt werden kann und darf, ist mir vorerst noch nicht ganz klar, da ich manche Teile der Lameyschen Darstellung noch nicht ganz zu erfassen und zu verstehen vermag. Aber die Motive, welche das Schreiben veranlaßten, scheinen mir ein Objekt zu bieten, dessen Benützung zu Verständigungsversuchen dienlich sein könnte. Sollte dies bei genauer Erwägung sich wirklich ergeben, so bin ich bereit, an Lamey eine Antwort zu geben[2], welche den Übergang zur geschäftlichen Behandlung bietet, wobei dann der weitere Verlauf bald ergeben müßte, ob etwa eine Besprechung zwischen Ihnen und Lamey ratsam erscheint.

Solche Erwägungen spreche ich Ihnen aus, da ich annehme, daß, wenn der jetzt in Freiburg unternommene Versuch resultatlos bleibt, immer noch obige Wege eingeschlagen werden könnten, wenn Lamey ernstlich gesonnen ist, einen Ausgleich herbeizuführen. [. . .]

P. S. In diesem Augenblick verläßt mich Präsident Stösser, welcher mit Beendigung obiger Zeilen bei mir eintrat, um wichtige Mitteilungen zu machen. Er kennt nun Lameys Schreiben, das ich ihm vorlas und dessen Benützung auch er für möglich hält.

GLA FA Korresp. 13 N 538 Nr. 12 eig.

[1] Nr. 378. *Stadelhofer* behandelt diese Intervention nicht. Am 4. Febr. wurde die Resolution der Kommission von der Kammer (*Wacker* S. 57) zum Beschluß erhoben und Lamey mit der Berichterstattung vor dem Plenum beauftragt.
[2] Nach Nr. 381 u. 385 wurde keine Antwort erteilt.

380. Turban an Großherzog Friedrich.

Karlsruhe, 4. Februar 1880.

[...] E. K. H. gebe ich Lamey's Brief[1] mit dem gehorsamsten Bemerken zurück, daß auch mir darin ein Anhalt gegeben zu sein scheint, unter Lameys Mitwirkung zu einer Lösung zu gelangen, welche bei der gesteigerten Spannung der Situation immer schwieriger und peinlicher zu werden droht. Ich hörte eben noch vor meinem Weggang aus dem Handelsministerium, daß die Kommission in ihrer heute Abend abgehaltenen Schlußsitzung den E. K. H. bekannten Antragsentwurf definitiv angenommen hat. Einer der gestrigen Zuhörer soll geäußert haben, die Ausführungen des Präsidenten des Ministeriums des Innern hätten nicht befriedigt. Vielleicht ist dies nicht der allgemeine Eindruck; ein ziemlich richtiges Referat über die Darlegungen des Kollegen Stösser sowie über die des Berichtstatters Lamey haben E. K. H. wohl bereits in der heutigen Abendnummer des Badischen Beobachters bzw. aus Stössers mündlichem Bericht entnommen.
Der in Lameys Brief ausgesprochene Gedanke: die Regierung hätte ihr Gewissen beruhigt finden können, wenn der Gesetzentwurf infolge der Weigerung des Bischofs, seine Verbote vorher zurückzuziehen, zunächst von der Kammer abgelehnt wird, — dieser Gedanke war schon die Meinung des Staatsministeriums, als über die Vorlage des Entwurfs an die Kammer Beschluß gefaßt wurde. Dieser Gedanke ist auch dem Bischof gegenüber in dem Briefe Stössers zum Ausdruck gelangt, in welchem in letzter Stunde ihm nochmals ernst die Folgen seiner Weigerung vorgestellt wurden[2]. Nur wenn er die Verbote zurückziehe, werde das Ministerium v o l l für die Vorlage eintreten können, wurde ihm ausdrücklich bemerklich gemacht. Wenn das Ministerium diesen Standpunkt in der Kammerverhandlung festhält und Lamey seinen Einfluß verwendet, daß diese Verhandlung einen ruhigen, die Regierung mit Beschuldigungen usw. verschonenden Verlauf nimmt, so kann meines Erachtens die Krisis vermieden bzw. beigelegt werden. [...]

GLA FA Korresp. 13 N 536.

[1] Nr. 378.
[2] Stösser an Kübel, 4. Febr. 1880, vgl. *Stadelhofer* S. 88.

381. Großherzog Friedrich an Lamey.

[Karlsruhe, nach 4. Februar 1880.]

Aus Ihrem Schreiben vom 4. d. Mt.[1] habe ich gern entnommen, daß Sie das Bedürfnis fühlen mir darzulegen, warum Sie den von mir dem Landtag dargelegten

Gesetzentwurf, das Examen der Geistlichen betreffend, glauben bekämpfen zu müssen. Die gute Absicht, welche Sie mir dabei kundgegeben, erkenne ich dankbar an. Ich erwidere Ihre Ausführungen, indem ich Ihnen den Standpunkt zeige, auf dessen Grundlage ich mich bisher bewegte und den ich auch ferner festhalten werde, um dieser wichtigen Angelegenheit meine ganze Fürsorge widmen zu können.

Es war nicht ein allgemeines Friedensbedürfnis, sondern die Überzeugung, daß die Wiederherstellung einer geregelten Seelsorge für viele katholische Gemeinden des Landes ein dringendes Bedürfnis sei, welche mich bewegte, den Versuch zu machen, die bestehende Gesetzgebung in einer wirklich ausführbaren Weise zu modifizieren. Die reichlichen Erfahrungen auf dem Gebiete kirchlicher Fragen lehren uns, daß nur auf dem Wege wohlwollender Beurteilung der hier in Betracht kommenden Interessen ein guter Erfolg erzielt werden kann. Die Besprechungen, welche zu diesem Zweck mit den kirchlichen Behörden eingeleitet wurden, führten zu einer genügenden Verständigung und geben die Gewißheit, daß ein Gesetzvorschlag, wie er dann dem Landtag vorgelegt ward, auch von den kirchlichen Behörden pünktlich durchgeführt werde.

Bei diesem Verfahren sind die Rechte des Staates unverletzt geblieben, denn der genannte Gesetzentwurf ist nicht von der Zustimmung der Kirchenbehörden abhängig gemacht, sondern dieselben haben vielmehr das Recht des Staates zur gesetzlichen Regelung dieser Frage ausdrücklich anerkannt und damit den früheren Widerspruch tatsächlich aufgegeben.

Von dem Bewußtsein getragen, die Rechte des Staates sorgfältig gewahrt zu haben, kann ich daher heute nicht zur Ansicht gelangen, daß es richtig sei, das Zustandekommen eines Gesetzes von der ausdrücklichen Anerkennung der Kirchenbehörden von der Zurücknahme von Verboten derselben abhängig zu machen, deren Bedeutung zwar tatsächlich unleugbar ist, deren rechtliche Wirkung aber nie anerkannt wurde.

Wenn nun das dem Landtag vorgelegte Gesetz nicht angenommen werden will, weil die katholische Kirchenbehörde ihren Widerstand gegen das Gesetz vom Jahr 1874 noch immer für gerechtfertigt hält, so kann ich diese Motivierung aus besagten Gründen nicht zutreffend finden. Ich komme vielmehr zum Schluß, daß dieser ablehnenden Motivierung gegenüber die Rechte des Staates nur dann wieder in ihre volle Geltung gebracht werden können, wenn ich das vorliegende Gesetz zurückziehe und dem Landtag ein neues Gesetz vorlege, das von einer Mitwirkung der Staatsregierung bei der Prüfung der Geistlichen völlig Umgang nimmt und daher ein Einvernehmen mit den Kirchenbehörden oder ein Aufgeben des Widerstandes derselben vor Zustandekommen des Gesetzes unnötig macht.

Da Sie mir sagen, daß die meisten Mitglieder der zweiten Kammer den Wunsch hegen, den kirchlichen Konflikt über die Prüfungsfrage beseitigt zu sehen, so darf ich wohl annehmen, daß dieselben geneigt sein, einem aus der freien Initiative der Staatsregierung hervorgehenden Gesetzentwurf zuzustimmen, dessen Durchführung ohne jedwede Mitwirkung der Kirchenbehörden möglich ist. Ich würde es dankbar erkennen, wenn Sie mir darüber Aufschluß geben könnten.

GLA 48/5443 eig. Konz. Vermerk des Großherzogs „Ist nicht zum Vollzug gekommen. ad acta. F."

[1] Nr. 378.

382. Großherzog Friedrich an Turban.

Karlsruhe, 8. Februar 1880.

Präsident Stösser hat mir einen Entwurf eines an den Erzbistumsverweser von ihm zu richtenden Schreibens in der gestern von uns besprochenen Frage gesandt und dabei bemerkt, daß er Ihnen Abschrift davon mitgeteilt habe[1].

Nachdem ich den Entwurf geprüft habe, versuchte ich, mir den Verlauf der daraus sich ergebenden Situation zu vergegenwärtigen, und habe demnach die Reihenfolge aufgezeichnet, in welcher die verschiedenen Staatsakte sich folgen könnten. Diese Aufzeichnung übergebe ich Ihnen hiermit[2] und füge bei, daß ich mit dem Entwurf des Präsidenten Stösser einverstanden bin, aber zur Vermeidung weiterer schriftlicher Erörterungen sehr empfehle, den Ministerialrat Joos mit dem Schreiben nach Freiburg zu senden und ihn zu ermächtigen, auch das evtl. Schreiben des Bischofs an mich mitzubringen. Joos müßte genau instruiert werden, damit er sicher handeln kann, damit er aber auch auf rasches Verfahren drängt.

Sollten Sie mit Präsident Stösser über diese ganze Angelegenheit mit mir konferieren wollen, so bitte ich, morgen vormittag mit ihm zu mir zu kommen[3]. [...]

GLA FA Korresp. 13 N 538 Nr. 13 eig.

[1] Kübel hatte am 6. Febr. bei Stösser angefragt, ob die Aufhebung des kirchlichen Dispensverbotes von der Regierung nicht als prinzipielle Anerkennung des Examensgesetzes vom 19. Febr. 1874 gedeutet und ob nach Aufhebung des Dispensverbotes der neue Gesetzentwurf (vom 15. Febr.) auch sicher angenommen werde. Stösser antwortete mit Zustimmung des Großherzogs und des Staatsministeriums am 9. Febr., daß eine prinzipielle Anerkennung der Staatsgesetze von der Regierung nicht verlangt werde, sondern daß sie sich damit begnüge, wenn die Gesetze befolgt würden. Die Annahme des der Kammer vorzulegenden neuen Gesetzentwurfs sagte Stösser mit Sicherheit voraus, wenn das Dispensverbot zurückgenommen werde. Gleichzeitig wurde Kübel der Entwurf der von ihm abzugebenden Erklärung (vgl. Nr. 384) zugestellt (vgl. *Stadelhofer* S. 89).

[2] Nr. 383.

[3] Turban verhandelte nach Erhalt dieses Schreibens sogleich mit Stösser und teilte noch am gleichen Tage dem Großherzog mit, daß am 9. Febr. um 9 Uhr das Staatsministerium über die weitere Behandlung der Examensfrage beraten und er sich mit Stösser am gleichen Tage um 11 Uhr zum Vortrag einfinden werde. Die Aufzeichnung des Großherzogs behielt er „einstweilen zur Benützung bei der morgigen Besprechung im Staatsministerialkollegium" zurück (Turban an den Großherzog, 8. Febr. 1880, N 536).

383. Großherzog Friedrich an das Staatsministerium.

Karlsruhe, 8. Februar 1880.

Für die Reihenfolge der nunmehr vorgeschlagenen Schritte zur Herbeiführung eines Einverständnisses über die Examengesetzfrage möchte ich raten, in folgender Weise zu verfahren.

1. Schreiben des Präsidenten des Ministeriums des Innern an den Erzbistumsverweser mit dem Vorschlag einer Fassung der Verbotzurücknahme auf Grundlage der Mitteilung eines neuen Gesetzentwurfs, der das Staatsexamen und Prüfungskommissär beseitigt.

1. a. In dem gleichen Schreiben wird dem Erzbistumsverweser der Rat erteilt, sich in einer schriftlichen Eingabe an den Landesherrn mit der Bitte um Vermittlung zu wenden. Es wird ihm anheimgegeben, sich in dieser Eingabe über seine Wünsche und Anschauungen zu äußern.

1. b. Ferner würde ihm eröffnet, daß, wenn er dem Landesherrn in seiner Eingabe den Willen kundgebe, die Verbote zurückzunehmen, und etwa die Form mitteile, in welcher dieselbe erfolgen solle, er dann eine Antwort erhalten werde, welche ihm das Zustandekommen des neuen Gesetzes in Aussicht stelle.

2. Hiernach würde der Erzbistumsverweser den Zurücknahme-Erlaß in weiterer oder engerer Weise veröffentlichen.

3. Gleichzeitig würde das Schreiben von Lamey[1] beantwortet werden und dabei auf die große Verantwortlichkeit des Landtags bezüglich des Gelingens oder Scheiterns dieser Frage hingewiesen.

4. Vorlage des neuen Gesetzentwurfs an den Landtag durch den Präsidenten des Staatsministeriums, begleitet von dem Gesamtministerium und Verlesung eines landesherrlichen Erlasses, welcher das Staatsministerium ermächtigt, den alten Gesetzentwurf zurückzuziehen, nachdem es gelungen sei, eine Verständigung zwischen den Anträgen der Kommission, der zweiten Kammer und der katholischen Kirchenbehörde zu ermöglichen, welche den alleinigen Zweck des Landesherrn und seiner Regierung erfülle — die Wiederherstellung einer geordneten Seelsorge für die katholischen Gemeinden des Großherzogtums. Diese Verständigung zwischen Regierung, Landtag und Kirchenbehörde herbeigeführt zu haben, werde als ein Segen für das Land betrachtet und der Hoffnung Raum gegeben, daß der Landtag nunmehr die landesherrlichen Bemühungen zur Erreichung der allerseits gewünschten und nötigen Sicherung der Seelsorge vieler bedrängter Gemeinden tatkräftig unterstütze.

Die ganze Mitteilung an den Erzbistumsverweser sollte zwar in Briefform gefaßt, aber doch von dem Ministerialrat Joos persönlich überbracht werden[2]. Wenn auch alle denkbaren Schwierigkeiten in dem Briefentwurf bedacht und berücksichtig sind, so werden doch noch Fragen von seiten des Bischofs und des Kapitels gestellt werden können, welche eine sofortige Aufklärung erheischen oder evtl. eine telegraphische Mitteilung hierher nötig machen. Gelingt aber die Sendung, so sollte Herr Joos sich das bischöfliche Schreiben an den Landesherrn sofort erbitten und dasselbe hierher bringen.

GLA 48/5443 eig. Konz., FA Korresp. 13 N 536 Ausf.

[1] Nr. 378.
[2] Turban an Großherzog Friedrich, Karlsruhe 9. Febr. 1880 abends 11 [Uhr]: [...] „Ich erlaube mir, das von E. K. H. mir gnädigst zugestellte Exemplar des Entwurfs eines Schreibens des Präsidenten Stösser an den Erzbistums-Verweser zu Freiburg vom heutigen, nachdem ich solches von Allerhöchstdenselben gutgeheißenen Änderungen des Staatsministeriums gemäß abkorrigiert habe, gehorsamst wieder vorzulegen. Die auf der Staatsministerialkanzlei gefertigte Reinschrift von Präsident Stösser so zeitig in Empfang genommen worden, daß sie dem Ministerialrat Joos zu seiner Abreise mit dem Nachmittagsschnellzug hat zugestellt werden können." [...] (ebd.).

384. Kübel an Großherzog Friedrich.

Freiburg, 10. Februar 1880.
Die huldvollen Worte, welche E. K. H. in der Thronrede vom 15. November v. J.[1] an Allerhöchstderen treues Volk dahin zu richten geruhten, daß „es den auf den Frieden gerichteten Bestrebungen Allerhöchst Ihrer Regierung gelingen werde, auch die bis dahin noch nicht erledigten Fragen in den Verhältnissen der katholi-

schen Kirche ihrer Lösung näher zu bringen", sind mir in dankbarster Erinnerung geblieben.

Deshalb habe ich meinerseits alles aufzubieten mich für verpflichtet gehalten, damit auch kirchlicherseits den allerhöchsten, auf Abhilfe der obschwebenden Notstände abzielenden Intentionen entsprochen werde.

Im vollen Vertrauen auf den landesväterlichen Schutz der religiösen Interessen und darauf, daß K. H. in Höchstihrer Regentenweisheit die Mittel und Wege finden werden, bei der gegenwärtig im Kreise der gesetzgebenden Faktoren bestehenden Spannung die Gegensätze auszugleichen, nahe ich mich allerehrfurchtsvollst dem Throne meines allergnädigsten Landesherrn und bitte unter Versicherung meiner treuesten Ergebenheit um Allerhöchst dessen landesväterliche Vermittlung.

Zu diesem Behufe wage ich E. K. H. im Anschlusse den Entwurf meiner zur Vorlage an Gr. Ministerium des Innern bestimmten Erklärung alleruntertänigst zu unterbreiten. [. . .]

Entwurf meiner Erklärung. In dankbarer Anerkennung der von S. K. H. dem Großherzoge uns huldvoll geoffenbarten landesväterlichen Teilnahme für die Seelsorge der katholischen Bevölkerung des Großherzogtums und in der Erkenntnis, daß nach dem bisherigen Gange der landständischen Verhandlungen durch mein Entgegenkommen eine den Interessen der Kirche entsprechendere Änderung des Gesetzes vom 19. Februar 1874 in sicherer Aussicht steht, nehme ich anmit die Verbote vom 14. September 1867, vom 7. November 1872 und 24. Januar 1874 wegen Dispenseinholung vom Staatsexamen zurück.

GLA 48/5443 eig. Ausf.

[1] Muß heißen: 18. Nov.; vgl. Nr. 362 Anlage Anm. 1.

385. Großherzog Friedrich an Turban.

Karlsruhe, 11. Februar 1880.

Anliegend übersende ich Ihnen einen Brief des Erzbistumsverwesers Kübel von Freiburg mit der ihm vorgeschriebenen und von ihm angenommenen Erklärung der Zurücknahme der Verbote[1]. Diese Tatsache muß nun durch die Antwort des Ministeriums des Innern verwirklicht werden. Ich ersuche Sie daher, nach genommener Kenntnis der Anlagen dieselben alsbald dem Präsidenten Stösser mitteilen zu wollen, damit er die in meinem Namen dem Bischof zu erteilende Antwort projektiere und somit die öffentliche Zurücknahme der Verbote wirklich erfolge[2]. Ob ich dann selbst noch eine Antwort an den Bischof erteile, will ich weiterer Erwägung anheimgeben[3].

Schließlich möchte ich Sie bitten zu prüfen, ob eine Antwort auf das Schreiben des Geheimrat Lamey in meinem Namen für die Sache von irgendeinem Nutzen sein könnte[4]. Ich selbst habe inzwischen durch den Verlauf der Angelegenheit den Entschluß gefaßt, keine Antwort zu geben, da ich keine Verbindung mehr mit diesen Herren haben will.

Ich empfange jetzt den Ministerialrat Joos zur Berichterstattung[5].

GLA FA Korresp. 13 N 538 Nr. 14 eig.

[1] Nr. 384.   [2] Vgl. Nr. 386.   [3] Vgl. Nr. 387.   [4] Nr. 378.
[5] Über seine Mission zum Erzbistumsverweser in Freiburg vgl. Nr. 382.

386. Turban an Großherzog Friedrich.

Karlsruhe, 11. Februar 1880.

Indem ich E. K. H. für die erbetene gnädigste Übersendung des Vermittlungsgesuchs des Herrn Bischof Kübel[1] unseren ehrerbietigsten Dank ausspreche, erlaube ich mir zugleich gehorsamst anzuzeigen, daß unmittelbar aus unserer Sitzung ein Telegramm und ein Schreiben des Präsidenten Stösser an den Herrn Bischof abgelassen wurden, womit er von dem Beschlusse, die neue Gesetzesvorlage einzubringen, in Kenntnis gesetzt und zur unverzüglichen Einsendung seiner in amtlicher Form ausgefertigten Erklärung über die Verbotzurücknahme ersucht wird, damit die Vorlage an die Kammer unter Zurückziehung des alten Entwurfs ohne Verzug erfolgen kann. *[. . .]*

GLA FA Korresp. 13 N 536.

[1] Nr. 384.

387. Turban an Großherzog Friedrich.

Karlsruhe, 12. Februar 1880.
NM 1 Uhr.

Erzbistumsverweser Kübel zeigt dem Präsidenten des Ministeriums des Innern in einem diesen Vormittag 10 ½ Uhr in Freiburg aufgegebenen Telegramm an: „Eben wurde die gewünschte Urkunde an Ministerium abgesendet." Demnach kann dieselbe mit dem um 11.32 [Uhr] von Freiburg abgehenden Schnellzug heute Nachmittag hier eintreffen und würde der Vorlage des neuen Gesetzentwurfs unter gleichzeitiger Zurückziehung des Entwurfs vom 15. v. M. nichts mehr im Wege stehen.

Stösser schreibt mir, daß die Fertigung der Reinschriften (Staatsministerialvortrag[1], Gesetz, Begründung) im Ministerium des Innern unter der Anleitung des MR Joos mit allem Nachdruck betrieben werde. Im Staatsministerium ist das allerhöchste Kommissorium nach einer in der gestrigen Abendsitzung vereinbarten Fassung vorbereitet, so daß sämtliche Aktenstücke wohl spätestens morgen früh E. K. H. zur allerhöchsten Prüfung und eventuellen Unterzeichnung werden vorgelegt werden können; ich hoffe, daß sich dieses noch heute abend wird ermöglichen lassen, um, wenn tunlich, die Vorlage an die zweite Kammer schon morgen im Laufe der Vormittagssitzung bewirken zu können[2]. —

In dem gnädigsten an mich gerichteten Schreiben vom gestrigen[3] haben E. K. H. die Frage zur weiteren Erwägung anheimgestellt, ob dem Bischof auf seine untertänigste Eingabe vom 10. d. M., nachdem auf dieselbe eine ministerielle Eröffnung über die daraufhin gefaßte allerhöchste Staatsministerialentschließung in Betreff der Vorlage des neuen Gesetzentwurfs ergangen sein wird, von E. K. H. selbst noch eine Antwort zu erteilen sei. Wir haben im Drang der Geschäfte leider gestern abend verabsäumt, diese Frage zu besprechen. Nach meiner unmaßgeblichen Meinung dürfte die Frage nicht zu verneinen sein. Eine persönliche Antwort in Briefform, welche die Befriedigung E. K. H. über den vom Bischof getanen Schritt ausdrückt und denselben davon in Kenntnis setzt, daß Allerhöchstdieselben den neuen Gesetzentwurf gutgeheißen, auch den Auftrag zu dessen Vorlage an die

Stände nunmehr erteilt haben und der Ausdruck HöchstIhrer landesväterlichen Wünsche für die Sicherung einer geordneten Seelsorge in den katholischen Gemeinden des Großherzogtums, für das Gelingen Ihrer Bemühungen um die Erreichung dieses Ziels — eine solche Antwort wird als ein Zeichen huldvoller Gesinnung von dem Erzbistumsverweser dankbar erkannt werden. Das gestrige amtliche Schreiben des Kollegen Stösser ist ganz kurz im knappsten Geschäftsstil abgefaßt, also entfernt nicht irgend ein Widerhall der warmen Töne, welche in der bischöflichen Eingabe an E. K. H. angeschlagen sind. Das ministerielle Schreiben mußte sich in jener Kühle und Kürze bewegen und konnte ja auf das, was zur allerhöchsten Person des Fürsten gesprochen war, nicht wohl eine persönliche Erwiderung geben. Um so mehr wird, wenn dies nicht durch E. K. H. geschieht, bei dem Herrn Bischof eine peinliche Empfindung, das Gefühl, daß etwas unterblieben, worauf er gehofft hatte — ein freundliches Wort, zurückbleiben.

Ich werde nun, um auch dem Kollegen Stösser Gelegenheit zu geben, sich alsbald über diese Frage seine Gedanken zu bilden und sich darüber gegen E. K. H. auszusprechen, ihm diesen Brief zugehen lassen mit der Bitte, demselben seine Meinung beizufügen und ihn alsdann an Allerhöchstdieselben abzusenden. [...]

GLA FA Korresp. 13 N 536 eig. Ausf.

[1] Gedr. *Baumstark*, Wiederherstellung S. 88 ff.
[2] Die Vorlage des neuen Gesetzentwurfs durch das Staatsministerium an den Großherzog erfolgte am 12. Febr. (gedr. *Baumstark*, a. a. O. S. 88 ff.), an die Kammer am 13. Febr. und wurde dort am 25. Febr. einstimmig angenommen und am 5. Mrz. 1880 verkündet. Zur Debatte in beiden Kammern vgl. *Wacker* S. 91 u. *Stadelhofer* S. 90 ff.
[3] Nr. 385.

388. Aus Gelzers Tagebuch.

Basel, 12.—16. Februar 1880.

12. Februar 1880. Was ich in Freiburg erreichte, war folgendes:

I. Besuch beim Erbprinzen und bei seinem militärischen Begleiter Hauptmann Sommer[1]. Neue Beweise seines gutartigen Charakters; Versuche, ihn geistig, politisch, sittlich anzuregen und zu wecken durch Zwiegespräche, Urteile, Erzählungen. Neue Zweifel über die Unfruchtbarkeit seiner juridischen Fach-Kollegia bei unentwickeltem historisch-politischem Sinn! Sommers Rat: mindestens ein Jahr im ersten Garderegiment Potsdam zu dienen, wie Prinz Wilhelm, für Stählung seines Charakters, was auch Kaiser und Kronprinz wünschen.

II. Bekanntschaft von Professor von Holst[2]: Besprechung über das Privatissimum im Sommer: Vergleichendes Staatsrecht: Anerkennung Europas. — Über Tocqueville, der Amerika noch idealisiert habe. — Vereinte Staaten werden mir wichtiger für den Europäer; auch nationalökonomisch werde ihr Einfluß immer mächtiger. Am nützlichsten wäre eine Reise des Prinzen dorthin!

III. Bekanntschaft des Kirchenhistorikers und Archäologen Kraus[3]. Besprechung über den Examen- und Kirchenkonflikt. Sein Urteil über die barbarische Verwilderung des theologischen Studiums, besonders Konvikt und durch die Kaplanspresse. Er denkt an eine Lebensaufgabe: Die Geschichte der Überwucherung und Verderbnis des christlich-religiösen Katholizismus durch den politischen Katholizismus! Er kennt die Welt; Deutschland, Italien, Frankreich, England; die bedeutendsten Menschen. — Seit Döllingers Bekanntschaft für mich weitaus die interessanteste unter katholischen Theologen. [...]

VI. Unterwerfungs- oder Widerrufsbrief des Bistumverwesers Kübel vom 10. Februar[4] wurde mir, eben als ich den Zähringer Hof verließ, vom Diener des Erbprinzen in einem Brief der Frau Großherzogin mitgeteilt, den ich aber erst heute morgen gelesen. — Die Freude der Frau Großherzogin über diesen Ausgang kann ich nur teilweise mitfühlen; zu sehr ist mir Kraus Wort gegenwärtig von der Erschütterung der Autorität der Regierung und des Großherzogs. Auch A. A. Z. stimmt bei!

14. Februar 1880. Heute brachte die Karlsruher Zeitung nun die gestrige Erklärung und neue Vorlage Turbans in der Kammer: den Brief Kübels an den Großherzog mit der Bitte um seine landesväterliche Vermittlung, sein Widerruf der Verbote der Dispens-Gesuche; die Zurückziehung des Gesetzentwurfs vom 15. Januar und den neuen vom 13. Die Baseler Nachrichten faßten die Summe des Ganzen in den Satz: „In der Form hat der Klerus, in der Sache hat die Regierung nachgegeben". [...]

15. Februar 1880. Heute morgen im Garten in einer Weihestunde beschäftigte mich wie am 8. Dezember 1879 das tragische Wort K. Hillebrands[5] vom 4. Dezember 1879 von der bevorstehenden „demokratischen Süntflut" und von der Rettung der höheren Kultur im Schoße einer Elite ernster tiefer Menschen, die sich „außerhalb der Politik und der Tagesliteratur" halten würden. — Das wäre also „eine Arche in der Süntflut", ähnlich wie die organisierte römisch-protestantische Kirche Christi eine solche Arche im Untergang des Römerreichs durch die Völkerwanderung gewesen. — Ob aber eine solche Kultur-Gesellschaft („eine unsichtbare Freimaurerei der Bildung") sich in den Fluten der Demokratie behaupten könnte, ohne ein religiöses Band, ohne eine geistliche Organisation, also als eine freie Kirche? Das ist meine ernste Frage! Und so führt mich das wieder auf meine alte Idee eines Geistes-Bundes, der die Keime und Umrisse der wahren Universalkirche, der Geistes- und Herzenskirche der Zukunft (des Zeitalters des Geistes, der Religion aller Herzen, der Johanneskirche der Liebe) in sich trüge!

Und in der Tat, wenn wir nicht rat- und hülflos hier dem Jesuitismus, dort dem Methodismus, d. h. dem römischen und protestantischen Papismus entgegengeführt sein wollen — bei der hiesigen Versumpfung des Katholizismus und Protestantismus — so wird den Menschen der Sehnsucht, der Liebe, der Freiheit nichts übrig bleiben, als ernst zu machen mit der Vorbereitung auf jene stille Rütlitat des Bundesschwurs für eine höhere Eidgenossenschaft als die schweizerische, für die Erlösung und Erleuchtung dieses Geschlechts durch das Wort, die Tat, den Geist des Weltheilandes! [...]

16. Februar 1880. Meine erste Garten-Meditation vom gestrigen Morgen über die Hillebrandsche These legte mir doch die Prüfung der Frage wieder sehr nahe: Wäre es nicht auch für mich Zeit, daß ich mich „außerhalb der Politik und der Tagesliteratur" stellte? und daß ich alle noch übrige Zeit und Kraft ganz auf die Ausarbeitung meines Vermächtnisses konzentrierte? Besonders meine Augen, die mein Arbeiten so peinlich einschränken, mahnen mich dringend an diese Prüfung!

Frankfurt, Besitz Matth. Gelzer.

[1] Max Sommer (geb. 1846 in Karlsruhe), später Generalleutnant, lebte 1925 in Freiburg.

2 Hermann Ed. v. Holst (1841—1904), 1874 Prof. d. Geschichte in Freiburg.
3 Vgl. *Kraus,* Tagebücher S. 411: „Wir brachten einen merkwürdigen Abend zusammen zu".
4 Nr. 384.
5 Karl Hillebrand (1829—84), Essayist, besonders um kulturelle und politische Verständigung zwischen Deutschland und Frankreich bemüht.

388a. Bericht Türckheims.

Berlin, 27. Februar 1880.

Gestern nachmittag waren die stimmführenden Mitglieder des Bundesrats zu einer vertraulichen Besprechung durch den Herrn Staatssekretär des Innern, Staatsminister Hofmann, eingeladen. Derselbe bemerkte, es sei in neuerer Zeit wieder häufig, wenn nicht geradezu regelmäßig die Wahrnehmung gemacht worden, daß die Gesetzesvorlagen, welche dem Bundesrat zur Beratung zugehen, sofort und mitunter gleich am folgenden Morgen in den Zeitungen, und zwar meist am frühesten in Blättern von nationalliberaler Richtung mehr oder weniger wörtlich abgedruckt oder besprochen werden. Der Herr Reichskanzler habe dies namentlich bezüglich der Vorlage vom 14. v. M. betreffend die Änderung des Reichsmilitärgesetzes[1] mit Bedauern wahrgenommen und ihn, den Staatssekretär, beauftragt, dies in Gegenwart der Mitglieder des Bundesrats vertraulich zur Sprache zu bringen, wiederholt in Erwägung zu ziehen, wie diesem offenbaren Mißstande begegnet werden könne, und damit die Erklärung zu verbinden, daß, wenn dieser Vertrauensmißbrauch nicht einzustellen sei, er, der Herr Reichskanzler, sich in Zukunft auch nicht mehr an die Geheimhaltung der Protokolle und Drucksachen für gebunden erachten und den Redaktionen von Blättern, die ihrer Tendenz nach den Anschauungen der Regierung näher stehen, gleichfalls Mitteilungen zugehen lassen werde.

Es knüpfte sich an diese Mitteilung eine Erörterung der Frage, ob die in solcher Weise mit einer gewissen Androhung verknüpfte Eröffnung an die richtige Adresse ergangen sei und ob der Herr Reichskanzler von der Ansicht ausgehe, daß die Veröffentlichung durch Mitglieder des Bundesrats veranlaßt werde. Es wurde auf das Verhältnis des Preußischen Preßbüreaus hingewiesen und hervorgehoben, wie notorisch durch dessen Vermittelung Nachrichten, welche sonst mit dem Siegel des Dienstgeheimnisses verschlossen seien, zur öffentlichen Kenntnis gelangten und wie besonders in der letzten Zeit die Art, wie Bundesratsvorlagen offen in den Blättern abgedruckt und besprochen worden seien, den Eindruck gemacht habe, als sei dies mit Vorwissen und Willen des Reichsamts des Innern geschehen.

Staatsminister Hofmann entgegnete, das letztere sei seines Wissens nur dann geschehen, wenn die Veröffentlichung in einer Zeitung, welcher die Drucksache zuerst auf einem unrechtmäßigen Wege zugegangen sein müßte, erfolgt war, und bestritt, daß den begünstigten Redaktionen auf dem Preßbureau die Drucksachen des Bundesrats zugänglich seien.

Übergehend auf die Frage, wie dem Mißbrauch wirksam zu begegnen sei, machten sich im Wesentlichen zwei Ansichten geltend. Die erste beantragte, anknüpfend an den in der 36. Sitzung vom 5. September 1878 § 440 der Protokolle gefaßten Beschluß, den noch nicht erstatteten Vortrag über den damals an den Ausschuß für die Geschäftsordnung verwiesenen bayerischen Antrag[2] baldtunlichst zu erstatten und damit eine gründliche Prüfung der Frage nach ihren verschiedenen Seiten zu verbinden.

Der damals zum Referenten bestellte großherzogl. hessische Bevollmächtigte Staatsrat Neidhardt[3] erklärte sich zur Erstattung des Referats jederzeit bereit und nehme keinen Anstand, sofort zu erklären, daß die Ansicht, zu welcher er nach reiflicher Erwägung gelangt sei, und der Antrag, welchen er zu stellen beabsichtige, dahin gehe, den Drucksachen und Protokollen des Bundesrats eine möglichst ausgedehnte Veröffentlichung zuteil werden zu lassen und davon nur einzelne Gegenstände, bei welchen dies als wünschenswert erscheine, namhaft zu machen und diese dann als vertrauliche besonders zu bezeichnen.

Hiergegen wurde bemerkt, damit komme man auf die Übung des alten Frankfurter Bundestags zurück und werde folgeweise wie dieser in die Notwendigkeit versetzt, gewöhnliche und geheim zu haltende oder s. g. Separat-Protokolle zu führen, welche letzteren dann erst recht Gegenstand des Spotts für alle Redaktionen und Korrespondenten der Zeitungen würden. Auch habe es gewiß sein Mißliches, wenn die Mitglieder des Reichstages jederzeit in der Lage seien, zu vergleichen, worin die i h m gemachten Vorlagen von den ursprünglichen, an den Bundesrat gelangten abweichen, um überall, wo eine Verbesserung oder vorsichtigere Fassung beschlossen worden, auf die ursprüngliche Fassung wieder zurückzukommen.

Die Vertreter der anderen Anschauung wollten vor allem eine Untersuchung darüber eingeleitet wissen, wie das Militärgesetz zuerst in die Zeitungen gelangt sei. Wenn auch anerkannt wurde, daß bei solcher nicht viel herauskommen werde, da keine Zeitung verpflichtet ist, ihre Quelle zu nennen, so bringe die Untersuchung doch von neuem in Erinnerung, daß die Veröffentlichung nicht erlaubt sei und werde für einige Zeit nicht ohne Wirkung bleiben. Die Erstattung des Berichts der Geschäftsordnungskommission werde damit nicht ausgeschlossen, wenn auch jedem einzelnen vorbehalten bleiben müsse, wie er stimmen zu sollen glaube.

Mir scheint die erste Ansicht die richtige zu sein, ich bitte aber, mich mit Instruktionen für die Abstimmung versehen zu wollen.

GLA 233/12905 fol. 18—20, Ausf.

[1] Vorlage vom 22. Jan. 1880 vgl. *Schultheß* S. 47 ff.
[2] Der bayerische Antrag: „Es möchten die Mitglieder des Bundesrats sich gegenseitig verpflichten, die ihnen zukommenden Bundesratsdrucksachen als vertrauliche und zum Dienstgebrauch bestimmte Mitteilungen zu behandeln und diese Verpflichtungen im Protokoll konstatieren lassen" (GLA ebd. fol. 21).
[3] Karl (1896: v.) Neidhardt (1831—1909), 1854 Dr. jur. utr., 1868 vortragender Rat, 1870 Ministerialrat, 1879 Bevollmächtigter beim Bundesrat, 1884 a. o. Gesandter in Berlin (frdl. Mitt. v. Dr. *Gunzert*, Hess. Staatsarch., Darmstadt).

389. Großherzog Friedrich an Turban.

29. Februar 1880.

Anliegend übersende ich Ihnen die mir übergebenen Aktenstücke die Einführung einer Wehrsteuer betreffend, wieder zurück[1]. Soweit es mir möglich war, in kurzer Zeit den Gesetzentwurf kennenzulernen, glaube ich, daß die beiden Gutachten der Herren Ellstätter und Stösser die Schwächen und Gefahren dieses Projektes richtig getroffen haben. Es dürften diese Einwendungen wohl der Reichsregierung von Wert sein und den unangenehmen Eindruck der Ablehnung etwas mildern.

Da Sie diese beiden Gutachten durch den Grafen Flemming an den Reichskanzler gelangen lassen wollen, was ich für ganz richtig halte, so möchte ich nur [darauf] aufmerksam machen, daß sich in beiden Arbeiten Ausdrücke finden, welche vielleicht den Urheber des Gedankens einer Wehrsteuer empfindlich berühren könnten. Die gegenwärtige Stimmung des Reichskanzlers ist eine gereizte, und die Bemängelung seines Projektes wird ihn schon überhaupt unangenehm berühren.

Ich will zur Verdeutlichung meiner Bemerkung diejenigen Stellen in den Gutachten bezeichnen, von denen ich annehme, daß eine Milderung der Ausdrucksweise erforderlich wäre[2].

GLA FA Korresp. 13 N 538 Nr. 15 eig.

[1] Bismarck hatte am 18. Febr. durch den Grafen Flemming in Karlsruhe den Entwurf eines Gesetzes zur Besteuerung der vom Wehrdienst Befreiten mit der Bitte um Rückäußerung vorlegen lassen. Der Gesetzentwurf war am 26. Febr. Gegenstand der Beratung im Staatsministerium: Die Bemerkungen der zunächst betroffenen Ministerien des Inneren (Stösser) und der Finanzen (Ellstätter) wurden gebilligt, ebenso der Entwurf der dem Grafen Flemming zu erteilenden Antwort. Die Aktenstücke wurden am 28. Febr. dem Großherzog zur Genehmigung vorgelegt (ebd. N 536).
[2] Der Gesetzentwurf (*Schulthеß* S. 117 ff.) wurde am 22. Apr. 1880 dem Bundesrat vorgelegt, fand aber in der Presse und bei den Regierungen viel Kritik. Die Bundesstaaten fürchteten hier den Anfang einer direkten Reichssteuer. Der Bundesrat billigte in 2. Lesung das Gesetz am 5. März 1881; am 7. Mai 1881 wurde es im Reichstag abgelehnt.

390. Turban an Großherzog Friedrich.

Karlsruhe, 6. März 1880.

Ich erlaube mir, das Wesentliche aus der Unterredung zu berichten, welche zwischen dem Herrn Erzbistumsverweser und mir diesen Vormittag stattgefunden hat.

Bischof Kübel führte sich damit ein, daß er hierher gekommen sei, um E. K. H. für die gnädige Vermittlung in der Prüfungsfrage und die der katholischen Kirche betätigte wohlwollende Gesinnung in seinem und des Domkapitels Namen wie auch im Namen der katholischen Kirchengemeinden wiederholt und persönlich den tiefgefühlten Dank darzubringen; er habe sich für verpflichtet gehalten, auch mir seinen Dank für meine Mitwirkung auszusprechen, und er bedaure die Abwesenheit des Herrn Präsidenten Stösser, den er gerne zu dem gleichen Zwecke aufgesucht und zu der in seinem Konflikte mit der Kammermehrheit von E. K. H. gefaßten Entschließung beglückwünscht hätte. In dem sich daran anschließenden Gespräch über die parlamentarischen Vorgänge, in welchem er mit besonderem Nachdruck seine Mißbilligung des Versuchs der Kammermehrheit, die Kronrechte anzutasten, betonte, rekapitulierte er den Verlauf der mit ihm selbst in der Prüfungsfrage seit dem Eintreten des Prof. Kraus gepflogenen Verhandlungen[1], um sein Verhalten zu rechtfertigen, wobei namentlich der Umstand der Sedisvakanz und die Notwendigkeit, nach Weisungen von Rom zu handeln, von Einfluß gewesen; es habe schwer gehalten, von dort aus die Ermächtigung zu erlangen, daß das Kapitelsvikariat der ersten Regierungsvorlage zustimme.

Indem ich die Versicherung gab, daß die berufenen Organe des Staates die katholische Kirche in der Erfüllung ihrer hohen Mission jederzeit zu unterstützen gewillt gewesen und fortan gerne bereit sein werden, daß ich die eingetretene Annäherung mit Freuden begrüße und daß ich in dem Vorhandensein eines auf beiden Seiten bestehenden Glaubens an die gegenseitige friedliebende und der Förderung der religiösen Wohlfahrt des Volkes zugewendete Gesinnung den fruchtbaren Boden für eine gedeihliche Gestaltung des Verhältnisses zwischen Staat und Kirche erblicke, unterließ ich nicht, darauf aufmerksam zu machen, daß das günstige Ergebnis dieser Gestaltung wesentlich bedingt sei durch diejenige Selbstbeschränkung der katholischen Kirche in ihren Forderungen gegenüber dem Staate, welche aus der realen Betrachtung seiner ganzen heutigen Entwicklung und seines paritätischen Wesens sich als unabweisbare Notwendigkeit ergebe.

Diese Bemerkungen führten auf eine kritische Besprechung der bekannten Schrift des erzbischöflichen Officialrates Dr. Maas[2], über deren Konklusionen wir uns allerdings nicht zu verständigen vermochten, noch auch nur dies versuchten. Mir genügte es, bei dieser Gelegenheit keinen Zweifel über das Schicksal zu lassen, welches Forderungen, wie jene der Maasschen Schrift, staatlicherseits erfahren würden. Der Person und den Intentionen des Herrn Maas stellte Erzbischof Kübel das beste Zeugnis aus! Die Schrift, meinte er selbst, sei nicht im richtigen Zeitpunkt erschienen, dies sei aber nicht mit Absicht von Maas so eingeleitet gewesen, derselbe habe die Schrift — eine Privatarbeit — schon mehrere Monate früher vollendet gehabt, und es sei nicht seine Schuld gewesen, daß sie nicht zeitiger die Presse verlassen.

Als ein sehr ernstes Anliegen bezeichnete Bischof Kübel die Herstellung einer Einrichtung, wodurch Gymnasiasten, welche zum Studium der katholischen Theologie sich vorbereiten, in gemeinschaftlicher billiger Wohnung und Beköstigung und unter tüchtiger erzieherischer Aufsicht stehen. Die Einrichtung würde am besten in Freiburg und Tauberbischofsheim ins Leben geführt, wo die meisten künftigen katholischen Theologen ihre Gymnasialbildung erhalten. Sie solle keine Zwangs- oder obligatorische Anstalt sein und keinen kirchlichen Charakter an sich tragen, sondern lediglich als Privatpensionat ins Leben treten, um gegen keinerlei gesetzliche Vorschrift zu verstoßen und die öffentliche Meinung nicht neuerdings aufzuregen. Das Bedürfnis solcher Einrichtungen sei in hohem Maße vorhanden; ohne sie sei keine Möglichkeit, daß die Kirche den erforderlichen Nachwuchs im Klerus erhalte; die jüngeren Leute, welche dem Studium der Theologie sich widmeten, seien nicht vermöglich genug, und die Stipendien, die sie erhalten können, nicht ausreichend, um in der Vereinzelung leben zu können, abgesehen von den sittlichen Gefahren, denen sie dort ausgesetzt seien. Er hoffe, die Gr. Regierung werde in konsequenter Anwendung desselben Gedankens, welcher sie zu ihrem Vorgehen in der Prüfungsfrage veranlaßt habe, auch der Abhilfe des vorgezeichneten Bedürfnisses gerecht werden. Ich erwiderte dem Herrn Bischof, daß ich über diese Angelegenheit augenblicklich nicht orientiert sei und anheimgeben müsse, dieselbe dem Präsidenten des Ministeriums des Innern gegenüber zur Sprache zu bringen, unter allen Umständen scheine mir angezeigt, im gegenwärtigen Moment dieselbe noch nicht in eine geschäftliche Behandlung zu nehmen, da sie nicht absolut dringlich erscheine und z. Zt. selbst die harmlosesten Vorgänge in der Öffentlichkeit, namentlich in der Presse, tendenziös entstellt und ausgedeutet werden. [. . .]

Zuletzt wollte der Herr Bischof noch die Wiederbesetzung des Erzbischöflichen Stuhles zur Sprache bringen. Ich ließ mich aber auf diesen Gegenstand nicht ein, worauf auch Herr Kübel sofort die Fühler wieder einzog.

Dies ist im wesentlichen der Inhalt und Verlauf unserer Unterhaltung, welche

von Anfang bis zu Ende einen durchaus freundlichen Ton an sich trug, als Schluß-
eindruck aber doch auf mich die Mahnung zurückließ, bei allem aufrichtigen Re-
spekt vor der katholischen Kirche ihrem Regiment gegenüber wachsam und vorsichtig zu sein.

Bei meinem nachmittägigen Gegenbesuche ist über keine weitere Materie gesprochen worden. Über die inzwischen von E. K. H. ihm gewährte Audienz äußerte
sich der Herr Bischof höchst dankbar und erfreut; der heutige Tag sei der schönste
seines Lebens. Mit dem Gedanken, daß nicht alle Wünsche ihrer Erfüllung nahe
sind, scheint er sich vertraut gemacht zu haben, wie es ihm persönlich auch nicht am
guten Willen zur Eintracht und am vollen Vertrauen in die redlichen Absichten der
Staatsregierung zu fehlen scheint. [. . .]

GLA FA Korresp. 13 N 536.

¹ Vgl. Nr. 362 Anm. 2.
² Heinrich Maas (1826—95), Kanzleidirektor am erzbischöflichen Ordinariat in Freiburg. Seine Schrift: Zum Frieden zwischen Staat und Kirche, Freiburg 1880 (Vorwort datiert: im Dezember 1879).

390a. Turban an Türckheim.

Karlsruhe, 6. März 1880.

Zu Nr. 388 a teile ich mit, daß ich gleichfalls die Ansicht des Herrn Staatsrats
Neidhardt teile, wornach es sich empfiehlt, den Bundesratsdrucksachen und Protokollen im allgemeinen eine baldige und ausgedehnte Öffentlichkeit zu geben und
nur ausnahmsweise einen einzelnen Gegenstand als vertraulich zu bezeichnen in
dem Sinne, daß in geeigneter Weise auf die Wünschbarkeit oder Notwendigkeit
einer einstweiligen oder dauernden diskreten Behandlung a u f m e r k s a m g e -
m a c h t w e r d e.

Damit ist noch keineswegs die Übung des Bundestags gegeben, zweierlei Arten
von Drucksachen und Protokollen zu haben, gegen welche Übung namentlich auch
die Erwägung sprechen würde, daß — abgesehen von den sehr seltenen Fällen, wo
eine absolute dauerhafte Geheimhaltung notwendig, zweckmäßig oder möglich sein
wird — für jede ä u ß e r l i c h als vertraulich bezeichnete Drucksache bzw. Protokoll-
paragraphen auch ein Beschluß über die Befreiung von dem Banne solcher Bezeichnung gefaßt werden müßte¹.

Das obige Verfahren stimmt wesentlich mit der seither beobachteten Praxis
überein und entspricht meiner Ansicht nach der Natur der Sache, nach welcher allgemeine Regeln für die bezügliche Behandlung der Drucksachen etc. nicht gegeben
werden können und wesentlich dem Takte der Reichsregierung, der Bundesregierungen und der Bundesratsmitglieder die Berücksichtigung der etwaigen Bemerkungen über wünschenswerte oder erforderliche Diskretion überlassen ist.

Ich möchte noch anfügen, daß es mir für die Beurteilung der vorliegenden Frage
von Erheblichkeit zu sein scheint, daß die bundesrätlichen Drucksachen und Protokolle eine wesentliche Quelle des Reichsrechts sind und daß dieselben deshalb der
Öffentlichkeit und behördlichen Benutzung nicht oder höchstens nur auf kurze Zeit
vorenthalten werden können. Die Bestimmung in § 24 der Geschäftsordnung des
Bundesrats, wornach Auszüge aus den Drucksachen und Protokollen veröffentlicht
werden sollen, hat seither einen praktischen Erfolg nicht gehabt und dürfte auch

wohl geradezu unausführbar sein, ganz abgesehen von der Frage, ob durch eine derartige Veröffentlichung dem vorgedachten Bedürfnisse genügt werden könnte.

GLA 233/12905 fol. 22 f. Konz. (Hardeck), abgezeichnet von den Mitgliedern des Staatsministeriums.

[1] Dem Erlaß liegt eine Aktennotiz Hardecks zugrunde, die noch weiter ausführt: „Die Grenze zu finden, wo eine vertrauliche Behandlung notwendig ist, ist sehr schwierig; die Meinung darüber kann sehr verschieden sein, wer soll entscheiden? Auch kann nach der Natur der Sache und bei der großen Zahl verteilter Exemplare nur von einer kurzen, zeitweiligen Geheimhaltung die Rede sein; wer soll bestimmen, wann es Zeit zum Veröffentlichen ist? Auch entsteht die Frage, inwieweit der Gegenstand und inwieweit der Wortlaut einer Drucksache bekannt werden darf" (ebd. fol. 21 Konz.).

391. Großherzog Friedrich an Turban.

Karlsruhe, 11. März 1880.

Ich habe das Ihnen bekannte Entlassungsgesuch des Präsidenten meines Ministeriums des Innern, Herrn Ludwig Stösser[1], einer eingehenden Prüfung unterzogen und dabei die Interessen des Landes als maßgebende Grundlage für die Beurteilung dieser Frage gewählt. — Eine genaue und gewissenhafte staatsrechtliche Erwägung der Sachlage führt mich zum Entschluß, dem Entlassungsgesuch des Präsidenten Stösser nicht zu entsprechen. Ich habe dem Präsidenten Stösser diesen meinen Entschluß in dem hier mitfolgenden Schreiben kundgegeben, worauf er mir die anliegende, meinem Wunsch entsprechende Antwort erteilt[2].

Ich ersuche Sie nunmehr, diesen Vorgang zur Kenntnis des Landtages und zwar zunächst der Zweiten Kammer zu bringen.

A b s c h r i f t

Mein lieber Herr Präsident Stösser! Sie haben mir gestern in Folge eines tadelnden Beschlusses der Zweiten Kammer[3] ein Gesuch um Entbindung von dem Amte als Präsident meines Ministeriums des Innern eingereicht. Ich habe die Beweggründe, welche Sie zu diesem Schritte veranlaßten, einer gewissenhaften staatsrechtlichen Erwägung unterzogen und halte dafür, daß ich im Interesse des Landes und zur Aufrechterhaltung der Staatsordnung Ihr Entlassungsgesuch nicht annehmen darf. Ich bitte Sie daher, in Ihrer amtlichen und verantwortlichen Stellung verbleiben zu wollen und dadurch einen weiteren und schwerwiegenden Beweis Ihrer Hingebung und uneigennützigen Gesinnung zu geben, deren Wert ich seit Ihrer Tätigkeit im Staatsministerium so reichlich habe schätzen lernen. Möge Gottes Gnade Sie leiten, wenn Sie meinem Wunsche zu entsprechen vermögen; seine Liebe und Kraft wird Ihnen helfen, das Opfer zu tragen, welches ich mir von Ihnen erbitte.
Karlsruhe, 11. März 1880

GLA FA Korresp. 13 Bd. 36 Fasz. 13 Nr. 13 a Ausf.

[1] In der II. Kammer wurde am 10. Mrz. 1880 vier Stunden lang der Antrag Kiefer diskutiert, in dem die Erwartung ausgesprochen wurde, daß Verhandlungen über die Besetzung des erzbischöflichen Stuhles in Freiburg geführt würden. Der Antrag bedeutete eine Mißtrauenserklärung gegen Stösser, der während der Verhandlungen über das Examensgesetz Zeitungen gemaßregelt, mit Auflösung des Landtages gedroht und sich

nicht konstitutionell verhalten habe. Nachdem der Antrag Kiefer mit 28 : 19 Stimmen bei 7 Enthaltungen angenommen worden war, reichte Stösser beim Großherzog sein Entlassungsgesuch ein.

[2] Nicht vorhanden.

[3] Antrag der nationalliberalen Fraktion in der II. Kammer am 10. März 1880: „Die II. Kammer — im Hinblick auf die bei der Behandlung des Gesetzentwurfs über die wissenschaftliche Vorbildung der Geistlichen gemachten Wahrnehmungen — erklärt als ihre Erwartung zu Protokoll: daß etwa stattfindende Verhandlungen über die Wiederbesetzung des Erzbischöflichen Stuhles vom Großherzoglichen Staatsministerium geführt werden" (Beilage d. Karlsruher Zeitung v. 17. März 1880). Der Abg. Kiefer erklärte, Stösser sei „nicht im Besitz des vollen Vertrauens der liberalen Majorität" im Gegensatz zu Turban.

392. Aus Gelzers Tagebuch.

Steineck, 14. März—5. April 1880.

14. März 1880. [...] 2. Roggenbachs Besuch (Donnerstag 4. März). R. meint: Challemel[1] sei neben Gambetta[2] der wichtigste Mann für Zukunft Frankreichs; beides: die Männer des Gouvernement de la Revanche. — Er tadelt Bismarcks Modus der russischen Politik. Erwartet die geistige Spaltung Deutschlands infolge des Orthographie-Ukas[3]! — Billigt den Ausgang des badischen Examenskonflikts! Berichtet von einer Bewunderung der Großherzogin für Kiefer?? Vermißt beim Erbprinzen Kraft und Initiative! — Im ganzen ist seine Wirkung nicht wohltuend befruchtend. [...]

19. März 1880. Die ausführlichen Berichte über die badischen Verhandlungen am 10. März über den Antrag eines Mißtrauensvotums gegen Stösser[4] wirft ein grelles Licht auf die Kammer, auf die nationalliberale Partei darin (Lamey — Kiefer — Bär[5]) und auf die leitenden Parteiführer. — Der ganze Vorgang gibt mir viel zu denken, auch für mein bald zwanzigjähriges Verhältnis zum Großherzog und zum Land! Namentlich beweist dieser Vorgang auch, wie große Umsicht erforderlich ist bei der Wahl eines Erzbischofs, also zunächst bei der Prüfung der Vorfrage: Wäre Kardinal Hohenlohe der rechte Mann? Wäre er zu bekommen? Und wie würde seine Wahl im Lande aufgenommen? [...]

31. März 1880. [...] Die wichtigsten Erfahrungen der zweiten Hälfte dieses Monats waren: I. Aufgeben des Zusammentreffens mit dem Großherzog in Berlin (17.—30.) zuerst wegen Unpäßlichkeit, dann infolge des Briefes von Hohenlohe, 24. März, daß er erst nach Mitte April in Berlin sein werde. [...]

5. April 1880. [...] Die Vereinsamung der Baseler Existenz, die Unfruchtbarkeit und Aussichtslosigkeit der badischen Zustände und der Personen, die Unberechenbarkeit und Ideenlosigkeit der Berliner Verhältnisse, die Unsicherheit der Weltlage — das alles ballt sich zuweilen zu einer Lawine zusammen, die den Lebens- und Glaubensmut momentan zu ersticken droht! — Verdüsterungen! [∴ ..]

Frankfurt, Besitz Matth. Gelzer.

[1] Paul Armand Challemel-Lacour (1827—96), Philosoph und Politiker, 1880 französischer Botschafter in England, 1883 Außenminister, 1893 Mitglied der Académie française, Freund Gambettas.

[2] Leon Gambetta (1838—82), Sohn eines Genuesen, nach dem Sturz Napoleons III. 1870/71 als Kriegsminister Organisator des allgemeinen Volksaufgebots zur Entsetzung des von deutschen Truppen besetzten Paris, zunächst Führer der äußersten Linken in der Nationalversammlung, 1873 Wendung zu den gemäßigten Opportunisten, Vertreter einer

deutsch-feindlichen Kriegspolitik zur Rückeroberung von Elsaß-Lothringen, von 1881 bis Jan. 1882 Ministerpräsident.

[3] Der Erlaß des preußischen Kultusministers v. Puttkamer betr. eine einheitliche deutsche Rechtschreibung wurde von Bismarck am 28. Febr. 1880 entschieden abgelehnt zu Gunsten der bisher üblichen Rechtschreibung im Reichsdienst, „bis im Wege der Reichsgesetzgebung oder einstimmiger amtlicher Vereinbarung eine Änderung herbeigeführt wird". Am 7. Apr. 1885 forderte ein von den liberalen Fraktionen befürworteter Antrag den Reichskanzler auf, durch Verhandlungen mit den Bundesregierungen dafür zu sorgen, daß Anordnungen einer einzelnen Regierung in bezug auf Änderungen der Rechtschreibung nicht in Kraft gesetzt würden, bis eine gleichmäßige Behandlung von allen erreicht sei.

[4] Vgl. Nr. 391 Anm. 3. In den Verhandlungen der II. Kammer wurde darauf hingewiesen, daß der aus der liberalen Partei hervorgegangene Stösser, der stets liberale Grundsätze befolgt habe, Beistand bei den Ultramontanen, Demokraten und Konservativen finde.

[5] Karl Anton Ernst Bär (1833—96), Oberlandesgerichtsrat, 1873—82 nationalliberaler Abgeordneter der II. badischen Kammer.

392a. Bericht Türckheims.

Berlin, 16. März 1880.

Gestern waren die stimmführenden Mitglieder des Bundesrats sowie einige preußische Minister und höhere Reichsbeamte zum Diner bei dem Herrn Reichskanzler gebeten. Nachdem die Tafel aufgehoben und die bekannte große Pfeife des Hausherrn angezündet war, erging sich dieser nach seiner Gewohnheit im Kreise der um ihn versammelten Gäste in vertraulicher Unterhaltung. Der Gegenstand, welchen derselbe zum Thema seines Gespräches gewählt hatte, war die formelle Behandlung der Geschäfte im Bundesrate selbst.

Der Fürst ging von der Konstatierung der ja nicht in Abrede zu stellenden Tatsache aus, daß die Plenarsitzungen in den letzten Jahren, wohlwollend ausgedrückt, an Interesse nicht zugenommen haben, und erklärte dies hauptsächlich damit, daß mehr und mehr die Übung Platz greife, das ganze Gewicht der Verhandlungen in die Ausschüsse zu verlegen und in der Plenarsitzung fast nur noch über das bereits zurecht gelegte Material mit ja oder nein abzustimmen und daß teilweise infolge dieser Geschäftsbehandlung die Minister der Einzelstaaten, welche doch infolge ihrer freieren Stellung gegenüber der heimischen Regierung am ehesten in der Lage sein würden, den Verhandlungen einen etwas lebendigeren Charakter aufzuprägen, von Jahr zu Jahr mehr der Gewohnheit entsagten, zu denselben persönlich sich einzufinden. Wenn der Reichstag versammelt sei oder sonst wichtigere Fragen zu behandeln seien, finde sich dann und wann ein mittelstaatlicher Minister ein; so bald er wahrgenommen, daß er der einzige seiner Art sei, reise er möglichst schnell wieder in seine Heimat zurück. Dann komme vielleicht ein anderer, bedauere zu vernehmen, daß der erste schon wieder abgereist sei, und tue sofort desgleichen.

Die stets hier anwesenden preußischen Minister würden mehr noch als durch Beschränktheit ihrer Zeit dadurch fern gehalten, daß einerseits der Schein zu vermeiden sei, als suche Preußen über Gebühr sein Übergewicht geltend zu machen, und andererseits dadurch, daß sie in die Lage kommen könnten, ihre Meinung des weiteren auszuführen und zu vertreten und daß dann ein jüngerer preußischer Kollege die Stimme Preußens im entgegengesetzten Sinne abgebe (Beispiel: Camphausen gegen Delbrück in der Münzfrage etc.).

Er, Fürst Bismarck, habe schon wiederholt darüber nachgedacht, wie dies wohl am zweckmäßigsten sich ändern lasse, damit der Grundgedanke der Reichsverfassung, in dem Bundesrat eine Art von Minister-Conseil des gesammten Reiches, gleichsam die vornehmste denkbare Republik und zugleich einen Körper zu besitzen, der mit der Nation in unmittelbarer Fühlung bleibe und von dieser als höchste Autorität willig anerkannt wäre, zu seiner vollen Durchführung gelange. Diese Erwägungen hätten ihn nun dahin geführt, daß es wünschenswert sei, eine tatsächliche Änderung der Geschäftsordnung des Bundesrats in der Richtung anzubahnen, daß

a) materiell alle Gesetze und die sonstigen Geschäfte von besonders hervorragender Wichtigkeit von den übrigen ausgeschieden und von vornherein als solche bezeichnet würden, welche in der Konferenz der anwesenden Minister beraten werden sollen, und

b) daß die Herrn Minister der Bundesstaaten sich dahin verständigten, sich alljährlich während einer bestimmten Frist, nach Bedarf etwa während drei bis vier Wochen, persönlich hier einzufinden und der wenigstens grundsätzlichen Erledigung dieser Fragen widmen zu wollen.

Er wisse wohl, daß ein solcher Beschluß die einzelnen Minister, welche sich im einzelnen Falle je nach dem zu behandelnden Gegenstande an der Beratung dennoch nicht beteiligen wollten, nicht binden könne. Ebenso verkenne er keineswegs, daß mit wenigen so allgemein hingeworfenen Sätzen die Sache nicht abzumachen sei. Es werde weiter nötig zu erwägen, welche Fragen vor die regelmäßig einmal im Jahr zusammentretende Ministerkonferenz zu bringen, wie weit von dieser auch auf die Einzelheiten der Ausführung einzugehen sei; ob ferner nicht neben der freien Erörterung in einer beratenden Sitzung andere Sitzungen beizubehalten seien, in welchen nur abgestimmt werde (der Fürst lobte die Weisheit mancher Verfassungen, nach welchen grundsätzlich zwischen Anhörung des letzten Redners und der endgiltigen Abstimmung eine Pause liegen müsse) — endlich wie lange voraus die der Minister-Konferenz zu unterbreitenden Geschäfte anzumelden seien. In letzterer Beziehung bemerkte der Fürst, er erkenne den Wunsch als ganz berechtigt an, daß die Minister der Einzelstaaten — seltene Ausnahmsfälle besonders dringender Art abgerechnet — in der Lage sein müßten, schon zum voraus Kenntnis davon zu haben, um was es sich bei den Beratungen handeln solle, und er sei gar nicht dagegen, grundsätzlich davon auszugehen, daß alle Fragen, welche bis zu einem bestimmten Termin nicht angemeldet seien, von der Beratung in dem betreffenden Jahre als ausgeschlossen zu betrachten wären.

Ich hatte in dieser Beziehung geäußert, der wesentliche Unterschied zwischen der jetzigen Geschäftsbehandlung und der für die Zukunft in Aussicht genommenen scheine mir darin zu bestehen, daß die leitenden Minister der Einzelstaaten mit der Wechselwirkung neu vorzuschlagender Gesetze oder wichtigerer Verwaltungsmaßregeln und den Verhältnissen des eigenen Landes besser bekannt sein könnten als der durch längere Abwesenheit aus der Heimat dieser mehr entfremdete ständige Vertreter, und daß erstere vor allem in der Lage sein würden, durch Beratung mit ihren Kollegen mit anderen sachkundigen und einflußreichen Personen des Heimatstaates sich sicher zu stellen, daß sie keine Dementierung zu besorgen haben, wenn sie ohne spezielle Instruktionseinholung an einer lebendigeren freien Beratung sich beteiligten — daß aber hiezu die wesentlichste Vorbedingung die sei, daß ihnen schon vor ihrer Abreise aus der Heimat der Kreis der Beratungsgegenstände bekannt sei, um sich damit bei Zeiten eingehend beschäftigen und mit anderen beraten zu können (entgegen der jetzigen Übung, welche dahin geht, daß dem Bundesrat gerade in den Perioden, in welchen er ohnehin am meisten mit Beratungsgegenständen überhäuft zu sein pflegt, überraschend die wichtigsten Vorlagen eingebracht und dann manchmal sehr eilig gemacht zu werden pflegen).

Auch auf die so häufige Kollision zwischen den Sitzungen der Einzellandtage, welche die Anwesenheit der Minister in der Heimat erfordern, und denen des Bundesrats und Reichstages erlaubte ich mir hinzudeuten und zu erwähnen, daß die Beschlußfassung über eine veränderte Geschäftsbehandlung im Bundesrate mir einigermaßen im Zusammenhange mit dem Schicksal der Vorlage über die zweijährigen Etatsperioden zu stehen scheine. In letzterer Beziehung entgegnete der Herr Reichskanzler beiläufig, wie seine Erwartung, im ersten Anlaufe mit jener Vorlage an den Reichstag zu einem erwünschten Ziele zu kommen, sehr gering sei. Es scheine, daß die Gegner der zweijährigen Etatsperioden sich auf den formellen Einwand zurückzuziehen und dadurch das Gesetz zum Falle zu bringen suchten, daß der Reichstag in dieser Frage nicht den Vortritt nehmen und Gefahr laufen könne, daß dann der preußische Landtag, ohne dessen gleichmäßiges Betreten desselben Bodens die Änderung ihren wesentlichen Erfolg verfehlen würde, zurückbleibe. Bisher war bezüglich der fraglichen Gesetzesvorlage (Reichstagsdrucksache Nr. 4) zwar nicht zu verkennen, daß dieselbe unter allen Parteien lebhafte Gegner hatte, doch hoffte man, dieselbe werde vielleicht eine Majorität erlangen, wenn neben den zweijährigen Etats jährliche Berufungen des Reichstags zugegeben würden, und sagten die einen, Fürst Bismarck werde darauf eingehen, während andere glaubten, das letztere verneinen zu sollen. Es scheint nach der gestrigen Äußerung des Fürsten die Erwartung auf einen befriedigenden Erfolg eine sehr geringe zu sein.

Ich glaubte von dem Inhalte dieser gesprächsweisen Unterhaltung — ungeachtet ihres vertraulichen und nach vielen Seiten hin noch sehr vorläufigen Charakters — doch um so mehr gegen Ew. Exz. Erwähnung tun zu sollen, als derselben offenbar die Absichtlichkeit und die Bedeutung eines sogenannten Fühlens auf die Stirne geschrieben war.

GLA 233/12905 fol. 24—27 Ausf., dem Großherzog vorgelegen.

393. Türckheim an Turban.

Berlin, 29. März 1880.

Der § 7 des Gesetzes vom 4. Juli v. J. betreffend die Verfassung und Verwaltung von Elsaß-Lothringen enthält bekanntlich die Bestimmung, daß zur Vertretung der Vorlagen aus dem Bereiche der Landesgesetzgebung sowie der Interessen Elsaß-Lothringens bei Gegenständen der Reichsgesetzgebung durch den Statthalter Kommissäre in den Bundesrat abgeordnet werden können, welche an dessen Beratungen über diese Angelegenheiten teilnehmen.

Auf Grund dieser Bestimmung ist auch eine solche Abordnung wiederholt erfolgt, und es erscheint seit der hierauf bezüglichen Mitteilung des Präsidiums in der 3. diesjährigen Sitzung § 32 der Protokolle in den Plenarsitzungen wie auch in den betreffenden Sitzungen der Ausschüsse regelmäßig in dieser Eigenschaft der kaiserliche Generaldirektor der Zölle und indirekten Steuern Fabricius[1] sowie auch in der 13. Sitzung vom 18. März, Protokoll § 183 in gleicher Eigenschaft der kaiserliche Unterstaatssekretär von Mayr[2] und die Ministerialräte von Sybel[3] und Dr. Hosens[4] eingeführt wurden, während der Staatssekretär Herzog[5] als längst beglaubigtes preußisches Mitglied des Bundesrats einer solchen Einführung nicht bedürfte.

Ich vernehme nun, daß die gedachten elsaß-lothringischen Bevollmächtigten mit ihrer Stellung im Bundesrat — namentlich in den Ausschüssen — nicht zufrieden sind und eine Änderung namentlich dahin anstreben, daß ihnen eine eigene Vertretung in einigen Ausschüssen, Stimmrecht und mindestens das Recht der Übernahme von Referaten eingeräumt werde. So würde z. B. Herr Generaldirektor Fabricius sehr großen Wert darauf gelegt haben, das Referat über die Ausführungsbestimmungen zu dem Tabaksteuergesetz übertragen zu erhalten.

Herr Staatsminister Hofmann war angeblich nicht abgeneigt, auf diese Wünsche in mehr oder weniger umfassender Weise einzugehen, und es wurde der Ausarbeitung einer bezüglichen Vorlage entgegengesehen. Bevor jedoch diesem Gedanken praktisch nähergetreten wurde, soll bei den Vertretern einiger größern Bundesstaaten, namentlich bei jenen der Königreiche, vertraulich sondiert worden sein, ob sie glaubten, daß ihre Regierungen einer solchen Vorlage zustimmen dürften. Diese Frage soll in entschiedenster Weise verneint und bemerkt worden sein, daß schon bei den Verhandlungen über das Gesetz vom 4. Juli 1879 von den Vertretern der Königreiche der Standpunkt vertreten worden sei, daß aus der veränderten Organisation der Reichslande kein anderes Verhältnis der Stimmführung im Bundesrat und in den Ausschüssen hervorgehen dürfe und daß überhaupt keiner Änderung in den Bestimmungen der Verfassung ohne den lebhaftesten Widerspruch würde zugestimmt werden[6]. Unter diesen Umständen ist es von der Vorlage bisher still gewesen. Es ist noch nicht zu übersehen, ob der Gedanke vorerst aufgegeben ist oder ob die Vorlage dennoch wird eingebracht und abgewartet werden, welchen Erfolg dieselbe erzielen sollte. Eine günstige Stimmung herrscht dafür jedenfalls nicht, und wenn die Absicht dahin gehen sollte, selbst eine Verfassungsänderung mit anderweitiger Feststellung des Stimmenverhältnisses im Plenum und den Ausschüssen vorzuschlagen, so würde es gewiß schwer sein, hiefür im Plenum die nötige Zahl von Stimmen zu gewinnen. Jedenfalls steht soviel fest, daß die Frage in neuerer Zeit den Herrn Reichskanzler beschäftigt hat, und es dürfte unter solchen Umständen nicht überraschen, wenn dieser Gedanke die Form einer Vorlage an den Bundesrat annehmen würde. Jedenfalls wollte ich nicht verfehlen, auf diese Möglichkeit jetzt schon die Aufmerksamkeit Ew. Exz. zu lenken.

GLA 233/13428 Ausf.

[1] August Fabricius (1825—90), 1862 Obersteuerrat in der hessischen Steuerverwaltung, 1868 Mitglied des Zollparlaments, 1870 vortr. Rat im preuß. Finanzministerium, 1872 Direktor, 1875 Generaldirektor der Zölle u. indirekten Steuern in Elsaß-Lothringen, 1890 Ruhestand.

[2] Georg (1879: v.) Mayr (1841—1925), 1869 Vorstand des bayer. statistischen Büros, 1872 bayer. Ministerialrat im Ministerium des Innern, 1879 Unterstaatssekretär im Ministerium für Elsaß-Lothringen, 1891 Privatdozent in Straßburg, 1898 ord. Professor in München.

[3] Alexander v. Sybel (1823—1902), 1861 und 1867—70 Mitglied des preuß. Abgeordnetenhauses, 1868—70 des norddeutschen Reichstags, 1870—80 Ministerialrat im Ministerium für Elsaß-Lothringen, 1890 Leiter der Bad. Landeszeitung.

[4] Heinrich Hosens, Vortr. Rat im Büro des Statthalters von Elsaß-Lothringen.
[5] Karl Herzog (1827—1902), 1864 vortr. Rat unter Delbrücks Abt. Handel u. Gewerbe, 1871 Direktor der für die elsaß-lothringische Verwaltung zuständigen Abteilung des Reichskanzleramts, 1879 Staatssekretär in Straßburg, 1880 ausgeschieden wegen Mißbilligung der Manteuffelschen Grundsätze.
[6] Vgl. Nr. 335.

394. Türckheim an Turban.

Berlin, 7. April 1880.

Die Abstimmung im Bundesrat am 3. April über den vom Reichskanzler vorgelegten Gesetzentwurf betr. Reichsstempelabgaben wurde in der Sitzung selbst als erledigt angesehen[1]. Da erschien, jedermann unerwartet, gestern abend der anliegende Artikel in der Norddeutschen Allgemeinen Zeitung; heute folgen mit mehr oder weniger zutreffenden Bemerkungen andere Blätter. [. . .]

Schon der erste Artikel des offiziösen Blattes spricht für die leidenschaftliche Aufregung des Herrn Reichskanzlers. Man frägt sich allgemein, was bezweckt er damit? Daß es nicht um die rein finanztechnische Frage der Steuerbefreiung sich handelt, daß es ihm selbst nicht ernst sein konnte, eine so geringfügige Frage ihres materiellen Inhaltes wegen zum Vorwand seines Austritts aus dem Amte zu machen, ist ja einleuchtend. Daß der Bundesrat für seine Wünsche nicht unzugänglich ist, hat er, wenn dies noch nötig war, erst neulich wieder durch e i n s t i m m i g e Annahme des Gesetzes über die Besteuerung der Dienstwohnungen (sog. Gesetz Tiedemann[2], weil wegen der Beschwerdeführung dieses einzelnen Mannes die Reichsgesetzgebung in Bewegung gesetzt werden mußte) bewiesen, wenn man ihm nur diese Wünsche zu erkennen gibt — nötigenfalls hat ja der Herr Reichskanzler als Minister des Äußeren auch die Gesandtschaften an den deutschen Höfen zu seiner Verfügung, um auf die Instruktionserteilung einen pressenden Druck zu üben. Will er die bestehende Verfassung umstoßen, die überwiegenden Stimmrechte der kleinsten Staaten beseitigen? Dann schien es würdiger, die Verfassung direkt anzugreifen und nicht einen so kleinlichen Vorwand vorzuschieben. Auch mag er sich noch wohl bedenken, ob nicht die kleinen Staaten weitaus in den meisten Fällen lediglich eine Stütze Preußens gegen die Mittelstaaten bilden. Diese, von Bayern bis mit Baden, verfügen über 20 Stimmen gegen die 17 Preußens, die übrigen sind meist einer mächtigen Beeinflussung zugänglicher als die größeren Mittelstaaten.

Oder ist es auf das Lieblingsprojekt des Fürsten abgesehen, Elsaß-Lothringen einige Stimmen im Bundesrat zu sichern? Diese Frage werde ich demnächst zum Gegenstand weiterer besonderer Berichterstattung machen. Tatsache ist, daß der ganze Groll über den unerwünschten Ausgang der Abstimmung schon jetzt gegen die Vertreter der Reichspostverwaltung sich richtet — gegen diese soll wegen des von ihnen eingehaltenen Verfahrens Disziplinaruntersuchung eingeleitet sein. Es ist nicht unwahrscheinlich, daß sich nach dieser Seite die ganze Schale des Unmuts entleert, wenn die Überzeugung bei ruhiger Erwägung mehr Platz gewinnt, daß in anderer Richtung der Vorgang als durchaus loyal anzuerkennen ist.

Einstweilen wird die Frage als eine offene betrachtet, ob eine Form gesucht werden dürfte, das so unerwartete Votum des Bundesrats in der Frage noch jetzt zu reformieren — oder ob der Reichskanzler das ihm nun mißliebige Gesetz ungeachtet seiner Annahme von seiten des Bundesrats nicht in den Reichstag bringen wird?

Andere Gesetzesentwürfe, selbst solche, an denen die ursprüngliche Vorlage gar nicht geändert wurde, harren noch ihrer Vorlage an den Reichstag, so dasjenige über die Anzeigepflicht bei Beschädigungen.

Ich kann übrigens nicht unterdrücken, hier die Bemerkung anzuknüpfen, daß die Neigung des Herrn Reichskanzlers, eine ihm nicht genehme Abstimmung gleichsam wie eine persönliche Beleidigung (da doch von Unbotmäßigkeit nicht gesprochen werden kann) aufzufassen, bedenklich zugenommen hat, seitdem Herr Geheimer Oberregierungsrat Tiedemann zum Mitglied des Bundesrates ernannt ist und dem Fürsten über die Vorgänge in dem letzteren zu referieren hat.

GLA 49/2012 Konz.

[1] Im Zuge der Versuche, die Reichseinnahmen durch neue Steuern zu steigern und die Matrikularbeiträge der Bundesstaaten zu verringern, lag dem Bundesrat das Gesetz über die Reichsstempelsteuer vor. Am 3. April 1880 war darüber zu entscheiden, ob Quittungen über Postanweisungen und Postvorschußsendungen zu besteuern seien. Überraschend blieben Preußen, Bayern, Sachsen und Waldeck mit insgesamt 28 Stimmen in der Minderheit gegen die zumeist durch Substituten vertretenen übrigen Bundesstaaten mit insgesamt 30 Stimmen. Bismarck deutete die Abstimmung als grundsätzlichen Mangel der Reichsverfassung und reichte am 6. April zum Erstaunen der gesamten Öffentlichkeit seine Entlassung ein (Ges. Werke VI c Nr. 177). Sie wurde von Kaiser Wilhelm abgelehnt (ebd., Vorbemerkung). Die Abstimmung vom 3. April wurde noch im gleichen Monat dank Mittnachts Eingreifen revidiert (vgl. H. G. *Kleine*, Der württ. Min. Präs. Frhr. Herm. v. Mittnacht, Veröff. d. Kom. f. Ldskde in Baden-Württ., Reihe B Bd. 50 [1969] S. 93 ff.). Wichtiger war der hier gebotene Anlaß zu einer in zwei Lesungen verabschiedeten Reform der Geschäftsordnung des Bundesrats (vgl. Chr. v. *Tiedemann*, Sechs Jahre Chef d. Reichskanzlei unter dem Fürsten Bismarck. Erinnerungen [1909] S. 376 ff.; H. v. *Poschinger*, Bismarck u. der Bundesrat IV S. 188 ff.). Obwohl die badische Regierung, die zu den Beratungen den Präsidenten Ellstätter nach Berlin schickte, neben Mittnacht sich nachdrücklich in die Formulierung der neuen Geschäftsordnung einschaltete, um der ständigen Abwertung der legislativen Funktion des Bundesrats entgegenzuwirken, dabei aber so gut wie keine Hilfe bei den anderen Bundesstaaten fand, wurde eine grundlegende Erneuerung der Geschäftspraxis nicht bewirkt. Aus der großen Zahl der aus diesem Anlaß vorliegenden Denkschriften und Korrespondenzen, in denen sich die Problematik der Verfassungskonstruktion des Reiches spiegelt und die zum überwiegenden Teil auch die Paraphe des Großherzogs tragen, können hier nur einige charakteristische Stücke wiedergegeben werden. Das gesamte einschlägige Material ist ausgewertet bei H. Kl. *Reichert*, Baden am Bundesrat 1871 bis 1890, Diss. Heidelberg 1962 (vgl. auch *Kleine* S. 85 ff.).
[2] Christoph v. Tiedemann (1836—1907), Polizeimeister in Flensburg, 1870 ins Berliner Polizeipräsidium eingetreten, 1872 Landrat in Mettmann, 1876 Hilfsarbeiter im preuß. Staatsministerium, 1878 Chef der Reichskanzlei, 1880 preuß. Bevollmächtigter im Bundesrat, 1881—90 Reg. Präsident in Bromberg, 1899 im Ruhestand.

395. Türckheim an Turban.

Berlin, 8 . April 1880.

[...] Vorigen Montag [5. Apr.] nach der Plenarsitzung des Bundesrats ersuchte Herr Staatsminister Hofmann mich und den Vertreter der freien Städte Herrn Dr. Krueger[1], ihm noch auf einen Augenblick in sein Arbeitszimmer zu folgen, und dort sprach derselbe auch uns über die Notwendigkeit, in der Stellung der Vertreter Elsaß-Lothringens im Bundesrate eine mehr oder weniger eingreifende Änderung eintreten zu lassen. Er führte aus — und in dieser Allgemeinheit konnte auch von uns dem Hauptgedanken nicht widersprochen werden — daß das Verhältnis, wie es jetzt ist, auf die Dauer nicht bleiben könne. Zu der Rolle dieser rein passiven Assistenz bei den Beratungen der Ausschüsse könnten sich Männer, welche der Berufung zu dieser Vertrauensstellung würdig seien, unmöglich hergeben, und auch das Land empfinde die Gewährung eines bloßen Schemen von Recht ohne jeden realen Inhalt mehr und mehr wie eine Unbill — es gehe hier wie so häufig, daß mit halbem Entgegenkommen nur die Lust nach dem Ganzen geweckt werde. Auch scheine es in der Natur der Sache gewiß begründet, daß das Land wünschen müsse, wenigstens in den Ausschüssen, in welchen vorzugsweise über seine Interessen beraten würde, vertreten zu sein, sowie das Recht zu besitzen, selbständige Anträge zu stellen, ohne diese erst von einem berechtigten Mitgliede einbringen zu lassen.

Dr. Krueger erwiderte, er persönlich (und er habe bis jetzt keinen Grund anzunehmen, daß die Regierungen, die er vertrete, hierin einen anderen Standpunkt einnehmen) sei geneigt, den fraglichen Wunsch im allgemeinen und vorbehaltlich der Modalitäten seiner Durchführung als einen berechtigten anzuerkennen.

Ich sprach mich zwar in dieser ganz allgemeinen Weise in ähnlichem Sinne aus, fügte aber sofort hinzu, jede Änderung des gegenwärtigen Besitzstandes der übrigen Bundesstaaten bei Besetzung der Stimmen in den Ausschüssen und gar in dem verfassungsmäßigen Abstimmungsverhältnis würde sicher großem Widerstand begegnen. Zunächst habe diese Bemerkung allerdings nur das auf Art. 6 der Reichsverfassung beruhende Stimmverhältnis im Plenum im Auge — aber auch an der auf der Geschäftsordnung und freien Wahl beruhenden Verteilung der Stimmen in den Ausschüssen werde niemand gerne rütteln, wenn er besorgen müsse, selbst zu Gunsten Elsaß-Lothringens aus einem Ausschusse dann verdrängt zu werden — die allerdings nicht ausgeschlossene Vermehrung der Stimmen habe aber gleichfalls ihr Bedenkliches.

Es frage sich auch, welches die Ausschüsse sind, bei denen das Reichsland besonders wünsche beteiligt zu sein. Es sei wohl zunächst der Ausschuß für Elsaß-Lothringische Angelegenheiten selbst; es könnte aber ein andermal ebenso wohl der Ausschuß III, VII, V und VI[2] in Frage kommen.

Endlich bemerkte ich noch, es scheine weder konsequent noch unbedenklich, nach dieser Seite dem Lande eine volle Gleichstellung mit den Bundesstaaten von annähernd gleicher Größe zu gewähren, so lange man in Beziehung auf die innere Organisation die Verhältnisse für noch nicht konsolidiert genug halte, um ihm die Verfügung in eigenen Angelegenheiten in die Hand zu geben. Ich erinnerte dabei beispielsweise an die Straßburger Gemeindeverwaltung.

Mehr als eine akademische Besprechung fand nicht statt, doch darf ich Ew. Exz. ersuchen, die Frage in nähere Erwägung zu ziehen und mir Weisungen darüber zugehen lassen zu wollen, wie ich, wenn derselben künftig etwa näher getreten werden sollte, mich zu äußern hätte. Als nicht uninteressant erwähne ich noch, daß Herr Staatsminister Hofmann, ich will nicht unterscheiden, ob ernst oder halb scherzhaft gemeint, die Bemerkung machte, die einfachste Lösung wäre vielleicht, wenn Preußen drei von seinen 17 Stimmen im Plenum dem Reichsland zedieren wollte. Damit wäre allerdings das Stimmenverhältnis im Plenum, aber noch nicht die Verteilung der Stimmen in den Ausschüssen geordnet.

GLA 233/13428 Ausf.

[1] Daniel Christian Krüger (1819—96), 1844 Rechtsanwalt in Lübeck, 1855 Generalkonsul in Kopenhagen, 1864—66 Gesandter der Freien Städte am Frankfurter Bundestag, 1868 Bundesratbevollmächtigter für Lübeck, 1888 außerordentlicher Gesandter der Stadtstaaten u. bevollmächtigter Minister.

² Art. 8 der Reichsverfassung von 1871: „Der Bundesrat bildet aus seiner Mitte dauernde Ausschüsse 1. für das Landheer und die Festungen, 2. für das Seewesen, 3. für Zoll- und Steuerwesen, 4. für Handel und Verkehr, 5. für Eisenbahnen, Post und Telegraphen, 6. für Justizwesen, 7. für Rechnungswesen". Ohne in der Verfassung verankert zu sein, bildeten sich die Ad-hoc-Ausschüsse: 9. für Elsaß-Lothringen, 10. für die Verfassung, 11. für die Geschäftsordnung.

396. Türckheim an Turban.

Berlin, 10. April 1880.

[. . .] Was die Frage einer Reform der Bundesverfassung und der Geschäftsordnung des Bundesrats betrifft¹, so wird solche nach der Richtung angestrebt werden, daß über Beschlüsse, welche nicht vorher gedruckt formuliert in Vorlagen oder Ausschuß-Anträgen vorgelegen haben, sondern welche in der Sitzung selbst formuliert wurden, nicht sofort endgiltig abgestimmt werden, sondern eine zweite bindende Abstimmung erst in einer späteren Sitzung erfolgen darf. Ob dann in dieser zweiten Abstimmung das Ergebnis der ersten nur pure angenommen oder abgelehnt werden soll, oder ob es zulässig ist, auch dann wieder Abänderungsanträge zu stellen, und ob, wenn diese angenommen wurden, dann noch eine dritte Abstimmung folgen oder ob und unter welchen Voraussetzungen wenigstens gestattet sein soll, nochmalig auf Aussetzung der endgiltigen Beschlußfassung anzutragen, dies scheint noch Gegenstand weiterer Erwägungen zu sein. Nicht unwahrscheinlich ist es auch, daß bei Gelegenheit der Ausarbeitung der in dieser Richtung zu erwartenden Vorlagen teilweise auf die in meinem Bericht vom 16. März besprochenen Ideen zurückgekommen werden dürfte. Es läßt sich ja nach verschiedenen Seiten recht viel besserndes vorschlagen und beschließen — ob immer die zur Entscheidung zu bringenden Fälle sich in die neuen Regeln fügen würden, und ob nicht die letzteren gerade einer freieren sachgemäßen Erörterung, die angestrebt wird, hinderlich sein könnten, das muß die Folge lehren. Niemandem würde es lieber sein als den Mitgliedern des Bundesrates selbst, wenn eine Formel sich finden ließe, welche geeignet wäre, gegen alle Überstürzungen ein für allemal sicherzustellen. *[. . .]*

GLA 233/12905 fol. 29 f. Ausf.; 49/2012 Konz.; dem Großherzog vorgelegen.

¹ Nr. 392 a.

397. Aus Gelzers Tagebuch.

Baden, 14.—15. April 1880.

14. April 1880. *[. . .]* Immer klarer wird mir, woran es dem Großherzog doch fehlt: Am historischen Blick, an der Fähigkeit für große historische Perspektiven, für das Verständnis der Zeitalter und ihrer Übergänge mit dem Schmerze dieser Übergänge! — Ebenso fehlt wohl auch der Sinn für das Mysterium der Poesie. — Sein Gemüt ist des Enthusiasmus fähig für Menschen und für Ideale, für edle Ziele. Aber ob auch die Kraft der Initiative und des unbeugsamen Widerstandes? Wie wahr ist Roggenbachs Wort, daß bedeutende Naturen zur historischen, mittelmäßige zur dogmatischen Bildung neigen (in Politik, Religion und Wissenschaft und Moral! Ideen oder Autoritätsglaube).

15. April 1880. Die Eindrücke in Karlsruhe vom 9. und 12. und der gestrige Artikel des Neuwieder [?] Tagblatts über Bismarck und den Großherzog bestärkten mich in den Entschlüssen:

I. Mein Steinstiftungsverhältnis zum Großherzog in diesem Sommer zu einem klaren Abschluß zu bringen (am 11. Mai sind es 20 Jahre seit der ersten Begegnung!). II. Mein Verhältnis zum Kaiser (seit 1869 und 71) zum Abschluß zu bringen durch die Denkschrift, und zwar in der Art eines historischen Denkmals für Königin Luise und ihre zwei königlichen Söhne — zur Feier des 20. und 22. März 1880[1]! III. Mir eine arx alta zu bauen, an meinem „Vermächtnis", besonders an den „Konfessionen" und der religiösen Krise. — Um mein Denken, Wollen und Streben zu schützen gegen den Parteienhaß und Gunst und ihre Mißdeutungen.

Frankfurt, Besitz Matth. Gelzer.

[1] 22. Mrz. (1797): Geburtstag Kaiser Wilhelms I.; Geburtstag der Königin Luise von Preußen: 10. Mrz. (1776).

398. Kardinal Hohenlohe an Großherzog Friedrich.

Rom, 15. April 1880.

E. K. H. gratuliere ich zu den schönen Resultaten in Bezug auf den kirchlichen Frieden in Dero Großherzogtum.

Übrigens erlaube ich mir in tiefstem Vertrauen darauf aufmerksam zu machen, daß E. K. H. auf der Hut sein mögen, Ihre jungen Kleriker weder in Innsbruck (?) noch Germanicum, noch sonstigen Jesuitenschulen studieren zu lassen, damit wir einen dauernden Frieden bekommen. Dies in tiefstem Vertrauen. *[. . .]*

GLA FA Korresp. 13 N 414 Fasz. 166.

399. Turban an Türckheim.

Karlsruhe, 16. April 1880.

Zu Nr. 395. Nachdem dem Reichslande einmal die administrative Selbständigkeit gewährt worden ist, kann man sich den Konsequenzen dieses Zugeständnisses nicht entziehen, und würde diesseits einem etwaigen Antrage auf Gewährung der entsprechenden Stimmenzahl im Bundesrat an dasselbe nicht entgegengetreten werden.

Die Bedenken, welche mit dieser Gewährung verbunden sind, wollen keineswegs verkannt werden, doch kann denselben teilweise abgeholfen und keinesfalls kann ihnen gegenüber den durch Art. 78[1] der Verfassung gebotenen Garantien eine entscheidende Bedeutung beigelegt werden. Insbesondere würde der Zuwachs, den Preußen oder das Präsidium durch die Verfügung über die elsaß-lothringischen Stimmen an Gewicht im Bundesrat gewinnen würde, im Vergleich zu den ihm schon jetzt unmittelbar zur Verfügung stehenden Stimmen und zu seinem mittelbaren Einfluß auf die Stimmabgabe anderer Staaten keine erhebliche und bedenkliche Neuerung abgeben, während die Teilnahme von Elsaß-Lothringen an den Ausschüssen ohne Minderung des bezüglichen Besitzstandes der Bundesstaaten bewirkt werden könnte, indem die Geschäftsordnung angemessen abgeändert bzw. die Mitgliederzahl einiger Ausschüsse von sieben auf acht erhöht würde.

Es versteht sich wohl von selbst, daß eintretenden Falls die Mißstände, zu denen die Gewährung des Stimmrechts an Elsaß-Lothringen Anlaß geben könnte, tunlichst zu beseitigen sein würden, insbesondere auch daß ihm dann nicht in irgendeiner Beziehung ausnahmsweise Befugnisse verbleiben, die etwa in dem Mangel jenes Rechts ihren Ursprung hatten. So würde namentlich der § 7 des Reichsgesetzes vom 4. Juli 1879[2] eine Änderung in der Richtung zu erfahren haben, daß die Vertretung von Elsaß-Lothringen keine weiteren Rechte behält oder erhielt, als den Vertretungen anderer Bundesstaaten zukommen.

GLA 233/13428 Konz.

[1] Art. 78 der Reichsverfassung v. 1871: „Veränderungen der Verfassung erfolgen im Wege der Gesetzgebung, jedoch ist zu denselben im Bundesrate eine Mehrheit von zwei Dritteln der vertretenen Stimmen erforderlich. Sie gelten als abgelehnt, wenn sie im Bundesrate 14 Stimmen gegen sich haben. / Diejenigen Vorschriften der Reichsverfassung, durch welche bestimmte Rechte einzelner Bundesstaaten in deren Verhältnis zur Gesamtheit festgestellt sind, können nur mit Zustimmung des berechtigten Bundesstaates abgeändert werden.“

[2] § 7: „Zur Vertretung der Vorlagen aus dem Bereiche der Landesgesetzgebung sowie der Interessen Elsaß-Lothringens bei Gegenständen der Reichsgesetzgebung können durch den Statthalter Kommissare in den Bundesrat abgeordnet werden, welche an dessen Beratungen über diese Angelegenheiten teilnehmen.“

400. Turban an Ellstätter.

Karlsruhe, 18. April 1880.

Die Vorgänge in der Bundesratssitzung vom 3. d. M. anläßlich des preußischen Antrags über die Belegung der Postanweisungen etc. mit dem Quittungsstempel haben in ihrem weiteren Verfolg den Herrn Reichskanzler bewogen, mit der Drucksache Nr. 76 dem Bundesrat einen Antrag Preußens auf Revision seiner Geschäftsordnung vorzulegen.

Diese Vorlage enthält keinerlei formulierte Anträge für den angegebenen Zweck, sondern beschränkt sich auf die allgemeine Bezeichnung der Richtungen, in denen dem Reichskanzler eine Verbesserung der Geschäftsordnung erforderlich zu sein scheint. Es sind dies die folgenden:

1. Trennung der Geschäfte des Bundesrats in wichtigere und unwichtigere und Behandlung der ersteren in Ministerialsitzungen, welche zu bestimmter Jahreszeit (etwa Januar) und nach Bedarf während der Reichstagssession regelmäßig stattzufinden hätten;
2. Beseitigung der Substitutionen;
3. Beschränkung der Ausschußtätigkeit, Behandlung der wichtigeren Sachen im Plenum in zwei Lesungen als Regel;
4. Beschränkung der Teilnahme an den Bundesratssitzungen auf die Bevollmächtigten und allenfalls deren landesherrlich ernannte Vertreter und die sonst an den Ausschußberatungen beteiligten Beamten für die betreffenden Gegenstände.

Was den e r s t e n Punkt betrifft, so vermag ich dem nur beizupflichten, was Ew. Exz. in dem gefälligen berichtlichen Schreiben vom 14. d. M. darüber äußern, daß die vom Reichskanzler geplanten regelmäßigen Ministerkonferenzen in der

Geschäftsordnung sich werden kaum feststellen und formulieren lassen und in der Ausführung auf erhebliche Schwierigkeiten stoßen würden, indem einerseits zu den festgesetzten regelmäßigen Zeiten die Vorlagen nicht immer genügend vorbereitet, andererseits die Minister zu diesen Zeiten nicht allgemein disponibel sein werden. Auch ließe sich wohl in Zweifel ziehen, ob denn überhaupt eine Trennung der Geschäfte nach ihrer Wichtigkeit durchführbar ist und ob daraus nicht (ganz abgesehen von den Verzögerungen in gesetzgeberischen Arbeiten) erhebliche Schwierigkeiten, Konflikte und andere Mißstände folgen müßten.

Das, was der Reichskanzler mit gutem Grunde erstrebt, nämlich für besonders wichtige gesetzgeberische Arbeiten und für sonstige besonders bedeutungsvolle Anlässe die Anwesenheit der leitenden oder der Ressortminister herbeizuführen, liegt auch jetzt schon in seiner Hand. Es bedarf dazu höchstens einer jeweils von ihm ausgehenden besonderen Anregung. Abgesehen davon, daß in wichtigen Momenten die Minister sich in der Regel von selbst in Berlin einzufinden pflegen, wurde, so oft seither eine derartige Mitteilung oder Einladung erfolgt ist, derselben bereitwillig entsprochen. Zur Anwendung dieses Mittels bedarf es keiner geschäftsordnungsmäßigen Bestimmung. Dasselbe hat vor regelmäßig und in der Zeit fixierten und ständigen Ministerperioden den Vorzug, daß die aus besonderen Anlässen nach Berlin reisenden Minister entsprechende und ausgiebige Tätigkeit vorfinden, während es nicht immer möglich sein wird, gerade auf jene regelmäßigen Perioden den Stoff zeitig und vollständig vorzubereiten. Daß die Sitzungen des Bundesrats im allgemeinen gegenwärtig weniger Interesse bieten — wie Fürst Bismarck gegen den gr. Herrn Gesandten nach dessen Bericht vom 16. März d. J. Nr. 84 bemerkte — ist wohl zu einem nicht geringen Teil nicht die Folge des selteneren Besuchs der Minister, wie der Reichskanzler bei dem fraglichen Anlaß andeutete, sondern dessen Ursache. Das geringere Interesse, welches die Plenarverhandlungen des Bundesrats im Vergleich zu früheren Jahren bieten, hat nicht in reglementarischen Vorschriften, nicht in einem Mangel an Teilnahme für die Reichsangelegenheiten, sondern darin seine Erklärung, daß die wichtigeren Geschäfte des Bundesrats und namentlich solche, welche die Anwesenheit der leitenden oder der Ressortminister erforderlich machen, gegen früher abgenommen haben. Die zur Regel gewordene Abwesenheit des Reichskanzlers selbst ist, auch bei aller Rücksicht auf seine Gesundheitsverhältnisse, hierfür der sprechendste Beleg.

Übrigens spricht gegen die Anordnung zeitlich fixierter Ministersessionen auch die Erwägung, daß bei den vornehmlich in Betracht kommenden gesetzgeberischen Arbeiten nicht immer die Beratung des fertigen Entwurfs, sondern oftmals die vorgängige Feststellung der grundlegenden Ideen das richtige Stadium für die persönliche Teilnahme der Minister an den Verhandlungen ist. Die vom Reichskanzler gewünschte Anwesenheit der Minister zur Zeit wichtiger Verhandlungen in und mit dem Reichstag pflegt bereits seither tatsächlich einzutreten. Wenn es ausführbar wäre, derartige Verhandlungen zwischen Bundesrat und Reichstag jeweils auf einen kurzen Zeitraum zusammenzudrängen, so würde diese Übung um so sicherer und in um so ausgiebigerer Weise sich erhalten.

Ich glaube kaum nötig zu haben zu bemerken, daß eine geschäftsordnungs- oder verfassungsmäßige Bestimmung, welche die Minister zwingen würde, zu bestimmten Zeiten in Berlin zu sein, nicht denkbar ist, daß eine bezügliche Bestimmung also nur in die Form der Trennung von wichtigen und unwichtigen Geschäften gekleidet werden könnte, für welche es an jedem zuverlässigen Kriterium fehlt.

Was sodann die unmittelbar uns selbst, da wir ständige Vertreter in Berlin besitzen, praktisch nur wenig berührende Frage der Substitution betrifft, so ist durchaus nicht zu verkennen, daß, wenn im Übermaß davon Gebrauch gemacht wird, der Bundesrat und die Stellung der Regierungen in demselben Gefahr läuft, in Ansehen und Wirksamkeit geschwächt zu werden. Dagegen vermag ich mich der in der Vorlage Nr. 76 ausgesprochenen Ansicht von gänzlicher Unzulässigkeit der Substitution nicht anzuschließen. Da die Verfassung keinerlei Vorschriften für die Formen der Vollmachterteilung enthält, so läßt sie bezüglich derselben freie Hand und schließt auch die Substitution nicht aus. Der vom Reichskanzler angewendete Hinweis auf § 15 der Verfassung, welcher ihm selbst die Substitutionsbefugnis erteilt, ist nicht zutreffend. Denn die Übertragung des Vorsitzes und der Geschäftsleitung und des damit verbundenen Vorrechts der Ausschlagerteilung bei Stimmengleichheit ist doch etwas anderes als die Überlassung der instruierten oder instruierbaren Stimme an einen anderen Bevollmächtigten.

Die Substitution steht aber auch nicht im Widerspruch mit dem Sinne der Verfassung. Die Abstimmung im Bundesrat soll grundsätzlich vielmehr den Willen der vertretenen Regierungen als das Ergebnis einer mündlichen Verhandlung zur Geltung bringen. Welche Beachtung auch letztere stets zu finden haben wird, immerhin wird jener Wille daheim bei den Regierungen festgestellt, und zu seiner Kundgebung genügt auch die Stimmführung im Substitutionswege.

In der Wirklichkeit wird freilich nicht in allen Fällen Instruktion erteilt und bleibt dem Bevollmächtigten ein gewisses eigenes Ermessen; jedoch wird gerade für alle wichtigeren Fälle die Abstimmung auf Instruktion vorauszusetzen sein. Wenn es richtig ist, daß manche Regierungen — wir haben uns nicht dahin zu rechnen — diese Instruktion vielfach schon zum voraus ganz allgemein und ohne Kenntnis der konkreten Fälle auf Zustimmung zu den Ausschußanträgen erteilen, so hat dies mit der Substitution als solcher nichts zu tun: auch der unmittelbare Bevollmächtigte würde diese Instruktion zu befolgen haben. Die Ursache derartiger Instruktionserteilungen liegt wohl wesentlich darin, daß häufig die Frist zwischen Antrag und Abstimmung so kurz bemessen ist, daß eine Prüfung des ersteren bei den Regierungen nicht möglich bleibt. Eine Änderung wäre deshalb durch Anordnung genügender bezüglicher Fristen anzustreben.

Den theoretischen Möglichkeiten der Vorlage lassen sich andere gegenüberstellen, die zu dem entgegengesetzten Ende führen. Theoretisch ist denkbar, daß viele oder alle Bevollmächtigten bis auf wenige oder einen verhindert sind, welche wenige oder welcher eine — wenn die Substitution ausgeschlossen ist — die Entscheidung in der Hand haben. Die Mannigfaltigkeit der Stimmführung, von welcher der Reichskanzler behauptet, daß sie durch die Substitution absorbiert werde, wird im Gegenteil durch sie tunlichst gewährleistet. Man kann dem Reichskanzler darin zustimmen, daß jedes Mitglied ein Recht darauf hat, daß der Wille der einzelnen Staaten tunlichst zum Ausdruck komme; allein man kann aus diesem Recht nur folgern, daß der durch die Substitution gebotene Weg zum Ausdruck dieses Willens nicht verschlossen werde.

Wie wünschenswert es auch erscheint, daß auch die kleineren Staaten regelmäßiger in unmittelbarer Weise vertreten würden, so wird doch ein Zwang dazu nicht ausgeübt werden können, während dem Reichskanzler ein erlaubter Einfluß in dieser Richtung gewiß zu Gebote steht. Jedenfalls ist dafür, daß den Bundesregierungen auch vermittelst der Substitution die Möglichkeit erhalten bleibe, ihre

Stimmen im Bundesrat zur Geltung bringen zu können, ein Interesse von e n t -
s c h e i d e n d e r Bedeutung auch für die Großherzogliche Regierung in den Fällen vorhanden, wo eine plötzliche Verhinderung des Bevollmächtigten eintritt und
die Zeit zur Abordnung bzw. zur Reise eines weiteren Bevollmächtigten nach
Berlin oder gar zur Mitteilung von dort nicht ausreicht oder ein weiterer Bevollmächtigter nicht abkömmlich ist. Von besonderem Wert ist die Substitutionsbefugnis aber auch für die Ferienzeiten; denn es ist für unsere Verhältnisse und im allgemeinen Interesse vorteilhafter, daß nicht wegen der bloßen Möglichkeit einer
etwaigen Sitzung alsdann ein Vertreter notwendig in Berlin anwesend sein muß.
Für kleinere Staaten werden diese Erwägungen natürlich ein noch größeres Gewicht haben.

Ew. Exz. deuten geneigtest an, daß die zu Referenten über die Vorlage bestell-
ten Bevollmächtigten dem Wunsch des Reichskanzlers auf Beseitigung der Substitution tunlichst entgegenzukommen suchen werden. Indem ich diesen Anträgen mit
Interesse entgegensehe, möchte ich hier nur noch bemerken, daß der in der Presse
erwähnte und mir auch von dem königlich preußischen Geschäftsträger angedeu-
tete Weg, die nicht vertretenen Stimmen durch Preußen oder das Präsidium abgeben zu lassen, aus erheblichen naheliegenden Gründen mir nicht geeignet erscheint,
zu einer förmlichen Vorschrift in der Geschäftsordnung erhoben zu werden.
Tatsächlich werden ja die hier vornehmlich in Betracht kommenden Stimmen doch
meist im Sinne des Präsidiums abgegeben.

Auch glaube ich noch anfügen zu können, daß nach Beschränkung oder Beseitigung der Substitution keinesfalls die rechtliche Möglichkeit ausgeschlossen sein
wird, daß die Vollmachten statt im Wege der Substitution im Wege der direkten
Bevollmächtigung auf eine Person kumuliert werden. Denn die Verfassung steht
dem nicht entgegen, daß mehrere Staaten ihre Vollmacht auf eine und dieselbe
Person ausstellen und daß Gruppen von Kleinstaaten sich vereinigen, um gemeinsam einen ständigen Vertreter in Berlin zu unterhalten.

Was sodann d r i t t e n s die Beschränkung der Teilnahme an den Verhandlungen bzw. Sitzungen des Bundesrats anbelangt, so scheint mir zunächst die Bemängelung des § 19 der Geschäftsordnung bzw. der stellvertretenden Bevollmächtigten
nicht begründet, und ich beschränke mich hierwegen auf den Hinweis darauf, daß
die Verfassung sich nicht durchweg der Bezeichnung „Bevollmächtigter" bedient,
sondern wiederholt von „Mitgliedern des Bundesrats" spricht (z. B. Artikel 9 und
10) und hiermit doch wohl einen weiteren Begriff als mit jener Bezeichnung verbinden muß. In praktischer Hinsicht sind diese Stellvertretungen an sich von er-
probtem Wert; sie sind zudem unentbehrlich, wenn nicht für die meisten Staaten —
indem sie genötigt werden, ihre einzige oder ihre wenigen Vollmachten an ständig
in Berlin anwesende oder für Berlin verfügbare Beamten zu übertragen — die Teilnahme der Minister am Bundesrat ausgeschlossen werden soll.

Die Ausschließung der an den Ausschußverhandlungen beteiligten sonstigen Beamten oder der üblicherweise seither noch weiter zugezogenen Beamten von den
Sitzungen des Bundesrats würde dessen Beratungen eine wesentliche Unterstützung
entziehen. Der Bundesrat bedarf vielfach notwendig der sachkundigen, fachmän-
nischen Aufklärung oder zieht daraus erheblichen Nutzen; eventuell muß ihm diese Aufklärung entweder auf schriftlichem und weitläufigerem Wege zugeführt werden, oder sie wird ihm zum Nachteil seiner Verhandlungen entgehen.

Auch dürfte die Folge derartiger Ausschließung sein, daß die Kommissarien für den Reichstag lediglich aus den Bevollmächtigten bzw. stellvertretenden Bevollmächtigten zu entnehmen wären, da für andere Personen damit nahezu ausgeschlossen wäre, die Intentionen des Bundesrats gründlich kennenzulernen.

Was endlich v i e r t e n s den Gedanken anbelangt, die Vorberatung in den Ausschüssen durch die Vorberatung im Plenum zu ersetzen und in letzterem zwei Lesungen vorzunehmen, so steht der Anwendung dieses Verfahrens, so oft die Mehrheit es für angemessen erachtet, geschäftsordnungsmäßig auch seither nichts im Wege. Auch kann unbedenklich zugegeben werden einerseits, daß in einzelnen Fällen die sofortige Behandlung im Plenum wegen Dringlichkeit der Sache, oder weil es erwünscht ist, von vornherein die allseitige Ansicht der Versammlung zu kennen, oder wegen anderer Gründe vorteilhaft oder notwendig sein kann, und andererseits, daß es oftmals höchst wertvoll ist, daß die definitive Instruktion unter Darlegung der verschiedenen Standpunkte und Ergänzungen eingeholt bzw. unter deren Beachtung erteilt werde. Zweifelhaft kann es freilich erscheinen, ob das eine und das andere Verfahren zur Regel gemacht werden soll, sowie ob beide notwendig zusammenzugehen haben. Bei der Menge unerheblicher Sachen, die den Bundesrat beschäftigen, und bei der Schwierigkeit oder Unmöglichkeit, allgemein anzuwendende Kriterien für die Unterscheidung von wichtigen und unwichtigen Sachen anzugeben, sowie bei der Menge von Fällen, wo ein Zweifel über die genügende Reife der Sache zur Entscheidung gar nicht besteht, dürfte jene Frage wohl zu verneinen und der Praxis zu überlassen sein, häufiger als seither die angeregten Formen des Verfahrens im Einzelfall besonders zu beschließen. Daß die Mehrheit hierzu befugt ist, bedarf keiner weiteren statuarischen Bestimmung; wohl aber dürfte zu erwägen sein, ob es nicht sich empfiehlt festzusetzen, daß nicht nur das Präsidium, sondern auch eine M i n o r i t ä t (etwa nach Analogie der Bestimmung, daß ein Drittel der Stimmen die Zusammenberufung des Bundesrats verlangen kann, eine solche von einem Drittel der Stimmen) zwei Lesungen bzw. die Vertagung der Abstimmung bis nach einer späteren, genügend bemessenen Frist beanspruchen kann.

Die zu § 3 und 6 der Geschäftsordnung gemachten Bemerkungen haben vorwiegend deren mangelhafte Redaktion zum Gegenstand, deren sachgemäße Berichtigung selbstverständlich nur erwünscht sein kann.

In den vorstehenden Zeilen wollen Ew. Exz. eine vorläufige Beurteilung des Inhalts und der Ziele des fraglichen Antrags Preußens erblicken. Ich muß mir vorbehalten, auf den Gegenstand zurückzukommen, wenn die in Aussicht gestellten formulierten Anträge der Referenten vorliegen werden. Nach Ew. Exz. gefälligen Mitteilungen darf ich annehmen, daß dies so zeitig der Fall sein wird, daß noch bis zur letzten Lesung im Plenum eine bestimmte Instruktionserteilung möglich ist. Ich glaube Hochdenselben indessen ergebenst anheimgeben zu können, mich sobald als tunlich von dem wesentlichen Inhalt der Referentenvorschläge eventuell telegraphisch gefälligst zu benachrichtigen.

GLA 233/12905 Konz., gedr. H. Kl. *Reichert*, Baden am Bundesrat 1871—90 (1962) S. 207 ff.

401. Aus Gelzers Tagebuch.

Baden, 25.—26. April 1880.

25. April 1880. *[...]* Erfüllt von der Idee meiner Denkschrift und von dem Gedanken, dieselben als ein Denkmal für Königin Luises Vermächtnis an ihr Haus, an ihre Nation und an das Jahrhundert aufzufassen und darüber dem Kaiser mündlich (in Berlin) Rechenschaft zu geben, entwarf ich unter dem Namen (in Meditation und Gebet) „Kaiser-Worte", die Grundgedanken, die ich ihm vortragen möchte. Mir erscheint diese Arbeit jetzt auch als der passendste Abschluß meines bisherigen Vertrauensverhältnisses zum Könige und Kaiser seit 1866 und 69 und 71! *[...]*

26. April 1880. Oft kann ich mich eines düstern Vorgefühls nicht erwehren über den Ausgang Bismarcks! Wird er mit einer Katastrophe abschließen? Gemahnt er nicht zuweilen in seiner jetzigen fürchterlichen Reizbarkeit und Unberechenbarkeit an den rasenden Roland?! Wie unheimlich berühren mich die Samoa-Verhandlungen im Reichstag[1]! Die Aufschlüsse in Bambergers und Meyers[2] Berichten und Reden! Was ist aus dem deutschen Reich vom 18. Januar 1871 geworden? Durch Schuld, Unfähigkeit, Leidenschaft der Leitenden und Handelnden! Wie so vieles verrät die Signatur eines sinkenden Schiffes! In Deutschland und Europa! *[...]*

Frankfurt, Besitz Matth. Gelzer.

[1] Für die in Zahlungsschwierigkeiten geratene Hamburger Firma Godefroy, die auf den Samoa-Inseln in der Südsee eine umfangreiche Plantagenwirtschaft betrieb, wünschte Bismarck, um den Besitz in deutscher Hand zu behalten, vom Reichstag eine Zinsgarantie für eine öffentlich aufgelegte Anleihe zu erhalten. Die Vorlage wurde am 22.—23. und 27. Apr. 1880 im Reichstag diskutiert und schließlich mit 128 zu 112 abgelehnt. Seitdem vermied es Bismarck, koloniale Fragen öffentlich zu erörtern.

[2] Hermann Heinrich Meier (1809—98), Kaufmann in Bremen, Gründer des Norddeutschen Lloyd, Apr.—Mai 1849 Mitglied der Paulskirche, 1867—71 u. 1878—87 Mitglied des Reichstags (nationalliberal).

402. Großherzog Friedrich an Gelzer.

Kaltenbrunn, 27. April 1880.

Ich muß mitteilen, daß Ihr Wunsch, den Kaiser in Wiesbaden aufzusuchen[1], mir Bedenken erregt. Wir müssen bekanntlich mit dem Mißtrauen des Reichskanzlers rechnen, und zwar jetzt noch mehr als jemals. Die Bundesratsaffaire der letzten Wochen[2] ist dafür ein Zeugnis, das sich mir mehr und mehr als ein Vorkommnis entlarvt, dessen Bedeutung schwer ins Gewicht fällt für alle künftigen Ereignisse und das als Grundlage ein zunehmendes Mißtrauen und eine steigende Mißgunst des leitenden Staatsmannes bekundet. *Wiesbaden ist nicht der rechte Ort, um ein fruchtbringendes Gespräch mit dem Kaiser zu führen.* Zunächst sind dort die Herren v. Wilmowski, Graf Lehndorff[3], Bülow, Borcke[4], Lauer[5], sehr bedenkliche Elemente, mit denen Sie verkehren müssen, da Sie zur Tafel eingeladen werden, und Sie mit Voreingenommenheit auf Schritt und Tritt beobachten und in jedem Wort kontrollieren. Was will er hier; warum kommt er; ist er vom Kaiser bestellt; hat ihn die Großherzogin berufen; soll er auf den Kaiser einwirken! Alle solche Fragen werden in positive Antworten übersetzt und dem Reichskanzler als wichtige

55

Ergebnisse der Kontrolleure berichtet, womit Dienstfertigkeit bekundet wird und fernere Unentbehrlichkeit als treue Diener bewiesen werden soll. [...] Wir wissen aus Erfahrung, daß Verdächtigung stets eine lähmende Wirkung übt und daß wir oft lange Zeit brauchen, uns solcher Fesseln zu entschlagen. [...]

In Berlin könnten Sie den Verkehr mit der oben bezeichneten Bande ganz vermeiden. Sie sehen nur den diensttuenden Adjutanten, und der Kaiser schenkt Ihnen wahrscheinlich sogar eine Nachmittagsstunde, wobei der Adjutant fehlt und Sie viel unbefangener erscheinen. [...] Sollte sich dann irgend ein Mißtrauen daran knüpfen, so können Sie es alsbald durch Fürst Chlodwig Hohenlohes Vermittlung in die rechten Bahnen lenken lassen. [...]

GLA FA Korresp. 13 Bd. 20 Nr. 148 eig.

[1] Gelzer an den Großherzog, Baden, 24. April 1880: In Wiesbaden will ich mich bei dem Kaiser anmelden, den ich seit Juli 1878 nicht mehr gesehen habe. Vielleicht ließen sich jetzt einige römische Beobachtungen, die ich ihm damals nicht mitteilen konnte (Franchi, Leo, Nina usw.), nachholen. „Außerdem liegt mir am Herzen, mich ausführlicher gegen ihn über die Denkschrift auszusprechen, die ich ihm versprochen" (GLA FA Korresp. 13 Bd. 23 Nr. 582).
[2] Vgl. Nr. 394 Anm. 1.
[3] Heinrich Graf v. Lehndorff (1829—1905), preußischer General und Generaladjutant Wilhelms I.
[4] Gustav Graf v. Borck-Stargardt (1829—1917), Mitglied des preuß. Herrenhauses, seit 1858 vermählt mit Magdalena Gräfin v. Lehndorff, Schwester des Generaladjutanten Wilhelms I.
[5] Gustav v. Lauer (1807—89, seit 1866: v.), Honorarprofessor der Medizin an der Universität Berlin, Generalstabsarzt der Armee, Chef des Sanitätskorps u. der Medizinalabteilung des Kriegsministeriums, seit 1844 Leibarzt Wilhelms I.

402a. Aus Gelzers Tagebuch.

14.—20. Mai 1880.

Karlsruhe, 14. Mai 1880. Gestern nachmittag beim Großherzog Unterredung: 1. Mein Ziel in Berlin: „Mehr Licht!" (Goethe 1830), „un poco piu di luce" (Lamarmora)[1]. [...] 3. Großherzog glaubt: schon in den nächsten Wochen oder Monaten werde Bismarck mit seinen Plänen des deutschen Einheitsstaates hervortreten. 4. Er meint: die Gründung eines demokratischen oder schweizerischen Staatenhauses sollte uns vor dem französischen oder italienischen Einheitsstaat retten und von der jetzigen Miserabilität des deutschen Bundesrats befreien! (Lieber würde er auswandern, als den Einheitsstaat ertragen). — Sonst werde nach Bismarcks Tod das Chaos oder Republik und Revolution eintreten. — Die Hoffnungen einer partikularistischen Reaktion seien nichtig. Die Sozialdemokratie wäre Erbin Bismarcks in den Einzelstaaten. 5. Er glaubt: Bismarck wolle sich mit Rom verständigen, um freie Hand zu bekommen. — Bismarck habe dem Kaiser erklärt, er müsse Frieden mit Rom machen und drum auch in Rückkehr der Bischöfe und in Aufhebung des kirchlichen Gerichtshofes willigen. 6. Die Finanzlage Deutschlands und der Einzelstaaten zwinge Bismarck dazu, aus der jetzigen Lage herauszukommen und die Nation durch ein neues politisches Programm zu gewinnen, besonders da die Erwartungen von den Zoll- und Steuereinnahmen nicht in Erfüllung gehen. — 7. Der Kaiser habe ganz abdiziert vor Bismarcks Diktatur. 8. Bedürfnis eines neuen Nationalvereins: Er, ich, Roggenbach, Schultz? 9. Großherzog und Großherzogin hoffen, daß ich als Gegenstück zu Eckarts „Rußland vor und nach dem Krieg"[2] ein „Deutschland vor und nach dem Krieg" schreiben werde!? *[...]* 11. Manteuffels Urlaub — Symptom einer Krise in seiner Stellung? 12. Bennigsens nähere Bekanntschaft — erscheint dem Großherzog sehr erwünscht für mich in der jetzigen Lage. 13. Professor Kraus habe von der Audienz beim Papst berichtet und von dessen Aufforderung, ihm direkt über Deutschland zu berichten und zu schreiben[3]. *[...]* 14. Rührende Szene beim neuen Luisendenkmal im Tiergarten[4]: Kaiser mit der Tochter allein zur nochmaligen Besichtigung dort, als sich bald eine große Zahl von Menschen um sie sammelte. *[...]*

Karlsruhe, 14. Mai 1880. Mein Credo gegenüber dem Großherzog für Berlin: 1. Ich fürchte dort (für mich) nichts und niemand! aber ich bin vorsichtig aus Rücksicht für die Sache und für ihn. 2. Sein Wunsch eines neuen Nationalvereins schwer ausführbar (für Vollendung der deutschen Verfassung der Zukunft) wegen Bismarcks Diktatur, wegen des Mangels an Charakter einer sinkenden Generation (sinkend in Kapazität und Moral). Aber doch faß ich den Gedanken fest ins Auge als Aufgabe für Teil III der Historischen Denkschrift: „Aussichten und Aufgaben" (statt Bundesrat einen Staatsrat? Kreise mit Herzogen an der Spitze? Oberhaus aus Mitvertretung der Stämme, nach Analogie der alten Kreiseinteilung? Beim Kaiserwechsel durchzuführen?? Eine günstige Strömung und Witterung dafür zu benutzen, wenn geeignete Staatsmänner sich finden und wenn sich die Ereignisse dafür vorbereitet haben durch Ernüchterung und Ernst!!). *[...]* 5. Zweifelhaft bin ich: ob ich dem Großherzog das politische Credo Bismarcks gegenüber Tachard[5] mitteilen soll? Ertragen es seine Schultern? —

Heidelberger Schloß, 15. Mai 1880. Aufgaben für Berlin: I. *[...]* 3. Deutschland: a) Ein Großpreußen. b) Eine dynastisch-partikularistisch-klerikale Reaktion? c) Gewaltsamer Militarismus? d) Ein europäischer Krieg als Prüfung! II. Meine Freundschaft mit Hohenlohe muß in Berlin die Probe bestehen, ob fruchtbar in Aufschlüssen und Antrieben zu Entschlüssen. III. Beim Kaiser? Darlegung des Plans der Denkschrift und des Luisendenkmals 1807—70 und 71—80! *[...]*

Heidelberg, 16. Mai 1880. I. Du hast eine Mission (Februar 1870). Bis zum 16. Oktober 1880 soll der Entschluß reifen, meine politische Lebensperiode (1860—80 Steinstiftung) zu einem Abschluß zu bringen gegenüber dem Großherzog und dem Kaiser. Um den Lebensabend ganz dem Bekenntnis meiner Erfahrungen und Überzeugungen zu weihen. Die kleinlichen badischen und baselerischen Verhältnisse dürfen mich nicht zerstreuen und lähmen. Wenn ich mit eindringender Kraft an das Gewissen der Nation (wie 1807 Fichte) sprechen soll, so bedarf ich großer Konzentration! („Machet von Banden — freudig euch los!"). II. Dieser Abschluß ließe sich einleiten und vollziehen 1. durch ein Promemoria an den Großherzog über die Steinstiftung! 2. durch die Historische Denkschrift an den Kaiser, 3. durch Beendigung und Herausgabe von „Deutschland und Europa seit 1813 und 48". *[...]*

Göttingen, 20. Mai 1880. Mit Schultz besprochen: *[...]* 8. Zukunft der deutschen Frage: a) Überwindung des preußischen Militarismus und Bürokratismus durch die Vollendung der Einigung des ganzen Reichs? b) Möglichkeit eines künftigen Widerstandes Bayerns an der Spitze des katholischen Deutschlands und mit Anlehnung an Frankreich und Österreich (eine Erneuerung der katholischen Liga von 1609!)? c) Zukunft des Großherzogs von Baden? Mein Mitgefühl für ihn? Künftige Stellung der Reichsfürsten? Analogie mit Stellung der Hohenzollern-

Sigmaringen und der Hohenlohe-Schillingsfürst? Herzoge des Reichs, aber keine Könige! d) Ob Aussicht für eine Sprengung des Zentrums durch direkte Verhandlungen Bismarcks mit Leo XIII. [...]

Frankfurt, Besitz Matth. Gelzer.

[1] Alfonso Lamarmora (1804—78), italienischer Ministerpräsident 1846—66. Seine Schrift über den Krieg 1866: Etwas mehr Licht auf die politischen und militärischen Ereignisse von 1866, dt. Übersetzung 1873.

[2] Vermutlich: Julius *Eckardt*, Modern Russia, Leipzig 1870, oder: ders., Rußlands ländliche Zustände seit Aufhebung der Leibeigenschaft, Leipzig 1870.

[3] Über die Audienz Kraus' bei Leo XIII. am 11. Apr. 1880 vgl. *Kraus*, Tagebücher S. 416 f.; Kraus an Bismarck, 7. Mai 1880, R. *Lill*, Vatikanische Akten zur Geschichte des deutschen Kulturkampfs. Leo XIII., Teil 1 1878—80 (1970) S. 462 ff.; Kraus über seine Audienz beim Großherzog vgl. Kraus an Leo XIII., 23. Mai 1880, ebd. S. 465 ff.

[4] 1880 wurde im Berliner Tiergarten das Marmorstandbild der Königin Luise von Ermann Encke (1843—96) enthüllt.

[5] Vgl. Bd. I S. 268; elsässischer Weingutbesitzer. Bismarcks Äußerung war nicht zu ermitteln.

403. Fürst Georg Viktor v. Waldeck-Pyrmont[1] an Großherzog Friedrich.

Ludwigsburg, 22. Mai 1880.

Der hiesige Landesdirektor hat in meinem Auftrage vor kurzem das Ersuchen an Dein Staatsministerium gerichtet, den Großherzoglichen Gesandten in Berlin mit Vertretung des diesseitigen Bundesratsbevollmächtigten beauftragen zu dürfen. Die Bedeutung der Sache läßt mich um Erlaubnis bitten, Dir dieselbe auch privatim angelegentlichst empfehlen und Deine mir immer bewiesenen freundschaftlichen Gesinnungen bei dieser Gelegenheit von neuem in Anspruch nehmen zu dürfen. Meine Hoffnung auf geneigte Gewährung meiner Bitte wird dadurch gestärkt, daß mir schon im Jahre 1861 durch Gestattung meiner Vertretung in der damaligen Bundesversammlung durch Deinen Bundestagsgesandten ein von mir stets dankbarlichst anerkannter Beweis Deines Wohlwollens zuteilgeworden ist. [...]

GLA FA Korresp. 13 N 289.

[1] Fürst Georg Viktor v. Waldeck-Pyrmont (1831—93), folgte in der Regierung 1845, selbständig seit 1852.

404. Türckheim an Turban.

Berlin, 29. Mai 1880.

Die Geschäftsbehandlung des Bundesrats in den letzten Tagen ist nicht danach angetan, der Überzeugung zur Stütze zu dienen, daß mit der neuen Geschäftsordnung[1] alle der Institution anklebenden Mängel gründlich beseitigt seien und eine neue bessere Ära in Aussicht stehe. Vorgestern wurde in langer Beratung die rein zolltechnische Vorlage, Ausführungsbestimmungen zu dem Tabaksteuergesetz, zur kleineren Hälfte mühsam durchberaten; gestern wohnte ich der ersten Lesung des Gesetzes über die kirchlichen Verhältnisse[2] im Abgeordnetenhause an, wo außer dem Minister von Puttkamer[3] in sechs Stunden, von 11 bis gegen 5 Uhr, von etwa zwanzig Rednern drei zum Worte kamen; heute hatte der Bundesrat zur

Abwechslung zwei Plenarsitzungen, von 11 bis 1 ³/₄ und von 2 bis 4 Uhr, es wurden die meisten Gegenstände sofort in erster und zweiter Lesung erledigt und damit die neue Institution der zwei Lesungen sofort zum toten Buchstaben gemacht. Ferner wurde theoretisch die Frage aufgeworfen, ob eine für die Morgensitzung giltig vorgenommene Substitution für die durch eine Pause von zwanzig Minuten getrennte Nachmittagssitzung keine Giltigkeit mehr haben würde. Es kam endlich zur Sprache, ob es nach Art. 15 der Reichsverfassung und Art. IX des bayerischen Akzessionsvertrages korrekt war, daß Staatsminister Hofmann, als er um drei Uhr aus der Sitzung abberufen wurde, Herrn von Philipsborn⁴ einfach mündlich ersuchte, für ihn den Vorsitz zu übernehmen. Es ist nicht als ein Fortschritt zu bezeichnen, daß anstelle der patriarchalischen Geschäftsbehandlung Formalismus, Paragraphenreiterei und Aufpasserei getreten ist, und es scheint oft, als wolle dieser Geist nur dazu gepflegt werden, um recht bald den Beweis seiner Zweckwidrigkeit zu führen. *[. . .]*

GLA 233/34795 fol. 36 f. Ausf.

¹ Vgl. Nr. 396.
² Die am 19. Mai im preuß. Abgeordnetenhaus eingebrachte kirchenpolitische Vorlage, die zum Gesetz vom 14. Juli 1880 führte. Vgl. J. *Heckel,* Die Beilegung des Kulturkampfes in Preußen, ZSRG 50 (1930) S. 267 ff.
³ Robert Viktor v. Puttkamer (1828—1900), 1860 Landrat, 1866 vortr. Rat im Bundeskanzleramt, 1871 Reg. Präsident, 1875 Bezirkspräsident in Metz, 1877 Oberpräs. in Schlesien, mit Unterbrechungen 1874—91 Mitglied des Reichstags, 1882—85 des preuß. Abgeordnetenhauses, 1879 Kultusminister, 1881 Innenminister, 1888 wegen konservativer Wahlbeeinflussung von Kaiser Friedrich III. entlassen.
⁴ Max v. Philipsborn (1815—85), 1868—81 Direktor der handelspolitischen Abteilung im Ausw. Amt.

405. Gelzer an Großherzog Friedrich.

Berlin, 31. Mai 1880.
[. . .] Am 27. hatte ich eine Unterredung mit Fürst Hohenlohe in der ehemaligen Wohnung Bismarcks Wilhelmstr. 76 zur Verabredung einer Zeit, die auf den 28. festgesetzt wurde. Seit Ende des Berliner Kongresses hatte ich ihn nicht mehr gesehen. Er ist auffallend gealtert, erscheint physisch und psychisch ermüdet.

Ich erwähnte, daß Sie mir schon im vorigen Spätjahr in Baden eröffnet hätten: bei einer Wiederbesetzung des erzbischöflichen Stuhls in Freiburg stehe Ihnen der Wunsch noch immer in der vordersten Reihe, dafür den Kardinal, seinen Bruder, zu gewinnen. Es sei dies ja — daran erinnerte ich ihn — schon im Frühjahr 1868, gleich nach dem Ableben des vorigen Erzbischofs Ihr erster Gedanke gewesen. Dann wies ich auf die Eigenschaften hin, die in Ihren Augen diese Wahl ganz besonders wünschenswert machten, seine seltenen Vorzüge des Herzens und der Gesinnung als Mensch, als Christ und als Priester, verbunden mit den reichen Erfahrungen seiner bisherigen Laufbahn. Sie seien aber (so fuhr ich fort) gleich bei unserer ersten Vorberatung zu dem Schlusse gekommen, daß der erste Schritt, der überhaupt in dieser Sache geschehen dürfe, eine vertrauliche mündliche Anfrage an Ihn sein müsse: ob auch Er diese Wahl für die wünschenswerteste halte und ob sie ihm als durchführbar erscheine, sowohl in Hinsicht auf die Wünsche seines Bruders als auf die Stellung der römischen Kurie zu dieser Frage.

Erst wenn Sie seinen Rat hierüber eingeholt und sich seiner Übereinstimmung versichert hätten, würden Sie als zweiten Schritt an eine konfidentielle Vorberatung mit dem Kardinal selber denken. Drum stehe es Ihnen fest, über diese beiden vorbereitenden Schritte vorerst das strengste Stillschweigen gegen jedermann zu beobachten, um der störenden Einmischung entstellender Gerüchte nach Möglichkeit vorzubeugen.

Fürst Hohenlohe, der mit großer Aufmerksamkeit der ganzen Auseinandersetzung folgte, entgegnete, daß er nicht vorbereitet sei zur sofortigen Beantwortung einer so wichtigen Frage; erst müsse er weiter darüber nachdenken, ehe er seine Ansicht bestimmter ausspreche. Doch wolle er schon jetzt den Wink nicht zurückhalten, daß bei all dem Günstigen, was Sie wohl mit Recht seinem Bruder zutrauten, er doch vielleicht nicht in allen Beziehungen Ihren Erwartungen entsprechen würde. Er halte es für geboten, dies jetzt schon zur Sprache zu bringen, weil die Erfahrung lehre, daß auf zu hochgespannte Erwartungen bei näherer Bekanntschaft ein peinlicher ernüchternder Rückfall folgen könne. Ganz im Ungewissen schien der Fürst darüber zu sein, ob die neue günstigere Stellung des Kardinals in Rom, sein Kanonikat in S. Maria Maggiore und sein Bistum von Albano, seine frühere Neigung, das römische Leben mit dem deutschen zu vertauschen, sich nicht umgewandelt habe? Auch darüber hatte er keine Vermutung, wie man in Rom selber, im Vatikan, sich zu der Sache stellen würde.

Am wahrscheinlichsten ist mir jetzt schon, daß über beide letztere Fragen nur in Rom selber im konfidentiellen Umgang mit dem Kardinal eine sichere Auskunft zu hoffen wäre. Wogegen für die Aufnahme, welche diese Frage allenfalls beim Fürsten Bismarck zu erwarten hätte, würde die Vermittlung des Fürsten Chlodwig Hohenlohe wohl der zuverlässigste und unverfänglichste Kanal sein.

Von dort ging ich ins Abgeordnetenhaus, wo die kirchenpolitische Vorlage zur Verhandlung stand. Beiden Sitzungen am 28. u. 29. habe ich beigewohnt[1] und so mit einem Schlage alle in Betracht kommenden Persönlichkeiten kennengelernt. Die offiziöse Wiener Politische Korrespondenz bringt in einem klassischen Wort die Signatur meines Eindrucks: „So desorganisiert wie seit Einbringen der Vorlage zur Abänderung der kirchenpolitischen Gesetze ist die öffentliche Meinung lange nicht gewesen. Die weitführende Frage heißt dann aber: Wer hat sie so desorganisiert?" *Hier stehen wir vor einem tiefen Graben.*

GLA FA Korresp. 13 Bd. 23 Nr. 585. *Hohenlohes* „Denkwürdigkeiten" enthalten nichts über diese Unterredung.

[1] Erste Lesung der kirchenpolitischen Vorlage der Regierung, mit Zustimmung der Konservativen und unter unbedingter Ablehnung durch Zentrum und Fortschrittspartei der Kommission überwiesen (vgl. Nr. 404 Anm. 2).

406. Gelzer an Großherzog Friedrich.

Berlin, 9. Juni 1880.

Heute fand eine weitere Unterredung mit Fürst Hohenlohe statt. Bei näherer Überlegung — so erklärte er mir — sei ihm die Sache für beide Teile, für E. K. H. wie für seinen Bruder, als wünschenswert erschienen. Er stimme mir darin bei, daß als Mensch, Christ, Priester der Kardinal die Hoffnungen erfüllen würde, die

Sie auf ihn setzen. In Menschenkenntnis und Menschenbeurteilung sowie in dem Technischen der Geschäfte würde er dagegen auf einsichtige und zuverlässige Hülfe angewiesen sein. Ob er kommen wolle, könne und dürfe, das könnte man nur von ihm selber erfahren. Er sei, sobald Sie es wünschen, gern bereit, darüber an seinen Bruder zu schreiben. Nur müßte er vorher wissen, ob Sie ihn von der neuern Form der Eidesleistung, die von den Bischöfen Hefele, Haneberg und den andern abgelehnt worden[1], dispensieren könnten. Ob in der jetzigen Stellung des Kardinals H. in Rom ein kanonisches Hindernis liege gegen sein Weggehen, sei ihm unbekannt; ebenso könne er nicht voraussehen, ob die jesuitische Partei im Vatikan, die wieder mehr Einfluß gewonnen habe als in der ersten Zeit Leos (laut den Berichten des Kardinals), seiner Versetzung nach Freiburg mit Erfolg entgegenwirken würde. An Einkommen habe er durch seine beiden römischen Stellen unter Leo (Maria Maggiore und Albano) seines Wissens nichts oder nur unbedeutend gewonnen. Darin läge also kein Hindernis. Von seiten des Reichskanzlers würden dieser Ernennung — kraft der Mitbeteiligung Preußens an der oberrheinischen Kirchenprovinz — keinerlei Einwendungen entgegenstehen. Davon sei er jetzt schon moralisch überzeugt; und sobald es mit der Sache ernst würde, könnte er sie sofort bei dem Kanzler vertreten. Auch sei seines Wissens nicht die Absicht vorhanden, ihn an ein preußisches Erzbistum zu berufen. *[. . .]*

GLA FA Korresp. 13 Bd. 23 Nr. 586

[1] Der seit der ersten Besetzung des Freiburger erzbischöflichen Stuhles angewandte Eid lautete: „Ich schwöre und verspreche bei den heiligen Evangelien Gottes, S. K. H. dem Großherzog . . . von Baden und Allerhöchstdessen Nachfolgern in der Regierung sowie den Gesetzen des Staates Gehorsam und Treue. Ferner verspreche ich, kein Einverständnis zu unterhalten, an keiner Beratschlagung teilzunehmen und weder im In- noch im Ausland Verbindungen einzugehen, welche die öffentliche Ruhe gefährden, vielmehr, wenn ich von irgend einem Anschlag zum Nachteil des Staates, sei es in meiner Diözese oder anderswo, Kunde erhalten sollte, solche S. K. H. zu eröffnen, so wahr mir Gott helfe und sein heiliges Evangelium" (GLA 48/5449 fol. 39 u. 60). Jolly interpretierte diesen Eid bei der Beilegung der Sedisvakanz 1874: „Ew. Bisch. Gnaden wollen aus dem völlig unumschränkten und vorbehaltlosen Wortlaut der eidlichen Beteuerung entnehmen, daß durch dieselbe der Schwörende sich bestimmt und feierlich verpflichtet, den Gesetzen und den rechtsgültig erlassenen Anordnungen des Staates schlechthin Gehorsam zu leisten, ohne daß aus irgendwelchen anderen Verhältnissen oder Beziehungen eine Einwendung oder Einschränkung abgeleitet werden könnte" (GLA FA Korresp. 13 N 420). Nach dieser Formel wurde 1882 auch Orbin als Erzbischof von Freiburg vereidigt; erst Roos erwirkte 1886 eine Änderung (vgl. Nr. 776). Vgl. die undatierte Denkschrift Ungern-Sternbergs zur Eidesleistung (GLA 48/5440), allgemein die Problematik des Bischofeides bei J. *Heckel*, Die Beilegung des Kulturkampfes in Preußen, ZSRG 50 (1930) S. 250 ff.

407. Aus Gelzers Tagebuch (Losungen).

14.—27. Juni 1880.

Berlin, 14. Juni 1880. *[. . .]* Wie hat er [Bismarck] die deutsche, die europäische, die römische Frage gelöst oder zu lösen versucht? Wo liegt seine Größe, wo seine Schwäche? Was ist lebensfähig in seinem Werk? und was wird sich als unhaltbar erweisen? Worin ist er genial, worin beschränkt? Diese Fragen all werde ich in der Historischen Denkschrift zu beantworten haben, denn ohne diese Antwort ist kein geschichtliches Urteil möglich über die letzten 20 Jahre, d. h. über die bisherige Regierung des Königs und Kaisers Wilhelm. Aber heute schon steht vor mir die eine

Hälfte der Antwort fest: Die Kirchenfrage versteht er nicht; er hat sie falsch und unheilvoll behandelt! — Und vor der andern Hälfte stehe ich noch prüfend mit dem Richtmaß: An ihren Früchten sollt ihr sie erkennen!

Berlin, 20. Juni 1880. An Julia: Diesen Morgen entwickelte ich dem Fürsten Chlodwig Hohenlohe meine Auffassung der Lage und Schicksale Deutschlands und Europas von 1807 bis auf diese Stunde und zeichnete in raschen scharfen Umrissen den Plan der Historischen Denkschrift, für die ich mich zu rüsten suche, wie ich es dem Kaiser versprochen. In wenigen Sätzen seiner Antwort bewies er mir, daß er den mir vorschwebenden Grundgedanken sofort in seinem tiefsten Kern erfaßte. Das sind Geistesfreuden! —

Berlin, 24. Juni 1880. An Frau Duncker: „Es fängt mir an, unter den Füßen zu brennen in meiner Gasthof-Kasernen-Existenz; und Ostpreußen ist aufgegeben, obwohl mich's einen heißen Kampf der Entsagung kostet. — Den Einführungsbrief von Schrader[1] in Königsberg hebe ich auf als Pfand für die Zukunft. — Gestern stand ich in Hohen-Zieritz im Sterbezimmer der Königin Luise; das war der ernste Abschluß meines Berliner Lebens." — Ich danke meinem Gott, daß ich mich glücklich durch das gegenwärtig düstere Labyrinth des Berliner Lebens zurechtgefunden! Aber notwendig war es, mit eigenen Augen zu schauen! — Wohl denen, die ihren Schatz im innersten Heiligtum des Busens wahren! [...] (an Julie). — In der Nationalgalerie: Vor Bismarcks Bild von Franz Lenbach[2]: Mit der großen Frage an diesen Mann kam ich nach Berlin und scheide ich von Berlin: Wer bist du im tiefsten Kern deines Wesens? Was gabst du, was nahmst du unserem Volke? Was haben wir noch zu hoffen von dir, was zu fürchten? Wie wirst du enden? Dürfen wir eines „andern" warten, der da kommen soll? — Großes war und ist auf seine Seele gelegt! Lust und Mut erwachte in mir, ihn in den Briefen zu charakterisieren. [...]

Jena, 27. Juni 1880. *Ich blicke zurück* auf Chlodwig Hohenlohes Schlußbekenntnis: Alles werde davon abhangen, ob wir uns wieder zu den idealen Gesinnungen der Periode von 1807—13 erheben? Wenn nicht, dann werde das Verderben immer mehr überhandnehmen!

Frankfurt, Besitz Matth. Gelzer.

[1] Karl Schrader (1834—1913), Führer der Freisinnigen Vereinigung.
[2] Franz (1882: v.) Lenbach (1836—1904), Portraitmaler.

408. Gelzer an Großherzog Friedrich.

Berlin, 22. Juni 1880.

[...] *In der Unterredung mit Hohenlohe am 20. habe ich* Gelegenheit gefunden, ihm nochmals die betreffenden badischen und speziell freiburgischen Verhältnisse zu erklären und ihm Kenntnis zu geben von dem Inhalt Ihres Telegramms vom 17. d. M. aus Rippoldsau[1]. Auf Grund der vorausgegangenen Erfahrungen wies ich darauf hin, wie sehr Sie sich genötigt und verpflichtet fühlten, in dieser Angelegenheit nur mit der allergrößten Vorsicht voranzugehen; womit er zu wiederholten Malen seine volle Übereinstimmung zu erkennen gab.

In einer schriftlichen Aufzeichnung habe ich dem Kaiser die Umrisse meines Plans und die leitenden Gesichtspunkte vorgelegt, und nur seine schriftliche Zustimmung erwartet. Er aber wollte mich sprechen, wurde aber (ähnlich wie 1871) immer wieder an der Ausführung gehindert, wie ich vorausgesehen. Endlich schrieb ich ihm am 12. Juni, daß die schriftliche Erklärung seiner Übereinstimmung mir genüge und daß ich daher mit seiner Erlaubnis bald Berlin zu verlassen wünsche.

Schon am folgenden Morgen, Sonntags den 13. erhielt ich folgendes, mich wahrhaft rührendes Handschreiben:

„Seit zehn Tagen bin ich in Ihrer Schuld, und Ihre gestrigen Zeilen erinnern mich daran. Ich muß Sie jedenfalls noch in den nächsten Tagen sprechen wegen Ihres schönen patriotischen Gedankens, den ich sehr begünstigen werde; denn der Gegenstand ist so würdig."

Die Absicht blieb aber unausgeführt, was mich nicht überraschte. Am 18. abends vor seiner Abreise nach Düsseldorf erhielt ich abermals ein Schreiben:

„Ich war nicht im Stande, Ihnen eine Stunde zu schenken. Vielleicht sehen wir uns am Bodensee."

Bezüglich der Einblicke in kirchenpolitische und europäische Situation kann ich nur wiederholen, womit General von Radowitz seine Denkwürdigkeiten abbricht, als er die innere Geschichte von Ölmütz 1850 berührte: „Der Rest ist Schweigen!"[2] jedenfalls bis zu meiner Rückkehr. *[...]*

GLA FA Korresp. 13 Bd. 23 Nr. 587.
[1] Nicht vorhanden; vgl. Nr. 409.
[2] Joseph Maria v. *Radowitz*, Neue Gespräche aus der Gegenwart über Staat und Kirche, II. Teil (1851): „... wie einst im Mittelpunkt der Weltgeschichte es der e w i g e n Wahrheit bei ihrem Erscheinen ging, daß sie den einen eine Torheit, den andern ein Ärgernis war, so auch jetzt einer i r d i s c h e n Wahrheit. Daß die deutsche Nation aus ihrer bisherigen zerrissenen Versunkenheit heraus nach einer wahren Gemeinschaft verlange, daß erst hierdurch und nur hierdurch die Revolution zu schließen sei, das ist dem einen eine Torheit, dem anderen ein Ärgernis. Aber die Geschicke finden ihren Weg! — Lebe wohl, „der Rest ist Schweigen!""

409. Großherzog Friedrich an Gelzer.

Rippoldsau, 26. Juni 1880.

Dank für Nr. 405, 406, 408. In Ihrem letzten Brief sprechen Sie einen Gedanken aus, der mich schon oft in ereignisvoller Zeit erfüllte; daß, je mehr Erlebnisse von Bedeutung über uns kommen, desto weniger wir imstande sind, die Fülle des Stoffes beschreibend wiederzugeben. — Die Hauptsache aber, deren Interesse uns beide bewegt, die Frage des erzbischöflichen Stuhls zu Freiburg und die Kandidatur Hohenloh, haben Sie in dankenswerter Gründlichkeit mit dem Fürsten Chlodwig behandelt, so daß eine Einleitung getroffen ist, wie ich sie mir nicht besser wünschen könnte.

Sie werden aber gewiß gebilligt haben, daß ich die Fragestellung des Bruders an den Bruder noch zu vertagen gebeten habe. So vertraulich auch eine solche Frage bleibt, ändert sie doch nichts an der Wichtigkeit der Sache und an der Bedeutung der zu fassenden Entschließung des Gefragten.

Wenn ich mich nun in die Lage des Kardinals denke, unter den dermaligen verworrenen Zuständen in Deutschland gefragt zu werden, ob ich einen so wichtigen Posten zu bekleiden gewillt sei, würde ich wohl antworten, daß ich erst Klarheit zu erlangen wünsche über den Ausgang der kirchengesetzlichen Konflikte in Preußen und darnach erst eine Antwort zu geben mich imstande fühle. — Eben deshalb aber mag auch ich in diesem Stadium der Krisis diese ganze Angelegenheit nicht einmal in vertraulicher Weise zur Sprache bringen. — Um so mehr aber erkenne ich die ganze Bedeutung und den Wert Ihrer eingehenden Verhandlungen mit dem Fürsten Chlodwig über diese Angelegenheit und danke Ihnen von ganzem Herzen dafür, daß Sie mich in die Lage gesetzt haben, nunmehr jeder Zeit von dieser wichtigen Anknüpfung Gebrauch machen zu dürfen. —

Ihre Erfahrungen während Ihres jüngsten Berliner Aufenthaltes sind wohl so reichhaltig, daß ich gerade in Bezug auf die Frage der kirchengesetzlichen Diktatur mir gar nicht erlauben will, ein Urteil über das bisher Erlebte auszusprechen. Aber eben deshalb glaube ich auch annehmen zu dürfen, daß wir übereinstimmen in dem Beschluß — zu beobachten, abzuwarten und dann erst mit prüfender Vorsicht an die Tat zu schreiten.

Ihre freundlichen Mitteilungen über den Verkehr mit dem Kaiser erinnern mich an frühere Vorgänge dieser Art und erwecken ein Gefühl der Wehmut in mir, das wir wohl gemeinsamer Erfahrung verdanken. Die Herrschaft über alles ist in anderer Hand.

Ich bin froh, Sie nun bei den Ihren zu wissen, wo Ruhe und Friede ihre wohltuende Wirkung nicht verfehlen werden. *[. . .]* Ich kehre am 1. Juli nach Karlsruhe zurück. *[. . .]*

GLA FA Korresp. 13 Bd. 20 Nr. 149 eig.

410. Gelzer an Großherzog Friedrich.

Rechtenberg bei Bretzwyl, 8. Juli 1880.

Nr. 409 habe ich am 28. Juni in Jena erhalten. Wie Sie voraussahen, fand ich mich in voller Übereinstimmung mit den Beweggründen, die Ihnen einen Aufschub der „Anfrage des Bruders an den Bruder" vorerst noch als wünschenswert erscheinen ließ.

Soll ich der Andeutung des kaiserlichen Wunsches Folge geben, ihn am Bodensee wiederzusehen? Für mein Gefühl hat die Sache zwei scharf zu unterscheidende Seiten: Denke ich an die Zufälligkeiten, von denen der intimere Verkehr mit dem Kaiser an solchen Besuchstagen abhängt, an die Schwierigkeiten, ihm in der jetzigen Sachlage etwas nachhaltig Wirksames zu sagen, denke ich an die geistige und sittliche Qualität der Mehrzahl seiner Umgebung und erwäge ich ferner die Neigung dieser ganzen Sippe, sich über alles und jeden Glossen nach ihrem Geschmack zu machen — so fühle ich alles eher als ein lebhaftes Verlangen, in dieser Atmosphäre zu atmen! . . .

In ein ganz anderes Licht tritt aber dieselbe Angelegenheit, wenn ich mich frage: ob es sich hier nicht um die Erfüllung eines ausdrücklichen Wunsches des Kaisers handle, ob es nicht doch vielleicht das letztemal sein wird, daß ich ihm in die Augen schaue, ob ich nicht doch vielleicht ein erhebendes stärkendes Wort für ihn fände, ob er mein Wegbleiben nicht als ein Nichtbeachten seines Wunsches empfinden könnte. Und den möglichen Mißdeutungen aus seiner Umgebung gegenüber erwäge ich: ob mein Verhältnis zu Fürst Hohenlohe nicht eine genügende Schutzwehr böte gegen eine Verstimmung in Friedrichsruh oder Varzin? *Ich bitte um Ihren Rat.*

GLA FA Korresp. 13 Bd. 23 Nr. 588.

411. Baumstark an Ungern-Sternberg.

Achern, 18. Juli 1880.

Infolge meiner Audienz bei S. K. H. dem Großherzog am 4. d. M. bin ich, wie Ew. Hochw. bekannt, nicht nur in der Presse und sonst persönlich angegriffen und mißhandelt worden, sondern man hat auch meine Tätigkeit während des letzten Winters als eine nicht bloß bedeutungslose, sondern dem kirchlichen und vaterländischen Interesse schädliche darzustellen gesucht, und zwar mit dem Anschein, als spreche man namens des Bischofs. Ich m u ß t e antworten, schon weil mit grober Ungebühr die höchste Person des Landesherrn hereingezogen wurde. Meine Erklärung, daß n i c h t der hochwürdige Herr Bischof, sondern eine politisch herrschsüchtige Camarilla mich verfolge, zog einen Sturm von Verwünschungen und Beschimpfungen über meinem Haupt zusammen.

Nachdem nun die Flut persönlicher Beleidigungen abzulaufen beginnt, will ich etwas Sachliches und der öffentlichen Wohlfahrt Dienliches leisten, und zwar durch eine Broschüre von mäßigem Umfang, welche in sachlicher, ruhiger Weise dem katholischen Klerus und Volk Badens zeigen soll, auf welche Weise, durch welche Mächte und durch welche Männer die Wiederherstellung der Seelsorge in unserem Lande erfolgt ist.

Ich würde dieses Unterfangen jedoch verschieben oder aufgeben, wenn ich Grund hätte zu der Annahme, dasselbe könnte S. K. H. dem Großherzog im geringsten Grade unangenehm sein. Wenn Sie Gelegenheit haben und die Gewogenheit haben wollen, mir über diese für mich hochwichtige Frage eine Mitteilung machen zu wollen, so würden Sie mich in hohem Grade verpflichten, zumal gerade jetzt die Gerichtsferien mir Gelegenheit geben würden, mich ohne Überanstrengung der Sache zu widmen. Es bedarf nicht der Versicherung, daß alles, was S. K. H. mir persönlich und im Vertrauen zu sagen geruhten, gänzlich ausgeschlossen bleibt. *[...]*

GLA FA Koresp. 13 N 309.

412. Ungern-Sternberg an Baumstark.

Mainau, 22. Juli 1880.

[...] Um Ihrem Wunsche *[...]* in möglichst vollständiger Weise nachkommen zu können, erlaubte ich mir, Ihr geschätztes Schreiben[1] dem Großherzog zur Einsichtnahme vorzulegen. S. K. H. haben sich hiermit dahin ausgesprochen, daß eine sachliche Darstellung der Vorgänge, welche zur Wiederherstellung der Seelsorge in den verwaisten katholischen Gemeinden unseres Landes geführt haben, wohl geeignet sein könnte, klärend, beruhigend und in einer das Vertrauen der katholischen Bevölkerung auf die von der Wertschätzung ihrer religiösen Interessen geleitete Fürsorge der Großherzoglichen Regierung festigenden Weise zu wirken, wenn die Bro-

schüre nach ihrer Fassung und ihrem Inhalte deutlich die Absicht erkennen lasse, für die Erhaltung und Förderung des Friedens zu wirken.

Zugleich bemerkten S. K. H., daß Höchstdieselbe mit Befriedigung aus Ihrem Schreiben ersehen habe, daß Ew. Hochw. den Ausschluß alles dessen, was der Großherzog Ihnen persönlich im Vertrauen zu sagen geruhte, als selbstverständlich betrachtet, da S. K. H. im Interesse der Sache einen besonderen Wert darauf legen, daß in dieser Weise bei Abfassung der beabsichtigten Denkschrift verfahren werde.

GLA FA Korresp. 13 N 309 Konz.

[1] Nr. 411.

413. Baumstark an Ungern-Sternberg.

Achern, 30. Juli 1880.

Dank für Nr. 412. Auf Grund dieses Schreibens bin ich in den Stand gesetzt worden, die Geschichte des fraglichen, hochwichtigen Staatsaktes mit Ruhe und Sachkenntnis, mit Muße und ohne Eile zu schreiben.

Es versteht sich von selbst, daß die Erhaltung und Befestigung des Friedens zwischen der Staatsgewalt und der r e c h t m ä ß i g e n katholisch-kirchlichen Autorität der Gesichtspunkt und das Ziel ist, aus dem und für das ich schreiben werde. Allein so, wie die Dinge bei uns liegen, kann dies nur geschehen, indem man gleichzeitig die Männer bekämpft, in deren Ketten und Banden durch eine unselige Verknüpfung der Tatsachen unser Hochwürdigster Herr Bischof liegt. Diesen mir aufgedrungenen Kampf habe ich in den letzten Wochen, so Gott will, nicht ganz ohne Glück geführt. Die Redaktion des „Badischen Beobachters", welche die badischen Katholiken auf neue Irrwege der Leidenschaft zu führen bestrebt war, ist gestürzt, und aus dem Leitartikel der Nummer 171 dieses Blattes [. . .] wollen Ew. Hochw. gütigst entnehmen, daß endlich das bisher mit Gewalt zurückgehaltene Gefühl des Erreichten aus dem letzten Winter Bahn zu finden beginnt. Es bedarf bei Ihnen gewiß nicht der Versicherung, daß ich mit diesem Artikel — wie überhaupt mit dem fraglichen p o l i t i s c h e n Blatt — in k e i n e r l e i näheren oder entfernteren Beziehung stehe.

Sobald es mir gelungen sein wird, die von mir beabsichtigte historisch-politische Denkschrift, mit deren Ausarbeitung ich in der nächsten Woche langsam zu beginnen hoffe, zu Ende zu bringen, werde ich nicht ermangeln, dieselbe Ihnen zur Einsicht vorzulegen für den Fall, daß etwa S. K. H. der Großherzog geruhen sollte, sich über deren Inhalt und Fassung Vortrag erstatten zu lassen. Ich werde diese Vorlage selbstverständlich in dem Fall unterlassen, wenn dieselbe allerhöchsten Ortes nicht gewünscht würde. [. . .]

GLA FA Korresp. 13 N 309.

414. Ellstätter an Großherzog Friedrich.

Karlsruhe, 1. August 1880.

Gestern nachmittag aus Coburg zurückgekehrt[1], gestatte ich mir, E. K. H. über den Verlauf der Beratungen in Kürze vorläufig Folgendes untertänigst zu berichten:

In den beiden Plenarsitzungen wurde preußischerseits unter Bezugnahme auf die vorhergegangene schriftliche Bezeichnung des Zwecks der Versammlung wiederholt ausgeführt, daß die notwendige Eröffnung weiterer Steuerquellen durch den Umstand gehindert werde, daß der Vermehrung der Steuerlast nicht eine äquivalente Erleichterung der Steuerpflichtigen zur Seite gehe. Es sei nun zwar nicht mehr wie anfänglich beabsichtigt eine legislatorische Feststellung dieses Gedankens durch Regierung und Landesvertretung der Einzelstaaten in Aussicht genommen, wohl aber eine verpflichtende Erklärung der Reichsregierung bei Vorlage neuer Steuergesetzentwürfe, worauf die Erträge der neuen Steuern nicht in die Reichskasse, sondern in die Kasse der Einzelstaaten behufs Durchführung von Entlastungen unverkürzt abgeführt werden sollen. Als erste Vorlagen wurden die Entwürfe über Erhöhung der Brausteuer, Einführung der Stempelabgaben und der Wehrsteuer bezeichnet.

Wenn nun auch allseitig die Erzielung weiterer Einnahmen nach Lage der Finanzverhältnisse im Reich und in den Einzelstaaten als wünschenswert bezeichnet wurde, und wenn auch die süddeutschen Staaten an der Erhöhung der Brausteuer keinerlei Interesse haben, so war man doch ziemlich allgemein gegen d i e s e Art der Fortführung der sog. Zoll- und Steuerreform etwas bedenklich.

Die Erregung der Erwartung von Steuerentlastungen, die vermutlich in keinem Lande werde erfüllt werden können, die Schaffung von Reichseinnahmen zugunsten der Einzelstaaten im Sinne des Frankenstein'schen Antrages[2], die notwendigen Vorbehalte hinsichtlich der Stempel- und Wehrsteuer etc., alles das schien auf verschiedenen Seiten Bedenken zu erregen.

Nachdem jedoch der preußische Minister Bitter[3] seine Gedanken als übereinstimmend mit der Auffassung und dem dringenden Wunsche des Reichskanzlers bezeichnet hatte, wurde von keiner Seite mehr gegen die Wiedereinbringung der erwähnten drei Gesetzesentwürfe ein Widerspruch erhoben und nur eben der nötige Vorbehalt bezüglich der Stellungnahme zu den M o d a l i t ä t e n, namentlich der Wehr- und Quittungssteuer gemacht.

Der Ausspruch einer förmlichen V e r p f l i c h t u n g, Steuererleichterungen eintreten zu lassen, wurde allseitig nicht nur als inopportun, sondern als geradezu unstatthaft abgelehnt.

Da jedoch der Reichskanzler auf einen förmlichen Ausdruck der Überzeugungen der Regierungen in der von ihm gewünschten Weise den größten Wert lege, so wurde auf Veranlassung des Ministers Bitter der Versuch gemacht, eine Resolution zu entwerfen, mit welcher die Fortführung der „Steuerreform" gefördert werden könnte. Eine derartige Resolution ist schließlich — um des lieben Friedens willen — in der anliegenden, mit Anlage 3 bezeichneten Fassung zustandegekommen. Es kann E. K. H. nicht entgehen, in wie hohem Grade anfechtbar auch diese Fassung und wie wenig sie geeignet ist, ihrem eigentlichen Zwecke zu dienen.

Der erste Absatz ist die Fortentwicklung der Rückbildung des Reichsgedankens nach dem Muster des Frankenstein'schen Antrags. Herr Minister Bitter bezeichnete gerade diese Schaffung von Reichseinnahmen zum Nutzen der Kassen der Einzelstaaten als einen sehr wesentlichen Bestandteil der Zoll- und Steuerreform von 1879, eine Auffassung, die mir nicht richtig scheint und welche geeignet ist, das verfassungsmäßige Verhältnis des Reichs und der Einzelstaaten geradezu ins Gegenteil zu verkehren. Da jedoch der Reichskanzler vermöge seiner amtlichen Stellung die Interessen des Reichs, ich möchte nicht sagen ausschließlich, aber doch besser als andere zu verstehen und zu würdigen sich angewöhnt hat, so konnte gegen die vorgeschlagene Prozedur ein nachhaltiger Widerspruch natürlich nicht eingelegt werden.

Was den zweiten Absatz betrifft, so ist er eigentlich überflüssig. In keinem deutschen Staate werden Einnahmen, die nicht durch Ausgaben absorbiert sind, eine andere Verwendung finden können als zur Herabsetzung bzw. nicht Erhöhung von Steuern oder aber zur Bestreitung neuer und nützlich scheinender Ausgaben, welch letztere Verwendung sogar durch die vorliegende Fassung ausgeschlossen scheint. Sie s o l l t e aber, wie ausdrücklich konstatiert wurde, nicht ausgeschlossen sein und k o n n t e es nicht. Um aber den Eindruck der Versprechung nicht zu brechen, wurde vorgezogen, n u r von Erleichterungen zu reden. Daß es mit den geplanten Erleichterungen nichts oder mindestens nicht viel sein werde, konnte niemandem entgehen, aber der Reichskanzler will nun einmal diesen Modus, und so ist man denn auf eine Erklärung eingegangen, die zu vertreten ich meinerseits entschieden Bedenken tragen würde.

Der Reichskanzler will die Fahne der Steuerentlastung aufpflanzen, weil er, wie Minister Bitter es uns im Privatgespräch offen bekannt hat, die Überzeugung hegt, daß ihm die liberale Partei bei neuen Steuervorlagen alle möglichen Schwierigkeiten mache, daß sie namentlich die Erhöhung der Brausteuer nicht ohne gleichzeitige Erhöhung der Branntweinsteuer bewilligen werde, was der Reichskanzler von seinem agrarischen Standpunkt aus nicht will. So sollen denn die R e g i e r u n g e n als diejenigen in Szene gesetzt werden, die dem Volke Steuererleichterungen bringen würden, wenn nur die liberale Partei darauf eingehen, d. h. neue andere Steuern bewilligen wollte. Kurz, dieselben sollen damit veranlaßt werden, mit ihren Wählern zu rechnen oder, bei den nächsten Wahlen, an die Wand gedrückt werden.

Die Mehrzahl der Konferenzmitglieder ist, wie sich aus den privaten Besprechungen ergab, davon überzeugt, daß das vorgeschlagene Manöver sehr leicht zu durchschauen, ja zu widerlegen und deshalb voraussichtlich ohne jeden Erfolg sei. Auch in den offiziellen Sitzungen ist diese Besorgnis zum Ausdruck gebracht worden, und ich teile sie aus voller Überzeugung. Wenn ich nun gleichwohl der Resolution auch meinerseits zugestimmt habe, um die begehrte Übereinstimmung der Regierungen nicht zu stören, so bin ich darin dem Vorgang auch anderer dissentierender Mitglieder gefolgt und glaube ich den Intentionen E. K. H. und der politischen Stellung der grh. Regierung entsprochen zu haben.

Vom Tabaksmonopol war offiziell nicht die Rede. Gesprächsweise meinte Minister Bitter, daß z. Zt. davon keine Rede sein könne, da d i e s e r Reichstag dafür unzugänglich sei. Die Vorbereitungen seien indes zu treffen, um damit im geeigneten Moment hervortreten zu können. *[. . .]*

Anlage 3.

Die Konferenz hat sich zu der Erklärung vereinigt, daß bei weiterer Ausbildung des Systems der Reichssteuern die zu erwartenden Mehrerträge mindestens von den in der letzten Session des Bundesrates und Reichstages in Aussicht genommenen Besteuerungsgegenständen nicht für den Reichshaushalt zu beanspruchen, sondern den einzelnen Bundesstaaten unverkürzt zu überweisen;

daß die Regierungen der Bundesstaaten es übereinstimmend als ihre Aufgabe anerkennen, nach Maßgabe ihrer verfassungsmäßigen Befugnisse dahin zu wirken, daß die überwiesenen Beträge zu einer entsprechenden Ermäßigung bestehender Steuern, in denjenigen Staaten aber, wo andernfalls eine Erhöhung der letzteren eintreten würde, zur Abwendung bzw. entsprechenden Abminderung der Erhöhung verwendet werden.

GLA FA Korresp. 13 N 376. Das vervielfältigte amtliche Coburger Protokoll vom 28./29. Juli 1880: GLA 60/496 und 233/12933.

[1] Auf Einladung des preußischen Finanzministers Bitter (vgl. Anm. 3) waren am 28./29. Juli 1880 die Finanzminister der Bundesstaaten zu gemeinsamen Beratungen in Coburg zusammengetreten.

[2] Georg Arbogast Frhr. von und zu Franckenstein (1825—90), 1879—87 Vizepräsident des Reichstags, Mitglied des Zentrums. Sein Antrag von 1879 sah vor, daß die Einnahme aus Zöllen und Tabaksteuer bis zu der Höhe von 130 Millionen Mark dem Reich zufließen, der Mehrbetrag unter den Einzelstaaten nach der Kopfzahl der Bevölkerung verteilt werden sollte. Der Mehrbedarf des Reiches sollte aus vom Reichstag zu bewilligenden Matrikularbeiträgen der Bundesstaaten gedeckt werden.

[3] Karl Hermann Bitter (1813—85), 1879—82 preußischer Finanzminister.

415. Ungern-Sternberg an Baumstark.

Schloß Mainau, 2. August 1880.

Antwort auf Nr. 413. S. K. H. lassen Ew. Hochw. für das freundliche Anerbieten, Ihre Schrift vor deren Veröffentlichung zur Kenntnis zu bringen, den besten Dank aussprechen. Der Großherzog glaubt aber, daß eine solche Vorlage nicht erforderlich sei, nachdem von Ew. Hochw. die Aufgabe genau dargelegt wurde, welche Sie sich bei Ausarbeitung der beabsichtigten Schrift gestellt haben. *[. . .]*

GLA FA Korresp. 13 N 309 Konz.

416. Aus Gelzers Tagebuch.

16. August bis 16. September 1880.

Steineck, 16. August 1880: (Roggenbach, 13. August 1880 aus Schopfheim): Stehen wir doch mehr als je zuvor an einem Wendepunkt der Zeiten und bedrohen uns doch von innen und außen Gefahren, deren Größe unser oberflächliches, nur nach Genuß und Reichtum strebendes Volk nicht zu ahnen scheint. ... Ich besorge, wir treiben dem Kriege entgegen ...

Rechtenberg, 16. September 1880. Brief der Cottaschen Buchhandlung vom 13. September 1880[1]: „Wir verkennen nicht, daß das Bild eines Mannes, dessen öffentliches Leben im Kampf um die höchsten geistigen Güter verlief, der Gelegenheit fand für Ideen, die ihn beseelten, im Amt und in der Gesellschaft in einer Weise zu wirken, wie dies gewiß nur wenigen vergönnt ist — daß ein solcher Lebensgang nicht nur eine reiche Belehrung über Zeitgeschichte in sich bergen, sondern auch ... eine so erfreuende als herzerhebende Lektüre darbieten muß. Wir sind[a] überzeugt, daß ein solches Buch[b] ... im edelsten Sinne ein populäres Werk sein würde. — Unsere Bitte kann nichts Sensationelles aus dem Tage für den Tag bezwecken, sondern will vielmehr die Schilderung eines guten Stückes Zeit- und Kulturgeschichte heischen, die Ew. Hochw. in Ihrer Person, in Ihren mannigfachen Stellungen und Beziehungen verkörpern."[2]

Frankfurt, Besitz Matth. Gelzer.

[1] Cotta bat auf Veranlassung von Wilhelm Creizenach Gelzer um die Darstellung seines Lebens. Gelzers Abschr. des Briefes stimmt mit der Kopie im Autorencopirbuch des Verlages fol. 279—281 (Schiller-Nationalmuseum Marbach a. N.) im wesentlichen überein. Auslassungen in den Lesarten. — Wilhelm Creizenach (1851—1919), Literaturhistoriker, 1875 Habilitation in Leipzig, 1883 Prof. in Krakau, 1912 Übersiedlung nach Dresden.

[2] Gelzer antwortete Basel, 25. u. 26. Dez. 1880 weitschweifig: „Mit der Frage, die Sie an mich richteten, berührten Sie [...] einen Gedankenkreis, der mich seit längerer Zeit zu wiederholten Malen auf das ernstlichste beschäftigte; und nicht mich allein, sondern der Mehrzahl meiner Freunde und näheren Bekannten. [...] Die Summe meiner Lebenserfahrungen gehört nicht mir allein, ich darf sie nicht in mich oder in den engen Kreis weniger Vertrauter verschließen; der bessere ernstere Teil der Nation und der Zeitgenossen hat eine Art von Recht darauf." Abgesehen von anderen Arbeiten habe ich Rücksichten zu nehmen „auf noch Lebende, deren Tun und Lassen in meinen Erinnerungen zur Sprache kommen müßte: also auf Personen, mit denen ich in nahe Berührung kam. Dies findet seine Anwendung allerdings nur auf die letzten zwanzig Jahre; hier aber gälte es, die schwierigsten Klippen zu umschiffen, um weder wichtige Tatsachen zu verschweigen, noch sich eines Vertrauensbruches schuldig zu machen. Die Aufgabe wird vielleicht nicht unlösbar sein, aber gegenwärtig weiß ich noch nicht, wie diese Schwierigkeit sich wird überwinden lassen. — Aus dem Bisherigen werden Sie den Schluß ziehen, daß ich gegenwärtig mich noch nicht imstande sehe, mit Sicherheit den Zeitpunkt zu bestimmen, an dem ich mit der Ausarbeitung meiner Rückblicke den Anfang machen werde. Ebenso wenig vermöchte ich jetzt schon zu übersehen, wieviel Zeit zur Vollendung der Arbeit erforderlich sein wird. Das aber steht mir fest, daß ich diese Arbeit als den wichtigsten Schlußstein meiner Laufbahn am Lebensabend ansehe und daß sie schon jetzt in ihren Hauptumrissen klar vor meiner Seele steht" (Schiller-Nationalmuseum).

a) *Nach* sind *im Autorencopirbuch eingeschoben:* im voraus fest.

b) *Im Autorencopirbuch folgt:* eine Fülle von wichtigen Erlebnissen und neuen Betrachtungen bringen und dabei.

417. Gelzer an Fürst Wilhelm zu Wied.

Rechtenberg, 22. August 1880.

Nachschrift! Den Worten, die ich soeben der Tochter Julie an Dich, mein teurer Freund, diktierte, lege ich noch ein Blatt bei, das sich auf eine mich tief ergreifende Stelle Deines w. Schreibens bezieht. Du beantwortest dort auf die zarteste Weise eine vertrauliche Zuschrift, die ich vor zwei Jahren in Sorrent niedergeschrieben und beim Scheiden in Rom in Deine Hände gelegt hatte[1]. Ich weiß nicht, ob ich vor oder nach jenem Frühjahr 1878 imstande gewesen wäre, jenes Blatt zu schreiben und zu übergeben; das aber weiß ich: damals, unter dem Eindruck des unbegrenzten Vertrauens, das Du mir in jenen Tagen bewiesest, drängte mich eine innere Stimme dazu: „Erwidere auch du dies Vertrauen durch ebenso rückhaltlose Offenheit!" So sprach ich zu mir selber, und von diesem Gefühl beherrscht schrieb ich jenes Blatt, das ich nur damals zu schreiben vermochte, als ich die intimsten

Vorgänge in meinem Innern Dir ebenso offen enthüllen wollte, wie Du es mit den Deinigen getan. —

Zwei Jahre sind darüber hingegangen, und jetzt, wo Deine treuen zartsinnigen Sohnesworte mich an jene Stunden von Sorrent und Rom erinnern, steht alles damals mit Dir Durchlebte wieder so unmittelbar ergreifend vor meiner Seele, als wäre es gestern gewesen. — Nimm meinen warmen Dank für diesen neuen Beweis Deiner Sohnestreue; denn das ist in meinen Augen das wahre Wort dafür. — Was nun auch die Zukunft bringen möge, ob Deine vorsorgende Absicht zur Anwendung komme oder ob alles sich anders fügt — gleichviel, ich nehme es gerührt als Sohnestat und Freundestreue an, die mir den Blick in die Zukunft wollten erheitern helfen[2].

Und in diesem Sinne, teurer Wilhelm, hast Du mir eine glückliche Stunde geschenkt. Der Deine H. G.

Neuwied, Wiedsches A, 112 — 7 — 7 eig.

[1] Über Gelzers Zusammentreffen mit Fürst Wilhelm zu Wied in Sorrent vgl. Nr. 273.
[2] Wie Fürst Wilhelm auf Gelzers Ansinnen (vgl. Anlage) reagierte, ist nicht bekannt.

Gelzer an Fürst Wilhelm zu Wied.

Sorrento, 25. April 1878.
In stiller Stunde zu lesen und zu prüfen!

Du hast mir hier am Ufer dieses herrlichen Meeres in den letzten Tagen Dein Innerstes aufgeschlossen, im gerechten Vertrauen auf liebevolles Verständnis, auf treue Teilnahme, wie man sie nur vom väterlichen Herzen erwarten kann. Das Herz des Vaters hast Du gewiß nicht bei mir vermißt, Du hast es empfunden, daß Deine Sorge auch die meine geworden. So habe ich mich denn entschlossen, in diesen still bewegten Tagen auch meinerseits Dir eine Eröffnung zu machen, die mir nicht leicht wird und die ich Dir doch schuldig zu sein glaube. Sonst könntest Du dereinst mein jetziges Schweigen als einen Mangel väterlichen Vertrauens deuten, worauf Du doch vollen Anspruch hast. Es handelt sich um die Frage, ob durch Deine Mithülfe eine Sorge verscheucht werden könnte, von deren Druck ich namentlich die liebe Mutter befreit sehen möchte; denn ihre sorgenfreie Zukunft kommt dabei vorzugsweise in Betracht.

Wie Du weißt, sind wir im Besitze eines bescheidenen Vermögens (das große Vermögen besitzen die Brüder, die es erworben, während die Schwestern bloß das mütterliche Vermögen ererbten), das nach früherem Maßstabe begreiflich mehr bedeutete als nach dem jetzigen. — Nach Gesetz und Gewohnheit erhalten bei uns die Kinder, wenn Vater oder Mutter stirbt, den größeren Teil des Vermögens des Entschlafenen; dann muß also der Überlebende mit geringeren Mitteln auskommen. Außerdem gilt es bei uns als Ehrensache: Kinder, die sich verheiraten, mit einem kleinen Vermögen auszustatten. Aus diesen Gründen haben wir schon jetzt, da auch Julie sich bald verheiraten wird, mit einer beträchtlichen Abnahme unserer Mittel zu rechnen, und wenn eines von uns bald abgerufen wird, so sähen wir einer noch viel größeren Einschränkung entgegen.

Unter diesen Umständen hat meine liebe Frau, die gewohnt ist, den Dingen klar ins Auge zu sehen, mir schon mehrmals erklärt: sie sei entschlossen, wenn sie mich verlieren sollte und wenn durch vermehrte Ausgaben uns noch größere Einschränkungen auferlegt würden, das freundliche Haus, das wir uns erbaut haben, aufzugeben. Nun mußt Du aber wissen, daß ihr ganzes Herz an ihrem Hause und Garten hängt und daß seit langen Jahren der Besitz des eigenen Hauses und Gartens zu dem hauptsächlichsten ihrer sonst so bescheidenen Wünsche gehörte. — So oft sie mir davon sprach, ging es mir wie ein Stich durch das Herz, und jedesmal erwiderte ich: mit diesem Gedanken könne ich mich nie versöhnen; eher würde ich alles aufbieten, seine Ausführung zu verhindern. — Auch entschlüpfte ihr, als wir vertraulich hierüber sprachen, das Wort: „Wenn Wilhelm unsere Lage kennte, so bin ich überzeugt, auch er würde jenen Schritt nicht geschehen lassen". — Dies

71

Wort hörte ich stillschweigend an, bewahrte es aber seitdem in meinem Herzen, und hier, in den Tagen völliger gegenseitiger Aufgeschlossenheit, reifte endlich der Entschluß, Dich in diese Angelegenheit einzuweihen . —

Da Du mich als Vater ansiehst, will ich auch wie zu einem Sohne sprechen. — Ob Deine Verhältnisse Dir schon jetzt oder erst später gestatten: der Mutter diese Sorge abnehmen zu helfen (an Deinem guten Willen dazu zweifle ich keinen Augenblick), darüber habe ich kein Urteil.

Als die geeignete Form für die Ausführung jenes Gedankens könnte ich mir nur die Zuweisung einer lebenslänglichen Pension denken; wobei mir die Analogie mit einer Reihe mir bekannter Verhältnisse vorschwebt. So z. B. beziehen die beiden Erzieher unsers Kronprinzen Godat und Curtius[1] die Hälfte ihres ehemaligen Gehalts als lebenslängliche Pension und rechnen darauf als einen gesicherten Teil ihres Einkommens; ähnliches weiß ich von einer beträchtlichen Zahl fürstlicher und anderer Familien. Das Verhältnis Deiner Eltern zu uns war ein so nahes, und die Umstände, unter denen Dein Eintritt in unser Haus erfolgte, waren von so eigentümlicher Art, daß zwischen uns von solchen Bedingungen überhaupt nicht die Rede sein konnte. Als „unser Kind", nicht als unser Zögling solltest Du in unsern Familienkreis treten. Erst jetzt, wenn es sich darum handeln würde, eine passende Form zu finden, darf an jene sich von selbst darbietende Analogie erinnert werden. — Zum Schlusse noch das Eine Wort: Nur das uns verbindende rückhaltlose Vertrauen hat am Ende vermocht, mein inneres Widerstreben gegen diese Eröffnung zu überwinden. Niemand empfindet lebhafter als Dein Freund die Wahrheit des Spruches, daß Geben seliger sei als Nehmen. Schon vor Jahren schrieb mir eine jetzt verstorbene Freundin: „Vous êtes né généreux, vous devriez avoir les mains libres". Wenn also Deine Verhältnisse Deinen Wünschen entgegenstehen, so bitte ich, das Blatt als ungeschrieben anzusehen. Kannst Du aber in obigem Sinne handeln, dann würde ich Dich bitten, der Mutter Deinen Entschluß anzuzeigen, sei es an einem Weihnachtstage oder an einem Jahrestage Deines Eintritts bei uns (12. Sept.) oder unsers Hochzeitstages (3. Sept.). —

Rom, 23. Mai 1878

— So weit hatte ich heute vor vier Wochen in Sorrent geschrieben. Seitdem hast Du uns hier die eingehendsten Mitteilungen anvertraut über die gegenwärtigen Schwierigkeiten Deiner finanziellen Lage. — Begreiflich wurde ich dadurch aufs neue sehr ernstlich in meinem Entschlusse schwankend: ob ich dennoch beim Scheiden dies Blatt in Deine Hand legen wolle? —

Schließlich bin ich doch meiner ersten Eingebung treu geblieben in der Voraussetzung, daß es ja ganz allein bei Dir stehe zu bestimmen: von welchem Zeitpunkt an Dein Entschluß ins Leben treten, d. h. zum Vollzug kommen soll, wenn Du auch die maßgebenden Entscheidungen schon jetzt feststellst und für die Zukunft sicherst. Das alles sei hiermit in Deine Hände gelegt! — Und nun Gott mit Dir! in Karlsbad, am Rhein und überall und für immer. Dein H. G.

Neuwied, Fürstl. Wied'sches Archiv 112 — 7 — 7 eig.

[1] Ernst Curtius (1814—96), Archäologe u. Philologe, 1843 Habilitation in Berlin, 1844 Erzieher des preuß. Kronprinzen Friedrich Wilhelm, 1850 Rückkehr zum akademischen Lehramt in Berlin, 1856 ord. Prof. in Göttingen, 1863 in Berlin.

418. Das Staatsministerium an Großherzog Friedrich.

Karlsruhe, 26. Oktober 1880.

[...] Mit der heutigen Mittagspost ist das beifolgende Schreiben des Reichsamtes des Innern von gestern (25. d. M.) eingekommen[1]. [...] Der gr. Gesandte hat demgemäß in der Tat gestern abend spät [...] mit Draht [...] angefragt, ob er zustimmen könne. Da jenes Schreiben noch nicht eingekommen war, blieb das Telegramm unverständlich, und die telegrafisch verlangte Aufklärung ging erst etwa gleichzeitig mit dem Schreiben selbst ein. Somit war es erforderlich, die Instruktion sofort abzulassen, wenn sie überhaupt noch zeitig dem großherzoglichen Bevollmächtigten zukommen sollte. Nach der dem Antrage beigegebenen Begründung hat die sozialdemokratische Partei in Hamburg und Umgebung solche Ausdehnung genommen und eine solche Tätigkeit entwickelt, daß entschiedene Maßregeln gegen deren weiteres Umsichgreifen gerechtfertigt erscheinen und daß den beteiligten Landesregierungen die beantragte Ermächtigung zur Anwendung des fraglichen Artikels 28 nicht versagt werden kann, wenn nach ihrer Kenntnis und nach ihrer Ansicht die sonst zu Gebote stehenden gesetzlichen Mittel zur Eindämmung und Depression der sozialdemokratischen Bewegung nicht ausreichen.

Nach der Begründung geht die Absicht zunächst nur auf Entfernung der gefährlichsten Agitatoren, und es darf wohl erwartet werden, daß damit der Anlaß zur Anwendung der anderen Maßregeln des § 28 (Erfordernis der polizeilichen Genehmigung für Versammlungen, ausschließlich Wahlversammlungen; Verbot der Straßenverbreitung von Druckschriften; engeres oder weiteres Waffenverbot) ferngehalten werden wird. Soviel bekannt, hat auch in Berlin die Ausweisung der Hauptagitatoren zur Erreichung des Zwecks genügt.

Im Grunde wird die Beurteilung der Verhältnisse im eigenen Lande und der daraus sich etwa ergebenden Notwendigkeit zu ernsteren Maßnahmen behufs Sicherung der öffentlichen Ordnung den Landesregierungen zustehen und zu überlassen sein und würde eine andere Regierung nur aus ganz besonderen, nachweisbaren Gründen die Verantwortlichkeit eines Widerspruchs auf sich nehmen wollen. So wurde auch bezüglich Berlins der königlich-preußischen Regierung auf ihre Darlegung der Verhältnisse und auf die Versicherung, daß sie denselben gegenüber der fraglichen Ermächtigung bedürfe, diese Ermächtigung ohne allen Anstand erteilt und erneuert. Unter diesen Umständen und Erwägungen konnte uns nicht zweifelhaft erscheinen, daß dem preußisch-hamburgischen Antrage diesseits zuzustimmen sei und haben wir den großherzoglichen Gesandten in diesem Sinne alsbald nach Eingang der Anlagen telegrafisch instruiert.

Wir glauben aber nicht ermangeln zu dürfen, E. K. H. über den gestellten Antrag und die erteilte Weisung bezüglich der Stimmabgabe unverzüglich Meldung zu erstatten[2].

GLA 233/12719

[1] Ein von Preußen und Hamburg im Bundesrat zu stellender Antrag, „daß für Hamburg, Altona und deren Umgebung die im § 28 des Gesetzes gegen die gemeingefährlichen Bestrebungen der Sozialdemokratie vom 21. Oktober 1878 (RBGl S. 351) vorgesehenen Anordnungen getroffen werden dürfen." Da der Antrag in der Sitzung am 26. Okt. vorgelegt werden soll, wird um telegraphische Instruktion an den badischen Bundesratsbevollmächtigten gebeten (ebd.).
[2] Der Antrag wurde im Bundesrat am 27. Okt. 1880 genehmigt (vgl. H. v. *Poschinger*, Bismarck u. der Bundesrat IV S. 340 f.).

419. Türckheim an Turban.

Berlin, 13. November 1880.

Schon seit einigen Tagen wird in den Blättern der Gedanke besprochen, daß das Reichsamt des Innern durch Beigebung einer Handelsabteilung eine Erweiterung erfahren solle.

In unerwarteter Weise wird dieser Gedanke nunmehr dadurch bereits verwirklicht, daß gestern abend der Reichs- und Staatsanzeiger bekannt macht, S. M. der Kaiser hätten allergnädigst geruht, den kgl. preußischen Unterstaatssekretär im Ministerium für Handel und Gewerbe Dr. Jacobi[1] zum Direktor im Reichsamt des Innern und die fünf in der Bekanntmachung genannten Räte in den Königlichen Ministerien für Handel und Gewerbe, der Öffentlichen Arbeiten und des preußischen Finanzministeriums zu Vortragenden Räten im Reichsamt des Innern sämtlich für die Dauer der von ihnen zur Zeit in preußischem Staatsdienst bekleideten Ämter zu ernennen.

Es ist dies eine weitere Ausbildung des bereits in den Spitzen mehrerer Reichsbehörden dauernd oder als Übergangsphase bis zu Bildung eigener neuer Reichsministerien durchgeführten Verhältnisses einer behördlichen Personalunion zwischen Preußen und dem Reich. Die Maßregel scheint insofern nicht unwichtig, als sie einen Schritt weiter auf dem Wege bildet, die Verwaltung des Reiches möglichst unumschränkt in die Hand preußischer Beamter zu legen. Die heikle Frage, ob es dem Bundesgedanken ganz zu entsprechen scheine, eine so wichtige Organisationsveränderung nicht allein ohne jede Mitwirkung, sondern selbst ohne vorherige Mitwissenschaft des Bundesrats und der verbündeten Regierungen ins Leben zu rufen (ich nehme nicht an, daß diesmal wieder das nicht mehr ungewöhnliche Verfahren beliebt worden wäre, sich mit den Königreichen vorher zu verständigen), will ich meinerseits nicht anregen, nachdem das erste Wort, was mir über die Maßregel bekannt wird, eben eine bereits von S. M. dem Kaiser vollzogene allerhöchste Ordre ist. Die Ansicht, von der an maßgebender Stelle in derartigen Fragen ausgegangen wird, ist bekanntlich die, daß der Bundesrat nur um seine Ansicht befragt zu werden braucht, wenn für eine neue Stelle weitere Geldmittel beansprucht werden. Es wird deshalb, wie es früher bei anderen Verwaltungszweigen geschah, wohl zuerst gesucht werden, ohne Geldbewilligung die neue Organisation in der Weise durchzuführen, daß die Geschäfte als Nebenamt preußischen Beamten übertragen werden, bis dann, wenn sich die Sache in dieser Weise vielleicht durch ein oder zwei Etatperioden durchgeschleppt hat, die Forderung für ein neues Ministerium mit Räten, Unterbeamten, Dienstgebäuden etc. als eine mit Notwendigkeit zu beanspruchende Forderung erscheint. [...]

GLA 49/2012 Konz., teilw. gedr. H. *Goldschmidt*, Das Reich u. Preußen im Kampf um die Führung (1931) S. 284 f.

[1] Rudolf (1888: v.) Jacobi (1828—1903).

420. Aus Gelzers Tagebuch.

Baden, 14.—17. November 1880.

14. November 1880. Gestern abend faßte ich in einem weihevollen Abendgespräch mit dem Großherzog die Resultate unserer bisherigen Unterredungen dahin zusammen: I. Es war uns wieder vergönnt, uns gründlich auszusprechen über die Lage, über unsere Erfahrungen und Aufgaben. II. Zu einem Abschluß und darauf beruhenden Entschlüssen konnten wir nicht kommen, weil die wichtigsten Faktoren, auf die es ankommt, in Dunkel gehüllt unberechenbar sind: Bismarck! Gambetta! Leo? III. Also sind wir angewiesen auf das „Bereitsein ist alles", auf das „Wachet und betet", d. h. halte die Augen offen für die Weltlage, aber sucht euere festeste

Stütze im Innern! in Gott! — Die zwei festesten Pfeiler höherer Gesinnung im Andrang gegen die Weltstürme sind 1. die Gewißheit unserer einigen Bestimmung; der unendliche Wert der Menschenseele, der ewigen Persönlichkeit wichtiger als alle Institutionen und alle Güter der Erde *[. . .]*, 2. die Gewißheit Gottes in der Geschichte in der Weltregierung! als unzerstörbare sittliche Weltordnung! — IV. Zählen darf er auf meine Bereitwilligkeit, mitzuwirken für klar erkannte Ziele und uns zu orientieren über Menschen und Zustände, da, wo die entscheidenden Impulse zu suchen sind, sei es Berlin oder Paris, Freiburg oder Rom, Bern oder Brüssel und Oxford. *[. . .]*

15. November 1880. „Wenn Sie konservativ wären — mehr als eine gouvernementale Partei — dann müßten Sie dafür sorgen, daß einer solchen Politik (des Reichskanzlers) Grenzen gesetzt werden, die nicht erhaltend, sondern zerstörend ist!" (Rede Richters von Hagen im preußischen Landtag 12. November 80). Richters Rede, verbunden mit den bisherigen (noch besonders der gestrigen) Abend-Unterredungen mit dem Großherzog machte diesen Morgen einen tiefen nachhaltigen Eindruck auf mich! Mit voller Überzeugung und mit gehobener Energie stelle ich mich heute auf den Entschluß vom 5. November: Nichts zu versäumen, was zur geistigen Ausrüstung erforderlich ist für die Arbeit „Deutschland und Europa seit 1807 und 70" als Steinstiftungstat. Es ist meine Absicht: in diesem Sinne heute mit dem Großherzog zu sprechen und in diesem Geiste fortan zu handeln! — Nichts halb! — Das kann die wichtigste Schrift und Tat meines Lebens werden! —

17. November 1880. In dubiis abstine! — Mit Bezug auf den mit dem Großherzog gestern und heut besprochenen Plan einer römischen Mission wegen Freiburg!

Frankfurt, Besitz Matth. Gelzer.

421. Baumstark an Ungern-Sternberg.

Achern, 19. November 1880.

Mit verehrlicher Zuschrift vom 9. Oktober hatten Sie die Güte, mir mitzuteilen, daß Sie die Zusendung meiner Schrift[1] über die Wiederherstellung der katholischen Seelsorge in Baden entgegengenommen und ein Exemplar derselben S. K. H. dem Großherzog vorgelegt haben. Daß Ew. Hochw. sich hierbei jeder Meinungsäußerung enthielten, fand ich bei Ihrer hohen Stellung sehr natürlich, und ich bin auch jetzt weit entfernt von der Unbescheidenheit, um eine solche zu bitten.

Wohl aber habe ich mir schon bei meiner Übersendung der zwei Exemplare an Sie (unterm 25. September d. J.) vorgenommen, nach Umlauf einer angemessenen Zeit und in der Unterstellung, daß Sie inzwischen wenigstens im allgemeinen von dem Inhalt der erwähnten Schrift Kenntnis genommen haben dürften, Ihnen noch einige, wenigstens für jetzt zur Veröffentlichung nicht geeignete, aber mit der Sache selbst im engsten Zusammenhang stehende Bemerkungen zu unterbreiten. Indem ich durch gegenwärtiges Schreiben meinen Vorsatz auszuführen mir erlaube, muß ich es Ihrer weisen Erwägung anheimstellen, ob und wie es Ihnen gefallen dürfte, S. K. H. dem Großherzog von diesem Brief Mitteilung zu machen. Daß mein Wunsch und meine Bitte hierauf gerichtet sind, bedarf wohl kaum der ausdrücklichen Erklärung.

Vor allem ist mir daran gelegen festzustellen und festzuhalten, daß meine Absicht bei der fraglichen Veröffentlichung in der Tat auf Begründung eines dauernden und ernsthaften Friedens zwischen der Staatsgewalt und der katholisch-kirchlichen Obrigkeit in unserem Lande gerichtet ist und bleibt. Es war mir deshalb sehr angenehm, von allen denjenigen Parteien, die durch fortdauernden kirchenpolitischen Zank und Hader entweder ihr Dasein fristen oder doch ihre Kraft steigern, mit einer Heftigkeit angegriffen zu werden, welche mit der gleichzeitig behaupteten Unbedeutendheit meiner Arbeit jedenfalls nicht in dem richtigen Verhältnis stand. Ich erkannte daraus, daß ich den wunden Flecken des stillen Krieges wie des faulen Friedens fest und scharf getroffen habe.

Zur Begründung dieser Behauptung ist aber folgendes in Erwägung zu ziehen: Die römisch-katholische Kirche wird in unserer gegenwärtigen Zeit von zwei grundverschiedenen, einander sogar entgegengesetzten, nicht sowohl P a r t e i e n als G e i s t e s r i c h t u n g e n mächtig bewegt. Beide sind einig in treuem Festhalten der dogmatischen Glaubenswahrheiten ohne alle Ausnahme, wie sie von der Kirche bis auf den heutigen Tag festgestellt und verkündet sind oder jemals festgestellt und verkündet werden können. Beide sind einig in dem unverbrüchlichen Entschluß, unter keinen Umständen von der kirchlichen Autorität und Obrigkeit sich zu trennen. Beide sind überzeugt, um mit Bischof von Hefeles Worten zu sprechen, „daß kein Übel i n der Kirche so groß sein kann, als es die Trennung v o n ihr ist." Beide sind also durch und durch römisch-katholisch.

Aber diese beiden Geistesrichtungen trennen sich aufs schärfste, sobald die Frage sich aufwirft, wie die katholische Kirche sich verhalte und verhalten müsse zu der modernen Zeit, zu dem modernen Staat, zu der protestantischen Kirche, zur gesamten menschlichen Gesellschaft des Jahrhunderts.

Die sogenannte u l t r a m o n t a n e Geistesrichtung, deren Einfluß innerhalb des menschlichen Materials der katholischen Kirche augenblicklich der herrschende ist, kennzeichnet sich durch folgende Merkmale: Sie faßt die christliche Kirche nicht ausschließlich, kaum vorzugsweise in ihrem Charakter als göttliche Erlösungsanstalt auf, sondern sie vermag sich nicht loszureißen von dem Gedanken einer ä u ß e r l i c h e n B e h e r r s c h u n g der Gesellschaft durch die Kirche: sie vermag sich deshalb mit dem Staate der Neuzeit überhaupt und namentlich mit dem paritätischen Staat nicht auszusöhnen. Dieser Grundfehler des Festhaltens an der Äußerlichkeit und Erdhaftigkeit erstreckt sich, ohne das Dogma zu berühren, gleichwohl sogar auf den Gottesdienst, welchen die ultramontane Richtung vorzugsweise mit blendenden, die Phantasie des gläubigen Volkes entzückenden Erscheinungen wunderbarer Art aufs Reichlichste auszustatten bestrebt ist. Neben der eitlen Ruhmredigkeit mit den 200 Millionen Gläubigen geht gleichen Schrittes einher der beständige, eintönige Jammer über die grund- und gottlose Verderbtheit einer Zeit, deren Eigentümlichkeit und teilweise Großartigkeit nicht einmal studiert, geschweige denn verstanden wird. Das echt wissenschaftliche Studium der Theologie ist dieser Richtung ein Dorn im Auge: wenig oder nichts will sie wissen von der theologischen Fakultät der deutschen Hochschule: Knabenseminar, Konvikt, Klerikal-Seminar für Studierende ist die Summe ihres Priestererziehungs-Ideals. Die großen zivilisatorischen Orden der Kirche, die Benediktiner und Franziskaner, sind ihr verhältnismäßig gleichgültig. Die Gesellschaft Jesu mit ihrem nivellierenden Geiste, der noch kein einziges Land der Erde — trotz seiner heldenmütigen Tätigkeit — d a u e r n d für Christentum und Kultur zu erobern vermochte, ist sowohl das Zentralorgan als das Ideal der ultramontanen Richtung. Ein deutsches Nationalunglück muß es genannt werden, daß durch eine unselige Verkettung von Ereignissen und Verschuldungen die sogenannte „Zentrumspartei" im deutschen Reichstag und im preußischen Landtag, welcher sich die „katholische Volkspartei" in Baden bei wesentlich anderen Verhältnissen vollständig grundlos nachzubilden bestrebt ist, vorbehaltlos und unter nachhaltigster Aufregung der Volksleidenschaften sich in die Arme der ultramontanen Richtung geworfen hat. Neben anderen wird hierfür insbesondere der Abgeordnete Windthorst vor der Geschichte die Verantwortung zu übernehmen haben. Übrigens ist zu bemerken, daß mit dem Worte „ultramontan" das Wesen der soeben geschilderten Geistesrichtung auch in gar keiner Beziehung ausgedrückt oder auch nur angedeutet wird. Die richtige, für den ganzen Erdkreis und für Jahrhunderte gültige Bezeichnung würde vielmehr lauten: „p o l i t i s c h e r Katholizismus".

Ihm steht entgegen der r e l i g i ö s e Katholizismus, dessen innerstes Wesen nur höchst unvollständig durch die landläufige Bezeichnung „l i b e r a l e r Katholizismus" ausgesprochen wird, sowenig sich derselbe auch seines wahrhaft freisinnigen Gedankeninhalts irgendwie zu schämen braucht. Die Anhänger dieser Geistesrichtung sind zahlreich, und es gehört ihr „die Blüte und der Rahm" der katholischen Wissenschaft an: aber sie sind noch nicht organisiert und zur Zeit noch nirgends im Besitze des k i r c h l i c h e n R e g i m e n t s. Diese freisinnige, durchaus kirchentreue, aber zugleich im guten und ehrlichen Sinne des Wortes staatstreue Richtung bemüht sich, vor allem eine echt historische Erkenntnis der Beziehungen zwischen Kirche, Staat und Gesellschaft zu gewinnen. Sie verkennt deshalb keineswegs, daß die Kirche des Mittelalters, um die Völker Europas zu Kultur und Zivilisation zu erziehen, ganz andere Machtmittel besitzen und geltend machen mußte, als die Kirche der Gegenwart gegenüber einem zu vollstem Selbstbewußtsein erwachten Staat haben oder beanspruchen kann. Jeden begierlichen Rückblick in mittelalterliche Zustände halten diese Katholiken für die schädlichste Verirrung und Verblendung; sie erkennen darin ein nutzlos krampfhaftes Festhaltenwollen an einer für immer verlorenen Stellung. Das e w i g e H e i l d e r S e e l e n, und n u r dieses ist ihr Ideal. Sie wollen, daß die Kirche, frei verzichtend auf jedes irdische Herrschaftsgelüste und auf jede politische Nebenabsicht, im Strahlenkranze jungfräulicher Schönheit und Heiligkeit vor der gegenwärtigen Zeit sich erhebe, jede berechtigte Errungenschaft der letzten drei Jahrhunderte mit liebevoller Teilnahme erfassend, allen wirklichen Schäden der Zeit mit dem Heilsbalsam der ewigen Gottes- und Nächstenliebe entgegentretend, auf daß Staat und Gesellschaft immer mehr, zum wahren Segen der Menschheit, durchdrungen, veredelt, geheiligt werde vom G e i s t e des C h r i s t e n t u m s. Das ist Ideal, aber nicht Redensart. Es gibt k e i n e Glaubenslehre der katholischen Kirche, welche, richtig verstanden, diesem Ideal im geringsten entgegenstünde, und diese höhere, freiere, geistigere, selbstsuchtlose und durchaus gläubige Richtung hofft, trotz aller gegenwärtigen Mißverhältnisse, mit ungebrochener Begeisterung auf ihren endlichen Sieg innerhalb der römisch-katholischen Kirche.

Auf der Überzeugung der Wahrheit des eigenen Glaubensinhalts fest beharrend, wie jedes Glaubensbekenntnis dies tun muß und tatsächlich auch tut, ist diese freie Geistesrichtung allein imstande, sich in den paritätischen Staat zu finden, weil sie allen Eigentümlichkeiten deutschen Wesens und deutscher Geschichte Rechnung trägt, auch nie vergißt, die protestantischen Mitchristen als Miterlöste durch den Tod und die Verdienste des Gottessohnes zu achten und zu lieben.

Soviel zur kurzen Beleuchtung beider geistigen Strömungen.

Und jetzt zurückkehrend zum Lande Baden, was sehen wir? Der letzte Landtag hat der Kirche die heißersehnte Befreiung gebracht in Bezug auf die seelsorgerliche Vorbereitung und Prüfung ihrer priesterlichen Diener. Allein dieses große Geschenk oder Recht wird sich in einen bitteren Fluch verwandeln, wenn nicht die Erzdiözese ein mit der ganzen Vollgewalt seines Amtes ausgerüstetes Oberhaupt erhält. Wenn der katholische Klerus dieser Erzdiözese nicht in kurzer Zeit einen Erzbischof erhält, so wird er einer revolutionären Verwilderung anheimfallen, welche dem bescheidenen und vorsichtigen Beobachter der Volkszustände schon jetzt in ihren Anfängen klar entgegentritt, und deren reife Früchte binnen einiger Jahre oder Jahrzehnte üppig emporwuchern werden. Εἷς κοίρανος ἐστώ! Dieses alte Wort gilt dem katholischen Priesterstande mehr als jedem anderen!

Nun stehen aber zwei Tatsachen fest: 1. Der politische Katholizismus ist unfähig, der oberrheinischen Kirchenprovinz einen im Verhältnis zu Staat und Gesellschaft regierungsfähigen Erzbischof zu geben. 2. Der politische Katholizismus beherrscht vollständig den größeren Teil des badischen Klerus, wenn auch die Zahl der innerlich n i c h t Einstimmenden größer ist, als es scheint und als man glaubt. Aus diesen zwei Tatsachen folgt für mich der einfache Schluß: Man muß die Aufgabe lösen, den religiösen, oder sagen wir den liberalen Katholizismus auf den erzbischöflichen Stuhl in Freiburg zu erheben.

Diese Aufgabe ist schwierig, aber nicht so schwierig, als sie scheint. Noch vor wenig über Jahresfrist betrachtete man es als unmöglich, daß in der Prüfungsfrage Baden ohne Preußen fertig werden könne: der Erfolg hat gezeigt, was ein fester fürstlicher Wille vermag. Die Lösung der Bischofsfrage dadurch, daß in Baden ein durchaus kirchen- und staatstreuer, n i c h t p o l i t i s c h e r Katholik Erzbischof würde, kann nach meiner Überzeugung der königlich-preußischen Regierung nur in jeder Beziehung erwünscht sein: damit wäre ja das Zentrum innerlich vernichtet.

Um einen solchen Erzbischof zu bekommen, muß man aber natürlich nicht den badischen Klerus um seine Wünsche fragen und vor allem ja nicht den Erzbischof aus seiner Mitte nehmen: K e i n e Persönlichkeit, auch die vorzüglichste nicht, wäre imstande, die volle kirchliche Autorität zu handhaben gegenüber einem Klerus, mit welchem er jahrzehntelang in Reihe und Glied gestanden ist durch die Menge politischer Kämpfe hindurch bis auf den heutigen Tag. Wenn unser Klerus sein demagogisches, agitatorisches Wesen verlieren, wenn er zur reinen Religiosität zurückkehren, wenn ihm u n d dem Staat die Prüfungsfreiheit nicht zum Verderben gereichen soll, dann m u ß der Klerus seinen Oberhirten nehmen, wie er ihm auf kanonische Weise gegeben wird, v o n o b e n, und zwar, damit nicht der Oberhirte zum machtlosen Knecht aller werde, v o n a u ß e n. Die Aufgabe ist also:

In Rom die Gewißheit zu erlangen, daß der Heilige Vater Leo XIII. einem bestimmten, ihm vorzuschlagenden, freisinnigen, aber durchaus kirchentreuen katholischen Priester seine Bestätigung als Erzbischof der oberrheinischen Kirchenprovinz nicht versagen wird. Hat man diese Gewißheit — und der letzte Winter hat gezeigt, daß man von Karlsruhe aus in Rom tätig sein kann mit bestem Erfolg —, dann ist man des Domkapitels, seiner Liste und seiner Wahl mit einem Schlage sicher. Herr Präsident Stösser weiß, w e l c h e n M a n n i c h i m A u g e h a b e : Ich glaube, Seine Heiligkeit der Papst wird ihn bestätigen.

Der letzte Winter hat gezeigt, was kaum noch jemand bezweifeln wird, daß der hochwürdige Herr Erzbistumsverweser von Kübel, gegen dessen Person ich nach wie vor die freundlichsten Empfindungen hege, in seiner gänzlichen unlösbaren Abhängigkeit durchaus unfähig ist, diese Erzdiözese zu regieren. Er ist tatsächlich der K n e c h t e i n e s M a n n e s , von dem viele glauben, daß er sein ganzes Leben bis heute dazu angewendet habe, um als Jude der katholischen Kirche systematisch zu schaden, was und wo er nur könne. Ich weiß es nicht, aber die Möglichkeit liegt vor. Herr von Hefele wird gewiß nicht annehmen.

Im badischen Klerus habe ich bisher nur zwei Namen nennen hören: Lender[2] und Förderer[3]. Der letztere ist, ganz abgesehen von allen anderen Dingen, schon als uneheliches Kind unfähig. Lender, mein persönlicher Freund, der Pate meines einzigen Kindes, mein unmittelbarer Nachbar in Sasbach, hat keinerlei wissenschaftliche Bedeutung als Theologe, und seine Erhebung wäre der Sieg der Zentrumspartei, mit welcher er sich durchaus verbindlich gemacht hat, und des politischen Katholizismus, welchem das Zentrum dient.

Auch sonst ist die wissenschaftliche Bedeutung der badischen Geistlichen sehr gering geworden, und ihr größter Theologe ist Jakob Schmitt[4] in St. Peter.

Die überströmenden Loyalitäts-Schwärmereien des hochwürdigen Herrn Erzbistumsverwesers, deren Zeuge Sie selbst schon waren, sind ganz gewiß von Herzen aufrichtig, soweit es sich um die höchste Person des Landesfürsten handelt: sie könnten aber niemals die Entscheidung irgendeiner Frage herbeiführen, solange das Diktat des Herrn Dr. Maas entgegenstünde. Auch dies hat der letzte Winter sattsam gezeigt.

Der linke Flügel der nach Ministerien dürstenden Mehrheit der zweiten Kammer läßt bereits mit jedem Tage lauter die Kriegstrompete erschallen: Die Großherzogliche Regierung mag leisten, was sie will, es ist und bleibt ihrem in d i e s e n Dingen berufenen Vertreter der Tod geschworen. Ein Jahr ist eine lange Zeit, und es will mir nicht zu schwer bedünken, daß die Regierung auf dem nächsten Landtag in den Räumen der ersten Kammer einen freisinnigen, kirchentreuen, wissenschaftlich hervorragenden römisch-katholischen Erzbischof der oberrheinischen Kirchenprovinz begrüßen und dem Lande zeigen könnte.

Mit diesem Geschenke in der einen Hand könnte das Ministerium ohne Mühe mit der anderen seine Gegner auseinanderfegen, wie Spreu vor dem Winde, und für sich begründen, was ihm zur Zeit leider noch gänzlich fehlt — eine reichstreue, kirchlich ruhige, politisch gemäßigte R e g i e r u n g s p a r t e i .

Ich habe gesprochen, hochverehrter Herr Geheimer Rat! Die Fülle dessen, was mein Herz bewegt und meinen Geist erfüllt, ist so groß, daß ich nur Grundzüge andeuten konnte.

Wenn Sie von diesem Briefe k e i n e r l e i nützlichen Gebrauch machen können, so haben Sie die Güte, ihn zurückzusenden an denjenigen, aus dessen Innerstem er hervorging. Ich werde auch das zu tragen wissen[5]. [. . .]

GLA FA Koresp. 13 N 309.

[1] Reinhold *Baumstark*, Die Wiederherstellung der katholischen Seelsorge im Großherzogtum Baden. Dem katholischen Clerus und Volke Badens nach authentischen Actenstücken und eigenen Erlebnissen erzählt, Freiburg/Br. 1880.

[2] Franz Xaver Lender (1830—1913), 1853 Priester, 1869 Mitbegründer und Führer der katholischen Volkspartei in Baden, 1872 Pfarrer in Sasbach, 1875 Gründung der „Lenderschen Lehranstalt" als Ausbildungsstätte des badischen Klerus, 1869—87 Mitglied des

badischen Landtags, 1887—1913 im Reichstag (Zentrum), Vertreter einer Verständigung mit der Regierung.

[3] Albert Förderer (1828—89), 1853 Priester, 1855 Pfarrer in Lahr, 1871—84 Mitglied des Landtags (Kath. Volkspartei).

[4] Jacob Schmitt (1834—1915), 1858 Repetitor am Priesterseminar St. Peter, 1886 Domkapitular in Freiburg, 1887—88 Regens in St. Peter.

[5] Ungern-Sternberg bestätigte Karlsruhe, 25. Nov. 1880, den Empfang des Schreibens, über das er dem Großherzog Vortrag erstattet habe. „Der Großherzog hat meine Mitteilungen mit Interesse entgegengenommen" (ebd. Konz.).

422. Gelzer an Großherzog Friedrich.

Basel, 27. November 1880.

Nachdenkend und prüfend blicke ich auf die drei Wochen unseres Zusammenlebens in Baden, wo wir 18 Unterredungen auf Ihrem Schlosse hatten[1]. Es war uns voller Ernst damit, mehr Klarheit zu erringen über mehrere der schwierigsten Fragen, an denen unsere Zeit, an denen auch vorzugsweise Deutschland arbeitet, ja vielfach sich abarbeitet.

Eben darum halte ich das Wort, das ich schon in Baden gegen Sie und gegen die Frau Großherzogin äußerte, auch heute wieder für völlig gerechtfertigt: Was zwischen dem 22. und dem 1. November zwischen uns im Schlosse Baden besprochen wurde, berührte den eigentlichen Kern der Lebensfragen unserer Zeit und der europäischen Gesellschaft. Wir brauchen uns dieser Stunden wahrlich nicht zu schämen; ich zweifle, ob irgendwo in Fürstensälen, in Minister-Kabinetten und in parlamentarischen Verhandlungen ernster, gewissenhafter, einsichtiger und eindringender die großen Probleme unseres Steigens und Sinkens zur Sprache gebracht wurden: Wo sind wir? Wohin gehen wir?

Am 23. habe ich Baden verlassen, ging nach Straßburg. Die Bekanntschaft mit Manteuffel würde zu lange Zeit in Anspruch genommen haben, daher für diesmal aufgegeben, behalte es mir aber vor. Seit vorgestern wieder in Basel.

GLA FA Korresp. 13 Bd. 23 Nr. 593.

[1] Aus Gelzers Tagebuch: Baden, 22. November 1880: „Unverzagt! [...] Wie ich gestern morgen obigen Wahlspruch an die Kronprinzessin Viktoria und am 18. Oktober an ihren Mann berichtete, so wiederholte ich ihn gestern abend dem Großherzog gegenüber seiner niederdrückenden Zukunftsschwermut! [...] Wie schwer ist's aber, ihm innerlich zu helfen!" (Frankfurt, Besitz Matth. Gelzer.)

423. Großherzog Friedrich an Gelzer.

Karlsruhe, 14. Dezember 1880.

Dank für Nr. 422. Ich bitte Sie, meine heutige Antwort insofern mit Nachsicht aufzunehmen, als ich nicht näher auf Ihren Brief eingehen kann, sondern eine besondere Frage behandeln muß.

Ich habe inzwischen die Angelegenheit der Wiederbesetzung des erzbischöflichen Stuhls zu Freiburg eingehend behandelt und bin zu folgendem Resultat gelangt. Die beiden Herren vom Staatsministerium, mit denen ich diese Frage besprach — Turban und Stoesser — haben meinen Vorschlag, dem Kardinal Prinz Hohenloh einen Antrag zu stellen, angenommen. Jeder in seiner Weise ging sogar freudig auf den Vorschlag ein und betrachtete eine solche Lösung der Frage als eine sehr glückliche. Demgemäß wurde ich gebeten, die nötigen Einleitungen zu treffen, damit der Kardinal gefragt werde.

Ich komme nun verabredeter Maßen zu Ihnen mit der Bitte, mir zu sagen, ob Sie Nachrichten über den Aufenthalt des Kardinal Hohenloh in Deutschland erhalten haben und danach beurteilen können, wo er aufzusuchen ist. Ferner bitte ich Sie, mir zu sagen, ob Sie nach genauer Überlegung glauben, es übernehmen zu können, dem Kardinal die Frage wegen Annahme des erzbischöflichen Stuhls zu Freiburg zu stellen. Endlich aber, wenn Sie diese Frage stellen wollen, ob Sie es dann auch übernehmen würden, den Botschafter Fürst Clodwig Hohenloh zur Vermittlung einer bezüglichen Frage an den Reichskanzler zu veranlassen.

Zur Aufklärung über den inneren Gehalt der betreffenden Angelegenheit habe ich einen Aktenauszug anfertigen lassen, aus dem Sie die Frage des Eides und die Dotation des Erzbischofs entnehmen können. Den vom Erzbischof zu leistenden Eid betreffend bemerke ich, daß wir übereingekommen sind, auf die alte Eidesformel zurückzukommen, welche der Erzbischof Hermann von Vicari ohne jeden Anstand und mit päpstlicher Approbation geschworen hat. Der später eingeschobene sogenannte Revers fällt nun ganz weg[1]. Darüber geben die anliegenden Papiere den nötigen Aufschluß[2].

Sie werden wohl auch aus den Zeitungen entnommen haben, daß Kardinal Hohenloh in den letzten Tagen in Langenburg bei seinen Verwandten war und daß Fürst Clodwig Hohenloh nunmehr in München bei seiner Familie weilt und bis zum Ende des Jahres bleibt. Der Moment dürfte also günstig sein, um beide Persönlichkeiten zu treffen.

Über die weiteren Fragen, welche sich an die Behandlung dieser Angelegenheit knüpfen, will ich heute nur kurz bemerken, daß, wenn der Kardinal den Antrag annehmen sollte, das Nächste sein müßte, sich der Zustimmung des Reichskanzlers zu vergewissern und dann erst die Hülfe des Papstes in Anspruch zu nehmen. — Zu dieser Meinung bin ich gekommen, seitdem wir diese Frage zusammen besprachen und seitdem ich die Sache geschäftlich hier behandelte.

Mit meinen Herren hier habe ich nicht darüber gesprochen, daß Sie von mir gebeten werden würden, die Anfrage an Kardinal Hohenloh zu vermitteln. Ich dachte, dies sei besser erst dann zu tun, wenn wir beide weiter gediehen sind.

Dies ist in Kürze die gegenwärtige Lage dieser Angelegenheit. Ich bitte also um baldige Antwort. [...]

GLA FA Korresp. 13 Bd. 20 Nr. 150 eig.

[1] Vgl. Nr. 406 Anm. 1.
[2] Nicht vorhanden.

424. Stösser an Großherzog Friedrich.

Karlsruhe [vor 16. Dezember 1880]
E. K. H. beehre ich mich untertänigst anzuzeigen, daß die von mir befürchtete und mit Aufwand aller menschlichen Geduld hintangehaltene Katastrophe nunmehr nach meiner Auffassung eingetreten ist. Die Nummer der Badischen Landeszeitung, welche ich mich anzuschließen ehrerbietigst gestatte, enthält im Verlauf

eines längeren Artikels den w ö r t l i c h e n A b d r u c k der Erklärung des Herrn Bistumsverwesers vom 5. Januar d. J. Die Akten, welche von der grhgl. Regierung der Kommission vertraulich mitgeteilt wurden, sind auf diese Weise der Gegenstand eines im parlamentarischen Leben unerhörten Mißbrauchs geworden, und es ist mir unzweifelhaft, daß es sich für die Regierung nicht schicken wird, mit einer die Pflichten des parlamentarischen Anstands und jeder der Regierung schuldigen Rücksicht in so hohem Grade verletzenden Kammerkommission noch länger zu verhandeln. Die Sachlage scheint mir so ernst geworden, daß ich mir den ehrerbietigsten Antrag gestatte, E. K. H. wolle unter Allerhöchstem Vorsitz eine Staatsministerialsitzung anzuordnen geruhen, in welcher die weiter zu ergreifenden Schritte zu beraten wären[1].

GLA FA 13 Korresp. N 526.

[1] Ob dieser Bitte entsprochen wurde, ist nicht mehr festzustellen. Ein ebenfalls nicht befriedigend aufzulösender Hinweis auf die Weiterungen aus der Indiskretion ergibt sich aus: Stösser an Großherzog Friedrich, Karlsruhe 16. Dez. 1880: „Herr Ellstätter meint, die Veränderung der Organisation könnte zu einer Verständigung mit den Veranlassern des Mißtrauensvotums führen, während ich in jener Veränderung nur ein Mittel erblicke, den Intransigenten der Fraktion Kiefer eine Angriffswaffe aus der Hand zu schlagen. Eine Verständigung zwischen mir und den Trabanten Kiefers halte ich für eine sittliche Unmöglichkeit. Dagegen halte ich an der Ansicht fest, daß bei entschlossenem und umsichtigem Auftreten der Regierung Wahlen in Aussicht genommen werden können, welche zwar liberale, aber gemäßigte Männer in die Kammer führen, bei denen Verständnis für die Autorität der Regierung erwartet werden darf. Über diese Seite der Sache ist mit Herrn Staatsminister von uns noch nicht gesprochen worden" (ebd.).

425. Gelzer an Großherzog Friedrich.

Basel, 16. Dezember 1880.

Auf Ihre Zuschrift Nr. 423 bin ich sofort bereit, mit dem Kardinal wie mit Botschafter Hohenlohe über Besetzung von Freiburg zu verhandeln, wie ich es schon im Juni tat, als Hohenlohe interimistisch Staatssekretär des Auswärtigen war.

An den Kardinal hatte ich, wie Sie wissen, von Baden aus am 16. November nach Schillingsfürst geschrieben, um zu erfahren, wie lange er in Deutschland zu weilen vorhabe und ob eine Zusammenkunft mit ihm sich ausführen ließe[1]? Am liebsten hätte ich ihn gleich von Baden aus aufgesucht; allein ich blieb 14 Tage ohne Antwort, und erst als ich wieder in Basel war, kam ein in den wärmsten Ausdrücken des Entgegenkommens und Vertrauens gefaßter Brief. Das war am 2. Dezember. Der Kardinal erklärte sich gleich sehr bereit, mich in Schillingsfürst zu erwarten oder mit mir anderswo zu einer Besprechung zusammenzukommen; aber er setzte hinzu, daß er nur bis zum 10. Dez. in Deutschland bleiben könne.

Ich war durch Unwohlsein ans Zimmer gebannt und erbat daher am 2. Dez. schriftliche Antwort über seine Reisedispositionen. Wegen Ausbleiben der Antwort aus Schillingsfürst habe ich in der Sache nicht mehr an Sie geschrieben. Jetzt aber, nachdem Sie beiden Herren Turban und Stößer Ihren Gedanken mitgeteilt und sich ihrer Zustimmung versichert haben, hat Ihr Plan eine festere Gestalt gewonnen, und wir stehen schon auf festerem Boden als bisher. Aber auch jetzt noch würde ich den größten Wert darauf legen, wenn die Verhältnisse es erlaubten, daß ich durch einen längeren intimen Verkehr mit dem Kardinal mir eine bestimmtere Anschauung darüber verschaffen könnte: wie er seine neue Aufgabe auffasse und inwieweit er ihr gewachsen sein würde.

Sie werden sich, verehrte K. H., erinnern, daß ich seit Jahren und namentlich, seit Sie mir im November 1879 in Baden zum erstenmal von Ihrem Plane sprachen, immer die zwei Gesichtspunkte in der Charakteristik des Kardinals auseinanderhielt: I. Dem Herzen nach gehört er in die allervorderste Reihe edler, wahrhaft priesterlich-reiner Charaktere: also ganz der Mann, den wir im Sinn der Kirche Christi suchen. II. Seiner wissenschaftlichen und praktischen Ausrüstung und Begabung nach lassen sich gewisse Bedenken nicht abweisen, die ein anderes Maß von Kenntnissen und namentlich von Menschenkenntnis wünschenswert machten. Nur die Unterstützung zuverlässiger, tüchtiger, weiser Männer seiner nächsten Umgebung würde hierin Beruhigung gewähren! Über beide Punkte weiß ich mich mit dem Fürsten Chlodwig völlig einverstanden. Eben darum halte ich es für meine Pflicht, bei diesem Anlaß nochmals diesen Standpunkt zu betonen.

GLA FA Korresp. 13 Bd. 23 Nr. 594.

[1] Kardinal Hohenlohe an Großherzog Friedrich, München, 15. Dezember 1880: „E. K. H. und der Großherzogin meinen Besuch zu machen bei meinem kurzen Aufenthalt in Deutschland, hatte ich S. M. dem Kaiser bereits gesagt. Nach dem Briefe von Staatsrat Gelzer aber unterlasse ich dies" (GLA FA Korresp. 13 N 414 Fasz. 166 eig.).

426. Großherzog Friedrich an Julius Jolly.

Karlsruhe, 25. Dezember 1880.

[. . .] Ich benütze diesen Anlaß, Ihnen für die mir im vorigen Monat freundlichst zugesandte politisch-historische Arbeit über den Reichstag und die Parteien[1] meinen Dank auszudrücken. Ich wollte eben die Feiertage benützen, um Ihnen an einem derselben diesen meinen Dank zu schreiben, und bitte, die Verspätung dieses Dankes sich dadurch zu erklären, daß es mir angelegen war, Ihnen erst zu danken, wenn ich Ihre Schrift gelesen hatte.

Ich habe mit großem Interesse davon Kenntnis genommen, da die Entwicklung der Parteiverhältnisse für jeden, der die politische Gestaltung unserer vaterländischen Zustände zu verfolgen berufen ist, diesen Teil derselben mit steigender Aufmerksamkeit betrachten muß. Es ist äußerst wertvoll, daß Sie sich dem Studium dieser Frage in so eingehender Weise gewidmet haben und ein weites Gebiet von Erfahrungen den Lesern Ihrer patriotischen Arbeit eröffneten. Möchte die Freudigkeit, mit der Sie unsere deutschen Zustände beurteilen, recht vielen Patrioten neue Zuversicht erwecken zum Ausharren in der schweren Arbeit, welche uns im Deutschen Reiche gegenwärtig zu vollziehen obliegt. *[. . .]*

GLA 52 XII Fasz. 18 Nr. 56 eig.

[1] [Julius] *Jolly*, Der Reichstag und die Parteien, Berlin 1880.

427. Lothar v. Kübel an Großherzog Friedrich.

Freiburg, 29. Dezember 1880.

Glückwünsche zum Jahreswechsel. [...] Die Fülle des göttlichen Segens ruhe auf E. K. H. landesväterlichen Sorgen für das geistige, religiöse, sittliche und soziale Wohl Allerhöchstihrer getreuen Untertanen. [...]

Diese landesväterlichen Sorgen, das hohe Wohlwollen und die fürstliche Energie E. K. H. haben im verflossenen Jahre wenigstens die brennendste Frage in den Verhältnissen der katholischen Kirche bei uns zur friedlichen Lösung gebracht. Das neue Jahr ist Erbe dieses so wichtigen Friedens- und Segenswerkes; es wird aber auch Zeuge sein unseres unauslöschbaren, tiefgefühltesten Dankes, der innigsten Liebe, der unverbrüchlichen Treue, des festen Vertrauens gegen E. K. H. sowie des redlichsten Bestrebens, durch treue Erfüllung aller unserer Pflichten den sozialen Gefahren zu wehren und das Wohl des Staates zu fördern.

Des Herrn schützende Hand kröne Allerhöchstihre fortgesetzte hochherzige Hingabe für die Kräftigung des Deutschen Reiches und stärke in allen Reichsbürgern die treue und opferbereite Liebe zu demselben sowie gegen S. M., den deutschen Kaiser Wilhelm, Allerhöchstwelchen Gott noch lange erhalten möge!

GLA FA Korresp. 13 N 433.

428. Kaiser Wilhelm I. an Großherzog Friedrich.

Berlin, 31. Dezember 1880.

Dank für den Weihnachtsbrief. Neujahr! Möchten im letzteren in Erfüllung gehen, daß der innere und äußere Friede erhalten werde und daß, wenn ich noch ferner leben soll, dies nicht zu weiterer Minderung meiner Leistungskräfte führe, die doch unausbleiblich in so hohen Jahren sind [!].

Was den Frieden betrifft, so ist er vor der Hand wohl gesichert für Europa, ausgenommen im Orient; aber wenn der Krieg dort im Frühjahr ausbricht, dann kann man Folgen dieser Unbesonnenheit nicht bewahren. Daß die Griechen wirklich jetzt enthusiasmiert sind, das Schwert zu ziehen, nachdem man in Abwesenheit des Königs alles in Bewegung setzte, um zu diesem Ziel zu gelangen, begreift man, wenn man an die Emanzipation Griechenlands vor 50 Jahren denkt, wo jedermann sich für den langen Kampf begeisterte, was zu plötzlichem Frieden führte. Jetzt aber, wo in ganz Europa der Boden revolutioniert ist, ein Funke also zur Explosion führen kann, da ist es tollkühn griechischer Seits, zum Schwert greifen zu wollen, wo namentlich die Türken gezeigt haben, daß sie es mit Rußland wagten, diesem lange die Stirn zu bieten. Die eben eingehende Nachricht, daß die Pforte das Schiedsgericht nach offizieller Mitteilung dieses vorgeschlagenen Projekts offiziell verworfen hat, steht die Sache sehr schlimm[1][!] [...]

GLA FA Korresp. 13 Bd. 44 Fasz. 55 Nr. 30 eig.

[1] Nachdem Griechenland die von der Botschafterkonferenz (vgl. Nr. 365 Anm. 1) gezogene Grenzlinie zur Türkei nicht anerkannte, begann es mit der Mobilmachung seiner Armee in der Absicht, die Bestimmungen des Berliner Kongresses selbst auszuführen. Am 27. Dez. regte Frankreich die Bildung eines europäischen Schiedsgerichtes an, stieß damit aber bei Griechenland auf Ablehnung.

429. Gelzer an Großherzog Friedrich.

Basel, 8. Januar 1881.

Endlich nach unerklärlich langer Pause stellt sich heraus, daß Kardinal Hohenlohe meinen Brief erst in Rom erhalten hat, obwohl er ihm in München von mir telegrafisch angekündigt worden war[1]. *H. war nur 24 Stunden in München, ich hätte ihn also dort nicht mehr erreicht.* Der hauptsächliche Fehler war, daß der liebe gute, aber in Geschäften sehr eigentümliche Herr auf meinen Brief vom 2. Dez. von Schillingsfürst aus nicht antwortete. Wie ich ihn kenne, hegt er eine große ängstliche Scheu vor allem brieflichen Sichaussprechen; was mich jetzt von neuem in der Überzeugung bestärkt, daß man mündlich mit ihm verhandeln muß, wenn man sicher gehen will, auch in seinem Interesse.

Er schreibt: „Ich habe es sehr bedauert, daß Sie nicht nach München kamen, um so mehr, als ich schon von meinem Bruder informiert war über Ihre Wünsche, denen ich vollständig beipflichte, wenn auch über die näheren Details eine briefliche Mitteilung nicht angezeigt ist und mein Bruder Ihnen alles mitteilen kann." *[...]*
Daraus erhellt also, daß er entschieden für die Sache gestimmt ist. Weiter aber sehen wir uns (wie wir das ja von Anfang voraussahen) auf mündliche Beratungen angewiesen, sowohl mit seinem Bruder als mit ihm selber. *Wie und wann, müssen wir in mündlichen Beratungen in Karlsruhe festlegen.*

GLA FA Korresp. 13 Bd. 24 Nr. 597.

[1] Vgl. Nr. 425 Anm. 1.

430. Gelzer an Großherzog Friedrich.

Basel, 9. Januar 1881.

Chlodwig Hohenlohe schreibt an mich aus Paris am 7. Jan.: Da die Begegnung mit meinem Bruder für Sie nicht zustandegekommen ist, führen Sie vielleicht Ihren Vorsatz, nach Rom zu fahren, noch diesen Winter aus[1]. *Meine Auffassung über die Freiburger Besetzung ist seit dem Juni unverändert.* Über die Ansicht des Reichskanzlers hege ich keinen Zweifel und weiß, daß derselbe dem Gedanken günstig gestimmt ist. Die Schwierigkeit liegt aber in Rom; da die Gegner des Kardinals alles aufbieten werden, den Papst zu bestimmen, sich dagegen zu erklären. *Ich bin bereit, Sie hier im Laufe des Winters zu empfangen.*
Bei allen mündlichen und schriftlichen Beratungen und Anfragen haben wir uns von wohlerwogener Vorsicht leiten lassen. Die beim letzten Landtage gemachten bittern Erfahrungen dürfen nie außer Auge gelassen werden; so lange der damals offen hervorgetretene Konflikt zwischen den Führern der Majorität und dem Ministerium des Innern im Stillen fortdauert und nur auf eine Handhabe zu neuem Ausbruche wartet. *Es muß alles so behandelt und geleitet werden, daß keine Zeile in amtliche Akten überzugehen braucht; wenn die Reihe an diese kommt, muß die Hauptarbeit schon getan sein.* Es war das bei allen Staatsmännern, die diesen Namen verdienen, stets der leitende Grundsatz, wenn es galt, große Schwierigkeiten auf diesem Gebiet der Kirchenpolitik zu überwinden. *Dieser Grundsatz muß*

so lange gelten, so lange wir uns im Stadium der Vorbereitung und Anbahnung befinden.

GLA FA Korresp. 13 Bd. 24 Nr. 598.

[1] Gelzers Tagebuch: Steineck 9. Jan. 1881: Erster Eindruck beim Durchlesen: „Dieser Brief wird meine Reise nach Paris und Rom zur Folge haben!" (Frankfurt, Besitz Matth. Gelzer).

431. Aus Gelzers Tagebuch.

Steineck, 14. Januar bis 12. Februar 1881.

14. Januar 1881. [...] Je entschiedener sich mein innerer Beruf für diese Aufgabe (Abfassung der Schriften) ankündigt — um so mehr befestigt sich auch die Überzeugung, daß mein Verhältnis zum Großherzog und zu Baden in der bisherigen Form (der politischen Beratung) nicht die richtige Basis für mein Wirken bleiben kann. Diese badischen Verhältnisse sind zu enge, zu aussichtslos und die Geisteskraft des Großherzogs zu sehr geknickt, sein Gemüt zu sehr durch Enttäuschungen niedergedrückt, als daß ich hier auf einen starken Stützpunkt rechnen könnte. Auch haben meine Eröffnungen in Baden im November (über seine finanziellen Verluste und die Fraglichkeit fernerer Leistungen) mir vollends die Augen geöffnet. — Das alles weist übereinstimmend darauf hin: mein Verhältnis zu ihm wesentlich auf die Steinstiftung zu konzentrieren und als Aufgabe derselben die geistige Einwirkung auf die Nation und auf die christliche Welt geltend zu machen durch Ausarbeitung meines Vermächtnisses. Mein Aufenthalt in Paris, Berlin und Rom bringt mir vielleicht noch deutlicher providenzielle Werke für meinen Schlußakt.

20. Januar 1881. Zwei Fragen tauchten in diesen Tagen immer ernster in mir auf: I. [...] Wenn die große Idee der „Regeneration Europas" (Stein, 14. September 1813) für mich wahrhaft leitend und maßgebend sein soll — so darf die Enge des badisch-süddeutschen Gesichtskreises (mit dynastischen Bedrängnissen des Großherzogs und mit der peinlichen Ahnung, auf einem sinkenden Schiffe sich zu befinden, die etwas die Brust Zuschnürendes und Geist Niederdrückendes hat) mein Inneres nicht zu sehr in Anspruch nehmen! — So groß mein Mitgefühl mit dem Großherzog ist, so kann ich ihm doch hierin nicht helfen, weil ich die Weltlage nicht zu ändern vermag! Das hat der November in Baden in einschneidenden Stunden mich gelehrt. [...] II. Die zweite Frage heißt: Darf ich nicht hoffen, im Blick auf den überwältigenden Aufschwung der Anglo-Germanen (Vereinte Staaten und Britisches Reich) sowie auf die Krise des kontinentalen Europa (besonders Zentraleuropas) und des Orients sowie auf die religiöse und kirchliche Weltkrise — als Schriftsteller, als prophetischer Historiker der Wiener Tragoedia noch eine tiefgehende Wirkung auszuüben auf die Mitwelt? Also gelte es, dabei meinen Blick nicht auf Deutschland zu beschränken, sondern auf die entscheidenden Nationen der Christenheit auszudehnen! Als Anhaltspunkt für diese Wirksamkeit dächte ich mir: 1. Mitarbeit an der Augsburger Allgemeinen Zeitung als Ersatz für die Monatsblätter? — Also Korrespondenz-Artikel auf Reisen und vorbereitende Veröffentlichung meiner größeren Arbeiten (die Wiener Tragoedia, Konfessionen, Denkschrift). 2. Anbahnung zu Verbindungen, um meine künftigen Hauptarbeiten

[...] in England, Amerika und Frankreich gleichzeitig mit Deutschland erscheinen zu lassen (in Original und Übersetzung). 3. Zum Zwecke dieser Anbahnung wäre öfter ein Aufenthalt in den großen Zentralpunkten erforderlich: Berlin, Paris, Rom, Oxford. Dort gelte es: Bekanntschaften anzuknüpfen und mit dem Weltlauf und der öffentlichen Meinung in lebendiger Fühlung zu bleiben. In Steineck und Reipoldswil meine Wartburg sehen, in der einen Hälfte des Jahres. — 4. Als wichtigen persönlichen Anhaltspunkt für diese Wirksamkeit dächte ich mir: a) Verbindung mit Großherzog (Steinstiftung), b) Verbindung mit Berlin: Kaiser, Kronprinz und Kronprinzessin, mit künftigen Ministern? c) Anlehnung an einige Universitäten: Göttingen, Jena, Freiburg, Leipzig u. a.? d) Freundschaft von Roggenbach, Max Müller, Welti?

Donnerstag, 3. Februar *[...]* überdachte ich in sonniger Stunde auf Alban-Schanze die Frage einer Reorganisation der deutschen Reichsverfassung und einer europäischen Konföderationsverfassung als Aufgabe für den 5. Akt des europäischen Drama!?

Freitag morgens, 4. Februar trug Julia mir ihre Gedanken vor über künftige Unabhängigkeit vom Großherzog und dem Steinstiftungsgehalt!! Wichtige wohltuende Unterredung! *[...]* In diesen letzten Tagen werde ich auf die Zukunftspläne Gambettas und seiner Freunde (Spuller[1] u. a.) mit neuem Ernst aufmerksam. — Was ich am 2. Februar in der National-Zeitung über Gambettas Kriegspläne las, scheint mir viel wahrscheinlicher, als es die Berliner Nachrichten wollen Wort haben. — Ich fürchte, die Kriegsgefahr währt, und die Jahre des Friedens sind gezählt. *[...]*

5. Februar 1881. Tiefen Eindruck hatte am Dienstag 1. Februar das Wort Metternichs (Memoiren I)[2] über Alexander I. auf mich gemacht: „Kaiser Alexander ist aus Lebensüberdruß gestorben. Sich getäuscht sehend in allen seinen Berechnungen ... brach seine Seele zusammen ... Die Entdeckung seines Irrtums hat ihn ins Grab gebracht ... Zu den starken Seelen gehörte seine zarte Seele nicht". — Das erinnerte mich unwillkürlich an den Großherzog! Und zugleich sah ich darin einen warnenden Wink für die Gefahr meiner schwermütigen Anwandlungen der letzten Zeit! —

6. Februar 1881. *[...]* Wie löse ich diese Aufgabe am fruchtbarsten (die des Lehrers in den Weltgefahren der europäischen Krise)? am wirksamsten? An dieser Frage arbeite ich jetzt unablässig. Und zwar denke ich zunächst noch immer an einen Überblick über die Zeit 1807—70 (der drei Akte) mit einem Ausblick auf die Erfahrungen und Aufgaben 1871—81 (4. Akt); beides als Vortrag über weltgeschichtliche Bedeutung von 1870. Sodann prüfe ich jetzt den Gedanken, ob ich diese Rechenschaft über 1871—80 eingehender behandeln will in Briefen aus Paris, Berlin und Rom? Beides, den Vortrag (als Einleitung) und die „Briefe" würde ich als die Denkschrift an den Kaiser (1879 gelobt und versprochen) auffassen und als Schlußstein von „Deutschland und Europa seit 1813" publizieren. *[...]*

12. Februar 1881. Mit Roggenbach, dessen Besuch mich gestern abend überraschte, besprach ich: 1. Meine Konfessionen: den Entschluß, sie zu schreiben, vielleicht in Rom nächsten Winter; Cottas Aufforderung im September 80[3]. — Sein Rat: a) Rechtzeitig in der Verfolgung der Zeitgeschichte abzubrechen, weil sonst die gegenwärtigen Ereignisse die ganze Zeit und Kraft in Anspruch nehmen, wenn man sich für die Konfessionen nicht eine bestimmte Zeitgrenze setzt, über die man nicht hinausgeht; also 1840—80! b) Das Ziel würde er in der Überschrift bezeich-

nen „Beiträge zur Geschichte der europäischen Menschheit in den Jahren 1840—
80". Darin läge der Maßstab angedeutet für die bleibenden Leistungen z. B. Bismarcks! Welchen Gewinn hat die Menschheit davon? Ist das Chinesentum des
europäisch und bürokratisch gedrillten Staats das wahre Ziel? Oder die wahrhaft
organisierte Gesellschaft? Das trifft mit Steins Frage von 1806 zusammen. 2. Den
Wunsch: mit dem Fürsten und ihm und den Seinen einen Winter in Rom zuzubringen! 3. Über die sozialen Bedenken gegen das aussaugende System unseres
Beamtentums!? 4. Über die Entleerung und Entmarkung der Hohenzollern durch
Bismarcks Diktatur: eine ausgeblasene Eierschale! 5. Über die leicht begreiflichen
Gründe der politischen Schwermut des Großherzogs angesichts seiner Erfahrungen!
Badens Benachteiligung durch die Militärkonvention (viel langsameres Vorrücken
der Offiziere) und durch Aufhören der Vorteile eines Grenzlandes, verbunden mit
der administrativen Mißhandlung im Eisenbahnwesen usw. 6. Über den Charakter
Gambettas und Grévis[4] und die günstigen Aussichten der französischen Republik
nach dem Untergang des Bonapartismus und bei der Schwäche des Legitimismus
und Orleanismus! 7. Ahnung, daß die Frau Großherzogin nicht alt werde! 8. Möglichkeit, daß Bismarck sich mit E. Richter als künftigem Finanzminister verständigen könnte?! — Bismarck experimentiert, verspricht auch den Arbeitern wie allen
Klassen goldene Berge aus den Reichseinnahmen? aber woher sollen diese fließen?
Ein Brief der Frau Großherzogin vom 11. bestätigt heute morgen meine bisherige
Ahnung, daß die Stimmung und Lage des Großherzogs ihn bisher daran hinderte,
sich mit der erzbischöflichen Frage und mit ihrer Behandlung in Paris und Rom zu
beschäftigen!!

Frankfurt, Besitz Matth. Gelzer.

[1] Eugene Spuller (1835—96), enger Freund Gambettas, 1870/71 sein Sekretär, 1876 Mitglied der Kammer, 1881 Unterstaatssekretär im Ministerium des Auswärtigen.
[2] Mémoires, documents et écrits divers laissés par le prince de Metternich, publiés
par le prince Richard de *Metternich,* Tome I (Paris 1880) p. 331 f.
[3] Vgl. Nr. 416.
[4] Jaules Grévy (1807—91) 1879 Präsident der französischen Republik.

432. Großherzog Friedrich an Gelzer.

Karlsruhe, 20. Februar 1881.
Empfangen Sie mit meinem wärmsten Dank für Ihre werten Briefe[1], zugleich
meine aufrichtigsten Entschuldigungen für die lange Zeit, welche ich habe vergehen
lassen, ohne Ihnen zu antworten. Die Ursachen dieser langen Zögerung dürften
wohl zu meiner Rechtfertigung dienen, aber dennoch fühle ich wohl die ganze
Schuld einer Versäumnis, welche mir dem Freunde gegenüber so besonders gewich-
tig erscheint. — Sie wissen aber wohl, daß gerade in den wichtigsten Fragen des
staatlichen Lebens, zu denen in erster Reihe die Angelegenheit gehört, für welche
Sie Ihre werte Vermittlung mir gewährten, — es oft recht schwer und mühevoll ist,
den nötigen Grad der Reife herbeizuführen, mit der allein ein günstiger Erfolg erzielt werden kann. Diese Reife erhoffte ich von Woche zu Woche, und mehr und
mehr verdüsterte sich die Sonne, mit deren Strahlen ich die nötige Wärme gewinnen wollte, um die gewünschte Entwicklung meiner zarten Pflanze herbeizuführen.

Je feiner das Gefühl für die zu behandelnden Fragen in uns lebt, desto zarter greifen wir sie an, und die zwischen uns besprochene Angelegenheit erfordert dieses
Zartgefühl in besonderem Maße. — Sie allein wissen und verstehen ganz, wie ich
das meine, und werden mir wohl recht geben, wenn ich gesucht habe, unsere Angelegenheit vor einer Vermengung mit den Tagesfragen und den Leidenschaften der
Parteikämpfe und ihren persönlichen Verunglimpfungen zu bewahren.

Oft habe ich die Feder angesetzt, um Ihnen die Lage der Dinge zu schildern;
stets traten Umstände ein, die mich zum Abwarten nötigten; ich wollte möglichst
vollständig und erschöpfend schreiben und habe endlich garnicht geschrieben, weil
es immer schwerer wurde, kurz zu sein. Nun sind wir wieder an einem Abschnitt
angekommen, der mich von der Inangriffnahme unserer Angelegenheit entfernt
und zu neuen Prüfungen und Erwägungen veranlaßt. Aber ich hoffe doch, auch
mehr Klarheit durch eigne Anschauung zu erlangen und insoferne den bevorstehenden Aufenthalt in Berlin[2] nützlich zu verwerten.

Gerne hätte ich Ihren und meinen Wunsch erfüllt gesehen, Sie noch vor unserer
Reise nach Berlin sprechen zu können — es wäre mir um so lieber gewesen, als ich es
vorbereitet hatte, Sie mit Turban in Verbindung zu setzen, um mit ihm das Nähere
zu beraten und zu überlegen — da kam die unerwartete Berufung des Reichstags
und die Einberufung der Minister zum Bundesrat[3]. Nun müssen wir schon wieder
weiter verschieben, und hoffe ich, daß der nächste Monat die gewünschte Zeit bieten wird.

Einstweilen danke ich Ihnen von Herzen für alle Ihre Bemühungen und den
Briefwechsel mit unserem Freunde Gustav und dessen Bruder, wodurch so viele
Klarheit erlangt worden ist. Gott helfe weiter!

Ich reise mit sehr geteilten Gefühlen nach Berlin und hoffe, Ihnen vielleicht von
dort aus zu schreiben. Der Ernst der Verhältnisse überragt weitaus die freudige
Veranlassung, welche uns dorthin ruft. Es sind Erlebnisse aufzuzeichnen, die ihres-
gleichen in der Geschichte suchen, es sind aber auch Wege eingeschlagen worden,
die zu einer völligen Umwälzung aller Verhältnisse führen können. Mehr wie jemals gilt es, mit festem Mut und mit treuer Ausdauer bei der Arbeit zu bleiben.
[. . .]

GLA FA Koresp. 13 Bd. 20 Nr. 151 eig.

[1] Nr. 429. 430.
[2] Zur Hochzeit des Prinzen Wilhelm von Preußen mit der Prinzessin Auguste Viktoria
von Schleswig-Holstein am 26./27. Febr. 1881.
[3] Eröffnung des Reichstags am 15. Febr., Beratung Bismarcks mit einflußreichen Mitgliedern des Bundesrats über das Unfallversicherungsgesetz am 21. Febr. 1881.

433. Gelzer an Fürst Chlodwig Hohenlohe.

Basel, 21. Februar 1881.

- - Die Veranlassung der unerwünschten Verzögerung lag ganz allein in Karlsruhe oder mit andern Worten in der dortigen Auffassung der gegenwärtigen
Sachlage. Unter der Einwirkung alter und neuer Parteiverhältnisse (politischer
und kirchlicher) trat sowohl beim Großherzog als bei den beiden zunächst mitbeteiligten Ministern eine Stimmung ein, die sich am besten als Scheu vor irgendeinem

neuen Schritt bezeichnen läßt. Um das zu erklären, müßten Vorgänge und Stimmungen beleuchtet werden, die in den letzten Monaten teils im Schoße des Ministeriums, teils innerhalb der klerikalen Parteikreise sich geltend gemacht. Diese Aufklärung muß ich aber unsern mündlichen Besprechungen vorbehalten; für eine schriftliche Besprechung eignet sie sich zur Zeit weniger. [. . .]

Frankfurt, Besitz Matth. Gelzer, Abschrift Heinrich Gelzers in: Briefe vom 9. 1. 1881—31. 12. 1883.

434. Aus Gelzers Tagebuch.

24. Februar bis 25. März 1881.

Steineck, 24. Februar 1881. [. . .] Zu immer ernsteren Fragen veranlaßt mich Bismarcks Auftreten! Geht er innerlich einer Katastrophe entgegen oder treibt er durch sein dämonisches Wesen das Staatsschiff einer Klippe zu, woran es scheitert? Einer sozialen Revolution von oben und unten? und einem Krieg mit Gambetta? Seine Äußerungen in der Soiree am 1. Februar[1], die Rede am 4. im Abgeordnetenhaus![2] Angriff der N. A. Z. gegen Gambetta am 9.! — Reichstags-Eröffnungsrede am 12. (durch Stolberg)[3]. — Am 17. Duell Camphausen—Bismarck im Herrenhaus![4] Am 19. Szene gegen Eulenburg im Herrenhaus[5]. Am 21. Einlenkungsrede![6] Welcher Weg in den 14 Jahren seit 24. Februar 1867!!![7]

Steineck, 8. März 1881. [. . .] Täuscht mich nicht mein Vorgefühl der kommenden Dinge, so neigt es sich mit Bismarck dem Ende zu, während an der Seine und im Orient echte Gewitterwolken aufsteigen! Also gelte es: das wahre hohe Ziel der Erneuerung Deutschlands und Europas im 19. Jahrhundert. [. . .]

Steineck, 10. März 1881. Bedeutsam wurde der Geburtstag der Königin Luise für mich verschönert durch den Brief des Großherzogs, der mir diesen Abend die Verlobung seiner Tochter Viktoria mit dem Kronprinzen von Schweden meldete, die am 12. in Karlsruhe stattfinden wird![8] Wie durch Intuition eröffnete sich mir damit eine neue Perspektive in die nächsten Jahre, die Aussicht auf neue Anhaltspunkte für meine Wirksamkeit im Sinne meiner politischen Ideen, d. h. für die Neubegründung des europäischen Friedens, laut dem Programm von 1871! Gerade von König Oskar[9] hoff ich hierfür Verständnis und Unterstützung; ihn halte ich für den begabtesten unter den lebenden Fürsten. Ihm werde ich nun auch nähertreten[10]. Zwischen ihm, dem Großherzog, der Kronprinzessin von Preußen u. a. ließe sich vielleicht ein fruchtbares Einverständnis zu künftigem Zusammenwirken anbahnen. Auf diese Weise würde sich vielleicht meine alte Ahnung (von 1861 und 62 Anbahnung einer anderen wahren heiligen Allianz) erfüllen, und so würden in Stockholm, Kopenhagen, Petersburg, Berlin und Wien noch wichtige Tage mir vorbehalten sein, wie sie mir seit dem März 1861 (in den Freiburger Gesprächen mit Roggenbach) vorschwebten!?! —

Freitag, 18. März. [. . .] Beim Großherzog gefrühstückt: über Rußlands innere Fäulnis der oberen Klassen und Beamten. [. . .] Mit Turban über Hohenlohe: geschichtlicher Hergang seit November 79. Abends 4—6 mit Großherzog über Modifikation des Ministeriums; über die Wichtigkeit meiner Pariser Reise. [. . .]

Samstags, 19. März: Erwägung, ob über Tübingen, Rottenburg, Sigmaringen zurückkehren? — Um eins nochmals beim Großherzog gegessen. — Nachher entdeckte er mir seinen erschütterten Gemütszustand seit dem 13. März[11], den Blick auf das unterirdische Treiben der Nihilisten und Terroristen! „Ich habe keinen ruhigen Augenblick mehr!" Im Schloßgarten. — Mit Turban über meine Mission nach Rom, die erwünscht! — Abends Tee bei Turban.

Karlsruhe, 20. März 1881. Donnerstags 17. März: Nach Karlsruhe, dem Vorschlag des Großherzogs folgend, vor seiner Abreise nach Berlin (heute). Unterwegs beschäftigte mich der Plan einer mitteleuropäischen Friedenspartei durch König Oskar, Kronprinz und Kronprinzessin von Preußen, Großherzog, Fürst Anton von Hohenzollern, Roggenbach u. a.? Gegenüber den Gefahren in Ost- und Westeuropa? Aber Karlsruher Zeitung berichtete die Erkrankung des Königs Oskar an Lungenentzündung (unmittelbar nach der Petersburger Schreckenskunde) und Abreise seines Sohnes von Karlsruhe. Abends beim Großherzog, nachher Beglückwünschung der Frau Großherzogin und der Braut Prinzeß Viktoria. Großherzog berichtete über seine Unterredung mit Bismarck am Abend des 3. oder 4. März nach seinem streitfertigen Auftreten im Reichstag[12]: 1. Gegenüber Rußland bestehe jetzt ein ähnliches Verhältnis der Unsicherheit wie früher gegen Napoleon III. — Momentan stehe man gut. 2. Die Gefahr von Seiten Frankreichs komme jetzt erst in zweiter Linie, bedürfe aber natürlich immer der sorgfältigen Beobachtung! 3. Die Lage Deutschlands sei verhältnismäßig günstiger als die aller andern Großmächte (was er im Reichstag auch behauptet hatte)[13]. 4. Neue Reden im Reichstage und seine Vorschläge seien alle [. . .] auf die bevorstehenden Wahlen berechnet![14] 5. Schon in Frankfurt habe Bismarck die Beweise gehabt, daß Minister Manteuffel[15] (von wem?) bestochen sei; 30 000 Taler. — Auch ihm habe sich in Frankfurt ein Agent vorgestellt mit Anerbietungen; er ließ ihn sich aussprechen, dann riet er ihm, so schnell als möglich sich zu packen; denn er möge bedenken, daß die Treppen von Stein seien (um den Hals zu brechen, wenn hinabgeworfen!). „Sie werden es bereuen", rief dieser noch von der Treppe her. — Bismarck deutete an, daß man jetzt in ähnlicher Weise auf Rußland einwirken müßte, wie ehemals Österreich auf Manteuffel!!!? 6. Bismarck erzählte: Nach Erkrankung Friedrich Wilhelms IV. habe Königin Elisabeth[16] den Plan gehabt, die Regentschaft dem Prinzen von Preußen zu entziehen oder vorzuenthalten. Als Bismarck das dem Prinzen enthüllte, habe dieser nur erklärt: „Dann nehm ich meinen Abschied" — statt mit Energie zu handeln!! — Schließlich ersuchte mich der Großherzog: mit Turban über die Freiburger Angelegenheit zu verhandeln; nicht mit Stösser; da dieser (wie er mir am 18. noch näher auseinandersetzte) wahrscheinlich im Frühjahr das Ministerium des Innern an Turban übergeben werde; bei Anlaß einer Rekonstituierung des Ministeriums infolge der Aufhebung des Handelsministeriums. — Stösser sei durch seine Schroffheit ein unüberwindlicher Stein des Anstoßes für die liberale Majorität Lamey. — Übrigens lag auf Großherzog und auf der Großherzogin der Druck schwerer geistiger und physischer Ermüdung!

Donnerstag, 24. März. Der größte Teil des Tages mit Liebermeister zugebracht. Hauptpunkte seiner Konsultation waren: 1. Chronischer Rheumatismus ist der Grundcharakter meines Leidens; nicht Gicht. [. . .] 2. Bäder zu Hause und mineralische in Baden empfiehlt er als Hauptmittel. 3. Besonders rät er wieder einen Winter mit Herbst und Frühling (Oktober und März) im Süden. [. . .]

Basel, 25. März 1881. [. . .] Montags, 21. März: [. . .] Abends im Palais des Feldmarschalls zur Tafel an der Seite des Domkapitulars Riegel[17]. — Mit Manteuffel über Ranke. — Serenade der Militärkapellen! Ein eingehendes vertraulicheres Gespräch mit Manteuffel war nicht erreichbar; also mein eigentlicher Zweck verfehlt. *[. . .]*

Frankfurt, Besitz Matth. Gelzer.

¹ Vgl. H. v. *Poschinger,* Fürst Bismarck. Neue Tischgespräche u. Interviews, I (1899) S. 108 ff.

² Erwiderung auf Eugen Richter für Verminderung der direkten und Vermehrung der indirekten Steuern. Bismarck drückt seine Entschlossenheit aus nicht zurückzutreten („J'y suis, j'y reste") und stellt einen Zusammenhang zwischen direkten Steuern und Revolution her (Ges. Werke X S. 152—168).

³ Thronrede zur Reichstagseröffnung am 15. Febr., von Stolberg als Stellvertreter des Reichskanzlers verlesen. Zum erstenmal seit Begründung des Reiches werden diejenigen Vorlagen besonders hervorgehoben, die erst noch im Bundesrat behandelt werden müssen (Ges. Werke X S. 186 f.).

⁴ Am 17. Febr. warf Bismarck dem Finanzminister der Jahre 1869—78 Camphausen Passivität in der Steuerpolitik und Schuld „an der Unzulänglichkeit der heutigen Einnahmen" vor. Als Camphausen die Art der Auseinandersetzung bedauerte, wiederholte Bismarck seine Vorwürfe (Ges. Werke X S. 174—180).

⁵ Der Innenminister Graf Botho Eulenburg forderte am 19. Febr. im Herrenhaus bei der Beratung des Kompetenzgesetzes die Beibehaltung eines umstrittenen Paragraphen, dessen Revision Bismarck verlangte. Eulenburg erbat seine Entlassung, die am 26. Febr. gewährt wurde (Ges. Werke XII S. 180 f.).

⁶ Nach Verlesung der Bismarckschen Instruktion im Herrenhaus am 19. Febr. (vgl. Anm. 5) erklärte Bismarck am 21. Febr. ebenda, daß zwischen ihm und Eulenburg keine Meinungsverschiedenheiten bestünden (vgl. Ges. Werke XII S. 181—185).

⁷ Eröffnung des verfassungsgebenden Reichstags des Norddeutschen Bundes.

⁸ Verlobung der Prinzessin Viktoria v. Baden (1862—1930) mit Kronprinz Gustav V. v. Schweden (1858—1950), 1907 König.

⁹ Oskar II. v. Schweden (1829—1907), 1872 König v. Schweden.

¹⁰ Gelzer an Großherzog Friedrich, 11. März 1881: „Wie Sie mir einst erzählten, pflegte E. M. Arndt Sie gern an Gustav Adolf und an sein Vorbild zu erinnern; wie würde er sich gefreut haben, wenn er es noch erlebt hätte, Ihre Victoria als Erbin des Throns der Wasa zu erblicken! Und dürfen wir in dieser Fügung nicht auch eine Art von wohltuender historischer Sühne erblicken für das vor 70 Jahren begangene Unrecht an dem unglücklichen irregeleiteten Träger der Wasa-Krone" (GLA FA Korresp. 13 Bd. 23 Nr. 602).

¹¹ Ermordung des Zaren Alexander II. von Rußland am 13. März 1881.

¹² Am 3. März 1881 nahm Bismarck im Reichstag zur amtlichen Wahlbeeinflussung Stellung und geriet dabei mit Eduard Lasker in eine persönliche Auseinandersetzung (Ges. Werke XII S. 195—203).

¹³ Bismarcks Rede im Reichstag am 24. Febr. 1881: „Ich sehe in keinem europäischen Lande einen gleichen Zustand von Sicherheit und Beruhigung, mit der man in die Zukunft blicken kann, wie im Deutschen Reich" (Ges. Werke XII S. 189).

¹⁴ Bismarcks Rede vom 28. Mrz. 1881 gegen die Branntwein-, Einkommen-, Stempel- und Erbschaftssteuer. Zweck seiner Steuerpläne sei, den Gemeinden ihre Schullasten zu erleichtern und die Alters- und Invalidenversicherung zu finanzieren, was man den Wählern bekannt geben müsse (Ges. Werke XII S. 223—235). Am 2. Apr. 1881 Rede zur 1. Vorlage des Unfallversicherungsgesetzes (Ges. Werke XII S. 236—249).

¹⁵ Otto Frhr. v. Manteuffel (1805—82), 1848 preuß. Staatsminister, 1850 Minister d. Auswärtigen u. Ministerpräsident, 1858 entlassen, 1866 Mitglied des Herrenhauses, 1876 Vorsitzender des brandenburgischen Provinziallandtages.

¹⁶ Königin Elisabeth v. Preußen (1801—73), Gemahlin Friedrich Wilhelm IV.

¹⁷ Thiébaut Riegel (1810—82), 1834 Priester, Vikar 1834 in Hagenau, 1836 in Colmar, Pfarrer u. Dekan 1848 in Woerth, 1863 in Seltz, 1878 Domkapitular in Straßburg (frdl. Auskunft von M. Knittel, archiviste de l'Évêché de Strasbourg).

435. Gelzer an Großherzog Friedrich.

Basel, 26. Februar 1881.

[. . .] Lassen Sie vor allem mich die eine Versicherung betonen: daß ich keinen Augenblick im Ungewissen und Unklaren über die Gründe Ihres diesmaligen längeren Schweigens blieb. Gleich von Anfang bis zum Ende suchte ich die Veranlassung in den komplizierten Verhältnissen, mit denen Sie in der letzten Zeit wieder nach fast allen Seiten zu rechnen hatten. Über die Elemente hier des Widerstandes, dort des Mißtrauens oder geheimer persönlicher und Koterie-Intrigen, die sich in dieser Angelegenheit schon regen oder auch sich regen werden, bin ich keineswegs im Dunkeln; ich könnte sie Ihnen alle der Reihe nach mit Namen aufzählen. *[. . .]*

Vollkommen stimme ich Ihnen aber darin bei, daß es oft besser ist, eine Sache gar nicht anrühren als sie unheilvoller Entstellung und Verwirrung preisgeben müssen. Das einzige, was ich meinerseits als geboten ansah, war: unserm Freunde in Paris einen Wink zu geben, der ihm für den momentan eingetretenen Stillstand der Angelegenheit künftige Aufschlüsse zusagte. *[. . .]*

GLA FA Korresp. 13 Bd. 24 Nr. 601.

436. Großherzog Friedrich an Gelzer.

Karlsruhe, 9. März 1881.

Dank für die Briefe nach Berlin (Nr. 435) und dafür, daß über die Verzögerung unserer Angelegenheit Sie die nötigen Aufklärungen an rechter Stelle gegeben haben.

Unser Aufenthalt in Berlin hat sich nach Beendigung der Feste nur um wenige Tage verlängert, und in dieser kurzen Zeit hat sich vieles ereignet, wovon wir hoffentlich bald mündlich werden reden können. Es sind das politische Erlebnisse, deren schriftliche Wiedergabe mir vorerst nicht gut möglich ist, da die Zeit fehlt. Eine Angelegenheit aber muß ich Ihnen heute schon mitteilen, bevor sie öffentlich bekannt wird, da ich weiß, wie warm Sie mit uns fühlen, wenn es sich um das Wohl unserer Kinder handelt.

Das Herz unserer geliebten Tochter hat nach freier Wahl gesprochen und in überraschend lebhafter Empfindung der Äußerungen der Liebe geantwortet, welche ihr von dem Kronprinzen von Schweden entgegengebracht wurde. Die beiden jungen Gemüter haben in dem Lärm der Feste die Wege gefunden, welche die Herzen auf dem Grunde der ewigen Liebe verbinden, — sie haben es vermocht, sich einsam zu fühlen inmitte lautester Festbewegung. Die Annäherung hat zu einem solchen stillen Verständnis geführt, daß eine Trennung notwendig wurde, um die Entscheidung nicht in Berlin herbeizuführen. — Die ruhigen Tage reifer Überlegung haben unser Kind nur noch mehr befestigt in der Überzeugung, daß ihr Herz von Gott geleitet sei und nicht anders könne! Der Kronprinz von Schweden verbringt die Tage, welche wir als Frist für reifere Erwägung verlangten, in Segenhaus und ist nun von uns eingeladen, übermorgen Freitag, den 11. abends bei uns hier einzutreffen. Am folgenden Tag wird die Verlobung stattfinden und öffentlich bekannt werden.

So steht es in unserm Haus! — Ich sage nichts Weiteres, denn das Herz ist mir schwer und gefüllt von reichen, ernsten und freudigen Gefühlen. Wir haben aber gute Zuversicht, da uns der Kronprinz viele werte Eigenschaften bekundet, die uns zu guten Hoffnungen berechtigen. Selten ist mir aber ein solch deutlicher Fingerzeig Gottes zuteil geworden wie bei den Augenblicken, da unser liebes Kind vom Gefühl überwältigt in einen Tränenstrom ausbrach, der zwei Stunden dauerte, und danach eine Veränderung in ihrem ganzen Wesen eintrat, die wohl bekundete, daß der göttliche Funke die Tiefen ihres Lebens getroffen hatte. Sie wissen, verehrter Freund, wie es dabei den Eltern zu Mute ist! — Wir dürfen wohl sagen, daß wir eher gegen als für diese Verbindung gewirkt haben und bei manchen Anfragen stets geantwortet, daß wir unserm Kind volle Freiheit lassen müssen zu entscheiden. Wir bewahrten ihr daher ihre ganze Unbefangenheit und ließen einfach die gewünschte Begegnung zu. — Der freie Wille hat entschieden, und wir haben nur reifere Erwägung verlangt. Möge Gottes Segen auf dem lieben Paare gnädig walten! Mehr kann ich für heute nicht sagen, aber Sie, verehrter Freund, mußten das vor anderen wissen, und mit Ihnen Ihre liebe Frau.

Vor unserer nächsten Reise nach Berlin am 20. März, am besten in den drei letzten Tagen der nächsten Woche, würde ich Sie gern sprechen.

GLA FA Korresp. 13 Bd. 20 Nr. 152 eig.

437. Aus Gelzers Tagebuch.

Steineck, 31. März bis 5. April 1881.

31. März 1881. Der Besuch Wilhelms von Wied seit 29. März. *[...]* Die Gespräche mit Wilhelm bezogen sich vornehmlich *[...]* 3. auf seine betrübenden Mitteilungen über den Kronprinzen, über Seckendorff[1], über Königin Viktoria[2] (Mrs. Brown!)[3] — über die Gereiztheit des Kronprinzen! Über den Don Juan Prinz von Wales[4] und seinen Bruder Duke of Edinburgh[5]!! 4. Auf die erfreulichen Eindrücke von Prinz und Prinzessin Wilhelm[6], Prinz Heinrich[7] („Tugendbund" für den Bruder, durch Hinzpeter angeregt) und deren Geschwister! 5. Auf des Reichskanzlers Bismarck Diktatur, die teilweise Berechtigung seiner Zoll- und Steuerreform zur Rettung des hohen und niedern Bauernstands; aber die Gefahren seiner revolutionierenden Natur. Après nous le déluge (sein Wort gegen Tachard. „30 Jahre Verlängerung der Dynastie Hohenzollern"). 6. Auf günstigen Eindruck der Prinzessin Viktoria von Baden in Berlin! König Oskars beweglicher Charakter? 7. Auf meinen Vorschlag: mich nach Paris zu begleiten, antwortete er mit dem Vorschlag: ihn 1882 nach Bukarest zu begleiten.

4. April 1881. Wir gehen der Barbarei entgegen; nein, sie ist schon da! Mußte ich heute an dem Mittagessen bei Carl[8] denken, wo Hofprediger Stöcker[9] die roheste „Kaplantheologie" und Kaplanagitationstheorie („Fanatismus gegen Fanatismus!") mit der Dreistigkeit und Pfiffigkeit der Beschränktheit proklamierte, wodurch seine große Gabe zu praktischer Seelsorge und zur Organisation bedenklich verdunkelt wird! — Die gesellschaftliche Nötigung oder Rücksicht auf Carl, einer solchen Demonstration stillschweigend beizuwohnen, rief eine neue heftige innere Reaktion gegen meine Verbannung in diese Baseler Atmosphäre hervor! *[...]*

5. April 1881. *[...]* Allen Ernstes ging ich mit mir zu Rate: wie ich mich von

dem Bann der hiesigen Atmosphäre und den Papstansprüchen des Patrioten [...]
gründlich befreien könne? Sei es durch Verkauf des Hauses und Übersiedlung nach
Deutschland (Jena? Göttingen? Freiburg?) oder wenigstens durch den römischen
Winter von Oktober 81 — Juni 82 sowie durch den Sommer in Reipoldswyl? Denn
in diesem Kreise lebe ich in einer Art von Degradation, worin meine wahre Bestimmung und die Frucht meines Lebens verkümmern würde! Auch zum schriftstellerischen Schaffen fehlt mir hier der Lebensatem.

Frankfurt, Besitz Matth. Gelzer.

[1] Graf Götz v. Seckendorff (1842—1910), preuß. Kammerherr, Wirkl. Geh. Rat, Ober-
hofmeister u. Kabinettschef der Kronprinzessin Viktoria.
[2] Viktoria (1819—1901), 1837 Königin von England.
[3] Nicht ermittelt.
[4] Prince of Wales Eduard VII. (1841—1910), 1901 König von Großbritannien u.
Irland.
[5] Alfred (1844—1900), 2. Sohn der Königin Viktoria v. England, 1866 Herzog v. Edinburgh u. Graf v. Ulster u. Kent.
[6] Auguste Victoria (1858—1921), Tochter des Herzogs Friedrich v. Schleswig-Holstein-
Sonderburg-Augustenburg, seit 27. Febr. 1881 verh. mit Prinz Wilhelm v. Preußen.
[7] Prinz Heinrich v. Preußen (1862—1929), Bruder Wilhelms II.
[8] Carl Sarasin (1815—86), Bandfabrikant in Basel, 1837 Begründer der Firma Sarasin
u. Cie., 1856—74 Ratsherr (Baudirektor), 1875—78 Regierungsrat (Sanitätsdirektor), Mitglied des Missionskomitees, 1879 Präsident der evang. Allianz, Präsident der Stadtmission.
[9] Adolf Stoecker (1835—1909), 1871 Divisionspfarrer in Metz, 1874 Hof- u. Domprediger in Berlin, Gründer der Berliner Stadtmission, 1878 Gründer der „Christlich-sozialen
Arbeiterpartei", 1878—98 Mitglied des preuß. Abgeordnetenhauses, 1880—93 Mitglied des
Reichstags.

438. Großherzog Friedrich an Großherzog Peter von Oldenburg.

Braunschweig, 6. April 1881.

Meinem Versprechen gemäß teile ich Dir mit, daß bis jetzt folgende fürstliche
Personen sich zum 50. Regierungsjubiläum des Herzogs von Braunschweig[1] hier
angesagt haben. Prinz Albrecht von Preußen[2] im Auftrag des Kaisers mit einem
Glückwunschschreiben. Prinz Friedrich Karl von Preußen[3] und sein Sohn[4]. Noch
nicht angesagt, aber wahrscheinlich ist das Hierherkommen eines Erzherzogs, und
zwar entweder Karl Ludwig[5] oder Ludwig Victor[6]. Auch wird davon gesprochen,
es werde der König von Sachsen hierher kommen. All das ist aber noch ungewiß,
während ganz gewiß ist, daß der Herzog nicht so viele fürstliche Besuche wünscht,
während er aber Abgesandte derselben gerne und dankbar empfangen wird.

Ich kann nur raten, sich bei dem Feste vertreten zu lassen, was ich auch selbst
tun werde, da ich mich überzeugte, daß das dem Herzog viel erwünschter ist. Ich
habe meinen Onkel sehr wohl getroffen und werde hoffentlich bald mehr über meinen Besuch hier schreiben können. [...]

Erbgrhgl. Archiv Güldenstein, Abt. Hof- u. Privatkanzlei, I B II Bd. 2 eig. Mut. mut.
an Großherzog Karl Alexander von Sachsen-Weimar, 8. April 1881 (GLA FA Korresp.
13 Bd. 49 Fasz. 97 b Nr. 15).

[1] Herzog Wilhelm von Braunschweig (1806—84), seit 1830 regierender Herzog. Vgl.
Nr. 443 Anm. 1.

² Prinz Albrecht von Preußen (1837—1906), Neffe Wilhelms I.
³ Prinz Friedrich Karl von Preußen (1828—85).
⁴ Prinz Friedrich Leopold von Preußen (1865—1931).
⁵ Erzherzog Karl Ludwig von Österreich (1833—96), Bruder Kaiser Franz Josefs.
⁶ Erzherzog Ludwig Viktor von Österreich (1842—1919), Bruder Kaiser Franz Josefs.

439. Flemming an Bismarck.

Karlsruhe, 10. April 1881.

Die Badische Landpost — das Organ der hiesigen Konservativen Partei, welche seit dem Tode des Pfarrers Mühlhäuser[1] in der zweiten Badischen Kammer kaum noch vertreten ist — hat in einem kürzlich publizierten Leitartikel die Behauptung aufgestellt, daß das Verhältnis der großherzoglichen Minister Turban und Stösser zu Ew. Durchlaucht ein äußerst gespanntes und mißliches sei, während davon nichts in die Öffentlichkeit dringen solle. Andere Blätter haben dies abgedruckt und mit Konjekturen begleitet, und im Publikum fragt man sich, ob die Behauptung denn Grund habe, woher sie stamme und zu welchem Zweck sie verbreitet werde.

Minister Turban brachte kürzlich mir gegenüber das Gespräch auf den Artikel. Er äußerte, daß die darin enthaltene Behauptung seitens der Großherzoglichen Regierung, wenn letztere auch keine Entgegnung darauf in der Presse habe folgen lassen, durchaus nicht mit Gleichgültigkeit aufgenommen werde. Es liege dem Ministerium und ihm speziell vielmehr gar sehr daran, zu Ew. Durchlaucht in guten Beziehungen zu stehen, und entspreche das auch durchaus dem Wunsche und Willen des Großherzogs. Er vermöge einen sachlichen Grund, welchen das angebliche gespannte Verhältnis habe hervorrufen können, nicht zu entdecken, erinnere sich auch nicht, von mir irgendwelche Äußerung gehört zu haben, die auf eine Verstimmung Ew. Durchlaucht gegen das Großherzogliche Ministerium hätte schließen lassen. Ebensowenig sei ihm bei seiner jüngsten Anwesenheit in Berlin von Hochdenselben persönlich irgendein Grund zu solcher Annahme gegeben worden, und auch der Großherzog, mit dem er über die Sache gesprochen, wisse sich nicht eines Wortes Ew. Durchlaucht zu erinnern, das dahin zu deuten wäre. Somit könne er denn den Artikel der Landpost nur als einen im Partei-Interesse gemachten Versuch auffassen, die Stellung des Großherzoglichen Ministeriums als eine schwierige auch Ew. Durchlaucht gegenüber zu signalisieren.

Ich habe dem Minister, welcher eine Erwiderung meinerseits zu erwarten schien, gesagt, daß ich ebensowenig wie er selbst von einer Verstimmung Ew. Durchlaucht gegen das hiesige Ministerium etwas wisse. Unangenehm berührt habe seinerzeit in Berlin die Art und Weise, in welcher sein Kollege, der Präsident des Großherzoglichen Justiz- und Haus-Ministeriums, die durch S. M. den Kaiser und König vorgenommene Nobilitierung des Oberst von Unger[2] behandelt habe; darüber sei ihm von mir auch eine ganz ungeschminkte Mitteilung gemacht worden. Ob davon vielleicht etwas ins Publikum gedrungen und von der Landpost ausgebeutet worden sei, vermöge ich nicht zu beurteilen. Sicherlich aber würden Ew. Durchlaucht, wenn Hochdieselben aus anderen geschäftlichen, politischen Gründen sich im Gegensatz zur hiesigen Regierung glaubten, dies offen und rückhaltlos ausgesprochen haben.

Ich bemerke schließlich noch, daß die Nr. 100 der Kölnischen Zeitung einen von vorgestern aus Karlsruhe datierten Artikel enthält, welcher die Behauptung der

Badischen Landpost für eine durchaus ungerechtfertigte erklärt und darin nur ein verfrühtes Wahlmanöver erblickt.

Bonn, Archiv Ausw. Amt, Baden Nr. 31 Vol. 2, Ausf.

[1] Karl August Mühlhäusser (1825—81), 1857—64 Mitglied des evang. Oberkirchenrats, 1864 Pfarrer in Wilferdingen, Gründer der „Bad. Landpost", 1867 und 1879 Mitglied der bad. Kammer.
[2] Robert (1880: v.) Unger (1828—87), Oberst, 1886 Generalmajor.

440. Großherzog Friedrich an Großherzog Karl Alexander von Sachsen-Weimar.

Karlsruhe, 15. April 1881.

Du wünschtest von mir einige Mitteilungen über meine Erlebnisse in Braunschweig zu erhalten, und da beeile ich mich, das Dringendste zu sagen. Das fünfzigste Regierungsjubiläum des Herzogs ist auf den 25. April festgestellt gewesen[1]. Die Beglückwünschung findet an diesem Tag statt.

Die Frage, ob es mir gelungen ist, den Herzog günstiger für Preußen zu stimmen — kann ich dahin beantworten, daß ich den Herzog in dieser Beziehung günstig gestimmt fand, da ich aber keine Aufträge hatte, so wird erst der weitere Verlauf der zu führenden Verhandlungen zeigen, ob es dem betreffenden Bevollmächtigten gelingen wird, dieser günstigen Stimmung mit Erfolg entgegenzukommen. Das Nähere über diese militärisch politische Frage mitzuteilen, vermag ich nicht, da ich schon dem Kaiser gegenüber strenge Diskretion zugesagt habe[2].

In Betreff der Zukunft wünschest Du zu wissen, welche Blicke mir zuteil wurden. Der Herzog steht noch immer auf dem gleichen Standpunkt wie früher und betrachtet den Herzog von Cumberland als den berechtigten Erben seiner Krone[3]. Da aber dieser Erbe die Voraussetzungen eines deutschen regierenden Bundesfürsten im Reiche nicht erfüllen mag, hat der Herzog von Braunschweig mit seinem Landtag ein Regentschaftsgesetz vereinbart, welches die Regierung des Herzogtums bei Erledigung des Thrones regelt, bis die genannten Voraussetzungen erfüllt sind oder der Regentschaftsrat andere Vereinbarungen trifft[4]. Der nächste berechtigte Erbe nach dem Herzog von Cumberland ist der Herzog von Cambridge[5]. Dies sind in kurzen Zügen die Gesichtspunkte, von denen der Herzog von Braunschweig ausgeht, wenn er die Zukunft seines Landes bespricht.

Ich schließe diese Betrachtungen mit dem Bemerken, daß der Herzog unseren Kaiser sehr liebt und verehrt und nur wünscht, auf bestem Fuß mit ihm zu stehen. [. . .]

GLA FA Korresp. 13 Bd. 49 Fasz. 97 Nr. 16.

[1] Vgl. Nr. 438 Anm. 1.
[2] Vgl. Nr. 443.
[3] Mit Herzog Wilhelm von Braunschweig erlosch, da er unverheiratet war, die ältere (braunschweigische) Linie des Welfenhauses. Nach Reichsrecht war das Erbrecht der jüngeren (hannoverschen) Linie unwirksam, so lange deren Haupt, der in Gmunden (Österreich) residierende Sohn des 1866 depossedierten blinden Königs Georg V. von Hannover (1819 —78, König seit 1851), Herzog Ernst August von Cumberland (1845—1923) die 1866 im Zuge der Reichsgründung geschaffenen Verhältnisse nicht anerkannte.
[4] Nach dem unter Zustimmung des Landtages am 16. Februar 1879 von Herzog Wilhelm erlassenen „Gesetz, die provisorische Ordnung der Regierungs-Verhältnisse bei einer

Thronerledigung betreffend" gingen im Erbfalle bei Behinderung des Thronfolgers die landesherrlichen Rechte auf einen Regentschaftsrat über. Nach einem weiteren Jahr war der Landtag befugt, aus den volljährigen Prinzen deutscher Fürstenhäuser einen Regenten zu wählen.

[5] Herzog Georg von Cambridge (1819—1904), Sohn des Herzogs Adolf v. Cambridge, des Bruders des Königs Ernst August II. von Hannover, Onkel König Georgs V. v. Hannover und Großonkel des Herzogs Ernst August von Cumberland.

441. Das Auswärtige Amt an Flemming.

Berlin, 16. April 1881.

Vertraulich. *Nr. 439 hat dem Reichskanzler vorgelegen.* Derselbe bittet Ew. Exz., Herrn Turban gelegentlich sagen zu wollen, daß er weder in seinem Gedächtnis, noch in den hiesigen Akten, noch auch in der Presse irgendeine Tatsache oder eine Äußerung gefunden habe, durch welche die Behauptung veranlaßt sein könne, daß das Verhältnis der Herren Minister Turban und Stösser zu ihm, dem Reichskanzler, ein gespanntes und mißliches sei. Bei der vollkommenen Grundlosigkeit der Erfindung scheint es allerdings, daß es sich um ein Wahlmanöver handelt und daß die Badische Landpost bestrebt ist, die Vorstellung zu erwecken, als ob das Gewicht der Reichsfreundlichkeit nicht mehr wie früher in der gegnerischen Waagschale, sondern künftig in der eigenen zur Wirkung gelangen werde.

Von einem Dementi in hiesigen Blättern glaubt der Herr Reichskanzler sich keinen Erfolg versprechen zu können. Auch bei einer bestimmten Fassung derselben würde die Fortschrittspartei eine solche Kundgebung doch nur benutzen, um zu behaupten, daß irgendein tatsächliches Moment vorliegen müsse, weil man sich sonst nicht die Mühe gegeben hätte, die Nachricht zu dementieren.

Sollte der Herr Minister dennoch die Veröffentlichung einer Richtigstellung unsererseits wünschen, so würde Fürst Bismarck gern dazu bereit sein, legt jedoch Wert darauf, daß seine Bedenken dagegen zur Kenntnis S. Exz. gelangen.

Bonn, Archiv Ausw. Amt, Baden Nr. 31 Vol. 2, Konz.

442. Flemming an Bismarck.

Karlsruhe, 19. April 1881.

Vertraulich. [...] Im Verlauf der vorjährigen Sitzung der Stände-Versammlung wurde in beiden Kammern der Wunsch laut, die Administration des Staates vereinfacht und damit die Kosten derselben auf ein geringeres Maß reduziert zu sehen. Die Großherzogliche Regierung verschloß sich ihrerseits der Überzeugung nicht, daß unter der veränderten politischen Lage des Großherzogtums und bei den wachsenden Ansprüchen an die Steuerkraft des Landes eine solche Vereinfachung sich als zweckmäßig, ja als notwendig darstelle. Sie beschäftigte sich deshalb eingehend mit der Frage, w i e die Maßregel auszuführen sei, und nahm in den einzelnen Verwaltungszweigen darauf bezügliche Untersuchungen vor. Letztere sind noch nicht abgeschlossen. Dagegen ist das Ministerium zu dem Beschluß gekommen, mit der Reorganisation seiner selbst zu beginnen, und zwar in folgender Weise:

Zunächst soll die Stelle des Geheimen Rats Nüßlin, der Mitglied des Ministeriums ohne Portefeuille war und, wie ich schon gemeldet, vor wenigen Tagen den Dienst quittiert hat, nicht wieder besetzt werden. In zweiter Linie soll das Handelsministerium aufgehoben und von den Geschäften, die von ihm ressortieren, das Eisenbahnwesen an das Ministerium der Finanzen, alles übrige an das Ministerium des Innern abgegeben werden.

Der Übergang des Eisenbahnwesens an das Finanz-Ministerium erscheint dadurch gerechtfertigt, daß das badische Eisenbahnnetz so gut wie vollendet ist, der Betrieb sich in der geübten Hand einer besonderen Direktion befindet, die Verwaltung der Eisenbahnschulden-Tilgungskasse bereits vom Finanz-Minister geführt wird und die finanzielle Seite der Eisenbahnen überhaupt im Großherzogtum immer mehr an Bedeutung gewinnt. Die Überweisung aller anderen Geschäftszweige des Handels-Ministeriums an das Ministerium des Innern gründet sich darauf, daß eine Menge der einschlagenden Fragen bisher in beiden Ministerien bearbeitet werden mußte, woraus Zeitverluste und mitunter Konflikte entstanden, die in Zukunft nicht mehr vorkommen können.

Das Staats-Ministerium wird hiernach, abgesehen einstweilen von seinem Vorsitzenden, der als Handels-Minister aufhören und nur noch das Departement der Auswärtigen Angelegenheiten behalten würde, von fünf Mitgliedern auf drei beschränkt. Diese Zahl erscheint aber, wenn es sich um Entscheidung wichtiger Fragen handelt, zu gering, und deshalb ist es die Absicht, in solchen Fällen die ersten Räte in den verschiedenen Ministerien resp. die Direktoren der Mittelstellen als b e r a t e n d e Mitglieder zuzuziehen.

In vorstehender Weise haben die Mitglieder des Ministeriums sich s a c h l i c h geeinigt, und der Präsident des Staats-Ministeriums hat den ausgearbeiteten Vorschlag gestern dem Großherzog übergeben. Zugleich aber sah Minister Turban sich veranlaßt, um S. K. H. in bezug auf die Entscheidung der Personenfrage völlig freie Hand zu lassen, seine Demission einzureichen; ein Schritt, dem seine Kollegen, nachdem sie durch ihn davon benachrichtigt worden waren, gefolgt sind.

Bezüglich der Entschließung des Großherzogs muß ich mir Bericht vorbehalten. Ich vermute, daß S. K. H. sich von Herrn Turban nicht trennen, sondern ihm das vereinigte Ministerium des Handels und des Innern übertragen wird. Damit würde Präsident Stösser, den die Kammer-Majorität perhorresziert und der zu dem Minister Turban allmählich auch in Gegensatz geraten ist, vom Schauplatz abtreten müssen.

Minister Turban hat mich ersucht, seine mir gemachten Mitteilungen als durchaus vertraulich zu behandeln.

Bonn, Archiv Ausw. Amt, Baden Nr. 31 Vol. 2 Ausf. Marginalie: „S. K. H. 24. 4." Nach dem Bericht Flemmings Karlsruhe, 21. April 1881 veröffentlichte der Bad. Staatsanzeiger die vom 20. 4. datierte Entschließung des Großherzogs über die bereits berichteten Veränderungen in der Organisation und Zusammensetzung der Ministerien. Stösser und Grimm treten zurück. Ellstätter bleibt im Präsidium des Finanzministeriums. Der Oberschulrats-Direktor Nokk[1], früher Rat im Ministerium des Innern für Schul- und Kirchenangelegenheiten, wird zum Präsidenten des Ministeriums der Justiz, des Kultus und Unterrichts ernannt.

[1] Wilhelm Nokk (1832—1903), 1860 Praktikant im bad. Innenministerium, 1865 Assessor, 1867 Ministerialrat, 1874 Direktor des Oberschulrats, 1881 Minister der Justiz und des Kultus, 1893 Staatsminister, 1901 in den Ruhestand.

443. Großherzog Friedrich an Kaiser Wilhelm I.

Karlsruhe, 24. April 1881.

Ich habe Dir zugesagt, über meine Erlebnisse in Braunschweig Dir zu berichten, wenn ich besonders Wichtiges dort erfahren sollte. Obgleich dies nicht der Fall ist, halte ich es doch für meine Pflicht, Dir meine Eindrücke über das Wesen und die Stimmung des Herzogs[1] zu schildern.

Ich hatte Gelegenheit, auf dem Weg nach Braunschweig mich in Hannover bei Generalmajor Graf Waldersee[2] und in Oldenburg bei Generalleutnant Prinz Isenburg[3] über alle die Verhältnisse zu orientieren, deren genauere Kenntnis ich Deinem gütigen Vertrauen verdanke. Es wurde mir von den beiden Herren manches wertvolle Detail mitgeteilt, doch wesentlich Neues erfuhr ich nicht.

Ich wurde von meinem Onkel von Braunschweig sehr freundlich und verwandtschaftlich aufgenommen. Es waren mehrere Jahre vergangen, seit ich ihn gesehen hatte. *Er ist magerer geworden und geht* in gebückter Haltung etwas schwankend einher. *Er bedarf wegen überstandener Krankheit im letzten Jahr einiger Schonung. Im Übrigen ist er frisch und heiter, sehr tätig in den Geschäften des Landes und* interessiert sich dafür viel mehr als früher. *Er beschäftigt sich viel mit Lektüre, vor allem militärischer.*

Bei dieser im allgemeinen viel angeregteren Stimmung meines Onkels ergab es sich ganz von selbst, daß unser Verkehr ein lebhafter war. Zugleich aber durfte ich mich eines sehr freundlichen Vertrauens erfreuen.

Der Herzog sprach mir von der Angelegenheit des viel genannten hannöverschen Telegrammes[4] und nannte diese Angelegenheit ein großes Mißverständnis. Es sei fern von ihm gelegen, mit der Antwort an die ihm bekannten hannoverschen Herren irgend einen demonstrativen Akt zu verbinden. Er könne versichern, daß er seinem Neffen, dem Herzog von Cumberland, derbe Wahrheiten gesagt habe und vielfach versucht, ihn zu versöhnlicher Stimmung zu bewegen. Wenn ihm das nicht gelungen, so sei eben auch die Folge davon eingetreten, denn das Regentschaftsgesetz, welches der braunschweigische Landtag mit seiner Regierung vereinbart habe[5], beruhe gerade auf der abwehrenden Haltung des Herzogs von Cumberland.

Der Herzog von Braunschweig wiederholte gerne und mit besonderer Wärme, er stehe fest und treu zum Reiche und verehre und liebe seinen Kaiser. Er wünsche dringend, in guten Beziehungen zu Kaiser und König zu bleiben, auch wenn es ihm nicht gelingen sollte, eine Verständigung über die Militärangelegenheiten seines Landes zu erzielen.

Der Herzog sprach mir bei diesem Anlaß von dem kaiserlichen Handschreiben, worüber Du die Gnade hattest, mir das Nähere zu sagen. Er bezeichnete dieses eigenhändige Schreiben des Kaisers als eine Antwort auf eine von ihm ergangene Äußerung über frühere ihm gemachte Vorschläge. Auf meine Frage, ob hier nicht ein Mißverständnis vorliege, erwiderte er, es sei bestimmt so, und er habe in dem weiteren Verlauf der Angelegenheit keine andere Ansicht gewinnen können.

Der Herzog erzählte mir seine Unterredungen mit dem Prinzen Isenburg und mit dem Grafen Waldersee genau so, wie diese beiden Herren mir selbst davon sprachen. Über die Sendung des Grafen Waldersee äußerte sich der Herzog sehr befriedigt[6], denn es war ihm erwünscht, die Lücken in seinem Infanterie-Regiment ausgefüllt zu sehen. Er äußerte sich dankbar dafür, daß so viele Offiziere in das Regiment kommandiert worden sind.

Während der 1 ¹/₂ Tage, welche ich in Braunschweig zubrachte, sprach der Herzog etwa bei vier verschiedenen Gelegenheiten von der Angelegenheit seines Kontingentes. Er befragte mich über meine Eindrücke bei den vielen Anlässen, in denen ich seine Truppen sah, und nahm es gut auf, wenn ich mit aller Aufrichtigkeit ihm die Licht- und Schattenseiten schilderte. Er verlangte genaue Auskunft über die Militärkonvention zwischen Preußen und Baden. Das gab mir viel Stoff zur Erzählung und zum Vergleich mit der Lage des braunschweigischen Kontingents. Ich schilderte ihm die verschiedenen in Deutschland bestehenden Militärkonventionen, und wir zogen die daraus folgenden Schlüsse.

Alle unsere Gespräche über diese Angelegenheit blieben aber ohne das gewünschte Resultat. Der Herzog meinte, er könne sich nicht mehr in diese neuen Formen finden, er sei zu alt geworden dafür, und in seinem übrigen kurzen Leben werde es auch auf die bisherige Weise noch weitergehen können. Wenn etwa künftig keine Kommandierung preußischer Offiziere mehr stattfinden könne, so müsse er sich eben anders helfen.

Ich brauche wohl nicht zu versichern, daß ich in jeder möglichen Weise versucht habe, den Herzog von der Notwendigkeit zu überzeugen, eine Vereinbarung in Betreff der Ergänzung seines Offizierkorps zu treffen. Sowohl in seinem eigenen Interesse als in dem seines Kontingents empfahl ich ihm eine Verständigung mit Preußen. — Oft waren wir ganz nahe daran, den richtigen Schluß aus den aufgestellten Erwägungen zu ziehen. Der Entschluß, in diesem Sinn zu handeln, scheiterte aber stets an der Abneigung vor dem Verzicht auf ein Souveränitätsrecht, das ja, wie er meinte, in der Reichsverfassung nicht aufgehoben sei und daher eine Konvention erfordert werde[7].

Ob diese Abneigung mit der Zeit überwunden werden kann, wage ich nicht bestimmt zu beurteilen, aber sicher scheint mir, daß, wenn die betreffenden Fragen in freundschaftlicher Weise und rückhaltlosem Verkehr noch oft besprochen werden könnten, wie dies zwischen dem Herzog und mir stattfand, so würde ich wohl glauben, daß endlich eine Verständigung zu erreichen wäre. Ganz besonders dann, wenn die Form der Vereinbarung nicht als Militärkonvention bezeichnet würde, sondern mehr als eine Vereinbarung in betreff der Ergänzung des Offizierkorps des braunschweigschen Kontingents, so dürfte sich vielleicht der Herzog entschließen, seine bisherige Abneigung fallen zu lassen.

Da ich keinerlei Auftrag hatte, so bewegte ich mich ganz frei in den weiten Grenzen eines unbeschränkten Meinungsaustausches. — Ich darf Dich daher auch bitten, diese ganz vertraulichen Mitteilungen nur als ganz unmaßgebliche Betrachtungen eines unbefangenen Beobachters beurteilen zu wollen[8]. [. . .]

GLA FA Korresp. 13 Bd. 44 Fasz. 55 eig. Konz.

[1] Herzog Wilhelm v. Braunschweig (vgl. Nr. 438 Anm. 1 und Nr. 440 Anm. 3) war preußischer Gardeoffizier im Majorsrang.

[2] Alfred Graf Waldersee (1832—1904), 1866 Adjutant des Prinzen Karl v. Preußen, im Stab des Generalgouverneurs in Hannover, 1870 Militärattaché in Paris, während des deutsch-französischen Krieges Flügeladjutant König Wilhelms, 1871 erster deutscher Geschäftsträger in Paris, 1873 Chef des X. Armeekorps in Hannover, 1882 Generalquartiermeister und Stellvertreter des Chefs des Generalstabes, 1889 Nachfolger Moltkes als Chef des Generalstabes, 1891 kommandierender General in Altona, 1898 Generalinspek-

teur der 3. Armeeinspektion in Hannover, 1900 Generalfeldmarschall, Oberbefehlshaber der europäischen Truppen beim Boxeraufstand in China. Zum Folgenden vgl. Denkwürdigkeiten des Gen. Feldmarschalls Alfred Grafen v. Waldersee, hg. H. O. *Meisner,* Bd. 1 (1922) S. 207 ff.

[3] Gustav Prinz zu Isenburg u. Büdingen (1813—83), 1843 Premierleutnant, 1859 Oberstleutnant, 1879 Generalleutnant.

[4] Anläßlich der Geburt des Prinzen Georg Wilhelm (geb. 28. Okt. 1880), des ältesten Sohnes des Herzogs Ernst August von Cumberland und etwaigen hannoverschen Thronprätendenten, richteten in Hannover versammelte Welfen am 2. Dez. 1880 ein Glückwunschtelegramm an den Onkel des Neugeborenen Herzog Wilhelm v. Braunschweig, der darauf mit einem Tel. vom gleichen Tage an die „stammverwandten treuen Hannoveraner" antwortete. Das Tel. erregte Aufsehen in der Öffentlichkeit und Verstimmung am Berliner Hofe.

[5] Vgl. Nr. 440 Anm. 4.

[6] Vgl. Anm. 1. Das aus 3000 Mann bestehende braunschweigische Kontingent litt Mangel an Offizieren, die in der kleinen Armee keine Aufstiegschancen sahen. Preußen wollte Kommandierungen von Offizieren der preußischen Armee nur dann noch zustimmen, wenn der Herzog sich zu einer Militärkonvention verstand.

[7] Von den Besuchstagen des Großherzogs in Braunschweig (vgl. Nr. 438) liegen eig., etwas exaktere Notizen vor: „[...] H a n n o v e r . Prinz Albrecht [...] gibt mir nähere Aufschlüsse über die Beziehungen des Herzogs von Braunschweig zur preußischen Regierung. Er hat wenig Hoffnung auf eine Verständigung über die Militärfrage, da er glaubt, daß der Herzog sich zu keiner Konvention wird entschließen können. General Graf Waldersee erzählt mir den Verlauf seiner jüngsten Sendung nach Braunschweig, woraus mir hervorgeht, daß der Herzog sehr abgeneigt ist, sich mit Preußen über eine Konvention zu verständigen. — O l d e n b u r g . Der Großherzog wußte nichts Näheres über die braunschweigische Militärfrage, hielt aber dafür, daß der Herzog sich zu keiner Vereinbarung entschließen werde. Über die braunschweigische Erbfolgefrage konnte der Großherzog nichts Neues angeben. Prinz Isenburg erzählte mir von seinem letzten Besuch in Braunschweig und von der Erfolglosigkeit seiner Bemühungen, den Herzog zu einer Vereinbarung mit Preußen zu bewegen. Er hielt dafür, daß der Herzog unter keiner Bedingung nachgeben werde. — B r a u n s c h w e i g . Der Herzog erzählte die verschiedenen Versuche, welche gemacht wurden, um ihn zu einer Militär-Konvention zu bewegen. Prinz Albrecht, General Graf Waldersee, Prinz Isenburg scheiterten an seinem unbeugsamen Willen. Die Kommandierung von Offizieren ist dem Herzog ganz angenehm, und er hält es für unnötig, eine Vereinbarung darüber zu schließen. Er ist fest entschlossen, in seiner Rechtsstellung auszuharren und in keinem Punkt nachzugeben. Etwaige ernstere Schritte gegen ihn und seine Regierung wird er ruhig hinnehmen" (GLA FA Korresp. 13 Bd. Nr. 60 eig. s. d.).

[8] Kaiser Wilhelm I. antwortete dem Großherzog, Wiesbaden 11. Mai 1881: „Die Mitteilungen aus Braunschweig waren mir sehr interessant, beweisen sie doch eine unveränderte Halsstarrigkeit des Herzogs, so daß ich immer dabei bleibe, daß er sein Wort verpfändet hat, nicht weiter zu gehen als bisher" (GLA FA Korresp. 13 Bd. 44 Fasz. 55 eig.).

444. Moriz Mohl[1] an Großherzog Friedrich.

Stuttgart, 26. April 1881.

Ich übersende meine Schrift Über die deutschen Reichs- und Staats-Defizite[2] *und* Über den Ertrag der württembergischen Staats-Eisenbahnen.

Wie in der ersten Schrift nachgewiesen ist, S. 9—10, so hat Württemberg seit seinem Eintritte in das Deutsche Reich in 10 Jahren, neben dem Übergange seiner Zoll-, Zucker-, Salz- und Tabaksteuereinkünfte an das Reich, bereits 62,7 Millionen M Matrikularumlagen zu bezahlen gehabt, welche letzteren eine reine Mehrlast sind und welche, nach Aufzehrung der französischen Kriegsentschädigungsgelder zur Folge hatten, daß Württemberg (S. 5 und 6) statt früherer Überschüsse nunmehr seit mehreren Jahren Defizite von 7—8 Millionen M erlebt hat. Für die beginnende zweijährige Finanzperiode Württembergs sind die neuen Defizite durch ein Sportelgesetz und ein Erbschaftsgesetz, — welche beiden Gesetze ich als drükkend, unvolkswirtschaftlich und mit der Gerechtigkeit unvereinbar vergeblich bekämpft habe — und, was das schlimmste ist — durch Deckung laufender Ausgaben mit Staatsanleihen zu bestreiten beschlossen worden. Ich habe mich vergeblich bemüht, die einzige korrekte Abhülfe durch Zuschläge zu den direkten Steuern durchzusetzen und bin mit meinen Anträgen hierauf an den Popularitätsrücksichten gescheitert.

Ähnliche finanzielle Verlegenheiten haben sich bekanntlich allen, vorher in finanzieller Hinsicht best situierten Mittelstaaten fühlbar gemacht und haben zu Bedeckung der Defizite teils mit erhöhten, teils mit neuen Steuern unter schwierigen Geburtswehen geführt, oder sind noch im Begriffe, dazu zu führen. Auch ist dies ein Krebsschaden, welcher durch die unaufhörlich steigenden Reichsausgaben und Reichsanleihen, die verzinst werden müssen, fortwährend wächst, wie denn die Matrikularumlagen für das Jahr 1881/82 abermals bedeutend gestiegen sind und noch unbekannt ist, in wieweit dieselben durch einen Mehrertrag der Zolleinkünfte in Gemäßheit des auf den Antrag Frankenstein gefaßten Beschlusses sich ermäßigen könnten.

Daß im Reichstage die demselben derzeit vorliegenden Entwürfe von Steuergesetzen im wesentlichen fallen dürften, scheint nach den öffentlichen Nachrichten wohl kaum zu bezweifeln und dürfte auch nicht zu beklagen sein. Sie wären auch ohnehin nur ein Tropfen ins Meer, wenn die Matrikularumlagen beseitigt werden sollen, die jährlichen Anlehensaufnahmen des Reiches aufhören sollen und wenn für die gesamten ordentlichen sowie für die sogenannten außerordentlichen, aber jedes Jahr in ungeheuren Beträgen wiederkehrenden Ausgaben des Reiches durch laufende eigene Einnahmen gesorgt werden soll, was doch die erste Bedingung einer geordneten und soliden Finanzwirtschaft des Reiches und der deutschen Staaten wäre und allein verhindern könnte, daß das Reich unfehlbar den deutschen Staaten fort und fort das Lebensblut abzapft und dieselben der Auszehrung verfallen.

Ich sehe bei dieser Betrachtung ganz ab von dem Plane, welcher die Unfallversicherung der Arbeiter zu einer Reichssache machen und deren Kosten, sei es auch nur zu einem Hauptteil, dem Reiche aufbürden will. Man wird ja hoffen dürfen, daß ein solcher Plan im Reichstage unmöglich durchgehen könne, da seine Verwirklichung nichts anderes wäre als eine Adoption der sozialdemokratischen Ansprüche, den Staat mit den Kosten für die Arbeiter zu belasten, während der Ertrag der Arbeit ihm nicht zukäme und da als unausbleibliche Folge eines solchen Vorgehens und der unabsehbaren, unerfüllbaren Ansprüche, welche sich daran knüpfen würden, ein sozialistischer Umsturz Deutschlands mit allen grauenhaften Zuständen eines solchen nur allzusehr in drohender Aussicht stehen dürfte.

Ich bleibe vielmehr auf dem gegebenen staatsrechtlichen Boden der verfassungsmäßigen Verhältnisse und der Ausgaben für die militärischen, maritimen, diplomatischen, konsularischen und anderen durch die legitimeren Zwecke und Ausgaben des Reiches sich ergebenden Bedürfnisse des Reiches stehen. Diese Ausgaben nehmen aber in so ungeheurer Progression zu, daß sie von 350,9 Millionen M im Jahr 1872 auf 592,9 Millionen M im Jahre 1881 gestiegen sind.

Diesem riesenmäßig wachsenden Aufwande und den darauf beruhenden ruinösen Ansprüchen desselben kann offenbar ohne erdrückende, erbitternde und die Einwohner zur Auswanderung nach Nordamerika aufreizende Steuern nur dadurch entsprechend abgeholfen werden, daß das Reich eine so große Einnahme von einem reinen Luxusgegenstande sich verschafft, wie sie nur das Tabakmonopol gewährt.

Ich habe im Jahr 1867 zu einer Zeit, wo Süddeutschland noch nicht dem Reiche angehört hat und wo die süddeutschen Staaten noch in guten Finanzverhältnissen sich befanden — in Voraussicht der fortschreitenden staatlichen Unterordnung und des finanziellen Ruins, welche uns durch das Hereinziehen in das Reich bedrohen und welche sich auch wirklich später von Jahr zu Jahr fortschreitend daraus entwickelt haben — die Abänderung des Zollvereinsverhältnisses durch die Verträge von 1867, die Einbeziehung der Salzsteuer in den Zollverein und die Einführung der Tabaksteuer für den Zollverein in Süddeutschland (als deren notwendige Folge ich übrigens schon damals das Tabakmonopol bemerkt habe) sowie den Eintritt in das Zollparlament als Berichterstatter der Hälfte der Kommission der Kammer der Abgeordneten bekämpft, und wir sind mit unseren Pygmäenkräften der siegreichen Macht unterlegen. Aber jetzt, wo wir im Reiche sind, kann es natürlich keinem vernünftigen und ehrlichen Menschen einfallen, anders als auf dem reichsgesetzlichen Boden, sei es auch auf noch so unbedeutendem Standpunkte, zu versuchen, zu dem gemeinsamen Besten des Reichs und der deutschen Staaten — deren Erhaltung mir so sehr wie jemals am Herzen liegt — mit Anstrengung der letzten Faser das Seinige zu tun.

Als einen Versuch hiezu geruhen E. K. H. vielleicht die beiliegende kleine Schrift allerhöchstihres erleuchtetsten, erhabensten Herrscherblicks huldreichst zu würdigen.

Wenn ich gewagt habe, dieser kleinen Schrift noch eine andere über den Ertrag der württembergischen Eisenbahnen ehrfurchtsvollst anzuschließen, so ist es, weil versucht worden ist, unsere Eisenbahnen als Ursache der eingetretenen Stärkung der württembergischen Finanzverhältnisse darzustellen, was das gerade Gegenteil der Wahrheit ist. Niemand, auch die Leute nicht, deren unrichtige Darstellung ich als solche mathematisch nachgewiesen habe, hat versucht, diesen Beweis mit einem Worte zu beanstanden. Ich habe die Genugtuung gehabt, eine Anerkennung dieser kleinen Arbeit von dem Herrn Staatsminister des Äußeren[3] und der Verkehrsanstalten in der Abgeordnetenkammer zu erhalten.

Es kann ja kein menschliches Auge klarer als der erhabenste Regentenblick und die allerhöchste Weisheit E. K. H. durchdringend überschauen, wie die Bedingungen des nationalen Schutzes zu Land und zur See sowie die Vertretung eines großen Reiches in Mitte Europas und über die ganze Erde — und wie in den deutschen Staaten die Förderung der allgemeinen und der beruflichen Bildung aller Stände und beider Geschlechter, der Wissenschaften und Künste, der Landwirtschaft, der Gewerbe und des Handels, der Verkehrsanstalten an Eisenbahnen, Land- und Wasserstraßen mit dem so bedeutenden Ufer- und Flußbau, der mit der Zeit fortschreitenden kirchlichen Bedürfnisse verschiedener Konfessionen, des immer kostspieliger werdenden Gerichts- und Gefängniswesens, der Wohltätigkeitsfürsorge, des Medizinal- und Veterinärwesens, der gesamten Sicherheits- und Wohlfahrtspolizei in ihrer unendlichen Verzweigung und Veränderung durch neue Gefahren (wie z. B. durch das verbrecherische sozialistische Treiben, das verkehrte Unterstützungswohnsitzgesetz, das aus anderen Fehlern der Reichsgesetzgebung entstandene, Deutschland überflutende Stromer- und Vagabundentum usw.), kurz aller möglichen Erfordernisse der Gottlob unaufhaltsam fortschreitenden, aber auch mit nicht unbedeutenden Schwierigkeiten und Gefahren kämpfenden Zivilisation in den vortrefflich regierten deutschen Staaten in umfassender Progression wachsen und fort und fort weitere Mittel in Anspruch nehmen.

Daß hiezu allein die seitherigen Einkünfte des Deutschen Reichs und der durch letzteres finanziell so schwer belasteten deutschen Einzelstaaten immer unzureichender, die neuen und erhöhten Steuern immer mißliebiger werden und daß die bisher versuchten Mittel zur Abhülfe dem Zwecke weitaus nicht entsprechen, geschweige denn die Lücke gründlich und auf die Dauer ausfüllen, liegt schon in dem starken Anwachsen der Matrikularumlagen und in dem alljährlichen bedeutenden Schuldenmachen des Reichs ohne jegliche Vorkehr zu einer allmählichen Amortisation der stets wachsenden Reichsschuld greifbar vor. Hier kann nur ein Reichstabakmonopol nach der Mustereinrichtung Frankreichs gründlich und nicht nur ohne Bedrückung, sondern mit wesentlicher Steuererleichterung der Reichs- und Staatsangehörigen helfen.

Wenn mir auch — außerhalb Württembergs, wo Regierung und beide Häuser des Landtags (in der zweiten Kammer mit Ausnahme einer kleinen extrem-demokratischen Minderheit) über die Zweckmäßigkeit und Notwendigkeit eines Reichstabakmonopols vollkommen einig sind — nicht bekannt ist, wie die Ansichten der deutschen allerhöchsten Regierungen hierüber zur Zeit stehen, so scheint mir doch das unaufhaltsame Anwachsen jener Reichs- und Staatsbedürfnisse und scheinen mir die daraus für die deutschen Staaten sich ergebenden Steuerbedrückungen ihrer Angehörigen und Gefahren der staatlichen Unvermögenheit und des Ruins so überragend, daß ich mich von der Hoffnung nicht zu trennen vermag, die deutschen allerhöchsten Regierungen — deren Vorgehen in dieser ganzen Frage ja entscheidend ist — dürften sich zu der Einführung einer so großen Finanzquelle entschließen, welche von Frankreich, Österreich, Italien, Spanien etc. und in einer für Deutschland nicht passenden Weise durch Verbot des inländischen Tabakbaues und ungeheure Einfuhrzölle auf fremde Tabake in Großbritannien sowie durch diesseits unanwendbare hohe Tabaksteuern in Nordamerika, Rußland etc. längst großartigst in andern Ländern zum Heil ihrer Finanzen in einer oder der anderen Form ausgebeutet wird, und in Deutschland nur nach dem Vorgange Frankreichs den volkswirtschaftlichen und finanziellen Rücksichten und Zwecken entsprechen könnte.

Der Fürst von Hohenlohe-Langenburg hat auf dem jüngsten württembergischen Landtage in der Ersten Kammer geäußert, der Herr Reichskanzler habe ihm gesagt, den mittelstaatlichen Finanzministern müsse die Not noch stärker auf die Nägel brennen, bis sie sich zum Tabakmonopol entschließen. Ich kann nicht bergen, daß es mir scheint, es hätte an diesem Motive schon lange nicht gefehlt und die Finanzlage des Reichs und der deutschen Staaten sowie der dadurch teils schon eingeführte, teils noch bevorstehende und voraussichtlich fortwährender Steigerung entgegengehende Steuerdruck mit der davon unzertrennlichen Unzufriedenheit wären hinreichend dazu angetan, um zu einem solchen Entschlusse einzuladen.

Wenn E. K. H. die beiden Schriften einsehen würden, so dürfte ich zu hoffen wagen, daß Allerhöchstdieselben vielleicht manche neue Tatsachen und Gesichtspunkte Ihrer erhabensten Würdigung nicht ganz unwert erachten wollten. *[...]*

GLA 60/284 fol. 50 f. Ausf.

[1] Moriz Mohl (1802—88), Obersteuerrat a. D., nationalökonomischer Schriftsteller,

Abgeordneter der II. Württembergischen Kammer (Volkspartei), extremer Schutzzöllner und Befürworter des Tabakmonopols, versorgte seit 1864 den Großherzog laufend mit seinen volkswirtschaftlichen Veröffentlichungen und Denkschriften (gesammelt in GLA 60/284).

[2] Über die deutschen Reichs- und Staatsdefizite und das einzig geeignete Mittel zur Abhilfe. Mit besonderer Nachweisung aus Württemberg, Stuttgart 1881 (46 S.).

[3] Frhr. Hermann v. Mittnacht.

445. Ernest Naville[1] an Großherzog Friedrich.

Grange Gaby, 27. April 1881.

Dank dafür, daß E. K. H. meine Schrift „La démocratie représentative" *gelesen und sich zustimmend geäußert haben*[2]. Les idées de justice et de paix ont de la peine à faire leur chemin au milieu de la lutte des partis et du conflit des ambitions. Elles progressent cependant, et je ne doute pas que l'avenir ne leur appartienne, sous le Gouvernement telle que celle de Votre Altesse adoptent plus facilement que les chefs de partis la cause de la réforme électorale et peuvent la servir très utilement.

Dank für la très amicable lettre de la Grande Duchesse relative au mariage de notre fille *und Glückwünsche.*

GLA FA Korresp. 13 Bd. 54 Fasz. 156 Nr. 2.

[1] Ernest Naville (1816—1906), 1844 Professor der Philosophiegeschichte und Theologie an der Akademie zu Genf, 1848 abgesetzt.
[2] Nicht vorhanden.

446. Aus Gelzers Tagebuch.

29. April 1881.

Basel, Steineck 29. April 1881. *[...]* Aus den Unterredungen mit dem Großherzog am 9., 12., 16. hebe ich hervor: 1. In Bezug auf den Examen-Konflikt: Er hatte mit Lamey und Kiefer sich offen über seine Absichten besprochen und auf die Notwendigkeit hingewiesen, daß sowohl im Interesse der Seelsorge als des Liberalismus die Mißstände des „Kulturkampfes" beseitigt werden müßten. Von Turban war ihm mitgeteilt worden, daß verschiedene Abgeordnete ihm gestanden, sie hätten die Vorlagen gar nicht gelesen, ehe sie abgestimmt; sondern nur auf Zeitungen und Fraktionseinwirkung geachtet!! — Bismarck habe dem Kronprinzen selbst erklärt: die Kirchenfrage sei Sache der Einzelstaaten. Also sei kein Anlaß zum Anstoß für ihn dagewesen (?). 2. Mehrmals gab der Großherzog zu verstehen, wie er jetzt wohl einsehe, daß in der Gereiztheit und Spannung des Konflikts auch von seiner Seite Fehler gemacht wurden. — 3. Von Bismarck glaubt er: Er wolle es zur Annahme des Tabakmonopols bringen, um feste höhere Einnahmen dem Reiche zu sichern. Hinter seinem Rücktrittsgesuch ahnt er als letzten Hintergedanken den Plan: Einen Einheitsstaat zu gründen (wie das O. Russell schon vor Jahren vermutete, mir gegenüber). — 4. Wir begegneten uns in der Besorgnis, daß Hohenlohes Stellung — durch die jetzige provisorische Vertretung im Auswärtigen Amt[1] infolge der steten nahen Berührung mit dem Kanzler Schaden leiden könne!? 5. Die Persönlichkeit des Bistumsverwesers — beschränkt und taub — habe ihn nach dessen Besuch abermals von der Notwendigkeit eines günstigen Ersatzes überzeugt. — Aber jetzt werde man zuwarten müssen, wie sich Bismarcks Verhandlung mit Rom gestalte. — Dem Ehrgeiz des Professor Kraus mißtraut er. — 6. Er meint: Bismarck wolle und werde Frieden mit Rom schließen: wie er denn auch eine Abschrift des Briefes gesehen (beim Kaiser), den Bismarck im Januar (?) an den Papst oder Nina (?) geschrieben[2]. — Aber Bismarck behandle die Kammer pädagogisch; behandle sie, wie sie es (nach den Erfahrungen des Großherzogs, dessen Ehrlichkeit mißbraucht wurde durch Veröffentlichung des Aktenmaterials!) verdiene! 7. Ein Jahr Militärdienst des Erbprinzen in Preußen (lieber in Koblenz als in Potsdam) hält auch er für eine Art von notwendiger Konzession gegen das preußische Vorurteil des Militarismus, daß man sonst nicht für „voll" gelte!!

Frankfurt, Besitz Matth. Gelzer.

[1] 30. Apr. bis 30. Nov. 1880, vgl. Denkwürdigkeiten II S. 295 u. 305 f.
[2] Bismarck an Leo XIII., Varzin, 17. Jan. 1880, Ges. Werke VI c Nr. 174 S. 171 ff.

447. Gelzer an Großherzog Friedrich.

Basel, 30. April 1881.

Hohenlohe hat zwischen 7. und 15. Mai für mich Zeit in Paris. Unsere Unterredungen werden sich um drei Punkte bewegen: I. Er hat das Recht, vertrauliche Aufschlüsse über die Ursachen zu erwarten, welche die weitere aktive Behandlung der Sache (Kardinal) wieder zum Stillstande gebracht[1] und die ihm einen Einblick in unsere Verhältnisse möglich machen. II. Wir werden die Schwierigkeiten näher prüfen, die namentlich in Rom zu erwarten sind. III. Dabei wird auch ein abermaliges sorgfältiges Eingehen auf Charakter, Geist und Gaben — die Vorzüge und die Schranken seiner Persönlichkeit — des Kardinals nicht zu umgehen sein.

GLA FA Korresp. 13 Bd. 24 Nr. 606.
[1] Vgl. Nr. 425.

448. Baumstark an Nokk.

Achern, 30. April 1881.

[...] Gleichzeitig erlaube ich mir aber, auch an den Herrn Präsidenten des Ministeriums des Kultus eine kurze Mitteilung gelangen zu lassen, nicht mit dem Anspruch und kaum mit der Hoffnung, daß dieselbe eine Folge haben werde, sondern nur, um meine unabweisliche Pflicht getan zu haben. Diese Mitteilung betrifft die Besetzung des erzbischöflichen Stuhles zu Freiburg und besteht einfach in Folgendem:
Ich weiß, daß Seine Eminenz der Herr Kardinal Hohenlohe die Rückkehr in das deutsche Vaterland zu einem seiner Stellung entsprechenden Wirkungskreise wünscht, und ich bin ermächtigt, den Mann zu nennen, welchem Seine Eminenz diesen Wunsch von Mund zu Mund ausgesprochen hat, — wenn die Großherzogliche Regierung diese Mitteilung für erheblich erachtet. Ich habe dieselbe vor kurzer Zeit dem Herrn Präsidenten Stösser gemacht, welcher mir unterm 15. März

antwortete, „er finde sie sehr bedeutsam und werde nicht ermangeln, seiner Zeit darauf zurückzukommen". Ich wüßte es in der Tat nicht zu rechtfertigen, wenn ich diese Gelegenheit zu einer ebenso gut katholischen wie gut patriotischen Lösung der Frage dem Herrn Nachfolger Stössers verschweigen wollte. Außer ihm habe ich, hiezu autorisiert, noch S. Gr. H. dem Prinzen Wilhelm die gleichen Tatsachen mitgeteilt, sonst niemandem[1]. [. . .]

GLA 52/XIII.
[1] Vgl. Nr. 451.

449. Aus Gelzers Tagebuch.

4.—10. Mai 1881.

Karlsruhe, 4. Mai 1881 im Schloß. [. . .] Gestern nachmittags angekommen, erfuhr ich in zwei langen Unterredungen: [. . .] 2. Seine (des Großherzogs) Unterredung mit Bismarck, dessen Befriedigung über Paderborn und Osnabrück[1]; Anfrage des Großherzogs wegen Freiburg: ob Besetzung jetzt opportun? Antwort: Auf die Persönlichkeit komme das meiste an. 3. Eilers[2] — in Steuerfragen jetzt bei Bismarck beliebt — habe hier erzählt: der Chef des Steuerwesens Borchard[3] habe ihn gewarnt, sich nicht zu hoch einzulassen. Die jetzigen Steuerpläne Bismarcks: Denn wenn das System abgewirtschaftet habe, so komme erst wieder die Reihe an sie (an die Anhänger Delbrücks, die sich jetzt akkommodieren). 4. Turban habe dem Großherzog über meine März-Mitteilungen berichtet und nun auch dem Nokk das mitgeteilt. Diesem habe auch der Großherzog erklärt, daß ich nur dann die Vorfragen in die Hand nehmen könne (besonders in Rom), wenn Nokk und Turban später die Verantwortung für die Wahl selber bereitwillig übernehmen wollten; wenn nicht, würde er lieber von der Sache abstehen. — Nokk habe sich sehr anerkennend für meine Beteiligung ausgesprochen. Die Hauptschwierigkeit sehe er in Berlin und in Rom. „Ist Nokk diskret?" (wie Stösser es war, nach Zeugnis des Großherzogs), frage ich. „Oder ist er mit dem Führer der Kammermajorität solidarisch verbunden?, so daß er nichts tut ohne sie?" (Stössers Unabhängigkeitsversuch war sein Verbrechen! In ihren Augen). 5. Großherzog meint: die Kammermajorität erkenne, daß die Unterstützung des jetzigen Ministeriums das einzige Mittel für sie sei, sich im Lande zu behaupten. Würden sie abermals mit dem Ministerium zerfallen, so wäre das der Untergang der Partei, und die Reihe käme dann an das Zentrum und die demokratische Volkspartei. 6. Baumstark habe an Nokk und Stösser geschrieben[4]: Er wisse: daß Kardinal Hohenlohe erklärt habe, er wünsche, von Rom wegzukommen! — Ob man nicht das benutzen wolle? — (Beweis von des Kardinals Unvorsichtigkeit). 7. Großherzog meint: man könnte Kraus gewinnen, wenn man ihm ein künftiges Vertrauensverhältnis zu Kardinal Hohenlohe als eventueller Nachfolger in Aussicht stellte?[5] — Gefährliches Experiment!??. Mein Nachdenken dieser Nacht und heute morgen (Entwurf von fünf Thesen über diese Frage) drängt — namentlich auch im Blick auf die gedrückte Stimmung, die Entmutigung und resignierte Schwunglosigkeit des Großherzogs und auf die Unzuverlässigkeit dieses badischen Cliquenwesens — mehr und mehr zu dem Schluß: [. . .] I. Nur während eines Winteraufenthalts in Rom ließe sich die mir zugewiesene Aufgabe lösen: Über die Vorfragen ins Klare zu kommen: 1. Wäre der Kardinal der schweren Aufgabe in jeder Hinsicht gewachsen? Würden die Vorzüge seiner Person ihre Mängel überwiegen? oder umgekehrt? 2. Wäre Jacobini und Leo XIII. für den Kardinal zu gewinnen? und zwar so entschieden, daß sie die Wahl in Freiburg nachdrücklich einleiten und unterstützen würden? 3. Würden die jesuitischen Gegenwirkungen in Rom und Deutschland dadurch unwirksam gemacht werden können? und würde inzwischen der Modus vivendi in Preußen solche Fortschritte machen, daß auch von Bismarck keine Schwierigkeit mehr bevorstünde? II. Vorerst bieten die Beratungen mit Fürst Hohenlohe in Paris das beste und einzige Mittel einer Vorbereitung für die römische Untersuchung. III. Für die Gesamtauffassung der Lage gilt: 1. die ganze kirchenpolitische Frage seit 1870 ist verfahren, verfehlt, steril. 2. Kulturkampf steril. 3. Altkatholizismus aussichtslos (abwarten!).

Eben schickt mir der Großherzog einen Brief der Frau Großherzogin aus Wiesbaden vom 3. Mai. Sie habe mit Domprobst Holzer von Trier[6] gesprochen. 1. Er sei gekommen, um mit dem Kaiser über die Verhältnisse der Erzdiözese von Trier zu sprechen. 2. Schon während seines Winteraufenthaltes in Berlin habe er den Kanzler und den Minister Puttkamer aufmerksam darauf gemacht: man sollte die jetzige günstige Strömung in Rom benutzen zur Anbahnung friedlicher Verhältnisse. Man sollte die Ernennung von Bistumsverwesern und zuletzt von Bischöfen anstreben, wie das im Konkordat(?) von 1821 konzediert wurde. 3. Für Trier habe er vorgeschlagen zur Anbahnung einer Ernennung: Bischof Hefele als Bistumsverweser in Rom in Vorschlag zu bringen; dieser würde dann an seiner Stelle einen Delegaten bestimmen, der das Amt in Trier führte, während Hefele als Apostel-Vikar die Verantwortung übernähme. 4. Bismarck und Puttkamer seien bereitwillig auf diesen Vorschlag eingegangen[7]. Holzer habe einen Dankbrief von Bismarck erhalten. 5. Der Kaiser habe in Beantwortung des Glückwunschbriefes des Papstes[8] den Gedanken Holzers aufgenommen die Erwiderung des päpstlichen Wunsches nach Anbahnung geordneter friedlicher Verhältnisse. — Die Aufmerksamkeit auf Hefele gelenkt als geeigneten apostolischen Vikar. — Die Antwort aus Rom sei noch nicht gekommen! — Leo sei Hefele gewogen. 6. Eigentlich hatte Holzer die Absicht: Die Aufmerksamkeit des Kaisers auf Kraus in Freiburg zu lenken[9], den er für den bedeutendsten und besten Theologen halte für Wiederbesetzung eines Bischofsitzes. — Er würde den Hefele am würdigsten vertreten, wenn dieser ablehne, seines Alters wegen. — Holzer habe den Kraus erst vor kurzem wieder gesprochen. — Der Eindruck der Großherzogin war: daß Kraus wahrscheinlich Schritte in dem Sinne getan, um bald eine Tätigkeit zu erhalten. H. betont, daß Kraus in Rom sehr persona grata sei.! —

Basel, 6. Mai 1881. Am Mittwoch, 4. Mai, hatte ich mittags und nachmittags Turban und Frau gesprochen über Stössers und Grimms Rücktritt und auf Turbans Wunsch abends auch Präsident Nokk in Mathys ehemaliger Wohnung. Der Großherzog berichtete nachmittags über die angreifende Auseinandersetzung mit Stösser: der ein Nachgeben gegen das Mißtrauensvotum vom vorigen Jahr[10] drin erblickt! — Ich erklärte gegen Großherzog, Turban und Nokk, daß für die Verhandlungen oder Sondierungen in Rom die Fiebermonate Juni—September nicht geeignet wären; sondern erst von Oktober an der Winter. Gestern früh reiste ich von Karlsruhe nach Freiburg [...]. In Freiburg bei Kraus war die kirchenpolitische Frage in Berlin, Rom und Freiburg unser großes Thema. — Er erzählte von seiner Audienz bei Nina und Leo XIII. im April 1880, von seiner Korrespondenz mit Papst und Kanzler, von den Winken Leos, daß er nicht auf Wiedereinsetzung der

Bischöfe von Köln, Breslau und Posen bestehen würde; was Kraus als Deutscher nicht wünschen könnte[11]. Aus Holzers Wunsch wußte er aber, daß der Kaiser voriges Jahr dem Holzer versicherte: Bismarck und Puttkamer hätten ihm jenen Paragraphen der Wiedereinsetzung oktroyiert. — Der designierte neue Kultusminister Wolff[12] wolle mit Kraus in Verbindung bleiben. —

Die Fahne von Krausens Weisheit heißt: Unterscheidung von Ultramontanismus und Katholizismus sei das Entscheidende; darin habe Preußen bis in die neueste Zeit immer gefehlt! — Auf meine Frage gestand er mir, daß er dem Baumstark schon voriges Jahr (als dieser u. a. immer ihn als Erzbischof verlangten) zur Beschwichtigung den Wink gegeben: Er wisse aus des Kardinals Hohenlohe Munde, daß er gern nach Deutschland käme; und diese Wahl wäre geeignet, schlimmere Gefahren abzuwehren. — „Ja" — erwiderte ich — „aber nur unter der Bedingung, daß er einen zuverlässigen Berater wie ihn an der Seite hätte, daß er dann vielleicht der Nachfolger würde." — Doch behauptete er, daß er nicht wisse, ob er die Verwaltungsgeschäfte eines Bischofs mit der freieren Stellung eines Professors vertauschen möchte? Worin ich beistimmte und an Hefele erinnerte. — Er nannte H. v. Moehler[13] den letzten preußischen Staatsmann in großem Stil (?). [...]

Paris, 10. Mai 1881. Sonntags, 8. Mai abends, Abreise von Basel mit Julie und Elisabeth. — Ankunft in Paris Montag morgens. [...] Um halb eins zu Hohenlohe: Bericht über Baden, Kammer, Minister, Großherzog, über Freiburger Verhältnisse und über Kraus und seine Ansprüche, über Baumstark und Hansjacob, über die Veränderung des Ministeriums Stösser! Über die geheimen Gründe der mangelnden Unabhängigkeit Leos gegen die Jesuitenpartei (sie kennt die Geheimnisse der Schwächen seiner Vergangenheit im Verkehr mit Damen?). Daher sei nicht zu erwarten, daß Leo energisch für die Wahl des Kardinals Hohenlohe eintreten würde! — Dann fragte er nach der Stimmung in Deutschland. —

Frankfurt, Besitz Matth. Gelzer.

[1] F. X. Kraus hatte im Nov. 1880 den Rat gegeben, in Paderborn und Osnabrück die Kapitel zur Wahl von Bistumsverwesern aufzufordern (*Kraus*, Tagebücher S. 428). In Paderborn war am 11. Febr. 1881 der Domkapitular Kaspar Drobe zum Bistumsverweser gewählt worden; Osnabrück hatte am 26. Febr. 1881 den Domherrn Bernhard Höting als Kapitularvikar erhalten.

[2] Nicht ermittelt.

[3] Vermutlich Franz Emil v. Burchard (1836—1901), 1873 Reg. Rat in Danzig, 1876 Hilfsarbeiter im Reichskanzleramt, 1878 vortr. Rat ebd., 1879 Direktor, 1882 Staatssekretär des Reichsschatzamts, 1887 Präsident der kgl. Seehandlung.

[4] Nr. 448.

[5] Nokk bat Kraus am 1. Mai 1881, dem neuen Ministerium „dasselbe Vertrauen und Entgegenkommen zu zeigen, welches Sie den durch uns jetzt vertretenen Interessen stets in so liebenswürdiger und wertvoller Weise bewiesen haben" (*Kraus*, Tagebücher S. 432).

[6] Karl Joseph Holzer (1800—85), seit 1849 Dompropst in Trier. Vgl. E. *Hegel*, Dompropst Karl Josef Holzer von Trier. Beiträge zu seiner Charakteristik. Festschr. f. Alois Thomas, Trier 1967, S. 151—162.

[7] Zur Vermittlung von Hefele vgl. Bismarck an Mittnacht, 11. Mai 1881 (Ges. Werke VI c Nr. 212).

[8] Leo XIII. an Wilhelm I. vom 18. Mrz. 1881 zum Geburtstag am 22. Mrz. (nicht veröffentlicht); Wilhelm I. an Leo XIII. vom 26. Mrz. 1881, amtlich redigierte Mitteilung in der Augsb. Allgem. Ztg. v. 31. Mrz. Nr. 151.

[9] Vgl. *Kraus*, Tagebücher S. 434; H. *Schiel*, Die Trierer Bischofskandidatur von Michael Korum u. Franz Xaver Kraus, Trierer Theol. Zschr. 64 (1955) S. 158 ff., 221 ff.; Chr.

Weber, Kirchenpolitik zwischen Rom, Berlin u. Trier 1876—88. Die Beilegung d. preuß. Kulturkampfes. Veröff. d. Kom. f. Zeitgesch. bei der Kath. Akad. in Bayern (1970) S. 43 ff.
[10] Vgl. Nr. 391.
[11] Vgl. *Kraus,* Tagebücher S. 416 f.
[12] Arthur v. Wolff (1828—98), nach Arbeiten bei der Regierung in Potsdam, im preuß. Innenministerium u. bei der Regierung in Frankfurt/O. 1864 Reg. Rat im Innenministerium, 1872 Reg. Präsident in Trier, 1881 Oberpräsident der Prov. Sachsen (nach *Kraus,* Tagebücher S. 427 als Kultusminister vorgesehen), 1890 Chefpräsident d. Oberrechnungskammer des Rechnungshofes.
[13] Gemeint ist wohl: Heinrich v. Mühler (1813—74), 1862—72 preuß. Kultusminister.

450. Großherzog Friedrich an Moriz Mohl.

Karlsruhe, 16. Mai 1881.

Dank für Nr. 444, die übersandten Schriften und das begleitende Schreiben, in welchem Sie die in Ihren Schriften dargelegten Tatsachen und deren tiefernste Bedeutung für die Zukunft unseres Vaterlandes eingehend besprechen und auf die dringende Notwendigkeit hinweisen, die Mittel zur Anwendung zu bringen, welche die Abwehr des wachsenden Notstandes herbeizuführen geeignet erscheinen. Ich habe mit Aufmerksamkeit und Teilnahme ihre Schriften gelesen und daraus wertvolle Belehrung geschöpft, welche ich zu verwerten bestrebt sein werde. Ihrem von lauterer Vaterlandsliebe getragenen Bemühen, mit aller Kraft dem Wohle unseres Volkes zu dienen, wie solches sich wieder in den beiden mir zugekommenen Schriften und in Ihrem Schreiben vom 26. v. M. so überzeugend kundgibt, widme ich meine volle aufrichtige Anerkennung. Indem ich Ihnen für Ihre Sendung meinen herzlichen Dank ausspreche, benütze ich mit besonderem Vergnügen auch diesen Anlaß, Sie der Fortdauer meiner vorzüglichen Wertschätzung zu versichern.

GLA 60/284 fol. 52 Konz. Ungern-Sternberg; FA Korresp. 13 N 457 a Reinkonz. mit eig. Unterschr.

451. Gelzer an Großherzog Friedrich.

Paris, 21. Mai 1881.

Am 5. Mai habe ich Ihr Karlsruher Schloß verlassen, um noch in Freiburg, den ganzen Nachmittag, wie es zwischen uns vorher besprochen war, dem Verkehr mit Professor Kraus zu widmen[1].

Dieser Besuch brachte mir den Gewinn, über manches Persönliche und Sachliche, namentlich über die vielseitige und gewandte Persönlichkeit des betreffenden Theologen und Kirchenpolitikers selber mir wertvolle Aufschlüsse zu geben. Über seine Erlebnisse und Berührungen seit dem Mai des vorigen Jahres sowohl in Rom als in Freiburg, Preußen und Bayern machte er mir aus eigener freiwilliger Initiative die ausführlichsten Mitteilungen, wovon Sie einen Teil schon aus seinem Munde erfahren haben, während anderes erst seitdem hinzugekommen.

Deutlich trat dabei Zweierlei hervor: einmal, daß ihm seine jetzige Stellung in Freiburg bei der jetzt dort vorwaltenden Atmosphäre gründlich verleidet sei; sodann, daß er sehr wohl mit den Aussichten bekannt war, die sich ihm für eine nähere oder fernere Zukunft in Bayern oder in Preußen eröffnen. Hier lag der Punkt, wo ich in Ihrem Sinn und ausdrücklichen Auftrage einwirken zu können glaubte, indem ich ihm die Versicherung gab, daß Sie, verehrte K. H., persönlich auf seine Wirksamkeit und sein Verbleiben in Freiburg entschiedenen Wert legten und daß Sie sich darin mit den hiebei maßgebenden Räten in voller Übereinstimmung wüßten. Diese Versicherung hat auch ihre Wirkung nicht verfehlt, da er mich noch beim Scheiden ausdrücklich und wiederholt ersuchte, Ihnen in seinem Namen zu bezeugen, daß Sie auf seinen guten Willen rechnen könnten.

Bei diesem Anlasse war es mir willkommen, der geheimen Veranlassung jener Mitteilungen Baumstarks an die Herrn Stößer und Nokk in Bezug auf die Stimmung des Kardinals Hohenlohe auf die Spur zu kommen. Ich stellte ihm nämlich geradezu die Frage: ob er eine Vermutung darüber habe, wer dem Herrn Baumstark jene „aus sicherster Quelle stammende Mitteilung", auf die er sich berief, gemacht habe[2]. Überrascht gestand er mir: er selber sei es gewesen, der nach seiner Rückkehr aus Rom, wo Kardinal Hohenlohe vor ihm kein Hehl daraus gemacht habe, daß er gern ins deutsche Vaterland zurückkehren würde, den Herren Baumstark und Hansjacob und ihren Gleichgesinnten, die ihm stets wiederholten, er müsse Erzbischof werden, endlich, um diesem Drängen ein Ende zu machen, den Wink gegeben habe: sie möchten doch lieber die vorhandene Möglichkeit ins Auge fassen, den Kardinal H. zu gewinnen, dessen Wahl vielleicht andere viel schlimmere Möglichkeiten verhüten helfen könnte.

Von diesem wichtigen Geständnis nahm ich sofort Akt mit der Erklärung, daß meine Vermutung von Anfang an gleich auf ihn als den Urheber und Vermittler der Baumstarkschen Schritte gefallen sei. Im übrigen gab mir diese Wendung unserer Unterredung die ungesuchte Gelegenheit, ganz unbefangen mich über Kardinal Hohenlohe dahin zu äußern, ich sei mit ihm darin einverstanden, daß unter gewissen Voraussetzungen der Charakter des Kardinals allerdings eine Bürgschaft gegen manche Gefahren versprechen würde, wenn seine Wahl überhaupt zu erreichen wäre. *Näheres und Vertrauliches aus diesem Gespräch muß ich mündlich berichten.*

Am 9. Mai mit Frau und Tochter in Paris angekommen, nach 21 Jahren zum erstenmal. Bei Besprechungen mit Hohenlohe verfolge ich zwei Zwecke: I. Ihm über den ganzen Gang und die innere Geschichte der Freiburger Angelegenheit seit ihrer ersten Anregung im November 1879 (aber in tiefstem Vertrauen) Aufschluß zu geben. II. Dann, im sachgemäßen Anschluß an diese vertrauliche Berichterstattung, mit ihm die Frage zu erörtern: ob und wie die Schwierigkeiten, mit denen man in Rom zu rechnen habe, sich würden überwinden lassen. *[. . .]*

Das eine will ich aber schon heute nicht verschweigen, daß die Schwierigkeiten in Rom dem Fürsten heute eher noch größer als früher erscheinen, aber nicht unübersteigbar; die allergrößte Vorsicht und Geduld hält auch er für Hauptbedingungen einer Möglichkeit des Gelingens.

GLA FA Korresp. 13 Bd. 24 Nr. 607.

[1] Vgl. Gelzers Tagebuch v. 6. Mai 1881: Nr. 449.
[2] Nr. 448.

452. Gelzer an Großherzog Friedrich.

Paris, 25. Mai 1881.

Hohenlohe teilt mit, daß die größten Schwierigkeiten für die Wahl des Kardinals von Rom zu erwarten sind. Angesichts der Schwierigkeiten in den Kammern, in Freiburg etc. muß aber die Wahl von Rom aus betrieben werden. Es sei viel Glück erforderlich, wenn die Angelegenheit der Kenntnis der Jesuiten-Partei entzogen bleiben soll. Sobald die gegnerische Partei zu frühe, d. h. ehe ein fait accompli erzielt wäre, von der Sache Kunde erhielte, so würde sie alle erlaubten und unerlaubten Mittel zu ihrer Vereitelung aufbieten. *[. . .]* Fürst Hohenlohe glaubt Gründe zu haben, die daran Zweifel lassen: ob der Papst die notwendige Energie gegen den hartnäckigen und geheimen Widerstand der jesuitischen Gegenpartei entwickeln würde.

Die Gründe im einzelnen glaubt Hohenlohe nur mündlich entwickeln zu dürfen. Praktisch kamen wir zu folgenden Schlüssen:

I. Alles hängt davon ab, daß die Sache in Rom umsichtig und glücklich in Gang gebracht wird, ohne daß die Gegenpartei früher etwas erfährt, als wenn es schon zu spät wäre, um noch alles rückgängig zu machen.

II. Der Fürst selber ist seit 1857 nicht mehr in Rom gewesen und traut sich daher kein Urteil darüber zu, wie man es dort anzufangen hätte, um die rechte Türe zu finden, die am sichersten zum Ziele führen könnte.

III. Er glaubt aber, daß sein Bruder noch am ehesten im Falle wäre, mündlich (denn nur so könne man mit ihm verhandeln) hierüber die nötigen Winke zu geben und auf die rechte Spur zu führen. Seit dem Tode Theiners[1] und Lichnowskis, die beide mit Rom so sehr vertraut und mit dem Kardinal Hohenlohe befreundet waren, müsse der Fürst es allerdings beklagen, daß sowohl für seinen Bruder als für mich eine der wichtigsten römischen Informationsquellen versiegt sei.

IV. Seiner Ansicht nach dürfe man sowohl in Rücksicht auf Ihre Würde als auf das Interesse seines Bruders sich keinem direkten refus von seiten des Papstes aussetzen. Durch die ganze Art und Weise des Vorangehens müßte diese Möglichkeit ausgeschlossen bleiben.

V. Eben darum sei von einer gleich von Anfang an geschäftsmäßigen Behandlungsform ganz entschieden abzusehen. Nur auf Grund eines längeren ruhigen römischen Aufenthalts, für den sich aus andern Veranlassungen wie z. B. wissenschaftlichen Studien und Gesundheitsrücksichten genügende Erklärungen ohne irgend aufzufallen finden ließen, wäre die Aussicht vorhanden: mit Geduld und Vorsicht die nötige Sondierung des dortigen Terrain und der maßgebenden Persönlichkeiten vorzubereiten. *[. . .]*

GLA FA Korresp. 13 Bd. 24 Nr. 608.

[1] Augustin Theiner (1804—74), 1855 Präfekt des Vatikanischen Archivs, Freund Döllingers, während des Vatikanischen Konzils in enger Fühlung mit der Minorität. Da er Kardinal Hohenlohe u. a. die geheimgehaltene Geschäftsordnung des Trienter Konzils aus dem Archiv mitteilte, wurde er seiner Ämter und Würden enthoben.

453. Dr. Wilhelm Blum[1] an Großherzog Friedrich.

Berlin, Reichstag, 31. Mai 1881.

E. K. H. bitte ich ganz untertänigst um Erlaubnis, in Erinnerung an die Bemerkungen, welche E. K. H. die Gnade hatten, mir am 28. März zu machen über die künftige Stellung meiner Partei, aufmerksam machen zu dürfen auf eine Ansprache der nationalliberalen Abgeordneten an ihre Wähler. Dieselbe ist bereits am 29. festgestellt[2], wird aber erst in einigen Tagen erscheinen, wenn eine Anzahl Unterschriften von auswärts dazu gekommen sein werden. Aus dieser Ansprache werden E. K. H., wie ich hoffe, entnehmen, daß meine Partei unter dem Druck der Verhältnisse sich dem Standpunkt nähert, welcher damals als der angemessene bezeichnet wurde.

Als Grundgedanken der Ansprache erlaube ich mir folgendes hervorzuheben:

Die Partei faßt gegenwärtig ihre Aufgabe als eine konservative auf, um im großen und ganzen das zu erhalten, was in den letzten Jahren unter ihrer Mitwirkung geschaffen ist. Die Konsequenzen dieser Auffassung gegenüber der jetzigen Reaktionsperiode werden im einzelnen gezogen, und nicht nur gegenüber dem Reich, sondern ausdrücklich bezüglich der reichsverfassungsmäßigen Stellung der Einzelstaaten. Hiermit ist das Programm gegenüber den unitarischen Bestrebungen festgestellt.

In dieser Beziehung erlaube ich mir zu bemerken, daß v. Bennigsen und andere Führer mir gegenüber sich ausdrücklich zu diesem Programm wiederholt bekannt haben, mit dem einzigen Vorbehalt für den Fall, daß eines oder mehrere der Königreiche die verfassungsmäßige Stellung im Reiche aufgeben und sich a u ß e r h a l b d e s R e i c h e s zu stellen versuchen, weil dann auch unsere Partei den bisherigen Standpunkt aufgeben dürfte, um nach stärkeren Garantien für die Sicherheit des Reiches zu suchen.

Die Partei behauptet ferner: Nicht sie, sondern die Reichsregierung habe ihre Stellung verändert und zwinge nun ihrerseits die Partei in eine andere Stellung. Diese sei nicht die der prinzipiellen Opposition, sondern der Zurückhaltung und der Stellungnahme nach sachlicher Prüfung der Vorschläge, welche von den Regierungen gemacht würden. Sie bezeichnet ihre Stellung zu einzelnen vorliegenden Fragen zum Teil als eine entgegenkommende, zum größeren Teil aber als eine ablehnende. Letzteres besonders gegenüber der Reaktion in Kirche, Schule und Gewerbe. Auch bezüglich des Tabakmonopols bekennt sich die Partei in einer absichtlich vorsichtig gewählten Form zur Opposition.

Dagegen wird die Frage des Zolltarifs als eine offene für die Partei als solche bezeichnet, welche für eine politische Partei nicht maßgebend sein kann. Jeder Einzelne ist darin frei. Hierin liegt meiner Ansicht nach die Scheidungslinie von den sogenannten Sezessionisten, solange dieselben den Freihandel als ein politisches Prinzip behandeln wollen. Es ist ferner auf mein eifriges Betreiben ein Satz aufgenommen worden, von dem ich mir eine besondere Stärkung meiner Partei verspreche, wenn danach gehandelt wird: Gegenüber der übermäßigen Zentralisation der Staatsgewalt die Selbstverwaltung der Gemeinden zu verteidigen. Denn die Gemeinde ist der breite feste Boden, auf welchem wir stehen müssen beim allgemeinen Wahlrecht zur Verteidigung gegen die staatssozialistischen Pläne des Reichskanzlers.

Schließlich vindiziert sich die nationalliberale Partei die Stellung einer maßhaltenden Mittelpartei noch einmal und hofft auf diesem Wege in Gemeinschaft mit solchen Parteien die gleichen oder ähnlichen Ziele zu verfolgen, ihre Pflicht zu erfüllen und wieder Einfluß zu gewinnen.

Betrachtet man dies Programm, so muß man sagen, es ist weder neu noch blendend; es hat daher auch gar nicht den Zweck, direkt auf die Wahlen[3] zu wirken, sondern es beabsichtigt, den besonnenen Männern als Vereinigungspunkt zu dienen für jetzt und für später zur Verteidigung des Gewordenen gegen links und rechts. Meiner Partei, die während zwanzig Jahren eine bewegende und vorwärtsdrängende war, wird es nicht leicht werden, jetzt gewissermaßen zum Festungskrieg sich zu entschließen, um eine gewonnene Position zu verteidigen. Indessen die Not lehrt beten. Ich erwarte keine schnellen Erfolge auf diesem Weg, wohl aber die allmähliche Anerkennung der besonnenen und freisinnigen Männer in Deutschland.

Ich schmeichle mir auch nicht mit der Hoffnung, E. K. H. werden mir die Freiheit verzeihen, mit der ich gewagt habe, gleichsam in Vervollständigung dessen, was mir vor einigen Wochen vorzutragen gestattet war, meine Auffassung von der Stellung meiner Partei hier zu begründen.

GLA FA Korresp. 13 N 536.

[1] Wilhelm Blum (1831—1904), 1869—77 und 1889—93 Mitglied der badischen II. Kammer, 1871—84 Mitglied des Reichstags (nationalliberal).
[2] Die Erklärung vom 29. Mai 1881 gedr. *Schultheß* S. 202 f.
[3] Reichstagswahlen am 27. Oktober 1881.

454. Gelzer an Großherzog Friedrich.

Paris, 31. Mai 1881.

Die Gespräche mit Hohenlohe waren diesmal nicht so ergiebig wie erwartet, da er nach Berlin fahren mußte vor der Zeit, Ton und Geist der Gespräche aber wie früher. Auch in dem wichtigsten, für ihn zartesten Punkt geschah dies, als er sein höchst eigentümliches Verhältnis zum Kanzler zu wiederholten Malen in einer Weise berührte, die mir als das unzweideutigste Pfand seiner alten Gesinnung gegen mich erscheinen durfte. Dies Ergebnis betrachte ich als einen bemerkenswerten Beitrag zum Verständnis der jetzigen Lage. In wenigen Stunden empfing ich hier Winke, auf die man sonst — ohne den Rückhalt eines alten erprobten Vertrauensverhältnisses selbst bei halbjährigem Zusammensein umsonst warten würde. Was ich in dieser Weise empfangen, darf ich natürlich auch nur unter gleichem Vorbehalt Ihnen, verehrte K. H., allein mitteilen, sobald wir uns wiedersehen.

Hohenlohe stellte mir einen Diplomatenplatz in der Loge zur Verfügung. Im Palais Bourbon habe ich stundenlang den Präsidenten der Kammer Gambetta in den verschiedensten Situationen, in ruhigen, stürmischen, ungestörten und unbefangenen beobachten können, als wenn ich mich stundenlang mit ihm hätte unterhalten können. Ich kann nicht sagen, daß mein Vertrauen zu diesem Genuesen, seit ich ihn mit Augen gesehen, größer geworden sei.

Seit ich mich hier aufhalte, mußte ich unwillkürlich schon öfter des großen Leibniz gedenken, der vor 200 Jahren in seiner Jugend (1672) ihn ähnlicher Stimmung nach Versailles kam, die mich im Alter jetzt nach Paris begleitete — ich meine mit der steten stillen Frage: „Wird es möglich sein und wie würde es möglich sein, den Frieden von Europa zu sichern trotz Metz und Straßburg?"

Aber nicht bloß diese Zukunftsfrage, die in den zwei Worten: „Frankreich und Deutschland" gipfelt, bildete hier den tragischen Gegenstand meines Nachsinnens. Nicht minder ernst, ja fast noch überwältigender beherrscht mich auf diesem Schauplatze großer europäischer Schicksale, am Feuerherde weltgeschichtlicher Bewegungen, jenes andere noch umfassendere Problem: Was bedeuten Deutschland und Frankreich für die politische und religiöse Zukunft Europas? Inwiefern ist Frankreichs neuere Geschichte seit 1789 und seit 1848 immer noch typisch, d. h. prophetisch bedeutsam (drohend, warnend, belehrend) für die Geschicke Europas im Revolutionszeitalter? Und wo liegen die wahren Hebel zu einer fruchtbaren Gegenwirkung von seiten der deutschen und der andern germanistischen Nationen?

Mit einem solchen fragenden Blicke sah einst Tacitus von Rom aus hinüber zu den Germanen. Mit sicherer Ahnung erkannte er damals, woher die Naturkräfte einer Welterneuerung kommen würden. Nur die Quelle der innern Wiedergeburt Europas, die von Osten her sich verbreitete, verkannte der edle Stoiker, wie sie Unzählige wieder in unsern Tagen verkennen, weil damals wie jetzt der reine Anblick der neuen Weltreligion durch entstellende Verhüllung erschwert wurde.

Lange stand ich im Louvre vor Ingres[1] berühmtem Bilde aus seiner Jugendzeit (1808) „die Sphinx, die dem Ödipus ihr Rätsel zu lösen gibt". Furchtlos blickt er der furchtbaren in die Augen und findet das rettende Wort. Das Geheimnis der unbeschreiblich ergreifenden Wirkung des Bildes liegt für mich nur in der Anwendung auf die Rätsel unsers Zeitalters.

Auch uns legt die Sphinx eine Lebens- und Todesfrage vor, die richtet sich an unsere Generation: Woher, Wo, Wohin? Werdet ihr untergehen oder werdet ihr euch verjüngen in der unwiderstehlichen demokratischen Flut des Jahrhunderts? Wie wird der rechte Name für eure Zeit schließlich heißen? Ära der Revolution? oder der Militärdiktatur oder der Regeneration? Welche von diesen drei Signaturen wird dereinst das Feld behaupten in Europa? Waren Rousseau und Helvetius oder Napoleon und Nicolaus oder waren Luther und Stein die wahren Propheten unserer Zeit, die das Rätsel gelöst und die rechte Bahn der Zukunft gezeigt?

Ich glaube nicht zu hoch zu greifen mit der Behauptung: daß man den sittlichen Gehalt und die geistige Tiefe eines Menschen unserer Zeit am sichersten danach beurteilen kann: ob er je still gestanden sei vor der obigen Sphinx-Frage und wie er sich mit ihr abgefunden.

Seit ich zu geistigem Leben erwachte, arbeitet diese größte aller Zeit- und Lebensfragen in meiner Seele; sie ist der belebende Atem meines Denkens und Tuns, meines Sehnens und Strebens. Bleibt es nicht die Frage aller Fragen für uns alle: ob aus dem dunklen Schoße der Revolutions-Ära in langen schweren Geburtswehen, unter denen nun schon drei Generationen sich abmühen, endlich — wie die edelsten Herzen hofften — ein Zeitalter der Regeneration sich durchkämpfen werde, das mit keinen Opfern zu teuer erkauft wäre? Dürfen wir von Gottes gnädiger Führung so Großes hoffen, oder ist die jetzige Generation zu kleinlich und zu engherzig, zu unempfänglich für große Ziele und zu genußsüchtig, zu berechnend und zu opferscheu für ein so hohes Glück? [...]

Nicht gedankenlos ruhte mein Blick vom Balkon meines hochgelegenen Wohnzimmers aus auf den Ruinen des Tuilerien-Palastes und schweifte hinüber bis zum Obelisk des Eintracht-Platzes und zu Napoleons stolzem Triumpfbogen. In dem einzigen Ausdruck „Ruinen der Tuilerien" liegt für mich schon eine Welt von Fragen, die täglich an mich herantraten, in immer neuen Wendungen.

Auch können Sie sich wohl denken, wie oft und wie lebendig ich gerade in diesen Maitagen mir die Schreckensszenen der untergehenden Kommune-Herrschaft (21.—28. Mai 1871) vor die Seele gerufen! Und welche Reihe von Betrachtungen vollends Versailles in mir erweckte beim Rückblick auf den 18. Januar 1871: dafür böte auch der längste Brief nicht Raum genug. Hoffentlich sprechen wir darüber in naher Zukunft. [. . .]

GLA FA Korresp. 13 Bd. 23 Nr. 609. Gelzers Tagebuch verzeichnet: „Am 27. Mai [. . .] Du Camp[2] verfehlt. [. . .] Am 30. Mai: Waddington[3] verfehlt. [. . .] Am 1. Juni: Ermüdung; Migräne! Sedan und Metz aufgegeben. Am 2. Juni: Abends Rückreise: Belfort-Basel!" (Frankfurt, Besitz Matth. Gelzer.)

[1] Jean Auguste Dominique Ingres (1780—1867), franz. Maler.
[2] Maxime du Camp (1822—94), Schriftsteller u. Historiker, bei der Revolution von 1848 verwundet u. ausgezeichnet, 1880 Mitglied der Academie Française. Großherzog Friedrich scheint Gelzer u. Kraus diese Bekanntschaft vermittelt zu haben (vgl. *Kraus,* Tagebücher S. 493 ff.).
[3] William Henry Waddington (1826—94), 1877—79 franz. Außenminister, Bevollmächtigter auf dem Berliner Kongreß, Febr.-Dez. 1879 Ministerpräsident u. Außenminister, 1883—93 Botschafter in London.

455. Gelzer an Kardinal Hohenlohe.

St. Moritz, Engadin, 6. u. 7. August 1881.

Vertraulich! Verehrte Eminenz. Seit mehreren Tagen wohne ich in dem Kurorte St. Moritz im Engadin in den Räthischen Alpen, wohin mich in erster Linie die Anwesenheit S. K. H. des Großherzogs von Baden zog. — In dessen hohem Auftrage schreibe ich nun auch diesen vertraulichen Begleitbrief zu dem wichtigen Schreiben von der Hand S. K. H.[1], das zugleich mit diesem Blatt zu Ihnen gelangen wird.

Als konfidentieller Kommentar zu dem großherzoglichen Briefe bin ich beauftragt, die folgenden Punkte vorzutragen:

1. Das Schreiben des Großherzogs ist seiner Form und seinem Inhalt nach durchaus für Seine Heiligkeit Papst Leo bestimmt. Nur hielt man es für passender, statt sich direkt an den Papst zu wenden, hierfür lieber die Vermittlung Ew. Em. zu benutzen. Diese Form gibt beiden Teilen größere Unbefangenheit im Aussprechen dessen, was man erreichen oder verhüten möchte.

2. Wie Ew. Em. wohl ermessen werden, kömmt jetzt nach dem plötzlichen Hinscheid des Bistums-Verwesers[2] sehr viel darauf an, daß keine Zeit verloren wird; daß vor der Wahl eines Erzbischofs die Stellung des Großherzogs und seiner Regierung zu dieser wichtigen Frage sofort ins rechte Licht gesetzt werde. Denn es wird von anderer Seite nicht an Versuchen fehlen, in Rom den gerechten Wünschen des Großherzogs, die Ihnen wohl bekannt sind, entgegenzuarbeiten. Um dieser Gefahr die Spitze rechtzeitig abzubrechen, ersucht Sie der Großherzog, seinen Brief so bald als irgend möglich zur Kenntnis des Papstes und des Kardinals Jacobini zu bringen. Vielleicht werden Ew. Em. es für nötig und für nützlich halten, eine getreue italienische Übersetzung dem Brief des Großherzogs beizufügen und beide Papiere zugleich dem Papste einzuhändigen.

3. Um aber dem Schreiben den erwünschten Erfolg zu verschaffen, wird Ew. Em. nicht ermangeln, durch dringende mündliche Erklärungen den Eindruck des schriftlichen Wortes zu verstärken. Je eher Ew. Em. zu diesem Ende eine Audienz beim Papste und bei Kardinal Jacobini erreichen können, desto ersprießlicher wird dies für die große Angelegenheit sein, für die wir alle arbeiten. — Bei diesem Anlaß werden Ew. Em. aus der Art und Weise, wie der Papst das großherzogliche Schreiben aufnimmt und sich darüber äußert, am besten erkennen, was wir von der Mitwirkung desselben erwarten dürfen. Mit großer Spannung sieht der Großherzog dem ersten vertraulichen Berichte Ew. Em. entgegen.

4. Was die Wünsche des Großherzogs in Bezug auf die Person des künftigen Erzbischofs betrifft, so dürfen Ew. Em. sich überzeugt halten, daß dieselben noch stets mit gleicher Wärme dasselbe Ziel im Auge behalten, das Sie schon kennen. Noch immer würde S. K. H. am liebsten Ew. Em. als den künftigen geistlichen Hirten des Erzbistums Freiburg begrüßen. Gegenwärtig sind alle Bestrebungen in erster Linie immer auf die Erreichung dieses Ziels gerichtet.

5. Nur wenn im Laufe dieser Verhandlungen sich Ew. Em. selber die Überzeugung aufdringen sollte, daß die Schwierigkeiten gegen das Zustandekommen Ihrer Wahl sich als unübersteiglich erwiesen, nur für diesen unerwünschten Fall hält S. K. H. es für geboten, daß noch einige andere Namen bereit gehalten werden, die des Vertrauens des Großherzogs sich würdig erweisen.

6. Das Nähere hierüber muß mündlichen Besprechungen vorbehalten bleiben. Ehe der Tod des Dr. Kuebel die jetzige plötzliche Wendung herbeiführte, stand von Seite des Großherzogs im Einverständnis mit seinen Räten der Plan fest, daß ich im Spätjahr nach Rom kommen und dort in stetem intimen Verkehr mit Ew. Em. für die Erreichung unseres Zieles wirken sollte. Um hierfür keine Hülfsmittel zu versäumen, ging ich im Mai nach Paris, wo ich mit Ihrem Bruder, dem Kaiserlichen Botschafter, in wiederholten längeren Beratungen mich über unsere Freiburger Frage verständigte.

Unter den jetzt eingetretenen Verhältnissen wird es aber nötig sein, daß schon vor meinem römischen Winterbesuche, wenn möglich schon in nächster Zeit, eine Vertrauensperson sich zu Ihnen nach Rom begäbe, um vertraulich die nötigen Schritte zu beraten und über die dortige Stimmung sich einen Einblick zu verschaffen. Sobald hierfür die erforderlichen Einleitungen getroffen sind, werden Ew. Em. davon benachrichtet werden.

Wenn Sie mir antworten wollen, so bitte ich, Ihren Brief nur Ihrem Schreiben an S. K. H. den Großherzog beizulegen; es ist dies der sicherste Weg in nächster Zeit.

Nun Gott befohlen, verehrte Eminenz. In alter Gesinnung der Ihre H. Gelzer.

GLA FA Korresp. 13 Bd. 37 Fasz. 2 Nr. 3 eig. Abschr. des Grhgs.

[1] Vgl. Nr. 457.
[2] 3. Aug. 1881 in St. Peter.

456. Großherzog Friedrich an Kardinal Hohenlohe.

Schloß Mainau, 10. August 1881.

Durchlauchtiger Prinz. Ich erlaube mir, in einer sehr wichtigen Angelegenheit Ihre gütige Vermittlung mir zu erbitten, und hoffe, daß Sie sich in der Lage befinden werden, meinen Wünschen entsprechen zu können.

Aus dem anliegenden in formeller Weise an Sie gerichteten Schreiben[1] werden Sie ersehen, wie bedeutungsvoll die betreffende Angelegenheit ist. Ich bin überzeugt, daß Sie gerne für eine so gute und heilige Sache werden eintreten wollen, und in dieser Zuversicht habe ich es gewagt, Ihre erprobte Güte und Weisheit in Anspruch zu nehmen.

Ich lege zugleich ein Schreiben von Staatsrat Gelzer[2] an, das Ihnen wohl von Wert sein dürfte, da es noch manche Erläuterungen zu meinem Briefe enthält.

Ich lasse die ganze Sendung durch die deutsche Botschaft gehen, da ich hoffe, daß dies der sicherste und vielleicht rascheste Weg ist, um Ihnen eine so ernste Angelegenheit zukommen zu lassen.

Möchte es Ihnen gelingen, diese wichtige Frage zu gedeihlicher Lösung zu führen. Im voraus dankbar für Ihre Bemühungen bleibe ich Ew. Durchlaucht herzlich ergebener F. Gr. v. B.

GLA FA Korresp. 13 Bd. 37 Fasz. 2 Nr. 2, eig. Konz.

[1] Nr. 457.
[2] Nr. 455.

457. Großherzog Friedrich an Kardinal Hohenlohe.

Schloß Mainau, 10. August 1881.

Ew. Em. werden es verstehen, wenn ich in einem sehr ernsten Moment meiner Regierung mit dem gewohnten Vertrauen mich an Ihre erprobte Einsicht wende.

In diesen Tagen ist durch den Tod des Erzbistumsverwesers Bischof Kübel in Freiburg eine wichtige Wendung für Gegenwart und Zukunft der Oberrheinischen Kirchenprovinz eingetreten. Für das Wohl und den Frieden dieser Diözese, sowohl des Badischen Landes als vielleicht ganz Deutschlands kann die Wahl des neuen Erzbischofs, wenn die geeignete Persönlichkeit gefunden wird, von unberechenbarer Bedeutung werden.

Durchdrungen von der hohen Verantwortlichkeit, die meine Stellung als badischer Landesherr und als deutscher Reichsfürst mir für das leibliche und geistige wie sittliche Gedeihen meines Volkes und des deutschen Vaterlandes auferlegt, betrachte ich es als eine gebieterische Pflicht, alles, was in meinen Kräften steht, zu versuchen, um die Wahl des neuen geistlichen Hirten des Erzbistums Freiburg zu einem segenvollen Akte für den Frieden und das Heil meines Landes hinleiten zu helfen.

Um diesen heilsamen Zweck zu erreichen, ist aber unter den gegenwärtigen Verhältnissen ein wohlwollendes Entgegenkommen von Seite des Römischen Stuhls eine unentbehrliche Bedingung. Gegenüber den großen Schwierigkeiten, die durch die politischen und kirchlichen Parteien Deutschlands hervorgerufen werden, kann nur ein aufrichtiges, von jedem Hintergedanken freies Einverständnis zwischen der geistlichen und weltlichen Autorität zu einem baldigen glücklichen Resultat führen.

Diese Lage der Dinge bewog mich, Ew. Em. den Wunsch ans Herz zu legen, so bald als möglich die hier dargelegte Auffassung über die hohe Bedeutung des gegenwärtigen Moments zur Kenntnis der höchsten Autorität Ihrer Kirche zu bringen. Es wäre mir von großem Wert, wenn Ew. Em. bei Seiner Heiligkeit sowohl schriftlich als mündlich der treue Interpret meiner Ihnen wohl bekannten Gesinnungen in der jetzigen folgenschweren Frage sein wollten.

Wenn es gelänge, Seine Heiligkeit von der wahren Lage der Dinge und von den schwierigen Komplikationen zu überzeugen, die unsere Aufgabe erschweren — so hege ich das volle Vertrauen, daß unsere Absichten auch in Rom aufrichtige und energische Unterstützung finden würden. Seine Heiligkeit Papst Leo XIII. hat es seit dem Februar 1878 z u laut und z u entschieden vor aller Welt ausgesprochen, wie sehr die Wiederherstellung friedlicher und fruchtbarer Verhältnisse zwischen den geistlichen und weltlichen Autoritäten Ihm am Herzen liegen, als daß ein Zweifel hieran erlaubt wäre. Ganz in demselben Sinne hat der Herr Kardinal Franchi sich im Namen Seiner Heiligkeit früher gegen mich ausgesprochen.

In dem vorliegenden Fall würde ich es als die erste Bürgschaft für ein glückliches Zusammenwirken von Staat und Kirche betrachten, wenn Seine Heiligkeit an das erzbischöfliche Domkapitel zu Freiburg die bestimmte Weisung ergehen ließe, bei der künftigen Aufstellung der Wahlliste Sorge zu tragen, d a ß d i e L i s t e m e h r e r e N a m e n e n t h a l t e , d i e m i r u n d m e i n e r R e g i e r u n g v o l l e s V e r t r a u e n e i n f l ö ß t e n . Hierüber kann das Domkapitel sich mit Leichtigkeit zum voraus Gewißheit verschaffen. Übrigens werde ich nicht versäumen, dafür zu sorgen, daß Seine Heiligkeit in meinem Auftrag bald direkte Mitteilung über die Personen erhalte, auf die sich meine Wünsche vorzugsweise richten.

Wenn Ew. Em. es für angemessen erachten, dies Schreiben in Orginal oder Abschrift Seiner Heiligkeit selber vorzulegen, so erkläre ich mich zum voraus damit einverstanden.

Zum Schlusse erflehe ich von Grund meines Herzens den göttlichen Segen für den Erfolg dieses ersten vertraulichen Schrittes in einer Angelegenheit, die für das Glück und den Frieden Badens und Deutschlands so wichtig werden kann. Mit unbedingtem Vertrauen lege ich die Sache in die reinen Hände Ew. Em. *[...]*

GLA FA Korresp. 13 Bd. 37 Fasz. 2 Nr. 4 eig. Abschr.

458. Aufzeichnung des Großherzogs Friedrich „In Angelegenheit der Erzdiözese Freiburg".

Schloß Mainau, 11. August 1881.

Am 9. August 1881 nach der Abreise des Kaisers von Österreich von Schloß Mainau[1] hatte ich eine lange Konferenz mit Staatsminister Turban über die Frage der Wiederbesetzung des Erzbischöflichen Stuhles zu Freiburg. Ich legte ihm meine Absicht dar, an den Kardinal Prinz Gustav zu Hohenlohe zu schreiben, um seine Vermittlung beim Papste wegen Beeinflussung des Domkapitels für eine günstige Wahl in Anspruch zu nehmen. — Er billigte den Inhalt meines anliegenden Entwurfs[2] sowie das Schreiben des Staatsrat Gelzer[3] und war auch mit den weiteren Schritten einverstanden, die ich noch von St. Moritz aus getan habe. — 1. Aufforderung an den Professor Dr. Kraus in Freiburg, mir ein Gutachten über die gegenwärtige Lage einzusenden[4]. — 2. Ersuchen an Staatsrat Gelzer, sich sofort vertraulich mit Bischof Hefele in Verbindung zu setzen, um von ihm Vorschläge über Personen zu erhalten, die sich für den Erzbischöflichen Stuhl zu Freiburg eigneten. 3. Sondierung des Professor Dr. Kraus darüber, ob er geneigt sei, eventuell eine vertrauliche Sendung nach Rom anzunehmen.

Ich hatte auf den 9. abends den Präsidenten Nokk nach Konstanz beschieden, um am 10. vormittags mit ihm und Staatsminister Turban zu konferieren. Die Konferenz fand von 10 bis 12 Uhr statt, und wir einigten uns auf Grundlage der anliegenden Schreiben. Präsident Nokk war umso mehr mit meinen Vorschlägen einverstanden, als sie der Lage der Dinge, wie sie sich inzwischen im Domkapitel zu Freiburg zugetragen haben, ganz entsprachen.

Im Einverständnis mit der Regierung schritt das Domkapitel acht Tage nach dem Tod des Erzbistumsverwesers Bischof Kübel zur Wahl des Kapitularvikars. Orbin[5] ging am 10. einstimmig aus der Wahl hervor, und es trat dadurch die günstige Lage ein, daß ein Mann an die Spitze des Kapitels gestellt ist, der in guten vertrauensvollen Beziehungen zur Regierung steht und mit dem die Frage der Vorlage einer Wahlliste für den Erzbischöflichen Stuhl nach den Interessen der Regierung verabredet werden kann. — Das Domkapitel wollte alsbald in Rom anfragen, ob es die alte Liste ergänzen dürfe oder eine neue aufstellen solle. Diese Frage wird mit dem Vermittlungsversuch zusammentreffen, den ich durch den Kardinal Hohenlohe unternehme.

Infolge der Wahl Orbins zum Kapitularvikar ist es wahrscheinlich, daß er auch zum Domdekan gewählt werden wird, und damit ist die Erzdiözese in der Lage, nicht mehr verwaist genannt zu werden, da sämtliche Geschäfte erledigt werden können. Es entsteht nun die Frage, wie die nun frei werdende Stelle eines Domkapitulars wieder besetzt werden wird, und da sind von Präsident Nokk die folgenden Geistlichen als besonders geeignet genannt worden: Stadtpfarrer Winterroth von Mannheim[6], Stadtpfarrer Sailnacht in Waibstadt[7], Stadtpfarrer Schuler in Oberkirch[8]. Es soll nun versucht werden, [einen] von den genannten Geistlichen in das Domkapitel zu bringen.

Mein Schreiben an den Kardinal Hohenlohe und die Abschrift des Briefs von Staatsrat Gelzer habe ich am Nachmittag des 10. gefertigt. Am 11. früh ging mein Paket [...] an den Staatsminister Turban nach Konstanz ab, der dasselbe am Mittag nach Karlsruhe mitnimmt, um es dann vom Staatsministerium aus an die Deutsche Botschaft in Rom zu senden. Ein Begleitschreiben wird die Übermittlung an den Kardinal erbitten.

GLA FA Korresp. 13 Bd. 37 Fasz. 2 Nr. 7 eig.

[1] Kaiser Franz Josef unternahm in der Zeit vom 3. bis 18. Aug. 1881 eine Reise nach Salzburg, München, dem Bodensee, Vorarlberg und Tirol.
[2] Nr. 457.
[3] Nr. 455.
[4] Nr. 460.
[5] Johann Baptist v. Orbin (1806—86), 1847 Domkapitular, 1881 Domkapitularvikar, 1882 Erzbischof von Freiburg. Nokks Tel. an den Großherzog über die erfolgte Wahl traf am 10. Aug. 1881 um 14,15 Uhr, also nach der Besprechung, auf der Mainau ein (ebd. Nr. 5).
[6] Franz Winterroth (1837—1907), Priester 1862, Pfarrverw. 1865 in Gütenbach, 1866 in Kehl, 1868 in Mannheim, 1870 Pfarrer in Mannheim, 1894 resign.

[7] Wilhelm Seilnacht (1830—87), Priester 1854, Pfarrer 1862 in Achkarren, 1866 Zell i. W., 1875 Waibstadt, 1883 Ebringen.

[8] Joseph Schuler (1847—1906), Priester 1869, Pfarrverw. 1877 in Menzenschwand, 1878 in Säckingen, 1883 in Jechtingen, 1884 in Istein, 1886 Pfarrer in Istein. (Anm. 6—8: frdl. Auskunft von Dr. *Hundsnurscher,* Erzb. Archiv Freiburg.)

459. Gelzer an Großherzog Friedrich.

St. Moritz, 12. August 1881.

Am vergangenen Sonntag habe ich hier im Kurhaus von Ihnen Abschied genommen. Die Großherzogin[1] *ist geblieben.*

Inzwischen hat die mit Kraus in Aussicht genommene Verbindung ihren Anfang genommen[2]. *Von seinem Kuraufenthalt in Schöneck erhielt ich einen Brief von ihm,* worin Kraus zuerst im tiefsten erregt sich über die Wahl des Straßburger Domherrn Korum[3] für Trier ausspricht. Er fragt, ob ich nicht noch in letzter Stunde dem Kaiser Gegenvorschläge machen oder ob Sie nicht beim Kaiser und beim Reichskanzler Schritte tun wollten zur Verhütung eines Mißgriffs, von dem er die schlimmsten Folgen befürchtet.

Dann berührt er den Tod Kübels und kommt auch seinerseits zu dem Schlusse, der uns bei unsern Beratungen beständig vor Augen stand. Er betont auf das nachdrücklichste die Wichtigkeit der Freiburger Wahl und glaubt sogar (vielleicht etwas optimistisch), es werde nicht schwer sein, die Majorität des Domkapitels für die nötigen Schritte zu gewinnen.

Vor allem dringt er auf die Wünschbarkeit einer persönlichen Zusammenkunft mit mir zu sorgfältiger Erörterung der Sachlage. Den Artikel in der Allg. Augsb. Zeitung Nr. 215 „In Canossa" hat Kraus geschrieben, wie er mir selber meldet[4]; seine Feder hätte ich ohnehin erkannt.

Am 10. schrieb ich ihm eingehend einen Brief[5], worin ich ganz in dem Sinne, wie wir es besprochen hatten, ihm nahe legte, daß Sie auf seine Mitwirkung in dieser wichtigen Angelegenheit mit ehrendem Vertrauen rechneten. Als ein Pfand dieses Vertrauens bezeichnete ich ihm den Auftrag zu der vertraulichen Denkschrift und ging in eine nähere Darlegung darüber ein, wie Sie sich das Promemoria dächten. Von der Möglichkeit der römischen Reise und von einem Besuche auf Mainau erwähnte ich absichtlich noch nichts, weil dem von uns festgestellten Programm gemäß meine Zusammenkunft mit ihm vorausgehen muß, worin ich in jeder Hinsicht auf das gründlichste ihm „den Puls zu fühlen" bestrebt sein werde.

Diese vorberatende Prüfung und Besprechung mit ihm halte ich nach den beiden Briefen an den Kardinal Hohenlohe für den zweiten wichtigen Akt in dieser Angelegenheit in Verbindung mit der Beauftragung zu dem Promemoria. Ich ersuchte ihn daher, mir vorläufig seine Zustimmung zur Übernahme jener Arbeit telegraphisch anzuzeigen.

Sobald die Antwort eingegangen, werde ich ihm Luzern oder Beckenried für die Zusammenkunft vorschlagen.

GLA FA Korresp. 13 Bd. 24 Nr. 615. Der Großherzog telegraphierte von Mainau am Abend des 13. Aug.: „Werten Brief vom 12. eben erhalten. Sehr dankbar für alle Ihre Bemühungen. Gott helfe weiter" (Gelzers Tagebuch, Frankfurt, Besitz Matth. Gelzer).

[1] Gelzer an die Frau Großherzogin im Kurhaus St. Moritz, St. Moritz, 9. August 1881:

„In bezug auf den Großherzog *[...]* müssen wir — sei es hier, sei es auf Mainau — wieder einmal eine gründliche Beratung eintreten lassen im Geiste unserer alten Sainte Alliance für ihn, d. h. für die Möglichkeit seiner Erholung und Erleichterung, also seiner Erhaltung. — Sie wissen, was ich meine" (aus Gelzers Tagebuch (Losungen), Frankfurt, Besitz Matth. Gelzer).

[2] Gelzer an F. X. Kraus, St. Moritz, 10. August 1881: *[...]* „Unsere [des Großherzogs und meine] Blicke richteten sich sofort auf Ihre tätige Mitwirkung. Wie sehr ich hierin auf Sie rechne, das beweist Ihnen mein Vorschlag, dem der Großherzog unbedingt zustimmte: daß ich Sie im Auftrage Sr. K. H. einladen wolle, eine vertrauliche kurze Denkschrift für ihn auszuarbeiten, worin Sie ... die jetzigen Notstände im Erzbistum, die Wege der Abhülfe und die Aufgabe des neuen Erzbischofs schildern würden. *[...]* Sie würden den Zustand schildern, so wie Sie ihn allmählich aus eigener Anschauung kennengelernt, und dann die Wege bezeichnen, die einer besseren Zukunft entgegenführen könnten. — Ich wüßte mir keine schönere Aufgabe für Sie zu denken [vgl. Nr. 460] — — Nach Rom gehen in diesen Tagen Briefe ab an den Prälaten, auf den ja auch Sie Ihre Blicke richten. Ihn müssen wir in erster Linie ins Auge fassen. — — Anfangs nächster Woche reise ich von hier ab (der Großherzog ist schon auf Mainau), dann schlag ich Ihnen telegraphisch einen Ort vor, wo wir zusammenkommen zu ungestörter Beratung. *[...]* Zum Schluß soll ich Sie namens Sr. K. H. noch versichern, wieviel ihm daran liege, Sie jetzt und für immer in dieser großen Angelegenheit mitwirkend zu wissen" (Frankfurt, Besitz Matth. Gelzer, Abschr. Gelzers im Tagebuch).

[3] Michael Felix Korum (1840—1921), Münsterpfarrer in Straßburg, 1881 Bischof von Trier unter Verzicht des Domkapitels auf das Wahlrecht, erste Besetzung eines preußischen Bischofsstuhles nach dem Kulturkampf. Vgl. *Kraus,* Tagebücher S. 434 f. u. Nr. 449 Anm. 9.

[4] Augsb. Allgem. Ztg. Jg. 1881 Nr. 215 vom 3. Aug. u. Nr. 224 vom 12. Aug. 1881. Gezeichnet: „v. S." = Franz v. Sarburg (vgl. *Kraus,* Tagebücher S. 772: Bibliographie Nr. 139, 140). Kraus an die „Allgem. Ztg.", Schöneck, 10. Aug. 1881: Die Chiffre „ist nicht zufällig gewählt, sondern der Anfangsbuchstabe des Pseudonyms, unter dem ich anderwärts [...] zu schreiben pflege und den ich meiner mütterlichen Familie entnommen habe" (Cotta-Archiv im Schiller-Nationalmuseum Marbach a. N.).

[5] Vgl. oben Anm. 2 u. *Kraus,* Tagebücher S. 435 f.

460. Denkschrift von F. X. Kraus über die Wiederbesetzung des erzbischöflichen Stuhles zu Freiburg.

Schoeneck b. Beckenried, 14. August 1881.

Die Wiederbesetzung des erzbischöflichen Stuhles von Freiburg und die damit zusammenhangende Behandlung der kirchlichen Schwierigkeiten in Baden ist eine Lebensfrage für das Großherzogtum und in ihrer Rückwirkung auf das Geistesleben Deutschlands ein Gegenstand von einschneidenster Bedeutung. Man kann und muß von dem künftigen Inhaber dieses Stuhles Eigenschaften erwarten, welche ihn nicht nur im allgemeinen zu dem bischöflichen Amte befähigen, sondern auch in unmittelbarer Beziehung zu den hier gerade vorliegenden Aufgaben setzen.

1. Es ist selbstverständlich, daß ein aus teilweise heterogenen Bestandteilen zusammengesetztes, zwischen Länder von ganz verschiedener Verfassung und Physiognomie sich hinstreckendes Staatswesen wie das Großherzogtum Baden rascher und tiefer als die im Innern des Reiches liegenden Gebiete von den geistigen Strömungen der Zeit ergriffen wird. Was von dem politischen gilt auch von dem religiösen Leben, dessen Pulsschlag zwischen Basel und Köln immer höher als anderwärts gehen wird. Ein natürliches Ergebnis dieser Situation ist das Auftreten und Ringen von Parteien und die stets wiederkehrende Gefahr der Vermischung religiöser und politischer Interessen. Die Erfahrung lehrt, zu welch schweren Konflikten dies Parteiwesen geführt hat. Nachdem die Leitung der kirchlichen Angelegenheiten Jahre oder vielmehr Jahrzehnte lang dem Parteiwesen unterlegen, scheint mir die erste Aufgabe des künftigen Erzbischofs, sich diesem zu entziehen. Ich betrachte es als etwas Selbstverständliches, daß für diesen hohen Posten nur ein Mann von konservativer Gesinnung und voller Ergebenheit gegen die Monarchie als das Palladium unserer

geistigen Güter wie unserer Freiheit ausersehen werden könne. Aber abgesehen von diesem unabweislichen Erfordernis soll der Erzbischof den politischen Parteien fern stehen: es wäre bedauerlich, wenn derselbe durch politische Antezedentien als der Mann einer bestimmten Partei dastünde. Er soll weder der Bischof der Reaktion noch der der Liberalen sein: alle Parteien sollen die Empfindung haben, der Landesbischof sei der Vertreter einer höhern, über dies Leben mit seinen Kämpfen und Irrtümern hinausliegenden Ordnung, dessen Hand den Frieden der Religion jedem bietet, welcher ihn sucht, ohne Ansehung des politischen Feldlagers, aus welchem er kommt. Nur so wird die Religion über die Leidenschaften der Tagespolitik hinausgehoben: nur so kann sie wahrhaft eine Stütze des Thrones sein, indem sie a l l e n Untertanen desselben gleichmäßig die Arme öffnet.

2. Mit dem eben Berührten hängt aufs engste die Frage zusammen, welcher k i r c h l i c h e n R i c h t u n g soll der neue Erzbischof angehören. Wir sehen, nicht seit heute, sondern seit Jahrhunderten innerhalb der Kirche zwei Richtungen neben einander gehen, von denen man die eine die ultramontane, die andre die gemäßigte nennt. Besser ist, glaube ich, die Unterscheidung eines politischen und religiösen Katholizismus. Beide wollen, in ihren aufrichtigen und ehrenhaften Anhängern, nur den Sieg der Sache Christi. Aber während dieser an dem Satze des Herrn festhält: ‚Mein Reich ist nicht von dieser Welt‘, kehrt der politische Katholizismus diesem Prinzip den Rücken und glaubt die Verwirklichung des Guten nur mit Hülfe der irdischen Herrschaft erreichen zu können. Das Kurialsystem des Mittelalters sprach diese Anschauungen in dem Satz von der absoluten Superiorität der Kirche über den Staat aus; unfähig diese These[1] in der Gegenwart und angesichts der zum großen Teil protestantischen Staatsgewalten zu verwirklichen, sucht diese Richtung im wesentlichen dasselbe Ziel durch stete Einmischung in die Politik, Versetzung derselben mit religiösen Gegensätzen und Erregung der Leidenschaften des Volkes zu erreichen. Daß sich in den Händen dieser Richtung das Wesen der Religion verdirbt und der Katholizismus verweltlicht, ist jedem, der die Geschichte kennt, offenbar und hat vor allem die Abneigung der Hälfte Europas gegen Rom erzeugt und forterhalten. Gelingt es diesem extremen Prinzip, die Herrschaft innerhalb der Kirche auf lange Zeit gänzlich an sich zu reißen, so ist eine zunehmende Entfremdung zwischen dem Katholizismus und dem Geiste des Jahrhunderts vorauszusehen, und die bereits so mächtigen, Staat und Kirche auflösenden Tendenzen werden nur um so ungehinderter um sich greifen. Nicht bloß für den r e l i g i ö s e n Katholiken, welcher das Jenseits, nicht das Diesseits sucht, sondern auch für den S t a a t ist die Fernhaltung jener extremen, einen Staat im Staat wollenden Schule von höchster Bedeutung. Nachdem die katholische Kirche Badens lange Jahre unter dem ausschließlichen Einflusse jener Partei gestanden, ist es höchste Zeit, diesem Einflusse mit Entschiedenheit ein Halt zu gebieten und die Million badischer Katholiken nicht abermals ihrer Führung zu überliefern. Die uns umgebenden Beispiele reden laut genug, um die Folgen eines etwaigen Mißgriffes zu illustrieren: Preußen, einem jahrelangen, heißen, die Grundfesten des Staatswesens erschütternden Kampfe überlassen, weil Bischöfe extremer Richtung oder schwache Charaktere die Zügel führten, beziehungsweise diese den Händen ihren eignen Vorteil in der Verewigung der Konflikte suchender Agitatoren überließen; Württemberg, Bayern, Österreich im Frieden oder wenigstens ohne tiefergehende Störungen derselben, weil der maßgebende Einfluß der Krone ebenso tüchtige als gemäßigte Männer auf die Bischofsstühle berufen hatte.

3. Wenn meiner Überzeugung nach die extreme Richtung von dem Freiburger Stuhle unbedingt ausgeschlossen werden muß, so soll damit anderseits nicht gesagt sein, daß für denselben ein Mann von zweifelhafter oder inkorrekter kirchlicher Haltung oder von kalter Religiosität tauglich wäre. Ein solcher wäre ein ebenso großes Unglück; er würde das Vertrauen des Volkes nie besitzen. Ich wünschte einen treuen Katholiken, aber eine frische, lebensvolle Persönlichkeit, keinen starren Bureaukraten, der dem Leben fremd gegenüber stände und ohne Fühlung mit dem Volke bliebe. Nur zu oft haben wir Bischöfe nur h e r r s c h e n gesehen, während ihnen gesagt ist: „non ut dominantes in clero.“ „Alles am grünen Tisch, nirgend ein grüner Zweig.“

4. Freiburg bedarf unbedingt eines auf der H ö h e d e r t h e o l o g i s c h e n W i s s e n s c h a f t s t e h e n d e n Erzbischofs. Der Wahn, daß g e l e h r t e Bischöfe nicht notwendig seien, hat sich gerade in der neuesten Zeit furchtbar gerächt. Die schweren Zerwürfnisse zwischen Staat und Kirche, zwischen der modernen und der christlichen Gesellschaft wären zum Teil nicht eingetreten, wenn unsere Bischöfe das geistige Leben beherrscht und die Entwicklung der Kirche überschaut hätten. Nur ein auf der Höhe der Bildung stehender

[1] Die übrigens niemals Dogma und Gemeingut der katholischen Kirche geworden ist!

Mann ist in der Lage, dem Geiste der Gegenwart B r o t , nicht aber Steine zu reichen und jene Einseitigkeiten zu vermeiden, welche beschränkte oder wenig gebildete Köpfe immer anheimfallen.

5. Ist solche Forderung für alle unsere Bischofssitze am Platz, so insbesondere für Freiburg. Zu den beklagenswertesten Mißständen dieser großen Diözese zählt seit Jahren die kühle, wenn nicht feindliche Stellung, welche die Kurie der t h e o l o g i s c h e n F a k u l t ä t der Universität Freiburg, der gebornen Vertreterin der katholisch-theologischen Wissenschaft im Großherzogtum, gegenüber einnahm. Es ist bekannt, daß der sehnsüchtige Wunsch der die Kurie beherrschenden Koterie darauf ausging, die Fakultät zu schädigen, ihren Einfluß auf die studierende Jugend möglichst zu neutralisieren, ja sie hätte, wenn sie es gekonnt, den theologischen Unterricht am liebsten ganz von der Universität abgelöst. Daher die unglaublichen Zustände im theologischen Konvikt, wo Jahre lang von den durch die Kurie ernannten Repetitoren die Doktion der Fakultät herabgesetzt, ja die Person der akademischen Lehrer verhöhnt wurde. Dem ist freilich mit der Aufhebung des Konviktes ein Ende gemacht worden; aber das Vertrauen zwischen Fakultät und Bistumsverweser war und blieb gestört. Dies muß vor allem anders werden, soll das theologische Studium in Freiburg wieder gedeihen und zu seiner früheren Höhe gebracht werden. Die Fakultät in ihrer dermaligen Zusammensetzung umschließt keine Elemente, welche der kirchlichen Auktorität irgendwie feindlich gegenüberträten; es liegt also kein Grund vor, sie von jener Seite mißgünstig anzusehen. Der künftige Erzbischof wird es ganz in der Hand haben, sich zu der Fakultät in ein freundliches Verhältnis [zu]setzen, und er wird ohne Zweifel in diesem Falle von ihr treueste Unterstützung zu erwarten haben. Mit diesem Gegenstande hängt die Frage der t h e o l o g i s c h e n V o r b i l d u n g s a n s t a l t e n aufs engste zusammen; auch ihrer Lösung wird der Erzbischof näher treten müssen, will er der Verödung des theologischen Studiums und der Verwaisung der Pfarreien steuern. Er wird aber diese Frage nur im engsten Einverständnisse mit der hohen Staatsregierung und der Fakultät zu lösen imstande sein. Ich behalte mir vor, seiner Zeit mit allerhöchster Erlaubnis S. K. H., meinem allergnädigsten Landesherrn, eine eigne Denkschrift über die Ursachen der Abnahme des theologischen Studiums und die Mittel zur Hebung desselben untertänigst zu unterbreiten.

6. Einer der schwersten Übelstände im Großherzogtum Baden ist die seit Jahrzehnten von vielen beklagte fortschreitende E n t c h r i s t l i c h u n g d e r V o l k s - u n d M i t t e l s c h u l e n . Ich kann dieser Tatsache nur mit tiefer Betrübnis Erwähnung tuen und halte dafür, es sei äußerste Zeit, dem Übel zu steuern, sollen die kommenden Generationen nicht hoffnungslosem Radikalismus anheimfallen. Diese Aufgabe kann der Staat nur im Bunde mit der Kirche bewältigen. Ich wünsche nun keinen neuen Kampf um die Schule; aber ich meine, es müßte der Erzbischof ein Mann sein, der durch eine verständige Haltung, durch Vermeidung von Eingriffen in die Rechte des Staates, durch warme Teilnahme am Wohl und Wehe des Landes die Gegner der kirchlichen Einflusses entwaffne und auf f r i e d l i c h e m Wege der Kirche ein Gebiet zurückgewinne, welches nur verhängnisvolle Täuschung und Verkehrung aller pädagogischen Prinzipien ihrer Einwirkung entziehen konnte. Es wird besonders über den irreligiösen und frivolen Ton, der in unseren G y m n a s i e n herrscht, geklagt und die Abnahme des theologischen Studiums mit dem unchristlichen Geiste dieser Anstalten in Beziehung gesetzt. Ich glaube, daß der Erzbischof diesem Gegenstande seine eingehendste Aufmerksamkeit zuzuwenden und mit der hohen Staatsregierung die Mittel zu beraten hat, welche hier Änderung schaffen können. Seine Aufgabe wird es dann aber auch sein, die pädagogische Ausbildung des Klerus kräftiger in die Hand zu nehmen.

7. Es ist eine seit Jahren von den Besten unserer Kirche beklagte Erscheinung, daß der Beruf zum geistlichen Stande gerade in den besseren Ständen abnimmt und so die Leitung der kirchlichen Angelegenheiten vielfach in die Hände wenig gebildeter und in den Formen des Lebens unerfahrener Männer gerät. Gott behüte mich zu behaupten, daß der Sohn des ärmsten Bauern in der Kirche nicht gleiches Recht und gleiche Ansprüche wie das Kind des Fürsten habe. Wir verdanken auch den niedersten Ständen große Kirchenfürsten. Aber die Repräsentanz der Kirche sollte nur in die Hände von Männern gelegt werden, welche vor der Welt auftreten können, ohne dieselbe durch den Mangel der Formen oder durch bäurisches Benehmen abzustoßen. Die namenlose Verwilderung, welcher ein Teil unserer sog. katholischen Presse in den Tagen des Kulturkampfes anheimgefallen ist, wäre nicht möglich gewesen, wenn eine gewisse Schicht unseres Klerus ein feineres Gefühl für gesellschaftlichen und politischen Anstand besessen hätte.

8. Die materielle Lage der Geistlichkeit läßt, wie anderwärts, so auch in Baden zu wünschen [übrig]. Ein reicher Klerus ist nicht unser Ideal; aber der Pfarrer soll nicht bloß haben, was seine Notdurft fordert, er soll auch von dem ewigen Ringen um das tägliche Brot und von beständigen Nahrungssorgen bewahrt sein. Ich glaube, daß das Los der von Alter und Krankheit heimgesuchten Priester einer Verbesserung bedürfte, deren sich der Bischof vor allem anzunehmen hat.

9. Der Erzbischof von Freiburg ist zugleich Metropolit einer ausgedehnten Kirchenprovinz; er hat als solcher maßgebenden Einfluß auf die kirchliche Entwickelung eines großen Teiles von Deutschland. Ein in den Kämpfen der Gegenwart unerfahrener Mann würde sofort die Beute derer werden, welchen nicht die Arbeit in der Kirche und für die Kirche, sondern die Herrschaft über die Kirche Bedürfnis ist.

10. Der neue Erzbischof soll darum ein Mann von starkem Willen und eiserner Energie sein. Er hat mit einem durchweg braven und wohlgesinnten Klerus zu arbeiten. Aber es gilt auch, Agitatoren niederzuhalten (ich verweise hier nur auf die eigentümlichen Beziehungen, welche sich im Laufe des sog. Kulturkampfes zwischen einzelnen Vorkämpfern der klerikalen Partei und den demokratisch radikalen Tendenzen herausgebildet haben), widerstrebende Elemente zum Guten und zum Frieden zu zwingen. Der Umstand, daß der hochbetagte Erzbischof Hermann die Diözese lange Zeit nicht mehr bereisen, der hochselige Bistumsverweser bei der Überbürdung mit Geschäften manche Distrikte jahrelang nicht heimsuchen konnte, hat stellenweise Mißstände aufkommen lassen, welche mit starker Hand zu beseitigen sind und einen Bischof fordern, dessen Hand und Auge überall gegenwärtig sind. Kein schwacher, verbrauchter, abhängiger Mann ist hier möglich, aber auch keine heftige, leidenschaftliche Natur täte hier gut. Ich habe oft beobachtet, daß Güte und Liebe diejenigen Eigenschaften sind, durch welche ein Bischof am segensreichsten wirkt und durch welche er selbst den Abgang anderer Eigenschaften am ehesten verschmerzen läßt. Man muß dem erzbischöflichen Stuhle von Freiburg eine versöhnliche Natur wünschen. Denn dieser Erzbischof wird vieles zu vergessen, zu verzeihen, auszugleichen haben.

11. Ich habe in dem Vorstehenden die Schwierigkeiten berührt, welche die große Ausdehnung der Diözese ihrer häufigen Bereisung und der genauen Kenntnis ihrer Personalien und Zustände entgegensetzt. Für einen jüngern kräftigen Mann ist der Arbeit schon viel, ein älterer Herr bedürfte unbedingt eines Weihbischofs. Die Diözesen Preußens sind zum Teil viel kleiner und haben etatsmäßig diesen Posten; ich bin überzeugt, daß er auch für Baden ein dringendes Bedürfnis ist und in den Etat eingestellt werden sollte. Es würde dies für den vorliegenden Fall die Wahl eines bejahrten Prälaten leichter machen.

GLA FA Korresp. 13 Bd. 37 Fasz. 2 Nr. 8 Ausf., eig. Zusatz Gelzers: „Übergeben bei der Zusammenkunft in Luzern am 16. August 1881.“

461. Gelzer an Großherzog Friedrich.

Luzern, 17. August 1881.

In einer kurzen Zwischenpause, in der sich Professor Kraus auf einige Minuten entfernen mußte, schreibe ich Ihnen rasch diese Zeilen. [...] Wir haben gestern von 5 — 10 Uhr abends ununterbrochen verhandelt und heute morgen wieder von 9 — 11 Uhr. Mein Hauptresultat fasse ich dahin zusammen, daß ich bedeutende Fortschritte im Studium und in der Kenntnis des Geistes und Charakters von Kraus gemacht zu haben glaube, worüber ich mich später mündlich auszusprechen hoffe.

Für jetzt hebe ich nur folgende Ergebnisse hervor: 1. Er sagt, sein Arzt bestehe darauf, daß er die Kaltwasserkur auf Schöneck keinen Tag unterbreche. Bis zum 4. Sept. will er sie fortsetzen. 2. Er hat sichern Bericht, daß der Kaiser ihn als ersten Mann auf die Liste von Trier setzte, daß aber Manteuffel es bei Bismarck durchsetzte, Korum neben ihm auf die Liste für Rom zu setzen. In Rom habe man dann natürlich Korum vorgezogen. Der Kaiser sei getäuscht worden bei dem

Wahlverfahren[1]. 3. Er bittet dringend, seine Autorschaft des Artikels in der A. A. Z. (ein zweiter ist gefolgt am 12. August)[2] ins strengste Geheimnis zu verschließen. Dies bitte ich auch der Frau Großherzogin mitzuteilen. 4. Er meint, in Rom stehe jetzt der Papst unter Einflüssen, die Hohenlohes Wahl schwerlich begünstigen, eher verhindern würden. Es ist keine Aussicht, daß er selber jetzt dorthin ginge, um zu sondieren. 5. Großes Gewicht legt er darauf, daß man nicht versäumt, sich recht bald in freundliche Verbindung mit Orbin zu setzen, um zu verhindern, daß er nicht verstimmt werde und dadurch ungünstigen Einflüssen zugänglich werde. 6. Wenn Kardinal Hohenlohe in Rom nicht durchzusetzen sei, würde Kraus die Wahl Orbin als den besten Ausweg, als Übergang ansehen unter der Voraussetzung, daß er seinen Koadjutor „mit der Hoffnung der Nachfolge" (cum spe succedendi) erhielte. Letzteres wäre — meint er — in Freiburg und Rom durchzusetzen. Wen er sich als diesen Koadjutor denkt, darüber bin ich nicht im unklaren. *Alle diese Punkte bedürfen des mündlichen Kommentars.*

Sind Sie der Ansicht, daß es wohlgetan wäre, wenn ich in nächster Zeit einen Besuch bei Orbin machen würde, um in Ihrem Auftrage ihn Ihrer freundlichen Gesinnung zu versichern, die sich bei diesem wichtigen Anlasse gern auch seines Rates versichern möchte? Bei diesem Anlasse wäre es vielleicht möglich, sich Aufschluß darüber zu verschaffen, ob Orbin selber sich Hoffnung auf die Ernennung macht. Auch wäre er, je nach Umständen vielleicht, ins Vertrauen zu ziehen, daß und warum Sie sich in erster Linie dem Kardinal Hohenlohe gegenüber für moralisch gebunden erachten müßten. *[. . .]*

GLA FA Korresp. 13 Bd. 24 Nr. 616.

[1] Vgl. Nr. 459
[2] Vgl. Nr. 459 Anm. 4.

462. Kardinal Hohenlohe an Großherzog Friedrich.

Rom, 17. August 1881.

E. K. H. gnädige Zeilen[1] habe ich erhalten und den Brief übersetzen lassen, gestern an Seine Heiligkeit geschickt, und heute war Kardinal Jacobini bei mir, um mir mitzuteilen, daß der Heilige Vater die Namen erfahren möchte von den Kandidaten, die allenfalls genehm wären; ich deutete auf den Passus in E. K. H. Schreiben hin, der die direkte Sendung in Aussicht stellte. Von einem früher einmal genannten Kandidaten Abt Paulus Birker[2], Benediktiner, der nun in St. Bonifaz in München lebt, war die Rede, aber nur vorübergehend, und ich ersuchte den Kardinal zu warten, bis die Notizen direkt an Seine Heiligkeit kämen. — Der Kardinal Jacobini wiederholte mehrmals, wie sehr der Brief E. K. H. dem Papste gefallen habe.

Natürlich bewegte sich der Kardinal in diplomatischem Hin- und Herlavieren, doch ist soviel erreicht, daß ein regelmäßiges Verhandeln über die Kandidatur angebahnt ist. Ob man streng an dem begonnenen Weg [fest]hält, durch mich weiter zu verhandeln, ob man plötzlich durch Ledokowski[3] und Konsorten inspirierte Bocks- und Seitensprünge macht, wer kann das wissen. Sobald ich wieder so weit bin — ich bin seit fünf Wochen fieberkrank — werde ich direkt zum Papst gehen und [mit] ihm offen reden. Wenn sie hier den Abt Birker annehmen und die Regierung, so wäre wohl ein Mann Gottes und ein Mann des Friedens in Freiburg.

Für heute muß ich schließen, weil ich noch sehr schwach bin. /.../

GLA FA Korresp. 13 Bd. 53 Fasz. 143 Nr. 6 eig.

¹ Nr. 457.
² Paulus Birker (1814—88), Benediktiner, 1839 Abt in St. Bonifaz in München, 1861—77 Abt in Disentis.
³ Mieczysław Halka v. Ledochow Graf v. Ledochowski (1822—1902), 1866 Erzbischof von Gnesen-Posen, 1875 Kardinal, 1876 aus Preußen ausgewiesen.

463. Großherzog Friedrich an Turban.

Schloß Mainau, 17. August 1881.

Die fortdauernd in der deutschen und auswärtigen Presse mit Nachdruck und Ausdauer behandelte Frage einer Erhebung des Großherzogtums Baden zum Königreich gibt mir Veranlassung, diese Angelegenheit mit Ihnen zu besprechen.

Als ich die ersten Äußerungen über diese sonderbare Sache gelesen, dachte ich mir, wie gekommen, so werde sie auch wieder von der Oberfläche des Tagesgesprächs verschwinden. Erst die Verbindung dieses Gerüchts mit dem Besuch des Kaisers von Österreich auf Mainau¹ erweckte in mir die Frage, ob eine Äußerung zur Widerlegung des unnötigen Geredes rätlich sei. Ich hielt es aber für besser, die Wasser ablaufen zu lassen und den Kombinationen über den Kaiserlichen Besuch keine neue Nahrung dadurch zu geben, daß etwas gesagt würde, ohne doch den Absichten des Kaisers in irgend einer Weise zu nahe zu treten.

Inzwischen läuft die leidige Angelegenheit durch alle deutschen Blätter, und auch die österreichischen, englischen und französischen Zeitungen beschäftigen sich damit. Unsere Badischen Blätter haben die Sache ebenfalls je nach Parteistandpunkt gebracht, und es ist manches Taktlose zu Tage gefördert worden. Bei dieser Sachlage halte ich dafür, daß die Regierung nicht länger schweigen darf; sie ist es dem Lande schuldig, ihren Standpunkt zur Sache klarzulegen. Ich kann natürlich hier nur meiner Auffassung Ausdruck geben und sehe Ihrer freundlichen Äußerung darüber entgegen. Die Erhebung Badens zum Königreich betrachte ich als eine Unmöglichkeit, weil den Verhältnissen des Landes nicht entsprechend. Ich frage mich aber, was soll die Sache bedeuten und warum wird sie zur Sprache gebracht.

Zunächst sind es nur trübe Quellen, aus denen das Gerücht entfloß, und die trübe Färbung läßt das Genießen solchen Wassers widerraten. Für mich bedeutet dieses Projekt so viel wie ein böser Scherz, den man mit Verachtung abzuweisen pflegt.

Sollte aber die Frage wirklich bestehen und ernst gemeint sein, so kann ich nur sagen, daß ich niemandem das Recht zugestehe, unter den deutschen Fürsten eine Art Beförderung eintreten zu lassen wie etwa in einer Armee. Weder äußere noch innere Gründe liegen für eine solche Maßregel vor. Nur politische Gründe könnten eine Veränderung herbeiführen, und zwar territoriale Erweiterungen oder ähnliche Kombinationen, von denen ja auch nicht die Rede ist; dann aber wäre die Frage von europäischer Bedeutung. Als Hochzeitsgeschenk wird die Sache aber eine Lächerlichkeit, und dazu sind mir unsere Verhältnisse zu wert, als daß ich sie länger dem Spott und Scherz aussetzen ließe.

Mein Wunsch geht dahin, in der Karlsruher Zeitung an hervorragender Stelle eine kurze Besprechung dieser Angelegenheit eintreten zu lassen, um ein für alle mal der weiteren Behandlung derselben mit Entschiedenheit entgegenzutreten. Die Form dafür muß zwar wohl erwogen werden, aber das Einfachste ist in solchem Fall auch das Beste.

Wenn also gesagt würde, die Frage der Erhebung des Großherzogtums Baden zum Königreich werde mit solcher Ausdauer als eine wirklich bestehende Frage besprochen, daß die Grh. Regierung sich verpflichtet halte, der weiteren Behandlung dieser Angelegenheit in den öffentlichen Blättern mit der Versicherung entgegenzutreten, daß solche Absichten bisher weder geschäftlich zur Sprache gebracht wurden, noch den Wünschen des Landesherrn und seiner Regierung entsprechen. Der Ausspruch des Großherzogs Karl Friedrich, er sei lieber ein großer Kurfürst als ein kleiner König², bleibe auch dem jetzigen Landesherrn eine unbestreitbare Wahrheit.

In diesem Sinne denke ich mir den Ausspruch in unserem Regierungsorgan³. [...]

GLA FA Korresp. 13 Bd. 36, Nr. 15 (eig.).

¹ Nr. 458 Anm. 1.
² Karl Friedrich von Baden (1728—1811), 1738 Markgraf von Baden-Durlach, 1746 selbständig, 1803 Kurfürst, 1806 Großherzog.
³ Vgl. Nr. 465 u. Kronprinz Friedrich Wilhelm an Bismarck 17. Aug. 1881, Erinnerung u. Gedanke, Ges. Werke XV S. 566. Für die von Bismarck (ebd. S. 473) geäußerte Vermutung, Roggenbach habe das Gerücht in die Welt gesetzt, gibt es im GLA keine Beweise.

464. Ministerialrat Joos an Nokk.

Karlsruhe, 17. August 1881.

[...] Ich komme nun zu Deinem Schreiben vom 13. August. Wenn der Domdekan aus der Mitte des Domkapitels gewählt werden, wenn insbesondere der wünschenswerteste Fall der Wahl Orbins eintreten sollte, so wird die Ergänzung des Domkapitels v o r Besetzung des erzbischöflichen Stuhles ihre Schwierigkeiten haben. Da bei dem letzten Erledigungsfall das Domkapitel gewählt hat, tritt bei dem nächsten das Ernennungsrecht des Erzbischofs ein. Um dieses ausüben zu können, müßte der nunmehrige Erzbistumsverweser auch wieder päpstliche Vollmacht, Pfründen freier Kollatur zu verleihen, welche Vollmacht Kübel erst im Jahr 1869 (Januar) erhielt, bekommen, und die Staatsregierung müßte die Ausübung der Vollmacht auch in Ansehung der Domkapitularstellen anerkennen, was, wie Du Dich erinnern wirst, bei Kübel nicht geschehen ist. Bei dieser Sachlage wäre es vielleicht angezeigt, die vertrauliche Mitteilung an Orbin schon auf den Fall einzurichten, daß schon die Liste für den Domdekan nicht auf Mitglieder des Domkapitels sich beschränken sollte — ein Fall, der meines Erachtens sehr wahrscheinlich ist. Denn ich vermute, daß man auf meine Erklärung anläßlich der Wahl des Kapitularvikars hier die Herren Weickum¹ und Behrle² von vornherein von der Liste weglassen wird. Dann bleiben aber keine vier Kandidaten mehr übrig, da Schmidt³ in einem Zustande ist, der nicht wohl gestattet, ihn auch nur als Figuranten auf die Liste zu setzen, und auch Kössing⁴ dürfte zum voraus ablehnen. Wenn Du Orbin auf Namen aus dem Kuratklerus aufmerksam machen willst, so würde sich bei

S. meines Erachtens die Bemerkung empfehlen, es sei Dir nicht unbekannt, daß derselbe als Pfarrer in Zell nicht im Rufe der „Staatsfreundlichkeit" gestanden, daß aber dies bei dessen sonstigen Eigenschaften und jetzt geänderten Verhältnissen kein Grund zur Beanstandung wäre. Ich habe S. unmittelbar nach Kübels Beisetzung gesprochen. Er meinte, zum Domdekan sollte Behrle gewählt werden, wenigstens würde e r , wenn er mitzustimmen hätte, ihm die Stimme geben. Meinerseits enthielt ich mich selbstverständlich jeder Äußerung und gab mich für total unwissend in Ansehung der Absichten der Herren vom Domkapitel. Ich glaube auch, daß S. meiner Mission Zweck nur in der Anwohnung bei der Beisetzung erblickte; er reiste noch am nämlichen Tage von Freiburg wieder ab.

Bei der unmittelbar nach der Wahl mit Erzbistumsverweser Orbin stattgehabten Besprechung kamen außer dem Studium der Theologie noch zur Erörterung *[. . .]* c) A m t l i c h e Anregung der Frage wegen Besetzung des erzbischöflichen Stuhles. Orbin meinte, dieselbe sollte von der Regierung ausgehen in Form der bis heute noch ausstehenden Antwort auf das jüngst (1876) in dieser Angelegenheit vom Domkapitel an das Ministerium des Innern gerichteten Schreiben. *[. . .]*

Nachtrag. Nach dem Inhalte der Besprechungen zwischen Herrn Orbin und mir in betreff der Besetzung des erzbischöflichen Stuhles kann er und kann auch das Domkapitel, wenn diesem davon Mitteilung gemacht worden sein sollte, nur annehmen, daß die Regierung den geordneten Weg der Kandidatenliste mit Wahl durch das Domkapitel im Auge habe. Für das Verhältnis zur Kurie ist daher ein offiziöses Polemisieren gegen die Anwendung des von Preußen im Trierer Falle beliebten Verfahrens in Baden jedenfalls nicht nötig. Aber auch dem Publikum gegenüber scheint mir bis jetzt wenigstens ein zureichender Anlaß zu bezüglichen Andeutungen nicht zu bestehen.

GLA 52/XIII (Joos) Nr. 1.

[1] Franz Karl Weickum (1815—96), 1834 Konvertit, 1840 Priester, 1861 Domkapitular u. (bis 1866) Münsterpfarrer in Freiburg, 1886 Domdekan u. Erzbistumsverweser.
[2] Rudolf Behrle (1826—1903), 1873 Domkapitular in Freiburg.
[3] Alois (Ritter v.) Schmid (1825—1910), 1849 Priester, 1852—66 Prof. der Philosophie in Dillingen, 1866 Prof. der Dogmatik in München.
[4] Friedrich Kössing (1825—94), 1849 Priester, 1863 Prof. der Moraltheologie in Freiburg.

465. Turban an Großherzog Friedrich.

Karlsruhe, 19. August 1881.

Der in Nr. 463 enthaltenen Aufforderung entsprechend erlaube ich mir nach reiflicher Erwägung und Besprechung mit Kollege Ellstätter, in der Anlage den Entwurf einer offiziösen Kundgebung zur allerhöchsten Prüfung und Entscheidung ehrerbietig zu unterbreiten. Derselbe schließt sich in sachlicher Beziehung durchaus und auch in redaktioneller Hinsicht meist wörtlich an die Andeutung [an], welche E. K. H. am Schlusse Ihres gnädigsten Briefes mir zu geben geruht haben. Die erheblichste redaktionelle Änderung in meinem ehrerbietigen Vorschlag betrifft den letzten Satz. Ich habe geglaubt, eine Fassung des Gedankens suchen zu sollen, welche keinen Raum zu der etwaigen Auslegung gibt, als wolle jenen gegenüber, welche unter analogen Verhältnissen zum gegenteiligen Entschlusse gelangt sind, eine tadelnde Kritik angebracht werden. Auch dem Kollegen Ellstätter schien es wünschenswert, daß dies vermieden werde. Sollte der hierwegen von mir vorgeschlagene veränderte Ausdruck des Gedankens nicht glücklich gewählt und ein anderer nicht wohl zu finden sein, so könnte eventuell auch der ganze letzte Satz hinwegfallen. *[...]*

Entwurf. Karlsruhe, 20. August. Die angeblich beabsichtigte Erhebung des Großherzogtums Baden zu einem Königreich wird in der deutschen und auswärtigen Presse mit solcher Ausdauer als eine wirklich bestehende Frage besprochen, daß die Großh. Regierung sich verpflichtet hält, der weiteren Behandlung dieser Angelegenheit in den öffentlichen Blättern mit der bestimmten Versicherung entgegenzutreten, daß solche Absichten weder geschäftlich noch persönlich von irgendeiner Seite zur Sprache gebracht wurden, aber auch Wünschen und Überzeugungen des Landesherrn und seiner Regierung durchaus zuwider sind. Die Anschauungen, von welchen einstens Karl Friedrich sich ıeiten ließ, als er die angebotene Königskrone ablehnte, werden auch heute noch von Großherzog Friedrich als ein weises Vermächtnis bewahrt[1].

GLA FA Korresp. 13 N 536.

[1] Die Erklärung wurde in der vorstehenden Form am 20. Aug. 1881 in der Karlsruher Zeitung veröffentlicht. Vgl. *Schultheß* S. 231.

466. Gelzer an Großherzog Friedrich.

Reipoldswil, Basel Land, 20. August 1881.
Am 22. Aug. will ich nach Freiburg zu Orbin. Gelingt der Versuch, Orbin ins Vertrauen zu ziehen, so ist für unsere Mainau-Besprechungen noch eine Grundlage mehr gewonnen; die Ergebnisse von Luzern[1] und Freiburg greifen dann ineinander. *[...]*

Noch immer habe ich die Luzerner Eindrücke zu verarbeiten; denn die betreffende dort tiefer durchschaute Persönlichkeit gibt mir viel zu denken und zu fragen. *[...]*

Ein Geschäft, das ich hier nachholen muß, bezieht sich auf das Durchlaufen der öffentlichen Blätter, die mich hier erwarteten, namentlich alles, was Trier und Freiburg, Berlin und Rom seit Anfang dieses Monats betrifft. Gewiß verstehen Sie, v. K. H., mich ohne viel Worte, wenn ich Ihnen gestehe, daß ich beim Anblicke der jetzigen Behandlung dieser großen Fragen, dieser ernsten Interessen zuweilen eines tiefen Widerwillens und Überdrusses mich nur schwer erwehre. Am liebsten möchte man gar nichts zu schaffen haben mit diesen trüben Gewässern[a]. Was mich bei der Arbeit festhält und mich innerlich stets wieder aufrichtet, das ist, wie Sie wissen, nur der unzerreißbare Bund mit Ihnen und der Blick auf die Zukunft unsers Landes und Volkes. *[...]*

GLA FA Korresp. 13 Bd. 24 Nr. 617; Abschr. in Gelzers Tgb. mit Datum 21. Aug. und Änderungen (Frankfurt, Besitz Matth. Gelzer).

[1] Die Begegnung mit Fr. X. Kraus, vgl. Nr. 461.
a) In der Abschr.: Gewährsmännern.

467. Gelzer an Großherzog Friedrich.

Baden, 24. August 1881.

Ich bin hierher gereist, weil Bischof Hefele seit dem 16. Aug. hier zur Kur weilt. Zwei Unterredungen habe ich mit ihm bereits gehabt. Große Schonung des alten Herrn ist erforderlich. Bei der 2. Unterredung mußte er plötzlich abbrechen, weil das Sprechen ihn zu sehr ermüdete. Alles, was er mir sagte, war ohne Vergleich viel bedeutender und gehaltvoller, als was ich Montag abends in der langen Unterredung mit Orbin in Freiburg zu hören bekam, die tief unter meiner Erwartung blieb. *[. . .]*

Sie werden sich, v. K. H., erinnern, daß ich in unserer ernst bewegten Unterredung am Morgen des 5. August in St. Moritz mit dem Satze schloß: „Unter den obwaltenden Umständen verhalten sich unsere Aussichten, das ganz erwünschte Ziel zu erreichen, wie Eins gegen Drei. Das darf uns aber nicht hindern, alle Kräfte daran zu setzen, um das möglichst Gute zu erreichen und das Verderbliche so viel als möglich abzuwenden. *Das bisher Gelernte bestärkt mich in dieser Überzeugung. Morgen hoffe ich bei Ihnen anzukommen.*

GLA FA Korresp. 13 Bd. 24 Nr. 618.

468. Baumstark an Nokk.

Achern, 24. August 1881.

Wer Kraft und Leben einer guten Sache opferwillig gewidmet hat, dem kommt es nicht darauf an, unter Menschen aufdringlich und noch schlimmer zu scheinen, wenn er nur zwischen Gott und sich die Dinge in Ordnung weiß. In diesem Sinn geschieht es, daß ich mich nochmals an Sie wende wegen der Besetzung des erzbischöflichen Stuhles in Freiburg. Nachdem die höchste Macht in ihrer Weise das verworrene Lebensrätsel des armen Erzbistumsverwesers Kübel gelöset hat, wird es nach menschlichem Ermessen von unserem Großherzog und von Ihnen zuerst abhängen, ob der Freiburger Bischofssitz wieder besetzt werden soll durch einen Mann jener besonnenen Mäßigung, welche, dem Dogma und der Disziplin der katholischen Kirche in allen Dingen getreu, zugleich das volle Verständnis hat für das Leben und die Kultur unserer Zeit, oder ob fortdauern soll die kirchliche Herrschaft der theologischen Jesuitenschule, die sich nicht freimachen kann von dem düstern Machtwahn entschwundener Jahrhunderte. Es wäre tief zu beklagen, wenn auch die badische Regierung sich auf den Irrweg begeben würde, welchen zum Staunen klar denkender Menschen bei der Besetzung des Trierer Stuhles die preußische Regierung betreten zu haben scheint. Glauben Sie nicht, daß ein Provisorium unter dem milden, ehrwürdigen Orbin dem Staat oder der Kirche frommen wird. Er ist mindestens ebenso schwach als mild: und wenn Sie eines Tages den trotz aller Orden in den Augen anständiger Leute unmöglich gewordenen Maas pensioniert und einen jungen, talentvollen Kampfkaplan à la Wacker unter bescheidenstem Titel an seine Stelle eingerückt sehen sollten, so würde ich der letzte sein, der sich darüber wundert.

Fürchten Sie nicht den Widerstand des badischen Klerus: gerade d i e Gesinnung, welche aus politischen Gründen einen Geistlichen aus der Diözese fordert, sollte unbedingt gebrochen und der Klerus im höchsten Interesse der Religion wieder daran gewöhnt werden, solche Fragen und namentlich seine eigene Stellung ausschließlich unter dem religiösen Gesichtspunkte zu beurteilen.

Wenn Sie die Haltung der Freiburger ultramontanen Presse beobachtet haben, so wird es Ihnen nicht entgangen sein, daß diese Richtung den jetzigen Herrn Erzbistumsverweser bereits vollständig sich unterworfen zu haben glaubt. Kampftaten gegen den Staat sind von ihm sicherlich nicht zu befürchten, wohl aber wird er sich vielleicht ganz ohne sein Wissen, teils aus Angst und teils aus Gewissenhaftigkeit, zur stillen Förderung der klug angelegten Pläne der Camarilla bestimmen lassen.

Sie haben an der Freiburger Hochschule einen Mann, dem die Mitra, ich möchte fast sagen, angeboren ist: nachdem Preußen versäumt hat, seine eigenen Angehörigen für den Trierer Stuhl zu erwählen, greifen Sie rasch und überraschend zu, bevor die Gegner sich nur auf den Streich besinnen können.

Meine Worte werden Ihre Handlungen nicht bestimmen: ich begnüge mich, an maßgebender Stelle darauf aufmerksam gemacht zu haben, daß jetzt, wenn irgend einmal, der religiöse Katholizismus in unserm Lande an die Stelle des politischen gesetzt werden kann. Was ich im Interesse der katholischen Kirche ersehne, das könnte auch dem Staat nur nützlich sein.

GLA 52/XIII.

469. Gelzer an Prinz Ludwig von Baden.

26. August 1881 nach der Kommunion (und nach der gestrigen Konfirmation).
Diesen Morgen habe ich die Blätter gelesen, die Sie mir gestern abend anvertrauten und die „mein Glaubensbekenntnis"[1] überschrieben sind. Gott segne das Bekenntnis, in dem er es in eine heilige Kraft verwandelt, die Ihr Herz und Ihr Leben erfüllt und leitet! [. . .]

Wenn ich gestern abend Ihnen so nachdrücklich die Wahrheit ans Herz legte, daß die tiefsten Quellen unseres Glücks wie unseres Unglücks aus unserem eigenen Innern entspringen — so möchte ich Ihnen heute morgen nur noch das eine Wort zurufen: „Wer in Geist und Wahrheit betet, der ist gesichert vor inneren Versuchungen und äußeren Bedrängnissen." [. . .]

Frankfurt, Besitz Matth. Gelzer, Abschr. H. Gelzers im Tagebuch.

[1] Nicht vorhanden.

470. Nokk an Großherzog Friedrich.

Freiersbach, 27. August 1881.
Gestatten mir E. K. H. wenige ehrerbietige Zeilen in der Angelegenheit der Wahl des Domdekans. Wie ich einem mir soeben zugegangenen Schreiben des Herrn Erzbistumsverwesers entnehme, ist die Liste der Kandidaten für das Dekanat E. K. H. mit folgenden Namen unterbreitet worden: Orbin, Weikum, Kössing, Marmon[1]. Orbin fährt fort: „So viel ich die Gesinnung meiner Kollegen kenne, kann keine Besorgnis aufkommen, daß, wenn die eigentliche Wahl eines Domdekans vorgenommen wird, sie auf einen Kandidaten falle, der irgendwie der

Regierung mißfällig wäre. Auch würde es kein Aufsehen erregen, wenn die Großherzogliche Regierung den einen oder andern in der zurückzusendenden Liste auslassen würde, nur so viele müßten genannt werden, daß eine Wahl noch möglich ist, d. h. zwei Namen." Nach meiner Ansicht sollte die Regierung Herrn Weikum für weniger genehm erklären und die drei übrigen Namen auf der Liste stehen lassen; nach der Meinung von H. Joos wäre alsdann Herr Orbin „als Domdekan sicher", was gewiß für den weiteren Fortgang sehr erwünscht. Wenn E. K. H. keinen andern Befehl zu erteilen geruhen, so würde ich mir einen Vortrag in obigem Sinne Höchsten Orts vorzulegen gestatten, sobald die Liste mit der Allerhöchsten Weisung zum Vortrag dem Ministerium zugegangen. Ich hätte mir nicht erlaubt, die Sache schon jetzt brieflich zu berühren, wenn der Herr Erzbistumsverweser nicht die Bemerkung beigefügt, „daß es uns allen sehr lieb, der guten Sache aber auch dienlich wäre, wenn uns die Liste der Kandidaten, so weit sie als genehm befunden werden, in Bälde zugesendet würde".

Da ich E. K. H. kostbare Zeit doch einmal in Anspruch genommen, gestatte ich mir, noch zwei Tatsachen untertänigst zu berichten. Einmal daß Herr Baumstark mir einen Brief mit dringlicher Empfehlung von Kraus für den erzbischöflichen Stuhl geschrieben[2]. Er sagt unter anderm: „Fürchten Sie nicht den Widerstand des badischen Klerus; gerade d i e Gesinnung, welche aus politischen Gründen e i n e n G e i s t l i c h e n a u s d e r Diözese fordert, sollte unbedingt gebrochen und der Klerus im höchsten Interesse der Religion wieder daran gewöhnt werden, solche Fragen und namentlich seine eigene Stellung ausschließlich unter dem religiösen Gesichtspunkte zu beurteilen." — Herr Landeskommissär Hebting[3] schreibt mir gestern dagegen, es sei ein sehr angesehenes weltliches Mitglied der Freiburger klerikalen Partei bei ihm gewesen und habe ihm erklärt, der Klerus werde so entgegenkommend gegen die Regierung E. K. H. sein, als irgend möglich; Orbin als Erzbischof mit einem Weihbischof an der Seite sei gewiß leicht zu erreichen, man werde aber auch mit jedem andern sich einverstanden erklären, „sofern nur kein Ausländer, d. h. kein n i c h t b a d i s c h e r Geistlicher zur Würde eines Erzbischofs erhoben werde". Der ganze Schritt scheint mir von der Befürchtung eingegeben, Kraus sei der Kandidat E. K. H., mit dieser Auffassung stimmt obige Auslassung von Baumstark. Von der andern hohen Persönlichkeit[4] ist zum Glück lediglich nichts in weitere Kreise gedrungen. [. . .]

GLA FA Korresp. 13 Bd. 37 Fasz. 2 Nr. 10. Pr. Schloß Mainau 29. Aug. 1881.

[1] Josef Marmon (1820—85), 1844 Priester, 1855 Dompräbendar in Freiburg, 1865 Domkapitular.
[2] Nr. 468.
[3] Franz Sales Hebting (1826—97), 1860 Amtsvorstand in Schönau, 1865 in Mosbach, 1868 in Pforzheim, 1872 in Mannheim, 1877 Landeskommissär in Freiburg, 1887 in Karlsruhe, 1890 Geh. Rat.
[4] Kardinal Hohenlohe.

471. Gelzer an Kardinal Hohenlohe.

Schloß Mainau, 29./30. August 1881.
Ihr wertes Schreiben vom 18.[1] erwartete mich in den Händen S. K. H. des Großherzogs auf Mainau, wo ich am Abend des 25. eintraf. Nehmen Sie meinen besten Dank dafür. Es ist die Absicht des Großherzogs, auf Ihre Zuschrift in diesen

Tagen zu antworten[2]. So benutze ich denn diesen Anlaß, um gleichzeitig dies vertrauliche Blatt an Ew. Em. gelangen zu lassen. Den Dank für die Bemühungen, denen Ew. Em. sich so bereitwillig unterzogen, wird S. K. H. Ihnen aussprechen, und Sie wissen wohl, daß seine Worte keine bloß höflichen Redensarten sind. Diesen Punkt berühre ich also nicht weiter.

Dagegen erlauben mir Ew. Em., über einen anderen Punkt Ihres verehrten Schreibens mich mit dem zwischen uns Gottlob längst bestehenden Vertrauen offen zu äußern. In einem konfidentiellen Privatbrief (und als einen solchen betrachte ich dies Blatt) läßt sich auch über die delikatesten Fragen mit ungleich größerer Offenheit reden, als dies in einem ganz oder halb offiziellen Schreiben möglich wäre. Die Stelle Ihres werten Schreibens, die ich hierbei im Auge habe, lautet: „M i c h bitte ich vollständig auszuschließen, es würde mich nur in eine falsche Stellung bringen, nachdem ich die Verhandlungen durch das Großherzogliche Schreiben begonnen", und an einer anderen Stelle finde ich die Worte: „Wenn ich n i c h t auf der Liste stehe, was ich s e h r bitte."

Diese Erklärung, verehrte Eminenz, war sowohl für den Großherzog als für mich ein Gegenstand wahrer Bestürzung und erfüllt ihn mit aufrichtigem Bedauern. Wie Ew. Em. sich erinnern, richteten sich die Wünsche S. K. H. gleich nach dem Tode des Erzbischofs Vicari im Frühjahr 1868 auf Ihre verehrte Person. Die Umstände traten damals hindernd dazwischen. — Nun werden es im November schon zwei Jahre, seit der Großherzog abermals auf diesen längst gehegten Wunsch zurückkam und denselben auf das nachdrücklichste mir gegenüber begründete. Seitdem hat er diesen Gedanken unablässig im Auge behalten und Schritt für Schritt durch die erforderlichen Vorberatungen seiner Verwirklichung näher zu kommen versucht. Sie geben mir gewiß zu, verehrte Eminenz, daß man einem so tief gewurzelten Wunsche nicht leichten Herzens entsagt und daß man diese Entsagung hinauszuschieben sucht, so lange als noch nicht alle Gegenvorstellungen erschöpft sind. In diesem Sinne bitte ich die nachfolgenden Bemerkungen mit wohlwollender Nachsicht aufzunehmen.

Als S. K. H. sein Schreiben in der Absicht, daß es dem Papste mitgeteilt werden könnte, an Ew. Em. richtete[3], glaubte er damit noch keineswegs die eigentlichen Verhandlungen eröffnet zu haben. Er wollte nur in vertraulicher Form die wohlwollenden Gesinnungen des Landesherrn und seiner Regierung konstatieren. — Gerade um die Stellung Ew. Em. gegen jede Mißdeutung zu decken, vermied er es sorgfältig, Ihnen schon Namen zu nennen. — Aus demselben Grund wies er darauf hin, er wolle erst später durch eine Vertrauensperson mündlich die eigentlichen Verhandlungen über eine wünschenswerte Liste einleiten lassen.

Die zu dieser vorläufigen Besprechung bestimmte Persönlichkeit wurde durch Gesundheit und andere Hindernisse abgehalten, eine alsbaldige Reise nach Rom anzutreten. So ist diese leider unvermeidliche Verzögerung entstanden. Indessen würde ich diese Verzögerung nur in dem Falle lebhaft bedauern, wenn die Aussicht offen bleibt: durch jene konfidentiellen Unterredungen in Rom das bisher erstrebte Ziel zu erreichen: darunter verstehe ich, daß es gelänge, die Zustimmung und tätige Unterstützung des Papstes für Ihre Ernennung zu gewinnen. Sobald wir aber die Hoffnung auf Ihre Ernennung aufgeben müssen, so würde unsere Aufgabe in Rom uns sofort in einem andern Lichte erscheinen. In den Augen S. K. H. sänke dann das zu erreichende Ziel auf eine bedeutend tiefere Stufe hinab.

Darum eben ergeht nun die Bitte an Ew. Em., die Frage nochmals zu prüfen: ob

Sie auf der Ansicht beharren müssen, daß Ihr verehrter Name für diese Wahl nicht genannt werden dürfe?

Bisher war ich gewohnt, die schwersten Hindernisse gegen die Durchsetzung Ihrer Wahl in Rom in zwei Umständen zu suchen: 1. in Ihrer Stellung als Römischer Kardinal Bischof (Bischof von Albano), was dem Herabsteigen zum Kardinal Priester von Freiburg im Wege stände, falls der Papst nicht dispensieren wollte. 2. Sodann in dem Widerstand Ihrer wohlbekannten Gegner in Rom als außerhalb Rom. Das war auch die Auffassung Ihres Bruders, des Deutschen Botschafters, als ich im Mai in Paris mich mehrmals gründlich [mit ihm] über diese Angelegenheit besprach[4]. Ob diese beiden Schwierigkeiten sich würden überwinden lassen, darüber könnte man nur in Rom durch persönliches vorsichtiges Sondieren sich einigen Aufschluß verschaffen. Ehe aber dieser Versuch unternommen wird, müßte man von seite Ew. Em. die Zusicherung haben, daß Sie es gestatten, in diesem Sinne vorzugehen.

Gelänge es, in Rom zum Ziel zu kommen, so würde uns nur noch die Pflicht obliegen, Ew. Em. mit pflichtmäßiger Offenheit über die ernsten und teilweise schweren Aufgaben Aufschluß zu geben, die in Freiburg eines neuen Erzbischofs warten. Ich weiß zum voraus, daß Ew. Em. diese Aufgabe nicht als leicht sich vorstellen. Sie wissen es ja längst, in welchem Maße der Parteigeist seine verderbliche Wirkung schon lange Zeit übt. Umso mehr ist es Zeit, ihm Einhalt zu tun. Mit wärmster Teilnahme sehe ich Ihrer bevorstehenden Entscheidung entgegen. etc. etc.

P.S. Wenn Sie mir antworten, so kann Ihr Brief wieder der Antwort an S. K. H. beigelegt oder auch direkt an mich: in Reipoldswil, Basel Land, Schweiz, adressiert werden. Ich bringe mit meiner Familie einige Wochen in einem reizenden Tal des Basler Jura zu.

GLA FA Koresp. 13 Bd. 37 Fasz. 2 Nr. 13 eig. Abschr. d. Großherzogs.

[1] Nicht vorhanden.
[2] Nr. 472.
[3] Nr. 457.
[4] Nr. 451, 452, 454.

472. Großherzog Friedrich an Kardinal Hohenlohe.

Schloß Mainau, 31. August 1881.

Durchlauchtiger Prinz. Mit den Empfindungen des aufrichtigsten Dankes habe ich Ihr wertes Schreiben vom 17. August[1] empfangen und daraus in wärmster Erkenntlichkeit entnommen, wie gütig und sorgfältig Sie sich meines Wunsches angenommen haben. Ihre werte Vermittlung bei Seiner Heiligkeit dem Papste wird gewiß die schönsten Früchte tragen und der wichtigen Angelegenheit der Besetzung des Erzbischöflichen Stuhles zu Freiburg sehr förderlich sein.

Ich bin sehr erfreut, daß Seine Heiligkeit mein an Sie gerichtetes Schreiben so aufgenommen hat, wie es von mir gemeint ist. Es kann mir nichts erwünschter sein, als daß Seine Heiligkeit den ganzen Ernst meiner guten Absichten für ein künftiges friedliches Verhältnis zwischen Staat und Kirche erkennen möge. Damit aber diese Erkenntnis Platz greife, schien mir Ihre werte Vermittlung auch in diesem Fall wieder das Richtige, und ich bin Ihnen daher besonders dankbar dafür, dieselbe so bereitwillig übernommen zu haben.

Von Herzen bedaure ich, daß Sie schon seit längerer Zeit leidend sind. Der außergewöhnlich warme Sommer hat wohl auch Ihnen geschadet. Möchte es Ihnen wieder ganz gut gehen, wenn diese Zeilen Sie erreichen.

Sie bezeichnen mir den Abt Birker zu St. Bonifazius in München als einen geeigneten Kandidaten für den Erzbischöflichen Stuhl zu Freiburg, der wohl auch in Rom Aussicht hätte, angenommen zu werden. Diese sehr freundliche Fürsorge erkenne ich recht dankbar. Aber die Verbindung dieser Bezeichnung mit den Aussprüchen, welche Sie in dem Brief an Staatsrat Gelzer[2] tun, erfüllen mich mit recht großem Bedauern.

Sie wissen, durchlauchtiger Prinz, daß der Gedanke, Sie den Erzbischöflichen Stuhl der Metropole der Oberrheinischen Kirchenprovinz besteigen zu sehen, schon seit Jahren mein ganzes Streben und Hoffen bildete. Ich verfolgte diesen Plan um so lieber, als ich annehmen durfte, er sei in Übereinstimmung mit Ihren Wünschen. Die vorläufigen Schritte zur Erreichung dieses Zieles geschahen freilich in der Überzeugung, daß mein Wunsch nicht ohne manche Mühe und Arbeit erfüllt werden könnte. Ein so wertes Ziel ist aber auch einer ernsten Arbeit wert, und an Überwindung von Schwierigkeiten hat meine lange Amtstätigkeit mich gewöhnen lernen. Sie sehen also, daß auf meiner Seite keine Bedenken bestehen, an dem werten Gedanken festzuhalten, Sie, verehrter Kardinal, als unseren Oberhirten der Erzdiözese zu gewinnen. Auf diesen Wunsch verzichten zu müssen, wäre mir eine schmerzliche Prüfung, denn es hieße, darauf verzichten, den Mann Gottes und des Friedens in Freiburg zu sehen, den Sie uns selbst wünschen, aber in anderer Person vorschlagen.

In diesem Zusammenhang werden Sie mich gern verstehen, wenn ich Sie bitte, die Frage nochmals erwägen zu wollen, ob Ihre Kandidatur nicht aufrecht erhalten werden darf. Wenn dieselbe von Seiner Heiligkeit gebilligt wird, so ist es mir zweifellos, daß das Domkapitel Ihre Wahl beschließt.

Zur Unterstützung dieser meiner wiederholten Bitte lege ich Ihnen ein Antwortschreiben des Staatsrat Gelzer[3] hier an, der sich über die ganze Lage ausführlich ausspricht. *[...]*

GLA FA Korresp. 13 Bd. 37 Fasz. 2 Nr. 11 eig. Konz. oder Abschr.

[1] Nr. 462.
[2] Nicht vorhanden.
[3] Nr. 471.

473. Aufzeichnung Großherzog Friedrichs

„Der weitere Verlauf in Angelegenheit der Korrespondenz mit dem Kardinal Hohenlohe".

Schloß Mainau, 2. September 1881.

Auf meinen Brief vom 11. August[1] antwortete der Kardinal Hohenlohe den 17. August[2] und legte einen Brief für Staatsrat Gelzer an[3]. Der Brief an mich liegt hier im Original bei. In dem Brief an Gelzer sagt der Kardinal unter anderem, er wünsche nicht, auf die Kandidatenliste für die Wahl eines Erzbischofs gesetzt zu werden, man möge von ihm absehen, und zwar um so mehr, als er durch seine Vermittlung in der gleichen Angelegenheit kompromittiert werden könnte, wenn er als Kandidat erscheine. Er schlägt mir daher den Abt von St. Bonifazius in München

Paulus Birker vor, der auch Aussicht habe, von Rom als Kandidat für Freiburg angenommen zu werden.

Am 24. August traf Staatsminister Turban hier ein, dem ich den Brief des Kardinals Hohenlohe mitteilen konnte, und am 25. abends kam Staatsrat Gelzer hier an, dem ich den an ihn gerichteten Brief des Kardinals übergab. Unsere Besprechungen führten zu dem Resultat, zunächst an der Kandidatur des Kardinal Hohenlohe in so lange festzuhalten, als vielleicht Aussicht vorhanden sei, ihn dennoch zur Annahme zu bewegen und je nach seiner Antwort erst weitere Erwägungen über andere Kandidaten zu pflegen. In Mitte unserer Besprechungen traf das anliegende Schreiben des Präsidenten Nokk hier ein[4], das nur bewies, wie verschieden die Wünsche innerhalb der Geistlichkeit des Landes sich bewegen. Staatsminister Turban übernahm es, nach seiner Rückkehr in Karlsruhe das Resultat unserer Besprechungen mit dem Präsidenten Nokk zu beraten und mir telegraphisch mitzuteilen, wenn er mit unsern Beschlüssen einverstanden sei. Das anliegende Telegramm bringt seine Zustimmung[5].

Nunmehr schrieb ich am 31. August das anliegende Schreiben an den Kardinal Hohenlohe[6] und legte den in Abschrift beiliegenden Brief des Staatsrat Gelzer an[7], womit der letzte Versuch gemacht werden soll, den Kardinal dennoch zur Annahme der Kandidatur zu bewegen.

In den Tagen vom 25. an bildete die anliegende Denkschrift des Professor Kraus in Freiburg[8] den Gegenstand reiflicher Erwägungen. Seine Stellung zur Frage der Wahl eines Erzbischofs ist ein besonders wichtiger Teil fernerer Prüfung, insofern etwa ernstlich davon die Rede sein könnte, auch ihn auf die Kandidatenliste zu bringen.

Mein Brief an den Kardinal Hohenlohe ist am 1. September nach Karlsruhe abgegangen und wird dort vom Staatsministerium an die Deutsche Botschaft in Rom abgesandt[9].

GLA FA Korresp. 13 Bd. 37 Fasz. 2 Nr. 19 eig.

[1] Nr. 457 [10. Aug.!].
[2] Nr. 462.
[3] Nicht vorhanden.
[4] Nr. 470.
[5] Turban an den Großherzog, Karlsruhe 29. Aug. 1881 (Tel.): „Nokk hält beabsichtigte Behandlung ebenfalls angezeigt" (ebd.).
[6] Nr. 472.
[7] Nr. 471.
[8] Nr. 460. Am 4. Sept. 1881 sandte der Großherzog die Denkschrift an Nokk. „Wir werden noch Gelegenheit haben, über diese Arbeit und über den Verfasser derselben eingehend zu reden. Ich hoffe, bis dahin auch im Besitz einer Antwort des Kardinal Hohenlohe zu sein, an den ich in dem Sinne geschrieben habe, wie der Herr Staatsminister Turban Ihnen mitgeteilt hat" (GLA FA Korresp. 13 Bd. 55 Fasz. 157 Nr. 1 eig.).
[9] Der auf dem gleichen Blatt stehende Nachtrag vom 16. Okt. vgl. Nr 491.

474. Gelzer[1] an Kraus.

Basel, 3. September 1881.

[. . .] Von Seiten S. K. H. des Großherzogs bin ich beauftragt, Ihnen bestens zu danken für die Übersendung Ihres gehaltreichen Memoire[2], das ich ihm auf Mainau vorgelesen und dem er die volle Beachtung schenkte, wie sie der hohen Wichtigkeit des Gegenstandes entspricht. Im übrigen schwebt alles noch sehr im Ungewissen und wird auch in den nächsten Tagen und Wochen schwerlich schon zu einer Entscheidung kommen. *[. . .]*

Nach Ihrer Rückkehr von Ihrer Reise in die Heimat werden wir uns hoffentlich wieder begegnen. *[. . .]*

Frankfurt, Besitz Matth. Gelzer, Abschr. H. Gelzers im Tagebuch.

[1] Gelzer reiste am 31. Aug. 1881 von der Mainau ab (Gelzer an Großherzog Friedrich, Reipoldwil 7. Sept. 1881, GLA FA Korresp. 13 Bd. 24 Nr. 619).

[2] Nr. 460.

475. Kardinal Hohenlohe an Gelzer.

Rom, 6. September 1881.

Sagen Sie dem Herrn, wie dankbar ich bin und wie tief mich sein Brief[1] gerührt hat. Heute schreibe ich nur Ihnen. Um Ihnen beiden antworten zu können, müßte ich entweder jemanden Sicheres hierher geschickt haben, dem ich das wenige, was ich zu sagen habe, mündlich mitteilen könnte oder auch diktieren könnte. Dies für den Fall, daß Sie es nicht aufgeben, an mich zu denken; sonst ist ja alles leichter. Aber im ersteren Falle wäre eine kleine Mitteilung nötig. Eine Stunde Besprechung würde genügen. Es dürfte aber sonst niemand hier davon erfahren und er direkt zu mir kommen.

Auf 1 und 2 (auf der 5. Seite Ihres Briefs) kann ich übrigens jetzt schon antworten, daß bei nur einigem guten Willen 1) sehr leicht zu haben wäre. Was 2) betrifft, so ist dem nur durch Gebet und Gottvertrauen abzuhelfen. Hoc genus Daemoniorum non ejicitur nisi in oratione et jejunio. *[. . .]*

GLA FA Korresp. 13 Bd. 24 Nr. 620 Abschr. Gelzers, vgl. Nr. 477.

[1] Nr. 472.

476. Gelzer an Großherzog Friedrich.

Reippoldswyl, 7. September 1881.

[. . .] Aber eine Sorge vermag ich nicht zu unterdrücken: Werden Sie nicht versäumen, sich selber zu behüten, um sich zu erhalten und zu rüsten für die fernere Lebensaufgabe, die Ihrer wartet? Sie erinnern sich, v. K. H., daß ich in St. Moritz wie auf Mainau diesen Punkt in ernst mahnenden Worten berührte, und auch heute erschien es mir als Pflichtversäumnis, wenn ich darüber schweigen wollte. Ehe das Jahr 1881 zu Ende geht, müßten Sie es möglich machen, mindestens 3—4 Wochen hindurch sich gründlich auszuruhen und zu stärken. Diese Notwendigkeit darf weder an Generalsynode noch an Kammer scheitern. Where there is a will there is a way. *[. . .]*

Frankfurt, Privatbesitz Matthias Gelzer. Abschr. Julie Gelzers in: Briefe vom 9. 1. 1881—31. 12. 1883.

477. Gelzer an Großherzog Friedrich.

Reippoldswyl, 11. und 12. September 1881.

Inliegend sende ich Ihnen eine nicht bloß wörtlich, sondern buchstäblich getreue Abschrift eines Briefes unsers guten Kardinals[1]. Ich denke mir, derselbe sei als vertrauliches Billet aufzufassen. Über Inhalt und Form werden auch Sie wie ich etwas betroffen sein? — Mit mir werden Sie den Eindruck erhalten, daß das Blatt in dieser Form nicht wohl mitteilbar ist; ich fürchte, es würde den Schreiber in den Augen der Herren Turban und Nokk, die ihn nicht persönlich kennen, kompromittieren. Vielleicht halten Sie es daher für ratsamer, den beiden Herren Turban und Nokk nur mündlich das Wesentliche aus der Antwort des Kardinals zur Kenntnis zu geben: daß er nämlich Bedenken gegen schriftliche Mitteilung habe und eine vertrauliche mündliche Unterredung wünsche. —

Wie nun aber soll man sich zu diesem Wunsche des Kardinals praktisch stellen? Ohne Ihrem Entschlusse hierüber irgend vorgreifen zu wollen, erlaube ich mir, nur meinen Eindruck (nachdem ich lange darüber nachgedacht habe) in dem Sinne anzudeuten: daß es mir fast als ein abenteuerliches Beginnen erscheinen würde, wenn man nur um Einer kurzen Unterredung willen, deren Resultat von Tragweite doch noch sehr ungewiß wäre, eigens jetzt sofort die Reise nach Rom unternehmen wollte.

Warum sollte er nicht zu bewegen sein: „das Wenige, was er zu sagen habe" (um mich seiner eigenen Worte zu bedienen), einem vertraulichen Briefe an mich anzuvertrauen? Warum sollte man es nicht versuchen, ihn von der Grundlosigkeit seines Mißtrauens gegen die Sicherheit eines rekommandierten Briefes zu überzeugen? — Ließe er sich zu einer solchen vertraulichen brieflichen Mitteilung bewegen, so wäre damit nicht nur viel Zeit gewonnen, sondern man erhielte dadurch auch einen erwünschten neuen Aufschluß sowohl über die Wünschbarkeit als die Erreichbarkeit seiner Wahl. —

Was er am Schlusse über die Fragepunkte 1. und 2. bemerkt (d. h. über die seiner Wahl im Wege stehenden Hindernisse), hat in mir — wie ich gestehen muß — nur neue Zweifel über seine Kenntnis der Menschen und Verhältnisse erweckt. — Halten Sie es für wünschenswert, daß der oben bezeichnete Versuch gemacht werde, so bitte ich nur um Ihre Ermächtigung, ihm in diesem Sinne auch in Ihrem Namen zu antworten; dann würde ich ihm die Gründe vorlegen, die für eine baldige schriftliche Eröffnung seinerseits und gegen eine alsbaldige römische Reise sprechen. — Geht man einmal nach Rom, so muß man noch auf ganz andere Eventualitäten gerüstet sein als nur auf eine einstündige Unterredung mit dem Kardinal. Auch mit ihm wäre gar manche einstündige und zweistündige Unterredung erforderlich, um ihn über das Nötigste, was er erfahren muß, erst zu orientieren. [. . .]

GLA FA Korresp. 13 Bd. 24 Nr. 620; Frankfurt, Besitz Matth. Gelzer, Abschr. Julie Gelzer in: Briefe vom 9. 1. 1881—31. Dez. 1883.

[1] Nr. 475.

478. Großherzog Peter von Oldenburg an Großherzog Friedrich.

Eutin, 11. September 1881.

Du wirst es mir hoffentlich verzeihen, wenn ich Dich mit einem Schreiben belästige in einem Moment, wo Deine Zeit so sehr durch die Vorbereitung zu dem Feste[1] in Anspruch genommen ist, welches Ihr in wenigen Tagen feiern werdet. Es handelt sich aber um eine wichtige Angelegenheit, fast eine Lebensfrage für mein Land. Die angelegte Denkschrift beleuchtet den Gesetzentwurf vom 7. Juni 1881 betr. die Reichskriegshäfen, eine verschlimmerte Auflage des Entwurfes von 1874 betr. Bauten usw. an der Jade[2]. Dieser Gesetzentwurf, der einen großen Teil meines Landes in Bezug auf den wichtigsten Teil der Landesadministration unter die Diktatur der Marinebehörden stellen will, würde ein gefährliches Präjudiz auch für die anderen Bundesstaaten schaffen. Ist es gelungen, erst irgendwo in die internen Regierungsbefugnisse eines Bundesstaates eine solche Bresche zu legen, so wird bald genug dieser Weg weiter beschritten werden, um die vollständige Mediatisierung der Bundesstaaten herbeizuführen. Der Versuch von 1874—75 scheiterte an der energischen Opposition des Bundesrates. Wird jetzt noch zu erwarten sein, daß die Regierungen zu einem Akte der Selbsterhaltung fähig sind? vedremo. Ich werde mich bis aufs äußerste verteidigen und hoffe auf Deine Unterstützung. Ich bitte Dich nicht zu antworten, Du bist gewiß zu sehr in Anspruch genommen. Ich kenne ja Deine Gesinnungen und weiß, daß Du tust, was in Deinen Kräften steht. *[. . .]*

GLA FA Korresp. 13 N 278 eig. In der Anlage die gedruckte „Denkschrift Oldenburgs über den Gesetzentwurf vom 7. Juni 1881 betr. die Reichskriegshäfen", zur Ergänzung die oldenburgische „Denkschrift vom Dezember 1874 über den Gesetzentwurf betr. Bauten und sonstige Anlagen an der Jade".

[1] Feier der silbernen Hochzeit des großherzoglichen Paares und der Vermählung der Prinzessin Viktoria mit dem Kronprinzen von Schweden und Norwegen am 20. Sept. 1881 in Karlsruhe.
[2] Vgl. H. v. *Poschinger*, Bismarck und der Bundesrat Bd. III (1898) S. 157 f., Bd. V (1901) S. 117 f.

479. Großherzog Friedrich an Gelzer.

Karlsruhe, 14. September 1881.

Dank für Nr. 477 und die Abschrift von Nr. 475. Ihre Ansicht über diesen Brief teile ich vollkommen und kann Ihnen nur sehr dankbar sein, wenn Sie es übernehmen wollen, dem Kardinal in der von Ihnen vorgeschlagenen Weise zu antworten. Möchte der Kardinal einsehen, daß eine Antwort an mich nötig ist und auch unbedenklich durch die deutsche Botschaft erteilt werden kann. Nötig ist die Antwort an mich, weil in jedem Fall die Angelegenheit weiter geführt werden muß, entweder infolge der Annahme oder der Ablehnung des Kardinals. In beiden Fällen sind neue Entschließungen von mir zu fassen, und steht große und schwere Arbeit bevor. Ein längeres Stocken dieser Angelegenheit muß vermieden werden, aber auch liegt die Notwendigkeit vor, dem Papste bald Namen zu nennen. Ich hoffe also, daß es Ihnen gelingen wird, den Kardinal zu einer baldigen Antwort zu bewegen.

Ich habe jetzt erst von der Erklärung Kenntnis erhalten, welche Professor Kraus mit seiner Namensunterschrift veröffentlichte und die im Bad. Beobachter vom 30. August abgedruckt ist[1]. Diese Erklärung ist ein Akt der Schwäche und Unwahrhaftigkeit sondergleichen. Aber auch von einer Indiskretion des Professor Kraus mußte ich leider hören. Er hat einem badischen Gerichtsbeamten aus Freiburg, der in der Schweiz mit Kraus zufällig zusammentraf, erzählt, ich sei über die Frage des erzbischöflichen Stuhles von Freiburg mit Rom in Verhandlungen eingetreten und er, Kraus, vermittle diese Verhandlungen. Der Gerichtsbeamte erzählte diese Sache weiter, und so kam es zur Kenntnis von Turban und Nokk, die darüber sehr betroffen waren und nicht gut auf Kraus zu sprechen sind. Ich werde Ihnen noch den Namen des Beamten nennen, der sehr zuverlässig ist.

Daß ich das Schreiben des Kardinal Hohenloh nicht den beiden genannten Herren zeigen werde, ist selbstredend — aber auch im Interesse einer ungetrübten Anschauung des vortrefflichen Kardinal von Seite dieser Herren werde ich nur mündlich das Nötigste mitteilen. — [...]

GLA FA Korresp. 13 Bd. 20 Nr. 154 eig.

[1] Vgl. Nr. 481 Anm. 2.

480. Gelzer an Kardinal Hohenlohe.

Reippoldswyl, 18. September 1881.

Ihr wertes Schreiben vom 6. dieses Monats[1] hat mich in der Zurückgezogenheit meines Jura-Aufenthaltes erreicht; auch säumte ich nicht, S. K. H. sofort von dem Inhalt desselben Kenntnis zu geben[2]. Nur durch die Abwesenheit desselben bei den Manövern ist eine kurze Verzögerung eingetreten. Soeben bin ich vom Lande in die Stadt zurückgekehrt und begebe mich morgen nach Karlsruhe, um dort an dem Doppelfeste der Silbernen Hochzeit des Großherzogs und der Vermählung des hohen Brautpaares teilzunehmen. Bei meiner dortigen Anwesenheit wird in jeder freien Stunde die wichtige Angelegenheit, die Ihnen und uns vorliegt, nachdrücklich zur Besprechung kommen.

Diese Angelegenheit erlaubt nämlich keine lange Verzögerung mehr. Im November schon treten die Landstände zusammen, und es ist mit Sicherheit vorauszusehen (die Erklärungen der Parteiblätter lassen schon jetzt keinen Zweifel darüber aufkommen), daß die Besetzung des erzbischöflichen Stuhles zu Freiburg in der Kammer zur Sprache gebracht wird. Man wird in die Regierung dringen, über diese, das ganze Land bewegende Frage eine Erklärung zu geben, man wird Aufschluß verlangen, was bisher in dieser Sache geschehen sei und was ferner zu tun beabsichtigt werde. Wenn nun auch die Regierung gesonnen und berechtigt ist, sich die Freiheit ihrer Entschließungen zu wahren, so ist es doch auch eine gebieterische Aufgabe für sie, diesen Diskussionen wohlgerüstet entgegenzugehen. Es muß ihr daher viel daran liegen, bis zu diesem Zeitpunkte so weit zu kommen, daß sie volle Klarheit in der Sache gewönne, daß sie wisse, welche Wünsche sie aufgeben muß, welche sie festhalten kann und welche Ziele sich als erreichbar herausstellen.

Diese Sachlage legt nun S. K. H. das Verlangen sehr dringend ans Herz: recht bald von Ew. Em. eine bestimmte vertrauliche Aufklärung darüber zu erhalten, ob Sie an dem von Ihnen früher geäußerten Rate festhalten zu müssen glauben

(„daß man in dieser Angelegenheit von Ihrer Person absehen und Ihren Namen lieber nicht nennen soll") oder ob Sie voraussehen, daß man mit der Wahrscheinlichkeit eines Erfolges rechnet, Ihren uns so werten Namen in erster Linie auf die Kandidatenliste setzen zu dürfen? S. K. H. beauftragen mich, es als seinen dringenden Wunsch Ihnen ans Herz zu legen, doch ja recht bald über die obigen zwei Fragen eine bestimmte direkte Antwort an ihn auf dem ganz sichern Wege der deutschen Botschaft zu erhalten.

Leider erlauben es die Umstände bei der gebotenen Eile nicht, Ihrem im letzten Brief geäußerten Wunsch gemäß eigens zu diesem Zwecke durch eine Vertrauensperson jetzt sofort mit Ihnen in Verbindung zu treten und Ihre mündlichen oder schriftlichen Erklärungen entgegenzunehmen. Dagegen glaube ich in folgendem Modus procedendi einen genügenden Ersatz für eine sofortige mündliche Besprechung vorschlagen zu können.

Habe ich Ihre letzte Äußerung recht verstanden, so liegt Ihnen daran, sich vertraulich über die Sie leitenden Gesichtspunkte und Auffassungen auszusprechen. Wenn Sie nun begreifliche Bedenken hegen, dies in einem offiziellen Schreiben an S. K. H. zu tun, so stände Ihnen dagegen der Weg offen, sich in einem ganz vertraulichen, freundschaftlichen, nicht offiziellen Briefe an mich mit voller Offenheit zu äußern.

Falls Sie gewillt sind, auf diesen Vorschlag einzugehen, erbitte ich mir eine telegraphische Antwort in einem Stichwort, entweder „Frühlingswetter", das bedeuten würde, ich sehe die Aussichten für günstig an, oder „Herbstwetter (oder Winterwetter)", was bedeuten würde, Sie müßten Ihren Wunsch aufgeben.

Frankfurt, Besitz Matth. Gelzer. Abschr. Julie Gelzers in: Briefe vom 9. 1. 1881—31. Dezember 83.

[1] Nr. 475.
[2] Nr. 477.

481. Gelzer an Großherzog Friedrich.

Basel, 19. September 1881.
Minister Turban hat mich eingeladen, Ihre Festwoche bei ihm zu verleben. Ich komme heute nach Karlsruhe.

Infolge Ihrer Zustimmung habe ich nun an den Kardinal in dem von uns besprochenen Sinn ausführlich, ernst und dringend geschrieben[1], um eine Entscheidung hervorzurufen. *[...]*

Was Sie über die öffentliche Erklärung von Kraus (Ableugnung der Autorschaft) und seine prahlerische Indiskretion mitteilen, gibt neue unerfreuliche Anhaltspunkte für die Zweifel, die mir der Charakter des talentvollen Mannes seit näherer Berührung mit ihm einflößte[2]. Sie werden sich erinnern, daß dies Bedenken bei unsern letzten Besprechungen über ihn mir stets entgegentrat. Solche Erfahrungen gehören zu den trübsten Symptomen der Zeit und der Kirchen-Wirren. *[...]*

GLA FA Korresp. 13 Bd. 24 Nr. 621.

[1] Nr. 480.
[2] Gelzer an Kraus, Karlsruhe, 21. Sept. 1881: „Ich halte es für meine Pflicht der Aufrichtigkeit, Ihnen nicht zu verhehlen, daß Ihre im Badischen Beobachter vom 30. August

reproduzierte Erklärung in betreff der Autorschaft der A. A. Z.-Artikel [vgl. Nr. 459 Anm. 4] hier betreffenden Orts keinen günstigen Eindruck gemacht. Nur sehr ungern spreche ich das aus, aber ich würde der Offenheit, die mich bisher Ihnen gegenüber leitete, untreu werden, wenn ich Ihnen diese Mitteilung vorenthielte. Auch im Ministerium scheint man verstimmt zu sein über Äußerungen, die Sie in der Schweiz einem badischen Beamten gegenüber getan haben sollen in bezug auf Verhandlungen und Rom. — Doch ist mir darüber nur ein Wink gegeben worden, der Ihnen beweisen wird, wie notwendig die größte Zurückhaltung in dieser Frage hier zu Lande ist" (Frankfurt, Besitz Matth. Gelzer, Abschr. H. Gelzers im Tagebuch).

482. Kardinal Hohenlohe an Großherzog Friedrich.

Rom, 26. September 1881.

E. K. H. würde ich schon früher für dero gnädiges Schreiben vom 31. August[1] meinen untertänigsten Dank ausgesprochen und am 20. September[2], wo ich so viel Ihrer Aller im Gebete gedachte, meinen Glückwunsch ausgesprochen haben, wenn mein Unwohlsein mich nicht davon abgehalten hätte.

Durch den morgigen Feldjäger sende ich diese Zeilen. Ich kann nur wiederholen, was ich bereits die Ehre hatte zu sagen[3], einige Schwierigkeiten für meine Kandidatur sind gepaart mit meiner eigenen Unwürdigkeit, ich glaube demnach, E. K. H. richten Ihren wohlwollenden Blick auf andere Kandidaten. Mich hat es zu Tränen gerührt, was Sie mir sagen, und ich kann nur meinen tiefgefühltesten Dank aussprechen[4]. [...]

GLA FA Korresp. 13 Bd. 53 Fasz. 143 Nr. 7 eig.

[1] Nr. 472.
[2] Vgl. Nr. 478 Anm. 1.
[3] Nr. 475.
[4] Der Großherzog teilte diesen Brief inhaltlich Turban mit (Karlsruhe, 2. Okt. 1881) mit der Bitte, die entscheidende Stelle („Ich kann nur wiederholen ... Dank aussprechen") auch Nokk bekanntzugeben (ebd. Bd. 36 Nr. 18 eig.).

483. Großherzog Friedrich an Gelzer.

Karlsruhe, 2. Oktober 1881.

Anliegend Nr. 482 mit einem kleinen Brief für Sie[1], den ich gelesen habe. Ich greife Ihrem Urteil über beide Briefe nicht vor, wenn ich nur sage — es tut mir leid zu sehen, daß man schriftlich nicht mit ihm verkehren kann, so bald es sich um ernste Entschließungen handelt, die er selbst zu fassen hat. Er hält offenbar an dem Mißverständnis fest, als solle er selbst seine eigene Kandidatur beim Papst befürworten.

Vorbehaltlich Ihrer Äußerung über die jetzige Lage der Angelegenheit halte ich dafür, daß nunmehr keine weiteren Schritte geschehen sollten, den Kardinal dennoch zu bewegen, eine Kandidatur anzunehmen.

Sehr merkwürdig aber ist, daß Professor Kraus vor einigen Tagen hier war, um die Kunstgewerbeausstellung zu besuchen[2] und bei diesem Anlaß zu Nokk sagte, Kardinal Hohenlohe sei der rechte Mann für Freiburg und er (Kraus) sei sehr bereit, die Vermittlung für die Annahme einer Kandidatur bei dem Kardinal zu übernehmen. Nokk antwortete, die Frage sei noch nicht zur Reife gediehen, und so ging das Gespräch auf kunstgeschichtliche Publikationen über, bei denen Kraus eine Staatshülfe wünscht und zugesagt erhielt. Über die weitere Behandlung der Angelegenheit bald mit Ihnen zu sprechen, ist mein dringender Wunsch. *[. . .]*

GLA FA Korresp. 13 Bd. 20 Nr. 155 eig.

[1] Nicht vorhanden.
[2] Vgl. *Kraus*, Tgb. S. 437: „Ich hatte in Karlsruhe der Ausstellung beigewohnt, in welcher ich unsere höchsten Herrschaften sah — den Kaiser wohl zum letzten Male."

484. Gelzer an Großherzog Friedrich.

Baden, 4. Oktober 1881.

Seit 24. Sept. bin ich hier, um Sie zu erwarten. Die beiden Briefe des Kardinals, den an E. K. H.[1] und den andern an mich, las ich — ich muß es gestehen — nicht ohne eine Art von Beklommenheit, wie man sie für jemand empfindet, den man liebt und ehrt, den man aber durch ein unüberwindliches, fast unbegreifliches Mißverständnis eingeengt und irregeleitet sieht! Mein letzter Brief an ihn[2], den ich Ihnen vorlesen werde, schien mir durch seine Deutlichkeit jede Möglichkeit des Mißverstehens dermaßen abzuschneiden, daß meine Frau (als meine Geheim-Kanzlei beim Kopieren) mich allen Ernstes fragte, ob ich nicht zu weit gegangen sei in der Deutlichkeit. *[. . .]*
Da Sie Ihre Hierherkunft für Mitte der Woche ankündigten, halte ich den Brief bis dahin zurück.

GLA FA Korresp. 13 Bd. 24 Nr. 624; Abschr. Gelzers in: Briefe vom 9. 1. 1881 bis 31. 12. 1883, Frankfurt, Besitz Matth. Gelzer.

[1] Nr. 482.
[2] Nr. 480.

485. Nokk an Großherzog Friedrich.

Karlsruhe, 9. Oktober 1881.

Gestatten mir E. K. H., nachdem ich gestern der Allerhöchsten Weisung entsprechend nochmals mit Herrn Staatsminister Turban gesprochen, meine Ansicht über die in der Frage der Wiederbesetzung des erzbischöflichen Stuhles zunächst einzuschlagenden Schritte in möglichster Kürze ehrerbietigst darzulegen.
Der E. K. H. im Entwurf vorliegende Ministerialerlaß an das Domkapitel[1] wäre abzulassen, sobald die bisher in Aussicht genommene hohe Persönlichkeit im Besitze des Allerhöchsten Handschreibens sein kann, worin der Verzicht des betreffenden Prälaten auf eine Kandidatur von Allerhöchster Seite akzeptiert wird[2]. Von diesem Zeitpunkt an schiene mir — unter einer unten zu berührenden Voraussetzung — ein Eingreifen Roms nur noch in der Richtung erforderlich und erwünscht, daß Herr Staatsrat Gelzer bei dem Kardinalsekretär
1. die nach Rom gelangende Bitte des Kapitels befürworten würde, den Wahlkörper zur Vorlegung einer neuen Liste an das Staatsoberhaupt zu ermächtigen,
2. wenn möglich erwirke, daß der erwähnten Ermächtigung von seiten der Kurie zugleich eine Ermahnung an das Domkapitel beigefügt werde, sich bezüglich der zu

erwählenden Persönlichkeit zuvor genau zu versichern, daß solche dem durchlauchtigsten Landesherrn genehm sei.

Für den Erfolg dieses Schrittes wäre das Allerhöchste Handschreiben, dessen Inhalt zur Kenntnis des Hl. Vaters gelangt ist, von entscheidender Bedeutung. Sollte bei der Besprechung mit dem Kardinalstaatssekretär von seiten des letzteren die Personenfrage wieder betont werden, so scheint es unbedenklich, alsdann im Gespräch einige Namen aus dem Klerus des Großherzogtums zu nennen, welche nach der Ansicht des Herrn Staatsrats genehme Persönlichkeiten sein würden. Ein Ersuchen an den Vertreter der Kurie, für den einen oder andern der Kandidaten bei dem Wahlkörper einzutreten, wäre aber nicht zu stellen, da ein solches, falls man auf die Wahl von O[rbin] absieht, nicht notwendig und immerhin nicht unbedenklich wäre. Es würde ohne allen Zweifel für Rom viel leichter sein, alsbald eine Einwirkung zu Gunsten von O[rbin] zu verweigern, als die erfolgte Wahl desselben zu beanstanden. Das letztere scheint mir bei der heutigen Lage der Kurie nicht zu befürchten. — Würden E. K. H. ein Vorgehen in dem dargestellten Sinne genehmigen, so wäre bald nach dem Abgange des Ministerialerlasses nach Freiburg die gestern von E. K. H. gebilligte Verhandlung mit O[rbin] einzuleiten, die aller Voraussicht nach das erwünschte Ergebnis hätte. Dieses Verfahren ist allerdings, wie oben angedeutet, nur dann möglich, wenn n i c h t infolge der bisherigen vertraulichen Verhandlung es als eine Anstandspflicht erscheint, dem Kardinalstaatssekretär Namen zu nennen. Würden E. K. H. glauben, daß eine solche vorliege oder die gewonnene günstige Position bei dem römischen Stuhle durch ein Unterlassen dieses Schrittes geschädigt werden könnte, dann müßte Herr Staatsrat Gelzer selbstverständlich genehme Kandidaten, und zwar unbefragt, bezeichnen. In diesem Falle wäre aber auch nach meiner Ansicht Herr O[rbin] nicht allein zu nennen, da sich die Regierung ja nicht mit dem Papste direkt über die Besetzung mit Umgehung des Kapitels zu verständigen wünscht. Ich würde vorschlagen, hiebei noch zu nennen: (um auch einen Vertreter der theologischen Wissenschaft zu ehren) Herrn Geistlichen Rat Professor Dr. Adalbert Maier[3], Domkapitular Kössing (damit das Domkapitel doppelt vertreten ist), die Stadtpfarrer der Residenzen Karlsruhe und Mannheim Benz[4] und Winterroth und der Landgeistlichkeit Dekan und Pfarrer Seilnacht in Waibstadt. Dabei wäre wohl O[rbin] besonders zu betonen. Würde sich bei den vertraulichen Besprechungen ergeben, daß die Kurie gegen O[rbin] unüberwindliche Schwierigkeiten erhebt, so könnte sich nach meiner Überzeugung die Regierung auch mit jedem der andern Kandidaten aufrichtig zufrieden geben. Bei dieser Art der Verhandlung müßte freilich die Kurie auch dem Wahlkörper gegenüber die betreffende Persönlichkeit, über welche man sich geeinigt, direkt empfehlen, damit die Wahl in der Tat gesichert wäre. Selbstverständlich müßte bei diesem Verfahren auch zunächst eine Verhandlung mit O[rbin] unterbleiben, bis vorläufig durch die Berichte des Herrn Staatsrats festgestellt wäre, daß die Kurie gegen diesen Kandidaten keine Schwierigkeiten erhebt. Es würde für die Regierung gewiß sehr unangenehm sein, wenn sie mit O[rbin] schon ins Benehmen sich gesetzt hätte und alsdann selbst wieder von der Kandidatur, und zwar vor einer Wahl zurücktreten müßte. Die möglichste Beschleunigung wäre bei beiden Arten des Vorgehens sehr erwünscht. *[. . .]*

GLA 48/5449.

[1] Ministerium der Justiz, des Kultus u. Unterrichts an das Domkapitel, Karlsruhe,

17. Okt. 1881 mit der Aufforderung, eine neue Liste von Namen für die Wiederbesetzung des erzbischöfl. Stuhls vorzulegen, GLA 235/12892 Konz.

[2] Nr. 489.

[3] Adalbert Maier (1811—89), 1836 Priester, 1840 Professor der neutestamentl. Exegese in Freiburg.

[4] Josef Benz (1825—98), 1848 Priester, 1872 Pfarrer in Karlsruhe.

486. Turban an Großherzog Friedrich.

Karlsruhe, 11. Oktober 1881.

Dem von E. K. H. gestern mir gnädigst erteilten Auftrage gemäß habe ich wegen einer bei der demnächstigen Vertagung der Generalsynode ihrem Präsidenten Dr. Bluntschli etwa zu erteilenden Auszeichnung zunächst mit dem Ressortchef, Präsident Nokk, mich besprochen. Er erkennt die Gründe als überwiegend, welche für eine solche Maßnahme sprechen, und glaubt, daß die seither zwischen Geheimrat Dr. Bunsen[1] und Geheimrat Dr. Bluntschli mit Rücksicht auf das Maß der wissenschaftlichen Bedeutung im allgemeinen und der Verdienste um die Heidelberger Hochschule insbesondere eingehaltenen Differenzierung nach des ersteren Ernennung zum Geheimrat 1. Klasse durch die Verleihung des Großkreuzes des Zähringer Löwen-Ordens an den letzteren forterhalten und gleichwohl Herrn Bluntschli damit eine besondere Befriedigung bereitet werden könne. Die Erlangung des genannten Ordensgrades sei es auch gewesen, welche Geheimrat Bluntschli bei dem früheren Anlasse angestrebt habe. [. . .] Der Vorschlag des Kollegen Nokk scheint mir aller Beachtung wert.

Geheimrat Ellstätter [. . .] ist der Meinung, daß z. Zt. von der Verleihung der Dekoration an Herrn Bluntschli abgesehen werden solle. Die bloße Vertagung der Generalsynode scheint ihm, ungeachtet der Bedeutung der bis dahin zu erwartenden Erfolge, für die fragliche Auszeichnung ihres Präsidenten nicht der geeignete Zeitpunkt zu sein; außerdem findet er an demselben manches auszusetzen, was ihn so sehr hinter Bunsen zurücktreten lasse, daß der dem letzteren jetzt verliehene Vorsprung nicht als eine Ungerechtigkeit sich darstelle, wohl aber eine Erhöhung der Ehren Bluntschlis und ein Nachdrängen der hinter ihm Stehenden zur Folge haben und Verlegenheiten bereiten könne. Daß Ellstätter schon bei der Ernennung Bunsens zum Geheimrat 1. Klasse den letzteren Gesichtspunkt geltend gemacht, habe ich E. K. H. bereits mitzuteilen mir erlaubt.

Nach nochmaliger Beratung mit Präsident Nokk kann ich mit diesem nur anerkennen, daß mehr und triftigere Gründe für die Ausführung des von E. K. H. angeregten Gedankens in der Form der Verleihung des höheren Ordensgrades an Geheimrat Bluntschli sprechen. Wir erlauben uns deshalb [. . .] den untertänigsten Antrag, das Geheime Kabinett mit der bezüglichen Eröffnung an das Ministerium der Justiz, des Kultus und Unterrichts gnädigst beauftragen zu wollen. [. . .]

GLA FA Korresp. 13 N 536.

[1] Robert Wilhelm Bunsen (1811—99), Naturwissenschaftler, 1831 Promotion in Physik und Chemie, 1839 a. o. Prof. in Marburg, 1842 ord. Prof., 1851 Prof. in Breslau, seit 1852 in Heidelberg.

487. Großherzog Friedrich an Turban.

Schloß Baden, 12. Oktober 1881.

Dank für die Mitteilungen betreffend die Presse und Bluntschli. Den hier rück-folgenden Artikel der neuen badischen Landeszeitung[1] hatte ich schon gelesen und mir gedacht, daß derselbe nicht unbeachtet gelassen werden könne. Ich bin nun recht froh, daß Sie die gerade in diesem Artikel so scharf betonte Frage der „Stütze" öffentlich abgelehnt haben.

Für die fernere Unabhängigkeit der Regierung ist diese Erklärung von Bedeutung, und ich gestehe Ihnen, daß ich im Interesse des Gesamtministeriums eine noch schärfere Zurückweisung gewünscht hätte. Die Perfidie des Angriffs ist so groß, daß nach den Vorgängen des letzten Landtags kein empfindlicherer Punkt getroffen werden kann als gerade dieser — in welchem die Kraft und Autorität der Regierung geradezu bedroht ist, wenn man sie abhängig machen will von den Leitern einer Partei, die ihr selbst und den Prinzipien, die ihr zur Grundlage dienen, einen so großen Schaden zugefügt haben. Ich vermeide in politischen Fragen gerne die persönlichen Verhältnisse, aber ich kann nicht umhin zu sagen, daß ich von Herzen wünsche, es möge die liberale Partei des Landes im Interesse der Erhaltung wirklich liberaler Regierungsgrundsätze — sich unabhängig machen von einer Leitung, die schon seit Jahren dem Land so vielen Schaden zugefügt hat, weil Herr Kiefer die persönlichen Interessen, Neigungen und Abneigungen den wahren inneren Bedürfnissen gegenüber immer hat vorwiegen lassen. Aus diesem Grund bin ich herzlich froh, daß die heutige Karlsruher Zeitung die besprochene Erklärung bringt.

Die Dekorierung des Geheimrat Bluntschli betreffend werde ich nun Ihrem und Nokks[2] Antrag folgend verfahren, glaube aber besser zu tun, wenn ich den Orden gelegentlich persönlich übergebe. *[. . .]*

GLA FA Korresp. 13 N 538 Nr. 22 eig.

[1] Turban an den Großherzog, Karlsruhe 11. Okt. 1881: *[. . .]* „Die gegnerischen Parteiorgane fahren fort, das mir fälschlicher Weise zugeschriebene Wort: Der Abgeordnete Kiefer sei ‚die beste Stütze der Regierung' oder, wie die frechere Version lautet, ‚die beste Stütze meiner Regierung', nach allen Richtungen hin weiterzutragen und auszubeuten. Die neueste Leistung bringt die anliegende Nummer der Neuen Badischen Landeszeitung in dem wahrscheinlich von Herrn von Feder herrührenden Leitartikel. *[. . .]* Dagegen schien es mir nach Rücksprache mit meinen Kollegen nicht länger statthaft, solchen Entstellungen und Ausfällen gegenüber, welche schließlich die öffentliche Meinung auch in den wohlgesinnten Kreisen zu verwirren geeignet sind, gänzlich stillzuschweigen. Ich habe deshalb ein ganz kurz, aber bündig gefaßtes Dementi in die Karlsruher Zeitung gegeben, welche dasselbe heute abend *[. . .]* bringen wird" (GLA FA Korresp. 13 N 536). — Heinrich v. Feder (1822—87), 1848 Advokat am Hofgericht in Bruchsal, 1849 inhaftiert, dann Rechtsanwalt in Offenburg, 1863—83 Mitglied der bad. Kammer, zuerst als Mitglied der Fortschrittspartei, später der kath. Fraktion nahestehend.
[2] Vgl. Nr. 486.

488. Großherzog Friedrich an Gelzer.

Schloß Baden, 15. Oktober 1881.

Die Abreise des Kaisers ist auf 20. Okt. festgesetzt. Der Kaiser hat zwar noch keinen Ausspruch darüber getan, ob und wann er Sie vor seiner Abreise noch zu sprechen wünschte, aber ich bin der Ansicht, daß es besser ist, solche Aussprüche nicht abzuwarten, wenn Sie selbst wünschen, den Kaiser zu sehen und zu sprechen. *Sie sollten am 17. eintreffen*, um den 18. für den Kaiser bereit zu sein, da der letzte Tag in der Regel zu sehr bewegt ist.

Sie verstehen, wie ich diesen Vorschlag meine — es ist ratsam geworden, dem Kaiser das zu bringen, was man ihm geben will, denn er ist vergeßlich geworden, und da vergehen Wochen und Monate, bis er zufällig auf eine Frage zurückkommt, die er selbst gestellt hat. Über diese Tatsache kann ich Ihnen noch vieles sagen, was besser mündlich zu behandeln sein wird. *[...]* Wollen Sie bei uns wohnen, w e n n Sie wirklich kommen können, so bitte ich nur um ein telegraphisches Wort über die Zeit Ihrer Ankunft hier. *[...]*

GLA FA Korresp. 13 Bd. 20 Nr. 156 eig.

489. Großherzog Friedrich an Kardinal Hohenlohe.

Schloß Baden, 16. Oktober 1881.

Ihr wertes Schreiben aus Rom, den 26. September[1] habe ich am 1. Oktober zu erhalten die Freude gehabt. Freude ist es mir in der Tat immer, eine Äußerung Ihres Empfindens und Denkens zu erhalten, und so begrüße ich denn auch diese letzte freundliche Mitteilung Ihrer ernsten Erwägungen mit dankbarster Gesinnung. Aber freilich war diesmal die Freude beeinträchtigt durch die ernsten Entschlüsse, welche Sie mir anzukündigen hatten.

Sie wissen, verehrter Prinz, wie fest sich in meinem Geist der Plan ausgebildet hatte, Ihnen wenn möglich in der Heimat eine schöne Stätte segensreicher Tätigkeit bereiten zu dürfen. Ich habe mich darüber schon zu eingehend Ihnen gegenüber ausgesprochen, als daß ich es wagen dürfte, noch mehr darüber zu sagen. Ihre freundlichen Dankesworte bekunden mir, daß wir uns ganz verstehen und daß wir beide das Bedauern empfinden, in dem gegenwärtigen Zeitpunkt unsern Wunsch nicht als erfüllbar betrachten zu können.

Gestatten Sie mir aber, an der Hoffnung festhalten zu dürfen, daß, wenn auch dermalen Ihr Wunsch feststeht, nicht als Kandidat für den Erzbischöflichen Stuhl zu Freiburg genannt zu werden, doch wohl noch eine Zeit kommen dürfte, in welcher günstigere Umstände Ihnen vielleicht zu veränderten Entschlüssen Anlaß geben könnten. Mit wie großer Befriedigung ich eine so veränderte Lage der Dinge begrüßen würde, wollen Sie wohl gerne ermessen.

Ich halte mich verpflichtet, Ihnen noch darzulegen, daß ich mir nicht erlaubt hätte, den ersten Brief in der Angelegenheit der Erzdiözese Freiburg an Sie zu richten[2], um Ihre gütige Vermittlung bei Seiner Heiligkeit mir zu erbitten, wenn ich nicht gewußt hätte, daß Ihrer freundlichen Dazwischenkunft in der „Examen Angelegenheit" ein so glücklicher Erfolg zu danken war. Deshalb dachte ich mir, daß die erste Einleitung zu einer günstigen Lösung der Besetzung des Erzbischöflichen Stuhls zu Freiburg unbeschadet Ihrer später zu bewirkenden Kandidatur für diesen hohen Posten, — durch Ihre persönliche Einwirkung versucht werden dürfte.

Ich hoffe daher, daß Sie diese meine Absicht in ihrer einfachsten Bedeutung erkennen wollen, wie es mir sehr leid wäre, wenn Sie glauben könnten, es sei in dieser Frage nicht mit der ganzen Rücksicht verfahren worden, die Ihre verehrte Person, Ihre hohe Stellung und Ihr stets gleiches und wertes Wohlwollen so gebieterisch verlangen. Die Personenfrage erschien mir seit dem Tod des Bischof und Erzbistumsverweser Lothar Kübel stets als diejenige, welche erst zu behandeln wäre, wenn es gelungen ist, die Prinzipienfrage auf gute Wege zu leiten.

Diese ersten Schritte, für welche Sie sich so gütig verwendet haben, sind nun erfolgt und hatten ein günstiges Ergebnis. Das Domkapitel hat zum Kapitularvikar und zum Domdekan einen Mann erwählt, der mir und der Regierung sehr genehm ist. — Nun wird erst die Frage gelöst werden müssen, ob das Domkapitel von Rom aus ermächtigt wird, eine neue Liste aufzustellen, auf welcher die Kandidaten für eine Wahl des Erzbischofs enthalten sind und welche der Regierung vorzulegen ist, um etwaige minder genehme Namen zu streichen.

Das Domkapitel wird nun von der Regierung aufgefordert werden, diese Kandidatenliste aufzustellen, respektive die Ermächtigung des Papstes dafür zu erlangen. Dies wird denn auch der Zeitpunkt sein, in welchem erst Namen genannt werden können und wobei ich bedaure, daß ich infolge Ihrer Äußerungen nicht mehr in der Lage sein kann, den würdigsten aller Kandidaten nennen zu dürfen.

Seien Sie indessen von der Dankbarkeit überzeugt, welche mich erfüllt bezüglich Ihrer wohlwollenden und mich sehr beglückenden Gesinnungen, deren Betätigung mir in so reichem Maße von Ihnen zu teil geworden ist. Ich bitte Sie um die Erhaltung dieser Ihrer gütigen Gesinnungen. [. . .]

GLA FA Korresp. 13 Bd. 37 Fasz. 2 Nr. 17 eig. Konz.

[1] Nr. 482.
[2] Nr. 472.

490. Großherzog Friedrich an Turban.

Schloß Baden, 16. Oktober 1881.

Anliegend übergebe ich Ihnen meine Antwort an den Kardinal Hohenlohe[1] mit der Bitte, dieselbe nunmehr an die Deutsche Botschaft in Rom mit der Bitte um Übermittlung an den Adressaten gelangen zu lassen. Ich habe meine Antwort so eingerichtet, daß, wenn Sie und Präsident Nokk es für angemessen erachten, die bekannte Aufforderung an das Domkapitel in Freiburg j e t z t abgehen zu lassen, dies ganz gut möglich ist, ohne irgendeinem Anstand zu begegnen. Ich glaube sogar, daß die Absendung j e t z t insofern nützlich sein kann, als ich den Kardinal für die weitere Behandlung der Angelegenheit zu interessieren suchte, da er ihr bisher ein so uneigennütziges Interesse zuwandte.

Ihre letzten Mitteilungen in Betreff der Landtagswahlen[2] haben mich sehr betrübt. Ich sehe mit Sorge der weiteren Entwicklung entgegen, da nun ein Mißverhältnis in dem Landtag besteht, das viele Ähnlichkeit mit den bayerischen Zuständen hat. Die vier demokratischen Abgeordneten werden die Bedeutung erlangen, in allen Hauptfragen den Ausschlag zu geben, da die Konservativen wohl immer mit den Ultramontanen stimmen werden. Das ist eine üble Perspektive, insofern es genügt, daß einige Liberale abwesend sind, um einen Beschluß gegen die Regierung zustandezubringen. Ich hoffe, bald wieder Gelegenheit zu haben, mit Ihnen zu verkehren, um über die Wege zu beraten, welche angesichts dieser Lage einzuschlagen sind.

150

GLA FA Korresp. 13 N 538 Nr. 23 eig.

¹ Nr. 489.
² Badische Landtagswahlen beginnend mit dem 3. Okt. 1881 mit dem Ergebnis: Die Nationalliberalen verloren 11, die Ultramontanen gewannen 9 Sitze. Turban an den Großherzog, Karlsruhe 3. Okt. 1881: „Im 23. Wahlbezirk hat es Benefiziat Wacker durch persönliche Agitation in der Presse und im Bezirk darauf abgesehen und erreicht, dem seitherigen Abgeordneten — meiner Wenigkeit — die Stimmenmehrheit zu entreißen. In diesen Wahlkampf hatte ich mich in keiner Weise eingemischt, mit keinem Wort und keiner Zeile daraufhin zu wirken gesucht, wieder als Kandidat aufgestellt zu werden" (GLA FA Korresp. 13 N 536).

491. Aufzeichnung des Großherzogs Friedrich¹.

Schloß Baden, 16. Oktober 1881.

Am 1. Oktober erhielt ich das anliegende Schreiben des Kardinal Hohenlohe aus Rom, den 26. September². Nach reiflicher Erwägung und infolge verschiedener Beratungen mit Staatsminister Turban, Präsident Nokk und Staatsrat Gelzer wurde beschlossen, die Antwort des Kardinal Hohenlohe als eine definitive Ablehnung zu betrachten. Es sollten daher auch keine weiteren Versuche gemacht werden, ihn zu anderer Ansicht zu bestimmen.

Ich beantwortete daher seinen Brief in der anliegend enthaltenen Form³ und sandte das Schreiben am 16. Oktober abends an das Staatsministerium zur Weiterbeförderung durch die Deutsche Botschaft in Rom.

Dieser vorläufige Abschluß der Angelegenheit der Kandidatur des Kardinal Hohenlohe für die Besetzung des Erzbischöflichen Stuhls zu Freiburg — ist ein wichtiger Abschnitt für die weitere Entwicklung der Frage, ob diese Wiederbesetzung auch eine Wiedergeburt in sich schließen werde.

GLA FA Korresp. 13 Bd. 37 Fasz. 2 Nr. 19 eig.

¹ Fortsetzung von Nr. 473.
² Nr. 482.
³ Nr. 489.

492. Aus Gelzers Tagebuch.

Steineck, 16. Oktober 1881.

Es ist heute der letzte Tag meines 68. Lebensjahrs. Ernst blicke ich auf die wichtigsten Phasen desselben zurück: [. . .]

3. Unterredungen mit dem Großherzog in Baden 30. Oktober — 23. November 1880. — Bekanntschaft von Maxime du Camp. [. . .]

7. Vom 17.—23. März 1881: In Karlsruhe und Straßburg. — Am 21. März Manteuffel Diner und am 22. März beim Kaiser! [. . .]

9. Vom 29. März — 2. April 1881 Wilhelm Wieds Besuch: Über Kronprinzeß; Königin Viktoria!? König von Rumänien! Roggenbach! Prozeß Wilhelm; Prinz Heinrich! — Bismarcks Größe und Gefahren! — Seine Schwester Elisabeth¹! Reise nach Bukarest mit mir?? [. . .]

15. Vom 24. Juni — 4. Juli 1881 unterwegs. Am 25. Niedernau und Rottenburg. Hefele verfehlt. [. . .] Vom 29. Juni — 2. Juli: Im Inselhotel zu Konstanz auf den Großherzog wartend, der am 1. Juli nach Mainau kommen wollte; aber am

30. Juni Telegramm. Des Großherzogs Erkrankung und Operation der Kaiserin in Koblenz. [. . .]

17. Vom 1.—15. August in St. Moritz. [. . .] Im Kurhaus Großherzog und schwedischer Kronprinz am 2. August. [. . .] 5. August: Konferenz mit Großherzog. [. . .] 7. August: An Kardinal Hohenlohe Begleitbrief![2] [. . .] Abreise des Großherzogs abends zur Zusammenkunft mit Kaiser von Österreich auf Mainau 9. August. [. . .] 12. August: Klagen und Sorgen der Großherzogin. — Schwedischer Kronprinz! [. . .]

18. Vom 16.—18. August in Luzern. Zusammenkunft mit Professor Kraus von Schöneck her. Am 16. August: [. . .] Kraus. „Canossa II". Kraus Bischof!? [. . .]

20. Vom 22.—31. August: Freiburg-Mainau. Am 22. August: Nach Freiburg: Orbin! Am 23. August: Nach Baden zu Hefele. [. . .] Am 24. August: In Baden: Hefele. [. . .] Am 27. August: Sternberg über Unruhe der Großherzogin und Übermüdung des Großherzogs! — Gartengespräch mit Turban: Memoire von Kraus[3] vorgelesen. Am 28. August: Im Korridorsalonwagen zweistündig Bericht an Großherzog! Sein Programm: „Wenn das Maximum nicht möglich (Hohenlohe mit Kraus!), ob man dann mit dem Minimum (Orbin mit einem badischen Generalvikar) sich begnügen müsse?" [. . .] Am 29. August: Sehnsucht nach einem stilleren fruchtbareren Lebensabend. — Brief an Kardinal Hohenlohe[4] dem Großherzog und Großherzogin in meinem Zimmer vorgelesen! [. . .] Mit Großherzog Sonnenuntergang Abendgespräch: „Die Minister seien den Schwierigkeiten der Lage und der römisch-katholischen Frage nicht gewachsen." [. . .]

23. Vom 19.—25. September in Karlsruhe. [. . .] Am 22. September: [. . .] Abends beim Kronprinz: Sein Gespräch mit Bismarck in Danzig: „Nicht nach Canossa! Alle Bischöfe Sklaven des Papsts! Falks Schuld: die zu scharfen Maßregeln!" Kronprinz fragt: ob Bismarck seinen Höhepunkt nicht schon hinter sich habe? Am 23. September: Mit Nokk über Gründe gegen Hohenlohe und Kraus. [. . .]

24. Vom 25. September — 9. Oktober 1881 in Baden. [. . .] Am 29. September: Karlsruher Zeitung über Erkältung des Großherzogs und Aufschub seiner Übersiedlung. [. . .] Am 3. Oktober: [. . .] Brief von Großherzog mit zwei Briefen des Kardinals[5]: Verzicht des Großherzogs und des Kardinals!!! [. . .] Am 5. Oktober: Beim Großherzog in Karlsruhe: Dringende Mahnung zu gründlicher Ausspannung. [. . .] Über Hohenlohe, Kraus, Orbin und Domkapitel. [. . .]. Am 7. Oktober: Ermüdung! geistig und leiblich. — Zum Großherzog nach Karlsruhe: Entscheidung für römische Mission. [. . .] Am 8. Oktober: [. . .] Kaiser-Vorbeifahrt!! Erbprinz empfiehlt mir abends Anmeldung beim Kaiser. Am 9. Oktober: Brief an Kaiser[6]. Seine Heiserkeit! Abreise!

25. Vom 9.—16. Oktober Basel. Am 9. Oktober: vor der Abreise von Baden noch ein Billett an den diensttuenden Adjutanten des Kaisers: „Ich sei bereit, wieder nach Baden zu kommen, wenn der Kaiser mich zu sehen wünsche". — Mit Fräulein von Gayling[7] im Coupé bis Freiburg: Über die bedenklichen Seiten im Charakter des Prinzen Ludwig: „Moquant, starkes Selbstgefühl, viel über die Mutter vermögend!" [. . .] Am 10. Oktober: Stärkste Reaktion der Reise-Antipathie gegen einen römischen Winter. [. . .] Am 13. Oktober: Neuer Zauber der Studierstube und Reise-Widerwille! [. . .] Ob die römische Reise auf Februar verschieben?? [. . .] Am 14. Oktober: Rückkehr zum ersten Reiseplan; meine leitende Idee dabei: Lösung meiner Lebensaufgabe. [. . .] Am 16. Oktober: [. . .] Mono-

log über Licht- und Schattenseiten des italienischen Winterplanes! *[. . .]* Brief des Großherzogs: sein Rat, „wenn ich dem Kaiser noch etwas ans Herz zu legen wünsche, am 17. nach Baden zu kommen, um am 18. für ihn bereit zu sein[8]. — Seine langsame Besserung! Katarrhalisch und rheumatisch!" Ich prüfe innerlich: ob ich dem Kaiser ein prophetisches Nathan-Wort warnend oder ratend sagen könnte? — Ich zweifle!

Frankfurt, Besitz Matth. Gelzer.

[1] Königin Elisabeth v. Rumänien, geb. Fürstin zu Wied (1843—1916), veröffentlichte Gedichte und Romane unter dem Decknamen Carmen Silva.
[2] Nr. 455.
[3] Nr. 460.
[4] Nr. 471.
[5] Nr. 483.
[6] Nicht vorhanden.
[7] Vermutlich: Luise Melanie Gayling v. Altheim (geb. 1846), Palastdame der Großherzogin, stellv. Obersthofmeisterin.
[8] Nr. 488.

493. Gelzer an Großherzog Friedrich.

Basel, 17. Oktober 1881.

Der Kaiser schickte, als er am 8. Okt. nachmittags durch die Frau Großherzogin von meiner Anwesenheit erfahren hatte, am folgenden Morgen zu mir, um zu erfahren: wie lange ich noch in Baden zu bleiben denke. Mit dieser Anfrage hatte sich mein Brief an den Kaiser gekreuzt. — In der Anfrage des Kaisers glaubte ich aber seinen Wunsch erkennen zu müssen, mich zu sehen, falls ich bis zu seiner Wiedergenesung in Baden bliebe. Daher hielt ich es für schicklich, in meinem Billett an den Adjutanten mich bereit zu erklären wiederzukommen, wenn der Kaiser dies nach seiner Wiederherstellung wünsche. *[. . .]*
War obige Anfrage des Kaisers nur der Ausfluß freundlicher Gesinnung in der Absicht, mir eine Viertelstunde eines wohlwollenden Empfangs zu schenken, oder lag ihr der Wunsch zu Grunde, über wichtige Fragen mit mir zu sprechen? Im ersten Falle würde ich das Wohlwollen des Kaisers dankbar anerkennen, im zweiten Fall dagegen müßte ich eine verpflichtende Aufforderung erblicken, jenem Wunsche sofort zu entsprechen. — Die Sache liegt also nicht so, daß ich von mir aus die Initiative ergreifen wollte, „dem Kaiser (um mich der Worte Ihres w. Schreibens zu bedienen) irgend ein Wort besonders ans Herz zu legen". Allerdings hätte ich vielleicht, wenn der Kaiser mich gerufen hätte, ein solches Wort gefunden, und ich würde es gewiß nicht verschwiegen haben, falls ich die Empfänglichkeit dafür wahrgenommen hätte.
Gerne wäre ich Ihrem freundlichen Vorschlage gemäß schon heute abend zu Ihnen gekommen, um dem Kaiser am 18. als dem vorletzten Tage vor der Abreise mich zur Verfügung zu stellen. Allein heute macht mich eine Migräne reiseunfähig. *[. . .]*
Eben erhalte ich ein Telegramm der Frau Großherzogin, die mir für die beiden Gedenktage des 17. und 18. Oktober die freundlichsten Wünsche sendet, die ich mit wärmstem Danke erwidre. *[. . .]*

GLA FA Korresp. 13 Bd. 24 Nr. 625.

494. Flemming an Bismarck.

Karlsruhe, 18. Oktober 1881.

Die Wahlen zur Badischen Zweiten Kammer sind beendet, und die Stimmenzahl der einzelnen Fraktionen stellt sich nun wie folgt: 31 Nationalliberale, 25 Ultramontane, 4 Demokraten, 3 Konservative[1]. Die Nationalliberale Partei hat zwölf Sitze verloren, behält aber die relative Mehrheit und wird voraussichtlich nur in sehr seltenen Fällen alle Mitglieder der drei anderen Fraktionen vereint zu Gegnern haben.

Die Regierung ist darauf gefaßt, seitens der Ultramontanen bald nach dem Zusammentritt der Stände-Versammlung im nächsten Monat eine Reihe wichtiger Anträge eingebracht zu sehen, darunter einen auf Einführung des direkten allgemeinen Wahlsystems. Sie erwartet aber, daß ein solcher Versuch schon an dem Widerstande der I. Kammer scheitern wird und ist ihrerseits entschlossen, ihre Zustimmung unter allen Umständen zu versagen.

Die Situation des Ministeriums der Kammer gegenüber ist zwar keine unhaltbare, aber doch eine höchst unbequeme, ja peinliche geworden: Denn selbst die Liberalen sind unzufrieden mit ihm; sie werfen ihm vor, daß es die Wahlen nicht energisch genug geleitet, überhaupt nicht deutlich genug Farbe bekannt und dadurch die Beamten unsicher gemacht habe. Ich glaube, daß die Liberale Partei von ihrem Standpunkte aus hierin nicht ganz unrecht hat, zumal es allgemein bekannt war, daß die katholische Geistlichkeit — verstärkt, wie sie es ist, durch die hunderte seit dem Gesetz vom 5. März vorigen Jahres zurückgekehrter und angestellter junger Kleriker — kühner und eindringlicher wie je ihren Einfluß auf die Wahlen geltend zu machen suchte. Daß die Liberale Partei aber zum großen Teil den Ausfall der letzteren selbst verschuldet, erkennen ihre eigenen Organe an, und sie wird daher alles aufbieten, um nicht auch bei den bevorstehenden Wahlen zum Reichstag zu unterliegen. Meiner Ansicht nach würde es indessen ebenso überraschend sein, wenn dies unter dem für die Ultramontanen günstigeren Wahlsystem gelänge, als es unvermutet war, daß die badischen Partial-Wahlen einen solchen Umschlag zum Vorteil der bisherigen Minorität herbeiführen würden.

Bonn, Archiv Ausw. Amt, Baden Nr. 31 Vol. 3, Ausf. Marginalie: v. S. D. 21. 10.

[1] Vgl. Nr. 490 Anm. 2.

495. Graf Herbert Bismarck[1] an Unterstaatssekretär von Busch[2].

Varzin, 20. Oktober 1881.

Der Reichskanzler bittet, dem Grafen Flemming auf den wieder angeschlossenen Bericht Nr. 39[3] zu erwidern, daß der Umschlag bei den badischen Wahlen ihm so unvermutet doch nicht hätte sein können, da die Ursachen desselben die nämlichen wären, die schon bei den letzten Wahlen in Sachsen und Württemberg[4] hervorgetreten seien: diese wären zu suchen in der törichten Haltung der Liberalen in Beziehung auf die wirtschaftliche Frage, wo ihre Fraktionstheorie mit der Überzeugung des Volkes nicht mehr kongruierte. Die Masse der Nation hätte das Unfruchtbare der von ihr mit Gleichgültigkeit betrachteten Voranstellung der parlamentarischen Machtfrage seitens der Liberalen erkannt und wendete sich deshalb von letzterer ab: hauptsächlich wäre die Borniertheit der liberalen politischen Bestrebungen, welche die Nation degutierten, und die rein negative Stellung, welche sie einnehmen, die Veranlassung, daß sie den Boden verlören.

Ferner bittet der Reichskanzler den obigen Gedanken in die Presse zu bringen und dabei unter teilweiser Benutzung des anliegenden Berichtes betonen zu lassen, daß die liberalen Blätter die Niederlage, die ihre Partei in Baden erlitten hätte, fälschlich auf die Nichtbeeinflussung der Wahlen durch die dortige Regierung[5] zurückführten: die Liberalen wären einfach in Baden wie auch in Bayern, Sachsen und Württemberg mit der Nation auseinandergekommen, welcher die unfruchtbare politische Zänkerei einzelner Narren und mißvergnüglicher Streber langweilig geworden wäre. Die Wähler verlangten politische Ruhe und wirtschaftliches Gedeihen, und die Liberalen hätten selbst alles getan, um das Volk darüber aufzuklären, daß in ihrem System das nicht geboten würde.

Bonn, Archiv Ausw. Amt, Baden Nr. 31 Vol. 3 Konz.

[1] Herbert v. Bismarck (1848—1904), 1874 Eintritt ins Ausw. Amt, zunächst als Privatsekretär des Vaters, 1882 Botschaftsrat in London, 1884 in Petersburg und Gesandter im Haag, 1885 Unterstaatssekretär, 1888 zugleich preuß. Staatsminister, 1881—89 und 1903—1904 Mitglied des Reichstags, 1890 zusammen mit dem Vater zurückgetreten.
[2] Clemens August v. Busch (1834—95), 1874 Vortr. Rat im Ausw. Amt, 1877 Gesandter in Konstantinopel, 1879 Generalkonsul in Budapest, 1880 Leiter der Orientabt. im Ausw. Amt, 1881 Unterstaatssekretär, 1885 Gesandter in Bukarest, 1888 in Stockholm, 1892 in Bern.
[3] Nr. 494.
[4] In den Ergänzungswahlen zum sächsischen Landtag am 12. Juli 1881 gewannen die Konservativen 6 zusätzliche Sitze: Der Landtag zählte fortan 47 Konservative, 16 Nationalliberale, 13 Fortschrittler und 4 Sozialdemokraten. — In Bayern ergaben die allgemeinen Landtagswahlen am 21. Juli 1881 eine verstärkte Majorität der Ultramontanen: 88 gegen 71 Liberale. — Zu den Wahlen in Württemberg vgl. C. *Große* u. C. *Raith*, Beiträge z. Gesch. u. Statistik der Reichstags- u. Landtagswahlen in Württ. seit 1871 (1912). — Am 27. Okt. u. 14. Nov. 1881 fanden Reichstagswahlen statt, deren Ergebnis Bismarck nicht befriedigte, weil die Stärkung der konservativen Stimmen nicht vorhielt.
[5] Zur Wahlbeeinflussung in Baden schreibt Marschall (vgl. Nr. 545 Anm. 2) an den preußischen Innenminister v. Puttkamer 1881: „Ich bin in den Reichstagswahlen der geschlossenen Phalanx: Regierung, Nationalliberale, Demokraten, Sozialdemokratie unterlegen. Auf alle Weise wurde mein Gegner von der Regierung unterstützt, die offizielle Zeitung brachte das Wahlprogramm desselben — gegen Schutzzölle, indirekte Steuern und die sozialpolitischen Pläne des Reichskanzlers —, während sie das meinige mit Stillschweigen überging. Die Oberamtmänner reisten von Ort zu Ort, um die Bürgermeister zu bearbeiten. Oberförster, Domänenverwalter usw., von deren Gnade viele Ortschaften abhängig sind, waren unermüdlich tätig in der Agitation. Ein unterer Steuerbeamter hatte in einer Versammlung meine Wahl empfohlen. Er wurde nach Karlsruhe ins Finanzministerium zitiert, wo ihm eröffnet wurde, daß er sofort seines Dienstes enthoben werden würde, wenn er noch einmal in dieser Weise an der Agitation teilnehme. Die Beamten, welche gegen mich agitiert hatten, blieben unbehelligt" (A. v. *Puttkamer*, Staatsminister von Puttkamer (1928) S. 154).

496. Turban an Großherzog Friedrich.

Karlsruhe, 21. Oktober 1881.

Es ist mir nicht möglich, den heutigen Tag zu beschließen, ohne E. K. H. ausgesprochen zu haben, wie schwer ich den Tod Bluntschlis[1] empfinde, wie weh es mir tut, daß die Stunde, welche Ihnen die Freude bringen sollte, dem um das Friedenswerk der Generalsynode hochverdienten Manne Ihren Dank aussprechen und bestätigen zu können, in Schmerz und Trauer hat endigen müssen. Vielfach angefochten, war er doch an Geist und Gemüt und reicher, vielseitiger Arbeitskraft einer der hervorragendsten Zeitgenossen; in den reifsten Jahren seines Lebens hat er Ihrem und Ihres Landes Dienste neben einer universellen wissenschaftlichen und praktischen Tätigkeit angehört; sein letztes Wirken hat ihm viele Herzen wieder zugewendet, die gegen ihn eingenommen waren, und neue Hoffnungen auf ihn bauen lassen. Sein Tod reißt mehr als eine tiefe Lücke.

Auch in der ersten Kammer wird dieser Verlust, zumal jetzt, kaum zu ersetzen sein. Sie hat ohnehin schon zuviele Einbuße erlitten. Geheimrat Nüßlin kann trotz meiner eindringlichen Vorstellungen sich nicht entschließen, einem Rufe in dieselbe Folge zu leisten; schon hatte ich im Stillen mit der Hoffnung mich zu trösten angefangen, daß das so schwer zu besetzende Präsidium nach der ausgezeichneten Leistung in der Generalsynode Bluntschli zufallen könnte. Leider ist nun auch diese Hoffnung dahin.

Bluntschli war in die erste Kammer durch die Universität Heidelberg, soviel ich mich erinnere, mit schwacher Mehrheit, gewählt[2]. Ob die politische Lage den zerklüfteten Gruppen in der Heidelberger Gelehrtenwelt ernst genug erscheint, daß sie in größerer Einmütigkeit auf den tauglichsten Mann sich verständigen, wird die nächste Zukunft lehren; mir würde als solcher Geheimrat Dr. Schulze[3], der s. Z. Mitglied des preußischen Herrenhauses gewesen ist und eine gemäßigte freisinnige Politik vertritt, erscheinen. Ob er freilich dann auch sofort bei Besetzung der Präsidentenstellen mit in Rücksicht gezogen werden könnte, ist eine andere Frage, die erst zu erwägen sein würde[4]. [. . .]

GLA FA Korresp. 13 N 536.

[1] Ungern-Sternberg berichtet dem Großherzog, Karlsruhe 21. Okt. 1881 nach der Darstellung des Prälaten Doll ausführlich über den Tod Bluntschlis: Die Mitglieder des Büros der Generalsynode trafen sich vor der Audienz beim Großherzog um 11.45 Uhr im Hause des Prälaten, warteten aber vergeblich auf Bluntschli. In der Annahme, er habe wegen des regnerischen Wetters einen Wagen genommen, um auf direktem Wege ins Schloß zu fahren, verließen sie ohne Bl. das Haus. Bl., zu Fuß, stürzte auf dem Schloßplatz, wurde ins Spital gebracht, starb aber noch vor der Einlieferung (GLA FA Korresp. 13 Bd. 34 Ausf.; vgl. *Bluntschli*, Denkwürdiges III S. 494). — Karl Ludwig Doll (1827—1905), 1877 Prälat der bad. evang. Landeskirche u. deren Vertreter in der I. Kammer, 1894 Hofprediger in Karlsruhe.
[2] Nach Bluntschli, Dkw. III 454 ff. fand der erste Wahlgang der Universität Heidelberg für die Wahl ihres Vertreters in der 1. Kammer Ende 1879 nicht die erforderliche Beteiligung. Im 2., von der Regierung angeordneten Wahlgang erhielt Bluntschli 19 der abgegebenen 24 Stimmen.
[3] Hermann Schulze-Gävernitz (1824—88), kurz vor seinem Tode von Großherzog Friedrich geadelt, Mitglied des preußischen Herrenhauses, 1878 Professor für Reichs-, Staats- und Verwaltungsrecht in Heidelberg und Mitglied der 1. badischen Kammer.
[4] Präsident der 1. Kammer wurde Edwin Benckiser († 1889), Landgerichtspräsident.

497. Aus Gelzers Tagebuch.

Steineck, 22.—25. Oktober 1881.

22. Oktober 1881. [. . .] „Du darfst, kannst und wirst nicht sterben, ehe daß dein von Gott geweihter Mund das rechte Wort gefunden hat!" — so sprach gestern

nacht vor dem Einschlafen meine Julia-Beatrice mit begeistertem Vertrauen zu mir — und tief in die Seele drangen ihre Worte! — [. . .]

24. Oktober 1881. [. . .] Ein Brief des Kaisers aus Baden v. 23. überraschte mich diesen Morgen: „Ihre Zeilen haben mich ungemein interessiert, und ich hoffe, glaube aber nicht, daß ich Ihr Werk noch erleben werde, was mir namentlich wegen des Gedächtnisses, welches Sie in demselben meiner unvergeßlichen Mutter setzen wollen, so gern lesen würde! Mit alter Gesinnung Ihr Wilhelm, Imperator et Rex." Dieser Brief gilt mir nun als Ersatz für die verfehlte Audienz und als neue Aufforderung für die Denkschrift!, sei es nun für ihn oder für den Sohn!

25. Oktober 1881. Gestern nachmittags beim Exzerpieren von Unruhs Erinnerungen[1] und auf dem Heimweg von der Lesegesellschaft stieg in mir, über Bismarcks Bedeutung nachdenkend, die Frage auf: Könnte man ihn nicht als den politischen Faust Deutschlands und des 19. Jahrhunderts auffassen — während Goethe den philosophischen Faust des 18. Jahrhunderts geschildert hat? Jedenfalls sehe ich in der vergleichenden Charakteristik von Bismarck, Napoleon III. und Cavour eine lockende fruchtbare Aufgabe für meine Denkschrift und für mein „Deutschland und Europa". — Das „Faustische" in Bismarck sehe ich in dem Streben, mit leidenschaftlicher Ungeduld auf kirchenpolitischem und sozialem Gebiet Ziele erreichen zu wollen, die weder in kurzer Zeit noch mit bloßen Machtmitteln erreicht werden können. Aber das Großartige und Tragische seines Strebens liegt in dem Instinkt für die größten Probleme des Jahrhunderts, ähnlich wie bei Napoleon III. — Er will die Rätsel der Sphinx lösen; wird sie auch ihn (Bismarck) verschlingen wie Napoleon III.?

Frankfurt, Besitz Matth. Gelzer.

[1] Hans Victor v. *Unruh*, Erinnerungen aus meinem Leben, Dt. Rev. Jg. 6, 4 (1881) S. 1 ff., erweitert: Erinnerungen aus dem Leben Hans Victors v. Unruh, hrsg. v. H. v. *Poschinger* (1895).

498. Gelzer an Großherzog Friedrich.

Basel, 22. Oktober 1881.

Gestern vor 14 Tagen haben wir uns zum letztenmal im Karlsruher Schloß gesehen. Die damals uns beschäftigenden Fragen mit neuen, die hinzugekommen [. . .], erlauben Sie mir, dieselben der Reihe nach kurz zu berühren:

I. Ihre Gesundheit? [. . .]

II. Die Audienz beim Kaiser? [. . .] Dem Kaiser ein fruchtbares wirksames Wort zu sagen. [. . .] Ob es aber möglich sein werde? Darüber blieb ich in peinlicher Ungewißheit, die, so vermute ich, auch für Sie vorhanden war. [. . .]

III. Berlin und Rom? Seit wir uns gesehen, deuten verschiedene Anzeichen darauf hin, daß die Verständigung zwischen Berlin und Rom wieder ins Stocken geraten. Die Sprache des Zentrums in der Presse wie bei den Wahlreden lautet meist sehr bitter, und einzelne offiziöse Äußerungen verraten ähnliche Herbigkeit. — Dieser Umstand verdient auch darum Beachtung, weil er von Bedeutung sein könnte für die Behandlung der Freiburger Erzbischofangelegenheit in Rom. — Nun ist auch Fürstbischof Förster[1] gestorben; neue Verlegenheit. —

IV. Für Bismarck und der Reichstag? Angesichts der Reichstagswahlen machen die beiden Publikationen von Unruh[2] und Mommsen[3] in letzter Zeit ein begreifliches Aufsehen. Unruhs Erinnerungen werfen namentlich auf die Konfliktsperiode einige merkwürdige Streiflichter, namentlich auch das Verhältnis zum Kaiser und zu General Manteuffel! Mommsens Wahlschreiben treibt zwar nach seiner Art die Dinge auf die schroffsten Spitzen, wird aber doch einen langen Nachhall zurücklassen.

V. Ausfall der badischen Wahlen zum Landtag[4]? Diese sich ankündigende neue Wendung im Landtage haben Sie schon bei unserm letzten Zusammensein aus Anlaß der Wahl Turbans signalisiert. Jetzt stehen wir der vollzogenen Tatsache gegenüber, daß die alte Kammermehrheit eine Niederlage erlitten. Wenn die nationale Partei in Baden einer reinigenden innern Erneuerung fähig ist, so kann diese Erfahrung heilsam wirken. Für den Landesherrn und seine Regierung ist aufmerksames Abwarten die einzig richtige Haltung. Sie haben ein gutes Gewissen und können die Reife der Dinge abwarten. Dies gilt auch von der möglichen Rückwirkung auf die Freiburger Frage.

VI. Römische Reise? Hierüber bin ich, so oft ich seit meiner Rückkehr hieher die Frage prüfte, wieder bei demselben Punkte angelangt, den ich schon in unserer letzten Unterredung dahin formulierte: Der Rat des Arztes weist mich nach dem Süden; ob ich Rom als längern Aufenthaltsort wählen werde, das hängt ganz entscheidend davon ab: ob ich damit Ihren Wünschen entspreche und den Interessen der guten Sache in der Freiburger Erzbistumssache dienen kann. [...]

GLA FA Korresp. 13 Bd. 24 Nr. 626; Frankfurt, Besitz Matth. Gelzer, Abschr. Julie Gelzers in: Briefe vom 9. 1. 1881—31. 12. 1883.

[1] Heinrich Förster (1799—1881), 1853 Fürstbischof von Breslau, 1875 vom Staatsgerichtshof für abgesetzt erklärt, leitete während des Kulturkampfes sein Erzbistum von Schloß Johannesberg im österreichischen Teil der Diözese aus.
[2] Vgl. Nr. 497 Anm. 1.
[3] Theodor *Mommsen*, An die liberalen Wähler des Reichswahlbezirks Coburg, Charlottenburg, 13. Okt. 1881.
[4] Vgl. Nr. 490 Anm. 1.

499. Großherzog Friedrich an Turban.

Schloß Baden, 26. Oktober 1881.

Empfangen Sie meinen besten Dank für Ihr wertes Schreiben vom 21.[1], worin Sie mir Ihre Empfindungen bei Anlaß des erschütternden Todesfalles von Geheimrat Bluntschli in so wohltuender Weise ausdrückten. Der Verlust dieses hervorragenden Mannes wird uns noch in vielen Beziehungen fühlbar werden und zunächst in der Zusammensetzung der Ersten Kammer [...]. Daß Geheimrat Schulze in Heidelberg eine werte Kraft für die Erste Kammer sein würde, halte ich für zweifellos und erfahre daher mit Freude aus einem eben erhaltenen Schreiben des Präsidenten Nokk, daß Aussicht sei, ihn von der Universität gewählt zu sehen. Damit wäre zwar Bluntschli nicht ersetzt, insofern Schulze in unseren Verhältnissen noch nicht so genau orientiert ist, als es Bluntschli war, — aber immerhin ist eine sehr bedeutende Kraft für den Landtag dadurch gewonnen. [...]

GLA FA Korresp. 13 N 538 Nr. 24 eig.

[1] Nr. 496.

500. Großherzog Friedrich an Papst Leo XIII.

Oktober 1881

Très Saint Père. Il y a des mois que j'ai eu l'honneur de m'adresser à Votre Sainteté dans l'intention de Lui proposer une entente sur le choix d'une personne distinguée pour la nomination comme archevêque de Fribourg. Ma proposition se fondait sur la nécessité de choisir une personalité d'un charactère indépendant, qui serait de la force morale de maintenir dans sa haute position tout ce qui concerne l'intérêt de l'Eglise ainsi que les fondements d'un gouvernement monarchique. Votre Sainteté avait l'intention de différer l'époque de la décision sur cette question, afin que la population catholique du Grandduché se tranquilise et que cette cause si importante soit achevée dans des dispositions plus calmes. Ce voeux de Votre Sainteté a été troublé par une agitation qu'une partie du clergé du diocèse a organisé dans le but de combiner la question de l'élection d'un Archevêque avec des causes politiques. Pour fortifier ce mouvement dans les populations les agitateurs écclésiastiques se sont réunits avec le parti démocratique et ont même recherché une entente avec les socialistes. Ce sont donc les tendances subversives qui conduisent au bouleversement non seulement de l'état mais tout autant de l'Eglise.

Votre Sainteté conviendra que ces tendances du clergé ne peuvent plus être ne sont que des entreprises tels qu'on les trouve dans tous les partis subversifs que le gouvernement doit combattre avec tous les moyens légals. — Cette situation empêche de choisir un Archevêque parmi ceux qui font un tel mal à l'état ainsi que parmi ceux qui protègent cette agitation politique, ou qui n'ont pas la force ou la volonté d'empécher ou de défendre au clergé une conduite non digne d'un prêtre. Il me parait donc une nécessité absolue de mettre fin à ce trouble et de s'entendre sur la nomination d'un Archevêque sans l'intervention du chapitre de Fribourg.

Le chapitre n'a plus l'autorité nécessaire pour diriger les esprits anarchiques dans des voies salutaires. — Heureusement nous avons encore des prêtres catholiques dans le Grandduché qui seraient dignes de remplir la position si importante d'un Archevêque. Aussitôt que Vatre Sainteté voudra bien accepter ma proposition de s'entendre avec moi sur la nomination d'un Archevêque de Fribourg, je serais à même d'indiquer les prêtres du Grandduché qui se sont abstenu de toute agitation politique dans cette question et qui par cela ont prouvé que le devoir du prêtre exige de rester digne de sa position si importante vis à vis de la population catholique.

GLA FA Korresp. 13 Bd. 37 Fasz. 2 Nr. 1 eig. Konz. (vollständig?).

501. Aus Gelzers Tagebuch.

Steineck, 27. Oktober 1881.

[. . .] Gestern abend war mir Saladin Vögelins Großrats-Rede vom 9. August 1881: „Über das Wesen und den Zielpunkt der Sozialdemokratie"[1] (aus Anlaß der Petition gegen den Sozialisten-Kongreß in Zürich) ein Impuls, der sozialen Frage wieder ernst ins Auge zu schauen, ausgehend von den Grundgedanken:

I. Unsere Gesellschaft leidet an schweren Gebrechen und Wunden, an schreienden Mißständen und Ungerechtigkeiten. Europa leidet an einer sozialen Krise, die zu großen Erschütterungen führen kann. Der Industrialismus ist ein Problem des Jahrhunderts und Ursache der Krise.

II. Alle Versuche, durch Staatsgesetze eine ideale Gesellschaft herbeizuführen — sei es auf dem Boden des Staatssozialismus oder der Sozialdemokratie — führen zum Despotismus, sei es nun des Despotismus der Staatsallmacht oder des Sozialistenkomitee du Salu public. —

III. Eine neue bessere soziale Ordnung kann nur durch eine große fruchtbare religiöse Erhebung mit begeisternden Ideen und Zielen und aus opferfreudigem Herzen herbeigeführt werden! Durch ein neues Pfingsten (Geistes- und Studientaufe! Ideen und Opfer).

IV. Weder die alte, noch die neue Theologie (weder die positive noch die kritische) ist bis jetzt fähig gewesen, das Feuer anzuzünden (Wichern ein edles Beispiel. Du Vernoy[2] hat prophetisch erkannt, daß die soziale Aufgabe das Verjüngungsbad der alten Theologie und Kirche sein werde.)

V. Drum drängt der Anblick der jetzigen Theologie des jetzigen Kirchentums und alexandrinischen Kultur gegenüber der Not und dem Versinken der Massen zu der neanderschen Weissagung[3] hin von einem sich vorbereitenden neuen (vierten) Zeitalter der Welterneuerung durch Christus! [...]

Frankfurt, Besitz Matth. Gelzer.

[1] Friedrich Salomon Vögelin (1837—88), nach theol. u. kunstgeschl. Studium 1862 Pfarrverweser, 1864 Pfarrer in Uster, 1869 Mitglied des zürcherischen Kantonsrats (für die Radikal-Demokraten), 1870 ao. Prof. f. Kunst- u. Kulturgesch. an der Univ. Zürich, 1875 Mitglied des schweizer. Nationalrats, 1877 Ordinarius in Zürich. — Der für den 2. Sept. 1881 nach Zürich einberufene sozialistische Weltkongreß löste einen heftigen Petitionssturm Zürcher Bürger aus, die von der Versammlung von Ausländern die Verherrlichung von Attentaten und die Vorbereitung neuer Gewalttaten erwarteten. Vögelin setzte sich mit seiner Rede im Kantonsrat vom 9. Aug. 1881 „Über Wesen u. Ziele der Sozialdemokratie" (Bern 1881) der öffentlichen Stimme entgegen für die Freiheit der Meinungsäußerung ein (vgl. *Schultheß* S. 480 ff.; W. *Betulius*, F. S. Vögelin. Sein Beitrag zum schweizer. Geistesleben, Diss. Zürich 1956).
[2] Gustav Duvernoy (1802—90), 1848/49 Innenminister in Württemberg, 1869 Mitglied der württ. Landessynode, 1875 ihr Präsident.
[3] August Neander (1789—1850), 1811 Habilitation in Heidelberg, 1813 Prof. der Kirchengeschichte in Berlin.

502. Kardinal Hohenlohe an Großherzog Friedrich.

Domodossola, 29. Oktober 1881.
E. K. H. gnädiges Schreiben vom 16. d. M.[1] hatte ich die Ehre hier zu erhalten und freue mich sehr, daß Sie, gnädigster Herr, auf meine Bitte eingegangen sind. So unendlich wohltuend der von E. K. H. so gnädig geplante Wechsel für mich auch gewesen wäre, so schwierig wäre doch meine Pflichterfüllung gewesen; und das redde rationem villicationis, was einst der Herr von mir gefordert hätte, schwebte mir doch abmahnend vor meinem Gewissen. — Ich bete für eine recht befriedigende Lösung der hochwichtigen Wahlfrage, und nach dem, was mir E. K. H. sagen, ist ja die Aussicht auf ein gutes Resultat nicht fern. Wenn ich irgend etwas nützen kann, so bitte ich, nur ganz über mich zu verfügen. [...]

GLA FA Korresp. 13 N 414 Fasz. 166 eig.
¹ Nr. 489.

503. Gelzer an Großherzog Friedrich.

Basel, 29. Oktober 1881.

Heute vor acht Tagen entnahm ich aus der Karlsruher Zeitung die Nachricht über den plötzlichen Hinscheid Bluntschlis¹ und über die ergreifenden begleitenden Umstände: sein Hingerafft-Werden in der Stunde, als Sie ihn im Schlosse erwarteten. Da ich den Entschlafenen seit 43 Jahren kannte und in seinen verschiedenen Phasen beobachten und prüfen konnte, so hat mich dies blitzartige Abgerufen-Werden tief und nachhaltig berührt als eine jener Mahnungen, die man im Getriebe des Tages zu oft aus den Augen verliert. — Ungesucht knüpfte sich an diese Erfahrung auch die andre Erwägung, daß ähnliche blitzartige Entscheidungen uns einmal auch anderswo, z. B. in Berlin oder Varzin usw., ebenso unerwartet bevorstehen könnten!? Das alles kann uns nur bestärken in unsrer alten Maxime: Sich gefaßt halten auf alles und die Seele stählen in der stillen Hingebung an die göttliche Weltleitung.

Meine Audienz beim Kaiser wurde durch eine Verkettung von Mißverständnis und Mißgeschick *vereitelt.* Letzten Montag, den 24., überraschte er mich durch einen sehr freundlichen Brief vom 23.²., worin er bedauert, mich nicht gesprochen zu haben, und hinzufügt: als er sich wohler gefühlt, habe er ein zweitesmal mich wollen rufen lassen!??

Rührend war mir ein Wort wehmütiger Ahnung in seinem Schreiben; es heißt darin: „Ihre Zeilen haben mich ungemein interessiert, und hoffe ich, glaube aber nicht, daß ich Ihr Werk noch erleben werde, was ich namentlich wegen des Gedächtnisses, das Sie in demselben meiner unvergeßlichen Mutter setzen wollen, so gern lesen würde." —

Andere Punkte von Nr. 498, zu denen ich in erster Reihe die Freiburger Erzbistumsangelegenheit zähle, sind wohl in der Zwischenzeit einer fördernden Lösung noch nicht näher gerückt? Vermutlich haben die badischen Landtags- und die Reichstags-Wahlen³ in der letzten Zeit alles andere in den Hintergrund gedrängt? — Vorerst halte ich noch an unserer letzten mündlichen Abrede fest, daß ich nicht eher an die Abreise nach Rom denke, bis die Ziele klar heraustreten und feststehen, die mich bei meiner dortigen Anwesenheit leiten müßten. *[. . .]*

GLA FA Korresp. 13 Bd. 24 Nr. 627 Ausf.; Frankfurt, Besitz Matth. Gelzer, Abschr. teils Heinrichs, teils Julie Gelzers, in: Briefe vom 9. 1. 1881—31. 12. 1883.
¹ Vgl. Nr. 496.
² Vgl. Nr. 497.
³ Vgl. Nr. 490, 494, 495.

504. Großherzog Friedrich an Gelzer.

Schloß Baden, 30. Oktober 1881.

Da Sie leidend waren, unterließ ich es, Ihnen die schnell geplante Abreise des Kaisers zu melden. Ihre Mitteilung¹, daß der Kaiser Ihnen geschrieben habe, zeigt mir nur, daß er ein Gespräch vermeiden wollte, wie dies überhaupt in dieser Zeit sich kundgab, daß er vermied, an früheren Beziehungen anzuknüpfen, da es ihm offenbar schwer wird, die Kreuz- und Querzüge der Regierungspolitik mitzumachen. Es ist begreiflich, daß er lieber darüber schweigt und die Rücksicht verlangt, daß man ihn nicht zum Ausspruch veranlaßt. *[. . .]*

Sie wissen, wie wertvoll mir erscheinen würde, Sie in Rom zu wissen, während die Frage der Wiederbesetzung des erzbischöflichen Stuhles zu Freiburg sich im Laufe befindet. — Wenn ich aber erwäge, daß es für Ihre Gesundheit nachteilig ist, sich in Rom aufzuhalten, so tritt jeder andere Wunsch davor zurück.

Die erzbischöfliche Frage ist ja überhaupt, seit nicht mehr von Hohenlohe die Rede ist, in ein anderes Stadium getreten, und es ist mir sehr fraglich geworden, ob es wirklich der Mühe und des Opfers wert ist, daß Sie sich in Rom aufhalten, um einen Erzbischof zustandezubringen, dessen Bedeutung so gering ist wie die Person, welche nun in Frage ist. Das ist mein inzwischen erwogenes Resultat, worüber wir hoffentlich bald vor Ihrer Abreise eingehender mündlich verkehren werden. *Wenn Ihre Abreise feststeht, bitte ich um telegraphische Mitteilung, wann wir uns sprechen können.*

Inzwischen ist das Ihnen bekannte Schreiben an das Freiburger Domkapitel abgegangen, und es wird sich nun darum handeln, den Schritt in Rom zu tun, den wir besprochen, damit die Zusage erfüllt werde, die mein Schreiben vom August an den Kardinal Hohenlohe[2] enthielt. Gleichzeitig wird Nokk mit Orbin wahrscheinlich hier zusammentreffen, um mündlich zu verabreden, wie die verschiedenen Züge zu tun sind, bis das Kapitel zur Wahl schreitet, d. h. die Liste der Kandidaten und die Frage, wie das Domkapitel ergänzt werden kann und welche Personen zu entfernen sind, wenn Orbin den erzbischöflichen Stuhl besteigt. *[. . .]*

Ihre Betrachtungen über das rasche Hinscheiden Bluntschlis gehen mir sehr zu Herzen. — Das Ereignis selbst war sehr erschütternd und in allen Einzelheiten wahrhaft tragisch. Aber es war ein schöner Abschluß menschlicher Tätigkeit. *[. . .]*

GLA FA Korresp. 13 Bd. 20 Nr. 157 eig.

[1] Nr. 503.
[2] Nr. 457.

505. Gelzer an Großherzog Friedrich.

Basel, 4. November 1881.

Dank für Nr. 504. Sehr dankbar erkenne ich an, was Sie mir in bezug auf die römische Reise schreiben. Mich rührt die liebevolle Rücksicht. *[. . .]* Indessen habe ich mir die Frage nochmals gründlich überlegt und bin schließlich doch wieder bei den Gesichtspunkten angekommen, *[. . .]* daß ich ja jedenfalls gesonnen bin, einen Teil der Zeit an einem milden Punkt der Küste zuzubringen.

Was nun aber die in Rom zu erstrebenden Ziele betrifft, so ist es ja leider nur zu wahr, daß nach dem aufgenötigten Verzicht auf Hohenlohe der bisher stärkste Beweggrund für dortige Anstrengungen und Bemühungen erloschen ist. Dennoch verhehle ich mir nicht, daß, selbst in nächster Beziehung auf Gegenwart und Zukunft der Freiburger Erzdiözese, starke Gründe für die Wünschbarkeit tieferer selbständiger Einblicke in die römischen Zustände und Pläne sprechen. *[. . .]* Entscheidend fällt aber noch eine andere Betrachtung ins Gewicht.

Seit 1869 und wieder seit 1874 betrachteten wir es als eine der Hauptaufgaben der Steinstiftung, die römischen Ziele in Deutschland und Europa aufmerksam zu studieren. Scheint es nun in der gegenwärtigen Phase im Interesse Deutschlands und der Wahrheit nicht dringend geboten: mit eigenen Augen zu sehen und zu prüfen, statt sich von Berlin aus Urteil und Standpunkt zurechtmachen zu lassen? Im vollen Einklang mit obigem Gesichtspunkt steht für mich der Gedanke: daß es mir zu schwer fallen, ja moralisch beinah unmöglich sein würde, in einem für Deutschland und Europa so wichtigen Zeitpunkt wie dem jetzigen den ganzen Winter an einem Orte zuzubringen, der zu sehr außerhalb der Ebbe und Flut der Weltbewegung läge. In Rom dagegen wird man von den Pulsen des europäischen Lebens (des geistigen, politischen und religiösen) unmittelbar berührt. [. . .] Geht alles nach Wunsch, so hoffen wir, bald nach der Mitte des Monats aufzubrechen, wenn nicht schon früher. [. . .]

GLA FA Korresp. 13 Bd. 24 Nr. 628.

506. Aus Gelzers Tagebuch.

10. November — 17. Dezember 1881.

Steineck, 10. November 1881. [. . .] II. Dann ein Telegramm der Frau Groß-herzogin aus Baden: „Krankheit [des Großherzogs] nimmt typhösen Verlauf! ist sehr ernst. Unverzagt im tiefsten Zagen!" Sonntags, den 6. hatte ich die erste Nachricht der Erkrankung erhalten durch ein Telegramm: „Großherzog seit drei Tagen recht leidend durch starkes Fieber ... Er dankt vorläufig für Brief."[1] [. . .] Am heutigen Abend kam ein ergreifender, in der Nacht vorher geschriebener Brief der Frau Großherzogin, der besonders infolge des beunruhigenden Schwächezu-standes (Ausdruck des ärztlichen Bulletin vom 10.) und hohen Fiebers 40,1 von der „Lebensgefahr" sprach. — Aufs tiefste bin ich noch ergriffen von diesem Ereignis!! III. Ein Aula-Vortrag von Jakob Burkhard (11—12) über die Verdienste der Griechen um die Wissenschaft[2] bildet — zusammen mit dem Artikel der Post vom 8. November über die Absicht des Kanzlers, durch seinen Rücktritt einem konser-vativ-ultramontanen Ministerium (Manteuffel?) Platz zu machen[3] — den dritten Eindruck. [. . .]

Steineck, 14. November 1881. An die Frau Großherzogin von Baden: „Seit gestern morgen atme ich wieder freier; die Hoffnung siegt nach bangster Sorge. Ihre frohe Botschaft von der guten Nacht vom 12. 13. bestätigt durch ein Nach-mittagstelegramm Ihres Sohnes und nun die ersehnte Kunde, daß die Besserung auch in letzter Nacht fortdauerte — darin darf unser Herz sich wieder dankbar und hoffnungsfroh aufrichten. Vorgestern, den 12., durchlebte ich die bangsten Stun-den, als das Telegramm von bedrohlicher Herzschwäche in der Nacht vom 11. 12. sprach." [. . .]

Steineck, 17. November 1881. An die Frau Großherzogin: [. . .] „Mein Ent-schluß steht fest, nicht eher zu reisen, als bis ich ganz beruhigt aufbrechen kann. [. . .]"

Steineck, 2. Dezember 1881. *An die Frau Großherzogin: Anfrage, ob es möglich ist, die Genesungsreise mit meiner Reise nach dem Süden zu kombinieren, falls Sie noch vor Weihnachten reisen werden.*

Steineck, 11. Dezember 1881. „Meine Bitte an Sie: Mir ein ratender treuer Freund zu sein!" (Brief der Frau Großherzogin Luise 12. Dezember 1861! — Als Parallele zu dem Wort des Großherzogs auf Mainau 17. September 1862!)

Baden, 12. Dezember 1881. *Wiedersehen mit dem Großherzog. Die Großherzogin erzählt die ganze Geschichte der Krankheit, unter der sie heute noch leidet. Als Genesungsaufenthalt ist Pegli vorgesehen. Mein Besuch ist ein Abschiedsbesuch vor dem Start nach dem Süden.*

Baden, 13. Dezember 1881. *Wiedersehen mit dem Großherzog.* Sonderbar, wie er lange meine Rechte in seinen beiden Händen festhielt. *Ich beschäftige mich eingehend mit Bruno Bauers neuestem Buch* „Disraelis romantischer und Bismarcks sozialistischer Imperialismus" 1882[4].

Basel, 15. Dezember 1881. Gestern abend war ich von Baden zurückgekehrt, wo ich den Großherzog noch einmal gesehen und zweimal mit dem Erbprinzen über die Erzbischofswahl und über sein Kollegium Praktikum als Stellvertreter verhandelt hatte. *Ich bin entschlossen, einen provisorischen Aufenthalt in Nizza zu wählen, um dort abzuwarten, ob sich der Großherzog für Pegli entschieden hat.*

Steineck, 17. Dezember 1881. Auf dem Nachmittagsbesuch von Roggenbach kam zur Sprache: 1. Die badisch-schwedischen Unterhandlungen und Mißverständnisse über Aufschub der Heirat; Beschleunigung der Verlobung durch die Großherzogin! 2. Charakter der Großherzogin; ihr Wille gegenüber Mann und Sohn! Schwäche des Sohnes; Gefahren im Charakter des jüngeren!! 3. Warnung der Königin Viktoria vor dem herrschsüchtigen und radikalen Charakter der älteren Prinzeß von Hessen[5]!! als etwaige Braut des schwachen Prinzen Friedrich! Roggenbach hat die Großherzogin gewarnt! — 4. Anerkennung des sittlichen Wertes des Großherzogs in und außerhalb Badens während seiner Krankheit. — Auch die Großherzogin sei trotz allem eine bedeutende Frau! [...] 6. Schattenriß von Bismarcks Laufbahn. Mein Urteil gründet sich auf seine Führung des Kulturkampfs und von da aus Mißtrauen gegen seine Methode der staatssozialistischen Pläne! — Roggenbach meint: auch die Einigung Deutschlands durch den Krieg wäre ohne Bismarck gekommen?? 7. Die Krankheit des Kaisers in Berlin sei sehr ernst gewesen. Man müsse auf alles gefaßt sein! Vom Nachfolger fürchtet auch Roggenbach, daß er schwächlich auf alle und auf alles hören werde, statt (wie der Vater) zuverlässig beim Unternommenen auszuhalten. Dagegen würde der Enkel, Prinz Wilhelm, imstande sein, dem Bismarck (wenn auch nur aus Folissonerie[?]) ein Bein zu stellen, also sich zu emanzipieren. [...] Im ganzen war Roggenbachs Stimmung (wahrscheinlich auch wegen seines gastrischen Unwohlseins) weniger zusagend und erfrischend als sonst; ein Hintergrund von Mißmut und Herbigkeit blickte durch. Es ist die Gefahr seiner unproduktiven Kritik!

Frankfurt, Besitz Matth. Gelzer.

[1] Nr. 505.
[2] Für den nach Breslau berufenen Rektor der Universität Basel Prof. Miaskowski hielt Burckhardt als ältestes Mitglied der Fakultät am 10. Nov. 1881 die Rektoratsrede „Über das wissenschaftliche Verdienst der Griechen" (Ges. Ausgabe Bd. 14 S. 244 ff.).
[3] Die freikonservative Straßburger „Post" kündete am 8. Nov. in einem für inspiriert gehaltenen Artikel den Rücktritt Bismarcks an, eine Nachricht, die von den Blättern der Rechten für ernst, von denen der Linken als momentane Unmutsäußerung des Kanzlers gehalten wurde. Mit Bismarcks Rückkehr nach Berlin am 12. Nov. verstummten die Gerüchte. Vgl. Nr. 507.
[4] Genauer: Chemnitz 1881.

⁵ Elisabeth Prinzessin von Hessen-Darmstadt (1864—1918), verheiratet seit 1884 mit Großfürst Sergius v. Rußland (1857—1905).

507. Türckheim an Turban.

Berlin, 17. November 1881.

Heute mittag wurde der Reichstag durch den Reichskanzler mit einer kaiser-lichen Botschaft¹ eröffnet.

Gestern waren die hier anwesenden Mitglieder des Bundesrates zu dem Herrn Reichskanzler zum Essen geladen. Der Fürst sah wohl aus, klagte aber über heftige neuralgische Schmerzen, an denen er während des ganzen Sommers bald in hefti-gen, kaum zu ertragenden Anfällen, teils wieder in minderem Maße zu leiden ge-habt habe und noch leide, und suchte auch die Unterhaltungen, welche er stehend zu führen hatte, so viel wie möglich abzukürzen.

Nach der Tafel erging er sich wieder in einer jener ungezwungenen Unterhal-tungen, bei welchen es mitunter nicht leicht ist, zwischen scherzhaft hingeworfenen Äußerungen, Ausflüssen augenblicklicher Verstimmung über unerwünschte Vor-gänge und ernst zu nehmenden Entschließungen die feste Grenzlinie zu ziehen, welche aber gerade im gegenwärtigen Augenblick allgemeiner Spannung doch ein größeres Interesse beanspruchen können, als dies sonst bei Tischreden der Fall zu sein pflegt. [. . .]

Die Wahlen² hätten ihm gezeigt, daß das deutsche Volk in seiner Mehrheit von den Reformideen, mit welchen er gehofft habe, eine vierzigjährige Tätigkeit zu krönen, nichts wissen wolle. Er habe sich das Ziel gesteckt, die öffentlichen Lasten in einer entsprechenderen und leichter zu tragenden Weise neu zu regeln und dem bedrohlichen Übel des Sozialismus durch Befriedigung der auf einem wahren Ge-danken beruhenden Forderungen seinen Boden zu entziehen.

Die Wahlen hätten ihm gezeigt, daß die Mehrheit der Nation seine Gedanken zurückweise. Es sei gleichgiltig, ob dies wirklich der Ausdruck der Wünsche der Nation sei, oder ob die Wähler so gestimmt hätten, weil sie den Agenten des Fort-schritts, welche jedenfalls die Kunst des Lügens und des Verdächtigens offener und erfolgreicher üben könnten, augenblicklich wenigstens tatsächlich einen größeren Einfluß einräumten als den Freunden der Regierungspolitik. Er machte an dieser Stelle einige nebenher eingefügte Bemerkungen über einzelne Persönlichkeiten, wel-che er als besondere Meister in der Kunst, die Ziele der Regierung zu verdächtigen, hinstellte. Er nannte vor allem Herrn Professor Mommsen, indem er frug, was man von dem Urteil eines Geschichtsschreibers über Zustände vergangener Jahr-hunderte halten solle, welcher die Gegenwart, in der er lebe, so grundfalsch beur-teile. Wenn er, Fürst Bismarck, als Ergebnis seines aufrichtigen Bemühens und ern-sten Studiums über die Wege, um der deutschen Nation wenigstens für die Zukunft die Grundlagen des Gedeihens und der Macht zu sichern, Vorschläge einbringe, welche jedenfalls auf eine eingehende Prüfung Anspruch hätten, so schreie diese Gesellschaft sofort über Reaktion mit den beliebten Schlagworten von Despotis-mus, Fesselung der Gewerbe, Hörigkeit, Junker, Pfaffen, jus primae noctis etc., und der große Haufe falle sofort auf diese Melodie ein. Man werfe ihm persönlich vor, er sei herrschsüchtig, unzugänglich gegen entgegengesetzte Meinungen und der-gleichen. Nichts sei unwahrer als dies; er persönlich habe nur eine Liebhaberei, dies sei die freie Natur, besonders ein schöner Wald; er hätte ja die Mittel, dieser Neigung sich voll hinzugeben, und wenn er dies nicht tue, so sei es nicht seine Herrschsucht, sondern seine Liebe zum Vaterland und seine Treue gegen den Kaiser, welche ihn davon abhalte. Ebenso falsch sei es, wenn man ihm Neigung zu einer despotischen Regierungsform vorwerfe. Er glaube allerdings, daß die absolute Herrschaft eines einzigen vielleicht die idealste Regierungsform sein würde, vorausgesetzt, daß dieser eine immer der Verständigste, von dem reinsten Willen und größten Eifer für das öffentliche Wohl beseelt und von fremden Einflüssen vollkommen frei sei; aber ein solches Ideal werde sich selten finden und nie für allezeit zu gewähren sein. Abgesehen von der Frage persönlicher Fähigkeit, seien es einmal Einflüsse weiblicher Umgebungen, welche sich geltend machten (und die Einflüsse dieser Art aus ehelichen Beziehungen seien noch nicht immer die schlimmsten); ein andermal suche sich der Herrscher tunlichst allen Regierungssorgen zu entziehen — um nicht Anstoß zu erregen, zitierte er hier einige Kaiser vergangener Jahrhunderte. Aus diesen und ähnlichen Gründen sei er durchaus kein Verteidiger noch Bewunderer absoluter Regierungsformen. Dies alles seien Verdächtigungen, welche gegen ihn verbreitet und welche meist umso williger geglaubt würden, als der hungrige Deutsche, welcher die Mehrzahl bilde, leichter zu belügen und mit falschen Vorspiegelungen an die Wahlurne zu treiben sei als der satte. Er selbst würde gewiß lieber auf diese Tätigkeit als Staatsmann ganz verzichten, als von den Gegnern seiner Politik stets zur Zielscheibe aller Angriffe und unwahren Beschuldigungen, gleichsam zum Prügelknaben gemacht zu werden. Wenn er dieser Neigung nicht längst Folge geleistet habe, so sei es, wie schon bemerkt, hauptsächlich die Liebe und Treue für seinen Herrn, den er nicht nach zwanzigjähriger Dienstleistung als Minister jetzt in die Lage versetzen könne, in seinem 85. oder 86. Jahre sich an neue Ratgeber noch zu gewöhnen.

Deshalb werde er auch im Angesicht der heutigen Sachlage ausharren und weiter versuchen, wie die Sache vielleicht im Sinne der neuesten Wahlergebnisse fortzuführen sein werde. In der Weise, wie sich manche die Sache zu denken schienen, werde es allerdings nicht gehen. Dazu, daß er sich zwingen lasse, gleichsam in den Dienst einer Fraktion einzutreten, dieser gewissermaßen als Hausknecht oder als Mädchen für alles dienstbar zu werden, vielleicht sich auf sein Altenteil der auswärtigen Politik zurückzuziehen, von welcher auch seine Gegner allenfalls noch anerkennen, daß er einiges verstehe, während seine Gedanken über innere Politik als verwerflich bezeichnet würden — davon könne keine Rede sein. Aber vielleicht ließe sich in dem Gesetze über die Stellvertretung des Reichskanzlers[3] ein möglicher Ausweg finden. Er werde zunächst einmal einige Sitzungen des Reichstags abwarten und zusehen, wie dieser sich zu dem bei der Eröffnung bekanntzugebenden Programm stelle. Verhalte sich eine geschlossene Majorität dagegen ablehnend, so könne er ja einmal mit den Führern der stärksten Parteien Rücksprache nehmen. Er könne z. B. Herrn von Frankenstein anbieten, die Stelle als Staatssekretär anzunehmen, und dem Reichstag vorschlagen, einige Reichsminister mit je etwa 20 000 M zu dotieren. Herr Staatsminister Bötticher[4] ergänzte diese Äußerungen später beim Nachhausegehen noch dahin, der Fürst habe sich früher gegen ihn schon in ganz ähnlichem Sinne geäußert, und sei es ihm damit anscheinend ganz ernst gewesen; er habe dann weiter scherzend hinzugefügt: Herrn Windhorst würde er dann zu sich bitten und ihm sagen, ein Mitglied der Zentrumspartei als Staatssekretär könne er sich wohl gefallen lassen, aber nicht ebenso einen Welfen — das müsse er selbst einsehen! Aber Herr von Frankenstein könne ja etwa Herrn Moufang[5] zu seinem Unterstaatssekretär machen. Halten diese Herren die Bildung einer Majorität gestützt auf das Zentrum und desjenigen Teils der Konservativen, welche etwa Neigung hätten, mit ihnen zu gehen, nicht für möglich, so könne er ja in ähnlichen Unterredungen mit den Herren von Bennigsen und Forckenbeck eintreten und sehen, wie weit er mit diesen komme.

Es ist, wie gesagt, schwierig, die Linie zu ziehen, wie weit diese vertraulichen Tischgespräche eine ernste Grundlage haben und allenfalls nur die Schatten künftiger Versuche, zu einer leidlichen Verständigung zu kommen, vorauswerfen sollen. Beachtenswert ist immerhin, daß manches in dem vorstehend Wiedergegebenen ziemlich in Übereinstimmung steht mit dem Leitartikel in der gestrigen Abendnummer der Norddeutschen Allgemeinen Zeitung (16. November 1881, Nr. 535) mit dem Unterschied, daß hier eventuell von Vereinbarungen mit den Parteien vereint oder getrennt die Rede ist, während der Herr Reichskanzler gestern nur sukzessive Besprechung mit Zentrum und, wenn diese zu nichts führen würden, mit den Führern der liberalen Parteien in Aussicht nahm.

Ich werde vorläufig und vorbehaltlich späterer Berichtigung dieser Ansicht zu nachstehenden Annahmen geleitet:

1. Die Wärme und Ausführlichkeit, mit welcher in der verlesenen Botschaft auf alle Reformpläne des Kanzlers gleichsam als ein Vermächtnis und Abschluß der ruhmvollen Laufbahn des Kaisers zurückgekommen wird, scheint mir darzutun, daß es dem Kanzler mit deren weiterer Verfolgung voller Ernst ist und bleibt.

2. Ein Zurückweichen durch Amtsniederlegung scheint mir in keiner Weise zu besorgen, vielmehr scheint der Kanzler zu hoffen, durch die warme Überzeugung, welche aus der Botschaft spricht, eine Majorität für seine sämtlichen Projekte oder doch vorerst für einen Teil derselben auch von dem jetzigen wenig fügsamen Reichstag zu erlangen. Jedenfalls scheint

3. der Herr Reichskanzler geneigt, die Lage von der wenigst tragischen Seite aufzufassen und in dem reichen Schatz seiner Auskunftsmittel nach den Formen eines annehmbaren Ausgleichs Umschau zu halten, wenn auch wohl nicht anzunehmen ist, daß er selbst darüber schon zu einer festen Entschließung gekommen ist und sein letztes Wort bereits vor Beginn der Verhandlungen sprechen wird.

GLA 49/2012 Konz.

[1] Vgl. Kaiser Wilhelms des Großen Briefe, Reden u. Schriften hg. v. E. *Berner* Bd. 2 (1906) S. 383 f.; *Schultheß* S. 279 ff.
[2] Die Reichstagswahlen vom 27. Okt. 1881 — einschließlich der bis zum 14. Nov. durchgeführten Stichwahlen — ergaben folgende Sitzverteilung: Konservative 79 (1878: 115), Zentrum 99 (93), Fortschrittspartei 54 (26), Sezessionisten u. Nationalliberale 101 (97), Sozialdemokraten 13 (9), Polen 18 (14), Welfen 10 (10), Volkspartei 8 (3).
[3] Das Stellvertretungsgesetz vom 17. März 1878 regelte die Stellvertretung des Reichskanzlers für seine Amtsgeschäfte, wobei es ihm vorbehalten blieb, jederzeit jede Amtshandlung selbst in die Hand zu nehmen.
[4] Karl Heinrich v. Boetticher (1833—1907), 1866 Mitglied des preuß. Abgeordnetenhauses (konservativ), 1869 Reg. Rat, 1872 vortr. Rat im preuß. Innenministerium, 1872—1876 Regierungspräsident in Hannover, 1876 Mitglied des Reichstags, 1880 Staatssekretär im Reichsamt des Innern u. preuß. Staatsminister ohne Ressort, 1881 Generalvertreter des Reichskanzlers, 1888 Vizepräsident des Staatsministeriums.
[5] Franz Christoph Ignaz Moufang (1817—90), 1851—77 u. 1887—90 Regens u. Prof. für Moral- u. Pastoraltheologie am bischöfl. Seminar in Mainz, 1877—86 Bistumsverweser, 1850—90 Redakteur des „Katholik", 1871—90 Mitglied des Reichstags.

508. Fürst Karl Anton von Hohenzollern an Großherzogin Luise.

Sigmaringen, 4. Januar 1882.

Freude über die Genesung des Großherzogs. Bis zur Rückkehr werden manche Fragen und Verwirrungen ihre Lösungen gefunden haben. Es ist nicht zu leugnen, daß wohl noch niemals ernstere Aufgaben und Entschlüsse an unseren allgeliebten Kaiser herangetreten sind als gerade jetzt. Er ist persönlich so sehr in den Parteienkampf hineingezogen worden, daß es für den Standpunkt echtester und treuester Loyalität ungemein schwierig erscheint, zwischen dem Monarchen und seinen verantwortlichen Ratgebern eine feste Scheidelinie zu ziehen.

Und dennoch muß ich die Wendung unserer ministeriellen und parlamentarischen Aktion auf das tiefste beklagen — denn wenn man dem Kaiser zuliebe auch in allen Beziehungen mit größter Hingebung zu Willen wäre, so kann der Reichskanzler doch unmöglich verlangen, daß Ähnliches oder das Gleiche ihm gegenüber widerführe! Er allein hat den großen politischen Interessenkampf herausgefordert — und man mag über denselben denken, wie man will, so muß man zur unwandelbaren Überzeugung gelangen, daß dieses Mal das Unrecht auf beiden Seiten gewaltet, vielleicht noch in höherem Maße bei den so ungestüm Regierenden als bei den bis auf ein gewisses Maß geduldig Regierten. *[. . .]*

Von Deinem kaiserlichen Vater erhalte ich in diesem Augenblick ein äußerst gnädiges und warmes Handschreiben. Er *[. . .]* wirft einen kurzen Rückblick auf die freudigen und tief schmerzlichen Ereignisse im Kaiserhause und verbreitet sich des längeren über die politische Gegenwart, welche er sehr schwarz auffaßt und mit dem Nihilismus und allen seinen schändlichen Auswüchsen in Verbindung bringt! Wie leicht wäre es, ihm beruhigende Momente entgegenzubringen, und wie schwer ist es dennoch. *[. . .]*

Sigmaringen, Fürstl. Hohenzoll. HA Abt. Hohenzollern-Sigmaringen Rubr. 53 Kasten XXVIII Fach 1 Fasz. 6 a Konz.

509. Gelzer an Erbgroßherzog Friedrich.[1]

Rom, 18. Februar 1882.[2]

Als ich Sie vor sechs Jahren (1876) hier in die wichtigsten Probleme des politischen Lebens einzuführen versuchte[3], ahnte ich noch nicht, daß Sie schon nach wenigen Jahren berufen sein würden, mit dem vollen Ernst einer verantwortlichen politischen Tätigkeit sich vertraut zu machen.

[. . .] Wenn Sie mit den Herren Turban und Nokk sich über die Freiburger Bistumsangelegenheit besprechen, so stelle ich es Ihnen ganz anheim, beide Herren von meiner Anwesenheit in Rom und von meiner Bereitwilligkeit in diesem Sinn Kenntnis zu geben. *[. . .]* Alles Weitere, was fernerhin zwischen diesen Herren und mir hierüber verhandelt wird, ist nur eine selbstverständliche Fortsetzung des Vorhergegangenen. — Vorläufig warte ich also Ihre Antwort ab, ehe ich irgendeinen Versuch mache, durch meine verschiedenen hiesigen Verbindungen mir einen Einblick zu verschaffen, wie die Freiburger Angelegenheit hier an den maßgebenden Stellen aufgefaßt wird.

Frankfurt, Besitz Matth. Gelzer, Abschr. aus Gelzers Tgb. (Losungen).

[1] Während der schweren Erkrankung des Großherzogs seit dem 11. Nov. 1881 (vgl. Nr. 506) wurde der Erbgroßherzog zum Stellvertreter in der Regierung ernannt. Erst am 15. Okt. 1882 übernahm der Großherzog wieder die Regierungsgeschäfte (vgl. Nr. 534).

[2] Aus Gelzers Tgb. ergibt sich: Auf die telegraphische Nachricht der Großherzogin, daß eine am 7. Jan. aufgetretene Augenentzündung die Abreise des Großherzogs auf lange verzögern werde, reiste Gelzer am 19. Jan. über Bern, Genf, Lyon, Marseille, Nizza, Florenz nach Rom mit kurzen Aufenthalten in Nizza und Florenz. Das Tgb. bricht mit dem 2. März 1882 in Rom ab. Acht Blätter sind freigelassen; der Rest des Bandes enthält „Losungen".

[3] Vgl. Nr. 188. 189.

510. Gelzer an Nokk.

Rom, 20. Februar 1882.

Ihren Brief vom 15. Febr.[1] habe ich gestern durch die deutsche Gesandtschaft erhalten. Gerade den Tag vorher hatte ich an S. K. H. den Großherzog und noch gestern früh an den Erbgroßherzog zwei Briefe abgehen lassen[2], in denen ich mich bereit erklärt — im Sinn unserer frühern Besprechungen — etwaigen Wünschen gern entgegenzukommen. Zugleich erwähnte ich, daß ich bisher in diesen ersten Tagen meiner Anwesenheit mich noch von Besuchen zurückgehalten und grundsätzlich jede Gelegenheit vermieden habe, die Freiburger Erzbischofsfrage zu berühren. Erst wollte ich, wie es die Umstände verlangten, eine Anregung von Ihrer Seite abwarten.

Für heute beschränke ich mich also darauf, Ihnen das Versprechen zu geben, daß [ich] es mir von jetzt an ernstlich werde angelegen sein lassen, mir die erwünschte Aufklärung über die von Ihnen berührten Punkte zu verschaffen und dann nach Kräften zu versuchen, auf beschleunigte Erledigung hinzuwirken. Sie wissen, wie gern ich der Sache und dem Lande in dieser wichtigen Angelegenheit dienen würde. Nur bereite ich Sie schon jetzt darauf vor, sich in Bezug auf das Zeitmaß mit Geduld zu waffnen, wie ich es alter Erfahrung gemäß tue. Auch haben Sie durch die Verzögerung seit dem 6. November schon eine genügende Vorübung im „Warten müssen" erhalten. — Durch den Tod wichtiger Persönlichkeiten wie Kardinal Franchi, Theiner u. a., mit denen ich auf dem Fuße freister vertraulicher Verhandlung stand, bin ich genötigt, verschiedene neue Fäden anzuknüpfen, was immer große Vorsicht erheischt. Aber Sie dürfen sich darauf verlassen, daß ich meine Zeit nicht verschlafen werde. *[. . .]*

GLA 52/XIII Nr. 1 eig. Ausf.; Frankfurt, Besitz Matth. Gelzer, Abschr. in Gelzers Tgb. (Losungen).

[1] Die Briefe Nokks an Gelzer während seines römischen Aufenthaltes sind im GLA nicht mehr auffindbar.

[2] Einer davon Nr. 509.

511. Gelzer an Nokk.

Rom, 25. Februar 1882.

Privatim! Dem Versprechen gemäß, daß Ihnen mein Billett vom vorigen Montag brachte[1], bemühte ich mich während dieser ganzen Woche, einer Aufklärung der Frage näherzutreten, die Sie mir in Ihrem w. Schreiben vom 15. d. M. vorgelegt.

Nachdem die ersten einleitenden Schritte geschehen, gelangte ich gestern zu einer ersten längeren Unterredung mit dem Kardinal-Staatssekretär Jacobini[2], dessen Bekanntschaft ich bei dieser Gelegenheit erst machen mußte; denn bei meiner letzten Anwesenheit in Rom (April, Mai und Juni 1878) bekleidete noch Kardinal Franchi das Amt des Staatssekretärs. Ohne jetzt in die Einzelheiten der langen und in mancher Hinsicht interessanten Besprechung, wobei zur ersten Einleitung zum weitaus größern Teil die Initiative von mir ausgehen mußte, näher einzugehen, beschränke ich mich heute darauf, Ihnen ungesäumt die Hauptpunkte mitzuteilen, die ein geschäftliches Interesse für Sie haben. Dadurch glaube ich am besten dem Wunsche zu entsprechen, der in den Schlußworten Ihres Schreibens liegt: „einige Zeilen, worin Sie mir kurz sagen, ob und welche Hindernisse der Erledigung der über drei Monate in Rom ruhenden Angelegenheit entgegenstehen".

Meine gestrigen Ergebnisse kann ich zu diesem Ende in wenigen Sätzen zusammenfassen:

I. Allem Anschein nach hätte eine Erledigung noch lange können auf sich warten lassen, wenn keine direkte persönliche Anregung erfolgt wäre. Denn als ich nach vorausgegangener Bezeichnung meiner Stellung — sei es in Rom, sei es in Deutschland — „als eines Mannes, der instand gesetzt sei, konfidenzielle Informationen zu geben und entgegenzunehmen", nun die in Frage stehende Angelegenheit berührte, überzeugte ich mich, daß der Kardinal vom augenblicklichen Sachverhalt nur unvollkommen und ganz im allgemeinen unterrichtet schien.

II. Erst als der Kardinal (nicht ohne einige Verlegenheit) aufstand, zu einem nahen, mit Papieren bedeckten Tische trat und darin nach einigem Suchen ein Schriftstück entdeckte, das offenbar einen ausführlichen Bericht an ihn enthielt, orientierte er sich, leise lesend, rasch über die Details, und nun kam ein Punkt zur Sprache, den ich als erwünschten Fingerzeig betrachtete, wo der nächste Stein des Anstoßes zu suchen sei: — Vorher hatte er es beharrlich vermieden, mir über die Ursache der langen Verschleppung auch nur eine Andeutung, geschweige einen Aufschluß zu geben. Mit einem gewissen feierlichen Nachdruck wies er nun auf die Tatsache hin, daß nach erster, nur provisorischer vertraulicher Mitteilung der projektierten neuen Liste ein großherzoglicher Kommissär die Streichung von drei Namen verlangt habe: Hafner[3], Schmidt und (wenn ich recht verstand) Knecht[4]. Das seien aber sehr gut empfohlene Namen, und gerade Schmid in St. Peter werde als sehr verdient und beachtenswert bezeichnet. Bei dem hohen Alter Orbins wären einige tüchtige Männer dieser Art in seiner Nähe unentbehrlich. —

III. Nun war der kritische Moment gekommen, wo eine eingehende Beleuchtung der Lage notwendig erschien, an die ich mit wohlerwogenem Freimut und mehrmals mit ernstem Nachdruck herantrat: „Ich bin Ihnen die Wahrheit schuldig; ich denke niemand anzuklagen und niemand zu verteidigen, wohl aber Ihnen offen zu sagen, wie schwer die Aufgabe des Großherzogs und seiner Regierung und wie rein und wohlwollend Ihre Intentionen sind im Gegensatz zu den Standpunkten des Parteigeistes." Das ungefähr war der Refrain aller meiner Ausführungen. Der Erfolg schien der erwünschteste; denn am Schluße versprach mir der Kardinal, dem Papste in dem von mir vertretenen Sinn Vortrag zu halten und mir künftigen Montag, den 27., in einer zweiten Unterredung das Ergebnis mitzuteilen. Wenn nötig, werde er mich auch mit dem Papste selber in Berührung bringen. —

IV. Wäre ich in römischen Dingen ein Neuling, so hätte ich den Vatikan in der freudigsten Stimmung verlassen können, weil der Zweck meines Auftrages in der Hauptsache als erreicht und gewonnen anzusehen sei. Vor dieser Illusion schützte mich die Erfahrung aller, die diesen Boden kennen: daß man hier bis zum letzten Augenblick auf Hindernisse aller Art gefaßt sein muß. Immerhin ist ein wichtiger Anfang gemacht, und ich habe alle Ursache, mit dem Ergebnisse der ersten Unterredung zufrieden zu sein. [. . .]

GLA 52/XIII; auch Frankfurt, Besitz Matth. Gelzer, Abschr. Julie Gelzers in: Briefe vom 9. 1. 1881—31. 12. 1883.

[1] Nr. 510.
[2] Gelzers Tgb. verzeichnet am 21. Febr. 1882 unter den Losungen die wörtliche Abschr. eines Einführungsbillets von Kardinal Hohenlohe für Gelzer bei Kardinalstaatssekretär Jacobini.
[3] Paul Leopold Haffner (1829—99), 1866 Domkapitular, bis 1876 Prof. der Philosophie u. Apologetik, 1886 Bischof von Mainz.
[4] Friedrich Justus Knecht (1839—1921), 1855 Konvertit, 1862 Priester, 1882 Domkapitular in Freiburg, 1894 Weihbischof ebenda, 1898 verhinderte die badische Regierung seine Wahl zum Erzbischof von Freiburg.

512. Gelzer an Nokk.

Rom, 1. März 1882.

Privatim! *Die nächste Unterredung mit dem Kardinalstaatssekretär Jacobini konnte erst am 28. Februar stattfinden. Er teilte mit:* er habe dem Papst nun seinen Vortrag abgestattet und sei imstande, mir die Willensmeinung S. Heiligkeit zu eröffnen. Diese gehe dahin: „Um den Wünschen des Großherzogs und seiner Regierung entgegenzukommen, sei der Papst geneigt, an das Freiburger Domkapitel die Weisung ergehen zu lassen, es scheine ihm erwünscht, unter den jetzigen Umständen, daß Dr. Orbin zum Erzbischof gewählt werde: Wenn aber der Heilige Vater hierin dem Wunsche S. K. H. und seiner Regierung zu entsprechen bereit sei, so müsse er an dies Zugeständnis die Bedingung knüpfen, daß einer von den beiden bestens empfohlenen Männer (einer wenigstens), sei es Schmid, sei es Knecht (so verstand ich den Namen, der mir früher von S. K. H. dem Erbgroßherzog nicht genannt worden war), die der Regierungskommissär in vorläufiger vertraulicher Verhandlung hatte streichen wollen, auf der Liste stehen bleibe, um nachher zum Domkapitular, zum Domdekan nur auxiliare (wohl zum coadjutor?) des Erzbischofs gewählt zu werden. Es sei dies der ganz bestimmte Wunsch des Heiligen Vaters." —

Nach den verbindlichen Versprechungen, mit denen der Kardinal in der Freitagsaudienz meine Bemerkungen über jene zwei Namen aufgenommen, mußte diese Mitteilung befremdend auf mich wirken. Der Kardinal mochte dies wohl vorausgesehen haben; denn seine ganze Haltung war, ungeachtet der ausgesuchtesten Höflichkeit in den Formen und im Ausdruck, doch viel befangener als am Freitag. Auch wich er jedem Versuche zur Wiederaufnahme einer eingehenden Diskussion, wie sie Freitag stattgefunden, durch die beharrlich wiederholte, mit einer gewissen Hast betonte Versicherung aus: „es sei, was er mir eben mitgeteilt, der bestimmte Wunsch und Wille des Papstes." Immer kam er darauf zurück, die Emp-

171

fehlung Orbins zur Wahl als eine große Vergünstigung, als ein außerordentliches Entgegenkommen des Papstes geltend zu machen, wogegen dann die Annahme besagter Bedingung sich — sozusagen — von selbst verstehen müßte.

Zum Schlusse empfahl er zu wiederholten Malen, ihn mit möglichster Beschleunigung von der Antwort der Regierung, über deren bejahenden Inhalt er keinen Zweifel zulassen wollte, in Kenntnis zu setzen. Für diesen Fall gab er die Zusage, daß dann von hier aus in kürzester Zeit alles ins Reine gebracht und zum Abschluß geführt werden solle. —

Diesen Erklärungen gegenüber gab es schließlich für mich nur Eine Antwort. Indem ich versprach, die erhaltenen Eröffnungen baldigst an ihren Bestimmungsort zu befördern, hielt ich es doch für angezeigt, nochmals sehr bestimmt darauf hinzuweisen: meine Aufgabe beschränke sich darauf, notwendige Informationen zu geben und entgegenzunehmen, und mein spezieller Auftrag bestehe nur darin, um Aufklärung zu bitten über die Ursachen des seit dem 6. November 1881 eingetretenen Stillstandes. —

Wenn ich nun den tiefer liegenden Gründen des Kontrastes nachforsche, der zwischen meinen Eindrücken der Freitags- und der Dienstagsunterredung vorliegt — so bleibt mir kein Zweifel darüber: Es ist in der Zwischenzeit entgegengearbeitet worden, jedenfalls beim Papste, wahrscheinlich auch beim Kardinale. Vermutlich fand der Kardinal den Papst über seinen Hauptpunkt, die Zulassung wenigstens des einen jener beiden zur Überwachung und Leitung und wohl auch zur Nachfolge Orbins, schon ganz entschlossen und fügte sich der getroffenen Entscheidung. —

Für die Wahrscheinlichkeit dieser Annahme sprechen in meinen Augen folgende Erwägungen:

I. Von zuverlässiger Seite ist mir mitgeteilt worden: das Verhältnis des Kardinals zum Papste habe schon mehrmals für erschüttert gegolten. Schon öfters sei er mit seinen Anträgen beim Papste unterlegen, weil eine mächtigere Gegenwirkung stattgefunden durch Einflüsse, die immer mächtiger würden bei Leo XIII.

II. Jene „einflußreiche Partei" trage den Kopf wieder sehr hoch, namentlich gegen Deutschland. Man könne in jenen Kreisen sehr vermessene Äußerungen in unbewachten Augenblicken vernehmen. Offenbar habe die, wie man hier glaube — siegreiche und für die Zukunft maßgebende Stellung des Zentrums in Preußen diese steigende Überhebung in Rom hervorgerufen.

III. Auch die klerikale und vatikanische Presse verrät bei vielen Gelegenheiten diese siegesgewisse Auffassung in der oft erörterten Voraussetzung: es bereite sich den sozialistischen Gefahren gegenüber eine allgemeine Rückkehr vor zur Unterwerfung unter die rettende Autorität der römischen Kirche.

IV. Wollte ich aus einzelnen Äußerungen des Herrn von Schlözer[1] und aus kurialistischen Bemerkungen über ihn die naheliegenden Schlüsse ziehen — so würden auch diese darauf hinweisen, daß ihm die oben bezeichnete, hier vielfach auftretende Auffassung der deutschen und europäischen Lage seine Aufgabe nicht erleichtern wird. —

[...] Auf Ihre erste Frage ist nun jedenfalls — wie ich schon freitags ahnte — die Antwort gefunden. Die Beseitigung der zwei Namen Schmid und Knecht war, wie nun klar vorliegt, der Stein des Anstoßes, der die Pause seit dem 6. November verursachte. Auf den dritten der gestrichenen Namen, Hafner von Mainz, scheint man hier (oder dort, von wo diese geheimen Notizen an die Kurie stammen) weniger Wert zu legen.

Vielleicht versehen Sie mich mit den nötigen Notizen über jene beiden kritischen Namen, über ihre Antezedentien und die Gründe ihrer geforderten Streichung von der Liste. —

In der mehrmals wiederholten Schlußäußerung des Kardinals Jacobini: man möchte von Karlsruhe bald antworten, damit hier mit möglichster Beförderung gehandelt werden könne — sehe ich bei der jetzigen Sachlage keinen überzeugenden Grund zur Eile; eher vielleicht zum Gegenteil. Doch will ich auch hierüber ruhig die Kenntnisnahme Ihrer Ansichten und Wünsche abwarten. Bis ich Ihre Antwort kenne, denke ich den Kardinal Jacobini nicht wieder zu besuchen, wohl aber sonst mich auf dem hiesigen Boden umzusehen. *[. . .]*

GLA 52/XIII; auch Frankfurt, Besitz Matth. Gelzer, Abschr. Julie Gelzers in: Briefe vom 9. 1. 1881—31. 12. 1883.

[1] Kurd v. Schlözer (1822—94), Diplomat, 1869 preußischer Ministerresident in Mexiko, 1871 Gesandter in Washington, 1882—92 beim Vatikan.

513. Nokk an Erbgroßherzog Friedrich.

Karlsruhe, 5. März 1882.

Ich lege Brief Nr. 512 vor, den ich Samstag nachmittag erhalten. Er bietet keine besonders erfreulichen Aussichten, allein in römischen Dingen ist eine kühle Betrachtungsweise gewiß erstes Erfordernis. Ich behalte mir vor, E. K. H. in der nächsten Audienz meine untertänigste Anschauung der Sache darzulegen, und beschränke mich heute auf wenige Worte. Wie seiner Zeit die Herren Maas und Strehle[1] den Herrn Bischof Kübel, den sie zur Würde gebracht, bis zu gewissem Grade beherrschten, so scheint sich Herr Weickum (mit Hülfe des Herrn Maas) jetzt den Herrn Repetitor Schmitt in St. Peter in der Weise verpflichten zu wollen, daß Herr Schmitt zunächst als auxiliare und später als Erzbischof seinem Einflusse gehorcht. Wir hätten zunächst den Friedens-Erzbischof Orbin, um nach kurzer Frist und dann auf lange Jahre nach menschlicher Voraussicht Herrn Schmitt als Erzbischof zu erhalten, von dem ein ausgezeichneter badischer Geistlicher unter dem 27. 7. 81 schrieb: „Wenn der Kaplan Wacker in Freiburg einen Erzbischof zu wählen hätte, würde er den Schmitt nehmen. Und wenn die Regierung auf ihn eingeht, hat sie l e d i g l i c h unseren Extremen in die Hände gearbeitet. Schmitt ist päpstlicher als der Papst etc. etc."[2] Ich kann nur Herrn Staatsrat Gelzer beipflichten, daß von einem raschen Antworten keine Rede sein kann. Ich hoffe immer noch, daß Rom die Ermächtigung zur Aufstellung der neuen Liste nicht versagen kann und wird. Auf eine E m p f e h l u n g Orbins um den angebotenen Preis müssen wir eventuell verzichten. *[. . .]*

GLA FA 15 Korresp.

[1] Adolf Strehle (1819—78), 1842 Priester, 1845 erzbischöfl. Sekretär u. Hofkaplan, 1863 Stadtpfarrer in Meersburg (aber durch einen Pfarrverweser vertreten), 1866 Ordinariatsrat.
[2] Vgl. Nr. 468.

514. Gelzer an Nokk.

Rom, 11. März 1882.

Hier Empfangsanzeige für Ihre Briefe vom 28. Febr. und 7. Mrz. Den verstimmenden, ja betrübenden Eindruck, den mein Bericht vom 1. März[1] im Gegensatz zu dem vom 25. Februar[2] in Ihnen hervorrufen mußte, weiß ich vollkommen zu würdigen. War es ja nicht minder auch mein Eindruck. Auch werden Sie meinen Worten, so sehr ich mit meinem Urteil an mich hielt, wohl abgefühlt haben, welche Beurteilung dieses Verhaltens von Seiten der Kurie meiner Darstellung zu Grunde lag.

Am deutlichsten kann ich Ihnen meine Stimmung, mit der ich am 28. Februar die Gemächer des Kardinals-Staatssekretärs verließ, mit dem Geständnis bezeichnen, daß ich mich beim Hinuntersteigen des Wunsches nicht zu erwehren vermochte: diese Treppe nicht mehr hinansteigen zu müssen, [war] ich ja, wie Sie aus meinem Berichte vom ... wissen, auf Schwierigkeiten und Hindernisse vollkommen vorbereitet. Indessen dieser modus agendi überstieg doch auch meine Voraussetzungen des Möglichen und Wahrscheinlichen um ein Beträchtliches. Es ist nicht zu viel gesagt, wenn ich versichere, daß diese Erfahrung vom 28. Februar (um im Bilde zu sprechen) wie ein bitterer böser Tropfen in den sonst reinen und süßen Wein meiner jetzigen römischen Existenz fiel; und Sie wissen, daß ein solcher Tropfen genügt, um ein ganzes Glas des edelsten Getränks zu verbittern.

In der Zwischenzeit bis zum Empfange Ihrer g. Antwort schien es mir durch die Sachlage geboten, keinen Gebrauch von der Erlaubnis des Herrn Kardinals Jacobini zu machen, die er mir sehr freigebig anbot: ihn zu jeder Stunde, wo er frei sei, besuchen zu dürfen. Ich wollte in keiner Weise den Schein begünstigen, als ob ich hier sei, ihm den Hof zu machen; da ohnehin die Neigung bei der Kurie und ihren geheimen Berichterstattern und Ratgebern schon groß genug sein mag: man brauche sich „mit den Kleinen" nicht sehr zu genieren, wenn „die Großen" entgegenkommen. Vor zwei und noch vor einem Jahr wäre die Lage für Baden viel günstiger gewesen, aus leicht verständlichen Gründen.

Jetzt scheint mir hier alles darauf hinzudeuten, daß man von jener Seite her, die Sie kennen, die Zeit emsigst benützt hat, sich der hiesigen Position zu bemächtigen und die geeignetsten Organe und Zwischenglieder für ihre Zwecke und Auffassungen zu gewinnen und in Bewegung zu setzen. Ist dies der Fall, so gälte es meines Bedünkens, mit der Ruhe des guten Gewissens sich so viel Klarheit als möglich über den wirklichen Stand der Dinge und über die verborgenen Ursachen desselben zu verschaffen, um so die rechte Stunde abzuwarten, wo noch einmal das rechte Wort seine Wirkung versuchen müßte. Die unerfreulichste und undankbarste Seite meines Kampfes ist immer die, wenn man es mit unsichtbaren, ungreifbaren und darum auch meist unangreifbaren Gegnern „hinter den Kulissen" zu tun hat. [...]

Auch eine andre Vermutung ist noch in der letzten Zeit in mir aufgestiegen. [...] Ich weiß nicht, ob man es nicht darauf anlegt: das Wahlrecht des Kapitels zu schmälern, indem man „die Wünsche des h. Vaters" dorthin als Befehle (de facto mein' ich) gelangen läßt, wobei man obendrein immer die Miene annähme: man wolle dadurch den Wünschen des Großherzogs oder seiner Regierung, die sich auf Orbin richten, genügen!?? Es ist das vorerst nur eine Vermutung, zu der mir mehrere unerwartete Ausdrucksweisen des Herrn Kardinals J. Anlaß gaben, die ich jedesmal mit aller Bestimmtheit zu berichtigen bestrebt war. — Weder kennt man unsere Verhältnisse, noch will man sich die Mühe geben, sie kennen zu lernen. [...]

GLA 52/XIII Nr. 4 eig. Ausf.; Frankfurt, Besitz Matth. Gelzer, Abschr. Julie Gelzer in: Briefe vom 9. 1. 1881—31. 12. 1883.

[1] Nr. 512.
[2] Nr. 511.

515. Nokk an Erbgroßherzog Friedrich.

Karlsruhe, 22. März 1882, abends 10 Uhr.

E. K. H. gnädigster Erlaubnis gemäß gestatte ich mir, über eine mehrstündige Unterredung, die ich heute nachmittag mit Monsignore Spolverini[1] gehabt, in Kürze untertänigsten Bericht einzusenden. Der interimistische päpstliche Geschäftsträger führte sich heute früh bei Herrn Staatsminister Turban ein und erschien um fünf Uhr bei mir. Ein artiger, redegewandter, in der wichtigen Sache genau, aber recht einseitig unterrichteter Herr, der bald in Brasilien, bald in Deutschland die Geschäfte der Kurie führt, von dem Wunsche beseelt, die Freiburger Frage in wenigen Tagen definitiv zu erledigen, wollte er medias in res vordringen und erklärte, der römische Stuhl akzeptiere Orbin, wenn auch als zu alten Herrn nicht gern, verlange aber als „condition" dieses Entgegenkommens, daß wir Knecht oder Schmitt als Domdekan und Weihbischof annehmen. Ich machte ihm zunächst bemerklich, daß E. K. H. abwesend seien, eine so rasche Erledigung, wie er sie wünsche, also nicht möglich sei. Er bedauerte diesen Umstand außerordentlich, glaubte aber doch, mich zu einer bestimmten Äußerung veranlassen zu können. Ich legte ihm nun eingehend den Standpunkt der Regierung dar, die eine freie Wahl aufgrund der Bulle und keine verschleierte Ernennung wünsche, erklärte ihm, daß der künftige Erzbischof den Domdekan (und Weihbischof) zu ernennen und die Kapitularstelle zu besetzen habe, was ihm wohl nicht bekannt sei, und bemerkte, die Regierung könne über Rechte Dritter ein Abkommen nicht zu treffen beabsichtigen. Er erwiderte lächelnd, der römische Stuhl wünsche auch die freie Wahl, was ja nicht hindere, daß wir uns über die Namen der Liste verständigten; das Kapitel werde gewiß denjenigen wählen, den der Hl. Vater ihm empfehle. Auch sei es sicher, daß der künftige Erzbischof aus Hingebung an den römischen Stuhl denjenigen zum Domdekan und Weihbischof ernenne, welcher ihm als Vertrauensperson des Papstes bezeichnet werde. Auf eine Erörterung der rechtlichen Lage müsse er verzichten, da die Besprechung von Rechtsfragen nie zum Ziele führe. In der vorliegenden Angelegenheit sei „alles Personenfrage". Er zeigte mir die Vollmacht des Kardinalstaatssekretärs zur Verhandlung und zum Abschluß, wenn wir Knecht oder Schmitt akzeptieren würden, wollte in kürzester Frist nach Freiburg, um dort das Nötige zu tun, und erklärte, Seine Heiligkeit wünsche den neuen Erzbischof schon in dem nächsten Konsistorium am Ende dieses Monats bestätigen zu können. Ich mußte ihn nun aufmerksam machen, daß wir vertragsmäßig die Regierungen der oberrheinischen Kirchenprovinz über die Liste hören müßten, von einer solchen Beschleunigung der Sache, die in Rom ja einige Monate geruht habe, könne wohl nicht die Rede sein. Diese Tatsache war ihm neu und sehr lästig; er meinte zuerst, dies gehe nicht an, dann glaubte er, eine Äußerung der Regierung lasse sich so rasch erheben, daß das Konsistorium nach Ostern vielleicht stattfinden könne. Ich machte ihn kurz aufmerksam auf die Natur des Anerbietens, das uns einen sehr alten Erzbischof als Konzession zugestehen, den Weihbischof aber als w i r k l i - c h e n Erzbischof, den der Papst ernenne, von uns akzeptiert sehen wolle, allein er wiederholte stets, Knecht etc. solle ja zunächst nur Domdekan und Weihbischof und nicht Erzbischof werden. Wir möchten nur nicht ängstlich sein, bei einer neuen Erzbischofswahl müsse uns ja die Liste wieder vorgelegt werden usw. Auf meine hingeworfene Bemerkung, es sei eine Reihe ausgezeichneter jüngerer Kleriker im Lande (ich nannte die mehrerwähnten Namen), die sich übrigens besser als Knecht zu eignen schienen, meinte Spolverini, das seien gewiß vortreffliche Priester, aber keine hervorragenden Persönlichkeiten; auf die Frage, wer den Pfarrer von Schuttertal (Knecht) als so hervorragend in Rom bezeichnet habe, schwieg er. Später las er eine sehr schmeichelhafte Schilderung von Knecht aus dem päpstlichen (bzw. Jakobinischen) Schreiben vor. Wir trennten uns, indem ich ganz positiv erklärte, eine Antwort erst geben zu können, nachdem ich persönlich am nächsten Sonntag oder Montag hier E. K. H. Befehle eingeholt. Spolverini will morgen nochmals kommen und warf auch dazwischen, er könne eventuell bis zur nächsten Woche hier bleiben. Ich will suchen, ihn zur Abreise und zur s c h r i f t l i c h e n Fortsetzung der Verhandlungen zu veranlassen, da eine überstürzte Entschließung auf der ungünstigen Grundlage gar nicht im Interesse unseres Landes liegen dürfte. Ich möchte nicht abbrechen, aber auch nicht auf ein Abkommen einzugehen mir den Anschein geben, das E. K. H. Billigung gewiß nicht finden könnte. Die Kurie versucht uns zu überrumpeln; die Oblate der recht bitteren Pille soll Herr Orbin vorstellen. Verzeihen E. K. H. die allzu flüchtigen Zeilen. Ich wollte E. K. H. rasch wenigstens einige Züge der mehrstündigen Unterredung alsbald ehrerbietigst mitteilen. Sollte morgen Neues zu berichten sein, so wird es alsbald geschehen.

GLA FA 15 Korresp.

[1] Francesco Spolverini (1838—1918), Monsignore, Nuntiaturadlatus in München, 1882 Internuntius in Holland, 1888—91 in Brasilien, 1892 Sottodatario, 1896 Dekan des Collegio Protonotarii Apostoli.

516. Türckheim an Turban.

Berlin, 27. März 1882.

[. . .] Unter denjenigen Kreisen, welche den Fürsten Bismarck von dem Gedanken auf weitere Verfolgung des Projektes der Einführung des Tabakmonopols abzubringen suchen, sollen u. a. auch zahlreiche Konservative sich befinden, denen es in hohem Grade unerwünscht ist, die Agitation gegen den einmal unpopulären Gedanken des Monopols ihren Gegnern als wirksames Agitationsmittel bei den Wahlen in die Hand geben zu müssen.

Was die Aussichten auf Erfolg betrifft, so sind auch diese nicht groß, und ist jedenfalls nicht zu erwarten, daß in naher Zeit die Frage in bejahendem Sinne zum Austrag kommen dürfte — sie bleibt sonach, wenn sie nicht etwa auf unbestimmte Zeit vertagt würde, auch für die Zukunft eine ewige Bedrohung und ein Mittel, die Reichsregierung und die ihr ergebenen Reichstagsabgeordneten zu lästern und zu bekämpfen. — Im Bundesrat wird zwar die Annahme wohl nicht in Zweifel zu ziehen sein, weil hier Preußen mit seinen siebzehn Stimmen ein großes Gewicht in die Waagschale legt, die meisten kleinen Staaten wenig Interesse haben, gegen die Vorlage zu stimmen, Württemberg schon früher dem Monopol zuneigte und Bayern zweifelhaft ist. Gegen das Monopol werden voraussichtlich stimmen Königreich Sachsen, Baden, die drei Hansestädte, Mecklenburg-Strelitz, Reuß ä. L. — zweifelhaft scheinen noch die Stimmen von Hessen und Oldenburg, in welchen Staaten zwar auch die Mehrheit der vernommenen Stimmen im Sinne der Ablehnung sich geäußert haben, es aber noch einigermaßen zweifelhaft erscheint, ob die Regierungen dieser durch rücksichtslose Agitation hervorgerufenen Stimmung Rechnung zu tragen gemeint sein werden. Ob es besonders wünschenswert erscheint, in dieser Frage den Bundesrat in die Lage zu versetzen, nachgiebiger gegen die Wünsche des Herrn Reichskanzlers zu sein als der preußische Volkswirtschaftsrat, scheint mir um so zweifelhafter, als der Ausgang doch eine Niederlage sein dürfte. Von kompetenten Beurteilern hörte ich die Meinung äußern, daß im Reichstage günstigsten Falles etwa ein Drittel der Stimmen für den Entwurf zu gewinnen sein dürfte. Und von den Stimmen, auf welche dabei noch gezählt wird, hörte ich Äußerungen, welche dahin gehen, es müsse unter allen Umständen noch überzeugender als geschehen nachgewiesen werden, daß das Monopol mindestens so viel erlangt, als bis jetzt geschätzt sei, darauf werde mehr Wert gelegt als auf die Belassung der Verkaufspreise in ihrer jetzigen Höhe; ferner seien weitere Sicherheiten wegen der Verwendung der Mehreinnahmen zu Ermäßigung anderer Steuern zu verlangen. [. . .]

GLA 49/2012 Konz.

517. Aktennotiz Nokks über die Verhandlungen mit Internuntius Spolverini.

Karlsruhe, 31. März 1882.

Im Anschlusse an die mit dem Hausprälaten Seiner Heiligkeit des Papstes und interimistischen Geschäftsträger Herrn F. Spolverini mündlich gepflogenen Verhandlungen in Betreff der Wiederbesetzung des erzbischöflichen Stuhles zu Freiburg und der Ergänzung des Domkapitels daselbst beehrt sich der unterzeichnete Präsident des Gr. badischen Ministeriums der Justiz, des Kultus und Unterrichts auf Grund allerhöchster Ermächtigung zu erklären:

Wenn Herr Dr. Orbin, gegenwärtig Erzbistumsverweser und Domdekan in Freiburg, nach seiner Erhebung auf den erzbischöflichen Stuhl zu Freiburg unter die Zahl der Kandidaten, welche nach den Bestimmungen des Artikels 4 der Bulle „Ad Dominici Gregis Custodiam" vom 11. April 1827 der künftige Erzbischof zu Freiburg S. K. H. dem Großherzog von Baden namhaft zu machen" haben wird, für die Wiederbesetzung der im Domkapitel zu Freiburg gegenwärtig erledigten Stelle eines Domkapitulars[b] den Herrn Dr. F. J. Knecht, gegenwärtig Pfarrer in Schutterthal, aufnehmen sollte, so wird von S. K. H. dem Großherzog von Baden nicht verlangt werden, daß der genannte Herr Dr. Knecht als minder angenehm (minus gratus) aus der Liste gestrichen werde.

Erzb. Archiv Freiburg, Nachlaß Orbin, Konz. Joos (frdl. Mitteilung von *J. Becker*).

a) Randvermerk: proponere.
b) Randvermerk: canonicatus.

518. Gelzer an Nokk.

Rom, 31. März 1882.

Ihr Schreiben vom 21. März habe ich durch Kanzleirat Schultz am 28. erhalten. Ihre Frage, ob eine neue Besprechung auf der angedeuteten prinzipiellen Grundlage einige Aussicht auf Erfolg biete, gab mir Veranlassung, erneut Jacobini aufzusuchen.

In der langen Abend-Unterredung vom 29. mit dem Kardinalstaatssekretär beabsichtigte ich, seine Aufmerksamkeit auf zwei Hauptpunkte zu konzentrieren. Zuerst schuldete ich ihm eine Erklärung darüber, warum ich ihn seit seinen Vorschlägen vom 28. Februar[1], also volle vier Wochen hindurch ohne Antwort gelassen; dann aber wollte ich zu den in Ihrem Schreiben vertretenen Gesichtspunkten übergehen und deren volle Berechtigung begründen.

Zur Erklärung der langen Verzögerung wies ich (neben dem hiezu nicht ausreichenden Sterbefall in der großherzoglichen Familie[2]) mit Vorbedacht darauf hin, daß die Frage, wie sie sich durch seine Eröffnungen am 28. Februar gestaltete, einen zu ernsten Charakter angenommen habe, um sie ohne vorgängige Rücksprache mit dem erkrankten Souverän selber zu behandeln; das hätte sich indessen ohne Zeitverlust nicht erreichen lassen.

Indem ich nun daranging, von dieser unangreifbaren Position aus die Intentionen des Landesherrn und seiner Räte in das rechte Licht zu setzen, unterbrach mich der Kardinal mit der mich unsagbar überraschenden Mitteilung: die Sache habe inzwischen einen ganz befriedigenden Fortgang genommen und sei der endlichen Erledigung ganz nahegerückt. Es sei nämlich — mit diesen Worten erlaubte er sich, seine Eröffnung einzuleiten — dem interimistischen Nuntius in München Monsignore Spolverini von Karlsruhe aus der Wunsch kundgegeben worden, mit ihm über die Freiburger Angelegenheit zu verhandeln! Auf seine Anfrage hin habe der Heilige Vater ihm gern erlaubt, sich zu diesem Ende nach Karlsruhe, nach Freiburg und dann wieder nach Karlsruhe zu verfügen. —

Laut den Berichten des Msg. Spolverini, der zu dem Landesherrn wegen Unwohlseins nicht gelangen konnte, hätten die beiden Herrn Minister Turban und Nokk sich infolge längerer Erörterungen dazu verstanden, daß Knecht in das Kapitel gewählt und zur Aushülfe des Dr. Orbin zu seinem Weihbischof ernannt würde (durch den neuen Erzbischof), nur habe man gewünscht, daß Knecht nicht auch gleich von Anfang an schon zum Domdekan gewählt würde, sondern daß dem Kapitel freistehen solle, ein anderes älteres Mitglied des Kapitels zu wählen, um unverdiente Kränkung zu vermeiden. Über letzteren Punkt habe Spolverini hier angefragt und bereits vom Heiligen Vater telegraphisch die Weisung erhalten: er dürfe sich in diesem Punkte nachgiebig verhalten. — Seine Darlegung schloß der Kardinal mit der in mehreren Wendungen wiederholten Erwartung: er sehe nun jeden Tag der weiteren Mitteilung des Msg. Spolverini entgegen: daß die Angelegenheit in der Hauptsache geordnet sei und der erzbischöfliche Stuhl nach fünfzehnjähriger Vakanz wieder besetzt werden könne. Dabei wurde wieder und wieder mit großer Emphase darauf hingewiesen: wie so sehr entgegenkommend die Kurie sich den Wünschen des Landesherrn und seiner Regierung erwiesen habe, indem der Heilige Vater den Dr. Orbin, den er seines hohen Alters wegen für das erzbischöfliche Amt eigentlich nicht für geeignet hielt, doch zu dieser Würde befördern wolle; mit dem einzigen Vorbehalt, daß für die rechte Hülfe im voraus Sorge getragen werde! — —

Es erfolgten nun längere, auch in das einzelne gehende Auseinandersetzungen, die ich späteren mündlichen Mitteilungen vorbehalten kann. Den gegebenen Anlaß wollte ich wenigstens dazu benutzen, dem Kardinalstaatssekretär verschiedene Tatsachen in Erinnerung zu bringen, von denen zu wünschen war, daß er sie höre. — Diesmal will ich nur zwei Punkte namhaft machen. An die Spitze meiner Erwiderung stellte ich die Bemerkung: Seine Mitteilung sei für mich in jeder Beziehung um so überraschender, als mein letzter Bericht aus Karlsruhe dahin gelautet habe: „Es sei dort der Besuch des Msg. Spolverini angemeldet worden; man sehe also den Mitteilungen entgegen, die er allenfalls zu bringen beauftragt sei, förmliche Unterhandlungen mit ihm denke man aber nicht einzuleiten" usw.

Damit war also jener kecken Behauptung, als sei Spolverini nach Karlsruhe gerufen worden, mit fester Hand der Boden unter den Füßen weggezogen. — Eine solche Berichtigung, wenn in gehöriger Form vorgetragen, verträgt das italienische Naturell, ohne dabei zu erröten; man steigert dann nur noch die Höflichkeit verbindlichster Ausdrücke und Wendungen und unterläßt nicht die bestechende Versicherung: ohne Zweifel habe man den günstigen Gang der Sache auch wesentlich meinen einsichtigen Berichten nach Karlsruhe zu danken! Denn sonst würde wohl alles noch auf dem alten Flecke stehen. — Der andre Punkt, dessen ich heute noch erwähnen wollte, betrifft die Rechte des Domkapitels und die Beeinflussung desselben.

Als ich allen Ernstes immer wieder darauf zurückkam, wie sehr man es sich von seiten des Landesherrn und der Regierung angelegen sein ließ, jene Rechte zu achten und zu schützen, entwickelte der Kardinal ebenso oft mit einer an Naivität grenzenden Beredtsamkeit: „so anerkennenswert er diese Zurückhaltung seitens der Regierung finde, so wenig finde sie ihre Anwendung auf die Kurie. In der katholischen Kirche stehe der Papst in einem ganz andern Verhältnisse zu seinem Klerus; jeder gute Priester müsse sich freuen, wenn sein geistlicher Vater ihn in allen Schritten berate und leite; da ohnehin ja alle Rechte des Priesters einzig und allein im Heiligen Vater ihre Quelle haben. Ganz in diesem Sinne habe der Heilige Vater gegenüber Freiburg verfahren wollen, und zwar in Freiburg selbst (bei den dortigen Domherrn) ohne Zweifel mit bestem Erfolg. Von einem Oktroyieren oder Aufdrängen sei keine Rede; der Heilige Vater könne immer auf gelehrige, gehorsame Priester rechnen." [. . .]

Es ist also geschehen, was ich schon in meinem früheren Schreiben als die Absicht der Kurie vermutete — eine Vermutung, die auch Sie mit mir teilten. Man will dahin kommen, allmählich alle Wahlen in Rom in der Hand zu haben und die Kapitelwahlen zu einer Scheinwahl herabzudrücken. Seit 1870 kann man darüber nicht mehr im Zweifel sein. — Diese Freiburger Frage hatte daher von Anfang an in meinen Augen eine nicht bloß provinzielle Bedeutung; sie ist wie alles Römische universaler Natur. [. . .]

GLA 52/XIII; auch: Frankfurt, Besitz Matth. Gelzer, Abschr. Heinrich Gelzers in: Briefe vom 9. 1. 1881 bis 31. 12. 1883.

[1] Vgl. Nr. 512.
[2] Prinz Maximilian von Baden (1796—1882), Onkel Großherzog Friedrichs, starb am 6. März 1882.

519. Deklaration des Internuntius Spolverini.

Karlsruhe, 1. Avril 1882.

Dans le cours des négociations orales, que le soussigné Prélat de la Maison du S. Père a, d'ordre de Sa Sainteté, entamé avec le Gouvernement badois, au but d'éliminer les difficultés, qui restent encore à la nomination d'un titulaire au Siège Archiépiscopal de Fribourg, vacant depuis presque 14 ans, Son Excellence Monsieur A. [!] Nokk, Président du ministère badois de la justice, des cultes et de l'instruction, ayant exprimé le désir, que le soussigné veuille recommander aux membres du Chapitre de Fribourg l'élection d'une personne bien vue du Gouvernement badois au Canonicat, qui vaquera dans le même Chapitre, par la nomination d'un chanoine au Doyonné, après la promotion du Doyen actuel le Dr. J. B. Orbin au Siège Archiépiscopal, le soussigné, espérant que cet acte de sa part aura beaucoup d'influence pour rejoindre le but des négociations, déclare, qu'il se prêtera volontiers à satisfaire à ce désir, dans la persuasion qu'il a, que la personne indiquée par le Gouvernement sera selon la Bulle = Ad Dominici gregis custodiam = du 11. avril 1827 art. 4, fournie des qualités, que les sacrés canons réclament dans les capitulaires = quas sacri canones in Capitularibus requirunt.

Erzb. Arch. Freiburg, Nachlaß Orbin (freundliche Mitteilung von J. *Becker*).

520. Ellstätter an das Staatsministerium.

Karlsruhe, 1. April 1882.

Von unserem Standpunkt aus können wir der Behauptung, daß das Tabakmonopol als volkswirtschaftlich schädlich und finanziell leistungsunfähig[a] von vornherein unbedingt zu verwerfen sei, nicht beitreten, wir erachten vielmehr das Gegenteil dadurch, daß sich das Monopol in den Nachbarstaaten bewährt hat, als erwiesen. Wir vermögen demnach den vielfachen, mehr oder minder gelungenen Versuchen, die dem Entwurf beigefügten Berechnungen[1] als unrichtig und demnach den in Aussicht genommenen Reinertrag als illusorisch darzustellen, keinen entscheidenden Wert beizulegen. Es mag hierdurch der Beweis erbracht sein, daß der in Aussicht genommene und ohne Zweifel auf eine beifällige Aufnahme des Projektes berechnete Weg, wonach bei gleicher Güte und gleichem Preise der Erzeugnisse ein sehr bedeutender Reinertrag versprochen wird, nicht durchführbar ist. Die Folge davon würde aber einfach die sein, daß man später diesen Weg verläßt und sich denjenigen Maßregeln zuwendet, welche in andern Ländern das Monopol zu einer außerordentlich ergiebigen Einnahmequelle gemacht haben.

Nach unserer Auffassung liegt demnach der maßgebende Gesichtspunkt nicht in der prinzipiellen Beurteilung der Monopolfrage, wir halten vielmehr die Beantwortung d e r Frage für entscheidend, ob die Opfer, welche bei dem hoch entwickelten Stande der Tabakindustrie in Deutschland und speziell in Baden infolge der Einführung des Tabakmonopols gebracht werden müssen, im beiläufigen Verhältnisse zu den hieraus erwarteten Vorteilen stehen, bzw. ob die Einführung des Monopols so dringend geboten ist, daß man sich über die damit verbundene gewaltige Störung und Beschädigung der wirtschaftlichen Verhältnisse glaubt hinwegsetzen zu können.

Wir müssen diese Frage mit n e i n beantworten und begründen unsere Ansicht, indem wir vornehmlich die badischen Verhältnisse ins Auge fassen, durch eine kurze Erörterung der Wirkungen des Monopols auf die einzelnen Zweige der Tabakindustrie.

Der T a b a k b a u soll nach der Erläuterung zum Gesetzentwurf unter dem Monopol quantitativ nicht bloß in der bisherigen Ausdehnung erhalten, sondern es soll auch eine stetige Weiterentwicklung desselben ermöglicht werden. Diese Aussicht können wir nicht anders als mindestens eine arge Selbsttäuschung bezeichnen. Wenn bei einer Jahreserzeugung von 1 Million Zentner, wie sie 1880/81 stattfand, die Regie beiläufig 600 000 Zentner verwendet, so müßten die übrigen 400 000 Zentner zur Ausfuhr gelangen. Abgesehen davon, daß dieses Quantum die seitherige Ausfuhrmenge von etwa 200 000 Zentner bedeutend übersteigt, behaupten die Handelskammern übereinstimmend, daß der Tabakbau für die Ausfuhr nur in äußerst vermindertem Maße fortbestehen könne, da die Pflanzer nicht selbst ausführen, die Händler aber mit Rücksicht auf die Eigenartigkeit des Ausfuhrhandels mit Tabak nicht in der Lage sind, mit ersteren bindende Verträge abzuschließen.

Berücksichtigt man hierzu die Beschränkungen, welche der Gesetzentwurf in § 7 und 10 hinsichtlich des Tabakbaues ausspricht, ferner die unvermeidlichen scharfen Kontrollen, die Unsicherheit der Preiseinschätzung, die Wertlosigkeit bzw. Vernichtung unbrauchbar befundener Erzeugnisse, welche seither noch mit günstigem Erfolge veräußert werden konnten, und schließlich auch den vermutlich eintretenden Rückgang im Konsum, so ist unseres Erachtens nicht in Zweifel zu ziehen, daß von der Aufrechterhaltung oder gar Weiterentwicklung des Tabakbaues nicht die Rede sein kann.

Die in den Gesetzentwurf zu Gunsten des inländischen Tabakbaues aufgenommenen Vorbehalte, insbesondere die Bestimmung in § 28, wonach der Bedarf der Monopolverwaltung an Rohtabak mindestens zu 2/5 durch inländischen Tabak gedeckt werden soll, machen uns in unserer Auffassung nicht irre. Dergleichen Bestimmungen lassen sich, wie das Beispiel der französischen Monopolverwaltung zeigt, nach Einführung des Monopols nicht aufrecht halten, sobald sich herausstellt, daß sie dessen finanzieller Entwicklung im Wege stehen, und kein Reichstag wird desfallsigen Anträgen seine Genehmigung versagen.

Die hervorragende Beteiligung Badens an dem hiernach zu unterstellenden Rückgang des Tabakbaues läßt sich daraus entnehmen, daß z. B. im Erntejahr 1880/81 Baden an der Gesamtzahl der Pflanzer mit 18 %, an der angebauten Fläche mit 31 % und an dem Ernteergebnis mit 30 % beteiligt war.

Der H a n d e l m i t R o h t a b a k wird infolge seiner Beschränkung auf die Ausfuhr, wie bereits angedeutet, in sehr bedeutendem Maße abnehmen, da derselbe nur in Verbindung mit dem inländischen Rohtabakhandel mit Erfolg betrieben werden kann. Wir verweisen in dieser Beziehung auf das Gutachten der Mannheimer Handelskammer und wollen zur Betonung des weitaus überwiegenden Anteils, welchen Baden an diesem Zweig der Tabakindustrie seither genommen hat, nur anführen, daß nach den Ermittlungen der Enquête-Kommission der badische Rohtabakhandel an der Gesamtzahl der betreffenden Geschäfte mit 21 %, der beschäftigten Personen mit 59 % und an der Menge und dem Werte des in das Ausland verkauften Rohtabaks mit über 80 % beteiligt war.

Die einschneidendste und zu den lebhaftesten Besorgnissen Veranlassung gebende

Wirkung des Monopols ist ohne Zweifel das Verbot der T a b a k f a b r i k a t i o n für Private und das Aufhören des damit zusammenhängenden Handels als solchem. Welche kolossalen wirtschaftlichen Störungen die plötzliche Einstellung von beiläufig 15 000 Fabrikbetrieben, welche etwa 140 000 Personen beschäftigen, hervorrufen wird, welche Schäden für diese und in weiterem Kreise für Hilfs- und andere Gewerbe, für die Kommunen und für den Staat selbst daraus entspringen werden, läßt sich gar nicht übersehen; so viel ist aber als sicher anzunehmen, daß da, wo die Fabrikation sich konzentriert hat, die Folgen geradezu unheilvoll sein werden.

Die in Aussicht gestellten Geldentschädigungen vermögen das Übel nicht aufzuwiegen. Alle Beschädigten können nicht bedacht werden, und die Empfänger von Entschädigungen, mögen diese auch mehr oder minder günstig ausfallen, erhalten in denselben nur den Ersatz für die Beraubung ihrer wirtschaftlichen Existenz. Die Kapitalien liegen zunächst brach, und es wird dem Unternehmer wie dem Arbeiter bei der noch stets ungünstigen Geschäftslage die anderweite nutzbringende Verwendung schwerfallen. Bestenfalls wird für die anderen Gewerbe eine schädliche Konkurrenz erzeugt. Den Arbeitern insbesondere wird die ihnen in der Tat ziemlich reich zugedachte Entschädigung in sehr vielen Fällen nicht zum Segen, vielleicht sogar zum Unheil gereichen.

Die Wiederverwendung der letzteren im Monopol wird den Schaden teilweise und, wie wir glauben, in weit geringerem Maße, als die Vorlage in Aussicht stellt, ausgleichen. Ein großer Teil der Arbeiter, welcher ansässig ist, wird dem Rufe zur Beschäftigung in den wenig zahlreichen Monopolfabriken Folge zu leisten außerstande sein.

Wir enthalten uns des näheren Eingehens auf diese in kurzen Zügen allerdings nicht erschöpfende Seite der vorliegenden Frage und wollen auch hier wieder die hervorragende Stellung, welche die badische Tabakfabrikation einnimmt, betonen.

Unter der oben erwähnten Zahl von Fabrikbetrieben findet sich Baden mit einer Anzahl von 422 Betrieben, welche 13 000 Personen beschäftigen, vertreten. An dem Handel mit Fabrikaten endlich, welcher s. Zt. im ganzen mit 7070 Großbetrieben und mit beiläufig 360 000 Kleinbetrieben ermittelt wurde, nimmt Baden mit 263 Groß- und 14 000 Kleinbetrieben Anteil.

Den vorstehend in der Kürze angedeuteten Erschütterungen und Schädigungen der bestehenden Industrie stellt nun die Einführung des Monopols als einzigen Vorteil die Eröffnung einer Einnahmequelle gegenüber, welche, wenn auch nicht alsbald, so doch im Laufe der Jahre eine sehr reichliche zu werden verspricht. Die nächstliegende und zugleich entscheidende Frage ist nun die, welche Ziele mit Hilfe dieser Einnahmen erstrebt werden sollen und ob deren Erreichung die Einführung des Monopols unbedingt geboten scheint.

Die Erläuterungen zu dem Gesetzentwurf bezeichnen als solche Ziele andeutungsweise die Notwendigkeit einer Steuerreform in den einzelnen Staaten, insbesondere die Beseitigung drückender direkter Steuern und die Entlastung der Kommunen, ferner die neuen Ausgaben des Reichs, wie solche etwa auf dem Gebiete der Unfall- und Invalidenversicherung erwachsen werden.

Was die hauptsächlich für Preußen betonte Erleichterung der direkten Steuern anbelangt, so ist hier nicht der Ort, unser Urteil hierüber niederzulegen. Jedenfalls ist für uns nicht erwiesen, daß diese Reform, sollte sie in der Tat für so dringend geboten erachtet werden, nur durch Einführung des Monopols erreicht werden könnte.

Ähnlich verhält es sich mit den Kommunalabgaben, welche wenigstens in einem Teil der Gemeinden eine ungebührliche Höhe erreicht haben. Die Frage, wie hier geholfen werden soll, ist indessen noch nicht erschöpfend behandelt; auf dieselbe hier näher einzugehen, müssen wir uns hingesehen auf die Mannigfaltigkeit der zu erörternden Gesichtspunkte enthalten; nach Lage der diesseitigen Verhältnisse scheint sie uns aber keinesfalls zu genügen, um die Einführung des Monopols zu begründen.

Noch viel weniger genügt hierfür die Hinweisung auf die künftige Unfall- und Invalidenversicherung. Den Vorschlägen des Reichskanzlers hinsichtlich der Zuschüsse, welche für diese Zwecke aus der Reichskasse geleistet werden sollen, stehen wir wenig sympathisch gegenüber[b], und ob solche die Zustimmung der gesetzgebenden Faktoren erhalten würden, steht dahin.

Wir würden es allerdings mit Freuden begrüßen, wenn es sich irgendwie ermöglichen ließe, die einzelnen Staaten von den Matrikularbeiträgen zu entlasten und mit den dadurch verfügbar werdenden Mitteln wünschenswerte Erleichterungen durchzuführen. Ob aber auf dem Wege des Tabakmonopols dieser Vorteil nicht zu teuer erkauft wäre[c], müssen wir ernstlich bezweifeln.

Wir haben erwähnt, wie Baden in allen Zweigen der Tabakindustrie in bedeutender, z. T. ganz hervorragender Weise beteiligt ist. Die Opfer, welche das badische Land bei Einführung des Monopols zu bringen hätte, würden diejenigen aller anderen Bundesstaaten relativ ohne Zweifel weit übertreffen, während wir an den Erträgnissen nur in dem unserer Bevölkerungsziffer entsprechenden bescheidenen Maße teilnehmen würden. Die Notwendigkeit einer für ganz Deutschland und speziell für Baden so schädlichen Maßregel scheint uns in keiner Weise begründet, wir können daher nur empfehlen, die Einführung des Monopols in aller Entschiedenheit abzulehnen.

GLA 233/14289 Ausf.; 237/15971 Konz. gedr. *Reichert*, S. 211 ff. Randbemerkungen Turbans: a) Zwei ganz entschiedene prinzipielle Gesichtspunkte! Jedes Monopol ist volkswirtschaftlich schädlich! b) Wir haben die gegenteilige Anschauung vertreten. c) Wir sind der Meinung, daß auf dem Wege des Tabakmonopols dieser Vorteil zu teuer erkauft wäre!

[1] Den Ausführungen Ellstätters liegen zu Grunde die Erläuterungen zum Tabakmonopolentwurf, die am 28. Febr. 1882 dem preußischen Volkswirtschaftsrat zur Beratung vorgelegt worden waren (*Schultheß* S. 48 ff.).

521. Baumstark an Nokk.

Achern, 4. April 1882.

[. . .] Ich weiß nicht, ob von Professor Kraus als Koadjutor die Rede war oder ist. Dagegen glaube ich gewiß zu sein, daß, w e n n dies der Fall ist, auch der heftigste und scheinbar unüberwindliche Widerstand nur scheinbar ist. Wenn dieser Gedanke derjenige unsres Großherzogs sein sollte, dann wird Leo XIII. sich des Augenblicks freuen, in welchem er sagen kann: „Ihr sehet wohl, ich kann ja nicht anders." — So war es ja auch 1880. — Leider ist der katholische Klerus dieses Landes demagogisch verwildert, soweit er oppositionell, und zumeist sittlich entartet, soweit er es nicht ist. Nur ein Kirchenregiment, bei dem der Smollis nicht gilt, kann uns die tiefere und würdige Ruhe der kirchlichen Ordnung wiederbringen: alles andere wird Stückwerk bleiben. Dem Heiligen Vater entgeht sicherlich nicht die

Geistesarmut, die wissenschaftliche Leere, die politische Unterwühlung unserer Geistlichen. Sie müssen wieder gezogen werden.

Sicherlich wird der fragliche Gedanke, wenn er besteht, einen erbitterten Widerspruch finden: wer aber entschlossen sein sollte, ihn festzuhalten, der dürfte siegen. Es wäre Zeit, daß sich im deutschen Episkopat auch die theologische Wissenschaft wieder einmal sehen ließe.

Salvavi animam: nicht zum erstenmal und niemals ohne Hoffnung. Der Umstand, daß ich nicht einmal weiß, in welchem Winkel Italiens Professor Kraus herumzieht, sollte mich freilich genug abkühlen: aber ich will lieber vergeblich hoffen als gar nicht.

Ich wiederhole den Ausdruck meiner festen Überzeugung: Der Großherzog kann in dieser Frage nichts wünschen, was ihm das Haupt der Kirche nicht schließlich einräumen wird.

Haben Sie Geduld mit der Stimme des Einsamen. *[. . .]*

GLA 52/XIII.

522. Nokk an Erbgroßherzog Friedrich.

Karlsruhe, 6. April 1882.

Soeben verläßt mich der Pronuntius und kündigte mir an, daß heute abend oder morgen früh die Liste des Kapitels für die Wahl des Erzbischofs würde übergeben werden. Er sei von dem Kardinalstaatssekretär ermächtigt, mir die Namen vertraulich zu nennen: Behrle (welcher „der Form wegen" stehen bleibe), Orbin, Domkapitular Haffner in Mainz, Graf Galen, Pfarrer in Mainz[1], Komp, Direktor des Seminars in Fulda[2]. Der Pronuntius bemerkte nochmals, es erscheine die ganze Liste ja nur, um die Form vollständig einzuhalten, da wir über die Person des Erzbischofs mit dem Kapitel einig seien. Ich machte bezüglich Galens einige vorläufige Bemerkungen, worauf Spolverini wie früher erklärte, er wolle über die Abänderung der Liste dann mit mir verhandeln, wenn alsdann versichert würde, daß wenigstens die badische Regierung s ä m t l i c h e Namen werde stehen lassen. Ich konnte dies (auch für meine Person allein) nicht in Aussicht stellen, weil die badische Regierung durch Vertrag verpflichtet ist, die Einwendungen der drei beteiligten Regierungen zu beachten. Es schien mir auch für die badische Regierung nicht richtig, sich alsbald so völlig zu binden. Selbstverständlich wäre dies dann rätlich gewesen, wenn eine gute Liste zu erzielen gewesen. Dies war aber nicht der Fall. Die beste Kombination, welcher Spolverini gegen die Zusage der u n v e r ä n d e r t e n A n n a h m e zuzustimmen sich geneigt gezeigt, war die: Behrle, Orbin, Haffner, Erzbischof Schreiber in Bamberg (von mir betont) und Komp. Dann hätte aber Haffner unbedingt akzeptiert werden müssen, während es nicht sicher ist, ob die hessische Regierung ihn nicht beanstandet; außerdem aber wollte Sp[olverini] dann die ganze Liste als die gemeinschaftliche Liste des Papstes und der Regierung bezeichnet wissen, während wir wert darauf legen müssen, einfach einer Liste gegenüberzustehen, welche als die L i s t e d e s K a p i t e l s uns bezeichnet wird. So ließen wir den Versuch fallen, und er versprach, die Kapitelsliste vorzulegen, wogegen ich bemerkte, ich glaubte bestimmt, daß (soweit die badische Regierung in Betracht komme) d r e i Namen auf der Liste stehen bleiben würden. So weit zu gehen, hatten mich E. K. H. bei der jüngsten Audienz gnädigst ermächtigt; es ist dies auch bei dem Urteile von zuverlässiger Seite über Komp sicher möglich. Die Regierung hat alsdann noch die Wahl, ob sie Haffner auch streichen will oder nicht, Galen wäre jedenfalls für persona minus grata zu erklären. Bezüglich Haffners könnte man die Entschließung von dem Urteile der hessischen Regierung über die Persönlichkeit abhängig machen. Sobald die Liste übergeben ist, werde ich die Briefe an die drei Regierungen absenden; eine Wahl wäre vielleicht in 12 oder 14 Tagen möglich. Spolverini zeigte mir heute den lateinischen Brief des Kardinalstaatssekretärs an Orbin, welcher nach der Wahl übergeben werden soll und dem bestimmten Wunsch des Papstes Ausdruck gibt, daß Orbin annehme. Orbin wird auf die Hülfe Gottes im Kirchenregiment verwiesen und ihm der Segen des Hl. Vaters für seine Amtsführung gespendet. Ich habe das Orginal lange in der Hand gehabt und genau gelesen. Würde dieser Brief nicht hinreichen, so ist Spolverini angewiesen, einen stärkeren Druck von Seiten Roms telegraphisch zu erwirken (am Tage der Wahl selbst). Es dürfte hiernach doch jeder Zweifel an dem Willen des Hl. Stuhles, für die Annahme des Amtes durch Orbin zu wirken, ausgeschlossen sein. Wenn E. K. H. keine anderen Befehle senden, würde ich auf den Tag der Wahl gleichfalls an Orbin schreiben und ihm nochmals den dringenden Wunsch S. K. H. des Großherzogs und E. K. H., daß er das Opfer bringe und die Wahl akzeptiere, an das Herz legen. Ich hoffe, Orbin wird sich schließlich doch bereit finden; die Ablehnung würde den würdigen bejahrten Priester mit einer schwereren Verantwortlichkeit beladen als die Annahme. — Spolverini will Samstag auf einige Tage zum Besuch einer Schwester (in einem französischen Kloster) verreisen und nach Karlsruhe zurückkehren, sobald ich ihm telegraphiere, daß alles bereit. Er will dann zur Wahl nach Freiburg gehen. [...]

GLA 52/XIII.

[1] Max Graf v. Galen (1832—1908), 1856 Priester, 1864 Subregens am Priesterseminar in Mainz, 1874 Pfarrer in Mainz, 1884 Domkapitular in Mainz, 1895 Weihbischof in Münster.
[2] Georg Ignaz Komp (1828—98), 1853 Priester, 1861 Regens des Priesterseminars in Fulda, 1894 Bischof in Fulda, 1898 Erzbischof von Freiburg, starb auf dem Wege zur Inthronisation.

523. Baumstark an Ungern-Sternberg.

Achern, 6. April 1882.

Ich bitte den Inhalt dieses Briefes zur Kenntnis des Großherzogs oder des Erbgroßherzogs zu bringen. Sollte es der Fall sein, daß Professor Kraus in Freiburg als Koadjutor in Frage ist, so wird ohne Zweifel von der ultramontanen Partei ein verzweifelter Widerstand gegen diesen „unannehmbaren" Kandidaten erhoben werden. Dieser Widerstand wird sich aber als nichtig zeigen in dem Augenblick, wo Leo XIII. persönlich und direkt befragt wird. Wenn unser gnädigster Landesherr die fragliche Kandidatur billigen sollte, so bedarf es, wie dies auch im Jahr 1880 der Fall war, nur eines unmittelbaren Wortes von Seiten des Großherzogs oder seines durchlauchtigsten Stellvertreters beim Papste, und der Erfolg wird sicher sein.

Diese Frage ist die entscheidende: ein Sieg der extremen Richtung auf diesem Gebiet wird in der Folgezeit alles in Frage stellen, was seither zum Frieden geschehen ist. [...] Jeder schwache Erzbischof oder Koadjutor wird ultramontan werden: nur ein starker und freier Geist verbürgt die Zukunft.

Wenn ich auch in untergeordneter Stellung auf einem Landstädtchen lebe, so habe ich doch meine Sternwarten für die Zeichen der Zeit: möge der entschlossenste Ernst walten über der Entscheidung der Bischofsfrage. Ein Widerstand im Klerus wird nicht erfolgen. Ich erlaube mir, in allen Beziehungen an den Fall Korum zu erinnern. [...]

GLA 48/5449. Randvermerk: Erwiderung, daß der Inhalt dieses Schreibens S. K. H. dem Erbgroßherzog sofort zur Kenntnis gebracht wurde.

524. Gelzer an Nokk.

Rom, 27. April 1882.

Privatim! Ihren Brief vom 5. April habe ich am 9. durch Kanzleirat Schultz erhalten. Ich denke Rom Mitte nächster Woche zu verlassen, wenn Sie nicht bis zum 2. Mai gegenteiligen Bescheid geben. Bei dem nicht mehr fernen mündlichen Austausche, dem ich nun entgegensehe, hoffe ich vieles zu ergänzen, was schriftlich sich nicht so leicht beleuchten läßt. Auch von den Unterredungen mit Professor Kraus[1] habe ich Ihnen dann zu berichten[2]. [...]

GLA 52/XIII; auch Frankfurt, Besitz Matth. Gelzer, Abschr. Julie Gelzers in: Briefe vom 9. 1. 1881—31. 12. 1883.

[1] Kraus war vom 19. März bis 15. Apr. 1882 in Rom. Über seine Gespräche mit Jacobini, Gelzer, Schlözer u. a. vgl. Tagebücher S. 445 ff.
[2] Am 7. Mai 1882 verabschiedete sich Gelzer von Kardinal Hohenlohe: „Nehmen Sie meinen Dank für alle die guten Stunden, die Sie mir in S. Maria Maggiore und in Tivoli geschenkt haben" (Frankfurt, Besitz Matth. Gelzer, Losungen).

525. Turban an Türckheim.

Karlsruhe, 6. Mai 1882.

Ew. Exz. beehre ich mich davon ergebenst in Kenntnis zu setzen, daß nach Äußerung des Gr. Ministeriums des Innern vom 1. d. M. die in Drucksache 53 des Bundesrats gestellten Anträge[1] zu weiteren Bemerkungen diesseits keinen Anlaß bieten.

Da die erwähnte Drucksache a m 29. v. Mts. (Samstag) hier eingekommen ist, war es nicht möglich, vor dem 1. d. Mts. (Montag) das Ergebnis einer Prüfung festzustellen. Zur Zeit der Entscheidung des Bundesrats über die fraglichen Anträge, welche gleichfalls a m 29. v. Mts. stattfand, waren dieselben hier noch unbekannt. Es scheint mir deshalb die Beschwerde, welche nach der gefälligen Berichterstattung vom 29. v. Mts. der kgl. württembergische Bevollmächtigte wegen übereilter geschäftlicher Behandlung bzw. Nichtbeachtung der Geschäftsordnung bei Anlaß der betreffenden Verhandlung im Bundesrat vorgebracht hat, durchaus begründet zu sein. Abgesehen von anderen Rücksichten kann es nur unangenehm berühren, wenn eingehende und sorgfältige, oft mit Aufbietung besonderer Beschleunigung und

Mühe vorgenommene Prüfungen von Vorlagen und Anträgen sich wegen inzwischen getroffener Entschließung des Bundesrats bzw. der Ausschüsse als vergeblich erweisen, und kann ein öfteres Vorkommen derartiger vergeblicher Arbeit, wie sie in der Tat schon wiederholt stattgehabt hat, nur schädlich für die Sache im allgemeinen sein, indem bei der Eile, mit welcher die Arbeiten vorgenommen werden müssen, deren Reife und Allseitigkeit natürlich leiden muß und überdies die Besorgnis oder der Zweifel, ob denn das Ergebnis überhaupt noch von praktischer Bedeutung sein wird, unwillkürlich die Güte der Arbeiten zu beeinträchtigen geeignet ist.

Ew. Exz. darf ich hiernach anheimgeben, für den Fall, daß bei etwaigem späteren Anlaß in angemessener Weise von anderer Seite betreffende Bemerkungen gemacht werden sollten, sich diesen anzuschließen.

GLA 233/12905 fol. 123 f. Abschr.

[1] Betr. Krankenversicherung.

526. Baumstark an Nokk.

Achern, 28. Mai 1882.

Die ultramontanen Blätter haben mich in den letzten Tagen der Urheberschaft einer Menge von Artikeln in den verschiedensten Zeitungen und der hiedurch verübten Beleidigung der großherzoglichen Regierung angeklagt; auch von anderer Seite fehlt es mir nicht an Warnungen, ich hätte Ihr Wohlwollen verscherzt. Ich selbst habe zur Zeit keinen Anlaß, mich Ihnen gegenüber auszusprechen hinsichtlich der fraglichen Preßerzeugnisse. Mir hat Gottlob der Mut, für meine Überzeugung zu leiden, nie gefehlt, allein ich fühle meinen Glauben an Ihre Gerechtigkeit und an Ihr Wohlwollen nicht im geringsten erschüttert, und an meine Absicht, Sie zu beleidigen, glauben Sie selbst sicherlich nicht. Auch berühre ich die Denunziation meiner Feinde und die Besorgnisse meiner Freunde aus dem einzigen Grund, weil dieselben für mich einen willkommenen Anlaß bieten, Ihnen persönlich einige Worte mitzuteilen, welche ich, wenigstens in dieser Form, öffentlich nicht aussprechen will.

Sie werden, hochzuverehrender Herr Präsident!, keinen Frieden im Lande haben, so lange es Ihnen nicht darum zu tun ist und gelingt, den Kanzleidirektor Maas zu entfernen. Er hat mir selbst in das Gesicht gesagt, und ich würde es ihm jeder Zeit ins Gesicht zurückgeben, daß „Kampf gegen die Zähringer" die Richtschnur seines Lebens sei. Er ist ein Mann, der sich den ächt jüdischen Triumph und Hochgenuß verschafft haben soll, katholische Priester bei Disziplinaruntersuchungen mit Maulschellen zu behandeln. An seinen Glauben glaubt niemand, und „schlechter Jude" ist der Name, den ihm die große Mehrzahl unseres älteren Klerus gibt. Er lebt vom Streit und ist der einzige unter der ganzen ultramontanen Kohorte, der Geist und Wissenschaft besitzt, um sie erfolgreich als Kampfeszunder zu verwenden.

Ich weiß ja nicht im geringsten, was Sie mit Msgr. Spolverini verhandelt haben; daß aber die Entwürfe solcher Männer e longinquo bearbeitet werden, das weiß ich gewiß.

Was hätten wir beispielsweise an dem frommen streng kirchlichen, aszetisch strengen und doch christlich milden Bougier[1] für einen Weihbischof gehabt! Was für einen Weihbischof an Behrle! Und solcher Beispiele gibt es gar leicht noch mehrere anzuführen. Es mußte aber einer von der eigentlich verbissensten Sorte sein, den man Ihnen antrug, weil er klug genug war, politisch still zu sein, und natürlich jetzt klug genug ist, um schon gemäßigt zu sein. An den Früchten werden Sie den Baum erkennen! —

Was im Lande liberal, protestantisch, religiös, nicht politisch katholisch, gemäßigt und friedliebend ist, das trauert über diesen Schritt der Regierung, in Folge dessen der „Badische Beobachter" es wagen darf, sich triumphierend als Beschützer des badischen Ministeriums zu gerieren.

Ich will nicht hoffen, daß man Ihnen, Herr Präsident, den Argwohn eingepflanzt hat, als ob ich in dieser Sache persönliche Zwecke verfolge; auch Professor Kraus ist mir n u r der Vertreter einer Sache und eines Prinzips. Selbst diesen Brief würde ich nicht schreiben, wenn ich ihn nicht an einen katholischen Minister schreiben könnte: einem Akatholiken würde ich mit solchen Worten unser Elend nicht offenbaren.

Erzbischof Orbin[2] wird leider fühlen, was er getan hat. Er ist zu schwach. Als ich ihm zu seinem 50jährigen Priesterjubiläum gratulierte, gab er mir eine Antwort, schrieb jedoch einem andern, wie er von meinen tadellosen Gesinnungen überzeugt sei — in fast überschwänglichen Worten — daß er es aber nicht wagen könne, an mich zu schreiben, um nicht seinen Einfluß in Freiburg einzubüßen. Das schrieb man mir wörtlich ab, um mich zu trösten — freilich konnte nur ein schmerzliches Lächeln die Wirkung sein. Nach Kübels Tod gratulierte ich wieder und erhielt die freundlichste Antwort.

So — weichen Naturen gegenüber ist Maas herzlos wie ein Tiger, der geborene Herrscher, und so unbedeutend auch Leute wie Weickum, Krauth[3], v. Rick[4] u. dgl. an sich sein mögen, sie sind die Werkzeuge eines entschlossenen Mannes voll Haß und voll Mut im „Kampf gegen die Zähringer".

Sie haben mir, Herr Präsident, wiederholt erlaubt, Ihnen meine Meinungen freimütig, denn — anders kann ich es nicht, vorzutragen. Ich habe niemals eine Antwort erwartet, ich unterbreite auch diese Zeilen mit allem, was zwischen denselben steht, einfach Ihrer Erwägung. *[. . .]*

GLA 52/XIII.

[1] In den Ordinariaten Freiburg und Straßburg nicht zu ermitteln.
[2] Orbin war seit dem 26. Mai 1882 Erzbischof von Freiburg.
[3] Markus Krauth (1822—1900), 1849 Priester u. Vikar in Ettlingen, 1855 Hilfsarbeiter an der erzbischöflichen Kanzlei, 1857 Assessor im Ordinariatskolleg, 1867 Offizialatsrat, 1882 Wirkl. Geist. Rat, 1886 Ehrenkämmerer, 1891 Ehrendomherr.
[4] Vgl. Anm. 1.

527. Pfarrer Knecht an Erzbischof Orbin.

Schutterthal, 5. Juni 1882.

Bisher habe ich den Versuchen der liberalen Presse, mich bei der Großherz. Regierung einerseits und bei Ew. Erzbischöflichen Exz. andrerseits zu diskreditieren, ganz passiv zugeschaut. Einige neuere Preßerzeugnisse aber nötigen mich, wenigstens Ew. Exz. gegenüber aus dieser Passivität herauszutreten und Hochsie zu bitten, mir ein kurzes und ehrerbietiges Wort zu gestatten.

Als ich am 8. Mai, direkt von der Eisenbahn kommend, die Ehre hatte, Ew. Erzbischöfl. Exz. meine aufrichtigsten Glückwünsche darzubringen, wußte ich nichts davon, daß Sie meine Beförderung zum Domkapitularen beschlossen hatten; ich wußte noch nicht einmal, daß Ew. Exz. bereits die volle Jurisdiktionsgewalt besaßen. Aus dem Munde Ew. Exz. empfing ich die erste Andeutung über meine Beförderung. Als mir dann andere Herren „vertraulich" mitteilten, ich sei sogar zum Weih- oder Hilfsbischofe ausersehen, erschrak ich und erklärte sofort, es sei mir noch nie in den Sinn gekommen, nach einer Mitra zu streben. Ich hatte vor, diese Erklärung in meiner zweiten Audienz bei Ew. Erzbisch. Exz. (am 15. Mai) zu wiederholen, erkannte aber aus Ihrem diesbezüglichen Stillschweigen, daß Sie diesen Punkt überhaupt noch nicht besprochen haben wollten. An den vorlauten Veröffentlichungen der Presse habe ich absolut keinerlei Anteil.

Am 17. Mai $^1/_2$ 1 Nachm. erhielt ich ein vom 16. Mai datiertes Schreiben, worin ich aufgefordert wurde, am 17. vor Monsg. Spolverini zu erscheinen, um die professio fidei abzulegen. Ich telegraphierte, daß ich erst abends 6 Uhr kommen könnte. Als ich im Konvikt nach 6 Uhr angekommen war und Monsg. Sp. auf Vornehmen der hl. Handlung drängte, erklärte ich ruhig, ich müsse mir doch zuvor einige Fragen zu stellen erlauben. Ich frug: 1. Ist es der Wille Sr. Heiligkeit des Papstes? Die Antwort lautete, es sei der ausdrückliche Wunsch des Hl. Vaters. 2. Ist es der Wille Sr. Exz. des Herrn Erzbischofs? Antwort: Monsgn. sei diesen Nachmittag bei Sr. Exz. gewesen und habe Hochderselben mitgeteilt, daß mein Informativprozeß solle abgeschlossen werden; Exz. seien damit einverstanden. 3. Ist für mein Auskommen gesorgt? Antwort: Das Domkapitel werde mir 2000 M. Funktionszulage eventuell auswerfen. Es handle sich übrigens nur darum, daß Monsg. vor seiner Abreise die Formalitäten in Ordnung bringen wolle, über die Zeit etc. meiner Konsekration sei nichts bestimmt. Zu Hrn. Domkapitular Behrle, der als Zeuge geladen war, sagte ich vor dem Kirchgange: Ich komme mir vor wie ein Opferlamm, tamquam agnus; ich wollte Ihnen lieber die Pfarrei abnehmen, als diese Bürde mir auferlegen! Hr. Domk. Behrle sprach mir hierauf Mut zu, es sei ihm s. Z. auch angst und bange geworden.

Mögen Ew. Erzbischöfliche Exz. hiernach gütigst erwägen, ob ich inkorrekt gehandelt oder irgendeine Rücksicht verletzt habe. Ich mußte umsomehr annehmen, die seinerzeitige Bestellung eines Hilfsbischofs sei unter allen beteiligten Faktoren abgemachte Sache, da ich schon vor dem 17. Mai sicher erfahren hatte, daß Hr. Ministerialpräsident Nokk dem Hrn. Abgeordn. Kreisgerichtsrat Meyer eröffnet habe: „Pfr. Knecht wird Domkapitular und Weihbischof." Auch glaube ich, sicher annehmen zu müssen, daß mein Name nur aus Rücksicht auf den Wunsch Ew. Exz. von der Großherz. Regierung nicht gestrichen worden ist. Ich habe diese Überzeugung schon offen, z. B. Hrn. Dekan Förderer gegenüber, ausgesprochen.

Schließlich gestatten mir Ew. Erzbisch. Exz. die offenherzige Versicherung, daß mich nicht nach der Mitra gelüstet, daß ich neidlos zusehen und mich freuen werde, wenn Sie s. Z. einen andern zu Ihrem Vikarius in pontificalibus erheben, und daß ich nur dann, wenn Ew. Exz. es wünschen, die schwere Bürde auf mich nehmen und in Gehorsam sagen würde: Non recuso laborem. Ich bete zu Gott, daß er alles nach dem Wunsche Ew. Exz. zum Besten der Kirche lenke. [. . .]

Erzb. Arch. Freiburg. Nachlaß Orbin. Randbemerkung Orbins: „Bekümmern wir uns nicht um die Zeitungsartikel. Sp[olverini] hat sich allerdings nicht an das Kirchenrecht und an den usus der Kirche und *. . .* gehalten. O." (Freundliche Mitteilung von J. *Becker*.)

528. Gelzer an Großherzog Friedrich.

Göttingen, 13. Juni 1882.

[...] Auf die zehn Tage, die ich mit Ihnen (27. Mai — 5. Juni) am Fuße des Blauen zubringen durfte, schaue ich mit Dank und Hoffnung zurück.

[...] Bei der Ankunft in Freiburg (6. Juni) galt mein erster Gang der Wohnung des neuen Erzbischofs. Wie Sie sich erinnern, war es in unserer letzten Sonntagsunterredung besprochen worden, es scheine indiziert, dem Bischof Orbin einen Besuch zu machen, der sich sachgemäß an die Unterredung anschließen würde, die ich in Ihrem Auftrag im vorigen September mit dem genannten Prälaten eingeleitet hatte[1]. Er empfing mich zu einem längeren Besuche.

Hiebei hielt ich mich strenge innerhalb des verabredeten Gedankenganges, indem ich ausführlich darauf hinwies, wie die beiden Fundamentalwünsche, die er im September 1881 mir gegenüber so angelegentlich geltend gemacht habe, von Ihnen und Ihren Räten, soviel von Ihnen abhing, auf das entgegenkommendste beachtet und erfüllt worden seien. Wie er es damals so eifrig betont habe, daß vor allem die Wahl von Inländern erwünscht sei, so sehe er nun diesen Wunsch verwirklicht. Nicht minder hätten Sie es auf das entschiedenste zu Ihrer Richtschnur gemacht, die gesetzmäßigen Rechte des Bischofs und seines Kapitels zu achten und zu vertreten. Für diese Tatsache könne ich ihm die sprechendsten Beweise geben, wenn ich ihm vertrauliche Mitteilungen über meine römischen Erfahrungen besonders im Verkehr mit dem Kardinalstaatssekretär Jacobini mache. Diesen hörte er (leicht begreiflich) mit gespannter Aufmerksamkeit zu, wobei seine Augen zuweilen hell aufblitzten, wenn ich eine ihm besonders zusagende Bemerkung machte.

13. Juni

Er nahm alles, was ich ihm vortrug, sehr freundlich und mit verbindlichen Worten entgegen. Was er erwiderte, läßt sich im wesentlichen unter die drei Gesichtspunkte stellen:

1. Gegenüber seinem verehrten Landesherrn erging er sich in wiederholten Versicherungen des Dankes, der Ergebenheit, der Treue und des vollen Vertrauens. Nur der von Minister Nokk ihm zu verschiedenen Malen nahegelegte Beweggrund, es sei der ausdrückliche Wunsch E. K. H., daß er die Stelle annehme — habe ihn schließlich zur Annahme bewogen! so groß auch seine Bedenken dagegen gewesen! —

2. In allem, was sich auf die Vorgänge und Tendenzen innerhalb und außerhalb und im Rücken des Domkapitels bezog, beobachtete er eine vorsichtige Zurückhaltung, indem er es fast ängstlich vermied, irgendeinen Namen zu nennen; dagegen die ihm mißfällige Richtung doch kurzweg als die Fanatiker bezeichnete.

3. Sehr offen wurde seine Sprache, wenn die Unterhaltung sich auf das Auftreten, die Zulassung und das Benehmen Spolverinis bezog. Sowohl über die Persönlichkeit, die Taktik, die Absichten des Nuntius im allgemeinen, „die nur Karriere machen wollen", als speziell über den Internuntius, mit dem er zu tun hatte, hielt er sein freimütiges Urteil nicht zurück, erzählte mir auch, daß er den Zumutungen Spolverinis, einen Koadjutor cum jure succedendi zu ernennen, mit der Erklärung geantwortet habe, in diesem Falle nehme er das Amt gar nicht an. — Hiebei erneuerte ich ihm die Versicherung, daß er auf dem Grunde seines bischöflichen

Rechtes auf Ihre Unterstützung stets zählen könne und daß auch Rom sich hüten werde, ihn in dieser festen Stellung anzugreifen, wenn er mit Würde und Kraft auftrete. Schließlich bezeugte er sein Bedauern, daß er Ihnen noch nicht persönlich seinen Dank aussprechen konnte[2]. [...]

GLA FA Korresp. 13 Bd. 24 Nr. 796; auch: Frankfurt, Besitz Matth. Gelzer, Abschr. Julie Gelzers in: Briefe vom 9. 1. 1881—31. 12. 83.

[1] Gelzers Kontakte fanden im Aug. 1881 statt; vgl. Nr. 466. 467.
[2] *Kraus* über seinen Besuch bei den großherzoglichen Herrschaften in Badenweiler: „Der Großherzog gab mir zu verstehen, sein Verhalten bzw. dasjenige seiner Regierung wäre Rom gegenüber auch energischer gewesen, hätte uns Bismarcks Politik nicht bereits so tief in das interessante Schloß Canossa hineingeführt. Ich legte ihm den Gedanken nahe, um den Erzbischof zu stützen gegen die ultramontanen Zumutungen, den Posten eines Weihbischofs etatmäßig zu machen, wobei sich natürlich der Staat ein Recht des Veto vorbehält. Er hat dann den Gedanken auch aufgegriffen und einige Tage später Prof. Gelzer nach Freiburg geschickt, um den Erzbischof wissen zu lassen, daß er sich den Beistand der großherzoglichen Regierung zu versehen habe" (Tagebücher S. 451).

529. Türckheim an Turban.

Berlin, 21. Juni 1882.

[...] Der Entwurf des Tabaksmonopol-Gesetzes ist mit einer überwältigenden Majorität abgelehnt[1]; diejenigen, welche diesen Ausgang vorhersagten und es für einen Fehler bezeichneten, daß diese Frage zum Maßstab der reichsfreundlichen Gesinnungen bei den Wahlen gemacht und daß, nachdem einmal die Wahlen so ausgefallen, die Entscheidung nicht vertagt, sondern die zweite Frühjahrssession mit Übereilung einberufen wurde, behalten vorerst recht; es scheinen die entschiedensten Anhänger des Fürsten Bismarck nicht zu wünschen, daß sie in naher Zeit nochmals in die Lage versetzt würden, mit dem Tabaksmonopol auf ihrer Fahne vor die Wähler zu treten. Wenn aber keine Aussicht auf große neue Reichseinnahmen vorhanden ist, so wird auch der Entwurf des Gesetzes über Arbeiterversicherung[2] keine Aussicht auf Annahme haben, wenn nicht die bedenklichen Bestimmungen über Staatszuschuß und dergleichen fallen gelassen werden. Insoweit mag also der liberale Reichstagsabgeordnete mit Befriedigung auf die Ergebnisse der Session zurückblicken und den weiteren Beratungen entgegengehen; er mag die jedenfalls hochinteressanten Reden des Herrn Reichskanzlers[3] mit einer gewissen Selbstbefriedigung als ein in elegischer Form vorgetragenes Geständnis des müden Mannes betrachten, daß er in dem Kampfe um die innere Politik unterlegen sei und vorerst diesen nicht wieder aufzunehmen gedenke, wenn nicht die Verhältnisse wesentlich andere werden sollten, wogegen ja die liberalen Missionsprediger sorgen würden.

Aber die Medaille hat doch auch ihre nicht zu verkennende Kehrseite. Wer den Fürsten Bismarck kennt, wer seit Jahren sein Wirken Schritt für Schritt verfolgte, wer sich vergegenwärtigt, was derselbe durch seine Genialität, allerdings getragen von deutscher Kraft und Ausdauer, aus dem früher vielfach so übel beratenen Deutschland gemacht hat, wer bei jedem Schritte, den er außerhalb der heimischen Grenzen tut, Gelegenheit findet zu vernehmen, wie das Ausland uns nur und vor allem [um] diesen Staatsmann beneidet, der wird doch etwas argwöhnisch in die

Richtigkeit des eigenen Urteils, wenn er sich in wichtigen Prinzipienfragen im Widerspruch mit den Anschauungen des Herrn Reichskanzlers fühlt.

Ich gestehe, daß ich mich einer gewissen Empfindung der Beelendung nicht erwehren kann, wenn ich diesen Mann darüber klagen, scheinbar mit augenblicklicher Resignation sich darein ergeben höre, daß zwischen ihm und den Männern, welche er mit fast schrankenloser Machtfülle zu den Hütern des Gedankens deutscher nationaler Einheit und Größe berufen hat, sich eine Kluft öffnet, die bald so weit klafft, daß von einem Rande zum andern der Ruf nicht mehr vernommen wird. Und wenn ich mich frage, wie es nach so hoffnungsvollen Anfängen dahin kommen konnte, so kann ich mich leider nicht der Betrachtung erwehren, daß nicht der kleinste Teil des Verschuldens gerade den Führern der nationalliberalen Partei zur Last zu legen ist. Diese Partei beging nach meiner Ansicht frühe schon den Fehler, immer nach der Fortschrittspartei hin zu gravitieren, dieser bei Wahlen und Parteiversammlungen sich stets näher verbunden zu fühlen als den gemäßigt konservativen Mittelparteien; jedem gesetzgeberischen Gedanken und jeder Vorlage mit Laskerscher Skeptik und Kritik entgegenzutreten, mit großen Phrasen vor den Wählern zu beteuern, daß die Vorlage ganz unannehmbare Dinge enthalte, weit über die Grenzen dessen hinaus, was bei ruhiger Prüfung wirklich als notwendig oder als gerechtfertigt erscheinen konnte, und — schließlich im Wege des Kompromisses sich das in letzter Stunde abnötigen zu lassen, was ein ganz freisinniger Mann bei ruhiger Erwägung gleich von vornherein hätte annehmen oder doch als diskutierbar bezeichnen können.

Dieses stets oppositionelle Verhalten und oft widrige Feilschen um den Preis für jedes entgegenkommende Votum mußte beinahe mit Notwendigkeit zuletzt die Folge haben, einen Mann von so ausgeprägter Willenskraft und vehementem Charakter wie den Fürsten Bismarck zu dem Versuche zu drängen, die Stützen seiner Politik fortan in anderen Kreisen als jenen der liberalen Parteien zu suchen. Derselbe mußte hierbei allerdings die Erfahrung machen, daß die neuen Freunde ebenfalls ihren Kaufpreis stellen, und zwar einen Preis, welchen voll der Staat gar nicht bezahlen kann, ohne die Grundlagen seiner Existenz aufzugeben — während die alten Freunde sich allerdings stärker im Bearbeiten der Wähler und Hervorrufen eines Entrüstungssturmes als früher im Mitwirken bei einem haltbaren Neubau erweisen. So ist die jetzige unerfreuliche Lage gekommen, von welcher sich schwer vorhersagen läßt, wie sie schließlich ihre befriedigende Lösung finden werde.

In gewissem Grade hat sicher Herr von Bennigsen[4] recht, wenn er sagt, die Nation will endlich einen Ruhepunkt nach den vielen neuen Gesetzen und gesetzgeberischen Experimenten sehen. Fürst Bismarck scheint resigniert, daß mit dem jetzigen Reichstag große Umgestaltungen im Sinne seiner Entwürfe kaum zu erlangen sein werden. Daß er auch für die Zukunft auf die weitere Verfolgung verzichtet, geht namentlich aus seiner letzten Rede nicht hervor; im Gegenteil deutet er an, daß ihn mit seiner gebrochenen Kraft für jetzt ab- und an eine ferne Zukunft verweisen, soviel heiße, als seine Reformplane endgiltig verwerfen. [...]

Mit einem Gefühl von Wehmut wird man erfüllt, wenn man den Fürsten klagen hört, es werde ihm vorgeworfen, er vertrage keine selbständige Meinung, keine geschäftliche Behandlung, während er sich im Reichstage in mehrstündigen, fast gemütlichen Plaudereien über sein Verhältnis zu den Parteien und einzelnen Abgeordneten ergeht, sich über die erfahrenen Ablehnungen tröstet und in der Tat sich nicht zu vergegenwärtigen scheint, wie besonders in dem Stadium der Vorberatung der Entwürfe nur die Berater eines ausgewählten engen Kreises Gelegenheit finden, mit mehr oder weniger Erfolg ihre Ansichten dem Fürsten gegenüber zu vertreten.

GLA 233/12918 Ausf., gedr. *Reichert*, S. 213 ff.

[1] Das Tabakmonopol wurde im Reichstag nach langer Debatte vom 12.—15. Juni 1882 mit 276 gegen 43 Stimmen abgelehnt.
[2] Das Unfallversicherungsgesetz war am 8. Mai 1882 vom Bundesrat zur Vorlage im Reichstag verabschiedet worden.
[3] Bismarck hatte in die Debatte um das Tabakmonopol 12.—15. Juni dreimal mit Reden eingegriffen, vgl. Ges. Werke XII S. 343—398.
[4] Bennigsen am 12. Juni im Reichstag, vgl. *Schultheß* S. 121 ff.; H. *Oncken*, Bennigsen Bd. 2 S. 484 ff.

530. Türckheim an Turban.

Berlin, 7. Juli 1882.

Anstelle von Bitter ist der Staatssekretär des Reichsschatzamtes Scholz[1] zum preußischen Finanzminister ernannt worden.

Über die tiefer liegenden Gründe, welche den Herrn Bitter zur Einreichung seines Entlassungsgesuches veranlaßten, kann man nicht wohl im Zweifel sein, wenn man die bisherigen leitenden Gedanken, welche der Finanzpolitik des Herrn Bitter zum Grunde lagen, mit den letzten Reichstagsreden des Fürsten Bismarck[2] vergleicht, welche einen tief gehenden Widerspruch leicht erkennen lassen. Minister Bitter ging von dem Gedanken aus und hatte auf dessen Grundlage auch schon vor zwei Jahren und seither wiederholt ein Reformprojekt ausgearbeitet und der Entscheidung des kgl. Staatsministeriums unterbreitet, welches darauf beruhte, mit einer die höheren Einkommensklassen etwas stärker beziehenden mäßigen Reform des Einkommensteuergesetzes und Kapitalrentensteuergesetzes ließen sich die Mittel gewinnen, um die zwei niedersten Stufen der Klassensteuer-Pflichtigen ganz frei zu lassen. Diese Vorschläge wurden nicht für genügend erachtet, weil die Steuerreform-Plane des Herrn Reichskanzlers weitergingen und mit der Entbindung nach unten zugleich höhere Einnahmequellen für Staat und Reich erzielt werden sollten. Der Herr Reichskanzler legte beiläufig in den Tagen, in welchen er seine bekannten letzten Reichstagsreden hielt, S. M. dem Kaiser einen Reformplan, wie er ihn verstehe, vor und erhielt dieser die allerhöchste Genehmigung, ohne daß der Finanzminister hiervon vorgängig unterrichtet und um seine Meinung darüber befragt worden wäre. Hierin erblickte der letztere einen Eingriff in seine unabhängige amtliche Wirksamkeit und faßte die Lage nicht ohne formalen Grund dahin auf, daß er sich vor die Wahl gestellt sehe, seine Stellung entweder herunterdrükken zu lassen zu der eines Staatssekretärs, welcher nach vorausgeschriebenen Grundsätzen die Gedanken des Reichskanzlers auszuführen und vor Kammern und Reichstag zu vertreten habe — oder aber zurückzutreten. Er entschied sich für die zweite Alternative.

Es ist betrübend, daß die in ihrer letzten Grundlage so richtigen und großkonzipierten Gedanken des Herrn Reichskanzlers, die Einnahmen des Reiches zu der Höhe emporzubringen, welche dem Reiche wie den Einzelstaaten erlauben würden, an den gesteigerten Kulturaufgaben eines großen Staatswesens in vollem Maße sich zu beteiligen, stets daran scheitern, daß sie vereinzelt und stückweise vorgebracht werden, und daß die so unglücklich zerklüfteten Parteien in Deutschland ihre Aufgabe nicht höher auffassen als durch Ablehnung eines immer der Menge unwillkommenen Steuerprojektes durch Erweckung des Verdachtes, als ob es in letzter Linie nur auf eine weitere Steigerung eines nutzlosen Militäraufwandes abgesehen sei — aus der Frage durch oppositionelle Haltung und Ablehnung einen kleinen Parteigewinn herauszuschlagen. Es ist ja nicht zu leugnen, daß der Aufwand für die Armee in Deutschland, welches eingekeilt zwischen dem finanziell entwickelteren Frankreich und dem halb Asien ausbeutenden Rußland noch für unabsehbare Zeit mit geschultertem Gewehr auf seinem Posten stehen muß, ein unverhältnismäßig hoher ist und daß vielleicht an mancher Stelle die Neigung vorherrschen würde, wenn noch mehr Geldmittel flüssig zu machen wären, dafür auch noch ein mehreres zu tun. Aber auf der anderen Seite will es mir doch oft scheinen, als drehten wir uns in unserem lieben Vaterlande im Großen stets in einem vitiosen Zirkel herum. Wir sind eine arme Nation, wir bringen darum schwer die notwendigen Steuern auf, weil wir während Jahrhunderten von der Teilnahme an dem gewinnbringenden Welthandel so gut wie ausgeschlossen, auf allen Seiten von dem Weltmeer abgedrängt waren, und weil wir schon von jeher all unser Geld brauchten, um uns übermächtiger Nachbarn nach rechts und nach links zu erwehren oder, so lange wir hierzu außerstande waren, uns von Zeit zu Zeit durch sie ausplündern zu lassen. Jetzt, wo dies in vieler Beziehung anders geworden ist, fühlen wir, daß wir in manchen Dingen gegen andere zurückgeblieben sind und der Mittel, uns eine kräftige, Reichtum schaffende und Reichtum verbreitende Industrie hervorzurufen und zu alimentieren, weniger als andere europäische Großstaaten uns erfreuen. Die von dem Herrn Reichskanzler angestrebten sozialen Reformen sind ja ein Kapitel, welches ich hier nicht zu erwähnen habe. Der in die Welt geworfene große Gedanke wird für sich selbst weiter arbeiten und über lang oder kurz seine Lösung finden. Aber ich erinnere beispielsweise an die Unvollkommenheit unserer, für Transport grober Massengüter so wertvollen Kanäle; an die Anknüpfung neuer direkter Schiffsverbindungen mit fremden Weltteilen, welche teilweise ohne anfängliche Staatssubvention sich nicht wohl erhalten können; ich habe vor allem im Auge eine selbständige und selbstbewußte Kolonialpolitik. Ich will damit nicht über die schwierige Frage absprechen, ob es ein Grund der Stärke oder der Schwäche ist, einige überseeische Kolonien zu besitzen; aber verschieden davon ist es, in irgendeinem Tropenland oder deren mehreren, ehe diese zwischen England und Frankreich sämtlich geteilt sein werden, festen Fuß zu fassen, die Gründung von Handelskolonien zu fördern und zu begünstigen, durch Abschluß von Verträgen ein Absatzgebiet für unsere Industrieerzeugnisse zu erschließen, lediglich um den Preis des unentbehrlichen maritimen Schutzes durch das Reich.

Diese und ähnliche Gedanken scheinen mir würdige Ziele einer nahen oder entfernteren Zukunft zu sein; ihre Erreichung fordert aber Geld, und der Mann, welcher darüber nachsinnt, wie der armen Nation mehr Geld abzugewinnen ist, ohne daß sie es zu drückend empfindet, wird bei den Wahlen, wird im Reichstag geschlagen und beinahe noch verhöhnt von der großen Koalition aller derjenigen, welche sich die leichte Aufgabe stellen, seine großen reformatorischen Gedanken den Massen als Utopien oder als Mittel zur Einleitung einer Reaktionspolitik zu denunzieren.

Daß es hierzu kommen mußte, habe ich in meinem Berichte vom 21. v. M.[3] teilweise der Kurzsichtigkeit und Engherzigkeit unserer liberalen Mittelparteien zugeschrieben. Ich erkenne aber an, daß ein großer Teil der Schuld auf Rechnung des heftigen Temperaments des Herrn Reichskanzlers zu bringen ist, welches ihn abhält, mit einem großen und fertigen Plane auf einmal vor die Nation zu treten, vielmehr ihn drängt, jeden Gedanken, kaum gefaßt, auch sofort in einer stückweisen Gesetzesvorlage zum Ausdruck zu bringen, den Bundesrat mit allen Mitteln der Pression zur Annahme tale quale zu drängen und gegenüber dem Reichstag sich stets mit der trügerischen Hoffnung über den Ausgang der Wahlen zu tragen, es werde die eine Vorlage die breite Masse der Sozialisten, die andere jene der Bauern und die dritte die Klerikalen gewinnen.

GLA 49/2012 Konz.

[1] Adolf Heinrich Wilhelm (1883: v.) Scholz (1833—1924), 1871 Eintritt in das preuß. Finanzministerium, 1879 Unterstaatssekretär im Reichsschatzamt, 1882—90 preuß. Finanzminister.
[2] Vgl. Nr. 529 Anm. 3.
[3] Nr. 529.

531. Gelzer an Großherzog Friedrich.

Basel, 27. Juli 1882.

Für die Allgem. Ztg. habe ich einen Zyklus von Artikeln geschrieben Kaiser Wilhelm und Königin Luise. Ein Gedenkblatt zum 19. Juli 1882[1]. Der 1. Teil erschien am 19., der 2. am 22. Juli, der dritte ist gestern nach Augsburg abgegangen. Gezeichnet „J. H. G."

GLA FA Korresp. 13 Bd. 24 Nr. 797.

[1] Der 19. Juli war der Todestag der Königin Luise († 1810).

532. Türckheim an Turban.

Berlin, 28. Juli 1882.

Unlängst ist der zweite Teil des von Dr. Poschinger herausgegebenen Werkes „Preußen im Bundestag 1851—59" erschienen[1]. Diese höchst interessante Veröffentlichung verläßt die herkömmlichen Bahnen und gibt dem Gesamtpublikum den getreuen Text der Berichte des damaligen preußischen Bundestagsgesandten[2] an sein vorgesetztes Ministerium in einer Periode, aus welcher noch sehr viele der geschilderten und handelnd aufgeführten Personen am Leben, einzelne sogar noch in öffentlicher Wirksamkeit sind.

Die Frage liegt nahe, wie es gekommen sei, daß in dieser Weise die Übung der diplomatischen Diskretion verlassen wurde, und Ew. Exz. werden mir daher zugute halten, wenn ich versuche, dasjenige in Kürze zu erwähnen, was ich über die Genesis dieses Buches erfahren konnte.

Unter den jüngeren Hilfsarbeitern im Kaiserlichen Reichsamt des Innern befindet sich u. a. der Königlich Bayerische Kammerjunker, Regierungsrat Dr. von Poschinger[3], welcher bis jetzt noch nicht dazu gelangen konnte, eine ausgiebige und geordnete Verwendung seiner Arbeitskraft zu finden. Derselbe war veranlaßt worden, unter Benutzung archivalischer Quellen eine Darstellung der preußischen Politik in dem angegebenen Zeitraum zu entwerfen. Die ersten Proben seiner Arbeit fanden keine rechte Anerkennung; man fand schon vorweg, daß die kritische Ordnung und Zusammenstellung des Stoffes überhaupt in die Grenzen des Wirkungskreises eines Beamten in verhältnismäßig untergeordneter Stellung nicht recht einzupassen seien, und wurde durch einige mehr oder weniger wörtliche Einfügungen des Wortlauts Bismarckischer Berichte aus jener Zeit darauf geführt, ob es nicht überhaupt richtiger sei, die Originalberichte in extenso zu veröffentlichen. Den Fürsten Bismarck sprach diese Idee an; derselbe besaß gerade aus jener Periode verhältnismäßig wenige Materialien in einer Sammlung mit seiner dienstlichen Wirksamkeit in Zusammenhang stehender Aktenstücke, und es schien ihm willkommen, in dieser Weise den fast vollständigen Abdruck seiner Berichte zu gewinnen — doch behielt er sich dabei die Sichtung und geeigneten Falles Ausscheidung einzelner Teile oder selbst Einstellung der ganzen Veröffentlichung vor. Ebenso war der Direktor des Königlichen Staatsarchivs, Herr von Sybel[4], als er von der Sache hörte, sehr geneigt, derselben allen tunlichen Vorschub zu leisten und die Veröffentlichung als einen gewiß viel begehrten Teil seiner „Publikationen aus den Königlich Preußischen Staatsarchiven" unter seine Protektion zu nehmen.

So entstand die Arbeit; der erste Band wurde dem Herrn Reichskanzler zur Prüfung vorgelegt und von diesem, vielleicht auf Grund einer etwas oberflächlichen Prüfung der Frage, ob nicht einzelne Stellen da und dorthin verletzen könnten, das Placet ausgesprochen. Ebenso fand Herr von Sybel dagegen nichts zu erinnern. Als nun der erste Band gedruckt vorlag, frug man sich doch mehrfach, ob die Preisgabe der vertraulichen Berichte aus einer doch gar nicht sehr fern liegenden Zeit nicht bedenklich erscheinen könnte. Es wurden die Äußerungen über so manche Kollegen des Herrn von Bismarck, namentlich den Österreichischen Präsidialgesandten[5], die Schilderungen der Politik des Kaiserlichen Hofes u. a. doch als Aktenstücke bezeichnet, die besser jetzt noch nicht veröffentlicht worden wären; S. K. H. dem Kronprinzen sollen insbesondere auch verschiedene freimütige Äußerungen über den Herzog von Augustenburg als zu hart und mit den jetzigen verwandtschaftlichen Beziehungen nicht recht vereinbar geschienen haben. Aber dieser Band war einmal publiziert, ein zweiter im Begriff es zu werden und für einen dritten die Materialien wenigstens schon zurechtgelegt. — So wird also der Veröffentlichung auch noch eines dritten Bandes in nicht langer Frist entgegengesehen — damit soll aber diese Reihe hoch interessanter Aktenstücke geschlossen werden[6].

An sich werden ja die Schreiben nach Inhalt und Form als Muster diplomatischer Berichte angesehen, und ist es vor allem interessant, aus denselben zu entnehmen, wie schon damals Herr von Bismarck die Gebrechen der deutschen Verhältnisse klar beurteilt und die Wege einer Überführung auf gesunde Grundlagen zum Gegenstand seines Nachdenkens gemacht habe. Auch ist es interessant, zu sehen, wie er schon in der damaligen untergeordneten Stellung als Bundestagsgesandter auf den Minister von Manteuffel und mittelbar auf S. M. den König einen entschiedenen Einfluß übte. Seine Schilderung der Personen ist mitunter sehr scharf, aber sie wird von Personen, welche damals den Verhältnissen nahestunden, als fast durchweg überaus zutreffend bezeichnet[7].

Hier ist es zur Zeit sehr still. *[. . .]*

GLA 233/34795 fol. 48—50 Ausf. Beschluß des Staatsministeriums, in Vertretung des Großherzogs dem Erbgroßherzog den Bericht vorzulegen.

[1] Preußen im Bundestag 1851—59, Dokumente der K. Preußischen Bundestags-Gesandtschaft, hg. v. H. v. *Poschinger*, 4 Teile (Bd. 12, 14, 15, 23 der Publikationen aus den Preußischen Staatsarchiven), Leipzig 1882—84.

[2] Otto v. Bismarck, 1851—59 preußischer Bundestagsgesandter.

[3] Heinrich v. Poschinger (1845—1911), bayer. Kammerherr, Studium der Philosophie in München und Berlin, anschließend der Rechte, 1876—1911 im preußischen Ministerium des Innern, zum Schluß als Geh. Reg. Rat.

[4] Heinrich v. Sybel (1817—95), seit 1875 Generaldirektor der preußischen Staatsarchive.

[5] Die österreichischen Präsidialgesandten am Bundestag, denen Bismarck in Frankfurt begegnete: Friedrich Graf v. Thun u. Hohenstein (1810—81) 1850—Jan. 1853; Anton Frhr. Prokesch v. Osten (1795—1876), seit 1871 Graf, in Frankfurt Jan. 1853—55; Graf Bernhard v. Rechberg (1806—99), in Frankfurt 1855—59.

[6] Der 4. Bd.: 1884.

[7] Erbgroßherzog Friedrich an Turban, Schloß Mainau, 4. Aug. 1882: „Der Bericht des Herrn von Türckheim über die Entstehungsgeschichte des Poschinger'schen Werkes hat mein Erstaunen über diese so verfrühte Publikation nur vermehrt. Der Reichskanzler macht sich durch dieselbe jedenfalls viele Feinde" (GLA FA Korresp. 13 N 538 Nr. 26 eig.).

533. Roggenbach an Großherzog Friedrich.

Segenhaus, 9. September 1882.

Glückwunsch zur Wiedergenesung. Oft konnte man sich im Laufe der zwei letzten Jahre fragen, was hat die Vorsehung mit dem Menschengeschlecht vor, wenn Schlag auf Schlag Persönlichkeiten getroffen und heimgerufen wurden, die dasselbe scheinbar am wenigsten entbehren konnte. Was hat sie vor, wenn solche heimgesucht werden, die Segen und Gnade am meisten zu verdienen schienen? Ich gestehe, selten diese Frage in erschütternder Zweifelsnot gestellt zu haben, als wie ich E. K. H. ausgewählt sah für so ganz maßlose Prüfung. Heute kann ich der umgekehrten Empfindung mich nicht verschließen, daß die Erhaltung eines hochwichtigen Daseins auch ein Zeichen ist, das an dessen Kraft und Leistung doch neue Ansprüche auf glänzende Bewährung gestellt werden sollen. *[. . .]*

GLA FA Korresp. 13 N 500.

534. Großherzog Friedrich an Erbgroßherzog Friedrich.

[Schloß Mainau] 12. u. 13. Oktober 1882.

Mein lieber Sohn. Einem ganzen Volk danken zu dürfen für die in ernster Prüfungszeit bewiesene Liebe und Teilnahme: das betrachte ich als ein Vorrecht, dessen hohe Bedeutung Du gewiß mit mir zu würdigen weißt. Diesem Danke möchte ich gern an dem Tage einen Ausdruck geben, an dem ich Dir als meinem bisherigen Vertreter in der Regierung erklären darf, daß meine Genesung nun so weit fortgeschritten ist, um mir zu gestatten, Dir die Last der Verantwortung wieder abzunehmen.

Während fast ein ganzes Jahr hindurch eine schwere Krankheit mich an aller anstrengenden Arbeit hinderte: hat die liebevolle Teilnahme meines teuern Volkes in dieser langen Zeit in allen Kreisen sich in so rührender Weise kundgegeben, daß ich jetzt tief bewegt vor der Frage stehe, wie ich das rechte Wort finde für alle diese Beweise vertrauensvoller Liebe. Ich kann nur Gott bitten, das mir wiedergeschenkte Leben und die neu gewonnenen Kräfte ganz dem Wohl und Gedeihen meines Volks widmen zu dürfen. Durch treue Arbeit für alle möchte ich am liebsten meinen Dank für die erfahrene Treue bewähren.

Beim Wiederantritt meiner Regierung gilt es mir als eine werte Pflicht, Dir für die aufopfernde Hingebung zu danken, die Du mir mit der treuen Gesinnung des Sohnes während der langen Zeit meiner Verhinderung bewiesen hast. Mit aufrichtiger Befriedigung war ich Zeuge Deines Bestrebens, Deine Aufgabe der Stellvertretung mit gewissenhafter Sorgfalt zu lösen. Freudig durfte ich wahrnehmen, welche Früchte Deine fleißigen Studien auf Schule und Universität nun in der praktischen Anwendung getragen haben. Die von Dir gesammelten Erfahrungen wirst Du als wichtige Grundlage für Deine fernere Entwicklung und Tätigkeit ansehen: und insofern ist die uns auferlegte Prüfung segensvoll für Dich geworden. In diesem Sinn schauen wir beide auf diese schwere Zeit mit Dank zurück. Deiner Fürsorge übertrage ich die Vermittlung meines Dankes an mein teures Volk. — Gottes Segen walte über Dir und über unserm lieben Land.

GLA FA Korresp. 13 Bd. 24 Nr. 804 Konz. von der Hand Gelzers, gedr. (mit Datum 15. Okt. 1882) *Kroner* S. 163 ff. Ein entsprechendes Handschreiben des Großherzogs vom 13. Okt. 1882 an Turban und das Staatsministerium von der Hand Gelzers (Konz.) ebd., Ausf. Schloß Mainau, Okt. 1882 in FA Korresp. 13 Bd. 56 Fasz. 172 Nr. 2 (eig.).

535. Aus Gelzers Tagebuch.

17. November bis 2. Dezember 1882.

Karlsruhe, 17. November 1882. Der Wunsch des Großherzogs, mich vor seiner schwedischen Reise noch zu sehen, rief mich gestern nachmittag hierher. [...] Waren die Besprechungen mit dem Großherzog wegen der Kürze der Zeit und seiner Ermüdung ungenügend — so waren die Geistesstunden von heute und gestern um so fruchtbarer.

Steineck, 18. November 1882. [...] Die vorgestern abend vom Großherzog in Karlsruhe geäußerte Hoffnung, daß ich im Mai 1883 ihn nach Schweden begleite, kann vielleicht mit dazu beitragen, meinem Geiste einen weiteren Horizont zu eröffnen. [...]

Steineck, 19. November 1882. An Franz von Roggenbach in Ehner-Fahrnau. „In dieser Nacht haben meine Gedanken sich ernst mit Ihnen beschäftigt in Erwägung, daß ich heute den Geburtstag unserer Freundschaft feire. Es sind 25 Jahre her seit jenem 19. November 1857, als Sie ... mir einige Stunden eines ersten hoffnungsvollen Geistesgrußes schenkten ... Noch höre ich Ihre energischen Schlußworte: Zwei oder drei, die innerlich einig sind, bilden jetzt eine Macht!"

Steineck, 2. Dezember 1882. Besuch Roggenbachs.

I. Über den Großherzog.

1. Seine Gesundheit, die mir am 16. und 17. November in Karlsruhe Besorgnis einflößte. Roggenbach fürchtet die Gefahr eines Herzschlags für ihn (woran jetzt so viele sterben!). 2. Die Menschenarmut in Baden wie überhaupt der Kleinstaat einen engen Horizont und Menschen von kleinem Schnitt erzeuge. — Die Folge sei, daß

der Großherzog nicht die Männer finde, die er brauchte, und deshalb immer zuviel selbst tun wolle. Er müsse möglichst viel heraus. 3. Dem Erbgroßherzog wäre eine bedeutendere Frau und von besserer Rasse zu wünschen als die zweite Tochter der Alice (von Darmstadt)[1]! — Er selber sei treuherzig und gut, aber ohne freien Gesichtskreis und Initiative. Roggenbach habe ihm sehr geraten, immer die Times zu lesen. 4. Zur Erklärung des in der Kronprinzessin Victoria von Schweden sich ankündigenden indolenten Naturells finde er in Eltern und Großeltern (besonders der Großherzogin Sophie[2]) keine Haltepunkte. Dies habe ihn notgedrungen auf die Gräfin Hochberg (Freiin Geyer von Geyersberg[3]) geführt. Diese verstand, nach dem Tode der Caroline Luise von Hessen-Darmstadt[4] (8. April 1783) den alten Markgrafen Friedrich zu fesseln. Für ihren Charakter ist bezeichnend, daß man ihr die (erdichtete) Rolle in der Caspar-Hauser-Dichtung (von Mittelstedt[5] widerlegt) zutraute; begründet dagegen scheint die Annahme, daß sie mit ihrem Stiefsohn Ludwig[6] die Eboli-Carlos-Rolle in Wirklichkeit spielte, so daß Markgraf Max für ihren Sohn galt und daß auf Napoleons Befehl Ludwig 1808 nach Salem sich zurückziehen mußte, weil sein verführerisches Beispiel für den Neffen Karl[7] und Stephanie[8] als gefährlich galt. — Karl sei dann auch durch sittliche Exzesse früh ruiniert gewesen! 5. Von der Mutter des Großherzogs Sophie Wasa (die sonst bedeutende Eigenschaften gehabt) glaubt man, ihr legitimistischer Enthusiasmus habe sie in ein verdächtiges Verhältnis zu einem Herrn von Haber[9], dem Bruder eines ehrenwerten jüdischen Bankiers Haber in Karlsruhe[10], gebracht; als Finanzmann von Don Carlos habe er sich eine Stellung bei ihr gemacht. Um dies Ärgernis zu beseitigen, habe Prinz Wilhelm[11] (Leopolds[12] Bruder) junge Offiziere seiner Umgebung angestachelt, ein Duell mit Haber zu provozieren, im ersten sei ein jüngerer von Uria erschossen worden, im zweiten ein Herr von Göler gegen einen Russen, der für Haber eingetreten sei! Dann zertrümmerte der Karlsruher Pöbel das Haus des unschuldigen Bruders des Haber! 6. Leopold, beschränkt, gutmütig, aber nach 1849 gereizt und hart despotisch gestimmt, sei zuletzt in Trunk geraten. Der preußische Offizier von Solms habe mit ihm nach Tisch immer ein großes Glas Kaltwasser getrunken, das aber Kirschwasser gewesen! (So erzählte S. selber!) [...]

II. Über mein Verhältnis zu Roggenbach. Ich erinnerte an die drei wichtigen Novembertage. 1. Am 19. November 1857 sein erster Besuch und dessen Folgen. 2. Am 23. November 1868. Sein Brief aus Fahrnau. „7. Juli 1866 ein zweites Olmütz!" — Roggenbach war damals von Berlin nach Nicolsburg telegraphisch berufen worden, weil er gegen Eulenburg[13] geäußert hatte: Karlsruhe sei gar nicht imstande, Krieg zu führen; was auch der Militärbevollmächtigte von Loë[14] in Paris gegen Roggenbach bestimmt bestätigte, der in diesem Sinn berichtet hatte! Eulenburg fragte darauf bei Bismarck an, ob Roggenbach ins Hauptquartier kommen solle. Aber Roggenbach wurde unterwegs aufgehalten und kam erst an, als die französische Intervention angenommen war. Im Kriegsrat vom Juli (?), dem auch der Kronprinz beiwohnte, stimmte man für Nachgeben (?). Wenigstens versicherte Loë gegen Roggenbach: die Mitglieder des Rats hätten nach Schluß der Beratung wie begossen ausgesehen! Auf diese Vorfälle bezieht sich die jetzt veröffentlichte Korrespondenz zwischen Broglie[15] und Prinz Jerome[16], worin Jerome sich gegen die Anklage verteidigt, als ob er allein den Beschluß der Nacht vom 4./5. Juli zur militärischen Demonstration rückgängig gemacht! — [...]

III. Über sein Verhältnis zu Bismarck gestand er heute: Jetzt würde er wünschen, mit Bismarck wieder anzuknüpfen, um ihm seine nationalökonomischen Gedanken vorzutragen; denn darüber glaube er mehr zu wissen als irgendjemand in Deutschland. Auch imponiert ihm doch die geistige Elastizität, womit er die Augen offen behält für die wahren Probleme. — Nur sei (wie Roggenbach heute richtig hinzusetzte) Bismarcks ungeduldiges und gewaltsames Temperament nicht auf der Höhe seiner Einsicht!! —

IV. Königin Elisabeth bezeichnete er als eins der größten dichterischen Talente unserer Zeit; aber stimmt mir zu, daß eine unstillbare Unruhe, also kein Friede im tiefsten Grunde ihres Wesens liege! Als Frau möchte er sie um keinen Preis; aber ihre edlen Herzens- und hohen Geiseseigenschaften stelle er sehr hoch. Ganz anders als der Bruder[17]. [. . .]

Frankfurt, Besitz Matth. Gelzer.

[1] Großherzogin Alice v. Hessen (1843—78), Tochter der Königin Victoria v. England; ihre Tochter: Prinzessin Elisabeth, vgl. Nr. 539.
[2] Großherzogin Sofie v. Baden (1801—65), Tochter des Königs Gustav IV. v. Schweden aus seiner 1812 geschiedenen Ehe mit Friederike, Tochter des Markgrafen Karl v. Baden, Großmutter der Kronprinzessin v. Schweden.
[3] Gräfin Luise Hochberg (Freiin Geyer v. Geyersberg), zweite Gemahlin (1787) des Markgrafen Karl Friedrich v. Baden, Großmutter des Großherzogs Friedrich.
[4] Caroline Luise v. Hessen-Darmstadt (1723—83), erste Gemahlin des Markgrafen Karl Friedrich v. Baden.
[5] Otto Mittelstädt, Kaspar Hauser u. sein badisches Prinzentum, Heidelberg 1876. Teile davon 1875 in der Allgm. Zeitung.
[6] Großherzog Ludwig I. v. Baden (1763—1830), Sohn des Markgrafen Karl Friedrich aus seiner ersten Ehe mit Caroline v. Hessen-Darmstadt.
[7] Prinz Karl v. Baden (1786—1818), Neffe des Großherzogs Ludwig I., 1811 Großherzog v. Baden.
[8] Stephanie (1789—1860), Tochter d. Claude Beauharnais, 1811 Gemahlin des Großherzogs Karl v. Baden.
[9] Moritz v. Haber (1798—1874), Bankier.
[10] Salomon v. Haber.
[11] Prinz Wilhelm v. Baden (1792—1859).
[12] Leopold I. (1790—1852), 1830 Großherzog v. Baden.
[13] Friedrich Graf zu Eulenburg (1815—81), 1862—78 preuß. Minister des Innern.
[14] Walter Frhr. v. Loë (1828—1908), preuß. General, 1862 Militärattaché in Paris, 1866 im Großen Generalstab, 1880 Generaladjutant Kaiser Wilhelms I.
[15] Jacques Victor Albert Herzog v. Broglie (1821—1901), franz. Publizist u. Geschichtsschreiber, 1877 mit der Bildung eines Koalitionsministeriums der Rechten beauftragt, scheiterte damit.
[16] Prinz Jerome Napoleon (1832—93), franz Offizier, Enkel des Königs Jerome v. Westfalen.
[17] Herzog Adolf v. Nassau (1817—1905); vgl. Nr 584.

536. Willibald Beyschlag[1] an Großherzog Friedrich.

Halle, 18. Dezember 1882.

E. K. H. wollen dem ehrfurchtsvoll Unterzeichneten gnädigst gestatten, eine von ihm soeben verfaßte Schrift[2] zu überreichen, die einen für unsere deutsche Gegenwart und Zukunft hochwichtigen und von der Vorsehung ganz besonders E. K. H. nahegelegten Gegenstand behandelt. Je mehr die altkatholische Sache bei ihrer unserer Reformation verwandten innersten Anlage und ihrer für unsere nationale

Zukunft vielleicht entscheidenden Bedeutung mit Schwierigkeiten ohne Maß zu ringen hat und von einer fast beispiellosen Ungunst und Verkennung gedrückt wird, um so mehr war es mir Herzensanliegen, für die verlassenen und verkannten Träger derselben meine schwache Stimme zu erheben und den Freunden der Wahrheit und Gerechtigkeit in Deutschland den unentstellten Tatbestand vorzulegen.

Wie sehr ich E. K. H. zu diesen Freunden der Wahrheit und Gerechtigkeit rechnen darf, halte ich in treuer Erinnerung. *[. . .]*

GLA FA Korresp. 13 N 317.

¹ Willibald Beyschlag (1823—1900), 1850—56 Pfarrer in Trier, 1856—60 Hofprediger in Karlsruhe, 1860 Prof. für praktische Theologie u. Neues Testament in Halle, 1886 Gründer des Evang. Bundes zur Wahrung deutsch-protestantischer Interessen.
² Der Altkatholizismus, eine Denk- u. Schutzschrift für das evang. Deutschland, Halle 1882.

537. Aus Gelzers Tagebuch.

Steineck, 23. Januar bis 8. Februar 1883.
23. Januar 1883. Sonntag abend und gestern morgen Schwindelsymptome (Blutkongestionen gegen den Kopf) wie im vergangenen Sommer. — Dadurch wurde mein Plan durchkreuzt: zum 25. Januar — der Silbernen Hochzeit des deutschen Kronprinzen — einen „Rückblick auf ein Vierteljahrhundert deutscher Geschichte" in der Allgemeinen Zeitung erscheinen zu lassen, wozu der Entwurf schon bereit war!! *[. . .]*
8. Februar 1883. *[. . .]* Brief der Frau Großherzogin: „Überall ist es grau gefärbt in der Welt, und man erlebt nicht gerade viel Ermutigendes, Zusammenfassendes, geistreich Stärkendes, es geht so vieles auseinander, und es bilden sich so wenig feste Zentren, die bessere Aussicht für die Zukunft eröffnen." Was sie mir über den Zustand des Großherzogs mitteilt, ist auch nicht dazu angetan, meine Sorge zu beschwichtigen, daß in näherer oder doch in nicht ferner Zukunft seine Gesundheit, seine Widerstandskraft wieder zusammenbrechen könnte wie im September 1881!?

Frankfurt, Besitz Matth. Gelzer.

538. Gelzer an Großherzog Friedrich.

Basel, 10. Februar 1883.
Bald nach dem Erwachen erwachte eine Erinnerung heute früh in meiner Seele, deren unauslöschliches Bild auf das innigste mit Ihnen verbunden ist. Jener Vorfrühlingsmorgen des 10. Februar 1866 stand wieder lebendig vor meinem Geiste — jener Morgen, an dem wir in ernst bewegter Besprechung der Lage und der herannahenden Krise von Vevais aus zu den Höhen über Clarens wanderten, bis wir beim Grabe von Alexander Vinet¹ stillstanden. Sinnend lasen wir die bedeutungsvolle Grabschrift, die einem tiefsinnigen Apostelworte entnommen ist: „Denn ihr seid gestorben und euer Leben ist verborgen mit Christo in Gott." Über eben dieses Wort hatte ich einst Vinet in der Kirche von Montreux mit unbeschreiblicher Weihe und Kraft predigen hören.

Auch wir fühlten uns auf dem Rückwege gehoben durch die erhabene Idee, die in jenen Worten sich ankündigt; wir erkannten, daß darin das wahre Geheimnis enthüllt sei, wie der im Innersten seines Wollens mit Gott vereinte Mensch zugleich in der Welt und doch über der Welt leben könne. Wir sagten uns, daß die aus einer solchen Überzeugung geschöpfte Kraft uns nie notwendiger und wohltätiger sei als in Zeiten großer Kämpfe, schroffer Gegensätze, unberechenbarer Umwandlungen.

Mit einer solchen Zeitlage hatten wir es damals zu tun; und ist es uns gegenwärtig nicht wieder ähnlich zu Mute, so oft wir den jetzigen Weltlauf überschauen und prüfen? Eben darum kehrten meine Gedanken heute früh unwillkürlich vom 10. Februar 1883 zu jenem 10. Februar 1866 zurück, und mir war, als sollte ich wieder unser damaliges Gespräch über die Grabschrift von Vinet fortsetzen.

Was sagt uns jene Grabschrift, wenn wir ihre heilige Bildersprache in unsere Begriffe und Ausdrucksweise übersetzen? Das sagt sie uns, daß im Opfer des selbstischen Eigenwillens die Grundbedingung alles wahren höheren Lebens liege. Wir müssen sterben können, d. h. stets bereit sein, alles in den Tod zu geben, was mit unserer Lebensaufgabe, mit unserer Bestimmung sich nicht will vereinen lassen. Dann erschließt sich uns aber auch eine Lebensquelle, die dem bloß irdisch und selbstisch Gesinnten ewig verborgen bleibt. Eben weil unser tiefstes Leben mit Christo in Gott geborgen ist, besitzen wir in dieser Gewißheit einen unverlierbaren Schatz von Kraft und Mut und Hoffnung. Ist es nicht ein Gedanke von wahrhaft himmlischem Troste, wenn wir uns sagen dürfen: So schwach, so verlassen, so getäuscht, so angefochten, so unverstanden, so entmutigt du dich auch oft mitten im Weltgedränge fühlen magst — das alles kann deinem wahren ewigen Selbst, deinem innersten in Gott ruhenden Leben nichts anhaben! Ein einziger Sonnenblick aus der ewigen Welt und aus deiner wahren Heimat kann alle jene Wolken verscheuchen. Wir sind „Bürger in der Stadt Gottes" — dadurch sind wir innerlich unüberwindlich.

Dies Blatt soll nur einen Sonntagsgruß bedeuten. *[. . .]*

GLA FA Korresp. 13 Bd. 24 Nr. 637.

[1] Alexander Vinet (1797—1847), Schweizer Kritiker u. protestantischer Theologe, 1837 Prof. f. prakt. Theologie u. 1844 f. Literatur, 1846 abgesetzt.

539. Großherzog Ludwig von Hessen-Darmstadt[1] an Großherzog Friedrich.

Berlin, 3. März 1883.

Ich bedaure, Dich heute morgen verfehlt zu haben. *[. . .]*

Daß ich nicht mit leichtem Herzen an die Unterredung gehe, kannst Du Dir denken, da Du ja weißt, wie sehr ich die Hoffnung hatte, Ella Euch anzuvertrauen.

Nach meinem letzten Brief an Louise dachte ich an diese Zukunft, wenn ich auch deutlich sagen mußte, daß sie Fritz nur als guten Freund und lieben Verwandten gern habe. Keine acht Tage, ehe wir hierher reisten, fand sich Veranlassung, mit ihr nochmals über die Zukunft zu sprechen, und da bin ich denn zu der Überzeugung gekommen, daß, was ich so sicher glaubte und für die Zukunft hoffte, von ihr entschieden nicht geteilt wird und daß sie im stillen eine Neigung hat, der sie sich selbst nicht bewußt war.

Ich schwankte dann, ob ich Euch darüber vor der Abreise schreiben sollte, konnte es aber nicht übers Herz bringen und vertröstete mich auf hier, aber nun merke ich, daß darüber zu sprechen mich noch mehr Überwindung kostet. Zufällig erwähnte mir Vicky, daß Louise mit ihr gesprochen und was sie als ihren Eindruck wiedergegeben, da kam gerade Louisens Brief an sie, und konnte ich sie darum bitten, in der Antwort mich zu erwähnen, der ich leider bestätigen müßte, daß Ellas Gefühle nicht die einer Herzensneigung seien. Dem lieben Fritz war Ella absichtlich weniger herzlich gegenüber, da sie fühlte, daß er es sonst als eine Ermunterung empfinden möchte, und es ihr schmerzlich gewesen wäre, ihn darin unabsichtlich zu bestärken.

Ihr habt Eure Kinder so lieb, daß Ihr gewiß auch nur Überredung anwenden würdet und nicht Eure elterliche Autorität benützen, wenn Eure Pläne und Eure Wahl nicht von ihnen geteilt wird, deshalb versteht Ihr auch, wenn ich ebenso handle, wenn ich auch sehe, das, was ich gehofft, nicht in Erfüllung geht. Ella weiß wohl, daß sie viele enttäuscht, darunter auch ihre Großmama in England, auf deren Rat sie sonst so viel gibt.

Siehe, ich habe Dir alles ausführlich geschrieben, denn da bin ich ruhiger, als wenn ich es Dir hätte sagen müssen, was bei der Liebe und Verehrung für Euch mir so sehr schwer gefallen wäre. Nach bestem Wissen und Überzeugung habe ich gehandelt, darum kann ich auch bitten, mir und den meinen Eure Güte zu bewahren, dann kann ich mit Euch und selbst mit dem lieben Fritz darüber sprechen. *[...]*

GLA FA Korresp. 13 Bd. 40 Fasz. 25 Nr. 4 eig.

[1] Ludwig IV. von Hessen-Darmstadt (1837—92), 1877 Großherzog, verh. mit Alice Prinzessin von Großbritannien (1843—78).

540. Gelzer an Großherzog Friedrich.

Basel, 10. März 1883.

[...] Sie wissen ohne Zweifel, daß ich noch kurz vor Ihrer Abreise der Frau Großherzogin ein Wort für den Kaiser (hervorgerufen durch den nahen 22. März) vorlegte mit der Frage, ob ich es auf diesem Wege an die Adresse dürfe gelangen lassen oder lieber auf einem andern. Es war mir ein moralisches Bedürfnis, bei diesem Anlasse noch einmal ein Wort aus bewegtem Herzen an den Fürsten zu richten, mit dem ich schon so manches ernste Wort ausgetauscht. *[...]* „Niemals (so hieß es dort) bedurfte das erschütterte Europa mehr als jetzt eines politischen und moralischen Ecksteins und Leitsterns. Dazu fordert uns die Not der Gegenwart und unsere Geschichte auf." Mit diesem Glaubensbekenntnis stimmt ein anderes vollkommen, das ich Ihnen heute vor 12 Jahren, am 10. März 1871 unter dem Eindrucke jener großen Ereignisse schrieb (und das ich jetzt eben unter meinen älteren Aufzeichnungen bemerke): „Unser Vaterland steht an einem Scheidewege von unermeßlicher Verantwortlichkeit. Seit Jahrhunderten hat es wenige Epochen gegeben, wo so Großes in unsere Hände gelegt war wie jetzt." *In beiden werden Sie* den Grundton derselben Gesinnung und Zeitbetrachtung erkennen, den wir im Laufe der letzten 12 Jahre nie verleugneten. *[...]*

GLA FA Korresp. 13 Bd. 24 Nr. 638.

541. Gelzer an Fürst Chlodwig Hohenlohe.

Basel, 31. März 1883.

[. . .] Professor Kraus in Freiburg wird sich im April in Paris Ew. Durchlaucht vorstellen[1]. Er weiß viel, doch bedürfen seine Mitteilungen der kritischen Kontrolle. Ein sehr gewandter Mann.

Frankfurt, Besitz Matth. Gelzer, Abschr. Heinrich Gelzers in: Briefe vom 9. 1. 1881—31. 12. 1883.

[1] Vgl. *Hohenlohe*, Dwk. II S. 334.

542. Gelzer an Großherzog Friedrich.

Basel, 1. April 1883.

Drei Artikel in der Allgemeinen Ztg. vom 23., 24. u. 31. Mrz. (Nr. 82. 83. 90). Ein Vierteljahrhundert deutscher Geschichte 1858—83. Rückblicke zum 25. Januar und 22. März 1883 *waren wie ein großer Brief an Sie*[1]. *Es lag mir daran,* den Überzeugungen einen unzweideutigen Ausdruck zu geben, die ich als fundamentale Wahrheiten betrachte, von deren Verständnis und Berücksichtigung die Möglichkeit aller wahren Fortschritte unsers politischen und sittlich-religiösen Lebens abhängt.

Indem ich für diese Wahrheiten ein öffentliches Zeugnis ablegte, glaubte ich ganz im Sinne jener Gelöbnisse zu handeln, die wir unter dem Namen Steinstiftungs-Ziele kennen. Ob diese grundlegenden Wahrheiten jetzt oder bald an den höchsten entscheidenden Stellen durchdringen werden: das liegt nicht in unsern Händen; wohl aber sind wir dafür verantwortlich: die Überzeugungen, die wir als die rettenden betrachten, nicht aus Feigheit oder Bequemlichkeit zu verschweigen, „so lange es Tag ist, und ehe die Nacht kommt". Dem Auge des allwaltenden Herrn sei es dann anheim gestellt, dem ausgestreuten Samenkorn die rechte fruchtbare Stelle anzuweisen in seinem Welt-Garten!

GLA FA Koresp. 13 Bd. 24 Nr. 639.

[1] Vgl. Gelzer an die Großherzogin, Steineck, 22. März 1883: „Sie werden es meiner ‚Trilogie historisch-ethischer Rückblicke' *[. . .]* abfühlen, daß sie so geschrieben sind, als *[. . .]* hätte ich beim Schreiben in Ihre Augen geschaut. *[. . .]* Sie dürfen diese Blätter der Allgemeinen Zeitung als Ihnen gehörige Briefe ansehen, zu deren vollem Verständnis Sie einen besseren Schlüssel in Händen haben als das große Lesepublikum" (Abschr. Julie Gelzer in: Briefe vom 9. 1. 1881 bis 31. 12. 1883, Besitz Matth. Gelzer, Frankfurt). — Gelzer an Kronprinz Friedrich Wilhelm, Basel, 15. April 1883: „Es ist ein offener, für Deutschland und für Europa lesbarer und doch in seiner tiefsten Intention vor allem für den Kronprinzen und für die Kronprinzessin von Deutschland und Preußen bestimmter Brief, der die beigeschlossenen drei Blätter der Allgemeinen Zeitung enthalten" (ebd.).

543. Türckheim an Turban.

Berlin, 14. April 1883.

Zur Charakterisierung des Tempos, in welchem zeitweilig dem Bundesrat zugemutet wird, seine Beratungen vorzunehmen, und der hieraus gewissermaßen anzunehmenden Unmöglichkeit, den Entwürfen eine eingehendere Prüfung zuteil werden zu lassen, als denselben gleichsam nur einen Kontrollstempel aufzudrücken, daß der Vorschrift des Art. 7 Absatz 1 der Verfassung wenigstens formell zur Not Genüge geschehen ist, wollen Ew. Exz. sich ein Bild entwerfen, wenn ich anführe, daß vorgestern (den 12.) die Etats 2, 3, 4, 7, 8, 9, 10, 11, 13, 14, 16, 17 und 18[1] in den verschiedenen Ausschüssen zu erledigen waren und außerdem der Versuch gemacht wurde, die Zustimmung des Bundesrats dazu zu erlangen, daß die wichtigen Etats der Marine, des Reichsheeres und der Hauptetat, deren Mitteilung im Druck z. T. erst auf Donnerstag abends — und dann nur vielleicht — in Aussicht gestellt werden konnte, schon am Freitag in den Ausschüssen und sofort am Sonnabend im Plenum zur Annahme gelangten, um sämtliche Etats schon am Montag im Reichstag einbringen zu können. Nachdem das Ansinnen abgelehnt und beschlossen wurde, die Ausschußberatungen wenigstens auf den Sonnabend und die Plenarsitzung auf Montag zu verlegen, so liegen mir heute Einladungen vor zu Sitzungen der Ausschüsse[2]

2 und 7 über den Marineetat auf 12 Uhr,

1, 2 und 7 über den allgemeinen Pensionsfond auf 12 $1/_2$ Uhr,

1 und 7 Etats des Reichsheeres, Verwaltung des Invalidenfonds auf 12 $1/_2$ Uhr und daran anschließend,

7 Hauptetat, sowie Druckschrift über Ausführung der Anleihegesetze,

4 und 6 vertrauliche Besprechung über eine neu hervorgetretene Spezialfrage betreffend den Abschluß einer Literaturkonvention mit Frankreich ebenfalls auf 12 $1/_2$ Uhr,

6 und 10 Reichstagsbeschluß wegen Vorlegung des Aktenmaterials über die Verhaftung des Abgeordneten Dietz[3] auf 1 Uhr,

3 und 6 und später 3 allein, Vorschriften über die statistische Ausschreibung des Veredelungsverkehrs, vier Eingaben über Zollfragen, Übergangsabgabe von Branntwein in Baden, Verbrauchsabgaben in einigen württembergischen Gemeinden auf 2 Uhr, und endlich

4 und 6 Gesetz betreffend die Unterdrückung der Reblauskrankheit auf 2 Uhr.

Es leuchtet ein, daß es nicht möglich war, seit vorgestern Abend, wo die hauptsächlich in Betracht kommenden großen Vorlagen verteilt wurden, bis heute diese anders als nur sehr oberflächlich anzusehen, geschweige denn Instruktionen abzuwarten, und werden die übrigen Ausschußmitglieder ebenso wie ich in der Lage sein, mit der Versicherung der Vertreter der Reichsregierung und der ebenfalls nur sehr summarisch informierten Referenten sich zu begnügen, daß die Etats im Vergleich zu den schon früher vom Bundesrat genehmigten Etats für 1884/85 nur unerhebliche Änderungen enthalten. *Eine Ausnahme bildet der Etat der Reichsjustizverwaltung wegen neuer Stellenforderungen.* Es ließ sich dieser Behauptung gegenüber schwer aus dem Stegreif der Forderung entgegentreten, und bleibt hier, wie so häufig, jedenfalls der Trost, daß der Reichstag sich etwas längere Frist gestatten wird, um die Frage einer gründlicheren Erörterung zu unterziehen. Im Plenum des Bundesrats wird voraussichtlich der vorgelegte Hauptetat keiner Beanstandung unterliegen.

GLA 233/14057 Abschr., gedr. *Reichert*, S. 215 f.

[1] Die fortdauernden ordentlichen Ausgaben des Reichshaushaltes betrafen in Kapitel 2 den Reichstag, 3 Reichskanzler und Reichskanzlei, 4 Auswärtiges Amt, 7 Reichsamt des

Innern, 8 Entscheidende Disziplinarbehörden, 9 Behörden für die Untersuchung von See-unfällen, 10 Statistisches Amt, 11 Normal-Eichungskommission, 13 Patentamt, 14 Kriegs-ministerium, 16 Militär-Intendanturen, 17 Militär-Geistlichkeit, 18 Militär-Justizverwal-tung.

² Vgl. Nr. 395 Anm. 2.

³ Johann Heinrich Wilhelm Dietz (1843—1922), Verlagsbuchhändler in Stuttgart, Mit-glied des Reichstags 1881—1918 (Sozialdemokrat).

544. Aus Gelzers Tagebuch.

15. April bis 5. Juni 1883.

Steineck, 15. April 1883. *Besuch Roggenbachs am 12. April.* Hauptpunkte un-seres Gesprächs waren u. a.: 1. Gerüchte erfolgloser Brautwerbung des Erbgroß-herzogs in Darmstadt¹. 2. Gerüchte einer gedrückten (?) Stellung der Prinzeß Wil-helm von Preußen? 3. Stosch über das charakterlose Verhüllen aller eigenen Über-zeugung in Berlin gegenüber Bismarck! 4. Geffckens² Hypochondrie, Ansprüche der Frau, Suchen eines Wohnorts und Unzuverlässigkeit in Berlin! 5. Bedenkliche Familien-Mißklänge in Schweden! Wichtigkeit der Rasse für moralische Beurtei-lung hervorgehoben; dagegen die Freiheit des Willens und der Persönlichkeit be-tont als Hysteriker von Geburt und Wiedergeburt. 6. Bedrängnis der Landwirt-schaft durch erdrückende Staatsleistungen! Die Sterilität der Bürokratie! Die Ver-wilderung des jungen Geschlechts! Die wachsenden Ansprüche der Armen! Vor-bereitende Symptome einer Katastrophe! 7. Zweifel an Lösung einer idealen Mis-sion durch die Deutschen der Gegenwart! — Dagegen meine These: Nicht bloß auf die Deutschen, sondern auf die Germanen Englands und Nordamerikas setze ich die Hoffnung einer Regeneration.

Steineck, 24. April 1883. *Dankbrief des Kronprinzen vom 22. April auf die Aufsätze in der Allgemeinen Zeitung³.* Die Aufnahme meiner „Rückblicke" von seiten des kronprinzlichen Paares gilt mir als Beweis, daß mein Vertrauensver-hältnis noch fortbesteht, und daß ich, gestützt darauf, auch ein Recht darauf habe, mich an das Ohr des künftigen Königs und Kaisers zu wenden, wenn es gilt, meine Erfahrungen vielleicht noch einmal zu fruchtbarer Verwendung zu bringen durch Rat, Warnung und Vorschlag! *[. . .]*

Steineck, 3. Mai 1883. *[. . .]* Vorgestern *[. . .]* überraschte mich Julia (nach einem frühen Morgengespräch über das Unbefriedigende und Sterile unserer Base-ler Atmosphäre) durch den Gedanken: das beste Ziel einer Übersiedlung wäre Rom als Aufenthaltsort am Lebensabend für Gesundheit, Studium, Kunst, Umgang, gei-stiges Vermächtnis! — Anfangs verhielt ich mich innerlich sehr skeptisch gegen einen so kühnen Plan. — Gestern morgen aber und nachmittags (nach dem Familientag) trat mir der Gedanke schon näher als prüfenswert!?!

Baden Baden, 5. Juni 1883. Samstag nachmittags 2. Juni kam ich hierher zum Gebrauch der Bäder und zum Verkehr mit dem seit dem 28. Mai aus Kissingen nach Karlsruhe zurückgekehrten Großherzog. Sonntags 3. Juni wurde ich hin-übergerufen, um die schwedische Kronprinzessin noch zu sehen, ehe sie nach Rip-poldsau (am 4.) gehe. Die wichtigsten Resultate meiner Unterredung mit dem Großherzog waren: 1. Der leidende, besorgniserregende Zustand der Tochter! 2. Dem Großherzog brachte die Kissinger Kur Erleichterung; doch war er sehr ge-drückt durch das Leiden der Tochter!! 3. Vom preußischen Kronprinzen Friedrich

Wilhelm berichtet er: er sei ganz deprimiert, völlig apathisch, denke bestimmt daran, auf die Nachfolge zu resignieren zugunsten seines Sohnes, weil die öffentliche Erwartung sich doch schon mehr auf diesen richte (meint der Vater). Der Großherzog meint: die Festschrift Hinzpeters[4] gehe aus dem Bestreben hervor, jenen Gedanken im Vater zu bekämpfen und ihm Mut zu machen; darum die anerkennenden Worte, die man als Schmeichelei auslegen könnte. Der Großherzog glaubt: die Entmutigung des Kronprinzen beruhe auf einem unklaren Gefühl inneren Zwiespalts gegenüber den Ansichten seiner Frau, die er nicht teile und durchführen zu können sich nicht die Kraft zutraue, während sie ihm doch geistig überlegen sei!! 4. Von der Kronprinzessin Viktoria nimmt der Großherzog an: sie würde als Königin mit der Fortschrittspartei gehen und sich von Bismarck emanzipieren wollen, wogegen der Kronprinz letzteres für unausführbar erklärte (gegen Großherzog!). — Während der Festtage vom 25. Januar sei er eine Zeitlang in sehr gehobener Stimmung gewesen; aber nicht nachhaltig (Großherzogin). 5. Überraschend war mir die Mitteilung der Großherzogin: die Kaiserin spreche mit höchster Anerkennung von meinen Artikeln zum 25. Januar und 22. März!! ohne zu wissen, wer der Verfasser! *[. . .] Ich gebe meine Reise nach Jena und Berlin auf.* Heute klagte der Großherzog (nach einem Gespräch mit Nokk) über die pessimistische Mutlosigkeit seiner Räte und des badischen Liberalismus! Man könne doch nichts ausrichten, meinten jene, gegen die demagogischen Wähler der ultramontanen Volkspartei, die jüngst in Heidelberg ihr Programm aufgestellt[5]! Überall sehe ich décadance! es fehlen Ideen und Führer! — Sonntags und heute suchte ich dem Großherzog einen Begriff zu geben von dem Grundgedanken meiner Denkschrift zum 10. November!

Frankfurt, Besitz Matth. Gelzer.

[1] Vgl. Nr. 539.
[2] Heinrich Geffcken (1830—96), 1854 Legationssekretär der Freien Stadt Hamburg in Paris, Berlin u. London, 1864 Parteigänger des Erbprinzen von Augustenburg, 1869—72 Syndikus der Freien Stadt Hamburg, 1872—82 Prof. an der Universität Straßburg, seit 1880 wohnhaft in Hamburg.
[3] Vgl. Nr. 542.
[4] G. *Hinzpeter,* Zum 25. Januar 1883. Eine Unterhaltung am häuslichen Herd für den Tag der silbernen Hochzeit des kronprinzlichen Paares (30 S.), Bielefeld 1883.
[5] Die Heidelberger Resolutionen der Katholischen Volkspartei vom 20. Mai 1883 formulieren das Programm: Freiheit des Unterrichts, Abschaffung der Simultanschule, Einführung der konfessionellen Schule, Freiheit der Orden u. religiösen Gemeinschaften, direkte Landtagswahlen, im Verhältnis von Staat und Kirche zurück zum Zustand vor 1860.

545. Aus Gelzers Tagebuch.

Steineck, 17. Juni 1883.

[. . .] Die Resultate dieser vierzehntägigen Abwesenheit fasse ich so zusammen:
I. Informationen über Berlin: 1. Stimmung des Kronprinzen; pessimistische Entmutigung; bekannt gewordene Äußerungen seiner Absicht, auf die Nachfolge in der Regierung zu verzichten zugunsten seines populäreren Sohnes Wilhelm!?? 2. Zunehmende Neigung des Kaisers, als evangelisches Haupt der Landeskirche sich als „Papst", als Autokrat zu fühlen und den Widerspruch schwer zu ertragen! 3. Steigende Gunst des Prinzen Wilhelm in der öffentlichen Meinung; für Kaiser

und Bismarck, bei der Armee; überall sich zeigend praktisch mit leichtem Kreuzzeitungsanflug!

II. Intentionen in Baden: 1. Personalveränderungen im Ministerium des Innern; Eisenlohr Direktor mit Sitz und Stimme im Ministerium (entschieden national-liberal)[1]. 2. Marschall[2] als Nachfolger Türckheims in Berlin designiert. 3. Heidelberger Manifest der Ultramontanen[3] (Roßhirt[4], Lindau[5], Junghans[6]) als Programm der „Entschiedenen" gegenüber den Moderierten.

III. Familieninformationen: 1. Die Tochter[7]! Ihr physisches Leiden, von schwedischen Ärzten verkannt und vernachlässigt! — Unbedeutende Umgebung hier und dort. 2. Gefahren des norwegischen Konflikts[8]. 3. Erfahrungen des Erbgroßherzogs gegenüber der hessischen Familie! Mangel einer loyalen Haltung des hessischen Großherzogs[9] (wogegen nassauische und kronprinzliche Vorschläge). 4. Plan für Prinz Ludwig: Examen, Reise, Offiziersexamen, Universität, dann militärische Laufbahn!

IV. Deutsche Lage: 1. Wachsende Aussichten der Ultramontanen, Demokraten und Sozialisten auf ein künftiges Gelingen der Sprengung des Deutschen Reichs. 2. Symptom der Parteiverwirrung: Bennigsens Niederlegung seiner beiden Mandate![10] Dagegen steigender Einfluß Windhorsts!! [...]

Frankfurt, Besitz Matth. Gelzer.

[1] August Eisenlohr (1833—1916), 1862 Sekretär im bad. Justizministerium, 1863 Amtsrichter, 1865 Kreisgerichtsrat in Baden, 1866 Ministerialrat im Innenministerium, 1874 Landeskommissär der Kreise Karlsruhe u. Baden-Baden, 1883 Ministerialdirektor im Innenministerium, 1892—1900 Präsident des Ministerium des Innern.

[2] Adolf Hermann Frhr. Marschall von Bieberstein (1842—1912), 1871 Staatsanwalt, 1875 Mitglied der 1. bad. Kammer, 1879 wegen seiner oppositionellen konservativ-klerikalen Gesinnung gemaßregelt, 1878—83 Mitglied des Reichstags (konservativ), 1883 bad. Gesandter und Bundesratsbevollmächtigter, 1890 Staatssekretär des Auswärtigen, 1894 auch preußischer Staatsminister, 1897 deutscher Botschafter in der Türkei, 1912 in London.

[3] Vgl. Nr. 544 Anm. 5.

[4] Franz Karl Roßhirt (1820—87), Kanzler des bad. Oberhofgerichts a. D., Abgeordneter der 2. bad. Kammer.

[5] Jakob Lindau (1833—98), Geschäftsmann, 1867—71 und 1875 Abgeordneter der kathol. Volkspartei in der 2. Kammer.

[6] Franz Junghans (1831—97), Jurist, 1871—87 Abgeordneter der 2. Kammer (kathol. Volkspartei).

[7] Viktoria Kronprinzessin von Schweden.

[8] Das norwegische Odelthing stellte sämtliche Minister vor den Staatsgerichtshof.

[9] Vgl. Nr. 539.

[10] Vgl. H. *Oncken*, R. v. Bennigsen, Bd. 2 S. 495 ff.

546. Großherzog Karl Alexander von Sachsen-Weimar an Großherzog Friedrich.

Domburg bei Jena, 20. Juni 1883.

Mein lieber Freund! Gestatte mir, mit einer Bitte an Dich heranzutreten, welche kaum eine Behelligung genannt werden dürfte, denn diese Bezeichnung paßt nicht auf den Erfolg der glücklichen Ausführung richtigen Wollens. Beides aber hat das Resultat der Erziehung Deiner Kinder bewiesen. Und so glaube ich Dich nicht durch die Bitte zu belästigen: mir einen Überblick über das System, seine Ausführung, seine Kosten zukommen zu lassen, das Erste, was Du für die Erziehung Deiner Söhne erwählt und so konsequent und richtig durchgeführt hast, wie die Resultate beweisen. Meiner Enkel[1] Erziehung macht es mir zur Pflicht, nach dem Besten für sie mich umzusehen; die Ergebnisse Deiner Pflege in dieser Beziehung erklären, daß ich mich an Dich mit der Bitte um Rat wie Ausführung wende. Du wirst daher meinen Schritt natürlich und richtig finden[2]. *[. . .]*

GLA FA Korresp. 13 Bd. 49 Fasz. 97 Nr. 18.

[1] Prinz Wilhelm Ernst (1876—1923) und Prinz Bernhard Heinrich (1878—1900).
[2] Der Großherzog antwortete: Rippoldsau, 25. Juni 1883, er werde „das ganze Material zusammenstellen lassen, welches Dir einen vollständigen Einblick in unsere Tätigkeit geben soll" (ebd. Nr. 19). — Die Friedrichschule wurde aufgelöst, als Prinz Ludwig nach bestandenem Abiturientenexamen von Kaiser Wilhelm am 9. Juli 1883 in Karlsruhe als Leutnant in das Leibgrenadier-Regiment aufgenommen und ihm der Schwarze Adler Orden verliehen worden war (Karlsruher Zeitung v. 10. Juli 1883).

547. Flemming an Bismarck.

Karlsruhe, 3. Juli 1883.

Der Großherzog hat im vorigen Monat den Geheimen Referendär August Eisenlohr unter Entbindung von der Stelle des Landeskommissars für die Kreise Karlsruhe und Baden zum Ministerialdirektor im Ministerium des Innern und zum verantwortlichen Stellvertreter des Präsidenten dieses Ministeriums bei dessen Verhinderung sowie zum stimmführenden Mitglied des Staatsministeriums ernannt.

Dieser Regierungsakt involviert eine Neuerung in der Organisation des Ministeriums des Innern und des Gesamt-Staatsministeriums. Eine Direktorstelle im Ministerium des Innern existierte bis dahin nicht, und das Staatsministerium, welches vor einigen Jahren von fünf Mitgliedern auf drei reduziert wurde, zählt deren nunmehr vier.

Zwei Gründe sind es vornehmlich, welche zu der Maßregel bestimmt haben. Der eine liegt in der bisherigen Geschäfts-Überlastung des Ministers Turban, dessen Kräfte auf die Dauer zur gleichzeitigen Leitung des Staatsministeriums und des Ministeriums des Innern sowie zur Besorgung der Angelegenheiten des Großherzoglichen Hauses und zur Wahrnehmung der geschäftlichen Beziehungen zum Bundesrate und zu auswärtigen Regierungen nicht ausreichten. Es war der persönliche Wunsch des Großherzogs, seinem Minister eine Erleichterung zu verschaffen, und die wird ihm durch die Ernennung des sehr geschulten, arbeitsfähigen und willensstarken Herrn Eisenlohr zum Ministerial-Direktor und Stellvertreter im Ministerium des Innern in ausgiebigem Maße zuteil. — Die gleichzeitige Ernennung Eisenlohrs zum stimmführenden Mitglied des Staatsministeriums erklärt sich, wie Minister Turban mir gesagt, aus gebotenen Rücksichten auf die Stellung des Landesherrn gegenüber seinem Ministerium. Ist letzteres nur aus drei Mitgliedern gebildet, so kann es leicht vorkommen — und der Fall war schon da — daß bei Verhinderung eines derselben der Großherzog sich zwei ganz verschiedenen Ansichten gegenüber befindet, unter denen er seine Wahl zu treffen hat. Ihn vor einer solchen Situation möglichst zu bewahren, dazu soll die Kreierung des vierten stimmführenden Mitgliedes dienen.

Mir will dieser Erklärungsgrund nicht ganz genügen. Jedenfalls bleibt es eine

Anomalie, daß ein Beamter, der im Ministerium des Innern dessen Chef untergeordnet ist, im Staatsministerium mit gleichberechtigtem Votum neben ihm sitzt. Die Maßregel wird denn auch in der Presse und im Publikum vielfach kritisiert. Besonders herbe Anfechtung findet sie seitens der Ultramontanen und Demokraten, welche mit richtigem Blick in dem neuen Ministerial-Direktor eine Stärkung der Regierung und vor allem den Mann erkennen, welcher sich auf die Disziplinierung der Verwaltungs-Beamten versteht und die erforderliche Energie und Erfahrung besitzt, um ihre Kräfte im Dienste der Regierung zu verwerten.

Ich zweifle auch keinen Augenblick daran, daß das Ministerium angesichts der in letzter Zeit zugenommenen oppositionellen Elemente und der in diesem Jahre bevorstehenden Neuwahlen zur Zweiten Kammer die Notwendigkeit gefühlt hat, sich durch ein viertes tatkräftiges und geschicktes Mitglied, wie Herr Eisenlohr es ist, zu vervollständigen, und ich bin der Meinung, daß dieser Grund neben den angeführten bei der Berufung des letzteren von besonderem Gewicht gewesen ist.

Bonn, Archiv Ausw. Amt, Baden Nr. 31 Vol. 4, Ausf.

548. Großherzog Friedrich an Turban.

Schloß Mainau, 1. August 1883.

[...] Sie haben Ihrer letzten Sendung eine Notiz beigelegt, aus welcher ich entnehme, daß Frhr. v. Türckheim nicht mehr am sächsischen Hof akkreditiert war. Die neue Lage, in der wir uns bezüglich der Vertretung der Regierung in Berlin befinden, rechtfertigt wohl, die Frage in Erwägung zu ziehen, ob unser neuer Vertreter, dessen Eigenschaften sowohl als auch dessen Jugend hier unterstützend wirken, benützt werden sollte, um die Beziehungen zu den Höfen in Dresden und München zu pflegen. Es hat sich bekanntlich schon oft der Mangel an Verbindungen kundgegeben und wäre manchmal recht nützlich gewesen, mit dem berechtigten Vertreter der Regierung wichtige Fragen in München und Dresden erörtern zu lassen, deren Bedeutung dann erst im Bundesrat ihre Erledigung finden konnte. — Sowohl jetzt als besonders später wird die Wichtigkeit steter Verbindung mit den anderen Regierungen besonders von Bayern und Sachsen nicht geleugnet werden können. Da nun aber für solchen Verkehr auch eine geeignete Persönlichkeit vorhanden ist, so halte ich dafür, daß die Frage in Erwägung gezogen werden solle, ob Frhr. v. Marschall am bayerischen und am K. sächsischen Hof akkreditiert werden und damit den beiden Höfen eine Erwiderung ihrer Gesandtschaft zuteil werde[1]. Es ist dabei in Betracht zu ziehen, daß Frhr. v. Marschall in Berlin persona grata ist und daß man sein zeitweiliges Erscheinen in Dresden und München nur gerne sehen wird. Die finanzielle Seite der Frage ist wohl von untergeordneter Bedeutung. Es könnte also nur die Frage der Konsequenz hier in Betracht kommen.

Daß wir keine Gesandtschaften außerhalb Deutschlands haben können, wird keiner Frage begegnen, und es kann daher nicht auffallen, wenn unser Vertreter am preußischen Hof und im Bundesrat zugleich beauftragt wird, einen regeren Verkehr mit den größeren deutschen Regierungen zu unterhalten, um die Interessen des Landes rechtzeitig wahren zu können und den Interessen des Reiches fördernd zu sein. Ich kann nur empfehlen, diese Frage näher zu erwägen und ihr eine feste Gestalt zu geben. [...]

GLA FA Korresp. 13 Bd. 36 Nr. 20 eig.

¹ Der sächsische Gesandte in München Oswald Frhr. v. Fabrice (1820—98) war gleichzeitig auch in Karlsruhe und Darmstadt akkreditiert, der bayerische Gesandte in der Schweiz Friedrich Frhr. v. Niethammer (1831—1911) ebenfalls seit 1872 in Karlsruhe.

549. Großherzog Friedrich an Turban.

Schloß Mainau, 10. August 1883.

Aus Ihrem werten Schreiben, womit Sie mir den Entwurf einer politischen Kundgebung der Regierung vorlegen, habe ich entnommen, daß es nicht ohne Mühe gelungen ist, eine Übereinstimmung der Mitglieder des Staatsministeriums dafür zu erlangen. [. . .] Sie wünschen, meine Ansicht darüber zu vernehmen, die ich versuchen will, in aller Aufrichtigkeit auszudrücken.

Wie wir hier die Frage besprachen, ob es nicht wünschenswert sei, daß die Regierung noch vor Beginn der Wahlen¹ eine öffentliche Kundgebung erlasse, welche in Form eines offiziellen Zeitungsartikels die Absichten und Bestrebungen der Regierung näher darlege, so gingen wir von der Ansicht aus, daß eine solche Kundgebung wesentlich dazu bestimmt sei, die Freunde der Regierung in ihrer Absicht, sie in deren Unternehmungen zu unterstützen — zu bestärken. Von dieser Hoffnung ausgehend, schien es unnötig, die Aufgaben zu besprechen, welche dem bevorstehenden Landtag gestellt werden würden. — Bei diesem Anlaß ergab es sich von selber, daß die Grundzüge der Politik, welche die Regierung befolge, darzulegen seien.

In dem mir vorgelegten Entwurf² ist nun unterschieden zwischen dem, was die Regierung nicht zu tun gedenkt respective was sie zu bekämpfen beabsichtet, und dem, was sie dem Landtag vorzuschlagen gedenkt. Die negative Seite erregt in mir das Bedenken, daß wir den Gegnern der Regierung zu viel Stoff zum Angriff geben sowie zu weiterer aufwiegelnder Arbeit in den Kreisen der Wähler. Ich kann daher nur empfehlen, daß die Heidelberger Resolutionen der katholischen Volkspartei³ und die sich daraus ergebenden Folgerungen unbesprochen bleiben. Ich würde keinen Anstand dabei finden, wenn die Frage des allgemeinen Stimmrechtes, die Verfassungsrevision und all die übrigen Fragen, welche das Heidelberger Programm enthält, einer f o r t l a u f e n d e n Besprechung unterzogen würden mit der Aussicht, daß dadurch Klärung in der öffentlichen Meinung erzielt würde. Mit e i n m a l i g e r K u n d g e b u n g der Regierungsansicht aber wird nur ein Gegensatz hervorgerufen, der zum Nachteil der Regierung ausgebeutet werden wird.

Wenn nun dieser negative Teil des Entwurfs im ganzen Umfang der darin besprochenen Fragen wegfallen sollte, so bleibt an positiven Mitteilungen über das, was die Regierung im Bereich der Gesetzgebung zu tun beabsichtigt, nicht genug Inhalt übrig, wenn diese Absichten nicht eingehender besprochen werden wollen. Die wichtigen in Vorbereitung begriffenen Gesetzentwürfe werden nur ganz oberflächlich angedeutet und bieten daher keinen Stoff zu weiterer Besprechung in der der Regierung befreundeten Presse. Die gegnerische Presse aber hat nur die beste Gelegenheit, sich in Vermutungen auszubreiten, die keinesfalls zugunsten der Regierung ausfallen werden. [. . .]

Ich brauche wohl nicht dem Gesagten die Erläuterung hinzuzufügen, daß die Beweggründe meiner Äußerungen lediglich auf dem Wunsche beruhen, es möge

a l l e s   g e s c h e h e n, was zur Stärkung der gegenwärtigen Regierung dient, und **a l l e s   v e r m i e d e n** werde, das ihr Schwierigkeiten bereiten könnte[4].
[. . .]

GLA FA Korresp. 13 Bd. 36 Nr. 21 eig.

[1] Die Landtagswahlen fanden am 5. Okt. 1883 für die Hälfte der Sitze in der 2. Kammer statt und brachten den Ultramontanen mit 18 Sitzen (bisher 23) eine Niederlage, während die Nationalliberalen mit 34 Sitzen (bisher 31) wieder die Mehrheit stellten.
[2] Nicht vorhanden.
[3] Vgl. Nr. 544 Anm. 5.
[4] Vgl. Nr. 550.

550. Großherzog Friedrich an Turban.

Schloß Mainau, 15. August 1883.

Von dem Wunsche beseelt, alles zu tun, was in meinen Kräften steht, um der Regierung die Erfüllung ihrer Aufgaben zu erleichtern, habe ich den Versuch gemacht, ein Schreiben zu entwerfen, in welchem die Grundgedanken enthalten sind, von denen ich glaube ausgehen zu müssen, um die Erhaltung eines freisinnigen Regierungssystems möglich zu machen. Dieses Schreiben ist an den Präsidenten des Staatsministeriums gerichtet und sollte durch öffentliche Bekanntgebung den Zweck erreichen, das Land über die Absichten des Landesherrn aufzuklären. Der Inhalt dieses Schreibens bedarf keiner weiteren Erläuterung.

Zur Begründung desselben möchte ich aber noch einige Worte sagen. Ich gehe von der Ansicht aus, daß die der Regierung feindlich gesinnten Parteien in den letzten Jahren so große Fortschritte in der Beherrschung der öffentlichen Meinung gemacht haben, daß die bevorstehenden Landtagswahlen möglicherweise eine völlige Beherrschung der parlamentarischen Tätigkeit zur Folge haben können. Die liberale Partei bietet der Regierung keine Stütze, da sie selbst keinen entscheidenden Einfluß mehr im Lande besitzt. Sie hat leider den großen Fehler begangen, eine ganz entschieden liberale Regierung mit solcher Heftigkeit anzugreifen, und ihr die Bedingungen einer kräftigen Regierungsweise so sehr untergraben, daß die antiliberalen Parteien lediglich in das Zerstörungswerk einzugreifen brauchten, um zu den Erfolgen zu gelangen, die sich im letzten Landtag betätigt haben.

Daß unter solchen Voraussetzungen die ultramontane Partei im Verein mit den Konservativen und Demokraten leichte Arbeit in den weitesten Volkskreisen fand, darf nicht verwundern. Die Neigung zur Opposition ist zu tief eingewurzelt, als daß diese Gewohnheit gerne aufgegeben würde. Es ist aber auch daraus die Lehre zu ziehen, daß keine Partei sich in die Länge mit entscheidendem Einfluß im Lande behaupten kann, wenn sie den Anspruch erhebt, unbedingt zu herrschen. Diesen Fehler hat die liberale Partei gemacht und wurde dabei in unverantwortlicher Weise von Minister Jolly unterstützt dadurch, daß er die Regierung der Partei unterordnete und damit das Beamtentum in eine parlamentarische Abhängigkeit brachte, welche der Regierung alle Kraft und Autorität nahm. Mit den Folgen dieses verderblichen Systems haben wir noch immer zu tun, und ich stehe nicht an zu sagen, es bildet das heute noch eine der wesentlichsten Ursachen, warum die Regierung so wenig Einfluß mehr durch ihre berechtigten Organe in Volkskreisen zu üben vermag. Diesen berechtigten und nötigen Einfluß wiederzuerlangen, ist eine der wichtigsten Aufgaben, welche fortan ins Auge gefaßt werden muß. Es ist aber auch eine der schwierigsten Arbeiten für eine jede Regierung, ein so gelockertes Staatswesen in den rechten Zusammenhalt zu bringen. Ich stehe daher vor der Frage, welche Mittel zu ergreifen sind, um eine freisinnige Regierung in die Lage zu setzen, aus eigener Kraft sich diejenigen Stützen in der Volksvertretung zu schaffen, welche geeignet sind, durch eine so schwierige Krisis hindurchzukommen. Zunächst sehe ich nur das eine Mittel, die Absichten der Regierung eingehend öffentlich darzulegen und zu besprechen, um auf diese Art Freunde zu gewinnen. Ist das nicht möglich oder tunlich, so komme ich zu dem vorgeschlagenen Weg einer öffentlichen Kundgebung des Landesherrn als letzter Versuch vor einer etwaigen Krisis, die Männer der Ordnung zu wecken und zu gemeinsamer Arbeit aufzurufen. Ich sehe dabei ganz klar die Schattenseiten eines solchen Verfahrens und will daher nur die Lichtseiten hervorheben.

Bleiben alle Versuche fruchtlos, eine liberale Mehrheit in den Landtag zu berufen, so steht die Regierung vor der Möglichkeit, von der ultramontan-konservativ-demokratischen Mehrheit in vielen, vielleicht den wichtigsten Fragen abvotiert zu werden. — Für mich entsteht dann die Notwendigkeit, zu handeln und folgenschwere Entscheidungen zu treffen. — Auflösung des Landtags, Neuwahlen und alle Folgen, welche sich daraus ergeben, bespreche ich nicht weiter, da ich nur mit unsicheren Faktoren dabei rechnen kann.

Ich erwäge nur die wichtigste politische Frage, ob eine Regierung auf ultramontan-konservativer Grundlage im Lande Aussicht hat, ersprießlich zu wirken. Die Tatsache schon des Vorhandenseins einer solchen Regierung würde genügen, um einen Umschlag der öffentlichen Meinung herbeizuführen. Binnen kurzer Zeit würde sich eine Opposition entwickeln, welche immer weitern Umfang nehmen müßte, da die gegnerischen Elemente in gemeinsamem Interesse verbunden wären, wobei besonders die evangelische Bevölkerung einen entscheidenden Einfluß gewönne. Die Grundrichtung einer solchen Opposition würde aber nicht mehr liberal, sondern radikal sich gestalten und zu einer erneuten Krisis führen, deren Abschluß eine stark demokratisch angehauchte Regierung sein müßte.

Solchen Aussichten gegenüber halte ich es für nötig, rechtzeitig zu erwägen, ob es geraten ist, das Weitere ruhig abzuwarten und erst hervorzutreten, wenn es die Not gebietet, oder jetzt den Versuch zu wagen, noch einen Einfluß auf die erregten Geister zu gewinnen. Ich empfehle das Letztere, da ich die Überzeugung hege, daß das Land im letzten Ende doch nur ein liberales Regierungssystem wünscht, und es mir daher besser erscheint, dies geradezu auszusprechen, um sich rechtzeitig frei zu machen von allen den Parteieinflüssen, welche die Unabhängigkeit des Handelns der Regierung bedrohen könnten. Bleibt auch dieses Mittel erfolglos, so wissen die gegnerischen Parteien wenigstens, woran sie sind und was sie zu erwarten haben, und das Land bleibt nicht mehr in Zweifel über die Aussichten, denen es entgegengeht.

Im festen Vertrauen darauf, daß Sie diese meine Darlegungen einer wohlmeinenden Beurteilung unterziehen und in rückhaltloser Aufrichtigkeit mir darüber Ihre werte Anschauungen mitteilen werden, verbleibe ich in unwandelbarer Gesinnung *[. . .]*.

GLA FA Korresp. 13 Bd. 36 Nr. 22 a Diktat.

Anlage.
Großherzog Friedrich an den Präsidenten des Staatsministeriums.

Sie wissen, daß ich es für meine Pflicht erachte, die Zustände des Landes im Allgemeinen sowohl als in ihren einzelnen Erscheinungen genau zu überwachen und zu verfolgen, um eine möglichst richtige Erkenntnis der gesamten Verhältnisse zu erlangen. Diese Pflicht schließt in sich, der gewonnenen Erkenntnis Ausdruck zu verleihen, wenn der Ausdruck von Überzeugungen die Möglichkeit gibt, in weitern Kreisen eine Wirkung zu üben, welche hoffen läßt, daß dadurch der Wahrheit, dem Rechte und der Ordnung die Wege geebnet werden können.

Die Aufgabe, welche ich mir heute stelle, ist der Versuch, die vielfach irregeführte öffentliche Meinung im Großherzogtum auf einem Gebiete zu berichtigen, das nur von mir persönlich behandelt werden kann.

Es wird von solchen Seiten, denen es wesentlich darum zu tun ist, Unsicherheit in die öffentlichen Verhältnisse zu bringen, die Meinung verbreitet, als seien allerlei Veränderungen zu erwarten, welche zu einem sogenannten Systemwechsel der Regierung führen könnten. Solche Vermutungen sollten nicht aufkommen, sofern diejenigen, welche sie aufstellen, gewissenhaft den Gang der öffentlichen Angelegenheiten verfolgen. Da wir aber hier es tatsächlich mit der Absicht zu verwirren[a] zu tun haben, ist es auch dringend nötig aufzuklären.

Entwicklung im staatlichen Leben ist Kampf! Daran sich zu gewöhnen, hatte ich in langen Jahren genügende Gelegenheit. Anders aber verhält es sich, wenn das Wort Kampf mißbraucht wird, um daraus das Ziel des Handelns zu gestalten. Solch verwerflichem[b] Gebahren begegne ich leider bei der Umschau im Lande. Diesen strafbaren Unternehmungen[c] trete ich durch diesen öffentlichen Ausspruch entgegen.

Völliger Friede kann in einem Lande herrschen, wenn die friedliche Entwicklung, in welcher es sich befindet, von allen Seiten gefördert und unterstützt werden will. Die Regierung ist bestrebt, Frieden zu halten mit den Kirchen und deren gesetzlichen Häuptern. Letztere kommen zu meiner Freude diesem Streben in jeder Weise entgegen. In freundlichem Verständnis[d] trachten Regierung und Kirchenbehörden, sich über diejenigen Fragen zu vereinbaren[e], welche zur Förderung einer gemeinsamen Wirksamkeit zum Wohle der Staatsangehörigen etwa noch erforderlich sind. Dieser friedliche Verkehr schließt die Berechtigung zu dem in der Parteipresse geschürten Kampfe völlig aus[f]. Es ist daher ernstlich strafbar zu nennen[g], wenn fortwährend Zwietracht in der Bevölkerung gesäet[h] und Unfriede zwischen den Konfessionen hervorgerufen wird[i].

Die politische Entwicklung des Landes ist in keiner Weise gehemmt oder gefährdet. Seit Jahren befinden wir uns auf Bahnen allmählichen Fortschreitens in allen Teilen der Gesetzgebung, damit den innersten Interessen des Volkes freie Wege zu deren Befriedigung geöffnet werden. Die Regierung war stets bereit, berechtigten und wohlbegründeten Wünschen entgegenzukommen. Die Volksvertretung hat von ihrem Rechte ungehemmten Gebrauch gemacht, wo nötig, aus eigener Initiative Vorschläge zur Verbesserung der Zustände des Landes einzubringen. — In dieses Streben von Regierung und Volksvertretung habe ich stets gesucht, fördernd einzugreifen, um ein einträchtiges Zusammenwirken aller gesetzgebenden Faktoren möglich zu machen. In einer langjährigen politischen Erfahrung habe ich wahrnehmen können, daß die große Mehrheit der Bevölkerung des Großherzogtums bei allen Anlässen, in denen sich der Wille derselben kundgab, ohne Unterschied der Parteistandpunkte stets den Wunsch äußerte, daß ein freisinniges Regierungssystem aufrechterhalten werde. Diese Gesinnung hat natürlich den verschiedenartigsten Ausdruck gefunden, aber unzweifelhaft bleibt es, daß eine einseitige Regierungsweise den Wünschen der Bevölkerung ebensowenig entsprechen würde, als sie den Interessen des Landes dienlich sein könnte.

Von dieser Überzeugung ausgehend, habe ich seit langen Jahren gesucht, derselben in meinen Handlungen Ausdruck zu geben. Unentwegt habe ich die nationalen Ziele festgehalten, denen ich schon zustrebte, ehe noch viel Hoffnung vorhanden war, sie jemals zu erreichen. Daß das Erreichte festzuhalten sei, kann nun ebensowenig eine Frage sein, als daß wir bestrebt sein müssen, die vorhandenen Institutionen weiter auszubauen und zu entwickeln. Dabei ist es naturgemäß mein Streben, die Interessen meines Landes zu wahren und dadurch zu bewirken, daß die beiden Aufgaben, der Ausbau des Reiches und die gesunde Fortentwicklung der Einrichtungen des Landes, ungestört nebeneinander zu gedeihen vermögen.

Ich glaubte bisher, diese Pflichten am sichersten oder erfolgreichsten zu erfüllen, indem ich diejenige Stetigkeit in dem Regierungssystem festzuhalten versuchte, welche es ermöglicht, trotz der verschiedenartigsten politischen Strömungen in dem staatlichen Leben die Regierung unberührt von den Wechselfällen der Tagespolitik zu bewahren.

An diesen Grundsätzen ist auch in neuester Zeit nichts geändert worden, und es erscheint[k] mir völlig unberechtigt, die öffentliche Meinung dadurch beirren zu wollen, daß einzelne Personalfragen zum Ausgangspunkt aller möglichen Verdächtigungen gewählt werden. Ich halte dafür, daß es eine werte Pflicht der Regierung ist, fähige Männer an die freiwerdenden Staatsstellen zu setzen. Sofern dieselben nicht prinzipielle Gegner der gesamten Staatsinteressen sind, wird die Mitwirkung tüchtiger Kräfte dem Wohl des Landes nur förderlich sein können. Unter solcher Voraussetzung ist die Verschiedenheit der politischen Anschauung der betreffenden Männer für eine freisinnige Regierung von untergeordneter Bedeutung.

Aus den vorstehenden Darlegungen soll hervorgehen, daß ein großer Teil der politischen Bewegung, wie sie sich gegenwärtig im Großherzogtum kundgibt, ohne eigentliche Grundlage sich befindet. Sie beruht[l] lediglich auf der mir wohlbekannten[m] Bestrebungen einzelner Parteien[n], Stoff für Wahlagitationen zu finden, wo auch immer er sich finden mag.

Demgegenüber spreche ich es offen aus, daß es dringend geboten erscheint, eine Vereinigung aller derjenigen Männer herbeizuführen, welche Ordnung und Recht hochhalten und dadurch den Interessen des Landes den einzig richtigen Ausdruck geben werden. Diese Mahnung gilt ganz insbesondere[o] auch den vielen Bediensteten der Staatsverwaltung, welche dermalen von den verschiedenen Parteien[p] zu Parteizwecken mißbraucht werden wollen, um dann schließlich nur den Schaden solchen Verfahrens zu erleben. Der Schaden, den ich meine, ist die Lockerung aller Ordnung, welche nur wiederherzustellen ist mit der Beseitigung derjenigen Elemente, welche der Ordnung widerstreben.

Ich gebe mich noch immer der Hoffnung hin, daß der gute und gesunde Geist der Bevölkerung obsiegen werde und daß nicht erst neue Erfahrungen dazu dienen müssen, die Erkenntnis wachsen zu lassen, daß das Gute näher liegt als das vermeintlich Bessere. Die Erfahrungen aber, welche ich seit nahezu 40 Jahren in dem Kampfe des politischen Lebens in meiner lieben Heimat sammeln konnte, lehren mich, daß die bestehende Staatsordnung gar leicht und gerne bedroht wird, da oft die Beurteilung der Kraft einer Regierung auf der falschen Grundlage beruht, als seien diejenigen, welche zur Regierung gelangen wollen, imstande, die Schwächungen zu beseitigen, welche dieselben der bekämpften Regierung zugefügt haben. Dieser Irrtum hat noch keine große Nachteile gehabt und zu der Unstetigkeit im Staatsleben geführt, welche der Beginn eines politischen und materiellen Rückgangs aller Verhältnisse bedeutet.

Ich weiß, daß jede neue Generation eines Volkes gegen die Anwendung der Erfahrungen früherer Zeiten gerne widerstrebt; es liegt dies in den Grundlagen des menschlichen Wesens. — Die Reife des Lebens erfordert aber, diesem leichteren Sinne mit allem Ernst entgegenzutreten und, soviel möglich, dafür zu sorgen, daß Schaden vermieden werde. Ich will es kurz aussprechen — es dürfen die Interessen des Staates zu keinen Experimenten mißbraucht werden. Daher wünsche ich, mit ruhiger Stetigkeit im Fortschreiten auf den Bahnen politischer Entwicklung weiterzugehen und werde, soweit es mir tunlich erscheint[q], an diesem Grundsatz festhalten.

Korrekturen von der Hand Turbans:

a) *statt* der Absicht zu verwirren: verwirrenden Auslassungen.
b) *statt* Solch verwerflichem: Solchem.
c) *statt* Diesen strafbaren Unternehmungen: Diesen Unternehmungen oder diesen sträflichen.
d) *statt* Verständnis: Einvernehmen.
e) *statt* vereinbaren: verständigen.
f) *statt* die Berechtigung ... völlig aus: Berechtigung völlig aus, neuen Kampf zu schüren.
g) Es ist daher ... zu nennen, wenn: *gestrichen.*
h) *statt* gesäet: zu säen.
i) *statt* hervorgerufen wird: hervorzurufen.
k) *Von:* und es erscheint *bis Ende des Absatzes:* gestrichen.
l) *statt* Sie beruht: scheint mir zu beruhen.
m) den mir wohlbekannten: *gestrichen.*
n) einzelner Parteien: *gestrichen.*
o) ganz insbesondere: *gestrichen.*

p) von verschiedenen Parteien: *gestrichen.*
q) *statt* soweit es ... erscheint: soweit es an mir liegt.

GLA FA Korresp. 13 Bd. 36 Nr. 22 b Diktat.

551. Großherzog Friedrich an Turban.

Schloß Mainau, 23. August 1883.

Ihr wertes Schreiben vom 19.[1] habe ich erhalten und mit der dankbaren Empfindung gelesen, daß wir uns in rückhaltlosen Vertrauensäußerungen bewegen,
welche jedes Mißverständnis ausschließen. Ich fasse mich daher so kurz wie möglich
in der Beantwortung Ihres Briefes, um mich auf die wesentlichen Punkte desselben
zu beschränken.

Ihre Erwägungen für und gegen den Erlaß eines landesherrlichen Schreibens an
den Präsidenten des Staatsministeriums haben mich zu reiflicher Prüfung derselben
veranlaßt, deren Ergebnis ich wie folgt zusammenfasse.

Meine Absicht bei Entwerfung einer öffentlichen Kundgebung habe ich so eingehend dargelegt, daß ich heute nicht mehr darauf zurückkomme; ich will aber
von neuem aussprechen, daß eine öffentliche Kundgebung der Regierung über ihre
Ziele und Bestrebungen mir eine Notwendigkeit erscheint, um die zerstreuten
Kräfte zu sammeln. Für eine landesherrliche Kundgebung ist wohl der richtige
Zeitpunkt vorüber. — So wenig ich davor zurückschrecken würde, mich öffentlich
über die politische Lage der Verhältnisse im Lande auszusprechen, bevor die Wahlen beginnen, sehe ich aber doch große Bedenken gegen eine solche Kundgebung,
nachdem die Wahlagitation eine feste Grundlage durch Veröffentlichung der Wahl-
programme der oppositionellen Parteien gewonnen hat. Diese Wahlmanifeste können nicht ignoriert werden, aber sie dürfen nicht zu einer Polemik mit dem Landesherrn führen, und daher erscheint mir die Durchführung meiner Absicht nicht mehr
möglich.

Was kann nun noch geschehen, um dem in weiten Kreisen immer fühlbarer werdenden Bedürfnis zu entsprechen, die Ansichten und Absichten der Regierung kennenzulernen? Da eine öffentliche Besprechung der projektierten Landtagsvorlagen
vom Staatsministerium nicht gewünscht wird, so sehe ich nur noch e i n e n Weg,
der die Möglichkeit gewährt, eine aufklärende Wirkung zu üben. Ich entnehme aus
Ihrem Schreiben, daß die Bezirksbeamten noch keine Mitteilung erhielten, welche
sie in die Lage setzt, sich bei gegebenen Anlässen über die Ziele der Regierungspolitik öffentlich zu äußern. — Es dürfte wohl einem Bedürfnis entsprechen, dies
durch ein Zirkularschreiben zu bewirken. Wenn auch eine solche Kundgebung vorwiegend vertraulichen Charakters sein muß, also deren Wortlaut nicht für die
Öffentlichkeit bestimmt sein kann, muß doch der Inhalt den Stoff bieten zu einer
einflußreichen Wirksamkeit der Bezirksbeamten in dem Verkehr mit der Bevölkerung und besonders mit den hervorragenden Persönlichkeiten der Bezirke.

Die genannte Kundgebung kann sich auf die verschiedensten Gebiete der Regierungstätigkeit erstrecken und könnte daher auch manches in sich schließen, was
in den Bereich meines Entwurfes gehört. Ich verstehe das so, daß das Ministerium
sagen könnte, es sei ermächtigt, sich über die Anschauungen des Landesherrn bezüglich der gegenwärtigen politischen Lage auszusprechen etc., und es werde nütz-

lich sein, absichtlich verbreiteten Irrtümern und Mißverständnissen bestimmt entgegenzutreten.

Der Schlußsatz Ihres Schreibens, welcher eine Äußerung des Landeskommissars Hebting in diesem Zusammenhange mitteilt, ist wohl als eine teilweise Bestätigung meiner Anschauungen zu betrachten.

Möchten Sie in dem Gesagten das fortgesetzte Streben erkennen, den Schwierigkeiten der allgemeinen Lage möglichst zu begegnen[2].

GLA FA Korresp. 13 Bd. 36 Nr. 23 Diktat.

[1] Nicht vorhanden.
[2] „25. August. (Baden). Ein Wahlerlaß des Staatsministers Turban an die Amtsvorstände des Landes tritt den von den Ultramontanen und sog. Deutsch-Konservativen verbreiteten Gerüchten über ein Schwanken der Regierung bez. ihrer Grundsätze und eine bevorstehende Änderung ihres Systems entgegen: Der Staatsminister erklärt, er sei durch S. K. H. ermächtigt, jede Ungewißheit über seine politischen Anschauungen und Absichten zu zerstreuen, welche auf den Ausbau der nationalen Institutionen des Reiches, auf die Wahrung und Förderung aller materiellen und geistigen Interessen Badens, auf andauernde Pflege und maßvolle Fortentwicklung unserer bewährten freisinnigen Einrichtungen und Gesetzgebung gerichtet seien" (*Schultheß* S. 117).

552. Aus Gelzers Tagebuch.

Steineck, 26. September bis 16. Oktober 1883.
26. September 1883. *[. . .]* In den Unterredungen mit dem Großherzog war mir am bemerkenswertesten: 1. Die Berührungen des Großherzogs mit Prinz Gérome Bonaparte[1], mit Hefele und Kraus[2] auf Mainau, mit Welti auf dem Gotthard. — Sorge des Großherzogs, daß der europäische Friede gestört werde? 2. Besuch des Großherzogs auf Weinburg: Erklärung des Fürsten Anton von Hohenzollern: Er stehe in dem peinlichen Dilemma: Ob das Bleiben Bismarcks (für die inneren Fragen) oder das Weggehen (für die auswärtige Politik) gefährlicher und verderblicher wäre?!? *[. . .]*
16. Oktober 1883. *[. . .]* Als charakteristisch für dieses Jahr tritt mir besonders entgegen ein schmerzlicher Abstand zwischen Wollen und Vollbringen! *[. . .]*

Frankfurt, Besitz Matth. Gelzer.
[1] Jérôme Joseph Napoleon (1822—91) (Prinz Plon-Plon), Offizier u. Politiker, Träger der bonapartischen Thronansprüche.
[2] Über die Zusammenkünfte zwischen dem Großherzog und Kraus in Karlsruhe und auf der Mainau vgl. *Kraus*, Tagebücher S. 454, 465 f.

552a. Marschall an Turban.

Berlin, 11. Oktober 1883.
Vertraulich! In den letzten Tagen sind mir bei einer gelegentlichen Besprechung in v e r t r a u l i c h e r Weise Mitteilungen über den gegenwärtigen Stand der k i r c h e n p o l i t i s c h e n Angelegenheit in Preußen gemacht worden, die ich Ew. Exz. nicht vorenthalten zu dürfen glaube; ich verdanke diese Mitteilungen neben früher angeknüpften persönlichen Beziehungen wohl auch dem Umstande, daß die preußische Regierung, wie dies auch bei den jüngsten kirchenpolitischen

Verhandlungen im preußischen Abgeordnetenhause zu Tage trat, für ihre dermalige kirchenpolitische Aktion sich wesentlich die badische Gesetzgebung zum Vorbild genommen hat und daher für die bei uns geschaffenen kirchenpolitischen Zustände — über die ich ja, so weit es das Verhältnis der Gr. Regierung zu der Freiburger Kurie betrifft, nur Befriedigendes mitteilen konnte — ein besonderes, durch die Erscheinungen bei den jüngsten badischen Landtagswahlen gesteigertes Interesse hegt.

Die Nachricht der Presse, daß der Bischof von Kulm von seiten der römischen Kurie die Erlaubnis erhalten habe, im Namen sämtlicher deutschen Bischöfe Dispensgesuche auf Grund des Art. 3 Abs. 2 des Gesetzes vom 31. Mai 1882 einzureichen, ist richtig; ein tatsächlicher Schritt in dieser Beziehung ist zwar bis jetzt nicht erfolgt, vielmehr bestehen dem Vernehmen nach gewisse Differenzen formeller Natur unter den Bischöfen, jedoch ist die Regierung offiziell von dem Bevorstehen dieses Schrittes in Kenntnis gesetzt und sieht sie demselben in nächster Zeit entgegen. Bekanntlich handelt es sich hier um Dispense von dem sogenannten Kulturexamen für diejenigen Geistlichen, deren Bildungsgang den Erfordernissen des Art. 3 des Gesetzes von 1882 nicht entspricht — Entlassungsprüfung auf einem deutschen Gymnasium, dreijähriges Studium auf einer deutschen Universität usw. — In der Gestattung der Dispenseinholung seitens der römischen Kurie erblickt die preußische Regierung einen ersten bedeutsamen Erfolg ihrer kirchenpolitischen Aktion; wenn auch der römischen Übung entsprechend jenes Zugeständnis mit verschiedenen Restriktionen und Verwahrungen erfolgte, so mißt man doch d e r Tatsache eine besondere Bedeutung bei, daß die Kurie, welche die sonstigen Milderungen der Gesetze von 1880 und 1882 in rein passiver Haltung entgegengenommen hatte, nunmehr seit dem Beginne des Kulturkampfes e r s t m a l s sich zu einem positiven Schritt auf Grund eines kirchenpolitischen Gesetzes herbeiläßt, und fühlt man sich in der Überzeugung bestärkt, daß das jüngste in diesem Jahre erfolgte gesetzliche Vorgehen auf kirchenpolitischem Gebiete, welches speziell die Kurie zu jenem Zugeständnis veranlaßte, ein durchaus richtiges und notwendiges gewesen sei. Die Regierung habe — so wurde mir weiter mitgeteilt — den kirchenpolitischen Boden schaffen wollen, wie er in Baden nunmehr bestehe. Die zeitliche Reihenfolge der gesetzlichen Maßnahmen sei in Preußen nur eine umgekehrte gewesen wie dort; während in Baden die Anzeigepflicht im Beginne der 60er Jahre, die Frage des Examens im Jahre 1880 geregelt worden sei, habe man in Preußen im Jahre 1882 bezüglich des Examens im wesentlichen den in Baden herrschenden Rechtszustand hergestellt und sodann in diesem Jahre die Anzeigepflicht in ihrer materiellen Ausdehnung in gleicher Weise wie dort beschränkt. Wenn damit in Baden ein friedliches Einvernehmen zwischen der Regierung und der katholischen Kirchenbehörde erreicht sei, so werde man auf diesem Wege auch in Preußen allmählich zu diesem Resultate gelangen können. Die Frage, wie das an die Anzeigepflicht sich knüpfende Einspruchsrecht des Staates formell zu regeln sei, habe für die Regierung nur eine sekundäre Bedeutung und sei es eine bedauerliche Verkennung des Grundgedankens des letzten Gesetzes — Wiederherstellung der Seelsorge für die katholische Bevölkerung — gewesen, wenn von einem Teile der Freikonservativen und von den Nationalliberalen die desfallsige Bestimmung des Entwurfs (§ 4) zur conditio sine qua non der Annahme desselben aufgebauscht worden sei. Überhaupt habe der jüngste Gesetzentwurf auch bei der Presse nur ganz vereinzelt eine richtige Würdigung erfahren; wer die Wirkung desselben auf den Vatikan kenne, werde darüber ganz anders urteilen, als es die große Mehrzahl der Presse getan. Bei den geführten Unterhandlungen habe die römische Kurie unablässig z w e i Gesichtspunkte verfolgt: einmal, die Regierung zur Auseinandersetzung über p r i n z i p i e l l e Punkte zu drängen und dann von ihr Zusagen zu erlangen, welche der zu erzielenden Verständigung den Charakter eines b i l a t e r a l e n Vertrages gegeben hätten. Die Regierung ihrerseits habe stets, unter Festhaltung des Gedankens tatsächlichen Vorgehens pari passu, die Diskussion über prinzipielle Fragen und ebenso die Abgabe bindender Zusagen bezüglich der Revision abgelehnt. Man müsse im Vatikan die bestimmte Hoffnung genährt haben, die Regierung schließlich doch auf jenen Boden der Verhandlungen zu drängen, denn die Wirkung des unilateralen Vorgehens der Regierung durch den jüngsten Gesetzentwurf sei dort eine ganz merkwürdige gewesen; sie könne ohne Übertreibung als „den Funken im Pulverfaß" bezeichnet werden. Speziell der heilige Vater sei über das einseitige Verfahren ganz entsetzt gewesen und habe die hochgradige Verstimmung darüber in der bekanntn Note Jacobinis anläßlich der Einbringung des Entwurfs nur einen sehr schwachen Ausdruck gefunden. Nicht nur daß man sich in jener Hoffnung getäuscht gefunden, habe man sich zugleich „in die Ecke gedrückt" gesehen in der Erkenntnis, daß dem Inhalte des neuesten Entwurfes gegenüber die bisher beliebte passive Haltung nicht aufrecht erhalten werden könne. Die Tendenz des Entwurfes gerade in dieser Hinsicht sei eigentlich nur von zwei Parlamentariern erkannt worden, von B e n n i g s e n, um sie zu billigen und den leider vergeblich gebliebenen Versuch zu machen, seine politischen Freunde zu einem Eingehen auf den Entwurf zu bewegen, und von W i n d t h o r s t, dem es nur allmählich gelungen sei, s e i n e Verstimmung über den Entwurf auch auf seine Parteigenossen zu übertragen, die wie z. B. die beiden Reichensperger anfangs ihrer Freude über den hochherzigen Entschluß der Regierung lauten Ausdruck gegeben hätten. —

Von der Wiederherstellung einer wenn auch nur aushilfsweisen Seelsorge erwartet die Regierung politisch günstige Resultate; der Katholik, so wird argumentiert, bedarf des Geistlichen und des Bischofs. Auf welcher gesetzlichen Grundlage diese seine idealen Bedürfnisse befriedigt werden, ist für die Masse des katholischen Volkes von sekundärer Bedeutung; die durch staatliche Gesetzgebung veranlaßte Not in der Seelsorge gibt jene Masse der politischen Agitation preis; ist dieser Not abgeholfen, so bilden die noch restierenden und von Rom aus urgierten Fragen der Erziehung des Klerus und der geistlichen Disziplinargewalt keine gravamina mehr, welche in den breiten Schichten der katholischen Bevölkerung als Agitationsmittel Zugkraft besitzen. So wird das neueste Gesetz in seinen Wirkungen dem Staate eine Position verleihen, die stark genug ist, um zunächst weitere Schritte von Rom aus zu erwarten. Darüber, daß die kirchenpolitische Gesetzgebung bezüglich der Erziehung der Geistlichen und der geistlichen Disziplinargewalt Bestimmungen enthält, welche revisionsfähig, teilweise auch revisionsbedürftig sind, — z. B. über den recursus ab abusu — darüber herrscht in maßgebenden Kreisen kaum ein Zweifel, ebenso entschlossen ist man aber auch, nunmehr vor weiteren gesetzlichen Schritten die E r f ü l l u n g d e r A n z e i g e p f l i c h t seitens der römischen Kurie abzuwarten. In dieser Beziehung handelt es sich nicht sowohl um das „Wollen" als um das „Können". Die konservative Partei — so sagte man mir — sei mit Zustimmung zu dem jüngsten Entwurfe bis an die Grenze desjenigen gegangen, was sie vor ihren Wählern verantworten könne; mit weiteren Zumutungen auf kirchenpolitischem Gebiete würde man die konservative Partei in den Augen ihrer Wähler diskreditieren, und davor müsse sich die Regierung, zumal unter der dermaligen allgemeinen politischen Konstellation hüten. Der in der konservativen evangelischen Bevölkerung vorherrschende Gedanke, daß man den katholischen Mitbürgern s e h r   v i e l e s, der römischen Kurie zur Erhöhung ihrer Machtfülle jedoch g a r n i c h t s konzedieren könne, beruhe zwar auf einer Unterscheidung, die gegenüber den realen Verhältnissen nicht vollkommen Stich halte, entspränge aber einem Gefühle, welches seitens der Regierung der vollen Beachtung und Berücksichtigung wert sei. Auf der anderen Seite werde nach Erfüllung der Anzeigepflicht bis tief in die Reihen der links stehenden Parteien hinein die Geneigtheit bestehen, solche Bestimmungen der kirchenpolitischen Gesetzgebung zu reformieren, welche sich nach den gemachten Erfahrungen für die Wahrung der staatlichen Autorität der Kirche gegenüber weder als nötig noch überhaupt als zweckentsprechend erwiesen hätten. Über diese Auffassung habe die Regierung, ohne eine Zusage damit zu verbinden, der römischen Kurie volle Klarheit gegeben und bleibe abzuwarten, welche Konsequenzen die letztere aus der Situation ziehe. Inzwischen wendet die kgl. Regierung der Besetzung der noch vakanten Bischofssitze und besonders der Domkapitel ihr Augenmerk zu. Während in erster Beziehung die Verhandlungen schweben, sind in letzter Hinsicht schon Resultate erreicht. Die Kurie hat ihre anfänglich beobachtete Zurückhaltung bezüglich der Besetzung der Domkapitel aufgegeben und die Regierung ihrerseits, insoweit es tunlich erschien, die Personenfrage in entgegenkommender Weise behandelt.

Mein Gewährsmann betonte mir, wie schwierig gegenüber den badischen Verhältnissen, wo man nur mit einem Bischof zu verhandeln habe, die Situation der Regierung in Preußen sei, welcher zwölf Bischöfe gegenüber stünden, darunter zwei, die staatlich abgesetzt, natürlich dem Staate wenig freundlich gesinnt seien, dabei aber auf die Beratungen der deutschen Bischöfe vermöge ihres kirchlichen Ranges einen erheblichen Einfluß ausübten. *[. . .] Charakterisierung von Ledochowski und Herzog. Altkatholiken.*

Auch die sogenannten Staatspfarrer bereiten der Regierung Sorge und Verlegenheit. Von dieser maigesetzlichen Institution, welche das Gesetz vom Jahre 1882 für die Zukunft beseitigt hat, sind allein in der Provinz Schlesien noch etwa 60 vorhanden. Bei ihnen hat sich — abgesehen davon, daß sie von der katholischen Bevölkerung nicht als katholische Geistliche anerkannt werden — das ganz eigentümliche Verhältnis herausgebildet, daß der Staat sie nur aus einzelnen bestimmten gesetzlichen Gründen z. B. Erkennung von entehrenden Strafen, ihres Dienstes entsetzen kann, die Kirche dagegen, welcher die Disziplinargewalt zufällt, sich wegen mangelnder kirchlicher Institution um die betreffenden gar nicht kümmert und sie daher sowohl für ihre Dienstführung wie ihren Lebenswandel sich einer fast absoluten Freiheit erfreuen; nicht wenige von diesen Staatspfarrern geben durch die Art ihres Lebenswandels der Bevölkerung Ärgernis und bleibt dem Staate die Rolle des Zuschauers, während natürlich die politische Agitation aus jenem Verhältnisse Waffen zu ihrem Zwecke schmiedet.

Ich glaubte, daß es Ew. Exz. von Interesse sein würde, von diesen Auffassungen in Regierungskreisen Kenntnis zu erhalten. *[. . .]* Zu einem Exposé über die gesamte innere Lage, welches Ew. Exz. von mir wünschen, bedarf ich noch weiterer Orientierung. *[. . .]*

GLA 233/27771 fol. 137 ff. Ausf., dem Großherzog vorgelegen.

553. Großherzog Friedrich an Turban.

Schloß Baden, 18. Oktober 1883.

Sowohl ultramontane als demokratische Blätter erzählen angeblich aus sicherer Quelle, daß wir beide uns nicht recht verständigen können und mein Vertrauen zu Ihnen erschüttert sei. Ich komme nun mit der Bitte zu Ihnen, dieses müßige Gerede offiziell zu widerlegen, und dafür schlage ich Ihnen die folgende Fassung vor.

Wir sind zur Erklärung ermächtigt, daß die in mehreren Blättern enthaltene Nachricht — das Vertrauen des Großherzogs in den Staatsminister Turban sei ernstlich erschüttert — auf müßiger Erfindung beruhe. Das Vertrauen des Landesherrn zu seinem bewährten Minister besteht in ungetrübter Weise.

Die Erklärung dürfte in der Karlsruher Zeitung an erster Stelle — Großherzogtum Baden — zu veröffentlichen sein[1]. *[. . .]*

GLA FA Korresp. 13 Bd. 36 Nr. 24 (eig.)

[1] Vgl. Karlsruher Zeitung v. 20. Okt. 1883, in unverändertem Wortlaut.

554. Gelzer an Großherzog Friedrich.

Basel, 18. Oktober 1883.

Dank für die gestrigen Telegramme zum 70. Geburtstag. Heute ist 20. Geburtstag der Steinstiftung.

Auf welcher unerschütterlichen Grundlage haben sich unsere Herzen, unsere Überzeugungen zusammengefunden, von damals bis heute? und für welche Ziele haben wir uns — inmitten einer noch immer unübersehbaren Erschütterung Europas — die Hände gereicht? Diese Frage dürfen wir — das spreche ich heute mit beglückender Zuversicht aus — dürfen wir bis zu unserer letzten Stunde mit ruhigem Gewissen ins Auge schauen; und wohl uns, daß wir das dürfen!

Auf dreifacher Grundlage ruhten und ruhen die uns vereinigenden Überzeugungen: I. Europa ist gleichzeitig von zwei Todesgefahren bedroht, von der Gefahr des innern Absterbens, der Verknöcherung, des seelenlosen Formalismus wie von der Gefahr zügelloser Verwilderung und Zersetzung. II. Rettung vor diesen Gefahren erblicken wir nur in der innern Erneuerung, d. h. in den Tiefen des ethischen und religiösen Lebens, also in sittlichem Mut und geistiger Vertiefung. III. Träger und Mittelpunkt dieser innern Erneuerung der Völker Europas sollte Deutschland werden; den geschichtlichen Beruf dazu hat es durch seine religiöse Reformation von 1517 und durch seine politische Reformation von 1807—13 empfangen.

Auf Grund dieser Überzeugungen ergaben sich auch die zu erstrebenden Ziele, die wir von der ersten Stunde an ins Auge faßten: I. Es galt vorerst im Bewußtsein der Nation, besonders ihrer Führer und Lehrer, die Erkenntnis jenes Doppelberufs zu wecken und zu begründen. II. Dann aber galt es, die Entschlüsse zu ermutigen, das große Unternehmen von 1517 wie das von 1807—13 fortzusetzen und seiner Vollendung entgegenzuführen. Das war der verheißungsvolle Grundgedanke unserer Vereinigung im September 1862 und im Oktober 1863.

Überblicken wir unsere Bestrebungen in den nun hinter uns liegenden 20 Jahren, so lassen sich im Laufe dieser zwei Jahrzehnte vier verschiedene Phasen deutlich unterscheiden:

1) Zuerst die Jahre der Vorbereitung 1863—66. Damals ging unser Streben und Hoffen unablässig dahin: auf dem freien Boden der Überzeugung Einsicht und Entschlüsse zu wecken für den unabweisbaren Beruf der Nation.

2) Eine andere Phase war 1866 eingetreten, als der kühn entschlossene Staatsmann, der seit dem September 1862 die Geschicke Preußens zu leiten begann, „Blut und Eisen" für den in seinen Augen unvermeidlichen einzigen Weg zur Reorganisation Deutschlands unter Preußens Führung erkannte, erklärte und verwirklichte (1866—70). Von da an hieß unsere Aufgabe: auf dem völlig umgestalteten Boden für unsere Ziele zu arbeiten — für die Ziele, die in meiner Denkschrift „die Aufgaben des Hauses Hohenzollern und Preußens nach 1866"[1] näher bezeichnet wurden.

3) Nach dem Epoche machenden deutsch-französischen Kriege, der das Napoleonische Kaiserreich niedergeworfen und das deutsche aufgerichtet hatte, trat nach Vollendung der erstrebten politischen Einigung Deutschlands die dritte Phase ein 1871—78, in der es sich darum handelte, die innere Einigung auf dem Gebiet der Gesetzgebung, besonders auf sozialem und kirchlichem Gebiet durchzuführen und die europäische Stellung des deutschen Reichs zu sichern. Es war das Verhängnis dieser siebenjährigen Periode, daß ein kirchlicher Konflikt in den Vordergrund trat, der reiche Kräfte und Opfer in Anspruch nahm, ohne daß es gelang, ihn zu einem befruchtenden und befriedigenden Ausgang zu führen. Während dieser folgenschweren Krise leitete uns in unausgesetzter Arbeit und im Kampf mit Schwierigkeiten und Mißdeutungen der peinlichsten Natur nur das eine mühevolle Bestreben: die wahre Natur jener Krise und die Vorbedingungen ihrer Lösung zu beleuchten. Wir wissen, an welchen Klippen diesseit und jenseit der Alpen dies Streben scheiterte; aber die innere Berechtigung unserer Bestrebungen ist schon jetzt durch die Erfahrungen des mehr als zehnjährigen Konflikts unwiderlegbar bewiesen.

Eine neue Phase, die vierte, trat seit den Jahren 1878 und 1879 ein; sie ist vorzugsweise in den drei Tatsachen erkennbar: im Berliner Kongreß von 1878 und in dem dadurch hervorgerufenen deutsch-österreichischen Bündnis, sodann in der Wiederaufnahme direkter Unterhandlungen des Reichskanzlers mit dem neuen Papste, endlich auch in dem Versuche einer sozialen Reform in Folge der Attentate gegen den Kaiser und nach Erlaß des Sozialistengesetzes.

Sieht man näher zu, so erkennt man bald, daß hinter allen diesen Unternehmungen des deutschen Reichskanzlers ein großes Problem sich verbirgt, ja nichts geringeres als das größte Problem unsers Jahrhunderts: Es ist die Begründung des internationalen, des kirchlichen und des sozialen Friedens durch das politische Übergewicht des deutschen Reichs in Mitteleuropa.

Wie Sie wissen, berührt sich dies — dem größten deutschen Reichskanzler in großen Zügen vorschwebende — Problem sehr nahe mit jenen Grundgedanken, die ich im Mai und Juni 1871 dem Kaiser über die letzten und höchsten Aufgaben des neuen deutschen Reiches in Europa vortragen durfte[2]. Nur waltet ein bedeutsamer Unterschied zwischen beiden Anschauungen vor. Wenn in der Auffassung des Reichskanzlers das hauptsächliche — wo nicht das ausschließliche — Gewicht auf die politische Präponderanz des deutschen Reichs in Zentraleuropa gelegt wird: so wendet sich meine ernsteste Aufmerksamkeit dem Bedürfnis eines geistigen und ethischen Übergewichts des deutschen Einflusses zu, neben, ja noch über dem politischen!

Mit diesem Glaubensbekenntnis, das seinen starken Rückhalt in meinen tiefsten Überzeugungen und Erfahrungen hat, ist der Übergang gemacht zu sehr weit reichenden Konsequenzen. Wenn wir die Erfahrungen der letzten 12 Jahre mit unbestochenem Blick einer in die Tiefe gehenden Prüfung unterwerfen, so können wir uns nicht verschließen vor einer Erkenntnis von unermeßlicher Tragweite. Diese Erkenntnis lehrt uns mit unabweisbarer Überzeugungskraft der Tatsachen, daß wir uns noch nicht als reif erwiesen für die Lösung der seit 1871 uns gestellten und von uns übernommenen Aufgaben. Nachdem es 1866 und 1870 gelungen war, den Knoten der deutschen Frage im Doppel-Zweikampfe erst mit Österreich, dann mit Frankreich mit der Schwertesschärfe zu zerhauen, trat die deutsche Nation unter den Völkern Europas, ja unter den Mächten der Erde auf eine seit Jahrhunderten unzugängliche Höhe. Aber in derselben Stunde der weltgeschichtlichen Erhebung stand Deutschland auch vor einer Aufgabe von wahrhaft tragischem Ernste; es wurde, zugleich mit seiner politischen Einigung und Erstarkung, zur energischen Lösung der wichtigsten Kulturaufgaben der zivilisierten Welt berufen: zur Lösung des international-politischen, des religiösen und des sozialen Problems. An diesen drei Aufgaben hängt unsere Zukunft.

Wenn oben das Bekenntnis unverhüllt ausgesprochen wurde, daß wir uns in den 12 Jahren seit 1871 noch nicht als reif erwiesen zur fruchtbaren friedenstiftenden Lösung dieses Problems — so liegt darin keinerlei Grund zur Beschämung oder Entmutigung. Nur das ist von folgenschwerer Bedeutung, daß wir nicht zurückschrecken (in phrasenhafter Oberflächlichkeit und Selbstgefälligkeit) vor jenem offenen Bekenntnis mit allen seinen Konsequenzen!

Viel zu hoch, viel zu schwer sind jene drei Probleme, als daß es hätte gelingen können, im ersten kühnen Ansturm während des Verlaufs eines kurzen Jahrzehnts eine solche säkulare Aufgabe endgültig zu lösen. Nicht lähmende Entmutigung, wohl aber eine zwingende Verpflichtung soll die Erfahrung des Dezennium 1872—82 uns lehren: die Verpflichtung nämlich, daß die Nation ihre edelsten und besten Kräfte jetzt der unablässigen Arbeit schuldet, die rechte Antwort zu suchen auf die Schicksalsfrage jener uns auferlegten Probleme.

Und nun, verehrte K. H., ist der Moment gekommen, wo ich die Verpflichtung fühle, mit diesem Bekenntnis über unsere wahre Lage und Aufgabe noch ein Bekenntnis rein persönlicher Natur zu verbinden, im Hinblick auf die in unserer Stein-Stiftung liegende Verpflichtung.

Lange und ernstlich geprüft, soll dies Bekenntnis heute seinen feierlichen Ausdruck finden. Es ist in meinen Augen ein bedeutungsvolles Zusammentreffen, daß meinem gestrigen 70. Geburtstage heute der 20. Geburtstag unseres Stein-Gelübdes folgt; beide Gedenktage sprechen zu meinem Gewissen eine nicht zu überhörende Sprache. „Deine Tage sind gezählt", ruft mir der gestrige Tag zu, und der heutige fährt bekräftigend fort: „Wirke darum, so lange es Tag ist, denn es kommt die Nacht!"

Gibt es — so frage ich daher Sie und mich, Ihr und mein Gewissen, im Blick auf unser Vaterland, auf unsere Kirche, auf die europäische Gesellschaft — gibt es eine höhere, bindendere, heiligere Pflicht von nun an für mich als die Aufgabe:

Sammle die beste noch übrige Kraft deines Lebens, um jede gute arbeitsfähige geistesfrische Stunde dazu zu verwenden, daß dein geistiges Vermächtnis an deine Nation und an deine Kirche zustandekomme als Schlußstein deiner Lebensarbeit, als die Summe deiner Erfahrungen und Erkenntnisse.

Und so richte ich an Sie, verehrte K. H., in dieser ernsten Stunde die Frage: Könnte ich würdiger und nachhaltiger als auf diesem Wege den Zielen unserer Steinstiftung dienen? *[. . .]*

GLA FA Korresp. 13 Bd. 24 Nr. 650.

[1] „Die Aufgaben des Hauses Hohenzollern und Deutschlands nach dem Prager Frieden von 1866", gedr. Protestant. Monatsbl. f. innere Zeitgesch. Bd. 36 (1870) S. 203—258; vgl. Bd. I Nr. 12 Anm. 1.
[2] Vgl. Bd. I Nr. 18.

555. Flemming an Bismarck.

Karlsruhe, 21. Oktober 1883.

Vertraulich! In der Karlsruher Zeitung vom 20. Okt. erschien eine Vertrauenskundgebung für Staatsminister Turban[1].

Die hier erwähnte Nachricht von dem erschütterten Vertrauen des Großherzogs ist von u l t r a m o n t a n gefärbten Blättern erfunden und verbreitet worden und hat unzweifelhaft nur den Zweck gehabt, die einzige noch rückständige Wahl zur Zweiten Badischen Kammer im Partei-Interesse zu beeinflussen. Die Ausstreuung solcher Gerüchte gehört schon seit lange zu den beliebtesten Manövern der ultramontanen Hetzer, welche durch die Publikation des Wahlerlasses der Regierung v. 25. August d. J. — der über die politischen Anschauungen und Ziele des Großherzogs keinen Zweifel bestehen ließ — aufs Empfindlichste getroffen worden sind, und diesen Erlaß an die Amtsvorstände als ein unzulässiges Hereinziehen des Namens S. K. H. in die Wahlagitation darzustellen versuchen: ein Bestreben, in dem sie leider auch von dem Organ der sogenannten Konservativen, in der Kammer nur noch durch eine Stimme vertretenen Partei unterstützt werden.

Wie ganz anders der zitierte Wahlerlaß *[. . .]* in den Kreisen der nationalliberalen Partei beurteilt wird, der er allerdings zustatten gekommen ist, beweist der hier beigefügte Artikel der Badischen Landeszeitung Nr. 246; derselbe verwirft die Auffassung der Stellung des Landesfürsten „nach der parlamentarischen Schablone"; des Fürsten, der sich nur bei festlichen Gelegenheiten zeige, im übrigen aber die verantwortlichen Minister tun und treiben lasse, was sie wollen.

Die Karlsruher Zeitung von heute nimmt mit Genugtuung Akt von diesem Artikel und bemerkt, die von dem Organ der nationalen und liberalen Partei in so prägnanter Weise ausgedrückte Wahrheit sei bekanntlich in Preußen das Schiboleth der dort „k o n s e r v a t i v" genannten Partei; als logische Folgerung ergebe sich, daß das, was in Deutschland k o n s e r v a t i v und was l i b e r a l genannt werde, unmöglich in allen Punkten einen ausschließenden Gegensatz bilden könne.

S. K. H. der Großherzog ist mit dem Ausfall der Wahlen entschieden zufrieden. Ich habe Gelegenheit gehabt, dies aus seinem eigenen Munde zu vernehmen. Er betrachtet die Partei, welche die Majorität jetzt wieder gewonnen hat, als diejenige, bei welcher d e u t s c h - n a t i o n a l e Gesinnungen vorzugsweise anzutreffen sind und welche den praktischen Bedürfnissen des Landes am willigsten Rechnung trägt. Gegen die ultramontane Partei, welche trotz aller Maßregeln, die auf seine, des Großherzogs Initiative behufs Herstellung eines friedlichen Verhältnisses zwi-

schen Staat und Kirche ergriffen worden sind, fortfährt, den Frieden zu stören, ist
S. K. H., wie ich mich überzeugt halte, von lebhaftem Unwillen erfüllt.

Anlage: Badische Landeszeitung Nr. 246 v. 20. Okt. 1883 (2. Blatt) Deutsches Reich.

Karlsruhe, 19. Oktober
Die Oppositionspresse beschwert sich darüber, mit dem Wahlerlaß vom 25. August habe
die Regierung durch Hereinziehung des Namens des Großherzogs in die Wahlagitation ein-
gegriffen. Die Ernennung des Herrn von Marschall zum Großherzoglichen Gesandten in
Berlin war am 26. Juni d. J. bekannt geworden, und schon wenige Tage darauf wußte die
Kölnische Volkszeitung von einem damit in Zusammenhang stehenden System- und Ministerwechsel zu reden. Fast gleichzeitig sprach der Badische Beobachter die feste Überzeugung aus, „daß die Ernennung des Herrn von Marschall nicht ohne weittragende Änderung
der politischen Richtung der hiesigen Regierungskreise bleiben könne". Ende Juli eröffnete
dann die Badische Landpost eine Konkurrenz um das Portefeuille des Herrn Geheimrats
Ellstätter, worauf die Frankfurter Zeitung bemerkte, „die Herren Turban und Nokk würden gewiß nicht neben einem Nachfolger Ellstätters ihren Sitz innebehalten, der etwa der
Konservativen Partei angehörte".
Um keine Zweifel und keine Ungewißheit über die politischen Anschauungen und Ab-
sichten des Großherzogs aufkommen zu lassen, wählte der Staatsminister die Form eines
Erlasses an die Amtsvorstände. Dieser Erlaß ist durch die Presse in weitesten Kreisen be-
kannt geworden. Wenn die oppositionellen Blätter jetzt tun, als sei dies etwas ganz Un-
geheuerliches, noch gar nie Dagewesenes, so erinnern wir daran, daß am 31. Oktober 1876
anläßlich des kurz zuvor stattgehabten Ministerwechsels S. K. H. der Großherzog die Gelegenheit wahrnahm, an die Mitglieder der Generalsynode folgende Worte zu richten:
„Ich darf Sie versichern, daß keine Änderung eintreten wird in der Richtung, die wir seit
langen Jahren eingehalten haben; ich versichere Sie das um so lieber, als ich weiß, daß keine
Sehnsucht bestand, eine andere Richtung zu verfolgen, weder in den Angelegenheiten des
Landes, noch in denen, die sich auf das Reich beziehen. Es ist fast ein Vierteljahrhundert,
daß ich am Steuer stehe, und ich darf annehmen, daß man mich hinlänglich kennt, um zu
wissen, daß es meinen Neigungen nicht entspricht, von der eingehaltenen Bahn abzulenken
und das Schiff in Klippen und Stürme zu führen, daß im Gegenteil ich es für meine Aufgabe erachte, es vor Gefahren zu hüten und dem sicheren Hafen zuzuführen. Um dieses
Ziel zu erreichen, müssen wir von der Überzeugung durchdrungen sein, daß die Gesetzgebung unseres Landes fest begründet ist und daß auf den Grundlagen, auf welchen sie beruht, weiter gearbeitet werden muß."
Das ist das Gleiche, was der Staatsminister, ermächtigt durch den Großherzog, den
Amtsvorständen eröffnete. Was damals recht war, kann heute nicht unrecht sein. Wir haben
in Baden keinen Kartenkönig nach der parlamentarischen Schablone, der sich nur bei festlichen Gelegenheiten mit Krone, Mantel, Zepter und Reichsapfel zeigt, im übrigen aber die
verantwortlichen Minister tun und treiben läßt, was sie wollen. Nein, wir haben zum
Glück und Ruhm unseres Landes einen Fürsten, der die Verfassung zu einer Wahrheit
macht, „in sich alle Rechte der Staatsgewalt vereinigt und sie unter den in der Verfas-
sungsurkunde festgesetzten Bestimmungen ausübt". So wird es hoffentlich bleiben, was
auch die plötzlich von überzarten konstitutionellen Bedenken befallenen Sklaven des Sylla-
bus und ihre taktisch Verbündeten sagen mögen!

Bonn, Archiv Ausw. Amt, Baden Nr. 31 Vol. 5, Ausf.

¹ Vgl. Nr. 551 Anm. 2.

556. Aus Gelzers Tagebuch.

Schloß Baden, 21. Oktober 1883.
Gestern hier eingetroffen. Mit dem Großherzog dann allein: die Kronprinzeß
scheine sich mit Bismarcks Politik (gegen Rußland) zu befreunden; sie äußerte: es

sei gut, wenn es bald zum Krieg komme (falls die Lage sich doch immer drohender gestalte), noch ehe die Gegner besser gerüstet seien! England werde sicher Deutschland unterstützen, wenn es als der Angegriffene von Rußland und Frankreich erscheine! — Bismarck habe sich für Badens kirchliche Stellung in der Abwehr einer ultramontanen Kammer lebhaft interessiert. *[...]*

(Abends 7 Uhr) mit Großherzog wichtige zweite Unterredung! Auf Weinburg (18. Oktober) habe ein Feldjäger des Kanzlers Bismarck den Kronprinzen erwartet mit dem Vorschlag, schon im November den Besuch des Königs von Spanien zu erwidern mit Umgehung Frankreichs, also Einschiffung auf einem deutschen Geschwader in einem italienischen Hafen![1] Bismarck glaube nicht die bessere Frühjahrswitterung abwarten zu können im Hinblick auf die ernsten Verhältnisse, die sich für das Frühjahr vorbereiten könnten!!

Beim Großherzog regte ich eine Wintererholungsreise an; er meinte: ja, etwa in Nervi oder in Rom zusammenleben, in Rom wäre der Palazzo Barberini sein Ideal zu gemeinsamer Bewohnung!? — Ich übergab ihm mein Steinstiftungs-Memorandum 1863—83!

Frankfurt, Besitz Matth. Gelzer.

[1] Vgl. W. *Windelband*, Berlin. Madrid. Rom. Bismarck und die Reise des deutschen Kronprinzen 1883 (1939) S. 86 ff. Bismarcks Brief an den Kronprinzen, Friedrichsruh, 16. Okt. 1883 ebd. S. 87 ff. Für die vom Großherzog bei Kaiser Wilhelm beantragte, dann aber doch nicht zustandegekommene Begleitung des Kronprinzen durch den Erbgroßherzog (ebd. S. 101) ließen sich im GLA keine Nachweise feststellen.

557. Gelzer an Großherzog Friedrich.

Basel, 31. Oktober 1883.

Am 31. Okt. 1870 auf der Reise nach Karlsruhe schrieb ich in mein Notizbuch: Noch nie konnten wir den 18. Oktober so freudig und hoffnungsvoll feiern wie jetzt im Jahre 1870. Wann aber werden wir den 31. Oktober 1517 ebenso hoffnungsfroh feiern? Wann wird der lichte entscheidende Tag für die Reformation im 19. Jahrhundert kommen? Jetzt gilt es sich zu rüsten für die große Geisterschlacht um Erleuchtung oder Verdüsterung der Menschheit! *Dies Wort gilt auch heute noch bei der Annäherung an die Säkularfeier des 10. Nov. 1483.*

Das Verständnis jener Frage, verbunden mit einer einschneidenden welthistorischen Beleuchtung der deutschen und europäischen Erfahrungen seit 1517, seit 1648, seit 1813 und 1870 — das wäre das heilsamste und fruchtbarste Gedächtnisfest am nahe bevorstehenden Luther Tage. Was wir nötiger bedürfen zu unserm Heile als tausende von Festreden, das wäre eine in Mark und Bein eindringende Orientierung über das Woher? Wo? und Wohin? für unsere religiösen und ethischen Zustände und Aufgaben. Wem es gelänge, im Laufe dieses Säkularjahres Luthers jene Orientierung mit fester Hand und geweihter Feder zu Stande zu bringen — der hätte eine segensreiche Tat vollbracht, für sein Volk und für seine Zeit.

1. Nov.

Dank für die gemeinsamen Tage vom 20.—24. Okt. im Schloß Ihrer Ahnen. Die Resultate wirken mächtig in mir fort.

Gerade zur rechten Stunde hat die Frau Großherzogin mich mit der Photographie des Denksteins auf der Engelskanzel beschenkt. Jener Morgengang dienstags, den 23. Oktober wird fortan in gleicher Reihe mit zwei andern gemeinsam verlebten Morgen in meiner Erinnerung fortleuchten: mit dem 17. Sept. 1862, als Sie mich gleich nach meiner Ankunft auf Mainau zum Denkmalskreuz am See mit seiner herrlichen Losung führten, endlich mit dem 10. Februar 1866, als wir in Clarens am Grabe von Alexander Vinet standen. *[. . .]*

GLA FA Korresp. 13 Bd. 24 Nr. 651.

558. Marschall an Turban.

Berlin, 8. November 1883.

Vertraulich! Nachdem der Gesundheitszustand des Herrn Reichskanzlers infolge der gebrauchten Badekuren sich wesentlich zum Bessern gewendet hatte und demselben sowohl anhaltendes Arbeiten wie größere Spaziergänge im Freien gestattete, ist, wie mir mitgeteilt wurde, leider Ende voriger Woche wieder ein Rückfall in das frühere Leiden — Gelbsucht und Gallenkolik — eingetreten, der bis heute wenn auch in einem geminderten Grade anhält. Der telegraphisch nach Friedrichsruhe berufene dermalige Leibarzt des Kanzlers, Dr. Schweninger[1], mißt zwar der Sache keine ernstliche Bedeutung bei, hat aber doch kategorisch erklärt, daß der Fürst sich mindestens vier Wochen lang jeder geschäftlichen Tätigkeit enthalten müsse. Natürlich kann es bei dem ohnehin durch die verschiedenen Kuren noch immer etwas angegriffenen Körperzustande nicht ausbleiben, daß das wiederholte Auftreten jenes mit Schmerzen verbundenen Leidens die bisher gewonnenen besseren Resultate wieder aufhebt, und fürchte ich, daß der Kanzler wieder auf längere Zeit seiner gewohnten Tätigkeit entzogen wird. Seit dem Wiederauftreten seines Leidens werden ihm nur die allerwichtigsten Angelegenheiten der auswärtigen Politik vorgelegt, dagegen ist an eine Beschäftigung mit Fragen innerer Politik zunächst nicht zu denken. Bei der Ew. Exz. bekannten Stellung, welche der Reichskanzler auch bezüglich dieser Fragen einnimmt und bei der Gewöhnung der mit Ausarbeitung von Gesetzentwürfen betrauten Beamten, sich bis zu den Details herab ihre Direktiven beim Kanzler zu holen, ist gerade im gegenwärtigen Augenblicke, wo wichtige Gesetzesvorlagen für Landtag und Reichstag in Vorbereitung begriffen sind, durch seine erneute Erkrankung eine erhebliche Störung in dem Gang der Gesetzgebungsarbeiten bedingt. Am meisten dürften davon die Vorlagen für den Reichstag, insbesondere diejenigen auf sozialpolitischem Gebiete betroffen werden. Während hinsichtlich der dem Landtage zu unterbreitenden Entwürfe, wenigstens im allgemeinen, bereits ein Einverständnis erzielt ist — die auf finanziellem Gebiet angebahnten Reformen werden, wie die öffentlichen Blätter richtig melden, sich in der Hauptsache an die vom Abgeordnetenhause in der vergangenen Session gefaßten Resolutionen anschließen — scheint der wichtigste für den bevorstehenden Reichstag vorbereitete Entwurf, nämlich der eines neuen Unfallversicherungsgesetzes[2] noch ziemlich weit zurück zu sein. Die in der Presse vielfach kommentierte Nachricht, daß Geheimrat Lohmann[3], welcher bisher mit der Ausarbeitung der sozialpolitischen Entwürfe betraut war, wegen Differenzen mit dem Reichskanzler das Referat an den Geheimrat Boediker[4] abgegeben habe, beruht insofern auf Tatsache, als der letztgenannte, der seit seinem Auftreten im Reichstage anläßlich der Beratung der Gewerbeordnungs-Novelle[5] persona grata beim Kanzler ist, als „Korreferent" für die sozialpolitischen Vorlagen im Reichsamt des Innern bestellt wurde und gegenwärtig mit der Ausarbeitung des neuen Entwurfs nach „Direktiven" des Reichskanzlers beschäftigt ist. Die behaupteten „Differenzen" des Geheimrats Lohmann mit dem Reichskanzler sind jedenfalls nicht erst anläßlich des gegenwärtig vorbereiteten Entwurfs entstanden. Daß Herr Lohmann ebenso wie den ersten auch den zweiten Unfallversicherungsentwurf für praktisch unausführbar erachtete, daraus hat er mir selbst bei gelegentlichem Gespräche kein Hehl gemacht, und ich kann mir wohl denken, daß er bei seinen, von den Anschauungen des Reichskanzlers vielfach divergierenden sozialpolitischen Anschauungen selbst damit einverstanden ist, bei dem demnächst zu erwartenden Entwurfe in zweite Linie gestellt zu sein. Über den Inhalt des letzteren wird zur Zeit noch ein strenges Geheimnis gehalten. Nach meinen Informationen soll beabsichtigt sein, Genossenschaften gleichartiger Berufe für das ganze Reich einzurichten, denen — vorbehaltlich gewisser Normativbestimmungen — ein ausgedehntes Maß von Selbstverwaltung bezüglich der Unfallversicherung, Verteilung der Beiträge usw. eingeräumt würde. Wie dieser etwas großartig konzipierte Gedanke für die praktische Durchführung verkörpert werden soll, darüber fehlen mir und, wie ich aus gelegentlichen Anfragen weiß, auch meinen nichtpreußischen Kollegen nähere Aufschlüsse. Vielleicht könnte es sein, daß das strenge Geheimnis, welches in dieser Richtung gewahrt wird, insofern kein ganz freiwilliges ist, als man an maßgebender Stelle möglicherweise selbst noch keine volle Klarheit hat, in welcher Weise jene Ideen der praktischen Durchführung zugeführt werden sollen.

GLA 233/34795 fol. 71 f. Ausf., dem Großherzog auf Beschluß des Staatsministeriums vom 12. Nov. vorzulegen.

[1] Ernst Schweninger (1850—1924), seit 1881 Bismarcks Leibarzt, seit 1884 Prof. der Dermatologie an der Universität Berlin.
[2] Der 3. Entwurf des Unfallversicherungsgesetzes wurde den Bundesregierungen Anfang Januar 1884, dem Bundesrat im Febr. 1884 zugestellt. — Die Akten über die Bismarcksche Sozialgesetzgebung im GLA (237/16860—67 Krankenversicherung der Arbeiter; 237/16869—76 Unfallversicherung der Arbeiter; 237/16880—89 Alters- und Invalidenversicherung) lassen keine spezifischen badischen Stellungnahmen erkennen und bleiben infolgedessen hier unberücksichtigt.
[3] Christian Theodor Lohmann (1831—1905), 1880—91 vortr. Rat im Reichsamt des Innern u. im preuß. Handelsministerium.
[4] Anton Boediker (1834—1907), 1881 vortr. Rat im Reichsamt des Innern, 1884—97 Präsident des Reichsversicherungsamtes.
[5] Gewerbeordnungsnovelle im Reichstag: 1. Lesung 5.—8. Mai 1882, 2. Lesung 5.—14. Apr., 3. Lesung 28. Mai bis 2. Juni 1883.

559. Marschall an Turban.

Berlin, 9. Dezember 1883.

Vertraulich! [...] Der Zufall wollte es, daß ich bei einem vorgestern stattgehabten größeren Herren-Diner bei dem Reichsbankpräsidenten von Dechend[1] neben den Staatsminister Maybach zu sitzen kam. Ich knüpfte mit ihm ein politisches Gespräch an, indem ich von den Landtagsverhandlungen über den Antrag

Stern[2] auf die günstigen finanziellen Resultate der Verstaatlichung der Eisenbahnen überging und dabei meiner Verwunderung Ausdruck gab, daß trotz diesen Resultaten und dem fait accompli, welches unwiderruflich geschaffen sei, Fortschritt und Sezession sich nicht entschließen könnten, den neuesten Verstaatlichungsvorlagen zuzustimmen. Minister Maybach erwiderte mir, das beruhe darauf, daß er diese Herrn durch die Verstaatlichung nicht nur finanziell getroffen, sondern sie auch eines sehr gewaltigen politischen Machtmittels beraubt habe; er sei im Besitze der sämtlichen Akten der betreffenden Eisenbahngesellschaften und stehe ihm damit das urkundliche Material zu Gebote, daß diese Gesellschaften ihre Mittel in ganz erheblichem Maße auch zu Zwecken der politischen Propaganda verwendet hätten; wenn man ihn im Landtage reize, so werde er nicht anstehen, Enthüllungen zu machen über die Summen, welche diese Eisenbahngesellschaften für fortschrittliche Blätter z. B. die „Volkszeitung" ausgegeben und welche Begünstigungen sie fortschrittlichen Redakteuren, Agitatoren usw. durch Hingabe von Freikarten gewährten.

Als ich darauf den organischen Aufbau der preußischen Staatseisenbahnverwaltung berührte, entwickelte mir Minister Maybach mit einer an ihm ungewohnten Gesprächigkeit die Grundsätze, nach denen er diesen Organismus nach Bezirken und Provinzen geschaffen, betonte hierbei, welche große Machtbefugnisse besonders in Personalsachen den Eisenbahndirektionen eingeräumt seien, wie notwendig er es erachte, daß die Eisenbahnverwaltung nicht nach einer uniformen Schablone, sondern unter Berücksichtigung der lokalen Verschiedenheiten fungiere, und knüpfte daran — ohne daß ich meinerseits einen Anlaß zur Weiterführung des Gesprächs in dieser Richtung gegeben hätte — die Bemerkung, er habe seiner Zeit Herrn von Varnbüler persönlich vorgehalten, wie irrig die in dessen bekannter Broschüre gegen das Reichseisenbahnprojekt[3] vorgebrachten Argumente seien, als wären dadurch die Einzelregierungen in ihrer politischen Machtsphäre beengt, indem das zahlreiche Eisenbahnpersonal sich der einzelstaatlichen Souveränität entziehe; das sei keineswegs der Fall. Er denke sich die Durchführung des Reichseisenbahnprojekts in der Weise, daß zwar das Eigentum der Eisenbahnen und die Eisenbahneinnahmen auf das Reich übergingen, dagegen die Verwaltung der Eisenbahnen inclusive der Personalsachen den Einzelstaaten, ähnlich wie dies bei der Zollverwaltung der Fall sei, verblieben und in gleicher Art wie dort eine Liquidation der Verwaltungskosten bei dem Reiche stattfinde. Wieso dadurch eine Beschränkung der Souveränität der Einzelstaaten eintreten könne, begreife er nicht. Bei dem Reichseisenbahnprojekt stehe bei ihm im Vordergrund die Überzeugung, daß damit eine starke „nationale Klammer" geschaffen werde; in finanzieller Beziehung sei Preußen gar nicht an dessen Durchführung interessiert, im Gegenteil: der preußische Staat ziehe gegenwärtig eine Rente von 5 $\frac{1}{2}$ % vom Anlagekapital; durch Konvertierung der 5 % und 4$\frac{1}{2}$ %igen Prioritäten in Konsols, wozu die Regierung berechtigt sei, könne die Rente noch gesteigert werden und, wenn diese Maßregel auch zunächst aus allgemeinen finanzpolitischen Gründen auf die 5 %igen Prioritäten beschränkt werde, so resultiere daraus doch voraussichtlich eine Steigerung der Rente bis gegen 6 %. Da nun die Eisenbahnrente der anderen in Betracht kommenden Staaten sich zwischen 3 und 4 % bewege, so sei klar, daß der Ankauf der Bahnen durch das Reich, wie er ihn sich denke, d. h. zu dem gleichmäßigen Satze von ca. 4 % des Anlagekapitals den preußischen Staatsfinanzen erhebliche Opfer zumute. Auch sei er überzeugt, daß Bayern, Württemberg und Baden durch die

Arlbergbahn nicht unerheblich in ihren Renten geschädigt werden würden, es geschähen große Anstrengungen, um den Verkehr nach der Schweiz zu leiten, und er sei zweifelhaft, ob man deutscherseits auf die von Österreich gestellten Bedingungen eingehen könne. Auf meine Bemerkung, daß Professor Wagener in seiner jüngsten Etatsrede jenes Verhältnis zu Ungunsten des Reichseisenbahnprojekts geltend gemacht habe, erwiderte der Minister, er glaube überhaupt, daß die Konservativen unter den gegenwärtigen Umständen nicht leicht für das Reichseisenbahnprojekt zu gewinnen sein würden. Er werde, fuhr er fort, voraussichtlich über den Stand des Reichseisenbahnprojekts im Landtag interpelliert werden, seine Antwort werde dahin gehen: „Eine Pression in dieser Richtung werden wir unter keinen Umständen ausüben. Wünsche von anderer Seite sind nicht an uns gelangt, also werden wir in Ruhe die weitere Entwicklung erwarten. Ist der Gedanke ein gesunder, so wird er sich mit der Zeit von selbst Bahn brechen." Von preußischer Seite werde die Frage stets mit „Zartgefühl und Delikatesse" behandelt werden. Der Minister knüpfte daran die weitere Bemerkung, er beklage es aufrichtig, daß Preußen nicht schon früher mit der Verstaatlichung der Eisenbahnen vorgegangen sei, denn er überzeuge sich mehr und mehr davon, daß durch den Bau verschiedener unrentabler Bahnen und vor allem infolge der Konkurrenzmacherei auch in der Betriebsverwaltung kolossale Summen unnütz verausgabt worden seien. Man klage z. B. ja in Baden über die Konkurrenz der elsaß-lothringischen Bahnen; daß eine solche Konkurrenz im eigentlichen Sinne heute bestehe, bestreite er, dagegen involviere der Betrieb dieser beiden Bahnnetze durch gesonderte Betriebsverwaltungen und mit selbständigen finanziellen Interessen ganz naturgemäß Mehrausgaben, die durch einen gemeinschaftlichen Betrieb in Wegfall kommen würden. Eine einheitliche Verwaltung dieser Bahnen, die auf dem rechten Rheinufer in Karlsruhe ihren Sitz haben würde, könne viel billiger wirtschaften und dabei den Bedürfnissen des Publikums in gleicher oder selbst besserer Weise dienen. Auf meine Bemerkung, daß eine solche Gemeinschaftlichkeit des Betriebs zwischen Baden und Elsaß-Lothringen doch wohl die Verwirklichung des Reichseisenbahnprojekts zur Voraussetzung habe, erwiderte der Minister, daß dies nicht absolut erforderlich erscheine, er vermöge sich sehr wohl einen „Betriebsvertrag" zwischen zwei Ländern zu denken, bei welchem das Eigentum der Eisenbahnen unberührt bleibe, der eine Staat den Betrieb übernehme und dann nach einem vereinbarten Modus Ausgaben und Einnahmen zwischen beiden Staaten verrechnet würden. Bei der Main-Neckar-Bahn stehe die Sache ähnlich; die besondere Direktion, welche diese Bahn habe, involviere nach seiner Überzeugung unnötige Mehrausgaben. Wolle man aber auch die besondere Direktion erhalten, so sehe er nicht ein, warum nicht z. B. Baden, welches in erster Reihe dazu berufen erscheine, den Betrieb der Bahn bis nach Frankfurt gegen eine entsprechende Vergütung übernehme, dabei werde man weit billiger wegkommen. Übrigens, fuhr der Minister fort, habe Preußen an dieser Frage kein oder nur ein ganz untergeordnetes Interesse, er werde sich hüten, irgend einen derartigen Plan anzuregen; er wisse sehr wohl, daß, wenn er irgend einen derartigen Schritt tue, man ihm dann alle möglichen schlimmen Intentionen imputiere, er bleibe der Parole „abwarten" getreu, das Interesse, solche Fragen anzuregen, liege nicht auf seiner, sondern auf der anderen Seite. Getreu diesem Grundsatze habe er jüngst gehandelt, als die Herrn von der hessischen Ludwigsbahn ihm Projekte über Ankauf der Ludwigsbahn gemacht hätten; er wolle gar nicht leugnen, daß er den Erwerb einzelner Strecken der hessischen Ludwigsbahn für sehr wünschenswert für die preußische Staatsregierung halte, aber er habe die Herrn einfach mit dem Bemerken abgewiesen: „Bringt mir erst die Zustimmung euerer Regierung, dann wollen wir weiter sprechen." Die Herrn seien ihm dann nach Kissingen nachgelaufen, hätten dort aber erst recht keine andere Antwort von ihm erhalten. Diesen Verlauf der Dinge habe er kürzlich dem Großherzog von Hessen und dem Minister von Stark[4] in loyalster Weise mündlich dargelegt.

Minister Maybach erwähnte dann, an die badische Regierung werde wohl bald die Frage des Umbaus bzw. Neubaus des Heidelberger Bahnhofs herantreten, worauf ich ihm erwiderte, daß ich eine bestimmte Mitteilung ihm darüber nicht machen könne, aber allerdings annehme, daß der gesteigerte Verkehr der badischen Bahn und der Main-Neckar-Bahn in nicht allzuferner Zeit jene Änderung erforderlich machen werde. Auf die scherzhaft gesprochenen Worte des Ministers, „dann werde ich Ihnen das zurückzahlen, was Sie uns zur Erbauung des Frankfurter Zentralbahnhofs gegeben haben", entgegnete ich ebenfalls in scherzhaftem Tone, wie ich überzeugt sei, daß der Herr Minister die Verhältnisse, welche zur Erbauung des Frankfurter Zentralbahnhofs geführt, mit in Heidelberg eventuell herantretenden Bedürfnissen nicht verwechseln werde. Unser Gespräch wurde in diesem Augenblicke von anderer Seite unterbrochen und dadurch beendigt.

Bei dem Gespräch trat ich aus der Rolle eines Zuhörers nur insoweit heraus, als es erforderlich war, um die Mitteilungen des Ministers im Fluß zu erhalten. Wenn dieselben auch schon den Umständen nach, unter denen sie erfolgten, einen vertraulichen Charakter trugen, so kenne ich doch den Herrn Staatsminister zu genau, um zu wissen, daß er keinen Augenblick meine Eigenschaft als Vertreter der badischen Regierung vergaß. Die Übereinstimmung der Äußerungen des Ministers mit den oben erwähnten Korrespondenzen der offiziösen Blätter bestärkt mich in der Überzeugung, daß man in maßgebenden Kreisen von dem Hinweis auf die voraussichtliche Schädigung der süddeutschen Staaten durch Eröffnung der Arlbergbahn und von der Betonung des Gewinnes, den die außerpreußischen Staaten im Vergleich zu Preußen durch einen Verkauf ihrer Bahnen an das Reich machen würden, eine Förderung des Reichseisenbahngedankens in den betreffenden Staaten hofft, indem man offiziell die Stellung des ruhigen Abwartens nach dem Satze: beneficia non obtradantur einnimmt. Jedenfalls hielt ich die Äußerungen des Ministers Maybach — die möglicherweise einen gegen Baden hin ausgestreckten Fühler bedeuten — für genugsam interessant, um sie Ew. Exz. mitzuteilen; für die Richtigkeit der Wiedergabe kann ich bürgen, da ich dieselben unmittelbar nachher in ihren wesentlichen Punkten mir aufgezeichnet habe.

GLA 233/11488 Ausf. Der Bericht wurde dem Großherzog und den Mitgliedern des Staatsministeriums zur Kenntnis gegeben.

[1] Hermann Friedrich v. Dechend (1814—90), 1875 Reichsbankpräsident, 1867—70 Mitglied d. preuß. Abgeordnetenhauses, 1872 des Herrenhauses, 1884 des preuß. Staatsrats.
[2] Im Preußischen Abgeordnetenhaus stellte der Redakteur Dr. Stern (Wahlkreis Frankfurt/M.) zusammen mit der Fortschrittspartei am 5. Dez. 1883 den Antrag, die Wahlen zum Abgeordnetenhaus und zu den Kommunalvertretungen wie die zum Reichstag, nämlich geheim durchzuführen. Minister v. Puttkamer bekämpfte in einer vielbeachteten Rede nicht allein den Antrag im Namen der preußischen Regierung, sondern erklärte sich sogar für öffentliche Stimmabgabe auch bei den Reichstagswahlen und deutete die Möglichkeit an, daß der Bundesrat einen entsprechenden Antrag einbringen könnte. Der Antrag Stern wurde am 6. Dez. 1883 in namentlicher Abstimmung mit 202 gegen 163 Stimmen abge-

lehnt. Der Bundesrat wurde mit dem Puttkamerschen Vorschlag nicht befaßt (*Schultheß* S. 164 ff.).

[3] Friedrich Frhr. v. *Varnbüler*, Soll das Reich die deutschen Eisenbahnen erwerben? Stuttgart 1876.

[4] Julius Rinck gen. Frhr. v. Starck (1825—1910), 1876—84 Ministerpräsident von Hessen-Darmstadt.

560. Roggenbach an Großherzog Friedrich.

Segenhaus, 31. Dezember 1883.

Neujahrswünsche. Um auf die höchsten Interessen von Reich und Nation überzugehen, so läßt sich auch von denselben sagen, daß seit dem Jahre 1871 und seit Gründung des Reiches die Stellung desselben keine günstigere gewesen ist und daß sich der glückliche Umstand eines gesündern Nervenstandes in der ganzen Reichsleitung fühlbar gemacht hat. Was seit zwölf Jahren den Gang der Maschine zu fortwährenden innerlich unmotivierten Stößen wild hatte durcheinander getrieben, die subjektivsten Zustände einer einzelnen Persönlichkeit, kam im letzten Jahre kaum zu schwacher Äußerung. Statt dessen haben die brillanten Eigenschaften derselben Persönlichkeit mehr als einmal Gelegenheit gefunden, sich zu betätigen, und wurde dadurch ein Jahresabschluß herbeigeführt, um den die meisten Nationen Deutschland wohl beneiden könnten. Daß noch einige Posten mit ins neue Jahr im Schuldkonto mit hinübergenommen werden mußten, mag uns vor Übermut bewahren und an die Schranken der Menschlichkeit erinnern, in die wie die Völker auch der einzelne arme Sterbliche eingegrenzt ist. [. . .]

GLA FA Korresp. 13 N 500.

561. Großherzog Friedrich an Prinz Albrecht von Preußen[1].

Karlsruhe, 15. Januar 1884.

E. K. H. haben mich aufgefordert, dem Johanniter-Orden beizutreten[2]. Ich beehre mich, Hochdenselben die Beweggründe darzulegen, welche mich abhalten, dem so freundlich ausgesprochenen Wunsche zu entsprechen. Die vielseitig verantwortungsvolle Stellung als Landesherr hat mich gelehrt, von jedweder Vereinigung persönlich fernzubleiben, welche statutenmäßige Verpflichtungen auferlegt. Ich halte dafür, daß der Landesherr sich stets die Freiheit bewahren muß, urteilend über den jeweiligen Fragen zu stehen, um ganz unabhängige Entscheidungen treffen zu können. So wie ich mich im eigenen Land enthalte, in irgendwelche Vereinigung mit Verpflichtungen einzutreten, ebenso verhalte ich mich zu Unternehmungen außerhalb meines Landes. Diese Richtschnur meines Handelns hindert mich nicht, an allen nützlichen Unternehmungen mich frei zu beteiligen, ja ich übe diese Anteilnahme in sehr umfassender Weise. Die bedeutende Inanspruchnahme meiner Mildtätigkeit ist nun allerdings ein weiterer Grund, warum ich gern vermeide, Verpflichtungen zu übernehmen, welche mich in Ausübung der Wohltätigkeit meinen Landesangehörigen gegenüber beschränken könnten[3]. [. . .]

GLA FA Korresp. 13 N 279.

[1] Prinz Albrecht von Preußen (vgl. Nr. 438 Anm. 2), 1883 nach dem Tode des Prinzen Carl von Preußen (1801—83) Herrenmeister der Balley Brandenburg des Johanniterordens.

² Hannover, 30. Dez. 1883 mit der Begründung: „Der Johanniter-Orden ist heute die einzige Korporation, in welcher der evangelische Adel deutscher Nation eine Vereinigung findet; — er bietet demselben Gelegenheit, in gemeinsamem Wirken leidenden Mitbürgern im Kriege und im Frieden Hilfe und Pflege zu bringen, Werke praktischen Christentums zu üben; — so knüpft er sein Wirken an die niemals veraltenden Aufgaben an, welche den christlichen Ritterorden einst bei ihrer ersten Begründung in einer Zeit religiösen Aufschwunges gegeben wurden. Aber durch diese seine Liebestätigkeit führt er auch in unserer Zeit wieder seinen Kampf für unseren zwar nicht mehr von äußeren Feinden, aber im Innern der Christenheit so heftig angegriffenen Glauben, für die in Staat und Kirche bestehenden schwer gefährdeten Ordnungen" (ebd.).
³ Die Aufforderung, dem Orden beizutreten, war gleichzeitig dem Erbgroßherzog Friedrich von Baden und den Großherzögen Peter von Oldenburg und Carl Alexander von Weimar zugegangen. Die drei Großherzöge, die bereits vor Jahren eine entsprechende Bitte des Prinzen Carl von Preußen mündlich abgelehnt hatten, korrespondierten auf die erneute Aufforderung hin untereinander. Ihre Ablehnung erfolgte aus verwandten Motiven. Peter von Oldenburg an Großherzog Friedrich, Oldenburg, 2. Jan. 1884: Ich habe bereits dem Prinzen Carl „ganz offen gesagt, daß schon die Besorgnis mich abhalte, daß ich dadurch sehr weitgehende moralische Verpflichtungen zu bedeutenden Geldspenden für die Ordenszwecke übernehmen würde und daß ich dazu nicht imstande sei, da Anforderungen für das eigene Land immer mehr anwüchsen und ich meine Mittel nicht zersplittern könne" (ebd.). Carl Alexander von Weimar an Großherzog Friedrich, Weimar 6. Jan. 1884: „Ich meine, daß wir die Reichspflichten immer und stets zu berücksichtigen und zu erfüllen haben. Als eine solche vermag ich die übrigens sehr edlen Absichten Albrechts nicht anzuerkennen, am wenigsten, wenn ihrer Ausführung jedes Programm fehlt. Ich scheue mich außerdem, Verpflichtungen einzugehen, deren Ausdehnung ich nicht übersehen kann und die mich unter eine Leitung stellen, die meiner Machtsphäre sich entzieht" (ebd. N 284).

562. Gelzer an Großherzog Friedrich.

Basel, 20. Januar 1884.

Die Abreise nach Rom hat sich bisher verzögert. Es hat aber eine große Angelegenheit nicht darunter gelitten, über die wir uns während meines Besuches in Baden — wie vorher auf Mainau — mit dem ganzen Ernste, den sie verlangt, ausgesprochen haben. Ich verstehe darunter die prüfende Vertiefung in das weltbewegende Drama der religiösen und politischen Geschichte der deutschen Nation seit 1517 und 1807 und die Anwendung der Resultate dieser Prüfung auf unsere Aufgaben seit 1870. Das fast erdrückende Gewicht der sich daraus ergebenden Folgerungen liegt seit Jahr und Tag unabweisbar auf meiner Seele. Und die Stunden werden nicht ausbleiben, in denen ich der innern Arbeit Luft schaffe! Sie wissen, wie das gemeint ist. *[...]*

GLA FA Korresp. 13 Bd. 24 Nr. 657.

563. Nokk an Großherzog Friedrich.

Karlsruhe, 30. Januar 1884.

Ich glaube, eine Anregung, welche Professor Fr. X. Kraus gestern zu meiner Kenntnis gebracht hat, auf diesem Wege der höchsten Entschließung unterbreiten zu sollen. Kraus will in den Osterferien, falls der Gesundheitszustand seiner Schwester es irgend gestattet, nach Italien gehen, hauptsächlich um in Ravenna zu arbeiten. Bei diesem Anlaß gedenkt er auch einen kleinen Abstecher nach Rom zu machen. Es ist ihm nun der Gedanke aufgetaucht, ob E. K. H. etwa die gnädige Aufmerksamkeit haben möchten, Sr. Heiligkeit dem Papst durch Kraus ein Exemplar der Publikation über die Reichenauer Wandgemälde sowie des Egberticodex[1] überreichen zu lassen. Kraus glaubt, der Papst würde durch eine solche huldvolle Rücksicht sehr angenehm berührt werden. Herr Kraus hat freilich auch die Folge dabei im Auge, daß ein solcher allerhöchster Auftrag ihm eine vorzügliche Gelegenheit biete, mit dem Papste über die badischen Verhältnisse zu sprechen und vielleicht einiges Gute zu stiften. Daß Leo XIII. eine solche allerhöchste Gabe mit freudiger Genugtuung entgegennehmen würde, glaube ich als selbstverständlich ansehen zu dürfen. Wegen des Inhalts einer etwaigen kirchenpolitischen Unterhaltung wäre es wohl vorsichtig, mit Herrn Kraus vor der Abreise eingehend ins Benehmen zu treten. Es ist wohl anzunehmen, daß eine solche Besprechung zu Freiburg kaum ein Geheimnis bleiben würde. Kraus beabsichtigt, den 8. März abzureisen. Falls E. K. H. daher irgend die Absicht hegen sollten, Herrn Kraus mit einem allerhöchsten Auftrage gnädigst zu beehren, so würde ich alsbald Sorge tragen, daß die erforderlichen Exemplare Allerhöchstihnen unverweilt vorgelegt werden, um eventuell noch den erforderlichen Einband rechtzeitig erhalten zu können[2]. *[...]*

GLA FA Korresp. 13 N 469 Konz. unvollständig.

[1] Die Wandgemälde der St. Georgskirche zu Oberzell auf der Reichenau. Aufgenommen von Franz *Bär*. Mit Unterstützung d. Großh. bad. Regierung hg. v. F. X. *Kraus*, Freiburg 1884. — Die Miniaturen des Codex Egberti in der Stadtbibliothek zu Trier. In unveränderl. Lichtdruck hg. v. F. X. *Kraus*, Freiburg 1884.
[2] Großherzog Friedrich an Nokk, Karlsruhe 2. Febr. 1884: „Mit Freude nehme ich den Vorschlag an" (GLA FA Korresp. 13 Bd. 55 Fasz. 157 Nr. 6 eig.). — Kraus über seine römische Reise: Tagebücher S. 469 f.

564. Marschall an Turban.

Berlin, 30. Januar 1884.

Vertraulich. Die durch die Beratungen der badischen Kammern anläßlich der Interpellation des Abgeordneten Pflueger[1] hervorgetretene Tatsache, daß den bekannten Auslassungen des Staatsministers von Puttkamer über die eventuelle Einführung der öffentlichen Stimmabgabe für den Reichstag[2] bei uns in Baden ein erhebliches Gewicht beigelegt und daraus sogar die Möglichkeit einer demnächstigen Vorlage an den Reichstag gefolgert wurde, hat mich veranlaßt, noch weitere Nachforschungen in dieser Angelegenheit anzustellen, und bin ich durch das Resultat derselben in der Überzeugung bekräftigt worden, daß dem Reichskanzler der Gedanke an eine dahingehende Änderung der Reichsverfassung absolut ferne liegt. Während von denjenigen, welche mit Minister von Puttkamer Beziehungen haben, darauf bestanden wird, daß in der Instruktion des Reichskanzlers auf die Einführung der öffentlichen Stimmabgabe für den Reichstag und ebenso die eventuelle Einführung des allgemeinen gleichen Stimmrechts für den Landtag hingewiesen worden sei, und der Minister von Erwähnung des letzteren Gedankens in seiner Rede mit Zustimmung seiner Kollegen Umgang genommen habe, ist mir neuerdings von einer dem Reichskanzler nahestehenden, durchaus zuverlässigen Seite der Sachverhalt dahin mitgeteilt worden: der Reichskanzler sei über den fraglichen Passus der Puttkamer'schen Rede sehr unwillig gewesen und habe sofort eine Skizze zu einem Artikel der Norddeutschen Allgemeinen Zeitung hierher gesendet des Inhalts: „Der Minister von Puttkamer müsse mißverstanden worden sein, wenn man aus seinen Worten die Absicht einer Einführung der öffentlichen Stimmabgabe für den Reichstag deduziert habe; Herr von Puttkamer sei preußischer Minister des Innern, während die Frage des Stimmrechts im Reichstage in das Ressort des Reichskanzlers bzw. der verbündeten Regierungen falle, es könne daher unmöglich die Absicht Herrn von Puttkamers gewesen sein, dem preußischen Landtage eine Änderung der Reichsverfassung in Aussicht zu stellen." Geheimrat Rottenburg[3] — der, wie ich beiläufig bemerke, seinen Einfluß beim Reichskanzler in sehr taktvoller und versöhnlicher Weise geltend zu machen pflegt — habe sich mit dem Entwurf dieses Artikels zu Herrn von Puttkamer begeben und von diesem die Erklärung erhalten, daß das Erscheinen eines Artikels ähnlichen Inhalts sofort sein Entlassungsgesuch bei S. M. zur Folge haben werde. Da nun trotz mancherlei Meinungsdifferenzen dem Reichskanzler dermalen der Sturz Puttkamers unerwünscht gewesen sei, habe er sich zur Zurückziehung jenes Artikels und später — allerdings nach Ablauf längerer Zeit — dazu verstanden, in der Norddeutschen Allgemeinen Zeitung eine Art Rechtfertigung des Ministers erscheinen zu lassen (N. A. Z., Abendausgabe vom 20. Dez. v. J.[4]) — daß aus diesem Artikel, trotz seiner im allgemeinen verbindlichen Form, das Bestehen von Differenzen hervorgeht, habe ich bereits [...] dargelegt. Die Richtigkeit des geschilderten Sachverhalts wurde mir vor einigen Tagen, als ich mit dem Grafen Wilhelm Bismarck[5] anläßlich der Debatte der II. Badischen Kammer die Frage der öffentlichen Stimmabgabe besprach, dadurch bestätigt, daß letzterer sich äußerte: er halte das Aufwerfen der Frage des öffentlichen Stimmrechts für den Reichstag „ f ü r e i n e n g r o ß e n p o l i t i s c h e n u n d t a k t i s c h e n F e h l e r ". Wenn diese Auffassung — wie ich als sicher annehme — bei dem Reichskanzler ebenfalls vorherrscht, so wird sie voraussichtlich zu irgendeiner Zeit in die Außenwelt treten und zwar um so eher, je mehr die Opposition fortfährt, aus der Puttkamerschen Rede Kapital für die Wahlen zu schlagen. [...]

GLA 233/34795 fol. 83–90, Ausf. Beschluß des Staatsministeriums vom 4. Febr., den Bericht dem Großherzog vorzulegen.

[1] Markus Pflüger (1824—1907), Gastwirt, 1859 mit Roggenbach im Deutschen Nationalverein wirksam, 1874—85 Mitglied des Reichstags, ab 1880 in der Sezession, 1890—93 und 1897—1901 Abgeordneter der Freisinnigen in der 2. bad. Kammer.
[2] Erklärung Puttkamers gegen die geheime Abstimmung bei den Reichstagswahlen am 5. Dez. 1883 im preuß. Abgeordnetenhaus (vgl. *Schultheß* S. 105 f. u. oben Nr. 559 Anm. 2). Vgl. (bisher ungedr.) Bismarck an Puttkamer, 20. Dez. 1884, in: M. *Stürmer*, Bismarck u. die preuß.-dt. Politik 1871—90 (1973) S. 198 ff.
[3] Franz Johannes v. Rottenburg (1845—1907), seit 1876 im Ausw. Amt, 1881 vortr. Rat im Reichskanzleramt, 1891 Unterstaatssekretär im Reichsamt des Innern.
[4] Vgl. *Schultheß* S. 171 f.
[5] Graf Wilhelm v. Bismarck-Schönhausen (1852—1901), 1882-84 Regierungsrat im Gefolge des Reichskanzlers, 1885 Landrat in Hanau.

565. Marschall an Turban.

Berlin, 13. Februar 1884.

In Anknüpfung an die jüngste Reise des Kgl. württembergischen Staatsministers von Mittnacht nach hier und Friedrichsruhe beschäftigt sich seit gestern ein Teil der Presse mit den Eisenbahnverhältnissen der süddeutschen Staaten in einer Weise, die meines Erachtens der vollen Beachtung wert ist. Zunächst ist es die Magdeburger Zeitung, die in einem „aus Schwaben" datierten Artikel diese Frage behandelt; derselbe tritt der Ansicht entgegen, als ob die Absichten der württembergischen Regierung sich in der Richtung eines Verzichts auf ihre Verkehrssouveränität bewegten, und führt aus, daß sie im Gegenteil auf die Befestigung ihrer Autonomie hinarbeite, aber allmählich erkannt habe, daß bei dem ungleichen Konkurrenzkampf, den sie mit den Nachbarstaaten Bayern und Baden zu führen habe, ihr einziger Bundesgenosse Preußen und das Reich sei; durch unmittelbare Handreichung an Preußen hoffe Württemberg, „der erdrückenden Konkurrenz" seiner beiden Nachbarn gegenüber sich behaupten zu können. Im weiteren wird dargelegt, daß nichts wichtiger für Württemberg sei als eine direkte Verbindung Württembergs mit Berlin. [...] Bei der Verbindung mit Berlin via Hof oder Frankfurt mache sich „naturgemäß" ein badisches oder bayerisches Interesse geltend, diejenige über Hanau sei bei dem „unbesieglichen Mißwollen Badens" niemals zur Lebensfähigkeit gelangt. Bei der künftigen „Südwestbahn" sei man allerdings ebenfalls auf die guten Dienste Badens und Bayerns angewiesen, welche die Verbindung Würzburg-Stuttgart in Händen hätten, allein diese Schwierigkeiten hoffe man durch die innere Schwerkraft der neuen Verbindung und durch das „Gewicht der hier eingreifenden Interessen" zu besiegen. Man werde nicht irren, wenn man die Anwesenheit Mittnachts in Berlin, bei welcher er von einem höheren Eisenbahnbeamten begleitet gewesen, mit dieser Angelegenheit in Verbindung bringe.

Nachdem ein Teil der hiesigen Abendblätter von gestern, Berliner Tageblatt und Vossische Zeitung, diesen Artikel wieder abgedruckt hatten, bringt heute morgen die Nationalzeitung unter dem Titel „Preußen und die Eisenbahnpolitik der Südstaaten" eine aus Stuttgart, den 10. Februar datierte Ausführung, in welcher dasselbe Thema behandelt, das württembergische Verlangen einer direkten Eisenbahnverbindung mit Berlin als im sachlichen Interesse nicht nur Württembergs, sondern des deutschen Eisenbahnverkehrs liegend bezeichnet und schließlich auf das politische Interesse hingewiesen wird, welches die Tatsache gewähre, daß Württemberg, seiner Zeit ein Herd des Partikularismus, durch seine Lebensinteressen dazu gedrängt werde, „gegen die partikularistische Politik seiner Nachbarn" eine Stütze an der deutschen Vormacht Preußens zu suchen, und daß in unserer Zeit, wo das nationale Einigungswerk einigermaßen ins Stocken geraten scheine, im Stillen die materiellen Interessen rastlos an dessen weiterem Ausbau arbeiten und dem gerade durch die „Engherzigkeit mittelstaatlicher Politik" Vorschub geleistet werde.

Der württembergische Gesandte Herr von Baur[1], der mit mir heute über die beiden Artikel zu sprechen anfing, sagte mir vertraulich, sowohl Herr von Schmid[2] wie er selbst glaubten nicht, daß dieselben im württembergischen Interesse geschrieben seien, und erscheine es ihnen sogar zweifelhaft, ob dieselben wirklich aus Württemberg herrührten; der Eindruck sei vielmehr der, als sollte dadurch Unfriede zwischen den süddeutschen Staaten gesät und auf diese Art das Reichseisenbahnprojekt gefördert werden.

Der Artikel der Nationalzeitung weist allerdings in den Schlußfolgerungen, die er zieht, mehr auf die Quelle Berlin als diejenige Stuttgart hin. Mag dem sein, wie ihm will: die Tatsache, daß die Reise des Herrn von Mittnacht fast gleichzeitig in hervorragenden preußischen Blättern gegen die Eisenbahnpolitik von Baden und Bayern ausgespielt und gleichzeitig eine Pression des Reichs bzw. Preußens auf letztere angerufen wird, ist jedenfalls bedeutsam. Ich behalte mir daher vor, nähere Erkundigungen anzustellen und demnächst Ew. Exz. weiter über die Frage zu berichten.

GLA 233/11488 Ausf.

[1] Fidel Karl Ludwig Christian von Baur-Breitenfeld (1835—1886), 1868 Legationsrat, 1872 Geheimer Legationsrat und Gesandter in Wien, ab 1881 Gesandter in Berlin und Bevollmächtigter zum Bundesrat (frdl. Mitt. des Hauptstaatsarchivs Stuttgart, Prof. Dr. Grube).
[2] Karl Joseph v. Schmid (1832—93), 1858—73 Rechtsanwalt, Oberfinanzrat, 1871—79 Mitglied des Reichstags, 1880 ordentl. württ. Bundesratbevollmächtigter, 1887—93 württ. Minister des Innern.

566. Marschall an Turban.

Berlin, 20. Februar 1884.

Vertraulich. *[...]* Bezüglich der Verlängerung des Sozialistengesetzes[1] ist bis jetzt ein Beschluß nicht gefaßt. Herr von Bötticher, den ich neulich gelegentlich in dieser Beziehung frug, erwiderte mir, die Sache pressiere ja nicht, man könne zunächst einmal abwarten, wie sich die sozialistischen Abgeordneten zu dem neuen Unfallversicherungsgesetz[2] stellten, eventuell sei in 24 Stunden ein die Verlängerung des Gesetzes aussprechender Entwurf fertiggestellt. Von anderer zuverlässiger Seite wurde mir mitgeteilt, der Kanzler zeige überhaupt kein besonderes Interesse an der Aufrechterhaltung des Gesetzes; er habe sogar vor einiger Zeit geäußert, man könne ja eventuell abwarten, wie die Dinge nach Aufhebung des Sozialistengesetzes laufen würden. Möglicherweise ist dies nur eine leicht hingeworfene Äußerung, der eine tiefere Bedeutung nicht beizumessen wäre, es könnte auch sein, daß der Kanzler vielleicht von einer reservierten Haltung der Regierung einen um so größeren Eifer für die Verlängerung des Gesetzes im Reichstage erhofft und dabei auf die Einwirkung der bekannten Wiener Vorgänge[3] rechnet, oder daß er wirklich die Frage von der Haltung der Sozialisten zu seinen neuesten sozialpolitischen Plänen abhängig machen will — dies alles muß ich dahin gestellt sein lassen; ich kann nur sagen, daß bis jetzt eine Entscheidung nicht getroffen ist. Der Kgl. bayerische Herr Geschäftsträger[4] teilte mir neulich mit, seine Regierung sei über diese Zurückhaltung der Reichsregierung offenbar etwas besorgt und habe hierher den Auftrag gegeben, die dringende Notwendigkeit der Verlängerung des Gesetzes an maßgebender Stelle zu betonen. Daß das Sozialistengesetz in irgendeiner Form den 30. September d. J. überdauern wird, darüber habe ich ebensowenig einen Zweifel als darüber, daß diese Frage eventuell bei den nächsten Reichstagswahlen als Trumpf ausgespielt werden wird. *[...]*

In der gestrigen Sitzung des preußischen Staatsministeriums ist, wie mir vertraulich mitgeteilt wurde, beschlossen worden, im Bundesrate die Verlängerung des Sozialistengesetzes auf zwei Jahre — der Reichskanzler hat nur ein Jahr gewünscht — als Antrag Preußens einzubringen. Diese bisher ungewohnte Einbringung von Gesetzvorlagen auf Antrag eines Einzelstaates beruht offenbar auf einer neuen staatsrechtlichen Theorie, die sich der Reichskanzler zurecht gelegt hat. Schon vor mehreren Wochen teilte mir einmal Herr von Bötticher gesprächsweise mit, der Kanzler beschäftige sich viel mit staatsrechtlichen Fragen und sei dabei zu dem Resultate gekommen, daß der „Reichskanzler eine größere Machtbefugnis ausübe, als ihm verfassungsmäßig" zukomme; es kenne insbesondere die Verfassung eine Einbringung der Gesetzesvorlagen an den Bundesrat durch den Reichskanzler nicht, vielmehr sei die Initiative hierzu den Einzelstaaten überlassen. Ich habe damals auf diese Mitteilung keinen besonderen Wert gelegt, glaube sie aber Ew. Exz. heute berichten zu sollen, da die neuesten Vorlagen auf „Antrag Preußens" darauf hinzuweisen scheinen, daß jene Theorie jetzt praktische Gestalt gewinnen soll. Übrigens hat der Herr Reichskanzler früher stets ein so starkes Gefühl für Machtbefugnisse bekundet, daß die jüngste Theorie nur kurze Zeit hindurch die Praxis beherrschen dürfte. [...]

GLA 233/34795 fol. 92-100 Ausf. Beschluß des Staatsministeriums vom 25. 2. 84, den Bericht dem Großherzog vorzulegen.

[1] Der Bundesrat beschloß am 5. März 1884 fast einstimmig die Verlängerung des Sozialistengesetzes, das am 30. Sept. 1884 auslief, auf weitere zwei Jahre.
[2] Der Bundesrat beschloß am 14. Febr. 1884 über eine neue, dritte Bearbeitung des Unfallversicherungsgesetzentwurfes (Einsetzung eines Reichsversicherungsamtes).
[3] Von Nov. 1883 bis Jan. 1884 sich häufende Zusammenstöße der Polizei in Wien mit Sozialisten und Anarchisten.
[4] Hugo Graf von u. zu Lerchenfeld-Köfering (1843—1925), 1880—1919 bayer. Gesandter in Berlin und Bundesratsbevollmächtigter.

567. Marschall an Turban.

Berlin, 2. März 1884.

[...] Aus der gestrigen Bundesratssitzung trage ich nach, daß der Kgl. sächsische Gesandte[1] bei Ankündigung der Einbringung eines Entwurfs über die Vorlegung des Sozialistengesetzes[2] den Herrn Vorsitzenden nach den Gründen frug, welche zur Inaussichtnahme der Verlängerung auf nur zwei Jahre veranlaßten. Herr von Bötticher erwiderte, es sei mit Rücksicht darauf geschehen, daß eine längere Ausdehnung im Reichstag keine Chancen der Genehmigung gehabt haben würde. Meinesteils möchte ich glauben, daß die Sache doch anders liegt: der Reichskanzler wollte, wie ich bereits früher andeutete[3], die Verlängerung gar nicht, weil er durch die Aussicht auf die Aufhebung des Sozialistengesetzes einen für den Ausfall der Wahlen sehr heilsamen Schrecken in der „Bourgeoisie" hervorzurufen gedachte; die Bourgeoisie, argumentierte er, und speziell die der großen Städte, welche aus dem Sozialistengesetz die größten Vorteile für sich zieht, aber stets fortschrittlich und demokratisch wählt, hat ein viel größeres Interesse an der Aufrechterhaltung desselben als die Regierung; zeigt die letztere kein Interesse an der Verlängerung, so wird die Bourgeoisie der großen Städte bei den Wahlen sich in ihrer Besorgnis den Kandidaten zuwenden, von welchen die Verlängerung des Gesetzes zu erwarten steht. Am Ende hat der Reichskanzler dem Drängen des Herrn von Puttkamer auf Verlängerung des Gesetzes aber nur mit der Bedingung einer kurzen Frist nachgegeben.

Bei der Beratung des Unfallversicherungsgesetzes[4] in den Ausschüssen ist mir die Haltung des Kgl. bayerischen Bevollmächtigten einigermaßen aufgefallen. Als nach der Bundesratssitzung vom 14. Februar Herr von Bötticher Umfrage bei einzelnen Bevollmächtigten wegen der Stellung ihrer Regierung zu den Grundzügen der Unfallversicherung hielt, hörte ich, wie Ministerialrat Herrmann[5] erklärte, Herr von Lutz[6] habe ihm mündlich mitgeteilt, er habe sowohl gegen die Ausdehnung der Berufsgenossenschaften auf das ganze Reich, wie gegen das Reichsversicherungsamt bzw. die Ausschließung der Einzelstaaten von der Handhabung des Gesetzes schwere Bedenken. Als dagegen Herr Herrmann in den Ausschüssen referierte, begann er mit der Erklärung, seine Regierung habe gegen den neuen Entwurf keinerlei prinzipielle Bedenken. Zu § 9 beantragte er die unveränderte Annahme desselben, schloß sich jedoch, nachdem Herr von Bötticher den württembergischen Antrag auf Zulassung territorialer Bezirke nicht besonders energisch abgelehnt hatte, dem Grundgedanken desselben an, indem er eine noch etwas weitergehende Fassung formulierte, die denn auch angenommen wurde. Als nun in der gestrigen Sitzung Herr von Bötticher, der erkennbar ein Schreiben des Reichskanzlers vor sich liegen hatte, den § 9 in der Fassung der Ausschüsse beanstandete, erklärte Ministerialrat Herrmann sofort die Zustimmung seiner Regierung zur Wiederherstellung des Entwurfs, um wenige Augenblicke später, nachdem Herr von Bötticher den Ausschußantrag als für die Frage der Genehmigung des Gesetzes irrelevant bezeichnet hatte, sein Votum f ü r den Ausschußantrag abzugeben. Ganz ähnlich verhielt er sich zu dem württembergischen Antrag zu § 9 (a), im Ausschuß erklärte er ausdrücklich, er sei von seiner Regierung beauftragt, einen Antrag auf Zulassung von Landesversicherungsämtern zu unterstützen, während er gestern sofort nach der Beanstandung dieses Paragraphen durch Herrn von Bötticher das Votum Bayerns gegen den württembergischen Antrag abgab. Ich kann mir dieses Verhalten nur dahin erklären, daß die bayerische Regierung gar keine bestimmte Instruktion gegeben, sondern ihrem Bevollmächtigten überlassen hat, sein Votum je nach den Umständen den preußischen Wünschen zu akkommodieren. Mein Nachbar Herr von Nostitz, dem diese Schwankungen ebenfalls auffielen, erinnerte mich an einen bekannten früheren Vorgang, der sich an die Abgabe eines bezüglichen Votums im Bundesrate anschloß, und glaubte, darin die Erklärung für die Unsicherheit der bayerischen Instruktion zu finden. *[...]*

GLA 233/34795 Ausf., Beschluß des Staatsministeriums v. 5. 3.: dem Großherzog vorzulegen; 49/57 fol. 103-106 Konz.

[1] Oswald v. Nostitz-Wallwitz (1830—85), 1873—85 sächsischer Gesandter in Berlin u. Bundesratsbevollmächtigter.
[2] Preußen beantragte am 1. Mrz. 1883 im Bundesrat die Verlängerung des Gesetzes gegen die gemeingefährlichen Bestrebungen der Sozialdemokratie vom 21. Okt. 1878 um weitere zwei Jahre. Der Bundesrat genehmigte den Gesetzentwurf am 5. Mrz. Vgl. W. *Pack*, Das parlamentarische Ringen um das Sozialistengesetz Bismarcks 1878—90 (1961) S. 136 ff.
[3] Nr. 566.   [4] Vgl. Nr. 558 Anm. 2.
[5] Joseph Ritter v. Herrmann (geb. 1836), im bayer. Innenministerium 1876 Reg.Rat, 1879 Oberreg.Rat, 1882 Min.Rat, 1895 Min.Direktor, 1903 Staatsrat.
[6] Johann Frhr. v. Lutz (1826—90), 1863 Sekretär im Privatkabinett König Maximilians II., 1866 Chef des Geh.Kabinetts, 1867 Justizminister, 1869 dazu Minister für Kirchen- u. Schulangelegenheiten, 1880 Vorstand des Staatsministeriums, 1886 Mitglied der Kammer der Reichsräte.

568. Franz Xaver Kraus an Großherzog Friedrich.

Freiburg, 6. März 1884.

Die Sendung, welche E. K. H. an mich zu richten geruhten[1], nebst allerhöchstdero eigenhändigem Schreiben ist mir richtig zugekommen. *Ich danke auch* vor allem dafür, daß die Absichten und Gesichtspunkte, welche inmitten der heutigen kirchenpolitischen Kämpfe von mir vertreten werden, bei meinem durchlauchtigsten Landesherrn Beachtung und Förderung finden. Wenn ich für meine eigne Person nur möglichste Ruhe und Muße wünschen muß, so vermag ich mich doch der Verpflichtung nicht zu entziehen, auf allen bedrohten Punkten der Politik der Mäßigung und der Verständigung zu dienen. Die Überzeugung, daß diese Politik wie im Allgemeinen so auch für das Großherzogtum nach kurzem vielleicht wieder schwerer Bedrohung ausgesetzt sein dürfte und daß nicht[s] zu unterlassen sei, was immer dem Übel vorbeugen könnte, hat mich zu jener Anregung veranlaßt, auf welche E. K. H. die Gnade hatten einzugehen. Mir scheint das ganze kirchenpolitische Programm darin wesentlich beschlossen zu sein: daß die großen Gewalten, von denen die Gesellschaft die Erhaltung ihres Bestandes und ihrer teuersten Güter erwartet, allmählich wieder volles Vertrauen zu einander fassen müssen; daß aber, um dies zu ermöglichen, die Führung und geistige Repräsentanz dieser Gewalten dem Egoismus und der Ignoranz entrissen und jenen anheimfallen müssen, welche „guten Willens" sind, denn nur diesen hat die Schrift den „Frieden" verheißen. Es handelt sich vor allem darum, diese Auffassung, welche wesentlich auch diejenige Sr. Heiligkeit sein wird, in Rom zu stützen. Mögen E. K. H. die Gewißheit haben, daß ich den mir gewordenen gnädigsten Auftrag[2] ganz nach Allerhöchstdero Intentionen zu erfüllen mich bestreben werde. *[. . .]*

GLA FA Koresp. 13 N 430 Nr. 3.

[1] Nicht vorhanden. Hubert *Schiel,* der Herausgeber von „F. X. Kraus Tagebücher" (1957), der auch die Herausgabe der Briefe von und an Kraus in Aussicht gestellt hat, teilt mir mit, daß im Nachlaß Kraus in der Stadtbibliothek Trier abgesehen von einigen weniger wichtigen Billets sich keine Briefe des Großherzogs an Kraus befinden.
[2] Großherzog Friedrich an Leo XIII., 3. Mrz. 1884: Dank für den freundlichen Empfang des Prinzen Wilhelm und Überbringung von zwei Werken (vgl. Nr. 563) durch Prof. Kraus, der die nötigen Erklärungen geben kann (GLA FA Koresp. 13 Bd. 44 eig. franz. Konz.). — Der Dankbrief des Papstes an den Großherzog, Rom 31. Mrz. 1884, ital. Ausf. ebd.

569. Bismarck an Kaiser Wilhelm I.

Friedrichsruh, 10. März 1884.

[. . .] Was die Besetzung des Postens in Karlsruhe betrifft, so teile ich vollständig Ew. Maj. Zweifel an der Zweckmäßigkeit der Ernennung meines Sohnes[1], und habe mir auch eigentlich nicht erlaubt, einen dahingehenden Vorschlag zu machen, sondern nur erwähnt, daß er, wenn Herr von Derenthall[2] und Graf Berchem[3] nicht gewählt würden, in der Anciennität der Sekretäre der nächste sei. Unter allen Umständen wäre es mir im Interesse meines Sohnes erwünscht, wenn derselbe Petersburg nicht verließe, ohne wenigstens eine Zeit lang selbständiger Geschäftsträger dort gewesen zu sein; hierzu bietet sich gerade jetzt die Gelegenheit, wenn Ew. Maj. den vom General von Schweinitz[4] zum 23. d. Mts erbetenen Urlaub

zu genehmigen geruhen. Den eigenen Wünschen meines Sohnes, glaube ich, würde es kaum entsprechen, wenn er durch Ernennung für Karlsruhe den größeren politischen Kreisen, in denen er sich bisher bewegt hat, entzogen würde. Mich selbst aber hat, wenn ich seinen Namen bei dieser Gelegenheit genannt habe, dabei der Hintergedanke geleitet, mich durch die Rangerhöhung meines Sohnes in die Lage zu bringen, daß ich ihn in ähnlicher Form wie früher z. B. Herrn von Radowitz[5] neben Herrn von Bülow[6] zu meiner Assistenz in den ministeriellen Geschäften heranziehen könnte. Dadurch, daß ich ihn Jahre lang als vertrauten Sekretär in den wichtigsten Geschäften benutzt habe, ist er ebenso wie durch seine im Auslande angeknüpften persönlichen Beziehungen für eine Mitwirkung in der Zentralstelle besonders gut vorbereitet. Doch wird sich dieser Zweck auch auf anderem Wege mit Ew. Maj. Allerhöchster Genehmigung erreichen lassen, ohne den älteren Bewerbern, Herrn von Derenthall und Graf Berchem, einen Einschub zu bringen, für den man bei mir vielleicht persönliche und nicht sachliche Gründe suchen könnte[7].
[. . .]

Bonn, Archiv Ausw.Amt, Abt. I A, Europa Generalia, I. A.A.a. 8, Bd. I u. II. (Oxford S. 1)

[1] Herbert v. Bismarck.
[2] Eduard v. Derenthall, 1883—84 Generalkonsul in Kairo, 1884—87 in Alexandria.
[3] Max Graf v. Berchem, 1878—83 Botschaftssekretär in Wien, 1886—90 Unterstaatssekretär im Ausw. Amt.
[4] Hans Lothar v. Schweinitz (1822—1901), General, 1857 persönlicher Adjutant des Kronprinzen Friedrich Wilhelm, 1861 Militärattaché in Wien, 1865 Militärbevollmächtigter in Petersburg, 1869 Gesandter, 1871 Botschafter in Wien, 1876 in Petersburg, 1892 Ruhestand.
[5] Joseph Maria v. Radowitz (1839—1912), 1861 an der preuß. Gesandtschaft in Konstantinopel, 1862 Legationssekretär in China u. Japan, 1867 in München, 1870 Generalkonsul des Norddt. Bundes in Bukarest, 1872 Geschäftsträger in Konstantinopel, 1874 Gesandter in Athen, 1880 in besonderer Mission in Paris, 1882 Botschafter in Konstantinopel, 1892 in Madrid.
[6] Bernhard v. Bülow (1849—1919), 1895 Graf, 1905 Fürst, 1878 Botschaftssekretär in Paris, 1884 Botschaftsrat in Petersburg, 1888 Gesandter in Bukarest, 1893 Botschafter in Rom, 1897 Staatssekretär im Ausw. Amt, 1900—1909 Reichskanzler.
[7] Vgl. Die geheimen Papiere Friedrich v. Holsteins, hg. v. *W. Frauendienst* III (1961) Nr. 95.

570. Gelzer an Großherzog Friedrich.

Rom, 14. März 1884.
Bald vier Wochen sind wir schon in Rom[1]. Das Leben verläuft aber in tiefer Stille. So ist denn während meines Hierseins in wachen Stunden der Nacht wie in lichten Stunden des Tages die Gedankenarbeit über das, was Zeitlebens meinen Geist am tiefsten beschäftigte — die erhabene Tragödie des Schicksals der Menschheit und der Führungen Gottes — in regem Gange gewesen. Nur eins war mir leider bis jetzt dabei versagt: das Übertragen des Gedankens in das schriftliche Wort. So oft ich dazu mich anschicken möchte, stehe ich sofort vor einer gebieterischen Schranke; der Kopf versagt den Dienst. Und ich sehe mich gezwungen, daraus den unliebsamen Schluß zu ziehen, daß meine Neuralgie seit geraumer Zeit die Neigung verrät, aus der Peripherie (wo sie sich sonst gern, bald hier bald da festsetzte) sich zurückzuziehn und sich auf das Haupt zu konzentrieren.

So unwillkommen diese Wendung auch sein mag, so sehe ich doch keinen andern Weg vor mir als: der Notwendigkeit nachgeben, in die auferlegte Schranke mich fügen und in Ergebung die Stunde erwarten, wo diese Prüfung (sei sie nun von längerer oder nur von kürzerer Dauer) vorübergegangen gilt. Gerade für Rom hatte ich mich auf die Ausführung verschiedener Arbeitsentwürfe gefreut, die ich mit hierher gebracht und die nun ruhen müssen, so lange die Hauptbedingung dazu fehlt. — Hoffentlich reift in der Zwischenzeit das im stillen Nachdenken Errungene zu erhöhter Lebensfähigkeit und Energie heran und trägt Frucht zur rechten Zeit, die Gott allein kennt. *[...]*

GLA FA Korresp. 13 Bd. 24 Nr. 659.

[1] Am 2. Febr. 1884 trat Gelzer mit Frau Julie und Tochter Elisabeth seine Reise nach Süden an. Über Florenz traf er am 19. Febr. 1884 in Rom ein und wohnte in der Casa Tarpesa. Das Tgb. enthält keinerlei Hinweise auf Begegnungen mit italienischen oder vatikanischen Staatsmännern. Lediglich mit dem Gesandten von Keudell und Kardinal Hohenlohe unterhielt er Verbindungen. Am 3. Mai verließ er Rom wieder und ging nach Gersau. Gelzers Tage in Rom sind erfüllt von ständigen Analysen der Vergangenheit. Der Drang zur Selbstbeobachtung nimmt neurotische Züge an: Bei Besichtigungen machte er Aufzeichnungen in ein Notizbuch und übertrug sie später in sein Tgb. Die Vorsätze, sein literarisches Lebenswerk zu vollenden, reißen nicht mehr ab. Die Pläne wechseln entsprechend den historischen Daten, die er zum Anlaß nimmt. Aus all dem ist nichts mehr geworden.

571. Kardinal Hohenlohe an Großherzog Friedrich.

Schillingsfürst, 15. März 1884.

Die beiden E. K. H. empfohlenen Herrn Nobili[1] sind nicht Geistliche, sie sind beide verheiratet. Der Vater ist seit 24 Jahren in meinen Diensten, der Sohn ist im Vatikan geboren, wo der Vater seine Dienstwohnung hatte, solange ich im Vatikan residierte.

Seit mehr als 33 Jahren wurde von Zeit zu Zeit von Souveränen und auch von Geistlichen ganz ohne mein Zutun der Vorschlag gemacht, mir ein Bistum in Deutschland oder Österreich zu geben, Salzburg (als Schwarzenberg[2] nach Prag kam), Breslau, Freiburg, Köln, Posen, wieder Freiburg, wieder Breslau etc. etc. Jedesmal entbrannte die Berserkerwut der Jesuiten, und ich mußte unter diesen Bischofsversuchen, die i c h nicht gemacht hatte, schmählich und unschuldig leiden. Gerade so wie unter dem Versuche, mich als deutschen Botschafter zum Papste zu senden, Versuch, den i c h a u c h w a h r l i c h n i c h t provoziert hatte[3].

Ich habe nie darüber geklagt. — Eine stillschweigende Konvention schien es indessen, daß die Souveräne und andere mir Freundlichkeiten erzeigten. Gleichsam um mich zu entschädigen für alle Stürme, die auf mich hereinbrachen. Die Verfolgung dauert heute noch auf breitester Basis fort; es war demnach für einen Deutschen, und speziell für mich schwer, in Italien sichere Leute zu haben. Die fanatische Partei suchte mir immer Schwierigkeiten — bis in meine häusliche Administration zu bereiten. Gleichwohl fand ich den ehrlichen Antonio Nobili, treu wie Gold und unbestechlich. Aus einer alten Patrizierfamilie zu Montefalco in Umbrien, aber verarmt, diente er als einfacher Soldat. Seine Ehrenhaftigkeit veranlaßte mich vor 24 Jahren, ihn in meine Dienste zu nehmen. Wenn Souveräne zu mir in die Villa d'Este kamen, so war er es a l l e i n, der alles dirigierte zu der

Herrschaften und meiner Zufriedenheit; wenn irgend eine schwierige Mission in Deutschland zu besorgen war, — war Cavaliere Nobili stets bereit, und mit Treue und Klugheit besorgte er meine Aufträge; und nur ihm und seinem Sohne Gustavo (den ich über die heilige Taufe gehalten habe) verdanke ich es, daß ich auf die Gefahren aufmerksam gemacht wurde, die mich umgaben. So lange diese beiden an meinem Hofe sind, kann ich ruhig sein. Ein verworfener Priester, den mir der gutmütige Pius IX. zum sécrétaire gegeben hatte und den ich wegen seiner Schlechtigkeit entfernte, hat stets die Familie Nobili verfolgt und Chorus gemacht mit allen denen, die mir nachstellten. Man hat die Nobili verleumdet, verklagt, verfolgt, mit Intrigen umgarnt, aus denen ich ihnen erst kürzlich wieder herausgeholfen habe. — Die Verfolgungen galten ja eigentlich mir! Wo Edelmut und Treue so klar erscheinen, da scheue ich keine Schwierigkeiten, kein Zeitungsgeschwätz etc. Die besten Stellen, die ich habe, gab ich zum Lohn den Nobilis und werde sie stets mehr auszeichnen, wo ich nur immer kann. Ich verschaffte ihnen schon im Januar Ordenskreuzchen; so gut wie über diese und die, welche ich andern verschaffte, hat kein Mensch etwas erfahren, und keine Zeitung ein Wort gesagt. Erstens braucht man den Leuten nicht unter die Nase zu reiben, daß die Nobilis bei mir angestellt sind. Und wenn auch; kein Mensch kümmert sich darum. Und dann scheint mir, daß ich doch etwas mehr wiege als ein schäbiger Zeitungsschreiber.

Dies als Beweis, daß ich die Fragen E. K. H. hoch in Ehren halte, einem andern würde ich weniger höflich geantwortet haben[4]. *[...]*

GLA FA Korresp. 13 N 264 eig.

[1] Hohenlohe hatte bereits am 1. Jan. 1884 um eine Ordensauszeichnung für beide Nobili gebeten und am 9. März 1884 die Bitte wiederholt, den beiden, „die für meine Lebensrettung nicht unerheblich vor einiger Zeit schon beitrugen, zwei Ritterkreuzchen zu gewähren" (ebd.).
[2] Fürst Friedrich zu Schwarzenberg (1809—85), 1836 Fürsterzbischof von Salzburg, 1842 Kardinal, 1850 Erzbischof von Prag.
[3] Vgl. E. *Deuerlein*, Bismarck und die Reichsvertretung beim Hl. Stuhl, Stimmen der Zeit 164 (1958/59) S. 256 ff.
[4] Karlsruhe, 16. März 1884 gab der Großherzog seiner Ordenskanzlei Anweisung, den beiden Nobili Ritterkreuze 2. Klasse zum Zähringer Löwenorden auszufertigen: „Aus dem Schluß werden Sie entnehmen, daß er etwas empfindlich berührt ist über meine Auskunftsbitte. Hiernach halte ich es für schwer vereinbar mit dem Vertrauen, das der vielgeprüfte Kardinal verdient, seinen Wunsch abzulehnen. [...] Die Publikation dieser beiden Ordensverleihungen kann dann für eine noch zu wählende spätere Zeit verschoben werden" (ebd.).

572. Marschall an Turban.

Berlin, 15. März 1884.

Vertraulich! *[...]* Seit der Ankunft des Reichskanzlers[1] ist, wie ich ganz zuverlässig erfahre, der Beschluß gefaßt worden, für den Fall der Verwerfung der Verlängerung des Sozialistengesetzes die s o f o r t i g e   A u f l ö s u n g   d e s   R e i c h s t a g e s   z u   b e a n t r a g e n. Während der Reichskanzler die Entscheidung darüber bis nach Durchberatung des Unfallversicherungsgesetzes zu verschieben wünschte, um eventuell aus dem Schicksal dieser Vorlage einen für die Wahlen günstigen Auflösungsgrund zu gewinnen, besteht S. M. der Kaiser darauf, sogleich nach der eventuellen Verwerfung des Sozialistengesetzes zur Auflösung des Reichstags zu schreiten, und hat der Reichskanzler aus naheliegenden Gründen sich diesem Wunsche seines kaiserlichen Herrn gefügt. Die erste Lesung dieses Gesetzes wird nächsten Donnerstag stattfinden; ob dasselbe in eine Kommission verwiesen wird oder nicht, ist unbestimmt. Man nimmt an, daß die Linksliberalen, wenn sie von der Entscheidung der Regierung Kenntnis erhalten, die Kommissionsberatung verlangen werden, damit sie Zeit zu Wahlagitationen innerhalb und außerhalb des Reichstags gewinnen[2]. Die Regierung ihrerseits wird bei der jetzigen Sachlage auf sofortige Erledigung des Gesetzes dringen. Über das Schicksal des Gesetzes läßt sich im Augenblick nichts sagen. Windthorst ist mit Rücksicht auf die schwankende kirchenpolitische Situation verschlossener als je, und selbst das Gros seiner Parteigenossen weiß noch nicht, nach welcher Seite hin das Zünglein der Waage sich bewegen wird. Die Möglichkeit bleibt nicht ausgeschlossen, daß im letzten Augenblicke das Zentrum die zur Herstellung einer Majorität erforderliche Stimmenzahl der Regierung zur Verfügung stellt.

Der Artikel der Norddeutschen Zeitung vom letzten Sonntag[3] über die neue „freisinnige" Partei[4] ist vom Fürsten Bismarck inspiriert und vom Geheimrat Rottenburg auf Grund von Direktiven des letzteren geschrieben. Die Stelle, in welcher dem Programm der neuen Partei die Möglichkeit eines „bundesrätlichen Gegenprogramms" entgegengehalten wird, gibt da, wo von der verfassungsmäßigen Stellung des Reichskanzlers als eines „kaiserlichen Exekutivbeamten" die Rede ist, die neueste staatsrechtliche Auffassung wieder, von welcher ich Ew. Exz. am Schlusse meines Berichtes vom 20. Februar[5] Mitteilung gemacht habe.

GLA 233/34795 fol. 108-111, Ausf., dem Großherzog vorgelegt am 17. 3. 84.

[1] Bismarck hielt sich aus Gesundheitsgründen seit dem 28. Sept. 1883 in Friedrichsruh auf und kehrte erst am 12. März 1884 nach Berlin zurück.
[2] Erste Lesung der Vorlage betr. Verlängerung des Sozialistengesetzes am 20.—21. März 1884.
[3] Nr. 117 vom 9. März 1884. Vgl. R. *Morsey*, Die oberste Reichsverwaltung unter Bismarck 1867—1890, Neue Münster. Beitr. z. Gesch.forschung 3 (1957) S. 297 Anm. 61.
[4] Das Programm der Freisinnigen Partei bei W. *Mommsen*, Die deutschen Parteiprogramme (1931) S. 158. Der erste Programmpunkt forderte „gesetzliche Organisation eines verantwortlichen Reichsministeriums".
[5] Nr. 566.

573. Marschall an Turban.

Berlin, 22. März 1884.

Vertraulich! *Der Kaiser empfing heute anläßlich seines Geburtstages die Mitglieder des Bundesrates und die Präsidenten des Reichstages, des preußischen Herren- und des Abgeordnetenhauses zur Entgegennahme ihrer Glückwünsche, dankte nach der kurzen Ansprache Böttichers* und äußerte sich sodann gegen die Mitglieder des Bundesrates gewendet dahin: er spreche seinen besonderen Dank den deutschen Fürsten und Regierungen dafür aus, daß sie in allen wichtigen Fragen ihre Vertreter in einem seiner Politik entgegenkommenden Sinne instruiert hätten und daß, wo in unbedeutenden Punkten Meinungsverschiedenheiten bestanden, man stets allseits bestrebt gewesen sei, eine Ausgleichung zu finden; ebenso freue es ihn, den Bundesratsbevollmächtigten insgesamt seine Anerkennung für die Art und Weise, wie [sie] ihres Amtes gewaltet, aussprechen zu können. Sodann wandte sich der Kaiser an die Präsidenten des Reichstages[1] und fuhr ungefähr in folgender Weise fort: Die Verhandlungen des Reichstages hätten gleich im Anfange eine Richtung genommen, die für ihn eine wenig erfreuliche sei; ganz besonders lebhaft bedauere er den Widerstand, welchen das Gesetz gegen die Sozialisten gefunden habe. Gegen sein Erwarten seien die von seinen Ministern für die Verlängerung des erwähnten Gesetzes geltend gemachten Gründe nicht genugsam gewürdigt worden. Man möge sich doch an die Verhältnisse erinnern, welche zu dem Erlaß des Gesetzes geführt hätten; er selbst habe geblutet, um die Notwendigkeit der gesetzlichen Maßnahmen gegen die Sozialdemokraten vor dem Volke klarzustellen. Man glaube oft, daß, weil die sozialistischen Agitationen nicht mehr so sichtbar seien als früher, die Gefahr derselben abgenommen habe; das sei keineswegs der Fall — er selbst, in dessen Händen alle Fäden zusammenliefen, vermöge das am besten zu beurteilen. Er müsse um so mehr freimütig diese Ermahnung aussprechen, als sich eine neue Partei im Reichstag gebildet habe[2], die seine Politik auf allen Gebieten bekämpfe. Man stehe an einem Wendepunkt, wo es sich darum handle, die Wege zu vermeiden, welche zum Sturz der Monarchie führen müßten. Schließlich wandte sich S. M. nochmals an die Bundesratsbevollmächtigten, indem er wiederholt seinen besonderen Dank für die Haltung des Bundesrats aussprach. —

Die Ansprache des Kaisers machte natürlich auf die Anwesenden einen tiefen Eindruck. Für das Präsidium wird die sehr delikate Frage entstehen, ob dem Reichstage und in welcher Form davon Kenntnis gegeben werden soll. Schon wiederholt hat S. M. beim Empfange des Reichstags Wünsche bezüglich bestimmter Gesetze ausgesprochen, es wurde jedoch jeweils davon Umgang genommen, dem Reichstage hiervon Mitteilung zu machen, weil sie als mehr als vertraulicher Natur angesehen wurden. Nachdem aber die heutigen Äußerungen in Gegenwart des Stellvertreters des Reichskanzlers und des gesamten Bundesrates geschehen seien, wird die Lösung jener Frage, wie ich fürchte, erhebliche Schwierigkeit bereiten. *[...]*

GLA 233/34795 fol. 115 f. eig. Ausf., Paraphe des Großherzogs.

[1] Min.Rat Scherer an Turban, Berlin 22. März 1884: „Während der Kaiser [...] die Präsidenten [...] durch huldvolle Ansprachen auszeichnete, ignorierte er den II. Vizepräsidenten Hofmann (deutsch-freisinnig) vollständig" (ebd. fol. 113 f. Privatbrief). Adolph Hoffmann (1835—99), Amtsgerichtsrat, 1874—80, 1881—90 Mitglied des Reichstags.
[2] Vgl. Nr. 572 Anm. 3.

574. F. X. Kraus an Nokk.

Rom, 27. März 1884.

Ich habe gestern eine längere Privataudienz bei Sr. Heiligkeit gehabt, in welcher ich das Schreiben S. K. H. unsers durchlauchtigsten Großherzogs nebst den beiden Publikationen überreichte[1]. Der Papst war sichtlich in hohem Grade erfreut und las das Schreiben S. K. H. mit sichtlicher Befriedigung laut vor, indem er mir versicherte, wie kostbar ihm diese persönlichen Beziehungen zu unserm gnädigsten Herrn seien; er wird mir ein Antwortschreiben für S. K. H. vor meiner Abreise zustellen. Über manches andere muß ich mir mündlichen Bericht vorbehalten; ich darf indessen schon jetzt bemerken, daß nach dem Eindruck, welchen ich empfangen habe, die auf Oktroyierung eines Weihbischofs oder Coadjutors ausgehenden

Absichten, wie sie vor zwei Jahren bestanden, aufgegeben zu sein scheinen. S. Heiligkeit sprachen kein Wort davon. Kardinal Jacobini erwähnte die Sache sehr oberflächlich in einer Weise, welche kein besonderes Interesse daran zu verraten schien. Angesichts der törichten Zeitungscancans war es mir freilich auferlegt, meinerseits jede Berührung der Angelegenheit zu vermeiden. Ich danke Ihnen für das Dementi, welches die Karlsruher Zeitung den offenbar von Freiburg ausgehenden Hetzartikeln entgegengesetzt hat; aber ich kann nicht verhehlen, daß alle diese Dinge mich mit steigendem Ekel erfüllen und sich mir immer mehr der Wunsch nahelegt, denselben ein definitives Ende zu machen. *[...]* Auf der Rückreise von München nach Hause werde ich in Karlsruhe verweilen *[...]* und den Aufträgen Sr. Heiligkeit bei Höchstdemselben [dem Großherzog] nachkommen[2]. *[...]*

GLA 52/XIII Nr. 63.

[1] Vgl. Nr. 563.568.
[2] *Kraus* über seine Audienz beim Papst vgl. Tagebücher S. 470 f.

575. F. X. Kraus an Nokk.

Rom, 30. März 1884.

Zu Nr. 574: Ich muß heute nachtragen, daß die Übersendung eines allerhöchsten Schreibens S. K. H. des Großherzogs im Vatikan offenbar zu wohl gefallen hat, um verschwiegen zu werden. Man hat im ganzen Vatikan davon zu erzählen gewußt, und ich habe Grund zu vermuten, daß S. E. der Kardinal-Staatssekretär die Sache einem häufig aus dem Vatikan bedienten Journalisten mitgeteilt hat, welcher für deren Bekanntmachung in Berliner Blättern (man hat mir das Tageblatt genannt) Sorge tragen wird. Ich wollte Ew. Hochw. dies mitteilen, um nicht in Gefahr zu kommen, selbst einer Indiskretion geziehen zu werden.

Ich erwarte noch die Rückantwort Sr. Heiligkeit an unsern gnädigsten Herrn[1] und hoffe dann, am 2. April Rom verlassen zu können. *[...]*

GLA 52/XIII Nr. 56.

[1] Nr. 568 Anm. 2.

576. Fürst Leopold von Hohenzollern-Sigmaringen an Großherzog Friedrich.

Meran, 8. April 1884.

[...] Du hast die Gnade gehabt, mir zwei Exemplare der Denkschrift über die großherzogliche Friedrichsschule in Karlsruhe für mich und unseren Sohn Wilhelm[1] zusenden zu lassen. *[...]* Ich habe die belehrende und anziehende Geschichte dieser Anstalt mit dem größten Interesse gelesen und mich dabei in erster Linie mit dankbar bewegtem Herzen Deiner und der Großherzogin so teilnahmsvoller Güte für Wilhelm erinnert, dessen leider nur kurzer Aufenthalt in Karlsruhe und die Unterbrechung durch seine Krankheiten nicht gestatteten, den seltenen Vorzug des Besuches einer Lehranstalt länger zu genießen, wo die fördernde Wirksamkeit des Gymnasiums mit den Einflüssen sorgsamer Privaterziehung in geradezu einziger Weise verbunden war. Die, welche das Glück gehabt haben, von Anfang bis zum

Abiturientenexamen die wissenschaftliche Ausbildung durchzumachen, konnten einen reichen Schatz für Geist und Herz mit ins Leben nehmen und gedenken jener Zeit wohl mit tiefem Dankgefühl gegen Gott und den allerhöchsten Begründer dieser Schule. *[...]*

GLA FA Korresp. 13 Bd. 41 Fasz. 29.

[1] Prinz Wilhelm v. Hohenzollern-Sigmaringen (1864—1927), ältester Sohn des Prinzen Leopold (1835—1905) aus der Ehe mit Prinzessin Antonia v. Portugal (1845—1913), also Enkel des Fürsten Karl Anton.

577. Kaiser Wilhelm an Großherzog Friedrich.

Berlin, 27. April 1884.

In der Wiederbesetzung der Stelle meines Gesandten bei Dir muß ich mich nochmals an Dich wenden. Unter den 3 Dir zunächst Genannten hast Du Dich am meisten für den Grafen Bismarck ausgesprochen, und als nun auch der p. v. Eisendecher[1] in Washington genannt wurde, den ich so gut wie gar nicht kenne und Du gleichfalls, bleibst Du bei Graf B[ismarck] stehen. Ich bemerkte Dir, daß ich den letzteren sehr wünschte, in Petersburg länger zu belassen, da er zur Erhaltung der guten Beziehungen zu Rußland sehr viel beitrüge, sowohl durch die g a n z b e - s o n d e r e Gnade der beiden Majestäten[2] für ihn, als auch durch seine Persönlichkeit, in allen Regierungs- und Gesellschaftskreisen in kurzer Zeit sehr populär geworden sei. Da nun sein Vorgänger[3] jetzt erklärt hat, daß seine Gesundheit ihm erlaube, auf den Petersburger Posten zurückzukehren, so muß nun natürlich das Interimistikum Bismarcks aufhören. Der Vater verlangt nun, daß sein Sohn eine Stellung erhielte, die ihm erlaubt, sooft der Fürst nach ihm verlange, zu i n t i - m e n Arbeiten, in denen derselbe schon seit Jahren benutzt worden sei, — abkömmlich sei. Dies dürfe man bei einem so nahverwandtschaftlichen Posten wie bei Dir nicht eintreten lassen, wo bei meinen und Augustas oft und längeren Aufenthalten in Deinen Landen der Gesandte nicht vielfach und lange abwesend sein dürfe. Der Fürst wünscht also aus diesen Gründen, daß sein Sohn nach dem Haag ernannt werde, wo die Beziehungen zur Königlichen Familie[4] und selbst auch in politischer und geselliger Beziehung gleich Null sei, daher die Abkömmlichkeit des Gesandten sehr wenig ins Gewicht fiele, so daß er seinen Sohn oft und lange abberufen könne ohne alle Störung in Familien-, Hof- und anderen Verhältnissen. Ich will diese Gründe bei den Gesundheits- und dadurch oft gestörten Arbeitstätigkeiten des Fürsten wohl gelten lassen, doch habe ich erklärt, daß ich nur auf die Anstellung in Karlsruhe für den Graf Bismarck absehen könne, da Du denselben speziell unter den verschiedenen Kandidaten als Dir am wünschenswertesten bezeichnet habest, — wenn Du, da der Graf nun disponibel sei, keine Verletzung Deiner Person sähest, wenn er dennoch jetzt eine a n d e r e Destination erhielte als die bei Dir. — Gestern hat mir nun der Fürst wissen lassen, daß Dein Gesandter von Marschall sich bei seiner Rückkehr aus Karlsruhe geäußert habe, Du würdest, nachdem Dein Gesandter sich aus persönlicher Bekanntschaft des p. v. Eisendecher günstig über denselben und als passend für die Stellung als mein Gesandter bei Dir ausgesprochen habe, — nicht abgeneigt seiest [!], denselben anzunehmen. Ich habe erwidert, daß, da Du mir den Grafen Bismarck stets als den wünschenswertesten genannt habest und ich, bei des Vakantwerdens desselben, ihn Dir zugesagt habe, nur von diesem Versprechen zurücktreten könne, wenn Du selbst sozusagen mich meines Versprechens lossprichst?

Ich erwarte nun also nach dieser Mitteilung Deine Beschlußnahme in dieser nur für mich delikaten Angelegenheit[5]. [...]

GLA FA Korresp. 13 Bd. 44 Fasz. 55, Nr. 36 eig.

[1] Karl v. Eisendecher (1841—1934), 1874—81 Gesandter in Tokio, 1882—84 in Washington, 1884—1914 in Karlsruhe.
[2] Zar Alexander III. (1845—94), Zar seit 1881, und Zarin Maria Feodorowna (1847 bis 1928) geb. Prinzessin Dagmar von Dänemark.
[3] Hans Lothar v. Schweinitz.
[4] Wilhelm III. v. Nassau-Oranien (1817—90), 1849 König der Niederlande, in 1. Ehe 1839 verh. mit Sophie v. Württemberg (1818—77), daraus: Alexander (1851—84), in 2. Ehe 1879 verh. mit Emma v. Waldeck (1858—1934), daraus: Wilhelmine (1880—1948), 1901 verh. mit Heinrich Herzog v. Mecklenburg (1876—1934).
[5] Großherzog Friedrich an Turban, Karlsruhe 30. Apr. 1884: „Ich habe natürlich umgehend geantwortet, daß mein Verzicht auf Graf Bismarck selbstredend ist und ich Herrn von Eisendecher gern annehme" (ebd. Bd. 36 Nr. 25 eig.).

578. Turban an Großherzog Friedrich.

Karlsruhe, 12. Mai 1884.

Von dem Gr. Gesandten in Berlin habe ich soeben einen eingehenden Bericht über den Verlauf der zweiten Lesung des Sozialistengesetzes[1] und die parlamentarische Soiree beim Reichskanzler am 10. d. M.[2] erhalten, welchen ich, um diese interessante Darstellung unverweilt zu E. K. H. Kenntnis zu bringen, mit Umgehung des Umlaufs bei den Mitgliedern des Staatsministeriums unmittelbar Allerhöchstdenselben anbei übersende mit der Bitte um gnädigste Rückleitung, damit alsdann der Bericht auch meinen Herren Kollegen zugänglich werde. [...]

GLA FA Korresp. 13 N 536.

[1] Verlängerung des Sozialistengesetzes: 1. Lesung 20.—21. März, Kommissionssitzungen 27. März, 20., 24., 28. Apr. u. 1. Mai; 2. Lesung 8.—10. Mai, 3. Lesung und Annahme 12. Mai 1884.
[2] Vgl. H. v. *Poschinger,* Bismarck u. die Parlamentarier I (1894) S. 214 ff.

579. Marschall an Turban.

Berlin, 17. Mai 1884.

Vertraulich! Bekanntlich hat der Abgeordnete Richter in der Sozialistenkommission des Reichstages die sensationelle Mitteilung gemacht, es sei gelegentlich der im vorigen Jahre stattgehabten Enthüllung des Niederwalddenkmales[1] ein Attentat gegen S. M. den Kaiser geplant gewesen; wie er behauptete, sollte nach dem Geständnisse eines Verhafteten eine größere Quantität Dynamit in eine in unmittelbarer Nähe des Denkmals befindliche Trainröhre geschafft und die Entzündung des Sprengstoffes nur infolge der damaligen feuchten Witterung verhindert worden sein. Die Erwartung, daß gelegentlich der II. Lesung des Sozialistengesetzes im Plenum vom Regierungstische Aufklärung über den angeblichen Vorgang erfolgen würde, hat sich nicht erfüllt; Minister von Puttkamer beschränkte sich in der Sitzung vom 9. Mai auf die Erklärung, daß die Untersuchung zur Zeit noch nicht abgeschlossen sei und ein inhumanes Präjudiz gegen die Angeklagten geschaffen werden würde, wenn in diesem Augenblicke bereits Erklärungen über die Sachlage erfolgten. Bei der Wichtigkeit der Angelegenheit und bei dem großen Interesse, welches dieselbe allerorts erweckte, habe ich mich bemüht, das Tatsächliche derselben in Erfahrung zu bringen, und bin nunmehr in der Lage, Ew. Exz. auf Grund ganz zuverlässiger Informationen Folgendes in dieser Beziehung zu berichten:

Gelegentlich des im vorigen Jahre stattgehabten Elberfelder Attentats — es war ein Sprengstoff in eine öffentliche Wirtschaft geworfen worden und explodierte dort, ohne erheblichen Schaden anzurichten — erfolgte auf Grund von Meldungen der Geheimpolizei die Verhaftung eines der Tat Verdächtigen. Während der Untersuchungshaft hat derselbe folgendes Geständnis abgelegt: er habe in Gemeinschaft mit einem anderen näher bezeichneten Individuum am Tage der Niederwaldfeier ein Attentat gegen S. M. den Kaiser geplant, und seien zu diesem Zwecke von ihnen einige Pfund Dynamit in einen mehrere hundert Schritte von dem Denkmal befindlichen Graben gelegt worden, über welchen der Fahrweg nach dem Denkmal vermittelst einer kleinen Brücke führt. Das Dynamit sei mit einer Zündschnur in Verbindung gebracht worden, eine Entzündung derselben sei jedoch nicht erfolgt, vielmehr habe er die Zündschnur unmittelbar vor der Ankunft des Kaisers in einer Anwandlung von Reue durchschnitten. Nach Beendigung des Festes sei das Dynamit wieder weggenommen worden, und rühre die an demselben Tage in der Festhalle zu Rüdesheim stattgehabte Explosion von einem Teile dieses Dynamits her. Das andere von dem Verhafteten genau bezeichnete Individuum wurde daraufhin ebenfalls verhaftet, stellte jedoch entschieden die obige Angabe in Abrede und behauptete seine völlige Unschuld. Im Laufe der bisher geführten Untersuchung sind objektive Merkmale, welche jenes Geständnis unterstützen könnten, nicht ermittelt worden, dagegen bestätigen zwei als Zeugen vernommene Mädchen aus Rüdesheim, daß sie am Tage vor der Einweihung des Niederwalddenkmals zwei Männer, deren Beschreibung auf die Inhaftierten paßt, in der Richtung nach der von dem Verhafteten bezeichneten Stelle gehen sahen, die mit Papier umhüllte Pakete trugen. Auf der anderen Seite ist die von dem Verhafteten bezüglich der Explosion in der Festhalle gemachte Angabe bisher durch nichts bestätigt worden, vielmehr haben sich in dieser Beziehung Anhaltspunkte dahin ergeben, daß jene Explosion von einem Kellner veranlaßt wurde, der durch die Zerstörung einer großen Zahl von Weinflaschen — die bekanntlich auch erfolgte — seinen Dienstherrn, einen Rüdesheimer Gastwirt, aus Rache beschädigen wollte[2]. [...]

Bezüglich des Austritts des Fürsten Bismarck aus dem preußischen Staatsministerium[3] ist inzwischen nichts zu meiner Kenntnis gekommen, was auf eine Änderung in den Entschließungen des Fürsten Bismarck hindeuten würde. [...]

GLA 233/34975 fol. 119 ff. Ausf.

[1] 28. Sept. 1883.
[2] In der Verhandlung vor dem Reichsgericht vom 15. bis 22. Dez. 1884 ist der Anstifter Reinsdorff nach anfänglichem Leugnen geständig. Seine beiden Mitangeklagten wollen das Gelingen absichtlich vereitelt haben. Alle drei werden zum Tode verurteilt (*Schultheß* S. 135).
[3] Frhr. *Lucius v. Ballhausen* berichtet von solchen Plänen Bismarcks in seinen „Bis-

marck-Erinnerungen" (1920 S. 284 f.) unter dem 16. März 1884. — Marschall an Turban, Berlin 6. Apr. 1884: „Gestern wurde mir mitgeteilt, der Reichskanzler habe neuerdings Bedenken, ob er auch den Posten eines preußischen Ministerpräsidenten niederlegen soll. Die Nachricht gründet sich auf eine Äußerung, welche der Kanzler vor einigen Tagen einem Mitgliede seiner nächsten Umgebung gegenüber getan hat; in den Kreisen der preußischen Minister wird sein Entschluß, aus dem Ministerium vollständig auszuscheiden, nach wie vor für feststehend angesehen" (GLA 233/34975 fol. 118 Abschr.).

580. Karl Anton von Hohenzollern-Sigmaringen an Großherzogin Luise.

Sigmaringen, 22. Mai 1884.

[...] Ich will nur rasch noch der neuen Partei[1] erwähnen, die bei hoffentlich bewußter Maßhaltung eine ebenso versöhnende als Nord- und Süddeutschland zusammenhaltende — die große Reichsidee kräftig stützende von jetzt ab sein wird. Ich begrüße diese Neubildung als ein sehr wichtiges und günstiges Omen. — Der badische Landtag ist diesmal viel erquicklicher als in früheren Jahren. Das Agrariertum hat gewiß seine Berechtigung, nur darf es die anderen ebenso berechtigten Interessen des Landes nicht überwuchern. Es ist erfreulich zu beobachten, wie der Adel des Landes sich hervortut und politisch denken gelernt hat. In vielen anderen Ländern könnte man ein Beispiel daran nehmen. Auch der leidige Kulturkampf ist sehr in den Hintergrund getreten. [...]

Sigmaringen, Fürstl. Hohenzoll. HA, Abt. Hohenzollern-Sigmaringen Rubr. 53 Kasten XXVIII Fach 1 Fasz. 6 a.

[1] Vgl. Nr. 572 Anm. 3.

581. Marschall an Turban.

Berlin, 22. Juni 1884.

Vertraulich! Das Stempelsteuergesetz[1], welches ich bereits am Freitag früh [22. Juni] samt den im Finanzministerium ausgearbeiteten Motiven im Bureau des Reichsamts des Innern abgab, ist dem Reichstage noch nicht vorgelegt worden. Herr von Bötticher sagte mir gestern, er sehe gar nicht ein, welchen Zweck es habe, jetzt noch diese Vorlage zu machen, nachdem feststehe, daß der Reichstag nicht einmal die erste Lesung vornehmen werde; Herr von Scholz wünsche allerdings, daß der Entwurf noch an den Reichstag gelange, er hoffe aber, ihn noch von der Zwecklosigkeit dieses Verfahrens zu überzeugen. In nationalliberalen Kreisen verlautet, der Herr Reichskanzler habe sich bei dem letzten parlamentarischen „Frühschoppen" einem Abgeordneten gegenüber entschieden gegen den Entwurf geäußert und jede Verantwortlichkeit seinerseits dafür abgelehnt[2]. Unwahrscheinlich ist dies nicht, doch habe ich bis jetzt etwas Authentisches über die angebliche Äußerung nicht in Erfahrung bringen können.

Der Kgl. württembergische Bevollmächtigte Herr von Schmid hat mir gegenüber in einem vertraulichen Gespräche die Haltung Bayerns zu dem Stempel[steuer]gesetzentwurf ziemlich scharf kritisiert: Bayern habe anfangs allerdings einige Bedenken gegen das System des Entwurfs geltend gemacht, bei den ersten Beratungen aber stets mit Preußen gegen die von Württemberg und Baden beantragten Abmilderungen des Entwurfs gestimmt und sei erst, als die Anschauung des Reichskanzlers bekannt geworden, für die durchgreifenden Änderungen des Entwurfes eingetreten; durch die Protokollerklärung der bayerischen Regierung werde diese Sachlage verdunkelt und nach außen hin der Eindruck geschaffen, als ob Bayern vornehmlich um die Abmilderungen bemüht gewesen sei. Ich erwiderte Herrn von Schmid, daß der Inhalt der Protokollerklärung allerdings mit der Haltung der bayerischen Regierung in den früheren Stadien der Beratung nicht kongruiere und ich gerade deshalb mich der bayerischen Erklärung angeschlossen habe, um nicht das falsche Bild entstehen zu lassen, als ob meine Regierung etwa dem Entwurfe gegenüber eine sympathischere Stellung eingenommen habe als die bayerische. Auf mich machten die Äußerungen des Herrn von Schmid den Eindruck, als ob es ihn nachträglich reue, nicht ebenso gehandelt zu haben wie ich. *[. . .]*

Nachdem die Wiederbelebung des Staatsrats offiziell verkündigt ist[3], kann die Frage des Ausscheidens des Reichskanzlers aus dem preußischen Staatsministerium als vertagt gelten. Der Wunsch, von den preußischen Minister-Geschäften entlastet zu werden, besteht zwar bei dem Fürsten nach wie vor, er hat aber mit Rücksicht auf die dringenden Bitten S. M. des Kaisers die Erfüllung dieses Wunsches nicht weiter urgiert.

Wenn ich in meinem Berichte vom 12. Juni der bevorstehenden Ersetzung des Hofmarschalls von Normann durch den Grafen Radolinsky[4] eine politische Bedeutung absprach, so war dies insoweit zutreffend, als der Anlaß zu dieser Veränderung lediglich in persönlichen und nicht in politischen Gründen liegt. Die Behauptung der freisinnigen Blätter, als ob jene Personalveränderung in Beziehung mit der Übernahme des Vorsitzes im Staatsrat durch S. K. H. den Kronprinzen stehe und auf eine Anregung des Reichskanzlers zurückzuführen sei, sind durchaus falsch. Der Sachverhalt ist der, daß der Kronprinz vor einigen Wochen den Herrn Reichskanzler zu sich rufen ließ und ihm den Wunsch aussprach, daß Herr von Normann im diplomatischen Dienst verwendet und durch den Grafen Radolinsky ersetzt werde, und daß der Reichskanzler bereitwillig die Erfüllung dieses Wunsches zusagte. Dagegen wird in den dem Kanzler nahestehenden Kreisen jene Änderung allerdings als eine vom politischen Standpunkte aus erfreuliche betrachtet; Herr von Normann hat mit einzelnen Führern der deutsch-freisinnigen Partei nähere Beziehungen unterhalten, und wirft man ihm vor, daß er wiederholt in jenen Kreisen durch unvorsichtige Äußerungen Anlaß zu Schlußfolgerungen gegeben hat, welche eines tatsächlichen Untergrundes entbehrten, dagegen als Tatsachen in der freisinnigen Presse verwertet wurden. Es wird ferner mit Bestimmtheit behauptet, daß Herr von Normann jenes ominöse Telegramm aus Madrid, welches die bevorstehende Reise S. K. H. nach Rom „zum Zweck des Besuchs des Papstes" ankündigte, veranlaßt habe und auch dem bekannten Artikel der Nationalzeitung nicht ferne stehe, welcher den Inhalt der Unterredung des Kronprinzen mit dem Papste in einem die Bedeutung dieses Vorganges abschwächenden Sinne wiedergab[5]. Man sieht es daher gern, daß Herr von Normann durch den Grafen Radolinsky ersetzt wird, der irgendeine prononcierte politische Richtung nicht hat und sich nach seiner ganzen Veranlagung jeder Einmischung in politische Dinge enthalten wird.

GLA 233/34975 fol. 131 ff. Ausf., Paraphe des Großherzogs.

[1] Am 27. März 1884 beantragten zahlreiche Konservative, Mitglieder des Zentrums und einige Freikonservative im Reichstag die Vorlage eines Börsengesetzes und eines wirksa-

meren Börsensteuergesetzes, da sich das Gesetz betr. Erhebung von Reichsstempelabgaben vom 1. Juli 1881 technisch und finanziell als nicht ausreichend erwiesen habe. Die Diskussion nahm das ganze Jahr 1884 in Anspruch. Die Stellungnahme Badens ist unbekannt.

[2] Bei H. v. *Poschinger*, Fürst Bismarck. Neue Tischgespräche u. Interviews, II (1899) S. 123 ff. ist von diesem Thema nicht die Rede.

[3] Am 20. Apr. 1884 durch Kaiser Wilhelm (vgl. H. *Schneider,* Der preuß. Staatsrat 1817—1918 [1952] S. 269 f.; vgl. auch Bismarck, Ges. Werke XV S. 425 ff.).

[4] Graf Hugo Radolinski (von Wilhelm II. gefürstet: Fürst Radolin) (1841—1917), 1884 Hofmarschall des Kronprinzen, 1888 Oberhof- u. Hausmarschall Kaiser Friedrichs III., 1892 Botschafter in Konstantinopel, 1895 in Petersburg, 1900 in Paris.

[5] Nach W. *Windelband,* Berlin — Madrid — Rom. Bismarck u. die Reise des Deutschen Kronprinzen 1883 (1939) S. 156 ff., 195 stammt der Gedanke, den Papst zu besuchen, von Bismarck selbst. Durch Indiskretion aus der Umgebung des Kronprinzen kam die Absicht, auf den spanischen Aufenthalt einen römischen folgen zu lassen, am 6. Dez. 1883 von Madrid aus in die Zeitungen. Nach der Heimkehr wurde „mit einem verbitterten Eifer, als hinge das Heil Deutschlands davon ab", nach dem Verfasser dieses Tel. gesucht.

582. Marschall an Turban.

Berlin, 30. Juni 1884.

Sehr vertraulich! E. Exz. beehre ich mich ganz ergebenst darauf aufmerksam zu machen, daß die „Baseler Nachrichten" Mitteilungen über angebliche — offenbar entstellte — Äußerungen S. K. H. des Großherzogs gelegentlich des feierlichen Schlusses des Landtages enthält und diese „Enthüllungen" in einzelne demokratische süddeutsche Zeitungen, z. B. die Neue Badische Landeszeitung (Nr. 298 Sonntag, den 29. Juni) übergegangen sind. Da diese angeblichen Äußerungen auch die Fortschrittspartei, den Herrn Reichskanzler und die bevorstehenden Reichstagswahlen berühren, so ist es nicht unwahrscheinlich, daß die deutsch-freisinnige Presse davon Notiz nehmen wird, und könnte ich dann eventuell in die Lage kommen, auf an mich gestellte desfallsige Fragen Antwort geben zu müssen[1].

Selbst wenn die hiesigen Blätter sich der Sache nicht bemächtigen, so ist doch bei der großen Aufmerksamkeit, mit welcher man in der Reichskanzlei die Presse verfolgt, anzunehmen, daß der Inhalt jener Enthüllungen dort bekannt wird, und möchte ich daher umso mehr Ew. Exz. anheimgeben, mir hochgefällige Instruktion für den Fall zukommen zu lassen, daß ich irgendeine Gelegenheit erhalte, mich über die Sache zu äußern.

GLA 233/34795 fol. 135 eig. Privatschreiben.

[1] Marschall an Turban, Berlin 2. Juli 1884: „Die Vossische Zeitung bringt heute abend Notiz über angebliche Äußerungen des Großherzogs und bemerkt, daß dieser danach die Existenz der freisinnigen Partei gebilligt habe" (ebd. fol. 140, Tel. aufgegeben 7,05 Uhr, teilw. chiffr.). Dies Tel. wurde Turban zum Anlaß, dem Großherzog Nr. 582 u. 583 am 3. 7. 84 mitzuteilen.

583. Turban an Marschall.

Karlsruhe, 2. Juli 1884.

Das unliebsame Preßprodukt, welchem die nachdruckenden Blätter die aufbauschende Reklamebezeichnung Enthüllungen gegeben haben[1], wird wohl aus fortschrittlichem Lager stammen. Herr Pflüger ist zwar meines Erinnerns beim Landtagsschluß — durch die Heuernte in Anspruch genommen — nicht zugegen gewesen, wohl aber sein intimer Freund Vogelbach[2]. Von all den Äußerungen, welche die Basler Nachrichten unserem gnädigsten Herrn in den Mund legen, ist in den beiden an die ganze Versammlung gerichteten Tischreden nur eine, und auch diese etwas anders, von S. K. H. gesprochen worden. Er sagte: „Ich und mein Haus wollen dem Lande dienen" und knüpfte daran die Aufforderung an die heimkehrenden Abgeordneten, sie möchten ihm in dieser Aufgabe draußen behilflich sein, indem sie den Geist des Friedens, der auf dem Landtage zu seiner Freude gewaltet, in das Land hinaustragen; sie möchten in ihren Kreisen fortfahren, für das Wohl des Landes zu arbeiten, aber auch eingedenk bleiben seiner Zusammengehörigkeit mit dem Reich. Diesem und seinem erhabenen Schirmherrn waren dann noch die abschließenden Worte der zweiten Tischrede gewidmet, welche die ganze Tafelrunde mächtig ergriff und in stürmischem Hoch ihr brausendes Echo fand.

Vor der Tafel hatte der Großherzog in der Ihnen bekannten Weise die Rundgänge bei den in Reihe aufgestellten Mitgliedern der I. und dann der II. Kammer gemacht. Nach der Tafel fand eine länger dauernde, froh bewegte Konversation in größeren und kleineren Gruppen statt, an welcher der Großherzog, bald hier bald dort hinzutretend, in zwangloser und liebenswürdigster Weise sich beteiligte. Ich hielt mich in der Entfernung und weiß daher nicht, welche Gespräche S. K. H. mit den Herren geführt hat. Auch nachher ist mir von all dem, was die Basler Nachrichten bringen, nichts erzählt worden. Nur die Tischreden, besonders die oben erwähnte zweite, wurden wiederholt und freudig auch mir gegenüber besprochen.

Ich teile Ihre Überzeugung, daß die Angaben der B. N., die ja sichtlich nicht aus erster Hand herrühren, teilweise selbst zugeben, daß der Gewährsmann nicht ganz das Gesagte verstehen konnte, und von dem redete, was dasselbe zu enthalten schien, — Entstellungen enthalten, wobei die subjektiven Ideen und Wünsche des Reporters sich recht produktiv geltend gemacht haben mögen. Zudem ist der ganze Bericht offenbar fragmentarisch.

Sie wissen, daß unser gnädigster Herr auch humoristisch sein kann, daß er es nicht verschmäht, auch mit Männern, deren Politik nicht die seine ist, sich in ein heiteres Gespräch einzulassen und in scherzendem Tone, wie wenn er auf deren Gedanken einginge, ihnen die Zunge zu lösen. Da darf dann nur irgendein beschränkter oder verbohrter Aufpasser in der Nähe stehen, und die harmloseste Äußerung muß dazu herhalten, sogenannte Enthüllungen in die Welt hinauszuschicken! Wie unvollständig, einseitig, willkürlich zugestutzt dann auch eine solche Erzählung sein mag, das verursacht der hungrigen Presse keine Beschwerden.

Ohne Zweifel sind die Mitteilungen der B. N. bereits dem Großherzog selbst, der die Mannheimer Neue Badische Landeszeitung, die Landpost und den Badischen Landesboten liest, zu Gesicht gekommen. Wenn er bis jetzt darauf nicht hat reagieren lassen, so wundert mich das nicht. Er liebt es ja nicht, sich in Zeitungskorrespondenzen einzulassen. Jede Antwort pflegt zu weiteren Erörterungen zu führen, bei welchen der anständige Teil selten gewinnt in dieser Arena, und hat schon über vieles andere sich stillschweigend hinweggesetzt, was er ja auch im Besitze eines guten politischen Gewissens und einer durch und durch korrekten Haltung füglich tun kann. Sie werden mir darum auch gerne beistimmen, daß eine Anfrage oder Anregung bei S. K. H. meinerseits am richtigsten unterbleiben dürfte.

Immerhin wird das Vorstehende Ew. Hochw. als Anhalt dienen — nebst Ihrer eigenen persönlichen Kenntnis der Anschauungen unseres gnädigsten Herrn —, um bei sich darbietender Gelegenheit falschem Glauben und irrigen Meinungen entgegenzutreten.

P. S. *Nachdem dieser Brief gestern abend geschrieben war, erhielt ich Ihr teilweise chiffriertes Telegramm mit der Nachricht, daß die Polemik in der Vossischen Zeitung aufgegriffen wird[3]. Ich habe darauf dem Großherzog nach der Mainau den Inhalt meines Briefes an Sie mitgeteilt[4] und bitte, da die Vossische Zeitung hier nicht zugänglich ist, mir zwei Exemplare der betreffenden Nummer zu übersenden.*

[Zettel:] Die Tante Voß wird natürlich die angeblichen Äußerungen des Großherzogs für sich auszunutzen suchen. Doch dürfte es noch auf den näheren Wortlaut oder Sinn des Artikels ankommen. Denn darin, daß man die Existenz einer Partei billigt, d. h. sie als berechtigt anerkennt, weil sie weitverbreitete Anschauungen repräsentiert, liegt eigentlich noch kein unliebsamer Vorhalt. Wir billigen die Existenz der klerikalen, hochkonservativen etc. Partei, ohne deshalb ihren Programmen und ihrem Verhalten beizustimmen. Dieses Verhalten hat der gnädigste Herr aber (nach der fraglichen Angabe) gewiß getadelt — freilich damit auch wieder die Sezession mißbilligt, wenn auch nicht der ganzen freisinnigen Parteiexistenz.

GLA 233/34795 fol. 136-139 Reinkonz.

[1] Vgl. Nr. 582.
[2] Reinhart Frhr. v. Vogelbach-Däublin (1825—99), Weinhändler in Lörrach, 1881—92 Mitglied des badischen Landtags, Nationalliberaler, schreibt 1893 als freisinniger Kandidat.
[3] Vossische Zeitung v. 2. Juli 1884: „Von der Unterredung, welche der Großherzog von Baden bei Schluß des Landtages mit den Mitgliedern desselben gepflogen, wird noch mancherlei erzählt. Der Großherzog hat danach die Existenz der Freisinnigen im Reichstage (er persönlich sprach von der Fortschrittspartei) gebilligt, da es gut sei, wenn sich ein breiter und starker Rücken gegen das Rückwärtsschieben stemme; aber in großen nationalen Fragen sollte die Partei etwas honetter sein. Als das Gespräch auf die Nationalliberalen kam, bemerkte der Großherzog: Man kann sehr liberal sein und den Kulturkampf doch nicht wollen. In Bezug auf die bevorstehenden Reichstagswahlen meinte der Großherzog lächelnd: Es gehört auch dazu, daß gutes Wetter eintritt, damit die Landleute was Tüchtiges in die Scheunen erhalten, sonst wählen sie nicht liberal; sie sind nicht frömmer dadurch geworden, aber verstimmt war diese kein gut Wetter machen können. Nun, K. H., das können die konservativen Herren auch nicht, erwiderte ein Abgeordneter. Nein, lieber Herr N., das können sie nicht, aber man verlangt es von ihnen auch nicht" (ebd.).
[4] Turban an Großherzog Friedrich, Karlsruhe, 3. Juli 1884 (GLA FA Korresp. 13 N 536 Ausf.; 233/34795 fol. 141 f. Konz.). Die Antwort des Großherzogs Mainau, 4. Juli 1884: [...] „Hatte genannten Artikel der Baseler Nachrichten in Konstanzer Zeitung gelesen und sofort ein entsprechendes Dementi dorthin gegeben, das folgenden Tags erschien. Dann fand ich in Landpost und Landesbote die gleiche Mitteilung und sandte gestern früh telegrafisch genanntes Dementi an Karlsruher Zeitung. Damit wird abgeholfen sein. Ob eine Richtigstellung meiner Tischreden erwünscht wäre, muß ich dahingestellt sein lassen" (GLA 233/34795 fol. 147 Tel.). — Dementi der Karlsruher Zeitung vom 4. Juli: „Karlsruhe, den 3. Juli. Wir sind ermächtigt, die Mitteilungen der „Basler Nachrichten" über „den Empfang der Landstände im Schlosse zu Karlsruhe" [...] als mit der Wahrheit in Widerspruch stehend und vollständig erfunden zu bezeichnen, soweit darin angebliche Äußerungen des Großherzogs wörtlich angeführt werden" (ebd. fol. 144 Ausschnitt). Das Dementi wurde über das Wolff'sche Telegraphenbüro am 4. 7. auch in den Berliner Morgenzeitungen abgedruckt (ebd. die Zeitungsbelege).

584. Großherzog Friedrich an Herzog Adolf von Nassau[1].

Schloß Mainau, 3. Juli 1884.

Begegnungen auf der Mainau oder in Zürich sind nicht zustande gekommen.
Du wirst gern verstehen, daß ich dringend wünschte, mit Dir über Fragen zu
sprechen, welche bisher vielfach in den Zeitungen behandelt wurden, dadurch einen
Charakter annahmen, der fern unserer beiderseitigen Familien recht bedeutungsvoll ist.

Ich halte es für meine Pflicht, Dir auszusprechen, wie mein ältester Sohn, als
er kürzlich den Vorzug hatte, die Herzogin, Deine Gemahlin, und Deine Tochter
zu sehen, sich durch die vorausgegangenen Zeitungsgerüchte zu einer Zurückhaltung in seinem Benehmen genötigt sah, die Du gewiß selbst für gerechtfertigt
erachten wirst angesichts einer so geistreichen Versammlung wie diejenige in
Philippsruhe. Bei dem Umstand, daß es ihm erwünscht wäre, die Bekanntschaft
Deiner Tochter machen zu können, von der er so viel Vorteilhaftes gehört hat,
war ihm diese Erschwerung peinlich. Bevor mein Sohn es wagen darf, einen nochmaligen Versuch zu machen, sich in Deiner Familie vorzustellen, ist es für ihn und
für uns entscheidend zu wissen, wie Du seine verwandtschaftlichen Beziehungen
zu den preußischen Familien beurteilst. Hierüber mit Dir eingehend zu verkehren,
war meine Absicht gewesen, und nur ungern entschließe ich mich, diese zarte Frage
schriftlich zu berühren, doch wirst Du begreifen, daß ich nicht umgehen kann,
diesen wichtigen Teil der uns beide bewegenden Frage zu klären. Ich hoffe, daß
die Gelegenheit sich bald bieten wird, bei einem Wiedersehen mit Dir diesen
Fragen mündlich näherzutreten.

In unwandelbar anhänglicher Gesinnung verbleibe ich Dein aufrichtig ergebner
Freund Friedrich.

GLA FA Korresp. 13 Bd. 41 Fasz. 42 Nr. 5 Konz. Anfang u. Schluß eig.

[1] Adolf v. Nassau (1817—1905), 1835—66 Herzog v. Nassau, 1890—1905 Großherzog
v. Luxemburg, in 2. Ehe seit 1851 verh. mit Adelheid Prinzessin v. Anhalt-Dessau (1833—
1916); ihre Tochter: Prinzessin Hilda (1864—1952), 1885 verh. mit Erbgroßherzog Friedrich v. Baden.

585. Herzog Adolf von Nassau an Großherzog Friedrich.

Königstein, 4. Juli 1884.

Dank für Nr. 584. Daß wir über die vielfachen Zeitungsartikel über eine
Frage, die die intimsten Interessen unserer beiderseitigen Familien so nahe berührt,
ebenfalls sehr peinlich überrascht waren, ist wohl selbstverständlich, und erscheint
aus diesem Grunde die große Zurückhaltung des jungen Herrn begreiflich, ja selbst
gerechtfertigt. Den Kernpunkt der ganzen Frage hast Du mit dankenswerter Offenheit in Deinem Briefe geradezu ausgesprochen, und stimme ich mit Dir vollkommen darin überein, daß derselbe viel zu delikater Natur ist, um schriftlich ausge-
tragen zu werden, daß ein mündliches Benehmen dazu absolut geboten erscheint.
*Eine Besprechung könnte in Baden zu einer Zeit stattfinden, wo Du ohnehin dort
bist.*

GLA FA Korresp. 13 Bd. 41 Fasz. 42 Nr. 2 eig.

586. Großherzog Friedrich an Herzog Adolf von Nassau.

Schloß Mainau, 8. Juli 1884.

Dank für Nr. 585. Mit Freude sehe ich dem Zeitpunkt entgegen, da Du uns besuchen willst, und wir dann zu aufrichtigem Ausspruch gelangen können. *[...]* Bis Mitte August werden wir wohl in Tullgarn bei unserm Kinde weilen und dann wieder hierher zurückkehren. Ende September werden wir voraussichtlich wie gewöhnlich nach Schloß Baden übersiedeln, wo wir meist bis Anfang November bleiben. *[...]*

GLA FA Korresp. 13 Bd. 41 Fasz. 42 Nr. 3 eig. Ausf.

587. Marschall an Turban.

Berlin, 15. Juli 1884.

Die Norddeutsche von heute morgen enthält heftigen Artikel gegen Karlsruher Zeitung (vom 9.) wegen der auf den Grundbesitz bezüglichen Stelle des Artikels der badischen Korrespondenz, welcher irriger Weise als Originalartikel der Karlsruher Zeitung und als offiziös behandelt wird. Es heißt unter anderem: „Wo ist im Reiche oder in Preußen ein Gesetz, welches eine Scheidung zwischen adeligem und nichtadeligem Grundbesitze zuläßt, wo ist eine Maßregel im Reiche und in Preußen, welche den adeligen Besitz dem nichtadeligen gegenüber begünstigt? Die Karlsruher Zeitung wird darauf schweigen müssen, sie weiß es so gut wie wir, daß gegenüber der schrankenlosen Kapitalsmacht die Interessen der Landwirtschaft dieselben sind, daß es hierbei auf die Geburt des Besitzers wie auf die Größe des Besitzes nicht ankommt. Eine Unkenntnis dieser Umstände und Tatsachen darf man bei der Karlsruher Zeitung vermöge ihrer guten Beziehungen zu der badischen Regierung nicht voraussetzen. Deshalb ist es doppelt befremdlich und entmutigend, wenn eine so informierte Zeitung es unternimmt, im Widerspruch mit der Wahrheit künstlich wieder die gesetzlich und tatsächlich beseitigten Standesunterschiede aufzurichten, um die verschiedenen Klassen der Bevölkerung gegenseitig zu verbittern und aufeinander zu hetzen. Wenn dies in der volksparteilichen, fortschrittlichen und sozialdemokratischen Presse geschieht, so wundert es uns nicht, wenn wir es auch beklagen, wir sind von diesen unseren Gegnern gewöhnt, daß sie Zwietracht und Unzufriedenheit im Volke säen, um die staatserhaltenden Elemente zu vernichten und den Profit ihrer egoistischen Politik mit dem Untergange des Staatsganzen zu erkaufen. Zu welchen bedauerlichen Rückschlüssen aber werden wir genötigt, wenn das Regierungsorgan eines großen Bundesstaates mit den Demagogen und Volksverhetzern den gleichen Kampfplatz teilt? Die Karlsruher Zeitung mag sich bewußt werden, daß sie durch ein solches Verhalten der Regierung, deren Politik sie vertritt, keinen Dienst erweist, die Ergebnisse derselben würden nicht dem Liberalismus, den sie jetzt auf ihre Fahne geschrieben hat, zugute kommen, die Früchte dieser Politik werden allein von der Demokratie gesammelt werden, und wir bezweifeln sehr, ob dieselbe sich so erkenntlich zeigen wird, ihre Beute mit ihren eigentümlichen, durch die Karlsruher Zeitung repräsentierten Bundesgenossen zu teilen." Ferner am Schlusse: „Auf diese Ziele der Zwietracht sind täglich die Bemühungen des Richterschen ‚Reichsfreund‘ und seiner Genossen gerichtet, und diese Blätter werden mit freudigem Staunen und innerli-

chem Jubel das Karlsruher Regierungsorgan in ihren Reihen mit der gleichen Erha-
mit demselben Eifer kämpfen sehen." Ich bitte mich zu ermächtigen, an maßgebender Stelle zu erklären, daß jener Artikel weder offiziös noch überhaupt Originalartikel der Karlsruher Zeitung ist, sondern ein Abdruck aus anderer Zeitung im
nichtamtlichen Teile, und daß die Regierung auf den Inhalt des letzteren keinen
Einfluß hat.
benheit in der Auswahl jener bekannten Mittel, die ihnen so gut anstehen, und

GLA 233/34795 fol. 160 ff. Neunteiliges Tel. aufgegeben 10,55 Uhr, aufgenommen
12,36 Uhr.

[1] Die Ermächtigung wurde in einem Telegramm Turbans an Marschall 15. Juli 1884
ausgesprochen (ebd. fol. 170 Konz.).

588. Marschall an Turban.

Berlin, 15. Juli 1884.

Ganz vertraulich! Ew. Exz. beehre ich mich unter Bezugnahme auf mein Telegramm von heute morgen[1] ergebenst zu berichten:
Der in Frage stehende Artikel der „Badischen Korrespondenz", welchen die
„Karlsruher Zeitung" in ihrem nichtamtlichen Teil unter Angabe der Quelle wiedergab, hat, soweit er gegen die konservative Partei und speziell gegen die adeligen
Großgrundbesitzer gerichtet ist, zunächst in der „Badischen Landpost" (Nr. 160)
eine sehr heftige Entgegnung gefunden und sodann der „Kreuzzeitung" Anlaß
gegeben, mit Abdruck des Artikels der Landpost weitere Bemerkungen in demselben Sinne daran zu knüpfen. Gleichzeitig bemächtigte sich die deutsch-freisinnige Presse — Berliner Tageblatt, Vossische Zeitung, Nationalzeitung, Reichsfreund
usw. — jenes Artikels, um in Verbindung mit der in den „Basler Nachrichten"
enthaltenen Erwiderung auf das jüngste Dementi der „Karlsruher Zeitung"[2] die
fragliche Stelle zu ihren Zwecken auszubeuten. Bei dieser Preßpolemik waren mir
sofort zweierlei Dinge aufgefallen: einmal daß hinter jenem auf den Großgrundbesitz bezüglichen Satze der übrige, der Politik des Reichskanzlers günstige und die
Haltung der freisinnigen Partei entschieden verurteilende Inhalt des Artikels vollständig in den Hintergrund trat, ja nicht einmal erwähnt wurde, und daß ferner
die hiesige Presse stets von einem „Artikel der halbamtlichen Karlsruher Zeitung"
oder gar von einem „offiziösen Artikel des badischen Regierungsorgans" sprach,
ohne auch nur anzudeuten, daß es sich lediglich um den Abdruck aus einem anderen Blatte handelte. Auch die Norddeutsche Allgemeine, welche in ihrer Journal-
revue vom 11. d. M. (Nr. 319 Morgenblatt) den Artikel auszugsweise zum Abdruck brachte, nannte als Quelle die „Karlsruher Zeitung", druckte übrigens damals den Passus über den Großgrundbesitz ohne eigene Bemerkung ab. Obgleich
hiernach die ganze Polemik der hiesigen Presse von der irrtümlichen Voraussetzung
der Offiziosität jenes Artikels ausging, so unterließ ich es doch, Ew. Exz. darüber
Bericht zu erstatten, da ich die ganze Sache nicht für bedeutend genug erachtete.
[. . .] Daß der Passus über den Großgrundbesitz in hiesigen konservativen Kreisen
sehr übel vermerkt werden würde, darüber hatte ich von Anfang an keinen Zweifel; mein erster Eindruck bei Durchlesung des Artikels war der, daß die „Badische
Korrespondenz" klüger daran getan hätte, ihre Angriffe auf den süddeutschen

Großgrundbesitz zu beschränken und die sozial und politisch durchaus verschiedenen Verhältnisse des preußischen Großgrundbesitzes unangetastet zu lassen, daß jene Stelle aber in der Weise, wie es geschehen, aus allem Zusammenhang herausgerissen, gleichsam als die Quintessenz des ganzen Artikels enthaltend, der gesamten konservativen Presse Stoff zu Angriffen gegen die badische Regierung und der deutsch-freisinnigen Presse Gelegenheit zu Insinuationen gegen den Reichskanzler und die Politik der Reichsregierung bieten würde, habe ich nicht vorausgesehen, noch weniger, daß die Norddeutsche Allgemeine sich in so scharfen Ausdrücken auf die Seite der ersteren stellen würde, wie sie es in ihrem heutigen Morgenblatte tut[3].

Sofort, nachdem ich den fraglichen Artikel gelesen und den wesentlichen Inhalt desselben Ew. Exz. telegraphiert hatte, suchte ich den mir befreundeten Legationsrat von Holstein[4] — derzeit der faktische Leiter der politischen Abteilung des Auswärtigen Amtes — auf, der mir persönlich volles Vertrauen entgegenbringt und als langjähriger intimer Vertrauter des Reichskanzlers wohl der kompetenteste Beurteiler von Fragen der vorliegenden Art ist. Mein Gespräch mit ihm trug der Sachlage entsprechend durchaus den Charakter eines privaten und vertraulichen. Herr von Holstein sagte mir sofort, er zweifle nicht, daß der Artikel der Norddeutschen Allgemeinen von Varzin herrühre; er sei zwar offenbar hier in Berlin geschrieben, da er an eine Auslassung der Kreuzzeitung anknüpfe und der Kanzler die letztere nicht lese; dagegen spräche der energische Ton des Artikels ganz bestimmt dafür, daß er von Varzin inspiriert sei.

Der fragliche Passus des in die Karlsruher Zeitung übergegangenen Artikels treffe den Kanzler an seiner „empfindlichsten Stelle". Die Taktik der Fortschrittspresse und besonders der kleineren Blätter dieser Richtung gehe dahin, den gegen den Großgrundbesitz erhobenen Vorwurf des Eigennutzes speziell gegen die Person des Reichskanzlers zuzuspitzen und seine Politik auf wirtschaftlichem Gebiete in mehr oder minder verblümter Weise als aus eigennützigen Motiven entsprungen darzustellen. Derartige Insinuationen empörten den Kanzler aufs äußerste, und er zweifle nicht, daß jene Presse den hier fraglichen Passus wiederum in diesem Sinne ausgebeutet habe. Dazu komme noch ein weiteres hochbedeutsames sachliches Moment. Der Kanzler sei mehr als je davon überzeugt, daß die Erhaltung eines konservativen Staatswesens in Preußen von dem Zusammengehen des großen und kleinen Grundbesitzes abhänge; wer in Preußen den großen von dem kleinen Grundbesitz zu trennen suche, treibe den kleinen und mittleren Bauernstand in die Arme des extremen Fortschritts, und darin erblicke der Reichskanzler eine ganz eminente Gefahr; speziell sei dies in den östlichen Provinzen der Fall, wo ein Mittelding zwischen „Fortschritt" und „konservativ" nicht bestehe. Nun sei gerade im gegenwärtigen Augenblicke die Fortschrittspartei bemüht, diesen Zusammenhang zwischen Groß- und Kleingrundbesitz zu zerstören. Er mache mich auf einen Artikel in der heutigen Nationalzeitung (Morgenblatt vom 15. Juli Nr. 413 2. Seite) aufmerksam, wonach fortschrittliche Bauernvereine gegründet werden sollen. Wenn die fortschrittliche Presse sich für derartige Bestrebungen auf die Zustimmung einer deutschen Regierung berufe, so sei dies für den Kanzler außerordentlich peinlich.

Holstein überzeugte sich an Hand des Originalartikels, daß es sich unter Angabe der Quelle um einen Wiederabdruck handle und eine offiziöse Kundgebung nicht in Betracht komme. Er bezweifle aber, ob der Kanzler überhaupt Kenntnis von dem ganzen Inhalt des Artikels habe: in der Presse sei stets nur der Passus gegen die preußischen Großgrundbesitzer erwähnt gewesen, und auch in dem Auszuge der Norddeutschen Allgemeinen (Nr. 319) fehle z. B. die an dem Abgeordneten Richter geübte Kritik.

Herr von Holstein fuhr dann fort: Er wolle mir vertraulich sagen, daß ein etwaiges Dementi von unserer Seite, welches in abstracto jeden Zusammenhang der Regierung mit dem nichtamtlichen Teile der Karlsruher Zeitung beabrede, kaum mehr als einen formellen Eindruck machen werde. Bei dem Reichskanzler stehe es als „Axiom" fest, daß die Karlsruher Zeitung ähnlich wie die Allgemeine Zeitung unter gewissen Umständen Einflüssen zugänglich sei, die seiner Politik entgegengesetzt seien; von derartigen festgesetzten Meinungen lasse er schwer ab. Als Beispiele führte Herr von Holstein an: Im Jahr 1875, als Fürst Gortschakow die Anmaßung gehabt, hier in Berlin angeblichen Kriegsgelüsten des Kanzlers gegen Frankreich einen Dämpfer aufsetzen zu wollen, um sich dann als den Friedenserhalter aufzuspielen, sei die Karlsruher Zeitung es gewesen, die Gortschakows „L'emporté de Berlin est calmé" in Umschreibung an die Öffentlichkeit gebracht und dadurch das Sachverhältnis zu Ungunsten des Kanzlers dargestellt habe; im Jahre 1878 habe die Karlsruher Zeitung aus Anlaß der Auflösung des Reichstags einen Artikel gebracht, den der Kanzler als eine Bekämpfung seiner Politik aufgefaßt. Es sei möglich, daß das jetzige Vorgehen auf Reminiszenzen dieser Art beruhe, der Reichskanzler habe sich überhaupt ihm gegenüber öfters über die Haltung der Bundesstaaten beschwert; mit alleiniger Ausnahme etwa von Bayern seien dieselben in großen und wichtigen Fragen, die im Volke noch nicht das richtige Verständnis gefunden hätten, bemüht, das Odium auf die Reichsregierung und den Kanzler zu werfen und sich behufs Erhaltung ihrer Popularität als möglichst unbeteiligt an dem Gange der Dinge im Reiche darzustellen. Das berühre den Kanzler um so peinlicher, als er selbst der beste Freund der Einzelstaaten sei und sich allezeit bemühe, gegenüber unitarischen Bestrebungen ihre Rechte zu wahren. Der Reichskanzler sei darum ganz besonders empfindlich und selbst mißtrauisch, wenn irgendein Umstand hervortrete, in dem er eine Tendenz gegen seine Gesamtpolitik wittere.

Herr v. Holstein will das Exemplar der „Karlsruher Zeitung" heute abend nach Varzin schicken, damit der Reichskanzler sich selbst davon überzeuge, daß es sich nicht um eine offiziöse Emanation der Karlsruher Zeitung, sondern um einen Artikel eines anderen Blattes handelt, der von dem Redakteur der ersteren nach seiner Gesamttendenz als ein der Politik der Reichsregierung günstiger und eben deshalb als des Abdrucks wert angesehen werden konnte. [...] Inwieweit aus dem Artikel der Norddeutschen Allgemeinen Anlaß zu weiteren Schritten seitens der gr. Regierung genommen werden soll, muß ich dem Ermessen Ew. Exz. anheimstellen.

GLA 233/34795 fol. 176-180 Ausf. Beschluß v. 17. 7. 84: „Bei den Herrn Mitgliedern des Staatsministeriums mit dem Anfügen in Umlauf zu setzen, daß S.K.H. der Großherzog bereits von diesem Bericht Einsicht genommen hat."

[1] Nr. 587.   [2] Vgl. Nr. 582. 583.
[3] Karlsruher Zeitung Nr. 161 v. 9. Juli 1884: „Die Reichstagswahlen. Unter dieser Überschrift schreibt die ‚Badische Korrespondenz': [...] „In neuester Zeit wird von konservativer Seite der Versuch unternommen, die Fürsorge für die landwirtschaftlichen Interessen zur Neubelebung des in Baden tief herabgesunkenen politischen Einflusses dieser

Partei auszubeuten. Man muß unserm Bauernstande mit den Tatsachen der Erfahrung zeigen, daß seine Interessen durchaus nicht gleichbedeutend sind mit denen des adeligen Großgrundbesitzes und seiner in Preußen und andern Staaten hervorgetretenen selbstsüchtigen Vorteilsbestrebungen. Die Geschichte Badens, seiner Regierungen und Volksvertretungen, zeigt einleuchtend, daß stets der Liberalismus auch für das Wohl des Bauernstandes, des Kerns unserer Bevölkerung, mit Liebe und Gerechtigkeit Sorge getragen hat." [...]

⁴ Friedrich v. Holstein (1837—1909), 1878 vortragender Rat im Aus. Amt.

589. Marschall an Turban.

Berlin, 19. Juli 1884.

Ganz vertraulich! Als ich Nr. 587 telegraphierte, ging ich von der Anschauung aus, daß die einfache Feststellung des Sachverhalts, daß der von der Norddeutschen Allgemeinen Zeitung angegriffene Artikel nicht Originalartikel der Karlsruher Zeitung, sondern aus der badischen Korrespondenz entnommen sei und die badische Regierung für den nichtamtlichen Teil der Karlsruher Zeitung keine Verantwortlichkeit habe, genügen werde, um das Mißverständnis zu beseitigen und den Inspiratoren des Artikels der Norddeutschen Allgemeinen Zeitung zu beruhigen. *Sie haben meiner telegraphischen Bitte entsprochen, mich zu einer entsprechenden Erklärung zu ermächtigen*[1].

Dann aber traten jedoch Umstände hervor, welche meine ursprüngliche Auffassung bezüglich der Opportunität bzw. der Nützlichkeit eines offiziellen Schrittes nach der bezeichneten Richtung hin wesentlich modifizierten. Schon nach den vertraulichen Mitteilungen des Herrn von Holstein wurde ich zweifelhaft darüber, ob mit der Feststellung des Sachverhalts und der einfachen Ablehnung der Verantwortlichkeit der Regierung für den nichtamtlichen Teil der Karlsruher Zeitung irgendein nachhaltiger Eindruck erzielt werden würde, noch mehr aber wurden meine Bedenken durch die an den Artikel der Norddeutschen in der Presse sich knüpfende Polemik gesteigert. Wenn die badische Presse derjenigen Parteien, welchen es zweckdienlich erscheint, Gegensätze zwischen der badischen Regierung und dem Reichskanzler zu konstruieren und dadurch der ersteren Verlegenheiten zu bereiten, aus der Aufnahme des fraglichen Artikels in die Karlsruher Zeitung eine Übereinstimmung der großherzoglichen Regierung mit dessen Inhalte folgerte, so charakterisierte sich diese Taktik zu offen als Parteimanöver, um eine erhebliche Wirkung üben zu können - wenn aber die nationalliberale Presse, statt den wirklichen Sachverhalt klarzustellen, die gleiche Schlußfolgerung zog in der Absicht, ihre Position im Lande zu stärken, so mußte nach außen hin notwendig ein die Sachlage entstellender Eindruck geschaffen werden. Letzteres ist leider der Fall gewesen. Zunächst war es der Karlsruher Korrespondent der Kölner Zeitung, der aus der sofortigen Aufnahme des Artikels der badischen Korrespondenz in die Karlsruher Zeitung eine „Übereinstimmung der Regierung mit den in demselben enthaltenen politischen Anschauungen" argumentierte, die Badische Landeszeitung sodann (Nr. 167 I. Blatt) wußte nach dem Erscheinen des Artikels der Norddeutschen Allgemeinen Zeitung nichts Besseres zu tun, als letzterer diese Äußerung entgegenzuhalten und dabei noch den Korrespondenten als „im Geruche der Offiziosität stehend" zu bezeichnen. Natürlich bemächtigten sich die hiesigen deutsch-freisinnigen Blätter dieser angeblichen Konstatierung der Offiziosität des fraglichen Artikels mit besonderem Vergnügen; ein Konflikt zwischen der „offiziösen" Norddeutschen Allgemeinen mit der „offiziösen" Karlsruher Zeitung bzw. des Reichskanzlers mit der badischen Regierung aus Anlaß der agrarischen Frage entspricht ihrem Sensationsbedürfnis und ihren Zwecken überhaupt zu sehr, um nicht fast in jeder Nummer Gegenstand von Betrachtungen zu werden. Ich mußte mir bei dieser Sachlage ernstlich die Frage vorlegen, ob mit einer offiziellen Erklärung im Sinne einer Ablehnung jeder Verantwortlichkeit für den nichtamtlichen Teil der Karlsruher Zeitung etwas Gutes gewirkt oder nicht im Gegenteil der üble Eindruck, welchen der fragliche Artikel auf den Reichskanzler ausübte, noch gesteigert werden würde. Das Resultat meiner Erwägungen war, daß jedenfalls eine Aufklärung des vorhandenen Mißverständnisses davon nicht zu erwarten sei. Ich weiß, daß der Reichskanzler gegen offizielle Dementis sich um nicht zu sagen mißtrauisch, so doch sehr kritisch zu verhalten pflegt; nicht als ob er im vorliegenden Falle einen Zweifel in die Wahrhaftigkeit einer von der badischen Regierung ausgehenden offiziellen Berichtigung gehegt haben würde, aber der Erfolg der angedeuteten Demarche unsererseits wäre kein anderer gewesen, als daß der Reichskanzler sich gesagt hätte: die badische Regierung lehnt die Verantwortlichkeit für den nicht-amtlichen Teil der Karlsruher Zeitung ab, das mag ganz richtig sein — materiell aber herrscht unter den Parteien in Baden die communis opinio, daß aus der Aufnahme eines Artikels politischer Natur in die Karlsruher Zeitung die Übereinstimmung der badischen Regierung mit dem Inhalt desselben sich ergibt. Dies macht Eindruck auf das Publikum, und dieser allein ist es, der mich interessiert, nicht die Frage, inwieweit die badische Regierung für die Aufnahme des Artikels im nichtamtlichen Teile verantwortlich ist oder nicht.

Meine Überzeugung, daß eine Berichtigung der oben gedachten Art den gewünschten Eindruck verfehlt haben würde, veranlaßte mich, von der mir durch Telegramm vom 15. gegebenen Ermächtigung keinen Gebrauch zu machen. Soweit tatsächlich eine Berichtigung einzutreten hatte, war dies geschehen, indem Herr von Holstein bereits am Abende nach unserer Unterredung das den fraglichen Artikel enthaltende Exemplar der Karlsruher Zeitung unter Mitteilung dessen, was ich zur Erläuterung beigefügt (vgl. meinen Bericht vom 15. d. M. Nr. 36)[2] an den Grafen Wilhelm Bismarck nach Varzin gesendet hatte. Im übrigen glaubte ich, zunächst umso eher von weiteren Schritten Abstand nehmen zu können, als ich sicher war, am letzten Freitag [18. Juli] S. K. H. dem Großherzog, unserem allergnädigsten Herrn, auf Allerhöchstdessen Durchreise nach Schweden Vortrag über die Angelegenheit erstatten zu können.

S. K. H. [...] hatte mich auf abends sechs Uhr nach Potsdam befohlen. Während der Fahrt nach Berlin gab mir Allerhöchstderselbe Gelegenheit, über den eingetretenen Zwischenfall Bericht zu erstatten und dabei hervorzuheben, daß offenbar die entstellenden Mitteilungen der Fortschrittspresse über angebliche Äußerungen S. K. H.[3] und die unqualifizierbare Art, wie jene Presse daraus und aus dem fraglichen Artikel der badischen Korrespondenz Kapital geschlagen, um die badische Regierung gegen den Reichskanzler auszuspielen, den letzteren in eine etwas erregte Stimmung versetzt habe.

S. K. H. sprach sich dahin aus: er bedaure das eingetretene Mißverständnis sehr, und zwar in umso höherem Grade, als gerade in diesem Augenblicke der Herr Reichskanzler in voller Übereinstimmung mit den von S. K. H. und seiner Regierung unentwegt verfolgten Zielen bestrebt sei, die nationalen Elemente des gemäßigten Liberalismus und der gemäßigten Konservativen zu gemeinsamer Unterstützung der Reichsregierung zu vereinigen; er habe von Anfang an die vom Heidelberger Programm[4] ausgehende Bewegung freudig begrüßt und werde wie bisher diese Bestrebungen in Übereinstimmung mit den Intentionen des Reichskanzlers unterstützen. Es seien ihm Äußerungen imputiert worden, die er niemals getan; ganz im Gegensatz zu dem, was die Presse ihm in den Mund lege, erachte er es für die wichtigste Aufgabe, die gemäßigten Elemente von den radikalen und extremen zu trennen, und habe er niemals in einem der deutsch-freisinnigen Politik günstigen Sinne sich ausgesprochen. Über den in Frage stehenden Artikel sprach sich S. K. H. mißbilligend aus, indem derselbe in dem von der Norddeutschen Allgemeinen Zeitung hervorgehobenen Passus einen ganzen Stand beleidige und auch in seinem sonstigen Inhalte wenig geeignet sei, ein Zusammengehen der gemäßigten nationalen Elemente zu fördern[5]. — Der Herr Reichskanzler werde selbst wissen, wie schwer es sei, derartige Vorkommnisse in der Presse zu vermeiden; doch glaubte S. K. H., daß nunmehr Anlaß genommen werden sollte, die Preßverhältnisse zur Vermeidung ähnlicher Vorgänge näher ins Auge zu fassen, wobei allerdings der Mangel an geeigneten Kräften Schwierigkeiten darbiete.

Ich präzisierte meine Anschauung, daß von irgendeinem formell offiziellen Schritte unsererseits kaum ein erheblicher Eindruck zu erwarten stehe, daß ich es dagegen als die glücklichste Lösung des eingetretenen Mißverständnisses betrachten würde, wenn mich S. K. H. ermächtigen wollte, dem Herrn Reichskanzler in vertraulichster Weise die obige mir gegenüber ausgesprochene Auffassung Allerhöchstdesselben zur Kenntnis zu bringen. S. K. H. geruhte, sein Einverständnis hierzu auszusprechen, und beauftragte mich, entweder dem Herrn Reichskanzler persönlich oder, falls dies wegen dessen Abwesenheit nicht tunlich, durch den Grafen Hatzfeldt[6] eine entsprechende Mitteilung zu machen. *[...]*

Graf Hatzfeldt sagte mir die sofortige Erfüllung dieser Bitte zu und sprach sich sehr erfreut über die gemachte Mitteilung aus. *[...]* Da Graf Herbert Bismarck morgen oder übermorgen sich auf der Durchreise vom Haag nach Varzin hier aufhalten wird, habe ich meine Abreise noch verschoben, um den Herrn Grafen zu sprechen[7]. Ich lege Wert darauf, daß nicht nur auf dem schriftlichen Wege, dessen sich Graf Hatzfeldt bedient, sondern auch auf mündlichem Wege dem Herrn Reichskanzler die Auffassung unseres gnädigsten Herrn und meiner Regierung bekanntgegeben wird, und ich kenne zu diesem Zwecke keine bessere Persönlichkeit als den Grafen Herbert, der in vollem Maße das Ohr seines Vaters besitzt und sicherlich dafür eintreten wird, daß das eingetretene Mißverständnis seine vollständige Lösung findet. —

Die — allerdings von vornherein kaum zweifelhafte — Annahme, daß der bewußte Artikel der Norddeutschen Allgemeinen Zeitung aus Varzin inspiriert gewesen, ist mir inzwischen vollständig bestätigt worden. Herr von Holstein teilte mir gestern früh aus einem Antwortschreiben des Grafen Wilhelm Bismarck mit, daß jener Artikel auf eine ziemlich hochgradige Erregung zurückzuführen ist, in welche der Reichskanzler zunächst durch die von der Fortschrittspresse gebrachten Mitteilungen über angebliche Äußerungen S. K. H. des Großherzogs und sodann durch den unmittelbar darauf in der Karlsruher Zeitung abgedruckten Artikel geraten sei. Graf Bismarck bemerkte weiter, meine privatim ausgesprochene Anschauung, daß der Artikel im Ganzen eine der Reichsregierung günstige Tendenz habe, vermöge er nur teilweise als zutreffend anzuerkennen; da, wo er die Unterstützung des Reichskanzlers proklamiere, bewege er sich in allgemeinen Redensarten, die ohne Wert seien, an der einzigen Stelle, wo er sich auf konkretem Gebiete bewege, greife er die Politik seines Vaters aufs schärfste an. *[...]*

So bedauerlich das jüngste Vorkommnis an sich sein mag, so hat es doch insofern eine gute Seite, als zwei Punkte dadurch ins klare Licht gestellt werden: einmal die außerordentliche Empfindlichkeit des Reichskanzlers für die Presse überhaupt und dann sein aus früheren Reminiszenzen angesammeltes Mißtrauen speziell gegen Erzeugnisse der badischen Presse. Mir sind durch die in dem Berichte vom 15. wiedergegebenen Mitteilungen des Herrn von Holstein noch zwei charakteristische Vorgänge ins Gedächtnis gerufen worden. Ich erinnere mich, daß auf einem parlamentarischen Abende im Jahre 1879 Graf Wilhelm Bismarck zu mir kam und mir ein Exemplar der Wieslocher Zeitung übergab, auf dem eine Stelle mit ähnlichem Inhalt wie der fragliche Passus der badischen Korrespondenz, aber für den Reichskanzler persönlich beleidigend, rot angestrichen war. Graf Bismarck sagte mir damals: „Lesen Sie, was ein badisches Amtsblatt über meinen Vater sagt." Ich zeigte diese Zeitung dem anwesenden Herrn Ministerialpräsidenten Stösser und weiß, daß bald darauf der Wieslocher Zeitung die amtlichen Verkündigungen entzogen wurden. Eines anderen Vorfalles erinnere ich mich aus dem Jahre 1881. Damals kam der Reichskanzler auf einem parlamentarischen Abende zu mir mit den Worten: „In Karlsruhe scheint man meine russische Politik kontrarieren zu wollen, ich lese da Korrespondenzen aus Rußland, die mir die diplomatischen Beziehungen erschweren." Ich wußte sofort, daß sich diese Äußerung auf damals in der Badischen Landeszeitung erschienene Petersburger Korrespondenzen bezog, und erwiderte dem Fürsten, daß dieses Blatt außer aller Beziehung mit der Badischen Regierung stehe. *[...]*

Ich glaube des Einverständnisses Ew. Exz. sicher zu sein, wenn ich aus allen diesen Umständen den Schluß ziehe, daß bezüglich der Karlsruher Zeitung eine besondere Vorsicht nötig ist. Eine Zeitung, welche einen „amtlichen Teil" hat und auch im „nichtamtlichen Teile" öfters zu offiziösen Mitteilungen benützt wird, nimmt dadurch gegenüber der übrigen Presse eine so exempte Stellung ein, daß auch der nichtamtliche Teil einer sehr sorgfältigen Kontrolle bezüglich politischen Mitteilungen bedarf. Das Interesse, dem Publikum Kenntnis von dem Urteile anderer Blätter zu geben, ist jedenfalls untergeordnet gegenüber dem Interesse, Mißverständnisse wie das jüngst entstandene zu vermeiden. Soweit es sich nur um interne badische Politik handelt, ist die Sache von untergeordneter Bedeutung, wo aber die Reichspolitik oder gar spezielle Verhältnisse in anderen Staaten in Frage stehen, liegt die Sache anders. Von diesem Standpunkte aus kann die Aufnahme des einen beleidigenden Ausfall gegen die Gesamtheit der preußischen Großgrundbesitzer enthaltenden Artikels an hervorragender Stelle der Karlsruher Zeitung kaum anders als ein grober Mißgriff des Redakteurs bezeichnet werden. Solche Mißgriffe sind aber umso bedenklicher, als die Taktik der deutsch-freisinnigen Partei im gegenwärtigen Augenblicke speziell darauf gerichtet ist, Unfriede zwischen dem Reichskanzler und einzelnen deutschen Regierungen zu säen. *[...]*

Die meisten Artikel der freisinnigen Presse, die über die Angelegenheit nicht zur Ruhe kommt, leiten den Groll des Reichskanzlers gegen die badische Regierung daher ab, daß die badische Zweite Kammer sich auf Veranlassung der letzteren gegen die Erhöhung der Getreidezölle ausgesprochen habe! (Berliner Tageblatt Nr. 333) — ein weiterer Beweis, wie auf die Unkenntnis des Publikums spekuliert wird.

GLA 233/34795 fol. 182—188 Ausf., bei den Mitgliedern des Staatsministeriums in Umlauf gesetzt.

[1] Nr. 587 Anm. 1   [2] Nr. 588.

[3] Nr. 583. Tgb. Marschall: 17. 7. 1884. „4,15 Uhr nach Potsdam, von dort mit den Herrschaften nach Berlin gefahren. Interessantes Gespräch mit dem Großherzog. 7,18 Uhr am Stettiner Bahnhof" (Oberkirch, Besitz Frau v. Seyfried).

[4] Am 23. März 1884 beschlossen 42 südwestdeutsche Nationalliberale in Heidelberg als Antwort auf die Gründung der Freisinnigen Partei eine Erklärung, die das Zusammengehen von Nationalliberalen, Konservativen und Landwirtschaft einleitete.

[5] Tgb. Marschall: 15. 7. 1884: Norddt. Allgem. Ztg. gegen Karlsruher Ztg. „Gegen die liberale Regierung in Baden. Turban als roter Republikaner gezeichnet" (Oberkirch, Besitz Frau v. Seyfried).

[6] Paul Graf v. Hatzfeldt-Wildenburg (1831—1901), 1874 Gesandter in Madrid, 1878 Botschafter in Konstantinopel, 1881 Staatssekretär des Ausw.Amtes, 1885 Botschafter in London.

[7] Tgb. Marschall: 18. 7. 1884: „Morgens Gespräch mit Holstein, der mir rät, den Grafen Herbert Bismarck noch anzuwarten" (Oberkirch, Besitz Frau v. Seyfried).

590. Großherzog Friedrich an Turban.

Tullgarn, 22. Juli 1884.

Die Badische Landpost vom 19.[1] enthält auf erstem Blatt einen die Regierung schwer beleidigenden Artikel, worin von Doppelspiel die Rede ist. Eine derbe Erwiderung dürfte wohl mindestens am Platze sein.

GLA 233/34795 fol. 194 Tel.

[1] Badische Landpost Nr. 167 v. 19. Juli 1884: [...] „Wir haben hier wieder einmal eine kleine Probe jenes Doppelspiels vor uns, welches man seit 1878 bei uns treibt. In Berlin spielt man den zuverlässigsten Freund der Reichsregierung, stimmt zu allen Vorlagen derselben und zuhause agitiert man gegen die Politik derselben mit allen zu Gebote stehenden Mitteln, indem man den Gegnern der Bismarckschen Ziele bei Wahlen zum Siege verhilft und das Volk über das wahre Verhältnis der Liberalen einerseits und der Konservativen andererseits zur Reichsregierung in der amtlichen Presse täuscht. Wie lange wird sich ein so falsches Spiel fortsetzen lassen? Der Tag der Entlarvung kann nicht ausbleiben." [...]

591. Turban an Großherzog Friedrich.

Karlsruhe, 23. Juli 1884.

Ich übersende Nr. 589. Bald nach Eintreffen jenes Berichtes erhielt ich von Frhr. von Marschall folgendes Telegramm vom Nachmittage des 21. d. M.:

„Die Norddeutsche Allgemeine wird heute abend nochmals einen polemischen Artikel gegen die Karlsruher Zeitung bringen, in welchem dieser auf ihre jüngste Bemerkung entgegnet wird, daß der Abdruck eines Artikels an leitender Stelle ohne Erläuterung die Verantwortlichkeit der Redaktion für denselben begründe. Mit dieser Replik ist die Sache voraussichtlich erledigt."[1]

Entweder war der Gewährsmann unseres Gesandten nicht hinreichend unterrichtet, oder er hat demselben nur die schwächere Hälfte von dem mitgeteilt, was geschehen sollte: Noch am nämlichen Abend verbreitete das Wolffsche Telegrafenbüro in konzentrierter Lauge die Quintessenz eines Artikels der Nordd. Allgem.

Zeitung, welcher weit über die formelle Frage der Mitverantwortlichkeit des Redakteurs der Karlsruher Zeitung für den Artikel der Badischen Korrespondenz hinaus mit nicht mißzuverstehender Weise gegen die grh. Regierung selbst sich richtet und sie mit den schwersten Beschuldigungen überhäuft.

Frhr. von Marschall war an demselben Abend von Berlin abgereist und hat sich am Montag nachmittag bei mir eingefunden. Er teilte mir mit, daß er in Berlin noch den Grafen Herbert Bismarck gesprochen und daß dieser ihm empfohlen habe, darauf hinzuwirken, daß die grh. Regierung selbst ihre Nichtbeteiligung an dem Vorgehen der Karlsruher Zeitung und ihre Mißbilligung desselben kundgebe, um dem fortgesetzten Wahlmanöver der Deutsch-Freisinnigen, die Badische Regierung gegen den Reichskanzler auszuspielen, mit einem Male den Boden zu entziehen.

Auf meine Entgegnung, daß ich eine solche Kundgebung jetzt, nachdem ungeachtet des seitens des grh. Gesandten bei dem Grafen Hatzfeld geschehenen Schrittes die Nordd. Allg. Zeitung ihre heftige Invektive gegen die grh. Regierung geschleudert habe, mit der Würde der letzteren nicht wohl zu vereinbaren wüßte, und daß äußerstenfalles jene Kundgebung nur in unmittelbarer Verbindung mit einer entschiedenen Zurückweisung der Angriffe der Nordd. Allg. Zeitung würde erfolgen können, was vermutlich neues Öl ins Feuer gießen würde —, bemerkte Frhr. von Marschall, er halte für nicht unwahrscheinlich, daß der Bericht des Grafen Hatzfeld über die Unterredung, welche er am 18. d. M. mit demselben gehabt, noch nicht in Varzin eingetroffen war, als der neueste Artikel der Nordd. Allg. Zeitung inspiriert wurde, und was meinen evtl. Einwand betreffe, so würde die gleichzeitige Zurückweisung der Beschuldigungen, welche das Bismarcksche Organ gegen die grh. Regierung erhebe, allerdings jetzt unvermeidlich, aber auch unbedenklich sein; Fürst Bismarck wisse die Verteidigung und feste Entgegnung eines Angegriffenen wohl zu ertragen und zu würdigen.

Da mir schien, daß, wenn der Anregung überhaupt stattgegeben werden könne und wolle, solches ohne Verzug geschehen müsse, jedenfalls aber eine Beratung mit dem Staatsministerium vorauszugehen hätte, so bat ich Frh. von Marschall während der Zeit, in welcher ich mit meinen Kollegen in Beratung trat, die Abfassung einer noch abends in die Karlsruher Zeitung aufzunehmenden offiziösen Erklärung zu versuchen und sich dann mit seinem Entwurf zur Beschlußfassung bei uns im Staatsministerium einzufinden. Aus diesen Einleitungen ist dann nach eingehender Beratung und Abwägung aller Gründe Für und Wider der Artikel hervorgegangen, welchen ich E. K. H. mit meinem untertänigsten Telegramm von heute früh avisierte und welchen Allerhöchstdieselben in der heutigen Nr. 173 der Karlsruher Zeitung unter der Rubrik „Großherzogtum Baden" inzwischen werden gelesen haben[2]. Ich darf als sicher unterstellen, daß auch der Artikel der Nordd. Allg. Zeitung selbst sowie sein Extrakt zur Allerhöchsten Kenntnis gelangten. Wir hielten es eben sowohl durch die Gesetze des Anstands wie der Klugheit für geboten, in unserer Erklärung nicht in den leidenschaftlich gereizten und boshaften Ton der Nordd. zu verfallen und uns in möglichster Kürze zu bewegen. Was unser Artikel darum vielleicht an Derbheit vermissen läßt, das wird jetzt — ohne alles diesseitige Zutun — von anderen geleistet. Hat doch sogar unser geschworener Gegner — der Bad. Beobachter — sich in dieser Sache der Regierung seiner Heimat angenommen und seine grobe Faust gegen deren Angreifer erhoben. — Daß wir jetzt — neben dem Kampfe mit der Norddeutschen von deren Hintergrund — nicht auch mit der dagegen verschwindenden Landpost ins Gericht gehen möchti, werden wohl auch E. K. H., wie ich annehmen zu dürfen glaube, gnädigst zu billigen geruhen.

Zufolge des Beschlusses der gestrigen Staatsministerialsitzung habe ich mich heute vormittag zu dem Kgl. Preuß. Gesandten Herrn von Eisendecher verfügt, um ihm ein Exemplar der heutigen Nummer der Karlsruher Zeitung zur Verfügung zu stellen und ihn nochmals — was schon vordem geschehen war — über den wahren Verlauf der Sache aufzuklären, zugleich aber auch ganz unverhohlen mein Befremden auszusprechen, daß die Nordd. Allg. Zeitung es unternehmen durfte, in grundloser Weise mit unerhörten Beschuldigungen gegen eine Regierung aufzutreten, welche in aufrichtiger Treue und Hingebung an das Reich von Anbeginn bis heute in vorderster Reihe steht und nach Kräften bestrebt ist, in Eintracht mit der Reichsregierung und zum Wohle des Ganzen zu wirken. Herr von Eisendecher hat meine Auslassungen durchaus sympathisch aufgenommen und wollte nicht unterlassen, noch heute in diesem Sinne nach Berlin zu berichten. *[...]*

Was das Verhalten der Karlsruher Zeitung für weiterhin betrifft, so habe ich darüber mit Redakteur Trost[3] eine längere Unterredung gehabt und ihm insbesondere in allen Angelegenheiten, welche sich auf das Reich und unser Verhältnis zur Reichsregierung beziehen, die äußerste Vorsicht eingeschärft mit der Maßgabe, daß er in wichtigen und in zweifelhaften Fällen im Ministerium sich Rats erholen möge. Weitere Erwägungen über die Gestaltung der Regierungspresse bleiben vorbehalten. Das wünschenswerteste wäre ja die Gewinnung einer ganz vorzüglichen, journalistisch ebenso gewandten und erfahrenen als mit allen Verhältnissen und Beziehungen des Großherzogtums vertrauten, dabei nach allen Seiten hin taktvollen Kraft für die Redaktion des sogenannten Regierungsorgans, welche dann auch noch, bei der erforderlichen Unterstützung durch einen tüchtigen Gehilfen, ihren Wirkungskreis auf die Förderung der Landes- und Regierungsinteressen in der Amtsverkündiger- und der sonst befreundeten Presse auszudehnen vermöchte.

Ist dieser Wunsch augenblicklich ein frommer, so wird doch unsere Aufmerksamkeit und unser Bestreben auf seine Erfüllung gerichtet bleiben müssen.

GLA FA Korresp. 13 N 536 Ausf. Eintrag des Großherzogs: „pr. Schloß Tullgarn in Schweden, den 27. Juli 1884. Zu den Akten. Beantwortet den 28. und 29. Juli F."; 223/ 34795 fol. 196-200 eig.Konz.

[1] Norddeutsche Allgemeine Zeitung Nr. 336 vom 21. Juli 1884 abends: „Der in Rede stehende Artikel [Nr. 588 Anm. 3] war zwar aus der Badischen Korrespondenz übernommen, aber von der Karlsruher Zeitung an leitender Stelle und ohne jede Bemerkung oder irgendeinen Vorbehalt abgedruckt. Für jeden unbefangenen Leser muß eine solche Wiedergabe des Artikels den unzweifelhaften Eindruck erwecken, daß sich die Karlsruher Zeitung voll und ganz zu dessen Inhalt bekenne. [...] Diesen Erwägungen gegenüber ist die Berufung auf ein journalistisches Herkommen eine zu fadenscheinige Ausflucht, als daß sie irgendeine ernsthafte Beurteilung beanspruchen könnte.

Wir glauben, daß weder der Leser jenes „übernommenen Artikels" noch jener Bemerkung der Karlsruher Zeitung auf unsere Ausführung die Naivität haben wird zu glauben, daß das badische Organ lediglich die Rolle des Registrators gespielt habe. Denn nicht gegen den Großgrundbesitz allein richtet sich die Spitze des Artikels, sondern gegen den „adeligen" Großgrundbesitz, und gerade dieses tendenziöse Beiwort hätte die Karlsruher Zeitung zu einer abwehrenden Bemerkung veranlassen müssen. Daß sie es nicht tat, bedeutet nach dem bekannten lateinischen Sprüchwort ihr Einverständnis, und dieses wieder ist ein ganz beabsichtigtes. Nicht der Großgrundbesitz ist dem badischen Regierungsorgan ein Dorn im Auge, nicht vor etwaigen agrarischen Übergriffen will dasselbe den Bauern warnen, sondern der Adel ist es, gegen welchen Haß und Feindschaft wachgerufen werden soll. Gerade diese Verhetzung war es, welche wir als einen Rückfall in die vormärzlichen Velleitäten bezeichneten; denn dieser Haß wurde insbesondere von dem Rotteckisch vorgebildeten badischen Beamtentum vor dem Jahre 1848 gegen den Adel und gegen die Monarchie geschürt. Deshalb ist namentlich in Baden die Wiederbelebung eines derartigen Klassenhasses nicht ohne Bedeutung, sie zeigt uns, welche Kräfte noch immer in einzelnen Schichten des Beamtentums latent wirken, und wir sind überzeugt, daß, wenn letztere sich in voller Freiheit entfalten könnten, der Adel und Großgrundbesitz nicht das letzte Objekt des Angriffes bilden würden. Eine solche Vergiftung des Volkes, eine solche Anstachelung der niedrigsten Leidenschaften muß in letzter Konsequenz zum Umsturz der Monarchie führen. Gegen derartige Unterwühlungen gibt auch der liberale Konstitutionalismus keinen Schutz.

Aber nicht bloß gegen den a d e l i g e n sondern auch gegen den k o n s e r v a t i v e n Grundbesitzer bietet die Karlsruher Zeitung ihre Gefolgschaft auf. Dies geschieht gerade in dem Augenblicke, in welchem die im Reiche an maßgebender Stelle wirkenden Kräfte bemüht sind, die Vereinigung des bisher in der badischen Regierung vertretenen Nationalliberalismus mit den konservativen Elementen herbeizuführen. Gerade in dem Augenblicke, in welchem die für das Reich bestimmende Politik darauf abzielt, die staatserhaltenden Parteien zu gemeinschaftlichem Wirken insbesondere auf dem sozialpolitischen Gebiete zusammenzubringen, gerade in dem Augenblick, in welchem bereits die ersten Früchte jener Politik gezeitigt sind, welche die Lage der ärmeren Klassen erleichtern, sie mit den besser gestellten versöhnen, den Klassenhaß beseitigen soll — gerade in diesem Zeitpunkt stellt das badische Regierungsorgan als die Grundlage seines Nationalliberalismus eben diesen Klassenhaß hin und sucht dadurch einen Keil in die beabsichtigte Annäherung zu schieben. Mit diesen Bestrebungen stellt sich das badische offiziöse Organ in einen bewußten Gegensatz zu der Reichspolitik, welche sich bestrebt, mit den Nationalliberalen Fühlung zu gewinnen und sie in ihrer Richtung gegen den Fortschritt Richter'scher Observanz zu stärken. Der Fortschritt hat aus seinem Haß gegen den Adel niemals ein Hehl gemacht, und die Richter'schen Brandreden gegen die Bevorzugung des Adels in der Armee, gegen die Schnaps- und Schweinepolitik des Reichskanzlers, welche lediglich dem adeligen Grundbesitz zugute kämen, kennzeichnen die zersetzende Richtung dieser Partei zur Genüge. Aber schlägt nicht die „Karlsruher Zeitung" dieselbe Tonart an, klingt nicht aus ihren Spalten derselbe Haß gegen den Adel, dieselbe Verketzerung des Grundbesitzes, dieselbe Verhetzung der Stände gegeneinander wieder?" [...] (GLA 233/34795 fol. 192 Ausschnitt).

Tgb. Marschall: 21. Juli 1884. „Holstein mit Graf Herbert bei mir. Fulminanter Artikel gegen Baden in der Norddt. Allgem. Abreise statt 7,20 Uhr erst 10,20 Uhr." — 22. Juli. „Karlsruhe Ankunft 2.30 Uhr, sogleich bei Turban. Dieser etwas erregt, spricht von Entlassung, geht aber schließlich darauf ein, eine von mir verfaßte Entgegnung in die Klrh. Ztg. aufzunehmen" (Oberkirch, Besitz Frau v. Seyfried).

[2] Karlsruher Zeitung Nr. 173 vom 23. Juli 1884: [...] „Die Aufnahme des fraglichen Artikels in die Karlsruher Zeitung ist ohne Wissen und Wollen der Großherzoglichen Regierung erfolgt. Die letztere mißbilligt den darin gegen den adeligen Großgrundbesitz, also gegen einen ganzen Stand erhobenen beleidigenden Vorwurf selbstsüchtiger Vorteilsbestrebungen; sie würde überdies lebhaft beklagen, wenn gerade in dem Augenblicke ein Mißklang in unser politisches Leben getragen würde, da der eben geschlossene Landtag die Hoffnungen auf ein versöhnliches Zusammenwirken aller gemäßigten Parteien auf sachlichem Boden in erfreulichstem Maße der Erfüllung näher gerückt hat. Schon aus diesen Gründen hat regierungsseitig irgend eine Einwirkung zu Gunsten der Aufnahme jenes Artikels nicht stattfinden können und nicht stattgefunden. Im Übrigen ist die Grh. Regierung nicht erst in diesem Augenblicke, sondern schon längst eifrig bemüht, die nationalen und staatserhaltenden Elemente zu gemeinsamem Wirken im Reiche zu vereinigen; sie wird, wie bislang, alle dahin gehenden Bestrebungen der Reichspolitik freudig und werktätig unterstützen und vermag daher den ihr nach dieser Richtung gemachten Vorwurf ebenso wie alle andern Beschuldigungen der Norddeutschen Allgemeinen Zeitung nur auf das entschiedenste zurückzuweisen" (GLA 233/34795 fol. 195).

[3] Karl Trost, Redakteur, 1886 im Karlsruher Adreßbuch, 1888 nicht mehr nachweisbar (frdl. Auskunft des GLA).

592. Großherzog Friedrich an Turban.

Schloß Tullgarn, 25. Juli 1884.

Nr. 588 Anm. 3 habe ich heute erhalten. Ich kann es nicht unterlassen, Ihnen meine Befriedigung darüber auszudrücken, da ich mit wahrer Spannung den Verlauf dieser unerquicklichen Zeitungspolemik verfolgte und mit jedem weiteren Tag es für nötiger fand, daß ein klärender Regierungsausspruch erfolgte. Nun dies geschehen ist, kann man dem weiteren Verlauf ruhiger zusehen. *[...]*

Diese Sache hat nun allerdings gezeigt, daß wir überhaupt beim Reichskanzler sehr schlecht angeschrieben sein müssen, damit ein so geringes Maß von scheinbarer Divergenz der Meinungen genügt, um sogleich eine solche Flut von Vorwürfen zu entfesseln. *[...]*

Ebenso bedauerlich aber ist es, daß die Leitung des Organs der national-liberalen Partei einen so ungeschickten Zug tat in einem Zeitpunkt, wo die Versöhnlichkeit ein politisches Gebot der Klugheit erschien. Möchte doch die Parteileitung aus diesen Erlebnissen die Erfahrung gewinnen, daß, wenn der Regierung Verlegenheiten bereitet werden, die Partei dabei nicht gewinnt. *[...]*

GLA FA Korresp. 13 Bd. 36 Nr. 26 eig.

593. Großherzog Friedrich an Turban.

Schloß Tullgarn, 28. Juli 1884.

Nr. 591 habe ich gestern erhalten. [...] Die entschiedene und doch sehr vorsichtige Erklärung war gewiß nötig geworden und wird klärend nach allen Seiten hin wirken. Ich hätte nur noch eine Seite der Frage gerne besprochen gesehen.

Der unqualifizierte Artikel der Norddeutschen Allgemeinen Zeitung entwirft ein so grauenhaftes Bild von unserem Staatszustand und von den Beamten, daß eine besondere Zurückweisung dieses Angriffspunktes erwünscht gewesen wäre. — Ich sehe nun aus unseren Zeitungen, daß man sich das auch erwartet hatte. — Nun, da wieder weitere Tage darüber hingegangen sind, läßt sich die Sache nicht wohl wieder aufnehmen. Ich berühre daher nur diesen Punkt, um Ihnen meine Auffassung der ganzen Lage zu charakterisieren.

Für die Art, wie die N. A. Z. uns angegriffen hat, gibt es kaum einen Ausdruck, der genügt, um meine Empörung zu schildern. So greift man nur an, wenn ein alter Groll im Herzen sitzt, dem gelegentlich Luft gemacht werden will. — Das ist also der Lohn für Treue, Aufopferung, Hingebung und Selbstlosigkeit. So behandelt man den Freund, weil man seiner sicher ist! Dafür habe ich nur einen Ausdruck, den ich aber nicht schreiben will, um das Papier nicht zu besudeln. Abscheu wird genügend sagen. Das Verfahren ist unwürdig und unverantwortlich und wird nur üble Folgen haben. Daß diese übeln Folgen uns im Lande möglichst wenig schaden, darum wird es sich zunächst handeln. Denn für die Reichstagswahlen[1] ist die Sache nun verdorben. An ein friedliches Zusammengehen der Parteien ist nicht mehr zu denken. Der Riß, den die N. A. Z. in die friedlichen Absichten und Gesinnungen gemacht hat, läßt sich nur schwer heilen, denn das Vertrauen ist untergraben.

Aber nicht minder trägt derjenige die Schuld daran, welcher den Anstoß dazu gegeben hat, und da habe ich die Frage, ob das der Präsident Kiefer ist, welcher nur seine Ernennung abgewartet hat[2], um das wahre Gesicht herauszukehren und nach alter schlechter Übung der Regierung Verlegenheiten zu bereiten. Die neueste gegen die Regierung gerichtete Äußerung der „Badischen Korrespondenz" läßt wohl keinen Zweifel übrig, daß Kiefer dieselbe geschrieben hat. Er wird wohl die Erfahrung machen müssen, daß solches Verfahren nicht ohne Folgen bleiben kann und daß es ein anderes ist, Zeitungsartikel zu schreiben und die Politik einer Regierung beeinflussen wollen.

Kiefer vergißt es, wie mir scheint, daß vor noch nicht langer Zeit er niemanden mehr hinter sich hatte und daß die Regierung es war, welche der Partei, zu der er gehört, auf die Beine geholfen hat. Das ist unter Umständen geschehen, die sowohl den Abgeordneten als den Präsidenten Kiefer zur Überzeugung bringen sollten, daß es ebenso nötig als anständig wäre, auf die Regierung Rücksicht zu nehmen und ihr die Aufgabe im Lande sowohl als im Reich nicht dadurch zu erschweren, daß der alte verwerfliche Kampfton angeschlagen werde, der uns so vielen Schaden gebracht hat. — Ich kann unter diesen Verhältnissen nicht unterlassen, mein ganzes Bedauern zu äußern, daß derjenige Mann in eine bevorzugte Stellung gekommen ist, welcher sich nun wiederholt als so unzuverlässig bewährte und daß er zum Dank für diese Bevorzugung vor anderen würdigen und zuverlässigen Beamten wie z.B. Amann[3] sich so schlimm benommen hat.

Mit besonderer Genugtuung begrüße ich es, daß Sie mir mitteilen, welche Anordnungen Sie bezüglich der Redaktion der K.[arlsruher] Z.[eitung] getroffen haben. Es wird gewiß recht nötig sein, eine fortgesetzte Beaufsichtigung eintreten zu lassen und die Redaktion in einer steten Verbindung mit der Regierung zu erhalten. Ich begrüße es besonders freudig, daß Sie beabsichtigen, der Presse eine eingehende Beachtung zu widmen; es wird das die Aufgaben der Regierung wesentlich erleichtern.

Den Bericht des Freiherrn von Marschall lege ich hier wieder an. Seine Mitteilungen über meine Unterredung mit ihm sind ganz entsprechend — aber freilich geschah dies vor dem letzten Artikel der N. A. Z. — und dieser hat die Lage der Dinge für meine Anschauungen insofern gewaltig verändert, als wenn ich ihn gekannt hätte, würde ich dem Freiherrn von Marschall ganz andere Aufträge gegeben haben. Damals aber waren wir beide noch in dem guten Glauben, es werde alles Weitere abgeschnitten werden, wenn der wahre Zusammenhang der Dinge an maßgebender Stelle bekannt sei. — Dieser Irrtum kann wohl denen zur Ehre gerechnet werden, die von solch gutem Glauben ausgehen. [...]

GLA FA Korresp. 13 Bd. 36 Nr. 27 eig.

[1] Reichstagswahlen am 28. Okt. 1884.
[2] Kiefer wurde 1884 zum Präsidenten des Landgerichts Konstanz ernannt.
[3] Wilhelm Amann (1829—1904), Kollegialmitglied des Kathol. Oberstiftungsrates.

594. Turban an Großherzog Friedrich.

Karlsruhe, 30. Juli 1884.

[...] Besonderen Dank habe ich E. K. H. auszusprechen, daß Allerhöchstdieselben die Billigung der Behandlung des mit Berlin ausgebrochenen Konfliktes zu erkennen zu geben geruht haben. Ich habe mich seither — aber vergeblich — der Erwartung hingegeben, daß uns von Berlin aus in irgend einer Form ein Wort des Bedauerns, wenn nicht der Entschuldigung zugehen werde. Dies ist, wie gesagt, bis jetzt nicht geschehen und wird ja wohl auch nicht mehr geschehen, nachdem die Nordd. Allg. Zeitung in ihrer Nr. 342 vom 24. d. M. unsere Erklärung wörtlich abgedruckt und eine Art abschließender Bemerkung hinzugefügt hat, welche nichts weniger als einer Palinodie gleich sieht.

Daß auf der anderen Seite im Lande selbst die oppositionellen Blätter uns den gemäßigten Ton unserer Erklärung zum Vorwurf machen, ja zum Teil sogar durch Verschweigung und Entstellung den Vorwurf gegen uns erheben, wir hätten das Ansehen des Landes und Beamtentums (?) preisgegeben, müssen wir, wie so vieles andere, in Geduld hinnehmen. *[...]*

Eine im Staatsministerium dieser Tage gepflogene Erörterung der Regierungspresse-Frage und eingehende Besprechung verschiedener bezüglicher Vorschläge hat zu einer durchgreifenden Änderung noch nicht geführt. Jeder Wechsel in den objektiven Einrichtungen hat so viel Gefahr in sich wie das Bestehende oder noch mehr; zu einem subjektiven Tausch fehlt es augenblicklich an einer alle erforderlichen und vertrauenswerten Eigenschaften in sich vereinigenden Persönlichkeit. Bis das Bessere sich findet, wird man erwarten dürfen, daß der jetzige Redakteur der Karlsruher Zeitung durch seinen jüngsten Schaden wieder um so viel klüger geworden und bestrebt sein wird, der ihm ausdrücklich erteilten Ermahnung zur Vorsicht Folge zu leisten. Auch soll versucht werden, mehr vertraulichen Einfluß auf die Badische Landeszeitung zu gewinnen und ihr Stoff zuzuführen, der nach den Auffassungen der grh. Regierung behandelt ist. *[...]*

GLA FA Korresp. 13 N 536. Vermerk des Großherzogs: „Pr. Schloß Tullgarn, 2. Aug. 1884".

595. Eisendecher an Bismarck.

Karlsruhe, 3. August 1884.

Die Kaiserin äußerte bei ihrem Hiersein in sehr gnädiger Weise Höchstihre Befriedigung darüber, daß ich zum Vertreter am Badischen Hofe berufen und bereits auf meinem neuen ehrenvollen Posten eingetroffen sei. S. K. H. der Großherzog sei die Perle der deutschen Fürsten, und Baden habe nicht nur in Anbetracht des nahen verwandtschaftlichen Verhältnisses, sondern auch sonst in politischer Beziehung eine große Wichtigkeit in Deutschland.

Bonn, Archiv Ausw. Amt, Baden Nr. 31 Vol. 5, Ausf.

596. Franz Xaver Kraus an Großherzog Friedrich.

Freiburg, 7. September 1884.

Se. Exz. der Herr Erzbischof beauftragen mich, E. K. H. für die gnädigste Einladung zum Besuche Sigmaringens am 21. Oktober untertänigst zu danken und sein lebhaftes Bedauern zu übermitteln, daß der Gesundheitszustand des hochwürdigsten Herrn, namentlich angesichts seines augenblicklichen Befindens, ihm in der vorgerückten Jahreszeit die Reise nicht mehr gestatten wird. *[...]*

GLA FA Korresp. 13 N 430 Nr. 5.

597. Marschall an Turban.

Berlin, 18. September 1884.

Nach der heutigen Bundesratssitzung machte Herr Staatsminister von Bötticher einer kleinen Gruppe von Bundesratsbevollmächtigten, zu welchen ich auch gehörte, folgende Mitteilungen über die soeben stattgehabte Dreikaiserzusammenkunft[1]: Der Reichskanzler, welchen Herr von Bötticher heute morgen gesprochen, sei außerordentlich vergnügt und befriedigt von Skiernewice zurückgekehrt, er habe ihm gesagt, daß nicht nur der äußere Verlauf der Entrevue ein außerordentlich gelungener gewesen, sondern auch der Zweck derselben vollkommen erreicht worden sei; ganz besonders erfreut habe sich Fürst Bismarck darüber geäußert, daß sein Streben, eine persönliche Annäherung zwischen Kaiser Alexander III. und Kaiser Franz Josef herbeizuführen, über alle Erwartung erfolgreich gewesen. — Auf die Erreichung dieses Zweckes habe er — der Reichskanzler — den höchsten Wert gelegt; der Gedanke, daß die Anwesenheit S. M. unseres Kaisers und auch die seinige dazu beitragen werde, die beiden Monarchen sich persönlich näher zu führen, sei maßgebend gewesen für die Beteiligung an der Zusammenkunft von deutscher Seite. Sowohl der Kaiser Alexander III. wie Kaiser Franz Josef hätten ihm wiederholt auf das herzlichste für seine Bemühungen in diesem Sinne gedankt; ebenso habe die Kaiserin, die doch deutscher Sympathien nicht verdächtig sei, ihn demonstrativ ausgezeichnet, zu öfteren Malen in wärmster Weise ihren Dank ausgesprochen und dabei dem Wunsche Ausdruck gegeben, daß das freundschaftliche Verhältnis zwischen den drei Reichen, welches in der Dreikaiserzusammenkunft bekundet worden, allezeit währen möge. *[...]*

GLA 233/12794 Ausf.

[1] 15. — 17. Sept. 1884.

598. Marschall an Turban.

Berlin, 22. September 1884.

Vertraulich! Ew. Exz. wollen hochgefälligst entschuldigen, wenn ich abermals auf die bedauerliche Preßangelegenheit dieses Sommers zurückkomme[1]. *[...]* Ich darf Ew. Exz. offen aussprechen, daß neben der innern Empörung, die ich über den Inhalt des zweiten Artikels der Norddeutschen Allgemeinen Zeitung[2] empfand, mir ganz besonders peinlich der Umstand war, daß dieser Artikel chronologisch der versöhnenden Erklärung nachfolgte, welche ich im Auftrage S. K. H. des Großherzogs *[...]* dem Grafen Hatzfeld abgegeben hatte[3] und wenigstens auf den ersten Anschein die Möglichkeit nicht ausgeschlossen war, als ob der zweite Artikel n a c h und t r o t z jener Erklärung inspiriert worden sei. *[...]* Heute kann ich aufgrund der sichersten Information[4] als Tatsache berichten, daß der desfallsige Bericht des Grafen Hatzfeldt erst n a c h Inspiration des fraglichen Artikels der Norddeutschen Allgemeinen in Varzin eingetroffen ist. Der Reichskanzler hatte sich zum zweiten Male über die Karlsruher Zeitung geärgert wegen der in Nummer 167 vom Mittwoch, den 16. Juli enthaltenen Entgegnung auf den ersten Artikel der Norddeutschen Allgemeinen; er erblickte in demselben eine offiziöse Emanation und glaubte aus dem sarkastischen Tone des Artikels entnehmen zu dürfen, daß man von badischer Seite die Sache, die ihn empfindlich berührt hatte, sehr leicht nehme und sich durch ein journalistisches Herkommen gedeckt glaube, das nach seiner Ansicht nicht existierte. Seine Stimmung war noch gereizter als nach dem ursprünglichen Artikel der Karlsruher Zeitung, und so entstand die Inspiration des Artikels vom 21. Juli. Erst später traf der Bericht des Grafen von Hatzfeldt über meine Erklärung ein, mit welcher der Reichskanzler die g a n z e A n g e l e g e n h e i t   a l s   i n   j e d e r   R i c h t u n g   e r l e d i g t   e r a c h t e t e. *[...]*

Der Beruhigung, welche diese Feststellung bezüglich e i n e s Punktes gewährt, steht die Erkenntnis gegenüber, daß an der Sache selbst, d. h. an der Beurteilung des Angriffs des offiziösen Blattes und dem Eindruck, den dieser machen mußte, natürlich nichts geändert wird; wenn nach Einlauf des Berichts des Grafen Hatzfeldt die Sache nicht mehr zu redressieren war, so konnte man Mittel und Wege finden, das Geschehene, soweit möglich war, wieder gutzumachen. Leider ist der Reichskanzler nicht dazu vereigenschaftet, derartiges zu tun, und ebensowenig vermag er die Strenge, die er gegen andere walten läßt, auch gegen seine eigenen Mitarbeiter zu üben — er verzeiht Schwäche niemals, Schärfe stets, auch wenn sie weit über die Grenzen des Zulässigen hinausgeht, sofern sie nur seiner Stimmung gerecht wird. An diese Eigenschaft des Reichskanzlers knüpft sich ein gewisses Strebertum an, dem auch der damalige Stellvertreter des Geheimen Rats Rottenburg angehört. Letzterer würde aufgrund derselben Inspiration einen Artikel wesentlich anderen Inhalts geschrieben haben.

Daß der Reichskanzler die Bemerkung in der Karlsruher Zeitung vom 16. Juli (Nr. 167), die nach Ton und Inhalt die Feder der Redaktion erkennen ließ, für offiziös erachtete, läßt sich nur durch die Übung der Reichskanzlei selbst erklären, die in den ihr zu Gebote stehenden Blättern in allen möglichen Tonarten und unter den mannigfachsten Verkleidungen ihre Inspirationen an den Mann zu bringen pflegt. Es zeigt jene Tatsache zugleich, wie schwer es ist, Verstimmungen zu vermeiden, wenn der Reichskanzler sich einmal in den Gedanken einer gegen ihn gerichteten journalistischen Aktion hineingearbeitet hat, wie es hier offenbar der Fall gewesen ist. *[...]*

GLA 233/34795 fol. 202-205 Ausf., dem Großherzog vorgelegt am 26. 9. 84.

[1] Nr. 587 ff.
[2] Nr. 591 Anm. 1.
[3] Nr. 589.
[4] Nach Tgb. Marschall 22. 9. 1884 stammt die Information von Holstein.

599. Marschall an Turban.

Berlin, 5. Oktober 1884.

[...] Was die Wahlaussichten[1] betrifft, so habe ich in gouvernementalen preußischen Kreisen eine zuversichtliche Stimmung, ja selbst eine Siegesgewißheit ge-

funden, die mich einigermaßen überraschte. Man hofft, in Ostpreußen den Fortschritt auf dem platten Lande so ziemlich überall zu vertreiben, ihm die wenigen Sitze, die er bei der letzten Wahl in Pommern errungen, wieder abzunehmen und in Holstein ihn wenigstens zu schwächen. Auch die Hoffnungen, welche sich an das Heidelberger Programm[2] vornehmlich für Mittel- und Süddeutschland knüpften, bestehen unverändert fort, obgleich die jüngste Rede Bennigsens[3], wie überhaupt dessen reservierte Haltung verstimmend gewirkt hat. Den einzigen schwarzen Punkt bildet die Taktik des Zentrums, welches, der Amberger Parole Windthorsts[4] entsprechend, die Rolle des „Wahlverderbers" zu spielen gedenkt. Die Befürchtungen, welche sich für einige Wahlkreise daran knüpfen, regen natürlich vielfach den Wunsch auf Beseitigung des preußischen Kulturkampfes wieder an. Indes ist irgendeine neue Tatsache auf diesem Gebiete nicht zu verzeichnen. Der Reichskanzler hält an dem Standpunkte fest, daß es nunmehr an Rom sei, mindestens in den schwebenden Personalfragen Konzessionen zu machen. Dabei bewegt sich seine Kirchenpolitik prinzipiell noch immer in dem Kreise der diskretionären Gewalten: faktisch friedliche Verhältnisse, aber Beibehaltung der „Waffen", um sie gegebenenfalls wieder zu gebrauchen. Ich möchte glauben, daß seine Anschauung in letzter Beziehung ziemlich isoliert dasteht — Herr von Goßler[5] wenigstens hat von der Wirksamkeit der maigesetzlichen Bestimmungen als „Waffen" gegen die Übergriffe der katholischen Kirche eine sehr geringe Idee und dürfte dem Gedanken einer organischen Revision der kirchenpolitischen Gesetze näherstehen, als seine Reden im jüngsten Landtage es erkennen ließen. Gegenwärtig setzt man hier Hoffnung darauf, daß es dem Einflusse der preußischen Bischöfe, die — mit Ausnahme desjenigen von Trier — als dem Frieden geneigt gelten, gelingen werde, in Rom nicht nur die erforderlichen Konzessionen in Personalfragen zu erzielen, sondern auch in der Erziehungsfrage einen den deutschen Verhältnissen entsprechenden modus vivendi herbeizuführen. [...]

GLA 233/34795 fol. 207-215 Ausf., dem Großherzog vorgelegt.

[1] Vgl. Nr. 593 Anm. 1.   [2] Vgl. Nr. 589 Anm. 4.
[3] Am 14. Sept. 1884 in Hannover vor der nationalliberalen Partei der Provinz, vgl. *Oncken* II S. 513.
[4] Auf der 31. Generalversammlung der Katholiken Deutschlands in Amberg Aug./ Sept. 1884 forderte Windthorst zur Bekämpfung der Nationalliberalen auf.
[5] Gustav v. Goßler (1838—1902), seit 1877 Mitglied des Reichstages (konservativ), 1881—91 preuß. Kultusminister.

600. Großherzog Friedrich an Herzog Adolf von Nassau.

Schloß Baden, 10. Oktober 1884.

Erst seit wenigen Tagen sind wir mit unserm ältesten Sohn wieder vereint, und zu ruhigen Stunden ernsteren Gesprächs mit ihm konnten wir jüngst erst gelangen. Wenngleich der Inhalt der Unterredungen, welche ich mit Dir auf Mainau pflegen konnte, bald nachher schriftlich an meinen Sohn gelangte, blieb doch so mancher wichtige Teil dieser Angelegenheit mündlicher Besprechung vorbehalten.

Ich komme nun, Dir das Ergebnis der Erwägungen meines Sohnes mitzuteilen, und bitte Dich, die Rückhaltlosigkeit meiner Anfrage als die Fortsetzung unserer Mainau-Gespräche betrachten zu wollen.

Du wirst gerne erkennen wollen, daß die Darlegung Deiner politischen Anschauungen meinen Sohn vor die schwierige Frage stellte, ob er es überhaupt unternehmen dürfe, in nähere Beziehungen zu Deiner Familie zu treten, d. h. den Versuch zu wagen, mit Deiner Tochter bekannt zu werden, um dadurch zu weiteren Entschließungen zu schreiten.

Deine mir gegebene Versicherung, daß Deine Tochter sich eventuell ganz frei zu entschließen habe und ohne Rücksicht auf politische Beziehungen und persönliche Verhältnisse ihre Wahl treffen dürfe, — haben meinem Sohn den Mut gegeben, bei Dir anzufragen, ob Du und die Herzogin gestatten wollet, daß er persönlich bei Euch erscheine und mit Deiner Tochter frei und aufrichtig reden dürfe, wie es seiner Gesinnung entspricht. Er möchte zunächst der Prinzessin seinen ganzen Standpunkt bezüglich seiner politischen Grundsätze, seiner verwandtschaftlichen Beziehungen, seiner eigenen Absichten für die Zukunft, seiner Auffassungen bezüglich sozialer Aufgaben und Verpflichtungen darlegen, — vorausgesetzt, daß die Prinzessin überhaupt geneigt ist, einen solchen Verkehr zu pflegen, aus dem die Folge eine Entscheidung über das beiderseitige Los der jungen Leute sein würde. Es bedarf wohl nicht der Versicherung, daß mein Sohn weit davon entfernt ist, die Prinzessin zu einer Entscheidung zu drängen, er wünscht nur durch seinen Ausspruch die Prinzessin in die Lage zu setzen, ihn ganz zu verstehen und danach bei ruhiger Erwägung ihre Entschließung fassen zu können auf Grundlage des gewonnenen persönlichen Eindrucks.

Ich übermittle Dir diese Anfrage meines Sohnes, da wir Eltern ihn in seiner Absicht gerne unterstützen und dieselbe vollkommen billigen. Wir hoffen, daß Du und die Herzogin in dieser Anfrage die ganze Ehrlichkeit des Strebens unseres Sohnes werdet erkennen wollen, sowie den Ausdruck unseres Wunsches, daß es ihm gelingen möge, diesen günstigen Eindruck bei der Prinzessin, Eurem geliebten Kinde, zur Geltung zu bringen. Deiner freundlichen Antwort, ob unser Sohn in solcher Weise bei Euch erscheinen darf, und wo und wann dies etwa erfolgen kann, sehe ich mit bewegtem Herzen entgegen. *[...]*

GLA FA Korresp. 13 Bd. 41 Fasz. 42 Nr. 6 eig. Konz.

601. Großherzog Friedrich an Herzog Adolf von Nassau.

Schloß Baden, 18. Oktober 1884.

Dein werter Besuch auf Mainau hat mir Veranlassung gegeben, über den Inhalt unserer Unterredungen eingehende Besprechungen mit meinem ältesten Sohn zu pflegen. Die Erwägungen, welche daraus hervorgegangen sind, führen mich heute zu Dir, und ich schließe nur an unsere Besprechungen an, welche sich in so rückhaltlosen Betrachtungen bewegten, um Dir ganz aufrichtig darzulegen, welche Wirkungen daraus erwachsen sind.

Obgleich die Anknüpfungspunkte für eine nähere Beziehung meines Sohnes zu Deiner Familie zu finden durch Deine freundschaftlichen Mitteilungen in mancher Beziehung sehr erschwert sind, möchte er doch eine Gelegenheit erhalten dürfen, mit Deiner Tochter bekannter zu werden.

Deine mir gegebene Versicherung, Du werdest Deiner Tochter eventuell ganz freie Entschließung gestatten, damit sie ohne Rücksicht auf politische oder persönliche Beziehungen und Verhältnisse ihre Wahl treffe — hat meinen Sohn ermutigt, Dir hiermit die Frage vorzulegen, ob es Dir und der Herzogin, Deiner Gemahlin, tunlich erscheint, daß er sich Euch persönlich vorstelle und um die Gunst einer Unterredung mit Eurer Tochter bitte. Er möchte der Prinzessin seinen durch Erfahrung und Überzeugung erworbenen und begründeten politischen Standpunkt und die Grundsätze darstellen, auf denen seine Gesinnungen beruhen. Anschließend an seine verwandtschaftlichen Beziehungen würde er seine eigenen Pläne und Absichten für die Zukunft, seine Auffassungen bezüglich sozialer Aufgaben und Verpflichtungen näher erörtern.

Es bedarf wohl nicht der Versicherung, daß mein Sohn weit davon entfernt ist, die Absicht zu haben, der Prinzessin eine Entschließung aufzudrängen; er wünscht nur durch solche Unterredung die Prinzessin in die Lage zu setzen, ein Urteil über ihn und seine Verhältnisse zu gewinnen, damit sie die ihr gewordenen persönlichen Eindrücke reiflich erwäge und prüfe. Eine Entscheidung darüber würde mein Sohn erst erwarten können, wenn die Prinzessin mit ihren Eltern die ernste Frage sorgfältig und nach allen Seiten hin erwägend beraten hat[a]. Sollte sich die Prinzessin zu der vorgeschlagenen Unterredung als zu einer prinzipiellen Anerkennung nicht entschließen können[b], so darf ich mir eine aufrichtige Antwort darüber von Dir erbitten und versichere Dich im voraus, daß das an unseren guten Beziehungen nichts ändern kann, sowie daß unsererseits die Angelegenheit unbesprochen bleibt.

Indem ich Dir nun die Anfrage meines Sohnes übermittle und dabei unser volles Einverständnis mit seinen Absichten ausspreche, gebe ich der Hoffnung Raum, daß Du und die Herzogin in diesem Vorschlag die ganze Ehrlichkeit des Strebens unseres Sohnes werdet erkennen wollen, der Prinzessin ein klares Bild seines Denkens und Fühlens zu entwerfen.

Deiner freundlichen Antwort entgegensehend, bitte ich zugleich eventuell um nähere Angabe des Ortes und der Zeit, welche Du bestimmen willst[c]. [. . .]

a) *Folgt gestr.:* Das alles ist unter der Voraussetzung gedacht, daß die Prinzessin überhaupt geneigt sein sollte [am Rande: diesen Vorschlag anzunehmen, der bestimmt für die beiderseitige] einen so vertraulichen Verkehr zu pflegen, aus dem eventuell eine Entscheidung werden kann über das beiderseitige Los der jungen Leute die Folge sein könnte.

b) *Auf Zettel Zusatz von fremder Hand:* Sollte die Prinzessin auf diesen Vorschlag einzugehen geneigt sein, so würde sich, je nach dem die Unterredung verläuft, erkennen lassen, ob beide junge Leute in nähere Bekanntschaft treten wollen oder nicht. *Hand des Großherzogs:* Auch mein Sohn würde ja erst mit sich zu Rate gehen müssen, ob er infolge der gewonnenen Eindrücke eine Verbindung für möglich hält.

c) *Auf einem Zettel von der Hand Turbans:* Dem Betreffenden ist recht klar zu machen, daß es in seinem eignen Interesse liegt, danach zu streben, auf ein Verhältnis heraus zu kommen, was unbefriedigende Resultate verspricht, sowohl in der jetzigen Stellung als in einer eventuell verringerten. Dabei ist hinzuweisen, daß bei seiner tiefen Verehrung er doch nicht etwas tun dürfte — weder jetzt noch später — was so entschieden gegen den Willen und nicht im Sinne des Kaisers sein würde.

GLA FA Korresp. 13 Bd. 41 Fasz. 42 Nr. 7 eig. Konz.

602. Herzog Ernst August von Cumberland an Großherzog Friedrich.

Gmunden, 18. Oktober 1884.

Nach dem heute erfolgten Tode des Herzogs Wilhelm von Braunschweig ist kraft der im Braunschweig-Lüneburgschen Gesamthause bestehenden und im Herzogtum Braunschweig landesverfassungsmäßig geltenden Erbfolgeordnung die Regierung des Herzogtums Braunschweig auf mich übergegangen und Ich habe dieselbe mittelst des abschriftliche beiliegenden Patentes[1] angetreten. Bin ich damit als nunmehr regierender Herzog von Braunschweig zugleich in die Bundesgenossenschaft der Mitglieder des Deutschen Reiches, namentlich auch mit E. K. H. eingetreten, so überlasse ich Mich gern der Hoffnung, daß Ich in dieser Bundesgenossenschaft von E. K. H. mit derselben bundesfreundlichen Gesinnung aufgenommen werde, welche Höchstdieselben mit dem verstorbenen Herzog verbunden hat und welche Ich selbst zu erweisen aufrichtig bereit bin. *[...]*

GLA FA Korresp. 13 N 249 Abschr.

[1] Patent des Herzogs v. Cumberland, Gmunden 18. Okt. 1884: [...] „Wir werden die Regierung des Herzogtums nach Maßgabe der Verfassung des Deutschen Reichs sowie der Landesverfassung führen, und wir versichern bei Unserm Fürstlichen Worte, entsprechend der Bestimmung im § 4 der Landschaftsordnung vom 12. Oktober 1832, daß Wir die Landesverfassung in allen ihren Bestimmungen beobachten, aufrechterhalten und beschützen wollen" [...] (vollständig: Das Staatsarchiv, Bd. 53 (1892) S. 230 f.).

603. Marschall an Turban.

Berlin, 19. Oktober 1884.

[...] In den Kreisen meiner Kollegen hat der Umstand ein gewisses Aufsehen gemacht, daß der von S. M. dem Kaiser mit dem Oberbefehl über die braunschweigischen Truppen gemäß § 4 Ziffer 4 des Regentschaftsgesetzes vom 16. Februar 1879 betraute Generalmajor von Hilgers in seiner gestrigen Proklamation auch das politisches Gebiet betritt, das Hinscheiden des Herzogs ohne weiteres als „unbeerbt" bezeichnet und die Frage der Legitimation der Vertreter Braunschweigs im Bundesrate berührt, die doch zunächst den Regentschaftsrat angeht[1]. *[...]*

GLA 233/12937 fol. 1 Abschr.

[1] Die Proklamation des Generalmajors Frhr. v. Hilgers, Kommandeur 40. Inf.Brigade, an die Bewohner des Herzogtums Braunschweig, Braunschweig, 18. Okt. 1884: „Nach dem unbeerbten Hinscheiden S. H. des Herzogs Wilhelm hat das Deutsche Reich vermöge des Bundesvertrages von 1867 und der Reichsverfassung die Frage zu prüfen, wer dem verstorbenen Herzoge als Reichsgenosse und Landesherr in Braunschweig folgen wird. Die verbündeten Regierungen werden zunächst im Bundesrate über die Legitimation der Vertretung Braunschweigs in demselben zu entscheiden haben. Bis zur erfolgten Entscheidung wird S.M. der Kaiser auf Grund des Bundesvertrages und der Artikel 11 und 17 der Reichsverfassung darüber wachen, daß der rechtmäßigen Erledigung der Thronfolge nicht vorgegriffen und daß die an der Person des Herzogs haftenden militärischen Reservatrechte sichergestellt werden. Zu diesem Zwecke und im Hinblick auf Artikel 4 Nr. 3 und 4 des Braunschweigischen Gesetzes vom 16. Februar 1879 hat S.M. der Kaiser mir den Oberbefehl über die in dem Herzogtume stehenden Truppen übertragen. Ich habe denselben übernommen und fordere die Bewohner des Herzogtums im Namen S.M. des Kaisers auf, der Entscheidung des Reiches im Vertrauen entgegenzusehen, daß die Rechte und die Zukunft ihres Landes unter dem Schutz des Reiches und seiner Verfassung stehen" (ebd. fol. 52 Druck). — Marschall berichtet an Turban, Berlin 20. Okt. 1884: „Die Proklamation [...] ist v o m R e i c h s k a n z l e r s e l b s t e n t w o r f e n und vom Auswärtigen Amte unmittelbar nach Einkunft der Todesnachricht nach Braunschweig telegraphiert worden. Sie hat nach den heute eingelaufenen Nachrichten auch in Braunschweig etwas verstimmt, da sie der im Regentschaftsgesetze vorgesehenen Initiative des Regentschaftsrats vorzugreifen schien und dadurch zu mannichfachen Kombinationen Anlaß gab. Aus den in der Prokla-

mation zitierten Verfassungsparagraphen, zumal dem § 11, geht jedoch meines Erachtens hervor, daß irgendein Eingriff in das braunschweigische Landesrecht keineswegs beabsichtigt ist, sondern es sich nur um eine vorläufige Sicherheitsmaßregel gegenüber der Möglichkeit des Auftretens ausländischer Prätendenten handelt" (ebd. fol. 7 f. Ausf.). Zur Entstehungsgeschichte der Proklamation (Staatsarchiv 53 S. 226 f.), besonders den unterschiedlichen Auffassungen Kaiser Wilhelms I. u. Bismarcks vgl. H. *Philippi*, Bismarck u. die braunschw. Thronfolgefrage, Niedersächs. Jb. 32 (1960) S. 286 f., 289 f.

604. Herzog Adolf von Nassau an Großherzog Friedrich.

Frankfurt, 23. Oktober 1884.

Infolge der Beisetzung des Landgrafen von Hessen[1] ist Nr. 601 erst heute bei mir eingetroffen. Unser Töchterlein ist nicht hier, sondern weilt noch in Bayern, und werden wir erst in den nächsten Tagen in Wien auf der Durchreise nach Böhmen zusammentreffen. So bald sich ein ruhiger Augenblick dazu finden wird, soll ihr die von Dir, lieber Freund, angeregte Frage vorgelegt werden, und werde ich Dir ihre Entscheidung alsbald mitteilen. Von dem jungen Herrn ist es jedenfalls sehr edel gedacht, meiner Tochter seine ganze Denkungsart darlegen zu wollen, praktischer würde es mir erscheinen, wenn er weniger von Politik reden und suchen würde, ihr Herz zu gewinnen. *[...]*

GLA FA Korresp. 13 Bd. 41 Fasz. 42 Nr. 8 eig.

[1] Landgraf Friedrich Wilhelm v. Hessen (1820—84), gest. 14. 10. 84.

605. Turban an Großherzog Friedrich.

Karlsruhe, 24. Oktober 1884.

[...] Herr von Eisendecher hat mir soeben infolge eines vom Auswärtigen Amt ihm zugegangenen Telegramms vertraulich die mündliche Mitteilung gemacht, daß der Herzog von Cumberland durch Graf Grote[1] S. M. den Kaiser habe bitten lassen, ihn persönlich zu empfangen und die Notifikation seiner Thronbesteigung als Nachfolger des höchstseligen Herzogs Wilhelm von Braunschweig entgegenzunehmen[2]. Der Kaiser habe beides abgelehnt, da die Angelegenheit z. Zt. der Prüfung der Reichsbehörden unterliege. *[...]*

GLA 233/12937 fol. 2 Konz.

[1] Graf Adolf Grote (1830—98), Kammerherr des Herzogs v. Cumberland.
[2] Turban an den Großherzog, Karlsruhe 26. Okt. 1884: Nach einer heute Vormittag stattgefundenen Unterredung mit Eisendecher, in der er mir einen Erlaß des Reichskanzlers vorlas, muß ich meinen Bericht vom 24. Okt. dahin berichtigen, „daß Graf Grote nicht für den Herzog von Cumberland, sondern für sich um persönlichen Empfang seitens S.M. des Kaisers, und zwar zu dem Zwecke gebeten hat, um S.M. das Notifikationsschreiben des Herzogs über seine Thronbesteigung zu überreichen" [...] (ebd. fol. 14 f. Konz.).

606. Großherzog Peter von Oldenburg an Großherzog Friedrich.

Eutin, 25. Oktober 1884.

Die Braunschweigische Frage beschäftigt mich in Gedanken Tag und Nacht. Wird es gelingen, eine befriedigende Lösung herbeizuführen? Von dieser Frage hängt es meiner Ansicht nach ab, ob das monarchische Prinzip für die Dauer in Deutschland fortbestehen kann oder nicht. Ich kenne nur das offizielle Schreiben meines Neffen und seine Proklamation[1], worin unbedingt die Reichsverfassung anerkannt wird und also indirekt der Verzicht auf Hannover ausgesprochen ist. Ich hoffe, daß man in Berlin dies akzeptiert und so eine offene Wunde an unseren Zuständen auf dem Wege der Versöhnung schließt. Ich weiß zwar nicht, was mein Neffe an den Kaiser geschrieben hat, las heute, er habe einen Grafen Grote nach Berlin gesandt. Gott gebe, daß ein Ausgleich erreicht werde. Könntest Du nicht vermittelnd wirken? [...]

GLA FA Korresp. 13 Bd. 42 Fasz. 45 Nr. 28 a eig.

[1] Vgl. Nr. 602 Anm. 1.

607. Marschall an Turban.

Berlin, 27. Oktober 1884.

Ganz vertraulich! Nach dem Schlusse der heutigen Bundesratssitzung lud Herr Staatsminister von Bötticher den Grafen Lerchenfeld und mich ein, ihm in sein Arbeitszimmer zu folgen, und machte uns daselbst folgende Mitteilung, die er als eine streng vertrauliche bezeichnete:

Von dem Kgl. Preußischen Gesandten am württembergischen Hofe Graf von Wesdehlen[1] sei an das Auswärtige Amt Bericht über eine aus Anlaß der braunschweigischen Frage stattgehabte Unterredung mit Herrn Staatsminister von Mittnacht erstattet worden; Herr von Mittnacht habe sich dem Herrn Gesandten gegenüber mit Bezug auf den vom Reichskanzler gestellten Antrag[2] dahin geäußert: Er sehe nicht ein, auf welchen Rechtsgrund hin der Bundesrat sich mit der braunschweigischen Erbfolgefrage befasse; für die Thronfolgeordnung in den Bundesstaaten seien nicht die Reichsgesetze, sondern die fürstlichen Hausgesetze und die Landesgesetze maßgebend, und stehe demnach in dieser Beziehung dem Bundesrat eine Kompetenz nicht zu. Der gegenwärtige Präzedenzfall sei für Württemberg darum von Bedeutung, weil nach etwaigem kinderlosen Hinscheiden des gegenwärtigen Thronfolgers, des Prinzen Wilhelm von Württemberg[3], die katholische Linie des württembergischen Hauses nach der bestehenden Erbfolgeordnung zu sukzedieren habe und von württembergischer Seite die Kompetenz des Reiches zur Prüfung der Erbfolgeberechtigung auch für diesen eventuellen Fall nicht anerkannt werden könne.

Herr von Bötticher verlas uns sodann den in Erwiderung dieses Berichts an den Grafen von Wesdehlen unterm gestrigen ergangenen Erlaß des Herrn Reichskanzlers, in welchem im wesentlichen Folgendes ausgeführt wird:

Der kgl. württ. Herr Staatsminister befinde sich in einem Irrtum, wenn er annehme, daß der von dem Reichskanzler an den Bundesrat gestellten Antrag die braunschweigische Erbfolgefrage zum Gegenstand habe; nicht um diese Frage handle es sich in diesem Augenblicke, sondern lediglich darum, ob dem auf Grund der bestehenden Landesgesetzgebung konstituierten braunschweigischen Regentschaftsrate das Recht zustehen solle, Vertreter im Bundesrate im Sinne des § 6 der Reichsverfassung zu ernennen. Nachdem gemäß der in jenem Gesetze vorgesehenen vorläufigen Ordnung die Regierungsgewalt von dem Regentschaftsrate übernommen worden sei, bestehe für die kgl. preußische Regierung durchaus kein Anlaß, auf eine Entscheidung der Erbfolgefrage zu drängen; sie werde sich vielmehr abwartend verhalten und desfallsigen Anträgen des Regentschaftsrats entgegensehen. Darüber allerdings bestehe für Preußen schon heute kein Zweifel, daß dem Herzoge von Cumberland, der Mitglied der welfischen und reichsfeindlichen Partei sei und durch das Patent von 1878 ausdrücklich dem deutschen Reiche und dessen Verfassung die Anerkennung versagt habe, eine politische und militärische Gewalt im deutschen Reiche nicht übertragen werden könne, indem zu erwarten stehe, daß er dieselbe mißbrauchen würde, um die Gesamtinteressen des Reichs zu gefährden.

GLA 233/12937 fol. 34 f. Ausf., erhalten und dem Großherzog vorgelegt 28. 10., zurück 31. 10. 84.

[1] Ludwig Graf v. Wesdehlen, 1873—80 preuß. Botschaftsrat in Paris, 1880—97 Gesandter in Stuttgart.
[2] Vgl. die vom „Standpunkte des monarchisch-legitimistischen Prinzips" in der Bundesratssitzung vom 27. Okt. abgegebene Erklärung von Reuß ä. L.: *Schultheß* S. 108 f.; H. v. *Poschinger*, Bismarck u. der Bundesrat V S. 199.
[3] Wilhelm II. v. Württemberg (1848—1921), 1891 König, verzichtet auf den Thron 1918, in 1. Ehe 1877 verh. mit Prinzessin Marie v. Waldeck (1857—81), in 2. Ehe 1886 Prinzessin Charlotte v. Schaumburg-Lippe (1864—1946).

608. Marschall an Turban.

Berlin, 1. November 1884.

Vertraulich! Der braunschweigische Staatsminister und Vorsitzende des Regentschaftsrats Graf Görz-Wrisberg[1], welcher am Donnerstag in Begleitung des Freiherrn von Veltheim[2] hier eingetroffen ist, hat gestern eine längere Unterredung mit dem Herrn Reichskanzler bezüglich der braunschweigischen Angelegenheit gepflogen, über deren Inhalt ich Folgendes erfahre: Der Reichskanzler sprach dem Grafen seine besondere Anerkennung über das durchaus korrekte und loyale Vorgehen des braunschweigischen Regentschaftsrats aus und gab ihm dabei die Versicherung, daß von preußischer Seite weder ein Drängen auf definitive Entscheidung der Thronfolge noch irgendeine Antastung der Selbständigkeit Braunschweigs beabsichtigt werde. Speziell über den letzteren Punkt, der in der braunschweigischen Bevölkerung eine gewisse Besorgnis hervorgerufen hat, scheint der Herr Reichskanzler sich sehr bestimmt ausgesprochen zu haben, da Graf Görz in dieser Beziehung seine besondere Befriedigung über das Resultat seiner Besprechung und seine feste Zuversicht hinsichtlich der Erhaltung der braunschweigischen Selbständigkeit kundgab. Er war in der Lage, seinerseits dem Herrn Reichskanzler die Mitteilung zu machen, daß die neu installierte Regierung des Regentschaftsrats in vollständig normaler Weise funktioniere und daher auch für den letzteren kein Anlaß bestehe, auf Abkürzung des Provisoriums hinzuwirken, beziehungsweise die Entscheidung der Thronfolgefrage zu urgieren.

Einem meiner Kollegen gegenüber hat Graf Görz im Privatgespräche die Anschauung ausgesprochen, daß, wenn der Herzog von Cumberland sich entschließen würde, mit seiner bisherigen Haltung definitiv zu brechen, für sich und seine Nachkommen auf alle Ansprüche auf Hannover zu verzichten und unumwunden die Reichsverfassung in ihrem ganzen Inhalte anzuerkennen, S. M. der Kaiser bei seiner bekannten hochherzigen Gesinnung möglicherweise geneigt sein würde, die Zulassung der Sukzession des Herzogs zu befürworten; ein derartiger Verzicht von seiten des letzteren sei jedoch nicht wahrscheinlich, obgleich im gegenwärtigen Augenblicke — wie ihm, dem Grafen Görz, bekannt sei — von verschiedenen Seiten Anstrengungen gemacht würden, den Herzog zu einer Sinnesänderung zu bewegen. Die braunschweigische Bevölkerung, fügte Graf Görz bei, lege das entscheidende Gewicht auf die Erhaltung der Selbständigkeit des Landes, sie werde eventuell auch mit der Sukzession des Herzogs von Cumberland einverstanden sein, aber allerdings nur unter der Voraussetzung, daß derselbe alle seine Beziehungen zu den im Lande verhaßten hannöverischen Welfen abbreche. Es war mir interessant, in den obigen — wie gesagt vollständig privaten — Äußerungen des Grafen Görz dieselbe Anschauung wiederzufinden, welche mir auch hier in gut orientierten Kreisen entgegengetreten war (Bericht vom 25. v. M.)[3].

Der Herr Reichskanzler sprach dem Grafen Görz gegenüber, den er gestern zur Tafel gezogen hatte, seine Befriedigung über das Ergebnis der Reichstagswahlen[4] aus; daß das Zentrum in gleicher Stärke zurückkehrt, sei allerdings nicht angenehm, aber die Niederlage des Fortschritts freue ihn; von den Sozialdemokraten sagte er wörtlich: „Die genieren mich nicht". —

Meine Versuche, [...] Informationen über das Verhalten der übrigen deutschen Höfe gegenüber der Thronbesteigungsanzeige des Herzogs von Cumberland einzuziehen, haben bis jetzt, abgesehen von den Mitteilungen des kgl. bayerischen Gesandten [...] keinen Erfolg gehabt, da die meisten meiner Kollegen denselben Auftrag erhalten hatten wie ich[5]. [...]

Die Veröffentlichung des in der Bundesratssitzung vom 27. d. M. abgegebenen Votums der fürstlich reußischen Regierung älterer Linie[6] ist auf direkte Anordnung des Reichskanzlers geschehen.

GLA 233/12937 fol. 40 f. Ausf., erhalten 2. 11. 84[7].

[1] Hermann Graf v. Görtz-Wrisberg (1819—89), nach dem Studium in braunschweigischem Staatsdienst, Min.Rat in der Abt. f. Finanzen, 1876 Wirkl.Geh.Rat u. Mitglied d. Ministeriums, 1883 Staatsminister, 1884 Vorsitzender, 1889 Präsident des Regentschaftsrates.
[2] Karl Friedrich Hilmar v. Veltheim (1824—96), 1860 Hofjägermeister, 1872 Mitglied, 1881 Präsident des braunschw. Landtags, 1884 Mitglied des Regentschaftsrates.
[3] ebd. fol. 12 f. Ausf.
[4] Reichstagswahlen am 28. Oktober 1884. Sitzverteilung nach den Stichwahlen: 69 Konservative, 95 Zentrum, 24 Reichspartei, 35 Nationalliberale, 31 Freisinnige, 9 Sozialdemokraten, 14 Elsässer, 8 Volksparteiler, 5 Welfen.
[5] Der Großherzog bewilligt die Staatsministerialentschließung vom 29. Oktober 1884, „daß eine Beantwortung der obgedachten Notifikationsschreibens [Nr. 602] jedenfalls insolange die braunschweigische Erbfolgefrage ihrer Erledigung harrt, nicht tunlich erscheint, überdies auch S.K.H. der Herzog von Cumberland s.Z. (1878) das allerhöchste Erwiderungsschreiben auf seine Notifikation des Ablebens S.M. des Königs Georg V. von Hannover hat zurückstellen lassen, weil darin eine Anerkennung des Titels als Herzog zu Braunschweig und Lüneburg nicht enthalten war" (ebd. fol. 30 Konz., fol. 37 Ausf. mit Unterschriften).
[6] Vgl. Nr. 607 Anm. 2.
[7] Turban übersandte dem Großherzog Karlsruhe 3. 11. vorstehenden Bericht mit der Bitte zu bewilligen, daß die Staatsministerialentschließung vom 29. Okt. 1884 (Anm. 5) Marschall übersandt und er ermächtigt werde, „die an ihn gerichteten Anfragen seiner Kollegen hiernach ebenfalls vertraulich zu beantworten, eventuell auch dem Grafen Hatzfeld in gleicher Weise von dem Beschlusse E.K.H. Mitteilung zu machen" (ebd. fol. 42).

609. Marschall an Turban.

Berlin, 16. November 1884.

Vertraulich! *Staatsminister von Bötticher, in dessen Familie ich den gestrigen Abend zubrachte, machte mich* auf die eben erschienene Nummer des „Berliner Tageblatts"[1] aufmerksam, welche einen Artikel der Karlsruher Zeitung über die braunschweigische Thronfolge zitiert[2], denselben als amtliche Kundgebung auffaßt und dahin interpretiert, daß die Badische Regierung für den Herzog von Cumberland Sympathie hege, indem sie im Falle eines Friedensschlusses mit Preußen dessen Sukzession in Braunschweig für möglich halte. [. . .]

Wenn auch das „Berliner Tageblatt" hier in maßgebenden Kreisen wegen seines bekannten Sensationsbedürfnisses kaum besondere Beachtung findet, so ist leider bei der „Karlsruher Zeitung" das Umgekehrte der Fall, die, wie die Erfahrungen des vergangenen Sommers lehren, speziell bei dem Herrn Reichskanzler in ihrem ganzen Inhalte als offiziös angesehen wird. Nachdem einmal der fragliche Artikel der Karlsruher Zeitung in ein Berliner Blatt übergegangen ist, kann es nicht fehlen, daß auch andere hiesige Organe denselben reproduzieren und er auf diese Weise zur Kenntnis des Reichskanzlers gelangt. Die Möglichkeit ist dann nicht ausgeschlossen, daß letzterer daraus eine seinen Plänen zuwiderlaufende Auffassung der Badischen Regierung herausliest und dieselbe in der Norddeutschen Allgemeinen bekämpfen läßt. Meine Befürchtungen werden sich vielleicht als grundlos erweisen, allein ich erachte es für meine Pflicht, sie Ew. Exz. vorzulegen, da ich in diesem Augenblick die braunschweigische Thronfolgefrage für eine sehr empfindliche Stelle des Reichskanzlers betrachte; er will aus politischen Gründen unter allen Umständen den Herzog von Cumberland von dem braunschweigischen Thron ausgeschlossen sehen, da er in seiner Thronbesteigung eine Schädigung der Reichsinteressen erblickt — dieser Anschauung gegenüber besteht eine Strömung, welche die Thronfolge des Herzogs unter der Voraussetzung für unabweisbar erachtet, wenn derselbe seine bisherige Haltung aufgibt, auf Hannover verzichtet und die Reichsverfassung rückhaltlos anerkennt. Die Eventualität eines derartigen Schrittes des Herzogs von Cumberland wäre darum für den Reichskanzler d i e u n g e l e g e n s t e , und betrachtet er alle auf Herbeiführung derselben zielenden Bestrebungen mit dem größten Mißtrauen. Für mich unterliegt es demnach keinem Zweifel, daß, wenn er in dem fraglichen Artikel der Karlsruher Zeitung etwa einen offiziösen Wink an den Herzog erblicken würde, mit seiner bisherigen Haltung zu brechen, daraus von neuem erst unangenehme Zwischenfälle entstehen könnten. Ich wiederhole, daß meine Ängstlichkeit vielleicht eine übertriebene ist, möchte aber glauben, daß bei dem eigenartigen Charakter des Reichskanzlers die obige Kombination nicht ohne weiteres zurückgewiesen werden kann.

Da ich gestern abend keine Gelegenheit hatte, mit Herrn von Bötticher zu sprechen, begab ich mich heute früh, um nichts zu versäumen, zu ihm, um mir in ganz vertraulicher Weise seinen Rat einzuholen. Er bestätigte meine Auffassung, daß ein etwaiger Verzicht des Herzogs von Cumberland dem Reichskanzler „ d i e g r ö ß t e Verlegenheit" bringen werde und letzterer daher in jedem Versuche, auf einen solchen Verzicht hinzuwirken, eine seinen Plänen feindliche Tendenz erblicke. Nachdem das Berliner Tageblatt von dem Artikel der Karlsruher Zeitung Notiz genommen habe, sei zu erwarten, daß derselbe auch in die „Norddeutsche Allgemeine" oder „Die Post" übergehe und auf diese Weise zur

Kenntnis des Reichskanzlers gelange. Nach Durchlesung des ganzen Artikels glaubte jedoch Herr von Bötticher, daß derselbe nach Form und Inhalt — namentlich in der Bezeichnung des Verhältnisses des Königs von Preußen zum Herzog von Cumberland — so durchaus des Charakters eines offiziösen Schriftstückes entbehre, daß der Reichskanzler kaum demselben einen solchen vindizieren werde. Er versprach mir übrigens, wenn bei ihm oder bei Geh. Rat Rottenburg die Sache irgendwie in Anregung käme, mir sofort, und zwar jedenfalls rechtzeitig Nachricht zu geben. Bei diesem Anlaß nahm ich wiederum Gelegenheit darzulegen, daß die Badische Regierung nur für den amtlichen Teil der Karlsruher Zeitung verantwortlich sei und jede Verantwortlichkeit für den Inhalt des nichtamtlichen Teils ablehne. —
[...]
Die mir [...] aufgetragenen Erkundigungen haben noch zu keinem Resultate geführt. Die Minister von Crailsheim und Mittnacht sagten mir, daß die betreffenden Schreiben des Regentschaftsrats bzw. des Herzogs von Cumberland zur Zeit ihrer Abreise noch nicht aus den betreffenden königlichen Kabinetten an den Ministerrat gelangt waren. Herr von Mittnacht fügte bei, daß er die Nichtbeantwortung des zweiten Schreibens des Herzogs für eine notwendige Konsequenz der Nichtbeantwortung des ersten Schreibens halte. Meine Kollegen von Mecklenburg und Hessen sind beauftragt, die gleichen Erkundigungen anzustellen wie ich; von dem kgl. sächsischen Herrn Gesandten erwarte ich in diesen Tagen Antwort.

Staatsminister von Mittnacht hat mir vor einigen Tagen in eingehender Weise seine Unterredung mit dem Grafen von Wesdehlen erzählt[3]. Herr von Mittnacht sagte mir, daß er an den Erlaß des Generalmajors von Hilgers[4] angeknüpft und offen ausgesprochen habe, daß er die Beziehung auf die Artikel 11 und 17 der R. V. nicht für zutreffend erachte und mit Rücksicht auf etwaige Eventualitäten in Württemberg weder das Recht des Kaisers zur Übernahme der militärischen Reservatrechte noch das Recht des Bundesrats zur Entscheidung über die Thronfolge auf Grund jener Bestimmungen anzuerkennen vermöge. Der Erlaß des Herrn Reichskanzlers sei in der Form sehr konziliant gehalten, er beschränke auch die Kognition des Bundesrats auf ganz ausnahmsweise Fälle, in welchen hochpolitische Erwägungen in Betracht kämen, schließe aber damit prinzipiell diese Kognition im Gegensatz zu seiner, des Ministers, Rechtsauffassung nicht aus; mit Rücksicht auf das allgemeine Interesse, welches sich an diese Frage knüpfe, sei zu bedauern, daß jener Erlaß des Reichskanzlers nicht zur Kenntnis sämtlicher Regierungen gebracht worden sei. Bei seinen jüngsten Besprechungen mit dem Reichskanzler sei dieser nicht mehr auf den Gegenstand zurückgekommen. —

Staatsminister von Bötticher sagte mir heute, daß weder ihm noch dem Geh. Rat Rottenburg irgendetwas von einer Kandidatur S. K. H. des Prinzen Albrecht für den braunschweigischen Thron bekannt sei. [...]

GLA 233/12937 fol. 57-60 eig. Ausf., erhalten 17. 11. 84.

[1] Berliner Tageblatt Nr. 538 v. 15. Nov. 1884, Politische Tagesübersicht, Großherzog Albrecht von Braunschweig: Nach einer als durchaus zuverlässig verbürgten Mitteilung ist Prinz Albrecht von Preußen durch den Regentschaftsrat zum künftigen Regenten des Landes gewählt worden. Die Wahl hat bereits die Bestätigung des Kaisers gefunden. „Doch soll der Regentschaftsrat dem Wunsche des Kaisers gemäß die Regierung nach den Bestimmungen des Regentschaftsgesetzes noch bis zum Ablauf eines Jahres vom Todestag des Herzogs Wilhelm fortführen und d a n n erst die Wahl ö f f e n t l i c h bekanntgemacht werden." Nach Übernahme der Regierung durch Prinz Albrecht soll das Herzogtum zum Groß-

herzogtum erhoben werden. „Die Wahl des Prinzen Albrecht war übrigens, wie uns ferner versichert wird, bereits vollzogen, als in der öffentlichen Meinung noch lebhaft die Absicht erörtert wurde, den Prinzen Wilhelm von Preußen oder Wilhelm von Baden zum braunschweigischen Thronfolger zu erheben. Der Regentschaftsrat hat unmittelbar nach der Veröffentlichung des Patentes des Herzogs von Cumberland seine Wahl getroffen und auch dem Kaiser unverweilt dieselbe zur Bestätigung unterbreitet. Wenn, wie wir allen Grund haben, anzunehmen, diese Angaben sich bewahrheiten, so sind mit einem Schlage alle die Berechnungen, die sich noch immer an die vermeintliche Erledigung des braunschweigischen Thrones knüpfen, gegenstandslos geworden. Weder der Herzog von Cumberland noch die etwa mit ihm sympathisierenden Regentenhäuser Deutschlands haben Aussicht, auch nur den kleinsten Bruchteil ihrer Wünsche und Hoffnungen in Erfüllung gehen zu sehen. Auffälligerweise ist unter den Regierungen, welche den Herzog von Cumberland auch jetzt noch nicht für unmöglich halten, sogar die b a d i s c h e, die doch sonst in einem so engen Verhältnis zu Preußen steht. Auch sie gibt in derselben Art wie früher die s ä c h s i s c h e Regierung ihre Sympathie für diejenige Art der Lösung der b r a u n s c h w e i g i s c h e n F r a g e kund, welche einen selbständigen Staat unter dem mit Preußen versöhnten H e r z o g v o n C u m b e r l a n d bestehen läßt. Es ist die ganz natürliche Anklammerung an das Legitimitätsprinzip, in dessen Verteidigung sich die Regierungen der Mittel- und Kleinstaaten solidarisch fühlen" [...] (ebd. fol. 65).
[2] Turban an Marschall, Karlsruhe, 17. Nov. 1884: „Karlsruher Zeitungsartikel ist wörtlich aus Kölner Zeitung Nr. 314 erstes Blatt genommen" [...] (ebd. fol. 61 Tel. Konz.).
[3] Nr. 607.
[4] Nr. 603 Anm. 1.

610. Herzog Adolf von Nassau an Großherzog Friedrich.

Königstein, 29. November 1884 abends.

Es gibt ein altes Sprichwort: Der Mensch denkt, aber Gott lenkt! Dieses scheint auch bei uns eintreffen zu sollen. Unsere Kinder haben sich auf eine ganz natürliche zwanglose und unverbindliche Art kennen gelernt, und scheint mir diese für uns beide gleich ernste und wichtige Angelegenheit dadurch in eine Bahn gelenkt zu sein, der eine naturgemäße Entwicklung, wie sie auch sei, folgen dürfte. Ich bin kein Diplomat, ich sehne, wünschte mir aber, ein ehrlicher Kerl zu sein, es muß mir daher sehr viel daran liegen, den Schein, als habe ich nicht loyal gehandelt, von mir abzuwenden, und gebe ich daher im Nachfolgenden die wahrheitsgetreue einfache Geschichtserzählung von dem, was der Einladung Deines Sohnes zur Jagd in Ratibořitz, die auf einem mir zwar unbegreiflichen Mißverständnis beruht, aber doch auf einem solchen beruhte, vorherging.

Durch verschiedene Ursachen, namentlich das unerwartete Ableben des guten Fritz von Hessen veranlaßt, sind wir statt Mitte Oktober am 27. nach Pardubitz gekommen, und da blieb das Töchterlein während unseres dortigen Sejour im nahgelegenen Ratibořitz bei ihrer Tante. Am 5. November ist ihr Geburtstag, und fuhren wir natürlich zur Feier dieses Tages dorthin. Bei dieser Gelegenheit sah ich meinen Schwager zuerst wieder, und als ich gegen Abend einmal mit ihm allein war, erzählte er mir, daß er dem Erbgroßherzog in Braunschweig begegnet, daß dieser, den er von Philippsruh her gekannt, ihm sehr liebenswürdig entgegengekommen sei und ihm beim Abschied gesagt habe, er bedaure, bei einer so traurigen Veranlassung mit ihm zusammenzusein, hoffe ihn aber recht bald bei einer recht freudigen wiederzusehen. Diese Äußerung habe ihm einen Moment die Idee gegeben gehabt, den jungen Herrn zur Jagd nach Böhmen einzuladen, er habe es aber nicht tun wollen, ohne zu wissen, ob es uns genehm sein würde. Ich erwiderte darauf, ich sei ihm dankbar dafür, es unterlassen zu haben, da unter den vorliegenden Umständen eine Begegnung des jungen Herrn mit meiner Tochter mir sehr unerwünscht sein würde.

Unter diesen Umständen verstand ich natürlich die bis dahin obgewaltete Unmöglichkeit, unsere Tochter mit dem Inhalt Deines letzten Briefes bekanntzumachen und die Frage an sie zu richten, ob sie unter diesen Verhältnissen sich entschließen könne, den Erbgroßherzog wiederzusehen — ein Vorgehen, zu dem ich naturgemäß als loyaler Mann gezwungen gewesen wäre, ehe ich meine Einwilligung zu einer weiteren Begegnung gegeben hätte. Mein Schwager wußte natürlich von der Existenz dieses Briefes nichts, so wie es ihm meines Wissens überhaupt unbekannt war, daß eine Korrespondenz über dieses Thema zwischen uns stattgefunden hat.

Am nächsten Morgen fuhren wir wieder ab, und es war keine Rede mehr davon. Am 17. Nov. war unser Sejour in Pardubitz zu Ende, und wir fuhren nach Ratibořitz zurück, wo die Herzogin etwa eine Woche, ich aber nur einen Tag bleiben wollte, da ich die Absicht hatte, nochmals, bis meine Damen hierher zurückkehrten, im Gebirge auf Gemsen zu jagen. Als ich am nächsten Vormittag abreiste, begleitete mich mein Schwager, der, wie Dein Sohn Dir bestätigen wird, infolge eines Sturzes mit dem Pferd leider so taub geworden ist, daß man sich oft kaum mit ihm verständigen kann, bis zur nächsten Bahnstation. Während der Fahrt fing er von neuem an, von dem Projekt einer Einladung Deines Sohnes zu reden, und ich gab ihm wörtlich die nämliche Antwort als früher. Wie es möglich war, daß er mich falsch verstanden hat, ist mir absolut unverständlich, es ist aber — soll ich sagen leider? ich weiß es nicht — es ist eben geschehen, und ich muß es mit Bestimmtheit annehmen, da er niemals unwahr ist und gleich, als er nach Ratibořitz zurückkehrte, der Herzogin den Vorschlag, Deinen Sohn zur Jagd einzuladen, mit dem Anfügen machte, er habe mit mir darüber gesprochen und ich sei ganz einverstanden. Meine Frau erwiderte, wenn ich einverstanden sei, wolle sie nicht dagegen sein, war aber doch einigermaßen erschrocken, da es bei der Menge von Menschen, die man dort sieht, und bei der Unruhe, die dort herrscht, unmöglich war, mit unserer Tochter eine ruhige eingehende Unterredung zu haben und sie derselben nur in ganz allgemeinen Ausdrücken von der Existenz Deines Briefes und dessen Inhalt Andeutungen machen konnte.

Fortgesetzt den 30. Königstein.

Ich fuhr ganz ahnungslos nach Hohenburg, als ich fand, daß die inzwischen gefallenen Schneemassen das Jagen unmöglich machten, entschloß ich mich, gleich abzureisen, und zwar verschiedener Geschäfte halber nach Frankfurt, wovon ich meine Frau telegraphisch in Kenntnis setzte. Auf der Durchreise in München erhielt ich ihre Antwort, die wörtlich lautete: Schrieb Dir nach Hohenburg, bewußte Jagd findet Montag statt. Nun stand ich vor einem Rätsel und telegraphierte zurück: Dein Telegramm ist mir ein Rätsel, dessen Auflösung mir Dein Brief wohl bald bringen wird. Sie hatte offenbar von einer mir bekannten Tatsache geschrieben, und ich wußte garnichts. Erst nach vier Tagen kam mir dieser Brief zu, zugleich mit direkten Nachrichten aus Ratibořitz, und dann erst wußte ich, was geschehen war. Die Briefe und gegenseitigen Aufklärungen, die nun folgten, anzuführen, würde zu weit führen, könnte auch keinen Zweck haben, gestern früh ist meine Frau endlich zurückgekehrt und konnte mir mündlich alle Details mitteilen.

Wie es Dir bekannt, ist Dein Sohn Sonntag, den 23. angekommen, bis Mittwoch

nachmittag geblieben und soll der Verkehr ein vollkommen ungezwungener, natürlicher und heiterer gewesen sein. Kurz vor seiner Abreise bat die Herzogin Deinen
Sohn, ihr in ihr Kabinett zu folgen, und wird er Dir wohl genauer über die Unterredung, die da stattfand, berichtet haben, als ich es tun könnte. Daß der Eindruck, den unser Töchterlein vorläufig auf den jungen Herrn hervorgebracht, kein
ungünstiger sein muß, scheint daraus hervorzugehen, daß er sich die Erlaubnis erbat, uns hier in Königstein zu besuchen, worauf ihm meine Frau erwiderte, noch
vor kurzer Zeit würde sie große Bedenken gehabt haben, nachdem sie ihn aber
jetzt kenne und das Gesehene mit dem zusammen halten könne, was sie über ihn
gehört habe, sei sie nicht mehr dagegen und werde sich freuen, wenn er uns hier
besuchen wolle. Wir werden unsere Tochter jetzt natürlich von dem Inhalt Deines
Briefes in Kenntnis setzen, und müssen wir denn hoffen, daß die jungen Leute sich
eventuell selbst darüber verständigen werden. Noch Eines möchte ich ganz bestimmt hervorheben, daß wir nämlich, im Fall der junge Herr uns hier besuchen
will, diesen Besuch als nur zur Fortsetzung der Bekanntschaft bestimmt und als
vollkommen u n v e r b i n d l i c h für beide Teile betrachten. *[...]*

GLA FA Korresp. 13 Bd. 41 Fasz. 42 Nr. 9 eig.

611. Gelzer an Großherzog Friedrich.

Basel, 29. November 1884.

*Dank für die gemeinsamen Tage in Baden-Baden. Meine Gedanken sind be-
herrscht von Reichstagsverhandlungen vom 26. Nov. und den Erklärungen des
Kanzlers[1].* Lautet die Signatur des Reichstages, wie er sie demselben entgegenhielt,
nicht wie eine offene Kriegserklärung? Mit Bestürzung sehe ich, daß Ihr Vorgefühl,
das Sie mir über das Schicksal dieses Reichstages mehrmals ernst besorgt ausspra-
chen, nur zu schnell sich zu verwirklichen droht, wenn selbst ein maßhaltendes
Blatt wie die Allgemeine Zeitung von gestern ihren Bericht mit den Worten eröffnet: „Die Verhandlungen des Reichstags haben mit einem schrillen Mißklang begonnen." Dabei mußte ich mir alle die tief eindringenden Beleuchtungen des innersten Wesens und Charakters des Reichskanzlers wieder vergegenwärtigen, die in
der vorigen Woche eins der wichtigsten Elemente unserer prüfenden Unterredungen bildeten. Wird sein Genius ihm den Weg zeigen, wie er die Gefahren, zu denen
sein Temperament ihn hinreißt, wieder zu überwinden versteht?

*Reumonts Schrift[2], die Sie mir mitgaben, hat mich die damaligen Tage wieder
lebhaft durchleben lassen. Ich fand das Buch unbedeutender, als ich erwartet hatte.*
Erschütternd fand ich nur die Schilderung der letzten Jahre jenes unglücklichen
Fürsten. *[...]*

GLA FA Korresp. 13 Bd. 24 Nr. 671.

[1] Bismarcks Rede im Reichstag vom 26. Nov. 1884, in der er den Antrag der Freisinnigen auf Gewährung von Diäten und Reisekosten ablehnte und an den Parteien scharfe
Kritik übte (Ges. Werke XII S. 495 ff.).
[2] Alfred v. Reumont (1808—87), preuß. Diplomat unter Friedrich Wilhelm IV. in Italien, später historischer Schriftsteller. Es dürfte sich handeln um „Aus Friedrich Wilhelms IV. gesunden und kranken Tagen, Leipzig 1885."

612. Gelzer an Großherzog Friedrich.

Basel, 4. Dezember 1884.

Durch Ihr Telegramm wurde Herr Jules Sandoz[1] aus Neufchatel bei mir einge-
führt. Am letzten Sonntag legte er mir sein journalistisches Unternehmen vor, wo-
für er sich mit Aimé Humbert[2] verbunden hat. Nach dem ersten flüchtigen Blick
in das gedruckte Programm und nach einigen daran sich knüpfenden Fragen und
Antworten erklärte ich ihm meine Übereinstimmung in drei Punkten, die aber allerdings nur den Charakter von Vorfragen haben, die zu der sorgfältigsten Prüfung der tatsächlichen Vorbedingungen eines so bedeutenden Unternehmens auffordern: I. Die großen Mängel der heutigen Presse. II. Die Wünschbarkeit eines
selbständigen Organs, das diesen Mängeln mit Erfolg entgegenarbeiten könnte.
III. Die Vorteile, welche die Schweiz in mehrfacher Hinsicht der Gründung eines
derartigen Organs vielleicht bieten würde.

Als ich dann bei einer etwas eingehenderen Diskussion des Plans von Herrn
Sandoz mir [...] mehr Klarheit zu verschaffen suchte sowohl über die vorhandenen und in Aussicht stehenden materiellen Mittel, als über die Zahl bedeutender
Mitarbeiter, auf die man mit Sicherheit zählen könnte — machte doch alles, was
erwidert wurde, [...] einen solchen Eindruck des Vagen, Unbestimmten, Optimi-
stisch-Aufgefaßten auf mich, daß ich mich dadurch veranlaßt sah, mit allem Nachdruck die Schwierigkeiten hervorzuheben, mit denen ein so umfassend gedachtes
Unternehmen zu kämpfen habe. Dabei konnte ich mich auf eigene Erfahrung sowie auf die Erfahrung so vieler Unternehmungen hinweisen, deren Anfänge, Fortgang und Untergang ich seit 40 Jahren aus eigener Anschauung in Deutschland,
der Schweiz und Frankreich kennen gelernt. Auch bekenne ich, daß mir bei dieser
ersten, allerdings nur kurzen Begegnung die Persönlichkeit und Begabung des
Herr. S. als eine solche erschien, die der Aufgabe nicht gewachsen wäre, die Seele
eines so großen weitaussehenden Unternehmens zu werden.

5. Dez.

Durch einen Mittelsmann erfahre ich zu Ihrer persönlichen Information: Mein
Mittelsmann kennt S. von der Universität her, wo er mit ihm befreundet war.
Als ich ihm die Frage vorlegte, ob er Herrn A. Humbert und seinen Plan kenne,
ein großes Journal in Bern zu gründen, antwortete er sogleich mit der andern
Frage: Sollte nicht mein alter Bekannter J. S. aus Neuenburg der eigentliche Ur-
heber dieses Plans und die bewegende treibende Kraft dabei sein, denn schon vor
Jahren trug er sich mit ähnlichen Gedanken. *S. studierte ursprünglich Theologie,*
eine Zeitlang auch in Deutschland, galt dort als begabter strebsamer Mensch. Dort
sprach er bereits von Plänen, die alle etwas Hochfahrendes hatten. Er trat in das
Buchhandlungsgeschäft seines Vaters ein, das er später selbst übernahm. Weil er es
zu sehr ausweitete, habe er die Übersicht verloren und Konkurs gemacht. Mein
Mittelsmann zweifelt nicht an der Redlichkeit und den guten Absichten von S.,
wohl aber an seiner geschäftlichen Befähigung.

GLA FA Korresp. 13 Bd. 24 Nr. 672.

[1] Jules Sandoz (1833—1916), Schuldirektor der Société évangélique von Frankreich,
Direktor der Gemeindeschulen von Neuenburg, Verlagsbuchhändler, Redakteur der Revue
Suisse und der Union libérale (1865—68), Begründer des Foyer domestique 1887, Professor
in Konstantinopel 1892—96, dann Journalist.

² Aimé Humbert (1819—1900), Schweizer Politiker in der Neuenburger Frage, Professor an der Akademie von Neuenburg, Mitbegründer der Fédération britannique et continentale pour l'abolition de la prostitution réglementée und deren Generalsekretär, Gründer des Bulletin continentale und des Journal du Bien Public.

613. Großherzog Friedrich an Herzog Adolf von Nassau.

Karlsruhe, 5. Dezember 1884.

Dank für Nr. 610. Die Vorgänge, welche Du so freundlich bist zu schildern, haben unsere Elternherzen recht tief bewegt, und mit Spannung sehen wir näheren Nachrichten darüber entgegen, welche Eindrücke unser Sohn aus Ratiboritz mitnehmen werde. Er ist seinen Briefen bald selbst gefolgt und verweilte zwei Tage bei uns hier.

In Deinem vorletzten Brief¹ sagtest Du, es wäre Dir lieber, daß mein Sohn versuchte, das Herz Deiner Tochter zu gewinnen, als in längeren Auseinandersetzungen sich zu ergehen. — So ist es nun ohne unser gegenseitiges Wollen oder Zutun gekommen, und die lieben jungen Leute haben Gelegenheit gehabt, sich näherzutreten und ganz unbefangen zu verkehren.

Unser Sohn ist so sehr befriedigt von der näheren Bekanntschaft Deiner Tochter, daß er dringend wünscht, noch näher bekannt mit ihr zu werden und dafür bereits die Erlaubnis sich bei der Herzogin erbeten hat. So überraschend und unerwartet schnell sich diese Bekanntschaft entwickelt hat, bietet die Unbefangenheit der Begegnung doch die sicherste Gewähr für ein gegenseitiges richtiges Erkennen. Wir sind daher über die sich im Herzen unseres Sohnes regenden Empfindungen sehr erfreut und sehen nun mit Spannung der weiteren Entwicklung entgegen.

Ich darf wohl annehmen, daß Deine Tochter inzwischen von dem Inhalt meines letzten an Dich gerichteten Briefes² Kenntnis erhalten hat und daß ihr jugendliches Gemüt vor diesen ernsten Fragen nicht allzu sehr erschrocken sein mag. Sollte Deine Tochter überhaupt geneigt sein, unsern Sohn wiederzusehen, so werden diese Fragen doch unter ihnen zum Ausspruch kommen. Von außerordentlichem Wert muß es uns aber erscheinen, vorher schon unterrichtet zu werden, ob Deine Tochter einer erneuten Begegnung mit unserem Sohn geneigt ist oder ob die politischen Bedenken bei ihr und bei Dir und der Herzogin nicht entgegenstehen, was wir sehr bedauern würden. Unser Sohn sieht bewegten Herzens den weiteren Nachrichten entgegen und hofft, daß die Empfindungen, welche sich in seinem Herzen regen, seit er Deiner Tochter nähergetreten ist, auch von ihr erwidert werden können. *[...]*

GLA FA Korresp. 13 Bd. 41 Fasz. 42 Nr. 10 eig.Konz.

¹ Nr. 604. ² Nr. 601.

614. Großherzog Friedrich an Großherzog Peter von Oldenburg.

Karlsruhe, 8. Dezember 1884.

Mit der Bitte beginnend, Du mögest die bedeutende Verspätung dieser Antwort auf Deinen werten Brief aus Eutin¹ freundlich entschuldigen, will ich versuchen, diese meine Bitte zu rechtfertigen.

Deine Aufforderung, ich möge vermittelnd für den Herzog von Cumberland eintreten, veranlaßte mich, reiflich zu prüfen, ob ich das vermöchte und wie etwa zu handeln wäre. Der Erfolg meiner Erwägungen war im wesentlichen ein Zuwarten und Beobachten aus dem wohlbekannten Grunde, daß die Dinge reifen müssen, um verstanden zu werden oder ans Ziel zu gelangen.

Nun muß ich aber gestehen, daß der ganze bisherige Verlauf der Handlungen des Herzogs von Cumberland nicht glücklich erdacht war und wenig geschickt durchgeführt wurde. Der Erlaß eines Regierungsantritts-Patentes² ohne alle vorherige Verständigung mit dem Braunschweig'schen Regentschaftsrat war ein politischer Fehler, der noch dadurch vervollständigt wurde, daß er ohne vorherige Vergewisserung darüber unternommen ward, wie der deutsche Kaiser sich zu dieser Rechtsfrage stellen werde. Der Herzog von Cumberland hat dadurch eine Tatsache geschaffen, welche ihn in einen unerwünschten Gegensatz zu den für das Gelingen seiner Ansprüche notwendigen Faktoren brachte. Die weiteren Schritte, welche er in Konsequenz der nun einmal eingeschlagenen Bahn darauf folgen ließ, mußten naturgemäß auch weitere Hemmnisse werden für eine ruhige und den bestehenden Verhältnissen entsprechende Entwicklung dieser so wichtigen Sukzessionsfrage. — Der Herzog hätte unbedingt einsehen müssen, daß er keine Aussicht hat, mit seinen Ansprüchen durchzudringen, wenn er sich im Gegensatz befindet mit Kaiser und Reichsregierung sowie mit der legalen Braunschweigschen Landesregierung. —

Auch wenn er die Macht hätte, seinen Willen durchzusetzen, so würde die Klugheit den Herzog gelehrt haben, den Kampf erst zu beginnen, wenn er alle zu Gebot stehenden Kräfte gesammelt und nach ihrem Wert geprüft hatte. Ohne alle Vorbereitung ist er aber nun in eine Lage gekommen, wo eine Vermittlung zu seinen Gunsten nur dann möglich ist, wenn er solche selbst will und auch diejenigen Entschlüsse zu fassen bereit ist, welche einer Vermittlung vorausgehen müssen.

Der Herzog von Cumberland hat sich entschlossen, in einem öffentlichen Aktenstücke auszusprechen, daß er als Herzog von Braunschweig alle Pflichten eines deutschen Reichsfürsten erfüllen werde. Er hat damit die Anerkennung der bestehenden Zustände im Deutschen Reich aussprechen wollen. Er hat aber dabei übersehen, daß eben die willige Anerkennung der bestehenden Verfassungsverhältnisse für ihn die nötige Voraussetzung für eine Anerkennung seiner Ansprüche sei und nicht umgekehrt er einen Akt des Entgegenkommens vollziehe, indem er das Reich anerkennt.

Die Entschließung des Herzogs von Cumberland ist aber nunmehr eine Tatsache, und er muß wohl erkennen, daß mit ihr eine andere Frage entschieden wurde, welche davon nicht zu trennen ist, wenn er die Anerkennung des Deutschen Reichs in ganzer Vollständigkeit zum Ausdruck bringen will. Es ist die Verzichtleistung auf die Krone Hannovers. Konnte der Herzog eine so folgenschwere Entschließung fassen, wie diejenige, welche ihn nun vor eine unmögliche Lage bringt, ohne diese notwendige Bedingung erwogen zu haben?

Ich erkenne mit Dir die ganze große Bedeutung der Braunschweigschen Erbfolgefrage mit allen ihren Konsequenzen, und eben darum beklage ich es, daß der Herzog von Cumberland so schlecht beraten war, und wünschte, daß er jetzt noch die Wege zu einer rechtzeitigen Umkehr von unüberlegten Unternehmungen zu finden vermöge. Ich begreife, daß es ihm schwer werden muß, die von mir angedeuteten Entschließungen zu fassen, aber ich verstehe nicht, wie er ernstlich Herzog von Braunschweig werden wollte, ohne diese wichtigste Vorfrage zu lösen.

Er würde durch eine freiwillige Verzichtleistung auf die Krone Hannovers dem monarchischen Prinzip viel gerechter werden als durch ein Erzwingenwollen seines Regierungsantritts in Braunschweig, wobei er und das monarchische Prinzip notwendig zu Falle kommen werden. Eine freie Entschließung ist der Ausdruck eines ungetrübten Rechtsbewußtseins und ehrt denjenigen Träger einer verlorenen Krone, der für dieselbe tapfer und ehrenvoll gekämpft hat. Es handelt sich dann also um einen Friedensschluß, und dafür sind ja zwei gleichberechtigte Faktoren nötig. — Warum solchen Friedensschluß nicht versuchen und damit die Rechtsfrage der Vergangenheit und der Zukunft gleichzeitig und unbestreitbar klarstellend? Ich meine, es wäre schon der Mühe wert, einen solchen Akt deutscher Rechtsgeschichte zu vollziehen und damit der Nation ein Besipiel zu geben dafür, was fürstlicher Großmut auch heutzutage noch vermag.

Auf solcher Grundlage zu vermitteln wäre eine ehrenvolle Aufgabe, der ich mich aber aus dem Grunde nicht gewachsen fühle, da ich den Herzog von Cumberland so gut wie gar nicht kenne. Ich habe ihn seit seiner Kindheit nicht mehr gesehen und bin auch mit niemandem aus seiner Umgebung bekannt. Glaubst Du, daß es möglich wäre, den Herzog zu solcher Entschließung zu bewegen?

Gewohnt, Dir rückhaltlos meine Denkungsweise zu sagen, habe ich es auch in diesem Falle getan und rechne dabei auf Deine Nachsicht, insofern ich in der Aufrichtigkeit zu weit gegangen sein sollte. *[. . .]*

GLA FA Korresp. 13 Bd. 43 Fasz. 49 Nr. 136 eig. Konz.

[1] Nr. 606. Großherzog Peter hatte ohne Wissen des Großherzogs Friedrich am 17. Nov. den Kronprinzen Friedrich Wilhelm zur Intervention beim Herzog v. Cumberland aufgefordert (H. *Philippi*, Preußen u. die braunschw. Thronfolgefrage, Veröff. d. Hist. Kom. f. Niedersachsen XXV 6 (1966) Anlage 10 S. 201 ff.).
[2] Nr. 602 Anm. 1.

615. Herzog Adolf von Nassau an Großherzog Friedrich.

Königstein, 10. Dezember 1884.

Absichtlich habe ich einige Tage verstreichen lassen, ohne Deinen so sehr freundlichen Brief vom 5. l. M.[1] zu beantworten, damit in dieser für unsere beiderseitigen Familien so hochwichtigen Angelegenheit kein Wort gesprochen und geschrieben werde, das nicht gut überlegt und vollwichtig ist.

Vor allem muß ich Dir für die wahrhaft freundschaftliche Art recht herzlich danken, in der Du meinen langen letzten Brief[2] aufgefaßt, und die herzliche Weise, in der Du ihn beantwortet hast, und halte ich mich um so mehr für verpflichtet, die an mich gerichteten Fragen mit meiner alten, von Dir hervorgehobenen rückhaltlosen Offenheit zu beantworten.

Wie Du es ganz richtig voraussetzest, ist unsere Tochter von dem Inhalt Deines Briefes vom 18. Okt.[3] in Kenntnis gesetzt und sind ihr die darin berührten Konsequenzen einer eventuellen Verbindung mit Deinem Sohne vollkommen klar. Der Eindruck, den derselbe auf sie gemacht, ist unverkennbar ein günstiger, sie ist durchaus nicht abgeneigt, die Bekanntschaft mit ihm weiter fortzusetzen, erklärte mir aber, einen bestimmten Entschluß nicht fassen zu können, bis sie den jungen Herrn noch näher kennen werde. Hiernach steht einem Besuche des Erbgroßherzogs hier im sehr bescheidenen Königstein nicht nur nichts im Wege, sondern er soll uns zu jeder Zeit willkommen sein. Da uns aber sehr viel daran liegt, was von Dir und der Großherzogin ganz gewiß geteilt wird, daß die jungen Leute, ehe ein so wichtiger Entschluß gefaßt wird, sich w i r k l i c h kennen, so muß ich hier nochmals hervorheben und besonders betonen, daß auch die nächste Begegnung vollkommen unverbindlich für beide Seiten sein soll, und bin ich überzeugt, daß Du damit einverstanden sein wirst, wie ich es auch von der Großherzogin supponiere, denn wenn das den jungen Leuten bekannt ist und sie wissen, daß eine bestimmte Erklärung nicht gleich nachfolgen soll, wird das Zusammensein ein viel natürlicheres, ungezwungeneres und dadurch zweckentsprechenderes werden. *[...]*

GLA FA Korresp. 13 Bd. 41 Fasz. 42 Nr. 11 eig.

¹ Nr. 613.   ² Nr. 610.   ³ Nr. 601.

616. Marschall an Turban.

Berlin, 14. Dezember 1884.

Vertraulich! In den Verhandlungen der ersten Session des neuen Reichstages sind bisher zwei Debatten hervorgetreten, die, in größerem Stile geführt, ein hohes allgemeines Interesse in Anspruch nahmen — diejenige über die Diätenfrage¹ und jene über den Antrag Windthorst auf Beseitigung des Expatriierungs-Gesetzes². In beiden war es das Eingreifen des Herrn Reichskanzlers, welches der Diskussion eine besonders lebhafte Färbung verlieh und wie so häufig schon den Anlaß gab, die Diskussion über den Rahmen des zur Beratung stehenden Gegenstandes hinaus auf das allgemeine politische Gebiet und speziell das Verhältnis der Parteien unter sich sowie ihre Stellung zur Reichsregierung hinüberzuführen. Wenn es auch kein Geheimnis war, daß die anfängliche Genugtuung, welche der Reichskanzler nach dem Ergebnisse der Hauptwahlen empfand, einer gewissen Verstimmung Platz gemacht hatte, als durch die Stichwahlen die bescheidensten Hoffnungen auf Zuwachs zu der Mittelpartei infolge der wunderbarsten Parteikoalitionen getäuscht worden waren³, so hat es doch selbst in Regierungskreisen überrascht, daß der Reichskanzler in der ersten öffentlichen Sitzung ohne äußeren Anlaß der Majorität des neugewählten Hauses den Fehdehandschuh hinwarf, die Deutsch-Freisinnigen in zirkumstanzierter Ausführung des „Republikanismus" und das Zentrum des Strebens nach der „Herrschaft der Geistlichen" bezichtigte. Cui prodest? war die allgemeine Frage; und nicht minder allgemein war die Antwort, daß gerade das dem Reichskanzler vorschwebende Ziel einer rein sachlichen, von Parteirücksichten unbeeinflußten Geschäftsführung des Reichstages keine Förderung erfährt, wenn gleich am ersten Tage einer neuen Legislaturperiode derartige, die Gesamtheit von Parteien treffende, verletzende Vorwürfe vom Regierungstische ausgesprochen werden. Auf die Deutsch-Freisinnigen machen allerdings derartige Vorgänge nur noch einen geringen Eindruck, umso stärker trat die Empfindlichkeit des Zentrums zutage; dort empfand man die Vorwürfe des Reichskanzlers geradezu als eine Beleidigung und als einen Akt des Undanks gegenüber der Unterstützung der Reichsregierung in den großen Fragen der wirtschaftlichen und sozialpolitischen Gesetzgebung. Am meisten betroffen waren die gemäßigten Elemente des Zentrums, die ein weiteres Linksschwenken der Partei als naturgemäße Folge des Auftretens des Reichskanzlers befürchteten. Ich bin schon sehr häufig Zeuge rascher Stimmungswechsel im

Zentrum gewesen und daher nicht geneigt, derartige Verstimmungen allzu tragisch zu nehmen — allein d e s Eindrucks konnte ich mich nicht erwehren, daß, so beklagenswert es sein mag, auf die Unterstützung des Zentrums angewiesen zu sein, so wenig opportun es ist, ohne zwingende Gründe in diesem Augenblicke, n a c h vollzogenen Wahlen dem Prozesse Vorschub zu leisten, der w ä h r e n d der Wahlen vielleicht nicht ganz ohne Schuld der offiziösen Presse in der Haltung der Partei zutage getreten ist. Mit dieser Anschauung finde ich mich in Übereinstimmung auch mit solchen Personen, die sonst unbedingt auf die Worte des Herrn Reichskanzlers zu schwören pflegen. Wenig erfreulich war auch hier die Wahrnehmung, wie die Verstimmung über die jeweilige Zusammensetzung des Reichstags das Urteil des Reichskanzlers über die Institution selbst beeinflußt und ihn mehr und mehr in eine Art von Pessimismus gegenüber der Volksvertretung drängt.

Das Eingreifen des Reichskanzlers in die Diskussion über den Antrag Windhorst hat eine nicht uninteressante Vorgeschichte: Zwei Tage vor der Beratung erschien ein Artikel in den offiziösen „Berliner Nachrichten", der die Konservativen dringend warnte, diesmal wieder in ihrer Mehrheit für den Antrag zu stimmen und sich dadurch an einer Demonstration gegen die Politik des Reichskanzlers zu beteiligen. Auch auf direktem Wege wurden die Konservativen in diesem Sinne von der Auffassung des Reichskanzlers verständigt. Da jedoch die Mehrzahl der Konservativen nicht geneigt war, von dem Votum dieses Frühjahrs ohne weiteres abzugehen, sondern dies an die Bedingung der Schaffung irgendeines Novums knüpfte, so begab sich in der späten Abendstunde vor der fraglichen Reichstagssitzung der Führer der Konservativen[4] persönlich zu dem Reichskanzler, um ihn von der Sachlage zu unterrichten. Letzterer weigerte sich anfangs, irgendetwas zu tun, äußerte unverhohlen seine Mißstimmung über die Haltung der Konservativen in dieser Frage; wenn die Dinge so weitergingen, werde er nach Beratung des Etats den Reichstag schließen und alle sonstigen Gesetze „unter den Tisch werfen" usw. — nach einer einstündigen Verhandlung konzedierte er endlich, am folgenden Tage im Reichstag zu erscheinen. Der Abgeordnete, der die Unterhaltung geführt hatte, erzählte mir unmittelbar vor der Sitzung vertraulich, was geschehen war; er befand sich in schwerer Besorgnis, ob der Reichskanzler nun wirklich den Wünschen der Konservativen gerecht werden oder nicht auch ihnen den Fehdehandschuh hinwerfen und dadurch den Zusammenhalt der Fraktion erschüttern würde. Die Besorgnis erwies sich als unbegründet; der Reichskanzler gab durch den Hinweis auf den Stand der Verhandlungen mit Rom das Novum, welches viele Konservative gewünscht hatten, um ein dem früheren entgegengesetztes Votum abzugeben; gegen das Zentrum enthielt er sich jeder verletzenden Wendung, und auf die heftige und aufreizende Rede Windhorsts erwiderte er mit überraschender Mäßigung. Der Eindruck war bei der Majorität ein überwiegend günstiger; die Konservativen freuten sich, daß sie über die gefährliche Klippe hinweggekommen waren, das Zentrum registrierte nicht ohne Genugtuung die Beflissenheit, mit welcher der Reichskanzler die eigentlichen Maigesetze und das Zivilstandesgesetz von sich abgeschüttelt hatte, und selbst dem Nationalgefühl der Polen schmeichelte es, daß man sie für so gefährlich erachtete, um ihretwegen des Expatriierungsgesetzes nicht entbehren zu können. [...]

Die Ernennung der Minister von Puttkamer, Grafen Hatzfeldt, Lucius[5] und von Goßler zu Bevollmächtigten des Bundesrats ist eine Reminiszenz an den Plan, den der Herr Reichskanzler im Frühjahre des Jahres [...] entworfen hatte; nachdem die Auseinandersetzung zwischen Preußen und dem Reich, wie sie damals in Aussicht genommen war, durch Weigerung S. M., den Fürsten Bismarck aus dem preußischen Staatsministerium ausscheiden zu lassen⁶, in der Hauptsache gegenstandslos geworden war, ist der Reichskanzler neuerdings wieder auf den Gedanken zurückgekommen, daß sämtliche preußischen Minister Mitglieder des Bundesrats sein sollten. Dabei spielt vielleicht die gegenwärtige Abneigung gegen den Reichstag insoweit eine Rolle, als durch den Eintritt in den Bundesrat die Übernahme eines Abgeordnetenmandats durch einen Minister unmöglich wird. Der Reichskanzler ist zurzeit der Ansicht, daß das Mandat eines Abgeordneten der Stellung eines Ministers nicht entspreche, und er hat bei den jüngsten Wahlen an dieser Anschauung auch dann festgehalten, als ihm der mögliche Verlust zweier Wahlkreise durch den Verzicht der Herrn von Puttkamer und von Goßler vor Augen gehalten wurde; in einem Ministerrat soll er sogar geäußert haben, daß er die Kandidatur eines Ministers künftig als ein Demissionsgesuch auffassen werde! *[...]*

GLA 233/34795 fol. 230–237 Ausf., dem Großherzog vorgelegt 17. 12.

¹ Bismarcks Rede am 26. Nov. 1884 gegen den Antrag der Deutsch-Freisinnigen auf Gewährung von Diäten und Reisekosten für die Reichstagsabgeordneten (Ges. Werke XII S. 495 ff.).
² 1. und 2. Lesung des erneuten Windthorstschen Antrags auf Beseitigung der Expatriierungsgesetze, gegen die Bismarck auftrat (Ges. Werke XIII S. 515 ff.)
³ Nr. 608 Anm. 4.
⁴ Otto Heinrich v. Helldorf-Bedra (1833—1908), Rittergutsbesitzer, Mitglied d. preuß. Staatsrats, Fraktionsvorsitzender der Deutsch-Konservativen.
⁵ Robert Frhr. Lucius v. Ballhausen (1835—1914), Dr. med., 1870—81 Mitglied des Reichstags u. des preuß. Abgeordnetenhauses, 1895 des Herrenhauses, 1879—90 preuß. Landwirtschaftsminister.
⁶ Nr. 579.

617. Großherzog Peter von Oldenburg an Großherzog Friedrich.

Oldenburg, 15. Dezember 1884.

Dank für Nr. 614. Aus demselben habe ich Dein lebhaftes Interesse für die Braunschweigische Frage entnommen. Ich bezweifelte nicht, daß Du mit mir darin übereinstimmen würdest, daß dieselbe von entscheidender Bedeutung ist für die Entwicklung Deutschlands. Ich bedaure, daß Du zur Zeit nicht glaubst, vermittelnd einwirken zu können, begreife aber das Gewicht Deiner Gründe.

Ich habe versucht, auf meinen Neffen von Cumberland einzuwirken¹, und erlaube mir, kurz die Punkte hervorzuheben, die ich ihm gegenüber wiederholt geltend machte. Zunächst, daß der Regentschaftsrat unter dem Schutze des Reiches steht, da er durch ein Landesverfassungsgesetz eingeführt ist. Ebenso steht das Sukzessionsrecht des Hannoverschen Hauses unter dem Schutze des Reiches, denn es ist durch § 14 der Braunschweigischen Landesverfassung garantiert und durch § 26 betr. den Huldigungseid. Der Protest, den mein Neffe 1878 nach dem Tode seines seligen Vaters erließ, ficht den durch die Reichsverfassung garantierten Besitzstand im Reich an und bildet ein politisches Hindernis für seinen Regierungsantritt. Dieses Hindernis muß beseitigt werden, um seinem Erbrecht freie Bahn zu schaffen. (Daß ich die von der Norddeutschen Allgemeinen Zeitung und anderen offiziösen Zeitungen versuchte Deduktion, daß durch diesen Protest das Erbfolgerecht verwirkt sei, entschieden verwarf, brauche ich natürlich nicht zu begründen.) Unter dem 17. Nov. schrieb mein Neffe mir einen längeren Brief als Erwiderung, dessen Deduktionen den in der Anlage A extrahierten Satz an der Spitze trugen. Ich erwiderte ihm umgehend, indem ich die dadurch geschaffene Basis einer Verständigung akzeptierte und in ihn drang, diesen Standpunkt offiziell auszusprechen und zu versuchen, einen Vermittler zu finden, durch den er direkt mit dem Kaiser in Beziehung komme. Ehe ich nun eine Antwort bekam, traf Dein Brief ein. Da derselbe die Situation in so klarer Weise beleuchtet, hielt ich es für dringend wünschenswert, daß mein Neffe ihn lese, da ich einen günstigen Erfolg für die Berichtigung seiner Auffassungen davon erwarte. So habe ich mich dann entschlossen, ihm denselben im e n g s t e n V e r t r a u e n mitzuteilen mit der ausdrücklichen Bitte, ihn sofort zurückzusenden und keine Abschrift davon zurückzubehalten. Ich hoffe, teurer Freund, daß Du mir darob nicht zürnen wirst, da ich mir für die gute Sache davon einen Erfolg verspreche. Bald nach der Absendung erhielt ich wieder ein Schreiben meines Neffen, von dem ich in der Anlage B einen Auszug anlege. Er autorisiert mich ausdrücklich, befreundeten Fürsten von diesen seinen Äußerungen Mitteilung zu machen. Dies ist doch auch wieder ein Schritt weiter. Ich habe Carl von Weimar sofort Mitteilung gemacht und hoffe, daß derselbe auch den König von Sachsen orientieren wird. Ich habe meinem Neffen umgehend mitgeteilt, daß ich von seiner Mitteilung Gebrauch gemacht hätte, und ihm nochmals dringend zu Schritten beim Kaiser geraten. Auf meinen letzten Brief konnte ich noch keine Antwort erhalten, da ich der Vorsicht halber durch eine Mittelsperson auf einer Zwischenstation schrieb, wodurch immer Zeit verloren geht. Gott gebe ein günstiges Resultat. Wenn es gelingt, eine weitere Annäherung zu erreichen, so werde ich Dich orientieren. Wenn es auch gelingt, meinen Neffen zu allem wünschenswerten Entgegenkommen zu veranlassen, so fürchte ich große Schwierigkeiten seitens des Reichskanzlers. Nach den unglaublichen Auslassungen der offiziösen Presse ist da keine Geneigtheit zu erwarten. Die demokratischen und sozialdemokratischen Blätter haben diese Auslassungen mit Jubel begrüßt als den Grabgesang des monarchischen Prinzips. Der Grund dieser Haltung ist wohl nicht bloß Groll gegen das Hannoversche Haus. Gewiß fürchtet man die weiteren Konsequenzen einer Versöhnung, auch in materieller Beziehung.

Nochmals bitte ich Dich, teurer Freund, mir zu verzeihen, daß ich von Deinem Brief Gebrauch machte. *[...]*

Anlage A. Herzog v. Cumberland an Großherzog Peter, 17. Nov. 1884: *[...]* Als Herzog von Braunschweig anerkenne ich die Reichsverfassung; ich garantiere damit zu meinem Teile einem jeden Bundes- oder Reichsgenossen seinen gegenwärtigen Besitzstand; ich garantiere damit in gleicher Weise Preußen seinen gegenwärtigen Besitzstand und daher auch seinen Besitz Hannovers. — *[...]*

Anlage B. Herzog v. Cumberland an Großherzog Peter, 6. Dez. 1884: *[...]* Zu meinem Briefe vom 17. v. M. gab ich einen Kommentar zu meiner im Patente vom 18. Okt. d. J. ausgesprochenen Anerkennung der Reichsverfassung. Du findest diesen Kommentar richtig, meinst aber, ich hätte denselben gleich in meinem Schreiben an den Kaiser und König und an die deutschen Fürsten geben sollen, dann wäre die Sache viel einfacher und leichter gewesen. Mein Dir gegebener Kommentar enthält nun aber nichts, was sich nicht schon von selbst aus der Anerkennung der Reichsverfassung ergäbe, wie sie in meinem Patente ausgesprochen ist, und ich wüßte auch nicht, wie ich dazu hätte kommen sollen, diesen Kommentar zu meinem Patente selbst zu geben. Das Patent enthält meine Willenserklärung, und ich konnte und mußte es doch füglich dem Kaiser und König, den deutschen Fürsten und freien Städten überlassen, aus dieser Willenserklärung diejenigen Folgerungen zu ziehen, die, wie gesagt, aus denselben von selbst sich ergeben, und man durfte wohl voraussetzen, daß ich, indem ich jene Willenserklärung abgab, darüber im klaren war, daß ich diese Folgerungen auch gegen mich gelten lassen müsse. [...]

GLA FA Korresp. 13 Bd. 42 Fasz. 45 Nr. 28 b. eig.

[1] Zum Briefwechsel zwischen Großherzog Peter und dem Herzog v. Cumberland vgl. H. *Philippi*, Preußen u. die braunschw. Thronfolge S. 66 f. Die Intervention des Großherzogs Peter bei König Ludwig II. v. Bayern am 11. Dez. 1884 (ebd. Anlagen 11 u. 12, S. 204 ff.) wurde Großherzog Friedrich ebenfalls vorenthalten.

618. Gelzer an Großherzog Friedrich.

Basel, 16. Dezember 1884.

Zu meinen Bemerkungen in Nr. 612. Unter den Personen von verschiedener sozialer Stellung und politischer Richtung, mit denen ich mich in den letzten zehn Tagen über unsere Frage unterhielt, wußte der eine mir über A. Humbert nichts Zuverlässiges zu sagen, dagegen bestätigte er in allen Punkten, was mein voriges Schreiben über J. Sandoz berichtete. Aus zwei andern Quellen wurde mir dann über Herrn Humbert das Folgende anvertraut:

„Im Jahr 1848 habe A. Humbert, damals seinem Beruf nach Schullehrer, zu der radikalen Partei gehört, welche die Losreißung Neuenburgs von Preußen betrieben. Seitdem scheine aber in seiner innern Entwicklung ein entschiedener Schritt zu größerer Reife und Selbständigkeit des Charakters wahrnehmbar zu sein. Dies lasse sich aus seinem Auftreten in achtungswerten philanthropischen Bestrebungen schließen sowie aus seinem Versuch, gegen demagogische Willkür einen gesetzlichen Widerstand („gleiches Recht für Alle") hervorzurufen. Vom Bundesrate wurde er als Experte vor etwa 20 Jahren nach China und Japan in Handels- und Industriefragen geschickt." —

Von andrer Seite wurde obige Mitteilungen noch durch folgende Bemerkungen ergänzt, die aber noch weiterer Prüfung zu bedürfen scheinen.

„Herr H. mache bei persönlichem Umgang durchaus den Eindruck eines wohlmeinenden, das Gute wollenden Mannes. Die Richtung auf seine philanthropischen Bestrebungen habe ihm besonders seine deutsche Frau gegeben, eine Württembergerin, die mit großer Energie hiefür auftrete. An der Akademie in Neuchatel sei er als Lehrer tätig und gebe mit andern ein kleines Blatt (Bulletin international? wenn ich recht verstanden habe) heraus. Verbindungen mit dem Auslande seien wahrscheinlich durch seine Stellung in der Loge vermittelt (mein Berichterstatter ist übrigens selbst Freimaurer): als ein entschieden praktischer Mann sei er ihm (dem Referenten) nicht vorgekommen, doch sei die Bekanntschaft nur oberflächlich." —

Ich wiederhole meine frühere Bitte, daß Sie, v. K. H., alles, was ich in diesen beiden Briefen zu berichten hatte, als ausschließlich nur für Ihre eigne persönliche Information bestimmt ansehen wollen, die keinem dritten zugänglich ist. [...]

Herr Sandoz sagte mir bei seinem Besuche nichts weiter als, Sie hätten dringend gewünscht, daß er (Sandoz) sich von mir einen Rat über das journalistische Unternehmen erbitte, für das Sie sich interessieren. Nun weiß ich nicht, ob ich Ihren Wunsch recht deutete, als ich voraussetzte, daß Sie von mir konfidentielle Informationen erwarteten über die beiden Männer, die jenen Plan vertreten? *[...]*

GLA FA Korresp. 13 Bd. 24 Nr. 673.

619. Marschall an Turban.

Berlin, 17. Dezember 1884.

Vertraulich! *[...]* Über die in ihrem Verlaufe wie in ihrem Resultate überaus traurige Reichstagssitzung von vorgestern[1] haben Ew. Exz. bereits durch die öffentlichen Blätter Kenntnis erhalten. Es war gerade im gegenwärtigen Augenblick für jeden national gesinnten Mann ein wahrhaft beklagenswertes Schauspiel, zu sehen, wie der Reichskanzler unter Appell an alles, was er seit zwanzig Jahren auf dem Gebiet des Auswärtigen geleistet, unter Hinweis auf seine durch die schwere Arbeitslast geschwächte Gesundheit und unter formeller Versicherung der Unentbehrlichkeit der verlangten Mittel die Gewährung von 20 000 Mark für einen weiteren Direktor im Auswärtigen Amte verlangte und die Majorität des Deutschen Reichstags mit „nein" antwortete. Der Schlüssel zur Haltung des Zentrums in dieser Frage liegt in den Verhältnissen, die ich bereits in meinem diplomatischen Berichte vom 14. d. M.[2] darlegte; man wollte dem Reichskanzler eine Kränkung zufügen als Antwort auf die Ablehnung des Antrags Windthorst[3], und die Worte, die er aus Anlaß der Debatte über die Diätenfrage[4] gesprochen hatte; für die Deutsch-Freisinnigen gab wie immer die Oppositionslust quand même den Ausschlag. Besonders die letztere Partei dürfte sich mit ihrer Taktik schwer verrechnet haben. Der Eindruck, den die vorgestrige Debatte auf die öffentliche Meinung gemacht hat, ist allem Anscheine nach ein gewaltiger; selbst solche Blätter, die den Deutsch-Freisinnigen sehr nahestehen, wie die Nationalzeitung und das Berliner Tageblatt, haben unumwunden den Stab über die Haltung der Majorität gebrochen. Ich komme bei Betrachtung der jüngsten Vorgänge auf dem Gebiete der inneren Politik unwillkürlich auf den Gedanken, daß der Reichskanzler im gegenwärtigen Augenblick die Verbrüderung zwischen Zentrum und Freisinnigen zu dem Zwecke befördern will, um die letzteren von Grund aus zu diskreditieren und unmöglich zu machen; ich weise in dieser Beziehung darauf hin, daß er bisher stets dann in die Debatte eingegriffen, wenn im voraus das Zusammengehen zwischen Zentrum und den Deutsch-Freisinnigen gegen die Regierung feststand — in der Diätenfrage, beim Antrag Windthorst und der jüngsten Budgetdebatte — und daß seine Reden bei diesen drei Anlässen weit eher geeignet waren, diese Koalition zu befestigen als zu zerstören[a]. Vorgestern war eine Zahl von Mitgliedern des Zentrums bezüglich ihres Votums anfänglich zweifelhaft, erst als der Reichskanzler durch Hinweis auf seine persönlichen Leistungen an das Vertrauen appelliert und die Frage damit zu einer politischen gemacht hatte, war die Einstimmigkeit des Zentrums und damit die Verwerfung der Exigenz gesichert.

Mit der obigen Konjektur steht die Tatsache im Einklang, daß der Herr Reichskanzler infolge des vorgestrigen Vorgangs die Frage der Auflösung des Reichstags mit Herrn von Bötticher und bei der gestrigen Staatsministerialsitzung auch mit anderen seiner Kollegen ernstlich besprochen hat^b. Es kam schließlich zu dem Resultate, daß die Frage noch nicht reif sei und man abwarten müsse, bis der Reichstag sich noch mehr in der öffentlichen Meinung herabgesetzt habe, was um so eher zu erwarten sei, als er sich bezüglich der Auflösung sicher glaube.

GLA 233/34795 fol. 239 f. Ausf. Marginalien des Großherzogs 20. Dez.: a) „Allerdings! Ob aber im obigen Sinne geflissentlich beabsichtigt?" b) „Sie läßt sich aber auch für sich wohl erklären."

[1] Reichstagssitzung vom 15. Dez. 1884 über die Erhöhung des Etats des Ausw.Amtes. Bismarcks Rede: Ges.Werke XII S. 533 ff. mit der Berufung auf seine 20jährige Tätigkeit im Amt.
[2] Nr. 616.   [3] Nr. 616 Anm. 2.
[4] Nr. 611 Anm. 1.

620. Marschall an Turban.

Berlin, 21. Dezember 1884.

Reichskanzler erläßt einen öffentlichen Dank für die Kundgebungen aus Anlaß des jüngsten Reichstagsvotums. Dem Mißtrauensvotum durch Ablehnung unentbehrlicher Mittel ständen zahlreiche Beweise des Vertrauens gegenüber, mit welchem das deutsche Volk die vom Reichskanzler vertretene auswärtige Politik S. M. des Kaisers zu unterstützen bereit sei. Er finde darin Ermutigung auszuharren im Kampfe gegen die Parteien, deren Unverträglichkeit untereinander und Einmütigkeit im Widerstande gegen jede staatliche Leitung die Entwicklung des Reiches hemmten und die schwer erkämpfte Einheit der Nation gefährdeten.

GLA 233/34795 fol. 229 Tel. aufgegeben 8,20 Uhr. Abschr. dem Großherzog zugeleitet.

621. Großherzog Friedrich an Großherzog Peter von Oldenburg.

Karlsruhe, 26. Dezember 1884.

Dank für Nr. 617 und für die freundliche Weise Deiner Aufnahme meiner Darlegung der Braunschweigschen Angelegenheit.

Mit großem Interesse habe ich alle Deine Mitteilungen über diese wichtige Frage gelesen und mit vieler Befriedigung vernommen, daß Du darüber in regem Verkehr mit dem Herzog von Cumberland Dich befindest. Sehr dankbar bin ich Dir für die Übersendung von Auszügen aus den Briefen des Herzogs. Die Äußerungen desselben geben mir den Eindruck, als erkenne er immer noch nicht die ganze Tragweite seiner bisherigen Unternehmungen.

Es konnte mir natürlich nicht einfallen, meinen letzten an Dich gerichteten Brief so einzurichten, daß er auch für den Herzog von Cumberland zu lesen bestimmt sei. Da Du es aber für richtig gehalten hast, dem Herzog meinen Brief zu senden, so muß ich mich Deinem Urteil anvertrauen und will hoffen, daß daraus der gewünschte Nutzen hervorgehe. Es ist recht dringend nötig, daß der Herzog die richtigen Wege gehe und dadurch die ganz verworrene Lage des Rechts wiederherstelle. Aber ebenso wünschenswert erscheint mir, daß der Herzog sich von Ratgebern frei mache, die seiner Sache so sehr schaden, daß nur ihre Entfernung schon als ein bedeutender Schritt näher ans Ziel genannt werden darf.

Wie sehr der Herzog zu Gunsten anderer politischen Zwecke ausgebeutet und mißbraucht wird, ohne daß er es selbst weiß, geht unter anderem aus folgender Geschichte hervor. — Ein Herr, welcher mit streng ultramontanen Kreisen vertraulich verkehrt, erzählte kürzlich in vertrautem Gespräch, daß der Herzog von Cumberland vor etwa 3/4 Jahren in Rom gewesen ist und dort zur katholischen Kirche übergetreten sei. Dieser Übertritt werde geheim gehalten und soll erst öffentlich bekannt werden, wenn die Braunschweigsche Erbfolgefrage zugunsten des Herzogs entschieden worden sei. Inzwischen wird das Gerücht in katholischen Kreisen kolportiert, um aus der Erbfolgefrage eine kirchenpolitische Agitationsfrage zu machen.

Ich hielt diese Erzählung für zu bedeutungsvoll, als daß ich versäumen dürfte, sie Dir mitzuteilen. Ist es eine Erfindung, so halte ich dafür, daß eine baldige entschiedene Widerlegung erforderlich ist, um dem Schaden vorzubeugen, der aus solcher Kolportage notwendig erwachsen muß. Die Rechtsansprüche des Herzogs von Cumberland mit ultramontaner Agitation zu verbinden, heißt so viel als ihn unmöglich machen.

Die politische Seite der Frage ist so sehr über die rechtliche Seite erhaben dadurch, daß politische Akte von seiten des Herzogs begangen wurden, daß mir Deine am Schluß Deines Briefes geäußerte Befürchtung nur allzu gerechtfertigt erscheint, als werde von entscheidender Stelle aus noch mancherlei Schwierigkeiten erhoben werden, bevor das Recht zur Geltung gelangt. [...]

GLA FA Korresp. 13 Bd. 43 Fasz. 49 Nr. 137 eig. Konz.

622. Roggenbach an Großherzog Friedrich.

Segenhaus bei Neuwied, 31. Dezember 1884.

Nicht die Gewohnheit vieljähriger Übung, sondern das stets neue lebendige Bedürfnis des Herzens fügt es, daß in den letzten Stunden des scheidenden Jahres, bei dem Herannahen des ernsten Wendepunktes irdischer Zeitmessung sich meine Gedanken zu E.K.H. hinwenden. Mit warmem Danke für alles, was die Vergangenheit an Gutem gebracht und an möglichem Übel verhütet, mit innigen Segenswünschen, daß die noch in unerforschlichem Geheimnis vor uns liegende Zukunft E.K.H., der Frau Großherzogin und allen, die Ihnen nahe stehen, sich gnädig erweisen möge. Mit den zunehmenden Lebensjahren geht wohl in allen Menschen die gleiche Veränderung vor sich, daß das allgemeine Wohlwollen gegen die Gattung steigt, das individualisierte Interesse an Einzelnen sich aber immer mehr auf wenige konzentriert, die dann mit ihren Schicksalen, mit ihrer Lebensauffassung und ihrer geistigen und seelischen Entwicklung gleichsam ein Teil unseres eigenen Seins werden, um der Bedeutung willen, die sie im eignen Leben gewonnen haben. E.K.H. werden es mir deshalb auch nicht verübeln, wenn dies mein Interesse in nahezu alle Beziehungen übergreift, in welchen das Geschick E.K.H. selbst, der großherzoglichen Familie und des Landes getroffen werden kann und daß in allen Richtungen Sorgen und Wünsche und Hoffnungen ihr Spiel an der Jahreswende treiben. Vor wievielen Rätseln steht nicht Wohl und Wehe der Einzelnen, vor wieviel größeren noch die hohen und wichtigen Interessen, die untrennbar mit den Geschicken Ihres eignen Lebens und mit dem Lebensgange aller Glieder Ihres Hauses verbunden sind. Kaum je zuvor drängten die überstürzenden Wogen unerbittlicher Notwendigkeiten und eherner Gesetze des wirtschaftlichen und staatlichen Lebens über die bestehenden Verhältnisse hin, daß man sich wohl fragen darf, was von gegenwärtigen Ordnungen wird in Deutschland gegenüber der fortwährenden Revolutionierung von oben Stand halten können? Haben wir doch noch in den jüngsten Tagen erleben müssen, daß das deutsche Reich die sichere Stellung der hegemonischen Kontinentalmacht und eines stolzen Friedensgaranten für die ganze zivilisierte Welt verlassen hat, um sich in den Wirbeltanz der Weltmachtkandidaten zu stürzen, dessen weiterer Verlauf sich nicht absehen und dessen Vorteile und Gefahren die gewiß am wenigsten berechnet haben, die zu diesem neuen Experimente verführten. Wer kann aber auch nur annähernd die Folgen übersehen, welche aus den wirtschaftlichen Krisen für die Einzelwirtschaft und die Staatsexistenzen hervorgehen müssen und denen gegenüber alle Schulweisheit und die Durchschnittsroutine auch der besten Geschäftsleute zu Schanden werden muß. All das sind Perspektiven endloser Weite, aber von nimmer wechselndem Ernste. Es bedarf zu berechtigter Sorge gar nicht erst der nächstliegenden Betrachtungen, die die Lage der Reichszustände hervorrufen und die nur durch die Hoffnung, daß die Vorsehung auch in diesem Jahre über dem Kaiser wachen und sein Leben gnädig behüten möge, zurückgedrängt werden. —

Vertrauen wir, daß das Jahr 1885 die verschuldete Erbschaft, die es überkommt, zu regeln verstehen wird und daß der Abschluß, der an seinem Ende gemacht werden wird, uns zu neuem Danke stimmen kann, wie wir es heute, trotz aller tiefen Schatten, auch für das abgelaufene Jahr empfinden dürfen, wie es auch ihm an Gutem und reichem Segen nicht gefehlt hat. [...]

GLA FA Korresp. 13 N 500 Fasz. 252. Notiz des Großherzogs: „Pr. 22. 5. 85".

623. Großherzog Friedrich an Jules Sandoz.

Karlsruhe, 12. Januar 1885.

J'ai reçu Votre lettre du 8 Janvier et avec elle les 40 exemplaires du programme destiné à être répandu comme avertissement et invitation du public avant l'apparition du nouveau journal. Je souis content de savoir que Vous êtes satisfait du résultat de Vos travaux préparatoirs et que Votre entreprise avance bien. La recommandation que Vous me demandez pour l'Empereur du Brésil[1] est jointe à ces lignes et contient tout ce qui est nécessaire pour interesser ce souverain si éclairé à la cause en question. Je suis bien reconnaissant de ce que Vous me dites sur ma participation à Votre oeuvre et je Vous prouverai ma reconnaissance en adressant les 40 exemplaires du programme à toutes les personnes de ma connaissance qui me paraissent digne de bien comprendre les intentions que le journal l'Europe doit réaliser.

Je Vous félicite de la bonne traduction en allemand de Votre programme et j'espère que cela contribuera beaucoup à augmenter le nombre des partisans. J'ai formé une liste de personnages auxquels je Vous recommandrai d'envoyer Vos invitations pour la formation d'une société d'actionnaires. Pour préparer cela j'eu verrai [!] d'abord Votre programme aux mêmes adresses si Vous croyez que ce moyen d'agir sur l'opinion publique soit recommandable. Enfin, Vous jugerez quand Vous connaissez la liste en question. Votre intention de vouloir me tenir au courant du développement de Votre oeuvre m'est très agréable et je Vous suis bien reconnaissant de cette preuve de confiance. [...]

GLA FA Korresp. 13 Bd. 56 Fasz. 170 Nr. 9 eig. Konz.

[1] Kaiser Pedro von Brasilien (1825—91), 1840 mündig gesprochen und Kaiser, 1889 gestürzt. Vgl. Nr. 624.

Anlage

Bern, 1. Dezember 1884.

L'Europe.

Programm einer täglich in Bern erscheinenden neuen Zeitung politischen, sozialen und literarischen Inhalts.

Wozu eine neue Zeitung? Woher dieser Titel? Warum Bern als Sitz der Redaktion? Auf diese Fragen wollen wir Antwort erteilen.

Wir gründen eine neue Zeitung, weil sie von weiten Kreisen der modernen Gesellschaft gefordert wird, denen die bestehende Tagespresse nicht zusagt. Die meisten Zeitungen vertreten ausschließlich Parteizwecke oder dienen mehr oder weniger verhohlen einem lokalen oder Privatinteresse. Wir bestreiten weder den Wert noch den Nutzen dieser Blätter; sind aber nichtsdestoweniger der Ansicht, daß sie in keinem Lande die Aufgabe der Tagespresse erfüllen, wie wir dieselbe anschauen.

Wir gründen eine Zeitung, die keine politischen Grenzen, keine nationale Eifersucht kennen soll. Wir wollen weder Franzosen noch Deutsche, weder Engländer noch Italiener noch Russen sein, und deshalb nennen wir unsere Zeitung „L'Europe“. Dieser Titel sagt deutlich genug, daß wir alle Fragen um ihrer selbst willen diskutieren wollen, ohne irgendwelchen Chauvinismus, ohne Gefälligkeit für diese oder jene Partei, für diese oder jene Person, ohne Leidenschaft, aber auch ohne Rückhalt und ohne Schwäche.

Wir gründen diese Zeitung in der Schweiz und in der Bundesstadt, weil wir der Ansicht sind, daß sie logischerweise nirgend anders gegründet werden kann. Denn in der Tat eignet sich zu einem derartigen Unternehmen kein anderes Land so gut wie die Schweiz. Ihre geographische und ethnographische Lage, ihre nicht nur durch die Verträge, sondern auch durch stillschweigende Übereinkunft der rivalisierenden Völker gesicherte Neutralität, alles trägt dazu bei, sie zu einem wahrhaft internationalen Lande, dem einzigen Lande in Europa zu machen, in welchem eine vollkommen unabhängige und unparteiische Tribüne errichtet werden darf. Und was die Bundesstadt betrifft, so empfiehlt sie sich aus derselben Ursache; sie ist die Hauptstadt der Schweiz und zugleich ein europäisches Zentrum.

Endlich, wenn wir eine Zeitung in französischer Sprache gründen, so stehen wir damit in Übereinstimmung mit dem Wesen und der Aufgabe dieses neuen Unternehmens. Solange sich keine andere Sprache als ein dem Gedankenaustausch der zivilisierten Nationen dienendes Idiom Geltung verschafft hat, wird Französisch die Sprache der Diplomatie und folglich des internationalen Journalismus sein. [...]

Wir haben nicht die Absicht, eine ausschließlich oder nur wesentlich politische Zeitung herauszugeben, in dem Sinne wenigstens nicht, den man diesem Worte zu geben pflegt. Die Politik als Alltagsgeschäft nährt sich von Eifersüchteleien der Nationen und Parteien; sie legt weniger Gewicht auf Grundsätze als auf Fragen des Gleichgewichts und des Erfolges.

Nun aber gelangen die sozialen Fragen von selbst mehr und mehr in den Vordergrund, jenachdem die moderne Zivilisation die Völker einander nähert und die Kämpfe der Parteien an Bedeutung verlieren. Deshalb werden wir auch den sozialen Fragen unsere besondere Aufmerksamkeit widmen.

[...] Unsere Zeit ist kriegerisch, und trotzdem steht der Krieg im Widerspruch zu allen ihren sonstigen Tendenzen. Daher der Drang nach Ausgleichung der Gegensätze, nach einer friedlichen Verständigung bei Konflikten, die noch vor wenigen Jahrzehnten zu einer blutigen Entscheidung geführt hätten. Der nach Berlin zusammengerufene Kongress[1] für die westafrikanischen Angelegenheiten eröffnet uns allen einen neuen, weiten Horizont. Wir werden den die gesamte zivilisierte Welt interessierenden humanitären Bestrebungen und wahrhaft befreienden Taten der Gegenwart mit besonderer Vorlieben unsere Aufmerksamkeit schenken. Zu ihnen zählen wir auch alle wissenschaftliche Reisen in unbekannte Erdstriche, die Heranziehung halbzivilisierter Staaten zur Teilnahme an der Kulturarbeit der Welt, die Triumphe der Naturforschung und deren Anwendung auf das praktische Leben durch die täglich sich steigernden Erfolge der modernen Technik. Wir werden auch den allgemeinen Interessen des Handels und der Industrie unsere größte Sorgfalt angedeihen lassen und uns bemühen, durch regelmäßige in allen Hauptzentren der Alten und der Neuen Welt organisierte Korrespondenzen diesem Teile unseres Programms in zweckmäßigster Weise zu entsprechen.

Ein beträchtlicher Teil unserer Spalten soll den großen, die Staaten interessierenden Finanzfragen und der Entwicklung des europäischen Eisenbahnnetzes gewidmet sein.

Wir werden unaufhörlich die Korruption und sittliche Verderbnis bekämpfen, welche in der Geschäftswelt ihren Sitz aufgeschlagen hat und dort wie im stillen bürgerlichen Leben ihre Opfer sucht.

Unsere Leser sollen bezüglich aller genossenschaftlichen Unternehmungen und gemeinnützigen Gesellschaften, bezüglich des Versicherungswesens und aller Bestrebungen, die auf Selbsthilfe und Befreiung des Individuums auf wirtschaftlichem und gesellschaftlichem Gebiet gerichtet sind, auf dem Laufenden erhalten bleiben.

Und so werden wir auch nicht vergessen, daß eine ernste, auf Vollständigkeit Anspruch machende Zeitung keiner Betätigung des menschlichen Geistes fremd bleiben darf. Wir werden deshalb unsere Spalten auch der Kritik, sowie literarischen, juridischen und philosophischen Studien offenhalten. [...]

Wir sind ehrliche Liberale und bezeichnen die von uns unveränderlich innezuhaltende Richtung wie folgt: Wir wollen den Fortschritt in der Freiheit, durch die Freiheit, ohne die plötzlichen Stöße der Revolutionen, ohne die Unbesonnenheiten von Parteiführern, die auf gegebene Verhältnisse keine Rücksicht nehmen, besonders ohne die Vorurteile und die Rachegelüste, welche die normale Entwicklung der Gesellschaft verhindern. Dieser Fortschritt scheint uns nicht notwendig an eine bestimmte politische Form gebunden. Wir wollen übrigens nicht die Zeitung eines Landes mehr als die eines anderen sein. Beobachtende, nicht tätige Teilnehmer angesichts der inneren oder äußeren Kämpfe der Nationen werden wir stets auf Seite der Liberalen stehen, um sie zu ermutigen und vor Überstürzung zu warnen.

Von diesem Standpunkt aus werden wir die allgemeinen politischen und volkswirtschaftlichen Fragen, ja selbst die Fragen besprechen, welche sich auf das Verhältnis zwischen Staat und Kirche beziehen.

Getreu dem Grundsatz des gleichen Rechts für alle, auf allen Gebieten, werden wir Mißbräuche und Vorrechte überall bekämpfen, wo wir ihnen begegnen, dabei jedoch stets der Wahrheit eingedenk sein, daß der Sieg nicht gewaltsamen, sondern moralischen Mitteln zufällt, und daß die extremen Parteien die größten Feinde des Fortschritts sind.

Wenn nun auch diese neue Zeitung auf schweizerischem Boden erscheinen wird, ohne doch genau genommen eine schweizerische Zeitung zu sein, so werden wir doch nie vergessen, daß es gerade ein Merkmal des wahrhaft internationalen Charakters dieses periodischen Organs sein muß, die gesunden Lehren des Völkerrechts aufrechtzuerhalten, welche sowohl die Schutzwehr der neutralen Länder wie eine Schutzwehr für die Nachbarstaaten abgeben.

Noch eines wollen wir von vornherein feststellen: Die strenge Sittlichkeit, die uns bei der Auswahl der literarischen Schriften leiten soll, die wir aufnehmen werden, und die vollständige Unabhängigkeit unserer Kritik. Wir werden mit derselben Gewissenhaftigkeit, die uns bei Verteidigung der Freiheit leiten wird, auch der Wahrheit zu dienen wissen.

Ohne weiter die regelmäßige Mitarbeiterschaft hervorragender und in ihrem Fache unzweifelhaft kompetenter Männer zu betonen, bitten wir um die Mitwirkung aller derjenigen, die sich mit den großen sozialen und wirtschaftlichen Problemen der Gegenwart beschäftigen. Wir eröffnen ihnen einen weiten Sprechsaal, in welchem sie umso freier und nützlicher sich über die anhängigen Fragen ergehen dürfen, als sie jedes denselben fremde Element von der Diskussion fernhalten.

Wir haben die Überzeugung, ein wahrhaft nützliches Werk von großer Tragweite zu unternehmen. Wenn wir von wohldenkenden und gesinnungstüchtigen Männern unterstützt werden, scheint uns der Erfolg nicht zweifelhaft. Wir werden vielleicht keiner Partei gefallen, wir sind sogar darauf gefaßt. Unser Ehrgeiz ist jedoch ein anderer, und wir werden uns für unsere Bemühungen zur Genüge belohnt erachten, wenn es uns gelingt, unser Programm zu verwirklichen, das in die zwei Worte sich zusammenfaßt: Wahrheit und Freiheit.

Für das Gründungskomitee:
Der Präsident: Aimé Humbert
Der Sekretär: Jules Sandoz

GLA FA Korresp. 13 Bd. 56 Fasz. 170 Nr. 12.

[1] Am 8. Okt. 1884 begann in Berlin die Konferenz der 14 von Bismarck eingeladenen Staaten, nachdem König Leopold II. von Belgien ihn wegen des englischen und französischen Vordringens gegen den Kongo um seine Vermittlung gebeten hatte. Der Kongreß wurde am 26. Febr. 1885 mit der Kongo-Akte abgeschlossen, in der der Kongo-Staat als Eigentum des belgischen Königs anerkannt wurde.

624. Großherzog Friedrich an den Kaiser von Brasilien.

Karlsruhe, 12. Januar 1885.

Sire. Le souvenir des occasions qui m'ont procuré l'honneur de rencontrer Votre Majesté ici, à Berlin et à Rome, me font espérer qu'Elle ne jugera pas trop sévèrement la liberté que je prends de Lui écrire ces lignes.

Persuadé que l'Empereur s'intéresse à toute bonne entreprise littéraire, je crois oser Lui offrir un programme qui démontre le plan pour un journal quotidien paraissant à Berne, mais embrassant des intérêts d'une étendue internationale.

Les entrepreneurs et fondateurs de ce journal m'ont prié d'intervenir auprès de Votre Majesté, afin que leur intention trouve une introduction bienveillante et une recommandation initiée aux sentiments qui dirigent l'idée fondamentale de cet oeuvre.

En présentant ce programme à Votre Majesté je me borne à dire que presque partout où l'on connait l'influence de la presse, et les résultats déplorables d'une mauvaise presse, on reconnait aussi le besoin d'un remède efficace vis à vis des dangers provenants de cet état de choses.

C'est dans ce bût que le nouveau journal se propose de réunir tous les bons éléments internationaux, afin qu' un travail politique se fasse sur la base d'une entente amicale secondée par les intérêts communs de la conservation d'une paix durable et universelle.

Plaise à Votre Majesté de vouloir accueillir ce programme avec bonté et de vouloir juger avec indulgence la liberté que j'ai prise de Vous entretenir de cette affaire. [...]

GLA FA Korresp. 13 Bd. 56 Fasz. 170 Nr. 4 eig. Konz. In der Anlage: Das gedruckte Programm der Zeitschrift „L'Europe, Journal quotidien Politique, Social et Littéraire Paraissant à Berne" vom 8. März 1884, sowie der gedruckte Statutenentwurf der „Société par actions du Journal L'Europe" (Nr. 5); ferner eine eig. Namenliste, darauf u. a. der belgische, dänische, schwedisch-norwegische, rumänische, italienische, württembergische, sächsische König und die Königinnen; Fürst v. Hohenzollern-Sigmaringen, russische, österreichische u. preußische Fürsten; Bismarck, die englische Königin, der deutsche Botschafter in Wien Fürst Reuß; die Großherzöge von Mecklenburg-Schwerin, Oldenburg; Fürst Hermann zu Hohenlohe-Langenburg; Schleinitz, Giers, Hatzfeld, Kalnocky u. weitere Diplomaten; Kardinal Hohenlohe, Prof. Kraus, Kuno Fischer, B. Erdmannsdörffer, Bunsen, Treitschke, Sybel, Ranke, Gneist, Helmholtz u. a.

625. Großherzog Peter von Oldenburg an Großherzog Friedrich.

Oldenburg, 14. Januar 1885.

Dank für Nr. 621. Als sich die Antwort meines Neffen in Gmunden verzögerte, richtete ich einen weiteren Brief dorthin, in dem ich die mir von Dir mitgeteilten Notizen verwertete. Dieser zweite Brief kreuzte sich mit der Antwort meines Neffen. Leider hat derselbe meinen Vorschlag, der dahin ging, sich in einem herzlichen eigenhändigen Schreiben an den Kaiser zu wenden und demselben seinen Wunsch nach Verständigung und Versöhnung auszusprechen, nicht angenommen. Er will in seiner jetzigen Stellung verharren. Ich habe nun nochmals an ihn geschrieben und ihm gesagt, mein Standpunkt sei durch seine Erwiderung unerschüttert. Für den Augenblick hoffe ich noch auf keinen Erfolg, ich werde aber noch andere Mittel versuchen, ihn zum entschiedenen Abschütteln der Intransigenten zu bewegen. [...] Mitte November hatte ich an den Kronprinzen geschrieben[1]. Vorgestern erhielt ich eine eingehende Antwort, worin er ganz rückhaltlos seinen Standpunkt darlegt und auch den des Reichskanzlers. Mit dem Kronprinzen wäre Verständigung leicht, wenn die intransigenten Welfen mattgesetzt wären. Dies wird mich nur mehr anspornen nicht nachzulassen. Durch den Kronprinzen wird auch der Reichskanzler umzustimmen sein[2], wenn die maßgebenden Stimmen im Bundesrat sich regen. Aber zuerst müssen die intransigenten Welfen aus dem Felde. Gott gebe, daß es gelingt. [...]

GLA FA Korresp. 13 Bd. 42 Fasz. 45 Nr. 28c eig.

[1] Großherzog Peter an Kronzprinz Friedrich Wilhelm 10. Nov. 1884, gedr. H. *Philippi*, Veröff. Anlage 10 S. 201 ff.
[2] Zu der völlig falschen Einschätzung Bismarcks durch Großherzog Peter vgl. H. *Philippi*, Niedersächs. Jb. 32 pass.

626. Eisendecher an Bismarck.

Karlsruhe, 18. Januar 1885.

Vertraulich! S. K. H. der Großherzog läßt neuerdings keine Gelegenheit vorübergehen, ohne mir die lebhafteste Bewunderung über Ew. Durchlaucht Reden im Reichstage und die großartige und erfolgreiche Entwicklung unserer Politik auszudrücken. Nachdem sich Hochderselbe auch vorgestern anläßlich der Reichstagsdebatte über den Normalarbeitstag in derselben Weise geäußert hatte[1], bemerkte er im Laufe des Gesprächs unter Bezeugung seiner aufrichtigsten Freude über Euerer Durchlaucht bessere Gesundheit, daß es ihm besonders leid sei, Euere Durchlaucht so lange nicht persönlich gesprochen zu haben. Er hoffe sehr auf eine baldige Begegnung.

Anknüpfend hieran berührte S. K. H. den auch in diesem Jahre bevorstehenden Besuch unseres allergnädigsten Herrn in Baden und die auf badischem Territorium stattfindenden großen Herbstmanöver; er sagte, daß es ihn außerordentlich freuen würde, wenn Euere Durchlaucht vielleicht gelegentlich der Manöver Veranlassung nehmen könnten, einige Tage im badischen Lande zuzubringen; das sei nicht allein ein persönlicher Wunsch, sondern er lege darauf auch in politischer Hinsicht den größten Wert und verspreche sich von einem solchen Besuche für die Parteiverhältnisse im Südwesten des Reichs die erfreulichsten Wirkungen. *[...]*

Bonn, Archiv Ausw. Amt, Baden Nr. 31 Vol. 6, Ausf.

[1] Bismarcks Rede am 15. Jan. 1885: Ges.Werke XII S. 578 ff.

627. Großherzog Friedrich an J. Sandoz.

Karlsruhe, 18. Januar 1885.

Je m' empresse de Vous accuser [!] réception de Votre lettre du 16 Janvier ainsi que des deux grands pakets contenant les programmes que je Vous ai demandé. Je Vous remercie sincèrement de cette nouvelle preuve de Votre confiance et je crois bien faire en répondant aussitôt aux questions que Vous traitez dans Votre lettre.

Le programme tel qu'il est maintenant contient tout ce qu'il faut savoir par rapport au nouveau journal. Son charactère international est si bien fondé, qu'une explication sur l'étendue de ses travaux littéraires concernant les questions coloniales me parait inutil.

Tous ceux qui s'intéressent à l'idée fondamentale du journal „L'Europe" reconnaitront aussitôt que cela deviendra un organe de premier ordre servant aux intérêts que la conférence de Berlin vient de traiter. Tandis qu'un titre qui voudrait expliquer l'intention de s'occuper spécialement des questions coloniales éveillerait de la méfiance dans certaines cercles diplomatiques et diminuerait l'impression d'une impartialité complète qui doit distinguer ce nouveau journal.

Si „L'Europe" en paraissant pour la première fois contient un bon article sur les travaux de conférence du Congo et sur les intérêts coloniaux qui unissent maintenant les états représentés dans cette conférence cela donnera un relief à ce journal qui contribuera beaucoup à le rendre agréable aux nations représentés dans ce moment à Berlin.

Je Vous propose donc de ne pas changer le titre de Votre journal et de Vous conserver par cela toute la liberté d'action qui est si importante pour la collaboration tout aussi étendue que diverse, nécessaire à cette grande entreprise pleine de questions difficiles et délicates.

La liste des adresses que je Vous ai envoyé continue d'augmenter, de manière que Vous receverez bientôt un supplément. *[...]*

GLA FA Korresp. 13 Bd. 56 Fasz. 170 Nr. 7 eig.Konz. In der Anlage eine eig. Namensliste mit den Namen der in Berlin vertretenen ausländischen Botschafter und Gesandten, dazu Puttkamer, Maybach, Lucius, Stephan[1].

[1] Heinrich (1885: v.) Stephan (1831—97), Schöpfer der deutschen Reichspost, 1870 Generalpostdirektor d. Norddeutschen Bundes, 1876 Generalpostmeister, 1880 Staatssekretär des Reichspostamtes.

628. Marschall an Turban.

Berlin, 19. Januar 1885.

Ew. Exz. wird durch die öffentlichen Blätter bereits bekannt sein, daß sich in hiesiger Stadt ein Zentralkomitee zu dem Zwecke gebildet hat, dem Herrn Reichskanzler bei seinem am 1. April d. J. stattfindenden 70. Geburtstage ein Nationalgeschenk zu überreichen. Das vorläufig konstituierte Komitee hat vorgestern unter dem Vorsitze des Herzogs von Ratibor[1] getagt und beschlossen, demnächst einen öffentlichen Aufruf behufs Sammlung der erforderlichen Mittel zu erlassen. Es besteht der Wunsch, diesen Aufruf durch angesehene Persönlichkeiten der verschiedenen Berufskreise und Parteien unterzeichnen zu lassen, und hat der Vorsitzende des Komitees die hierzu erforderlichen Schritte bereits eingeleitet. So weit dieselben dahin zielten, auch die Namen hervorragender deutsch-freisinniger Abgeordneter für den Aufruf zu gewinnen, sind sie, wie ich vernehme, erfolglos geblieben — sowohl Herr von Forckenbeck wie auch der 2. Vizepräsident des Reichstags Abgeordneter Hofmann haben unter Hinweis auf einen Parteibeschluß die Unterzeichnung abgelehnt —; ob das Zentrum eine gleiche Haltung einnehmen wird, ist zur Zeit noch nicht zu übersehen, da Baron Franckenstein die an ihn gestellte Anfrage ad referendum genommen und die Entscheidung von einem zu extrahierenden Fraktionsbeschluß abhängig gemacht hat. Dagegen wird die nationalliberale, die konservative und die deutsche Reichspartei durch hervorragende parlamentarische und außerparlamentarische Persönlichkeiten unter dem Aufrufe vertreten sein — u. a. hat auch Herr Geheimrat Lamey auf eine an ihn ergangene telegraphische Anfrage die Ermächtigung zur Beifügung seines Namens gegeben. [...]

GLA 233/34795 fol. 246 ff. Ausf., Paraphe des Großherzogs; 49/2014 fol. 5 ff. Konz.

[1] Victor Moritz Herzog v. Ratibor (1818—93), Fürst v. Corvey, Prinz v. Hohenlohe-Waldenburg-Schillingsfürst (Bruder des Fürsten Chlodwig v. Hohenlohe-Schillingsfürst), 1867—90 Mitglied d. Norddeutschen u. des Deutschen Reichstags (Reichspartei), seit 1877 Präsident d. preuß. Herrenhauses.

629. Großherzog Friedrich an Erzbischof Orbin.

Karlsruhe, 28. Januar 1885.

Gelegentlich seines regelmäßigen Vortrages gab mir Staatsrat Nokk Kenntnis von einem Schreiben, das Sie an denselben gerichtet haben und worin Sie eine Ihnen persönlich zuteil gewordene schwere Beleidigung besprechen, über deren Ursprung und Verlauf in der Presse Staatsrat Nokk mir das Nähere vortrug. In gerechter Betrübnis über diesen bedauerlichen Angriff gegen Ihre hochgeschätzte Person bin ich von Teilnahme für Sie so sehr erfüllt, daß ich mich gedrungen fühle, Ihnen mein ganzes Mitgefühl an dieser herben Kränkung auszusprechen. Sie stehen erhaben über der Niedrigkeit der Gesinnung, welche es unternehmen will, Sie vor den Augen der Welt zu schädigen. Mit Entrüstung wird solches Unternehmen in weiten Kreisen verurteilt werden. Die Angriffswaffe wird sich gegen den Angreifer wenden und kann daraus nur ein engeres Zusammenwirken derjenigen erfolgen, welche — wie wir — berufen sind, die Ordnung und die Autorität aufrechtzuerhalten.

Wir beide haben Zeiten erlebt, in denen die Staatsordnung durch Herabwürdigung aller Autorität endlich umgestürzt wurde. — Leider erleben wir dermalen ganz Ähnliches. Die Gefahren, welche daraus erwachsen können, sind uns beiden wohl bekannt. Trachten wir nun danach, diesen unbestreitbaren Gefahren in gemeinsamer Arbeit zu begegnen, damit der innere Friede erhalten bleibe und somit auch die Wohltat einer gedeihlichen Entwickelung all der Kräfte des Volkslebens, welche zur Förderung des öffentlichen Wohles notwendig sind.

Wie Sie in frohen und ernsten Tagen meines Lebens und Berufes mir stets warme Teilnahme bekundeten, die ich dankbar erkenne, so mögen Sie in diesen Zeilen die Absicht erblicken, Ihnen in schwerer Zeit tröstend zur Seite zu stehen. [...]

GLA 48/5449 eig.Konz.

[1] Orbin an Großherzog Friedrich, Freiburg 31. Jan. 1885: [...] „Auch die in meinem Leben gemachten Erfahrungen bestätigen die weise Anschauung E. K. H., daß die jetzt wieder eintretende Bekämpfung jener Ordnungen und die Herabwürdigung der Autorität zum Umsturze führen. Wie vor vier Dezennien, so sind hierbei auch jetzt wieder die mit ihrer Kirche respektive mit der christlichen Religion Zerfallenen und leider darunter auch ungläubig gewordene Priester tätig. Die Liebe zur Autorität, der religiös sittliche Geist, die Achtung des Rechts, überhaupt alle staatsbürgerliche Tugenden werden durch berufstreue, fromme, wissenschaftliche gebildete, in Sittenreinheit erzogene Priester gepflegt, und ich bin deshalb E. K. H. zum innigsten Dank verpflichtet, daß mir in dem Streben, solche Priester zu erziehen, die wir bei dem herrschenden Mangel so nötig haben, kein Hindernis in den Weg gelegt wird" (ebd. eig. Ausf.).

630. Großherzog Friedrich an Herzog Adolf von Nassau.

Karlsruhe, 3. Februar 1885.

Mein Sohn ist nach seinem Unfall wieder dienstfähig. Die Zeit, welche er bei uns zubrachte, hat ihm sehr gut getan, da er wieder völlig erstarkte und damit die letzten Reste der fatalen Erkrankung überwand. Aber auch gemütlich war diese Zeit für ihn von besonderem Wert, insofern er seinem Herzensbedürfnis voll und ganz entsprechen konnte und rückhaltlos seinen Empfindungen Ausdruck gab bezüglich der Erinnerungen aus Königstein, die ihm so wert geworden sind. Die Eindrücke, welche er uns schilderte, waren erfüllt von schönen Hoffnungen für die Zukunft, die ihm nur zu sehr als in weiter Ferne erscheint und daher auch das Gefühl der Ungewißheit auf ihm ruhen läßt. Er trägt schwer an dieser Wartezeit und findet nur Zuversicht in der Hoffnung, daß, so wie seine Empfindungen für Deine liebe Tochter sich mehr und mehr in seinem Herzen befestigt haben, diese Gefühle dann Erhörung finden werden, wenn er Euch in einigen Monaten wieder besuchen darf. Die Herzogin hat meinen Sohn, wie er uns sagte, durch einen Brief sehr erfreut. Ich möchte Dich bitten ihr zu sagen, daß die schöne große Photographie Deiner Tochter, welche die Herzogin mir in Königstein auf meine Bitte zu geben die Güte hatte, nun einen anderen Besitzer hat, der sie nach Potsdam mitnahm. Gewissenhafter Weise muß ich von diesem Besitzwechsel Rechenschaft geben.

Seit ich Dich in Königstein sah, ist der Trauerfall eingetreten, den wir damals voraussahen. Mit dem Tode des Prinzen August von Württemberg[1] ist wiederum ein Repräsentant der alten Zeit geschwunden, für dessen Verlust ich Dir mein treues Beileid darbringe. [...]

GLA FA Korresp. 13 Bd. 41 Fasz. 42 Nr. 12 a eig. Konz.

[1] Prinz August Wilhelm v. Württemberg, geb. 1813, gest. 12. Jan. 1885.

631. Großherzog Friedrich an Jules Sandoz.

Karlsruhe, 6. Februar 1885.

Votre aimable lettre du 28 Janvier[1] m'a donné des nouvelles sur la continuation de Vos travaux, qui me prouvent de nouveau combien de difficultés sont à surmonter avant que l'on arrive au but voulu. Vos réflexions sur la question d'un bon choix à faire parmi des maisons de banque en Allemagne me paraissent parfaitement juste. Ainsi que Vous me représentez Votre situation actuelle, je crois que Vous devriez sonder le terrain à Berlin et Vous adresser au représentant de la conféderation Suisse auprès du gouvernement de l'Empire Allemand. Ce Ministre serait dans le cas de Vous indiquer les personnes et les instituts à rechercher pour les intéresser à Votre entreprise. Cela ne peut que Vous être très utile sans compromettre Votre indépendance si nécessaire.

J'ai completé la liste des personnes auxquelles Votre programme a été adressé jusqu' au chiffre de 160. — Les programmes allemands on suffit au besoin mais il me manquent à peu près 50 exemplaires du programme français, que je Vous prie de vouloir m'envoyer. [...]

GLA FA Korresp. 13 Bd. 56 Fasz. 170 Nr. 10 eig. Konz.

[1] Ebd. Nr. 8.

632. Geh. Rat Prof. v. Bulmerincq[1] an Ungern-Sternberg.

Heidelberg, 11. Februar 1885.

[...] S. K. H. machte mich ferner aufmerksam auf ein Hochdemselben übersandtes Programm einer neuen in Bern erscheinenden politischen, sozialen und literärischen Zeitschrift „Europa"[2] [...]. In der vorigen Woche erhielt ich dieses Programm unter Poststempel Karlsruhe, und erlaube ich mir, jetzt über dasselbe mehr zu äußern.

Daß ein solches Organ neben den Parteiblättern seine Berechtigung habe, ist gewiß. Auch ist die Schweiz zu einem solchen internationalen Organ eher befähigt als manches andere Land, da sie die Aufgabe hat, einen politischen Verband zwischen den drei verschiedenen Nationalitäten ihrer Bevölkerung: der deutschen, französischen und italienischen zu erhalten. Indeß scheint es: als ob die von der Schweiz beobachtete Haltung gegenüber sozialen Bestrebungen, namentlich der Sozialdemokraten, im Innern ihres Landes und gegenüber internationalen Anforderungen an ihre Regierung, dem Preßorgan die Einhaltung einer objektiven Behandlung dieser Fragen nicht gerade erleichtern würde. Endlich erscheint ein Land, in welchem das s. g. Volksreferendum zu Recht besteht, wonach die von legalen und politischen hochstehenden Organen wie von dem Stände- und Nationalrat (der Bundesversammlung) gefaßten Beschlüsse durch Volksabstimmungen beseitigt werden können, kaum dazu sehr geeignet, wie das Programm es beabsichtigt, „den Fortschritt der Freiheit" zu erringen und ein Organ zu stützen, das „Freiheit und

Wahrheit" als die dasselbe leitenden Ziele bezeichnet, denn zu diesen gelangt ein Land doch kaum durch Massenabstimmung.

Zu unserem Weltteil gehört ein anderes Land, welches gleichfalls neutralisiert ist, in welchem in früheren Dezennien ein internationaler Reformkongreß den anderen ablöste; in welchem vor 12 Jahren in wenigen Tagen durch hervorragende Männer verschiedener Staaten Europas und Amerikas zwei Vereine für das internationale Recht: der eine für einen weiteren, der andere für einen engeren Kreis gegründet wurde, die beide gedeihlich fortwirken; in welchem seit 16 Jahren eine Revue de droit international et de législation comparée unter Leitung in der Wissenschaft und Praxis hochangesehener Männer und Mitarbeiter solcher aus allen Kulturstaaten erscheint[3]. Sollte ein solches Land, welches durch Stiftung der afrikanischen Association unter Ägide seines erleuchteten Monarchen Kolonialbestrebungen auch anderer Länder einen so mächtigen Impuls gegeben und international stets eine korrekte Stellung eingenommen und bewahrt, weniger zu einem internationalen Organ wie die Europa geeignet sein?

Dennoch würde es nur mit Freude zu begrüßen sein, wenn das beabsichtigte Organ auch in der Schweiz erscheinen und Einfluß auf das eigene und fremde Länder gewinnen würde, was indes nur unter Mitwirkung hervorragender Mitarbeiter und aus anderen Ländern geschehen könnte.

Es sind von der Schweiz zwar manche internationale Anregungen ausgegangen wie vor allem die Genfer Konvention und haben diese wie der Weltpostverein ihre Wirkungsstätte auf schweizerischem Boden gefunden, während andere Anregungen wie der internationale Eisenbahnfrachtvertrag und die internationale Fabrikgesetzgebung bisher den erwünschten Erfolg nicht hatten, indes hat die Schweiz, wenn man von dem Journal de Genève absieht, bisher kein internationales wesentlich verbreitetes Preßorgan aufzuweisen und ist daher die Ausführung des Programms der „Europa" abzuwarten, ehe ein Urteil darüber gefällt werden kann, ob der im Programm erhobene Anspruch, daß die Schweiz zu solchem Organ vorzugsweise das geeignete Land sei, faktisch wohl begründet gewesen. [...]

GLA 60/122 eig.

[1] August v. Bulmerincq (1822—90), 1882 bad. Geh.Rat und Professor des Staats- und Völkerrechts an der Universität Heidelberg.
[2] Nr. 623 Anlage.   [3] Brüssel, seit 1869.

633. Marschall an Turban.

Berlin, 19. Februar 1885.

Ganz vertraulich! Bei der großen Wichtigkeit, welche nach meinem Dafürhalten die braunschweigische Erbfolgefrage für unsere gesamten politischen Verhältnisse und besonders für das Prinzip der legitimen Monarchie hat, bin ich seit meinen letzten diesbezüglichen Mitteilungen bemüht gewesen, mich über den Stand der Angelegenheit und speziell über die Intentionen in maßgebenden Kreisen zu informieren. [...]

Die Nachricht verschiedener Blätter, daß der Hofjägermeister des verstorbenen Herzogs von Braunschweig, Herr von Kalm[1], vor einiger Zeit mit dem Herrn Reichskanzler eine Unterredung über die Erbfolgefrage gehabt habe, ist richtig. Über den Inhalt der Besprechung sind mir übereinstimmende Mitteilungen von zwei Seiten zugegangen, deren eine in Beziehungen mit dem Reichskanzler, die andere mit dem Hoflager in Gmunden steht: Herr von Kalm sei von dem Herrn Reichskanzler mit der Frage empfangen worden, ob er wegen des Sohnes des Herzogs von Cumberland[2] komme. Herr von Kalm habe diese Frage verneint und bemerkt, daß ihn die Interessen des Herzogs selbst hierhergeführt. Der Herzog bedaure, daß man Zweifel darüber hege, daß er mit der in seinem Schreiben[3] ausgesprochenen Anerkennung der Reichsverfassung zugleich den gegenwärtigen territorialen Besitzstand der preußischen Monarchie anerkannt habe; er sei bereit, die bestimmte Zusicherung zu geben, daß er jeden Versuch oder jede Unterstützung eines Versuchs, an jenem Besitzstand eine Änderung vorzunehmen, für einen Akt der Felonie gegen Kaiser und Reich ansehe, auch habe er den bestimmten Willen, für den Fall der Thronbesteigung seine Ratgeber und seine Umgebung aus Braunschweig und nicht aus Hannover zu nehmen. Der Herr Reichskanzler habe darauf erklärt: „z u   s p ä t" — nach allem dem, was vorgegangen, nach der ganzen Haltung, welche der Herzog seit Gründung des Deutschen Reiches eingenommen, vermöge er in jener Zusicherung keine Garantie dagegen zu erblicken, daß nicht mit der Thronbesteigung Braunschweig ein Herd welfischer, auf die Wiederherstellung eines Königreichs Hannover und die Schädigung des Reichs gerichteter Bestrebungen werde — ohne solche Garantie aber sei die Thronbesteigung des Herzogs nicht möglich. —

Der eine meiner Gewährsmänner erzählte mir, daß man in Gmunden die letztere Äußerung dahin aufgefaßt habe, der Reichskanzler verlange einen ausdrücklichen Verzicht auf Hannover; für den Herzog werde dadurch eine peinliche Lage geschaffen, da ein solcher ausdrücklicher Verzicht gleichsam eine Desavouierung der seinem Hause treu gebliebenen Hannoveraner enthalte.

Ich vernehme ferner, daß der Herr Reichskanzler vor kurzem die Absicht hatte, dem Bundesrat einen Gesetzentwurf, der die förmliche Absetzung des Herzogs von Cumberland ausspricht, vorzulegen, daß aber gegenwärtig diese Idee wieder in den Hintergrund getreten ist. Die kgl. bayerische Regierung hat hier vertraulich die Bitte aussprechen lassen, der Herr Reichskanzler möge, falls er in jenem Sinne die Angelegenheit im Bundesrat anzuregen gedenke, dies mittels einer e i n s e i t i g e n   E r k l ä r u n g   Preußens tun, nicht aber mittels eines Absetzungsgesetzes, für welches Bayern seine Zustimmung nicht in Aussicht zu stellen vermöge.

GLA 233/34797 fol. 3 f. Ausf., vom Großherzog Einsicht genommen; 49/2014 fol. 20 f. Konz.

[1] Bismarcks Gespräch mit dem Oberjägermeister Marbod v. Kalm, Berlin 10. Jan. 1885: H. *Philippi,* Niedersächs. Jb. 32 S. 368 ff.
[2] Georg Wilhelm v. Cumberland.
[3] Vgl. Nr. 602.

634. Großherzog Friedrich an Jules Sandoz.

Karlsruhe, 20. Februar 1885.

J'ai reçu Votre lettre du 14 février et quelques jours plus tard les programmes supplémentaires sont arrivés. Je Vous remercie de ce nouvel envoi qui sera très utile pour la continuation de mes efforts dans l'intérêt de Votre journal.

Les nouvelles que Vous me donnez me font espérer que Vous trouverez de plus en plus des amis de „L'Europe". Par rapport à Votre question sur les banquiers de Berlin, je crois devoir Vous conseiller de Vous adresser aux Maisons von Bleichroeder[1] et von Hansemann[2]. Il Vous faudrait une recommandation de la part de la légation Suisse à Berlin ou de la part d'un membre du conseil fédéral à Berne. Pour ma personne je ne puis me charger d'une recommandation, vu que c'est une affaire d'argent où il s'agit d'une intervention de la part du gouvernement fédéral qui est seul en état de pouvoir recommander ses compatriotes. [...]

GLA FA Korresp. 13 Bd. 56 Fasz. 170 Nr. 12 eig. Konz. Ebd. Nr. 13 die Liste von 170 Namen von deutschen und französischen Empfängern des Programms (vgl. Nr. 623 Anlage).

[1] Gerson v. Bleichröder (1822—93), Bankier in Berlin.
[2] Adolf v. Hansemann (1826—1903), Chef der Diskontogesellschaft in Berlin.

635. Marschall an Turban.

Berlin, 25. Februar 1885.

[...] In einer vor etwa drei Wochen stattgehabten Sitzung des preußischen Staatsministeriums hat der Herr Reichskanzler seine Absicht kundgegeben, demnächst durch einen Antrag Preußens einen Bundesratsbeschluß des Inhalts zu extrahieren: „daß der Herzog von Cumberland von der Sukzession auf den braunschweigischen Thron ausgeschlossen sei". An diese Anregung knüpfte sich eine eingehende Diskussion, bei der die Frage der Kompetenz des Bundesrats, die Opportunität eines derartigen Vorgehens sowie die Chancen des in Aussicht genommenen Antrages erörtert wurden. Wie mir versichert wird, hat der Herr Reichskanzler dabei die Kompetenz des Bundesrats damit zu begründen versucht, daß, wenn dem Bundesrat die Befugnis zustehe, die Legitimation seiner Mitglieder zu prüfen, ihm implicite auch das Recht eingeräumt sei, „künftigen Streitigkeiten über die Legitimationsfrage durch die Erklärung vorzubeugen, daß eine bestimmte Persönlichkeit nicht berechtigt sei, Souveränitätsrechte über einen Bundesstaat auszuüben bzw. Vertreter zum Bundesrat zu ernennen." Ob diese Auffassung, welche die Bedenken des Herrn von Mittnacht — vgl. meine Berichte *Nr. 607 u. 609* — über die Konsequenzen der von dem Reichskanzler von Anfang an in der braunschweigischen Frage eingenommenen Haltung vollauf rechtfertigt, im Staatsministerium die gebührende Beleuchtung vom staatsrechtlichen Standpunkte aus gefunden hat, ist mir nicht bekannt; meine Informationen besagen nur, daß die Opportunität des intendierten Vorgehens mit Rücksicht auf die einstweilige Ordnung der Dinge durch das Regentschaftsgesetz und mit solcher auf den voraussichtlichen Widerstand, den diese Begründung der bundesrechtlichen Kompetenz bei den deutschen Souveränen finden werde, von verschiedenen Seiten mit dem Bemerken angezweifelt wurde, daß, wenn in dem gegenwärtigen Stadium der Bundesrat mit der Frage überhaupt befaßt werden soll, dies besser mit einer einseitigen Erklärung Preußens geschehe, die vom Bundesrate zur Kenntnis genommen werden könne, ohne irgend zu präjudizieren. Der Herr Reichskanzler habe darauf in bekannter Weise die hochpolitischen Interessen, welche für den Ausschluß des Herzogs sprechen, entwickelt und für die Opportunität des sofortigen Vorgehens insbesondere den

Umstand angeführt, daß nach eingezogenen Informationen in Braunschweig eine Agitation zu Gunsten des Herzogs von Cumberland im Gange sei, deren Erfolg nicht abzusehen sei. — Ein Beschluß über die Frage wurde vom Staatsministerium nicht gefaßt. —

Da seit jener Sitzung einige Wochen vergangen sind, ohne daß der Herr Reichskanzler dem von ihm angeregten Gedanken eine weitere Folge gab, entstand in maßgebenden Kreisen die Annahme, daß die Angelegenheit wieder in den Hintergrund getreten und das beratschlagte Vorgehen mindestens auf längere Zeit vertagt sei. Diese Annahme hat sich nunmehr als unbegründet erwiesen. Ich kann als Tatsache melden, daß der Herr Reichskanzler seit gestern persönlich mit der Ausarbeitung eines Schriftstücks beschäftigt ist, mittels welchem die braunschweigische Erbfolgefrage beim Bundesrat angeregt werden soll. Ob damit die Extrahierung eines Beschlusses des Bundesrats in dem Sinne beabsichtigt ist, wie ihn der Herr Reichskanzler im preußischen Staatsministerium anvisierte, oder ob nur eine einseitige Erklärung Preußens intendiert ist, darüber bin ich nicht informiert; jenes Schriftstück hat z. Zt. das Arbeitszimmer des Fürsten noch nicht verlassen. Da das preußische Staatsministerium dem fait accompli eines vom Kanzler selbst redigierten Operats gegenüber keine erheblichen Schwierigkeiten bereiten dürfte, so wird es sich nur noch um die Genehmigung S. M. des Kaisers handeln und darf, falls diese eintritt, der Vorlage an den Bundesrat in den nächsten Tagen entgegengesehen werden. —

Die erwähnten Mitteilungen über eine in Braunschweig zu Gunsten des Herzogs von Cumberland im Gange befindliche Agitation stammen zweifellos von Herrn von Normann, der seit einigen Wochen auf höhern Befehl in Braunschweig seinen Wohnsitz genommen hat und gewiß auf einige Tage hierher berufen war. Außerdem mag der Herr Reichskanzler auch durch die in der Presse eventuell auftretenden Gerüchte über angebliche Intervention von Souveränen zu Gunsten des Herzogs von Cumberland beeinflußt worden sein[1]. In dieser Beziehung ist mir etwas weiteres nicht bekannt, als daß S. K. H. der Erbgroßherzog von Oldenburg bei dem Herzog von Cumberland in Gmunden war und seit gestern hier weilt, dem Vernehmen nach, um sich über den Stand der Frage zu informieren. Als on dit verzeichne ich, daß die Königin Victoria sich für den Herzog[2], der König von Sachsen für den Sohn desselben bei S. M. dem Kaiser verwendet[3], der König von Bayern dagegen ein desfallsiges Ansinnen abgelehnt habe[4]. [. . .]

GLA 49/2014 fol. 24 f. Konz.

[1] Großherzog Friedrich an Turban, 27. Febr. 1885: „Zur Klarstellung der in dem anliegenden Bericht des Freiherrn von Marschall angedeuteten Behauptung einiger Zeitungen bemerke ich, daß ich bezüglich der braunschweigischen Erbfolgefrage bisher in keinerlei Verkehr mit S. M. dem Kaiser gewesen bin, also auch kein Memorandum an denselben gerichtet habe. So wenig ich geneigt wäre, die genannten Zeitungsgerüchte öffentlich zu widerlegen, erscheint es mir doch erwünscht, daß Freiherr von Marschall hierüber genau unterrichtet sei, damit er eventuelle Fragen bestimmt beantworten kann" (GLA FA Korresp. 13 Bd. 36 Nr. 28 eig.). — Turban hielt eine öffentliche Erklärung für nötig. — Großherzog Friedrich an Turban, 27. Febr. 1885: „Ich ersuche Sie daher, Ihren Entwurf an die Allgemeine Zeitung nach München zu übermitteln, in welcher auch die Kreise davon betroffen werden, welche dem Herzog von Cumberland nahestehen. Da Sie Herrn von Marschall schon telegraphisch unterrichtet haben, so werden die maßgebenden Kreise in Berlin bald orientiert sein. Ich behalte mir vor, mündlich auf diese Angelegenheit zurückzukommen, in welcher ich allerdings tätig war, aber in einer ganz anderen Weise, als

dies nun vermutet wird" (GLA FA Korresp. 13 Bd. 36 Nr. 29 eig.). — Die Notiz erschien in der Allg. Ztg. Nr. 60 vom 1. März 1885.
² Victoria an Kronprinz Friedrich Wilhelm, 3. Nov. 1884, gedr. H. *Philippi*, Niedersächs. Jb. 32 Anlage 16 S. 352 ff.
³ Briefwechsel König Alberts mit Bismarck, gedr. ebd. Anlage 11—14 S. 346 ff.
⁴ Briefwechsel Königin Marie v. Hannover mit König Ludwig II. v. Bayern, gedr.
H. *Philippi*, Veröff. Anlage 8 u. 9, S. 199 ff.

636. Herzog Adolf von Nassau an Großherzog Friedrich.

Wien, 27. Februar 1885.

[...] Wie Du Dir denken kannst, hatte ich die Nachricht von dem Unfall, der
Deinem Erstgebornen leider zugestoßen ist, in den Zeitungen gefunden, hatte ihm
natürlich gleich telegraphiert, die Antwort enthielt aber so wenig Details, daß ich
mir doch kein rechtes Bild von dem Ernst der Lage machen konnte, und bin Dir
daher für Deinen beruhigenden Brief sehr dankbar. Ich bedaure selbstverständlich
in hohem Maße den Accident, hoffe aber mit Dir, daß die Heilung bald erfolgen
wird. Ich selbst habe vor fast 33 Jahren den rechten Unterarm im Gelenk gebrochen und war in sechs Wochen vollkommen geheilt. Im vorliegenden Fall, wo nur
einer der beiden Knochen gebrochen ist, dürfte zu hoffen sein, daß die Heilung
früher erfolgt, was ich von Herzen wünsche. Der Karneval oder, wie man hier
sagt, der Fasching ist jetzt Gottlob vorüber, das Töchterlein hat viel getanzt, sich
aber schließlich, was für uns ja die Hauptsache war, vollkommen ungeniert in dieser großen Welt bewegt. Gott sei Dank und unberufen geht es ihr gut, sie sieht
vortrefflich aus und die letzten fünf Faschingstage, wo fünf Bälle hintereinander
stattfanden, die alle lange dauerten, haben sie garnicht ermüdet. Jetzt haben wir
seit acht Tagen den Besuch des Großherzogs von Weimar oder, wie er sich nennt,
des Großherzogs von Sachsen, hier. Er hat viele alte Bekannte getroffen, neue
Bekanntschaften gemacht und amüsiert sich vortrefflich. Übermorgen soll ich nochmals mit ihm beim Erzherzoge Ludwig Victor speisen, und vermute ich, daß er
dann bald abreisen wird. *[...]*

GLA FA Korresp. 13 Bd. 41 Nr. 42 Nr. 12 eig.

637. Marschall an Turban.

Berlin, 6. März 1885.

Ganz vertraulich! *[...]* Der Fürst frug mich später, ob ich in der letzten Zeit
Herrn von Eisendecher gesehen habe und wie es ihm gehe. Ich erwiderte, daß ich
denselben jüngst in Karlsruhe gesprochen und wohl getroffen habe; es gefalle ihm
anscheinend, und ich glaubte sagen zu können, daß man auch ihn sehr gerne dort
sehe. Auf die Bemerkung der Fürstin, daß er ein liebenswürdiger Mann sei, sagte
der Fürst: „Gewiß, für Washington war er mir etwas zu liebenswürdig, er besitzt
zu wenig Yankee-Natur, um mit den Kerls dort fertigzuwerden. Ich habe deshalb
geglaubt, daß seine Eigenschaften besser verwertet werden können bei einer „verbündeten und uns eng befreundeten Regierung" wie der badischen, und ich freue
mich, von Ihnen zu hören, daß es gut geht."

Bezüglich der braunschweigischen Angelegenheit habe ich seit meinem letzten Berichte nichts erhebliches mehr erfahren. Der Herr Reichskanzler ist gegenwärtig so sehr von der auswärtigen Politik in Anspruch genommen, daß er vermutlich keine Zeit gefunden hat, sich mit dem von ihm beabsichtigten Antrage weiter zu beschäftigen. In gut unterrichteten Kreisen erhält sich die Annahme, daß der Reichskanzler der Sukzession des Sohns des Herzogs von Cumberland unter der Voraussetzung zustimmen werde, daß der Herzog mit Preußen Frieden schließe, dann auf Hannover verzichte und der Sohn in Braunschweig erzogen werde.

GLA 233/34797 fol. 9 ff. Ausf., dem Großherzog vorgelegen; 49/2014 fol. 26 ff. Konz.

638. Großherzog Peter von Oldenburg an Großherzog Friedrich.

Oldenburg, 6. März 1885.

In Bezug auf die Braunschweigische Frage ist es mir leider immer noch nicht gelungen, ein befriedigendes Resultat zu erreichen. Ich besorge vielmehr, daß dieselbe dem Stadium der „Versumpfung" (um einen modernen, wenn auch nicht gerade schönen Ausdruck zu gebrauchen) entgegengeht. Nach langer Korrespondenz mit meinem Neffen[1] und nach einer Besprechung mit Prinz Hermann Solms[2] veranlaßte ich August[3], dem Wunsche seines Vetters zu entsprechen und nach Gmunden zu gehen, um zu versuchen, durch mündliche Verhandlungen eine Annäherung zu veranlassen. Ein Brief, den ich als Antwort auf ein ausführliches Schreiben vom Kronprinzen erhalten hatte, ließ mich hoffen, daß eine Verständigung angebahnt werden könnte, wenn mein Neffe direkt an den Kaiser oder Kronprinzen schrieb und August als Briefträger eintrat. Leider konnte sich mein Neffe, um eine Zurückweisung fürchtend, dazu nicht entschließen. Auch fand er Bedenken, mir oder meinem Sohn seinen Standpunkt schriftlich auseinanderzusetzen und uns zu ermächtigen, diesen Brief in Berlin mitzuteilen, wo dann uns die Zurückweisung getroffen hätte. So konnten wir nichts machen. Da der Kronprinz aber durch Hermann Solms um Augusts Reise wußte, so veranlaßte ich August, nach Berlin zu gehen und den Kronprinzen mündlich über die Auffassungen meines Neffen zu orientieren. Der Kronprinz sagte, er könne nichts tun, und schickte August zum Kaiser, der ihn an Bismarck wies. Derselbe erklärte erst meinen Neffen für ganz unmöglich, schließlich erklärte er, ein Verzicht auf Hannover sei noch nicht genug; es bedürfe stärkerer Garantien gegen die Agitation der Welfenpartei. Wie kann aber mehr gegeben werden als ein Lossagen von den Bestrebungen derselben? und wird diese Agitation nicht neue Nahrung bekommen, wenn keine Verständigung über Braunschweig erreicht wird? Es ist traurig. Ich bin am Ende meiner Weisheit. [...]

GLA FA Koresp. 13 Bd. 42 Fasz. 45 Nr. 28 d eig.

[1] Herzog Ernst August von Cumberland.
[2] Prinz Hermann zu Solms-Braunfels (1845—1900), ursprünglich kgl. hannoverscher Leutnant, dann Major à la suite des Großherzogs v. Hessen.
[3] Erbgroßherzog August von Oldenburg.

639. Bronsart von Schellendorf[1] an Marschall.

Berlin, 10. März 1885.

Ew. Hochw. beehre ich mich im Anschluß an die gestern stattgehabte Unterredung die Richtigkeit der von mir in derselben ausgesprochenen Voraussetzung zu bestätigen, daß auch aus Anlaß der im Jahre 1877 von S. M. dem Kaiser und Könige über das XIV. Armeekorps abgehaltenen großen Revue eine Tätigkeit des Kriegsministers bezüglich einer Meldung an S. K. H., Ihren allergnädigsten Herren, aus den Akten nicht ersichtlich ist. Es dürfte vielmehr damals, so weit das militärische Ressort in Frage kommt, die durch Artikel 8 der Konvention vom 25. November 1870 vorgeschriebene Meldung durch den kommandierenden Herrn General für ausreichend befunden worden sein. Daß auch jetzt diese Meldung nicht unterlassen worden ist, glaube ich aus Ew. Hochw. gestrigen Äußerungen entnommen zu haben.

Ich darf mich hiernach wohl der Hoffnung hingeben, daß S. K. H. geruhen werden, mir bezüglich der Vergangenheit keine Unterlassung zu Last legen zu wollen. Für die Zukunft erkläre ich mich selbstverständlich sehr gern bereit, S. K. H. eine Mitteilung zu unterbreiten, sobald die Entscheidung S. M. über eine bei dem XIV. Armeekorps abzuhaltende Revue ergangen sein wird, da es mir nunmehr nur zur Ehre gereichen kann, einem mir bekannt gewordenen Wunsch des Herrn Großherzogs zu entsprechen. [...]

GLA 49/2014 fol. 29 f. Ausf.

[1] Paul Bronsart v. Schellendorf (1832—91), 1883—89 preuß. Kriegsminister.

640. Turban an Scherer[1].

Karlsruhe, 13. März 1885.

Durch Herrn Legationsrat Frhr. v. Marschall ist mir nach seiner Rückkehr von Berlin auf Ihre gefällige Veranlassung die vertrauliche Mitteilung gemacht worden, daß die Herren Minister von Crailsheim[2], von Fabrice[3] und von Mittnacht sich nach Berlin begeben werden, um an einer Deputation des Bundesrats zur Beglückwünschung S. D. des Fürsten Bismarck an seinem 70. Geburtstage teilzunehmen. Herr von Marschall fügte bei, es sei Ihnen noch nicht bekannt geworden, was seitens anderer Bundesregierungen beabsichtigt sei, namentlich was man in Darmstadt und Schwerin vorhabe; eine allzu zahlreiche Beteiligung werde möglicherweise nicht einmal erwünscht sein.

Weit davon entfernt, mich persönlich vordrängen zu wollen, war doch mein erster Gedanke bei obigen Mitteilungen, daß es unserer Stellung im Reiche und unserer aufrichtigen Gesinnung gegen den Herrn Reichskanzler nicht entsprechen würde, wenn der leitende Minister und erste Bundesratsbevollmächtigte Badens zurückbliebe, wo es gilt, bei einem besonders feierlichen Anlasse dem Fürsten Verehrung und Dank zu bezeugen. Ich bin in diesem Gedanken nur bestärkt worden durch die gleiche Auffassung, welcher ich in der jüngsten Audienz bei unserem gnädigsten Herrn und in der letzten Staatsministerialsitzung bei meinen Kollegen begegnete.

Ich bitte um Auskunft, ob die drei Minister in ihrer Eigenschaft als Mitglieder des Bundesrats und als von diesem zu seiner Deputation gewählt an der fraglichen Kundgebung teilnehmen werden, wie auch ob bejahenden Falls der gr. badische Staatsminister, wenn er sich zur Feier nach Berlin begibt, sicher sein darf, ebenfalls in die Deputation gewählt zu werden; oder ob die persönliche Gratulation durch die Minister unmittelbar, also nicht qua Deputierte des Bundesrats, sondern im Namen und Auftrag der von ihnen vertretenen Staatsregierungen erfolgt, und in diesem Falle, ob ein gleiches diesseitiges Vorgehen dem Fürsten nicht unerwünscht sein wird. *[...]*

GLA 49/2014 fol. 33–35.

[1] Gustav Scherer (geb. 1842), 1865 Eintritt in die bad. Finanzverwaltung, 1874 Mitglied der Zolldirektion, 1879 stellvertr. Bundesratsbevollmächtigter.
[2] Krafft Graf v. Crailsheim (1841—1926), 1880 bayer. Minister des kgl. Hauses u. des Auswärtigen, 1890—93 Ministerpräsident.
[3] G. F. A. Graf v. Fabrice (1818—91), sächs. General, 1876 Präsident des sächs. Staatsministeriums, 1882 Außenminister.

641. Großherzog Peter von Oldenburg an Großherzog Friedrich.

Oldenburg, 1. April 1885.

Leider dauerte es recht lange, bis ich mit dem Dir versprochenen Entwurf erscheine. *[...]* Als ich die Arbeit in Angriff nahm, fand ich, daß dieselbe doch noch schwieriger sei, als ich sie darauf angesehen hatte, und dies drängte mich dazu, ein umfassendes nochmaliges Aktenstudium vorhergehen zu lassen, damit kein wesentlicher Punkt unberücksichtigt bleibe. Es ist nicht leicht, alle Seiten der Frage klarzustellen, rechtlich und politisch unangreifbar zu schreiben, ohne nach irgendeiner Seite zu verletzen und alle Empfindlichkeiten zu schonen. *[...]*
Ich wählte die Form der identischen Schreiben, anknüpfend an die Notifikationen aus Gmunden[1]. Es schien mir der leichteste und natürlichste Ausweg. Er paßt für alle, die sich beteiligen wollen, mit Ausnahme von Reuß ältere Linie wegen dessen Erklärung im Bundesrat[2]. Will er sich anschließen und beteiligen, so kann er ja ein anderes, modifiziertes Schreiben absenden, das schadet nichts. — Die Hansestädte würden wohl nicht aufzufordern sein, da es sich ja in erster Linie um eine Frage des Fürstenrechts handelt und die nötigen Verhandlungen in den Senaten doch wohl besser vermieden würden. Ich bin sehr gespannt, was Du zu meinem Entwurf sagst. *[...]*

GLA FA Koresp. 13 Bd. 42 Fasz. 45 Nr. 29 eig.

[1] Vgl. Nr. 602 Anm. 2.
[2] Nr. 607 Anm. 2.

**Die deutschen Bundesfürsten an den Herzog von Cumberland
(Entwurf des Großherzogs Peter von Oldenburg).**

E. K. H. geneigte Schreiben aus Gmunden vom 18./23. Okt. und vom 4./7. Nov. vorigen Jahres betr. das Ableben S. H. des regierenden Herzogs Wilhelm von Braunschweig und die Geltendmachung dero Erbrechte auf die Regierung des Herzogtums Braunschweig habe ich zu empfangen die Ehre gehabt, und muß ich zunächst dero gütige Nachsicht dafür in Anspruch nehmen, daß ich bis jetzt mit der Beantwortung derselben gezögert habe. Diese Verzögerung wollen E.K.H. gütigst entschuldigen, da Fragen von hoher Wichtigkeit durch das Ableben S.H. des Herzogs Wilhelm von Braunschweig entstanden sind, deren Lösung für die weitere Entwickelung der Verhältnisse im Deutschen Reiche von entscheidender Bedeutung ist. Eine reifliche und sorgfältige Erwägung war daher für die Regierungen der deutschen Staaten geboten, um einen Ausweg zu finden, der die verschiedenen Rechte und Interessen zu vermitteln und in Erinnerung zu bringen vermag.

Nach § 14 der als Grundgesetz geltenden neuen Landschaftsordnung für das Herzogtum Braunschweig vom 12. Okt. 1832 ist E.K.H. unzweifelhaft die Erbfolge in das Herzogtum am 18. Okt. vorigen Jahres zugefallen. Trotzdem standen im Moment des Regierungswechsels dem unmittelbaren Regierungsantritt E.K.H. meiner Ansicht nach Hindernisse entgegen, welche in dem Verhältnisse des Herzogtums als eines Gliedes des Deutschen Reiches begründet sind und deren Beseitigung zunächst geboten ist. Dieses Hindernis wurzelt in den Verwicklungen des Jahres 1866, welche die neue politische Gestaltung Deutschlands bewirkten und zur Begründung des Norddeutschen Bundes führten, aus dem durch die Ereignisse der Jahre 1870/71 die Neugestaltung des Deutschen Reiches hervorging, dessen Glied auch das Herzogtum Braunschweig wurde mit allen daraus entspringenden Rechten und Verpflichtungen. Zu den letzteren gehört, daß alle Glieder des Reiches sich gegenseitig den Besitzstand der Staaten garantieren, wie derselbe sich nach den Ereignissen von 1866 gestaltet hat. Diese Garantie bezieht sich auch auf die Inkorporierung Hannovers in das Königreich Preußen. Der Höchstselige Herzog von Braunschweig hat durch die Bündnisverträge mit Preußen und den Beitritt Braunschweigs zum Norddeutschen Bunde resp. dem Deutschen Reiche nicht nur die Inkorporierung Hannovers in Preußen anerkannt, sondern auch die Garantie für diese Einverleibung übernommen. Diese Verpflichtung geht auf alle Regierungsnachfolger über, also zunächst auf E.K.H.

Die Stellung E.K.H. wird aber verschoben und die Erfüllung dieser Verpflichtungen zur Zeit unmöglich gemacht dadurch, daß dieselben gegen diesen Besitzstand eine Verwahrung eingelegt haben in dero Schreiben de dato Gmunden 11. Juli 1878, worin Sie den Tod Ihres Hochseligen Herrn Vaters, des Königs Georg V. Majestät, anzeigten. Diese Verwahrung ist umso schwerwiegender, da dero Hochseliger Herr Vater nach dem Kriege von 1866 nicht zu einem Friedenschluß mit Preußen gelangt war. Es erscheint daher als Erfordernis und Vorbedingung für die Übernahme der Regierung eines deutschen Bundesstaates, daß E.K.H. freundliche Beziehungen zu Preußen wiederherstellen und dero Protest gegen den jetzigen Besitzstand im Reiche zurückziehen.

Die Erwägung dieser Verhältnisse hat in Braunschweig die Veranlassung gegeben, Vorkehrungen zu treffen, um, zunächst für den Fall des Todes des Herzogs Wilhelm, die verfassungsmäßige Verwaltung des Herzogtums gegen Störung zu sichern. Es ist notorisch, daß diese Erwägungen leitend waren für die Erlassung des die Landesverfassung ergänzenden Gesetzes vom 16. Febr. 1879 betr. die provisorische Ordnung der Regierungsverhältnisse bei einer Thronerledigung. Die sofort nach dem Tode des Herzogs Wilhelm erfolgte Konstituierung des Regentschaftsrates geschah in Anwendung und Ausführung dieses Gesetzes, war daher ganz korrekt und mußte im Bundesrate anerkannt werden.

Unter diesen Umständen konnte der Regentschaftsrat, nachdem er die Regierung des Landes übernommen hatte, nicht zurücktreten, als ihm am 20. Okt. v. J. E.K.H. Patent und der Erlaß an das Staatsministerium, beide vom 18. Okt. datiert, zugestellt wurden.

E. K. H. haben in Ihrem Patent vom 18. Okt. 1884 allerdings ausgesprochen, daß Höchst-Sie die Regierung gemäß der Verfassung des Deutschen Reichs und der Landesverfassung führen wollen und dadurch indirekt den jetzigen Besitzstand der Bundesstaaten anerkannt, und in dem Erlaß an das Herzoglich Braunschweigische Staatsministerium vom 2. Nov. 1884 ist dero Wille, sich auf den Boden der Reichsverfassung zu stellen und die daraus sich ergebenden Verpflichtungen zu übernehmen, noch deutlicher ausgedrückt worden. Leider haben aber E.K.H. noch nicht klar und bestimmt ausgesprochen, daß durch diese Erklärung dero Protest von 1878 zurückgenommen sei und daß Sie den jetzigen Besitzstand im Reich anerkennen und garantieren und vor allem den Wunsch hegen, die früher bestandenen freund- und verwandtschaftlichen Verhältnisse Höchstihres Hauses mit dem Kgl. Preußischen Hofe wiederhergestellt zu sehen.

Bei den in Deutschland obwaltenden politischen Verhältnissen ist eine vollständige Klarheit über den Standpunkt, den E.K.H. einzunehmen beabsichtigen, ganz unerläßlich. Die lebhafte politische Agitation in dem größten Teile des früheren Königreichs Hannover und der große Einfluß der sogenannten Welfenpartei hemmt die ruhige Weiterentwicklung in Norddeutschland. Diese Verhältnisse würden E.K.H. in peinliche und schwierige Situationen bringen, wenn Sie nicht vor dem Antritt der Regierung Braunschweigs in entschiedener Weise Stellung gegen diese Agitation genommen und sich von derselben bestimmt losgesagt haben, und zwar durch eine förmliche und öffentliche Erklärung. Das sicherste Mittel und die durchschlagendste Form wäre die Ausstellung einer förmlichen Verzichtsakte auf Hannover.

Wären solche Eröffnungen der Übersendung des Schreibens vom 18. Okt. und des Patents vom gleichen Datum nach Berlin vorhergegangen und eine Wiederherstellung freundlicher Beziehungen mit dem Berliner Hofe angebahnt worden, so würde der Sendung des Kammerherrn und Legationsrats Grafen Grote nach Berlin der Boden geebnet worden sein und wäre diese Sendung wohl nicht resultatlos verlaufen.

Es fragt sich nun, wie noch im jetzigen Stadium der Angelegenheit ein Mittel zu finden ist, die vorhandenen Schwierigkeiten zu ebnen und die unvermittelten Gegensätze auszugleichen. Der Ausgangspunkt muß die Aussöhnung und Verständigung E.K.H. mit S.M. dem Deutschen Kaiser und König von Preußen sein, welche nur durch eine Vermittlung herbeigeführt werden kann. Im Kreise der deutschen Fürsten ist eine Verständigung dahin erzielt worden, daß dieselben E.K.H. ihre guten Dienste zu diesem Zwecke anbieten.

Wir hoffen, daß es gelingen wird, das Werk des Friedens und der Versöhnung zustandezubringen, wenn E.K.H. uns ermächtigen, S.M. dem Kaiser zu erklären, daß HochSie von Herzen eine Versöhnung und Verständigung wünschen, daß Sie in Ausführung der Absichten, die in dem Patent vom 18. Okt. vorigen Jahres ausgesprochen sind, und in Anerkennung der Verpflichtungen, welche von dem Hochseligen Herzog Wilhelm auf E.K.H. vererbt sind, den jetzigen Besitzstand der deutschen Staaten anerkennen und garantieren; daß Sie den Protest vom 11. Juli 1878 zurücknehmen und auch, um jeden Zweifel an dero Absichten abzuschneiden und der Agitation der Welfenpartei allen Anhalt zu entziehen, bereit sind, einen förmlichen Verzicht auf alle Rechte auf Hannover auszustellen. Wir hoffen, daß dadurch alle Schwierigkeiten beseitigt werden und dann seitens des Bundesrates die Aufforderung an den Regentschaftsrat in Braunschweig gerichtet werden wird, schleunigst die Vorbereitungen zu treffen, um E.K.H. die Regierung des Herzogtums Braunschweig zu übergeben.

Ich bitte, daß E.K.H. diese Vermittlungsanträge, welche unserer Ansicht nach sowohl zum Heile Deutschlands, Braunschweigs und Ihres Hohen Hauses gereichen werden, einer geneigten Prüfung unterziehen wollen, und gebe mich der Hoffnung hin, daß dieselben eine günstige Aufnahme finden werden. [...]

GLA FA Korresp. 13 Bd. 42 Fasz. 45 Nr. 29 Anlage.

642. Großherzog Friedrich an Großherzog Peter von Oldenburg.

Berlin, 3. April 1885.

Nr. 641 nebst Anlage habe ich gestern unversehrt erhalten, und danke ich Dir von Herzen für beides. Ich war gerade im Begriff, Dir zu schreiben, um Dich von dem Erfolge meiner bisherigen Bemühungen in dieser Angelegenheit zu unterrichten. Nun muß ich aber vor allem Deinen Entwurf besprechen und freue mich, Dir sagen zu können, daß ich im wesentlichen, also in den Grundsätzen ganz einverstanden bin und die Form sowohl als auch die Schärfe der Ausführungen Deiner Arbeit ganz ausgezeichnet finde. Es würde mir nur fraglich erscheinen, ob wir alle uns anbieten sollen, eventuell für den Herzog vermittelnd einzutreten, da hierfür die Vielheit weniger geeignet ist als der Einzelne, während die Gemeinschaft der Aktion sowohl dem Herzog gegenüber als auch eventuell im Bundesrat von wirksamer Folge sein könnte.

Nun stehen wir aber vor der Frage — ist überhaupt ein solcher kollektiver Schritt noch möglich und empfehlenswert, wenn dem Herzog von Cumberland keine bestimmte Aussicht auf Annahme dieser Vorschläge eröffnet werden kann.

Die Voruntersuchungen, welche ich anstellen mußte, bevor ich mich unmittelbar an den Reichskanzler richten wollte, um mit ihm die braunschweigische Erbfolgefrage zu besprechen, d. h. zu erwägen, wie ich die Besprechung richtig zu führen vermöge, — haben kein günstiges Ergebnis gehabt. Ich konnte leider nur feststellen, daß die bestimmte Absicht bestehe, einen Antrag oder eine Erklärung Preußens in den Bundesrat zu bringen, welche die Ausschließung des Herzogs von Cumberland von der braunschweigschen Erbfolge ausspricht, vorbehaltlich der Rechte seines Sohnes. Dieser Antrag ist vom Reichskanzler persönlich ausgearbeitet und dem Kaiser zur Genehmigung unterbreitet worden. Über die Form konnte ich nichts Genaues erfahren, da die Sache so geheim gehalten wird, daß sogar Herr von Boetticher keine Kenntnis von den Einzelheiten erhielt und der Reichskanzler die Absicht haben soll, den Antrag oder die Erklärung selbst dem Bundesrat vorzulegen.

Diese Lage der Dinge mußte meine Aufgabe sehr erschweren, und meine Erwägungen sowie vertrauliche Beratungen mit Personen, welche gut orientiert sind, ergaben den Entschluß — die Mitteilung eines beabsichtigten Kollektivschrittes der Fürsten zu unterlassen, da hieraus nur Mißtrauen erfolgen und eine Beschleunigung der Vorlage in den Bundesrat bewirkt werden könnte. — Ich veränderte meinen Plan und entschloß mich, dem Reichskanzler die Angelegenheit des Gerüchtes über das Katholisch-Werden des Herzogs von Cumberland und die Ausnützung dieser Lüge zugunsten aller Oppositionsparteien in den schärfsten Farben zu schildern und darauf hinzuweisen, daß diesen Parteien nichts so erwünscht kommen könne als die Ausschließung des Herzogs von Cumberland von der Erbfolge.

In dem Gespräch mit dem Reichskanzler führte ich diese Seite der Frage in einer Weise aus, die mir Gelegenheit gab darzulegen, wie die allmähliche Beseitigung der Welfenpartei nur durch Anerkennung des Herzogs von Cumberland als Herzog von Braunschweig bewirkt werde und wie das Gegenteil diese Partei samt den übrigen Oppositionsparteien nur stärken könne.

Die Unterredung blieb aber scheinbar erfolglos, da der Reichskanzler die geschilderten Gefahren zu mindern oder auch zu beseitigen suchte, ohne sich direkt über seine eigentlichen Absichten zu äußern. Er vermied jedes bestimmte Wort über diese Frage — aber ich gewann den Eindruck, daß er feste Entschlüsse gefaßt hat[1].

Demgegenüber entsteht nun die Frage, ob es noch immer geraten erscheint, einen Kollektivschritt dem Herzog von Cumberland gegenüber zu unternehmen, ohne ihm eine günstige Aussicht eröffnen zu können.

Dafür spräche der Umstand, daß einem preußischen Antrag im Bundesrat gegenüber es vorteilhaft sein könnte, dem Herzog von Cumberland noch einmal eine Gelegenheit zu geben, aus seiner durchaus falschen Lage herauszutreten und sich selbst dadurch eine bessere Stellung zu bereiten. Insofern wäre der Schritt dann auch im Interesse der deutschen Fürsten. Vielleicht müßte dann Dein Entwurf in dem Sinne modifiziert werden, daß, obgleich wir wenig Aussicht haben, eine Verständigung des Herzogs mit Preußen zu erzielen, wir es doch für nötig halten, den Herzog zu entgegenkommender Aktion zu ermahnen. Es wäre das nur gewissermaßen ein letzter Versuch, die Ehre und das Recht für die Zukunft zu wahren.

Ich darf Dich wohl bitten, diese neue Lage erwägen zu wollen und mir dann mitzuteilen, ob Du wünschest, daß ich Deinen Entwurf an den König von Sachsen mitteilen soll, dem ich nun ebenfalls über das Ergebnis meiner Unterredung mit dem Reichskanzler schreibe, ohne Deinen Entwurf zu nennen[2]. *[...]*

GLA FA Korresp. 13 Bd. 43 Fasz. 49 Nr. 138 Abschr.

[1] Über den Besuch des großherzoglichen Paares in Berlin anläßlich der Geburtstagsfeier Kaiser Wilhelms (16. Mrz. bis 6. Apr. 1885) verzeichnet das Tgb. Marschalls: 17. 3. „6 Uhr mit Holstein im Kaiserhof. Dieser sagt mir, daß der Reichskanzler geneigt sei, dem Großherzog entgegenzukommen. Sehr erfreut." — 18. 3.: „3 Uhr Empfang beim Großherzog. Der Großherzog besucht den Herrn Reichskanzler." — 22. 3. [Kaisers Geburtstag]: „5 Uhr Diner beim Reichskanzler." — 24. 3.: „Morgens 9,30 Uhr 1 1/2 stündige Audienz beim Großherzog, der mir wichtige Mitteilungen über die braunschweigische Frage macht und meinen Rat erbittet. Die Sache ist sehr schwierig. Ich spreche mit Brauer." — 26. 3.: „9,30 Uhr lange Audienz beim Großherzog. Sehr befriedigt. Er will meinen Rat befolgen, d. h. nichts tun." — 27. 3.: „Der Großherzog läßt mich kommen, er verzichtet zwar auf die ursprüngliche Idee, wünscht aber doch mit dem Reichskanzler zu sprechen. Ich soll Herbert [Bismarck] auf morgen 11,30 Uhr bestellen." — 28. 3.: „Morgens 9,30 Uhr beim Großherzog, um ihm mitzuteilen, was Holstein mir gestern gesagt hat. *[...]* Spaziergang mit Holstein. Der Großherzog ist beim Reichskanzler." — 29. 3.: Abreise des kronprinzlichen Paares von Schweden. „Der Großherzog sagt mir, er habe mir Interessantes mitzuteilen und bestellt mich auf morgen 9,30 Uhr." — 30. 3.: „9,30 Uhr Audienz beim Großherzog. Ich habe recht gehabt." — 4. 4.: „Brief des Großherzogs" [nicht vorhanden]. — 6. 4.: „Mittags läßt mich der Großherzog rufen. Interessante Mitteilungen, sehr offen. *[...]* Um 9,45 Abreise der Herrschaften vom Bahnhof Friedrichstraße. Beide sehr gnädig. Der Großherzog dankt mir herzlich" (Oberkirch, Besitz Frau v. Seyfried).

[2] Nr. 643.

643. Großherzog Friedrich an König Albert von Sachsen[1].

Berlin, Niederländisches Palais, 3. April 1885.

Unseren hiesigen Unterredungen entsprechend, habe ich vor jedweder direkten Inangriffnahme der Braunschweigischen Erbfolgefrage diejenigen Voruntersuchungen angestellt, welche mir möglichste Klarheit über die Absichten der preußischen Regierung geben konnten. Ich mußte mich bald überzeugen, daß die feste Absicht besteht, den Herzog von Cumberland nicht zur Erbfolge in Braunschweig gelangen zu lassen. *Der Reichskanzler bereitet einen Antrag beim Bundesrat vor.*

Eingehende, vertrauliche Beratungen mit Personen, welche gut orientiert sind, führten mich zum Entschluß, die Mitteilung eines beabsichtigten Kollektivschrittes der deutschen Fürsten dem Herzog von Cumberland gegenüber an den Reichskanzler zu unterlassen, da hieraus nur Mißtrauen erfolgen und eine Beschleunigung der besprochenen Vorlage in den Bundesrat bewirkt werden könnte. *[...]* Der Reichskanzler vermied es, seine eigentlichen Absichten kundzugeben, und so konnte ich die Frage nicht weiter ergründen und mußte im Interesse der Sache vermeiden, ernstere Gegensätze hervorzurufen.

Wir stehen somit vor der Frage, ob ein Kollektivschritt so, wie wir ihn projektiert hatten, noch möglich oder ratsam erscheint: Es ist schwer, das Dafür und das Dagegen genau abzuwägen; da indessen die Gegengründe stark hervortreten, so möchte ich nur kurz bezeichnen, wie ich die Gründe dafür beurteile. — Einem preußischen Antrag im Bundesrat gegenüber könnte es vorteilhaft sein, dem Herzog von Cumberland noch einmal eine Gelegenheit zu geben, aus seiner durchaus falschen Lage herauszutreten und sich selbst dadurch eine bessere Stellung zu bereiten. Es könnte ein Kollektivversuch, den Herzog von Cumberland zum Friedensschluß mit Preußen zu bewegen, endlich auch nur günstig für uns alle sein, da wir hierdurch einen Rechtsstandpunkt wahren, der für die Zukunft bedeutungsvoll ist. Evtl. könnte ein solcher Schritt als Folge des zu gewärtigenden Antrages Preußens unternommen werden und dann vielleicht Aussicht auf guten Erfolg vorhanden sein, da der Herzog sich in einer Zwangslage befinden wird, die ihn zu eingreifenden Entschlüssen führen könnte. [...]

Den Großherzog von Oldenburg habe ich in gleicher Weise genau unterrichtet[2], und dem Großherzog von Sachsen-Weimar schreibe ich darüber[3] in dem Sinne, wie wir letzthin besprachen, daß die Mitteilungen an ihn zu behandeln sind. [...]

GLA FA Korresp. 13 Bd. 47 Fasz. 80 Nr. 4 Abschr.

[1] Albert v. Sachsen (1828—1903), König 1873.
[2] Nr. 642.   [3] Nr. 644.

644. Großherzog Friedrich an Großherzog Karl Alexander von Sachsen-Weimar.

Berlin, 5. April 1885.

[...] Die Erforschung der Lage ergab mir Gewißheit darüber, daß der Antrag auf Ausschließung des Herzogs von Cumberland von der Thronfolge im Herzogtum Braunschweig eine fest beschlossene Sache sei. — Ich hielt es daher nicht für opportun, die Frage eines Kollektivschrittes der deutschen Fürsten jetzt zur Sprache zu bringen.

Umso lebhafter schilderte ich das Streben aller oppositionellen Parteien, sich der Cumberlandschen Rechtsansprüche zu bemächtigen, um daraus ein wirksames Agitationsmittel gegen die preußische und die Reichsregierung zu gestalten. Ich betonte die Gegensätze, welche durch die Ausschließung des Herzogs von Cumberland geschaffen werden, und versuchte nachzuweisen, daß das Welfentum durch Zulassung des Herzogs von Cumberland in Braunschweig vernichtet wird, während dessen Ausschließung der Welfenpartei neue Kraft verleiht. — Ich berühre diese Fragen mit wenigen Worten, da wir beide dieselben eingehend besprochen haben, Du daher überzeugt bist von der Wärme, womit ich diese Mahnung auszusprechen versuchte.

Der Reichskanzler vertrat aber einen entgegengesetzten Standpunkt, der Dir ebenfalls genau bekannt ist und den zu schildern ich daher unterlasse. Wir diskutierten in aller Freundschaft über die gegenseitigen Standpunkte, bis ich mich überzeugen mußte, daß es dem Reichskanzler unerwünscht sei, von den Absichten zu reden, welche er bezüglich der Zukunft Braunschweigs hegt. Ich konnte nur erkennen, daß feste Entschlüsse gefaßt sind, bei denen die besten Absichten, vor Schaden zu warnen, erfolglos sein werden.

Diesen Stand der Dinge habe ich dem König von Sachsen[1] und dem Großherzog von Oldenburg[2] mitgeteilt und sehe nun ihren Antworten und weiteren Entschließungen entgegen. [...]

Weimar, Thüring. Landeshauptarchiv, Grhgl.-sächs. HA, Carl Alexander A XXVI Nr. 32 b eig.

¹ Nr. 643. ² Nr. 642.

645. Großherzog Peter von Oldenburg an Großherzog Friedrich.

Oldenburg, 6. April 1885.

Heute morgen erhielt ich *Nr. 642. [...]* Wenn schon bald Bismarcks Antrag an den Bundesrat gelangt, die Acht über den Herzog von Cumberland auszusprechen, so käme die Frage in der denkbar zugespitztesten Form zur Verhandlung, und es bliebe den Regierungen nur die Wahl, entweder Opposition zu machen oder den Harakiri an sich zu vollziehen. Mein Bundesratsbevollmächtigter[1], der zum Bismarck-Jubiläum in Berlin war, erzählte mir, er habe gehört, daß Bismarck plane, einen Antrag an den Bundesrat zu bringen, Herr v. Lutz habe gesagt, Bayern habe sich dagegen ausgesprochen, daß dies jetzt schon geschehe. — Dies drängt alles dahin, möglichst bald ein Resultat zu erreichen.

Daß Du meinen Entwurf billigst, freut mich sehr. Trotz der schwierigen und drohenden Lage glaube ich, daß man den Versuch, einen Kollektiv-Schritt zustandezubringen, doch noch machen sollte. Man müßte suchen, eine möglichst große Beteiligung zu erreichen, weil dadurch der Eindruck in Gmunden größer sein wird und eher Erfolg haben wird und weil er auch Bismarck gegenüber dann mehr Gewicht hat. Die Frage, ob, falls in Gmunden ein Entgegenkommen erreicht wird, die Vermittlungsverhandlung in Berlin gleichzeitig von allen Teilhabern oder von einem oder zweien im Auftrag zu führen ist (letzteres scheint mir zweckmäßiger), scheint mir kein Grund gegen eine möglichst allgemeine Beteiligung oder richtiger gegen den Versuch, eine möglichst große Beteiligung herbeizuführen. — Bei der jetzigen drohenden Situation scheint mir aber allerdings Vorbedingung einer Wirkung, daß der König von Bayern veranlaßt wird, sich an dem Schritt zu beteiligen. Nur dadurch würde er Rückgrat genug bekommen *[...]*, um sowohl in Gmunden wie in Berlin Eindruck zu machen, und falls in Gmunden kein Erfolg erzielt wird, für die Verhandlungen im Bundesrat eine feste Gliederung vorzubereiten. Gelingt es, den König von Bayern zur Aktion zu bringen, so werden wohl die meisten anderen nachfolgen, und Bismarck wird sich dann doch wohl besinnen, die Sache auf die Spitze zu treiben. Gerade der drohende Antrag im Bundesrat wäre ein guter Ausgangspunkt, um sich an den König von Bayern zu wenden. Es müßte doch möglich sein, ihm die Gefahr der Situation klarzumachen. Jedenfalls würde man doch erfahren, wie er denkt. Im schlimmsten Fall müßte man versuchen, falls zur Zeit der Kollektiv-Schritt nicht den Beifall des Königs von Bayern fände (weil er sich vielleicht nicht der möglichen Abweisung in Gmunden aussetzen will), für den Fall einen Gegenantrag vorzubereiten, daß Bismarck mit seinem Antrag auf Achterklärung an den Bundesrat herantritt. Dieser Gegenantrag müßte dahin gehen, daß der Bundesrat zunächst noch eine Aufforderung zu einer Erklärung nach Gmunden an meinen Neffen richtete. Der Entwurf meines Schreibens könnte leicht in Erwägungsgründe des Antrags umgemodelt werden, und die Aufforderung ist ja auch schon am Schluß des Schreibens formuliert. Wenn Bayern sich an die Spitze stellt, so wäre das die allein richtige und würdige Antwort auf den Antrag und würde sicher Eindruck machen. Ich bin bereit, jeden Augenblick an den

König von Bayern zu schreiben, und glaube, daß es zu versuchen wäre. Du müßtest allerdings gleichzeitig im selben Sinne schreiben und, so wie es geschehe, dem König von Sachsen Nachricht geben und ihn bitten, es auch zu tun. Ich würde aber abraten, ihn v o r h e r zu fragen. Er würde vielleicht Bedenken tragen. Sind wir aber vorangegangen, so folgt er vielleicht. Ob Du auch Carl von Weimar auffordern willst, muß ich Deinem Ermessen anheimgeben. Je mehr sich an den König von Bayern wenden, desto besser. Es ist traurig, daß man nicht mit ihm reden kann, dann wäre mehr Aussicht auf Erfolg. Die Sachlage ist aber so bedrohlich, daß man alles versuchen muß. — Schließlich bemerke ich noch, daß ich es nicht für rätlich halten würde, das Schreiben nach Gmunden dahin abzuschwächen, daß man darauf hinweist, daß es zweifelhaft wäre, ob in Berlin ein Erfolg zu erreichen ist, dann wäre der Schritt jedenfalls ohne Erfolg. Dann wäre es jedenfalls besser, sich gleich darauf zu beschränken, einen Gegenantrag zu formulieren und zu vereinbaren. Aber in allen Fällen müssen wir versuchen, den König von Bayern zu gewinnen. Dann ist eine günstige Wendung denkbar. Ohne Bayern kann es sich nur darum handeln, eine anständige Minorität für ein gutes Separatvotum zu bekommen, um die persönliche Ehre und den Schiffbruch zu retten. Verzeih mein konfuses Geschreibsel und die Tintenflecke. Ich wollte aber den Brief noch heute gern fertigstellen. *[...]*

GLA FA Korresp. 13 Bd. 42 Fasz. 45 Nr. 30 eig.

¹ Gerhard H. B. W. Selkmann (geb. 1818), Geh. Staatsrat u. Wirkl.Geh.Rat, oldenburgischer Bevollmächtigter zum Bundesrat.

646. König Albert von Sachsen an Großherzog Friedrich.

Dresden, 7. April 1885.

Mit herzlichem Dank habe ich Deinen so ausführlichen Brief¹ erhalten. Die Resultate Deiner Nachforschungen sind allerdings nicht erfreulich. Sind derart, wie ich sie immer geahnt habe. Was nun die Hauptfrage Deines Schreibens, den Schritt bei dem H[erzog] v[on] C[umberland] betrifft, so gebe ich Dir gern die Gründe als richtig zu, welche dafür sprechen, möchte aber doch vorher gewisse Vorbedingungen der Sache anregen, welche mir unerläßlich vorkommen.

Erstens und vor allem muß der Schritt von a l l e n , wenigstens den wichtigeren Fürsten geschehen. Abgesehen davon, daß er nur so Wirkung beim H[erzog] verspricht, erscheint er, wenn er nur von wenigen ausgeht, wie ein Schachzug gegen die Absichten des Kanzlers, der diesen nie verzeihen wird. Und wer dann darunter leidet, ist nicht der Schwiegersohn des Kaisers, nicht sein Schwager, sondern ich, der ich mit vieler Mühe das Mißtrauen verscheucht und ein gutes Verhältnis hergestellt habe. Können wir aber hoffen, Bayern zu bekommen, wird es uns nicht bestenfalls im letzten Moment im Stich lassen?

Zweitens müssen wir sicher sein, daß der H[erzog] uns zustimmt, sonst ist die Sache ein Schlag ins Wasser und wir machen uns lächerlich. Das scheint mir auch nicht zweifellos. Er scheint sich in einer gewissen Passivität zu gefallen.

Drittens, wenn er annehmen sollte, sind wir alle entschlossen, ihn zu stützen? Wollen und können wir jetzt, wo die Stellung des R[eichs]k[anzlers] fester und dominierender ist wie je, der Reichsregierung derart entgegentreten?

Du siehst, ich habe kein rechtes Vertrauen in die Sache, und komme ich nun wieder auf einen Gedanken zurück, den [ich] von Haus aus hegte. Es liegt uns ja nicht an der P e r s o n des H[erzogs], nur an dem von ihr repräsentierten Recht seines Hauses. Wenn er dahin vermocht werden könnte, zugunsten seines Sohnes freiwillig zu entsagen, so wäre eine große Schwierigkeit gehoben, namentlich wäre dann das Ansinnen an uns enthoben, seine Ausschließung durch Bundesratsbeschluß dekretieren zu lassen. Ein gefährliches Präzedens. — Ich habe früher an Peter in dem Sinne geschrieben; aber keine Zustimmung gefunden. Überlege Dir einmal die Sache. Sie hätte, glaube ich, auch Chancen in Berlin, da sie auch dort aus der Verlegenheit hilft. *[...]*

GLA FA Korresp. 13 Bd. 47 Fasz. 80 Nr. 3 eig.

[1] Nr. 643.

647. Großherzog Karl Alexander von Sachsen-Weimar an Großherzog Friedrich.

Weimar, 17. April 1885.

Laß mich endlich, mein lieber Freund, für Deinen Brief[1] danken, und zwar herzlich. Bringt er zwar wenig Hoffnung für den Beteiligten, so nimmt er dennoch letzterem nicht die Möglichkeit, noch einen letzten Versuch zu machen, sein Recht sich zu sichern, indem er verlangt, Frieden zu machen. Dieses habe ich denn auch in einem Brief an Peter vor ein paar Tagen hervorgehoben und ihn ermahnt, auf seinen Neffen in diesem Sinne zu wirken. Gelingt ihm dies, wird dann dafür zu sorgen sein, daß das Verlangen an den rechten Ort gelange und da angenommen werde. Ich werde Dir Mitteilung machen, sobald ich etwas wieder erfahre. *[...]*

GLA FA Korresp. 13 Bd. 49 Fasz. 97 Nr. 19.

[1] Nr. 644.

648. Fürst Heinrich XIV. von Reuß j. L.[1] an Großherzog Friedrich.

Gera, 19. April 1885.

E. K. H. waren so gütig, mir am 23. März in Berlin eine Unterredung zu gewähren und mir dabei von etwa zu tuenden Schritten in der Braunschweiger Frage zu sprechen. Es würde von großem Wert für mich sein, wenn E. K. H., falls es angeht, mir eine Mitteilung über dasjenige zukommen lassen wollten, was etwa in der fraglichen Angelegenheit beabsichtigt wird. Sollte es erwünscht sein, mir diese Mitteilung mündlich zu machen, bin ich bereit, mich da einzufinden, wo E. K. H. es wünschen. Überhaupt bin ich zu jeder Mitwirkung bei jener Angelegenheit bereit. *[...]*

GLA FA Korresp. 13 Bd. 46 Fasz. 70 Nr. 1 (eig.)

[1] Fürst Heinrich XIV. Reuß j. L. (1832—1913), 1867 regierender Fürst.

649. Marschall an Turban.

Berlin, 25. April 1885.

Vertraulich! *[...]* Vor einigen Tagen, und zwar schon vor der Debatte im Abgeordnetenhause[1], hatte ich Gelegenheit zu einer längeren vertraulichen Unterredung mit dem Herrn Kultusminister. Der Gesamteindruck derselben war, daß Herr von Goßler sehr wenig Zuversicht auf eine baldige Lösung der kirchenpolitischen Wirren hat. Er sagte mir, daß bis vor kurzem die Situation unverändert dieselbe geblieben sei, wie sie der Reichskanzler in seiner Rede vom 3. Dezember v. J. im Reichstage[2] geschildert habe; die Verhandlungen über die Wiederbesetzung des Erzbistums Posen-Gnesen seien aussichtslos von dem Augenblick an gewesen, da man in Rom den staatlicherseits vorgeschlagenen Dompropst Warjura[3] — einen kirchlich unanfechtbaren, der polnischen Sprache mächtigen und mit den polnischen Verhältnissen vertrauten Mann — deshalb zurückgewiesen habe, weil er kein Pole sei. Ganz unerwartet sei dann im Februar d. J. von Rom aus die Anfrage hierher gelangt, ob Bischof Krementz von Ermland[4] als Kandidat für den Kölner Stuhl genehm sei. Zwar hätte der Reichskanzler in Übereinstimmung mit ihm — dem Minister — den Bischof Kopp in Fulda[5] für diese Stelle gewünscht, trotzdem sei aber die gestellte Anfrage, und zwar u m g e h e n d von hier in bejahendem Sinne beantwortet worden, da man in der Bereitwilligkeit, das Kölner Erzbistum zu besetzen, ein bedeutsames Entgegenkommen der Kurie erblickt habe. Seitdem sei von Rom aus irgendein weiterer Schritt in dieser Angelegenheit nicht erfolgt, dagegen habe die ultramontane Presse sofort von der Sache Kenntnis erhalten und sie zu ihren Zwecken ausgebeutet. Durch die „Germania" sei dann ein römisches Telegramm verbreitet worden, wonach die Kurie auf einer gleichzeitigen Lösung der Personenfrage für Köln und Posen bestehe. Ob dies wirklich in Rom beabsichtigt werde, darüber habe man offiziell noch keine Nachricht, aber darüber bestehe für ihn — den Minister — kein Zweifel, daß der Papst durch die deutsche ultramontane Presse in dem Sinne beeinflußt werden solle, die Wiederbesetzung von Köln ohne diejenige von Posen nicht zuzugeben. Es stehe auch hier wieder zu befürchten, daß der Papst unter dem Einflusse der deutschen ultramontanen Presse den Schritt des Entgegenkommens nicht tue, den er vorgehabt habe. Der Papst halte die Deutschen für die besten und zuverlässigsten Katholiken und sei darum ernstlich besorgt, deren Gefühle zu schonen; die intransigente Partei habe daher leichtes Spiel, indem sie ihm eine angebliche communis opinio der deutschen Katholiken entgegenhalte. Wenn in Rom wirklich die beiden Fragen verquickt würden, so sei in absehbarer Zeit ein Weiterkommen auf kirchenpolitischem Gebiet unmöglich, denn bezüglich Posens bestehe Rom darauf, daß der Kandidat Pole sei, der Reichskanzler, daß er nicht Pole sei. Man täusche sich in Rom bezüglich des Wertes, den man in Preußen auf die Besetzung des Erzbistums Posen lege. Dem Reichskanzler sei es ziemlich gleichgültig, ob die dortigen Zustände noch einige Jahre lang fortdauern oder nicht. — Für den Fall, daß Rom darein willige, die Posener Frage einstweilen ruhen zu lassen und Köln allein zu besetzen, so halte er — der Minister — es für der ernsten Erwägung wert, ob nicht der Moment zu einer weiteren Revision der kirchenpolitischen Gesetze gekommen sei. In dem Widerrufe des einstmals ausgesprochenen „Niemals" und der Zurückziehung eines kirchlichen Auftrags seitens der Kurie würde die erstmalige tatsächliche Konzession gefunden werden können, die staatlicherseits so lange angestrebt worden sei.

Der Herr Minister sagte mir weiter, daß er daher um so eher geneigt sein werde, den Weg der Revision zu beschreiten, als in der für ihn wichtigsten Frage der Vorbildung und Erziehung des Klerus ein vollständiger Stillstand eingetreten sei. Die Einrichtungen, die er auf Grund spezieller Verabredungen mit zwei Bischöfen getroffen, hätten im ultramontanen Lager einen Sturm der Entrüstung hervorgerufen. Durch die auf den Bischof Korum zurückzuführende Broschüre des Irenaeus Themistor[6] über die Erziehung des Klerus und die daran in der Presse sich knüpfende Polemik seien die Bischöfe von jedem weiteren Vorgehen abgeschreckt; er — der Minister — selbst sei in ultramontanen Kreisen einer der „bestgehaßten" geworden, da er, wie es heiße, die unitas der katholischen Priestererziehung zerstören wolle. Unter diesen Umständen sei auf diesem Gebiete absolut nicht mehr weiterzukommen, ja er fürchte, daß, wenn nicht bald Remedur eintrete, die ultramontanen Forderungen sich steigerten und die Widerstandskraft der Mehrzahl der deutschen Bischöfe gegen eine Priestererziehung, wie sie in den romanischen Ländern üblich gewesen, erlahmen werde. Für ihn stünden die „Klerikalseminare" im Vordergrunde; bezüglich ihrer erachte er eine intensive Staatsaufsicht für unentbehrlich, für die Konvikte und die Priesterseminare dagegen genüge seiner Auffassung nach das allgemeine staatliche Oberaufsichtsrecht. Auch bezüglich der kirchlichen Disziplinargewalt halte er die bis in die Details eingehende kasuistische Zergliederung des staatlichen Oberaufsichtsrechts, wie sie die Maigesetze enthielten, nicht nur für entbehrlich, sondern geradezu für schädlich — er sei überzeugt, daß man auf diesem Gebiete mit allgemeinen Normen auskommen werde. — [...]

Meine Unterredung mit dem Herrn Minister trug einen so privaten Charakter, daß ich wohl kaum nötig habe, Ew. Exz. zu ersuchen, die vorstehenden Mitteilungen darüber als ganz vertrauliche hochgefälligst betrachten zu wollen. [...]

GLA 233/34795 fol. 279 ff. Ausf.; 49/2014 fol. 45 ff. Konz. „ganz vertraulich!" mit Datum 24. Apr. 1885.

[1] Das preuß. Abgeordnetenhaus lehnt am 22. April 1885 den Antrag Windthorsts auf Aufhebung des Sperrgesetzes vom 22. 4. 1875 und den Antrag betr. die Straffreiheit des Sakramentspendens und Messelesens ab (*Schulthess* S. 76).
[2] Ges. Werke XII S. 515 ff.
[3] Wanjura (geb. 1827), Studium in Breslau, 1851 Priester, 1854—64 Rektor eines Lehrerseminars, 1864 Schulrat in Marienwerder u. Danzig, 1882 Dompropst in Pelplin (Kulm), 1883 Dr. theol. Freiburg (frdl. Mitteilung von R. Lill).
[4] Philipp Krements (1819—99), 1842 Priester, 1848 Pfarrer in Koblenz, 1867 Bischof v. Ermland, 1885 Erzbischof v. Köln, 1893 Kardinal.
[5] Georg (1906: v.) Kopp (1837—1914), 1862 Priester, 1881 Bischof v. Fulda, 1884 Mitglied d. preuß. Staatsrats, 1886 des Herrenhauses, 1887 Fürstbischof v. Breslau, 1893 Kardinal.
[6] *Irenaeus Themistor* (= Bischof Korum v. Trier), Über die Bildung u. Erziehung der Geistlichen nach kathol. Grundsätzen u. nach den Maigesetzen (1884).

650. Marschall an Turban.

Berlin, 29. April 1885.

Vertraulich! [...] Der braunschweigische Minister Graf Görz, der einige Tage hier verweilte, hat einem meiner Kollegen Mitteilungen über den Stand der braunschweigischen Frage gemacht, die nicht ohne Interesse sind. Danach sei der Bürgermeister von Braunschweig — der Name ist mir nicht genannt worden — in der jüngsten Zeit zweimal in Gmunden gewesen, um den Versuch zu machen, Verhandlungen mit dem Herzog von Cumberland bezüglich der Thronfolge anzuknüpfen; der Versuch desselben sei übrigens vollständig vergeblich gewesen, da der Herzog weder zu einer bestimmten Erklärung noch überhaupt zu einer Äußerung bezüglich seiner künftigen Haltung habe bewogen werden können. Der genannte Herr habe anläßlich der einen Reise auch den Herrn Reichskanzler gesprochen. Graf Görz fügte bei, daß demnächst, wahrscheinlich nach Schluß des Reichstags, der Bundesrat mit der braunschweigischen Thronfolge werde beschäftigt werden; auf die Frage meines Kollegen, ob nach Ablauf des ersten Jahres eventuell die Schaffung eines Definitivums geplant sei, erwiderte der Minister, daß dies nach dem Regentschaftsgesetze nicht zulässig sei; es müsse zunächst ein Regent gewählt werden, dagegen stehe nichts im Wege, daß der letztere mittels einer mit den Ständen vereinbarten Verfassungsänderung eine definitive Regelung der Thronfolgefrage herbeiführe. [. . .]

GLA 233/34795 fol. 290 f. Ausf., bei den Mitgliedern des Staatsministeriums am 4. 5. 85 in Umlauf gesetzt; 49/2015 fol. 53 f. Konz.

651. Aus Gelzers Tagebuch.

Steineck, 1. Mai 1885.

Roggenbachs Besuch. Lebensvoller Austausch über

1. Verlobung des Erbgroßherzogs, Zurückhaltung des Herzogs gegenüber dem Kaiser, stille Hochzeit in Hohenburg, Rückkehr zum Dienst nach Potsdam, künftiges Wohnen in Freiburg.

2. Gesundheit des Großherzogs? Blaue Farbe der Adern, auf matte Tätigkeit des Herzens deutend? Roggenbach hält Marienbad und Meer für besser als Kissingen. — Ermüdung durch die Audienzen ohne hinreichende selbständige Einwirkung gegenüber der selbstherrlichen Bürokratie; exemplifiziert am Wiesen-Dammbau!

3. Deutsche Gereiztheit gegen England durch die käufliche Presse gehetzt und beherrscht. Bismarcks Streben: Jede Hemmung zur englischen Allianz (unter dem Thronfolger) schon jetzt unmöglich zu machen? Die beiden Gelegenheiten, Rußlands Übermacht und Einfluß auf lange zurückzuweisen, seien 1854 und 1877 versäumt worden! Er (Roggenbach) sei noch der einzige Überlebende von denen, die 1854 gegen Rußland zu wirken rieten (Pourtalès[1], Usedom, Bonin[2], Goltz[3]); drum würde jetzt seine Anwesenheit in Berlin mißdeutet werden.

Frankfurt, Besitz Matth. Gelzer.

[1] Albert Graf v. Pourtalès (1812—61), preuß. Diplomat.
[2] Eduard v. Bonin (1793—1865), preuß. Kriegsminister.
[3] Robert Graf v. d. Goltz (1817—69), preuß. Diplomat.

652. Erzbischof Orbin an Großherzog Friedrich.

Freiburg, 16. Mai 1885.

In tief gefühlter Dankbarkeit für die mir schon seit Jahren bewiesene gnädige und wohlwollende Gesinnung erlaube ich mir, E. K. H. eine Angelegenheit vorzutragen, die mich persönlich, d. h. die Erhaltung meiner Gesundheit und wohl auch meines Lebens betrifft.

Ich stehe jetzt im 79. Lebens- und im 55. Dienstjahre; im nächsten Septembermonate beginne ich, wenn mich der allgütige Gott bis dahin leben läßt, das 80. Lebensjahr. Die meisten Dienstjahre waren für mich, besonders für mein Stimmorgan, sehr anstrengend. So die vielen Jahre an der obern Pfarrkirche in Mannheim; dann längere Zeit an der großen Domkirche dahier. Daher mag es kommen, daß mich jetzt oft der Husten plagt und daß mir lautes Sprechen schwerfällt. Nun sollte ich nach meiner Amtspflicht in allen kath. Gemeinden der Erzdiözese — dem Bodensee bis an den Main — das hl. Sakrament der Firmung spenden und Pfarrvisitationen halten. Hiezu fühle ich mich aber zu schwach.

Nach unsern kirchlichen Vorschriften ist der Bischof angewiesen, wenn er seinen bischöflichen Funktionen nicht mehr nachkommen kann, einen Weihbischof zu bestellen, um so mehr, wenn seine Diözese sehr groß ist. Die Freiburger Erzdiözese gehört zu den größten Deutschlands. So hatte auch der erste Erzbischof Boll[1] einen Weihbischof, den damaligen Domdekan Herman von Vicari, und als dieser später Erzbischof geworden, wählte er sich Lothar Kübel zum Weihbischof, nachdem er ihn vorher zum Domdekan ernannt hatte.

Meine Wahl, welche allerdings auch vom hl. Vater in Rom genehmigt werden müßte, würde ebenfalls auf ein Mitglied des Domkapitels fallen, allerdings nicht auf den dermaligen Domdekan Franz Sales Schmidt, da dieser (geboren d. 28. Dez. 1798) körperlich nichts mehr leisten kann; auch nicht auf den ersten Domkapitular Weikum, welcher zwar jünger ist, aber ein Fußleiden hat, ebenso nicht auf Domkapitular Kössing, welcher zwei Lebensjahre mehr zählt als ich und darum gewiß ablehnen würde. Ein Mitglied des Domkapitels ist aber erwünschlich, weil ein Mitglied des Domkapitels zugleich Mitglied des Ordinariats-Collegiums ist, und überdies schon eine Dienstwohnung sowie eine, wenn auch nicht große Besoldung hat. Auch befinden sich unter den vier übrigen Domkapitularen — Marman, Behrle, Knecht, Boulanger — der eine oder andere, welcher sich für die Würde und das Amt eines Weihbischofs sehr eignen würde. Durch die Bestallung eines solchen würde in der Leitung und geistlichen Regierung der Erzdiözese durchaus keine Änderung entworfen, da ich solche nach wie vor besorgen würde, und der Weihbischof die bischöflichen Weihfunktionen sowie die Pfarrvisitationen, so weit ich sie nicht selbst übernehmen kann, zu besorgen hätte.

E. K. H. erlaubte ich mir von Vorstehendem Vortrag zu erstatten einmal aus dem mir innewohnenden Pflichtgefühle, meinem gnädigsten Landesfürsten von allen wichtigen Änderungen Kenntnis zu geben, dann aber auch in der Überzeugung, der wohlwollendste und beste Rat für alles, was religiöses Leben des Volkes betrifft und dessen Wohl und Heil befördert, werde mir von E. K. H. zuteil werden.

GLA 48/5449 fol. 84 f. eig.

[1] Bernhard Boll (1756—1836), zuerst Jesuit, dann Zisterzienser, 1805 Professor der Philosophie in Freiburg, 1809 Münsterpfarrer, 1827 Erzbischof von Freiburg.

653. Turban an Marschall.

Karlsruhe, 16. Mai 1885.

Großherzog Peter von Oldenburg hat sich bei einer Begegnung mit Großherzog Friedrich darüber ausgesprochen, daß es ihm erforderlich erscheine, in Berlin nicht nur durch einen ab- und zugehenden Bevollmächtigten, sondern ständig vertreten zu sein und hiermit die Anfrage verbunden, ob nicht etwa Ew. Hochw. diese Vertretung mit übertragen werden könnte.

Die Bedeutung der Anfrage ist natürlich wesentlich verschieden, je nachdem dabei auf eine bloß vorübergehende Einrichtung bis zu der Zeit, wo die durch den Tod des Herrn von Liebe[1] für Oldenburg entstandene Lücke anderweit wieder ausgefüllt sein würde, oder auf eine dauernde Vereinigung der oldenburgischen diplomatischen und bundesrätlichen Vertretung mit der badischen Vertretung abgehoben ist, wie sie bisher zwischen Oldenburg und Braunschweig in der Person des beiderseitigen Ministerresidenten, des eben genannten Herrn von Liebe, bestanden hat.

S. K. H. der Großherzog hat die Anfrage in dem letzteren Sinne aufgefaßt und dem Großherzog von Oldenburg, welcher selbst von vornherein die Notwendigkeit einer näheren Prüfung seines Anliegens nicht verkannte, zunächst nur die Bereitwilligkeit zu einer weiteren Erwägung geäußert. *Ich habe* einige Bedenken, welche sich mir augenblicklich darzubieten schienen, nicht zurückgehalten. Abgesehen von Zweifeln allgemeiner Konvenienz sowie finanzieller Art und hinsichtlich der Kanzleieinrichtungen, glaubte ich in dem Eingehen auf eine bezügliche dauernde Verbindung der beiden amtlichen Stellungen die Möglichkeit der Gefahr einer Kollision der Pflichten, einer Schädigung Ihrer Beziehungen sowie einer übermäßigen Inanspruchnahme Ihrer Zeit zu erblicken.

Ich handle im Sinne des Großherzogs, wenn ich vor Erstattung des eingehenderen Vortrages Ihre Ansicht kennenzulernen wünsche.

GLA 49/2014 fol. 61 f. Ausf.

[1] Friedrich August (1855: v.) Liebe (1809—85), Wirkl.Geh.Rat, 1867 braunschweig. Ministerresident u. Bundesratbevollmächtigter.

654. Marschall an Turban.

Berlin, 18. Mai 1885, abends 9,30 Uhr.

Die Vorlage eines Antrags in Betreff von Braunschweig an den Bundesrat[1] steht unmittelbar bevor, dahingehend, daß der Herzog von der Thronfolge ausgeschlossen sei; begründet ist der Antrag mit Bezug auf § 76 der Verfassung[2], der auch die Vorbeugung etwaiger Streitigkeiten umfasse.

GLA 233/12937 fol. 82, teilw. chiffr. Tel., dem Großherzog vorgelegt 19. 5. 85.

[1] Bundesrat Drucksache Nr. 89, Antrag Preußens, Berlin, 18. Mai 1885 (mit 5 Anlagen): „Der Artikel 76 der Reichsverfassung enthält die Bestimmung, daß Streitigkeiten zwischen verschiedenen Bundesregierungen, sofern dieselben nicht privatrechtlicher Natur sind, auf Anrufen des einen Teils von dem Bundesrat erledigt werden sollen. Nach dem Geiste der Verfassung wird diese Vorschrift dahin zu verstehen sein, daß nicht nur vorhandene Streitigkeiten der Kompetenz des Bundesrats unterstehen, sondern daß derselbe

auch berufen ist, dem Entstehen solcher Streitigkeiten vermittelnd vorzubeugen, wenn ein Antrag dahin gestellt wird.

In diesem Sinne erlaubt sich die Kgl. Regierung, die Aufmerksamkeit des Bundesrats darauf zu lenken, daß zwischen Preußen und Braunschweig Mißhelligkeiten voraussichtlich entstehen würden, wenn S.K.H. der Herzog von Cumberland Herzog von Braunschweig würde. [...]

Es befindet sich der Herzog von Cumberland noch heute im ideellen Kriegszustande gegen Preußen, und bei seinem Regierungsantritt müßte, wenn nicht Preußen und Braunschweig dem Deutschen Reich angehörten, rechtlich der Kriegszustand zwischen beiden Staaten eintreten. Diese rechtliche Situation gewinnt eine praktische Bedeutung durch die Tatsache, daß mit dem Herzogtum Braunschweig gerade diejenigen hannoverschen Gebiete grenzen [!], in welchen nach Ausweis der Wahlen zum Reichstag die welfische Partei die Mehrheit der Bevölkerung bildet. Der Herzog von Cumberland würde, in seiner benachbarten Residenz, nicht wohl im Stande sein, Verbindungen und Zumutungen abzuwehren, welche den inneren Frieden des Reichs in Frage stellen. Wenn die Landeshoheit in Braunschweig mit allen ihren Rechten an der Reichsregierung in die Hände eines Fürsten gelegt würde, der einem Teil der Bevölkerung von Hannover als Prätendent auf die gesammte preußische Provinz dieses Namens gilt, so würde S.M. der König von Preußen die Fürsorge für die Sicherheit im Lande selbst in die Hand nehmen, wenn nicht die Institutionen des Reichs die Mittel zur Verhütung unmöglicher Zustände darböten. Unter diesen Umständen würde, auch wenn das Recht des Herzogs zur Sukzession ein prinzipiell unbestrittenes wäre, die Regierung des Herzogs von Cumberland in Braunschweig und die damit verbundene Beteiligung an der Reichsregierung p o l i t i s c h unzulässig sein, weil die innere Sicherheit des Reichs dadurch gefährdet würde.

S.M. der König von Preußen beabsichtigt nicht, der weiteren Entschließung der Organe des Herzogtums und des Reichs bezüglich der Thronfolge in Braunschweig vorzugreifen, die Kgl.Regierung sieht aber voraus, daß der Regierungsantritt des Herzogs von Cumberland in Braunschweig zu Streitigkeiten zwischen Preußen und Braunschweig führen würde, welche nicht privatrechtlicher Natur sind, also unter den Begriff des Artikels 76 der Reichsverfassung fallen. In dieser Voraussicht stellt Preußen den Antrag, die Überzeugung der verbündeten Regierungen dahin auszusprechen, daß:

die Regierung des Herzogs von Cumberland in Braunschweig mit dem inneren Frieden und der Sicherheit des Reichs nicht verträglich sei,

und zu beschließen,

daß die braunschweigische Landesregierung hiervon verständigt werde. von Bismarck" (ebd. fol. 85-92, gedr. auch: Staatsarchiv 53 S. 253 ff.).

[2] Art. 76 RV: „Streitigkeiten zwischen verschiedenen Bundesstaaten, sofern dieselben nicht privatrechtlicher Natur und daher von den kompetenten Gerichtsbehörden zu entscheiden sind, werden auf Anrufen des einen Teiles von dem Bundesrate erledigt." [...]

655. Marschall an Turban.

Berlin, 21. Mai 1885.

Ganz vertraulich! *Antwort auf Nr. 653. Was die dauernde Vereinigung der Vertretung Oldenburgs mit der Badens betrifft:* Gegen eine derartige dauernde Vereinigung wären meinerseits schon aus allgemeinen politischen Gründen Bedenken geltend zu machen. Für einen Staat von der Größe und Bedeutung Badens scheint es mir an sich nicht wünschenswert zu sein, die diplomatische Vertretung bei dem leitenden deutschen Bundesstaate mit derjenigen eines weitaus kleineren Staates zu verbinden, indem dadurch nach außen hin eine besonders enge politische Interessengemeinschaft beider Staaten dokumentiert würde, und der größere Staat sich gewisse Rücksichten auferlegte, die unter Umständen die volle Selbständigkeit und Freiheit seiner Aktion hemmen könnte. Dazu kommt, daß, soweit meine Erfahrungen reichen, der Herr Reichskanzler das Verhältnis Preußens zu den kleineren norddeutschen Staaten wesentlich [anders] auffaßt als dasjenige zu den größeren süddeutschen Staaten; diese differentielle Behandlung findet naturgemäß auch in dem diplomatischen Verkehr Ausdruck, und böte die Vereinigung der badischen und oldenburgischen diplomatischen Vertretung in Berlin auch von diesem Gesichtspunkte aus eine gewisse Inkongruenz dar, die sich in der Stellung des gemeinsamen Vertreters fühlbar machen würde. Die Möglichkeit, daß der größere Staat infolge der Personaleinheit in der diplomatischen Vertretung mittelbar an den diplomatischen Aktionen zwischen Preußen und dem kleineren Staate interessiert würde, bietet meines Erachtens um so weniger eine erfreuliche Perspektive, als jene Aktionen sich von preußischer Seite häufig in einer Form vollziehen, die im Verkehre mit den Mittelstaaten nicht üblich ist. In concreto handelt es sich zudem um die Verbindung mit einem Staate, dessen Verhältnis zu Preußen zur Zeit jedenfalls nicht als ein durchweg vertrauensvolles und freundschaftliches zu bezeichnen ist. Die in den speziellen Landesinteressen begründete freihändlerische Haltung der oldenburgischen Regierung, die durch einzelne Vertreter derselben nicht immer in ganz vorsichtiger Weise kundgegeben wird, influiert natürlich auf den Reichskanzler; die bekannte unliebsame Militäraffäre in Oldenburg vom vorigen Jahre[1] hat wenigstens momentan eine gewisse Verstimmung erzeugt, und daß endlich die mehrfachen Reisen S. K. H. des Erbgroßherzogs nach Gmunden aus Anlaß der braunschweigischen Sukzessionsfrage von dem Herrn Reichskanzler mit Mißtrauen verfolgt wurden, ist mir aus zuverlässiger Quelle bekannt. Ich zitiere diese Vorkommnisse nur, um zu zeigen, wie naheliegend in dem Verhältnisse zwischen Preußen und Oldenburg die Möglichkeit unerquicklicher diplomatischer Verhandlungen ist, die bei dem bekannten Naturell des Reichskanzlers sich zu Personenfragen zuspitzen und bei bestehender Personaleinheit in der Vertretung auch auf das Verhältnis zur badischen Regierung zurückwirken könnten.

Auch nach anderer Richtung hin könnte die Stellung des badischen diplomatischen Vertreters eine Einbuße erleiden, wenn er zugleich die oldenburgische Vertretung übernähme. Ich darf beispielsweise daran erinnern, daß mir über die braunschweigische Thronfolge die Korrespondenz des Reichskanzlers mit der württembergischen Regierung bezüglich der von Herrn von Mittnacht geäußerten Bedenken gegen die bundesrätliche Kompetenz[2], das Bevorstehen eines Antrags des Herrn Reichskanzlers über jene Frage, welches ich bereits im Februar dieses Jahres Ew. Exz. signalisieren konnte[3], sehr wertvolle Informationen zugegangen sind. Meine Gewährsmänner, denen ich diese Mitteilungen verdanke, wußten genau, daß ich über dieselben pflichtmäßig an meine Regierung berichten werde — ich zweifle aber sehr, ob ich jene Informationen erhalten hätte, wenn ich zugleich diplomatischer Vertreter von Oldenburg gewesen wäre. Mit einem Worte: ich bin nicht sicher, ob das Vertrauen, welches mir als badischem Vertreter entgegengebracht wird, in dem Maße mir erhalten bliebe, wenn ich gleichzeitig Oldenburg diplomatisch zu vertreten hätte. [. . .]

Einigermaßen anders läge die Frage, wenn es sich lediglich um die Übernahme der Vertretung Oldenburgs im Bundesrate handelte; hier würden meines Erachtens die politischen Bedenken nur teilweise und minder schwer in die Wagschale fallen als bei der diplomatischen. Dagegen wäre es, wenn der großherzoglich oldenburgischen Regierung mit der alleinigen Übernahme der bundesrätlichen Vertretung überhaupt gedient ist, immerhin nützlich, sich vorher an maßgebender Stelle dahier über die Beurteilung einer derartigen Verbindung zu informieren.

GLA 49/2014 fol. 64-66 Konz.; FA Korresp. 13 N 536 Abschr.; gedr. *Reichert*
S. 216 ff.

¹ Nicht ermittelt.   ² Vgl. Nr. 607. 609.
³ Nr. 633.

656. Marschall an Turban.

Berlin, 22. Mai 1885.

Vertraulich! [...] Graf Lerchenfeld teilte mir mit, daß er von seiner Regierung auf seine Bitte einen zehntägigen Urlaub, zugleich aber den Befehl erhalten habe, während dieser Zeit nach München zu kommen, um einem über den preußischen Antrag zur braunschweigischen Thronfolgefrage abzuhaltenden Ministerrat beizuwohnen; er ist der Ansicht, daß Bayern dem Antrage, so wie er gestellt sei, nicht zustimmen könne, hält aber einen Ausweg in der Form für möglich, daß seine Regierung sich mit der s a c h l i c h e n Ausführung des Antrags einverstanden erkläre, dagegen dem gestellten Antrag ihre Zustimmung deshalb versage, weil die Kompetenz des Bundesrats zu einem derartigen Ausspruch in der Verfassung und speziell in Artikel 76 derselben nicht begründet sei. Staatsminister von Bötticher sagte mir gestern, daß er persönlich die Abgabe einer einseitigen Erklärung einem förmlichen Antrage vorgezogen haben würde, seine Bemühungen jedoch, den Herrn Reichskanzler zu einer anderen Entschließung in dieser Richtung zu bewegen, erfolglos gewesen seien.

In den Kreisen meiner Kollegen ist es aufgefallen, daß Herr von Bötticher die Verweisung des preußischen Antrages lediglich an den Justizausschuß und nicht auch an den Verfassungsausschuß beantragt hat, während doch die Zuziehung des letzteren der Natur der Sache entsprochen haben würde. Ich bin derselben Ansicht, zweifle jedoch, ob die bei einigen meiner Kollegen bestehende Erwartung, daß der Verfassungsausschuß nachträglich noch zugezogen werden wird, Aussicht auf Realisierung hat, wenn nicht Preußen selbst die Initiative hierzu ergreift. [...]

GLA 233/12937 fol. 93 Ausf.; 49/2014 fol. 67 Konz.

657. Marschall an Turban.

Berlin, 23. Mai 1885.

Gestern abend hatte ich zufällig Gelegenheit, mit dem Unterstaatssekretär Grafen Herbert Bismarck eine längere Unterredung zu führen, bei der wir auch die braunschweigische Frage berührten. Im Laufe dieses Gesprächs, bei welchem ich natürlich in sehr vorsichtiger Weise die Frage der Kompetenz des Bundesrats streifte, äußerte Graf Bismarck, daß ein Bundesratsbeschluß, wie er von Preußen beantragt werde, nicht ohne Präzedenz sei, indem der B u n d e s t a g im Jahre 1831 den Herzog Carl von Braunschweig — den im Volksmunde sogenannten Diamantenherzog¹ — nachdem er durch eine Revolution aus dem Lande verjagt worden, aus politischen Gründen seines Thrones für verlustig erklärt habe. [...]

GLA 233/12937 fol. 95 Ausf., dem Großherzog zusammen mit dem Bericht vom 25. 5. vorgelegt.

[1] Herzog Karl III. v. Braunschweig-Wolfenbüttel (1804—73) wurde 1830 für regierungsunfähig erklärt.

658. Großherzog Peter von Oldenburg an Großherzog Friedrich.

Venedig, 24. Mai 1885.

[...] Ich bin leider durch den unglückseligen Antrag in der Braunschweigischen Frage[1] in der Kur aufgeschreckt und werde meine Rückreise beschleunigen, doppelt unangenehm, da eine solche Abkürzung unzuträglich ist. — Wie die Sache liegt, bleibt jetzt nichts zu tun übrig, als die entgegengesetzte Ansicht im Bundesrat zur Geltung zu bringen. Hoffentlich findet sich dafür eine anständige Minorität im Bundesrat. Ich denke eine Erklärung abzugeben, die wesentlich die Gedanken enthält, die in dem Dir bekannten Entwurf[2] ausgedrückt sind. Dabei muß natürlich der Inhalt des Antrages, der mir in seiner ganzen Begründung nicht vorliegt, berücksichtigt werden. Die Kompetenz des Bundesrates, einen solchen Beschluß zu fassen, wie beantragt, ist meiner Ansicht nach nicht aus der Verfassung zu deduzieren. Dabei ist es eine moralische und geschichtliche Abnormität, die Unmöglichkeit der Versöhnung mit einem früheren politischen Gegner zu praktizieren, da das Reich aus einem Friedensschluß hervorgegangen und die Allianz mit Österreich unser politischer Rückhalt ist. Eine solche Deduktion schlägt der Wahrheit, den geschichtlichen Tatsachen und der Logik ins Gesicht! — Ich hoffe noch eine Besprechung zustandezubringen, die mich über einiges aufklärt. Die Einleitungen waren schon getroffen, als der unerwartete Antrag dazwischen fiel. Samstag abend[3] gedenke ich zu Hause einzutreffen. [...]

P. S. Ich besorge, daß eine Verständigung mit Bayern der Stellung des Antrages vorherging.

GLA FA Korresp. 13 Bd. 42 Fasz. 46 Nr. 33 (eig.).

[1] Vgl. Nr. 654 Anm. 1.   [2] Nr. 641 Anlage.
[3] 30. Mai 1885.

659. Fürst Heinrich XIV. von Reuß j. L. an Großherzog Friedrich.

Gera, 27. Mai 1885.

E. K. H. bin ich sehr dankbar für das gnädige Schreiben vom 20. d. M.[1], bedaure nur, daß Sie sich so viel Mühe damit verursacht haben.

Die Mitteilungen E. K. H. sind mir sehr schmerzlich. Ich hatte gehofft, daß ein vermittelnder Schritt der deutschen Fürsten zu ermöglichen sein werde. Der ernste Schritt Preußens stellt den Bundesrat und damit die deutschen Fürsten vor eine schwere Entschließung[2]. Ich halte diesen Schritt für einen schweren Schlag gegen die deutschen Fürstenhäuser. Ob es noch möglich sein wird, einen d e f i n i t i v e n Abschluß der braunschweigischen Frage hintanzuhalten, werden E. K. H. besser wissen als ich. Meines Erachtens ist zu erstreben, daß eine Regentschaft dort eingesetzt wird, wie es ja das Gesetz verlangt.

Daß Preußen im jetzigen Augenblick den Herzog von Cumberland nicht zulassen kann, halte ich für richtig. Aber man sollte wenigstens die vorhandenen gesetzlichen Möglichkeiten benützen, um noch Zeit zu gewinnen. [...]

GLA FA Korresp. 13 Bd. 46 Fasz. 70 Nr. 2 eig.

¹ Nicht vorhanden.   ² Vgl. Nr. 654 Anm. 1.

660. Großherzog Peter von Oldenburg an Großherzog Friedrich.

München, 31. Mai 1885.

In wenigen Worten teile ich Dir im Vertrauen mit, was ich über die Braunschweigische Frage habe in Erfahrung bringen können.

Was Gmunden betrifft, so ist man dort nicht durch Bismarcks Vorgehen überrascht, findet darin eine Bestätigung dafür, daß er jede Verständigung von vornherein hat verhindern wollen und daß daher alle entgegenkommenden Schritte vergeblich gewesen sein würden, daß dadurch der dortige Standpunkt geopfert sein würde, ohne etwas zu erreichen. Ein Protest an die europäischen Mächte ist nicht erlassen und wird nicht geplant. Ob ein Protest an den Bundesrat oder an die einzelnen Regierungen nach Abschluß der Verhandlungen über den preußischen Antrag¹ erfolgen soll, steht noch dahin. Windthorsts Anwesenheit bezog sich nur auf den Abschluß der Verhandlungen über den Privatnachlaß mit dem König von Sachsen und den Universalerben. — Die Stimmung dort ist ruhig.

Was ich aber hier habe erfahren können, ist Folgendes: man war hier über den Antrag ebenso überrascht wie überall. Es haben keinerlei Verhandlungen mit Berlin stattgefunden. Die Verhandlungen im Ministerium haben noch nicht ihren Abschluß gefunden. Ist dies geschehen, so wird an den König berichtet. Wie er denkt, weiß man nicht, ob er den legitimistischen Standpunkt besonders scharf betonen wird? Man meint, es sei nicht unmöglich.

Die Berufung auf Art. 76 der Reichsverfassung scheint man hier für unhaltbar und rechtlich und politisch sehr bedenklich zu halten und wird wahrscheinlich dahin streben, die Motivierung der Beschlüsse anders zu fassen. Auch scheint man es für wünschenswert zu halten, daß die Beanstandung des Herzogs von Cumberland oder richtiger seines Regierungsantrittes nicht für ewig, sondern nur so lange, als seine jetzige Haltung dauert, ausgesprochen werde und womöglich für den Sohn die Zukunft offen gehalten werde. Doch ist, wie es scheint, das Ministerium noch nicht zum definitiven Beschluß gekommen. Das zweite Schreiben des Herzogs von Cumberland — Anfang November mit seinen Anlagen², namentlich der Erklärung des Herzogs von Cumberland von 1879 an den Herzog von Braunschweig, ist dem hiesigen Ministerium unbekannt, d. h. diese Erklärung von 1879 (das Schreiben an die Regierung oder richtiger an die Fürsten ist so in die Zeitung gekommen, nicht aber die Anlage). Der König scheint dieses zweite Schreiben des Herzogs von Cumberland seinem Ministerium nicht mitgeteilt zu haben. Ich sorgte dafür, daß diese Erklärung hier bekannt würde. — Über die Absichten und Auffassungen Sachsens und Württembergs hat man bisher hier kaum Aufklärung erlangt. Man scheint hier Wert darauf zu legen, die Verhandlungen des Bundestages von 1830/31 über den Herzog Karl von Braunschweig genau zu prüfen und den Unterschied der Bestimmungen der alten Bundesakte und der jetzigen Reichsverfassung zu untersuchen, um die Motivierung des jetzigen Antrags und die Kompetenzfrage im Anschluß an die damaligen Beschlüsse und Motivierung sorgfältig abzuwägen. — Sowie ich zu Hause bin, werde ich die Frage studieren. Daß man die Prüfung des preußischen Antrags nur an den Justizausschuß und nicht auch an den Verfassungsausschuß verwies, scheint man hier als eine unschädliche Konzession an den Reichskanzler zu betrachten, der ja eine solche Scheu vor Verfassungsfragen hat. Da fast alle größeren Staaten im Justizausschuß vertreten sind, sei das ganz unschädlich gewesen, diese Konzession zu machen. — Das ist im wesentlichen alles, was ich habe in Erfahrung bringen können. *[...]*

GLA FA Korresp. 13 Bd. 42 Fasz. 46 Nr. 34 eig.

[1] Nr. 654 Anm. 1.
[2] Staatsarchiv 53 S. 217 f. u. 247 ff.

661. Marschall an Turban.

Berlin, 2. Juni 1885.

Vertraulich! Nachdem ich bei meinem Eintreffen heute vormittag eine Einladung zu einer Sitzung des Justizausschusses für morgen, den 3. Juni vorgefunden, deren Tagesordnung die Beratung der Drucksache Nr. 89 bildete, begab ich mich zu dem gestern aus dem Urlaub zurückgekehrten kgl. bayerischen Gesandten Grafen von Lerchenfeld, um mich bei ihm über die Auffassung seiner Regierung zu der vorwürfigen Frage zu informieren.

Graf Lerchenfeld teilte mir im wesentlichen Folgendes mit: in der vorigen Woche habe in seiner Gegenwart ein Ministerrat bezüglich der zu dem preußischen Antrage einzunehmenden Stellung stattgefunden und sei dabei übereinstimmend die Anschauung zutage getreten, daß, wenn auch unter den obwaltenden Umständen der sachliche Inhalt des formulierten Antrages begründet erscheine, doch die Motivierung desselben von der Bayerischen Regierung nicht angenommen werden könne. Als besonders bedenklich und konsequentiös erachte man die Anziehung des Artikels 76 der Reichsverfassung; derselbe passe auf die vorliegende Materie nicht, da es sich hier gar nicht um eine Streitigkeit zwischen z w e i Bundesstaaten, sondern darum handle, die Übernahme der Regierung eines Bundesstaates durch eine bestimmte Person im Interesse des innern Friedens des Reichs im voraus für ausgeschlossen zu erklären, um in der Zukunft mögliche Differenzen abzuschneiden. Die in den Motiven enthaltene Behauptung, daß Artikel 76 der Reichsverfassung auch derartige Fälle umfasse, sei geeignet, ein überaus gefährliches Präzedenz zu schaffen. Der Ministerrat sei sodann nach eingehender Prüfung zu dem Resultate gelangt, daß es zur Herbeiführung einer Einigung angezeigt erscheine, in dem Ausspruch des Bundesrates zugleich die Motive kurz anzugeben, dieselben jedoch auf das T a t s ä c h l i c h e zu beschränken und salva redactione etwa folgendermaßen zu sagen: in Erwägung, daß der Herzog von Cumberland sich im Kriegszustand mit Preußen befindet und daß er auf ein nach der Reichsverfassung Preußen gehöriges Territorium Ansprüche erhebt, die Überzeugung auszusprechen, daß usw. — der Ministerrat glaube, daß mit einer derartigen Fassung die große Mehrzahl der deutschen Regierungen einschließlich Preußens sich würde einverstanden erklären können, und sei deshalb S. M. dem König in dem Sinne Vortrag erstattet worden, daß die Bayerische Regierung zunächst mit Preußen und den andern größeren Staaten eine Verständigung über die Formulierung eines derartigen Antrages anbahne.

Der Graf teilte mir weiter mit, daß eine allerhöchste Entschließung wegen Abwesenheit des Königs noch nicht ergangen sei, er also offiziell noch keinen Auftrag habe, mit dem Herrn Reichskanzler und den Vertretern der größeren deutschen Staaten Fühlung bezüglich der von Bayern gewünschten Fassung zu suchen, daß er dagegen Herrn von Bötticher vertraulich von der Auffassung der Bayerischen Regierung verständigt und zugleich den Rechtsstandpunkt derselben dahin präzisiert habe, daß sie die Grundlage zu dem in Aussicht genommenen Ausspruch des Bundesrats in den Eingangsworten zur Reichsverfassung finde: „schließen einen ewigen Bund zum Schutze des Bundesgebiets und des innerhalb desselben giltigen Rechtes". Herr von Bötticher habe diese Mitteilung ad referendum genommen und sofort die Abbestellung der morgigen Sitzung des Justizausschusses angeordnet, die auch von Sachsen und Württemberg wegen mangelnder Instruktion gewünscht werde.

Ich nahm Veranlassung, dem Grafen Lerchenfeld auf seine Anfrage auch die Stellung der großherzoglichen Regierung, wie sie mir Ew. Exz. gestern entwickelt, darzulegen, indem ich als meine persönliche Anschauung aussprach, daß, wenn es gelinge, eine Verständigung über eine Formulierung des bayerischen Gedankens zu erzielen, die großherzogliche Regierung voraussichtlich ebenfalls zustimmen werde, da die Verbindung des Ausspruchs mit einer kurzen, rein tatsächlichen Motivierung geeignet sei, manche Bedenken abzuschwächen und vollends außer Zweifel zu stellen, daß es bestimmte, aus der Haltung des Herzogs von Cumberland resultierende tatsächliche Momente sind, welche, solange sie fortbestehen, die Sukzession f ü r s e i n e P e r s o n unmöglich machen.

Graf Lerchenfeld sagte mir weiter — mit der Bitte, diesen Teil seiner Mitteilungen als streng vertraulichen zu behandeln — daß für den Fall der Ablehnung des prinzipalen bayerischen Gedankens der Ministerrat S. M. dem König vorschlagen werde, dem preußischen Antrage mit einer besonderen Motivierung des Inhalts zuzustimmen, daß Art. 76 der Reichsverfassung nicht anwendbar sei, indem die Thronfolge in den Einzelstaaten durch Haus- und landesgesetzliche Bestimmungen geregelt sei, daß jedoch die Übernahme der Regierung seitens des Herzogs von Cumberland wegen seines Kriegsverhältnisses mit Preußen und seines Anspruchs auf Hannover mit dem inneren Frieden des Reiches unverträglich sei.

Staatsminister von Bötticher, welchen ich nach dem Grafen von Lerchenfeld aufsuchte, erzählte mir, was ihm der letztere über die Beschlüsse des bayerischen Ministerrats mitgeteilt hatte, und fügte bei, daß er gestern abend dem Herrn Reichskanzler davon gesprochen habe und von diesem ermächtigt worden sei, mit Graf Lerchenfeld einen den bayerischen Bedenken Rechnung tragenden Antrag zu vereinbaren; der Herr Reichskanzler habe geäußert, ob Art. 76 oder eine andere Stelle der Reichsverfassung Platz greife, sei ihm ganz gleichgültig. Anderer Meinung scheint Herr von Bötticher zu sein, der mir darlegte, daß die Bezugnahme auf Art. 76 für die Einzelstaaten vorteilhafter sei als diejenige auf die Eingangsworte der Verfassung; Art. 76 habe einen weit konkreteren und mehr juristischen Inhalt, während man aus jenen Eingangsworten alles machen könne, was man wolle. Ich erwiderte, daß Art. 76 seinen konkreten und juristischen Inhalt einbüße, wenn man ihn so auslege, wie es die Motive zum preußischen Antrage täten, die sich ausschließlich auf p o l i t i s c h e m Gebiet bewegten; wenn man unter besonders gearteten Verhältnissen, ähnlich wie im Jahr 1830 es der Bundestag getan, auf die allgemeinen Zwecke des Bundes rekurriere, um ausnahmsweise eine bestimmte Persönlichkeit vom Throne auszuschließen, so sei dies kein so bedenkliches Präzedenz, als wenn man den Art. 76 in der erweiterten Auslegung anwende, wie es der preußische Antrag wolle. —

Herr von Bötticher sagte mir ferner, daß er vor einigen Tagen, nachdem er mit dem Grafen Lerchenfeld und mir über den preußischen Antrag gesprochen hatte, dem Herrn Reichskanzler Kenntnis gegeben, daß einzelne Regierungen möglicherweise erhebliche Bedenken gegen die Motivierung des Antrags haben würden; der Reichskanzler habe erwidert, daß man ja diese Fragen gründlich erwägen könne; da der Erfolg, den er gewünscht, eigentlich schon durch den Antrag selbst erreicht worden sei, so pressiere die Sache nicht, und wünsche er keineswegs, daß die Regierungen irgendwie zur Abgabe des Votums gedrängt würden.

Im Laufe unseres Gespräches bestätigte Herr von Bötticher auf meine Anfrage die Auffassung, daß von einer Ächtung des Welfenhauses usw. bei dem Antrage nicht die Rede sei; jener Antrag präjudiziere dem Thronfolge r e c h t überhaupt nicht, insbesondere halte er dem Sohne des Herzogs von Cumberland den Thron offen — natürlich in der Voraussetzung, daß nicht in der Person desselben sich später dieselben Verhältnisse ergeben würden, welche gegenwärtig die Übernahme der Regierung durch seinen Vater unmöglich machten. *[. . .]*

GLA 233/12937 fol. 136–139 Ausf., dem Großherzog vorgelegt 3. 6., zurück 4. 6. 1885.

662. Marschall an Turban.

Berlin, 3. Juni 1885.

Vertraulich! *Graf Lerchenfeld teilte mir heute vertraulich die Fassung des Antrags mit, wie er im Bayerischen Ministerium vorläufig entworfen worden ist:* Die verbündeten Regierungen sprechen die Überzeugung aus: daß eine Regierungsübernahme des Herzogs von Cumberland in Braunschweig, da derselbe sich in unverglichenem Kriegszustande mit dem Bundesstaate Preußen befindet und Ansprüche auf Gebietsteile dieses Bundesstaates erhebt, mit den Grundprinzipien des Bundesvertrags, welche den Krieg unter Bundesgliedern ausschließen und den territorialen Besitzstand der Einzelstaaten gewährleisten, nicht vereinbar sein würde. *Die Genehmigung des Königs ist noch nicht eingetroffen.*

Der großherzoglich hessische Gesandte, wirklicher Geheimer Rat Dr. Neidhardt teilte mir heute mit, daß seine Regierung zwar ernste Bedenken gegen die Kompetenz des Bundesrats auf Grund des Art. 76 der Reichsverfassung hege, ihn dagegen ermächtigt habe, dem preußischen Antrage zuzustimmen. Lippe-Detmold, welches Herr Neidhardt zur Zeit ebenfalls vertritt, gedenkt, die Verhandlungen des Justizausschusses abzuwarten und sich erst später über seine Stellung schlüssig zu machen. Der kgl. sächsische Gesandte Graf Hohenthal[1] und der württembergische Gesandte Herr von Baur waren gestern noch ohne Instruktion. *[. . .]*

GLA 233/12937 fol. 146 f. Ausf., dem Großherzog vorgelegt 10. 6. 1885.

[1] Graf Wilhelm v. Hohenthal u. Bergen (1853—1909), Dr. iur., sächs. Kammerherr, 1885—1906 sächs. Gesandter in Berlin.

663. Marschall an Turban.

Berlin, 4. Juni 1885.

Graf von Hohenthal machte mir im Auftrage seiner Regierung die vertrauliche Mitteilung, daß das Kgl. Staatsministerium gestern unter dem Vorsitze S. M. des Königs Beratung über den preußischen Antrag gepflogen und vorläufig den Entwurf eines sowohl in der Motivierung wie in dem Tenor von dem preußischen abweichenden Antrags festgestellt habe[1]. Zunächst sei er angewiesen, dem Grafen Lerchenfeld, Herrn von Baur und mir vertraulich von jenem Entwurfe Kenntnis zu geben und sich sodann mit Herrn von Bötticher zu dem Zwecke in Verbindung zu setzen, über die eventuelle Stellung Preußens zu demselben Aufschluß zu erhalten. Da er soeben von dem Grafen Lerchenfeld erfahren, daß Bayern ebenfalls einen Antrag formuliert habe, die allerhöchste Ermächtigung des Königs von Bayern aber noch ausstehe, so gedenke er, die Rücksprache mit Herrn von Bötticher zunächst noch zu verschieben, und bitte mich, meiner hohen Regierung vorläufig Kenntnis von dem sächsischen Entwurfe zu geben.

Graf Hohenthal sagte mir ferner, daß eine einfache Zustimmung zu dem preußischen Antrage für seine Regierung nicht möglich sein werde und dieselbe daher den größten Wert darauf lege, daß zwischen den größeren Staaten und Preußen eine Fassung vereinbart werde, welche den Bedenken Sachsens, die, wie er aus den Mitteilungen des Grafen Lerchenfeld entnehme, auch von Bayern geteilt würden, Rechnung trage. Er verkenne keineswegs, daß der Tenor des sächsischen Entwurfs, in dem er durch die Worte „nicht eher zugelassen werden kann bis" usw. die Zulässigkeit der Regierungsübernahme durch den Herzog von Cumberland unter der Voraussetzung eines formellen Verzichts auf Hannover ausdrücklich ausspreche, mit der preußischen Motivierung im Widerspruch stehe und von preußischer Seite kaum genehmigt werden würde, er zweifle aber nicht, daß seine Regierung sich eventuell auf den bayerischen Antrag zurückziehen werde, der, soweit er aus einmaligem Vorlesen zu entnehmen vermocht habe, sich mit der sächsischen Grundauffassung decke und in der Motivierung nur darin abweiche, daß auch der Kriegszustand — also ein Zustand, welcher nicht durch eine einseitige Handlung des Herzogs von Cumberland aufgehoben werden könne — als Grund der dermaligen Untunlichkeit der Regierungsübernahme aufgeführt werde.

Ich sagte dem Grafen Hohenthal, daß nach meiner Auffassung die Badische Regierung, welche die gegen den preußischen Antrag bzw. seine Motivierung vorliegenden Bedenken nicht verkenne, gerne bereit sein werde, einer mit Preußen vereinbarten anderweitigen Fassung des Antrages zuzustimmen.

GLA 233/12937 fol. 149 f. Ausf.

[1] Nach dem sächsischen Entwurf „erklärt der Bundesrat, daß der Herzog von Cumberland zur Regierung des Herzogtums Braunschweig, welches einen Teil des Bundesgebietes bildet, nicht eher zugelassen werden kann, bis der vorerwähnte Widerspruch seine Lösung gefunden hat" (ebd. fol. 151).

664. Marschall an Turban.

Berlin, 5. Juni 1885.

Der württembergische Gesandte von Baur hat mir heute vertraulich Einsicht in die ihm nunmehr zugegangene Instruktion zu Drucksache Nr. 89 gewährt. *[...]*

Dem Antrage in der Formulierung, d i e Ü b e r z e u g u n g d e r v e r b ü n d e t e n R e g i e r u n g e n d a h i n a u s z u s p r e c h e n, daß usw. und zu b e s c h l i e ß e n usw., vermag die Kgl. Württembergische Regierung zuzustimmen, wiewohl die Begründung des Antrags, insbesondere diejenige der Zuständigkeit auf Grund des Art. 76 Abs. 1 der Reichsverfassung ihr nicht unbedenklich erscheint.

[...] Es sei jedoch nicht zu verkennen, daß eine Abschwächung des preußischen Antrags dahin, die verbündeten Regierungen wollen die Überzeugung aussprechen, daß der Regierungs a n t r i t t des Herzogs von Cumberland u n t e r d e n d e r m a l i g e n U m s t ä n d e n — solange er nämlich den Ansprüchen auf die preußische Provinz Hannover nicht entsagt habe — mit dem innern Frieden und der Sicherheit des Reichs nicht verträglich sei, schwerwiegende Bedenken entgegenstünden, da insbesondere dem Herzog von Cumberland in dieser Weise für die Zukunft ein gewisser Rechtsanspruch darauf eingeräumt würde, durch die nachträgliche Entsagung auf Hannover jederzeit sein vorhergehendes Verhalten ungeschehen zu machen, während er doch sofort nach dem Ableben des Herzogs Wilhelm von Braunschweig durch unumwundene Änderung seiner Stellung die seinem Regierungsantritt entgegenstehenden Hindernisse hätte beseitigen sollen.

[...] Als erwünscht erscheine es, wenn die Ausschußberatung einiges Licht darüber verbreiten würde, welche Konsequenz der Beschluß bezüglich des minorennen Sohnes des Herzogs von Cumberland haben werde und ob der Regentschaftsrat sich als behindert anzusehen hätte, einen Regierungsverweser zu ernennen. Je nachdem bei der Beratung des Ausschusses von dem Vertreter Braunschweigs eine Erklärung abgegeben würde, welche die Lage der Sache ändere, sei Vertagung der Ausschußberatung zu beantragen. —

Mecklenburg ist beauftragt, g e g e n den preußischen Antrag zu stimmen. *Die gleiche Instruktion ist auch von Reuß ältere Linie ergangen. Mecklenburg-Schwerin behält sich die Instruierung bis nach Beendigung der Ausschußberatung vor.* Dieselbe zuwartende Stellung scheinen *[...]* die Mehrzahl der in dem Justizausschuß unvertretenen Regierungen einnehmen zu wollen. *[...]* Als Referent im Ausschusse ist Herr Ministerresident Krueger bestellt.

GLA 233/12937 fol. 153-156 Ausf., dem Großherzog vorgelegt 10. 6. 1885.

665. Marschall an Turban.

Berlin, 7. Juni 1885.

Vertraulich! *Ich übersende* eine mir vom königlich sächsischen Gesandten Grafen von Hohenthal vertraulich übergebene Abschrift des Protokolls über die Sitzung des sächsischen Gesamtministeriums vom 3. d. M. zur gefälligen Kenntnisnahme.

Beschluß des sächsischen Gesamtministeriums.

Dresden, 3. Juni 1885.

[Preußischer Antrag, Drucksachen des Bundesrates Nr. 89]

Man war zunächst der Meinung, daß eine Zuständigkeit des Bundesrates zu einer derartigen Erklärung aus Art. 76 der Reichsverfassung, auf welchen der Antrag Bezug nimmt, nicht herzuleiten sei.

Der Art. 76 setzt eine „Streitigkeit zwischen verschiedenen Bundesstaaten" voraus. Zur Zeit besteht eine solche Streitigkeit nicht zwischen Preußen und der braunschweigischen Landesregierung. Der Herzog von Cumberland aber repräsentiert zur Zeit noch nicht die Regierung eines Bundesstaates.

Der Art. 76 setzt weiter eine bereits bestehende Streitigkeit voraus. Die bloße Gefahr, daß eine solche entstehen könne, begründet noch nicht ein Einschreiten des Bundesrates aus Art. 76. Allerdings besteht das Interesse, Streitigkeiten zwischen verschiedenen Bundesstaaten womöglich nicht erst zur Entstehung kommen zu lassen, und die Befugnis, dahin zu wirken, wird dem Bundesrate nicht abgesprochen werden können. Diese Befugnis ist aber nicht aus Art. 76, sondern aus dem Wesen des Bundes abzuleiten, auf welchem das Deutsche Reich beruht. Der Art. 76 stellt dem Bundesrate die Aufgabe, Streitigkeiten zwischen verschiedenen Bundesstaaten zu „erledigen". Die Erledigung kann darin bestehen, daß vom Bundesrate eine Vereinigung der streitenden Teile vermittelt oder eine Entscheidung der Streitigkeit erteilt oder eine solche Entscheidung durch ein anderes Organ herbeigeführt wird. Das Eine wie das Andere wird nicht auf einseitiges Anrufen, sondern nur nach Gehör des anderen Teiles stattfinden können. Eine Erklärung, wie sie von Preußen beantragt ist, hieße den Prozeß mit dem Urteil beginnen.

Endlich scheint die von Preußen beantragte Erklärung weder nach ihrem Inhalte noch nach ihren Motiven sich dazu zu eignen, auf Grund von Art. 76 abgegeben zu werden. Die Gefahr, auf welche Bezug genommen wird, ist nicht die mittelbare Gefahr, welche aus Uneinigkeiten verschiedener Bundesstaaten dem Reiche erwachsen kann, sondern eine Gefahr, welche sich unmittelbar gegen den inneren Frieden und die Sicherheit des Reiches richtet. Die Gefahr wird abgeleitet aus der Prätendentschaft des Herzogs auf die preußische Provinz Hannover. Die Prätendentschaft richtet sich auf einen Teil des durch den Bund und die Reichsverfassung geordneten Bundesgebietes und somit, wie weiter zu erwähnen, gegen den Bund und das Reich selbst.

Das Mittel, einer solchen Gefahr vorzubeugen, kann nicht in derjenigen Kompetenz gesucht werden, welche für den Bundesrat in Art. 76 begründet ist. Nicht darum handelt es sich gegenwärtig, eine Streitigkeit zum Austrag zu bringen, welche zwischen zwei dem Bunde angehörigen Staaten in der Richtung besteht, daß der eine Staat einen Gebietsteil des anderen für sich in Anspruch nimmt — ein Fall, in welchem Art. 76 zur Anwendung gelangen könnte — sondern darum, ob für einen im Wege der Sukzession zur Übernahme der Regierung eines Bundesstaates an sich berechtigten Fürsten im Wesen und Zwecke des Bundes ein Hindernis begründet sei, die Regierung zu übernehmen.

Daß ein solches Hindernis besteht, muß im Hinblick auf die in dem Antrag in Bezug genommenen Tatsachen und Verhältnisse anerkannt werden. Dieses Hindernis wurzelt aber in dem Wesen des Bundes und findet darin seine Abwehr wie seine Begrenzung. [...]

Wenn nun dieses Anerkenntnis und diese Garantie eine Wesenheit des Bundes bildet, so ist es hiermit unvereinbar, daß zur Regierung eines Bundesstaates jemand zugelassen werde, welcher an diesem Anerkenntnisse und dieser Garantie nicht vorbehaltlos teilnimmt. Es folgt dies so unmittelbar aus dem durch den Eingang der Reichsverfassung charakterisierten Wesen des Bundes, daß es nicht notwendig ist, auf spezielle Bestimmungen der Verfassung Bezug zu nehmen.

Der Herzog von Cumberland hat nun zwar erklärt, die Regierung des Herzogtums Braunschweig nach Maßgabe der Bestimmungen der Bundesverfassung führen zu wollen, er versagt aber daneben dem von allen verbündeten Fürsten anerkannten, in der Verfassung zur Grundlage wesentlicher Bestimmungen genommenen Besitzstande Preußens in bezug auf die Provinz Hannover sein Anerkenntnis, er hält vielmehr seine Prätendentschaft auf dieses Gebiet aufrecht und begehrt somit seinen Eintritt in ein Bundesverhältnis mit einem Defekt am erforderlichen Konsensus. Dies enthält, vom Standpunkte des Bundesverhältnisses aus betrachtet, einen Widerspruch in sich.

Dieser Widerspruch ist ein Hindernis seiner Zulassung. Das Hindernis findet aber in dem

Widerspruche zugleich seine Begrenzung. Wird der Widerspruch beseitigt — indem der Herzog denselben vorbehaltlos aufgibt, bez. deshalb zwischen ihm und der Krone Preußen eine Verständigung zustandekommt — so entfällt der Grund, den Herzog an der Ausübung eines legitimen Rechtes zu hindern, dies um so mehr, als dann die andere Aufgabe des Reiches in den Vordergrund tritt, das innerhalb des Bundesgebietes gültige Recht, zu welchem auch das Fürstenrecht gehört, zu schützen. Die bloße Befürchtung, daß der Herzog bei seiner Regierung nicht die volle Loyalität gegen das Reich zu wahren gewillt oder imstande sein könnte, würde dann eine Rechtsentziehung oder Rechtsbehinderung nicht rechtfertigen können. Für den Fall, daß eine solche Befürchtung sich bewahrheiten sollte, würde die Reichsverfassung im Art. 19 die Füglichkeit darbieten, das Erforderliche vorzukehren.

Aus diesen Erwägungen wurde beschlossen, Instruktion für die bevorstehende Sitzung des Justizausschusses dahin zu erteilen, daß

1. Die in der Anlage A) formulierte Resolution des Bundesrats anstelle der von Preußen vorgeschlagenen beantragt,

2. Im Falle der Ablehnung derselben gegen den preußischen Antrag gestimmt werde.

S.M. der König geruhten zu diesem Beschlusse die allerhöchste Zustimmung zu erteilen.

[. . .]

GLA 233/12937 fol. 158-63 Ausf., dem Großherzog vorgelegt 10. 6. 1885.

666. Großherzog Peter von Oldenburg an Großherzog Friedrich.

Rastede, 10. Juni 1885.

In der nächsten Zeit wird in Braunschweig der Posten des seligen Grafen Liebe wieder besetzt werden. Damit ist der Moment gekommen, wo wir hier auch daran denken müssen, für einen Ersatz zu sorgen.

Dies veranlaßt mich, an unsere Besprechung in Karlsruhe anzuknüpfen und Dir mit der Frage zu nahen, ob es Bedenken finden würde, wenn meine Regierung nach Karlsruhe das Ersuchen richtete, daß es uns gestattet würde, Deinem Gesandten in Berlin unsere diplomatische Vertretung und auch die Führung unserer Stimme im Bundesrat für den Fall zu übertragen, daß der erste oder ordentliche Vertreter Oldenburgs verhindert wäre[1]. Sollten sich bei Dir Bedenken dagegen geltend machen, sei es aus politischen oder geschäftlichen Gründen, so würde ich den Versuch machen, mit Mecklenburg ein Arrangement zustandezubringen. Ich bitte Dich, mir nur kurz und gut ein ja oder nein zu antworten. Im ersten Falle würde dann eine Anfrage des Ministeriums an das Deinige erfolgen, im zweiten wäre die Sache erledigt.

Sehr erfreut bin ich, daß Sachsen Bedenken gegen den preußischen Antrag in der Braunschweigischen Frage geltend macht, namentlich gegen die Anwendung des Art. 76 der Reichsverfassung[2]. Hoffentlich wird Bayern ebenso handeln und dadurch eine günstige Wendung herbeigeführt. Sollte es gelingen, einen der Sachlage und dem Rechte entsprechenden Beschluß zustandezubringen, so wäre zu erwägen, ob nicht die Idee, einen Kollektivschritt bei meinem Neffen zustandezubringen, wieder aufzufassen wäre. Es wäre der letzte Versuch, ihn aus der Sackgasse zu ziehen, in der er sich verrannt hat. Gelingt es nicht, so ist dann die Situation wenigstens klar, und auf dem Boden des Regentschaftsgesetzes und der Braunschweigischen Verfassung kann dann eine dem Rechte und dem politischen Interesse sowohl Deutschlands wie Braunschweigs entsprechende Lösung gefunden werden.

Die Broschüre „Aktenstücke zur Frage der Erbfolge im Herzogtum Braunschweig, Hannover, Druck und Verlag von Arnold Weichelt, 1885" wird Dir auch zu Gesicht gekommen sein. — Besonders interessiert mich Nr. XVIII, das Schreiben meines seligen Schwagers vom 27. Juli 1866, worin er um Frieden bittet, welcher aber nicht angenommen wurde[3]. Ich begreife nicht, daß es nicht schon längst der Öffentlichkeit von Hannoverscher Seite übergeben wurde. Es hätte dazu beigetragen, die Deduktionen über den „ideellen Kriegszustand", der noch fortbesteht, bedeutend abzuschwächen. Auch die Zurückweisung des Grafen Grote[4] bekommt dadurch kein günstiges Schlaglicht. Man kann doch nicht leugnen, daß in der Sendung der Versuch einer Anknüpfung lag, der bei gutem Willen zur Beendigung des „ideellen Kriegszustandes" benutzt werden konnte. Andererseits war es allerdings ein großer Fehler, daß Graf Grote beauftragt war, zu erklären, man sei bereit, den Protest von 1878 zurückzunehmen. Das Aktenstück Nr. XIV, das Schreiben des Herzogs von Cumberland an den seligen Herzog Wilhelm vom 14. Januar 1879[5], ist auch zum ersten Male in seinem ganzen Umfang bekannt geworden. Es ist sehr zu bedauern, daß es nicht vom seligen Herzog dem Braunschweigischen Landtag mitgeteilt ist. Es ist aber geradezu unbegreiflich, daß das Braunschweigische Ministerium resp. der Regentschaftsrat dasselbe nicht gleich nach dem Tode des Herzogs der Landesvertretung mitgeteilt hat. Meiner Ansicht nach kann man demselben daraus einen ernsten Vorwurf machen. Übrigens war es wieder ein Fehler, der in Gmunden gemacht ist, daß man Anfang November nur einen Auszug aus dem Schreiben mitteilte und nicht das ganze, und dann mußte man es gleich beim Tode des Herzogs bekannt werden lassen.

Ich studiere jetzt die Bundestagsverhandlungen von 1830/31 betreffs Braunschweig. Die Gründlichkeit und die Würde, mit der die Dinge damals behandelt ist [!], steht sehr zugunsten des seligen Bundestages ab gegen die jetzige Verfahrensweise, besonders wenn man die Auslassungen der offiziösen Presse berücksichtigt. Es ist wirklich entsetzlich, wie alles heruntergekommen ist! Ein Halt in dieser Baissebewegung ist nötig, wenn nicht bald der Zusammenbruch eintreten soll. [...]

PS. Ich habe Albert von Sachsen heute geschrieben und ihn gebeten, falls ein günstiger Ausgang im Bundesrat folgen sollte, zu überlegen, ob nicht dann ein Kollektivschritt in Gmunden geboten sei. Der Entwurf, den ich machte[6], müßte dann allerdings etwas geändert werden.

GLA FA Korresp. 13 Bd. 42 Fasz. 46 Nr. 35 eig.

[1] Vgl. Nr. 653. 655.   [2] Vgl. Nr. 665.
[3] Georg V. an Wilhelm I.: „Darum reiche ich im Vertrauen auf Dein Gefühl für Recht und Billigkeit Dir die Hand zum Frieden, den Du selber willst."
[4] Vgl. Nr. 605.
[5] Unter Bezugnahme auf die Verhandlungen in der braunschweigischen Landesvertretung erklärt Ernst August: „daß ich es darum für meine unabweisliche Pflicht erachte, ... diese Regierung in derjenigen Rechtslage anzutreten, in welcher sich dieselbe z. Z. des Anfalls befindet, ... demgemäß auch unter Anerkennung des Herzogtums als eines Gliedes des deutschen Reiches."
[6] Nr. 641.

667. Marschall an Turban.

Berlin, 10. Juni 1885.

Vertraulich! *Graf Lerchenfeld erhielt gestern vom König von Bayern den Auftrag, den im Ministerrat festgestellten Antrag im Ausschuß einzubringen bzw. sich* über die Stellung Preußens zu der beantragten Modifikation des von dem Herrn Reichskanzler gestellten Antrags zu verlässigen.

Lerchenfeld hat sofort den Wortlaut des bayerischen Antrages Herrn von Bötticher mitgeteilt und aus einer vorläufigen Besprechung mit dem Minister und dem Grafen Rantzau[1] die Überzeugung gewonnen, daß von preußischer Seite auf eine Annahme des Antrages nicht zu rechnen sein werde. Herr von Bötticher wandte vorzugsweise ein, daß, wenn dem preußischen Antrage der bayerische substituiert werde, der den Ausschluß des Herzogs von Cumberland lediglich mit dem unausgeglichenen Kriegszustand und dem Anspruch auf Hannover motiviere, damit Anlaß zu der Schlußfolgerung gegeben werde, daß, wenn der Herzog auf Hannover verzichte und damit seinerseits die Ursache des fortdauernden Kriegszustandes beseitige, er zur Thronfolge in Braunschweig zugelassen werden könne, was der Auffassung der Preußischen Regierung widerspreche; es sei zu befürchten, daß die welfische Partei diesen Widerspruch zu ihren Zwecken ausbeuten werde. In ähnlicher Weise hat sich Graf Rantzau dem Grafen Lerchenfeld gegenüber geäußert. Die Entscheidung des Herrn Reichskanzlers, welchem hierüber nach Kissingen Bericht erstattet wurde, ist in den nächsten Tagen zu erwarten.

Graf Hohenthal hat auf den sächsischen Antrag von Bötticher bisher noch keine Antwort erhalten. Ich bezweifle, ob es für die Zwecke der Sächsischen Regierung dienlich war, in der Motivierung und in dem Tenor des Antrags selbst so scharf zu pointieren, daß, wenn der Herzog von Cumberland seine bisherige Stellung aufgibt, er zum Throne von Braunschweig zuzulassen sei; es hätte mir rätlicher geschienen, diese zukünftige Eventualität, wie es der bayerische Antrag tut, vollständig aus dem Spiele zu lassen, da bei der bekannten Stellung des Reichskanzlers zu dieser Frage nicht nur der sächsische Antrag dadurch für Preußen unannehmbar wird, sondern, wie ich aus obiger Äußerung des Herrn von Bötticher entnehme, aus demselben eine Waffe gegen den bayerischen Antrag geschmiedet und letzterem vorgeworfen wird, daß er implizite dieselbe Schlußfolgerung enthalte, die in dem sächsischen expressis verbis ausgesprochen ist.

An Stelle des erkrankten Dr. Krueger ist Dr. Neidhardt zum Referenten bestellt worden. Die Sitzung des Justizausschusses wird voraussichtlich in nächster Woche stattfinden. —

Der großherzoglich oldenburgische Bevollmächtigte Geheimer Staatsrat Selkmann erzählte mir vor einigen Tagen, daß er kürzlich mit dem preußischen Gesandten Herrn von Normann, der bekanntlich auch in Braunschweig akkreditiert ist, in Oldenburg eine Unterredung über die braunschweigische Frage gehabt habe; wie ihm der letztere mitgeteilt, bestehe in Braunschweig der Wunsch, möglichst bald zu einem Definitivum zu gelangen. Zu diesem Zwecke trage man sich mit dem Gedanken, daß sofort nach Erwählung des Regenten die Landesversammlung an den Herzog von Cumberland die Aufforderung richte, seinen Sohn als den zukünftigen Thronfolger in Braunschweig erziehen zu lassen und, falls dieser Aufforderung nicht Genüge geleistet werde, den § 14 der Braunschweigischen Verfassung, welcher die Vererbung der Regierung in dem fürstlichen Gesamthause Braunschweig-Lüneburg festsetzt, zu ändern und einen Herzog zu wählen. *Nach § 4 Ziffer 1 des Regentschaftsgesetzes kann während der Regierung des Regentschaftsrates die Verfassung nicht geändert werden.* Es mag dahingestellt bleiben, ob sich diese Mitteilungen in der Tat auf bestehende Absichten in Braunschweig gründen oder nicht vielmehr Wünsche der Preußischen Regierung darstellen.

GLA 233/12937 fol. 164-67 Ausf., dem Großherzog vorgelegt 12. 6. 1885.

¹ Kuno Graf Rantzau (1843—1917), 1880 Vortrag. Rat im Ausw. Amt, 1888—91 preuß. Gesandter in München.

668. Marschall an Turban.

Berlin, 11. Juni 1885.

Vertraulich! Soeben erfahre ich, daß Staatsminister von Bötticher gestern abend dem kgl. sächsischen Gesandten Grafen Hohenthal Kenntnis von einem Schreiben des Herrn Reichskanzlers gegeben hat, in welchem dieser den sächsischen Antrag als absolut unannehmbar bezeichnet, da derselbe nicht nur die Möglichkeit der Regierungsübernahme des Herzogs von Cumberland zur Voraussetzung habe, sondern demselben geradezu eine Handhabe dazu biete, auf den braunschweigischen Thron zu gelangen, während es doch aus Rücksichten der inneren Sicherheit für Preußen eine unmögliche Zumutung enthalte, einen Welfen auf dem Thron eines Bundesstaates zuzulassen, dessen benachbarte preußische Provinz von welfischer Agitation unterwühlt sei. Da der Ton des Schreibens mir seinem Inhalt entsprechend als ein nicht nur entschiedener, sondern geradezu schroffer bezeichnet wird, so scheint es außer Zweifel, daß der sächsische Versuch, die Angelegenheit auf einen festen staatsrechtlichen Boden zu stellen, bei dem Herrn Reichskanzler eine ziemlich gereizte Stimmung hervorgerufen hat.

Nach einer Mitteilung Lerchenfelds soll sich der Reichskanzler inzwischen auch über den bayerischen Antrag geäußert haben. Er lehne denselben nicht geradezu ab, mache aber dagegen geltend, daß er zu juristisch und zu wenig politisch sei. *[...] Die Versuche, durch eine anderweite Redaktion die preußischen Bedenken zu beseitigen, haben* keinen Erfolg gehabt. *Deshalb* will Graf Lerchenfeld nunmehr nach München berichten, daß er von weiteren Verhandlungen seinerseits sich ein Resultat nicht verspreche und anheimstelle, ob einer der bayerischen Minister sich nicht nach Kissingen begeben wolle, um persönlich mit dem Herrn Reichskanzler zu konferieren.

GLA 233/12937 fol. 168-170 Ausf., dem Großerhzog vorgelegt 14. 6. 1885.

669. Marschall an Turban.

Berlin, 12. Juni 1885.

Vertraulich! *Ich habe weiter erfahren,* daß der Herr Reichskanzler durch den sächsischen Antrag in eine ziemlich hochgradige Erregung versetzt wurde und nunmehr mit Hochdruck daran arbeitet, die Einbringung desselben im Bundesrat zu vereiteln. Graf Hohenthal bezeichnete mir den Ton und Inhalt des von dem Herrn Reichskanzler an Herrn von Bötticher gerichteten und von letzterem ihm bekanntgegebenen Schreibens¹ als überaus schroff; es finde sich unter anderem darin außer den bereits gestern gemeldeten Ausführungen der Passus: „Die Kgl. Sächsische Regierung scheine den Bundesrat für ein Richterkollegium und nicht für eine politische Behörde zu halten", und weiter spreche der Herr Reichskanzler die Drohung aus, daß, wenn der sächsische Antrag im Bundesrat eingebracht werde, er, um seine Wirkung zu paralysieren, nicht anstehen werde, die Konsequenzen aus der von hervorragenden preußischen Juristen geteilten Rechtsanschauung zu ziehen, daß nach dem hannöverisch-braunschweigischen Erbvertrag der König von Preußen als Souverän von Hannover in Braunschweig zu sukzedieren habe. Graf Hohenthal erzählte mir weiter, daß ihm Herr von Bötticher ein längeres Rechtsgutachten vorgelesen habe, welches die Berechtigung Preußens zur Sukzession in Braunschweig des Näheren ausführe. — Den Gesamteindruck, welchen der Herr Gesandte aus den Mitteilungen des Herrn von Bötticher gewann, bezeichnete er mir dahin, daß der Herr Reichskanzler den Herzog von Cumberland u n t e r k e i n e r B e d i n g u n g zur Regierung von Braunschweig zulassen will und einem etwaigen Widerstande des Bundesrats gegen den preußischen Antrag nur der Erfolg in Aussicht stände, daß Preußen selbst Erbansprüche auf Braunschweig erhöbe und die Selbständigkeit Braunschweigs damit gefährdet werde. —

Graf Herbert Bismarck erzählte mir gestern, daß der preußische Gesandte in Dresden Graf Dönhoff[2] beauftragt sei, bei der Sächsischen Regierung darauf hinzuwirken, daß der sächsische Antrag im Bundesrate nicht eingebracht werde. Nach weiteren Äußerungen des Herrn Grafen ist es hier sehr bemerkt worden, daß die Germania die erste Nachricht von den sächsischen Einwendungen gegen den preußischen Antrag gebracht hat. *Das bringt man mit der jüngsten Reise Windhorsts nach Dresden in Zusammenhang.*

GLA 233/12937 fol. 171 f. Ausf., dem Großherzog vorgelegt 13. 6., zurück 16. 6. 85.

[1] Bismarck an Boetticher, Kissingen 9. Juni 1885, gedr. Ges. Werke VI c Nr. 311.
[2] Karl Graf v. Dönhoff (1845—1920), 1879—1906 preuß. Gesandter in Dresden.

670. Marschall an Turban.

Berlin, 14. Juni 1885.

Vertraulich! Graf Hohenthal teilt mir heute vertraulich mit, daß der sächsische Antrag im Bundesrate n i c h t eingebracht werden würde, — die sächsische Regierung vielmehr beschlossen habe, dem preußischen Antrage zuzustimmen, wenn in der Motivierung der Art. 76 der Reichsverfassung beseitigt und stattdessen die allgemeinen Prinzipien des Bundesvertrages als Hindernis der Regierungsübernahme des Herzogs von Cumberland bezeichnet würden. Insoweit der bayerische Antrag von demselben Gesichtspunkte ausgehe, erscheine er für die Sächsische Regierung annehmbar, dagegen halte die letztere den Passus über den „unausgeglichenen Kriegszustand" für unzutreffend und selbst für bedenklich. Graf Fabrice werde in den nächsten Tagen hier eintreffen, um persönlich mit Herrn von Bötticher Rücksprache zu nehmen.

Aus anderer Quelle erfahre ich, daß Graf Dönhoff dem Grafen Fabrice sehr eindringlich die preußischen Bedenken gegen den sächsischen Antrag vorgehalten und gleichzeitig eröffnet hat, daß Preußen eventuell den an den Bundesrat gestellten Antrag zurückziehen und die Maßregeln, die es für den Frieden und die Sicherheit in seinem Gebiete als notwendig erachte, selbständig ergreifen werde. Graf Fabrice habe darauf erwidert, daß in der praktischen Wirkung der sächsische Antrag sich mit dem preußischen vollkommen decke, da der Herzog von Cumberland den Verzicht auf Hannover nicht aussprechen werde, und daß es sich für

Sachsen nur darum handle, die staatsrechtlichen Gesichtspunkte klarzustellen und dem Prinzipe der Legitimität eine Konzession zu machen.

Der württembergische Bevollmächtigte hat eine Instruktion erhalten, die Motivierung des preußischen Antrags aus Art. 76 der Reichsverfassung zu bekämpfen und dem bayerischen Antrage zuzustimmen. Ob bezüglich des letzteren eine Vereinbarung mit Preußen zustandekommt, ist nach wie vor zweifelhaft.

GLA 233/12937 fol. 176 f. Ausf., dem Großherzog vorgelegt 15. 6., zurück 17. 6. 85.

671. Marschall an Turban.

Berlin, 17. Juni 1885.

Vertraulich! Der Kgl. sächsische Ministerpräsident General Graf von Fabrice, welcher gestern früh hier eingetroffen war, hat im Laufe des gestrigen Tages eine längere Besprechung mit Herrn Staatsminister von Bötticher gepflogen und demselben, wie mir vertraulich mitgeteilt wird, folgende neue Formulierung unterbreitet:

Der Bundesrat spricht die Überzeugung aus, daß die Regierung des Herzogs von Cumberland mit dem Bundesvertrage und der Reichsverfassung im Widerspruche stehe und daher mit dem innern Frieden und der Sicherheit des Reichs nicht verträglich sei.

Von Seite des Herrn von Bötticher ist dieser Antrag ad referendum genommen worden.

Auch mit dem Kgl. bayerischen Gesandten hat Graf Fabrice konferiert und demselben dargelegt, daß das wesentlichste Bedenken der sächsischen Regierung gegen den preußischen Antrag in der Anrufung des Art. 76 der Reichsverfassung beruhe und sie aus demselben Grunde auch an dem in dem bayerischen Antrage gebrauchten Ausdrucke „unverglichener Kriegszustand" Anstoß nehme, da dieser indirekt wieder auf die Anwendung jenes Artikels zurückführe; Graf Lerchenfeld bestritt diese Rechtsanschauung und führte aus, daß die bayerische Regierung ebenfalls die Anwendbarkeit des Art. 76 der Reichsverfassung bekämpfe, im übrigen aber vornehmlich dahin strebe, den vorliegenden Fall zu individualisieren, um mögliche Konsequenzen abzuschneiden. Aus diesem Grunde wünsche seine Regierung, Redewendungen von so allgemeiner Art wie „innerer Frieden und Sicherheit des Reiches" zu vermeiden und möglichst konkret die besonderen Umstände anzuführen, welche die Regierungsübernahme des Herzogs von Cumberland als unverträglich mit den Grundprinzipien des Bundesvertrages erscheinen ließen. Dabei sei die Hereinziehung des unverglichenen Kriegszustandes um deswillen nötig, weil die Beseitigung desselben nicht von einer einseitigen Handlung des Herzogs abhänge und der Reichskanzler gerade darauf einen entscheidenden Wert lege, daß die Motivierung des Antrags nicht der Auffassung Raum gebe, als ob es in der Hand des Herzogs stehe, durch eine Veränderung seiner Haltung schließlich doch zur Regierung in Braunschweig zu gelangen.

Graf Fabrice erklärte sodann dem Grafen Lerchenfeld, daß, wenn morgen in Kissingen zwischen dem Herrn Reichskanzler und den bayerischen Ministern eine Verständigung in diesem Sinne erzielt werden würde, die sächsische Regierung gerne zustimmen werde, da es ihr in der Hauptsache ebenfalls darum zu tun sei, dem

Ausspruch des Bundesrats soweit möglich den Charakter eines Präzedenzfalles zu nehmen und sie, wie er dies auch Herrn von Bötticher gesagt habe, besonderen Wert darauf lege, daß der Ausspruch des Bundesrats mit überwiegender Majorität erfolge. *[...]*

GLA 233/12937 fol. 176 f. Ausf., dem Großherzog vorgelegt 18. 6. 85.

672. Marschall an Turban.

Berlin, 20. Juni 1885.

Vertraulich! Von Freiherrn von Crailsheim, welcher, wie Ew. Exz. bekannt ist, am vergangenen Donnerstag mit Herrn von Lutz den Herrn Reichskanzler in Kissingen besuchte, ist dem Grafen Lerchenfeld über das Resultat der von beiden Ministern mit dem Herrn Reichskanzler bezüglich der rubrizierten Frage gepflogenen Unterredung folgende briefliche Mitteilung zugekommen: Der Herr Reichskanzler habe es vermieden, die Frage selbst anzuregen, so daß die beiden Minister veranlaßt gewesen seien, dieselbe ihrerseits zur Sprache zu bringen und eine nähere Auskunft über die Stellung der Preußischen Regierung zu dem bayerischen und dem neuerdings entworfenen sächsischen Antrag[1] zu erbitten. Der Herr Reichskanzler habe darauf erklärt, daß sowohl der bayerische Antrag — seine neueste Fassung beehre ich mich in der Anlage zu überreichen — wie auch der neue sächsische für ihn annehmbar sein und er denjenigen vorziehen werde, der die Aussicht habe, die meisten Stimmen im Bundesrate auf sich zu vereinigen; er vermöge der Entscheidung des Herrn Staatsministers von Bötticher nicht vorzugreifen und werde sich daher darauf beschränken, in jenem Sinne an diesen zu schreiben und ihm das Weitere zu überlassen. Nach Tische habe sodann der Herr Reichskanzler den Herrn Ministern den diesbezüglichen Passus aus einem an Herrn von Bötticher gerichteten Briefe vorgelesen, der mit den obigen Äußerungen übereinstimme. Graf Lerchenfeld, dem ich diese Mitteilungen verdanke, fügte bei, daß der sächsische Antrag, wie er dem Reichskanzler vorliege, sich von demjenigen, welchen Graf Fabrice dem Herrn von Bötticher unterbreitet hatte, dadurch unterscheide, daß anstelle der Worte „und daher" das Wort „ s o w i e " getreten sei, — eine Änderung, die Graf Fabrice auf eine Einwendung des Herrn von Bötticher konzediert habe.

Freiherr von Crailsheim schrieb dem Grafen Lerchenfeld weiter, daß, nachdem durch die Substituierung von „sowie" statt „und daher" der „innere Frieden und die Sicherheit des Reiches" im Gegensatz zu der Anschauung der Bayerischen Regierung wieder als selbständiges Motiv in den sächsischen Antrag aufgenommen sei, der letztere eigentlich ganz dasselbe besage wie der preußische und es nunmehr mit Rücksicht auf die Äußerung des Reichskanzlers darauf ankommen werde, sich zu vergewissern, ob die größeren Staaten geneigt sein würden, dem bayerischen Antrage zuzustimmen, um darnach zu erwägen, ob derselbe überhaupt im Ausschusse angebracht werden solle oder nicht; zugleich wird Graf Lerchenfeld ermächtigt, dem Herrn von Bötticher Kenntnis von der Protokollerklärung zu geben, welche Bayern sich f ü r d e n F a l l der Nichteinbringung beziehungsweise der Ablehnung seines Antrags vorbehält. Der wesentliche Inhalt derselben ist — salva redactione — folgender:

Die Kgl. Bayerische Regierung geht von der Ansicht aus, daß die Regierungs-folge in den einzelnen Bundesstaaten sich nach den landesgesetzlichen Bestimmun-gen richte und daher auch die Regierungsfolge im Herzogtum Braunschweig nicht der Prüfung des Bundesrats, sondern derjenigen der kompetenten Landesorgane unterliege; sie glaubt ferner, daß Art. 76 der Reichsverfassung nicht anwendbar ist, da eine Streitigkeit zwischen zwei Bundesstaaten nicht vorliegt; dagegen ver-kennt die Bayerische Regierung nicht, daß ein für Preußen unannehmbarer und der Reichsverfassung widersprechender Zustand geschaffen würde, wenn eine fürstliche Persönlichkeit die Regierung in Braunschweig übernehme, welche sich im unverglichenen Kriegszustand mit Preußen befindet und Ansprüche auf ein dem-selben gehöriges, durch die Reichsverfassung garantiertes Gebiet erhebt, und stimmt unter diesen ausnahmsweisen Verhältnissen und unter Wahrung ihres Rechts-standpunktes dem preußischen Antrag zu.

Graf Lerchenfeld fürchtet, wie er mir sagte, daß, nachdem die Sächsische Regierung wegen der von ihr beanstandeten Worte „unverglichener Kriegszustand" den baye-rischen Antrag nicht adoptiert, sondern Graf Fabrice selbständig eine Fassung ver-einbart habe, die mit der preußischen eigentlich identisch sei, Herr von Bötticher, dem der Reichskanzler freie Hand gelassen, seinen Einfluß f ü r den sächsischen und g e g e n den bayerischen Antrag geltend machen werde; er hoffe, allein noch durch den Hinweis auf die beabsichtigte Protokollerklärung einen Eindruck zu machen, zu welcher Bayern, vorbehaltlich einer oder der anderen redaktionel-len Änderung, entschlossen sei, wenn sein Antrag nicht durchdringe. —

Ich kann nur den Ausdruck meines Bedauerns darüber wiederholen, daß die Sächsische Regierung, statt gleich eine Verständigung mit der Bayerischen zu su-chen, sich von Anfang an so weit avancierte, wie es in ihrem ersten Antrage ge-schehen ist und nunmehr unter dem Eindruck der üblen Aufnahme, welche jener bei dem Herrn Reichskanzler gefunden hat, den bayerischen Antrag unterboten und eine Fassung konzediert hat, die zwar den Hinweis auf Art. 76 der Reichs-verfassung vermeidet, aber im übrigen durch die Allgemeinheit der gebrauchten Ausdrücke die bayerischen Bedenken wegen der möglichen Konsequenzen des Aus-spruchs unvermindert bestehen läßt.

Für die Großherzogliche Regierung liegt in diesem Augenblicke nach meinem unmaßgeblichen Erachten ein Anlaß nicht vor, die Reserve aufzugeben, die sie bisher eingehalten hat; es dürfte abzuwarten sein, ob es dem Grafen Lerchenfeld gelingt, mit dem Hinweis auf die beabsichtigte Protokollerklärung eine Wirkung zu Gunsten des bayerischen Antrags zu erzielen.

Die neueste württembergische Instruktion ist ebenso allgemein gehalten wie die erste, so daß Bayern auf eine Unterstützung von dieser Seite kaum zu rechnen haben dürfte; Herr von Mittnacht will zwar dem bayerischen Antrage zustimmen, bemängelt aber die Redaktion des Passus über den „unverglichenen Kriegszustand" und erklärt ausdrücklich, daß die Regierung gegen die Begründung des preußi-schen Antrages mit dem „innern Frieden und der Sicherheit des Reiches" kein Bedenken habe; die württembergische Auffassung steht also dem neuesten sächsi-schen Antrage sehr nahe. [...]

Antrag Bayerns: Die verbündeten Regierungen sprechen ihre Überzeugung dahin aus: daß eine Regierungsübernahme des Herzogs von Cumberland in Braunschweig, da derselbe sich in unverglichenem Kriegszustande mit dem Bundesstaate Preußen befindet und mit Rücksicht auf die von ihm geltend gemachten Ansprüche auf

Gebietsteile dieses Bundesstaates mit den Grundprinzipien des Bundesvertrages, welche den Frieden unter den Bundesgliedern und den territorialen Besitzstand der Einzelstaaten gewährleisten, nicht verträglich sein würde.

GLA 233/12937 fol. 182-86 Ausf., dem Großherzog vorgelegt 21. 6., zurück 22. 6. 85.

[1] Vgl. Nr. 671.

673. Aus Gelzers Tagebuch.

Baden, 21. Juni 1885.

Vom 17.—21. Juni hatte ich fast täglich zweimal ausführliche Besprechungen mit dem Großherzog.

1. Bericht vom Besuch des großherzoglichen Paares in Königstein bei der Braut des Erbgroßherzogs Prinzessin Hilda. Bericht vom Prozeß Stöcker-Becker[1], wobei Becker zu drei Wochen verurteilt worden ist. Großherzog hatte auf Rückweg von Sigmaringen mit dem Kronprinzen von Preußen eine längere Unterredung; suchte ihn ernst zu wecken; Kronprinz glaubt noch an kein nahes Ende. Großherzog war voll Sorge über die verhängnisvolle Sicherheit der öffentlichen Meinung in Deutschland in blindem Vertrauen auf den einen Mann Bismarck! *[...]*

I. Über die Möglichkeit (?), daß Kronprinz weder mit noch ohne Bismarck regiert — wenn (?) er durch Bismarck zur Entsagung veranlaßt würde. — Prinz Wilhelm wird vom Kaiser ausdrücklich gelobt als eine Hoffnung der Zukunft. In der Armee wird er fetiert, ebenso von Bismarck, für den Prinz Wilhelm schwärmt. — Kronprinz spricht oft von Abdanken; Bismarck kann keinen Widerspruch mehr ertragen (Minister Bötticher Zeuge). *[...]*

III. Kaiser für Bismarck gegenüber Kronprinzessin und Kronprinz!

IV. Sorge des Kaisers wegen der Zukunft der Armee. *[...]*

VI. Großherzog über eine Unterredung mit Bismarck im Frühjahr 1885![2] Klage über Mangel an Hülfe in der europäischen Politik; Schwäche seiner Gesandten.

Die letzten Besprechungen galten der Erörterung des Statthalters in Elsaß-Lothringen nach dem Tode Manteuffels[3].

Frankfurt, Besitz Matth. Gelzer.

[1] Wegen eines Artikels in der Berliner „Freien Zeitung" vom 18. Okt. 1884 mit der Überschrift „Hofprediger, Reichstagskandidat und Lügner", der auch als Flugblatt im Reichstagswahlkampf verbreitet wurde, fand am 9.—16. Juni 1885 vor dem Landgericht I in Berlin ein Verfahren gegen Heinrich Baecker statt, der nicht der Verfasser des Artikels, zu jener Zeit aber „Sitzredakteur" des Blattes war. Baecker wurde zu einer Gefängnisstrafe verurteilt (vgl. W. *Frank*, Hofprediger Adolf Stoecker u. die christlich-soziale Bewegung, 1928, S. 167 f.).
[2] Vgl. Nr. 642.
[3] Edwin Frhr. v. Manteuffel gest. 17. Juni 1885.

674. Marschall an Turban.

Berlin, 25. Juni 1885.

Unter dem Vorsitz des Staatssekretärs von Schelling[1] und in Anwesenheit Böttichers fand gestern die Sitzung des Justizausschusses des Bundesrats statt.

Der Referent Dr. Neidhardt führte aus: Er sei der Meinung, daß das materielle Ziel des preußischen Antrags zu billigen, dagegen die Kompetenz des Bundesrates nicht aus Art. 76 der Reichsverfassung herzuleiten sei. Nach seinem Wortlaute habe dieser Artikel nur vorhandene Streitigkeiten im Auge, eine Ausdehnung desselben auf zukünftig mögliche Streitigkeiten sei juristisch nicht statthaft und politisch bedenklich. In der ganzen Entstehungsgeschichte des Artikels finde sich kein Anhaltspunkt dafür, daß der Gesetzgeber jene Ausdehnung im Auge gehabt habe, und sei hiernach schon gemäß der allgemeinen Interpretationsregeln eine Auslegung unmöglich, die dem Wortlaute widerspreche. Politisch bedenklich sei jene Ausdehnung, weil sie dahin führen könne, daß wegen jeder für wahrscheinlich gehaltenen Streitigkeit der Bundesrat angerufen werde; die allgemeine Zulassung eines derartigen Verfahrens müsse das Gefühl der Sicherheit und das einmütige Zusammenwirken der Bundesstaaten, wie es dem Verfassungszwecke entspreche, erheblich beeinträchtigen. Übrigens bedürfe es jenes Artikels nicht, um die Kompetenz des Bundesrats zu begründen. Sie ergebe sich schon aus dem Wesen und den Zielen des Reiches, wie sie im Eingange der Reichsverfassung dargelegt würden. Die Erfüllung der hier bezeichneten Aufgaben sei nur möglich bei Gewährleistung des innern Friedens. Insofern der letztere hier in Frage stehe, handle es sich um eine Existenzbedingung des Reiches; auch ohne ausdrückliche Bestimmung sei der Bund berechtigt und verpflichtet, alles zu beseitigen, was den innern Frieden und die Sicherheit zu stören drohe. In ähnlicher Weise habe der deutsche Bundestag im Jahre 1830 seine Kompetenz begründet, als es sich um den Ausschluß des Herzogs Carl von Braunschweig von der Regierung gehandelt habe; wenn der Bundestag vor einer derartigen Entscheidung nicht zurückgeschreckt sei, so werde das Reich mit seinem ungleich stärkeren Gefüge keinen Anstand nehmen dürfen, in ähnlicher Weise zu verfahren.

Was nun die weitere Frage betreffe, ob tatsächliche Verhältnisse vorliegen, welche für den Fall der Regierungsübernahme in Braunschweig durch den Herzog von Cumberland eine Störung des innern Friedens als wahrscheinlich erscheinen lassen, so stehe fest, daß der Herzog den durch Art. 1 der R. V. garantierten Besitzstand Preußens nicht anerkannt und seinen Ansprüchen auf Hannover nicht entsagt habe. Er erkläre zwar, „nach Maßgabe der Reichsverfassung" regieren zu wollen, und habe die ihm geneigte Presse den Versuch unternommen, daraus eine Anerkennung des preußischen Besitzstandes zu deduzieren. Diese Argumentation sei insofern unrichtig, als die Anerkennung in jenen Worten zwar liegen k ö n n e , nicht aber notwendig liegen m ü s s e , und Kundgebungen wie die Proteste von 1866 und 1878 nicht im Wege der Schlußfolgerung durch derartige Implizite-Äußerungen, sondern nur durch bündige Erklärungen beseitigt werden könnten. Bemerkenswert sei auch, daß jene Zusage zwar als eine Anerkennung des preußischen Besitzstandes, niemals aber als ein Verzicht auf Hannover interpretiert werde. Die unverminderte Fortdauer der welfischen Agitation zeige, daß die Welfenpartei selbst in jener Zusage einen Verzicht auf Hannover nicht erblicke. Wer den Besitzstand eines deutschen Bundesstaates bestreite, könne schon darum nicht deutscher Bundesfürst werden. Was die in dem preußischen Antrag erwähnten Beziehungen des Herzogs zur Welfenpartei beträfe, so seien auch diese Verhältnisse geeignet, den preußischen Antrag zu rechtfertigen; da es sich aber hier mehr um Vermutungen und Wahrscheinlichkeiten handle, so dürfe darauf in der Motivierung kein allzu großes

Gewicht gelegt werden, denn in dieser Beziehung biete die Begründung die breiteste Angriffsfläche.

Der Referent führte sodann weiter aus, daß er einen Kriegszustand zwischen dem Herzog von Cumberland und Preußen nicht als vorliegend ansehe, da das Kriegsrecht ein staatliches Hoheitsrecht sei und ein Privatmann sich niemals mit einem Staate im Kriegszustande befinden könne; da zudem der Herzog von Cumberland niemals kriegerische Handlungen gegen Preußen vorgenommen habe, so würde die Annahme eines Kriegszustandes mit den tatsächlichen Verhältnissen im Widerspruche stehen. Welches Organ des Reiches zur Beschlußfassung in derartigen Fällen berufen sei, könne nicht zweifelhaft sein; nach der Natur und dem Wesen des Bundes stehe die Entscheidung dem Bundesrate zu — nicht dem Reichstage, da es sich nicht um eine Frage der Gesetzgebung handle.

Was den Tenor des preußischen Antrags betreffe, so gebe er in den Worten „die Überzeugung dahin auszusprechen" nur ein Motiv, enthalte aber keine eigentliche Beschlußfassung. Da der Bundesrat ein wesentlich beschließendes Organ sei und Resolutionen nicht zu fassen habe, so werde es korrekter sein, wenn der Bundesrat geradezu b e s c h l i e ß e , daß der Herzog von Cumberland nicht zuzulassen sei.

Die Frage des Thronfolgerechts werde durch eine derartige Entscheidung des Bundesrats nicht berührt; weder werde der Herzog von Cumberland für alle Zeiten ausgeschlossen, noch soll ihm für die Zukunft eine Aussicht eröffnet werden. Der Bundesrat sage nichts weiter, als daß rebus sic stantibus ohne Rücksicht auf spätere Eventualitäten die Regierungsübernahme unmöglich sei. Damit schwänden auch die Bedenken, die vom Standpunkte der Legitimität aus gegen den preußischen Antrag geltend gemacht worden seien.

Der Referent schließt mit dem Antrage: Der Bundesrat wolle in Erwägung, daß der Herzog von Cumberland — folgt eine kurze tatsächliche Motivierung, die ich bei einmaligem Vorlesen nicht wörtlich zu Papier bringen konnte — b e s c h l i e ß e n , daß der Herzog von Cumberland zur Regierungsübernahme in Braunschweig nicht zuzulassen sei.

Der Vorsitzende, Staatssekretär von Schelling, erklärte hierauf: In dem Antrage Preußens sei der Art. 76 aus dem Grunde herangezogen worden, um darzutun, daß es sich hier um eine i n t e r f o e d e r a l e Angelegenheit handle, d. h. nicht um einen Akt der Gesetzgebung, sondern um ein Gesamturteil der verbündeten Regierungen. Wenn der Herr Referent die Kompetenz des Bundes aus den Lebensbedingungen des Reichs herleite, so habe Preußen keinen Anlaß, dem zu widersprechen und vermöge es von der Geltendmachung des Art. 76 um so eher abzusehen, als schon in den Motiven zu dem Antrag nicht auf den Wortlaut, sondern auf den Geist dieser Bestimmung Bezug genommen sei.

Lerchenfeld führte aus: Die Kgl. bayerische Regierung stehe prinzipiell auf dem Standpunkt Preußens und erachte gleichfalls die Regierungsübernahme des Herzogs von Cumberland im Herzogtum Braunschweig als unmöglich, dagegen habe Bayern allerdings gewisse Bedenken sowohl gegen die Fassung des Antrags als auch gegen einzelne Teile der Motive. Das eine derselben, welches sich auf den Art. 76 der Reichsverfassung gründe, könne nach den Erklärungen des Herrn Staatssekretärs wohl für erledigt erachtet werden, dagegen bleibe bestehen dasjenige, welches sich gegen den Ausdruck „innerer Frieden und Sicherheit des Reichs" richte. Als selbständiges Motiv für die Unmöglichkeit der Regierungsübernahme des Herzogs von Cumberland in Braunschweig seien diese Worte in ihrer Allgemeinheit und Dehnbarkeit konsequentiös, und sei zu befürchten, daß ein derartiger Ausspruch des Bundesrats in späterer Zeit der Ausgangspunkt sein werde für Einmischungen des Bundes in innere Landesangelegenheiten. Diese Besorgnis habe der bayerischen Regierung den Gedanken nahe gelegt, den vorliegenden Fall zu individualisieren und aus ihm alles herauszulösen, was ihn zu einem Präzedenz für spätere, anders gelagerte Fälle gestalten könne; diesem Gedanken werde man gerecht, wenn man aus den Motiven das wesentliche und charakteristische in den Ausspruch des Bundesrates herübernehme.

Nach Verlesung des bayerischen Antrags bemerkte der Herr Bevollmächtigte, daß derselbe sich in seinem Grundgedanken durchaus mit der preußischen Auffassung decke, und der Ausdruck „unverglichener Kriegszustand" deshalb gewählt worden sei, weil er dem Verhältnis zwischen Preußen und dem Herzog von Cumberland am besten entspreche; der König Georg von Hannover habe bis zu seinem Tode sich als im Kriege mit Preußen befindlich angesehen, der Herzog von Cumberland inhaltlich seines Schreibens vom Jahre 1878 die Auffassung seines Vaters in allen Stücken adoptiert, so daß man in der Tat von einem unverglichenen Kriegszustande sprechen könne, auch wenn juristisch dieser Ausdruck vielleicht nicht ganz zutreffend erscheine. Für den bayerischen Antrag spreche weiter, daß, wenn der Bundesrat in einer so wichtigen Frage einen Ausspruch tue, auch jedermann das Recht habe, die Motive, welche ihm zu Grunde liegen, zu kennen. Die bayerische Regierung vermöge pure dem preußischen Antrage nicht zuzustimmen, sie werde, wenn kein ihr genehmer Antrag zur Annahme gelange, gezwungen sein, ihre eigene Motivierung zu Protokoll zu geben. Wenn, wie dies vorauszusehen sei, noch andere Regierungen denselben Weg beschritten, so werde der Ausspruch des Bundesrats wesentlich an Wirkung verlieren, und hege darum die bayerische Regierung den dringenden Wunsch, daß ein Einverständnis über eine Fassung erzielt werde, welche möglichst viele Stimmen auf sich vereinige.

Der sächsische Bevollmächtigte Geh. Rat Held[2] *begründete den sächsischen Antrag:* Auch die Kgl. sächsische Regierung sei mit den Zielen des preußischen Antrags einverstanden, indem sie gleichfalls die Überzeugung hege, daß die Regierungsübernahme des Herzogs von Cumberland in Braunschweig mit dem innern Frieden und der Sicherheit des Reiches nicht verträglich sei. Wenn der Antrag des Herrn Referenten weiter gehe als der preußische, so lasse sich juristisch zwar eine Entscheidungsbefugnis des Bundesrats aus den allgemeinen Zielen und Zwecken des Reiches konstruieren, dagegen sei es sehr zweifelhaft, ob es vom Standpunkte der politischen Opportunität aus angezeigt erscheine, nach dieser Richtung hin den preußischen Antrag zu modifizieren. Wenn Preußen es für genügend erachte, durch den Ausspruch der Überzeugung des Bundesrats der braunschweigischen Regierung und Landesversammlung gleichsam eine Direktive zu geben, so liege für den Bundesrat kein Anlaß vor, von dieser Form abzugehen. Mit der Absicht der Kgl. bayerischen Regierung, den Fall zu individualisieren, sei Sachsen durchaus einverstanden und würde es dem bayerischen Antrage zustimmen können, wenn es nicht Anstoß nähme an einer Stelle, nämlich „dem unverglichenen Kriegszustand". In der Motivierung des preußischen Antrags trage das Wort „Kriegszustand" mehr den Charakter einer illustrierten Phrase; nehme man dagegen diesen anfechtbaren Ausdruck in eine so knappe Motivierung auf, so biete man damit einen Angriffspunkt dar. Die sächsische Regierung stimme auch darin mit der bayerischen überein, daß das Verhältnis zwischen Preußen und dem Herzog von Cumberland nicht durch eine einseitige Erklärung des letzteren beseitigt werden könne, sondern nur durch eine alle Streitpunkte umfassende Vereinbarung zwischen beiden, sie sei jedoch der Ansicht, daß den Intentionen der bayerischen Regierung sowohl nach dieser Richtung wie nach der Seite der Individualisierung hin auch durch die Annahme des sächsischen Antrags vollauf Genüge geleistet werden würde. Preußen stelle in seinem Antrag die politische Rücksicht auf die Spitze und lasse die staatsrechtliche Seite derselben ganz außer Acht. Darin liege zweifellos eine gewisse Gefahr, und habe darum die sächsische Regierung geglaubt, in ihrem Antrage zum Ausdruck bringen zu müssen, daß die Unvereinbarkeit der Regierungsübernahme des Herzogs von Cumberland nicht lediglich vom politischen Standpunkte des inneren Friedens und der Sicherheit des Reiches, sondern auch vom staatsrechtlichen der Grundprinzipien des Bundesvertrags und der Bundesverfassung motiviert werden müsse.

Der württembergische Bevollmächtigte Direktor von Schmid entwickelte: Die württembergische Regierung sei bundesfreundlich bereit, an der Beschlußfassung in der Hauptrichtung des preußischen Antrags teilzunehmen, wenn sie auch nicht mit allen Teilen seiner Motivierung, so insbesondere nicht mit der Bezugnahme auf Art. 76 der Reichsverfassung einverstanden sei. Was den bayerischen und den sächsischen Antrag betreffe, so befinde er sich noch ohne Instruktion seiner Regierung. Als eine persönliche Ansicht spreche er jedoch aus, daß der erstere dem Gedanken der Individualisierung in höherem Maße gerecht werde als der letztere.

Die Bedenken gegen den Ausdruck „unverglichenen Kriegszustand" vermöge er nicht zu teilen, da jener Ausdruck bei dem Verhältnisse zwischen dem hannöverschen Königshause und Preußen, wie es sich nach dem Jahre 1866 gestaltet habe, durchaus zutreffe, und auch darin scheine ihm der bayerische Antrag den Vorzug vor dem sächsischen zu verdienen, daß er konkreter gefaßt sei, während der letztere sich in ganz allgemeinen Redewendungen bewege. Wenn der Ausdruck des Herrn Referenten, daß der Ausspruch des Bundesrats rebus sic stantibus erfolge, etwa auf der Auffassung beruhe, daß der Herzog von Cumberland durch einen einseitigen Verzicht auf seine Ansprüche die seiner Regierung entgegenstehenden Hindernisse beseitigen könne, so würde dies der Anschauung der württembergischen Regierung nicht entsprechen, und erscheine in dieser Beziehung mindestens eine Aufklärung seitens des Herrn Referenten wünschenswert.

Sodann führte ich etwa Folgendes aus: Die Großherzogliche Regierung sei mit dem Zwecke und dem Ziele des preußischen Antrags einverstanden, sie erachte mit Preußen die Regierungsübernahme des Herzogs von Cumberland in Braunschweig für unverträglich mit der Reichsverfassung, und sei ich beauftragt, dem preußischen Antrage zuzustimmen. Dabei werde davon ausgegangen, daß die Erbberechtigung des Herzogs von Cumberland bzw. seines Hauses in Braunschweig von dem preußischen Antrage überhaupt nicht berührt werde und der letztere sich lediglich mit der Person des Herzogs beschäftige. Es erscheine unvereinbar mit den Grundprinzipien des Bundesvertrags und der Reichsverfassung, daß die Regierung eines Bundesstaats von einer fürstlichen Person übernommen werde, welche Ansprüche auf Gebietsteile eines anderen Bundesstaates erhebe. Was den bayerischen und den sächsischen Antrag beträfe, so sei ich wie mein württembergischer Kollege noch ohne Instruktion und daher nur in der Lage, meine persönliche Ansicht für heute auszusprechen. Der Gedanke, durch eine nähere Motivierung den Fall zu individua-

351

lisieren, erscheine an sich ebenso berechtigt wie der Wunsch, den Ausspruch des Bundesrats nicht lediglich auf politische Rücksichten, sondern auch auf staatsrechtliche Erwägungen zu stellen. Den ersteren Gedanken suche der bayerische Antrag dadurch zu realisieren, daß er eine tatsächliche Circumstanzierung des Falles gebe und gleichzeitig die Grundprinzipien der Verfassung näher bezeichne, mit welchen die Regierung des Herzogs von Cumberland als unvereinbar erscheine. Der Ausdruck „unverglichener Kriegszustand" sei zweifellos anfechtbar, dagegen erscheine es mir vollkommen natürlich, daß, wenn man einmal den Fall durch die Motivierung individualisieren wolle, man auf das eigenartige Verhältnis Bezug nehme, welches sich zwischen Preußen und dem Herzoge von Cumberland auf Grund der staatsrechtlichen Verhältnisse Deutschlands vor Gründung des deutschen Reiches entwickelt habe und nach menschlicher Wahrscheinlichkeit in ähnlicher Weise nicht wiederkehren werde. Ob dieses Verhältnis besser durch einen anderen Ausdruck als „unverglichener Kriegszustand" zu bezeichnen sei, bleibe dahingestellt. Der bayerische und der sächsische Antrag unterschieden sich ferner dadurch von einander, daß der erstere die Grundprinzipien der Bundesverfassung, mit welchen die Regierung des Herzogs von Cumberland unvereinbar erscheine, nämlich den Frieden unter den Bundesstaaten und die gegenseitige Garantie des Besitzstandes, näher bezeichne, während der letztere nur allgemein die Grundprinzipien des Bundesvertrages und der Reichsverfassung anführe und damit der Interpretation weitesten Spielraum gewähre; daß hierdurch das staatsrechtliche Moment einigermaßen abgeschwächt werde und auch der Gedanke der Individualisierung Not leide, sei klar. Mit Bezug auf die telegraphisch erhaltene Weisung[3] regte ich sodann den Gedanken an, ob nicht, da es sich doch nur um die Fassung handle, eine Vereinbarung etwa in der Weise hergestellt werden könnte, daß in dem bayerischen Antrag die tatsächliche Begründung von den Worten „da derselbe" bis „Bundesstaates" gestrichen würde, indem ich darlegte, daß dann noch immer die Fassung eine präzisere und konkretere sein werde als diejenige des sächsischen Antrages. Schließlich bemerkte ich, daß ich für den Antrag des Referenten, der über den preußischen Antrag hinaus eine E n t s c h e i d u n g des Bundesrats herbeiführen wolle, die Zustimmung meiner Regierung nicht in Aussicht stellen könne.

Lerchenfeld erklärte darauf, meinen Vorschlag ad referendum nehmen zu wollen, und polemisierte des weiteren gegen den sächsischen Antrag, der sich lediglich in allgemeinen Redewendungen bewege und daher für Bayern nicht annehmbar sei.

Staatsminister von Bötticher erklärte sodann, der preußischen Regierung würde es natürlich am liebsten gewesen sein, wenn ihr Antrag pure Annahme gefunden hätte, sie habe aber sich überzeugen müssen, daß bei einzelnen Bundesstaaten lebhafte Bedenken gegen seine Fassung bestehen, welche nicht unbeachtet bleiben könnten. Die Kgl. preußische Regierung wünsche, daß das Ziel ihres Antrags, den Herzog von Cumberland von der Regierung in Braunschweig auszuschließen, durch ein möglichst einmütiges Conclusum des Bundesrats erreicht werde; sie sei daher geneigt, auf Art. 76 zu verzichten, und werde sowohl den bayerischen wie den sächsischen Antrag akzeptieren, indem sie sich vorbehalte, schließlich demjenigen zuzustimmen, welcher die meisten Stimmen auf sich vereinige.

Nach seiner persönlichen Auffassung sei dem Gedanken der Individualisierung in dem bayerischen Antrage nicht mehr Rechnung getragen als in dem sächsischen. Die Motive des preußischen Antrags seien ausschließlich auf den Herzog von Cumberland zugeschnitten, so daß die Befürchtung etwaiger Konsequenzen nicht begründet erscheine. Mit Recht sei heute hervorgehoben worden, daß der preußische Antrag die Thronfolgefrage überhaupt nicht berühre. Es handle sich lediglich um die P e r s o n des Herzogs von Cumberland, der aus politischen Gründen für d a u e r n d unfähig erachtet werde, die Regierung in Braunschweig zu führen. Gegen meinen Vorschlag sei einzuwenden, daß, wenn man die Worte „unverglichener Kriegszustand" aus dem bayerischen Antrage beseitige, wiederum der Auffassung Raum gegeben würde, als ob der Herzog von Cumberland für sich in der Lage sei, die seiner Regierung entgegenstehenden Hindernisse einseitig und ohne Mitwirkung Preußens zu beseitigen.

Mit dem Vorschlage des Herrn Referenten, eine förmliche Entscheidung des Bundesrats herbeizuführen, erklärt sich der Herr Minister nicht einverstanden und bittet, an den Eingangsworten, wie sie Preußen vorgeschlagen hat, festhalten zu wollen.

Nach der Erklärung des lübeckischen Bevollmächtigten, er sei ohne Instruktion bezüglich des bayerischen und sächsischen Antrages, halte sich aber für ermächtigt, demjenigen zuzustimmen, der die größte Stimmenzahl auf sich vereinige, stellte der württembergische Bevollmächtigte den Antrag, die Abstimmung auf nächsten Montag zu vertagen. Der Antrag wurde nach einigen Schlußworten des Herrn Referenten angenommen.

In der anschließenden vertraulichen Besprechung bei Anwesenheit Böttichers machte sich die Überzeugung geltend, daß, wenn man sich nicht vorher über eine Fassung vereinbare, die nächste Ausschußsitzung ebenso wenig ein erwünschtes Resultat haben werde als die heutige. *Auf Anregung Böttichers wurde folgender Entwurf aufgestellt:*

„Der Bundesrat wolle die Überzeugung der verbündeten Regierungen dahin aussprechen, daß eine Regierungsübernahme des Herzogs von Cumberland in Braunschweig, da derselbe sich in einem mit den Grundprinzipien des Bundesvertrags und der Reichsverfassung widerstreitenden Verhältnisse zu dem Bundesstaate Preußen befindet, mit dem innern Frieden und der Sicherheit des Reiches unverträglich sei."

Sämtliche Bevollmächtigte erklärten sich — vorbehaltlich der Stellung ihrer Regierungen — mit dieser Fassung einverstanden.

Der Sitzung des Ausschusses wohnte auch der braunschweigische Bevollmächtigte Graf Görz bei, ohne sich an der Diskussion zu beteiligen. Aus diesem Grunde würde Baden an einer etwaigen Abstimmung in der gestrigen Sitzung, auch wenn Graf Görz, wie er es vorhatte, sich derselben enthalten hätte, nicht teilgenommen haben.

Es fragt sich, ob Bismarck der neuen Fassung zustimmen wird. Ganz unzweifelhaft ist mir dies nicht, da dieselbe zwar in geschickter Weise die bestehenden Gegensätze ausgleicht, aber in redaktioneller Beziehung mancherlei zu wünschen übrig läßt[4]. *[...]*

GLA 233/12937 fol. 191-204 Ausf.

[1] Ludwig Hermann v. Schelling (1824—1908), 1879—89 Staatssekretär im Reichsjustizamt, 1889—94 preuß. Justizminister.

[2] Hermann Gustav Held (1830—94), 1857 Staatsanwalt in Dresden, 1869 stellvertretender, 1879—94 Generalstaatsanwalt, sächs. Bundesratsbevollmächtigter.

[3] Turban an Marschall, 23. Juni abends 8 Uhr, chiffr. Tel.: „Bin mit Vertagungsantrag einverstanden, gebe indessen zu erwägen, ob nicht hingesehen auf den lediglich die Moti-

vierung betreffenden Dissens eine allseits annehmbare Ausgleichung darin gefunden werden könnte, daß aus dem Antrag Bayerns der Passus von den Worten, da derselbe sich etc. bis Gebietsteile dieses Bundesstaates weggelassen wird. Mit einer solchen Fassung könnten wir sofort einverstanden sein" (ebd. fol. 188 f. Konz.).

⁴ Marschall an Turban, Berlin 25. Juni 1885: Preußen ist bereit, der gestern vereinbarten neuen Fassung des preußischen Antrags zuzustimmen (ebd. fol. 205 Ausf.). — Großherzog Friedrich genehmigte (Schloß Baden 30. Juni 1885) die Fassung „mit dem Bemerken, daß, da inzwischen neue Anträge von Bayern gestellt sind, wohl auch noch neue Entschließungen darüber zu fassen sein werden. Ich halte dafür, daß demjenigen Beschluß zuzustimmen sein wird, der von Preußen als annehmbar erklärt wird" (ebd. fol. 216 f. eig. Marginalentscheidung).

675. Marschall an Turban.

Berlin, 26. Juni 1885.

Die Hoffnung, daß mit der vorgestern vereinbarten und von dem Herrn Reichskanzler genehmigten Fassung[1] die Schwierigkeiten überwunden seien, [. . .] scheint sich leider nicht zu verwirklichen. Graf von Lerchenfeld erhielt heute morgen ein Telegramm seiner Regierung, wonach diese mit dem neuesten Entwurf nicht einverstanden ist, da derselbe in der Hauptsache doch wieder auf „den innern Frieden und die Sicherheit des Reiches" gestellt sei und statt dessen, um die Bedenken wegen des „unausgeglichenen Kriegszustandes" zu beseitigen, folgende Fassung vorschlägt:

Die verbündeten Regierungen sprechen ihre Überzeugung dahin aus, daß eine Regierungsübernahme des Herzogs von Cumberland in Braunschweig, da derselbe sich in einem dem verfassungsmäßig gewährleisteten Frieden unter Bundesgliedern widerstreitenden Verhältnisse zu dem Bundesstaate Preußen befindet, und im Hinblicke auf die von ihm geltend gemachten Ansprüche auf Gebietsteile dieses Bundesstaates mit den Grundprinzipien des Bundesvertrages nicht verträglich sei.

Graf Lerchenfeld, der sich bei seiner Regierung lebhaft für Genehmigung des Kompromißantrags verwendet hat, ist natürlich wenig erfreut über diese Weiterung und führt, wie er mir vertraulich sagte, die Haltung seiner Regierung auf die entschiedene Stellungnahme S. M. des Königs zurück; er will heute nach München berichten, um seine Auffassung nochmals darzulegen, und hofft, daß die inzwischen eingegangene Zustimmung des Herrn Reichskanzlers zu der in dem Ausschuß vereinbarten Fassung vielleicht seine Regierung zu einem Verzicht auf weitere Antragsstellung veranlassen werde.

Herr von Bötticher hat dem Herrn Reichskanzler von dem neuesten bayerischen Antrage sofort Kenntnis gegeben.

Unter diesen Umständen bitte ich Ew. Exz., der Instruktion für die am Montag stattfindende Ausschußsitzung hochgefälligst die allgemeine Ermächtigung beifügen zu wollen, derjenigen Fassung zuzustimmen, welche Preußen genehm ist und zugleich die meisten Stimmen auf sich vereinigt.

GLA 233/12937 fol. 208 f. Ausf.

[1] Vgl. Nr. 674.

676. Marschall an Turban.

Berlin, 30. Juni 1885.

Vertraulich! Bereits am vorigen Samstag erhielt Bötticher aus Kissingen die telegraphische Anzeige, daß der Herr Reichskanzler auch mit dem neuesten bayerischen Antrage[1] einverstanden sei. Dagegen telegraphierte an demselben Tage der Stellvertreter des auf kurze Zeit von Dresden abwesenden Ministers Geh. Rat von Watzdorf[2] an den Grafen Hohenthal, daß es bei der früheren Instruktion verbleibe und Sachsen an dem Kompromißantrage vom 24. d. M. festhalte. Unmittelbar nach einer vertraulichen Besprechung, welche am Samstag Nachmittag unter den Bevollmächtigten der größeren Staaten bei Herrn Staatsminister von Bötticher stattgefunden hatte, begab sich Graf Hohenthal nach Dresden, und gelang es ihm, sowohl S. M. den König, welchem er persönlich über die Sachlage Bericht erstattete, wie den inzwischen zurückgekehrten Grafen Fabrice davon zu überzeugen, daß eine Verständigung über den Antrag zwischen Sachsen und Bayern durchaus notwendig sei und für ersteres kein Grund vorliege, den bayerischen Antrag zu bekämpfen. Infolgedessen hat Graf Hohenthal die Ermächtigung erhalten, dem letzteren zuzustimmen.

Am Sonntag wurde Bötticher zur Berichterstattung zum Kaiser nach Ems befohlen.

Nachdem durch die sofortige Erteilung der Zustimmung zu dem neuesten bayerischen Antrage der Herr Reichskanzler wiederholt zu erkennen gegeben hat, welch großen Wert er darauf legt, daß der Bundesrat keinen Antrag akzeptiere, welcher von Bayern bekämpft wird, dürfte die Hoffnung begründet sein, daß morgen auf der Grundlage des neuesten bayerischen Antrags eine Vereinbarung zustande kommt. Es scheint mir auch in der Tat hohe Zeit zu sein, daß die Angelegenheit zum Abschluß gelangt, denn politisch kann es nur von übeln Folgen sein, wenn sich zeigt, daß die größeren deutschen Staaten sich nicht einmal über eine F a s s u n g verständigen können, sobald Preußen nicht nach einer bestimmten Seite hin eine Pression ausübt.

GLA 233/12937 fol. 223 f. Ausf.

[1] Vgl. Nr. 675.

[2] Werner v. Watzdorf (1836—1904), seit 1863 im diplomatischen Dienst, 1866 Reg.Rat im Innenministerium, 1870 im Außenministerium, 1885 Geh.Rat, 1891 Wirkl. Geh.Rat, 1895—1902 Finanzminister (frdl. Mitteilung des StA Dresden).

677. Marschall an Turban.

Berlin, 1. Juli 1885.

Vertraulich! Die heutige Justizausschußsitzung *[...]* nahm einen ziemlich raschen Verlauf. Zu Beginn derselben teilte Graf Lerchenfeld mit, daß seine Regierung zu ihrem Bedauern nicht in der Lage sei, dem in der letzten Ausschußsitzung vereinbarten Kompromißantrag[1] zuzustimmen, da sie die Worte „innerer Friede und Sicherheit des Reichs" für zu allgemein und für konsequentiös erachte, daß er dagegen beauftragt sei, eine Fassung vorzuschlagen, die durch die Beseitigung der Worte „unverglichener Kriegszustand" den gegen diesen Ausdruck geltend gemachten Bedenken gerecht werde. Nach Verlesung des bezüglichen Antrags — vgl.

meinen Bericht vom 26. Juni d. J.[2] — bemerkte Herr von Bötticher, daß er persönlich zwar den Kompromißantrag vorziehe, daß jedoch Preußen, wenn sich eine große Mehrheit auf dem bayerischen Antrage vereinige, diesem zustimmen werde unter der Voraussetzung, daß statt „Regierungsübernahme" gesagt werde „Regierung" und statt „Bundesvertrags" „Bündnisverträge". — Sodann erklärte der kgl. sächsische Bevollmächtigte, daß seine Regierung zwar mit dem Kompromißantrage einverstanden sei, ihm jedoch, wenn Bayern sich entschieden ablehnend gegen denselben verhalte, die Ermächtigung erteilt habe, für den neuesten bayerischen Antrag zu stimmen. In ähnlicher Weise äußerten sich der kgl. württembergische, der großherzoglich hessische Bevollmächtigte und ich, der hessische Bevollmächtigte mit dem Bemerken, daß seine Regierung die Einfügung der Worte „und der Reichsverfassung" hinter „Bündnisverträge" wünsche. Nachdem der kgl. bayerische Bevollmächtigte die von Preußen und Hessen gewünschten Änderungen konzediert und nochmals betont hatte, daß Bayern den entschiedensten Wert auf die Annahme seines Antrags legen müsse, erklärte auch der lübeckische Bevollmächtigte sich mit dem bayerischen Antrage einverstanden, der sodann als mit den erwähnten Modifikationen einstimmig angenommen erklärt wurde[3]. Da der braunschweigische Bevollmächtigte in der Sitzung erklärt hatte, daß er an der Beratung des Ausschusses nicht teilnehme, war Baden an die Stelle Braunschweigs getreten.

Staatsminister von Bötticher, der schon während der Sitzung deutlich bekundet hatte, daß er mit dem Gange der Dinge nicht einverstanden war, äußerte nachher zu Graf Hohenthal und mir in ziemlich ärgerlichem Tone, daß, wenn an dem Kompromißantrage entschieden festgehalten worden wäre, die bayerische Regierung schließlich doch nachgegeben hätte. Ich bin in dieser Beziehung anderer Ansicht und glaube, daß der Herr Reichskanzler die Situation richtig beurteilte, als er Herrn von Bötticher instruierte, auch den neuesten bayerischen Antrag für annehmbar zu erklären: Aus verschiedenen Andeutungen, die mir Graf Lerchenfeld in den jüngsten Tagen machte, entnahm ich, daß Bayern in der Tat fest entschlossen war, wenn kein ihm genehmer Antrag zur Annahme gelangte, zwar dem preußischen Antrage zuzustimmen, aber eine Protokollerklärung des in meinem Berichte vom 20. Juni Nr. 428[4] angegebenen Inhalts seiner Abstimmung beizufügen. Es scheint mir, daß außer der persönlichen Auffassung S. M. des Königs für das bayerische Ministerium auch noch allgemeine aus der Volksstimmung hergeleitete politische Momente in die Waagschale fielen, und es begreift sich, daß der Herr Reichskanzler es vorzog, in der Fassung nachzugeben, als seinen Antrag der Gefahr auszusetzen, bei dem zweitgrößten Bundesstaate nur mit einer Rechtsverwahrung Annahme zu finden. — [...]

GLA 233/12937 fol. 226 ff. Ausf., dem Großherzog vorgelegt 3. 7. 1885.

[1] Nr. 674. [2] Nr. 675.

[3] Antrag des Ausschusses für Justizwesen des Bundesrates: Berlin, 1. Juli 1885 „Der Ausschuß für Justizwesen beantragt einstimmig, der Bundesrat wolle: 1. Die Überzeugung der verbündeten Regierungen dahin aussprechen, daß die Regierung des Herzogs von Cumberland in Braunschweig, da dieselbe sich in einem dem reichsverfassungsmäßig gewährleisteten Frieden unter Bundesgliedern widerstreitenden Verhältnisse zu dem Bundesstaate Preußen befindet und im Hinblick auf die von ihm geltend gemachten Ansprüche auf Gebietsteile dieses Bundesstaates mit den Grundprinzipien der Bündnisverträge und der Reichsverfassung nicht vereinbar sei; 2. beschließen, daß die Braunschweigische Landesregierung hiervon verständigt werde" (Drucksachen des Bundesrates Nr. 110).

[4] Nr. 672.

678. Marschall an Turban.

Berlin, 2. Juli 1885.

Der gestern beschlossene Antrag des Justizausschusses[1] ist in der heutigen Sitzung des Bundesrates angenommen worden.

Der Bevollmächtigte von Mecklenburg-Strelitz erklärte, beauftragt zu sein, gegen den Antrag zu stimmen und diese Abstimmung durch eine Protokollerklärung zu motivieren; dieselbe geht im wesentlichen dahin: Die Annahme des vorliegenden Antrags sei nicht möglich ohne einen mit der Verfassung des Deutschen Reiches und dem deutschen Fürstenrechte unvereinbaren Eingriff in die in einem Bundesstaate bestehenden Thronfolgerechte, und vermöge daher die Großherzogliche Regierung ihre Zustimmung zu dem Antrage nicht zu geben. Dabei könne sie nicht umhin auszusprechen, daß, nachdem der Herzog von Cumberland in seinem Regierungspatente die Zusicherung erteilt habe, die Regierung nach Maßgabe der Reichsverfassung zu führen, der Bundesrat keine Veranlassung habe, der tatsächlichen Ausübung der Regierungsgewalt durch denselben entgegenzutreten; erst wenn unerwarteterweise später eine Streitigkeit zwischen Preußen und Braunschweig entstehe, werde es Sache des Bundesrats sein, nach Maßgabe des Art. 76 der Reichsverfassung vorzugehen.

Der Bevollmächtigte für R e u ß   ä l t e r e   L i n i e erklärte, daß seine Regierung ebenfalls gegen den Antrag stimme, und zwar im wesentlichen aus denselben Gründen wie Strelitz.

Braunschweig enthält sich, um nicht in eigener Sache ein Urteil zu erlassen.

Der oldenburgische Bevollmächtigte gibt zu Protokoll: Seine Regierung habe in Anbetracht der Wichtigkeit der Frage eine schriftliche Berichterstattung gewünscht und enthalte sich der Abstimmung, weil in Ermangelung einer solchen die rechtliche und politische Tragweite einer derartigen Entschließung sich nicht mit genügender Sicherheit beurteilen lasse.

Der mecklenburg-schwerinische Bevollmächtigte gibt zu Protokoll, daß seine Regierung dem Antrage zustimme, aber dabei von der Voraussetzung ausgehe, daß der gegenwärtige Beschluß sich nur auf die P e r s o n des Herzogs von Cumberland beziehe.

Der schaumburg-lippische Bevollmächtigte erklärt zu Protokoll, daß die Fürstliche Regierung dem Antrage in der Voraussetzung zustimme, daß durch den gegenwärtigen Beschluß das Thronfolgerecht in Braunschweig nicht betroffen und das Prinzip der Legitimität nicht in Frage gestellt werde.

Der fürstlich lippische Bevollmächtigte schließt sich dieser letzteren Erklärung an.

Bötticher erklärt zu den Äußerungen von Mecklenburg-Schwerin, Schaumburg-Lippe und Lippe, sie seien gegenstandslos, weil der Antrag das Thronfolgerecht in Braunschweig nicht berühre. Der kgl. württembergische Bevollmächtigte und ich erklärten sodann, daß, wenn die Erklärungen der drei genannten Regierungen in das Protokoll aufgenommen würden, daraus ein ganz falsches Bild des Sachverhältnisses entstehe, indem dadurch die darin niedergelegte Auffassung den Anschein einer bestrittenen gewinne, während sie in der Tat eine allgemein geteilte, unbestrittene sei; wir fügten bei, daß, wenn diese Erklärungen zu Protokoll gegeben würden, wir unseren Regierungen die weitere Entschließung vorbehalten müßten. Nach einer längeren Diskussion, bei der sich auch Herr von Bötticher in unserem Sinne beteiligte, zog Herr von Prollius[2] für Mecklenburg-Schwerin und Schaumburg-Lippe und Dr. Neidhardt für Lippe jene Protokollerklärungen mit dem Anfügen zurück, daß sie nochmals an die betreffenden Regierungen berichten und sich das Protokoll offen behalten wollten[3]. *[. . .]*

GLA 233/12937 fol. 232 ff. Ausf., dem Großherzog vorgelegt 5. 7. 1885.

[1] Nr. 677.
[2] Max v. Prollius (1826—89), Justizrat, 1875—89 Bundesratsbevollmächtigter beider Mecklenburg.
[3] Marschall an Turban, Berlin 4. Juli 1885: „Mecklenburg-Schwerin und die beiden Lippe haben auf ihre Protokollerklärungen verzichtet" [. . .] (ebd. fol. 236 Tel. Ausf., dem Großherzog vorgelegt 6. 7. 85).

679. Gelzer an Großherzog Friedrich.

Witwald, 9. Juli 1885.

17.—21. Juni waren wir gemeinsam in Baden, dann wieder am 28. 6. Es bilden sich im persönlichen wie im Völkerleben, namentlich in den Perioden großer Umgestaltungen, zu denen die ganze zweite Hälfte unsers Jahrhunderts gehört, von Zeit zu Zeit Fragen und Probleme, die zur wiederholten tief eindringenden Prüfung drängen, ohne daß sofort eine endgültige Beantwortung möglich wäre. Das sind Knoten, die nie durch bloße Diskussion und nie durch bloße Gewalt sich lösen lassen. So ist die Lage, der Deutschland und der Europa in naher Zukunft entgegenzugehen scheint. Gerade unter solchen Verhältnissen, die eine unmittelbare Entscheidung noch nicht zulassen und doch derselben zudrängen, ist es eine unschätzbare geistige und moralische Wohltat: sich im vertrauensvollen Gedankenaustausch so viel Klarheit über die sich vorbereitenden Entscheidungen zu verschaffen, als überhaupt erreichbar ist. *[. . .]*

GLA FA Korresp. 13 Bd. 24 Nr. 682.

680. Prinz Wilhelm von Baden an Großherzog Friedrich.

Karlsruhe, 14. Juli 1885.

Mit besonderem herzlichem Dank habe ich soeben Dein liebes Schreiben vom 13. d. M.[1] erhalten und eile ich, Dir darauf zu erwidern, daß ich für Max[2] eine Ernennung zum Offizier umso weniger wünschen kann, als er selbst hofft, mehrere Jahre dem Universitätsstudium sich widmen zu können. Eine Ernennung zum Offizier würde ihn aber zur Rücksichtnahme auf sein militärisches Verhältnis zu einer Zeit nötigen, in welcher er der Freiheit bedarf, sich nach Umständen bewegen zu können. Sollte er die Lust zu studieren verlieren, so wird er sich sofort den militärischen Studien zuwenden. Sollte er dagegen am ernsten Studium Freude haben, so hoffe ich, daß er erst nach Ablegung des Staatsexamens sich der Armee und dann auch ernstlich widmen wird. Seine Ernennung zum Offizier könnte daher nur störend wirken und ihn von der Bahn der guten Vorsätze ablenken. Ich kann eine solche Ernennung zur Zeit nicht wünschen. *[. . .]*

GLA FA Korresp. 13 Bd. 39 Fasz. 4 Nr. 33.

¹ Nicht vorhanden.
² Prinz Max v. Baden (1867—1929).

681. Geffcken an Roggenbach.

Hamburg, 26. August 1885.

Ihr Bericht von der Mainau lautet nicht sehr tröstlich, indeß war von dem Herrn nicht viel anderes zu erwarten, man muß zunächst zufrieden sein, wenn er die Aktenstücke sich wirklich aneignet, sie geheim hält und damit im gegebenen Augenblicke richtig vorgeht; das weitere muß sich dann finden. Jedenfalls wird dann der Kanzler sehr überrascht sein, er wird zwar keinen Augenblick glauben, daß der Herr diese drei Stücke selbst verfaßt habe, aber die Fiktion muß aufrecht erhalten werden, und er darf nie ergründen, woher sie kommen. *[...]*

Anklageschrift gegen Geffcken, gedr. Bundesrat-Drucksachen, Session von 1889 Nr. 5 (14. Jan. 1889) Anlage J S. 35 (GLA 233/12802); zum Prozeß Geffcken vgl. Nr. 916.

682. Großherzog Friedrich an Gelzer.

Schloß Mainau, 1. September 1885.

[...] Roggenbach, den Sie bei sich erwarten, kann Ihnen manches Wertvolle über seinen Aufenthalt hier erzählen, was schriftlich kaum wiederzugeben wäre. Roggenbach hat sich wieder als treuer Freund bewährt und gute Erfolge erzielt. Er ging sehr befriedigt von hier weg. *[...]*

GLA FA Korresp. 13 Bd. 20 Nr. 160.

683. Eisendecher an Bismarck.

Karlsruhe, 2. September 1885.

Vertraulich! *Prinz Max von Baden* hat vor kurzem das hiesige Gymnasium absolviert und sein Abiturientenexamen mit Auszeichnung bestanden. Der hervorragend liebenswürdige und begabte Prinz, der eben sein 18. Jahr erreicht hat, wird zunächst die Universität Freiburg besuchen und dort unter der speziellen Obhut des bekannten Verfassers der Kirchengeschichte Professor Kraus seine Studien beginnen¹. Ich glaube, diese letztere Tatsache Euerer Durchlaucht melden zu sollen, weil es hier einigermaßen auffällt, daß ein Mitglied des protestantischen badischen Herrscherhauses der besonderen Fürsorge eines katholischen Professors der Freiburger Hochschule anvertraut wird; indessen dürfte es meines Erachtens irrig sein, die Wahl auf andere als persönliche und Vertrauensgründe zurückführen zu wollen. Herr Kraus ist zwar guter Katholik, aber soweit ich aus eigener Erfahrung und anderweiten Informationen weiß, kein Anhänger der extremen ultramontanen Richtung; seine Geschichte der Kirche war nahe daran, in Rom auf den Index gesetzt zu werden², und seine gemäßigten Anschauungen, großen vielseitigen Kenntnisse und angenehmen Formen haben ihm eine gewisse Ausnahmestellung verschafft und ihm auch in nichtkatholischen Kreisen zahlreiche Freunde erworben. Zu diesen gehören namentlich die hohen Eltern des Prinzen Max[3] und ihre K. H. der Großherzog und die Frau Großherzogin. Gelegentlich eines Besuches bei der Familie des Prinzen Wilhelm in Schloß Kirchberg und auch während eines weiteren zweitägigen Aufenthaltes in der Mainau war ich Zeuge des von den Herrschaften dem ebenfalls dort anwesenden Professor Kraus bekundeten Wohlwollens. Auch S. K. H. der Kronprinz, welcher zu der gleichen Zeit in der Mainau weilte, zeichnete denselben durch längere Unterredungen aus[4]. Die Frau Prinzessin Wilhelm äußerte sich mir gegenüber wiederholt dahin, daß ihr Sohn hauptsächlich bei Professor Kraus Kunstgeschichte hören sollte und daß er in Anbetracht seiner Jugend auch für seine sonstige Studien einer generellen zuverlässigen Leitung bedürfe. Herr Kraus sei dafür der rechte Mann.

Ich möchte schließlich nicht unerwähnt lassen, daß Prinz Wilhelm wohl lediglich aus Besorgnis vor sozialistischer und demokratischer Machterweiterung den Frieden mit Rom oft warm befürwortet und die Bundesgenossenschaft des Zentrums zur Bekämpfung der wachsenden demokratischen Tendenzen für unerläßlich hält; einer Hinneigung zum Katholizismus darf man bei S. H. daraus aber kaum herleiten.

Bonn, Archiv Ausw. Amt, Baden Nr. 31 Vol. 6, Ausf. Marginalie: v. S.M. 4./9; v. S.K.H. 6/9. Auf einer Abschrift des Eisendecherschen Berichtes findet sich die Marginalie von Bismarcks Hand: „Doch bedenklich".

[1] *Kraus*, Tagebücher S. 496.
[2] F. X. *Kraus*, Lehrbuch der Kirchengeschichte für Studierende, 5 Teile, Trier 1872—79, [2]1882. Über die einzelnen Stadien der Auseinandersetzung zwischen der römischen Kurie und Kraus seit Ende 1882 vgl. dessen Tagebücher S. 454-484.
[3] Prinz Wilhelm v. Baden (1829—97), seit 1863 verh. mit Marie v. Leuchtenberg (1841—1914).
[4] *Kraus*, Tagebücher S. 487.

684. Kardinal Hohenlohe an Großherzog Friedrich.

Tivoli, Villa d'Este, 9. September 1885.

Obgleich Sie mich so links liegen lassen, so nehme ich doch den herzlichsten Anteil an allem, was E. K. H. und Ihre Familie betrifft, und freue mich ungemein, Ihren Sohn so glücklich bald verheiratet zu wissen[1]. Ich habe in meiner Verehrung für Sie alle stets gewünscht, daß er eine recht gute liebe Frau bekommen möchte[2], und gratuliere nun von ganzem Herzen E. K. H. und der Großherzogin zu dem bevorstehenden frohen Ereignis. [...]

GLA FA Korresp. 13 N 414.

[1] Erbgroßherzog Friedrich v. Baden (1857—1928) heiratete am 20. Sept. 1885 Prinzessin Hilda v. Nassau (1864—1952).
[2] Kardinal Hohenlohe machte sich wiederholt Gedanken darüber, wie der Erbgroßherzog zu verheiraten sei: An die Tochter des Fürsten Karl Egon III. v. Fürstenberg, Leipzig, 5. Nov. 1883: „So lange die Großfürstin Catherine noch in Deutschland ist, wünschte ich sehr, daß der Erbgroßherzog von Baden die Bekanntschaft der Tochter der Großfürstin, der Herzogin Helene von Mecklenburg zu machen suchte. Er könnte gar keine bes-

sere Frau finden. Sie ist allerdings nicht so lange mehr hier und wird nach Remplin und dann über Berlin nach Rußland zurückreisen. Du könntest vielleicht dahin wirken, daß der Erbgroßherzog die Bekanntschaft der Prinzessin zu machen sucht, und gebe Gott, daß er ihr gefällt" (GLA FA Korresp. 13 Bd. 51 Fasz. 126 Abschr., von Karl Egon v. Fürstenberg dem Großherzog Baden, 7. Nov. 1883 übersandt). — Hohenlohe an Großherzog Friedrich, Berlin 1. Jan. 1884: Er, der Kardinal, habe im Herbst 1883 über die Großfürstin Katharina Michailowna der Großherzogin berichtet, die Herzogin sei mit ihrer Tochter Helene bei der Kaiserin Augusta zum Tee gewesen und habe dort den Erbgroßherzog gesehen, von dem sie an Hohenlohe geschrieben habe, „qu'il m'a plu beaucoup, il est charmant" (GLA FA Korresp. 13 N 264). — Großfürstin Katharina Michailowna (1827—94), Nichte des Zaren Alexander I., 1851 verh. in dessen 2. Ehe mit Herzog Georg v. Mecklenburg-Strelitz (1843—1902). Ihre Tochter Helene (1857—1902), 1891 verh. mit Prinz Albert v. Sachsen-Altenburg. — Fürst Karl Egon III. v. Fürstenberg (1820—92) verh. mit Prinzessin Elisabeth Reuß ä. L. (1824—61), ihre Tochter Prinzessin Amalie (geb. 1848).

685. Herzog Ernst August von Cumberland an Großherzog Friedrich.

Gmunden, 22. September 1885.

[...] Durch den Beschluß des Bundesrats des Deutschen Reichs[1], welcher aus der Reichsverfassung keinerlei Zuständigkeit zum Eingriffe in die Rechtsordnung eines deutschen Einzelstaats entnommen hat und nach Meinem Rechtsurteil daraus auch nicht entnehmen kann, hat Mein souveränes R e c h t der Thronfolge und Regierung im Herzogtum Braunschweig irgend welche Schmälerung nicht erfahren können.

Unbeschadet der Unantastbarkeit Meines souveränen Fürstenrechts, welche aus dieser Erwägung a l l e i n sich ergibt, und abgesehen auch von den gewichtigen Bedenken, welche dem Umstande zu entnehmen sind, daß der Bundesratsbeschluß ohne vorgängige Gewährung irgend welchen rechtlichen Gehörs gegen Mich gefaßt ist, gestatte Ich Mir in Bezug auf die dem Beschlusse eingefügte Begründung noch zu bemerken:

Ich vermag nicht zu erkennen, wiefern Ich Mich zum Bundesstaate Preußen „in einem, dem reichsverfassungsmäßig gewährleisteten Frieden unter Bundesgliedern widerstreitenden Verhältnisse" befinden soll. Der Krieg im Jahre 1866 ist von Hannover weder veranlaßt noch begonnen, und nach Beendigung desselben hat Mein jetzt in Gott ruhender Vater, der König Georg V., insbesondere in dem an S. M. den König von Preußen nach Nicolsburg gerichteten, leider nicht angenommenen Schreiben vom 27. Juli 1866 vergeblich um Mitteilung der Friedensbedingungen und Einleitung von Friedensverhandlungen gebeten. Trotz der somit von Hannover n i c h t verschuldeten Verhinderung des Friedensschlusses aber habe Ich nie etwas Feindseliges gegen den Preußischen Staat unternommen und auch Meinerseits S. M. den deutschen Kaiser und König von Preußen in dem — zu Meinem lebhaftesten Bedauern wiederum nicht angenommenen — Notifikationsschreiben vom 18. Oktober v. Js.[2] um Erweisung bundesfreundlicher Gesinnung ersucht. Meinen Rechtsanspruch auf Hannover habe ich zwar nicht aufgegeben. Der Vorbehalt dieses Rechtsanspruchs aber ist mit der Anerkennung der Reichsverfassung wohl vereinbar, und mit demselben befinde Ich Mich nur in gleicher Lage mit anderen deutschen Staaten, welche solche Ansprüche schon zur Zeit des Deutschen Bundes erhoben und Meines Wissens auch beim Eintreten in die Mitgliedschaft des Deutschen Reichs nicht aufgegeben haben. Diesen Rechtsanspruch in einer den Frieden des Deutschen Reichs störenden Weise geltend zu machen, habe Ich nie beabsichtigt, und Ich bin Mir voll Meiner Pflicht bewußt, wenn Ich die Regierung eines dem Deutschen Reiche angehörenden Bundesstaates führe, solche Ansprüche nur auf den Wegen geltend machen zu dürfen, welche der Verfassung des Deutschen Reichs entsprechen.

Ich glaube diesemnach, daß, abgesehen auch von der Unzuständigkeit des Eingreifens in Mein souveränes Fürstenrecht und der damit allein sich erledigenden Frage des Rechts, selbst Rücksichten auf das Interesse des Deutschen Reichs dürfte dasselbe überhaupt mit Verletzung der Ordnung des Rechts zur Geltung gebracht werden, eine Behinderung Meiner Regierung — welche Ich unter voller Erfüllung aller reichsverfassungsmäßigen Pflichten und mit bundesfreundlicher Gesinnung, insbesondere auch gegen den Bundesstaat Preußen, zu führen bereit bleibe — nicht würden zu rechtfertigen vermögen.

Vertrauend auf die Gerechtigkeit und bundesfreundliche Gesinnung der deutschen Fürsten und freien Städte gebe Ich die Hoffnung nicht auf, daß Mein Recht der Regierung im Herzogtum Braunschweig demnächst noch im Bundesrate selbst eine zutreffendere Würdigung erfahren, danach der Beschluß vom 2. Juli d. Js. wieder aufgehoben und infolge dessen — im Interesse nicht allein Meines Rechts, sondern des deutschen Fürstenrechts und der Rechtsordnung im deutschen Reiche überhaupt — die gegenwärtige Behinderung Meiner aktuellen Regierung in Braunschweig in Wegfall kommen werde.

Ich wiederhole den Ausdruck des lebhaften Bedauerns, daß Ich nach Ablehnung der Annahme Meines früheren Schreibens an S. K. u. K. M. den Deutschen Kaiser und König von Preußen ein entsprechendes Schreiben zu richten Bedenken tragen muß[3]. *[...]*

GLA 233/12937 fol. 246 Ausf. u. Anlagen; gedr. Das Staatsarchiv, Bd. 53 (1892) S. 266 ff.

[1] Nr. 678.   [2] Vgl. Nr. 602.
[3] Staatsministerium an Großherzog Friedrich, 9. Okt. 1885: „Somit enthält das Schreiben S.K.H. des Herzogs von Cumberland vom 22. v.M. nichts, was nicht schon in dem Kreise der früheren Erwägungen gelegen hätte und zur Anregung erneuerter Erwägungen Anlaß geben könnte. Unseres ehrerbietigen Erachtens wird daher diesem Schreiben ein weiterer Verfolg nicht zu geben sein". Marschall soll vertraulich über die Stellungnahme der übrigen Bundesregierungen berichten (ebd. fol. 252-256 Konz., fol. 259-261 Ausf.). — Der Großherzog genehmigte in einer allerhöchsten Entschließung, „daß im Sinne dieses Vortrags verfahren werde" (ebd. fol. 262 Konz.). — Marschall berichtete am 24. u. 26. Okt. 1885, das Schreiben des Herzogs von Cumberland werde in Sachsen „unbeantwortet bleiben", die Reichsregierung gedenke es „vollständig zu ignorieren", und auch Bayern werde es nicht beantworten (ebd. fol. 269 ff. Ausf.). — Auf dem entsprechenden Vortrag des Staatsministeriums bemerkt der Großherzog eig.: [...] „daß die bisherigen Erhebungen mir genügen, um den Beschluß zu fassen — nunmehr das neueste Schreiben des Herzogs von Cumberland unbeantwortet zu lassen. Schloß Baden 28. Okt. 1885" (ebd. fol. 274 Ausf.). — Staatsminister Dr. Stichling in Weimar erhielt auf seine Anfrage vom 15. Okt. nach der Behandlung des cumberländischen Schreibens in Baden am 29. Okt. 1885 eine entsprechende Antwort (ebd. fol. 264 Ausf., 275 Konz.). — Gottfried Theodor Stichling (1814—91), 1848 Direktor u. vortr. Rat des Präsidialdepartements d. Ministeriums, 1867 Chef d. Kultusministeriums, 1870 Minister d. grhgl. Hauses u. des Auswärtigen, Bundesratsbevollmächtigter, 1882 Staatsminister, 1890 Ruhestand.

686. Kardinal Hohenlohe an Großherzog Friedrich.

Villa d'Este, 13. Oktober 1885.

Das Schweigen E. K. H. schmerzt mich insofern, als ich daraus ersehe, daß Sie auf einer falschen Fährte sind. — Sie haben seiner Zeit meine Gastfreundschaft und meine Geschenke genossen[1]. — I c h habe den Kulturkampf in Ihrem Groß-herzogtum beseitigt und beendigt. Sie haben — mit guter Absicht — mich beim Papst und bei der Jesuitenpartei kompromittiert durch die vielen Bemühungen, mich auf den Freiburger Erzbischöflichen Stuhl zu bringen, den ich n i e verlangte noch verlange, und zwar trotz meiner Warnung, mich durch solche Velleitäten nicht zu kompromittieren und die jesuitische Partei noch mehr gegen mich aufzu-hetzen. Sie haben erst gegen die Verleihung der Orden für die zwei einzigen mir treuen, von den Jesuiten blutig verfolgten Leute, die mir das Leben gerettet haben, protestiert und dann diesen beiden trefflichen Nobili die Orden verliehen[2] und können stolz darauf sein, so wie ich stolz darauf bin, diese goldtreuen Leute zu protegieren, und vielleicht nie sind Orden würdiger verliehen worden. — Ich ha-be Ihnen seiner Zeit die Helene Mecklenburg für den Erbgroßherzog empfohlen, die nicht zu verachten ist, — trotzdem habe ich mich herzlich gefreut, als der Erb-großherzog eine andere und eine so nette gute Frau gefunden hat und habe Ihnen dazu gratuliert.

Warum antworten Sie mir nicht? Was soll das? — Ich will nichts von Ihnen, aber so grob brauchen E. K. H. nicht zu sein. Sie müssen aufgehetzt worden sein, und in I h r e m Interesse möchte ich wissen, wer Sie auf die falsche Fährte ge-bracht hat. Zur Strafe müssen Sie mir Photographien von Ihnen, der Großherzo-gin und vom jungen Ehepaar schicken, und ich werde Sie dann alle segnen und bleibe in alter Verehrung E. K. H. ergebenster Diener. [...]

GLA FA Korrsep. 13 N 414 Fasz. 166 (eig.)

[1] Vgl. Bd. 1 Nr. 235-237, 240 (1877).   [2] Vgl. Nr. 571.

687. Baumstark an Nokk.

Freiburg, 24. Oktober 1885.

Glückwunsch zu den Wahlen[1]. Die großherzogliche Regierung, deren Stellung jetzt eine stärkere im Volk ist als je seit 1848, wird es leichter haben, kirchenfeind-liche Gelüste einzelner Mitglieder ihrer Partei hintanzuhalten, und der auf Frieden und Religiosität gerichtete Wille unsers gnädigsten Fürsten und Herrn wird fortan gelten. [...]

Auch fühle ich mich verpflichtet, Ihnen zu sagen, daß das persönliche Verhältnis zwischen mir und Herrn Professor Kraus gelöst ist. Dinge höchst persönlicher Art haben dazu geführt, über die ich zumal einem Abwesenden gegenüber nicht reden darf. Leider wurde es mir ziemlich leicht, von ihm zu scheiden, weil ich erkannt hatte, daß er für Erreichung meines Endzieles nichts leisten kann. Dieses Endziel besteht, wie Sie wissen, in der Wiederherstellung der katholischen Kirche in Deutsch-land durch einen Episkopat, der bei treuester Festhaltung des Glaubensschatzes und der Einheit unserer Kirche den modernen Staat versteht und die Aufgaben der Kirche in ihm, nicht gegen ihn zu verwirklichen sucht, der unter Verzicht auf

Mittelalterträume und politische Herrschsucht der Religion dient, und nur ihr! Einem solchen Episkopat Herrn Kraus mit seinen hohen Gaben eingefügt zu sehen, war mein sehnlichster Wunsch; aber er hat es unmöglich gemacht 1) durch v. S.[2] 2) durch die Geschichte seiner Kirchengeschichte, 3) durch seine innere Wandlung. Ich fürchte, er haßt Rom. Möge er bis ins höchste Alter der Wissenschaft aufs glänzendste dienen; aber ich glaube, von ihm wird gelten, was Pio Nono von Döllinger sagte: dottore, ma non pastore.

Ich war Ihnen, hochverehrter Herr Staatsrat, diese Mitteilung schuldig, weil ich Ursache habe zu glauben, daß Sie Herrn Kraus und mich sich Schulter an Schulter denken.

Mein „Plus ultra"[3] soll in den nächsten Wochen den zweiten Rundgang durch die Lesewelt antreten; ich werde mir erlauben, Ihnen ohne weiteren Begleitbrief ein Exemplar vorzulegen, weil das sonst unveränderte Buch als „Geleitbrief" eine zweite Vorrede mit sich führt, der Sie vielleicht einen Blick zu schenken die Güte haben. [. . .]

GLA 52/XIII

[1] Wahlmännerwahlen in Baden zur teilweisen Erneuerung der II. Kammer am 9. Okt. 1885. Die Wahlen von Ende Okt. bis Anfang Nov. 1885 bringen von den 34 neu zu wählenden Mandaten 26 für die Nationalliberalen, 6 für die Klerikalen, 2 für die Demokraten (*Schultheß* S. 133).

[2] Vgl. Nr. 459 Anm. 4.

[3] R. *Baumstark*, Plus ultra! Schicksale eines deutschen Katholiken 1869—1882 (1883).

688. Jagemann[1] an Großherzog Friedrich.

Rom, 7. November 1885.

Da Kardinal Prinz Hohenloh noch für unbestimmte Zeit in der Villa d'Este in Tivoli weilt, habe ich entsprechend dem Befehl vom 5. d. Mts. unter Übersendung des allerhöchsten Handschreibens[2] um Audienz gebeten.

S. Em. der Herr Kardinal-Staatssekretär hat mir heute die untertänigst angeschlossene Anlage[3] behändigt. Aus den bisherigen Unterredungen schöpfe ich die Vermutung, daß man seitens der römischen Kurie bei der Ungewißheit der baldigen Vereinigung über einen coadjutor cum jure successionis die Wahl des Domkapitulars Knecht zum Domdekan, wobei man freilich den Strich befürchtet und selbst ohne seine Wahl unter Umständen seine Ernennung zum Weihbischof zu betreiben sucht, dabei aber, um ihn dem Herrn Erzbischof nicht geradezu zu oktroyieren, bestrebt ist, zu Gunsten einer formellen Umstimmung des letzteren jeden tunlichen Druck auszuüben. Dabei hält man sich aber die Frage des Coadjutors offen. Jedenfalls um bei unbeliebtem Verlauf der einen Gangart die andere einzuschlagen in der Hoffnung, mit dem Coadjutor etwas zu gewinnen. Vielleicht auch sucht man ihn als Schreckmittel bei dem Herrn Erzbischof auszuspielen, glaubend, er betrachte im Interesse seiner Selbständigkeit den Weihbischof als kleineres Übel, — wobei es freilich fraglich ist, ob S. Ex. nicht umgekehrt die Personalfrage in den Vordergrund stellt und einen genehmen Coadjutor einem ungenehmen Weihbischof vorzieht.

An formalen Versicherungen des Bestrebens, im Einklang mit der Regierung E. K. H. zu stehen und zu handeln, fehlt es nicht. Bezüglich des materiellen Gehalts kann man indes zweifeln. Das erfreuliche Ergebnis der Wahlen[4] insbesondere ist hier noch nicht ganz verdaut, obwohl ich konstatieren kann, daß S. Em. Kardinal Jacobini meiner Äußerung, die Bevölkerung betrachte darnach alle religiösen Beschwerden als behoben und wünsche Ruhe und keinerlei wesentliche Alterierung des jetzigen Zustands, nicht widersprach.

Ich hoffe, am Montag noch etwas klarer zu sehen, da wahrscheinlich S. Heiligkeit der Papst die Gnade haben wird, mich zu empfangen, und werde in der mit Herrn Staatsrat Nokk vereinbarten Chiffres das Ergebnis, wenn es etwas Neues bietet, alsbald nach Karlsruhe telegraphieren[5]. *[...]*

GLA FA Korresp. 13 N 419 eig. Ausf.

[1] Eugen v. Jagemann (1849—1926), 1881—93 Min.Rat im bad. Ministerium der Justiz, des Kultus u. Unterrichts, 1893 Gesandter in Berlin, 1903 Honorarprof. in Heidelberg.
[2] Nicht vorhanden.   [3] Nicht vorhanden.   [4] Vgl. Nr. 687 Anm. 1.
[5] Nach E. v. *Jagemann*, 75 Jahre des Erlebens u. Erfahrens (1849—1924), Heidelberg 1925, S. 92 ff. hatte J. den Auftrag, für eine Ausstellung während des Jubiläums der Universität Heidelberg 1886 einige Prachtbände der Bibliotheca Palatina leihweise zu erbitten. J.s Feststellung: „Mein erster Auftrag 1885 betraf indes keine Wahl" (S. 92), entspricht nicht den Tatsachen.

689. Nokk an Großherzog Friedrich.

Karlsruhe, 7. November 1885.

Ich bitte, gütigst entschuldigen zu wollen, daß ich den ersten Bericht v. Jagemanns[1] nicht alsbald zur höchsten Kenntnis gebracht habe. Ich *[...]* wollte *[...]* abwarten, bis eine Äußerung von Rom vorläge, die in der Sache eine bestimmte Aussicht eröffnete. Rom nimmt sich aber auch diesmal Zeit; von Jagemann war den 4. d. Mts. noch nicht zur Audienz bei S. Heiligkeit dem Papst gelangt und hat den H. Kardinalsstaatssekretär nicht wieder gesprochen. *[...]*

Ich habe Jagemann sofort geschrieben, er möge über Knecht weitere Äußerungen nur tun, wenn der H. Kardinalstaatssekretär auf die bestimmte Frage zurückkomme. Dann solle er bestimmt erklären, Herr Knecht scheine der Regierung zu jung und zu wenig umsichtig (circonspect). Dabei bemerke ich ihm, er möge darüber ganz offen sprechen, wenn der H. Kardinalstaatssekretär die Domdekansfrage mit hereinziehe, daß wir bezüglich des Domdekans uns die Ausübung unserer vertragsmäßigen Rechte durchaus vorbehalten müßten. Solle also der künftige Weihbischof, bezüglich dessen wir an und für sich Rechte nicht auszuüben hätten, aber auf Befragen gern unsere Ansicht äußerten, zugleich Domdekan werden, so müsse eben die Ernennung des Domdekans voraufgehen, und es könne alsdann nur eine solche Persönlichkeit zum Weihbischof ernannt werden, welche auf der Domdekansliste eine Beanstandung nicht erfahren habe. Wünsche S. Heiligkeit der Papst über die Personenfrage bestimmte Äußerungen, so seien wir dazu in vertraulicher Weise bereit. Kommt die römische Kurie auf die Frage eines Koadjutors, so müssen wir uns eine eingehende Erwägung vorbehalten, nachdem wir von den Absichten des Papstes genauere Kenntnis haben. Jagemann hat bisher, wie mir scheint, die Sache ganz geschickt angegriffen. Wenn auch gegenwärtig eine Lösung noch nicht gefunden wird, so sind wir doch in freundlichen direkten Beziehungen. *[...]*

GLA FA Korresp. 13 N 469.

[1] Die Korrespondenz Nokk-Jagemann ist im GLA nicht mehr aufzufinden.

690. Nokk an Großherzog Friedrich.

Karlsruhe, 10. November 1885.

[...] Das Schreiben des H. Kardinalstaatssekretärs[1] scheint mir erfreulich, da es die allerhöchste Auszeichnung zugleich als Zeichen des Wohlwollens E. K. H. gegen die badischen Katholiken dankbar begrüßt. Soeben habe ich ein Telegramm aus Rom erhalten, welches übersetzt lautet: „Heute bei dem Papst. Er wollte u n s die Initiative bezüglich der Koadjutorsfrage zuweisen, sagte aber endlich nach einigem Nachdenken, e r wolle diese Sache s e l b s t auf dem amtlichen Wege bei uns anregen, um den Erzbischof Orbin nicht zu kränken. Ohne unmittelbaren Zusammenhang damit sprach der Papst von Kraus als von einem Gelehrten, der das Vertrauen E. K. H. besitze. Das Geschäft (bezüglich der codices)[2] wird morgen den formellen Abschluß finden; vielleicht verreise ich für zwei Tage." Das Telegramm war mir sehr angenehm, da nun die Weihbischofsfrage mit ihren Schwierigkeiten in den Hintergrund tritt. Die amtliche Anregung der Koadjutorsangelegenheit wird dann Gelegenheit geben, bald zu übersehen, was sich für die Zukunft erreichen läßt. Der Satz über Kraus klingt ja sehr erfreulich, ich wage aber nicht zu hoffen, daß er mit der wichtigen Frage im Zusammenhange gedacht war. Es war dies mehr wohl eine Wendung, die einen schönen Schein über das Gespräch werfen sollte. Bei der jetzigen Sachlage wird es richtiger sein, dem Herrn Erzbischof — vorläufig — n i c h t s mitzuteilen über die Äußerungen des H. Kardinalstaatssekretärs in Bezug auf Knecht. Zunächst wird nun der amtliche Brief über die Koadjutorsfrage abzuwarten sein. — Heute früh war Hansjakob bei mir und erzählte *[...]*, daß Lender aus dem Vorstande der Badenia[3] ausgetreten ist und nun auch die Vorstandschaft der Fraktion niederlegen wolle. Ich meinte, es wäre besser, er würde die Zügel der Parteileitung in der Hand behalten. Wie Hansjakob sagt, hat Lender den Wahlaufruf gar nicht unterzeichnet, da er denselben direkt mißbilligte, einen Entwurf, den Lender selbst vorlegen ließ, nahmen die Freiburger Führer nicht an. Hansjakob meinte, es wäre zu bedauern, wenn die Liberalen in der Kammer den Kampf beginnen würden; je ruhiger s i e auftreten würden und je „nobler", wie er sich ausdrückte, desto größeren Schaden würden die Heißsporne der katholischen Volkspartei haben. Ich hoffe, die Liberalen werden nach dem Rezept Hansjakob verfahren.

GLA FA Korresp. 13 N 469.

[1] Nicht vorhanden.   [2] Vgl. Nr. 688 Anm. 4.
[3] Kathol. Zeitungsverlag u. Druckerei AG in Karlsruhe, gegr. 1873.

691. Kardinal Hohenlohe an Großherzog Friedrich.

Tivoli, Villa d'Este, 11. November 1885.

E. K. H. gnädiges Schreiben[1] hat mir Herr v. Jagemann von Rom gesandt, und morgen, denke ich, wird er hierher kommen. Einstweilen kann ich E. K. H. nicht genug sagen, wie sehr mich Ihr Schreiben beruhigt hat, — es war nach einem sehr ernsten Moment, als ich Dero Schreiben lesen konnte. Ich hatte dem von E. K. H. ausgezeichneten Cavalliero Antonio Nobili[2] in der Todesstunde assistiert, kaum

48 Jahre alt, hat ihn der Tod hinweggerafft, und ich verliere den einzigen treuen und intelligenten Menschen, der über mein Leben und mein Haus wachte. Fiat voluntas Domini.

Ich werde, wenn ich Herrn v. Jagemann gesehen habe, nochmals schreiben, bitte einstweilen, nochmals meinen tiefgefühlten Dank zu genehmigen³. [. . .]

GLA FA Korresp. 13 N 414 Fasz. 166.

¹ Nicht vorhanden.   ² Vgl. Nr. 571.
³ Kardinal Hohenlohe an Großherzog Friedrich, Villa d'Este, 19. Nov. 1885: Ich „gebe diese Zeilen Herrn v. Jagemann mit, dessen Bekanntschaft zu machen mir sehr interessant war. Es ist immer eine Freude, solche gediegene, edle Leute aus der Heimat zu sehen. Möchte das Resultat der Versammlung, die sich heute hier befindet [Kongreß für Gefängnisreform in Rom], ein günstiges sein zum Wohl der Menschheit" (ebd.eig.). Über Jagemanns Besuch bei Hohenlohe vgl. *Jagemann, 75 Jahre* S. 93 f.

692. Franz Xaver Kraus an Großherzog Friedrich.

Freiburg, 29. November 1885.

S. Heiligkeit Papst Leo XIII. haben mir den ehrenvollen Auftrag erteilt, E. K. H. beifolgendes Exemplar der neuesten Enzyklika „De Civitatum Constitutione Christiana"¹ zu überreichen.

Der hochwürdigste Padre Saccheri, welcher mich zu Anfang November hier besuchte², hat mir den Wunsch S. Heiligkeit überbracht, mich rückhaltlos über die gegenwärtige Lage sowohl in Baden als in Preußen zu äußern; ich habe dieser gnädigen Aufforderung sowohl in eingehender mündlicher Unterhaltung mit der Vertrauensperson S. Heiligkeit als in einem längeren Schreiben an den Papst entsprochen, in welch letzterm ich namentlich auf die Gefahren hinwies, welche für Staat und Kirche aus der sich mehr und mehr abzeichnenden Allianz der ultramontanen Agitation mit den demokratischen Tendenzen der Gegenwart entspringen müssen, in welcher weiter hervorgehoben wurde, wie wünschenswert es sei, daß die höchste kirchliche Behörde hier einschreite, ehe es zu spät sei, und wie sehr eine entsprechende Einwirkung des Oberhaupts der Kirche den Intentionen der hohen Regierungen entgegenkommen und geeignet sein müsse, den Frieden zwischen den beiden Gewalten zu sichern. S. Heiligkeit nahmen, wie mir jetzt in Höchstdessen Auftrage mitgeteilt wird, diese Äußerung sehr gütig auf und bemerkten, daß mehrere der von mir hervorgehobenen Gesichtspunkte in der soeben ausgegebenen Encyclica bereits berührt seien. Der Papst nahm aus diesem Umstande Veranlassung, mir ein Exemplar dieser Encyclica zu übersenden mit dem Ersuchen, dasselbe den Händen E. K. H. zu übergeben und meinen durchlauchtigsten Herrn untertänigst darauf aufmerksam zu machen, daß die Encyclica gewissen Tendenzen der Gegenwart in dem eben erwähnten Sinne mit bestimmter Absicht entgegentrete. Ich glaube als besonders beachtenswert die Stellen bezeichnen zu dürfen, wo der Papst im Gegensatz zu der modernen Lehre von der Volkssouveränität und gewissen extrem-kirchlichen Richtungen es direkt ausspricht, daß die öffentliche Gewalt von Gott stamme und in ihm ihren Ursprung haben könne — potestatem publicam per se ipsam non esse nisi a Deo —; wo dann weiter jede Auflehnung auf Grund des Willens der Massen — per vim multitudinis — als ein Verbrechen gegen Gott selbst (crimen maiestatis neque humanae tantum, sed etiam divinae) bezeichnet wird; ich rechne dahin weiter die Erklärung, daß in ihren Sphären jede der beiden Gewalten durchaus selbständig sei — iure proprio versetur — und daß die politischen Angelegenheiten dem Staate allein zustehen — quae civile et politicum genus complectitur rectum est civili auctoritati esse subiecta, cum Jesus Christus iusserit: quae Caesaris sint reddi Caesari etc. —, daß die Volksherrschaft und ihre Konsequenzen (imperium populare ... nulla quidem nititur rationi probabili) unvernünftig, die Trennung von Staat und Kirche verwerflich sei, daß endlich in rein politischen Fragen Freiheit der Auffassung herrschen, und namentlich die Vertreter der Presse sich enthalten sollen, andere wegen abweichender politischer Meinungen als suspectae fidei anzugreifen, was zum Leidwesen des Papstes öfter geschehen sei.

Wenn E. K. H. in Bezug auf eine Reihe anderer Aufstellungen der Encyclica Höchstihre Reserven machen werden, so geruhen Höchstdieselben ohne Zweifel, in den hervorgehobenen Punkten Gedanken zu erblicken, von denen eine gewisse günstige Einwirkung zu erwarten ist. Der Papst würde große Genugtuung empfinden, sollte ihm gewährt sein, die Eindrücke zu kennen, welche das apostolische Rundschreiben bei meinem gnädigsten Herrn hervorgerufen hat, und ich darf mich wohl der Hoffnung hingeben, daß auch dieser Inzidenzfall jener Politik weiser Mäßigung und Versöhnlichkeit zugutekommen wird, welchen die Regierung E. K. H. mit so ausgesprochenem Erfolge eingeschlagen hat.

Ich habe S. Z. dem P. Saccheri die gnädigste Einladung E. K. H. nach Baden vermittelt; leider war seine sofortige Rückkehr nach Rom bereits festgesetzt, so daß es ihm nicht möglich war, dieses Mal E. K. H. seine Ehrerbietung zu erweisen. Immerhin war derselbe E. K. H. für die ihm zugedachte Ehre in hohem Grade dankbar, und es hat sein Bericht in Rom auch nach dieser Seite an höchster Stelle sehr angenehm berührt. [...]

GLA 48/5449. fol. 91-94, unter Auslassung des letzten Absatzes gedr. H. *Schiel*, Im Spannungsfeld von Kirche u. Politik, Franz Xaver Kraus (1951) S. 49 ff.

¹ = Immortale Dei (über die christliche Staatsordnung) vom 1. Nov. 1885, gedr. Rundschreiben erlassen von Unserm Heiligsten Vater Leo XIII., Bd. 2 (Freiburg 1887) S. 335 ff. (lateinisch u. deutsch).
² Girolamo Pio Saccheri (1821—91), Dominikaner, 1866 Provinzial der römischen Provinz u. Bibliothekar an der Bibliotheca Casanatense in Rom, 1872—89 Sekretär der Index-Kongregation.

693. Turban an Großherzog Friedrich.

Karlsruhe, 1. Dezember 1885.

Das Abendblatt der Frankfurter Zeitung vom 30. November bringt unter „Privatdepeschen" die Mitteilung, die Reichsregierung beabsichtige die Einführung des Monopols für den Branntweinhandel. Der Korrespondent des Blattes war gut unterrichtet. Heute nachmittag wurde ich durch den Besuch des in strengem Inkognito hier eingetroffenen Kgl. Preuß. Finanzministers Herrn v. Scholz überrascht, welcher mir vertraulich von diesem Plane Kenntnis gab und den Wunsch äußerte, behufs einer näheren Darlegung desselben und einer vorläufigen Besprechung über etwaige Bedenken der Grh. Staatsregierung mit Herrn Geheimenrat Ellstätter zusammenzutreffen.

Aus den Äußerungen des Herrn v. Scholz gewann ich den Eindruck, daß die Hauptmotive des Projekts einesteils in den Finanznöten des Reichs und Preußens (der dem Preußischen Landtag demnächst vorzulegende Etat wird im Ordinarium ein Defizit von 20 Millionen Mark enthalten), anderenteils in der Absicht, der notleidenden Landwirtschaft aufzuhelfen, beruhen. In beiden Beziehungen setzt Herr v. Scholz die größten Hoffnungen auf die Verwirklichung der Idee und glaubt, daß sie alle entgegenstehenden Bedenken überwiegen. Mit Genehmigung des Herrn Reichskanzlers habe er es unternommen, zunächst mit den süddeutschen Staaten in vertrauliches mündliches Benehmen zu treten, und sei in München einer sehr freundlichen Aufnahme begegnet, desgleichen in Stuttgart[1].

Ich habe Herrn v. Scholz aufmerksam angehört, ihm für seine interessanten Mitteilungen gedankt, aber jeder Ansichtsäußerung mich enthalten und sodann seine Zusammenkunft mit Geheimrat Ellstätter eingeleitet. Über deren Verlauf bin ich z. Zt. noch nicht unterrichtet. Bei der Bedeutsamkeit des Vorgangs hoffe ich nicht säumen zu dürfen, E. K. H. diese vorläufige Anzeige zugehen zu lassen.

[...]

GLA FA Korresp. 13 N 536.

[1] Württemberg hatte am 23. März, Bayern am 24. Okt. 1885 durch den Landtag ein neues Branntweinsteuer-Gesetz angenommen (*Schultheß* S. 64. 141).

694. Turban an Großherzog Friedrich.

Karlsruhe, 2. Dezember 1885.

Ich zeige an, daß Herr v. Scholz, nachdem er gestern abend seine eingehende Besprechung mit Geheimrat Ellstätter gehabt und demselben einen vorläufigen Entwurf des Branntwein-Monopolgesetzes zurückgelassen hat, über welchen mein Herr Kollege heute vormittag mit Steuerdirektor Glockner[1] und den Ministerialräten Seubert[2] und Lewald[3] Beratung pflog, gegen Mittag zu einer nochmaligen Konferenz, der auch ich anwohnte, sich bei dem Finanzpräsidenten eingefunden hat und nun mit dem Nachmittagsschnellzug nach Berlin zurückbegibt.

Er hat von Ellstätter und mir unsere, vorerst noch rein persönliche Erklärung mitgenommen, wir würden bei der noch erforderlichen Besprechung im Staatsministerium und in dem E. K. H. zu erstattenden Vortrag die Meinung aussprechen, daß die Grh. Regierung sich einer Diskussion des fraglichen Vorschlags von vornherein und prinzipiell nicht entziehen, in der Sache selbst so weit tunlich mit der Haltung der anderen süddeutschen Staaten sich in Einklang setzen möge.

Die aus einer ersten flüchtigen Prüfung des Gesetzentwurfs hervorgegangenen diesseitigen Bedenken — vornehmlich wegen Schädigung u n s e r e r landwirtschaftlichen Interessen und wegen der Gefahr einer Begünstigung des verderblichen Branntweingenusses durch Monopoleinrichtung — wurden erörtert; da auch in München und Stuttgart ähnliche Vorstellungen erhoben worden sind, so hat Herr v. Scholz seine große Bereitschaft zu erkennen gegeben, den Entwurf schon für die weiteren Verhandlungen entsprechend umzugestalten.

Die eingehendere Vortragserstattung darf ich wohl dem Präsidenten des Finanzministeriums überlassen, welcher der bezüglichen allerhöchsten Befehle gewärtig ist.

GLA FA Korresp. 13 N 536.

¹ Emil Glockner (1837—1921), 1865 Sekretär bei der bad. Steuerdirektion, 1874 Kollegialmitglied beim Finanzministerium, 1884 Vorstand der Steuerdirektion, 1905 Mitglied der I. Kammer.
² Emil Seubert (1850—1923), Min.Rat im Finanzministerium (GLA 390/1988).
³ Ferdinand Lewald (1846—1928), Min.Rat im Finanzministerium, später Präsident des Verwaltungsgerichtshofes (GLA 56/349).

695. Marschall an Turban.

Berlin, 6. Dezember 1885.

Vertraulich! Ew. Exz. werden durch den kgl. preußischen Finanzminister Herrn von Scholz, der, wie ich höre, in den letzten Tagen München, Stuttgart und Karlsruhe besuchte¹, Kenntnis von den neusten Plänen des Reichskanzlers auf finanziellem Gebiete erhalten haben. Schon seit längerer Zeit wußte ich, daß in dem Reichsschatzamt Vorarbeiten für die Einführung eines Branntweinverkaufmonopols im Gange waren, welches angeblich 200 Millionen Mark Einnahmen liefern sollte, dagegen war es mir infolge der strengen Wahrung des Geheimnisses nicht gelungen, etwas Näheres darüber zu erfahren, auch muß ich offen gestehen, daß ich bis vor wenigen Tagen die ganze Idee für eines jener Projekte hielt, wie sie hier öfters plötzlich auftauchen, um während einiger Wochen die Geheimräte eines Ressorts zu beschäftigen und dann ebenso rasch wieder der Vergessenheit anheimzufallen. Nach meinen neusten Informationen kann nun allerdings kein Zweifel bestehen, daß wir der Absicht gegenüberstehen, das Branntweinverkaufsmonopol einzuführen und gleichzeitig die süddeutschen Staaten in die Branntweinsteuergemeinschaft aufzunehmen. Obgleich ich Herrn v. Mittnacht bei unserer gestrigen Unterredung sehr gesprächig fand, so unterließ ich es doch, ihn über diese Angelegenheit zu interpellieren, da ich nicht wußte, ob er geneigt sein würde, mir über seine Auffassung klaren Wein einzuschenken². Dagegen sagte mir heute Graf Lerchenfeld, daß Herr v. Mittnacht ihm mitteilte, er habe die Propositionen des Herrn v. Scholz nicht a limine abgewiesen, sich jedoch vorbehalten, zunächst den Entwurf einer näheren Prüfung zu unterwerfen. Herr v. Mittnacht glaubt, daß es sich hier um eine große Aktion auf dem Gebiete der inneren Politik zu dem Zweck handle, den Reichstag aufzulösen und dann das Branntweinmonopol mit Vorziehung für die Landwirte und die Arbeiter als Wahlparole auszugeben. Die jüngste kaiserliche Botschaft³ verfolge die Absicht, die Einzelstaaten über die Tendenz dieser Aktion zu beruhigen. Graf Lerchenfeld nimmt an, daß die Sache seiner Regierung sehr unbequem komme: letztere habe zu wiederholten Malen erklärt, daß sie kein Reservatrecht ohne Befragung ihrer Kammer aufgeben werde — an eine Zustimmung derselben zu diesem Projekt sei aber schon wegen der Konnexität der Biersteuer nicht zu denken. —

Wenn es sich hier wirklich um mehr als einen ballon d'essai handelt, so wird Herr v. Mittnacht mit seiner Vermutung recht haben. Die jüngsten Vorgänge im Reichstag und die Art und Weise, wie die Norddeutsche Allgemeine Zeitung nicht nur gegen das Zentrum und die Freisinnigen, sondern neuerdings auch gegen die Konservativen meist mittelparteilicher Färbung loszieht, deute darauf hin, daß es auf einen Bruch abgesehen ist. Der letztere würde ohnehin nicht zu vermeiden sein, wenn meine Vermutung sich bestätigt, daß nach Ablauf des laufenden Septennats dem Reichstage die Bewilligung des e i s e r n e n Militäretats, wie er seiner Zeit vorgesehen war, angesonnen werden will. *[...]*

GLA 49/2014 fol. 171 Konz.

[1] Vgl. Nr. 693. 694.

[2] Über Mittnachts Stellung vgl. G. H. *Kleine*, Der württ. Ministerpräsident Frhr. H. v. Mittnacht, Veröff. d. Kom. f. geschl. Ldskunde in Baden-Württ. (1969) S. 126 ff.

[3] Auf die von der polnischen Fraktion gestellte, von Zentrum, Freisinnigen, Sozialdemokraten und Elsaß-Lothringern unterstützte Anfrage an die Reichsregierung, was sie gegen die zu Tausenden gehenden Ausweisungen fremder Untertanen aus den östlichen Provinzen Preußens zu tun beabsichtige, antwortete Kaiser Wilhelm am 1. Dez. 1885 mit einer von Bismarck im Reichstag verlesenen allerhöchsten Botschaft vom 30. Nov., gipfelnd in dem Satz: „Es gibt keine Reichsregierung, welche berufen wäre, unter der Kontrolle des Reichstags, wie sie durch jene Interpellation versucht wird, die Aufsicht über die Handhabung der Landeshoheitsrechte der einzelnen Bundesstaaten zu führen, so weit das Recht dazu nicht ausdrücklich dem Reiche übertragen worden ist" (*Schultheß* S. 153 f.).

696. Leopold v. Ranke an Großherzog Friedrich.

Berlin, 2. Januar 1886.

E. K. H. haben mir schon mehr als einmal in trüben und in heiteren Tagen Beweise Ihres Wohlwollens gegeben. Die Frau Großherzogin, Ihre Gemahlin, hat mich wohl mal mit dem längsten und schönsten Telegramm, das ich je erhalten, beglückt. Der ältere Ihrer Herren Söhne, der jetzt eine eigene Familie gegründet, hat mich zu Zeiten in meinem Hause aufgesucht und mir Gelegenheit gegeben, einen jungen Mann von hoher Intelligenz des Geistes und einer fleckenlosen Reinheit der Gesinnung kennen zu lernen. Der jüngere Ihrer Herren Söhne hat mich noch vor seiner letzten Abreise mit einem Besuch erfreut, bei dem ich seine wachsende Entwicklung in jeder Beziehung wahrnehmen konnte. In dieser Hinsicht gehöre ich Ihrer Familie als einer von jenen an, die sich Ihres Wohlwollens in ungewöhnlichem Grade erfreuen. Dazu fügen nun E. K. H. die höchste Stufe Ihres Ordens, der durch seinen Namen in das deutsche Altertum zurückführt[1]. Gerade diese Verbindung zeichnet die heutige deutsche Welt noch eigentümlich aus. Möge Gottes Gnade über E. K. H., Ihrer Familie, Ihrem Lande walten!

GLA FA Koresp. 13 N 491.

[1] Großkreuz zum Zähringer Löwen (vgl. L. v. Ranke, Neue Briefe, hg. v. B. *Hoeft* u. H. *Herzfeld*, 1949, S. 738 f.) zum 90. Geburtstag am 21. Dez. 1885. Wegen Teilnahme an diesem Geburtstag hatte sich Ranke beim Großherzog und der Großherzogin bereits am 22. Dez. 1885 einmal bedankt (Neue Briefe S. 732).

696a. Aus Marschalls Tagebuch.

2. bis 14. Januar 1886.

2. Januar 1886. Um 10,53 Ankunft I.I.K.K.H.H. des Großherzogs und der Großherzogin von Baden.

3. Januar 1886. Um 12 Uhr Festgottesdienst für das 25. Jubiläum des Kaisers.

6. Januar 1886. Um 4,30 Uhr Audienz bei der Großherzogin, wozu der Groß-

herzog kommt. Wir sprechen vom Branntweinmonopol[1] und vom Schreiben des Papstes an Bismarck[2].

7. Januar 1886. Um 4 Uhr beim Großherzog. Er spricht interessant über das Verhältnis von Kaiser, Kronprinz und Prinz Wilhelm. Bittet mich, Besprechungen mit dem Reichskanzler und Goßler zu veranstalten. Gleich nachher Besuch bei letzterem.

8. Januar 1886. Um 9,30 Uhr zum Großherzog, um ihm das Resultat meiner Besprechung mit Goßler zu melden. [...]

9. Januar 1886. Um 4 Uhr Audienz beim Großherzog. Er erzählt sehr interessant von seinen Unterredungen beim Reichskanzler und Goßler. Antwortschreiben des ersteren an den Papst[3] und kirchenpolitische Anträge intendiert.

11. Januar 1886. Um 4 bis 5,15 Uhr beim Großherzog. Wir sprechen über Parlamentarismus. Er wünscht, den Grafen Herbert Bismarck zu sehen.

12. Januar 1886. Um 11,30 Uhr bringt mir Bötticher den Kronenorden I. Klasse. Große Freude! [...] Um 3,30 Uhr beim Großherzog, der sehr über die Ordensverleihung erfreut ist.

14. Januar 1886. Um 9,42 Uhr Abreise I.I.K.K.H.H. des Großherzogs und der Großherzogin.

Oberkirch, Besitz Frau v. Seyfried.

[1] Zum Antrag Preußens im Bundesrat über das Branntweinmonopol vgl. *Schultheß* S. 3 ff.
[2] Im Streit des Deutschen Reichs und Spaniens über die Karolinen-Inseln hatte der Papst auf Bismarcks Veranlassung einen von beiden Seiten am 17. Dez. 1885 unterzeichneten Schiedsspruch gefällt. Bismarck erhielt aus diesem Anlaß am 31. Dez. 1885 den Christusorden. Das Schreiben Leos XIII. an Bismarck gedr. *Schultheß* S. 163.
[3] Bismarcks Antwortschreiben an Leo XIII. vom 13. Jan. 1886 gedr. dt. *Schultheß* S. 7.

697. Marschall an Turban.

Berlin, 20. Januar 1886.

Vertraulich! [...] Ich hatte gestern Gelegenheit, mit dem zur Zeit hier weilenden Herrn Oberbürgermeister Miquel ein längeres Gespräch über Kirchenpolitik zu führen[1]. Herr Miquel, der sich bekanntlich im preußischen Abgeordnetenhause stets als ein gründlicher Kenner und scharfsinniger Beurteiler der durch die preußischen Maigesetze geschaffenen kirchenpolitischen Verhältnisse erwiesen hat, erzählte mir dabei vertraulich, daß er vor einigen Tagen eine längere Besprechung mit dem Herrn Reichskanzler gehabt habe und dabei auch die kirchenpolitische Frage berührt worden sei; in dieser Beziehung befinde sich der Reichskanzler in einer Stimmung, die ihn überrascht habe. Derselbe verurteile nicht nur in den schärfsten Ausdrücken die ganze Falksche Politik, sondern wolle von den Maigesetzen überhaupt nichts mehr wissen; am meisten erstaunt sei er — Miquel — über die Äußerung des Reichskanzlers gewesen, daß a u c h   d i e   F r a g e   d e r   E r z i e - h u n g   d e r   G e i s t l i c h e n   f ü r   i h n   a b s o l u t   k e i n e n   W e r t   m e h r   h a b e, da es doch unmöglich sei, sich einen national gesinnten katholischen Klerus zu schaffen. Bei dieser Auffassung sei der Reichskanzler geblieben, obgleich er — Miquel — ihm dargelegt habe, daß selbst preußische Bischöfe wie Kopp und andere entschiedene Gegner einer vollständigen Preisgebung der staatlichen Ingerenz in. die Erziehung der Geistlichen und Befürworter einer deutschen Erziehung des Klerus seien. Ohne in die Details einzugehen, sei der Reichskanzler darauf stehen geblieben, daß alle die Materien, die bisher den Mittelpunkt des Kampfes gebildet, Anzeigepflicht, kirchlicher Gerichtshof und Erziehungsfrage für den Staat durchaus wertlos seien. Herr Miquel fürchtet, daß, wenn diese Auffassung des Reichskanzlers mehr als eine vorübergehende Stimmung bzw. Verstimmung sei, die intendierte kirchenpolitische Vorlage[2] voraussichtlich mehr preisgeben werde, als nötig und nützlich erscheine. Er vermöge nicht zu begreifen, warum man in Preußen sich in der kirchenpolitischen Frage nicht die badischen Verhältnisse zum Vorbilde nehme, und habe sich auch in diesem Sinne dem Herrn Reichskanzler gegenüber geäußert; letzterer sei aber immer wieder auf sein ceterum censeo bezüglich der Nutzlosigkeit aller derartigen Einrichtungen zurückgekommen. Schließlich bemerkte Herr Miquel, daß er um so weniger Hoffnung auf eine wirklich befriedigende Lösung des kirchenpolitischen Konflikts habe, als der Reichskanzler, wenn er diese Fragen anrühre, stets noch anderweitige politische Ziele verfolge. Daß jetzt das Branntweinmonopol mit im Spiele stehe, sei unzweifelhaft; übrigens täusche sich der Reichskanzler, wenn er glaube, die Zustimmung des Zentrums zu diesem Projekte durch kirchenpolitische Konzessionen erkaufen zu können. Diese letztere Anschauung teile ich vollständig. [...]

GLA 233/34797 fol. 23 ff. Ausf., dem Großherzog vorzulegen, zurück am 22. 1. 86; 49/2015 fol. 3 f. Konz.

[1] Miquels Haltung zum Kulturkampf vgl. *Herzfeld* I S. 263 ff., 455 ff., zum Abbau der Kulturkampfgesetzgebung II 51 ff.
[2] Das preuß. Staatsministerium beschloß am 10. Jan. 1886 Richtlinien über die Freiheit in der Vorbildung des Klerus und über die Freigabe der kirchlichen Jurisdiktion, die Bischof Kopp ausgearbeitet hatte (*Heckel* S. 321 f.).

698. Marschall an Turban.

Berlin, 28. Januar 1886.

Vertraulich! [...] Die große Rede, welche der Herr Reichskanzler heute im Abgeordnetenhause bezüglich der Polenfrage gehalten hat, machte vornehmlich wegen ihres Schlußpassus einen außerordentlichen Eindruck in parlamentarischen Kreisen. Man findet in demselben vielfach die Androhung eines Staatsstreiches[1]. In wieweit dies zutrifft, vermag ich nicht zu beurteilen, da ich die fraglichen Worte, obgleich sie mit erhobener Stimme gesprochen wurden, von der Tribüne aus nicht in ihrem ganzen Zusammenhang verstehen konnte; ich kann nur bestätigen, daß die Wirkung auf die Versammlung eine so tiefe und nachhaltige war, daß der folgende Redner — Windthorst — erst nach einigen Minuten zum Worte gelangen konnte.

GLA 233/34796 fol. 83 f. Ausf., dem Großherzog vorgelegen.

[1] „Es kann ja auch sein, daß unsere inneren Verwicklungen den verbündeten Regierungen die Notwendigkeit auferlegen, ihrerseits — und Preußen an ihrer Spitze — danach zu sehen, ne quid detrimenti res publica capiat, die Kraft einer jeden einzelnen unter ihnen und den Bund, in dem sie miteinander stehen, nach Möglichkeit zu stärken und sich, soweit sie es gesetz- und verfassungsmäßig können, von der Obstruktionspolitik der Reichstagsmajorität unabhängig zu stellen (Hört! Hört! rechts). Ich gehöre nicht zu den

Advokaten, noch nicht zu den Advokaten einer solchen Politik, und sie läuft meinen Bestrebungen aus den letzten Jahrzehnten im Grunde zuwider. Aber ehe ich die Sache des Vaterlandes ins Stocken und in Gefahren kommen lasse, da würde ich doch S.M. dem Kaiser und den verbündeten Fürsten die entsprechenden Ratschläge geben und auch für sie einstehen. Ich halte den Minister für einen elenden Feigling, der nicht unter Umständen seinen Kopf und seine Ehre daran setzt, sein Vaterland auch gegen den Willen von Majoritäten zu retten" (Ges. Werke XIII S. 144 ff., hier S. 165). — Vgl. die Wendung in Bismarcks Rede vor dem Reichstag am 29. Jan. 1886: „Der Punkt ist der, daß, wenn der Reichstag die Erwartungen nicht erfüllt, die Deutschland von ihm hegt, die verbündeten Regierungen ihrerseits sehen müssen, wie sie sich helfen können, ohne der Verfassung und dem Reichstage Gewalt anzutun. Das nächstliegende Mittel ist, daß sie sich ihren eigenen Landtagen wieder mehr nähern, die Beziehungen zu ihnen pflegen und stärken und sich von den vergeblichen Bemühungen, beim Reichstage irgend etwas im Interesse des Reichs zu erreichen, ausruhen" (ebd. S. 174).

699. Baumstark an Nokk.

Freiburg, 29. Januar 1886.

Das betrübte Achselzucken des Dieners, der um unsern Herrn Erzbischof lebt und die Frage nach dem Befinden S. Exz. diplomatisch zu beantworten glaubt, beleuchtet besser, als irgend sonst etwas dies vermöchte, Lenders plötzliche Entdeckung von der Verlogenheit und Lieblosigkeit d e r Presse[1], welche Kausen[2] ihm aus der Sasbacher Tyrannis entwunden hat. Ich weiß nicht, bis zu welchem Grade Sie mit Wahrheit bedient werden, aber ich weiß leider, daß die Interessen der katholischen Kirche in unserm Land als Spielball zweier Intriganten dienen sollen, deren Namen Kraus und Lender heißen. Um diesen Antagonismus dreht sich seit Jahren alles. Lender hat es nicht gescheut, durch Hansjakobs Feder Kraus aufs tiefste herabwürdigen zu lassen, und Kraus scheut sich nicht, durch Hansjakobs Mund verbreiten zu lassen, die Regierung werde auf des Domkapitels Aussterben (bis zu einem gewissen Grad) warten, um ihn Papa adiuvante auf den erzbischöflichen Stuhl zu erheben. Mitten in dem großen Ekel, den ich fühle, kommt es mir doch vor, als ob ich für alle Fälle Ihnen sagen sollte, daß es so ist und daß der eine wie der andere der beiden Wettrenner alles verdient, nur das nicht, um was er rennt. Ich bin glücklicherweise kein Mitbewerber um die Tiara, für welche man diese Mitra fast halten möchte. Beide waren meine Freunde, von beiden trennte ich mich, als ich sah, wo des Pudels Kern steckt. Beide hoffen, die Regierung über den Löffel zu barbieren, und vor beiden möchte ich warnen. Beide wollen sich selbst, dann dies nochmals, dann das andere. Lender ist durch seine langjährige Zentrumslüge — er ist weniger ultramontan als ich — zum Lügner, und Kraus ist durch sein Herumkriechen in Zimmern und Vorzimmern zum Höfling geworden. Neutrius imago in hac nostra ecclesia cathedrali conspiciatur. [...]

Freiburg, 30. Januar 1886.

Inliegenden Brief schrieb ich gestern abend spät bei Lampenschein nach einem sorgenvollen und verhetzten Tag. Ich lese ihn wieder am hellen Morgen und finde, daß es nicht recht wäre, wenn ich ihn nicht absenden würde, wie er ist.

Ich weiß sehr wohl, daß ich selbst vor vielen Jahren Lenders Wunsch geteilt, daß ich für die Zwecke des H. Kraus sogar zu wirken gesucht habe. Als ich dem ersteren von den Wünschen des letzteren mit dessen Zustimmung i. J. 1879 Kenntnis gab, sagte derselbe (Lender): „Du bist ja viel klüger als ich", und schien alles recht zu finden. Einige Monate nachher erschien in der „Frankfurter Zeitung" der famose Artikel gegen Kraus, der ihn als grundsatzlosen Streber mit Schmach zu überhäufen suchte. Lender gab mir schriftlich sein Wort, „se hujus articuli neque auctorem esse neque redactorem". Hansjakob gestand mir, er habe ihn verfaßt und vor der Absendung Lender vorgelegt, mit dessen ausdrücklicher Billigung er veröffentlicht worden sei. Als ich H. L[ender] konfrontierte, mußte letzterer mit blutrotem Gesicht alles zugestehen. Deshalb bin ich gegen L[ender], weil Lüge und Wortbruch die Früchte seiner geheimen ehrgeizigen Leidenschaft waren und noch sind.

H. Prof. K[raus] hat glänzende Geistesgaben. Nachdem es uns gelungen war, ihn mit Hansjakob zu versöhnen (wozu er gleich bereit sich zeigte, als er sich in Karlsruhe von Hansjakobs Aussichten auf St. Martin überzeugt hatte), machte ich mit Kummer die Wahrnehmung, daß an die Stelle priesterlicher Weihe immer mehr der weltliche Ehrgeiz trat und daß der wissenschaftlichen Bedeutung des Mannes sein sittlicher Wert nicht entspricht. Dies Ihnen nicht vorzuenthalten, schien mir gegenüber von dem, was ich früher in ehrlicher Meinung gesagt hatte, gleichfalls Pflicht der Wahrheit.

Ich habe gesprochen — salvavi animam — beim Lampenschein und beim Tageslicht. Es wird wohl stimmen.

GLA 52/XIII.

[1] Lender regte am 21. Jan. 1886 in der II. badischen Kammer im Sinne des freundlichen Einvernehmens zwischen Staat und Kirche die Änderung bzw. Beseitigung der noch bestehenden Kampfgesetze aus der Zeit 1870—80 an, verwies aber bezüglich der ersten Schritte auf die Initiative des Freiburger Erzbischofs (*Schultheß* S. 16). An gleicher Stelle wandte er sich am 28. Jan. als Vorsitzender der katholischen Fraktion mißbilligend gegen einen Teil der ultramontanen Presse (ebd. S. 44 f.).
[2] Armin Kausen, Redakteur des „Bad. Beobachters".

700. Marschall an Turban.

Berlin, 30. Januar 1886.

Vertraulich! *Es ist* Propst Dinder[1] in Königsberg v o n R o m a u s der preußischen Regierung als Kandidat für den erzbischöflichen Stuhl in Posen-Gnesen in Vorschlag gebracht und von der letzteren sofort als genehm bezeichnet worden. [...] Der Vorschlag Dinders durch den Papst hat hier einen sehr günstigen Eindruck gemacht, während in der polnischen Presse die tiefe Mißstimmung der Nationalpolen über die Ernennung eines Deutschen zum Erzbischof von Posen zu Tage tritt.

Graf Herbert Bismarck, dem ich diese Mitteilungen verdanke, interpellierte mich gestern über den jüngsten Vorgang in der II. Kammer[2], er bemerkte, als ich ihm den Sachverhalt, so weit er mir aus badischen Blättern bekannt war, dargelegt hatte: Herr Lender scheine über die Auffassung des Papstes bezüglich der Haltung der katholischen Presse gut unterrichtet zu sein; nach einem Berichte Herrn von Schlözers habe der Papst an den Bischof Kopp in Fulda anläßlich dessen Berufung in das preußische Herrenhaus[3] einen Brief gerichtet, in dem er ihn zu dieser Auszeichnung beglückwünsche und gleichzeitig seine entschiedene Mißbilligung ausspreche über die höhnische Art, wie die deutsche katholische Presse und speziell die „Germania" sich gegen Kopp und namentlich über seine Berufung ins Herrenhaus geäußert habe. — Graf Bismarck fügte bei, daß Herr Kopp hoffentlich die Erlaubnis erhalten werde, diesen Brief der Öffentlichkeit zu übergeben. *[...]*

GLA 49/2015 Konz.

[1] Julius Dinder (1830—90), 1856 Priester, 1865 Pfarrer in Grieslienen, 1868 Propst in Königsberg, 1886 als Nachfolger von Ledochowski Erzbischof von Gnesen-Posen u. polnischer Fürstprimas.
[2] Vgl. Nr. 699 Anm. 1.
[3] Bischof Kopp wurde Mitte Jan. 1886 zum Mitglied des Herrenhauses ernannt.

701. Großherzog Friedrich an Herzog Ernst II. von Sachsen-Coburg-Gotha.

Karlsruhe, 6. Februar 1886.

Mit steigendem Interesse haben wir Deine Schrift über fremde Einflüsse in unseren nationalen Angelegenheiten gelesen[1]. Oft gedachten wir dabei Deiner Erzählung während Eurer jüngsten Anwesenheit hier, die uns so sehr erfreute. Ich danke Dir bestens für die Übersendung Deiner Arbeit und für die begleitenden freundlichen Zeilen. *[...]* Die Angelegenheiten, welche Du in Deiner Schrift besprichst, sind ernste Blicke in die Zukunft. Wenn schon dermalen manche üble Folgen des von Dir bezeichneten Einflusses sich kundgegeben, wieviel mehr ist später davon für unsere Verhältnisse zu befürchten. Dein jüngster Aufenthalt in Berlin wird Dir wiederum manchen wertvollen Einblick gewährt haben. *[...]*

Inzwischen haben sich große Veränderungen in England ergeben — welche Überraschungen wird uns Gladstone[2] noch vorbehalten! — In Irland scheint er doch vorsichtiger vorgehen zu wollen, als er vor Eintritt in die Verantwortlichkeit verkündet hatte. Für die auswärtige Politik soll Rosebery[3] gewisse mäßigende Garantien bieten. Immerhin bedeutet dieser Systemwechsel sowohl für England als für Europa einen sehr ernsten und gefährlichen Abschnitt, der zu großen Komplikationen führen kann. Die Königin scheint durch diesen System- und Personenwechsel sehr unangenehm berührt. Möchte sie sich nun veranlaßt sehen, den inneren Angelegenheiten ihres Reiches eine recht sorgfältige Aufmerksamkeit zuzuwenden. Gladstone könnte unter Umständen das Königtum recht unbequem finden und hätte dann schon die Eigenschaften für einen modernen Cromwell. *[...]*

GLA FA Korresp. 13 Bd. 47 Fasz. 89 Nr. 8 eig. Konz.

[1] Die scharf anti-englische Broschüre des Herzog Ernst „Mitregenten und fremde Hände in Deutschland" (28 S.), anonym Zürich 1886, wendet sich gegen „Frauenpolitik" und „Damenfeldzüge" besonders gegen die Kronprinzessin Friedrich.
[2] William Gladstone (1809—98), am 30. Jan. 1886 zum drittenmal zum britischen Premierminister ernannt.
[3] Archibald Philip Primrose Earl of Roseberry (1847—1929), Außenminister im 3. Kabinett Gladstone.

702. Nokk an Großherzog Friedrich.

Karlsruhe, 9. Februar 1886.

E. K. H. sende ich den allergnädigst mitgeteilten Entwurf eines allerhöchsten Handschreibens an S. Heiligkeit den Papst[1], nachdem ich das wichtige Aktenstück wiederholt und genau gelesen, mit [. . .] dem untertänigsten Bemerken zurück, daß ich den Gedankengang und die Entwicklung der allerhöchsten Anschauungen nur in hohem Grade zutreffend und einleuchtend finden kann.

Da E. K. H. mir aber gnädigst gestattet haben, bezüglich der Einzelheiten ganz offen meine Ansicht zu sagen, so erlaube ich mir in schuldiger Ehrfurcht, der höchsten Erwägung anheimzugeben, ob nicht die Schilderung der demagogischen Arbeit eines Teils des deutschen Klerus etwas gemildert werden könnte. Ich habe dabei den Satz Goethes im Auge, der von der Wahrheit sagt, „scharf eingerieben tut sie wehe". Da S. Heiligkeit der Papst ohne Zweifel auf die von so hoher Stelle kommenden Worte besonders achtet, so hielte ich eine Abschwächung für möglich, ohne die Wirkung wesentlich zu beeinträchtigen. Ich habe die Stellen des Entwurfes hiebei im Auge, welche beginnen: „Je déplore sincèrement l'aveu qu'une partie considérable du clergé catholique en Allemagne etc. etc.". Vielleicht würde es sich empfehlen, hier zu sagen, wie besonders beklagenswert es sei, daß a u c h ein Teil des Klerus in Deutschland sich an der Verbreitung ultrademokratischer Grundsätze beteilige. Ultradémocratique wäre wohl in gutem Zusammenhange mit der in dem folgenden Satz stehenden Bezeichnung d é m a g o g i e terrorisante. Dieser ganze Satz „Ce travail souterrain" scheint mir sehr bedeutsam. Der nächste Satz wäre vielleicht wieder einer Milderung zu unterziehen. Es wäre etwa zu sagen: dieser demagogische Ansturm, unterstützt und geschürt von einer vielfach unsachlichen, leidenschaftlichen Presse, welchem ein Teil des Klerus in Deutschland, ich will nicht untersuchen um welcher angeblichen Zwecke willen, leider nicht ferne bleibt, richtet sich ebenso gegen die Regierung als gegen die Bischöfe usw.

E. K. H. bitte ich untertänigst zu verzeihen, daß ich derartige, unter Umständen kleinlich erscheinende Abschwächungen vorzuschlagen mir erlaube. Ich möchte nur zeigen, wie ich mir eine Milderung denke, welche den Gedankengang nicht verdirbt. Wertvoll scheint mir aber eine etwas gemilderte Sprache, soweit der Klerus in Betracht kommt, besonders um deswillen, weil diesem allerhöchsten Handschreiben wohl weitere allerhöchste Schreiben nachfolgen, deren geneigte Aufnahme um der großen Sache des religiösen Friedens in dem Lande willen besonders erfreulich wäre.

GLA 48/5449 fol. 117 f.

[1] Nr. 703.

703. Großherzog Friedrich an Papst Leo XIII.

Karlsruhe, [14.] Februar 1886.

Dank für die am 1. November 1885 verkündete Enzyklika „De Civitatum Constitutione Christiana."[1]

Je suis profondément reconnaissant de la gracieuse attention que Votre Sainteté a bien voulu me témoigner en m'envoyant non seulement un magnifique exemplaire de Son Encyclique, mais aussi en me faisant observer[a] certains passages importants qu'Elle recommande tout spécialement à mon étude.

Veuillez agréer l'assurance, très Saint Père, que j'apprécie[b] toute la valeur des sentiments élevés et justes que V. S. a exprimés par des paroles si dignes d'une attention générale. Les principes conservateurs qu'Elle recommande au monde catholique et à Son clergé sont d'autant plus importants, que l'étendue du mouvement radical est malheureusement si progressive qu'il sera difficile d'arrêter[c] les esprits excités par des influences intransigeantes.

V. S. me permet de Lui dire mon jugement sur les principes politiques de Son Encyclique. Je profite de cette permission qui m'impose un devoir sacré à remplir vis à vis de V. S. et de ma patrie allemande.

Je suis convaincu que nulle part les préscriptions de V. S. par rapport au maintien de l'ordre légal et monarchique seront comprises avec autant de sympathie qu'en Allemagne, où la grande majorité des populations sait apprécier la nécessité d'un ordre social fondé sur la religion et sur des institutions fortes et durables. Cette majorité de la population possède aussi toute la croyance nécessaire à la conservation de ces principes fondamentaux de tout État monarchique tout autant que l'Église[d].

V. S. comprend donc que le clergé peut avoir une influence toute exceptionelle sur les populations allemandes. S'il se rend digne de cette tâche, le résultat ne manquera pas d'être des plus heureux pour le bien-être de l'État et les intérêts religieux du peuple. Mais si le clergé propage la sédition il sera entrainé par les flots qui perdent l'Église et l'État à la fois. Je déplore sincèrement de voir une partie du clergé catholique en Allemagne[e] s'associer à la propagation de principes ultradémocratiques soutenus par des chefs de parti et par une presse passionée et corrompue.

Ce travail souterrain fait un mal extrême et prépare des dangers pour l'avenir qui ne se déclareront en toute leur étendue que quand l'autorié de l'Église et de l'État sera compromise au point de ne plus pourvoir résister à la force d'une démagogie terrorisante. Ce manoeuvre démagogique se dirige[f] tout autant contre les gouvernements que contre les Évêques et Archevêques[g] et l'on ne ménage même plus l'autorité de V. S. quand il s'agit de faire valoir des intérêts de parti. Je regrette de devoir dire que même dans ces attaques une partie du clergé se réunit aux meneurs des multitudes exaltées.

Cet état de choses impose la nécessité d'une entente entre l'Église et les gouvernements monarchiques.

Une des premières conditions pour la consolidation d'un ordre durable, c'est, d'après mon avis, le rétablissement d'une autorité plus complète des Archevêques et des Évêques vis-à-vis de leur clergé qui[h] est plus obéissant aux chefs de parti politique qu'à leurs chefs hiérarchiques. Donc le raffermissement d'une discipline hiérarchique est indispensable dans l'intérêt religieux des populations catholiques.

Le premier pas pour une entente durable entre l'Église et les gouvernements monarchiques est marqué par les paroles si importantes de l'Encyclique de V. S. du 1er novembre 1885.

Partant de ce point de vue j'ai cru devoir ajourner cette lettre à V. S. jusqu'après le 25 jubilé du règne de notre Empereur[2] — époque qui me conduisait à Berlin où l'occasion se présenterait de traiter ces grandes questions. Ce que je puis dire[i] sur mes impressions n'est que mon opinion personnelle et un récit très confidentiel. Il est naturel que le gouvernement de l'Empereur et Roi déplore un état de choses, tel que je viens de le soumettre à la haute appréciation de V. S. Le gouvernement impérial n'aspire qu'à une entente[k] avec V. S.[l] pour rétablir de bonnes relations entre l'Église et l'État et pour sauvegarder les intérêts religieux des populations catholiques.

Très Saint Père! Permettez-moi de Vous faire observer que les intentions de notre Empereur vis-à-vis de l'Église catholique sont les meilleures[m]. L'âge avancé de ce vénéré souverain impose la nécessité de profiter de son règne pour assurer un état de choses[n] qui ne se fondera que par sa volonté et par les vues éclairées de V. S. Si par l'initiative du très Saint Père les intentions pacifiques[o] de notre Empereur trouvent le soutien nécessaire, son gouvernement réussira de faire accepter au parlament prussien les lois[p] nécessaires. Toute l'Allemagne se féliciterait d'un pareil évènement et une nouvelle époque de bien-être daterait de l'heureuse initiative prise par V. S.

Elle voudra me permettre de L'entretenir bientôt des intérêts spécialement Badois[3]. [...]

a) *Am Rande von fremder \Hand:* recommandant à mon étude.
b) *Am Rande von fremder \Hand:* sais hautement apprécier.
c) *Korr. von fremder Hand aus:* arrêter le cours des esprits.
d) *Es folgt in der Hand des Großherzogs gestr.:* L'Allemagne est donc éminamment choisie par la Providence comme le représentant des droits divins reposant sur un fondement durable, c'est-à-dire sur une nation qui respecte tout autant les saintes prescriptions de l'Église que les institutions politiques de l'État.
e) *Es folgt gestr.:* propage sans gène et avec un fanatisme, digne d'une meilleure cause, des principes démocratiques parmi les populations. *Vgl. Nr. 702.*
f) *Korr. aus:* Cette partie du clergé catholique dirige ses attaques.
g) *Es folgt gestr.:* qui ne se soumettent pas à leur terrorisme. *Vgl. Nr. 702.*
h) *Es folgt gestr.:* souvent *mit dem Randvermerk (von Nokk?)*: Vielleicht statt souvent parfois.
i) *Korr. aus:* Je suis heureux de pouvoir dire.
k) *Von fremder Hand korrigiert in:* aspire, je le crois, à.
l) *Das Folgende für gestr.:* pour combattre en commun les principes destructifs qui empêchent un développement paisible des affaires intérieures de l'Allemagne, qui enveniment les relations durables entre l'Église et les gouvernements pour sauvegarder les intérêts religieux des populations catholiques et qui n'auront d'autre résultat qu'une révolution générale.
m) *Von fremder Hand korr. aus:* excellentes, paisibles, franches.
n) *Korr. aus:* préparer un avenir plus heureux.
o) *Von fremder Hand korr. aus:* paisible.
p) *Es folgt gestr.:* qui fonderont un nouvel état de chose.

GLA 48/5449 fol. 119-121 eig. Konz. mit stilistischen u. orthographischen Korrekturen von fremder Hand, ebd. eine weitere, nach dieser Vorlage noch einmal korr. Fassung fol. 122-124 eig.Konz.

[1] Vgl. Nr. 692.
[2] 2. Jan. 1886.
[3] Nach einer Äußerung gegenüber F. X. Kraus ist dieser Brief unbeantwortet geblieben (*Kraus*, Tagebücher S. 515).

704. Marschall an Turban.

Berlin, 14. Februar 1886.

Vertraulich! Ew. Exz. beehre ich mich ergebenst anzuzeigen, daß die in Vorbereitung begriffenen kirchenpolitischen Vorlagen demnächst dem Landtage, und zwar zuerst dem Herrenhause zugehen werden[1]. Über den Inhalt derselben hat mir Staatsminister von Goßler, den ich gestern sprach, folgende vertrauliche Mitteilungen gemacht: Die eine der Vorlagen betrifft die Erziehungsanstalten für

Geistliche; sie hält das Verbot der eigentlichen Knabenkonvikte bzw. Knabenseminare im tridentinischen Sinne aufrecht, sieht dagegen die Errichtung sogenannter Alumnate vor, in denen die Knaben unter einer von der kirchlichen Behörde erlassenen Hausordnung stehen und nebenbei die öffentlichen Schulen besuchen analog den Anstalten in Fulda und Freiburg; derartige Anstalten sollen keinen speziellen Beschränkungen mehr unterliegen, sondern lediglich dem gemeinen Rechte unterstehen. Eine durchgreifende Änderung sieht die Vorlage bezüglich der eigentlichen P r i e s t e r -Seminare vor, die von nun an dieselbe Freiheit genießen sollen wie in Baden. Herr von Goßler sagte mir, daß in dieser Beziehung ein geradezu dringendes Bedürfnis der Änderung der Gesetzgebung vorliege, da fast alle preußischen Theologen in der letzten Zeit in das Seminar nach Eichstätt gegangen seien; man habe dies ja verbieten können, er sei aber nicht geneigt gewesen, durch ein solches Verbot einen neuen Konflikt heraufzubeschwören; er gehe von der Anschauung aus, daß Männer von 23 bis 25 Jahren nach Absolvierung ihres Universitätsstudiums sich selbst überlassen werden könnten. Die zweite Vorlage beschäftigt sich mit dem kirchlichen Gerichtshof und dem recursus ab abusu; der erstere wird aufgehoben, der staatliche Rekurs, sowohl was den Kreis der Personen, gegen welche er stattfindet, als auch was die Voraussetzung der Statthaftigkeit desselben betrifft, wesentlich beschränkt. Eine große Schwierigkeit bildete, wie mir Herr von Goßler mitteilte, die Festsetzung der Behörde, welche an Stelle des kirchlichen Gerichtshofes über die A b s e t z u n g eines kirchlichen Beamten zu entscheiden hat. Der Minister wünschte, auch die Absetzung dem Staatsministerium zu übertragen, war aber durch § 1 des Reichsgesetzes vom 4. Mai 1874 daran gehindert, da hier ein g e r i c h t l i c h e s Urteil vorausgesetzt wird. Unter diesen Umständen blieb nichts anderes übrig, als in analoger Anwendung von § 3 Abs. 3 jenes Gesetzes das höchste Landesgericht als die für Ausspruch der Absetzung zuständige Stelle zu bestimmen.

Herr von Goßler sagte mir ferner, daß die Regierung geneigt sei, wenn aus dem Landtage dahin gehende Wünsche laut würden, der katholischen Kirche noch weiter entgegenzukommen, als in der Vorlage geschehen, daß aber hierbei der Anschein vermieden werden müsse, als ob man dem Zentrum Konzessionen mache. Aus diesem Grunde werde die Vorlage zuerst an das Herrenhaus gehen, wo man einer sachlichen, von Parteirücksichten freien Behandlung der Vorlage sicher sei. Diese Bemerkung des Ministers gewinnt ein besonderes Interesse, wenn man damit die jüngsten an die Person des Bischofs Kopp sich knüpfenden Vorkommnisse in Verbindung bringt. Herr Kopp ist bekanntlich persona gratissima bei der preußischen Regierung; der Brief, welchen der Papst anläßlich seiner Berufung ins Herrenhaus an ihn richtete, [...] beweist, daß er auch in Rom an entscheidender Stelle Vertrauen besitzt; wenn schon jene Berufung sowie die jüngst stattgehabte längere Unterredung des Bischofs mit dem Herrn Reichskanzler darauf hindeuteten, daß ihm eine entscheidende Rolle bei dem in Aussicht genommenen Friedenswerke zugedacht ist, so wird dies durch die Vorlage der kirchenpolitischen Entwürfe an das Herrenhaus vollends zur Gewißheit. Offenbar gedenkt die Regierung, die Vorlage im Herrenhause nach kirchlicher Seite hin so weit amendieren zu lassen, daß sie die Zustimmung des Bischofs Kopp erhält; — dem placet eines katholischen Bischofs gegenüber wird dann das Zentrum bei der Beratung der Vorlage im Abgeordnetenhause in eine Art Zwangslage versetzt und der Anschein hervorgerufen, daß die Regierung mit Unterstützung eines ihr befreundeten, von der Zentrumspresse

wiederholt angefeindeten Bischofs den kirchenpolitischen Frieden gleichsam g e -
g e n das Zentrum geschlossen habe — ein Gedanke, der jetzt schon in der offiziösen Presse vielfach ventiliert wird.

Meine Anfrage, wie denn der Papst sich zu den kirchenpolitischen Vorlagen
stelle, erwiderte Herr von Goßler dahin, die Nachricht der „Germania", daß dieselben im Vatikan Mißstimmung hervorgerufen haben, sei absolut unwahr, im
Gegenteil habe der Papst seine Freude über das Entgegenkommen der preußischen
Regierung ausgesprochen und zu einem Teil sein „tolerari posse", zu einem andern
mindestens das „dissimulare", d. h. das Nichtsehen in Aussicht gestellt. Wenn die
Entwürfe einem Kardinalskollegium zur Begutachtung vorgelegt werden, so berühre dies die preußische Regierung nicht, da dieselben dem Papste lediglich notitiae
causa zugegangen seien; in Rom lege man offenbar Wert darauf, den Glauben
hervorzurufen, als ob das Vorgehen Preußens einen bilateralen Charakter habe[2].
Herr von Goßler sagte mir endlich, er sei, so oft auch eine Verständigung nahe
geschienen, stets Skeptiker gewesen, diesmal aber hege er die feste Zuversicht, daß
der Kampf zu Ende gehe, was ihn mit um so größerer Freude erfülle, als er, wie
ich wisse, stets unentwegt trotz der größten Schwierigkeiten dem kirchenpolitischen
Frieden zugestrebt habe. Von Herzen wünsche er, daß die jüngsten Vorgänge in
Baden[3], auf die er fast mit einem gewissen Neide blicke, auch in Preußen Widerhall finden möchten.

GLA 233/34797 fol. 35 ff. Ausf., dem Großherzog vorgelegt; 49/2015 fol. 17 f. Konz.

[1] An neueren Arbeiten über den Abschluß des Kulturkampfes in Preußen liegen vor:
Joh. *Heckel,* Die Beilegung des Kulturkampfes in Preußen, ZSRG 50 (1930) S. 215-353,
bes. 317 ff.; E. *Schmidt-Volkmar,* Der Kulturkampf in Deutschland 1871—90 (1962) bes.
S. 298 ff.; Chr. *Weber,* Kirchl. Politik zwischen Rom, Berlin u. Trier 1876—88, Veröff. d.
Kom. f. Zeitgesch. bei der Kath.Akad. in Bayern (1970). Alle drei Arbeiten haben u. a. die
Akten des Preuß. Kultusministeriums und des Ausw. Amtes herangezogen. Weitere Aufschlüsse sind zu erwarten von der Fortführung von: Vatikan.Akten zur Gesch. d. Kulturkampfes. Leo XIII, Teil I 1878—80, bearbeitet v. Rud. *Lill* (1971). Die im Folgenden
mitgeteilten Berichte Marschalls nach Karlsruhe dokumentieren, wie ausgezeichnet er dank
seiner Informationsquellen unterrichtet war.
[2] Vgl. *Weber* S. 127 f.
[3] Vgl. Nr. 699 Anm. 1. Lender, in der II. bad. Kammer von Wacker hart angegriffen,
gab am 6. Febr. 1886 zusammen mit weiteren neun Mitgliedern der katholischen Fraktion
in einer öffentlichen Erklärung die Gründe an — darunter u. a. die schwebenden Verhandlungen zwischen Rom und der preußischen Regierung — warum er sich in bezug auf die
Veränderung der kirchenpolitischen Verhältnisse in Baden zu „Besonnenheit und Mäßigung" bekenne. Wacker trat aus der badischen Volkspartei aus (vgl. *Schultheß,* S. 44 ff.;
Stadelhofer S. 132 ff.).

705. Marschall an Turban.

Berlin, 16. Februar 1886.

Vertraulich! Die neue kirchenpolitische Vorlage[1], welche gestern Nachmittag im
Reichstage bekannt wurde, hat begreiflicherweise ein außerordentliches Aufsehen
in parlamentarischen Kreisen hervorgerufen; in dem Foyer bildete dieselbe während der ganzen Reichstagssitzung fast den ausschließlichen Gegenstand der
Diskussion. In mittelparteilichen Kreisen war die Anschauung vorherrschend, daß
von den Maigesetzen eigentlich nichts mehr übrig bleibe und der Kulturkampf

nach Annahme des Entwurfes faktisch beendet sei; an die retrospektiven Betrachtungen, welche aus diesem Anlasse angestellt wurden, knüpften sich natürlich Kombinationen über das Schicksal des Branntweinmonopols[2], dem einige nunmehr eine günstige Prognose stellen zu dürfen glaubten. Am wenigsten zurückhaltend äußerten sich in dieser Beziehung einige deutsch-freisinnige Abgeordnete, welche den Entwurf geradezu als den Kaufpreis bezeichneten, welcher dem Zentrum für die Genehmigung des Branntweinmonopols angeboten werde. Beim Zentrum schien mir eine skeptische Auffassung zu überwiegen; zwar wurde anerkannt, daß der Entwurf einen weit über alle Erwartung hinausgehenden Fortschritt zum Frieden enthalte, dagegen bemängelte man Einzelheiten. Im Ganzen machte ich die Wahrnehmung, daß das Zentrum sich der Vorlage gegenüber in einer unbehaglichen Situation fühlt; man weiß, daß dieselbe dem Papste unterbreitet war; darüber, welche Aufnahme sie in Rom gefunden hat, ist Authentisches nichts bekannt, aber die Vermutung, daß der Reichskanzler sich mit dem Papste verständigt habe und Bischof Kopp als Vertrauensmann dazu berufen sei, über die Köpfe des Zentrums weg im Herrenhause das päpstliche „tolerari potest" zu der Vorlage auszusprechen, ist zu naheliegend, als daß man sich ihr verschließen könnte. Baron Franckenstein, der sich überwiegend günstig über den Entwurf äußerte, sagte mir gestern, er halte für das Zentrum der Vorlage gegenüber eine vollkommene Reserve für absolut geboten; die bevorstehenden Verhandlungen im Herrenhause, insbesondere die Stellung, welche Bischof Kopp dazu einnehme, werde ja binnen kurzem Klarheit über die Situation schaffen; er — Baron Franckenstein — habe den Chefredakteur der „Germania" zu sich rufen lassen und ihn dringend aufgefordert, sich jeder Kritik des Entwurfes vorläufig zu enthalten. Nach den Erfahrungen, die wir in Baden mit der katholischen Presse gemacht haben, war ich keineswegs erstaunt darüber, daß trotzdem die „Germania" von gestern abend und heute früh eine gehässige Kritik des Entwurfs brachte und denselben als vollkommen ungenügend bezeichnete; diese Artikel werden, wie mir heute versichert wird, von den gemäßigten Mitgliedern des Zentrums entschieden mißbilligt.

Auch im Auswärtigen Amte ist mir vertraulich bestätigt worden, daß der Papst zu der Vorlage sein „tolerari potest" ausgesprochen habe; einige Artikel seien auf seinen Wunsch geändert worden; der Papst habe bei Prüfung der Vorlage die intransigente Partei vollständig ignoriert und sich nur mit Mitgliedern der gemäßigten Partei des Vatikans ins Benehmen gesetzt. [...]

GLA 233/27771 fol. 165-168 Ausf., erhalten 17. 2., dem Großherzog und den Mitgliedern des Staatsministeriums vorgelegt; 49/2015 fol. 20 f. Konz.

[1] Die Vorlage gedr. *Schultheß* S. 59 f.
[2] Das Branntweinmonopolgesetz war als Antrag Preußens am 8. Jan. 1886 dem Bundesrat zugegangen (vgl. *Schultheß* S. 3 ff.). Turban behandelte in der II. bad. Kammer am 6. u. 15. Febr. entsprechende Interpellationen der Nationalliberalen und Klerikalen: Erst wenn der Gesetzentwurf diejenige Gestalt erhalten habe, daß er dem Reich, Baden und den Gemeinden wesentliche Verbesserungen bringe, werde die Regierung der Volksvertretung die Frage vorlegen, ob sie gewillt sei, ihr Reservatrecht aufzugeben (ebd. S. 47 f., 53 f.). Der Bundesrat nahm das Gesetz im wesentlichen nach der preuß. Vorlage mit gewissen Ausnahmeregelungen für die süddeutschen Staaten am 18. Febr. an (ebd. S. 55).

Nr. 706 entfällt.

707. Marschall an Turban.

Berlin, 22. Februar 1886.

Vertraulich! *Das Herrenhaus wird am 24. Febr. die kirchenpolitische Vorlage behandeln und sie an eine 15-köpfige Kommission verweisen, der Bischof Kopp, Oberbürgermeister Miquel und Justizrat Adams[1] angehören werden. [...]* Heute vormittag hatte ich Gelegenheit, mit Herrn von Goßler ein längeres Gespräch über die neueste kirchenpolitische Situation zu führen. *[...]* Der Minister teilte mir ferner vertraulich mit, daß Bischof Kopp bei der Amendierung des Gesetzes an dem Punkte anzusetzen wünsche, der auch dem „Moniteur de Rome" Schmerzen verursache, nämlich den „theologischen Seminarien" oder „Klerikalseminaren", wie sie früher in Fulda, Paderborn, Hildesheim und in einigen anderen preußischen Diözesen bestanden hätten. Diese Seminare, welche §§ 9 ff. des Gesetzes vom 11. Mai 1873 unter strenge Staatsaufsicht stellten, seien fast unmittelbar nach Erlaß der Maigesetze geschlossen worden, da sie sich jener Staatsaufsicht nicht unterworfen hätten; da die neue Vorlage an jenen Bestimmungen nichts ändere, die Unterwerfung aber nicht zu erwarten stehe, so sei die Wiedereröffnung dieser Anstalten nicht möglich und § 6 des genannten Gesetzes, welcher dem Minister der geistlichen Angelegenheiten die Befugnis einräume, das Studium auf einem solchen Seminar als Ersatz für das Universitätsstudium anzuerkennen, gegenstandslos (vgl. Art. 2 der Vorlage). Bischof Kopp habe ihm nun den dringenden Wunsch des preußischen Episkopats ausgedrückt, daß diese Anstalten wieder eröffnet und als Ersatz für das Universitätsstudium anerkannt würden. Herr Kopp habe Verständnis dafür, daß der Staat sich hier mit der allgemeinen Staatsaufsicht nicht begnügen wolle, glaube aber, daß unter Beseitigung der schärfsten maigesetzlichen Bestimmungen (§§ 9 und 10 jenes Gesetzes) etwa durch Gewährung einer intensiveren Mitwirkung des Staats bezüglich des Lehrplans und der Anstellung der Lehrer ein modus gefunden werden könne, welcher den beiderseitigen Interessen gerecht werde. Der Minister sagte mir, er habe für diese Anstalten sehr wenig übrig, glaube auch, daß Konzessionen nach dieser Richtung in mittelparteilichen Kreisen einen ungünstigen Eindruck machen würden, immerhin sei es der reiflichen Erwägung wert, ob man nicht etwas weitergehen könne als die Vorlage, wenn damit die Erziehungsfrage endlich zum Abschluß gebracht werde. Der Herr Reichskanzler lege wie auf die Anzeigepflicht so auch auf die Erziehungsfrage gar keinen Wert mehr, jedenfalls weniger als er, der Minister. Im übrigen stehe Bischof Kopp der Vorlage durchaus freundlich gegenüber, und habe er insbesondere auf den Art. XIII der Vorlage[2] nicht abgehoben, mutmaßlich weil er wisse, daß dies der einzige Punkt sei, der für den Reichskanzler entscheidende Bedeutung habe. Der Reichskanzler halte die Ausweisung auf Grund des Reichsgesetzes vom Jahre 1874 wegen der p o l n i s c h e n Geistlichen für unentbehrlich, und die Möglichkeit hierzu sei nur vorhanden, wenn ein g e r i c h t l i c h e s Urteil vorliege. Daß eine Inkongruenz insofern bestehe, als hier im Gegensatz zu Art. 10 der Staat auch das K i r c h e n a m t in den Kreis seiner Kognition ziehe, sei zugegeben, bei den polnischen Geistlichen komme es aber eben darauf an, ihm [!] das k i r c h l i c h e Amt zu entziehen, wenn er dasselbe zur Förderung polnischnationaler Bestrebungen mißbrauche.

Der Minister sagte mir weiter, daß er nach wie vor vertrauensvoll den Verhandlungen über die kirchenpolitische Vorlage entgegensehe. Da Bischof Kopp eigentlich nur bezüglich des einen Punktes erhebliche Bedenken habe und seine sonstigen Ausstellungen von untergeordneter Bedeutung seien, so werde es im Herrenhause zweifellos gelingen, der Vorlage eine Form zu geben, welche ihm gestatte, derselben im ganzen zuzustimmen. Darauf, daß die Vorlage mit der Zustimmung eines Bischofs ins Abgeordnetenhaus gelange, müsse die Regierung schon des Eindrucks auf die katholische Bevölkerung wegen den größten Wert legen. Auf eine bezügliche Anfrage erklärte mir Herr von Goßler, Bischof Kopp habe jedenfalls Fühlung mit dem Papste genommen; um sich den Rücken gegen etwaige Angriffe der ihm wenig freundlich gesinnten Zentrumspresse zu decken; er scheine auch das Bedürfnis zu haben, sich mit seinen preußischen Kollegen ins Benehmen zu setzen, da er von hier aus nach Köln gereist sei. Die Nachricht, daß er in Rom gewesen, bezeichnete mir der Minister als unrichtig. [...]

Das Schicksal des Branntweinmonopols ist nach meinem Dafürhalten trotz der Kirchenvorlage besiegelt — ich glaube jetzt sogar, daß man dem Reichskanzler unrecht tut, wenn man einen Zusammenhang jener Vorlage mit dem Monopol konstruiert. Die Einbringung des kirchenpolitischen Entwurfs ist von der offiziösen Presse mit den heftigsten Anklagen gegen das Zentrum begleitet worden; sie erfolgte im Herrenhause, um die Friedensliebe des Zentrums zu diskreditieren; dahinter kann doch nicht wohl die Absicht verborgen sein, sich das Wohlwollen des Zentrums auf einem anderen Gebiete zu erwerben. Wenn nicht alle Anzeichen trügen, ist der Reichskanzler des Paktierens mit dem Zentrum gründlich überdrüssig — er hat den Reichstag als unverbesserlich und das Branntweinmonopol als undurchführbar ad acta geschrieben und sein Interesse ausschließlich dem parlamentarischen Körper zugewendet, wo ihm das zu Gebote steht, was er so lange erstrebt, eine unbedingte Majorität. Dank dem Ungeschick Windthorsts in der Polenfrage[3] ist dem Reichskanzler im preußischen Abgeordnetenhause eine mittelparteiliche Majorität entstanden, die im Feuer der Polendebatte erprobt, in allen Fragen zusammenhalten wird, in denen er sein persönliches Gewicht in die Wagschale legt. Der Reichskanzler ist nicht der Mann, eine derartige Situation aus irgend welchen Rücksichten unbenutzt zu lassen, und ich fürchte darum, daß das Ausspielen des Abgeordnetenhauses gegen den Reichstag, welches in der Polenfrage erstmals in Szene gesetzt war, noch fernerhin das Charakteristische unserer inneren Situation bilden wird. Herrn von Scholz fällt die undankbare Aufgabe zu, im Reichstag das Monopol zu vertreten, während der Herr Reichskanzler heute schon verkünden läßt, daß ihm die Mehrheit des Abgeordnetenhauses nach dem Falle des Monopols die Steuerquellen bewilligen werde, welche die Obstruktion des Reichstags versagt. Je weniger ich daran zu zweifeln vermag, daß die Dinge diesen Weg gehen werden, um so trüber erscheint mir im Augenblick die Gesamtlage unserer inneren Politik, sowohl vom Standpunkte des Reichs wie der Einzelstaaten aus. [...]

GLA 233/34797 fol. 39 ff. Ausf., dem Großherzog vorgelegt; 49/2015 fol. 22 ff. Konz.

Für das Verfahren verbleibt es bei den Bestimmungen des Abschnitts III im Gesetz vom 12. Mai 1873 (*Schultheß* S. 60).

³ Polendebatte im preuß. Abgeordnetenhaus 28.—30. Jan. 1886. Zu Windthorsts Auftreten und Bismarcks Äußerungen gegen ihn vgl. *Schultheß* S. 21, 35-39.

708. Marschall an Turban.

Berlin, 24. Februar 1886.

Vertraulich! *[...]* Es scheint eine starke Strömung im Herrenhause zu bestehen, welche das Zentrum von der Teilnahme an den Kommissionsberatungen ausschließen will, während andere aus taktischen Gründen die entgegengesetzte Ansicht vertreten. Die Berichterstattung dürfte wohl Herrn Miquel[1] zufallen. —

Ein katholisches Mitglied des Herrenhauses, welches mit dem gestern abend hierher zurückgekehrten Bischof Kopp eine Unterredung hatte, erzählte mir heute, daß der Bischof von dem Reichskanzler die weitgehendsten Zusagen bezüglich der Amendierung der Vorlage erhalten habe, der letztere dagegen den Art. XIII (Erklärung der Unfähigkeit zum Amte durch das Kammergericht)[2] wegen der polnischen Priester als noli me tangere betrachte, eine Mitteilung, die im wesentlichen den Andeutungen entspricht, welche mir Minister von Goßler gemacht hat.

In Zentrumskreisen ist man nach wie vor über den Gang der Dinge beunruhigt; infolge des von mir bereits berichteten Umstandes, daß der Papst — ich vermute fast auf eine Anregung von hier aus — die Jesuitenpartei des Vatikans von den Besprechungen über die Vorlage vollständig ausgeschlossen und derselben nicht einmal Kenntnis davon gegeben hat, ist Windthorst absolut desorientiert über die Stellung, welche Rom der Vorlage gegenüber einnimmt, und ebenso darüber, ob Bischof Kopp mit dem Papste in Fühlung steht oder nicht. *[...]* Verschiedene Äußerungen, die ich von Zentrumsmitgliedern in den jüngsten Tagen vernommen habe, geben ein getreues Bild der Stimmung in den Kreisen dieser Partei: im Vordersatze das Mißtrauen gegen Bischof Kopp, „der sich in der Wilhelmstraße seine Instruktion geholt habe", und im Nachsatze der unbedingte Gehorsam gegenüber den Entschließungen des heiligen Vaters, im Herzen natürlich der geheime Wunsch, daß der vom Reichskanzler zur Anbahnung des Friedens über die Köpfe des Zentrums hinweg auserlesene Bischof gründlich hereinfallen möge. Herr Kopp müßte jedes Scharfblicks entbehren, wenn er sich der Gefahr seines Vorgehens nicht klar wäre und sich nicht einer engen Fühlung mit Rom versichert hätte — denn die Zentrumspresse ist vollständig gerüstet darauf, über den Bischof von Fulda einen Sturm losbrechen zu lassen von weit größerer Intensität als derjenige, dessen Opfer jüngst der Bischof von Paderborn[3] gewesen ist. — *[...]*

GLA 233/34797 fol. 47 ff. Ausf., dem Großherzog vorgelegt, zurück erhalten 26.2.; 49/2015 fol. 26 f. Konz.

¹ Berichterstatter wurde Franz Adams.
² Vgl. Nr. 707 Anm. 2.
³ Bischof v. Paderborn: Kapitularvikar Franz Kaspar Drobe.

709. Nokk an Großherzog Friedrich.

Karlsruhe, 25. Februar 1886.

[...] Wie notwendig es war, den Freiburger Zuständen gegenüber sich zur Verhandlung mit Rom geneigt zu erklären, zeigt sich wieder aus dem Telegramm der Frankfurter Zeitung, worin (sicher durch Maas) gemeldet wird, der Herr Erzbischof habe Krauth zum Domkapitular ernannt. Ich unterstelle natürlich nicht (sofern der Herr Erzbischof noch im Besitz seiner geistigen Kräfte ist), daß ein solcher gesetzwidriger Versuch vorgekommen ist, allein es geht daraus hervor, daß Herr Maas alles tun will, um die Ablehnung von Krauth hintanzuhalten und sich den Vertrauensmann im Domkapitel zu sichern. Der Vortrag wegen der Stelle wird morgen in das Staatsministerium kommen und alsdann E. K. H. ehrerbietigst unterbreitet werden. Hätten wir nicht in Rom bereits die nötigen Schritte getan, so würde nun ohne Zweifel die schwere Krankheit des Herrn Erzbischofs noch zur Ernennung von Knecht als Weihbischof verwertet. [...]

GLA 48/5449 fol. 125 f.

710. Marschall an Turban.

Berlin, 25. Februar 1886.

[...] Bischof Kopp, der von zahlreichen Zentrumsmitgliedern des Abgeordnetenhauses über seine Stellung zu der Vorlage interpelliert wurde, befleißigt sich, so viel ich höre, diesen Herren gegenüber einer strengen Zurückhaltung und beschränkt sich jeweils auf die allgemeine Bemerkung, daß der Entwurf der Verbesserung bedürftig sei. Dagegen hat Herr Kopp einem mir befreundeten Herrenhausmitgliede[1], das ebenfalls der Kommission angehört, gestern die feste Zuversicht ausgesprochen, daß man auf dem Boden der Vorlage zu einem Einvernehmen gelangen werde; nach vorausgegangenem Benehmen mit dem Heiligen Vater und auf Grund einer längeren Konferenz, die er vor einigen Tagen in Köln mit Erzbischof Krementz und Bischof Korum gehabt habe, gedenke er, einige Amendements einzubringen, zu denen er die Zustimmung der preußischen Regierung erwarte. Mein Gewährsmann stand unter dem Eindruck, daß der Bischof seiner Sache sicher sei und den nötigen Rückhalt besitze, um die ihm obliegende schwierige Aufgabe zu lösen.

Angesichts der gegenwärtigen kirchenpolitischen Situation ist es geradezu erstaunlich zu sehen, wie die extreme ultramontane Partei speziell in Baden das katholische Volk über die Sachlage täuscht. Man braucht nur den Satz in der Begründung der Vorlage, in dem die Regierung erläutert, warum sie nicht schon früher in dieser Weise vorgegangen ist, mit der Tatsache zusammenhalten, daß in diesem Jahre erstmals der Abgeordnete Windthorst w e d e r im Reichstage n o c h im Abgeordnetenhause seine bekannten kirchenpolitischen Anträge gleich beim Beginne der Session einbrachte, um sich darüber klar zu werden, daß die Vorlage nicht die Frucht eines kirchenpolitischen Ansturmes des Zentrums, s o n d e r n d e r U n t e r l a s s u n g e i n e s s o l c h e n gewesen und diese Unterlassung auf Weisungen von Rom aus zurückzuführen ist. Der kluge Zentrumsführer hat durch Aktionen auf anderen Gebieten — Missionen in den Kolonien, Polenfrage usw. — diese Sachlage einigermaßen zu verhüllen gesucht — aber die Tatsache bleibt bestehen, daß die ultramontane Presse dem gemäßigten Teile der badischen Volkspartei aus einer Taktik ein Verbrechen macht, welche der Führer des Zentrums selbst, wenn auch wider Willen, befolgt hat, als er sich in diesem Jahre eines kirchenpolitischen Sturmes auf die Regierung enthielt.

GLA 233/34797 fol. 50 f. Ausf., dem Großherzog vorgelegt, zurück am 27. 2. 1886; 49/2015 fol. 28 f.

[1] Tgb. Marschall: „26[!]. Februar 1886. Um 8.30 Uhr zu Fürst Isenburg [vgl. Nr. 716], der mir Mitteilungen über die Absichten des Bischofs Kopp bezüglich der kirchenpolitischen Vorlage macht" (Oberkirch, Besitz Frau v. Seyfried).

711. Maas an Nokk.

Freiburg, 3. März 1886.

Von dem Vertrauen beseelt, daß Sie mit staatsmännischem Blicke das zwischen Staat und Kirche bestehende freundliche Verhältnis zu befestigen suchen, wage ich es, meine Privatansicht über die jetzige Lage Ihrer wohlwollenden Erwägung zu unterbreiten. Ich füge nur die ergebenste Bitte bei, diese „ohne . . . Ansehen" meiner Person hochgeneigt machen zu wollen.

Der mir zu lange schon andauernde Kampf um die ungehemmte Wirksamkeit der Kirche schädigt diese und den Staat und absorbiert die besten Kräfte des Landes. Er nährt stets fort die Unzufriedenheit und entzweit die edelsten Männer. Er verhindert, daß die politischen Fragen vom politischen Standpunkte und politischen Parteien behandelt, und bewirkt, daß sie von konfessionellen Differenzen beeinflußt werden. Er hemmt das harmonische Zusammenwirken der Verteidiger der Rechtsordnung. Dieses ist jetzt um so nötiger, wo die Lücken der zunehmenden Religionslosigkeit durch immer mehr überhand nehmende sozial-revolutionäre Ideen ausgefüllt werden.

Wie die neuesten Vorgänge beweisen, wünschen die s. g. gemäßigten wie die „extremen" Katholiken die Beseitigung einiger in der Zeit (und als Mittel) des Kampfes gegen die ausreichende Pflege der Religion erlassenen Gesetze. Dieser Kampf ist vorüber. An die Stelle desselben ist das für Fürst und Volk so erwünschliche, freundliche Zusammenwirken zwischen der Staats- und Kirchenregierung getreten, welches im beiderseitigen Interesse ein dauerndes sein muß. Die Waffen jener Gesetze von 1872 und 1874 haben sich teilweise schon während des Kampfes als unbrauchbar erwiesen, so z. B. die von denselben dem Erzbischof angesonnene, päpstlich nicht gestattete Einholung „g e s e t z l i c h e r" staatlicher Genehmigungen kirchlicher Erkenntnisse oder Ernennungen. Soweit sie verletzten, also wirksam waren, wie bei der Aufhebung der Konvikte, haben sie den Staat ebenso wie die Religiosität geschädigt. Wenn auch und weil diese Waffen bei unsern jetzigen Verhältnissen tatsächlich auf den Fechtboden niedergelegt wurden (und die theologischen Pensionate dem Priestermangel nicht in dem Grade wie öffentliche Konvikte abhelfen), dürfte deren gesetzliche Beseitigung vom staatsmännischen Gesichtspunkte aus rätlich erscheinen.

Die Aufhebung dieser Gesetze würde eine dem Staate nur frommende Hebung der Religiosität, der gewissenhaften Treue an Fürst und Vaterland befördern. Keinem Rechte des Staates würde aber dadurch irgendwie zu nahe getreten, da diese

Rechte in dem Gesetze vom 9. Oktober 1860 und in den Vereinbarungen von 1857, 1859 und 1861 praktisch wirksamer gewahrt sind als z. B. im Gesetze vom 19. Februar 1874. Mit der Aufhebung dieses Gesetzes würden jene Bestimmungen wieder in Kraft treten.

Eine solche hochherzige Revision resp. Aufhebung wenigstens der s. g. Kampfgesetze würde der schwierigen Stellung der Mehrheit der katholischen Abgeordneten mit dankbar anerkannter Rücksicht — und der neuerdings entstandenen Bewegung und Aufregung begegnen. Die Autorität der diese Gaben freier Entschließung bringenden Regierung und ihrer politischen Freunde würde mächtig gehoben. Bis dat, qui recto dat tempore.

Falls dieser Landtag ohne Gewährung dieser katholischen Petitionen geschlossen würde, dürfte die katholische Agitation um so mehr gesteigert werden, weil der preußische „Kulturkampf" (nach den mir bekannten Mitteilungen) durch die bevorstehende, gesetzliche Gewährung der freien bischöflichen Erziehung und Disziplin des Klerus wohl bald beendet sein wird.

Diese Umstände, wie die Geschichte des neuesten Zwistes in der katholischen Partei, sind dem Heiligen Stuhle bekannt. Wie mir bekannt ist, erinnert man sich in Rom an die von Pronuntius Spolverini dort gemeldete, allerhöchste Zusicherung, den Inhalt der Konvention von 1859 resp. das Gesetz von 1860 zur Durchführung bringen zu wollen. Man erwartet in Rom von unserm Herrn Erzbischof, daß er bei seiner freundlichen Stellung zur Regierung hiernach eine Abänderung jener Gesetze bewirkt, die in Preußen gewährt werdende freie bischöfliche Wirksamkeit erringe. Diese Lage unsers edeln, kranken Erzbischofs dürfte einer ernsten Berücksichtigung wert erachtet werden.

Die Freunde der Regierung in den gesetzgebenden Körpern werden sich diesen wohlgemeinten Erwägungen wohl nicht verschließen und mit Hochdieser zur Aufhebung wenigstens der am schwersten empfundenen, berührten Gesetze mitwirken. Sie würden den Dank und das Vertrauen des Landes ernten, weil sie ihm den Frieden bringen.

GLA 52/XIII.

712. Marschall an Turban.

Berlin, 3. März 1886.

Vertraulich! Ew. Exz. beehre ich mich ergebenst anzuzeigen, daß die mit der Vorberatung des kirchenpolitischen Gesetzes betraute Herrenhauskommission heute ihre erste — von 11 Uhr bis 4 Uhr während — Sitzung gehalten hat. Obgleich strenge Geheimhaltung verabredet wurde, bin ich doch in der Lage, Nachstehendes über den Gang der Beratung mitzuteilen. [...]

Als die bemerkenswertesten Ausführungen wurden mir diejenigen des Kultusminister von Goßler und des Bischofs Kopp bezeichnet. Der Herr Minister erklärte, an eine Bemerkung eines Vorredners anknüpfend, daß allerdings Verhandlungen mit Rom über die Vorlage stattgehabt hätten, Abmachungen jedoch in dem Sinne, daß Preußen irgend welche Verpflichtung gegen die Kurie oder letztere eine solche gegenüber der preußischen Regierung übernommen habe, nicht beständen. Die letztere sehe in den Bestimmungen der Vorlage keineswegs die äußerste Grenze des möglichen Entgegenkommens; er — der Minister — betrachte die Sachlage so, als ob er ein „weißes Blatt" vor sich habe; alle Amendements, welche auf Herstellung des Friedens zwischen dem Staate und der katholischen Kirche zielten, würden von der preußischen Regierung in wohlwollende Erwägung genommen werden, indem der maßgebende Gesichtspunkt der sei, ein dauerndes Friedenswerk zustande zu bringen. In ähnlichem Sinne äußerte sich Bischof Kopp: er wünsche sehnlichst die Herbeiführung des Friedens, die Versammlung dürfe sich versichert halten, daß, wo es sich um die Erreichung dieses Zieles handle, er stets in erster Reihe stehen werde. In einiger Zeit hoffe er, der Versammlung nähere Mitteilungen über die Stellung, welche die Kirche dem neuesten Vorgehen der preußischen Regierung gegenüber einnehme, machen zu können, und bemerke er vorläufig nur, daß, wenn ein Friedenswerk zustande käme, Rom es sicherlich nicht an dem weitgehendsten Entgegenkommen fehlen lassen werde. Zugleich brachte Herr Kopp für die Spezialdiskussion die anliegenden Anträge ein[1]. [...]

Bischof Kopp beteiligte sich trotz der indirekten Aufforderung des Kultusministers nicht weiter an der Diskussion über das Staatsaufsichtsrecht, bemerkte aber nach der Sitzung dem Kommissionsmitgliede, dem ich diese Mitteilungen verdanke, es sei selbstverständlich, daß die allgemeine Staatsaufsicht auch bei Annahme seines Antrages bestehen bleibe, er erachte es aber taktisch nicht für richtig, dieses Punktes im Gesetze Erwähnung zu tun, da derselbe in den weiteren Stadien einen Zankapfel bilden werde. [...]

Wie ich bereits früher ausgeführt habe, wird die Regierung den entscheidenden Wert darauf legen, daß Bischof Kopp dem Gesetze zustimmt, denn das Gelingen der ganzen Aktion, die mit der Berufung desselben ins Herrenhaus inszeniert wurde, hängt davon ab. — Die Äußerung des Bischofs bezüglich des zu erwartenden kirchlichen Entgegenkommens wurde in der Kommission allgemein dahin aufgefaßt, daß der Papst nach Annahme dieses Gesetzes die Anzeigpflicht konzedieren werde. [...]

Im Zentrum scheint man sich allmählich in die neue Situation zu finden; während ein großer Teil der ultramontanen Provinzpresse über Bischof Kopp wegen seiner neulichen Herrenhausrede[2] herfällt, schweigt die „Germania" darüber vollständig. So groß in Zentrumskreisen die Erbitterung darüber ist, daß ein katholischer Bischof sich in der Polenfrage von dem Zentrum getrennt hat und die Regierung sogar seines Vertrauens versichert hat, so ist man doch zu der Erkenntnis gelangt, daß hinter den Friedensbemühungen Kopps ein Mächtigerer steht, mit dem man rechnen muß. Ich glaube in der Annahme nicht zu irren, daß Herr Windthorst sich bereits gewappnet hat, um den gegen das Zentrum gerichteten taktischen Vorstoß des Reichskanzlers zu parieren.

GLA 233/27771 fol. 175 ff., pr. 4.3., dem Großherzog und dem Staatsministerium vorgelegt 5. 3. 86.

[1] Auf die Wiedergabe der Spezialdiskussion innerhalb der Kommission, über die sich Marschall trotz der Geheimhaltungspflicht als ausgezeichnet unterrichtet erweist, muß hier aus Raumgründen verzichtet werden. Alle seine Berichte sind vom Großherzog und den Mitgliedern des Staatsministeriums abgezeichnet.
[2] Verhandlung im Herrenhaus am 27. Febr. 1886 über die Sicherstellung von Bestand und Besitz der deutschen Bevölkerung in den östlichen Provinzen Preußens. Kopp trat der Ansicht entgegen, daß mit den Polenvorlagen der Kulturkampf von neuem begonnen werde; er enthielt sich bei der Abstimmung der Stimme und sprach die Hoffnung auf Frieden im Kulturkampf aus (*Schultheß* S. 63 f.).

713. Marschall an Turban.

Berlin, 7. März 1886.

Die dreitägige Monopoldebatte[1] ist zu Ende und das Branntweinmonopol tot — daß es so kommen werde, war von Anfang an vorauszusehen. Der Herr Reichskanzler hat sich während der drei Tage im Hause nicht sehen lassen — wie die Norddeutsche Allgemeine Zeitung versichert, weil Dr. Schweninger ihm die Teilnahme an den Debatten dringend widerraten hatte — wie man im Foyer des Reichstags erzählte, weil er das ganze Projekt des Branntweinmonopols als aussichtslos aufgegeben habe. In derselben Zeit, als Herr von Scholz seine einleitende Rede hielt, verbreitete sich die Kunde, der Herr Reichskanzler habe bei dem neulichen parlamentarischen Diner in seinem Hause einem nationalliberalen Reichstagsabgeordneten gesagt, er wünsche nicht, daß die Nationalliberalen „sich in den Schlund des Branntweinmonopols stürzten, da die Sache doch verloren sei". Diese Erzählung, die sofort gläubige Zuhörer fand, schien vollinhaltlich bestätigt, als am zweiten Tage der Abgeordneten Buhl[2] erklärte, daß die Nationalliberalen e i n s t i m m i g das Monopol für unannehmbar erachteten. Noch wenige Tage vorher hatte man auf Grund von Beiträgen nationalliberaler Abgeordneter etwa 2/3 dieser Fraktion als Anhänger und nur 1/3 als Gegner betrachtet — der Schluß lag also nahe, daß die unerwartete einstimmige Gegnerschaft, welche Herr Buhl proklamierte, auf jene Äußerung zurückzuführen sei. Schließlich wurde die Sache den Konservativen, welche sich mehr oder minder „in den Schlund" gestürzt hatten, zu arg: Herr von Helldorf begab sich gestern morgen zum Grafen Herbert Bismarck und verlangte dort kategorisch, daß jene Äußerung dementiert werde, und zwar mit der Androhung, daß sonst die Konservativen gegen Kommissionsberatung stimmen würden. Fürst Bismarck richtete hierauf ein Schreiben an Herrn von Bötticher, welches das verlangte Dementi und die Versicherung enthielt, daß er an der Vertretung des Monopols im Reichstage nur durch seinen Gesundheitszustand verhindert werde[3]. Nur dieses Dementi, welches Herr von Bötticher gestern im Reichstage mit dem Beifügen mitteilte, daß der Herr Reichskanzler in der Kommission seinen Standpunkt persönlich darzulegen vorhabe, hat das Monopol vor dem „Begräbnis letzter Klasse" gerettet. Ob die Vorlage überhaupt wieder das Licht des Plenums erblicken wird, ist mir zweifelhaft — die Konservativen, welche im Interesse der Erhaltung ihrer Mandate eine defensive Regelung der Besteuerung des Branntweins wünschen, klammern sich an die Bemerkung des Abgeordneten von Huene[4], daß das Zentrum einer stärkeren Heranziehung des Branntweins im Wege einer Konsumsteuer nicht entgegen sei, und wollen in der Kommission einen Versuch in dieser Richtung unternehmen — nach meiner parlamentarischen Erfahrung ist die Herstellung eines derartigen Gesetzes von einer Kommission einfach unmöglich, zumal Herr von Scholz kaum geneigt sein dürfte, diese Bestrebungen wirksam zu unterstützen. Für viel wahrscheinlicher halte ich es, daß die vielgenannte Lizenzsteuer, die bereits ausgearbeitet sein soll, dem Abgeordnetenhause vorgelegt werden wird.

Die Diskussion in der Sozialistengesetzkommission[5] bewegt sich durchaus in denselben Gleisen wie vor zwei Jahren. Der Abgeordnete Windthorst hat seine früheren Abmilderungsanträge wiederum eingebracht, Herr von Puttkamer dieselben als unannehmbar bezeichnet. Nach meinem Ermessen stehen die Chancen der Verlängerung des Gesetzes schlecht. Vor zwei Jahren war es die Furcht vor der

Auflösung, welche die Spaltung der Freisinnigen bei der Abstimmung und damit das Zustandekommen des Gesetzes bewirkte — heute wünscht Herr Richter die Auflösung — und sich der gewichtigen Waffe zu bedienen, die ihm die Regierung mit Vorlage des Branntweinmonopols in die Hand gegeben hat. —

Gestern Abend hatte ich auf dem Ball des russischen Botschafters[6] Gelegenheit, einen Augenblick Herrn von Goßler zu sprechen; er sagte mir, die Dinge in der kirchenpolitischen Kommission verliefen gut, der Bischof rücke seine Marksteine bis an die äußerste Grenze des für die Kirche Möglichen vor, und sei daher eine Verständigung zu erwarten. [...]

GLA 49/2015 fol. 37 f. Konz.

[1] 4. — 6. März 1886: Überweisung der Vorlage an eine Kommission. Vgl. *Schultheß* S. 64 ff.
[2] Armand Buhl (1837—96), Weingutbesitzer in Deidesheim, 1871—93 Mitglied des Reichstages, 1887—90 Vizepräsident.
[3] Vgl. *Schultheß* S. 66 f.
[4] Karl Huene Frhr. v. Hoiningen (1837—1900), 1877 Mitglied des preuß. Abgeordnetenhauses, 1884—93 auch des Reichstages (Zentrum).
[5] Der Reichstag überwies den Entwurf eines Gesetzes auf fünfjährige Verlängerung des Sozialistengesetzes nach der Debatte am 18./19. Febr. 1886 an eine Kommission.
[6] Paul Graf v. Schuwalof (1830—1909), 1885—94 russischer Botschafter in Berlin, 1896 Generalgouverneur in Warschau.

714. Marschall an Turban.

Berlin, 8. März 1886.

Vertraulich! [...] Ich hatte gestern Gelegenheit, den Bischof Kopp kennenzulernen, dessen Persönlichkeit ja im gegenwärtigen Augenblick recht eigentlich den Mittelpunkt des politischen Interesses bildet[1]. Ich fand in ihm einen Mann von auffallend kleiner Statur, mit einem klugen, milden Auge und außerordentlich wohlwollendem, gewinnendem Ausdruck. Er sagte mir, daß er es kaum ausdrücken könne, wie dankbar er für das Entgegenkommen sei, welches er in der Kommission gefunden habe; sooft sich für den kirchlichen Standpunkt eine Schwierigkeit ergeben, sei man allerseits bemüht gewesen, dieselbe zu beseitigen. Wo in diesem Geiste zusammengearbeitet werde, müsse ein gutes Resultat erzielt werden. Wir in Baden hätten ja schon längere Zeit ein friedliches Verhältnis zwischen Staat und Kirche, und er hoffe, daß auch die noch obschwebenden Fragen eine Lösung in versöhnlichem Sinne finden würden, sehr bedaure er, daß Herr Lender sich zu offenen Angriffen gegen die katholische Presse habe hinreißen lassen[2], er fürchte, daß derselbe dadurch für die Zukunft sich unmöglich gemacht habe. Auf meine Bemerkung, es erscheine mir doch begreiflich, daß ein Mann, der seit bald zwanzig Jahren die Sache der katholischen Kirche mit Hingebung vertrete, sich gegen die unqualifizierbaren Angriffe wehre, die ein aus Norddeutschland importierter Redakteur[3], der eben erst nach Baden gekommen, sich herausnehme, erwiderte der Bischof: „Herr Lender befindet sich genau in derselben Lage wie ich; seitdem ich in Fulda bin, hat mich ein großer Teil der katholischen Presse als S t a a t s bischof angefeindet; ohne Unterlaß bin ich seither der Zielpunkt offener und versteckter Angriffe gewesen; was erst jüngst anläßlich meiner Herrenhausrede gegen mich geleistet wurde, wissen Sie. Ich habe immer geschwiegen und werde fernerhin schweigen bis zu dem Augenblicke, wo die Zeit gekommen ist zu reden. Solange der Kampf dauert, kann ich nicht dagegen auftreten, ohne mir und meiner Sache zu schaden. Die katholische Presse hat seit Jahren die Sache der Kirche geführt; mit dieser Tatsache muß ich rechnen, solange der Kampf dauert. Aber, glauben Sie mir, wenn erst der Frieden hergestellt ist, dann werden wir (sic!) reden und rasch mit den Herren fertigwerden, denn es ist hohe Zeit. Das habe ich vor wenigen Tagen dem Herrn Reichskanzler gesagt und volles Verständnis bei ihm gefunden. [...]

GLA 233/34797 fol. 52 ff. Ausf., eingegangen am 9. 3., dem Großherzog vorzulegen; 49/2015 fol. 39 f. Konz.

[1] Tgb. Marschall: „7. März 1886. Um 5 Uhr beim Fürsten Isenburg, der mich zu Bischof Kopp führt. Ein herrlicher Mann. Er spricht von Lender, sehr interessant" (Oberkirch, Besitz Frau v. Seyfried).
[2] Vgl. Nr. 699 Anm. 1 u. Nr. 704 Anm. 3.
[3] Armin Kausen.

715. Marschall an Turban.

Berlin, 10. März 1886.

Vertraulich! Bischof Kopp in Fulda, den ich vor einigen Tage kennen lernte, hatte heute die Freundlichkeit, mich aufzusuchen und mir ganz vertrauensvoll über die momentane kirchenpolitische Situation zu sprechen. Er schien mir etwas gedrückter Stimmung zu sein und sich der Schwierigkeiten der ihm gestellten Aufgabe wie auch der Gefahren, die ihn umgeben, in ihrer ganzen Tragweite bewußt zu sein. Er sagte mir, daß die Sachlage in das Stadium der Krisis eingetreten sei und er nicht mehr mit derselben Gewißheit ein glückliches Resultat erwarte wie noch vor einigen Tagen. Das Entgegenkommen der Kommission sei über alles Lob erhaben; speziell Herrn Miquel[1] müsse er von Herzen dankbar sein, daß er, wo irgend eine Schwierigkeit entstanden, bemüht gewesen, durch eine andere Fassung dieselbe zu beseitigen. Bezüglich der Frage der staatlichen Aufsicht über die geistlichen Erziehungsanstalten sei jetzt eine Form gefunden, der er unbedenklich zustimmen könne; es solle jetzt im Gesetze nur gesagt werden, daß „die besonderen Bestimmungen, welche die §§ 9 ff. des Gesetzes vom 11. Mai 1873 über die staatliche Aufsicht enthielten, in Wegfall kämen", so daß die allgemeine Staatsaufsicht de facto bestehen bleibe, ohne daß eine ausdrückliche Anerkennung derselben verlangt werde. Auch die Frage des recursus ab abusu sei auf dem Boden des Dernburgschen[2] Antrags gelöst. Als Stein des Anstoßes bleibe aber Art. 13 bzw. der in erster Lesung beschlossene Zusatz zu Art. 6 bestehen, und sehe er noch nicht, wie man denselben hinwegräumen könne. Er habe in der ersten Lesung geglaubt, daß jener Zusatz, der gegebenen Falles die Benennung eines zuständigen Gerichtes der königlichen Verordnung übertrage, von ihm akzeptiert werden könne und deshalb vorläufig zugestimmt. Darüber seien nun aber die maßgebenden Herrn im Zentrum „fuchswild" geworden; dieselben hätten ihm in geradezu „unartiger" Weise und „bar jedes Autoritätsgefühls" vorgeworfen, daß er etwas annehme, was gegen die Prinzipien der Kirche sei. Einer derselben — ich nehme an, daß es der Reichstagsabgeordnete Kanonikus Dr. Franz[3] ist, einst Redakteur der „Germania" und gegenwärtig die rechte Hand des Fürstbischofs von Breslau[4] — sei so weit gegan-

gen, ihm zu sagen, daß er — der Bischof — „mit der Regierung an dem Strick dre-
he, der für den Erzbischof Dinder bestimmt sei". An sich stehe er den Machinationen des Zentrums ganz gleichgiltig gegenüber, er wisse, daß Windthorst ihm feindlich gesinnt und das Zentrum erbittert darüber sei, daß er die Aufgabe übernommen habe, den Frieden über dessen Köpfe hinweg abzuschließen; bei nochmaliger
Prüfung habe er sich aber der Erkenntnis nicht verschließen können, daß, wenn
man der königlichen Verordnung die Fakultät erteile, dem kirchlichen Gerichtshofe
eventuell einen ordentlichen Gerichtshof zu substituieren, das Prinzip des Art. 24
des Gesetzes vom 12. Mai 1873, der die Unfähigkeitserklärung von Priestern durch
gerichtliches Urteil vorsehe, indirekt anerkannt werde. Einer solchen Bestimmung
könne er um so weniger zustimmen, als ihm der Papst bezüglich der zweiten Hälfte
des Entwurfs die Instruktion „abstineas" gegeben habe. Herr Miquel, dem er dies
gestern mitgeteilt, sei nun aber entschlossen, in dieser Beziehung nicht nachzugeben; derselbe berufe sich darauf, daß er gegen seine politischen Freunde gewisse
Rücksichten nehmen müsse und schon jetzt weiter gegangen sei, als er es nach dieser
Richtung verantworten könne. Außerdem mache Herr Miquel seine Zustimmung
zur Vorlage davon abhängig, daß er — der Bischof — derselben zustimme. Herr
Miquel sage, er könne die weitgehenden Konzessionen nur unter der Bedingung
machen, daß ihm die Gewißheit eines wirklichen Friedens zwischen dem Staat und
der Kirche gegeben werde; erhalte die Vorlage nicht in ihrem ganzen Umfange die
Genehmigung der maßgebenden kirchlichen Stelle, so sei sie für ihn unannehmbar.
Der Bischof fügte bei, daß, nachdem sich die Sachlage dermaßen zugespitzt habe, er
sich in einer peinlichen Situation befinde; während er hier im Sinne des Friedens
tätig sei, arbeite das Zentrum gegen ihn, und werde er von der kleinen katholischen Presse mit den heftigsten Vorwürfen überschüttet; er bekomme jeden Tag
Blätter zugeschickt, die Unglaubliches in dieser Beziehung leisteten.

Ich sprach dem Bischof Mut zu und bemerkte ihm, daß, nachdem Papst und
Staat den Frieden ernstlich wünschten, an einem günstigen Resultate der Beratung
nicht zu zweifeln sei. Wer neu in das parlamentarische Leben eintrete, pflege
derartige Situationen meist ernster zu nehmen, als sie in Wahrheit seien; es ließe
sich ja denken, daß der Papst angesichts der großen Konzessionen, welche der Entwurf für die Kirche enthalte, ihn ermächtige zuzustimmen, auch wenn ein einzelner Punkt nicht nach dem Wunsche der Kirche geregelt sei. Herr Kopp erwiderte
mir darauf, daß er sich auf diesen modus nicht einlassen könne; wenn in der Vorlage irgend etwas enthalten sei, was direkt oder indirekt gegen ein Prinzip der
Kirche verstoße, so werde, auch wenn er die Genehmigung des Papstes zur Zustimmung erhalte, das Zentrum und die katholische Presse keinen Augenblick anstehen, über ihn herzufallen und ihn zu beschuldigen, daß er den Papst falsch berichtet und getäuscht habe; was daraus werde, sei nicht abzusehen.

Der Bischof sagte mir, er habe auf heute Nachmittag Herrn Miquel und Dr.
Grimm[5] — Berichterstatter über die kirchenpolitische Novelle im Abgeordnetenhause — zu sich gebeten, um noch einen Versuch der Verständigung zu machen.
Sofort nach der morgen stattfindenden zweiten Lesung werde er dem Papst einen
eingehenden Bericht erstatten und dabei verlangen, daß er mit der Ermächtigung
zur Zustimmung zugleich die Vollmacht erhalte, namens des Papstes dem Herrenhause die Erfüllung der Anzeigepflicht durch die Kirche nach Annahme des Gesetzes in Aussicht zu stellen. Nur wenn er gleichsam „das Siegel des Papstes zum
Friedensschluß" in Händen habe, könne er seine Zustimmung geben.

Der Bischof ist offenbar infolge der Agitation des Zentrums gegen seine Person und die Haltung der katholischen Presse geängstigt; ich zweifle trotz seiner Mitteilungen nicht daran, daß morgen eine Verständigung erzielt werden wird.

GLA 233/34797 fol. 56 ff. Ausf., dem Großherzog vorgelegt; 49/2015 fol. 41 f. Konz.

[1] Vgl. *Herzfeld*, Miquel II S. 51 ff.
[2] Friedrich Dernburg (1833—1911), 1875—90 Hauptschriftleiter der „Nationalzeitung" Berlin, 1890 am Berliner Tageblatt, 1871—81 Mitglied des Reichstags (nationalliberal).
[3] Adolf Franz (1842—1916), 1867 Priester, 1871—73 Repetent am theolog. Konvikt Breslau, 1875—84 Mitglied des preuß. Abgeordnetenhauses, 1876—91 des Reichstags, 1878—81 Hauptschriftleiter der „Germania", 1882 Kanonikus in Breslau, 1907 Prof. für Liturgik in München.
[4] Robert Herzog (1823—86), 1848 Priester, 1870 Propst bei St. Hedwig in Berlin u. fürstbischöfl. Delegat, 1882 Fürstbischof von Breslau.
[5] Dr. Karl Grimm vgl. Bd. I Nr. 209 Anm. 3.

716. Marschall an Turban.

Berlin, 11. März 1886.

Vertraulich! Ew. Exz. beehre ich mich ergebenst anzuzeigen, daß die kirchenpolitische Kommission des Herrenhauses heute in sechsstündiger Sitzung die II. Lesung der Vorlage beendet *[...]* hat. *[...]* Vor der Gesamtabstimmung sprach Herr Kopp nochmals der Kommission seinen wärmsten Dank für ihr Entgegenkommen aus. Mit Rücksicht auf seine Eigenschaft als Bischof und da er nunmehr „weitere Verhandlungen zu führen habe", werde man begreifen, daß er in diesem Augenblicke seine definitive Entscheidung nicht präjudizieren könne, sich daher der Abstimmung enthalte. Er nehme aber keinen Anstand, es auszusprechen, „daß das vorliegende Werk zum Frieden führen könne und zum Frieden führen werde; des sei er gewiß". Sodann wurde die Vorlage mit allen gegen die Stimme des Professors Beseler[1] und zwei Stimmenthaltungen (Bischof Kopp und Fürst Isenburg-Birstein[2]) angenommen. Die Herren Miquel und Ostermeyer[3] erklärten, daß diese Abstimmung ihre seinerzeitige im Plenum nicht präjudiziere, — daß die Regierung die Beschlüsse der Herrenhaus-Kommission akzeptiert, ist zweifellos. *[...]*

GLA 233/34797 fol. 60 ff. Ausf., dem Großherzog vorgelegt; 49/2015 fol. 43 Konz.

[1] Georg Beseler (1808—88), Prof. der Rechte in Rostock, Greifswald, Berlin, führendes Mitglied der Erbkaiserlichen in der Paulskirche, 1860—62 Mitglied des preuß. Abgeordnetenhauses, 1874—81 nationalliberales Mitglied des Reichstags, 1882—87 Vizepräsident des Herrenhauses.
[2] Fürst Karl Viktor zu Isenburg u. Büdingen (Birstein), (geb. 1838), seit 1872 Mitglied des preuß. Herrenhauses.
[3] Wilhelm Ostermeyer (geb. 1827), Stadtsyndikus in Hannover, 1883—90 Mitglied des Herrenhauses.

716a. Aus Marschalls Tagebuch.

11.—14. März 1886.

1. März 1886. Im Herrenhaus 2. Lesung der kirchenpolitischen Vorlage in der Kommission. Prinz Carolath[1] bringt mir vor Tisch die Beschlüsse. *[...]*

14. März 1886. Auf dem Lesezimmer des Reichstags setzt sich Windthorst zu mir; er möchte gern das Sozialistengesetz mit seinen Amendements durchbringen, konzediert in Art. 28 eventuell Leipzig, sieht aber keine Majorität für das veränderte Gesetz[2]. Die Beschlüsse der Herrenhauskommission zu der kirchenpolitischen Vorlage nennt er: „Die Freiheit der Kirche, aber den Galgen nebendran.“

Oberkirch, Besitz Frau v. Seyfried.

[1] Nr. 722 Anm. 1.
[2] Windthorsts Amendements betrafen im Wesentlichen die Aufhebung einzelner Versammlungen im voraus, die Beschränkung des kleinen Belagerungszustandes (Art. 28) auf Berlin und die Verlängerung des so amendierten Gesetzes auf zwei Jahre. Die Anträge wurden im Reichstag zwar angenommen, die entsprechend veränderte Regierungsvorlage aber mit den Stimmen des Zentrums abgelehnt. Die daraufhin eingebrachte unveränderte Regierungsvorlage wurde in 2. und 3. Lesung am 31. März und 2. April 1886 für die Dauer von zwei Jahren vom Reichstag angenommen (vgl. *Schultheß* S. 81 ff.).

717. Roggenbach an Großherzog Friedrich.

Karlsruhe, 17. März 1886.
Die Krise in der Krankheit des Erbgroßherzogs ist überstanden. Ich habe grade über die nach solcher Krankheit gebotene künftige Lebensführung des Erbgroßherzogs manches auf der Seele, das ich E. K. H. gerne aussprechen möchte. Zu dem Ende bin ich hierher gekommen und stehe zu allen Befehlen zur Verfügung, die E. K. H. mir allenfalls zukommen lassen wollen. *[...]*

GLA FA Korresp. 13 N 500.

718. Marschall an Turban.

Berlin, 18. März 1886.
Vertraulich! Ew. Exz. beehre ich mich ergebenst anzuzeigen, daß der kgl. preußische Finanzminister von Scholz in der heutigen Plenarsitzung des Bundesrats vor Eintritt in die Tagesordnung folgende vertrauliche Mitteilung im Namen der preußischen Regierung machte:

„Die preußische Regierung habe nach der Aufnahme, welche die Vorlage in Betreff des Branntweinmonopols im Reichstage gefunden[1], die Eventualität der Ablehnung desselben ins Auge fassen und daher der Frage näher treten müssen, was dann zu tun sei. Sie gehe von der Auffassung aus, daß im Reichstage die Bedürfnisfrage nicht ernstlich bestritten werde, vielmehr eine ansehnliche Mehrheit darin übereinstimme, daß der Branntwein ein vorzügliches Besteuerungsobjekt sei und nur die Form des Monopols verwerflich erscheine. Mit Rücksicht hierauf glaube die preußische Regierung, daß der Faden nach Ablehnung der Vorlage wieder aufzunehmen und weiterzuspinnen sei; sie halte es nicht für gerechtfertigt, die Neigung des Reichstags, den Branntwein stärker heranzuziehen, ungenutzt zu lassen und gedenke deshalb s o f o r t , wenn das Monopol abgelehnt sei, den Reichstag mit einem neuen Entwurf zu begrüßen. Es befände sich bereits ein bezüglicher Antrag Preußens in Ausarbeitung. In seinem Hauptteile sehe der neue Entwurf eine K o n s u m steuer voraus; mit einer derartigen Besteuerung werde allerdings nur der eine der mit der Monopolvorlage angestrebten Zwecke erreicht werden können, und bleibe es weiterer Erwägung vorbehalten, ob mit diesem Steuerkouvert zweckmäßig auch der sanitäre Gesichtspunkt verbunden werden könne. Was die Landwirtschaft beträfe, so sei es unmöglich, ihren Interessen durch die Konsumsteuer gerecht zu werden. Um aber dem dringenden Verlangen von dieser Seite entgegenzukommen, werde der Entwurf auf eine gleichzeitige Erhöhung der Maischraumsteuer ausgedehnt werden, und beabsichtige man, die hieraus zufließenden Mittel zu verwenden, um die Exportprämie zu erhöhen. — An eine Zurückziehung der Monopolvorlage denke die Regierung nicht, da sie nach wie vor das Monopol für die rationellste Besteuerung des Branntweins halte; dagegen wünsche sie, die verbündeten Regierungen jetzt schon vertraulich von ihren Intentionen zu unterrichten, damit der Ablehnung der Vorlage möglichst rasch die Einbringung des neuen Entwurfs folgen könne." —

Darüber, ob eine Ausdehnung des Gesetzes über die Grenzen der Getreidesteuergemeinschaft hinaus beabsichtigt wird oder nicht, äußerte sich Herr von Scholz in seiner Mitteilung nicht; aus einer Konversation, die er vor Beginn der Sitzung mit meinem Nachbarn, dem Grafen Hohenthal, hatte, entnahm ich jedoch, daß ähnlich wie in der Monopolvorlage der Beitritt der süddeutschen Staaten freigestellt werden soll. —

Nachdem die Monopolkommission des Reichstags in ihrer vorgestrigen Sitzung die Resolution Oechelhäuser[2], welche in ganz allgemeinen Ausdrücken eine stärkere Heranziehung des Branntweins im Interesse der Finanzlage Preußens und anderer Einzelstaaten als wünschenswert bezeichnete, mit 14 gegen 9 Stimmen abgelehnt hat, weiß ich nicht, worauf Herr von Scholz seine Behauptung gründet, daß im Reichstage „Neigung zu einer Erhöhung der Branntweinsteuer" bestehe[3]. Ich vermute, daß in Wahrheit die nochmalige Inanspruchnahme des Reichstags in der zu Tage getretenen Abneigung des preußischen Landtages gegen die geplante Lizenzsteuer ihre Erklärung findet. Das Abschwenken der Nationalliberalen in der Monopolfrage, welches im Reichstage trotz aller Dementis auf Äußerungen aus der Wilhelmstraße zurückgeführt wird, hat die Konservativen tief und nachhaltig verstimmt. Vor einigen Tagen hat mir ein hervorragendes Mitglied dieser Partei gesagt, die Reichskanzlei habe sie „das eine Mal hereinfallen lassen, sie hätten aber absolut keine Lust, sich nun auch für den Landtag ohne Wahlen durch die absolut unpopuläre Lizenzsteuer verderben zu lassen". Bei dieser Sachlage begreift es sich, daß die Regierung Anstand nimmt, dem Landtage einen Entwurf vorzulegen, der höchstwahrscheinlich keinen anderen Erfolg hätte als die Sprengung der mittelparteilichen Majorität, auf die man so große Hoffnungen gründet. Auf ein Fiasko weiter im Reichstag kommt es dem Reichskanzler und Herrn von Scholz leider nicht an. Ich sage „leider": denn auf diese Weise entfernen wir uns immer mehr von gesunden politischen Verhältnissen. Man glaubt, den Reichstag in den Augen des Volkes zu diskreditieren, und sieht nicht, wie sehr die Autorität der Regierung dabei notleidet.

GLA 49/2015 fol. 45 f. Konz.

[1] Nach der Diskussion im Reichstag 4.—6. Mrz. 1886 wurde die Vorlage des Branntweinmonopol-Gesetzes einer Kommission von 25 Mitgliedern überwiesen.
[2] Wilhelm v. Oechelhäuser (1820—1902), Dr. phil. h. c., Mitglied des Reichstags 1878—1893 (nationalliberal). Sein Antrag vgl. *Schultheß* S. 68 f.

³ Am 26./27. Mrz. 1886 lehnte der Reichstag die Vorlage in 2. Lesung ab (*Schultheß* S. 72 ff.).

719. Marschall an Turban.

Berlin, 23. März 1886.

Vertraulich! *[...]* Bischof Kopp ist heute Vormittag von Fulda wieder hier eingetroffen, nachdem er zuvor den Präsidenten des Herrenhauses Herzog von Ratibor davon verständigt hatte, daß der Anberaumung einer Plenarsitzung zur Beratung der kirchenpolitischen Vorlage in dieser Woche seinerseits nichts entgegenstehe. Sicherem Vernehmen nach beanstandet die dem Bischofe von Rom aus zugegangene vorläufige Instruktion die Kommissionsbeschlüsse in drei Punkten, und zwar erstens bezüglich des Art. 1 a Ziffer 3 Absatz 2, welcher bestimmt, daß die Leiter und Lehrer der theologischen Seminare dem Staate nicht minder genehm sein dürfen, ferner bezüglich des ersten Absatzes des anstelle der Art. 7—14 der Vorlage tretenden einzigen Paragraphen, in welchem die B e r u f u n g an den Staat, wenn auch in beschränktem Umfange, als formelles Rechtsmittel beibehalten wird, und endlich bezüglich des letzten Absatzes dieses Paragraphen, wo die Regelung des weiter Erforderlichen — d. h. die eventuelle Bestimmung eines Gerichtshofes behufs Einschreitens nach Art. 24 des Gesetzes vom 12. Mai 1873 — der Anordnung des Königs vorbehalten wird. Speziell die beiden letzten Punkte werden von Rom aus als mit den Prinzipien der Kirche in Widerspruch stehend als unannehmbar bezeichnet.

Daß es so kommen werde, war von dem Augenblick an zweifellos, als zuerst die „Kölnische Volkszeitung" und nach ihr die gesamte ultramontane Presse die einschlägigen Kommissionsbeschlüsse veröffentlichte und eine schonungslose Kritik daran übte. Trotz der sorgfältigen Wahrung des Geheimnisses seitens der Kommissionsmitglieder war es nicht zu verhüten, daß der Abgeordnete Windthorst von den Kommissionsbeschlüssen Kenntnis erhielt, da es sämtlichen Herrenhausmitgliedern geschäftsordnungsgemäß freisteht, den Kommissionssitzungen anzuwohnen und auch einzelne Mitglieder des Zentrums dem Herrenhause angehören. Die bezüglichen Ausführungen der deutschen katholischen Presse wurden jeweils teilweise in Berliner Spezialtelegrammen im „Moniteur de Rome" wiedergegeben und auf diese Weise zur Kenntnis des Papstes gebracht, der natürlich die communis opinio der deutschen Katholiken nicht unbeachtet lassen kann. So ward das alte Spiel wiederholt, welches schon mehrmals schwebende kirchenpolitische Verhandlungen scheitern ließ. So wenig die Gefahr verkannt werden darf, welche die neueste Haltung Roms für das Zustandekommen des Friedens enthält, so glaube ich doch, daß diesmal die Dinge schon zu weit gediehen sind, als daß ein rein negatives Ergebnis noch möglich wäre. Bischof Kopp, der heute morgen bereits mit Herrn von Goßler konferierte, fand bei diesem volle Bereitwilligkeit, den Bedenken Roms Rechnung zu tragen und an einem Ausgleich über die streitigen Punkte mitzuwirken. Auch der Herr Reichskanzler, den Herr Kopp heute oder morgen aufsuchen wird, dürfte kein absolutes non possumus sprechen, denn darüber wird wohl überall kein Zweifel bestehen können, daß ein Scheitern des Friedenswerkes in diesem Augenblicke nur dem intransigenten Ultramontanismus auf Kosten der gemäßigten und staatsfreundlichen Katholiken zugute kommen würde. *[...]*

S. M. der Kaiser hat sich gestern beim Empfang des Staatsministeriums sehr entschieden gegen die von dem Abgeordneten Windthorst zu dem Sozialistengesetz, speziell zu Art. 28 desselben gestellten Anträge ausgesprochen und u. a. geäußert, Er begreife nicht, wie einer seiner Untertanen einen Antrag stellen könne, daß Er — der Kaiser — die Verlängerung des Gesetzes zu seinem persönlichen Schutze wolle, während für Ihn doch lediglich das allgemeine Interesse maßgebend sei[1]. — Diese Äußerung, welche die heutigen Morgenblätter wiedergeben, wird umso mehr Eindruck auf das Zentrum machen, als nach meinen Wahrnehmungen in der Partei eine starke, der Verlängerung des Gesetzes günstige Strömung besteht.

GLA 233/27771 fol. 192 ff. Ausf., pr. 24. 3., dem Großherzog und dem Staatsministerium vorgelegt; 49/2015 fol. 47 f. Konz.

[1] Vgl. *Lucius* S. 340.

720. Marschall an Turban.

Berlin, 25. März 1886.

Vertraulich! In einer gestern abend auf Veranlassung des Grafen Brühl[1] stattgehabten Vorbesprechung der katholischen Mitglieder des Herrenhauses machte Bischof Kopp Mitteilungen über den Gang der Kommissionsberatungen und über die Stellung der römischen Kurie zu den gefaßten Beschlüssen; er erklärte, daß er von dem Papste beauftragt sei, d r e i A b ä n d e r u n g s a n t r ä g e z u s t e l l e n ; wenn diese Anträge angenommen würden, sei er ermächtigt, dem Gesetzentwurfe zuzustimmen, und wünsche der Papst, daß die katholischen Mitglieder des Herrenhauses desgleichen täten.

Eine bestimmte Äußerung darüber, welche Stellung die preußische Regierung zu den Abänderungsanträgen einnimmt, erfolgte von Seite des Bischofs Kopp nicht — die Teilnehmer an der Versammlung, welche ich sprach, hatten jedoch sämtlich aus dem Auftreten des Bischofs den Eindruck gewonnen, daß er sich der Zustimmung des Reichskanzlers, mit welchem er gestern nachmittag konferierte, versichert habe. Nachdem heute die konservative Fraktion des Herrenhauses einstimmig und die liberale Fraktion mit erheblicher Mehrheit beschlossen haben, die Abänderungsanträge des Bischofs anzunehmen, vermag ich nicht daran zu zweifeln, daß eine Verständigung erfolgt, bzw. die Regierung bereit ist, die Vorlage mit den Koppschen Amendements zu akzeptieren.

Die Plenarsitzung, welche ursprünglich auf morgen angesetzt war, ist auf Samstag verlegt worden, wie ich höre, weil Bischof Kopp telegraphisch von dem demnächstigen Eintreffen einer weiteren „Mitteilung" des Papstes in Kenntnis gesetzt wurde. Fast allgemein ist unter den Mitgliedern des Herrenhauses die Annahme verbreitet, daß der Herr Reichskanzler in der Sitzung die Annahme der Kommissionsbeschlüsse mit den Koppschen Anträgen erklären und der Bischof sodann die Erfüllung der Anzeigepflicht im Namen des Papstes zusagen werde[2].

GLA 233/27771 fol. 220 f. Ausf., pr. 26. 3., dem Großherzog und dem Staatsministerium vorgelegt.

[1] Friedrich Stephan Graf v. Brühl (1819—93), seit 1856 Mitglied des Herrenhauses.
[2] Tgb. Marschall: „25. März 1886. Es heißt, die kirchenpolitische Frage sei geordnet, der Bischof habe die Anzeigepflicht in der Tasche" (Oberkirch, Besitz Frau v. Seyfried).

721. Marschall an Turban.

Berlin, 26. März 1886.

Vertraulich! Ew. Exz. beehre ich mich ergebenst anzuzeigen, daß in der kirchenpolitischen Frage, deren Lösung gestern gesichert schien, heute wieder Schwierigkeiten entstanden sind und im Augenblicke noch nicht abzusehen ist, in welcher Weise sie beseitigt werden können. Die erwartete weitere Instruktion von Rom, welche gestern abend dem Bischof Kopp zukam, besagt, daß der Papst sich lebhaft über das in der Kommission bekundete Entgegenkommen der Regierung freue und bereit sei, die Anzeigepflicht in dem in der Note des Kardinals Jacobini vom 19. Januar 1883 bezeichneten Umfange[1] — d. h. e i n m a l i g für die gegenwärtig vakanten Pfarreien — zu gewähren. Der heute früh von Rom aus hier eingetroffene Professor Reuß aus Trier[2] hat dem Bischof im Auftrage des Papstes diese Instruktion dahin erläutert, daß der Papst gewillt sei, auch für d i e Z u k u n f t die Anzeigepflicht zu erfüllen, über die Form des dabei einzuhaltenden Verfahrens jedoch noch weitere Unterhandlungen stattfinden müßten.

Die von Rom aus in Aussicht gestellte Konzession bewegt sich demnach genau auf der Linie, welche in jener Note Jacobinis gezogen ist. Dort wird nämlich die Anzeige der neuen Titulare aller jetzt vakanten Parochien zugesagt, s o b a l d den gesetzgebenden Körpern ein Vorschlag von Maßregeln gemacht sei, welche die Ausübung der kirchlichen Jurisdiktion und die Freiheit der Erziehung des Klerus sichern, und dann wörtlich gesagt: „Die Anzeige, welche für jetzt zeitweilig begrenzt sein würde auf den Fall der faktischen Vakanzen, wird einen ständigen Charakter gewinnen unter Formen, welche durch gemeinsames Übereinkommen zu bestimmen sind, wenn nur die Revision der Gesetze abgeschlossen sein wird."

Offenbar erwartete man hier eine weitergehende Zusage, denn Herr von Goßler erklärte heute früh dem Bischof Kopp, der ihm von seiner Instruktion Kenntnis gab, die päpstliche Konzession für ungenügend. Graf Herbert Bismarck, den ich heute Mittag sprach, sagte mir, der Papst habe wieder einmal im letzten Augenblicke „zurückgezogen", denn nach einem Telegramm des Herrn von Schlözer sei er vor einigen Tagen bereit gewesen, die Anzeigepflicht bedingungslos zu konzedieren[3]. Professor Reuß aus Trier, den der Papst zur mündlichen Instruierung des Bischofs hierher geschickt habe, sei intransigenter Jesuit, Amanuensis Windthorsts; offenbar sei er in dessen Auftrag in Rom gewesen und habe dort den Umschwung hervorgerufen. Der Reichskanzler lege zwar auf die Anzeigepflicht gar keinen Wert, wolle aber Herrn von Goßler, der eben doch der verantwortliche Minister für diese Angelegenheit sei, nicht präjudizieren. Außerdem müsse man mit den protestantischen Konservativen rechnen, die ohne eine weitergehende Konzession des Papstes für den Entwurf nicht zu haben seien. —

Bischof Kopp will heute zugleich im Namen mehrerer katholischer Mitglieder des Herrenhauses an den Kardinal Jacobini telegraphieren und den heiligen Vater bitten lassen, die Anzeigepflicht in etwas weiterem Umfange zu gewähren, da sonst der Entwurf scheitern könne[4]. — In der morgigen Plenarsitzung des Herrenhauses wird der Entwurf an die Kommission zurückverwiesen werden, um Zeit zu gewinnen. —

Nach meinem Dafürhalten liegt weniger ein „Zurückziehen" des Papstes als wieder einmal ein Mißverständnis des Herrn von Schlözer vor. An ein Scheitern des Entwurfs glaube ich auch jetzt noch nicht. [...]

GLA 233/34797 fol. 70 ff. Ausf., vom Großherzog zur Kenntnis genommen; 49/2015 fol. 50 f. Konz.

[1] Vgl. *Schmidt-Volkmar* S. 289.
[2] Alexander Reuß (1844—1912), 1867 Priester, 1870 Kaplan in Trier u. Prof. für Kirchengeschichte am Priesterseminar, 1892 Generalvikar. Seine römische Mission vgl. *Weber* S. 133 ff.
[3] Zur Wandlung der Anschauungen an der Kurie über die Anerkennung der Anzeigepflicht vgl. *Schmidt-Volkmar* S. 307 ff. u. *Weber* S. 135 ff.
[4] Vgl. *Schmidt-Volkmar* S. 309; *Weber* S. 136.

722. Marschall an Turban.

Berlin, 27. März 1886.

Heute Plenarsitzung des Herrenhauses über die kirchenpolitische Vorlage. Prinz Carolath[1] *beantragte* die Rückverweisung an die Kommission, indem er hervorhob, daß damit der Stellungnahme seiner liberalen Fraktion zu den Koppschen Anträgen in keiner Weise präjudiziert werde; die Fraktion werde so weit als möglich den kirchlichen Wünschen entgegenkommen, aber strenge die Grenzen innehalten, welche durch die Interessen und die Würde des Staates gezogen seien. Die Rückverweisung wurde fast einstimmig angenommen; auch Fürst Bismarck, welcher der Sitzung beiwohnte, stimmte dafür. —

Nach einer mir mitgeteilten Äußerung, welche Fürst Bismarck heute einem Mitgliede des Herrenhauses gegenüber tat, ist die kirchenpolitische Situation augenblicklich folgende: Die Regierung hält an ihrer Vorlage fest, will aber weitere Konzessionen entsprechend den Wünschen des Bischofs Kopp gewähren, wenn von Rom aus bezüglich der Anzeigepflicht eine Gegenkonzession erfolgt; die dem Bischof zugekommene, nach verschiedenen Seiten hin verklausulierte und beschränkte Zusage erscheint ungenügend, nicht sowohl weil die Regierung ein entscheidendes Gewicht auf die unbedingte Erfüllung der Anzeigepflicht legt, als weil es bei der Stimmung, welche bei den der Regierung befreundeten Fraktionen herrscht, ohne weitergehende Zusage unmöglich erscheint, die Vorlage entsprechend den bischöflichen bzw. päpstlichen Wünschen durchzubringen. —

Der Herr Reichskanzler hat gestern dem Papste telegraphiert, daß, wenn nicht in weiterem Umfange, als geschehen, die Anzeige zugesagt werde, das Scheitern des Friedenswerks zu gewärtigen sei[2]. Leo XIII. antwortete heute früh telegraphisch, daß weitere Erwägungen angestellt würden und er Befehl erteilt habe, eine bezüglich der Anzeigepflicht von dem Kardinal-Staatssekretär an Herrn von Schlözer gerichtete Note zurückzuhalten. — Dieser päpstliche Befehl scheint zu spät gekommen zu sein, denn die fragliche Note ist heute früh bereits hier eingelaufen; sie enthält im wesentlichen dasselbe wie die Instruktion an Bischof Kopp, deren Inhalt ich in meinem gestrigen Berichte wiedergegeben habe.

Seminarprofessor Reuß aus Trier, dessen gestrige Ankunft zu allerlei Kombinationen Anlaß gab, ist zweifellos als Agent der intransigenten Partei in Rom gewesen. Sein Versuch, durch Mitteilungen über angebliche Aufträge des Papstes sich dem Bischof Kopp als Ratgeber aufzudrängen, ist mißlungen, indem der Bischof jeden Verkehr mit ihm abgebrochen hat.

GLA 233/34797 fol. 73 f. Ausf., vom Großherzog zur Kenntnis genommen; 49/2015 fol. 52 Konz.

¹ Heinrich Ludwig Erdmann Ferdinand Prinz zu Schönaich-Carolath (1852—1920), 1870—75 Husarenoffizier, 1875—77 Studium in Bonn, 1881—90 Mitglied des Reichstags, Deutsche Reichspartei, schied 1890 nach einer Rede gegen die Erneuerung des Sozialistengesetzes aus, 1893—1918 Mitglied der nationalliberalen Fraktion, seit 1883 Mitglied des Herrenhauses.
² Ges. Werke VI c Nr. 328.

723. Marschall an Turban.

Berlin, 29. März 1886.

Vertraulich! Die kirchenpolitische Situation ist fortwährend eine sehr gespannte. Bischof Kopp hat vorgestern — Samstag — Abend in Beantwortung seines Telegramms vom Donnerstag vom Kardinal Jacobini eine telegraphische Mitteilung des Inhalts erhalten, daß der Regierung eine neue Note zugestellt worden sei, von der er glaube, daß sie befriedigen werde. Bis heute Vormittag war diese Note nicht hier eingetroffen, auch befürchtet der Bischof, daß sie lediglich in der Fassung, nicht aber in dem materiellen Inhalt von der ersten abweichen werde.

Oberbürgermeister Miquel, den ich gestern sprach, vertritt mit der größten Entschiedenheit die Ansicht, daß, wenn Rom nicht eine genügende Zusage abgebe, nicht nur die Kommissionsbeschlüsse, sondern auch die Regierungsvorlage zu verwerfen seien, da es der Würde des Staates widerstreite, irgend welche Konzessionen zu machen, wenn Rom nicht durch eine entsprechende Gegenkonzession seinen Willen bekunde, mit dem Staate in Frieden zu leben. Diese Anschauung scheint mir Herr von Goßler insoweit zu teilen, als auch er ein Hinausgehen über die Regierungsvorlage nur dann für gerechtfertigt erachtet, wenn die Anzeige der Geistlichen für die Zukunft sichergestellt ist. Herr Miquel sagte mir, er glaube, den Herrn Reichskanzler, der auf die ganze Frage der Anzeige kein Gewicht lege, in einer vorgestern mit ihm in Gegenwart des Bischofs Kopp stattgehabten Unterredung davon überzeugt zu haben, daß die Rücksicht auf die Stimmung in der Nation und insbesondere in den der Regierung befreundeten Parteien gebieterisch verlange, fest zu bleiben und lieber das ganze Friedenswerk scheitern zu lassen, als ohne Gewährung der Anzeige so weit gehende Konzessionen zu machen. Bischof Kopp habe ebenfalls bei dem Herrn Reichskanzler die Auffassung vertreten, daß, wenn die regelmäßige Besetzung der Pfarreien nicht erreicht werden könne, er auf das Zustandekommen der Vorlage keinen Wert lege.

Obgleich die Verhandlungen mit Rom weiter fortgesetzt werden, ist doch bereits auf morgen eine Sitzung der Herrenhauskommission anberaumt worden¹. Herr Miquel scheint mir gesonnen zu sein, es morgen zum Bruche zu treiben und durch die Verwerfung der Vorlage in der Kommission eine letzte Pression auf Rom auszuüben. Ob die Regierung sich mit einem solchen Verfahren einverstanden erklären wird, ist mir zweifelhaft. —

Die ganze Situation hat eine überraschende Ähnlichkeit mit derjenigen im badischen Landtage im Winter 1879/80.

Der Abgeordnete von Franckenstein bemüht sich, für die morgige zweite Lesung des Sozialistengesetzes eine Majorität für die Verlängerung des Gesetzes auf zwei Jahre zustandezubringen; er sagte mir, daß er die Hoffnung, dies zu erreichen, nicht aufgebe, die Sache aber sehr zweifelhaft sei².

GLA 233/34797 fol. 75 f. Ausf., dem Großherzog vorgelegt; 49/2015 fol. 53 f.

[1] Über die Sitzung der Kommission am 30. März vgl. die Erklärung Goßlers in der Kommissionssitzung vom 5. Apr. 1886 (*Schultheß* S. 79 f.).
[2] Windthorsts Anträge in der Kommission und die Schlußabstimmung über das Sozialistengesetz am 30./31. Mrz. 1886 vgl. *Schultheß* S. 81.

724. Marschall an Turban.

Berlin, 1. April 1886.

Vertraulich! Die kirchenpolitische Situation ist unverändert kritisch. Die römische Kurie hat gestern auf erneute dringende Vorstellungen der preußischen Regierung erwidert, daß sie gegenwärtig nicht in der Lage sei, eine weitergehende Zusage zu machen, als sie es in der mehrfach erwähnten Note Jacobinis vom 19. Januar 1883 getan[1]. Eine definitive Entschließung der Regierung ist hierauf noch nicht erfolgt; die Vertagung des Herrenhauses bis Mitte nächster Woche läßt darauf schließen, daß der Wunsch besteht, Zeit zu gewinnen und es nicht zum sofortigen Bruch kommen zu lassen. Der Unmut des Reichskanzlers richtet sich vornehmlich gegen Herrn von Schlözer, der auf telegraphische Weisung heute früh hier eingetroffen ist, und zwar, wie mir scheint, weniger zur Berichterstattung, als ad audiendum verba magistri, welche nach den Äußerungen aus der Umgebung des Reichskanzlers kaum sehr schmeichelhaft ausfallen dürften. Ob mit der raschen Abreise des Herrn von Schlözer gleichzeitig der Zweck verbunden ist, einen Eindruck auf den Vatikan zu machen, mag dahingestellt bleiben — das eigentliche Motiv des plötzlich gefaßten Entschlusses, Herrn von Schlözer hierher zu rufen, war jedenfalls eine hochgradige Verstimmung über dessen jüngste diplomatischen Operationen[2]. —

Der Herr Reichskanzler hat heute Nachmittag meinem bayerischen Kollegen, der ihm namens seines Königs zum Geburtstag gratulierte, den Stand der kirchenpolitischen Frage mit folgenden Worten geschildert: Die Sachlage sei gründlich zerfahren. Erst habe man eine Vorlage gemacht ohne Rücksicht darauf, ob auf dieselbe von Rom aus eine Gegenkonzession erfolge oder nicht; der Bischof habe dann in der Kommission gewisse Änderungen verlangt, die konzediert worden seien — auf Weisung von Rom habe dann derselbe neuerdings weitere Anträge gestellt, die ihm — dem Reichskanzler — ebenfalls annehmbar erschienen. Da sei auf einmal Mitte voriger Woche ein Bericht des Herrn von Schlözer eingetroffen, welcher die Erfüllung der dauernden Anzeigepflicht durch die Kurie meldete; dieselbe Mitteilung habe auch der Bischof erhalten. Achtundvierzig Stunden später sei ein Umschwung in Rom eingetreten, indem Windthorst dort mit Erfolg die Anschauung geltend gemacht habe, daß, wenn man bis zur Vorlage des Septennats warte, die Regierung noch viel mehr werde konzedieren müssen. Inzwischen hätten sich die Gemüter an der Frage der Anzeigepflicht „erhitzt" gehabt, und so sei auf einmal eine conditio sine qua non für das Zustandekommen des Gesetzes daraus geworden. Was nun werden solle, wisse er noch nicht; er selbst lege auf die ganze Anzeigepflicht nicht das geringste Gewicht, dieselbe sei ihm absolut gleichgiltig, er „huste" darauf — aber bei der einmal erzeugten Stimmung sei es schwer für ihn, seine Kollegen zu überzeugen, und noch schwerer voraussichtlich, die Stimmung im Herrenhause zu überwinden. —

Wenn auch diese Äußerungen nichts wesentlich Neues enthalten, so waren sie mir doch aus dem Grunde von besonderem Interesse, weil ich daraus entnahm, daß Herr Miquel sich einigermaßen täuschte, wenn er glaubte, den Herrn Reichskanzler überzeugt zu haben, daß die Würde des Staates eine vorausgegangene Zusage dauernder Anzeigepflicht erheische (vgl. meinen Bericht vom 29. März Nr. 31)[3]. Bei der Natur des Fürsten halte ich es für sehr möglich, daß er wieder auf seine frühere Intention zurückkommt und die Vorlage ohne jede Rücksicht auf römische Zusagen, sei es mit oder ohne die Koppschen Anträge, durchzubringen unternimmt. Setzt er dafür das Gewicht seiner Persönlichkeit ein, so wird er auch der „Erhitzung" der Gemüter Herr werden, zumal nach meinen Beobachtungen Herr Miquel in dieser Beziehung etwas zu starke Farben aufgetragen hat. — Nachdem man einmal in den Motiven zur Vorlage die Interessen der katholischen Untertanen vorangestellt und der Kultusminister in der Kommission ausgeführt hat, daß der materielle Wert der Anzeigepflicht sich eher vermindert als vermehrt hat, ist es in der Tat für die Regierung kaum mehr möglich, den von Herrn Miquel vertretenen Standpunkt einzunehmen und zu sagen: mit der Anzeigepflicht alles, ohne dieselbe nichts. Wollte man diesen Weg gehen, so mußte man sich vor Einbringung der Vorlage mit Rom ins Benehmen setzen und eventuell die Vorlage unterlassen, — so wie jetzt die Sache sich entwickelt hat, würde die Regierung, wenn sie alles fallen läßt, mindestens dem Vorwurfe nicht entgehen, daß ihrer Aktion ein einheitlicher konsequent durchgeführter Grundgedanke gefehlt hat. So wenig ich die Auffassung des Reichskanzlers über den Wert der Anzeige teile, so fühle ich ihm doch nach, wenn er jetzt vor einem Resultate zurückschreckt, welches für Herrn Windthorst einen Triumph und für den staatsfreundlichen Bischof eine schwere Niederlage bedeuten würde.

GLA 233/34797 fol. 77 ff. Ausf., dem Großherzog vorgelegt; 49/2015 fol. 55 f.

[1] Vgl. Nr. 721 Anm. 3.
[2] Vgl. Bismarcks Immediatbericht v. 3. Apr. 1886, Ges.Werke VI c Nr. 330.
[3] Nr. 723.

725. Marschall an Turban.

Berlin, 4. April 1886.

Vertraulich! Die Erklärung des Ministers von Goßler in der heutigen Sitzung der kirchenpolitischen Herrenhauskommission[1] hat unter den Freunden eines kirchenpolitischen Ausgleichs insofern keinen günstigen Eindruck gemacht, als die Regierung in derselben auf jede bestimmte Stellungnahme verzichtet und die Verantwortlichkeit lediglich dem Herrenhause zuschiebt; man fürchtet, daß es ohne Eintreten des Fürsten Bismarck schwer sein werde, die Majorität für ein positives Resultat zu gewinnen. Auf der anderen Seite hat die Tatsache, daß der Papst — wenn auch unter der doppelten Bedingung des Friedensschlusses und der Modifikation der Anzeigepflicht nach württembergischem Muster — die dauernde Anzeigepflicht in Aussicht stellt, die Hoffnungen auf ein Zustandekommen des Gesetzes wieder etwas erhöht, da gegenüber den unmittelbar vorhergehenden päpstlichen Erklärungen die neueste Zusage doch einen etwas positiveren Inhalt hat. In einer nach der Kommissionssitzung stattgehabten vertraulichen Besprechung von Mitgliedern der Kommission sollen die Geister anfangs ziemlich heftig aufeinander geplatzt, schließlich aber doch eine etwas versöhnlichere Stimmung eingetreten sein.

Die sehr merkwürdige Haltung der Regierung entspringt dem Umstande, daß der Reichskanzler der ganzen Angelegenheit überdrüssig geworden ist und deshalb den Dingen einfach ihren Lauf lassen will. Er ist aufs höchste erbittert auf Herrn von Schlözer, den er bereits mit dem Grafen Arnim, Herrn von Savigny[2] u. a. vergleicht. Dagegen ist Herr von Bötticher, mit dem ich gestern lange über die Frage sprach, entschieden der Ansicht, daß das Gesetz in irgend einer Form zustande gebracht werden muß. Da, wie ich höre, eine neue päpstliche Mitteilung, die möglicherweise noch eine etwas positivere Fassung der Zusage enthält, unterwegs ist, wird die Plenarsitzung des Herrenhauses erst Anfang nächster Woche stattfinden. —

Fürst Hatzfeld-Trachenberg, welcher in der vorigen Woche in Rom war und dort mit dem Papst und Jacobini konferiert hat[3], sagte mir, daß Professor Reuß dem Papste zwei Briefe, einen vom Erzbischof in Köln und einen vom Fürstbischof in Breslau, überbracht habe und zweifellos die jüngste ungünstige Wendung auf die Mission dieses Herrn zurückzuführen sei.

GLA 233/34797 fol. 80 f. Ausf., dem Großherzog vorgelegt; 49/2015 fol. 57.

[1] Bei *Schultheß* S. 79 f.: 5. Apr. Vgl. auch Nr. 726.
[2] Karl Friedrich v. Savigny (1814—75), 1850 außerordentl. Gesandter in Karlsruhe, 1859 Gesandter in Dresden, 1862 in Brüssel, 1864—66 am Bundestag, Mitglied d. Reichstags d. Norddt. Bundes, Führer der Zentrumspartei.
[3] Fürst Hatzfeldt-Trachenberg (geb. 1848), erbliches Mitglied des preuß. Herrenhauses. Über seine römische Reise vgl. *Schmidt-Volkmar* S. 309 f. u. *Weber* S. 137 f.

726. Marschall an Turban.

Berlin, 6. April 1886.

Vertraulich! *Ich übergebe die gestern vom Kultusminister in der kirchenpolitischen Herrenhauskommission abgegebene Erklärung*[1]. Die Argumentation, daß die Regierung z. Zt. nicht in der Lage ist, eine Stellung zu den Kommissionsbeschlüssen bzw. den Amendements Kopp zu nehmen, scheint mir nichts weniger als beweiskräftig zu sein. Was das heißen soll, daß die Regierung sich erst entschließen könne, wenn sich die „Rückwirkung ihrer Beschlüsse auf unsere innere politische Lage" übersehen lasse, weiß ich nicht; jedenfalls ist es eine starke Zumutung gerade an das Herrenhaus, eine Entscheidung zu treffen, während die Regierung selbst sich scheut, nach der einen oder anderen Seite eine Direktive zu geben. —

Die in Aussicht gestellten päpstlichen Gegenkonzessionen werden trotz ihrer konditionellen Fassung heute in den Kreisen des Herrenhauses günstiger aufgefaßt als gestern. Besonders bemüht sich der Herzog von Ratibor, der Auffassung Eingang zu verschaffen, daß das Herrenhaus jetzt die Kommissionsbeschlüsse mit den Amendements Kopp annehmen solle. Der dunkle Punkt bleibt, daß der Reichskanzler auch in privaten Unterredungen bis jetzt nicht zu bewegen ist, eine bestimmte Meinung auszusprechen — sein ceterum censeo sind immer heftige Ausbrüche gegen Herrn von Schlözer — ob er aber den Frieden jetzt will oder nicht will, darüber ist selbst seine Umgebung nicht informiert.

Fürst Isenburg-Birstein ist aus eigenem Antriebe vor einigen Tagen nach Rom gereist, um dort die gegenwärtige Situation zu schildern und die Kurie noch zu einem weiteren Entgegenkommen, wenigstens in der Form zu bewegen. Er hat gestern nach einer Unterredung mit dem Papste dem Herzog von Ratibor telegraphiert, daß die Sache günstig stehe. Auch Bischof Kopp ist von dem Kardinal Jacobini telegraphisch von dem demnächstigen Eintreffen einer weiteren Mitteilung benachrichtigt worden. *[...]*

GLA 233/27771 fol. 226 f. Ausf., dem Großherzog und dem Staatsministerium vorgelegt.

[1] Vgl. Nr. 725 Anm. 1.

727. Marschall an Turban.

Berlin, 10. April 1886.

Vertraulich! *Obgleich sich die neueste, dem Herrenhaus als Drucksache vorgelegte Note Jacobinis*[1] *wegen ihres römischen Kurialstils* bezüglich des entscheidenden Punktes in etwas allgemeinen Redewendungen bewegt und namentlich volle Klarheit darüber vermissen läßt, in welchem Umfange die Revision gedacht ist, deren Zusage die Voraussetzung der sofortigen dauernden Anzeige bilden soll, hat dieselbe doch in parlamentarischen Kreisen einen günstigen Eindruck gemacht. Man findet gegenüber der ersten päpstlichen Erklärung, die sich einfach auf die Note Jacobinis vom 19. Januar 1883 bezog, und der weiteren durch Herrn von Schlözer überbrachten Mitteilung, welche der Kultusminister am letzten Montag der Herrenhauskommission unterbreitete, in der neuesten Kundgebung ein fortschreitendes Entgegenkommen des Papstes nicht nur in der Form, sondern auch in der Sache selbst, insofern nunmehr die dauernde Anzeige nicht mehr von dem Abschluß der Revision, sondern von der offiziellen Zusage einer solchen abhängig gemacht wird. Mehr und mehr kommt auch in den Kreisen, die alles, was von Rom kommt, mit Mißtrauen zu betrachten pflegen, die Überzeugung zum Durchbruch — welche auch ich in vielfachen Gesprächen über die kirchenpolitische Situation stets vertreten habe — daß d e r   g e g e n w ä r t i g e   P a p s t   d e n   F r i e d e n   e r n s t l i c h   u n d   a u f r i c h t i g   w ü n s c h t   und nur darum nicht in seinen Konzessionen weiter geht, weil ihn gewisse Rücksichten binden, mit denen er zu rechnen hat. *Ich überzeuge mich mehr und mehr davon, daß die Haltung der nationalliberalen Partei für den Reichskanzler in dieser Angelegenheit einen gewichtigen Faktor bildet.* Ich hatte gestern Gelegenheit, einen Augenblick Herrn von Goßler zu sprechen; der Minister schien mir die Situation noch etwas skeptisch zu betrachten, aber doch keinen Zweifel darüber zu hegen, daß das Friedenswerk zustande kommt. Als ich von der eventuellen Stellungnahme der Regierung sprach, entgegnete er mir: „Für uns ist das ausschlaggebende Moment,   d a ß   w i r   k e i n e   F r e u n d e   v e r l i e r e n." Ich fand darin eine Bestätigung der in meinem letzten Berichte geäußerten Anschauung, daß sehr viel auf Herrn Miquel ankommen wird. Derselbe soll morgen früh hier eintreffen und demnächst, noch bevor er sich zum Reichskanzler begibt, eine vertrauliche Besprechung mit dem Herzog von Ratibor, dem Fürsten Hatzfeldt und Herrn von Manteuffel[2] und Herrn von Schlözer haben. Alle diese Herrn sind entschieden für Annahme der Vorlage mit den Amendements Kopp, ganz besonders bemüht sich

Herr von Schlözer, in parlamentarischen Kreisen Stimmung für den Frieden zu machen, dessen er allerdings zur Rettung seines parlamentarischen Rufes dringend bedarf. Aller Wahrscheinlichkeit nach wird Herr Miquel — auch wenn er die Zusage Roms nicht für genügend erachtet — doch dem Herrn Reichskanzler die Beruhigung gewähren, daß er, wenn das Friedenswerk zustande kommt, nicht die Gefahr läuft, Freunde zu verlieren. —

In der gestrigen Sitzung des preußischen Staatsministeriums wurde auch die kirchenpolitische Frage besprochen[3]. Wie mir einer der Minister heute vertraulich mitteilte, wird der Herr Reichskanzler am Montag formell die Regierungsvorlage vertreten und erklären, daß die Regierung bezüglich der weitergehenden Anträge zunächst die Anschauungen der beiden Häuser kennen lernen müsse, bevor sie definitiv Stellung nehme. Als Herrenhausmitglied wird Fürst Bismarck sodann eventuell f ü r die Kommissionsbeschlüsse und die Amendements Kopp stimmen. —

Sehr bemerkt wird hier die Desavouierung des Herrn von Schlözer in dem Begleitschreiben des Herrn von Goßler vom 8. d. M.[4] Die Worte „aus eigenem Antriebe angeregten und diesseits nicht als amtlich betrachteten Korrespondenz" beziehen sich nämlich auf eine Note des Herrn von Schlözer an Kardinal Jacobini, in welcher über verschiedene Einzelfragen Auskunft erbeten wird. Jene Note ist — entgegen der bestehenden allgemeinen Instruktion — ohne speziellen Auftrag von Herrn von Schlözer abgefaßt worden und scheint insofern auf die Situation ungünstig gewirkt zu haben, als durch die daran sich knüpfende Korrespondenz verschiedene Detailpunkte ans Licht traten, welche im Interesse des Zustandekommens des Friedens latent erhalten werden sollten. —

In der Jacobinischen Note vom 4. d. M. hat ferner der Passus einiges Aufsehen gemacht, in dem es heißt, man habe „von verschiedenen Seiten" erfahren, daß der Gesetzesvorschlag ohne die Konzession der Anzeigepflicht scheitern werde; man bezieht dies auf das Telegramm, welches Bischof Kopp mit mehreren katholischen Herrenhausmitgliedern nach Rom abgesendet hat[5], und auf die Romreisen der Fürsten Hatzfeldt und Isenburg-Birstein. [. . .]

Wenn nicht unerwartete Zwischenfälle eintreten, halte ich die Annahme der Kommissionsbeschlüsse mit den Amendements Kopp am nächsten Montag für sehr wahrscheinlich[6]. —

GLA 233/27771 fol. 232 ff. Ausf.

[1] Vom 4. April 1886, gedr. *Schulthe*ß S. 89 f.
[2] Otto Karl Gottlieb Frhr. v. Manteuffel (1844—1913), 1877—98 Mitglied des Reichstags, 1883 Mitglied, 1891 Vizepräsident des Herrenhauses, 1877 Gründer, 1892—97 Vorsitzender der konservativen Fraktion des Herrenhauses, 1896 Landesdirektor der Provinz Brandenburg.
[3] Vgl. *Lucius* S. 345 f.
[4] Gedr. *Schulthe*ß S. 88 f.
[5] Vgl. Nr. 725. 726.
[6] Vgl. Nr. 729. — Am 13. April 1886, dem Tage der Annahme der kirchenpolitischen Vorlage im preuß. Herrenhaus, brachte die katholische Fraktion in der II. bad. Kammer eine Interpellation ein mit der Frage an die Regierung, ob eine Revision der kirchenpolitischen Gesetze nach dem Vorgang in Preußen in Aussicht genommen sei. Turban lehnte die Beantwortung der Frage ab (vgl. *Stadelhofer* S. 136 f.).

728. Großherzog Friedrich an Leo XIII.

Karlsruhe, 14 Avril 1886.

Lors de ma lettre adressée à Votre Sainteté le 14 Février de cette année[1], je presentais les raisons, qui m'encouragent aujourd'hui à m'adresser à la haute sagesse de Votre Sainteté pour traiter les questions de haute importance concernant les intérêts de mes sujets catholiques.

La mort de Monseigneuer l'Archevêque de Fribourg[2] nécessite un remplaçant pour le siège épiscopal et il est urgent que le choix d'un ecclesiastique éclairé et distingué ce fasse le plus prochainement possible dans l'intérêt de la noble et belle mission confiée à ce métropolitain.

Avant que le chapître épiscopal de Fribourg ne s'occupe des préparatifs de l'élection d'un nouvel Archevêque, je crois sauvegarder le vrai bien de l'Église catholique de mon pays, en m'adressant directement à Votre Sainteté, afin de traiter avec Elle le côté personnel de la question en litige. J'ai chargé mon Chambellan Monsieur de Jagemann[3], membre du ministère des cultes, d'une mission spéciale et toute personnelle auprès de Votre Sainteté, afin de Lui faire en mon nom des communications confidentielles par rapport aux propositions que je crois devoir soumettre à Votre Sainteté dans le but d'une entente relative au choix du candidat pour le siège épiscopal et métropolitain de Fribourg. Le Chambellan de Jagemann possède toute ma confiance et il mérite d'être honoré de la haute bienveillance de Votre Sainteté. Je le recommande donc à Votre bonté, très Saint Père, et j'espère qu'il remplira sa mission tout aussi dignement que consciencieusement. Instruit de toutes les particularités de la question qui le conduit à Rome, M. de Jagemann restera à la disposition de Votre Sainteté aussi longtemps qu'Elle le trouvera bon.

Je forme des voeux bien sincères pour la réussite de cette mission si essentiellement importante et je prie Votre Sainteté de bien vouloir reconnaître dans mon intention une expression sincère de la vénération que je ressens pour Votre haute personne *[. . .]*

GLA 48/5449 fol. 131 f. eig. Reinkonz. Der Großherzog ersuchte Nokk am 15. Apr., das Schreiben Jagemann und Turban zur Kenntnis zu bringen und ihm das Reinkonz. zurückzugeben (GLA FA Korresp. 13 Bd. 55, Fasz. 157 Nr. 12 eig.).

[1] Nr. 703.
[2] Orbin starb am 8. April 1886.
[3] E. v. *Jagemann*, 75 Jahre S. 95 f.

729. Marschall an Turban.

Berlin, 14. April 1886.

Nachdem noch am vorigen Sonntag das Zünglein der Waage geschwankt hatte, ist gestern im Herrenhause die Entscheidung über die kirchenpolitische Vorlage gefallen[1] *[. . .]*. Sonntag früh war Herr Oberbürgermeister Miquel hier eingetroffen; die ersten Besprechungen, welche er am Vormittage mit einigen der Annahme der Kommissionsbeschlüsse freundlich gesinnten Mitgliedern des Herrenhauses in Anwesenheit des Herrn von Schlözer hatte, ergaben insofern ein dem Zustandekommen des Friedenswerkes ungünstiges Resultat, als Herr Miquel, wenn er auch per-

sönlich einen gemäßigten Standpunkt einnahm, doch seine definitive Stellungnahme von einer Beratung mit seinen parlamentarischen und politischen Freunden
abhängig machte, von denen sich viele brieflich an ihn mit der dringenden Bitte gewendet hatten, weder die Amendements Kopp, noch die Kommissionsbeschlüsse,
noch die Regierungsvorlage zu votieren, da die römische Kurie die Erfüllung der
Anzeigepflicht an die Voraussetzung einer staatlichen Zusage von ganz unbegrenz-
ter Tragweite geknüpft habe[2]. In der Nachmittags stattgehabten Beratung, an
welcher nicht nur liberale Herrenhausmitglieder, sondern auch Mitglieder der
nationalliberalen und freikonservativen Fraktion des Abgeordnetenhauses teilnahmen, soll es zu lebhaften Auseinandersetzungen gekommen sein, und insbesondere die Herrn von Eynern[3], von Cuny[4], Struckmann[5] und von Zedlitz[6] jenen ablehnenden Standpunkt mit Entschiedenheit vertreten haben. Gegen 5 Uhr ließ der Herr
Reichskanzler Herrn Miquel rufen; er teilte letzterem den wesentlichen Inhalt der
Rede mit, die er am folgenden Tage zu halten gedachte[7], und betonte wiederholt,
daß er auf eine ganze Reihe der wichtigsten maigesetzlichen Bestimmungen absolut
keinen Wert lege; ganz besonders bat er, ihn „als ernsten Politiker" mit der Frage
zu verschonen, ob ein Geistlicher oder Seminarlehrer plus oder minus grata persona
sei. S. M. der König habe die Vorlage einbringen lassen, um seinen katholischen
Untertanen gerecht zu werden, eine Gegenleistung habe er nicht verlangt und
werde er nicht verlangen. Für die Regierung sei in diesem Augenblicke nur die
eine Frage maßgebend, ob sie den Frieden auf diesem Wege schaffen könne, ohne
Gefahr zu laufen, die ihr befreundeten Mittelparteien dauernd zu verstimmen. —
In einer Sitzung der liberalen Herrenhausfraktion, welche Sonntag abend stattfand, machte Herr Miquel Mitteilung von den Äußerungen des Reichskanzlers —
etwa sechs Fraktionsmitglieder, darunter Herr Adams, befürworteten die Annahme der Kommissionsbeschlüsse mit den Anträgen Kopps, die große Mehrheit dagegen einigte sich auf eine Resolution, welche die Bereitwilligkeit erklärt, bei einer
abschließenden Revision der kirchlichen Gesetzgebung mitzuwirken, und die Regierung zu diesem Zwecke um die Vorlage eines anderweiten Gesetzentwurfes ersucht.

Nach meiner Überzeugung war Herr Miquel noch am Montag in der Lage, die
Vorlage scheitern zu lassen; Fürst Bismarck hatte in seiner Herrenhausrede es bestimmt ausgesprochen, daß die Regierung sich nicht der Gefahr aussetzen könne,
national gesinnte Mitarbeiter enttäuschen zu müssen und die Mittelparteien sich
zu entfremden. Herr Miquel konnte bei dem maßgebenden Einfluß, den er auf
die nationalliberale und einen Teil der freikonservativen Partei ausübt, an diesem Punkte ansetzen und mit seiner eminenten Beredsamkeit eben diese Gefahr
heraufbeschwören, welche die Regierung unter allen Umständen zu vermeiden
wünscht. Er hat dies nicht getan und sich damit meines Erachtens ein großes Verdienst um die Herbeiführung des Friedens erworben. So scharf die Miquelsche
Rede den ablehnenden Standpunkt darlegte, sie vermied es, die Differenz zu einer
grundsätzlichen aufzubauschen, sie schloß mit den versöhnlichen Worten: „Wir
sind nur verschiedener Meinung über die Ratsamkeit des Weges. Darauf wollen
wir den Streitfall reduzieren! Was auch das Herrenhaus beschließen mag, wir wollen alle die gleiche Hoffnung hegen, ob man sich selbst geirrt hat und die andern
recht haben, möge der ersehnte Frieden bald kommen"[8]. —

Nachdem der Herr Reichskanzler vorher, man kann wohl sagen, bezüglich vieler
maigesetzlicher Bestimmungen das Kind mit dem Bade ausgeschüttet und durch

das Ausspielen des Papstes gegen die Reichstagsmehrheit gerade der liberalen Partei Grund zur Verstimmung gegeben hatte, mag es Herrn Miquel schwer gefallen sein, seine Worte auf jener Linie der Mäßigung zu halten; umso mehr hat er sich den Dank derer erworben, welche ernstlich darnach streben, zu friedlichen Zuständen zurückzukehren. —

Die staatsmännische Haltung Miquels wird auch im Abgeordnetenhause seine Wirkung üben. Man mag über die Beschlüsse des Herrenhauses sehr verschiedener Ansicht sein und vielleicht beklagen, daß mehr darin konzediert wird, als mit dem Staatsinteresse vereinbar ist, nachdem aber die Dinge so weit gediehen sind, nachdem der erste Minister eine Reihe der grundlegenden Bestimmungen der kirchenpolitischen Gesetze mit einer „Jagd zu Pferde auf wilde Gänse" verglichen und das eine Haus mit übergroßer Mehrheit und der Stimme des Ministerpräsidenten selbst jene Beschlüsse gefaßt hat, werden die Mittelparteien keinen Prinzipienstreit mehr erheben können, sondern trotz aller Bedenken bezüglich des eingeschlagenen Weges sich dem Votum des Herrenhauses anschließen müssen. Die Frage ist nur, ob dies noch vor Ostern geschieht. Der Herr Reichskanzler wünscht dies dringend, bis heute Mittag widerstrebte jedoch die nationalliberale und die freikonservative Fraktion einer derartigen überstürzten Behandlung. Für das Zentrum heißt es natürlich: Roma locuta, causa finita est, darum will Herr Windthorst sofortige Beratung der Vorlage ohne Kommission. Die Konservativen sind schwankend. Schließlich hängt alles davon ab, mit welchem Maße von Festigkeit der Herr Reichskanzler auf einer Durchberatung vor Ostern besteht[9].

GLA 233/34797 fol. 82 ff. Ausf., vom Großherzog zur Kenntnis genommen; 49/2015 fol. 62 f.

[1] Vgl. *Schultheß* S. 93 ff.
[2] Vgl. *Herzfeld*, Miquel II S. 54.
[3] Ernst v. Eynern (1838—1906), Kaufmann in Barmen, 1879—1906 Mitglied des preuß. Abgeordnetenhauses (nationalliberal).
[4] Ludwig v. Cuny (1833—98), 1875 ao. Prof. d. Rechte an der Universität Berlin, 1889 ord. Prof., seit 1873 Mitglied d. preuß. Abgeordnetenhauses, seit 1874 des Reichstages (nationalliberal).
[5] Gustav Struckmann (1837—1919), Bürgermeister in Hildesheim, 1874—77 u. 1884—1890 Mitglied des Reichstags (nationalliberal).
[6] Octavio Frhr. v. Zedlitz-Neukirch (1840—1919), Präsident der Preuß. Seehandlung, 1871—74 Mitglied des Reichstags (Reichspartei).
[7] Bismarcks Reden im Herrenhaus 12. u. 13. Apr. 1886: Ges. Werke XIII S. 181 ff. u. 192.
[8] *Miquel*, Reden III S. 151 ff.
[9] Annahme der kirchenpolitischen Vorlage im Abgeordnetenhaus in 3. Lesung am 10. Mai 1886.

730. Gelzer an Großherzog Friedrich.

Basel, 17. April 1886.

[...] Ich weise auf die denkwürdigen Reden hin, die Bismarck im Reichstag und im preuß. Abgeordnetenhaus und zuletzt im Herrenhaus gehalten hat[1]. *In allen diesen Reden kündet sich eine neue Phase in der politischen Laufbahn Bismarcks seit 1866 und 1871 an — eine Phase, für die das rechte Wort sich noch nicht aussprechen läßt. Eine ganze Serie von Briefen wäre darüber zu schreiben, ohne die zu Grunde liegenden Fragen erschöpfen zu können. Hoffentlich ist im Frühjahr mündliche Besprechung möglich.*

Gegenüber allen ungelösten Fragen der Weltwirren und Weltgefahren — treten wir morgen, am Palmsonntag gleichsam in eine erquickende Oase, wenn wir still im Innern die Tragödie durchdenken, die in den sechs Tagen von Palmsonntag bis zum Karfreitag in Jerusalem sich vollzog: die denkwürdigste und heiligste aller Tragödien, welche die Weltgeschichte überliefert hat! In jenen Leidenstagen wurde ein Reich gegründet, das allein unserm Streben, Kämpfen und Hoffen einen beseligenden Rückhalt, eine unerschütterliche Zuversicht verleiht: das Reich göttlicher Wahrheit, Gerechtigkeit und Liebe, dem zuletzt alle Erdenschicksale und Weltmächte dienen müssen. [...]

GLA FA Korresp. 13 Bd. 24 Nr. 691.

¹ Bismarcks Rede am 28. Jan. im preuß. Abgeordnetenhaus zur Polenfrage, am 26. März im Reichstag zum Branntweinmonopol und am 12. Apr. 1886 im preuß. Herrenhaus zu der kirchenpolitischen Vorlage (Ges. Werke XIII S. 144-166, 109-133, 181-192).

731. Nokk an Großherzog Friedrich.

Karlsruhe, 18. April 1886.

E. K. H. zeige ich ehrerbietigst an, daß ich gestern am späten Abend ein Telegramm von Herrn von Jagemann erhalten habe, wornach er den Herrn Kardinalstaatssekretär unmittelbar zuvor gesprochen hat; voraussichtlich wird von Jagemann schon morgen (Montag) eine Audienz bei S. Heiligkeit dem Papst erhalten, um das allerhöchste Handschreiben¹ zu überreichen. Herr von Jagemann hatte den Eindruck, als fühle sich Jacobini des preußischen Erfolgs noch nicht sicher und wünsche, unsere Sache zu beschleunigen, um einige Versprechung zu erlangen; im ganzen gab er zu, daß man diese Sorge dem künftigen Erzbischofe überlassen müsse. Das K a p i t e l hatte bis jetzt lediglich die Wahl von Weickum mitgeteilt. Jacobini erzählte, er habe außerdem noch einen Brief (sicherlich von Maas) erhalten, worin Haffner und ein Domkapitular, dessen Name Jacobini vergessen habe, für den erzbischöflichen Stuhl ihm besonders empfohlen seien. Angenehm dürfte die Aussicht auf eine beschleunigte Verhandlung mit Baden sowie der Umstand sein, daß die preußische Angelegenheit noch beim Landtage liegt.

GLA 48/5449 fol. 137 f.

¹ Nr. 728.

732. Aktennotiz von Nokk und Joos.

Karlsruhe, 19. April 1886.

[...] Dieser Instruktion [für Joos] gemäß wurde unmittelbar vor der Wahl des Kapitularvikars, zu deren Vornahme das Domkapitel auf den 10. April vormittags 10 Uhr zusammengerufen war, dem Domdekan Herrn Weickum in dessen Wohnung durch den genannten Vertreter des Ministeriums [Joos] die Eröffnung mündlich gemacht, wie von seiten der Gr. Regierung unterstellt werde, daß die Wahl zum Kapitularvikar auf eines der älteren Mitglieder des Domkapitels fallen werde. Für diesen Fall könne sofort und ohne daß es einer vorherigen Anfrage von seiten des Domkapitels bedürfte, erklärt werden, daß k e i n e r der betreffenden Geistlichen der Gr. Regierung für das zu besetzende Kirchenamt „mißfällig" sei.

Für den Fall jedoch, daß bei der Wahl auch die jüngeren Mitglieder des Domkapitels — die Domkapitulare Rudolph[1], Boulanger[2] und Knecht — in Betracht kämen, sei eine Ermächtigung, dieselben zum voraus für „nicht mißfällig" zu bezeichnen, dem Vertreter des Ministeriums nicht erteilt. Die Gr. Regierung müßte deshalb in dem angegebenen Falle einer förmlichen (schriftlichen) Anfrage des Domkapitels bezüglich der Stellung der Gr. Regierung zu den Mitgliedern entgegensehen.

Herr Domdekan Weickum nahm die ihm gemachte Eröffnung dankend — ohne sonstige Erwiderung — zur Kenntnis.

Noch im Laufe desselben Vormittags wurde sodann dem Vertreter des Ministeriums durch Herrn Kanzleidirektor Dr. Maas Anzeige von der auf Domdekan Weickum gefallenen Wahl zum Kapitularvikar bzw. Erzbistumsverweser mündlich erstattet. *[...]*

GLA 235/12892.

[1] Ferdinand Rudolf (1835—1912), Dr. theol. h. c., 1858 Priester, 1866 Repetitor am Theol. Konvikt Freiburg, Pfarrer 1874 in Wyhl, 1880 in Radolfzell, 1886 Domkapitular in Freiburg, 1903 päpstl. Hausprälat (frdl. Mitt. d. Erzbfl. Archivs Freiburg).
[2] Eugen Boulanger (1820—86), 1846 Priester, 1861 Dompräbendar, 1882 Domkapitular in Freiburg (frdl. Mitt. d. Erzbfl. Archivs Freiburg).

733. Nokk an Großherzog Friedrich.

Karlsruhe, 21. April 1886.

Nach einem soeben aus Rom erhaltenen Telegramm hat sich der Herr Kardinalstaatssekretär in der heutigen Verhandlung näher über die Persönlichkeit Lenders unterrichtet und besonders darüber Sicherheit zu wünschen geäußert, daß Kopp nach seiner Beförderung auf den Erzbischöflichen Stuhl in preußischen Angelegenheiten tätig bleiben dürfe. Der Herr Kardinalstaatssekretär hofft, nächsten Samstag Herrn von Jagemann bereits die entscheidende Antwort S. Heiligkeit geben zu können. Der Papst werde wohl noch vorher E. K. H. persönlich schreiben. Herr von Jagemann hat den Eindruck, daß Jacobini die Sache rasch zu fördern wünscht.

Hoffentlich fällt kein Freiburger Mehltau auf die schöne Entwicklung. Die Zusicherung, daß Kopp von Freiburg auch weiter als Friedensvermittler in Preußen tätig sein kann, läßt sich mit gutem Gewissen geben. Eine erwünschtere Tätigkeit für einen Erzbischof, als in den weitesten Kreisen der Sache christlichen Friedens zu dienen, kann es ja nicht geben.

GLA 48/5449.

734. Prof. Dr. Mone[1] an Ungern-Sternberg.

Karlsruhe, 22. April 1886.

Bei meinem Aufenthalte in Rom im Laufe dieses Monats wurden mir von seiten eines einflußreichen Geistlichen, mit welchem ich über die Wiederbesetzung des Erzbischöflichen Stuhles in Freiburg gesprochen habe, einige Fragen vorgelegt, und wurde ich ersucht, eine bezügliche Mitteilung in geeigneter Weise zur Kenntnis S. K. H. des Großherzogs zu bringen. [...]

Zuerst wurde an mich die Frage gerichtet, welche Persönlichkeit S. K. H. zum Erzbischof von Freiburg erhoben zu sehen wünsche, und ob es wahr sei, daß dafür Herr Professor Dr. X. Kraus in Freiburg ausersehen sei. Ich konnte hierauf nur die Antwort geben, daß, soviel mir bekannt, Herr Professor Kraus in Karlsruhe eine persona gratissima sei. Darauf erhielt ich die Mitteilung, daß der Hl. Vater die eventuelle Wahl von Herrn Professor Kraus nicht bestätigen könne, da gegen denselben neben anderem auch in puncto fidei Bedenken vorhanden seien. Auf die Frage, auf wen wohl nach allgemeiner Vermutung die Wahl gelenkt werden dürfte, nannte ich die Herren Weickum, Knecht und Behrle.

Zum Schlusse legte man mir die Frage vor, wen die Mehrzahl der intelligenten Katholiken wünsche, worauf ich erklärte, daß diese die Wahl auf einen Priester gelenkt sehen möchten, welcher nicht der Erzdiözese Freiburg angehöre, insbesondere auf den Herrn Domkapitular Dr. Paul Haffner in Mainz, der bei der Gr. Regierung persona grata sei. Aus mehreren Gründen hielt ich es als Staatsbeamter für angezeigt, das Vorstehende zur Kenntnis Euer Hochw. zu bringen.

GLA 48/5449 fol. 145, gedr. H. *Schiel*, Im Spannungsfeld von Kirche u. Politik S. 51 f.

[1] Fredegar Mone (1829—1900), 1853 Volontär am Gymnasium Donaueschingen, 1855 Privatdozent in Heidelberg, half seinem Vater Franz Josef Mone bei der Herausgabe der Quellensammlung der bad. Landesgeschichte, 1876 aus dem Staatsdienst entlassen (frdl. Mitteilung des GLA).

735. Nokk an Großherzog Friedrich.

Karlsruhe, 23. April 1886.

E. K. H. gebe ich das gnädigst mitgeteilte Schreiben des Herrn von Jagemann, nachdem der Herr Staatsminister Turban Kenntnis davon genommen, mit dem Ausdrucke ehrfurchtsvollen Dankes untertänigst zurück.

Herr von Jagemann hat in einem Briefe an mich noch wenige Details, welche ich E. K. H. ergänzend zu unterbreiten mir ehrerbietigst erlaube: „Über Kraus sagte der Papst noch, wenn er einmal sein Buch neu und richtiggestellt aufgelegt habe, werde er erwägen, ihn doch noch auszuzeichnen. Für einen Bischofssitz tauge er nicht, aber man könne ihm den Prälatentitel oder sonst etwas geben." Von Jagemann machte den Herrn Kardinalstaatssekretär auf eine Bemerkung desselben aufmerksam, daß die Unzufriedenheit des Berliner Zentrums mit dem Laufe der badischen Dinge von der einseitigen Auffassung herrühre, als ob in den andern Ländern die ähnliche Partei sich lediglich nach den jeweiligen Bedürfnissen der Kirchenpolitik in Preußen zu verhalten habe, was doch für die kirchlichen Interessen ganz verkehrt wäre. Diese Jagemannsche Abwehr scheint mir vollkommen zutreffend.

— Gestern mußte ich den Titel des Buches, welches Professor Dr. Rückert[1] in Freiburg geschrieben, telegraphisch mitteilen. Es ist eine hübsche Arbeit über Palästina und den Libanon und wird auch den scharfen Augen der Indexkongregation keine Blöße zeigen.

Ich habe gestern und heute eingehend an von Jagemann geschrieben und ihm bemerkt, er möge, wenn etwa morgen Lender nach der Entscheidung des Papstes von der Liste verschwinden sollte, in dem Falle mit Ehrler[2] vorrücken, wenn er, von Jagemann, die Überzeugung habe, daß Rom rasch eine definitive Entscheidung im Einklang mit den allerhöchsten Intentionen geben wolle. Solle eine bestimmte Entschließung noch nicht in Aussicht stehen, so ersuchte ich Jagemann, da S. Heiligkeit ein Mitglied des Kapitels auf der Liste zu sehen wünschte, auf den ältesten Kapitular Kössing nachdrücklich hinzuweisen. Derselbe ist allerdings zu alt für den Erzbischöflichen Stuhl, allein seines Charakters und seines Wissens halber sehr geeignet, auf der Liste ehrenvolle Erwähnung zu finden. Würde eine Vereinbarung gelingen, daß der Freiburger Liste jedenfalls die drei Namen Kopp, Lender, Rückert oder Kopp, Kössing, Rückert oder Kopp, Ehrler, Rückert (oder Kössing) angehören müßten, so wäre ein im Interesse von Staat und Kirche erfreulicher Ausgang gesichert. Ich wage freilich noch nicht zu hoffen, daß die große Sache so rasch zu gutem Ende gelange, das Ziel ist aber jedenfalls jede Anstrengung Wert.

GLA 48/5449 fol. 139 f., teilw. gedr. H. *Schiel*, Spannungsfeld S. 51.

[1] Karl Rückert (1840—1907), 1863 Priester, 1887 Privatdozent, 1895 Prof. für Neues Testament in Freiburg.
[2] Josef Georg v. Ehrler (1833—1905), 1867—78 Dompredigter in München, 1878 Bischof v. Speyer.

736. Karl Fürst zu Isenburg-Birstein an Kanzleidirektor Maas.

23. April 1886.

Dank dafür, daß Sie der unfreundlichen Beurteilung meiner römischen Reise[1] in der Presse entgegengetreten sind. Der Hl. Vater sagte mir *[...]* (dies ist selbstverständlich streng konfidentiell), daß der Großherzog von Baden an ihn geschrieben habe, um ihn zu bitten, dem Erzbischof Orbin einen Koadjutor mit dem Rechte der Nachfolge zu geben; gleichzeitig beauftragte er mich, mit dem derzeitigen badischen Gesandten in Berlin, Freiherrn von Marschall, der, nebenbei gesagt, uns bei Regelung der kirchenpolitischen Differenzen in Berlin außerordentliche Dienste geleistet hat, in Betreff der geeigneten Personen zu besprechen. Da aber bei meiner Rückkehr der Tod Ihres hochwürdigsten Herrn Erzbischofs schon eingetreten war, so war eigentlich mein Auftrag, insoweit er sich auf den Koadjutor bezog, erloschen, da dieser aber das Recht der Nachfolge hätte haben sollen, so hielt ich mich doch berechtigt, mich mit Herrn von Marschall in Betreff dieser Angelegenheit zu unterhalten. Da ich aber in Rom erfahren, daß an den Herrn Domkapitular Knecht nicht zu denken sei, so hielt ich es für das Beste, Herrn von Marschall darauf aufmerksam zu machen, daß es unter den gegenwärtigen Verhältnissen wohl am besten sein würde, wenn ein auswärtiger (nichtbadischer) Priester Erzbischof würde und empfahl ihm als besonders geeignet den Domkapitular Komp in Fulda. Da ich denselben als Vertrauensperson des Herrn Bischofs Kopp bezeichnen konnte, so machte meine Empfehlung Eindruck. Doch habe ich noch keine Antwort. Herrn Haffner konnte ich nicht nennen, da derselbe für Mainz notwendig ist, doch hierüber werden Sie demnächst Positives hören[1]. Bischof Kopp will Fulda nicht verlassen, auch erscheint es mir bedenklich, wenn er jetzt Preußen verlassen sollte, wo uns noch so viel Wichtiges bevorsteht und es besonders seine Aufgabe sein wird, der preußischen Regierung die baldige Rückberufung der Orden nahezulegen. Die Beziehungen, die er freilich auch als Erzbischof von Freiburg durch die Hohenzollerschen Lande behalten würde, sind doch zu lose. Würden Sie, geehrtester Herr Doktor, mir noch einige andere geeignete Personen vorschlagen können, so wäre ich sehr dankbar.

Erzb.Arch. Freiburg, Aktenstücke u. Briefe betr. die Erzbischofswahlen Vol. 12 a. (frdl. Mitteilung von J. *Becker*).

[1] Vgl. Nr. 726.

737. Nokk an Großherzog Friedrich.

Karlsruhe, 25. April 1886.

E. K. H. zeige ich ehrfurchtsvoll an, daß nach einem Telegramm v[on] J[agemanns] der Papst gestern noch keine definitive Antwort gegeben hat. S. Heiligkeit erwäge, so sagte Jacobini, die Frage Lender noch, indem er über die badischen Vorgänge nachlese; die Entschließung werde wohl am Dienstag erfolgen. Infolgedessen nannte von Jagemann Ehrler noch nicht. Bei der Unterredung nannte Jacobini erstmals den Namen von Dr. J. Schmitt, worauf von Jagemann nach der Abmachung antwortete, Dr. Schmitt sei ein sehr gelehrter Herr, der aber infolge der langjährigen Arbeit in St. Peter den Fragen und Bedürfnissen des staatskirchlichen Lebens zu ferne stehe. — Im Laufe des gestrigen Tages erhielt ich noch einen Brief von Jagemanns, aus welchem ich mir ehrerbietigst anzuführen erlaube: Jacobini hat den Empfang meines Briefes in der Koadjutorfrage rundweg verneint. Von Jagemann setzt bei „mit einem Mienenspiel, das ich zu gern photographisch besitzen möchte". Den Brief mit den ursprünglichen Vorschlägen (Haffner und des Unbekannten) suchte S. Em. zehn Minuten, ohne ihn zu finden. Es schien Jacobini sehr angenehm, wenn Preußen im Moment von der Kandidatur Kopp noch nichts erfahre; bis Ende der Woche wird die Frage jedenfalls so weit sein, daß, wie ich glaube, jedenfalls Freiherr von Marschall vertraulich verständigt werden kann, — zu eventuellem Gebrauch. Jacobini sprach lange über die Lendersche Sache, fragte, ob sich der Herr Erzbischof in der Tat schließlich gegen Lender erklärt habe, und geriet, als von Jagemann dies der Wahrheit gemäß verneint und bemerkt hatte, der Herr Erzbischof habe vielleicht in seinem schon sehr hinfälligen Zustande nach beiden Seiten freundliche Äußerungen getan, in große und nachhaltige Heiterkeit. Er lachte sehr herzlich über die ungenügende Taufe von M[aas] und gab zu, daß der Klerus den Einfluß des Mannes nicht leicht mehr ertrage. Jacobini schien von der Güte der beiden Namen Kopp und Lender überzeugt und erzählte auch, der Nuntius in München habe die Stellen der Thronrede E. K. H. über die kirchliche Frage des Landes[1] telegraphisch nach Rom gemeldet und es hätten dieselben bei S. Heiligkeit den besten Eindruck gemacht. Von Jagemann hat sichtlich den Eindruck, daß er bei dem Herrn Kardinalstaatssekretär Vertrauen finde; Monsignore Galimberti[2], den Referenten in badischen Dingen, hat von Jagemann bei seinem Besuche nicht getroffen, er wird natürlich den Besuch wiederholen. Kleinere Dinge, welche das Schreiben noch enthält, werde ich bei meinem nächsten Vortrag nachzutragen mir untertänigst gestatten. [...]

GLA 48/5449 fol. 141 f.

¹ Bedauern über den Tod Orbins. „Ich hoffe und vertraue, daß der Erzbischöfliche Stuhl zu Freiburg, dessen Zierde der Heimgegangene war, bald wieder durch eine Persönlichkeit wird besetzt werden können, welche das Werk gemeinsamer Arbeit zum Segen des Landes aufnehmen und in erwünschter Weise weiterführen wird" (Thronrede zum Schluß der Ständeversammlung am 15. April 1886: *Krone* S. 190).
² Luigi Galimberti (1836—96), 1860 Priester, Prof. am Kolleg der Propaganda fidei, 1868 Kanonikus der Lateran-, 1882 der Peters-Basilika, Mitglied der Kommission für die historischen Studien, 1885 Sekretär der Kongregation für die außerordentlichen kirchlichen Angelegenheiten, 1887 Nuntius in Wien, 1893 Kardinal, 1894 Kardinal-Archivar.

738. Nokk an Großherzog Friedrich.

Karlsruhe, 26. April 1886.

Um 5 Uhr habe ich ein Telegramm aus Rom erhalten, wornach sich S. Heiligkeit der Papst der Wahl Kopps geneigt erklärt und Herrn von Jagemann anheim gestellt hat, behufs Überbringung eines Schreibens an E. K. H. die Rückreise anzutreten. Da aber eine päpstliche Entschließung über die Art und Weise des Vorgehens der Kurie dem Kapitel gegenüber nicht erfolgt war, so bestand von Jagemann darauf, daß dieser Punkt auch zuvor seine feste Regelung erhalte. Der Herr Kardinalstaatssekretär bestimmte darauf den Donnerstag nachmittag zur Verhandlung hierüber. Es scheint mir, daß von Jagemann ganz richtig gehandelt hat, nicht ohne ein ganz gesichertes Abkommen Rom zu verlassen; wenn irgendeine Lücke bliebe, würden dort die Freiburger Herren ansetzen. Will S. Heiligkeit in ähnlicher Weise wie bei Orbin diesmal nur Bischof Kopp dem Kapitel als die gemeinschaftliche Vertrauensperson des Papstes und des durchlauchtigsten Landesherrn zur Wahl empfehlen, so ist gewiß eine Einwendung von staatlicher Seite nicht zu erheben; es muß aber genau feststehen, wie das Kapitel vorzugehen hat, und es muß das Schlußergebnis feststehen. In diesem Sinne möchte ich morgen Herrn von Jagemann meine Zustimmung zu seiner Haltung telegrafisch aussprechen, falls E. K. H. mir bei dem Vortrag morgen früh einen andern Befehl nicht zu erteilen geruhen. Die Hoffnung, daß ein befriedigendes Resultat erzielt werden könne, dürfte immerhin jetzt eine begründetere sein.

GLA 48/5449 fol. 143 f.

738a. Aus Marschalls Tagebuch.

29. April bis 15. Mai 1886.

29. April 1886. *Bei einem Urlaub nach Freiburg Besuch in Karlsruhe.* Um 3 Uhr zu Turban. 4 Uhr Großherzog. Jagemann ist in Rom, um wegen Ernennung Kopps zum Erzbischof zu verhandeln. Ich soll Preußen davon verständigen. Um 5,15 Uhr zu Nokk¹. Dieser nimmt die Sache sehr leicht, ich bin etwas bedenklich wegen möglicher Verstimmung.

1. Mai 1886. R ü c k k e h r   n a c h   B e r l i n. Frühstück mit Brauer im Kaiserhof. Gespräch über die Erzbischofsfrage. Brauer hält unser Vorgehen für nicht unbedenklich. *[. . .]*

2. Mai 1886. Telegramm wegen Erzbischofswahl. Ermächtigung. Morgens bringt

Norddt. Allgem. eine neue Note Jacobinis vom 25., welche die Anzeige für die vakanten Pfarreien sofort konzediert[2].

3. Mai 1886. Morgens Casino, dann zu Berchem, Unterstaatssekretär A.A., welchem ich Mitteilung wegen der Freiburger Erzbischofswahl mache.

6. Mai 1886. Stürmischer Tag. Morgens 9,30 Uhr zu Goßler bis 10,45. Er ist nicht entschieden dagegen, wenigstens politisch nicht. Interessantes Gespräch über Kirchenpolitik. Um 1 Uhr im Kaiserhof gefrühstückt. Brauer erzählt mir, daß am Montag drei Stunden, nachdem ich bei Berchem war, ein Telegramm Schlözers kam, wonach der Papst die Anschauung des Fürsten kennen will. Gottlob! daß ich zuvorkam. Um 2 Uhr Bundesratssitzung. Um 3 Uhr bei Berchem, der mir eröffnet, daß der Reichskanzler die Ernennung Kopps als unerwünscht bezeichnet. [...] Um 6 Uhr kommt Rottenburg und sagt mir, die Sache liege wieder anders, der Kultusminister sei jetzt dafür.

8. Mai 1886. Morgens bei Goßler, er ist sehr ordentlich, sagt mir aber, daß die Sache heute im Staatsministerium entschieden wird, was mir nicht gefällt. Kopp sei entschieden dagegen.

9. Mai 1886. Morgens gehe ich zu Rottenburg, der mir sagt, daß es mit Kopp nichts ist. Unangenehm, aber nicht unerwartet. [...] Caprivi ist Pessimist, aber Charakter.

15. Mai 1886. Um 4 Uhr bei der Großherzogin. Sie erzählt von der erzbischöflichen Frage. Der Großherzog habe wieder einen günstigeren Eindruck gewonnen. Lobt die Erbgroßherzogin, was mich sehr freut.

Oberkirch, Besitz Frau v. Seyfried.

[1] Vgl. Nr. 739.
[2] Gedr. *Schultheß* S. 106.

739. Nokk an Großherzog Friedrich.

Karlsruhe, 30. April 1886.

E. K. H. beehre ich mich untertänigst anzuzeigen, daß die Verhandlung über den Modus des Vorgehens in der Freiburger Angelegenheit auf Samstag verlegt worden ist. Herr v[on] J[agemann] glaubt Grund zu der Annahme zu haben, daß die Verlegung darauf hinweise, es werde seitens der Kurie ein ernsthafter Abschluß erstrebt.

Auf dringenden Wunsch J[agemann]s habe ich gestern Herrn Marschall, dem ich, den allerhöchsten Intentionen entsprechend, eingehende Mitteilungen über den Stand der Sache gemacht habe, gebeten, vorläufig und bis zum Empfang einer Depesche über den Gang der Samstagsverhandlung die Sache nicht zum Gegenstand von Besprechungen zu machen[1]. Herr v[on] J[agemann] telegraphiert, die Kurie lege den größten Wert darauf, daß das Geheimnis bewahrt werde bis zur Entscheidung im preußischen Landtag oder wenigstens bis zum Abschlusse mit uns. Jedenfalls läßt sich der Ausgang der Samstagsbesprechung noch abwarten. Ich habe gestern v[on] J[agemann] telegraphiert, daß die Zeitungsnachricht, als habe von Marschall Herrn Kopp wiederholt den Erzbichöflichen Stuhl angeboten, selbstverständlich unwahr sei; es schien mir dies unerläßlich, da diese falsche Notiz nun durch die ganze Presse weiterläuft. Ich hoffe, Bischof Kopp wird die Nachricht der Frankfurterin in einer oder der andern Weise selbst in Abrede stellen lassen. Es könnte in Rom natürlich nur einen schlechten Eindruck machen, wenn der Schein erweckt würde, als habe die badische Regierung schon mit Kopp verhandelt, ehe nur der Papst sich für diese Kandidatur entschieden hatte.

GLA 48/5449 fol. 146 f.

[1] Nicht vorhanden. Über die Einschaltung Marschalls in die Verhandlungen über die Besetzung des Freiburger erzbischöflichen Stuhles finden sich im GLA keine Akten. Vgl. dagegen Nr. 738a (2. 5. 1886).

740. Nokk an Großherzog Friedrich.

Karlsruhe, 2. Mai 1886.

[...] Ich habe eine Depesche erhalten, wornach S. Heiligkeit der Papst gestern durch Jacobini die Erklärung abgegeben hat, S. Heiligkeit „incline parfaitement à Kopp", wolle aber, um das Kapitel nicht zu kränken, „plus tard des démarches convenables" bei demselben machen; zugleich wurde H[errn] v[on] J[agemann] ein päpstliches Schreiben an E. K. H.[1] für kommenden Dienstag in Aussicht gestellt. Es scheint mir nun geboten, nicht weitere Versuche im Augenblick zu machen, sondern H[errn] von J[agemann] abreisen zu lassen und zunächst eine abwartende Haltung einzunehmen. Zu starkes Drängen würde, wie ich unmaßgeblich glaube, unsere Stellung in Rom verschlechtern, und das Nachschieben eines weiteren bischöflichen Kandidaten könnte nur den letzteren gleichfalls gefährden.

Ich möchte aber nicht handeln, ohne die allerhöchsten Befehle persönlich eingeholt zu haben, deren ich auch bedarf, um eine gestern spät eingelaufene Depesche des Freiherrn von Marschall nach den allerhöchsten Intentionen beantworten zu können[2].

GLA 48/5449.

[1] Nr. 741.
[2] Nicht vorhanden. Vgl. Nr. 738 a (1. 5. 1886).

741. Leo XIII. an Großherzog Friedrich.

Vatican, le 6. Mai 1886.

Monsieur Jagemann, chambellan de Votre Altesse, Nous a remis la lettre qu'Elle Nous avait adressée[1] et Nous a fait les communications confidentielles dont il était chargé, en vue de pourvoir à la vacance du siège archiépiscopal de Fribourg. En accomplissant la mission qu'il tient de la confiance dont l'honore Votre Altesse, il Nous a de nouveau assuré de l'intérêt qu'Elle porte à ses sujets catholiques et des dispositions où Elle est d'accorder à leurs voeux le libre exercice de leur religion.

Ces déclarations Nous ont été particulièrement agréables, et tout d'abord en répondant à la lettre de Votre Altesse Nous nous empressons de lui exprimer Nos plus vives actions de grâces. Et comme Nous avons fort à coeur en possession de cette pleine liberté qui est propre de la condition normale, Nous prions instamment Voltre Altesse afin que, conformément aux dispositions bienveillantes qu'Elle

Nous a toujours montrées, Elle veuille bien favoriser cette oeuvre de réparation. La population catholique du Grand Duché en ressentira une vive joie et les sentiments de fidélité et de dévouement qui l'unissent à son légitime Souverain ne pourront qu'en être fortifiés, comme il arrivera, Nous l'espérons aussi, dans le reste de l'Allemagne à la suite des événements qui heureusement sont en voie de s'y accomplir. Que Votre Altesse considère si le moment n'est point venu, comme Nous le croyons, de mettre sans retard la main à cette oeuvre de paix et de conciliation.

Le choix du nouvel Archevêque de Fribourg peut puissamment contribuer à cet heureux résultat.

Monsieur Jagemann expliquera à Votre Altesse plus amplement de vive voix Nos intentions pour cet effet et Lui dira combien Nous souhaitons, suivant les communications qui Nous ont été faites, seconder, autant que possible, Ses désirs.
[...]

GLA 48/5449 fol. 151 f.

¹ Nr. 728.

742. Nokk an Großherzog Friedrich.

Karlsruhe, 6. Mai 1886.

E. K. H. zeige ich ehrfurchtsvoll an, daß ich soeben ein Telegramm von Jagemann erhalten habe, wornach sich S. Heiligkeit der Papst in der heutigen Abschiedsaudienz bestimmter, als dies aus Jacobinis Mitteilungen zu entnehmen gewesen, für Bischof Kopp ausgesprochen hat. Ein ausführlicher Bericht von Jagemann an E. K. H. über die Audienz ist unterwegs. Von Jagemann wird den päpstlichen Brief an E. K. H. heute abend oder morgen erhalten und dann unverzüglich abreisen.

GLA 48/5449 fol. 150.

743. Joos an Maas.

[Karlsruhe] 10. Mai 1886.

In Nr. 105 zweites Blatt der Berliner „GERMANIA" lese ich einen Artikel „Zur Wiederbesetzung des erzbischöflichen Stuhles in Freiburg", über dessen Ursprung wohl kein Zweifel bestehen kann angesichts der Tatsache, daß darin, wenn auch nicht ganz dem Wortlaut entsprechend, eine „Mitteilung" veröffentlicht wird, welche ich in Beziehung auf die Wahl des Kapitularvikars in Freiburg zu machen hatte, über welche aber außer dem hochwürdigen Domdekan und nunmehrigen Erzbistumsverweser Herrn Weickum und Ihnen — durch mich wenigstens — n i e m a n d eine Eröffnung erhalten hat und deren Inhalt meines Wissens auch hier nur dem allerengsten Kreise derjenigen Persönlichkeiten bekannt war, von welchen die s. Z. mir erteilte Instruktion ausgegangen ist.

Wenn ich von dem fraglichen Artikel Anlaß zu einem Schreiben an Sie nehme, so geschieht dies nicht etwa, um an den Inhalt des Artikels irgendwelche Erörterungen anzuknüpfen, sondern nur um e i n e Unwahrheit nicht unwidersprochen zu lassen, nämlich die jetzt zum zweiten Male, diesmal in etwas veränderter Gestalt aufgetischte Behauptung, als habe die badische Regierung dem hochwürdigsten

Bischof von Fulda Herrn Dr. Kopp den erzbischöflichen Stuhl zu Freiburg „angeboten" oder überhaupt demselben Eröffnungen machen lassen, durch welche der
hochwürdige Herr veranlaßt gewesen wäre, über seine eventuelle Geneigtheit,
den bischöflichen Stuhl zu Fulda mit dem erzbischöflichen Stuhl zu Freiburg zu
vertauschen, sich zu äußern. Die frühere Behauptung, bezügliche Eröffnungen seien
durch den badischen Gesandten in Berlin gemacht worden, ist bereits, soviel mir
erinnerlich, von Fulda aus als unrichtig erklärt worden; jetzt soll ein „Rat des
badischen Justizministeriums, der in Berlin war", die Sache besorgt haben. Bezüglich auf diese neuerliche Entdeckung [?] aber kann ich für den Fall, daß Sie nicht
bereits anderweit davon Kenntnis haben sollten, Ihnen mitteilen, daß, was meine
Wenigkeit anbelangt, ich überhaupt in meinem Leben noch nie in Berlin war und
daß seit Ableben des hochwürdigsten Herrn Erzbischofs Orbin auch von den übrigen Räten des Justiz- und Kultusministeriums k e i n e r jemals in Berlinᵃ ge-
wesenᵇ ist.

a) *Es folgt gestrichen:* war und noch weiter, daß Herr Staatsrat Nokk und ich die einzigen Mitglieder des Justiz- pp Ministeriums [*bricht ab*].
b) *Es folgt gestrichen:* Ich nehme an, daß es nach dieser Mitteilung einer öffentlichen,
offiziellen oder offiziösen Berichtigung nicht bedarf, um dem Erheber der fraglichen Behauptung von deren Unwahrheit Kenntnis zu verschaffen.

Erzb.Arch. Freiburg, Handakten Joos, Nachlaß Orbin (frdl. Mitteilung von *J. Becker*).

744. Maas an Joos.

Freiburg, 11. Mai 1886.
Gratulation zur Ernennung als Direktor des Oberschulrats. Dank für Nr. 743.
Durch die wohlwollende Intention, welche Ihrer hierin berührten mir geneigt
gemachten Eröffnung über die Wahl eines Kapitularvikars zu Grunde lag, hielt
ich mich für verpflichtet, hievon einigen Herren Domkapitularen vertrauliche
Notiz zu geben. Ich habe aber die Überzeugung, daß diese Herren den in Ihrem
verehrten Briefe erwähnten Artikel nicht veranlaßt haben.

Wie ich hörte, hat ein Herr — von Karlsruhe aus — die Nachricht hierher gebracht, daß ein dortiger Herr Ministerialrat dem Hochwürdigsten Herrn Bischof
Dr. Kopp über die Besetzung des Erzbischöflichen Stuhles Eröffnungen in Berlin
gemacht habe. Es wurde hier auch das Gerücht verbreitet, die Gr. Regierung habe
wegen eines von Hochderselben gewünschten Kandidaten für den Erzbischöflichen
Stuhl auswärts Unterhandlung angeknüpft.

Da ich der von Ihnen gewiß geteilten Ansicht bin, daß über vertrauliche Besprechungen oder obschwebende Unterhandlungen der Presse keinerlei Mitteilung gemacht werden dürfte, habe ich weder direkt noch meines Wissens indirekt zu irgendwelcher Besprechung der Frage über die Wahl eines Kapitularvikars oder
des Erzbischofs (in der Presse) Veranlassung gegeben. Seit Monaten lese ich die
„Germania" nicht mehr. Ich stehe mit dieser Zeitung in keiner Beziehung. Den
fraglichen Artikel derselben kenne ich so wenig als deren Autor.

Freiburg, Erzb.Arch., Handakten Joos, Nachlaß Orbin (frdl. Mitteilung von *J. Becker*).

745. Nokk an Großherzog Friedrich.

Karlsruhe, 11. Mai 1886.

E. K. H. gebe ich den allergnädigst mitgeteilten Brief S. Heiligkeit des Papstes[1] sowie den Jagemannschen Bericht[2] mit dem Ausdruck ehrerbietigsten Dankes zurück. Ich habe gestern dem preußischen Gesandten Herrn von Eisendecher, der mich aufgesucht hatte, den Stand der Dinge auseinandergesetzt und ihm anheimgegeben, ob er nicht dem Herrn Reichskanzler nahelegen wolle, welche Interessen in der Frage Kopp auf dem Spiele stehen und wie wenig es sich empfehlen dürfte, wenn diese für die Herbeiführung und Erhaltung des gesamtdeutschen Kirchenfriedens wichtige Lösung durch die preußische Regierung unmöglich gemacht würde. Daß Herr Kopp, wenn er erst weiß, wie möglich die Sache geworden ist, keine Schwierigkeiten bereiten wird, scheint mir außer allem und jedem Zweifel. Indem ich mir untertänigst vorbehalte, den Inhalt unserer Unterredung bei meinem nächsten Vortrag ehrerbietigst darzulegen, erlaube ich mir hier nur die Bemerkung, daß Herr von Eisendecher meine Anschauungen vollkommen teilte und heute in diesem Sinne in vertraulicher Weise dem Herrn Reichskanzler vorzutragen versprach.

Daß meine wenig günstige Auffassung der Liste auch anderwärts geteilt wird, dafür habe ich einen weiteren Beleg in dem gestern in meine Hand gelangten Schreiben des Herrn Staatsministers Dr. von Lutz[3], welches ich zu allerhöchster Kenntnisnahme untertänigst vorlege.

GLA 48/5449 fol. 153 f.

[1] Nr. 741. [2] u. [3] Nicht vorhanden.

746. Nokk an Großherzog Friedrich.

Karlsruhe, 13. Mai 1886.

Den heute nachmittag angelangten Bericht Marschalls[1] lege ich hiermit vor.
Leider ist der Mitteilung nicht zu entnehmen, wer an Herrn Kopp die Anfrage gestellt hat und ob dem Herrn Bischof über die vorhandenen Chancen einer Berufung nach Freiburg eingehende Eröffnung gemacht worden war. Wie wichtig aber diese Punkte für die Beurteilung des Ernstes der Koppschen Erklärung sein könnten, dürfte um so einleuchtender sein, wenn man sich erinnert, daß mir Herr Orbin noch zwei Tage vor der Wahl geschrieben hatte, er werde die Wahl unter keinen Umständen annehmen.

Während in dem neuesten Schreiben Herr von Bötticher als den Hauptgrund der Abneigung Herrn Kopps die „spezifisch preußische Gesinnung" desselben namhaft macht, ist in den Äußerungen des Herrn Geh. Rats Rottenburg und des Herrn Ministers von Goßler davon keine Rede gewesen, es hat der letztere vielmehr erzählt, Herr Kopp glaube in dem Freiburger Kapitel nicht die richtige Stütze zu finden etc. etc. Es wird sich hiernach in der Tat empfehlen, nach dem Eintreffen der Antwort auf das Memoire des Herrn von Eisendecher sich zum Abschlusse dieses Stadiums der Angelegenheit mit Herrn Kopp in unmittelbare Verbindung zu setzen, um den Herrn Bischof ganz klar sehen zu lassen und selbst ganz klar zu sehen.

GLA 48/5449 fol. 155 f.

¹ Nicht vorhanden. Vgl. Nr. 739 Anm. 1.

747. Nokk an Großherzog Friedrich.

Karlsruhe, 19. Mai 1886.

Jagemann hat ein Schreiben Jacobinis erhalten, in dem er mitteilt, er habe unmittelbar die Mitteilung aus Berlin erhalten, daß die kgl. preuß. Regierung es sehr ungern sehen würde, wenn Bischof Kopp unter den vorliegenden Verhältnissen und obwohl er als die gemeinsame Vertrauensperson des Papstes und der preußischen Regierung bei der Fortführung der Verhandlungen in der kirchlichen Frage sich sehr nützlich erweisen könne, den preußischen Staat verlassen sollte.

S. Heiligkeit der Papst habe sich diesen Erwägungen nicht entziehen können und sei daher genötigt, die Absicht, Herrn Kopp die oberrheinische Kirchenprovinz anzuvertrauen, fallen zu lassen. Bei dieser Sachlage habe der Papst Herrn Internuntius Spolverini die Weisung zugehen zu lassen beschlossen, sich alsbald nach Freiburg und Karlsruhe zu begeben, um der Überbringer derjenigen Mitteilungen zu sein, welche nunmehr zwischen dem Hl. Stuhl, der Regierung und dem Kapitel namentlich hinsichtlich der E. K. H. bereits vorgelegten Liste der ehrenwerten Prälaten und Geistlichen auszutauschen seien. Da Herr Spolverini bei der letzten Besetzung zu dem erwünschten Resultate gelangt sei, werde dies wohl wieder der Fall sein etc. etc.

Wie E. K. H. bekannt, halte ich das Erscheinen des Herrn Spolverini in dem jetzigen Stadium der Dinge für unnötig und unerwünscht. Ich habe daher Herrn von Jagemann alsbald veranlaßt, ein die Spolverinische Mission vielleicht noch hemmendes Telegramm nach Rom abzusenden des Inhalts, daß, soweit er wisse, die Angelegenheit auf dem regelmäßigen Wege bereits so vorgeschritten sei, daß Herr Spolverini wohl nicht mehr bemüht werden müsse. Zugleich habe ich die Schreiben nach der gestern erhaltenen Allerhöchsten Ermächtigung nach Württemberg und Hessen abgehen und Herrn Direktor Joos nach Berlin abreisen lassen. Die Liste ist sonach in amtlicher Behandlung und kann ohne unsere Zustimmung nicht mehr abgeändert werden. Kommt Herr Spolverini doch, so mag er in Freiburg Ratschläge geben, wer von drei auf der Liste verbleibenden Kandidaten zu wählen sei; für uns hat dies ein mäßiges Interesse nach der jetzigen Lage der Dinge. Ich vermag auch nicht einzusehen, weshalb wir Herrn Spolverini noch sachliche Zusicherungen machen sollen, nachdem einfach das vertragsmäßige Listenverfahren Platz greift. Anders würde die Sache liegen, wenn die Kurie Verhandlungen über Fiala¹ oder Ehrler anbieten wollte — dies ist aber nach dem Schreiben in keiner Weise zu unterstellen — oder wenn Preußen wider alles Erwarten den Bischof Kopp nicht einmal als den dritten Mann auf der Liste stehen lassen würde. Da keiner der beiden Fälle eintreten wird, so brauchen wir die Intervention des Herrn Internuntius nicht. Über die Modifikationen unserer kirchenpolitischen Gesetzgebung wollen wir mit dem künftigen Erzbischof ins Benehmen treten.

GLA 48/5449 fol. 159 f.

[1] Friedrich Fiala (1817—88), 1841 Priester, 1861 Prof. für Kirchengeschichte an der Theol. Lehranstalt Solothurn, 1862 Domherr in Basel, 1870 Dompropst, 1885 Bischof von Basel.

748. Großherzog Friedrich an Nokk.

Karlsruhe, 19. Mai 1886.

Ich beeile mich, Ihre Mitteilungen in Betreff des Schreibens des Kardinal Staatssekretärs Jacobini an Herrn von Jagemann[1] dahin zu beantworten, daß ich Ihre Auffassung der dermaligen Lage der Erzbischofsfrage vollkommen teile. Es wäre Herrn Spolverinis Anwesenheit hier durchaus unerwünscht. Ist aber sein Erscheinen nicht zu vermeiden, so muß es wenigstens helfen, das Domkapitel überwinden. Wenn man in Rom von Berlin aus so unterstützt wird, daß der Papst am Reichskanzler einen Helfer findet gegen deutsche Interessen, so müssen wir darauf verzichten, mit Rom weitere Versuche zu machen, und werden hoffentlich auf den unternommenen Wegen doch noch einen geeigneten Erzbischof erlangen.

GLA FA Korresp. 13 Bd. 55 Fasz. 157 Nr. 13 eig.

[1] Vgl. Nr. 747.

749. Nokk an Großherzog Friedrich.

Karlsruhe, 21. Mai 1886.

Ich habe ein Telegramm von Joos erhalten, wornach die kgl. preuß. Regierung zugesagt hat, die Liste möglichst bald zurückzugeben und dabei jedenfalls die drei E. K. H. bekannten Namen unangetastet zu lassen.

Zugleich erhielt ich ein weiteres Schreiben eines aus besonderem allerhöchsten Vertrauen berufenen Herrenhausmitgliedes, worin von Bischof Roos[1] gesagt ist: „Bischof Roos ist nach seiner ganzen Vergangenheit — und ich kenne ihn schon seit seiner Gymnasiastenzeit in Hadamar — eine in jeder Beziehung achtenswerte Persönlichkeit von untadelhaftem Vorleben, ruhig und friedliebend, ohne jeden Fanatismus. Er ist von gesundem, ziemlich kräftigem Äußeren, ein gescheiter, urteilsfähiger Mann mit recht guten Umgangsformen, viel besseren, als unsere meisten katholischen Geistlichen haben. Hier (Limburg) ist er und war auch früher als Stadtpfarrer bei allen Ständen recht beliebt, und ich kann nicht anders sagen, als daß ich ihn ebenfalls immer gut leiden konnte und nur wünsche, daß der Weihrauch, der den Bischöfen ja in einem fort gespendet wird, ihm am Ende nicht auch den Kopf einnimmt."

Das Urteil stimmt wesentlich mit den früheren Erkundigungen überein. Es stammt von sehr beachtenswerter Seite und ist dadurch von besonderer Bedeutung, weil der Gewährsmann den Bischof seit den Tagen der Jugend kennt. *[...]*

GLA 48/5449 fol. 161 f.

[1] Johann Christian Roos (1828—96), 1869 Domkapitular u. Stadtpfarrer in Limburg, 1885 Bischof von Limburg, 1886 Erzbischof von Freiburg.

750. Nokk an Großherzog Friedrich.

Karlsruhe, 23. Mai 1886.

Ich zeige an, daß der Herr Reichskanzler unserem Gesandten Freiherrn von Marschall hat mitteilen lassen, die Liste für den Freiburger Stuhl werde ohne eine Bemerkung bezüglich des Bischof Kopp in der kürzesten Frist an uns zurückgelangen. Herr von Schlözer werde zugleich angewiesen werden, in Rom um eine Weisung an das Kapitel zu bitten, daß Bischof Kopp nicht gewählt werden möge. Das letztere ist wohl nicht nötig, besonders zu erbitten, da dies von dem Herrn Internuntius bei seiner Anwesenheit in Freiburg schon gründlichst besorgt worden ist. Der Herr Prälat S. Heiligkeit war heute früh bei mir und erzählte von Freiburg; die Kapitulare seien sehr erfreut über die freie Wahl, die ihnen erhalten bleibe, und wünschten nur, die Liste für den sechsten Kapitular noch vorher zu bekommen, um auch das sechste Mitglied noch vor der Erzbischofswahl zu haben und so die große Verantwortlichkeit dieser Wahl auf eine Schulter weiter legen zu können. Die Erfüllung dieses Wunsches ist wohl möglich, wenn auch die neu zu gewinnende Schulter kaum viel wird tragen können. Die Kapitulare versprachen dem Herrn Internuntius, die Erzbischofswahl könne den Tag nach dem Eintreffen der Liste sofort stattfinden, und so sei es wohl erreichbar, daß der neu erwählte Erzbischof von Freiburg in dem Konsistorium, das der Papst den 7. oder 10. Juni abhalte, bereits bestätigt werde. Bei der jetzigen Sachlage scheint mir die möglichste Beschleunigung gleichfalls erwünscht; ich werde daher, wenn morgen oder übermorgen die Antworten aus Stuttgart oder Darmstadt nicht eintreffen, ein Ersuchen um baldige Äußerung dahin richten unter Hinweisung auf das nahe Konsistorium in Rom. Herr Spolverini wohnte in Freiburg im Konvikt und gab unumwunden zu, daß die Anstalt in vortrefflichem Stande sich befinde. Über Dreher[1] oder Roos wurde heute nicht gesprochen, vielleicht wird aber doch der Moment noch kommen, eine gewisse Vorliebe für Roos zu bekunden. Ich glaube, der Herr Internuntius wünscht wieder, eine auch den Staat befriedigende Wahl zustandezubringen, wenn er seine Zwecke nicht erreichen kann, und möchte einen stattlichen und freundlichen Abschluß, der sich auch in Rom gut ausnimmt. Das wäre durch die Wahl eines Bischofs, der erst kürzlich von S. Heiligkeit bestätigt worden ist, am einfachsten zu erreichen.

GLA 48/5449 fol. 164 f.

[1] Theodor Dreher (1836—1916), 1860 Priester, 1864—65 in der Anima zu Rom, 1866—93 Religionslehrer am Gymnasium in Sigmaringen, 1893 Domkapitular in Freiburg.

751. Bischof Kopp an Kanzleidirektor Maas [?]

Fulda, 26. Mai 1886.

Hochverehrter Herr! Ihre Stellung zur Erzdiözese überhebt Sie jeder Bitte um Entschuldigung.

Ich habe soeben aus den Zeitungen die Namen der angeblichen Erzbischofskandidatenliste ersehen. Was meine Person angeht, so ist es mir lieb, meine Stellung kurz bezeichnen zu können. Ich muß mir zunächst gestatten, die von Ew. Hochw. gebrauchten Ausdrücke umzustellen. Die „dornenvolle" Aufgabe in Berlin würde ich schon gern aufgeben und eine so „hochverdienstliche" Wirksamkeit wie bei Ihnen ebenso gern übernehmen. Das ist meine Grundstimmung; indes kann ich derselben nicht folgen, und zwar aus folgenden Gründen:

1. Leider bin ich der einzige preußische Bischof, zu dem der Fürst Bismarck und die preußische Regierung noch ein Deutchen Vertrauen hat und der augenblicklich die guten Beziehungen zwischen Rom und Berlin zu konservieren imstande ist — unter außerordentlich großen Mühen und Sorgen.

2. Das ganze jetzt angebahnte Friedenswerk steht sozusagen auf Stelzen: gehe ich fort, so genügt die geringste Unvorsichtigkeit unsererseits, dasselbe über den Haufen zu werfen, und dann tritt eine organische Revision der Staatsgesetze nach liberalen Plänen ein, d. h. der Kulturkampf beginnt in anderer Weise von neuem. — Nun muß ich aber jetzt gerade alle Tage solche Unvorsichtigkeiten abweisen oder paralysieren; der Kampfeszorn ist bei uns noch zu groß, und es wird erst einige Zeit vergehen müssen, bevor wir in ruhigem Fahrwasser dahinfahren können.

3. Wenn ich nach Freiburg ginge, müßte ich meine Arbeit, die ich seit vier Jahren in Preußen gehabt habe, von vorn wieder anfangen, und zwar unter wesentlich ungünstigeren Verhältnissen. Die Katholiken würden mich als einen regierungsfreundlichen Bischof mit Mißtrauen aufnehmen und von mir wunderbare Dinge verlangen, und wenn ich dieselben nicht alsbald und ganz nach den Ansichten und Wünschen verrichtete, würde ich wiederum den heftigsten Angriffen ausgesetzt sein. Nun habe ich aber namentlich im letzten Halbjahre so viele schwere Tage gehabt, daß ich zu den maßgebenden katholischen Kreisen alles Vertrauen verloren habe, was ruhigen unbefangenen Blick und eine gewisse, vorurteilsfreie Beurteilung von Personen und Sachen angeht. Ich will diese Erfahrungen aber nicht noch einmal machen.

Andererseits aber würde die badische Regierung und die liberale Partei auch ihrerseits Hoffnungen und Erwartungen an mein Wirken knüpfen, die ich nicht erfüllen könnte und wollte. Dann würde mir auch von dieser Seite das Vertrauen entzogen, und wo sollte ich dann noch wirken können?

Sie sehen, hochverehrter Herr, wie ich die Lage der Dinge auffasse, und wollen daraus abnehmen, daß ich mit solchem Pessimismus absolut nicht nach Freiburg gehen kann. Ich danke Ihnen, daß Sie mir Gelegenheit gegeben haben, mich auszusprechen, da es mir nicht gleichgültig ist, wie Sie die Sache beurteilen.

Was nun Herrn Dr. Komp angeht, so habe ich von ihm bereits so viel in Berlin gesprochen, daß ich voraussetzen darf, er würde nicht als minus gratus bezeichnet, und werde mich in dieser Beziehung weiter bemühen. Indes kann ich nicht übernehmen, den Fürsten Bismarck zu veranlassen, jenen würdigen Herrn direkt in Karlsruhe zu empfehlen, damit würde ich eine Verantwortung übernehmen, die ich nur tragen könnte, wenn ich auf Herrn Dr. Komp als Erzbischof in Freiburg einen maßgebenden Einfluß ausüben könnte, wofür ich keine Möglichkeit erkenne.

Ich hoffe jedoch, daß Gott die Sache so lenken wird, daß die Erzdiözese in treue und sichere Hände gelangen werde. Ich habe an das Vertrauen, das Ew. Hochw. mir entgegenbringen, angeknüpft und bin überzeugt, daß auch mein Vertrauen im treuen Herzen aufbewahrt ist.

Freiburg, Erzb. Archiv, Erzbischofswahl 12a fol. 53 f. (frdl. Mitteilung von J. *Becker*).

751a. Bischof Kopp an Kanzleidirektor Maas [?]

Fulda, 29. Mai 1886.

Hochverehrter Herr! Ich muß meinem letzten Briefe folgende Nachschrift anfügen. Ich habe mich nach dem Stande der Verhandlungen über die Wiederbesetzung Ihres Erzbischöflichen Stuhles in Berlin ganz vertraulich erkundigt und erfahren, daß die preußische Regierung weder für noch gegen einen der in Betracht kommenden Kandidaten Stellung genommen hat. Unter diesen Verhältnissen ist es ganz aussichtslos, nachträglich eine Änderung in dieser Entschließung zu Gunsten irgend eines Kandidaten herbeizuführen.

Möge daher der Herr das Hochwürdige Domkapitel den rechten Mann für die Erzdiözese finden lassen.

Freiburg, Erzbfl. Archiv, Erzbischofswahl 12a fol. 55 (frdl. Mitt. J. *Becker*).

752. Nokk an Großherzog Friedrich.

Karlsruhe, 29. Mai 1886.

E. K. H. zeige ich ehrfurchtsvoll an, daß der Herr Internuntius heute mittag das Telegramm nach Rom hat abgehen lassen und morgen um dieselbe Zeit die Antwort erwartet. Ich hatte den bestimmten Eindruck, daß der Prälat S. Heiligkeit die Vornahme der Wahl befürwortet hat. Er gab dabei dem Wunsche Ausdruck, daß die Gr. Regierung den Subregens Dr. Schmitt auf der Liste der Kandidaten für ein Kanonikat nicht streichen möge. Der Papst würde dies als ein Zeichen freundlicher Rücksichtnahme betrachten. Ich glaube, daß wir diesem Wunsche entsprechen sollten (falls der Erzbischöfliche Stuhl besetzt wird), und habe in diesem Sinne unseren Vortrag an E. K. H. entworfen. Die höchste Entschließung würde der Bitte des Herrn Internuntius gemäß zu gleicher Zeit mit der Entscheidung E. K. H. in der Frage der Wiederbesetzung des Erzbischöflichen Stuhles morgen abend nach Freiburg abgehen, natürlich immer vorausgesetzt, daß S. Heiligkeit der Papst nicht wegen Ersetzung des Herrn Bischofs Kopp auf der Kandidatenliste neue Verhandlungen veranlaßt.

GLA 48/5449 fol. 165.

753. Staatsministerialvortrag von Nokk.

Karlsruhe, 29. Mai 1886.

[...] In E. K. H. höchstem Auftrage hat der Herr Vorstand des Gr. Geheimen Kabinetts mit Schreiben vom 7. Mai d. J. dem ehrerbietigst unterzeichneten Präsidenten eine Vorstellung des Domkapitels zu Freiburg vom 5. Mai d. J. übermittelt, welche eine Liste der Namen von acht Geistlichen enthält, die das Domkapitel zur Bekleidung des durch Ableben des Herrn Erzbischofs Dr. J. B. Orbin seit 8. April d. J. erledigten erzbischöflichen Stuhles zu Freiburg für würdig und tauglich erachtet; an E. K. H. ist darin das untertänigste Ansuchen gerichtet, dem Domkapitel allerhöchste Entschließung darüber zugehen lassen zu wollen, welche der Kandidaten etwa E. K. H. minder genehm sein sollten.

Die namhaft gemachten Geistlichen sind:

1. Dr. Theodor Dreher, Oberlehrer am Gymnasium in Sigmaringen,
2. Dr. Friedrich Justus Knecht, Domkapitular,
3. Ferdinand Rudolph, Domkapitular, Dompfarrektor,
4. Dr. Jakob Schmitt, Subregens am Seminar in St. Peter,
5. Dr. Georg Komp, Domkapitular und Regens in Fulda,
6. Dr. Georg Kopp, Bischof von Fulda,
7. Dr. Franz Leopold Freiherr von Leonrod[1], Bischof von Eichstätt,
8. Dr. Johann Christian Roos, Bischof von Limburg.

Entsprechend den Verabredungen unter den Staaten der oberrheinischen Kirchenprovinz (2. Separatartikel des Staatsvertrages vom 8. Febr. 1822 und der Vereinbarung vom 15. Nov. 1827) haben wir Preußen (wegen Hessen, Nassau und Frankfurt), Württemberg und Großherzogtum Hessen die Kandidatenliste mitgeteilt und um Rückäußerung gebeten.

Auf diese Mitteilung ist von dem Gr. badischen Gesandten in Berlin eine Erklärung des Herrn Reichskanzlers zu unserer Kenntnis gebracht worden dahingehend, daß jede Persönlichkeit, welche die Gr. badische Regierung für den erzbischöflichen Stuhl zu Freiburg als akzeptabel erachte, auch der preußischen Regierung genehm sein müsse. *Von Württemberg sind keine Einwendungen erhoben worden. Hessen-Darmstadt bezeichnet den Bischof von Eichstätt als ihr „minder genehm", weil ihr derselbe als dem Orden der Gesellschaft Jesu sehr nahe stehend und den Einflüssen dieses Ordens vollständig unterworfen geschildert werde. [...]*

Zu unserem lebhaften Bedauern haben auch wir nicht bezüglich sämtlicher von dem Domkapitel in die Liste aufgenommenen Kandidaten die Überzeugung gewinnen können, daß dieselben alle Eigenschaften in sich vereinigen, welche einen jeden derselben befähigen würden, den Erwartungen vollkommen zu entsprechen, welche E. K. H. der Wirksamkeit des künftigen Erzbischofs gnädigst entgegenbringen. Teils nach dem Ergebnis sorgfältiger Erkundigungen, teils nach unserer sonstigen Kenntnis der früheren Wirksamkeit der von dem Domkapitel genannten Kandidaten müssen wir besorgen, daß einzelne derselben einer kirchenpolitischen Richtung zuneigen, welche für Aufrechterhaltung und fernere Pflege eines gedeihlichen Zusammenwirkens zwischen der staatlichen und kirchlichen Gewalt nicht in dem wünschenswerten Maße Gewähr bieten würde und daß andere der Kandidaten auf dem erzbischöflichen Stuhle nicht dasjenige Maß persönlicher Autorität sich zu erwerben vermöchten, welches erforderlich wäre, um zu dem im Kirchenregiment etwa vorhandenen, einem solchen Zusammenwirken minder förderlichen Elementen ein hinreichend kräftiges Gegengewicht zu bilden.

Von diesen Erwägungen ausgehend, glauben wir, E. K. H. ehrerbietigst vorschlagen zu sollen, der eventuellen Wahl eines der unter den Ziffern 2, 3, 4, 5 und 7 der domkapitelschen Liste genannten Kandidaten dadurch vorzubeugen, daß dieselben als der Gr. Staatsregierung für das zu besetzende Kirchenamt minder angenehm bezeichnet und deren Strich aus der Liste verlangt wird. Es würden alsdann noch drei Kandidaten unbeanstandet bleiben — eine Zahl, welche zur Vornahme einer den kanonischen Vorschriften entsprechenden Wahl jedenfalls für hinreichend gelten müßte. [...]

GLA 235/12892.

[1] Franz Leopold Frhr. v. Leonrod (1827—1905), Zögling des Collegium Germanicum

in Rom u. Eichstätt, 1851 Priester in Reichenhall, 1856 Domprediger in Eichstätt, 1859 Pfarrer in St. Zeno bei Reichenhall, 1866 Bischof v. Eichstätt.

754. Nokk an Großherzog Friedrich.

Karlsruhe, 2. Juni 1886.

E. K. H. zeige ich ehrfurchtsvoll an, daß nach soeben eingetroffener Nachricht Bischof Roos von Limburg einstimmig zum Erzbischof erwählt worden ist. Der Name des Gewählten ist der Instruktion gemäß alsbald nach Rom gemeldet worden; der Herr Internuntius wird die Entschließung S. Heiligkeit des Papstes unverweilt hierher mitteilen. Ich hege nun die Hoffnung auf eine glückliche Erledigung der wichtigen und schwierigen Angelegenheit.

GLA 48/5449 fol. 167.

755. Baumstark an Nokk.

Freiburg, 2. Juni 1886.

Haec est dies, quam fecit Dominus: exultemus et laetemur in illa! Was ich seit 17 Jahren ersehnt und erstrebt, ist heute erfüllt: Wir haben einen streng katholischen Erzbischof des Friedens, gleich fern von politischem Agitatorentum wie von zweideutiger Gläubigkeit und von ultramontanem Fanatismus, einen Bischof, für dessen Erhebung nach Limburg tätig gewesen zu sein Orbins letzte große Freude war.

Möge Ihnen und vor allem unserm gnädigsten Fürsten und Herrn für das erfolgreiche Wirken zum erreichten Ziel von recht vielen Tausenden mit ebenso viel Verständnis gedankt werden, als es von mir geschieht. Möge nun auch bald die altverjährte Schmach von uns genommen werden, daß ein perfidus Judaeus diese Erzdiözese regiert, eine Schmach, deren Beseitigung für Orbins alte Tage zu schwer war. Und mögen unsere zwei badischen Prätendenten[1] Ruhe finden in ihren Wirkungskreisen!

Sie wissen, ich kann nicht schmeicheln; zum Grobsein bin ich besser veranlagt: aber trotz alledem, heute haben Sie sich assistente spiritu sancto einen edlen Lorbeerkranz aufs Haupt gesetzt.

GLA 52/XIII.

[1] Kraus u. Lender.

756. Joos an Nokk.

Freiburg, 3. Juni 1886.

[. . .] Gestern nachmittag machte Herr Domdekan Weickum mir Gegenbesuch. Er setzte mir dabei auseinander, wie dem Kapitel, nachdem man demselben „nur drei Kandidaten gelassen", eine andere Wahl als Roos kaum möglich gewesen sei, da sie hätten voraussehen müssen, daß eine Wahl von Kopp auf Schwierigkeiten hinsichtlich der Annahme stoßen würde und eine Wahl Drehers, der doch auch

kein Badener und noch nicht in der kirchlichen Verwaltung tätig gewesen sei, sich nicht zu empfehlen schien. Ich bemerkte darauf, der Ausfall der Wahl würde S. K. H. dem Großherzog und der Staatsregierung durchaus angenehm sein. Ich sei als landesherrlicher Kommissär für die Wahl instruiert gewesen, jeder Andeutung zugunsten des einen oder anderen Kandidaten mich zu enthalten, und hätte, um Mißdeutungen vorzubeugen, selbst unterlassen, den Herrn Kapitularen vor der Wahl meinen Besuch zu machen. Weickum schien von dieser Eröffnung angenehm berührt zu sein und äußerte sich noch, ich weiß nicht mehr, in welchem Zusammenhang, wie wünschenswert es sei, wenn die Staatsregierung mit dem Kirchenregiment ohne Vermittler verkehre. Ich habe davon Anlaß genommen, auf den Verkehr, wie er zu Orbins Zeit bestand, Bezug zu nehmen und die Hoffnung auf dessen künftige Pflege auszusprechen. Daß Spolverinis Vermittlung unsererseits weder erbeten noch eigentlich veranlaßt war, habe ich mit Stillschweigen übergangen. Gelegentliche Aufklärung dürfte nicht schaden, und linderndes Pflaster in Form von Dekorationen würde wohl auch gut wirken. *[...]*

GLA 52/XIII.

757. Nokk an Großherzog Friedrich.

Karlsruhe, 3. Juni 1886.

E. K. H. übersende ich ehrfurchtsvoll das soeben angelangte Telegramm des Herrn Internuntius, das zugleich die Bitte um eine Abschiedsaudienz bei E. K. H. enthält. Der Herr Internuntius wird sowohl nach Rom berufen werden, um die Vorgänge vor der Wahl und das Verhalten eines Teils der klerikalen Presse gegen den Abgesandten S. Heiligkeit zu erläutern[1]. Wenn auch das Telegramm noch etwas dunkel und das Hereinziehen des Münchener Nuntius[2] vielleicht nicht schlechthin angenehm ist, so scheinen mir doch Schwierigkeiten gegen die im Lande sehr gut aufgenommene Wahl nicht erhoben zu werden. Von Roos liegt allerdings eine Annahmeerklärung nicht vor, allein diese wird derselbe auch nicht abgeben dürfen, bevor der Papst dem Bischofe die Erlaubnis hiezu erteilt hat. Über den Inhalt eines gleichzeitig eingelaufenen Briefes von Joos[3] werde ich ehrerbietigsten mündlichen Bericht mir vorbehalten dürfen. *[...]*

GLA 48/5449 fol. 168 f.

[1] Nokk an Großherzog Friedrich, Karlsruhe 4. Juni 1886: Spolverini machte mir heute seinen Besuch. Er meinte, „er habe sich in Freiburg überzeugt, daß die Wahl eines der Freiburger Herrn im Interesse der Kirche selbst nicht wünschenswert gewesen sei, da man durchaus einen unbeteiligten, unbefangenen Erzbischof nötig habe. [...] Wegen der Frage der Dekorierung habe ich mit dem Herrn Staatsminister gesprochen. Er hat irgendein Bedenken nicht zu erheben, falls E.K.H. die besondere Gnade haben wollen, dem Herrn Internuntius die goldene Kette zu verleihen. Nur glaubt er, es würde sich, um ein Aufleben der Artikel über Bedrückungen des Kapitels durch das Einvernehmen der Regierung mit dem Prälaten zu verhüten, empfehlen, den allerhöchsten Gnadenakt nicht sofort in der Karlsruher Zeitung zu veröffentlichen. Es ist diese (alsbaldige) Publikation ja nicht nötig und kann vorläufig gewiß unterbleiben. Diejenigen Herren, welche die goldene Kette etwa an dem Prälaten sehen sollten, sind keine Zeitungskorrespondenten" (GLA 48/5449).
[2] Angelo di Pietro (1828—1914), Monsignore, 1881 apostolischer Nuntius in München, 1887 in Madrid.
[3] Nr. 756.

758. Nokk an Großherzog Friedrich.

Karlsruhe, 7. Juni 1886.

E. K. H. zeige ich ehrfurchtsvoll an, daß ich vor einer halben Stunde einen Brief des Herrn Bischofs Roos aus Karlsbad[1] erhalten habe, worin der Herr Prälat unter dem Ausdrucke des wärmsten Dankes für die ihm entgegengebrachte wohlwollende Gesinnung erklärt, er habe dem Freiburger Kapitel gegenüber aus „Gewissensrücksichten" die ehrenvolle Wahl abgelehnt. Von einem Benehmen mit Rom, was der Herr Internuntius als geboten bezeichnete, ist in dem Schreiben nicht die Rede.

Ich glaubte, alsbald zweierlei tun zu müssen, ich schickte ein Telegramm nach Freiburg mit der Bitte um streng vertrauliche Behandlung der Roosschen Erklärung bis zur Entscheidung der Frage durch S. Heiligkeit den Papst und habe auch den Herrn Bischof Roos telegraphisch ersucht, die Erklärung nicht zu veröffentlichen, da wir eine glückliche Wendung im Interesse der Sache erhoffen müßten. An Herrn Spolverini werde ich die Tatsache nach Einsiedeln melden, nachdem er mich gestern noch, auf das höchste gerührt durch die Gnade E. K. H., versichert hatte, die Sache sei erledigt, da der Hl. Vater eine Ablehnung nicht zulassen werde; er wollte darüber jeden Zweifel ausschließende Beweise in Händen haben. Nun, wir werden sehen. Was ich nicht verstehe und was mich etwas weniger sicher machte, ist der Umstand, daß Rom fünf Tage lang, wie es scheint, nichts getan hat. Der Herr Internuntius nahm an, daß der Papst unmittelbar nach der Anzeige der Wahl dem Gewählten die Annahme telegraphisch empfehlen und die Bande, welche Herrn Roos kirchenrechtlich an Limburg knüpfen, lösen werde. Dies ist offenbar nicht geschehen, man scheint vielmehr in Rom einfach gewartet zu haben auf eine Freiburger Nachricht über den Fortgang der Sache. Das, was ich alsbald getan, schien mir erforderlich, um wenigstens den Versuch zu machen, eine nicht sehr reinliche Erörterung der ganzen Frage in der Presse hintanzuhalten, weil durch eine solche die Geneigtheit des Herrn Bischofs Roos zur Annahme nicht gesteigert würde.

GLA 48/5449 fol. 172 f.

[1] Vgl. [L. *Wertmann* u. a.] Erinnerungen an Dr. Joh. Christ. Roos, Erzbf. v. Freiburg, in: Freiburger kath. Kirchenblatt 41 (1897) S. 229. Danach verband Roos mit der Mitteilung seiner Ablehnung die Bitte, „für die Ermöglichung einer anderen kanonischen Wahl seinen Einfluß geltend zu machen" (frdl. Mitteilung v. J. *Becker*).

759. Nokk an Großherzog Friedrich.

Karlsruhe, 7. Juni 1886.

E. K. H. sage ich in aller Ehrfurcht warmen Dank für die gnädige Bereitwilligkeit, Höchstselbst in der wichtigen Frage einzutreten[1]. Ich glaube, daß ein solches Telegramm unser weitaus bestes und wirksamstes Mittel sein würde; der Inhalt wäre der Sachlage völlig entsprechend. Ich möchte nur der allerhöchsten Erwägung anheimgeben, ob nicht bis morgen mit dem Schritte E. K. H. gewartet werden sollte. Domkapitular Behrle hat mir heute nachmittag telegraphiert, die Bitte um strenge Geheimhaltung würde befolgt werden. Nachdem ich heute früh eine Reihe von Versuchen gemacht hatte, ein Telegramm an Spolverini zustande zu bringen, das ausführlich und deutlich genug wäre, ohne die Sache direkt zu nennen, gab ich den Gedanken zu telegraphieren als nicht wirksam genug auf und bat Herrn von Jagemann, alsbald nach Einsiedeln nachzureisen. Herr von Jagemann *[...]* wird morgen früh nach 8 Uhr in Einsiedeln sein, dessen Abt[2] er ja auch kennt. So kann eine viel sicherere und kräftigere Einwirkung erfolgen, und ich bin sicher, bis Mittag im Besitze einer chiffrierten Antwort darüber zu sein, was Spolverini gesagt und getan hat. Sollte die Äußerung keine völlig beruhigende und entschiedene sein, so wäre ich alsdann für die Absendung des allerhöchsten Telegramms außerordentlich dankbar; ich bin nur darüber nicht ganz sicher, ob es richtig wäre, die erhabene Person des Landesherrn schon heute eintreten zu lassen, bevor wir genau übersehen können, ob der Schritt ein notwendiger ist. Die Abendblätter enthalten nichts weiteres, soviel ich gesehen habe, als die gestrige Notiz der Frankfurterin mit einiger kritischer Sauce.

Wenn die Antwort des Herrn Bischofs nicht etwa die herkömmliche ist, solange der Papst das Band mit der alten Diözese nicht gelöst hat, könnte ich mir das Schweigen Roms nur damit erklären, daß die Kurie bei Roos eine Mahnung gar nicht für nötig gehalten hat; besonders erstaunlich wird der Vorgang der Ablehnung, weil ein Mitglied des Domkapitels, wie ich heute abend ganz bestimmt und aus guter Quelle höre, mit Roos in Frankfurt v o r der Wahl gesprochen hat. Der Herr Bischof hatte Limburg schon verlassen, um nach Karlsbad zu reisen, war aber in Frankfurt mit dem Freiburger Kapitular zusammengetroffen. Ich hoffe, der morgige Tag wird wenigstens einige Klarheit bringen und einige Beruhigung. Unter allen Umständen muß ich schon jetzt für den mächtigen Beistand untertänigsten Dank sagen, den E. K. H. auch in dieser Lage wieder zu leisten die große Gnade haben wollen.

GLA 48/5449 fol. 174 f.

[1] Vgl. Nr. 760.
[2] Basilius Oberholzer von Uznach, 1875—95 Abt von Einsiedeln.

760. Nokk an Großherzog Friedrich.

Karlsruhe, 9. Juni 1886.

E. K. H. gebe ich den Entwurf eines allerhöchsten Schreibens an den Papst[1] mit dem ehrerbietigsten Anfügen zurück, daß ich mich im Interesse der Sache sehr freue und recht dankbar sein würde, wenn E. K. H. die Gnade hätten, diesen Brief an S. Heiligkeit abgehen zu lassen. Es scheint mir aber noch wirksamer, wenn E. K. H. das allerhöchste Schreiben unmittelbar an den Papst richten würden; ich könnte an Herrn Spolverini, dessen römische Adresse ich habe, ersuchen, dem Herrn Kardinalstaatssekretär mitzuteilen, daß ein allerhöchstes Handschreiben an den Papst in der Frage abgegangen sei. Sollten E. K. H. die Übergabe durch Jacobini vorziehen, so würde ich das allerhöchste Schreiben alsbald mit kleinem Begleitbrief an Jacobini vorlegen. Wenn ich keinen weiteren höchsten Befehl erhalte, werde ich heute abend an Spolverini schreiben.

GLA 48/5449 fol. 176.

[1] Nicht vorhanden, kassiert.

761. Nokk an Großherzog Friedrich.

Karlsruhe, 9. Juni 1886.

E. K. H. teile ich in aller Ehrfurcht mit, daß ich soeben ein Telegramm von Jagemann aus Schwyz erhalten habe, wornach der Herr Internuntius gestern noch der Überzeugung Ausdruck gegeben, daß ein sofortiges Dankschreiben E. K. H. an den Papst wegen der Wahl von Roos, welches durch Jacobini zu überreichen wäre, für den glücklichen Ausgang der Sache besonders nützlich sein könnte. Ohne der allerhöchsten Entscheidung irgendwie vorgreifen zu wollen, erlaube ich mir die ehrerbietige Bemerkung, daß mir dieses Vorgehen nicht gefallen will. So sehr mir der Erfolg der Bemühungen des Internuntius im Interesse der Sache am Herzen liegt, so scheint es mir doch noch viel wichtiger, daß der durchlauchtigste Souverän nicht zu einem Schritte veranlaßt wird, welcher der erhabenen Stellung des Fürsten nicht vollkommen entspricht. Ein solches Dankschreiben, o h n e Erwähnung der Roosschen Ablehnung, würde wohl den Papst sehr in Verlegenheit setzen und vielleicht ein sehr gutes Pressionsmittel sein, allein eine solche Einwirkung scheint mir nicht der Würde des Landesherrn angemessen. Ich würde entschieden vorziehen, wenn E. K. H. entweder das gestern besprochene Telegramm absenden oder aber ein Dankschreiben an S. Heiligkeit den Papst richten würden[1], in welchen ganz offen der Gewissensbedenken des Herrn Bischofs Roos Erwähnung getan, aber — wie in dem allerhöchsten Entwurf des Telegramms — beigefügt wird, diese Bedenken würden ohne allen Zweifel vor einem Worte S. Heiligkeit verschwinden. Auf diese Weise könnten Dank und das Ersuchen um die zum Abschluß noch erforderliche päpstliche Einwirkung verbunden werden. Beide Wege scheinen mir, ganz unmaßgeblich, richtiger als der von dem Herrn Internuntius empfohlene.

GLA 48/5449.

[1] Nr. 762.

762. Großherzog Friedrich an Leo XIII.

Karlsruhe, le 9 Juin 1886.

L'heureux résultat d'une entente sur le choix d'une personne digne d'être élue comme Archevêque de Fribourg est essentiellement dû à la haute bienveillance de Votre Sainteté. Je remplis donc un devoir bien précieux en offrant à Votre Sainteté l'expression de toute ma reconnaissance de ce qu'Elle a bien voulu charger Monseigneur Spolverini comme son représentant auprès de mon gouvernement et du chapître épiscopal de Fribourg pendant la durée de l'élection du nouvel Archevêque. Monseigneur Spolverini s'est acquitté de cette mission avec tout autant de zèle que de tact, et il a obtenu un résultat qui a été accueilli avec une approbation générale. Malheureusement Monseigneur l'Evêque de Limbourg hésite d'accepter l'élection par cause de scrupule de conscience.

Si d'un côté la reconnaissance me conduit auprès de Votre Sainteté, je remplis d'un autre côté un devoir très précieux vis-à-vis de mes sujets catholiques en m'adressant à Votre Sainteté avec la prière de vouloir maintenir le choix du chapître de Fribourg. Je ne doute nullement que Monsigneur l'Evêque de Limbourg acceptera l'élection si Votre Sainteté lui exprime Sa volonté de le voir comme Métropolitain à Fribourg.

Je viens donc soumettre à la haute sagesse de Votre Sainteté la prière qu'Elle veuille agir dans ce sens et nous procurer ainsi un grand bienfait.

GLA 48/5449 fol. 180, eig. Reinkonz. oder Abschr.

763. Nokk an Großherzog Friedrich.

Karlsruhe, 10. Juni 1886.

E. K. H. freue ich mich die ehrerbietigste Anzeige erstatten zu dürfen, daß mir der Herr Internuntius Spolverini soeben aus Rom telegraphiert hat (in vereinbarter Geheimschrift), S. Heiligkeit der Papst habe durch Jacobini dem Herrn Bischof Roos telegraphisch eröffnen lassen, S. Heiligkeit wünsche die Annahme der Wahl durch Roos. E. K. H. gnädiges Handschreiben wird nun gerade recht ankommen, um etwaigen Bedenken, welche von Roos dem päpstlichen Wunsche entgegengesetzt werden könnten, jede Einwirkung auf den Papst zu nehmen.

Herr von Jagemann ist wieder hier und hat recht interessante Nachrichten überbracht. Da ich aber E. K. H. nicht zu oft lästig fallen möchte und voraussichtlich morgen weitere Depeschen eintreffen, so erlaube ich mir die untertänigste Bitte auszusprechen, daß E. K. H. die Gnade haben wollen, mir morgen gegen Abend eine Zeit zu kurzem Vortrag allergnädigst zu bestimmen.

GLA 48/5449 fol. 183 f.

764. Nokk an Großherzog Friedrich.

Karlsruhe, 11. Juni 1886.

E. K. H. zeige ich ehrerbietigst an, daß gestern um 11 Uhr abends die telegraphische Nachricht von dem Herrn Internuntius in meine Hand gelangte, der Herr Bischof Roos habe angenommen. Da ich nicht wagen durfte, die gute Botschaft noch gestern Allerhöchstihnen ehrfurchtsvoll zu unterbreiten, so erfülle ich heute früh diese angenehme Pflicht. Die Depesche war chiffriert; es ist wohl zu erwarten, daß E. K. H. heute, nachdem der Papst das allerhöchste Handschreiben erhalten haben wird, unmittelbar und von S. Heiligkeit selbst die gute Botschaft zugehen wird. Ich kann auch diese flüchtigen Zeilen nicht schließen, ohne E. K. H. auch hier nochmals in aller Ehrfurcht wärmsten und tiefsten Dank zu sagen für die unermüdliche und mächtige Unterstützung, welche Allerhöchstsie in der bedeutsamen Angelegenheit dem Ministerium zu leisten die große Gnade gehabt haben.

GLA 48/5449 fol. 185 f.

765. Marschall an Turban.

Berlin, 11. Juni 1886.

[...] Nachdem die Branntweinsteuerkommission die Regierungsvorlage abgelehnt hatte[1], schrieb Staatsminister von Bötticher dem Herrn Reichskanzler, er sei in Übereinstimmung mit Herrn von Scholz der Ansicht, daß nunmehr der Reichstag in absentia durch kaiserliche Verordnung zu schließen und die Erledigung der Branntweinsteuerfrage auf die nächste Herbstsession zu verschieben sei. Für dieses Verfahren sprächen folgende Erwägungen: einmal sei mit Bestimmtheit zu erwarten, daß die Reichstagsabgeordneten angesichts der evidenten Unmöglichkeit, derzeit zu einer Verständigung über die Branntweinsteuerfrage zu gelangen, sich in der gegenwärtigen Jahreszeit in beschlußfähiger Anzahl nicht mehr versammeln würden, sodann stehe in Aussicht, daß der Abgeordnete Rickert[2] auch im Plenum die Versuche wiederholen werde, die Regierung zur Darlegung ihrer Pläne bezüglich der Armee und der Marine zu veranlassen und sie im voraus bezüglich des Septennats festzunageln, und endlich erscheine es inopportun, den Streit der Regierung mit den Konservativen, welche dem Entwurf entschieden opponierten, auch im Plenum aussichtslos fortzusetzen. Die Vorlage des vom Bundesrat bereits beratenen Eventualentwurfs verspreche keinen Erfolg, da derselbe bereits in der Kommission diskutiert worden sei, und auch hier die Konservativen sich in entschiedener Opposition befänden. Der Herr Reichskanzler erwiderte Herrn von Bötticher telegraphisch, daß er anderer Anschauung sei, aber die Frage vor der Beschlußfassung mündlich mit ihm zu besprechen wünsche. Trotz der lebhaftesten Bemühungen, welche Herr von Bötticher bei seiner Ende voriger Woche stattgehabten Anwesenheit in Friedrichsruhe aufwendete, gelang es ihm nicht, den Herrn Reichskanzler umzustimmen; letzterer entgegnete, daß die voraussichtliche Beschlußunfähigkeit durchaus kein durchschlagendes Argument für den derzeitigen Schluß des Reichstags bilde. Die innere Politik müsse darauf gerichtet sein, den gegenwärtigen Reichstag bei den Wählern zu diskreditieren; zu diesem Zwecke könne es nur dienlich sein, wenn die Mehrzahl der Abgeordneten so wenig Pflichtgefühl zeige, daß sie sich der Teilnahme an der Beratung einer für das Reich so wichtigen Frage wie die Branntweinsteuer entziehe. Die Fragen des Abgeordneten Rickert genierten ihn gar nicht; es sei ihm nichts davon bekannt, daß demnächst für die Armee oder die Marine Mehraufwendungen geplant seien; bestehe eine bezügliche Absicht, so könne man es dem Reichstage sagen oder auch nicht sagen, das sei ihm ganz gleichgültig. Wenn endlich die Konservativen so töricht seien, der Steuervorlage zu opponieren, so verdienten sie eine besondere Rücksicht seitens der Regierung nicht. Die letztere müsse für den Prinzipal- und den Eventualentwurf ihre Quittung vom Reichstage haben.

Herr von Bötticher, dem ich diese Mitteilungen verdanke, sagte mir, daß unter diesen Umständen nichts anderes übrig bleibe, als den Reichstag behufs Durchberatung des Branntweinsteuerentwurfs zu versammeln, was voraussichtlich am 30. d. M. geschehen werde. Er hoffe noch immer, daß wenigstens von der Vorlage des Eventualentwurfs abgesehen werde, da die Erfolglosigkeit im voraus sicher stehe. Ein Nachtragsetat solle dem Reichstage nicht mehr zugehen, das Militärreliktengesetz sei in Vorbereitung, der Reichskanzler scheine aber der Einbringung desselben wenig geneigt.

GLA 233/34796 fol. 92 ff. Ausf., dem Großherzog vorgelegen; 49/2015 fol. 70 f. Konz.

[1] Vgl. Nr. 718. Am 17. Mai 1886 wurden dem Reichstag zwei neue Entwürfe betr. Besteuerung des Branntweins vorgelegt (*Schultheß* S. 115 ff.), die am 24. Mai einer Kommission überwiesen wurden (ebd. S. 120 f.). Am 4. Juni wurden auch diese Vorlagen mit sämtlichen Änderungsvorschlägen von der Kommission abgelehnt (ebd. S. 122 f.). Der Reichstag lehnte am 26. Juni den § 1 der Vorlage ab; unmittelbar darauf wurde die Ses-

sion geschlossen (ebd. S. 129). Der Reichstag nahm am 16. Sept. seine Beratungen wieder auf (ebd. S. 149 ff.).

² Heinrich Rickert (1833—1902), Gutsbesitzer u. Landesdirektor in Zoppot, 1874 Mitglied des Reichstags (nationalliberal), tritt 1880 zu den Sezessionisten, 1884 zu den Freisinnigen über.

766. Leo XIII. an Großherzog Friedrich.

Vatican, le 19. Juin 1886.

Nous avons appris avec plaisir par la récente et si courtoise lettre de Votre Altesse¹, la satisfaction qu'Elle a éprouvée de la charge confiée par Nous à l'Internonce Pontifical des Pays-Bas, et de l'élection du nouveau Métropolitain de Fribourg. Les qualités distinguées de ce Prélat, et la haute considération que Votre Altesse professait pour lui, Nous ont déterminé de prévenir le désir qu'Elle Nous en manifeste dans sa lettre, en l'exhortant à accepter l'importante dignité à laquelle l'appelait le vote unanime du Chapître Métropolitain.

Au milieu des perplexités et des préoccupations qu'éprouvait le nouvel élu, soit à cause de sa santé peu florissante, soit à cause de la situation religieuse dans le Grand-Duché, Nous n'avons pas hésité de lui adresser des paroles d'encouragement Nous basant en cela sur Notre confiance dans les bienveillantes dispositions de Votre Altesse et de son gouvernement envers ses sujets catholiques, dispositions qui Nous ont été exprimées à plusieurs reprises, et confirmées encore ces jours-ci, lors de la venue à Rome de Notre Représantant sus-dit. S'inspirant de cette même confiance, le nouvel Archevêque a dès lors accepté sa haute et difficile mission. Il ne Nous reste plus par conséquent qu'à prier Votre Altesse de vouloir bien combler Notre joie et la joie de ses fidèles sujets catholiques, en achevant la grande oeuvre de conciliation et de paix en faveur de l'Eglise et de ses domains.

Nous ne doutons pas que Votre Altesse ne juge le moment propice pour donner suite en cette conjoncture et surtout après ce qui vient de se conclure si heureusement, à l'impulsion de Son affection Souveraine pour son peuple.

Déterminés, pour Notre part, à user de toute la déférence possible pour arriver à cette fin si vivement désirée, Nous renouvelons, en attendant, à Votre Altesse Nos voeux pour Sa plus grande prospérité et pour celle de Son Auguste Famille.

GLA 48/5449 fol. 188 f.

¹ Nr. 762.

767. Großherzog Friedrich an Leo XIII.

Schloß Baden, 4. Juli 1886.

Je dois à la haute générosité et aux vues si éclairées de Votre Sainteté un don de la plus haute importance¹, fait pour réhausser puissament la fête centenaire de l'université de Heidelberg que le Grand-Duché de Bade, tout autant que l'Allemagne entière s'apprêtent à célébrer le mois prochain. L'ouvrage si étendu dont V. S. a ordonné l'exécution afin de permettre au monde littéraire et scientifique de prendre connaissance de la riche collection réunie au Vatican sous le nom de Bibliothèque Palatine deviendra un des souvenirs commémoratifs les plus précieux des cinq cents ans dont l'université de Heidelberg fête le vénérable jubilé.

434

C'est pour moi un devoir péremptoire d'exprimer à V. S. toute la gratitude que me fait éprouver Sa haute bienveillance pour notre académie de science en vue de l'oeuvre historique qu'Elle veut bien me destiner personnellement. Cette haute bienveillance tout autant que la vive reconnaissance qu'elle m'impose m'autorise à demander à V. S. de bien vouloir faire représenter Sa haute personne, par un envoyé désigné par Elle[2]. La présence d'un Délégué de V. S. au milieu de représentants des corps scientifiques universitaires de l'Europe et de L'Amérique accorderait aux fêtes du Jubilé de Heidelberg un honneur tout particulier et attesterait une fois de plus l'intérêt qu'Elle veut bien porter aux sciences et à leur influence sur le monde civilisé.

Dank für die Intervention bei Bischof Roos, die Wahl zum Erzbischof von Freiburg anzunehmen.

GLA 48/5449 fol. 191 f. eig.Reinkonz.

[1] Codices Palatini Latini Bibliothecae Vaticanae descripsit Praeside J. B. Cardinali *Pitra* recensuit et digessit Henricus *Stevenson* junior recognoscit J. B. de *Rossi*, Tome I, Romae 1886.
[2] Leo XIII. antwortete Rome du Vatican le 24 juillet 1886, er habe den Archäologen Jean-Baptiste de Rossi als seinen Gesandten beim Universitätsjubiläum ausersehen, der aber aus Familiengründen abgelehnt habe; er sende daher Henri Stevenson, den Autor des 1. Teiles des Katalogs der lateinischen Handschriften (ebd. Ausf.). Der Großherzog bedankte sich (Heidelberg) 7. Aug. 1886 für die Gesandtschaft Stevenson und übersandte dem Papst die zum Universitätsjubiläum geprägte Erinnerungsmedaille (ebd. eig.Konz.). — Giovanni Battista de Rossi (1822—94), Begründer der christlich-wissenschaftlichen Archäologie, Katakombenforscher. — Enrico Stevenson (1848—98), Konservator des Vatikanischen Münzkabinetts u. Scriptor an der Vatikan. Bibliothek, Archäologe.

768. Ellstätter an Großherzog Friedrich.

Karlsruhe, 8. Juli 1886.
Gestern hat in Pforzheim eine Zusammenkunft zwischen dem württembergischen Finanzminister v. Renner und mir stattgefunden. Herr von Renner hat mir schon vor einiger Zeit eine Begegnung vorgeschlagen, um uns über wichtige schwebende Fragen und die Lage im allgemeinen wieder einmal gegenseitig auszusprechen.
[...]
Herr von Renner[1] ist in Begleitung des Herrn Direktors von Moser[2] und des Finanzrat Renner, dem Sohne des Ministers[3], erschienen: ich habe mich von Zolldirektor Lepique[4] und Steuerdirektor Glockner begleiten lassen.

Außer einem eingehenden Austausch unserer Auffassung über die finanzielle Lage des Reichs und unsere eigenen Heimatländer, dem Austausch unserer Hoffnungen und Schmerzen im Allgemeinen hatte Herr von Renner speziell gewünscht, über die Lage unserer beiderseitigen Salinen, die sich gegenseitig Konkurrenz machen und gemeinsam von auswärtiger Konkurrenz schon bedroht sind, mit mir sich auszusprechen. Des weiteren bildete die Lage des Geldmarkts und die seitens der Regierungen gegenüber dem andauernd sinkenden Zinsfuß einzunehmende Stellung den Gegenstand unserer Besprechung. Endlich kamen die Steuerverhältnisse und deren eventuelle weitere Gestaltung gegenüber den wachsenden Anforderungen des Reichsetats zu eingehender Erwägung. Insbesondere wurde Württembergischerseits auf die mit unserer Einkommensteuer, unsererseits auf die mit der neuen Württ. Branntweinsteuer gemachten Erfahrungen Wert gelegt.

435

So war unsere Zeit bis gegen 7 Uhr abends reichlich ausgefüllt. Die Zusammenkunft fand im Bahnhof zu Pforzheim statt. *[...]* Die Besprechung ergab in allem
Wesentlichen eine erfreuliche Übereinstimmung und verspricht die Aussicht, daß
wir auch im Bundesrat in etwa wichtigen Fragen konform werden gehen können.
Mir Näheres für den persönlichen Vortrag untertänigst vorbehaltend, verharre ich
[...].

GLA FA Korresp. 13 N 376 Nr. 40 eig. Marginalie des Großherzogs: „ad acta 2. 8. 86".

[1] Andreas (v.) Renner (1814—98), 1846 Finanzrat im Württ. Finanzministerium,
1851—55 Abg. im Landtag, 1858 Direktor der Forstdirektion, 1861—90 Mitglied der
Kammer der Standesherren, 1864—91 Finanzminister.
[2] Rudolf Friedrich Karl Moser v. Filseck (1840—1909), 1871 Finanz-Assessor, Sekretär
beim Württ. Finanzministerium, 1875 Obersteuerrat, stellvertr. Bundesratsbevollmächtigter,
1885 Direktor der Katasterkommission, 1890 Staatsrat, ord. Bundesratsbevollmächtigter,
1894 Ruhestand (frdl. Mitt. d. Hauptstaatsarchivs Stuttgart).
[3] Eugen v. Renner (1845 [?]—1919), 1882 Finanzrat, 1886 Justitiar bei der Katasterkommission, 1895 Oberfinanzrat, 1910 Direktor, 1915 Ruhestand (frdl. Mitt. d. Hauptstaatsarchivs Stuttgart).
[4] Heinrich Lepique (1824—1902), 1857 Sekretär bei der bad. Zolldirektion, 1862 Finanzrat, 1874 Min.Rat, 1882 Zolldirektor (frdl. Mitt. d. GLA).

769. Großherzog Friedrich an Nokk.

Schloß Mainau, 9. Juli 1886.

Für Ihre Mitteilungen bezüglich des Tübinger Universitätsjubiläums danke ich
Ihnen verbindlich und neige mich infolge davon mehr und mehr der Ansicht zu,
daß es angemessen sein wird, für den Festakt in der Aula bei dem Heidelberger
Universitätsjubiläum ebenfalls eine Rede vorzubereiten, welche von mir vorzu-
lesen wäre.

Wenn nun diese Rede etwa die Ausdehnung erlangen würde, die Sie in Ihrem
Schreiben andeuten, so muß ich wohl bitten, daß Sie mir freundlichst einen Entwurf
fertigen, da ich mich nicht im Stande fühle, diesen Stoff zu bewältigen. Bezüglich
der Form glaube ich nur bemerken zu sollen, daß ich mit der Begrüßung der
fremden Gäste beginnen müßte, da ich als Rektor M[agnificentissimus] die Universität vertrete und voraussichtlich der Deutsche Kronprinz als erster Gast anwesend sein wird. An diese Begrüßung schlösse sich das Historische gut an, und die
Beglückwünschung bildete dann den Schluß, da ich der Universität bei diesem Anlaß die Medaille mit der Kette für den jeweiligen Prorektor übergeben könnte[1].
[...]

Ich bin mit Ihrem Vorschlag, den Toast auf die Stadt Heidelberg bei dem Festmahl im Museum an Helmholtz[2] anzutragen, sehr einverstanden. — Was Sie mir
über die weiteren Absichten mitteilen, halte ich für sehr angemessen. *[...]*

Ich erkenne es sehr dankbar, daß Sie schon bald die Anträge für Auszeichnungen
bei dem Heidelberger U[niversitäts-]Jubiläum einbringen wollen. Dürfte es nicht
geraten sein, jetzt schon zu erwägen, ob den Abgesandten der deutschen und fremden Universitäten und hervorragenden Gelehrten, welche früher in Heidelberg
dozierten, Auszeichnungen angeboten werden sollten? — *[...]*

Ich begrüße freudig die in München begründete neue Stellung der Regierung und
den dabei so kräftig ausgesprochenen Hinweis auf Rom[3]. Das ist für ganz
Deutschland von hohem Wert und besonders für die süddeutschen Staaten. *[...]*

GLA FA Korresp. 13 Bd. 55 Fasz. 157 Nr. 15 eig.

[1] Vgl. Nr. 771.
[2] Hermann v. Helmholtz (1821—94), 1858 Professor für Physik an der Universität Heidelberg, 1871 an der Universität Berlin.
[3] Nach der Entmündigung König Ludwigs II., der Einsetzung des Prinzregenten Luitpold und dem Tode des Königs war in der bayerischen Kammer starke Kritik am Verhalten des Ministeriums Lutz zum Ausdruck gekommen. Das Kabinett reichte am 6. Juli 1886 seine Entlassung ein, Luitpold versicherte ihm sein volles Vertrauen: „Das Bestreben des gesamten Staatsministeriums ist ... die geistigen und materiellen Güter des Volkes zu erhalten und zu mehren. Von dem hierbei Erzielten steht Mir der Schutz der Religion und die Wahrung des Friedens unter den Konfessionen obenan, und Ich empfinde es mit ganz besonderer Freude, daß zu öfteren Malen von der höchsten katholischen kirchlichen Autorität die vollkommene Befriedigung über die Lage der katholischen Kirche in Bayern ausgesprochen worden ist" (Handschreiben vom 6. Juli, gedr. *Schultheß* S. 137 f.).

770. Kronprinz Friedrich an Großherzog Friedrich.

Potsdam, 18. Juli 1886.

Im Hinblick auf das bevorstehende Heidelberger Universitätsjubiläum möchte ich mich gern beizeiten mit Dir über meine Beteiligung an demselben bereden, namentlich weil mir durch meine offizielle Ernennung zu Papas Stellvertreter bei dieser Gelegenheit wesentliche Beschränkungen auferlegt sind. Meine Absicht ist, Mittwoch, den 4. August ganz mitzumachen, weil dieser Tag doch wohl derjenige der höchsten Feier ist. Demgemäß wollte ich tags vorher dann eintreffen, wie es Euch paßt, anheimstellend, ob ich etwa dem Schloßfest oder gar dem Festgottesdienst beiwohnen sollte, da ich nicht weiß, welche Bedeutung gedachten Momenten beigelegt wird. Dagegen betrachte ich den 5. sowie den 6. als Tage, welche mehr intimerer Natur sind, folglich keine Verpflichtungen für mich enthalten können.

Laß mich Dir aber hierbei in alter Offenheit und ganz im Vertrauen das eine sagen, daß ich nämlich wünschte, Du behieltest Dir einige Tage speziell für Dich, in denen Dir als dem Landesherrn wie auch als dem Rektor Magnificus a u s - s c h l i e ß l i c h gehuldigt würde! Dankbar wäre ich auch zu erfahren, ob oder wo oder wann ich etwa die Marter, eine Rede zu halten, erdulden müßte — doch nur bei dem Festmahl im Museum denke ich — aber auf wen oder was?[1] *[...]*

GLA FA Korresp. 13 Bd. 45 Fasz. 62 Nr. 11 (eig.).

[1] Der Kronprinz hielt seine Rede beim Festakt am 3. Aug. 1886 in der Aula der Universität nach dem Großherzog (gedr. *Schultheß* S. 143 f. u. Briefe, Reden u. Erlasse d. Kaisers u. Königs Friedrich III., hg. v. G. *Schuster* [1907] S. 332 ff.). Nach C. *Neumann* (HZ 145, 1932, S. 131 ff.) handelt es sich um eine „unerkannte Rede Heinrichs von Treitschke".

771. Großherzog Friedrich an Nokk.

Schloß Mainau, 19. Juli 1886.

Für Ihre beiden werten Briefe[1], die mir den Entwurf einer Ansprache für das Heidelberger Jubelfest und die Vorschläge für Dekorierungen bei diesem Anlaß bringen, sage ich Ihnen meinen herzlichsten Dank. Ich finde Ihren Entwurf ganz ausgezeichnet gut und freue mich über die sorgfältige Auswahl historischer Erinnerungen, welche Sie dafür getroffen haben. Ich werde nur am Schluß der Ansprache bei Überreichung der Prorektoratskette eine kleine Modifikation eintreten lassen müssen, um zu bekunden, daß diese Auszeichnung der Universität gilt und ihr jeweiliger Vertreter, der Prorektor, in memoriam sie zu tragen berufen sein wird. — Wenn ich diese Veränderung redigiert habe, werde ich Ihnen den Entwurf mitteilen. Staatsminister Turban ist mit Ihrem Entwurf auch sehr einverstanden[2].

Mit ihm habe [ich] auch die Ordensvorschläge durchgegangen und ihn beauftragt, nach seiner Rückkehr in Karlsruhe die ganze Angelegenheit mit Ihnen im Staatsministerium zu besprechen. Bezüglich der Universität hatte Minister Turban keinen Anstand — nur wegen der drei Herren Arnsperger[3], Durm[4] und Goetz[5] hatte er Bedenken. Ich persönlich halte dafür, daß Sie für die Universität das Richtige getroffen haben, und finde, daß die Veranlassung so besonders einzig in ihrer Art dasteht, daß auch Ausnahmen von der Regel wohl gerechtfertigt erscheinen. Arnsperger hat schon seit Jahren wesentliche Verdienste sich erworben für die Interessen der drei Hochschulen des Landes, sodaß eine Auszeichnung andere nicht verletzen kann. Für Durm und Goetz ist es schon schwerer, das Richtige zu tun — aber wenn sie als Künstler und Lehrer genommen werden, so ist die Ausnahme von der Regel durch besondere Leistungen begründet wie bei Keller. [...]

GLA FA Korresp. 13 Bd. 55 Fasz. 157 Nr. 16 eig.

[1] Nicht vorhanden.
[2] Vgl. Nr. 773 Anm. 2.
[3] Ludwig Arnsperger (1837—1907), seit 1881 Referent für die Landeshochschulen im bad. Kultusministerium.
[4] Joseph Wilhelm Durm (1837—1919), Architekt, seit 1868 Professor an der Technischen Hochschule Karlsruhe.
[5] Hermann Götz (1848—1901), Maler, 1882 Direktor der Kunstgewerbeschule Karlsruhe.

772. Großherzog Friedrich an Nokk.

Schloß Mainau, 22. Juli 1886.

In meinem letzten Schreiben habe ich versäumt, die Frage zu beantworten, welche Sie bezüglich des Anzugs an mich richteten. Die gleiche Frage wurde von dem Minister von Goßler hierher gerichtet und dabei bemerkt, daß es sehr dankbar erkannt werden würde, wenn keine Ziviluniformen eingepackt werden müßten. Ich besprach es dann mit Minister Turban und ließ an Herrn von Goßler antworten, daß nur Ckiffer (?) Frack für die festlichen Veranlassungen nötig sei. Dieser Anzug würde gelten für den Festakt in der Aula, bei dem Schloßfest, dem Festakt in der Heiliggeistkirche und bei dem Festmahl der Universität. —

Bezüglich des Schloßfestes möchte ich Ihnen noch empfehlen, den Verlauf desselben im voraus festzustellen, damit eine sichere Leitung der Festlichkeit ermöglicht werde. Wie wir schon besprachen, wird die Vorstellung der fremden Gäste im Landhause vor der für das Fest bestimmten Zeit erfolgen. Gleichzeitig würde aber auch der Universitätskörper dem Deutschen Kronprinzen dort vorgestellt werden müssen. Diese Vorstellungen werden dadurch noch eine gewisse Ausdehnung erlangen, daß sich die vielen anschließen werden, welche in Heidelberg studiert haben und nun in hohen Stellungen sind. — Diese Masse in die richtige Bewegung zu setzen, erfordert eine bestimmte Organisation. Daher halte ich dafür, daß die Mitglieder der verschiedenen Ministerien sich an mehreren Plätzen des Schlosses verteilen sollten, um sich der Eingeladenen anzunehmen und sie zu leiten. Wenn das richtig verteilt wird, so kann man das zu große Ansammeln an einem Ort vermeiden und doch dafür sorgen, daß Niemand zu sehr gedrängt wird. Ich werde auch dafür sorgen, daß die Herren vom Hofe sich an dieser Aufgabe beteiligen. Es dürfte aber doch nützlich sein, diese ganze Aufgabe vorher einer gemeinsamen Besprechung zu unterziehen.

Da wir nun den Deutschen Kronprinzen als Vertreter des Kaisers bei dem Jubelfeste zu erwarten haben, schrieb ich ihm ausführlich über den Verlauf des Fests, um ihn zu orientieren. Ich habe auch den Akt in der Aula beschrieben und vorgeschlagen, daß, wenn der Kronprinz etwa den Glückwunsch des Kaisers der Universität darbringen wolle, dazu unmittelbar nach meiner Eröffnungsansprache der rechte Moment gegeben sei.

Dabei ist mir aber der Gedanke gekommen, daß wir dem Kronprinzen einen hervorragenden Platz vor den anderen Gästen anweisen müssen. Es dürfte sich empfehlen, in die Mitte vor den Stühlen der übrigen Gäste zwei Sessel mit unterlegtem Teppich zu stellen, auf denen der Kronprinz und die Großherzogin Platz nehmen würden. Wenn keine zum Stil der Aula passenden Sessel zu beschaffen sind, könnte Schloß Baden aushelfen. Der Kronprinz hätte auf diese Art den gesamten Universitätskörper sich gegenüber und könnte, ohne die Stelle zu verlassen, eine Ansprache halten.

Ich komme noch auf einen heiklen Punkt, der aber besprochen werden muß, da er nicht unberührt bleiben darf. Die Einrichtung der Heiliggeistkirche ist nur für den Festredeakt getroffen, nicht aber für den Festgottesdienst. Es wird den vielen auswärtigen Gästen auffallen müssen, daß unsere Gottesdienstordnung gerade bei diesem Anlaß nicht festgehalten wird. Es fehlt der Altar, und es ist beabsichtigt, die am Altar zu verlesenden Akte des Gottesdienstes an einem besonders dafür eingebrachten Pult, das in unserer Gottesdienstordnung nicht gekannt ist, eingestellt werden will, noch viel besser kann man einen Altar einbringen, der in Mitte der Andächtigen seinen Platz ganz gut einnehmen würde. Der ganze Gottesdienst wird dadurch viel würdiger verlaufen und nicht so sehr den Charakter der Auskunft tragen, wenn ein Altar in dem großen Chor zwischen der Sängertribüne und der Kanzel so in die Mitte gestellt würde, daß der Geistliche von allen Seiten gesehen werden kann. Der Altar müßte auf ein Podium von zwei bis drei Stufen gestellt werden. Ich bin gerne bereit, einen solchen Altar für diesen Festgottesdienst zu geben, wenn andererseits für das Podium gesorgt wird, das mit Stoff zu überziehen wäre. Im Interesse des äußeren Ansehens dieser ganzen Handlung empfehle ich die Ausführung meines Vorschlages. [...]

GLA FA Korresp. 13 Bd. 55 Fasz. 157 Nr. 17 eig.

773. Kronprinz Friedrich Wilhelm an Großherzog Friedrich.

Potsdam, 31. Juli 1886.

Mit meinem herzlichsten Dank für Deine eingehende, so gütige Beantwortung meines Briefes[1] nebst Angabe der Hauptstücke des Heidelberger Jubiläums gestehe ich Dir, daß Dein Schreiben es mir nicht leicht macht, an meinem Entschluß behufs Beteiligung an den Festlichkeiten festzuhalten. Jedoch soviel Verlockendes auch das reich besetzte Programm bietet, halte ich mich dennoch für verpflichtet, nur am 3. und 4. August unter Euch zu weilen und mit Abschluß der Hauptaktionen das Feld zu räumen, wobei ich hinzufüge, daß trotz Deiner liebenswürdigen Zurückweisung des Gedankens, Du solltest etliche Tage speziell für Deine Person bewahren — ich bei meiner Ansicht bleibe, Du müßtest dies tun!

Gern gehe ich darauf ein, durch ein paar Worte, nachdem Du Deine Rede am 3. gehalten hast, die Universität zu beglückwünschen[2] und am folgenden Tage beim Gastmahl der 500 den Großherzog leben zu lassen.

Wegen des Anzugs bin ich ebenfalls mit dem Tragen der Uniform einverstanden und meine, daß wir zum Eröffnungsakt Bänder und nach Belieben Ketten anlegen sollten.

Heimwärts inspiriere ich mich in Bayreuth durch den „Parzifal," wo ich die Freude haben werde, Ludwig zu finden und aufzupauken. *[...]*

GLA FA Korresp. 13 Bd. 45 Fasz. 62 Nr. 12 (eig.).

[1] Nr. 770.
[2] Vgl. Nr. 770 Anm. 1; die Reden des Großherzogs gedr.: Großherzog Friedrich v. Baden, Reden u. Kundgebungen 1852—96, hg. v. R. *Krone* (1901) S. 195 f.

774. Kaiser Wilhelm an Großherzog Friedrich.

Gastein, 10. August 1886.

Ich wünsche Dir Glück zu der sehr gelungenen Feier des Heidelberger Jubiläums und danke ich Dir mit gerührtem Herzen für Dein oftmaliges Gedenken meiner Person, das mein Sohn sehr zu meiner Zufriedenheit beantwortet hat. Aber Du mußt halb tot gewesen sein in den sechstägigen geistigen und körperlichen Anstrengungen. Wilhelm.

GLA FA Korresp. 13 Bd. 44 Fasz. 55 Nr. 38 (Tel.).

775. Aus Gelzers Tagebuch[1].

Witwald, 25. August 1886.

I. Die politischen Folgen des 21. August 1886 — Battenberg[2] von Bismarck dem Frieden mit Rußland geopfert angesichts der jetzigen Unfähigkeit Englands zu einer aktiven zuverlässigen Allianz, also neue Befestigung der Drei-Kaiser-Verbindung, der Isolierung Frankreichs und vorerst der Erhaltung des Friedens! Also die politische Lage Europas!

II. Bismarcks Stellung zu Kronprinz und Kronprinzessin, zum Fürsten Battenberg und zu dessen Zukunft in der preußischen Armee und zu Albedyll (der von Bismarck unabhängigen Militärpartei) und zu den Wünschen der Kronprinzessin und der Tochter?!? Ein Gewebe von Täuschungen?

III. Was ist von Gesinnung und Fähigkeit des Kronprinzenpaares in der Zukunft zu erwarten?? nachdem sie (wie Roggenbach meint) sich durch Bismarcks

doppelzüngige Äußerungen (im Ministerrat und beim Kaiser und gegenüber Albedyll durchaus ablehnend votierend gegen militärische Beförderung von Battenberg
in Preußen, dagegen der Kronprinzessin gegenüber Hoffnung machend und die
Schwierigkeit bei der Militärpartei suchend!??) täuschen ließen! Also Mangel an
Scharfblick und Überschätzung mancher persönlicher Wünsche und Interessen!?

IV. In Bismarcks Anschauungsweise wäre die Zulassung der Jesuiten wohl denkbar! Er hatte im Gespräch mit Roggenbach, als es sich um die katholische Fakultät
in Straßburg handelte, geäußert: Wenn zehn Millionen Katholiken die Jesuiten
haben wollen, so muß man sie ihnen lassen! — Roggenbach sprach sogar von
einem Gerücht: als ob Bismarck selbst durch Schlözer den Leo darin bestärkt habe,
das Breve für die Jesuiten zu erlassen?!??

V. In der Verfassungsfrage der evangelischen Kirche tritt der Gegensatz immer
schärfer hervor zwischen dem Streben, die evangelische Kirche vom Staat unabhängig zu machen, unmittelbar unter den König zu stellen mit einem selbständigen
Kirchenregiment über und neben der Synode, wogegen andererseits der Schwerpunkt in das Kultusministerium verlegt und dort fixiert wird... Für diese letzte
Richtung tritt der Kronprinz entschieden ein und läßt sich hierin ganz von Friedberg[3] leiten. Das Mißliche der Verwicklung liegt (nach meiner Auffassung) darin,
daß man die Partei der theologischen Reaktion, als retrograd und intolerant betrachtet, gerade wie die römische Reaktion vom Staat sich befreien will, um über
Wissenschaft und Bildung zu herrschen! [...]

Frankfurt, Besitz Matth. Gelzer.

[1] Gelzers Tagebuch reicht bis zum 1. August 1889. Die letzten Jahre, nur durch kleine
Reisen unterbrochen, zeigen ihn als leidenden Menschen. Trotzdem enthalten seine Aufzeichnungen immer wieder Vorsätze über die Vollendung seines literarischen Lebenswerks.
[2] Staatsstreich in Bulgarien: am 21. Aug. 1886 wurde Prinz Alexander v. Battenberg
(1857—93), 1879—86 Fürst von Bulgarien von Aufständischen vertrieben.
[3] Heinrich (1888: v.) Friedberg (1813—95), 1849 Oberstaatsanwalt in Greifswald, 1854
Vortr.Rat, 1873 Unterstaatssekretär im preuß. Justizministerium, 1875 Kronsyndikus,
1876 Staatssekretär im Reichsjustizamt, 1879—89 preuß. Justizminister.

776. Bischof Roos an Nokk.

Limburg, 26. August 1886.

Ew. Exz. möchte ich, um späterem Aufenthalte vorzubeugen, schon jetzt um
gütige Vermittlung dessen, was staatlicherseits zum Antritt des Erzbistums Freiburg von mir gefordert wird, ergebenst bitten, obgleich meine Präkonisation noch
nicht erfolgt ist. Es wird sich wohl zunächst um die Eidesleistung handeln. Von
S. M. dem Kaiser und König ist mir beim Antritt meines jetzigen Bistums im vorigen Jahre jeglicher Eid erlassen worden. Sollte im Großherzogtum von einem solchen wegen etwa entgegenstehender gesetzlicher Bestimmung nicht abzusehen sein,
so wäre ich bereit, den in der Konvention von 1859 mit dem Apostolischen Stuhle
vereinbarten Eid zu schwören, welcher lautet: „Ich schwöre und gelobe auf Gottes
heiliges Evangelium, wie es einem Bischof geziemt, E. K. H. und Allerhöchstihren
Nachfolgern Gehorsam und Treue. Ingleichen schwöre und gelobe ich, an keinem
Verkehre oder Anschlag, welcher die öffentliche Ruhe gefährdet, teilzunehmen und
weder inner- noch außerhalb der Grenzen des Großherzogtums irgend eine ver-

dächtige Verbindung zu unterhalten; sollte ich aber in Erfahrung bringen, daß dem Staate irgend eine Gefahr drohe, zur Abwendung derselben nichts zu unterlassen."

Es ist dies die einzige Form eines Bischofseides, nach welcher ich ohne Vorbehalt schwören könnte. Ein Eid mit Vorbehalt aber widerstrebt meinem Gefühle. Sollte jedoch diese Eidesformel nicht beliebt werden, so könnte ich nur noch den U n - t e r t a n e n - E i d schwören, wie solcher auch von dem hochwürdigsten Herrn Bischof Dr. Haffner geleistet und von S. K. H. dem Großherzog von Hessen als genügend erachtet worden ist. Selbst diesem Eid müßte ich aber den Vorbehalt beifügen, „daß die bestehenden sowohl als die noch zu erlassenden Staatsgesetze nichts enthalten, was den Gesetzen Gottes und seiner heil. Kirche widerspricht."

[. . .][1]

GLA 233/12892 Ausf.

[1] Nach dem Protokoll schwor Haffner: „Ich schwöre Treue dem Großherzoge, Gehorsam dem Gesetze und Beobachtung der Staatsverfassung" (ebd. Abschr.). Nach längerem Briefwechsel wurde Einigung dahingehend erzielt, daß Roos nur den Untertaneneid in folgender Fassung schwor: „Ich schwöre Treue dem Großherzog und der Verfassung, Gehorsam dem Gesetze und des Fürsten wie des Vaterlandes Wohl nach Kräften zu befördern, so wahr mir Gott helfe." (ebd. Protokoll). Vgl. Nr. 406 Anm. 1.

777. Joos an Nokk.

Karlsruhe, 29. August 1886.

Der mir übersandte Brief unseres präsumptiven künftigen Ordinarius ist gerade keine sehr angenehme Einleitung der mit ihm beginnenden Ära. Ich habe schon gestern, nachdem Herr Becherer[1] zurückgekehrt, ein kurzes Schreiben nach Limburg abgehen lassen, worin ich unter Bezugnahme auf erhaltenen Auftrag meinen Besuch „behufs mündlicher Besprechung einiger mit der Einsetzung zusammenhangenden Formalitäten und Arrangements" auf einen Tag der „kommenden" (heute beginnenden) Woche in Aussicht stellte. Insoweit wäre also eine etwaige dissimulatio der Kenntnis des Roos'schen Schreibens bereits präjudiziert. Bei näherem Nachdenken will mir indessen scheinen, daß es vielleicht eher zur Erleichterung der Verhandlung dienen kann, wenn ich sage, das Schreiben aus Limburg sei mir unmittelbar vor meiner Abreise von Freiersbach aus zugekommen. Ich hätte geglaubt, meine Reise nicht etwa zum Zwecke vorheriger Informationseinholung verschieben zu sollen, vielmehr für zweckmäßiger gehalten, z u n ä c h s t Herrn Roos über die für Baden geltenden Normen zu orientieren und d a n n e r s t — mit Benützung seiner etwaigen weiteren Äußerungen — wegen einer amtlichen Antwort meinem Herrn Chef den wahrscheinlich nötig werdenden mündlichen Vortrag in Freiersbach zu erstatten. So werde ich dann vollkommen legitimiert sein, sowohl den Inhalt des Roos'schen Schreibens als seine etwaigen mündlichen Äußerungen als Material zu behandeln, das vorerst von mir nur ad referendum genommen werden kann.

Ich habe nun vor, morgen, Montags, mich auf den Weg zu machen in der Weise, daß ich im Laufe des Nachmittags in Darmstadt eintreffe, dort mich über Haffners Beeidigung informiere, wenn möglich mir eine Protokollabschrift verschaffe und am folgenden Tage nach Limburg gelange (wahrscheinlich erst gegen Abend); das Weitere würde sich dann zeigen. *[. . .]*

Hessen und Preußen könnten meines Erachtens gegen eventuelle Benützung des Haffnerschen Formulars nichts einwenden; es dürfte sich wesentlich um Württemberg handeln. Schlimmstenfalls könnte man sich auf den Standpunkt stellen, daß den nichtbadischen Staaten gegenüber an die Stelle des für Baden zu leistenden Eides die Reversalien treten (welche einer Verpflichtung auf die Staatsgesetze nicht erwähnen, somit wohl unbeanstandet bleiben werden). In allen bisherigen Besetzungsfällen sind den mitbeteiligten Regierungen n u r die Reversalien, nicht Nachweisungen über die Beeidigung mitgeteilt worden. *[...]*

GLA 52/XIII (Joos) Nr. 3.

[1] Adolf Becherer (1838—1915), 1877 Oberschulrat, 1884 Geh. Reg.Rat, gleichzeitig dem Ministerium d. Justiz, d. Kultus u. Unterrichts zur aushilfsweisen Verwendung mit Sitz u. Stimme im Kollegium beigegeben, 1890 Min.Rat, 1906 Min.Direktor, 1909 Staatsrat (frdl. Mitt. d. GLA).

778. Großherzog Friedrich an Nokk.

Straßburg, 5. September 1886.

Ihr wertes Schreiben aus Freiersbach vom 3.[1] habe ich gestern abend hier erhalten und mit großem Interesse gelesen. Zunächst beeile ich mich, Ihnen zu sagen, daß ich mit Ihrem ebenso vorsichtigen als ausgleichenden Verfahren in der Eidesangelegenheit übereinstimme. Ich bedaure, daß der Erzbischof sich in dieser Angelegenheit auf einen Standpunkt stellt, der beweist, daß es ihm nicht gelungen ist, sich in unseren Verhältnissen so zu orientieren, wie es für seine künftige Wirksamkeit im Lande wünschenswert gewesen wäre. Immerhin zeigt er wenigstens den guten Willen, sich in das Unvermeidliche zu finden, und damit muß man zufrieden sein.

Ich möchte aber doch anheimgeben zu erwägen, ob es nicht ratsam wäre, diesen neuen Anlaß zu benützen, um die Form der Eidesleistung zu ändern. Gerade die Schwierigkeiten, welche nun schon erhoben werden, führen mich zur Meinung, daß der neue Erzbischof seinen Eid in die Hand des Landesherrn schwören sollte und damit dem Akte eine größere Feierlichkeit gegeben werde. Wenn überhaupt ein anderer Eid geschworen werden will, so ist es auch gerechtfertigt, eine andere als die bisherige Form zu verlangen und damit sogleich zu erreichen, daß der Akt eine ernstere Bedeutung erhält, ohne der Öffentlichkeit Einblick in die Eidesformel zu gewähren. Diesem Akt würde nach meiner Meinung nur der Staatsminister und Ihre werte Person anwohnen — aber das äußere Aussehen derselben würde mit einer gewissen Feierlichkeit umgeben sein und hätte den Vorzug, die Untertaneneigenschaft des Erzbischofs scharf zu zeichnen.

Ich wiederhole mein Einverständnis mit Ihrem Verfahren und füge bei, daß ich auf die Ausdehnung der Eidesformel nach gemachten Erfahrungen absolut keinen Wert lege, da jederzeit ein Vorwand gefunden werden kann, um aus Gewissensgründen sich des Eides zu entschlagen. In den 34 Jahren meiner öffentlichen Wirksamkeit habe ich diese raffinierte Art des Eidbruchs reichlich kennengelernt *[...]* und erbitte mir noch Mitteilung über den wahrscheinlichen Zeitpunkt der Inthronisation des Erzbischofs von Freiburg, über dessen päpstliche Bestätigung mir noch nichts bekannt ist.

GLA FA Korresp. 13 Bd. 55 Fasz. 157 Nr. 18 eig.

¹ Nicht vorhanden. Vgl. Nr. 776. 777.

779. Bismarck an Großherzog Friedrich.

Berlin, 10. September 1886.

Für die gnädige Teilnahme an meinem Befinden, welche in Höchstihrem Telegramm vom gestrigen Tage sich ausspricht, bitte ich E. K. H., meinen ehrfurchtsvollen Dank entgegennehmen zu wollen.

Ich hatte mir auf dem Rückwege von Gastein hierher eine Muskelzerrung zugezogen und dieselbe anfänglich zu wenig beachtet. Die Schmerzen wurden schließlich so heftig, daß mir jede Bewegung unmöglich und ich genötigt wurde, den Tag über in liegender Stellung zu verharren. Gegenwärtig ist eine Besserung in meinem Zustande wahrnehmbar, der übrigens zu Besorgnissen von Anfang an keinen Anlaß geboten hat¹.

GLA FA Korresp. 13 N 319.

¹ Bismarck an Großherzog Friedrich, Berlin 13. Sept. 1886: „E.K.H. danke ich ehrerbietigst für das gnädige Telegramm und melde untertänigst, daß ich morgen nach Varzin zu reisen hoffe" (ebd. Tel.).

779a. Aus Marschalls Tagebuch.

16. September bis 4. November 1886.

16. September 1886. 1,30 Uhr Bundesrat. Nach demselben fragt mich Bötticher vertraulich, ob ich Nachfolger von Burchard werden wolle. Wenig Lust. Hundeposten. [...]

27. September 1886. Brief von Bötticher, der mich zu einer Rücksprache zu sich bestellt. Ich ahne, was es ist. Er hat mich zum Staatssekretär des Reichsschatzamts vorgeschlagen, und der Reichskanzler telegraphiert, die Wahl Marschalls spricht mich sehr an, aber mit Scholz sprechen. Sch. ist ganz einverstanden. Bötticher legt mir eingehend die Gründe dar, welche mich bestimmen sollen. Reichstag. Persönlichkeit. Funktionen. Soll Wirkl. Geh. Rat werden und 24 000 M erhalten. Ich lehne nicht ab und beziehe mich auf den Großherzog. Die Sache geht mir stark durch den Kopf.

28. September 1886. Brauer weiß um die Sache, er spricht mir zu. Wir bummeln und sprechen über den eventuellen Nachfolger. Brauer? Hätte Lust. Besuch bei Holstein, er rät zu, [...] rät ab, Herbert Unentschlossenheit zu zeigen. Abends mit Herbert B[ismarck].

5. Oktober 1886. Morgens Brief von Turban. Der Großherzog überläßt es meiner freien Entscheidung, hält aber persönlich die Gründe contra für überwiegend. Erleichterung. [...] Nach dem Frühstück mit Brauer Spaziergang. Ich gebe ihm den Brief zu lesen. Er erzählt mir von Politik. Bericht darüber nach Hause.

6. Oktober 1886. Morgens Besuch von Podewils. Er frägt mich, ob ich nichts wegen der Staatssekretärsstelle wisse, er meint Schraut¹.

13. Oktober 1886. Regenwetter. Schon im Bett ein Brief von Bötticher. Ich gehe

um 11,30 Uhr zu ihm. Der Reichskanzler läßt mich grüßen und sagen, er werde sehr erfreut sein, wenn ich die Stelle eines Staatssekretärs des Reichsschatzamts annehme. Er will dem Großherzog persönlich schreiben. Mit Brauer im Kaiserhof. Dann Bummel in strömendem Regen. Wir sprechen über den Brief. Es muß darin stehen, daß der Reichskanzler des Großherzogs Einverständnis nachsucht, bevor er mich befragt. Sonst komme es so heraus, als ob ich einverstanden und mich hinter den Reichskanzler stecke und bei Bötticher in diesem Sinne gesprochen.

14. Oktober 1886. [...] Um 2 Uhr Bundesrat. Dann mit Bötticher, der mir den Briefentwurf vorliest. Bummel im Tiergarten mit Schraut. Telegramm an Turban wegen Urlaub. Um 7 Uhr bei Weber[2] mit Brauer. Herbert erwartet, kommt nicht. Komisch! [...] Um 11,15 Uhr kommt Herbert. Macao. Sakusta bis 3 Uhr. Herbert ist aufgebracht und erzählt seine Befürchtungen. Er glaubt, daß, wenn sein Vater tot ist, unter dem Kronprinzen eine allgemeine debandade eintritt. Tripelallianz gegen uns. Gibt offenbar nichts auf den K[ronprinzen]. Wir sprechen von Übervölkerung, Bildungswut, Freizügigkeit usw. H[erbert] ist ein merkwürdiger Charakter.

15. Oktober 1886. Das Telegramm von Varzin wegen Abgang des Briefes erwartet.

16. Oktober 1886. Bummel mit Brauer. Abends Telegramm von Rantzau, daß Brief des Reichskanzlers heute abgeht.

18. Oktober 1886. *Reise nach Karlsruhe.* Um 9,30 Uhr zu Turban, der etwas unwohl, er ratet ab, aber nicht entschieden, als ich ihm die politischen Momente vorhalte. Telegramm an Andlaw[3]. Friedlein[4] kommt. Ich erzähle ihm die Sache, er ist überzeugt, daß etwas daraus wird, eigene Ansicht hat er nicht. *Dann nach Baden-Baden.* Um 6,45 Uhr zum Großherzog. Ich sehe, daß es ihm sehr leid tun würde, und bin nach der Unterredung schon halb zur Ablehnung entschlossen.

19. Oktober 1886. Um 5,30 Uhr zur Großherzogin. Sie spricht als Frau zu mir, scheint aber überzeugt, daß ich annehme.

20. Oktober 1886. *Fahrt nach Freiburg.* Mama am Bahnhof. „Gelt, du bleibst badisch?" Papa an der Haustür getroffen. Er ratet entschieden ab, Verhältnis zu Bismarck, Verbrauch. Worte des Großherzogs. Ich glaube, er hat recht. [...] Ich bin entschlossen abzulehnen. Museum, wo ich die Nachricht schon in der Zeitung finde. Abends im Kopf, wo Roggenbach. [...]

21. Oktober 1886. 10 Uhr Abreise. [...] In Baden Hofequipage mit Einladung des Großherzogs, im Schloß zu wohnen. [...] Um 2—3,30 Uhr beim Großherzog. Er ist gerührt und dankt mir herzlich. Er will in meinem Sinn einen Brief an den Reichskanzler entwerfen, freie Hand, aber Bedauern. [...] Um 6,30 Uhr liest mir der Großherzog den Brief vor, für mich sehr schmeichelhaft. Dann Diner en famille, zu dem wir zu spät kommen, neben der Großherzogin. [...] Großherzogin dankt mir herzlich.

22. Oktober 1886. Um 5 Uhr noch von der Großherzogin und dem Großherzog empfangen. *Dann weiter nach Karlsruhe.*

23. Oktober 1886. Um 10,30 Uhr zu Turban, der erfreut ist. *Rückkehr nach Berlin.*

24. Oktober 1886. Morgens 7,45 Uhr Ankunft in Berlin. Um 9,30 Uhr zu Bötticher. Er ist verständig, bedauert aber sehr. 5 Uhr zu Lerchenfeld. Zu Brauer, der mir recht gibt. [...] Bei Holstein, der ebenfalls einverstanden.

25. Oktober 1886. Morgens Brief von Bötticher, der mich zu sich bestellt. Der

Reichskanzler hat geschrieben, ich solle um Annahme oder Ablehnung der Stelle befragt und eventuell Immediatbericht an Majestät gemacht werden. Ich bleibe fest. 4. November 1886. Dr. Jacobi ist Staatssekretär des Reichsschatzamts.

Oberkirch, Besitz Frau v. Seyfried.

[1] Max v. Schraut, Oberreg.Rat im Reichsschatzamt, 1887 Unterstaatssekretär im preuß. Handelsministerium.
[2] Max Weber (1836—97), Dr. iur., Stadtrat in Berlin, Vater des Heidelberger Gelehrten Max Weber.
[3] Heinrich Camill Graf v. Andlaw-Homburg (1849—1917), 1877 Premier-Lieutnant, 1879 Ordonnanzoffizier Großherzog Friedrichs, 1881 interimistisch mit Führung d. Geschäfte des Oberhofmarschallamts beauftragt, Kammerherr u. Hofmarschall, 1894 Oberhofmarschall, 1906 Obersthofmarschall, 1907 Obersthofmeister der Großherzogin Luise (frdl. Mitt. d. GLA).
[4] Nicht ermittelt.

780. Marschall an Großherzog Friedrich.

Berlin, 29. September 1886.

Staatsminister von Boetticher eröffnete mir gestern streng vertraulich: Der Staatssekretär des Reichsschatzamts wirklicher Geheimrat von Burchard werde wegen andauernder Krankheit demnächst in den Ruhestand treten, und seien gegenwärtig vorläufige Erwägungen wegen Wiederbesetzung dieses Postens im Gange. Hiebei sei meine Person in Frage gekommen. Die an sich schwierige Stellung eines Reichsschatzsekretärs verlange einerseits ein starkes Rückgrat, um den Anforderungen der andern Ressortchefs gegebenenfalls entgegenzutreten, andererseits eine konziliante Natur, damit nicht, wie dies bisher der Fall gewesen, häufige Friktionen einträten, die jeweils erst durch Vermittlung des Reichskanzlers beseitigt werden müßten. Man bedürfe außerdem für jene Stelle eine im Reichstage angesehene Persönlichkeit, die demselben gegenüber zugleich eine vollständig intakte Vergangenheit habe. Diese Voraussetzungen träfen bei mir zu. Vor einigen Tagen sei er — Herr von Bötticher — von dem Reichskanzler schriftlich ersucht worden, Vorschläge für die Wiederbesetzung der Stelle zu machen, und habe der Fürst, der nicht gerne neue Bekanntschaften mache, dabei bemerkt, er wünsche, daß die Wahl auf eine ihm persönlich bekannte und sympathische Persönlichkeit falle. Nachdem darauf meine Person genannt worden, habe der Reichskanzler soeben telegraphisch geantwortet „Wahl Marschalls spricht mich sehr an, wenn Scholz damit einverstanden ist." — Diese Voraussetzung träfe gleichfalls zu, da Minister von Scholz den Gedanken sehr sympathisch aufgenommen und sein volles Einverständnis erklärt habe. Herr von Bötticher bemerkte schließlich, er werde sich noch an demselben Abend auf eine Dienstreise nach West- und Ostpreußen begeben und Ende nächster Woche, einer Aufforderung des Reichskanzlers folgend, über Varzin zurückkehren. Dort werde die Sache weiter besprochen werden, er glaube aber schon jetzt vorläufig die Frage an mich richten zu sollen, ob ich eventuell geneigt wäre, den Posten eines Staatssekretärs des Reichsschatzamts zu übernehmen. —

Ich erwiderte darauf Herrn von Bötticher Folgendes: Die an mich gestellte Frage überrasche mich außerordentlich; so dankbar ich für das in mich gesetzte Vertrauen sei, müßte ich doch bezweifeln, ob ich demselben werde gerecht werden können. Das Gebiet der Finanzverwaltung liege nicht nur abseits von meinen persönlichen Neigungen, sondern auch meiner Kenntnisse; es sei ein nahezu unbekanntes Terrain, das ich betreten solle, und zwar in einer Stellung, die der Herr Minister selbst als eine schwierige und dornenvolle bezeichne. Ich hätte bisher niemals die Absicht gehabt, den badischen Staatsdienst zu verlassen und in den Reichsdienst überzutreten, zudem sei mir mein gegenwärtiger Posten, den ich dem Vertrauen meines gnädigsten Herren verdanke, lieb und wert geworden. Übrigens sei die an mich gestellte Anfrage nicht endgültig nach persönlichen Wünschen und Neigungen zu beantworten, und müßte ich mir daher bezüglich der Beantwortung freie Hand vorbehalten.

Minister von Bötticher bemerkte darauf, daß ich mich rasch in die Geschäfte werde einarbeiten können; er habe seiner Zeit unter ganz ähnlichen Verhältnissen das Reichsamt des Innern übernehmen und sich auch erst in diesem Ressort orientieren müssen. Eine bestimmte Antwort erwarte er zur Zeit nicht; es sei ja immerhin denkbar, daß der Reichskanzler nachträglich wieder Bedenken bekomme und die Sache fallen ließe. Nach seiner Rückkehr aus Varzin, die etwa für Sonntag in acht Tagen in Aussicht stehe, glaubte Herr von Bötticher in der Lage zu sein, mich um eine definitive Antwort zu ersuchen und dann eventuell mit der Großherzoglichen Regierung in Verhandlung zu treten.

Indem ich es wage, E. K. H. über eine Angelegenheit Bericht zu erstatten, die sich in ihrem ersten vorbereitenden Stadium befindet und über die S. M. noch keinerlei Vortrag erstattet ist, glaube ich eine mir obliegende ernste Pflicht zu erfüllen. Ich kann E. K. H. mit bestem Gewissen die untertänigste Versicherung geben, daß ich seit meinem Eintritt in den Großherzoglichen Dienst niemals einen Augenblick daran gedacht habe, denselben mit dem Reichsdienste zu vertauschen, daß ich bei aller Begeisterung für das neu gegründete große Vaterland mir kein anderes Streben vorgezeichnet hatte, als E. K. H. und meinem engeren Vaterlande nach besten Kräften treu zu dienen und mich der Gnade und des Vertrauens Allerhöchstdero würdig zu erweisen. Ich darf es E. K. H. offen aussprechen, daß mir das Scheiden von dem Posten, auf den mich das Allerhöchste Vertrauen berufen hat, ein sehr schweres persönliches Opfer auferlegen würde. Wenn ich trotzdem die an mich gestellte Frage nicht sofort in ablehnendem Sinne beantwortet habe, so geschah dies aus dem Grunde, daß ich mich nicht für befugt erachtete, ohne die Befehle E. K. H. einzuholen, eine Frage lediglich nach persönlichen Neigungen und Wünschen zu entscheiden, bei der noch anderweit wichtigere Gesichtspunkte zur Geltung kommen. —

Ich bitte daher E. K. H. untertänigst um Erlaubnis, für den Fall, daß eine definitive Anfrage an mich gestellt werden sollte, Allerhöchstdenselben persönlichen Vortrag erstatten zu dürfen. [. . .]

GLA FA Korresp. 13 N 451 Ausf.

781. Bismarck an Großherzog Friedrich.

Varzin, 16. Oktober 1886.

Bei Erwägung der Vorschläge, welche ich S. M. dem Kaiser behufs Wiederbesetzung der erledigten Stelle des Staatssekretärs des Reichsschatzamtes zu machen habe, ist meine Aufmerksamkeit auf E. K. H. Gesandten am kgl. Preußischen Hofe Freiherren Marschall von Bieberstein gelenkt worden. Ich würde es für einen Gewinn für die Reichsverwaltung erachten, wenn die Übertragung der Stelle an den für dieselbe meines ehrfurchtsvollen Dafürhaltens wohl geeigneten Herrn von Marschall erfolgen könnte.

Bevor ich indessen mit einer Anfrage über seine Geneigtheit zum Eintritt in den Reichsdienst an ihn herantrete, halte ich mich verpflichtet, mich über die Intentionen E. K. H. in dieser Beziehung zu vergewissern, und bitte untertänigst, mich huldreichst wissen zu lassen, ob ich mich des Einverständnisses E. K. H. erfreuen würde, wenn ich an Herrn von Marschall die Anfrage richte, ob ich ihn S. M. dem Kaiser für das erledigte Amt in Vorschlag bringen darf.

GLA FA Korresp. 13 Bd. 51 Fasz. 116 Nr. 3. „pr. Schloß Baden, 19. Okt. 1886, durch Herrn von Eisendecher übergeben".

782. Großherzog Friedrich an Bismarck.

Schloß Baden, 21. Oktober 1886.

Nr. 781 habe ich erhalten. Da ich den Freiherrn von Marschall persönlich hoch schätze und seine hervorragenden Fähigkeiten reichlich zu erkennen Gelegenheit hatte, ist mir diese ehrenvolle Absicht Ew. Durchlaucht, meinen Gesandten in den Reichsdienst zu berufen, in der Richtung erfreulich gewesen, als ich daraus entnehmen konnte, daß Ew. Durchlaucht diesen talentvollen jungen Mann sehr günstig beurteilen.

Allerdings würde sein Austritt aus dem badischen Staatsdienst eine empfindliche Lücke brechen, welche ich kaum wieder auszufüllen vermöchte, da es selten ist, Männer zu finden, welche einen Bildungs- und Entwicklungsgang genommen haben, wie dies Freiherrn von Marschall gegeben ward. Nichtsdestoweniger habe ich dem Freiherrn von Marschall ganz freie Entschließung gelassen in der vollen Würdigung der großen Bedeutung des an ihn zu erwartenden Rufes — und da er hierher eilte, um mich über die Lage der Dinge zu unterrichten, so habe ich ihm vollkommen anheimgegeben, nach eigenem freien Ermessen zu handeln. —

Ich konnte ihm natürlich nicht verhelen, wie sehr ich sein Scheiden aus meinem Dienst und ganz besonders von seiner gegenwärtigen wichtigen Stellung beklagen müßte, umso mehr, als ich auch für die Zukunft noch auf ihn bezüglich des höheren Staatsdienstes gerechnet habe. Trotz dieser schwerwiegenden Erwägungen hielt ich die Wichtigkeit der für ihn in Aussicht genommenen hohen Stellung für so unzweifelhaft, daß ich, wie gesagt, ihn in seinem endgültigen Entschluß nicht beeinträchtigen wollte.

Freiherr von Marschall wird nun, wenn ihm ein Antrag in angekündigter Weise gestellt werden sollte, seinen Entschluß nach freiem Ermessen kundgeben können. [...]

GLA FA Korresp. 13 Bd. 51 Fasz. 116 Nr. 4 eig. Reinkonz., Nr. 5 Konz. mit eig. Korrekturen.

783. Gelzer an Großherzog Friedrich.

Basel, 30. Oktober 1886.

Am 18. Okt. entstand in mir der Entschluß, am Geburtstage des Kronprinzen[1] ein Wort an ihn zu richten, das sich in Inhalt und Absicht ergänzend den beiden Rückblicken anschließen sollte, die am 9. und 20. Sept. an Sie und die Großherzogin gegangen sind[2]. Seit Begründung der Steinstiftung behielten wir die Mitwirkung des Kronprinzen immer im Auge. Nach längerer Pause (seit 1883) glaubte ich jetzt den Augenblick gekommen, wo ein solches im Großen über das Woher und Wohin orientierende Wort vielleicht eine fruchtbare Anregung hervorrufen könnte. Und so schrieb ich dies Denkblatt zum 18. Oktober 1886.

Wenn Sie meinen Gedankengang näher prüfen, werden Sie finden, daß das Ganze von der Doppel-Absicht getragen wird: 1) Die Augen zu schärfen für den Ernst der Weltlage seit 1871. 2) Zugleich aber zu verhüten, daß der Ernst nicht zur Entmutigung verleite, daß er vielmehr sich mit dem stärkenden Vertrauen verbinde, das im Glauben an einen großen Beruf entspringt.

In meinen Augen bilden meine drei Denkblätter vom 9. und 20. Sept. und vom 18./26. Okt. ein zusammengehöriges Ganzes, das auf die Frage eine Antwort zu geben sucht: Welche Stunde hat für Deutschland und Europa geschlagen, 15 Jahre nach 1871? [. . .]

GLA FA Korresp. 13 Bd. 24 Nr. 703.

[1] 18. Okt. 1831.
[2] Nicht vorhanden.

784. Franz Xaver Kraus an Großherzog Friedrich.

[nach 1. November 1886]

E. K. H. haben mir am 1. Nov. zwei Schriften des Kardinals Pitra[1] übersandt mit der Bitte, darüber Bericht zu erstatten. Kardinal Dom Pitra gab als Konventuale der Benediktiner-Abtei Solesme ein „Specilegium SS. Patrum", eine Sammlung bis dahin unedierter Werke der Kirchenväter, heraus. Von den beiden vorgelegten Bänden, ein Nachtrag zu dieser Sammlung, enthält der erste die Werke der im 12. Jh. lebenden prophetischen Nonne St. Hildegardis[2] auf Grund der in Deutschland vorhandenen Codices, dabei auch einer Heidelberger Handschrift, der zweite z. T. bisher unbekannte Papstbriefe der älteren Zeit.

Zu nicht minderm Danke als diese Mitteilung verpflichtet mich die von meinem Durchlauchtigsten Gebieter verfügte Übersendung eines Exemplars meiner „Realencyklopädie der christlichen Altertümer"[3] an S. Heiligkeit Papst Leo XIII. Ich weiß es dankbarst zu schätzen, welch huldvolle Absichten dabei in Bezug auf meine Person obwalten[4], und welch weise Gesinnungen E. K. H. fort und fort bewegen, die Träger der kirchlichen Auktorität mit der deutschen Wissenschaft Fühlung gewinnen zu lassen. Leider genügen die persönlichen Intentionen Sr. Heiligkeit nicht, um einer Politik ein Ende zu bereiten, welche seit langer Zeit darauf ausgeht, die Geschicke der Kirche diesseits der Alpen möglichst nur schwächlichen Mittelmäßigkeiten anzuvertrauen. Die Katastrophen, welchen unsere Gesellschaft entgegengeht, werden zeigen, wie wenig diese Politik geeignet war, den religiösen Interessen eine Achtung gebietende, Thron und Altar wirklich stützende Repräsentanz zu verleihen; sie werden uns eine den geistigen und sozialen Mächten des 20. Jahrhunderts gegenüber ohnmächtige Kirche offenbaren. Es war mein ehrliches Bestreben, der Kurie darüber die Augen zu öffnen. Jetzt habe ich leider jede Hoffnung aufgegeben, bessere Tage zu sehen: es wird der deutschen Theologie nichts übrig bleiben, als mit gekreuzten Armen dem Zerfall des religiösen Gedankens und seiner völligen Überwucherung durch den politischen Katholizismus zuzusehen. Der Schaden, welchen unser nationales Leben dabei nehmen muß, wird unermeßlich sein; ihn wenigstens von dem engern Kreise, auf welchen Einfluß zu üben gestattet ist, möglichst fern zu halten, wird das Einzige sein, was uns zu tun übrig bleibt. E. K. H. werden den Ruhm haben, nichts unversucht gelassen zu haben, um dem großen und dem engern Vaterlande einen bessern Ausweg zu zeigen. Möge die Vorsehung diese Aussaat wenigstens zu Gunsten einer spätern Generation gedeihen und reifen lassen, wenn die unsrige verurteilt sein sollte, die zarte Blume der Religiosität in dem bittern Kampfe der Selbstsucht und des kirchlichen Parteihaders ersticht zu sehen.

Ich habe unterdessen die Bekanntschaft des Herrn Erzbischofs gemacht, welcher mir überaus freundlich und liebenswürdig entgegenkam. Möge es seinem zweifellosen Wohlwollen gelingen, die bewährte Leitung unseres Kultusministeriums, um die so mancher deutsche Staat das Großherzogtum beneidet, in seiner schwierigen Aufgabe zu unterstützen.

E. K. H. wollen geruhen, diese Eindrücke und Beobachtungen, wie sie mir beim Anblicke der gegenwärtigen allgemeinen Situation entgegentreten, nicht ungnädig aufzunehmen. Ich habe einige einschlägige Ideen kürzlich in einem Essai über Joubert[5] ausgeführt, welchen ich mir die untertänigste Freiheit nehme, diesen Zeilen beizulegen. Mögen E. K. H. den kleinen Aufsatz gnädigst entgegennehmen als einen Beweis, daß inmitten der archäologischen Studien der Gedanke an die Leiden und Bedürfnisse der Gegenwart mich keinen Augenblick verläßt; zugleich als einen geringen Erweis treuester Hingebung *[...]*.

GLA 60/135 eig.

[1] J.-B. F. Pitra (1812—89), Benediktiner, 1861 Kardinal, Herausgeber des „Specilegium Solesmense", 4 Bde. 1852—58 und der „Codices Palatini Latini Bibliothecae Vaticanae", Bd. 1 (1886) (vgl. Nr. 767).

[2] Hildegard v. Bingen (1098—1179).

[3] Real-Encyklopädie der christlichen Altertümer. Unter Mitarbeit mehrerer Fachgenossen bearb. u. hg. v. F. X. *Kraus*, 2 Bde. 1882—86.

[4] Der bei der Index-Kongregation anhängige Prozeß gegen Kraus wegen der 3. Aufl. seines Lehrbuchs der „Kirchengeschichte für Studierende" wurde im Apr. 1886 beendet. Das Buch erhielt das Imprimatur. Kraus, der als häufiger Gast intensiv mit dem großherzoglichen Paar verkehrte, war der Überzeugung, daß der Großherzog ihn gern als Erzbischof von Freiburg gesehen hätte. Leo XIII. aber veranlaßte Kraus, von sich aus auf solche Aspirationen zu verzichten (vgl. Tagebücher S. 502. 504).

[5] Joubert's „Gedanken" und Briefwechsel, Dt. Rdschau Jg. 13 (1886/87), Bd. 49 (1886) S. 348-370. Wiederabgedruckt in: Essays Bd. 1 (1896).

785. Großherzog Friedrich an Gelzer.

Schloß Baden, 8. November 1886.

Mit Dank anliegend Ihr Entwurf des Briefes an den Kronprinzen[1]. Wir alle, d. h. meine Frau und meine beiden Söhne, denen ich diese herrlichen Gedanken vorgelesen habe — sind ganz erfüllt von der Bedeutung dieses zeitgemäßen Mahnwortes. *Wir haben den Kronprinzen auf seiner Rückreise aus Italien hier einen Augenblick nur gesehen.* Er war so wenig nahebar und so verstimmt, daß diese wenigen Minuten zu recht peinlichen Eindrücken Gelegenheit gaben. *Unter diesen Umständen war von Ihrem Brief nicht die Rede.* Daß der Kronprinz, wenn es sein muß, auch in die rechte Stimmung gebracht werden kann, das habe ich im September erlebt — aber er muß immer dazu angeregt werden. Es ist daher von der größten Bedeutung, ihn recht umgeben und begleitet zu wissen. *[...]*

GLA FA Koresp. 13 Bd. 20 Nr. 161 eig.

[1] Nr. 783. Der Entwurf fehlt.

786. Großherzog Friedrich an Turban.

Schloß Baden, 16. November 1886.

[...] Von Geheimrat Nokk habe ich heute früh ein Schreiben[1] erhalten, in welchem er mir seine Absicht, im Amte zu bleiben, mitteilt und als Motiv wesentlich die in dem Staatsministerium erlangte Übereinstimmung betont und damit die Unterstützung desselben für seine fernere Tätigkeit. Ich erkenne diesen Ausgang einer höchst bedauerlichen Begebenheit recht dankbar und wünsche von Herzen, daß dadurch die Wirksamkeit der Regierung in ihrer Tätigkeit zum Wohle des Landes eine neue Stärkung erfahren möge. Ich danke Ihnen aufrichtig für die ganze sorgfältige Führung dieser Angelegenheit und freue mich, daß Ihnen die Mitwirkung eines so ausgezeichneten Kollegen auch fortan gesichert ist.

Mir selbst bleibt freilich ein böser Stachel übrig — das ist der beleidigende Bericht des Bürgermeisters Schnetzler[2] an den Stadtrat der Residenz. Nach 34jähriger Regierung belehrt werden zu sollen, daß der Landesherr nichts Ungesetzliches wünschen soll, — das gehört zu den schmerzlichen Erfahrungen meines Berufs, an denen es nie gefehlt hat. Der Stadtrat der Residenz aber hatte wohl am ersten Gelegenheit zu erfahren, ob diese Anklage gegen den Landesherrn gerechtfertigt war. *[...]*

GLA FA Koresp. 13 Bd. 36 Nr. 32 eig.

[1] Nicht vorhanden.
[2] Karl Schnetzler (1846—1906), 1875 erster Beigeordneter der Stadt Karlsruhe, 1892 Oberbürgermeister, 1901 wiedergewählt.

787. Marschall an Turban.

Berlin, 5. Dezember 1886.

Vertraulich! Die erste Lesung des Etats, mit welcher zu Anfang der vergangenen Woche die Beratungen des Reichstags begannen[1], hat einen Verlauf gehabt, der, wollte man ihn zur Grundlage eines Vorausblickes auf die weitere Entwicklung der Dinge nehmen, ein schlimmes Prognostikon rechtfertigen würde. Die Stimmung des Reichstags, die unter dem Eindrucke der Thronrede[2] und der Militärvorlage[3] eine ernste, aber keineswegs ungünstige war, hat sich innerhalb der zweitägigen Etatsdebatte entschieden verschlechtert; über diese Tatsache besteht ebensowenig ein Zweifel wie über ihren ursächlichen Zusammenhang. Zwei Momente sind es, die den Gang der Debatten maßgebend beeinflußt haben, einmal die Haltung der Regierung — oder richtiger gesagt des Herrn Reichskanzlers — in der Steuerfrage und ferner das Auftreten des Ministers von Scholz. Daß die Passivität der Regierung hinsichtlich der Deckung des Defizits im Reichstage kein Verständnis findet, vielmehr verstimmend wirkt, ist meines Erachtens sehr begreiflich. Die Argumentation, daß, weil der Reichstag in der vorigen Session das Branntweinmonopol und darnach eine zweite Steuervorlage verworfen habe[4], die Regierung jetzt nicht in der Lage sei, mit einem neuen Projekte an den Reichstag heranzutreten, vielmehr dessen Initiative erwarten müsse, entbehrt in erster Reihe der logischen Schlüssigkeit; ein Parlament, welches sich bei einer verhältnismäßig günstigen Lage, wie sie in der vorigen Session noch bestand, weigerte, 300 Millionen neue Steuern gleichsam „auf Vorrat" zu bewilligen, bekundet damit offenbar nicht den Willen, neue Steuern auch dann zu verweigern, wenn die Situation sich verschlechtert und neue sehr hohe Anforderungen, wie sie die Militärvorlage enthält, an das Reich herantreten. Zudem hat, wie Herr von Scholz in seiner Reichstagsrede vom 26. Juni d. J. ausdrücklich konstatierte, die Kommissionsberatung über die zweite Branntweinsteuervorlage keineswegs ein lediglich negatives Ergebnis gehabt. Ich erachte ferner die Stellung der Regierung vom konstitutionellen Standpunkte aus für verfehlt. Die Initiative zu Vorschlägen wegen Deckung des finanziellen Bedürfnisses fällt in erster Reihe der Regierung zu; wenn man jeder Zeit den Vorwurf der „Obstruktion" gegen den Reichstag zur Hand hat, sollte man sich um so mehr hüten, selbst in einen ähnlichen Fehler zu verfallen und dem Parlamente das vorzuenthalten, worauf es ein unbestreitbares Recht hat. Die Ausführung, daß die Deckung des Bedürfnisses im Wege der Erhöhung der Matrikularbeiträge vorgesehen sei, die Regierung also ihrer Pflicht genügt habe, ist angesichts der notorischen Unmöglichkeit, in welcher sich die E i n z e l s t a a t e n befinden, die pro 1887/88 im Etat und der Militärvorlage vorgesehenen Mehrausgaben anders als durch Anleihen aufzubringen, doch mehr ein dialektischer Kunstgriff als ein ernstes Argument. Die Stellung der Regierung ist endlich vom politisch taktischen Standpunkte aus zu beklagen. Hat man, woran nicht zu zweifeln, für den Fall des Scheiterns der Militärvorlage die Auflösung des Reichstags im Auge, so gibt es kaum etwas Verkehrteres, als den oppositionellen Abgeordneten einen so bequemen Vorwand zur Rechtfertigung ihrer Haltung vor den Wählern mitzugeben als die Weigerung der Regierung, Vorschläge für die Deckung der von ihr gestellten Anforderungen zu machen. Der Abgeordnete Windthorst hat in seiner Etatsrede[5] diese Schwäche der Position der Regierung sehr wohl erkannt, indem er sich weigerte, Ausgaben zu genehmigen, wenn man ihn für ungeeignet erachte, Einnahmen zu bewilligen, und die Regierung direkt aufforderte, den Reichstag aufzulösen.

Über das Auftreten des Herrn von Scholz an den beiden Tagen herrscht nur eine Stimme. Unglücklicher kann ein Minister nicht debattieren, als er es getan. Am ersten Tage ließ er sich durch einen Zwischenruf des Abgeordneten Rickert verleiten, das Tabaksmonopol wieder auf die Bildfläche zu bringen — für eine eventuelle Auflösung eine gefährliche Waffe der Opposition —, am zweiten Tage stellte er die gänzlich beweislose Behauptung auf, daß ein großer Teil der Börsensteuer defraudiert werde, und erregte dadurch eine hochgradige — durch die freisinnige Partei natürlich künstlich gesteigerte — Entrüstung in kaufmännischen Kreisen; an demselben Tage endlich zog er sich die „Bitte" des Präsidenten zu, Mitglieder des Hauses nicht zu beleidigen. Herr von Scholz ist Meister in der Dialektik; allein er läßt sich durch sie verleiten, den Minister zu vergessen und mit der Opposition, wenn ich so sagen darf, „handgemein" zu werden; mit der ätzenden Schärfe seiner Dialektik schont er auch den Freund nicht, wenn er einen momentanen oratorischen Erfolg davontragen kann; seine Argumentationen tragen die Färbung des Hohnes, sie verbittern statt zu überzeugen — darin liegt der Schlüssel zu den konstanten Mißerfolgen des Ministers auf dem Gebiete der p o - s i t i v e n gesetzgeberischen Arbeiten. Die Lex Huene[6], die unter Herrn von Scholz zustandekam, vermag ich zu den letzteren nicht zu rechnen. —

Die Befürchtung, daß die Verstimmung, welche die Etatsdebatte erzeugt hatte, sich auch auf die erste Beratung der Militärvorlage übertragen werde, hat sich nicht als begründet erwiesen. Das Verdienst gebührt wesentlich dem Kriegsminister. In dem ersten Jahre seiner Amtstätigkeit oft etwas zu „schneidig", hat Herr von Bronsart seitdem viel gelernt; er spricht gewandt, verletzt nach keiner Seite hin und hat namentlich dadurch in den letzten beiden Tagen einen sehr guten Eindruck gemacht, daß er den Patriotismus und die Opferwilligkeit zugunsten der Sicherheit des Vaterlandes bei allen großen Parteien als etwas Selbstverständliches voraussetzte und alle Argumente und Bedenken gegen die Vorlage in rein sachlicher Weise würdigte. Einen bedeutenden Erfolg hatte — wie immer — die Rede des Grafen Moltke[7]. Als das günstigste Auspizium für das Zustandekommen der Vorlage erschienen mir die Reden des Abgeordneten Richter und des Abgeordneten Windthorst — beides waren recht eigentlich Verlegenheitsreden. Der Erstere brachte ein für das Plenum durchaus ungeeignetes umfangreiches Zahlenmaterial vor, um die Berechnungen der Motive über die Heeresstärke unserer Nachbarn zu widerlegen, ohne sich klar über die Stellung seiner Fraktion auszusprechen, der Zentrumsführer bewegte sich eine Stunde lang in ganz allgemeinen Phrasen, sprach sich gegen das Septennat und für eine dreijährige Periode aus, wollte aber weder sich noch seinen Freunden irgendwie präjudizieren. Richter und Windthorst, beide zweifellos Gegner der Vorlage, sind zum „Eiertanz" gezwungen, weil sie ihrer Fraktionen nicht sicher sind, das war der allgemeine Eindruck ihrer Reden.

Bezüglich des weiteren Verlaufs der Angelegenheit wird viel davon abhängen, ob in der Kommission die namentlich von Windthorst gewünschten Aufklärungen über die auswärtige Lage gegeben werden und ob die Regierung sich in der Steuerfrage zu einer entgegenkommenden Haltung herbeiläßt. Ob der Herr Reichskanzler jene Aufklärung geben will, ist zweifelhaft; zur Stunde hat er die Absicht, demnächst nach Berlin zu kommen, nicht kundgegeben, was nicht ausschließt, daß er in den nächsten Tagen hier eintrifft und in der Kommission erscheint. Daß sein Eingreifen, je nach dem Inhalt seiner Mitteilungen und der größeren oder geringeren Enthaltsamkeit von polemischen Zutaten, ebensoviel schaden als nützen kann, darüber ist sich jedermann klar. [. . .]

Der Gesamteindruck, den ich aus vielfachen Unterredungen mit Reichstagsabgeordneten verschiedener Parteistellung gewonnen habe, ist der, daß die Militärvorlage in ihrem wesentlichen Inhalt mit der Beschränkung des Zeitraums auf fünf Jahre Annahme finden wird. Auf die Haltung des Zentrums dürfte der jüngste Regierungswechsel in Bayern[8] nicht ohne Einfluß sein. Unter dem verstorbenen Könige konnte Baron Franckenstein und sein Anhang in derartigen Fragen Windthorst folgen, ohne durch irgend welche Rücksichten gehindert zu sein, unter dem Prinzregenten brächte die Gemeinschaft mit dem Welfentum in einer Existenzfrage des Reichs die Regierungsfähigkeit der Partei in Gefahr, die für Bayern — mindestens in der Anschauung der Parteigenossen — vorhanden ist.

GLA 233/34797 fol. 109 ff. Ausf., Paraphe des Großherzogs; 49/2015 fol. 113 ff. Konz.

[1] Verhandlungen des Reichstags vom 3.—4. Dez. 1886 und Überweisung der Vorlage an eine Kommission (*Schultheß* S. 170 ff.).
[2] Thronrede Kaiser Wilhelms I., von Boetticher im Reichstag am 25. Nov. 1886 verlesen (vgl. *Bismarck*, Ges. Werke XIII S. 205 ff.).
[3] Militärvorlage vom 25. Nov. 1886 betr. die Friedenspräsenzstärke des Heeres nach Ende des Septennats (*Schultheß* S. 160 ff.).
[4] Vgl. Nr. 693—695.
[5] *Schultheß* S. 174.
[6] Lex Huene vom 14. Mai 1885, wonach der auf Preußen entfallende Anteil aus dem Ertrag der Getreide- und Viehzölle abzüglich eines Betrages von 15 Millionen Mark den Kommunalverbänden für ihre eigenen Zwecke überwiesen wurde. Das Gesetz wurde 1893 im Verlauf der Steuerreform abgeschafft.
[7] Moltkes Rede vom 4. Dez. 1886 (vgl. *Schultheß* S. 175 f. u. *Moltke*, Ges. Schriften Bd. VII (1892) S. 131 ff.).
[8] Regentschaft des Prinzen Luitpold.

788. Kaiser Wilhelm an Großherzog Friedrich.

Berlin, 7. Januar 1887.

Wenn ich Dir bereits meinen Dank für Deine Neujahrs- und militär Wünsche[1] durch Luise aussprechen ließ, so muß ich doch noch meinen herzlichen Dank wiederholen für den Inhalt, so reich an Betrachtungen Deines Briefes nachholen [sic].

Mein Wirken auf die immer sich noch befestigende Einheit Deutschlands schlägst Du zu hoch an, denn ich bin doch nur augenscheinlich das Werkzeug dessen, der so Großes schaffen wollte. Wohl mir, wenn man findet, daß ich meine Aufgabe zu erfüllen trachte!

Mein 80jähriges Wirken für die Armée, so klar und einfach, hat freilich Folgen herbeigeführt, die nicht wegzuleugnen sind, die aber indes nur in jenem Welt-Plan lagen, der mir in allen Fächern zur rechten Zeit die rechten Männer zur Seite stellte!

So einfach die Feier des Gedächtnis[ses] des 1. Januars 1807 war, so war sie für mein Herz ein Dankesopfer für den Göttlichen Willen, der s i c h t l i c h die letzten Zeiten schuf. — Nochmals tausend innigen Dank!! *[...]* Ich bewundere Deine Arbeitsamkeit in der [Qualifikation] der Manöverberichte.

GLA FA Korresp. 13 Bd. 44 Fasz. 55 Nr. 39 eig.

[1] Zum 80jährigen Militärjubiläum am 1. Jan. 1887.

789. Aufzeichnung des Großherzogs Friedrich.

Karlsruhe, 17. Januar 1887.

In der Anlage befinden sich drei Denkschriften: Die eine ist mit „Geheim" bezeichnet und wurde von der K. Preußischen Gesandtschaft übergeben. Die zweite ist „Notiz" überschrieben und enthält die Ansicht der Gr. Regierung über die obengenannte Denkschrift. Die dritte ist bezeichnet: „Über den Ausbau der süddeutschen Bahnen im Interesse der Landesverteidigung — im besonderen des Eisenbahnnetzes auf badischem Gebiet." Diese Denkschrift verdankt ihre Entstehung den folgenden Ursachen.

Die obengenannte Denkschrift „Geheim" bezeichnet hatte nicht ausgedehnt genug erwiesen, welche Bahnen mit der Zeit noch als militärisch nötig erachtet werden könnten. Ich hielt es daher für wünschenswert, einen genauen Einblick in die Absichten des großen Generalstabes zu erhalten, und beauftragte den Major von Eichhorn[1] mit einer vertraulichen Sendung an den Generalquartiermeister der Armee Grafen von Waldersee. Dieser ließ die anliegende Denkschrift anfertigen, in welcher sich alle Linien befinden, welche von militärischer Seite für nötig erachtet werden.

Der streng vertrauliche Charakter dieser Denkschrift veranlaßte mich, nur drei Personen unter Vorbehalt der Sekretierung davon zu unterrichten: Den Staatsminister Turban, den Geheimrat Ellstaetter, den Geheimrat Eisenlohr, Generaldirektor der Staatseisenbahnen.

Ich gebe nun diese Akten zur sekreten Aufbewahrung an das Geheime Kabinett[2].

GLA 60/1463 eig.

[1] Hermann G. E. v. Eichhorn (1848—1918), 1887 Major, später Generaloberst, 1912 Generalinspektor der VII. Armee.
[2] Die drei Denkschriften liegen bei.

790. Kaiser Wilhelm an Großherzog Friedrich.

Berlin, 18. Januar 1887.

Ich gedenke des heutigen Versailler Jahrestages mit Dankbarkeit, welchen Anteil Du schon immer an der Herbeiführung des glorreichen Ereignisses genommen und Dir einen herrlichen Namen in der Geschichte Deutschlands verzeichnet hast! Wilhelm.

GLA FA Korresp. 13 Bd. 14 Fasz. 55 Nr. 41 (Tel.).

791. Gelzer an Großherzog Friedrich.

Basel, 18. Januar 1887.

[...] Auf uns lastet an diesem Erinnerungstage mit ihrer ganzen Wucht die Einsicht auf unsern Gedanken: daß die Schöpfung des 18. Januar 1871 jetzt und in den nächsten Jahren eine große Lebensprobe zu bestehen habe. Am 25. Nov. des vorigen Jahres hatten Sie mich auf Schloß Baden mit den Worten empfangen: Wir sehen uns an einem Tage wieder, der für das deutsche Reich vielleicht einer der folgenschwersten werden kann, die wir seit der Gründung des Reichs erlebten[1]!

Was wir seit jenem Tage bis zur Rede Moltkes am 4. Dez.[2] und bis zur Auflösung des Reichstags am 14. Jan.[3] erlebten, war ganz geeignet, Ihre damalige Ahnung zu bestätigen. Die drei Tage vom 11.—13. Januar mit den einschneidenden Reden Bismarcks und den Antworten seiner Gegner[4] bilden schon für sich allein ein verhängnisvolles Drama, dessen Folgen auf unberechenbare Zeit in Deutschland und ganz Europa fortwirken werden. Täusche ich mich nicht, so wird man in künftigen Tagen eine neue Phase in Bismarcks Laufbahn und in Deutschlands Geschicken vom 21. August 86[5] und vom 11. Jan. 87 an datieren.

Die nächste und brennendste unter den vielen Fragen, die von jetzt an und in den nächsten Jahren auf eine Lösung warten, ist der Ausfall der neuen Reichstagswahlen. Es wäre etwas Großes, wenn der Anfang einer Heilung durch gesundere Gruppierung der Parteien und durch Erstarkung des Nationalgefühls und Gewissens erreicht würde. Gott gebe es. Jedenfalls wollen wir, so tief wir auch den Ernst der Weltlage empfinden, das Andenken des 18. Jan. 71 nicht zagend, sondern vertrauend feiern! vertrauend auf den Gott, der uns und unsern Vätern, wenn sie Ihm vertrauten, auch über die dunkelsten Stunden und schwersten Bedrängnisse hinweghalf. Hoffen wir, daß er auf Wegen, die nur Er kennt, die edlern verborgenen Kräfte im Herzen und Gewissen unsers Volks erwecken wird und zum Siege zu führen gedenkt! [...]

GLA FA Korresp. 13 Bd. 24 Nr. 708.

[1] Vorlage des Militärbudgets im Reichstag: Heeresvermehrung und Septennat.
[2] Vgl. Nr. 787 Anm. 7.
[3] Nach sehr eingehender Diskussion wurde die Militärvorlage am 14. Jan. 1887 abgelehnt und der Reichstag aufgelöst. Die Wahlen wurden auf den 21. Febr. anberaumt.
[4] Vgl. die Reichstagsverhandlungen bei *Schultheß* S. 6-57, die Reden Bismarcks in Ges. Werken XIII S. 207-258.
[5] Vgl. Nr. 775.

792. Marschall an Turban.

Berlin, 20. Januar 1887.

Ganz vertraulich! Bei dem Herrn Reichskanzler fand gestern abend ein größeres Diner statt, zu welchem die anwesenden süddeutschen Minister sowie die stimmführenden Mitglieder zum Bundesrate geladen waren. [...] Der Herr Reichskanzler, der sich offenbar der besten Gesundheit erfreut, war sehr guter Laune und unterhielt sich wie immer mit seinen Gästen in der liebenswürdigsten Weise. Ich bemerkte, wie er Herrn Geheimrat Ellstätter während der Tafel freundlich zutrank; auch gegen mich war er wie immer sehr artig, und konnte ich mich überzeugen, daß die Ablehnung des Postens eines Staatssekretärs des Reichsschatzamts[1] bei ihm keinerlei Verstimmung zurückgelassen hat. Zu meiner Verlobung[2] hatten der Fürst und die Fürstin mir seinerzeit von Friedrichsruhe aus telegraphisch in der herzlichsten Weise ihren Glückwunsch gespendet, der mir gestern mündlich wiederholt wurde. Bei unserer Verabschiedung sprach der Herr Reichskanzler dem Herrn Geheimen Rat Ellstätter in verbindlichen Worten seinen lebhaften Dank für das Entgegenkommen der Großherzoglichen Regierung in der Frage der Reichseisenbahnen und seine besondere Befriedigung darüber aus, daß diese für die Sicherung des Vaterlands so wichtige Frage durch gegenseitige Verständigung geregelt worden sei. —

Gestern früh hat mir Graf Hohenthal vertraulich mitgeteilt, daß sein gnädigster Herr konstitutionelle Bedenken gegen den jüngsten, die Vorbereitung der Heeresverstärkung betreffenden Beschluß des Militärausschusses *[...]* hege und sich ohne förmlichen Bundesratsbeschluß nicht für befugt erachte, die Sachsen angesonnene Designierung bzw. Aushebung der auf das Land entfallenden Quote von Überzähligen vorzunehmen. Ich stand neben dem Herrn Reichskanzler, als Graf Hohenthal demselben über diese Bedenken des Königs Mitteilung machte. Der Fürst erwiderte, daß es ihm nur lieb sein könne, wenn die Verantwortlichkeit für jene Maßregel von der Gesamtheit der verbündeten Regierungen getragen werden wolle, und werde er Herrn von Bötticher bitten, in der heutigen Bundesratssitzung die Angelegenheit zur Sprache zu bringen. Mit der Maßregel des Kriegsministers sei er vollständig einverstanden. „A n g e s i c h t s d e r t ä g l i c h w a c h - s e n d e n K r i e g s g e f a h r, die uns von Frankreich drohe", sei die Fortsetzung der Vorbereitungen für die geplante Heeresverstärkung unumgänglich nötig. Die Franzosen seien eben im Begriff, in der Nähe von Nancy ein Barackenlager aufzuführen, in dem eine ganze Armee untergebracht werden könne, und bedürften wir der 41 000 Mann Verstärkung durchaus, um unsere Grenzen zu sichern. —

Auch von anderer bestunterrichteter Seite ist mir im Laufe des gestrigen Abend bestätigt worden, daß wir von Frankreich auf alles gefaßt sein müssen[3]. Eine der uns befreundeten Großmächte — sie wurde mir nicht genannt — hat vor einigen Tagen der deutschen Regierung eine Warnung folgenden Inhalts zukommen lassen: General Boulanger[4] beherrsche im Augenblick vollständig die Situation; er sei in der Lage, in jedem Momente das gegenwärtige friedliche Ministerium[5] zu Falle zu bringen. Boulanger sei sich bewußt, daß seine maßgebende Stellung allein auf seiner kriegerischen Politik beruhe und unhaltbar werde, wenn er nicht bald zur Tat schreite. Angesichts der hierdurch gegebenen Möglichkeit eines Ministeriums Boulanger sei es für Deutschland dringend geboten, auf der Hut zu sein und sich für einen in kürzester Frist ausbrechenden Krieg bereitzuhalten. — Die Nachricht der Erbauung eines großen Lagers bei Nancy ist auch durch Berichte einzelner Oberförster an der Grenze bestätigt worden, welche große Ankäufe von Holz und Brettern auf französische Rechnung melden. Auch liegt die Nachricht vor, daß in jüngster Zeit einige tausend Pferde aus Deutschland über Belgien in Frankreich eingeführt worden sind. Wie ich höre, hat das preußische Staatsministerium sich vorgestern mit der Frage der Erlassung eines Pferdeausfuhrverbotes beschäftigt. — *[...]*

GLA 233/34797 fol. 123-126 Ausf., erhalten 21. 1., dem Großherzog vorzulegen; 49/ 2016 fol. 1 f. Konz.

[1] Vgl. Nr. 780. 782.
[2] Verlobung mit Marie-Luise Freiin von u. zu Gemmingen. Die Hochzeit fand am 14. Apr. 1887 statt.
[3] Vgl. Große Politik d. europ. Kabinette VI (1927) S. 125 ff.
[4] Georges Ernst Boulanger (1837—91), französischer General, Kriegsminister 7. Jan. 1886 bis 17. Mai 1887.
[5] Ministerium René Goblet 16. Dez. 1886 bis 17. Mai 1887.

793. Großherzog Friedrich an Turban.

21. Januar 1887 abends.

Die Anlagen sende ich Ihnen mit der Bitte zurück, veranlassen zu wollen, daß Herr von Eisendecher die Ermächtigung erlange, von der päpstlichen Äußerung an den Nuntius in München[1] uns offizielle Nachricht zu geben, damit wir darüber mit dem Erzbischof von Freiburg in Verbindung treten können. Diese Äußerungen des Papstes sind so bedeutungsvoll, daß die ganze Wahlkampagne dadurch in eine andere Bahn gebracht werden kann.

Der Erzbischof wird sich einer so klaren Äußerung des Papstes gegenüber nicht mehr neutral verhalten können. Die Regierung aber hat die Pflicht, alles aufzubieten, um dem gefährlichen Treiben der Zentrumspartei entgegenzuwirken. *[...]*

GLA FA Korresp. 13 N 38 Nr. 30 eig.

[1] Schreiben des Kardinalstaatssekretärs Jacobini an den Nuntius in München di Pietro vom 3. Jan. 1887, in dem dem Zentrum nahe gelegt wird, um der kirchenpolitischen Gesetzgebung willen die Septennatsvorlage der Reichsregierung anzunehmen. Das Schreiben wurde erst am 9. Febr. 1887 veröffentlicht (*Schultheß* S. 80); Schlözer berichtete aber bereits darüber am 1. Jan. 1887 nach Berlin (vgl. *Heckel* S. 336), von wo Eisendecher unterrichtet worden sein dürfte. Zur Geschichte der päpstlichen Intervention vgl. *Bismarck* Ges. Werke VI c Nr. 347-350, *Heckel* S. 335 ff., *Schmidt-Volkmar* S. 325 ff., *Weber* S. 148 ff., *R. Morsey*, Probleme der Kulturkampfforschung, Hist. Jb. 83 (1964) S. 217 ff.

794. Großherzog Friedrich an Gelzer.

Karlsruhe, 23. Januar 1887.

Dank für Nr. 791. Mehr wie jemals aber stellen wir uns die Frage heutzutage, ob die Reife erlangt ist, deren eine Nation bedarf, um auf der Höhe ihrer Aufgabe sich würdig zu erhalten. Die Beantwortung dieser Frage ist so umfangreich, daß eine tiefgehende Prüfung aller zusammenwirkenden Ursachen erforderlich ist, um zur Entscheidung über die Wirkungen zu gelangen, vor denen wir nun stehen. Es ist so leicht, ein Urteil rasch hinzuwerfen und damit alle Erwägungen abzuschneiden. Ja es ist noch leichter, die Ursachen so mancher Übel denen zuzuschreiben, die sich wegen ihrer geringeren Sachkenntnis unter der Wirkung augenblicklicher Einflüsse befinden und als irregeführt betrachtet werden müssen. — Aber in sich zu gehen und dermalen zu prüfen, was in den 16 Jahren des Bestehens des deutschen Reiches geschehen, versäumt, verdorben worden ist — dazu muß es kommen, wenn es besser werden soll. *[...]*

Viele fragen nun angstvoll — was soll daraus noch werden? — wohin steuern wir? etc. Müßige Fragen, wenn die Gefahren von außen und im Inneren so drohend sich erheben, daß nur noch e i n Beschluß möglich ist — sich mannhaft zu fassen und kampfbereit dem Gegner ins Auge zu schauen. Dann erst wird Klugheit möglich sein, denn Angst bewirkt in der Regel Torheit, und davon haben wir nun im Überfluß.

Aber sorgenvoll ist die Aussicht auf die nun im Zuge befindliche Wahlbewegung, bei der die Leidenschaften, wie noch selten dies geschah, aufgeregt werden. Es wird sich wiederum das ganze Unheil bekunden, dessen wir durch das allgemeine Wahlrecht teilhaftig wurden. Wie auch die Wahlen ausfallen mögen, wir

werden jedenfalls mit einem weiteren Mangel zu kämpfen haben, — dem des ungenügenden Ausbaues unserer gesetzgebenden Reichsinstitutionen! Möchten wir
wenigstens die Zeit haben, uns mit inneren Fragen zu beschäftigen und nicht unsere
ganze Kraft nach außen wenden müssen.

Der 18. Januar war für mich in diesem Jahr kein Festtag, aber er brachte mir
doch einen Gruß, den ich Ihnen in der Anlage mitteile — ein Telegramm des
Kaisers[1]. Sie erinnern sich ja meiner Versailler Aufzeichnungen, und da befindet
sich ein Vorgang darin, der der Kaiserproklamation vorausging[2]. Die Überwindung der Schwierigkeiten, welchen der Fürst Bismarck damals fast erlegen wäre,
bilden heute noch einen Teil der Arbeit dieses Staatsmannes. Ich fasse das, was ich
meine, in die kurzen Worte zusammen: — nach 16 Jahren feiert der deutsche
Kaiser am 18. Januar nur das preußische Ordensfest des Schwarzen Adler! —
Die Kaiserwerdung des preußischen Königs ist eigentlich erst in diesem Jahr durch
die schweren Niederlagen im Reichstage[3] ganz zum Ausdruck gekommen, und so
müssen Sie das anliegende Telegramm auffassen. Es ist das erste in 16 Jahren in
solch warmer Fassung! Lieber Freund — Sie verstehen mich — nicht wahr?! —
Nur wer so schwer gekämpft hat wie wir — kann solchen Empfindungen gerecht
werden.

Wohlan — schreiten wir mutig weiter — ohne Menschenfurcht, aber mit einem
unerschütterlichen Gottvertrauen — und Hand in Hand in alter treuer Freundschaft.

GLA FA Korresp. 13 Bd. 20 Nr. 163, eig.

[1] Nr. 790.
[2] Vgl. Großherzog Friedrich I. v. Baden u. die deutsche Politik 1854—71, hg. v. H.
Oncken Bd. 1 (1926) S. 320 ff.
[3] Vgl. Nr. 791.

795. Marschall an Turban.

Berlin, 27. Januar 1887.

Geheim! Ew. Exz. beehre ich mich ergebenst zu berichten, daß ich in ganz
v e r t r a u l i c h e r W e i s e über die Stellung des Papstes zu der Militärvorlage bzw. der Haltung des Zentrums gegenüber derselben Folgendes in Erfahrung
gebracht habe:

Bereits vor einigen Wochen hat Herr von Schlözer gemeldet[1], daß der Papst
den Nuntius in München habe wissen lassen, er wünsche mit Rücksicht auf die obschwebenden kirchenpolitischen Verhandlungen, daß das Zentrum der Militärvorlage bzw. dem Septennat keine Opposition mache[2]. Inwieweit der Nuntius dem
damit verbundenen Auftrage, diese Anschauung des Papstes in geeigneter Weise
zur Kenntnis des Zentrums zu bringen, gerecht geworden ist, ist hier des näheren
nicht bekannt; nur soviel wird mir mit Bestimmtheit versichert, daß der Abgeordnete Windthorst schon vor der Abstimmung entsprechend informiert wurde; man
vermutet hier, daß er die Mitteilung seinen Parteigenossen oder doch dem Gros
derselben vorenthalten hat. Nach einem Telegramm des Herrn von Schlözer von
gestern hat nun der Papst neuerdings eine Instruktion an den Nuntius gesendet[3],
in welcher er, in Anknüpfung an einen an ihn gerichteten Brief des Herrn von
Franckenstein[4], Folgendes ausführt: Die Gründe, welche Baron Franckenstein zur

Rechtfertigung des Votums des Zentrums in der Septennatsfrage geltend gemacht habe, vermöge der Heilige Vater nicht als durchschlagend zu erachten. Die Frage des Baron Franckenstein, ob der Fortbestand des Zentrum gewünscht werde, sei zu bejahen, dagegen vermöge der Papst die Haltung des Zentrums zu der Militärvorlage angesichts der angebahnten freundschaftlichen Beziehungen zwischen dem Heiligen Stuhle und Preußen, sowie der bevorstehenden weiteren Revision der kirchenpolitischen Gesetzgebung nicht als p o l i t i s c h k l u g und e b e n - s o w e n i g a l s i m I n t e r e s s e d e r K i r c h e l i e g e n d zu erachten, da sie geeignet erscheine, die preußische Regierung von den Bahnen abzuleiten, die sie bezüglich der kirchenpolitischen Verhältnisse eingeschlagen habe. Der Nuntius wird gleichzeitig beauftragt, von dieser Instruktion sämtlichen deutschen Bischöfen Kenntnis zu geben.

Da ich diese Information lediglich persönlichen Beziehungen verdanke und die Angelegenheit zur Zeit im Auswärtigen Amte s t r e n g e s t s e k r e t i e r t wird, darf ich Ew. Exz. um gleiche Behandlung ergebenst ersuchen. In welcher Weise die von dem Herrn Reichskanzler schon vor dem Eingang des neuesten Telegrammes des Herrn von Schlözer im preußischen Abgeordnetenhause angekündigte Veröffentlichung jener päpstlichen Auffassung[5] noch vor den Wahlen zu erwarten steht, ist meinem Gewährsmanne unbekannt. Die kirchenpolitische Vorlage wird in etwa zehn Tagen dem preußischen Herrenhause zugehen[6].

GLA 233/34797 fol. 127 f. Ausf., erhalten am 29. 1., dem Großherzog vorzulegen; 49/2016 fol. 3 Konz.

[1] Vgl. Tel. Schlözers an Bismarck 6. Dez. 1886, Ges. Werke VI c Nr. 347 Vorbemerkung.
[2] Vgl. Nr. 793 Anm. 1.
[3] Jacobini an den Münchener Nuntius di Pietro, 21. Jan. 1887 (vgl. *Schulthéß* S. 66 ff.; Arch. f. kath. Kirchenrecht 38 (1887) S. 126 ff.; vollständig: E. *Hüsgen*, L. Windthorst (1907) S. 286 ff.), am 4. Febr. 1887 von Wien aus veröffentlicht.
[4] Franckenstein an den Münchener Nuntius 16. Jan. 1887, gedr. Arch. f. kath. Kirchenrecht 38 (1887) S. 125; K. *Bachem*, Gesch., Vorgesch. u. Politik d. deutschen Zentrumspartei IV (1928) S. 174 ff.
[5] Bismarck im preuß. Abgeordnetenhaus am 24. Jan. 1887, Ges. Werke XIII S. 271.
[6] Die Vorlage erfolgte am 22. Febr. 1887 (*Schulthéß* S. 85 f.).

796. Marschall an Turban.

Berlin, 29. Januar 1887.

Geheim! Ew. Exz. beehre ich mich, in Ergänzung meines Berichts vom 27. d. M. Nr. 2[1] ergebenst anzuzeigen, daß, inhaltlich eines heute eingegangenen Telegramms des Herrn von Werthern aus München, der bekannte bisherige Zentrumsabgeordnete Graf Konrad Preysing[2] dem Herrn von Crailsheim mitteilte, es sei dem Zentrum von einer an den Abgeordneten Windthorst ergangenen Willensäußerung des Papstes zugunsten des Septennats[3] absolut nichts bekanntgegeben worden. Herr von Werthern fügt bei, daß nach dortiger Auffassung an der Zurückhaltung der päpstlichen Mitteilung außer Windthorst auch Baron Franckenstein beteiligt gewesen.

Diese Kombination wird durch die von mir bereits gemeldete Tatsache, daß Baron Franckenstein nach der Abstimmung an den Papst ein Schreiben richtete, um die Haltung des Zentrums zu rechtfertigen, bestätigt[4]. Über den Inhalt dieses Schreibens erfahre ich noch in Ergänzung meiner jüngsten Mitteilung, daß Herr von Franckenstein darin in unterwürfiger, aber doch entschiedener Weise dem Gedanken Ausdruck gibt, daß in p o l i t i s c h e n Fragen die Willensmeinung des Papstes für das Zentrum nicht maßgebend sein könne; in seinem jüngsten Schreiben an den Nuntius[5] tritt der Papst eben dieser Auffassung mit der Motivierung entgegen, daß angesichts der momentanen kirchenpolitischen Situation auch das k i r c h l i c h e I n t e r e s s e durch die Haltung des Zentrums in der Militärfrage berührt werde und er das Votum der Partei von diesem Gesichtspunkte aus nicht zu billigen vermöge.

An maßgebender Stelle dahier sieht man der weiteren Entwicklung dieser Angelegenheit mit dem größten Interesse entgegen. Ganz besonders ist man auf die bevorstehende Auseinandersetzung des Zentrums mit seinen Führern[6] wegen Vorenthaltung der päpstlichen Meinungsäußerung sowie darauf gespannt, welche Haltung die Bischöfe nach Mitteilung der päpstlichen Auffassung zu der Wahlagitation einnehmen werden[7].

GLA 233/34797 fol. 129 f. Ausf., eingegangen 31. 1., dem Großherzog vorgelegt; 49/2016 fol. 4 Konz.

[1] Nr. 795.
[2] Konrad Graf v. Preysing-Lichtenegg-Moos (1843—1903), Reichsrat der bayer. Krone, 1871—93 Mitglied des Reichstags (Zentrum).
[3] Nr. 793 Anm. 1.
[4] Vgl. Nr. 795. Anm. 4.   [5] Nr. 795 Anm. 3.
[6] Auf dem Parteitag des rheinischen Zentrums in Köln am 6. Febr. 1887 (vgl. *Schultheß* S. 78 ff.); Windhorsts Rede: *Hüsgen* S. 289 ff.
[7] Vgl. die Stellungnahme der Bischöfe von Limburg, Posen-Gnesen und Straßburg: *Schultheß* S. 81.

797. Gelzer an Großherzog Friedrich.

Basel, 29. Januar 1887.

Dank für Nr. 794 am Geburtstag Friedrichs d. Gr.

Die wahre Gestalt der innern Lage Europas und ihrer bestimmenden Faktoren ist zwar eine Hieroglyphenschrift, deren Deutung noch versagt ist; doch scheinen im Osten und Westen übereinstimmend Anzeichen darauf hinzudeuten, daß ein naher Ausbruch eines französisch-deutschen oder russisch-österreichischen Krieges weniger wahrscheinlich ist als bei unserer letzten November-Zusammenkunft in Baden. So z. B. halte ich die wiederholte Beteuerung des Generals Boulanger (neulich wieder gegen den Korrespondenten des London Daily Telegraph), er würde nie die furchtbare Verantwortung auf sich laden, den Krieg mit Deutschland anzufangen — keineswegs für eine bloße heuchlerische oder komödiantenhafte Phrase. Angesichts einer plötzlich herantretenden Nötigung, sich Rechenschaft zu geben von der ungeheuren Tragweite eines solchen Wagnisses kann auch der Mutige vor dem letzten entscheidenden Schritte zurückbeben.

Wenn der Kanzler in einer seiner Reichstagsreden zwischen dem 11. und 13. Jan. das Wort hinwarf, der Krieg könne in 10 Tagen oder in 10 Jahren ausbrechen[1], so verrät dieser Termin doch eine große Elastizität des Maßstabes, der doch nicht bloß mit Monaten, sondern mit Jahren und sogar mit einer Reihe von Jahren rechnet!!

Mit Recht richten Sie jetzt in erster Linie den Blick auf den Ausfall der Reichstagswahlen, der hoffentlich den Ausbruch eines Verfassungskonflikts verhüten wird. Das lange Warten auf diese Februar-März-Entscheidungen ist schon an sich eine Art von Fegefeuer-Qual, wenn man nicht eine „feste Burg" des Gottvertrauens in seiner Seele trägt. [...]

Ihr Brief vom 23. bleibt eine wichtiger Denkstein auf dem Wege, den wir seit 25 Jahren gemeinsam durchschreiten. Dies Wort enthält meinen besten Dank. [...]

GLA FA Korresp. 13 Bd. 24 Nr. 709.

[1] Am 11. Jan. 1887: Ges. Werke XIII S. 215.

798. Großherzog Friedrich an Generalleutnant Freiherr von Degenfeld[1].

[Januar/Februar 1887].

Sie haben mir mitgeteilt, daß aus allen Teilen des im Großherzogtum zahlreich verbreiteten Militär-Vereins-Verbandes vertrauensvolle Anfragen an Sie und die Mitglieder der Zentralvertretung gelangt sind, welche den Wunsch äußern, über die gegenwärtige ernste Lage der Reichsinteressen unterrichtet zu werden. Das Vertrauen, womit Sie mir als dem Protektor des Badischen Militär-Vereins-Verbandes diese aus treuen Herzen stammenden Anfragen vorlegen, erwidre ich gerne mit freimütiger Antwort.

Ich freue mich zu wissen, daß der Badische Militär-Vereins-Verband auf der festen Grundlage beruht — politische Streitfragen und Partei-Interessen seinen Bestrebungen fern zu halten. Diese Tatsache erweckt nun in vielen Kreisen unseres Verbandes den Wunsch, über die Irrtümer aufgeklärt zu werden^a, welche die Wahlbewegung erzeugt und dadurch in treuen Soldatenherzen Beunruhigung und Unsicherheit bewirkt.

Diesen treuen Angehörigen^b unseres deutschen Heeres möge die Gewissensfrage leitend sein, welche sich jeder Vaterlandsfreund stellen muß, wo die höchsten Güter der Nation in Gefahr sind. Es ist die Gewissensfrage, welche der Kaiser und die deutschen Fürsten erwogen haben, bevor sie den ernsten Entschluß faßten, eine Verstärkung des Heeres zu bewirken, um das deutsche Reich in seinem Bestande allen Wechselfällen politischer Gefahren gegenüber sicherzustellen. Solche Entschlüsse werden nur dann gefaßt, wenn das Bewußtsein der Notwendigkeit die ganze Schwere der Verantwortlichkeit tragen hilft.

Wer im Heere gedient hat, kennt auch die Gliederung desselben und weiß, was wir diesem festen Bau verdanken. Jede Veränderung in der Gliederung des Heeres erfordert geübte Kräfte, und daher muß eine Verstärkung des Heeres auf eine längere Dauer berechnet sein, damit der feste Bestand erhalten bleibe, den wir kennen und schätzen.

So liegt die Frage, welche durch die bevorstehenden Wahlen entschieden werden soll. Niemand wird länger dienen^c als bisher, aber das verstärkte Heer soll für längere Zeit vor dem Wechsel der politischen Ereignisse bewahrt bleiben.

Das nun auszuübende Wahlrecht beweist, daß die Rechte des Volkes voll und ganz zur Geltung kommen können, wenn sie frei und unbeeinflußt geübt werden. Jeder wird aber die Gewissensfrage an sich stellen müssen, ob er in Ausübung seines Wahlrechtes die Erhaltung einer festen Staatsordnung fördert oder zur Lockerung derselben beiträgt.

In Vorstehendem gebe ich Ihnen, mein lieber General, die Erwägungen, welche das Gefühl der Verantwortlichkeit des Landesherren mir auferlegt, und überlasse Ihnen, von diesen Äußerungen denjenigen Gebrauch zu machen, der Ihnen als Präsident des Badischen Militärvereins-Verbandes nützlich erscheint. [...]

GLA 60/494 fol. 76 f. eig. Konz. Bleistiftvermerk des Großherzogs: „Blieb Entwurf, ad acta. F." Ebd. fol. 78 f. das eig. wortwörtlich gleichlautende Konz. mit folgenden, mit Bleistift eingetragenen unbedeutenden Änderungen: a) „die Irrtümer aufgeklärt zu sehen"; b) „braven Angehörigen"; c) „wird dann länger dienen". Auch dieses zweite Konz. trägt den eig. Bleistiftvermerk des Großherzogs: „Ist Entwurf geblieben. ad acta. F." — Am 3. Febr. 1887 sandte Turban dem Großherzog nach mündlicher Meldung den Entwurf einer Ansprache an die Militärvereine zurück. Dritter Entwurf:

Kundgebung des Präsidiums des Badischen Militär-Vereins-Verbandes.

Aus allen Teilen des Großherzogtums sind uns Kundgebungen von den unserem Landesverbande angehörigen Militärvereinen und Gauverbänden zugegangen, welche den Wunsch äußern, es möge die Zentralleitung sich über die gegenwärtige ernste Lage der Reichsinteressen belehrend und ermahnend aussprechen.

Diesem Ausdruck des Vertrauens zum Präsidium und der Zentralvertretung des Badischen Militär-Vereins-Verbandes kommen wir gerne entgegen, nachdem wir die Genehmigung dafür von unserm Protektor — S.K.H. dem Großherzog und dessen Zustimmung für diese Ansprache erhalten haben.

Unser Militärvereins-Verband beruht auf der festen Grundlage — politische Streitfragen und Parteiinteressen seinen Bestrebungen fernzuhalten. Eben diese Tatsache aber ruft den Wunsch hervor, über die Irrtümer aufgeklärt zu werden, welche die Wahlbewegung in weiten Kreisen erzeugt und dadurch auch in treuen Soldatenherzen Beunruhigung und Unsicherheit bewirkt.

Diesen treuen Angehörigen unseres deutschen Heeres möge die Gewissensfrage leitend sein, welche sich jeder Vaterlandsfreund stellen muß, wenn er berufen wird, für die Wahrung der heiligsten Interessen seines großen Vaterlandes wirksam einzutreten.

Diese Gewissensfrage haben der Kaiser und die deutschen Fürsten erwogen, bevor sie den ernsten Entschluß faßten, eine Verstärkung des Heeres zu bewirken, um das deutsche Reich in seinem Bestande allen Wechselfällen politischer Gefahren gegenüber sicherzustellen. Solche Entschlüsse werden nur dann gefaßt, wenn das Bewußtsein der Notwendigkeit die schwere Last der Verantwortlichkeit tragen hilft.

Wir, die wir alle im Heer gedient haben, wissen, was wir dem festen Bau der wohlgeordneten Gliederung desselben zu verdanken haben.

Jede Veränderung in der Gliederung des Heeres erfordert geübte Kräfte für deren Durchführung, und daher muß eine Verstärkung des Heeres auf längere Dauer berechnet sein, damit der feste Bestand desselben, den wir kennen und schätzen, erhalten bleibe. Der Dienststand im Frieden wird erhöht, aber die Dienstzeit bleibt unverändert wie bisher. Die Verstärkung des Heeres soll für sieben Jahre gelten — eine Zeit, in welcher die neuen Formationen sich fest in die bestehenden Regimenter einzufügen vermögen.

Diese wichtige Aufgabe soll nun dem neuen Reichstag zur Beschlußfassung vorgelegt werden, und dafür finden demnächst die Wahlen statt, bei denen das deutsche Volk sein Wahlrecht unbeschränkt auszuüben berufen ist.

Jeder prüfe sich daher gewissenhaft, damit er in Ausübung seines Wahlrechtes dazu beitrage, die Erhaltung einer festen Staatsordnung zu fördern und dadurch die Kraft des Reiches und den Einfluß desselben auf die übrigen Weltreiche zu Befestigung des Friedens zu stärken.

Ein starkes deutsches Heer kann uns den Frieden erhalten. Uneinigkeit und Kleinmut bleibe fern von uns, die wir die Macht der Einigkeit erprobt haben.

GLA 60/494 fol. 84 f. eig. Konz. mit Bleistiftvermerk des Großherzogs: „ad acta F." In dieser Fassung wurde der Aufruf im „Militärvereinsblatt", danach in der Karlsruher Zeitung Nr. 32 v. 6. Febr. 1887 veröffentlicht.

[1] Frhr. Alfred v. Degenfeld (1816—88), preußischer Generalleutnant z. D.

798a. Aufzeichnung des Großherzog Friedrich.
Eine Mahnung

[1887?]

Die Bezeichnungen politischer Parteirichtungen haben eine viel größere Bedeutung, als man gewöhnlich anzunehmen beliebt. Wir können uns davon in sicherster Weise überzeugen, wenn wir den historischen Entwicklungsgang der politischen Ereignisse verfolgen und dabei diejenigen Rücksichten walten lassen, welche, von Parteistandpunkten ganz absehend, nur das Ziel ins Auge fassen, welches zu erreichen die eigentliche Aufgabe sein muß. —

Zur Zeit, da sich die „Nationalliberale Partei" gebildet hat, galt es zunächst „liberal" zu sein und liberalen Grundsätzen Eingang und Geltung zu gewähren. Dieser Liberalismus lag den Bestrebungen der „national" gesinnten Volksvertreter zu Grunde. Ihre Tätigkeit war eine erfolgreiche und bewirkte einen immer mehr wachsenden Zugang von treuen Gesinnungsgenossen und Mitarbeitern. Schon zur Zeit des „Preußischen Wochenblattes" galt es nicht nur zu liberalen Institutionen zu gelangen, sondern auch dem nationalen Gedanken Geltung zu schaffen.

Diesen Bestrebungen ist es zu verdanken, daß der nationale Geist in den deutschen Bundesstaaten sich mehr und mehr entwickelt hat. Das war umso nötiger, als die „deutsche Frage" mit dem Abschluß der vierziger Jahre in den Abgrund der Demagogie gestürzt und dadurch zu einer Ordnungsfrage herabgedrückt wurde. Es kamen nun die schweren Zeiten, in denen der deutsche Bund durch die Trennung der beiden Großmächte Österreich und Preußen zur Auflösung gelangte und durch den Bruderkrieg 1866 eine neue Gestalt erhielt. Diese Periode entwickelte mehr und mehr den nationalen Gedanken, bis der Krieg 1870—71 den gesegneten Abschluß am 18. Januar in Versailles fand. Das deutsche Reich ward geschaffen, und unter Kaiser Wilhelm dem Großen entstand die Reichsverfassung, auf welcher Grundlage wir nun weiter bauen müssen.

Daß diese Aufgabe aber richtig verstanden werde, darum handelt es sich mehr wie jemals. Hier müssen wir gewissenhafter Weise uns fragen — was ist aus dem Reichstag geworden? — Er ist mehr und mehr herabgesunken auf eine niedere Stufe der Fähigkeit, die hohen Aufgaben zu lösen, welche er zu erfüllen verpflichtet ist. Er sollte stets bedacht sein, das deutsche Reich als Großmacht, aber auch als Weltmacht zu betrachten und danach zu beschließen.

Bei solcher Auffassung der zu lösenden Aufgaben müßte aber schon bei den Wahlen sich ein anderer Geist kundgeben. Was bedeuten Parteiinteressen gegenüber den nationalen Pflichten, welche der Reichstag zu erfüllen hat?

Zunächst müssen wir den vielen Parteiprogrammen gegenüber feststellen, daß der Boden der Reichsverfassung ein durchaus liberaler, ja radikaler genannt werden kann, so daß, wer sich deutschnational gesinnt nennt, zweifellos auf freisinniger Grundlage sich befindet. — Erfahrung hat uns gelehrt, daß die Reichsgesetzgebung auf freiheitlichen Anschauungen sich weiter entwickelt hat und auf diesen Wegen auch künftighin fortschreiten wird.

Was bedeuten demgegenüber die kleinen und kleinlichen Parteiprogramme, und bis zu welchem Mißbrauch sind Parteien geschritten, die sich international nennen oder sich auf konfessionellen Boden stellen, um das Ziel ihrer Bestrebungen außerhalb der deutschnationalen Interessen zu suchen. Solche Parteien sind abhängig von Einflüssen, die außerhalb der Reichsaufgaben walten und keinen Anspruch auf Berücksichtigung verdienen.

Wenn man nun für eine gute Zukunft wirken will, muß man danach trachten, sich außerhalb der Parteiinteressen zu vereinen und als staatserhaltende Männer sich „national" nennen. Eine solche Vereinigung wird dann bald eine so große Mehrheit schaffen, daß sich derselben auch diejenigen Männer anschließen werden, welche sich dermalen fern halten und nicht den Beschimpfungen der Presse ausgesetzt sein wollen.

Also eine staatserhaltende Partei ist zu bilden, die sich — nationale Partei — nennen soll, und zwar im Reich und in den einzelnen Bundesstaaten.

Dafür aber muß große Tätigkeit geübt werden und muß in weitestem Maß Belehrung eintreten. Diese Belehrung in allen Wahlkreisen des Landes muß sich zur Aufgabe stellen, die Ordnungsliebenden zu vereinigen und allen konfessionellen Hader zu meiden. Nur immer das Ziel im Auge behaltend Friede zu bewahren und die Friedensstörer abzuwehren. Auf diese Weise kann sogar mit dem allgemeinen, direkten Wahlrecht eine Interessenvertretung herbeigeführt werden, welche parteilos die materielle Wohlfahrt der Besitzenden und Nichtbesitzenden verbindend zu fördern trachtet.

Wenn wir unsere nationalen Aufgaben richtig beurteilen wollen, so müssen wir sie vom historischen Standpunkt ausgehend auffassen. Da finden wir die schwachen Zeiten und die Perioden der Stärke und Macht, aber immer tritt die eine Erscheinung zu Tage, daß die Größe und Macht das Opfer der Selbstsucht ward und daraus Schwäche durch Teilung der Macht erwachsen mußte. Diese belehrende Erfahrung sollte eine Warnung bleiben für diejenigen, welche in der Ausbildung eines systematischen Partikularismus das Ziel politischen Erfolges erblicken, weil sie die Gesetzgebung höher anschlagen als das Herkommen und die Erfahrung. Unser Trachten muß dahin gehen, die Kraft und Macht des Deutschen Reiches in einheitlicher Organisation zu entwickeln, damit die Machtentfaltung nach außen uns Ansehen und Beachtung verschaffe. Damit stärken wir unsere vielseitigen Interessen und entwickeln Handel und Industrie zu großer Blüte. Unter solchen Voraussetzungen können wir um so fester an alter Erfahrung und lokalem Herkommen uns halten als Grundlage weiterer Entwickelung.

Wir sehen in der historischen Entwickelung der europäischen Großmächte ein warnendes Beispiel bezüglich der Konzentration aller Regierungsgewalten zu Gunsten der Einheit solcher Macht. Noch immer ward der Erfolg eine Schwächung des monarchischen Prinzips und eine allmähliche Umgestaltung in demokratische Desorganisation. Das Beispiel Englands zeigt uns die Schäden des parlamentarischen Prinzips der Herrschaft der Majoritäten. Nur sind dort die Organisationen der großen Stadtgemeinden und Bezirke ein kräftiges Gegenmittel bezüglich der Vereinigung der Macht parlamentarischer Rechte. Immerhin ist Englands Macht durch eine große Flotte und einheitliche Heeresorganisation eine der stärksten Großmächte der Welt.

Andere Großmächte zeigen uns, daß wir uns hüten sollen, extreme Grundsätze zur Geltung zu bringen und dadurch die Kraft im ernsten Notfall in Frage zu stellen.

Ein Reich muß stark genug sein, um allein seine Macht zu verteidigen — dann ist aber auch der Vorzug erlangt, Verbündete zu gewinnen und Bündnisse zu schließen. Diese Bündnisse sind dann die Gewähr für Erhaltung und Befestigung des Friedens in weitem Umfang, da eine Stärke erreicht wird, gegen die nicht so leicht Angriffe erfolgen können.

Diese Stärke des deutschen Reichs erreichen und bewahren wir uns aber nur durch eine streng nationale Gesinnung, welche die engen Parteistandpunkte ausschließt. Wie auch die Parteien sich nennen mögen, sie werden das große nationale Ziel nie erreichen können, wenn ihre Hauptabsichten von Interessen geleitet sind, die außerhalb des deutschen Reiches liegen. Ja, sie dürfen dann nicht zur Herrschaft gelangen, da sie als Gegner nationaler Größe und Unabhängigkeit nie berufen sein können, deutsche Interessen nach außen zu vertreten. Hüten wir uns daher vor innerem Streit und ganz besonders vor konfessionellen Gegensätzen. Feste Einigung christlichen Glaubens und Verbindung der christlichen Konfessionen auf der Grundlage christlicher Liebe und Duldsamkeit gegen Andersgläubige, das sei die Losung jedes national gesinnten Deutschen. — Wohlan also — auf! zu froher Tätigkeit in allen Kreisen der Landesangehörigen, mit frischer Kraft und treuer Hingebung zu des lieben Vaterlandes Wohl!

Dieser Aufruf gilt den treuen Nationalgesinnten aller Ordnungsparteien und soll keiner Parteibildung dienen, sondern nur der Zusammenfassung aller der Männer, die für Ordnung und Recht eintreten wollen und den Umsturz zu bekämpfen trachten.

GLA FA Korresp. 13 Nr. 60 eig.

799. Marschall an Turban.

Berlin, 4. Februar 1887.

Vertraulich! *[...]* Nachdem die offizielle deutsche Presse bald nach Auflösung des Reichstags zunächst die zum Zwecke der Errichtung von Barackenlagern in der Nähe der deutsch-französischen Grenze geschehenen Holzankäufe[1] als ein Moment für die kriegerischen Absichten Frankreichs verwertet hatte und demnächst die französischen Pferdeeinkäufe mit einem Pferdeausfuhrverbot[2] beantwortet worden waren, hat der jüngste Artikel der „Post" mit der Überschrift „Auf der Schneide des Messers"[3] den Kriegsgerüchten neue Nahrung gegeben und insbesondere in Frankreich einen tiefen, auf die Börse einen panikartigen Eindruck gemacht. Daß dieser Artikel direkt aus dem auswärtigen Amte inspiriert war, wird mir aus zuverlässigster Quelle mit aller Bestimmtheit versichert. In den letzten Tagen ist zu allem dem ein weiteres Moment hinzugetreten, dessen Bekanntwerden die Berliner Börse, die sich bisher durch ihre feste Haltung ausgezeichnet hatte, gestern in eine panikartige Bewegung versetzte, nämlich das Gerücht der demnächstigen Einbringung einer Vorlage an den Landtag zum Zwecke der Eröffnung eines Kredits von 300 Millionen Mark zu eventuellen Kriegszwecken[4].

Diesem Gerüchte liegt nach meiner Information die Tatsache zugrunde, daß im preußischen Staatsministerium eine Vorlage ausgearbeitet worden ist, inhaltlich deren die preußische Regierung ermächtigt wird, im Kriegsfalle auf ein von dem Kaiser mit Zustimmung der verbündeten Regierungen gestelltes Verlangen nach Bedürfnis dem Reiche Gelder bis zum Betrage von 300 Millionen Mark zur Verfügung zu stellen. Schon im Laufe des gestrigen Tages ist der Kanzler in seinem Entschlusse, dieses Ansinnen an den Landtag zu stellen, wie ich höre, auf Grund einer Unterredung mit einem Führer der Nationalliberalen wieder schwankend geworden, und soeben erfahre ich von einem preußischen Staatsminister, daß die bezügliche Absicht wieder aufgegeben ist.

Wenn ich in wenigen Worten die hiesige Stimmung schildern soll, so unterliegt es mir garkeinem Zweifel, daß die Militärpartei und nicht zum mindesten der preußische Kriegsminister zum Kriege mit Frankreich drängen, weil sie den gegenwärtigen Augenblick schon mit Rücksicht auf die Überlegenheit der deutschen Bewaffnung für besonders günstig erachten — nach den Äußerungen aus diesen Kreisen stünden wir fast unmittelbar vor dem Ausbruche eines Krieges mit Frankreich, und es begreift sich, daß diese Stimmung sich mehr oder minder auf die ganze Hofgesellschaft erstreckt. In den Kreisen der haute finance war man gestern ebenfalls unter dem Eindrucke einer akuten Kriegsgefahr, doch ist anzunehmen, daß die Nachricht von der Aufgabe der Millionenvorlage heute schon eine beruhigende Wirkung ausüben wird, was natürlich nicht ausschließt, daß die Baisse-Spekulation noch insolange fortgesetzt wird, bis das kleine Privatpublikum ängstlich wird und seine Papiere zu Schleuderpreisen auf den Markt wirft. Nüchtern und ruhig wird die Situation nur in der nächsten Umgebung des Reichskanzlers angesehen. Was Fürst Bismarck direkt will, indem er so intensiv die Kriegsgefahr aller Welt vor Augen stellt, weiß wohl niemand; in solchen Momenten ist er selbst den ihm Nächststehenden gegenüber verschlossen. Meine auf Information von verschiedenen Seiten gegründete Überzeugung geht dahin, daß der Fürst die durch die unpolitische Haltung der Reichstagsmehrheit und die koinzidierenden aggressiven Maßregeln des Generals Boulanger geschaffene Situation nach allen Richtungen hin mit der ihm eigenen Rücksichtslosigkeit und Energie ausbeutet — nach i n n e n , indem den deutschen Wählern die eminente Gefahr einer an den Grundpfeilern der Armee rüttelnden Reichstagsmehrheit ad oculos demonstriert wird, n a c h F r a n k r e i c h hin, indem er den Franzosen ein nicht mißverständliches quos ego zuruft. Derartige Aktionen bergen ja, zumal einer so empfindlichen Nation wie Frankreich gegenüber, zweifellos die Gefahr eines Krieges; ich will auch keineswegs in Abrede stellen, daß der Reichskanzler bei seinem dermaligen Vorgehen entschlossen ist, es darauf ankommen zu lassen, ob Frankreich, statt abzulassen von seinen Aggressivgelüsten, darin eine Provokation erblickt und zum Kriege schreitet — auf der andern Seite aber neige ich mich doch entschieden der Anschauung zu, daß in Frankreich schließlich zur Zeit wenigstens die Mäßigung und die Vernunft die Oberhand behalten werden, welche dringender wie je vor dem Abenteuer eines Krieges mit Deutschland in diesem Augenblicke abraten.

In den d i p l o m a t i s c h e n Beziehungen zwischen Deutschland und Frankreich ist irgend eine Änderung bis jetzt nicht eingetreten, insbesondere haben die jüngsten Zwischenfälle zu irgend einem Meinungsaustausch von Kabinett zu Kabinett nicht geführt. Mr. Herbette[5] ist voll von friedlichen Versicherungen und gibt nur die Befürchtung kund, daß Preßerzeugnisse wie das der „Post" die Stellung

Boulangers, den er als „saltimbanque" bezeichnet, festigen könnten. Die Vermutung, daß demnächst eine friedliche Kundgebung der Regierung in den Kammern stattfinden werde, besteht hier vielfach. Man b e f ü r c h t e t eine solche gewissermaßen wegen der bevorstehenden Wahlen.

GLA 233/34797 fol. 133 ff. Ausf., dem Großherzog vorgelegt; 49/2016 fol. 5 f. Konz.

¹ Vgl. Große Politik VI Nr. 1242.
² Pferdeausfuhrverbot über alle Grenzen am 25. Jan. 1887 (*Schultheß* S. 76).
³ Vom 31. Jan. 1887, vgl. *Schultheß* S. 76 f.
⁴ *Lucius* (S. 366) berichtet darüber bereits am 30. Jan. 1887. Einem entsprechenden chiffr. Tel. Marschalls an Turban vom 4. Febr. 2,20 Uhr nachm. (GLA 233/34797 fol. 115) folgte am gleichen Tage 3,55 Uhr die Mitteilung, die Absicht sei aufgegeben (ebd. fol. 116).
⁵ Jules Herbette (1839—1901), 1886—96 franz. Botschafter in Berlin.

800. Gelzer an Großherzog Friedrich.

Basel, 21. Februar 1887.

Heute sind Reichstagswahlen. Wie auch das Schicksal des heutigen Tages sich gestalten möge, so begrüßte ich schon die Erreichung des gesetzlichen Wahltermins als erwünschten Abschluß der furchtbaren hie und da an Delirien grenzenden Aufregung der Wahlperiode. *[...]* Wird nur ein Verfassungskonflikt durch das Resultat der Wahlen und durch den Entscheid des Reichstags über das Septennat verhütet, so ist schon dies ein Resultat von nicht zu unterschätzendem Werte für Deutschland.

26. Februar.

Heute nach der Wahl bin ich voller Dank. Die Schuld des 14. Januar¹, von mißleitetem und verblendetem Parteigeist und von tief wurzelndem Mißtrauen verübt, wurde am 21. Februar von dem sich mächtig auffraffenden Bewußtsein des Kerns der Nation wieder gesühnt². Die am 14. Januar in unseliger Stunde versäumte, alle andern Rücksichten weit überwiegende nationale Pflicht, sich dem prüfenden Blicke Europas als ein einmütiges Volk zu erweisen — diese deutsche Pflicht wurde am 21. Februar erfüllt. Diese große Tatsache verleiht dem Wahltage seinen wahren Charakter, sein geschichtliches Gepräge.

Hinter dem 21. Febr. stehen auch dunkle Punkte:

1) Die Abstimmung der Reichslande³. Daß diese so negativ ausfiel, ist schlimm; aber schlimmer könnten noch die Folgen werden, wenn man, die alles beherrschende Grundwahrheit vergessend, daß mindestens ein halbes Jahrhundert zur festeren Begründung der deutschen Einverleibung noch erforderlich ist — zu Zwangsmaßregeln und Einschüchterungen seine Zuflucht nehmen wollte, die ganz denselben Ausgang wie im Kulturkampf haben würde.

2) Die zunehmenden sozialdemokratischen Stimmen⁴. Diese betrübende Tatsache wird hoffentlich das Gute haben, daß sie immer mehrern die Augen für die lange verkannte Wahrheit öffnen wird: welche riesige Aufgaben für mehrere Menschenalter nach dieser Seite hin liegen!

3) Die Anrufung der päpstlichen Hülfe in diesem Wahlkampfe⁵. Nicht nur der zweifelhafte erste Erfolg dieser Dazwischenkunft, sondern mehr noch die viel zweifelhafteren Folgen der prinzipiellen Zulassung dieser Dazwischenkunft geben dem, der über das Jahr 1887 hinaussieht, Ursache zu ernster Überlegung. *[...]*

GLA FA Korresp. 13 Bd. 24 Nr. 710.

[1] Ablehnung des Septennat-Militäretats und Auflösung des Reichstages.
[2] Hoher Sieg der Septennatsparteien, starke Verluste bei den Freisinnigen.
[3] Vgl. die Analyse bei W. *Seydler,* Fürst Chlodwig zu Hohenlohe-Schillingsfürst als Statthalter im Reichslande Elsaß-Lothringen 1885—94, Schr. wissl. Inst. d. Elsaß-Lothringer im Reich, Bd. 9 (1929) S. 49-61.
[4] Die Sozialdemokratie erreichte 11 Sitze.
[5] Vgl. Nr. 793. 795. 796.

801. Fürst Chlodwig Hohenlohe an Großherzog Friedrich.

Straßburg, 22. Februar 1887.

E. K. H. erlaube ich mir meinen tiefgefühlten Dank für die freundliche Beurteilung meiner Ansprachen bezüglich der Wahlen darzubringen[1]. Die Anerkennung E. K. H. ist mir um so wertvoller, als das Resultat der Wahlen selbst ein ungünstiges ist. Ich sehe aber daraus mit Beruhigung, daß ich recht getan habe, alles zu versuchen, um die Elsaß-Lothringer auf den Ernst des Augenblicks hinzuweisen. Wenn sie meiner Mahnung kein Gehör geschenkt haben, so liegt das teils in der Wirkung der Kriegsgerüchte, die alte Erinnerungen wachrief und eine französische Atmosphäre über das Land ausbreitete, teils in der septennatsfeindlichen Haltung des katholischen Klerus und endlich in vielen persönlichen Reibereien, Ungeschicklichkeiten und Verstimmungen. Der Eindruck wird wohl in Frankreich wie in Deutschland ein sehr bedauerlicher sein und dem Land Elsaß-Lothringen keinen Segen bringen.

GLA FA Korresp. 13 N 413 eig.

[1] Großherzog Friedrich an Hohenlohe, Karlsruhe 22. Febr. gedr. H. *Rogge,* Holstein u. Hohenlohe (1957) Nr. 198. Hohenlohes Wahlaufruf vgl. *Schultheß* S. 83 f.; zu Hohenlohes Rede v. 9. Febr. vgl. Dwk. II S. 405 f. u. K.*Wippermann,* Dt. Geschichtskalender (1887) I 70; die Rede vom 15. Febr. bei *Wippermann,* a.a.O. Hohenlohe über die Wahlen vgl. *Rogge* 272 ff. Zu den Wahlen in Elsaß-Lothringen vgl. *Seydler* S. 49 ff.

802. Marschall an Turban.

Berlin, 11. März 1887.

Vertraulich! Gestern abend hatte ich Gelegenheit, mit dem Bischofe von Fulda eine längere Unterredung zu führen, die sich in Anknüpfung an unsere vorjährigen Besprechungen fast ausschließlich auf kirchenpolitischem Gebiete bewegte. Herr Kopp schien über den bisherigen Gang der Kommissionsberatungen im Herrenhause[1] durchaus befriedigt und sprach die bestimmte Zuversicht aus, daß in zweiter Lesung eine Verständigung über die noch schwebenden Punkte werde erzielt werden. *[...]*

Unser Gespräch wendete sich dann den jüngsten Wahlen und den dabei auf kirchlichem Gebiete hervorgetretenen Erscheinungen zu. Hinsichtlich der Kundgebungen des Papstes sagte mir Herr Kopp, er würde gewünscht haben, daß der Heilige Vater für die Kundgebung seines Wunsches eine andere Form gewählt und dieselbe nicht an das Zentrum, sondern sofort an die Bischöfe gerichtet hätte, ähnlich wie dies im Jahre 1883 in Spanien geschehen sei, als ein Teil des Klerus den

Wünschen des Papstes zuwider die Regierung Alphons XII.² bekämpfte. Würden die deutschen Bischöfe rechtzeitig, d. h. vor Eintritt des Höhepunktes der Wahlagitation, im Besitze einer W e i s u n g des Papstes bezüglich des Septennats gewesen sein, so hätte sich keiner derselben der Verpflichtung entziehen können, in diesem Sinne bei seinem Klerus zu wirken. Stattdessen hätten die Bischöfe die Kundgebungen des Papstes offiziell erst erhalten, als dieselben bereits in der Presse, in Wahlversammlungen usw. nach den verschiedensten Richtungen hin ausgebeutet gewesen seien — und zwar ohne bestimmte Weisung und noch dazu in einem Augenblicke, wo die Wogen der Wahlagitation bereits so hoch schlugen, daß an ein wirksames Eingreifen gar nicht mehr habe gedacht werden können. Es sei für die Bischöfe angesichts dieser Situation geradezu u n m ö g l i c h gewesen, ohne Gefährdung ihrer Autorität für die Wünsche des Papstes einzutreten, zumal ohne vorangegangene Einigung der Bischöfe bezüglich eines gemeinsamen Vorgehens. Wie es dem Bischof von Limburg³ ergangen, sei mir bekannt. Er — Bischof Kopp — habe schon vor Bekanntwerden der päpstlichen Kundgebungen seine Geistlichen vertraulich wissen lassen, daß er in die Wahlagitation zwar nicht eingreifen wolle, dagegen seine Anschauung dahin kundgebe, es sei mit den kirchlichen Grundsätzen unvereinbar, für die Wahl eines Deutsch-Freisinnigen einzutreten, da diese Partei absolut kirchenfeindliche Tendenzen verfolge. Diese Ermahnung, welche insbesondere für den Wahlkreis Hanau, wo sich ein konservativer und ein deutsch-freisinniger Kandidat gegenübergestanden hätten, bestimmt gewesen, sei von einem Teile des Klerus durch Eintreten für den konservativen Kandidaten befolgt worden, ein anderer Teil habe sich der Agitation enthalten, ein dritter endlich habe trotzdem für den freisinnigen Kandidaten agitiert; dabei habe der i n F u l d a selbst erscheinende, von einem Dompräbendar redigierte „Bonifatiusbote" nicht nur offen Partei für den letztgenannten ergriffen, sondern an Aufhetzung der katholischen Bevölkerung geradezu Unglaubliches geleistet. Auf meine Frage, ob ein Bischof dagegen nicht einschreiten könne, zuckte Herr Kopp die Achseln und bemerkte nur, daß dies gegenwärtig sehr schwer sei. — Er fügte bei, daß die Dinge in dem zu seinem Bistum gehörigen Dekanate Amöneburg (Marburger Wahlkreises) noch viel schlimmer gegangen seien. Er habe dem dortigen Klerus die Wahl des konservativen Dr. Grimm mit dem Bemerken empfohlen, daß er es für eine Pflicht der Dankbarkeit erachte, für einen Mann einzutreten, der als Berichterstatter über kirchenpolitische Gesetze im Landtage und besonders im letzten Jahre anläßlich der damaligen Novelle der katholischen Sache große Dienste geleistet habe. Statt diesen Wunsch zu befolgen, habe man sich den Rat des Herrn Windthorst erbeten, der dahin gegangen sei, ihn — Windthorst — als Zählkandidaten aufzustellen. Bei der nun folgenden Wahlagitation hätten einzelne Geistliche sich gegen ihn — den Bischof Kopp — in öffentlichen Versammlungen in einer Weise geäußert, die ich wohl fast für unglaublich erachten würde. Auf meine erstaunte Frage, ob denn der Papst von diesen Verhältnissen Kenntnis habe, erwiderte Herr Kopp, in diesem Augenblicke wisse der Heilige Vater alles; er habe auf dessen Geheiß vor vierzehn Tagen einen eingehenden Bericht über die Wahlvorgänge nach Rom gesendet und darin alles zusammengestellt, was ihm von Unbotmäßigkeit des niederen Klerus gegen Papst und Bischöfe bekannt geworden sei. Zweifellos werde der Papst tief davon ergriffen sein. Herr Kopp fuhr dann fort: „Wir leben in kirchlicher Beziehung in sehr traurigen Zeiten; wenn der Kampf zwischen Staat und Kirche beendet sein wird, dann ist ein anderer Kulturkampf nötig, das ist der des Episkopats gegen den niederen Klerus. Um ihn siegreich zu führen, ist freilich e i n e Voraussetzung erst zu erfüllen, die heute noch fehlt, nämlich die Einmütigkeit unter den Bischöfen. Solange, wie es heute der Fall ist, die Bischöfe verschiedene Farben haben, ist an eine durchgreifende Besserung nicht zu denken." — Des weiteren bemerkte mir der Bischof, er hege die Überzeugung, daß auch im katholischen Volke die Wahrheit schließlich zum Durchbruch kommen werde; er habe im vorigen Jahre im Paderbornischen gefirmt und dabei überall im Volke eine tiefe Dankbarkeit für die Segnungen der letzten Novelle gefunden. Nur die maßlose Hetzerei, die leider vielfach von der Geistlichkeit ausgehe, sei seiner Überzeugung nach schuld, daß dieses Gefühl nicht schon weitere Kreise der Bevölkerung umfasse.

Schließlich erklärte mir Herr Kopp, die in der ultramontanen Presse verbreitete Nachricht, daß er sich in einer dem Zentrum günstigen Weise geäußert und zur Wiederwahl von Zentrumsmitgliedern aufgefordert habe, beruhe teils auf Erfindung, teils auf Entstellung seiner Worte. Er habe sich zu einer Berichtigung nicht herbeigelassen, weil er unmittelbar vor Beginn der Herrenhausverhandlungen eine Preßpolemik vermeiden wolle. *[...]*

GLA 233/34797 fol. 137 ff. Ausf., eingegangen 12. 3. 87; dem Großherzog vorgelegen, zurück am 14. 3. 87; 49/2016 fol. 14 ff. Konz.

¹ Zum Abschluß des Kulturkampfes Vorlage der neuen kirchenpolitischen Gesetzgebung im preußischen Herrenhaus am 22. Febr. 1887, zu der Kopp Zusatzanträge stellte (die Amendements gedr. Arch. f. kath. Kirchenrecht 58 (1887) S. 144 ff.). Vgl. *Heckel* S. 347 ff., *Schmidt-Volkmar* S. 335 ff., *Morsey*, Probleme der Kulturkampf-Forschung: Bismarck, Kurie u. Zentrum im Septennatsstreit, Hist. Jb. 83 (1964) S. 225 ff., *Weber* S. 158 ff.
² Alphons XII. (1857—85), 1874 König von Spanien.
³ Karl Klein (1819—98), 1849 Domkapitular in Limburg, 1852 Generalvikar, 1886 Bischof, hatte unter Bezug auf das Schreiben Jacobinis an den Münchner Nuntius di Pietro v. 3. Jan. 1887 seinem Klerus untersagt, so zu agitieren, daß den Kandidaten für den Reichstag eine Abstimmung zu Gunsten des Septennats erschwert werde (*Weber* S. 154).

803. Geffcken an Roggenbach.

Berlin, 26. März 1887.

[...] In Karlsruhe fand ich die Situation ganz so, wie Sie mir in Ihrem lieben Briefe vom 15. dieselbe schilderten. Der Großherzog, bei dem ich lange war, sprach äußerst pessimistisch über die soziale Gefahr und war höchlich erstaunt, als ich ihm sagte, ich habe keinen Augenblick an Krieg geglaubt, wußte aber doch nicht viel anderes als die Baracken vorzubringen, als ich ihm meine Gründe darlegte. Sehr eingehend sprach er mit mir über die elsaß-lothringischen Dinge, für die er sich offenbar besonders interessiert, er hielt die persönliche Niederlage Hohenlohes für so groß, daß derselbe kaum bleiben könne, man hat aber keinen Nachfolger, und so geht statt seiner Hofmann¹. Hohenlohe soll ganz von Back² und [unleserlicher Name] regiert werden, die ihn auch zu dem Wahlmanifest bewogen. Die hiesigen Personalverhältnisse hütete ich mich zu berühren, zumal die Großherzogin sehr bald eintrat, konnte deshalb auch nicht sagen, daß die Wahlen gegen den Kr[on-] Pr[inzen] gemacht seien. Ich glaube aber, daß die K[ron]p[rinze]ß davon

überzeugt ist, und bin befriedigt von dem Eindrucke, den ich hier gewonnen, daß die Majorität an der Steuerfrage scheitern wird. Beide Herrschaften waren überaus gnädig für mich, und die Großherzogin redete mich auch hier wieder so gütig an. *[...]*

Anklageschrift gegen Geffcken, gedr. Bundesrat-Drucksachen, Session von 1889 Nr. 5 (14. Jan. 1889) Anlage M S. 42-44 (GLA 233/12802).

[1] Karl v. Hofmann (vgl. Bd. I S. 213), 1880—87 Staatssekretär in Elsaß-Lothringen.
[2] Otto Back (geb. 1834), 1868 Landrat in Simmern/Hunsrück, 1872 Polizeidirektor in Straßburg, 1873—80 Bürgermeistereiverwalter, 1880—86 Bezirkspräsident im Unterelsaß, 1886 Bürgermeister in Straßburg.

804. Fürst Hermann zu Hohenlohe-Langenburg an Großherzog Friedrich.

Stuttgart, 30. März 1887.

Von Karlsruhe kommt mir soeben die Nachricht zu, daß Herr Präsident Grimm[1] beabsichtige, am 1. April nach Berlin zu kommen, um sich von Dir die Gnade zu erbitten, das Protektorat über den badischen Zweigverein der deutschen Gesellschaft für Kolonisation zu übernehmen.

Ich weiß nicht, ob Dir bekannt ist, daß leider seit einigen Jahren in echt-deutscher Uneinigkeit zwei Gesellschaften nebeneinander bestehen, die ganz die gleichen Zwecke verfolgen, der Deutsche Kolonial-Verein mit ca. 13 000 Mitgliedern unter meinem Präsidium und die Kolonisations-Gesellschaft mit ca. 3000 Mitgliedern unter Dr. Peters[2]. Die letztere Gesellschaft hat erst in neuerer Zeit einen größeren Aufschwung genommen infolge der Erwerbungen in Ost-Afrika. Vergebens war ich bis jetzt bestrebt, eine Vereinigung der beiden Vereine im Interesse der gemeinsamen nationalen Sache herbeizuführen. Ein gemeinsamer Versuch soll jetzt wieder hierfür gemacht werden, namentlich auf Anregung der badischen Zweigvereine des Kolonialvereins in Karlsruhe und Freiburg.

Es steht nun zu befürchten, daß, wenn Du der Bitte des Präsidenten Grimm gnädigst willfahrst, das Zustandekommen einer Vereinigung dadurch wesentlich erschwert wird. Die Kolonisations-Gesellschaft wird, gestützt auf die ihr von Allerhöchster Seite gewährte Gnade, eine Annäherung an uns ablehnen und mit allen Mitteln versuchen, die Mitglieder des Kolonial-Vereins zu sich herüberzuziehen, was ihr auch nicht schwerfallen wird, wenn sie für sich anführen kann, daß ihr die Allerhöchste Protektion zuteil geworden ist.

Gerne hätte ich längst schon um die gleiche Gnade bei Dir angehalten, fand es aber zu unbescheiden, mich mit einem Gesuch Dir zu nahen, dessen gnädigste Gewährung möglicherweise bei den Zielen, die der Verein verfolgt, dem Landesherrn Ungelegenheiten bereiten könnte, falls Fragen politischer Natur unsere Bestrebungen beeinflussen sollten, was ja in Verfolgung der Kolonialpolitik nicht unbedingt ausgeschlossen ist.

Als eine besonders gnädige Berücksichtigung unserer Interessen würde ich es dankbarst erachten, wenn Du gütigst vorerst die Entscheidung über die Verleihung einer so gewichtigen Protektion von einer Vereinigung der beiden Gesellschaften abhängig machen würdest. Es läge darin zugleich ein Antrieb dafür, die widerstreitenden Elemente zum Nutzen der Gesamtheit zusammenzuführen.

Sollten wir uns aber dann Deiner gnädigen Gesinnungen erfreuen dürfen, so würde ich es wagen, namens der vereinigten Parteien um das gnädigste Protektorat des ganzen deutschen Kolonial-Vereins untertänigst zu bitten[3]. *[...]*

GLA FA Korrepsp. 13 Bd. 53 Fasz. 139 Nr. 5.

[1] Karl v. Grimm (vgl. Bd. I S. 222), 1876—81 bad. Justizminister, Mitbegründer der „Gesellschaft für deutsche Kolonisation", Vorstand des Zweigvereins in Karlsruhe, nach der Verschmelzung mit dem Kolonialverein Vorsitzender der Deutschen Kolonialgesellschaft.

[2] Dr. Carl Peters (1856—1918), Gründer des Schutzgebietes Deutsch-Ost-Afrika, 1884 Gründer der Gesellschaft für deutsche Kolonisation.

[3] Das Interesse des Großherzogs an der Kolonialbewegung ergibt sich aus seiner Ansprache bei der 3. Generalversammlung des Kolonialvereins in Karlsruhe am 30. April 1886 (*Krone* S. 192 f.).

805. Turban an Großherzog Friedrich.

Karlsruhe, 31. März 1887.

[...] Wir haben darüber, von welchen Personen bekannt geworden ist, daß sie sich bei den jüngst stattgehabten Reichstagswahlen an der Wahlagitation in einer der Regierungspolitik entgegengesetzten Richtung besonders beteiligt haben, sowie über die Art der Beteiligung dieser Personen sämtliche Gr. Amtsvorstände zur Äußerung veranlaßt und auf Grund der eingekommenen Berichte und der Beiberichte der Gr. Landeskommissäre ein nach den Dienstkreisen der letzteren bzw. nach Amtsbezirken abgeteiltes Verzeichnis der gedachten Personen gefertigt[1]. *[...]*
Die Berichte lassen zur Genüge erkennen, daß fast in sämtlichen Wahlkreisen eine so umfassende und energische Wahlagitation stattgefunden hat, daß die Wählerschaften mehr als je davon ergriffen und erregt wurden. Ganz besonders muß aber die hochgradige Beteiligung der katholischen Geistlichkeit an dem stattgehabten Wahlkampf und die hochbedenkliche Art, in welcher von dieser Seite der Kampf geführt wurde, hervorgehoben und nicht minder im kirchlichen als im allgemeinen staatlichen Interesse bedauert werden. Wohl ist schon bei früheren Reichstagswahlen wiederholt wahrzunehmen gewesen, daß in einzelnen Wahlkreisen die oppositionelle Wahlagitation hauptsächlich von Geistlichen der katholischen Kirche ausging und geleitet wurde; bei der letzten Reichstagswahl wurde aber diese Agitation in einer Reihe von Wahlkreisen und Amtsbezirken nicht nur ganz oder nahezu ausschließlich von katholischen Geistlichen eingeleitet und durchgeführt, sondern teilweise von solchen auch in so leidenschaftlicher und demagogischer Art betrieben, daß sie geradezu den Charakter der Aufwühlung und Aufhetzung der Wähler annahm. Bei dieser feindseligen und agitatorischen Haltung der Geistlichen macht sich auch ein wesentlicher Unterschied nicht geltend, mochte der oppositionelle bzw. septennatsfeindliche Kandidat aus der Reihe der katholischen Volks- oder Zentrumspartei selbst oder aus der demokratischen oder aus der deutschfreisinnigen Partei genommen sein. *[...]*
Die Art des Auftretens der geistlichen Herren des Näheren anlangend, so blieb kein Agitationsmittel von ihnen unbenützt. Offen und im Geheimen wurde den Wählern von den Pfarrern oder ihren Beauftragten zugesetzt, doch ja dem Zentrumskandidat die Stimme zu geben, und diese Einwirkung auf die Wähler ohne Unterlaß, ja bis unmittelbar vor Abgabe des Stimmzettels und noch im Wahllokale fort betrieben; zahllose Wahlversammlungen wurden von Geistlichen veranstaltet,

und zwar nicht bloß am Wohnorte oder innerhalb des Kirchspiels, sondern auch auswärts, und Pfarrer waren es auch, die in diesen Versammlungen in der Regel den Vorsitz führten und die Wahlreden hielten. Von den Geistlichen wurde für Flugblätter gesorgt und deren Verbreitung bewirkt, obwohl solche großenteils voll von Entstellungen und Unwahrheiten waren; auch die Stimmzettel haben sie beschafft und dieselben entweder durch Meßner, Blasebalgtreter oder andere Vertraute oder durch Schulkinder oder auch persönlich zur Verteilung gebracht.

Wir haben Veranlassung genommen, auf Einkommen der Berichte jeweils sofort das gr. Ministerium der Justiz, des Kultus und Unterrichts von denselben Einsicht nehmen zu lassen und diesen Ministerien zugleich die Erwägung anheimzugeben, ob und wegen welcher Vorkommnisse etwa weitere Erhebungen anzustellen bzw. die Einleitung strafgerichtlicher Verfolgungen herbeizuführen sei. Ebenso haben wir mehrere schon vor Beendigung des Wahlkampfes eingegangene Vorlagen der Amtsvorstände in Tauberbischofsheim und Buchen über die maßlose Agitation, welche im dortigen Wahlkreis von einer großen Anzahl katholischer Geistlicher betrieben wurde, sowie über das dieser Agitation entsprechende Auftreten des dortigen Zentrumskandidaten Landgerichtsrat v. Buol von Mannheim[2] dem genannten Ministerium zur Kenntnisnahme und zum weiteren Befinden — insbesondere auch hinsichtlich dieses richterlichen Beamten — übermittelt; auf Rückkunft dieses Materials werden wir nicht verfehlen, nachträglich solches untertänigst in Vorlage zu bringen.

Von dem Verhalten des kaiserlichen Postverwalters Manuwald in Ochsberg und des Bezirksfeldwebels in Bühl wurde die kaiserliche Oberpostdirektion dahier bzw. das königliche Generalkommando des XIV. Armeekorps geeignet verständigt. Wegen des Kaufmanns Beil in Stetten, welcher die Stelle des Vorstands des zum badischen Militärvereinsverbandes gehörigen Militärvereins selbst bekleidet, obwohl er nie Soldat gewesen ist und der sich in einer Verbandsversammlung in septennatsfeindlicher Richtung geäußert hat, ist auf bezügliche Mitteilung durch das Präsidium des Verbands bereits Einleitung dahin getroffen, daß er seiner Stelle enthoben und eine andere Persönlichkeit, die alle satzungsmäßigen Eigenschaften besitzt, an die Spitze des Vereins gestellt wird. Leider ist aus mehreren Berichten (Ettenheim, Achern, Baden, Rastatt, Tauberbischofsheim) zu entnehmen, daß bei den Militärvereinen in den katholischen Orten dieser Bezirke überhaupt der patriotische Aufruf, welchen das Präsidium des Militärvereinsverbandes an die Vereine ergehen ließ[3], nicht den entsprechenden Widerhall gefunden hat; die Mitglieder dieser Vereine ließen sich zumeist vom Pfarrer ins Schlepptau nehmen und stimmten diesem Mann für Mann nach.

Die demokratische Wahlagitation beschränkte sich auf die Wahlkreise Mannheim, Karlsruhe und Pforzheim und wurde hauptsächlich von den Herausgebern und Redakteuren der in Mannheim und Karlsruhe erscheinenden demokratischen Zeitungsblätter betrieben. Fabrikant Flürscheim[4] in Gaggenau und Baden wechselte; bald trat er für den demokratischen Kandidaten ein, bald schloß er sich dem Zentrumskandidaten an, in der Hauptsache wirkte er aber für den sozialdemokratischen Kandidaten Geck[5]. Im Amtsbezirk Weinheim mußten einige von der demokratischen Partei veranstaltete Wahlveranstaltungen aufgelöst werden, weil infolge der Auslassungen des Kandidaten Kohn[6] die Parteien derart erregt waren, daß der Ausbruch von Exzessen befürchtet werden mußte.

Von sozialdemokratischer Seite wurde vornehmlich in den Wahlkreisen Freiburg, Offenburg, Baden, Karlsruhe, Pforzheim und Mannheim agitiert. Der Haupt-agitator, Redakteur Geck von Offenburg, hat sich auch in vier der genannten Wahl-kreise als Kandidat der sozialdemokratischen Arbeiterpartei aufstellen lassen; der in Mannheim aufgestellte Kandidat Dreesbach[7] beobachtete dagegen diesmal eine merkliche Zurückhaltung. Der sozialdemokratischen Agitation wurde überall, so-weit das Gesetz hiezu eine Handhabe bot, kräftigst und rechtzeitig entgegenge-treten und damit größeren Ausschreitungen zugleich vorgebeugt. Im Ganzen fielen auf sozialdemokratische Kandidaten 13.095 Stimmen gegen 11.063 im Jahre 1884, somit ein Mehr von 2 032; hievon entfallen allein auf den Amtsbezirk Offenburg, wo selbst 1884 keine Stimme für diese Partei abgegeben wurde, 770 Stimmen, die zum Teil wenigstens der klerikalen Agitation mitzuzuschreiben sein dürften. Für den Wahlkreis Mannheim ergab sich ein Mehr von 283 sozialdemokratischen Stim-men (1884: 4 846, 1887: 5 129), für den Wahlkreis Karlsruhe ein Weniger von 276 (1884: 3 012, 1887: 2 736), desgleichen ein Weniger für den Wahlkreis Baden mit 196 (1884: 539, 1887: 343), während der Wahlkreis Pforzheim (Kandidat Bloos[8], gemäßigter Sozialdemokrat) ein Mehr von 974 (1884: 1 338, 1887: 2 312) aufweist.

GLA 60/494.

[1] Anlage fol. 128—133 hier nicht aufgenommen.
[2] Rudolf Frhr. v. Buol-Berenberg (1842—1902), seit 1884 Zentrumsabgeordneter im Reichstag für den Wahlkreis Tauberbischofsheim-Wertheim.
[3] Vgl. Nr. 798.
[4] Michael Flürschheim (1844—1912), Besitzer der Eisenwerke Gaggenau, Bodenrefor-mer, der sich nach dem Verkauf seines Werkes ganz der Verbreitung seiner bodenreforme-rischen Ideen widmete, Herausgeber der Zeitschriften „Deutsch Land" u. „Freiland".
[5] Adolf Geck (1854—1942), 1879—81 Sekretär der Deutschen Volkspartei, unter dem Einfluß von August Bebel Sozialdemokrat, erschloß besonders Mittelbaden der Partei, 1898—1919 Mitglied d. Reichstags, 1897—1918 mit Unterbrechungen Mitglied der II. bad. Kammer, 1905/06 erster Sozialdemokrat im Präsidium der Kammer, 1917 Anschluß an die USPD, von ihr 1920 in den Reichstag entsandt.
[6] Kohn, angeblich aus Dortmund.
[7] August Dreesbach (1844—1906), Tischler vom Niederrhein, seit 1874 in Mannheim, 1878 Mitglied des Bürgerausschusses, 1884 Stadtrat, 1890 Mitglied des Reichstags, 1891 der bad. II. Kammer, Geschäftsleiter der Mannheimer „Volksstimme".
[8] Wilhelm Blos (1849—1927), 1872 Eintritt in die Sozialdemokratische Partei, Redak-teur verschiedener Blätter, 1880 aus Hamburg ausgewiesen, 1877—1918 Mitglied des Reichstags, 1918 Vorsitzender der Provisorischen Regierung Württemberg, 1919 Staats-präsident, 1920 Rücktritt.

806. Fürst Chlodwig zu Hohenlohe an Großherzog Friedrich.

Berlin, 31. März 1887.

E. K. H. sage ich meinen untertänigsten Dank für die wohltuenden Worte, mit welchen E. K. H. mich zu erfreuen geruhen. Die mächtige Unterstützung, die mir durch Ihr tätiges, wohlwollendes Eingreifen gewährt wird[1], erfüllt mich mit Vertrauen in die Zukunft. Ich lasse auch den Mut nicht sinken, selbst wenn Herr von Mayr an die „Straßburger Post" telegraphiert, die Auflösung der Statthalte-rei, des Landesausschusses und des Ministeriums seien beschlossene Sache[2]. (Ich habe nämlich den Verdacht, daß dieser coup d'état von ihm kommt.) Man berei-chert doch selbst am 68. Geburtstag noch seine Menschenkenntnis. [...]

[1] Der Ausgang der Septennatswahlen in Elsaß-Lothringen (vgl. Nr. 800. 801) gab in Berlin das Signal zu Überlegungen, die Organisation des Reichslandes von Grund aus umzugestalten. Ein von Boetticher vorbereiteter und am 15. März im preuß. Staatsministerium vorgelegter Gesetzentwurf, der anfänglich z. T. auch Bismarcks Billigung fand (*Lucius* S. 375 f.), sah vor: Annexion durch Preußen und die angrenzenden süddeutschen Staaten unter Beteiligung Badens, Abschaffung der Statthalterschaft, Wiedereinsetzung eines Oberpräsidenten, Aufhebung des Landesausschusses, Verlegung der oberen Verwaltung nach Berlin (vgl. *Seydler* S. 68 ff.). Hohenlohe gelang es während seines Aufenthaltes in Berlin, Kaiser Wilhelm für den Fortbestand der bestehenden Verfassung und für Verwaltungsreformen zu gewinnen, so daß die Beratungen des Staatsministeriums hinfällig wurden. Großherzog Friedrich setzte sich für die gemäßigte Lösung ein. Er berichtete Hohenlohe am 1. Apr., „was er mit Bismarck den Tag vorher gesprochen hatte. Bismarck sei gegen eine Veränderung in Elsaß-Lothringen, gegen die Aufhebung des Statthalters, gegen die Verlegung der Regierung nach Berlin. Er habe nur zugestimmt, daß ein Gesetzentwurf ausgearbeitet werde, weil er nicht mit den Ministern habe streiten wollen, die mit Ausnahme von Friedberg gegen die Statthalterei sind. Der Großherzog hat aber den Eindruck gewonnen, daß Bismarck schließlich die Sache werde im Sande verlaufen lassen" (*Hohenlohe,* Dwk. II S. 418 f.).

[2] Am 30. März 1887 veröffentlichte die „Straßburger Post" als Extrablatt eine Depesche des halbamtlichen „Wolffschen Telegraphenbüros", die die Aufhebung der Statthalterschaft, des Ministeriums und des Landesausschusses als bevorstehend ankündigte.

807. Großherzog Friedrich an Ungern-Sternberg.

Berlin, 1. April 1887.

Ich ersuche Sie, dem Herrn von Pezold[1] meinen verbindlichsten Dank zu sagen für die große Freundlichkeit, mit welcher er sich der Aufgabe unterzieht, mich über die Äußerungen der russischen Presse zu orientieren. Ich erkenne in diesem ersten Bericht wieder die ganze große Befähigung des Herrn von Pezold und freue mich, fortan seine ausgesuchten Mitteilungen zu erhalten.

Daß die Beziehungen Rußlands zu Deutschland und zu Frankreich und umgekehrt von besonderem Wert sind zu erfahren, ist wohl selbstredend. Ich würde aber dankbar erkennen, wenn v. Pezold auch weitere Gesichtspunkte ins Auge fassen wollte. Die Beurteilung der Beziehungen Deutschlands zu Österreich und Italien durch die russische Presse gehört wesentlich zur Erkenntnis der russischen Absichten im Orient. Die Beziehungen Rußlands zu England sind wesentlich bedingt von den Interessen Rußlands in Asien, wobei in neuester Zeit der Einfluß Amerikas zu Gunsten Rußlands schwer ins Gewicht fällt. Alle diese Gesichtspunkte bilden ein Ganzes, das zur Orientierung über die großen politischen Ziele der moskowitischen Absichten gehört. Zwei ganz verschiedene Richtungen in Rußland kämpfen gegeneinander, um die Herrschaft zu erlangen. Diese beiden Richtungen in der auswärtigen Politik zu verfolgen, ist vom größten Interesse. Wenn mir Herr von Pezold helfen will, diese schwierige Aufgabe des Studiums zu lösen, werde ich es sehr dankbar erkennen.

GLA FA Korresp. 13 N 541 eig.

[1] Leopold v. Pezold (1832—1907), Maler u. Journalist, Lehrer für Kunstgeschichte in Karlsruhe. Seine Berichte an den Großherzog sind nicht bekannt.

808. Großherzog Friedrich an Bischof [Kopp?]

Karlsruhe, 17. April 1887.

Dank für einen mir äußerst wertvollen Beweis Ihres Vertrauens[1]. *[...]* Ich habe mit großer Befriedigung aus dem hier rückfolgenden Schreiben des Herrn Erzbischof von Freiburg entnommen, daß er ein unbedingtes Vertrauen zu Ihnen besitzt und Ihren Rat gern in Anspruch nimmt. Ich darf daher wohl annehmen, daß Ihre Meinung von entscheidender Folge sein wird.

Ich begreife, daß der Herr Erzbischof von Freiburg sich noch unter dem Eindruck der so erregenden Wahlbewegung der letzten Wochen befand, als er sich über die Personen und Verhältnisse hier zu Lande Ihnen gegenüber aussprach. Diese Auffassung wird mit der Zeit diejenige Milderung erfahren, welche seinem versöhnlichen Wesen entspricht, wenn er sich überzeugt, daß ein mächtiger Unterschied besteht zwischen den täglichen Äußerungen einer streitbaren Presse und dem bedächtigen Handeln der Regierung.

Es gibt Zeiten, in denen das Schweigen oft eine schwer zu erfüllende Pflicht ist, deren Erfüllung aber der einzige Weg ist, um wichtige Fragen vor der Vergiftung des Parteigeistes zu bewahren. Die Regierung wird stets beachten müssen, zur Lösung schwieriger Fragen den richtigen Zeitpunkt zu wählen.

Mit besonderer Dankbarkeit habe ich gelesen, daß Sie dem Herrn Erzbischof von Freiburg geraten haben, sich vertrauensvoll an den Landesherren zu wenden. Möchte der Herr Erzbischof bei Befolgung dieses Rates sich überzeugt halten, daß der Landesherr mit der reichlich gemachten Erfahrung rechnet, welch großer Unterschied besteht zwischen den wahren Interessen der Kirche und den der Kirche zugeschriebenen Interessen fanatischer Parteien.

Es würde mich herzlich freuen, wenn unsere in Berlin begründete Bekanntschaft auch fortan zu dauernden vertraulichen Beziehungen sich ausbildete. *[...]*

GLA FA Korresp. 13 N 469 eig. Konz.

[1] Nicht vorhanden.

809. Marschall an Turban.

Berlin, 3. Juli 1887.

Ganz vertraulich! *[...]* Im Ganzen habe ich den Eindruck, daß die auswärtige Situation sich in den letzten Wochen etwas verdüstert hat. Die gleichzeitige Existenz d r e i e r mehr oder minder akuter Fragen im Orient, der ägyptischen, der bulgarischen und der serbischen, die Annäherung zwischen Rußland und Frankreich, die steigende Erbitterung gegen Deutschland, die in Paris und Petersburg zu Tage tritt, alle diese Momente bekunden eine gewisse Spannung der Lage; dazu kommt, daß die bedauerliche Krankheit S. K. H. des Kronprinzen[1] in Verbindung mit dem hohen Alter unseres Kaisers in ermutigendem Sinne auf die Feinde Deutschlands wirkt. Zum Glück ist Deutschland nicht nur militärisch, sondern auch diplomatisch auf alle Eventualitäten gerüstet; dank den jüngsten Bewilligungen des Reichstags[2] wird unsere Armee in kürzester Frist eine Höhe der Leistungsfähigkeit erreichen, die uns nach menschlicher Voraussicht in die Lage setzt, auch der ungünstigsten Konstellation die Stirne zu bieten; dank dem durch Verträge verbrieften Verhältnisse Deutschlands zu Österreich-Ungarn und Italien wird einem eventuellen russisch-französischen Bündnisse eine mindestens gleich starke Koalition gegenüberstehen; die jüngsten Vorgänge in Konstantinopel, bei denen Frankreich in so unkluger Weise seine Mittelmeerpläne enthüllt hat[3], werden uns Italien wo möglich noch fester verbinden. W a n n die Entscheidung eintreten wird, darüber ist bei den gänzlich unberechenbaren Faktoren, welche in Petersburg und Paris influieren, jede Vorhersage unmöglich; dem Geschicke des deutschen Reichskanzlers mag es gelingen, sie noch längere Zeit hintanzuhalten, unvermeidlich bleibt sie darum doch. Die Freundschaft des panslawistischen Rußlands und damit die volle Aktionsfähigkeit nach Westen ist für uns nur zu haben gegen die Preisgabe Österreichs; diese Prätension widerspricht aber den Existenzbedingungen des deutschen Reichs ebenso wie die von Frankreich angestrebte Rückgabe von Elsaß-Lothringen. Die Unmöglichkeit, diese Prätensionen zu erfüllen, garantiert uns auf beiden Seiten eine Feindschaft, welche zu tief in der öffentlichen Meinung wurzelt, um nicht schließlich über kurz oder lang zu einem Zusammenstoß führen zu müssen. —

GLA 233/34797 fol. 153 Ausf., dem Großherzog vorgelegt, zurück am 5. 7. 87; 49/2016 fol. 41 f. Konz.

[1] Auf Grund der beim Kronprinzen seit Februar und März bestehenden hartnäckigen Heiserkeit diagnostizierten die im Mai 1887 zugezogenen medizinischen Autoritäten Toboldt, Gerhard und v. Bergmann Kehlkopfkrebs. Der zugezogene englische Spezialist Mackenzie veranlaßte bei Virchow eine mikroskopische Untersuchung. Virchows Gutachten vom 9. Juni 1887 zerstreute die Befürchtungen.
Adalbert v. Toboldt (1827—1907), Geh. Med. Rat., Professor, Laryngologe. — Karl Christian Gerhardt (1833—1902), Laryngologe, 1861 Prof. an der Klinik für innere Medizin in Jena, 1872 in Würzburg. — Ernst v. Bergmann (1836—1907), Chirurg, 1882 Direktor der chirurgischen Klinik der Universität Berlin. — Zur Krankengeschichte des Kronprinzen vgl. M. Freund, Das Drama der 99 Tage. Krankheit u. Tod Friedrichs III. (1966). — Sir Morell Mackenzie (1837—92), Laryngologe aus London.
[2] Es wurden im Reichstag angenommen am 17. Juni das Branntweinsteuergesetz (Schultheß S. 139 ff., 149 f.), am 18. Juni das Zuckersteuergesetz (ebd. S .145 f., 151) und am 30. Juni 1887 vom Bundesrat genehmigt.
[3] Französischer und russischer Protest über die englisch-türkischen Abmachungen über Ägypten.

810. Turban an Großherzog Friedrich.

Karlsruhe, 21. September 1887.

Am 23. d. Mts. begeht Fürst Bismarck das 25jährige Ministerjubiläum. Die kgl. bayerische Regierung hat durch ihre Gesandtschaft in Berlin Erkundigung einziehen lassen, in welcher Weise einzelne der verbündeten Souveräne und Regierungen ihre Teilnahme zu betätigen beabsichtigen, und ist eine bezügliche Anfrage auch an die gr. Gesandtschaft bzw. anher gelangt. Ich habe zunächst die gr. Bevollmächtigten beauftragt, auch ihrerseits sich bezüglich zu erkundigen und zu berichten.

Ein erster Bericht teilte nur mit, daß S. M. der Kaiser den Reichskanzler durch ein Glückwunschschreiben auszeichnen werde, die kgl. sächsische Regierung sich zu enthalten beabsichtige, da sie die Feier als eine rein preußische ansehe. Nach einem heutigen Telegramm des Herrn von Marschall, der einzigen bis jetzt eingegangenen Nachricht, wird aber S. M. der König von Sachsen den Fürsten Bismarck telegraphisch beglückwünschen, wahrscheinlich auch S. K. H. der Prinzregent von Bayern.

Ich glaube nicht unterlassen zu dürfen, E. K. H. hievon untertänigste Meldung zu erstatten.

GLA FA Korresp. 13 N 319 Ausf.

811. Gelzer an Großherzog Friedrich.

Witwald, 23. September 87.

Heute ist der 25. Jahrestag der Regierung Bismarck. *In den letzten 25 Jahren haben wir uns oft mit der inhaltsschweren Schicksalsfrage beschäftigt:* Was bedeutet das Ministerium Bismarck für die Geschicke Preußens und Deutschlands, für Gegenwart und Zukunft Europas, für die großen Kulturinteressen der Menschheit und speziell für die Aufgaben des deutschen Protestantismus? Eine abschließende Antwort wird und muß noch lange auf sich warten lassen; aber schon jetzt kann, wer mit hellem Auge und freier Seele sorgfältig die Grundzüge in der Geschichte des letzten Vierteljahrhunderts sich klar zu machen versucht, das Charakterbild dieses merkwürdigen Mannes und die Bedeutung seines Wirkens immer deutlicher unterscheiden von dem Dunstkreise, in welchen der Haß seiner Gegner sowie die Bewunderung seiner Freunde ihn einhüllten.

Wenige Tage vor Regierungsantritt Bismarcks wurde zwischen uns am 17. Sept. 62 auf der Mainau das entscheidende Wort gesprochen. Wenn Sie die Jahre unserer Gemeinsamkeit überschauen, so können Sie als Ergebnis feststellen: Ich habe einen guten Kampf gekämpft! Was ich erstreben wollte für mein Volk und für die Menschheit, darüber haben nicht Menschen, sondern höhere Richter zu urteilen.

GLA FA Korresp. 13 Bd. 24 Nr. 720.

812. Fürstbischof Kopp an Großherzog Friedrich.

Fulda, 7. Oktober 1887.

Bevor ich aus der oberrheinischen Kirchenprovinz scheide und den dunklen Weg nach dem Osten antrete[1], drängt es mich, E. K. H. noch einmal aus innigstem Herzen zu danken für das gnädigste Wohlwollen, welches Höchstdieselben wiederholt mir erwiesen haben. Die Erinnerung an dasselbe wird mir stets ein Antrieb sein, E. K. H., die Frau Großherzogin und die Großherzogliche Familie dem gnädigen Schutze des Allmächtigen zu empfehlen.

Ich nehme zugleich den Trost mit, daß der Herr Erzbischof das Vertrauen E. K. H. besitzt, und habe ich die zuversichtliche Hoffnung, daß er sich in demselben befestigen wird, wenn ich mir in die Erinnerung zurückrufe, mit welcher Entschiedenheit der würdige Herr auf der diesjährigen Bischofskonferenz für die versöhnliche Richtung eingetreten ist.

GLA FA Korresp. 13 N 429 eig.

[1] Wahl zum Fürstbischof von Breslau.

813. Marschall an Turban.

Berlin, 19. Oktober 1887.

Ganz vertraulich! [...] Was ich von verschiedenen Seiten über das Befinden S. K. H. des Kronprinzen erfahre[1], macht mir leider keinen günstigen Gesamteindruck. Graf Radolinski, der zwar schon seit mehreren Wochen in Urlaub ist, aber mit seinen Herrschaften und deren Umgebung in ständiger Korrespondenz steht, hat vor wenigen Tagen in vertrautem Kreise geäußert, daß er jetzt ebenfalls ernste Besorgnisse hege. Über Sir Morell Mackenzie sprach er sich ungünstig aus, indem er ihn, wenn auch nicht ausdrücklich, so doch dem Sinne nach, der Charlatanerie beschuldigte. Sein einziges Verdienst bestehe darin, das Allgemeinbefinden des Kronprinzen gehoben zu haben; die von ihm s. Zt. als unnötig bezeichnete Operation werde über kurz oder lang doch stattfinden. — Sehr bedauerlich ist, daß neben der allgemeinen Teilnahme sich hier auch eine Verstimmung bemerkbar macht, die nicht nur s a c h l i c h e r Natur ist[2].

GLA 233/34797 fol. 181 ff., eig. Ausf., dem Großherzog vorgelegt; 49/2016 fol. 67 ff. Abschr.

[1] Marschall berichtete am 12. u. 15. Okt. 1887 über die Unzufriedenheit in Berlin, daß über das Befinden des Kronprinzen keine authentischen Nachrichten vorlägen und daß die deutschen Spezialärzte von der Behandlung ausgeschlossen seien. „Die Tatsache, daß Sir Morell Mackenzie ausschließlich den Korrespondenten des fortschrittlichen „Berliner Tageblatts" ins Vertrauen zieht und die „Freisinnige Zeitung" des Abgeordneten Richter unter deutlichem Hinweis auf seine Intimität mit Professor Virchow ebenfalls sich den Anschein genauer Information gibt, während alle anderen hiesigen Blätter auf den wenig verläßlichen sogen. Hofbericht angewiesen sind, trägt natürlich nicht dazu bei, die bestehende Unzufriedenheit zu vermeiden" (GLA 233/34797 fol. 173 Ausf., dem Großherzog vorgelegen, zurück am 15. 10. 87, 49/2017 fol. 61 Konz.

[2] Beginnend mit dem 28. Okt. 1887 liegen in Karlsruhe fast tägliche telegraphische, z. T. chiffrierte, vom Großherzog aufgelöste Äußerungen über den Gesundheitszustand des Kronprinzen vor von Marschall, v. Bergmann, Prinz Wilhelm, Kronprinzessin Viktoria, Kaiserin Augusta, Victoria v. Schweden u. a., die hier nicht ausgewertet werden (GLA FA Korresp. 13 Bd. 37 Fasz. 2a Die Erkrankung Kaiser Wilhelms I. u. Kaiser Friedrichs III. 1887—88). Die Marschallschen Tel. sind meistens Kurzfassungen der unmittelbar folgenden ausführlichen Berichte.

814. Marschall an Turban.

Berlin, 24. Oktober 1887.

Der bekannte hiesige Finanzmann, Herr von Bleichröder, hat vergangenen Freitag dem Herrn Reichskanzler in Friedrichsruh einen Besuch abgestattet, und ist es dabei zu interessanten politischen Erörterungen gekommen. Beim Frühstück, an welchem außer Herrn von Bleichröder und seinem Sekretär auch ein Mitglied des Auswärtigen Amtes teilnahm, äußerte sich Fürst Bismarck etwa folgendermaßen:

Er habe früher einmal im Reichstag ausgesprochen, daß er einen Krieg mit Frankreich für möglich erachte, nicht aber einen solchen mit Rußland, da er sich keine Veranlassung hierzu denken könne; in letzterer Beziehung sei seine Anschauung eine andere geworden: er fürchte einen Krieg mit Rußland ebensowenig wie vorher, aber „ e r e r w a r t e i h n ". Die Geschichte sei ohne Beispiel, daß eine Monarchie so leichtsinnig ins Verderben eile wie gegenwärtig Rußland; nehme der Krieg, zu dem man dort treibe, einen für das Land unglücklichen Ausgang, was er — der Reichskanzler — glaube, so werde die Monarchie den zersetzenden Elementen keinen Widerstand mehr leisten können. Wenn in Deutschland noch vielfach Vertrauen zu den russischen Zuständen und den deutsch-russischen Beziehungen bestände, so sei das zum Teil seine Schuld, er werde aber die nächste Gelegenheit ergreifen, um diesen Irrtum aufzuklären. Niemals in seinem Leben habe er eine so feste politische Überzeugung gehabt als die, daß der Krieg zwischen Deutschland und Frankreich „ i n   a b s e h b a r e r   Z e i t   u n v e r m e i d l i c h   s e i “,   u n d   d a n n   g l e i c h z e i t i g   R u ß l a n d   g e g e n   u n s   l o s g e h e n   w e r d e. Zu fürchten brauchten wir dies nicht; wir könnten eine Million Soldaten nach Osten und eine Million nach dem Westen werfen, und das werde genügen. Wir strebten allerdings danach, den Frieden zu erhalten, allein unsere Friedensliebe sei gegenüber Rußland keine andere als gegenüber Italien, Österreich, England usw., sie werde nicht darin bestehen, daß wir Konzessionen über Konzessionen machen und dafür in steigendem Maße Undank, Feindschaft, Aufhetzung ernteten. Den Gedanken, von dem Graf Schuwaloff (der Botschafter) ausgehe, daß es unsere Sache sei, Rußland und Frankreich getrennt zu halten, indem wir ersterem fortwährend auf dem Präsentierteller Konzessionen anbieten, weise er zurück; er werde Rußland nicht die geringste Konzession mehr machen, denn er sehe, daß jede solche die Feindschaft gegen uns steigere und nur neue Prätentionen wachrufe, am Ende werde man gar glauben, daß wir uns fürchteten. Solange Katkow[1] gelebt, habe er mit Rücksicht auf die Beziehungen des Zaren zu demselben Geduld gehabt; die Erwartung, daß die Haltung der Presse mit Katkows Tode sich mäßigen werde, sei jedoch nicht in Erfüllung gegangen, im Gegenteil, die Maßlosigkeiten der russischen Presse gegen uns nähmen von Tag zu Tag zu. Herr von Giers[2] sei ein Schwächling, der nichts vermöge; ob Kaiser Alexander III. die Zustände nicht ändern k ö n n e oder nicht ändern w o l l e, sei für uns völlig gleichgültig, das Fazit, welches wir zu ziehen hätten, sei genau dasselbe. Auf die Bemerkung Bleichröders, daß es mit Rücksicht auf den großen Besitz Deutschlands an russischen Werten doch wünschenswert erschiene, wenn dieselben im Preise zunächst noch gehalten würden, bemerkte der Reichskanzler: wenn die wirtschaftlichen Verhältnisse Not litten, so bedaure er das, könne es aber nicht ändern; für ihn seien stets in erster Reihe die politischen und erst in zweiter Reihe die wirtschaftlichen Interessen maßgebend, denn die Gestaltung der wirtschaftlichen Verhältnisse sei schließlich doch von der Politik abhängig. —

Mein Gewährsmann erzählte mir, daß Herr von Bleichröder während dieser Expektorationen des Fürsten immer ernster geworden sei; nach dem Frühstück habe er noch eine fast [ein]stündige Privataudienz beim Fürsten gehabt. Beim Verlassen des Zimmers sei er ganz „zerknittert“ gewesen: „so pessimistisch habe er den Fürsten noch niemals in seinem Leben sich aussprechen hören“. —

Man darf natürlich nicht außer Acht lassen, daß die schärfere Tonart, welche der Reichskanzler seinen Ausführungen gab, dem F i n a n z i e r gegolten hat, der früher eifrig in „Russen“ tätig war und sich erst neuerdings wieder mit Konversionsplänen für russische Werte trug; insofern sind die Äußerungen des Fürsten nur eine Fortsetzung des seit längerer Zeit im Gange befindlichen offiziösen Feldzuges. Auf der andern Seite hat Fürst Bismarck auf Grund einer dreißigjährigen Bekanntschaft doch zuviel Sympathie für Bleichröder, um denselben in eine

Baisseposition zu drängen, wenn seine eigenen Anschauungen der Weltlage nicht auch à la baisse ständen[3]. Im Grunde genommen enthalten ja auch die Äußerungen des Fürsten nichts anderes, als was er in diplomatischer Form in Petersburg hat erklären lassen. Mein Gewährsmann bemerkte mir zudem, daß die Unterredung ohne jede Garantie für diskrete Behandlung stattgefunden habe, der Fürst also darauf gefaßt sein müsse, daß seine Äußerungen heute abend in der „Nationalzeitung" erscheinen.

GLA 233/34797 fol. 187 ff. Ausf., eingegangen 25. 10., dem Großherzog vorgelegen, zurück 31. 10. 87; 49/2016 fol. 72 f. Konz.

[1] Michael Nikiforowitsch Katkow (1818—87), russischer Publizist.
[2] Nikolai Karlowitsch v. Giers (1820—95), 1882 russischer Außenminister als Nachfolger Gortschakows, Gegner der panslawistischen Kriegstreibereien.
[3] Am 10. Nov. 1887 gibt die Reichsbank bekannt, daß sie russische Werte nicht mehr beleihe (*Schultheß* S. 178).

815. Anton v. Werner an Großherzog Friedrich.

Karlsruhe, 6. November 1887.

Da ich nicht die Ehre haben konnte, von E. K. H. empfangen zu werden[1], so glaube ich um die Erlaubnis bitten zu dürfen, E. K. H. auf diesem Wege Bericht über das Befinden S. K. H. des Kronprinzen zu erstatten, um so mehr, als ich dazu besonderen Auftrag habe.

Während meines zweiwöchentlichen Aufenthaltes in Baveno[2], wo ich täglich von früh bis zum Abend in unausgesetztem Verkehr mit den Herrschaften war, habe ich eine Reihe von Wahrnehmungen machen können, welche wichtig genug sein dürften, um sie E. K. H. untertänigst zur Kenntnis zu bringen.

Zunächst erscheint mir alles, was in der letzten Zeit über die Krankheit des Kronprinzen bekannt geworden ist, und die Besorgnisse betreffs des Verlaufs derselben durchaus übertrieben. Der Kronprinz sieht so wohl aus und fühlt sich so durchaus kräftig und munter, daß man schwerlich daran denken würde, einen Kranken vor sich zu haben, wenn nicht die Heiserkeit der Stimme und die Schonung, welche der hohe Herr seinem Sprechorgan auferlegen muß, daran erinnerten. Die täglich stattfindenden Untersuchungen haben eine Wiederkehr der Wucherung bisher nicht ergeben, und die Heilung des durch die Operation verwundeten Stimmbandes würde schon längst eingetreten sein, wenn demselben diejenige Ruhe und Pflege hätte zuteil werden können wie etwa einem verwundeten Arm, den man in Gips und Bandage legt. Aber die Lebhaftigkeit S. K. H. und der bei der politischen Stellung und Bedeutung Höchstdesselben berechtigte Wunsch, nicht krank erscheinen zu wollen, haben dem Heilungsprozeß bisher die größten Schwierigkeiten entgegengesetzt, und die behandelnden Ärzte sind deshalb in schlimmer Lage. Dem Kronprinzen hat nach der Operation ein Arzt gefehlt, wie ihn Fürst Bismarck in Dr. Schweninger gefunden, der mit rücksichtslosester Energie und autoritativer Grobheit seinen Anordnungen Geltung verschafft hätte. Die jetzt den Kronprinzen begleitenden Ärzte haben bei seinem allgemeinen Wohlbefinden außer den Beobachtungen mit dem Kehlkopfspiegel, welche vornehmlich dem Dr. Hovell[3], dem Assistenzarzt Dr. Mackenzies, obliegen, nur auf die Temperaturverhältnisse und darauf zu achten, daß Erkältungen vermieden werden, welche

Anschwellungen und Entzündungen der Halsorgane zur Folge haben; den hohen Herrn aber zur Schonung des Sprechorgans zu zwingen, dazu sind beide Ärzte nicht vermögend, und hierfür müssen andere Mittel mitwirken. Als am Sonntag und Montag voriger Woche der deutsche Botschafter in St. Petersburg, General von Schweinitz, in Baveno war[4], sprach der Kronprinz stundenlang so viel, daß sich in den folgenden Tagen sofort eine stärkere Heiserkeit bemerklich machte. Derartige Versuchungen müßten durchaus ferngehalten werden, aber in der Umgebung des hohen Herrn müssen sich Elemente befinden, welche durch Unterhaltung und auf alle mögliche Weise Höchstdenselben derartig beschäftigten, daß Er wenig oder nichts zu sprechen braucht und stets in g u t e r   S t i m m u n g bleibt; die militärische Begleitung allein und auch die anderen Mitglieder der ständigen Umgebung sind aus naheliegenden Gründen dazu außerstande. Ein ganz besonderer Nachdruck muß auf Erhaltung e i n e r   g u t e n   S t i m m u n g bei dem langwierigen Heilungsprozeß gelegt werden, um zu verhindern, daß die Krankheit des Kronprinzen, wie es zweifellos geschieht, zu politischen Parteizwecken ausgebeutet und von der Presse dementsprechend in der rücksichtslosesten Weise behandelt wird.

Es ist unmöglich, dem hohen Herrn die Zeitungen gänzlich zu unterschlagen. Er liest sie leider täglich, und die ungünstige Wirkung macht sich sofort bemerklich. Die Krankheit und die Genesung des Kronprinzen ist eine zu große und zu bedeutende politische Frage, als daß nicht alle anderen Rücksichten und Verstimmungen gegen das eine Ziel zurücktreten müßten: die Genesung unter allen Umständen zu sichern und zu beschleunigen! Und hier komme ich zu dem Punkte, der, so delikat er ist, berührt werden muß: d i e   S t e l l u n g   d e r   F r a u   K r o n -p r i n z e s s i n   z u r   S a c h e. I. K. H. ist Angriffen ausgesetzt, welche bisher noch einigermaßen verdeckt auftreten, welche aber, wie von dem Leiter eines großen politischen Organs ganz offen erklärt worden ist, demnächst ganz direkt erfolgen würden —, was meines Erachtens unter allen Umständen verhütet werden muß! Es erscheint mir mehr als illoyal, bei d i e s e r   G e l e g e n h e i t der Mißstimmung über die Vorliebe der Frau Kronprinzessin für englisches Wesen und englische Einrichtungen oder der Freude oder dem Unmut über ihre liberalen Anschauungen das Wort zu gönnen. Die hohe Frau hat, unbeschadet der berechtigten Ansprüche, welche die Nation an den Kronprinzen hat, unzweifelhaft in diesem Falle jene Rechte, welche jedem anderen Sterblichen zuerkannt werden und mit welchen zur Erzielung des ersehnten Resultates unbedingt gerechnet werden muß. Und in dieser Beziehung scheint nach meinen Wahrnehmungen manches verfehlt zu werden. Es ist beispielsweise ein natürliches Ergebnis all jener Erörterungen in der Presse über deutsche oder e n g l i s c h e Behandlungsweise, über die Wahl des Aufenthaltes in der Villa e i n e s   E n g l ä n d e r s in Baveno oder Mieten der Villa Zirio in S. Remo durch den e n g l i s c h e n Konsul statt durch den deutschen, daß bei den kronprinzlichen Herrschaften der Glaube an eine systematisch organisierte, von einer bestimmten Stelle her geleitete Agitation aufkommen kann, was naturgemäß eine tiefe Verstimmung und E r ö r t e r u n g e n darüber zur Folge hat und der Genesung durchaus ungünstig ist. Die Presse oder die öffentliche Meinung (?) wünscht den Kronprinzen nach Deutschland zurück, während die Frau Kronprinzessin das Fernbleiben Höchstdesselben von Berlin und den mit dem Aufenthalt daselbst oder an anderen Orten in Deutschland verbundenen Aufregungen für durchaus notwendig für die Genesung des Sprechorgans des

Kronprinzen hält, und ich kann nach meinen persönlichen Wahrnehmungen dem **nur beipflichten**. Das Auffinden eines geeigneten Wohnsitzes an der Riviera hat nicht geringe Schwierigkeiten verursacht, um so mehr, als die Villa Clara in Baveno ein ganz idealer Aufenthalt war.

Wenn es gelänge, dem Kronprinzen in San Remo Ruhe vor den Zeitungserörterungen und u n b e d i n g t e s   V e r t r a u e n in seine Genesung und fortgesetzt heitere Stimmung zu verschaffen und zu letzterem Zweck eine demselben entsprechende Umgebung für den hohen Herrn gefunden werden könnte, so glaube ich an dem glückhaften Erfolge nicht zweifeln zu dürfen, ganz besonders wenn es weiter gelänge, die — meiner innigsten Überzeugung nach ebenso ungerechtfertigte als — in diesem Falle vor allem u n p r a k t i s c h e Mißstimmung gegen die Frau Kronprinzessin zurückzudrängen oder gänzlich zu beseitigen. Es ist nicht nur meine persönliche Meinung, sondern die der gesamten Umgebung des Kronprinzen einschließlich höchstdessen Familie, daß auf diesen Teil des Heilungsprozesses mindestens ebenso viel oder noch mehr Gewicht zu legen ist als auf den chirurgisch-medizinischen Teil desselben.

E. K. H. werden, davon bin ich überzeugt, den Zweck dieses Schreibens wie die Absicht des Schreibers nicht mißverstehen, um so mehr, als ich in der glücklichen Lage bin, mich auf einen unmittelbaren Auftrag höchsten Ortes berufen zu können, dessen ich mich gegen niemand besser als gegen E. K. H. entledigen zu können geglaubt habe. E. K. H. haben in entscheidenden und schwierigen Momenten dem deutschen Volke und Reiche die unschätzbarsten Dienste geleistet, und E. K. H. ruhig klare und überlegene Einsicht wird auch in diesem Falle, der ohne Zweifel eine große politische Frage für das deutsche Reich in sich schließt, von wirksamstem Einflusse sein! Wäre es mir vergönnt gewesen, von E. K. H. empfangen zu werden, so würde ich diesen Erörterungen noch manches charakteristische hinzufügen können, ich glaube indes, daß sie in ihren Grundzügen genügen werden, und stehe für weiteres zu E. K. H. Befehlen. *[...]*

GLA FA Korresp. 13 N 553.

[1] Großherzog Friedrich befand sich auf Schloß Baden; vgl. Nr. 819 Anm. 1.
[2] Vgl. A. v. *Werner*, Erlebnisse u. Eindrücke 1870—90 (1913) S. 501 ff.
[3] Dr. Mark Hovell, Assistent Mackenzies, Spezialist für Halskrankheiten.
[4] Vgl. Briefwechsel d. Botschafters Gen. v. *Schweinitz* (1928) S. 244 f.

816. Marschall an Großherzog Friedrich.

Berlin, 7. November 1887.

[...] S. K. H. Prinz Wilhelm hat in den letzten Tagen wiederholt telegraphisch an den in der Umgebung S. K. H. befindlichen Obersten von Winterfeld[1] Nachrichten über das Befinden Allerhöchstdesselben erbeten, ohne eine Antwort zu erhalten. Erst nachdem Prinz Wilhelm Herrn von Winterfeld kategorisch aufgefordert hatte zu telegraphieren, ob er ihm überhaupt antworten wolle oder nicht, trafen im Laufe des gestrigen Tages Telegramme an den Herrn Reichskanzler und Herrn von Albedyll mit der Meldung ein, daß in dem Befinden des hohen Herrn bezüglich der lokalen Erscheinungen eine ungünstige Wendung eingetreten sei und der in San Remo anwesende Sir Morell Mackenzie die Zuziehung der

Spezialisten Professor Schröter[2] — Wien und Privatdozent Dr. Krause[3] — Berlin angeordnet habe. Ersterer ist als hervorragender Spezialist bekannt, während dies, wie ich vernehme, bei letzterm nicht der Fall ist. Darauf hat Prinz Wilhelm gestern Abend S. M. Vortrag erstattet und den Befehl erhalten, sich nach San Remo zu begeben, der Konsultation persönlich anzuwohnen und Bericht über deren Ergebnis zu erstatten. Man sagt mir, daß S. K. H. als Zweck seiner Reise bezeichnet habe: endlich einmal Klarheit gegenüber dem Wirrwarr von widersprechenden Nachrichten zu gewinnen. Von Frankfurt a. M. aus soll der daselbst ansässige Spezialist Dr. Schmidt[4] — eine Autorität ersten Ranges — den Prinzen begleiten.

Die Fassung des heute im „Reichsanzeiger" veröffentlichten Bulletins des Sir Morell Mackenzie, in dessen erstem Teile von dem „vortrefflichen Allgemeinbefinden" gesprochen wird, während es weiter heißt, daß eine „augenblickliche Gefahr" nicht vorhanden sei, gilt allgemein für eine sehr unglückliche. *[...]*

GLA FA Korresp. 13 N 451 Ausf.

[1] Hugo Hans Karl v. Winterfeld (1836—98), Oberst, Adjutant des Kronprinzen, 1888 kommandierender General in Hannover.
[2] Leopold Schrötter Ritter v. Kristelli (1837—1908), Laryngologe an der Universität Wien.
[3] Hermann Krause (1848—1921), 1885 Privatdozent für Laryngologie an der Universität Berlin, 1888 ordentl. Professor.
[4] Johann Friedrich Moritz Schmidt (geb. 1838), Geh. Medizinalrat in Frankfurt/M., Spezialarzt für Nasen-, Hals- u. Lungenkrankheiten.

817. Marschall an Turban.

Berlin, 8. November 1887.

Bei einer Besprechung, die ich heute vormittag mit Herrn Minister von Goßler zur Erledigung eines dienstlichen Auftrages hatte[1], glaubte ich, die Gelegenheit wahrnehmen zu sollen, mich über die neuesten Nachrichten bezüglich des Befindens S. K. H. des Kronprinzen zu verlässigen. Herr von Goßler sagte mir etwa folgendes: über den Zustand des hohen Herrn sei amtlich etwas weiteres nicht bekannt, als was das gestern publizierte Telegramm Mackenzies[2] enthalte; wenn schon die Fassung desselben einigermaßen sonderbar sei, so habe noch mehr die eigenmächtige Berufung des Professors Schrötter und des Privatdozenten Krause Erstaunen hervorgerufen. Gegen ersteren sei nichts einzuwenden, da er in der Tat als Autorität für Hals- und Kehlkopfleiden gelte. Dagegen sei Herr Krause selbst hier in Berlin, wo er wohne, persona ignotissima. Es falle schwer, ohne eine gewisse Erregung über diese Berufung zu sprechen, die man geradezu als „einen Schlag gegen die deutsche Wissenschaft" bezeichnen könne. Krause sei Schüler Schrötters und schon darum wenig geeignet, mit letzterem zu einer Konsultation zugezogen zu werden; außer einer kleinen Abhandlung, in der er, auf dem Boden einer Entdeckung Gerhardts aufbauend, einige keineswegs neue Schlüsse gezogen, habe er gar nichts geleistet. Dazu komme, daß auch seine Persönlichkeit nicht einwandfrei sei. Schon die eine Tatsache genüge, um ihn zu charakterisieren, daß er unmittelbar vor der Eröffnung des hiesigen Laryngologischen Instituts vom Judentum zum Christentum übergetreten sei, wie er selbst eingeräumt, um dadurch sich für eine Verwendung in dem Institute möglich zu machen. Prinz Wilhelm habe sich,

nachdem er vorgestern die ersten ungünstigen Nachrichten über das Befinden
S. K. H. des Kronprinzen empfangen, gestern in aller Frühe zu Professor von
Bergmann begeben, um ihn zu konsultieren; letzterem sei es unmöglich gewesen,
aus den telegraphisch mitgeteilten Indizien — rote Tupfen am Stimmbande, die
sich rasch zu einer Wucherung entwickelten — eine bestimmte Diagnose zu stellen;
die Anfrage des Prinzen, ob er nicht geneigt sei, ihn nach San Remo zu begleiten,
habe er mit der Bitte beantwortet, von diesem Gedanken absehen zu wollen, da er
sich im gegenwärtigen Augenblick davon keinen Nutzen verspreche und auch den
Anschein zu vermeiden wünsche, „als ob er recht gehabt haben wolle"; wenn es zu
einer ernsten Operation kommen sollte, so würde er der Ansicht sein, daß dieselbe
nicht in San Remo vorgenommen werden könne. Auch würde er nur dann zu
einer solchen schreiten, wenn die Spezialisten über die Notwendigkeit derselben
einig seien, und selbst für diesen Fall müsse er sich freie Entschließung vorbehalten.
Dagegen habe Herr von Bergmann es für dringend wünschenswert erklärt, daß
neben Professor Schrötter und dem gänzlich unreifen, unqualifizierten Herrn
Krause noch ein deutscher Spezialist zugezogen werde, und zwar Dr. Schmidt aus
Frankfurt, der eine Autorität ersten Ranges sei, der Sachlage vollkommen unbefangen gegenüberstehe und eintretendenfalles auch eine Voroperation zur Beseitigung etwaiger Atemnot vornehmen könne.

Die in dem heutigen „Berliner Tageblatt" enthaltenen Telegramme eines nach
San Remo entsendeten Spezialkorrespondenten, wonach eine neue Wucherung entstanden, die dem Aussehen nach bösartigen Charakters sei und wegen ihrer tiefen
Lage vom Munde aus schwer operiert werden könne, werden hier als im ganzen
zutreffend erachtet.

GLA 233/34797 fol. 203 ff. Ausf., eingegangen 9. 11. abends, dem Großherzog vorgelegen, zurück 10. 11. 87.

[1] Bei den hier nicht verfolgten Verhandlungen Marschalls mit Goßler handelt es sich
um die Erwerbung der Manessischen Liederhandschrift für die Universitätsbibliothek
Heidelberg mit Mitteln der Privatschatulle Kaiser Wilhelms I. Vgl. K. *Preisendanz*, Die
Rückgabe der Man. Handschrift, Neue Heidelberger Jbb. 1950 u. Ruperto-Carola 7 (1955).
[2] Mackenzie, durch die Kronprinzessin nach San Remo gerufen, stellte am 6. Nov.
1887 bei der Untersuchung die Wahrscheinlichkeit von Krebs fest. Prinz Wilhelm traf am
8. Nov. in San Remo ein.

818. Gelzer an Großherzog Friedrich.

Basel, 8. November 1887.

*Zusammensein in Baden 27.—30. Okt. Im Anschluß daran bin ich krank ge-
worden. Daher Bericht über die Steinstiftung verzögert[1].*

Hoffentlich finden die Vorschläge, die ich Ihnen für den künftigen Modus der
Verwaltung der Steinstiftung-Dotation vortrage und die ich Ihnen ganz flüchtig
schon bei einer mündlichen kurzen Berührung der Angelegenheit andeutete, nun,
wo Sie den ganzen Zusammenhang überblicken, Ihren Beifall. Mir will scheinen,
daß im jetzigen Stadium eine erwünschte Vereinbarung der Sache sowohl für Sie
als für mich darin läge. [...]

*Anlage: Quittung über den Steinstiftungsgehalt für die Jahre 1884, 85, 86, 87 zu
je 6000 Mk zus. 24 000 Mk aus den Zinsen der Stiftung für den Kurator.*

486

GLA FA Korresp. 13 Bd. 24 Nr. 814.

¹ Mit Datum „Basel, 24. Jan. 1887" legte Gelzer dem Großherzog einen „Bericht über den Stand der Steinstiftungs-Dotation. Vom 24. Juli 1874 bis 18. Okt. 1887" vor. Danach betrug 1874 das vorhandene Gründungskapital Franc 86.317 oder Mark 69.054, die Zinsen 1875—87 Mark 35.106. Gelzer erhielt abgesehen von Reisespesen jährlich ein Gehalt von Mark 6.000. Am 8. Nov. 1887 betrug die Dotation Mark 65.164. (GLA FA Korresp. 13 Bd. 24 Nr. 60 eig.).

819. Anton v. Werner an Großherzog Friedrich.

Darmstadt, Schloß, 9. November 1887.

E. K. H. melde ich untertänigst den Empfang des Telegramms Höchstdesselben¹. Die Frau Kronprinzessin hatte mich beauftragt, E. K. H. persönlich Meldung über den Zustand S. K. H. des Kronprinzen zu machen, sowie über das, „was Sie hier gesehen und wahrgenommen haben", wie Höchstdieselbe sich ausdrückte. Ich habe alle diese Punkte in meinem Schreiben vom 6. d. M. berührt, indes hätte sich mündlich manches einfügen lassen, was sich schriftlich verbot. Ich fürchte jetzt, daß durch die neuesten Nachrichten aus San Remo und die Reise des Prinzen Wilhelm K. H. dorthin meine Mitteilungen überholt sind oder wertlos geworden sind. Zudem bin ich hier — hoffentlich nur vorübergehend — erkrankt und muß deshalb, ohne den Zweck meines hiesigen Aufenthaltes erreicht zu haben, so schnell als möglich nach Berlin zurückkehren.

GLA FA Korresp. 13 N 553.

¹ Großherzog Friedrich an Werner, Schloß Baden, 8. Nov. 1887 (Tel.): Brief (Nr. 815) erhalten, „der mir sagt, daß Sie Aufträge für mich haben. Wenn Sie hierher kommen können, bitte ich mir telegraphisch anzugeben, wann" *[...]* (A. v. *Werner*, Erlebnisse u. Eindrücke 1870—90 (1913) S. 513).

820. Prinz Wilhelm von Preußen an Großherzog Friedrich.

San Remo, 9. November 1887, 10,30 abends.

Lieber Onkel. Soeben hat bei mir die Konferenz der Ärzte stattgefunden. Ihr erschütterndes Ergebnis hat die bösen Telegramme nur bestätigt. Fast einstimmig ist der Krebs als sicher angesehn; noch 2 Tage will man warten, um dann endgültig die Operation dem Papa zur Wahl zu stellen oder weiterleben, solange die Krankheit es gestattet. Er soll selbst darüber entscheiden. Jedenfalls wird über kurz oder lang, auch wenn nicht operiert wird, die Trachytomie notwendig. Sollte Papa sich für die Operation entscheiden, würde sofort nach Hause gefahren werden. Sir M. Mackenzie erklärt, Papa könne nicht länger als 18 Monate, höchstens zwei Jahre leben. Jedenfalls ist der Zustand ein fast hoffnungsloser zu nennen. Papa weiß nur, daß er ernstlich krank, aber nicht die volle Gefahr, die ihm erst übermorgen mitgeteilt werden soll. Meine Lage ist furchtbar, ihm gegenüber nichts merken zu lassen, und das alles wissen, ist eine entsetzliche Aufgabe. Gott gebe uns allen Kraft und Mut! Nach allem, was ich von den deutschen Ärzten habe zusammenklauben können, ist der Krebs schon lange im Gange und nie ein Zweifel darüber hätte sein können. Speziell Dr. v. Schrötter erklärt, es sei kein Moment zu zweifeln; und haben somit die Berliner Herren im April recht gehabt. Auch wäre nach seiner Ansicht damals die von Bergmann gewollte Operation entschieden von Nutzen und mit Aussicht auf Erfolg gewesen. Jetzt sei es sehr fraglich, ob sie noch garantieren[a] könne.

Das ist alles, was ich weiß, und furchtbar genug ist es; man kann sich nicht hineindenken! Und die 6 Monate, die verloren sind! Nun lebe wohl lieber Onkel.

Dein treuer gehorsamster Neffe Wilhelm.

GLA FA Korresp. 13 Bd. 46 Fasz. 64 I Nr. 2 (eig.), vom Großherzog in Abschr. (eig.) an Gelzer gesandt, Schloß Baden, 13. Nov. (GLA FA Korresp. 13 Bd. 20 Nr. 165).

[a] Eigentlich: gautiren; der Großherzog liest: garantieren.

821. Marschall an Turban.

Berlin, 10. November 1887.

Ew. Exz. beehre ich mich mitzuteilen, daß im Laufe des Tages von S. K. H. dem Prinzen Wilhelm und den Ärzten bei dem Auswärtigen Amte und Professor von Bergmann Telegramme aus San Remo eingetroffen sind, welche folgendes besagen: auf Grund der heute früh stattgehabten Untersuchung mit nachfolgendem Konsilium nahmen die Ärzte fast mit Sicherheit an, daß das Kehlkopfleiden S. K. H. des Kronprinzen Krebs sei; sie glaubten jedoch den definitiven Ausspruch auf morgen oder einen folgenden Tag verschieben zu sollen, da der Einblick in den Kehlkopf durch eine ödematöse Schwellung desselben erschwert sei, die vielleicht in kürzester Frist abgemindert werden könne. Wenn die nochmalige Besichtigung diese Diagnose bestätige, werde eine schwere Operation von außen ins Auge gefaßt werden müssen, die Vornahme einer solchen aber angesichts der Zweifelhaftigkeit des Erfolges von der Entscheidung des Kronprinzen abhängig zu machen sein. Jedenfalls werde dieselbe hier in Berlin stattzufinden haben, da San Remo hierzu durchaus ungeeignet erscheine. Die Ärzte fügen bei, daß S. K. H. durch Dr. Mackenzie vollkommen über seinen Zustand unterrichtet sei und volle Ruhe und Fassung bewahre.

Es gereicht mir zum tiefsten Schmerze, Ew. Exz. sagen zu müssen, daß nach der Auffassung, welche diese ärztliche Mitteilung hier an sachverständiger Stelle findet, der Zustand des Kronprinzen als ein nahezu hoffnungsloser zu betrachten ist. In diesem Sinne hat auch gestern abend Herr von Winterfeld an den Herrn Reichskanzler telegraphiert. Daß der Kronprinz sich für die Operation entscheidet, scheint zweifellos zu sein, und wird voraussichtlich Professor von Bergmann die schwere Aufgabe zufallen, dieselbe vorzunehmen. — *[. . .]*

GLA 233/34797 fol. 206 f. eig. Ausf.

822. Marschall an Turban.

Berlin, 11. November 1887.

Prinz Wilhelm hat am 10. November 9.40 Uhr vormittags durch Vermittlung des Auswärtigen Amtes an Professor von Bergmann folgendes chiffrierte Telegramm gesandt:

„Nach Ansicht der Ärzte ist Krebs mit fast absoluter Sicherheit anzunehmen. Es soll zwei Tage bis zur Entscheidung zugewartet werden, da Anschwellung den vollen Einblick verhindert. Da keine Garantie für Wiederherstellung vorliegt, soll über Operation Patient entscheiden. Kehlkopfschnitt fast absolut sicher. Diesfalls sofortige Heimkehr."

Professor von Bergmann, den ich gestern abend sprach, sagte mir, daß er inhaltlich dieses Telegramms die Situation als sehr ernst betrachte; auf die ödematöse Anschwellung, die offenbar schon in Toblach[1] aufgetreten, dann aber wieder verschwunden sei, lege er kein besonderes Gewicht; er glaube, daß sie in kürzester Frist so weit vermindert werden könne, daß ein voller Einblick an die erkrankte Stelle des Kehlkopfes möglich werde. Auf meine Frage bezüglich der eventuellen Operation erwiderte er, daß eine solche in diesem Frühjahr verhältnismäßig einfach gewesen, jetzt dagegen der Erfolg viel zweifelhafter geworden sei; man könne nicht wissen, wie weit das Übel, dessen erste Anfänge vor bald einem Jahr aufgetreten seien, bereits um sich gegriffen habe, und werde daher erst während der Operation der Umfang desselben sich feststellen. Auch müsse er sich, bevor er selbst eine Untersuchung vorgenommen, freie Entschließung darüber vorbehalten, ob überhaupt die Operation noch möglich sei; es könnten infolge der Manipulationen Mackenzies hochgradige Entzündungserscheinungen eingetreten sein, welche einen operativen Eingriff wenigstens zunächst ausschlössen. Übrigens gebe er die Hoffnung keineswegs auf, das Leben des Kronprinzen durch die Operation zu retten; er habe die ganze oder teilweise Exstirpation des Kehlkopfes schon sehr häufig bei zweifellosem Krebse mit dauerndem Erfolg vorgenommen; die Stimme werde dabei allerdings je nach dem Umfang der Operation vollständig oder zum Teil zerstört.

Über die bisherige Behandlung des hohen Kranken sprach sich Herr von Bergmann sehr abfällig aus. Obgleich ihm und seinen Kollegen gegenüber aus dem Verlaufe der Krankheit das strengste Geheimnis gemacht worden, habe er doch feststellen können, daß die Wucherung jeweils von fünf zu fünf Wochen erneut aufgetreten sei; schon Mitte Juli habe Mackenzie, wie er später in einem medizinischen Blatte zugestanden, Ausbrennungen vorgenommen, ein weiterer Eingriff habe offenbar in der zweiten Hälfte August stattgefunden. Damals sei Dr. Landgraf[2], dem übrigens der Einblick in den Hals verwehrt gewesen, mit dem Befehle hierher zurückgekehrt, die strengste Diskretion über den Zustand des hohen Kranken zu wahren. Ende September sei dann die schwere Erkrankung in Toblach erfolgt; anläßlich derselben habe Dr. Mackenzie der Frau Kronprinzessin gegenüber die Befürchtung geäußert, daß sich Kehlkopfschwindsucht entwickeln könne und von der Notwendigkeit eines mehrjährigen Aufenthalts in Kairo oder Madeira gesprochen. Fast genau fünf Wochen später, nämlich Anfang November, sei dann die Wucherung wiederum erschienen. Angesichts der Tatsache, daß die Wucherung trotz allen Exstirpationen, Ausbrennungen usw. stets wiedergekehrt sei, habe e i n A r z t an der Bösartigkeit derselben unmöglich zweifeln können. Nun habe Dr. Mackenzie ausweislich der Akten s c h r i f t l i c h die Verpflichtung übernommen, im Falle einer etwaigen Verschlimmerung sofort den deutschen Ärzten Kenntnis zu geben; statt dieser Pflicht nachzukommen, habe er auch nach der Erkrankung des Kronprinzen in Toblach alles getan, um den wahren Sachverhalt zu verschleiern und zu vertuschen. Was er dabei gedacht, wie er es für denkbar gehalten, dieses System auf die Dauer aufrechthalten zu können, welche Zwecke er dabei verfolgt, sei ihm — Herrn von Bergmann — völlig unerfindlich. Auf meine Bemerkung, daß in England Dr. Mackenzie als unzuverlässig, als ein „Macher" gelte, der es vornehmlich auf Geld absehe — eine Charakteristik, die Graf Herbert Bismarck in diesem Frühjahr von seiner englischen Reise mitgebracht hat[3] — entgegnete Herr von Bergmann, daß ihm Mackenzie durch sein Werk über Kehlkopfleiden[4] als hervorragender Spezialist bekannt sei; über seinen Charakter habe er nichts gewußt. —

Nach[5] der Bundesratssitzung habe ich im Auswärtigen Amt nachstehendes Telegramm des Generals von Winterfeld an General von Albedyll, aufgegeben in San Remo 11. November 11,40 Uhr vormittags, erfahren: „Bitte S. M. folgendes zu melden: Die Ärzte haben soeben dem Kronprinzen eröffnet, daß seine Krankheit unheilbar sei; Möglichkeit der Rettung sei in einer Operation vorhanden, die aber nicht angeraten werden könne, da kaum Aussicht auf Erfolg bestehe und Leben nachher sehr qualvoll sei. Kronprinz hat Mitteilung in vollkommener Fassung entgegengenommen und eine Entscheidung noch nicht getroffen". —

Wie ich eine Stunde später erfuhr, traf kurze Zeit nachher ein weiteres chiffriertes Telegramm des General von Winterfeld an S. M. ein; als sein Inhalt wurde mir bezeichnet: die Ärzte konstatieren übereinstimmend Kehlkopfkrebs; der Kronprinz habe schriftlich erklärt, daß er auf die Exstirpation des Kehlkopfes verzichte und sich im Notfalle (bei Erstickungsgefahr) der Tracheotomie unterziehen werde[6]. —

Aus diesen Nachrichten geht die schmerzliche Tatsache hervor, daß die Ärzte auf Grund ihres Befundes unter „Operation" nur noch die völlige Exstirpation des Kehlkopfes verstehen, das Übel demnach bereits den ganzen Kehlkopf erfaßt hat. —

Obgleich hier die gestern und heute eingetroffenen traurigen Nachrichten noch geheimgehalten werden, herrscht hier in allen Kreisen die schwerste Beunruhigung; mit der allgemeinen tiefen Anteilnahme für den geliebten Kronprinzen verbindet sich eine außerordentliche Erbitterung gegen Dr. Mackenzie und die ganze Behandlung des Kronprinzen[7].

GLA 233/34797 fol. 212-215 Ausf., eingegangen 12. 11., dem Großherzog vorgelegen, zurück 16. 11. 87.

[1] Toblach in Tirol, erste Station des Kronprinzen auf dem Wege nach Italien nach dem Aufenthalt in England, Sept. 1887.
[2] Wilhelm Landgraf (geb. 1850), 1885—89 Assistent, 1889 Stabsarzt.
[3] Herbert v. Bismarck an den Bruder, Berlin, 27. Mai 1887 (vgl. Staatssekretär Graf H. v. Bismarck. Aus seiner polit. Privatkorrespondenz, hg. v. W. *Bußmann*, (1966) S. 444).
[4] Morell Mackenzie, A manual of diseases of the throat and nose, London 1880, dt. v. Felix Semon, Die Krankheiten des Halses u. der Nase (1880).
[5] Das Folgende eig.
[6] Beide Tel. Winterfelds wurden vom Großherzog auch Roggenbach mitgeteilt (vgl. Im Ring der Gegner Bismarcks, hg. v. J. *Heyderhoff* (²1943) S. 270).
[7] Tgb. Marschall: „12. Nov. 1887. Morgens kommt Prof. v. Bergmann zu mir und zeigt mir ein Telegramm des Prinzen Wilhelm an ihn. [...] Reichskanzler hat die Veröffentlichung der vollen Wahrheit befohlen. [...]"

823. Großherzog Friedrich an Gelzer.

Koblenz, 14. November 1887.

Der Kronprinz ist seit dem 11. durch Dr. Schroetter (Wien) über das Resultat der ärztlichen Konsultation unterrichtet. *Er hat* den Vorschlag einer Exstirpation des Kehlkopfes als Rettungsmittel abgelehnt. *[...]* Er hat erklärt, im Notfall sich der Tracheotomie unterziehen zu wollen. Im übrigen soll er den Wunsch geäußert haben, man solle ihn ruhig sterben lassen und nichts mehr mit ihm versuchen. Die Fassung, in der er das alles hinnimmt, läßt die Annahme zu, daß er schon lange Zeit seinen Zustand als hoffnungslos betrachtet, sich aber den Seinigen gegenüber zusammennimmt und sogar fröhlich erscheint. *[...]* Sie fühlen mit uns, wie schwer das Geschick lastet. *[...]* Wir haben deshalb gestern früh kommuniziert in der alten Schloßkapelle und hoffen nun, die kommenden Pflichten stark und ganz erfüllen zu können. Über die großen Folgen dieser Lage — ein andermal! Es handelt sich [darum], den Kopf hochzuhalten und nicht zu verzagen. *[...]*

GLA FA Korresp. 13 Bd. 20 Nr. 166 eig.

824. Marschall an Turban.

Berlin, 14. November 1887.

Über das Befinden des Kronprinzen gebe ich folgende weitere Mitteilung.

Dr. Moritz Schmidt, welcher gestern früh von San Remo hier eingetroffen ist, wurde noch vormittags mit Professor von Bergmann von S. M. dem Kaiser empfangen; demnächst fand nachmittags im Königlichen Hausministerium unter dem Vorsitze des Grafen Stolberg[1] ein Konsilium statt, an welchem außer den beiden genannten Herren noch Professor Dr. Gerhardt und Professor Tobold teilnahmen. Die Beratung dauerte bis nach 9 Uhr abends.

Ich hatte Gelegenheit, noch gestern abend Herrn Professor von Bergmann zu sprechen, der mir über das Ergebnis der Beratungen um so bereitwilliger Mitteilungen machte, als Graf Stolberg die versammelten Ärzte ausdrücklich von der Verpflichtung der Diskretion entbunden hatte. —

Meine erste Frage, wie S. M. die traurigen Meldungen aufgenommen habe, beantwortete Herr von Bergmann dahin, der Kaiser sei, während ihm die Gründe dargelegt wurden, welche die Ärzte veranlaßten, eine Radikaloperation nicht anzuraten, ruhig und gefaßt gewesen; erst als Allerhöchstdemselben auf die wiederholte Anfrage, ob es nicht möglich sein werde, bei dem in absehbarer Zeit bevorstehenden Luftröhrenschnitt wenigstens einen Teil der Stimme zu erhalten, mit Bestimmtheit eine verneinende Antwort gegeben worden sei, habe der Kaiser in tiefer Bewegung wiederholt die Worte ausgesprochen: „mein armer, unglücklicher Sohn."[2]

Über den Verlauf des nachmittägigen Konsiliums sagte mir Professor von Bergmann folgendes: die nächste Aufgabe sei gewesen, auf Grund des von Dr. Schmidt erstatteten Berichts die Frage zu prüfen, ob die in San Remo versammelten Ärzte mit Recht dem Kronprinzen von einer Radikaloperation abgeraten hätten. Jene Ärzte seien vor der Untersuchung darüber schlüssig geworden, daß, wenn nur die eine Hälfte des Kehlkopfs zu exstirpieren sein würde, sie zuraten wollten, wenn es sich aber um das Herausnehmen des ganzen Kehlkopfes handle, der hohe Patient davon verständigt werden solle, daß in solchen Fällen etwa 25 % während der Operation mit Tod abgingen und selbst im Falle des Gelingens das spätere Leben qualvoll sei. Nun habe der durch Zeichnungen veranschaulichte Befund ergeben, daß nicht nur der ganze Kehlkopf von dem Übel bereits ergriffen, sondern auch die benachbarten Lymphdrüsen bereits in Mitleidenschaft gezogen seien und an einer Stelle vorn am Knorpel des Kehlkopfes das krebsartige Geschwür bereits mit der Hand durchgefühlt werden könne. Der Kronprinz habe auf die bezügliche Eröffnung der Ärzte die Erklärung abgegeben, daß er vorziehe zu sterben, als sich unter so minimalen Chancen einer verstümmelnden Operation auszusetzen. Auf Grund des obigen Befundes — fuhr Herr von Bergmann fort — habe sich das gestern versammelte Konsilium einstimmig der Ansicht der nach San Remo berufenen Ärzte angeschlossen; man könne nicht gerade sagen, daß die Rettung durch die Radikaloperation ausgeschlossen sei, aber immerhin sei sie so unwahrscheinlich, daß es angesichts der übrigen Umstände unmöglich erscheine, dem Patienten zuzuraten.

Des Weiteren habe man sich gestern damit beschäftigt, die Entwicklung der Krankheit genau festzustellen; zu diesem Behufe seien die im Mai und Juni d. J. aufgenommenen Protokolle sowie die von Dr. Landgraf, der den Kronprinzen nach England begleitet, an Herrn von Lauer erstatteten Berichte geprüft, auch auf seinen — Bergmanns — Wunsch Dr. Landgraf selbst zur Auskunftserteilung zugezogen worden. Aus dieser Prüfung habe sich zur Evidenz ergeben, daß Mackenzies nunmehrige Behauptung, die erste Wucherung sei gutartig gewesen und von ihm vollkommen beseitigt worden, es handle sich jetzt um eine n e u e bösartige Wucherung, die erst in den letzten Tagen des Oktobers aufgetreten, f a l s c h und ebenso, daß die Behauptung der von Mackenzie bedienten Blätter, die „neue" Wucherung befinde sich tiefer als die frühere, eine „Lüge" sei. Die jetzt beobachtete, auch von Mackenzie als krebsartig anerkannte Wucherung b e f i n d e   s i c h g e n a u   a n   d e m s e l b e n   P l a t z e wie die im Frühjahr beobachtete. Es sei das durch eine Vergleichung der im Frühjahre aufgenommenen mit den von Dr. Landgraf eingesendeten und den von Dr. Schmidt vorgelegten Zeichnungen unwiderleglich festgestellt. Auch erwiesen die landgrafschen Zeichnungen, daß bei jeder Untersuchung, die derselbe im Sommer vorgenommen habe, die Wucherung trotz aller Manipulationen in s t ä r k e r e m   U m f a n g e   v o r h a n -d e n   g e w e s e n   s e i. Dr. Landgraf habe, wie er gestern mündlich deponierte, Lärm geschlagen, als er bei einer Untersuchung am 23. August die Wucherung wiederum verstärkt fand; die Folge sei gewesen, daß er unter dem Vorwand, er belästige den Kronprinzen, von weiteren Einblicken in den Hals ausgeschlossen und nach etwa vierzehn Tagen mit dem Befehl zu schweigen nach Berlin zurückgesendet worden sei. Auf meine Frage, warum denn die an Dr. von Lauer eingesendeten Berichte und Zeichnungen Landgrafs nicht beachtet worden seien, erwiderte Herr von Bergmann, dieselben seien während des Urlaubs des Herrn von Lauer eingekommen und liegengeblieben.

Herr von Bergmann sagte mir weiter, er habe, als Dr. Schrader[3], einer seiner früheren Assistenten, anfangs September zum Kronprinzen entsendet worden, denselben dringend gebeten, ihm s o f o r t mitzuteilen, wenn der Kronprinz etwa über einen stechenden Schmerz nach der Richtung gegen die Ohren zu klage; es sei ihm aber niemals eine Mitteilung zugekommen, obgleich jetzt feststehe, daß der

Kronprinz schon seit Wochen wiederholt über derartige Schmerzen geklagt habe. Ob diese Geheimtuerei von Dr. Mackenzie oder von wem sonst angeordnet gewesen, wisse er nicht. Ein unglückseliges Verhängnis sei es gewesen, daß Dr. Mackenzie, als er dreimal mit der Quetschzange Stücke exstirpierte, offenbar niemals ein Stück der Wucherung, sondern nur Stücke von warzenartigen Neubildungen abgerissen habe, wie sie in der Umgebung krebsartiger Geschwüre häufig vorkämen. Dadurch habe sich Virchow verleiten lassen, mehr zu behaupten, als wozu er auf Grund der mikroskopischen Untersuchung berechtigt war, nämlich, daß er das ihm zuletzt vorgelegte Stück für einen Durchschnitt des eigentlichen Gewächses halte. Wie habe das Virchow annehmen können, da er niemals in den Hals gesehen? Auf dieses Gutachten berufe sich jetzt Mackenzie fortwährend, obgleich die von Virchow theoretisch konstruierte pachydermia verrucosa[4] als selbständige Krankheit des Kehlkopfes niemals beobachtet worden und auch in Mackenzies Lehrbuch unter hunderten von Kehlkopfkrankheiten nicht aufgeführt sei. —

Auf meine Frage, wie lange nach menschlicher Berechnung der Kronprinz noch zu leiden haben werde, erwiderte Herr von Bergmann, daß dies schwer zu bestimmen sei; es könne ein Jahr und selbst noch länger währen, der Tod aber auch bald eintreten. Es hänge davon ab, nach welcher Richtung hin das Leiden um sich greife; die Möglichkeit liege vor, daß das Leiden die Speiseröhre in Mitleidenschaft ziehe, in welchem Falle Ernährungsschwierigkeiten einträten, es könne auch eine Arterie ergriffen werden und ein Schlagfluß erfolgen. Der Luftröhrenschnitt werde in absehbarer Zeit wegen Erstickungsgefahr nötig fallen. — Er glaube, daß der Kronprinz zunächst in San Remo bleiben solle; den Luftröhrenschnitt werde eventuell Dr. Hovell ausführen können.

Mit welch heroischer Entschlossenheit der Kronprinz die Eröffnung der Ärzte entgegennahm, mag aus folgendem entnommen werden. Nachdem Professor von Schrötter als Wortführer einleitend bemerkt hatte, daß die Anschwellungen im Halse sekundärer Natur seien, während das Hauptübel in einem Gewächs bestehe, unterbrach ihn S. K. H. mit den Worten „und das ist Krebs"; auf die Bemerkung Schrötters, daß es auch krebsartige Übel milderer Natur gebe, sagte der Kronprinz: „Es ist Krebs, ich ahnte es längst". Als dann im weiteren Verlauf der Mitteilung Professor von Schrötter einen Augenblick seine tiefe Bewegung nicht mehr verbergen konnte, reichte ihm der Kronprinz die Hand mit den Worten: „Fassen Sie sich, Herr Professor, Sie sind ja nicht schuld an meiner Krankheit."

Der Reichsanzeiger wird heute abend eine Mitteilung bringen[5], in welcher die Gründe dargelegt werden, warum von einer Radikaloperation Umgang genommen werden wird.

Herr von Bergmann bezeichnete mir schließlich die Äußerung eines von Mackenzie inspirierten hiesigen Blattes (Berliner Tageblatt), daß die Situation für eine Operation heute nicht ungünstiger sei als im Frühjahr, als selbst dem Laien gegenüber keiner Widerlegung bedürftig. Ob freilich die Operation im Frühjahr einen dauernden Erfolg gehabt haben würde, lasse sich nicht sagen.

Staatsminister von Goßler, den ich heute nachmittag gesprochen habe, bestätigte mir voll inhaltlich die vorstehenden Mitteilungen des Herrn von Bergmann; er sagte mir, der Beweis, daß Mackenzie die im Frühjahr vorhandene Wucherung niemals beseitigt habe und das jetzige von ihm selbst als krebsartig erkannte Gewächs keine Neubildung, sondern nur die alte Wucherung in größerem Umfange darstelle, sei unwiderleglich auf Grund der sorgfältigen Tagebücher und Zeichnungen Dr. Landgrafs geführt; letzterer habe sein Stillschweigen durch einen ausdrücklichen dienstlichen Befehl vollkommen gerechtfertigt. Von wem dieser Befehl ausgegangen, sagte mir der Herr Minister nicht. Daß Mackenzie sich in der Diagnose geirrt, gereiche ihm nicht zum Vorwurf, wohl aber, daß er nach Erkenntnis seines Irrtums die wahre Sachlage mit allen Mitteln zu verheimlichen gesucht und den Kronprinzen von Toblach aus unter dem Vorwand einer drohenden Kehlkopfschwindsucht nach Kairo oder Madeira zu bringen versucht habe. Wenn dieser Gedanke nicht an dem Widerspruch der Frau Kronprinzessin gescheitert wäre, so würde wohl niemals Klarheit in der Sache geschaffen worden sein. Bergmann habe, trotz aller günstigen Nachrichten, ihm — dem Minister — gegenüber stets an der Richtigkeit seiner Diagnose festgehalten, obgleich er von Herzen gewünscht habe, daß er irre. Bezüglich des Termins des vermutlichen Eintritts der Katastrophe habe Schrötter dem Kronprinzen zwei Jahre, Dr. Schmidt gestern dem Kaiser 1 1/2 Jahre genannt. Doch hätten diese Abschätzungen, wie die Ärzte selbst einräumen, keinen Wert, da alles von der Art des Umsichgreifens des Leidens abhänge.

Was den Luftröhrenschnitt betreffe, so wünsche der Kronprinz, daß Professor von Bergmann ihn seinerzeit vornehme, eventuell, wenn Gefahr im Verzuge, werde Dr. Hovell damit betraut werden.

Ew. Exz. muß ich schließlich sagen, daß mir niemals eine schmerzlichere Aufgabe zugefallen ist als in den letzten Tagen die Berichterstattung über das Befinden S. K. H. des Kronprinzen; die Empfindungen, die mich bewegten, als ich unserem gnädigsten Herrn die erschütternden Nachrichten melden mußte, vermag ich in Worten nicht auszudrücken.

GLA 233/34797 fol. 216-222 Ausf., dem Großherzog mitgeteilt 15. 11., zurück 19. 11. 87.

[1] Graf Otto zu Stolberg-Wernigerode (1837—96), General der Kavallerie à la suite der Armee, Mitglied des preuß. Herrenhauses, 1884 kaiserlicher Oberstkämmerer.
[2] Knesebeck, Sekretär der Kaiserin Augusta, an Großherzog Friedrich, Koblenz 17. Nov. 1887: „Über den Eindruck, welchen die Mitteilungen aus San Remo auf S. M. den Kaiser ausgeübt haben, schreibt mir der General von Albedyll unterm 13. ‚S. M. der Kaiser hat heute den Dr. Schmidt empfangen, zugleich auch Bergmann und ist dabei sehr bewegt gewesen. Ob der Kaiser die volle Bedeutung der Sache — die Unheilbarkeit der Krankheit des Kronprinzen und deren Konsequenzen — immer ganz klar festhielt, ist mir zuweilen zweifelhaft, obgleich auch andere Äußerungen auf ein klares Erfassen dieser so schwer wiegenden Tatsache schließen lassen. Jedenfalls wird sich aber die volle Erkenntnis immer mehr Bahn brechen; für jetzt ist es dem Kaiser sichtlich ein tröstlicher Gedanke, daß es sich nicht um den unmittelbaren Tod handelt'" (GLA FA Korresp. 13 Bd. 37 Fasz. 2a Nr. 22).
[3] Max Schrader (1860—92), Leibarzt des Kronprinzen.
[4] Kehlkopfwarze.
[5] Deutscher Reichsanzeiger v. 15. Nov. 1887: „Nach wiederholten eingehenden Untersuchungen sind die versammelten Ärzte vollkommen klar, daß es sich bei S. K. H. um Krebs des Kehlkopfes handelt. In bezug auf die Behandlung wurden ebenfalls die verschiedenen Möglichkeiten durchgesprochen. S. K. H. wurden in dieselben eingeweiht und wurde der seinerzeit notwendig gewordene tiefe Luftröhrenschnitt empfohlen. Gez. Morell Mackenzie, Schrötter, Schrader, Krause, Moritz Schmidt, Mark Hovell."

825. Roggenbach[1] an Großherzog Friedrich.

San Remo, 28. November 1887.

Wegen des Augenleidens der Großherzogin berichte ich diesmal unmittelbar, wie ich den Zustand hier gefunden. Wenn ich gleich bei der kürzlichen ausführlichen mündlichen Mitteilung des Generals von Winterfeldt nur wenig Neues beizufügen haben werde, so will ich doch nicht ermangeln, den Eindruck wiederzugeben, den ich bisher empfangen.

Dabei muß ich mit Hervorhebung des frappanten Gegensatzes beginnen, der zwischen der Stimmung besteht, die in Deutschland infolge der zerschmetternden Botschaften über die Krankheitssymptome des hohen Patienten in ungeminderter Stärke fortbesteht, und der Auffassung, welche zwar nicht die ärztlichen Persönlichkeiten, aber doch die Herrschaften selbst unter der Einwirkung des günstigen Allgemeinbefindens des Kronprinzen, seiner Heiterkeit, seiner absoluten Schmerzlosigkeit und seinem blühenden Aussehen gewinnen. Wenngleich beide hohe Herrschaften, zusammen sowohl als Kronprinz und Kronprinzessin jeder für sich allein, wiederholt geäußert haben, daß sie von der übeln Prognose, die das Leiden gäbe, absolut durchdrungen und auf den schlimmen Ausgang vorbereitet seien, so scheint doch im Hintergrunde beider sich der Traum der Hoffnung immer von neuem geltend zu machen. Jedenfalls in der Annahme, daß eine sehr langsame Entwicklung des Leidens möglich wäre und auch ein Stillstand zeitweilig nicht ausgeschlossen sei. Diese Chancen glaubten beide Herrschaften durch Aufenthalt in guter Luft, sonnigem Klima verbessern zu können. Die Frau Kronprinzessin legt nur besonderen Wert darauf, alles fernzuhalten, was den Kranken aufregen, ärgern oder gemütlich niederdrücken könne. Daher das allseitige Streben, erheiternde, zerstreuende Eindrücke zu schaffen.

Das ärztliche Gutachten des Dr. Krause, dem Dr. Schrader und Dr. Hovell beistimmt, geht dahin, daß zur Zeit nach Entleerung des Oedems sich eine verhältnismäßig sehr günstige Veränderung der Wundstellen hergestellt habe. In dieser augenblicklich günstigen Lage erwarten dieselben das in rhythmischen Perioden von circa sechs Wochen wiederkehrende Auftreten der bei diesem Leiden erscheinenden oedematösen Schwellungen, welche unter Umständen eine so erhebliche Ausdehnung annehmen können, um die Atmung zu gefährden. Da seit der letzten Geschwürbildung bereits drei Wochen vorüber, steht zu befürchten, daß der dermalige günstige Zustand in nicht zu ferner Zeit wieder eine vorübergehende Hemmung erfahren könnte. Sollte wider Erwarten die dermalige günstige Lage ungestört fortdauern und den Winter über anhalten, so hoffen die Herrschaften, dann sicher im Frühjahr, wenn es in Deutschland auch milde geworden, nach Potsdam zurückkehren zu können. Eine leider nicht sehr wahrscheinliche Annahme.

Inzwischen erlaubt es der in der Tat wunderbar gefaßte Gemütszustand des Kronprinzen ganz offen, wenn auch mit der schonenden Formel „gesetzt den Fall, die günstigen Chancen der Genesung erfüllten sich nicht" oder dgl., auch die schlimmste Eventualität und deren Folgen ganz rückhaltlos zu erörtern. Dabei spielt dann naturgemäß die Sorge, wie Prinz Wilhelm der ihm zufallenden Aufgabe dann gewachsen sein würde, die erste Rolle in der ernsten Konversation.

Die allseitige Überzeugung der unendlichen Wichtigkeit im vollen Einverständnis zwischen Eltern und Sohn für diesen Fall jetzt schon herbeizuführen, insbesondere das Verhältnis von Mutter und Sohn wenn auch nicht zu einem vertrauensvollen, sondern wenigstens zu einem erträglichen zu gestalten, hat leider noch vor meiner Ankunft durch die dem Kronprinzen zugegangene Ordre S. M. des Kaisers Allerhöchstdessen Stellvertretung durch den Prinzen Wilhelm eine peinliche Störung erlitten. Beide hohe Herrschaften sind zwar gewiß, daß der Prinz Wilhelm dieser Ordre durchaus ferngeblieben ist. Auch geben dieselben gerne zu, daß S. M. der Kaiser zu seinem Stellvertreter ernennen kann, wen er will. Allein der Kronprinz ist darüber empfindlich berührt, daß eine solche Ordre ergangen ist, ohne daß ihm vorher von der bestehenden Absicht Kenntnis gegeben wurde, und er glaubt, wie mir scheint, nicht mit Unrecht, haben erwarten zu können, daß darin auf sein Einverständnis Bezug genommen werden sollte; dieses Einverständnis sei er jederzeit bereit gewesen zu geben, während er jetzt sich über eine Rücksichtslosigkeit beklagt, die den Fall von Skiernovyce und der Londoner Jubilarsendung des Prinzen weit übertrifft. Er empfindet es als einen Mangel an Gefühl und eine Rohheit der Prozedur, auch jetzt bei seinem Krankheitsstande solchen Erfahrungen ausgesetzt zu sein, ohne daß irgend jemand darauf aufmerksam mache, daß der Kronprinz auch noch lebe und nicht wohl ohne eine wenigstens formale Begrüßung übergangen werden konnte. — Ganz abgesehen von der persönlichen Seite erregt die unbestimmte Fassung der Ordre und die Verwirrung, die dadurch in den Kompetenzen entsteht, erhebliche Bedenken, die E. K. H. nach Einsicht des Aktenstückes gewiß einigermaßen verstehen werden. Es wäre sehr zu wünschen, daß die Anwesenheit E. K. H. und der Großherzogin dazu beitragen könnte, in Berlin die Überzeugung zu befestigen, einem so schwergeprüften Kranken solche ganz unnötigen Emotionen zu ersparen.

Ich muß schließen, da ich nur mit Mühe den Augenblick frei machte, diese wenigen Worte niederschreiben zu können, und hoffe, bald weiteres folgen lassen zu können. *[...]*

GLA FA Korresp. 13 Bd. 56 Fasz. 166 Nr. 1 eig.

[1] Roggenbachs Besuch in San Remo wurde von der Großherzogin Luise betrieben (vgl. Im Ring der Gegner Bismarcks, hg. v. J. *Heyderhoff* [²1943] S. 273 f.). Vgl. auch Roggenbach an Stosch, San Remo, 2. Dez. 1887 (ebd. S. 274 ff.).

826. Kaiserin Augusta an Großherzog Friedrich.

Berlin, 30. November 1887.

[...] Ich fand gestern abend den Kaiser noch recht angegriffen von seiner Erkältung; heute früh besser, Gott behüt's. Ich habe bis jetzt jede gemütliche Aufregung vermeiden können und gedenke dabei zu bleiben, um alles auf das natürlichste in die Gewohnheitsstimmung überzuleiten und seinem hohen Alter entsprechend schonend zu verfahren. Ich sehe heute von der Familie nur Wilhelms. Ich finde ihn etwas unstät im Gespräch, wo das politische Interesse vorwiegt, und aufgeregt in Betreff des Einflusses der Mutter. *[...]*

GLA FA Korresp. 13 Bd. 45 Fasz. 60 Nr. 141 Diktat.

827. Roggenbach an Großherzog Friedrich.

San Remo, 7. Dezember 1887.

Das Augenleiden der Großherzogin läßt mich diesen Bericht noch einmal über E. K. H. erstatten. Es geschieht dies diesmal mit besonderer Befriedigung, als seit den verhängnisvollen Novembertagen der Verlauf der Krankheitserscheinungen nach übereinstimmenden Aussagen aller Ärzte, welche Einblick in die Kehlkopfpartie genommen, ein wesentlich anderer gewesen ist, als damals erwartet wurde. Während namentlich Prof. Schröter aus Wien auf das positivste die Infiltration der Hals- und Ohrspeicheldrüse mit krebsartiger Infektion angenommen und auch das Nichtbeifallen der oedematösen Anschwellungen als mindestens nicht unwahrscheinlich bezeichnet hatte, ist nunmehr die innere geschwürige Schwellung total geschwunden und scheinbar vernarbt. Die Drüsenanschwellung ist so gänzlich verschwunden, daß s ä m t l i c h e Ärzte es als gewiß annehmen, daß zur Zeit eine Infektion derselben n o c h n i c h t vorliegt, und sogar das gefährliche, für die Krebsdiagnose entscheidend gewordene hornartig gestaltete Gewächs auf dem Grunde des linken Kehlkopfes ist nicht nur n i c h t größer, sondern eher kleiner geworden. Das sind Momente, welche die Ärzte zur Stunde sagen lassen, daß, wenn auch keine Veranlassung vorliegt, die Richtigkeit der bei der großen Konsultation aufgestellten Diagnose zu bezweifeln, so doch gehofft werden dürfe, daß der Verlauf bei Vermeidung von unglücklichen Komplikationen ein sehr langsamer werden könne. — Tatsache bleibt, daß der Kronprinz besser aussieht als seit langen Jahren, daß er Unglaubliches leistet ohne zu ermüden, und, abgesehen von der Zurückhaltung im Sprechen, von Vermeidung von Aufenthalt im Freien nach Sonnenuntergang und von peinlicher Fürsorge gegen Erkältung im Gehen und Fahren gegen Wind, verrät nichts, daß ein Schwerkranker vor uns steht.

Ich kann nur wiederholen, was ich in meinem letzten Schreiben hervorgehoben, die Auffassung hier, wenn sie auch die Grundlage der Diagnose vollkommen zugibt, muß zu andern Resultaten kommen als die theoretisch ganz unanfechtbaren Schlüsse, zu denen die Berliner medizinische Welt kommt. Der Kronprinz selbst ist geneigt, die Versuche, ihn bestimmen zu wollen in der Wahl seiner ärztlichen Berater, als mindestens gesagt wenig taktvoll zu finden, und insbesondere versteht man nicht, wie ein Dr. Wagener[1] zu Hülfe von letzterm sich erwählten Dr. Landgraf für sich und seine Ansichten, um die er nicht gefragt wurde, eine Beachtung beanspruchen will.

Außer den allgemeinen politischen Fragen, die von dem Interesse aller denkenden Beobachter europäischer Zustände aufmerksam verfolgt werden, hat die bei dem Grafen Waldersee stattgefundene Versammlung, bei der Prinz Wilhelm in werktätiger Gemeinschaft mit Hofprediger Stöcker auftrat, hier manches Bedenken erregt[2]. Man bezweifelt, ob es für einen der Thronfolge so nahe gerückten Prinzen geraten ist, sich mit immerhin extremen Parteirichtungen zu identifizieren, und befürchtet, daß selbst hochgesteigertes Selbständigkeitsbestreben nicht davor schützt, g e b r a u c h t zu werden. —

Ich erlaube mir, ein von Prof. Mommsen erhaltenes Schreiben[3] untertänigst vorzulegen, um nichts zu versäumen, was vielleicht zur Erreichung eines Zieles beitragen könnte, das E. K. H. erwünscht sein könnte. *[. . .]*

GLA FA Korresp. 13 Bd. 56 Fasz. 166 Nr. 2 eig.

¹ Vermutlich handelt es sich um Generalarzt Dr. Wegner.
² Um Mittel für die Berliner Stadtmission zu beschaffen, fand in Gegenwart des Hofpredigers Stoecker u. a., auch nationalliberaler Abgeordneter am 28. Nov. 1887 bei Graf Waldersee eine Versammlung statt, an der auch Prinz und Prinzessin Wilhelm teilnahmen.
³ Nicht vorhanden.

828. Kronprinz Friedrich Wilhelm an Großherzog Friedrich.

San Remo, 10. Dezember 1887.

Mein lieber Fritz! Innigsten Dank für Deinen teuren schönen Brief¹, den ich gestern zugleich mit Deinem offiziellen, die Adressen beider Häuser Deines Landtags² begleitenden Schreiben erhielt. Nicht leicht ist es, die richtigen Worte zu finden, um gerade einem Freunde wie Dir zu sagen, wie tief gerührt ich durch die einfache und doch so vielsagende Art, mit welcher Du mir Dein Mitgefühl an meiner neuen Erkrankung aussprichst! Gleich Dir setze ich mein Vertrauen auf den, der unsere Geschicke in Händen hält und der uns schon so häufig gnädig sich erwies, wenn wir uns von Gefahren umgeben wußten!

Wenn aber etwas Irdisches imstande ist aufzurichten und wohlzutun, so ist es die allgemeine ungeheuchelte Teilnahme, welche mir das gesamte Vaterland zu erkennen gab; nie werde ich dieses vergessen! Mir ist zumut, als sei ein Band mehr zwischen meinen Landsleuten und mir entstanden, welches mir beweist, daß größeres Vertrauen, als ich für möglich hielt, auf mich gesetzt wird — gebe Gott, daß mir noch Gelegenheit geboten wird, mich dessen würdig zu erweisen!

Roggenbach, dessen Besuch hier uns außerordentlich erfreute, wird Dir die beste Auskunft über mich und uns alle geben können³, auch bestätigen, daß die Ärzte die eingetretene günstige Wendung bei mir als eine andauernde bezeichnen. Dementsprechend kann ich nur wiederholen, was ich Luise schrieb, daß ich mich vollkommen wohlfühle und daß jeder, der mich wiedersieht, erstaunt über mein blühendes Aussehen ist. Viel trägt dazu die ausgezeichnete Pflege durch meine Frau bei, die mit unerschütterlicher Ruhe und Ausdauer mir beisteht und von den Ärzten, die freilich in Berlin nicht übel verleumdet werden können, vortrefflich unterstützt wird.

Möchtet Ihr beide bald völlig von Eueren Augenleiden befreit sein, deren Charakter gottlob doch nicht so schlimm war, als ich befürchtete, zumal Euch die Reise nach Berlin gestattet ward.

Noch besonders muß ich meine Dankbarkeit für die aus dem Schoß Deiner Landesvertretung kommende Kundgebung und deren so schöne Fassung aussprechen, für welche mein offizieller Dank in derselben Fassung an Dich abgeht⁴, wie Du mir die Adresse hast zugehen lassen.

Wie leid tut es mir, Euch beide jetzt nicht zu sehen und Deine in Berlin empfangenen Eindrücke nicht vernehmen zu können, was seit so vielen Jahren zu einer hochwillkommenen Gewohnheit geworden war. Aus dem, was bis hierher gelangt, scheint man trotz des Zarenbesuchs⁵ kriegerisch gestimmt zu sein, wofür ich mir an den Gestaden des Mittelmeeres keine faßliche Erklärung verschaffen kann — da niemand den Krieg wünscht außer der unerfahrenen heißspornigen Jugend, und man den Erzählungen der Kölnischen Zeitung gemäß zu der Vermutung angeregt wird, daß die gefälschten Papiere Aufklärung für die bisher Geblendeten bringen müßte.

Gottlob hören wir Gutes von den Eltern, bei denen ja die fürstlichen Besuche an den herkömmlichen Taubenschlag aus anderen Jahren erinnern. Euere Gegenwart wird daher gerade in diesen Tagen von besonderem Wert für alle Teile sein. *[. . .]*

GLA FA Korresp. 13 Bd. 45 Fasz. 62 Nr. 14 eig.

[1] Nicht vorhanden.
[2] Gedr. Karlsruher Zeitung Nr. 285 vom 2. Dez. 1887.
[3] Vgl. Nr. 825.
[4] Kronprinz an Großherzog Friedrich, San Remo, 9. Dez. 1887: „Die Teilnahme an meiner Krankheit *[. . .]* hat meinem Herzen wohl getan und mich tief gerührt. Bei der zur Zeit sichtbaren Besserung glaube ich zur Hoffnung berechtigt zu sein, mit Gottes Hülfe dereinst noch die Kraft wiederzufinden, meine Pflichten dem Vaterlande gegenüber zu erfüllen" (ebd. Nr. 15 Ausf. + eig. Unterschrift).
[5] Über die Begegnung des Zaren Alexander III. mit Bismarck gelegentlich des Besuches in Berlin am 18. Nov. 1887 brachte die Kölnische Zeitung am 22. Nov. die Enthüllung, daß der Zar durch gefälschte Berichte und Depeschen über Bismarcks Haltung in der bulgarischen Frage systematisch getäuscht worden sei (*Schultheß* S. 181 ff.). Die Aktenstücke wurden am 31. Dez. 1887 im „Reichsanzeiger" veröffentlicht.

829. Marschall an Turban.

Berlin, 14. Dezember 1887.

Ew. Exz. beehre ich mich auf Grund einer mir gewordenen Mitteilung des Geheimen Rats von Bergmann ergebenst anzuzeigen, daß der Assistenzarzt desselben, Dr. Bramann[1], vor etwa drei Tagen den Hals S. K. H. des Kronprinzen zum zweiten Male untersucht und dabei genau dasselbe Krankheitsbild wie bei seiner vierzehn Tage vorher stattgehabten ersten Untersuchung gefunden hat; Herr Bramann schreibt, das Übel sei in äußerlich erkennbarer Weise seither nicht weiter fortgeschritten, ob nach innen zu ein Fortschritt stattgefunden, sei dermalen nicht festzustellen; irgendein Moment, welches Zweifel an der Richtigkeit der von den Ärzten am 11. November gestellten Diagnose begründe, liege nicht vor.

GLA 233/34797 fol. 243 Ausf., eingegangen 15.12.; 49/2016 fol. 100 Konz.

[1] Fritz Gustav Bramann (1854—1913), 1884 Assistent von Prof. v. Bergmann an der chirurgischen Klinik Berlin, 1890 Ordinarius in Halle, bedeutender Hirnchirurg.

830. Marschall an Turban.

Berlin, 17. Dezember 1887.

Vertraulich. Ew. Exz. beehre ich mich ergebenst anzuzeigen, daß gestern nachmittag ein Telegramm des Grafen Radolinski[1] aus San Remo folgenden Inhalts eingetroffen ist: „Mackenzie zufrieden; seine Untersuchung ergibt, daß Neubildung entzündlichen und nicht bösartigen Charakters ist. Er findet, daß der Zwischenfall sich weit weniger ernst anläßt als der im November und hofft auf Beseitigung in wenigen Tagen". —

Am späten Abend langte im Auswärtigen Amt noch ein weiteres von Dr. Schrader und Dr. Leuthold gerichtetes chiffriertes Telegramm folgenden Wortlauts ein: „Mackenzie bestätigt die frische Wucherungserscheinung am linken Taschenbande und legt derselben, wie sie sich z u r Z e i t präsentiert, einen entzündlichen Charakter bei, ohne jedoch die Möglichkeit eines etwa sich später herausstellenden bösartigen in Abrede stellen zu wollen. Er findet, daß dieser Zwischenfall sich weniger ernst anläßt als der anfangs November und ist mit dem Zustand ganz zufrieden". —

Mit diesem zweiten Telegramm hat Sir Morell Mackenzie sich in der bei ihm gewohnten Weise den Rücken gedeckt, falls die Neubildung sich als bösartig erweisen sollte. Professor von Bergmann, den ich heute sprach, ist im Besitze eines Briefes des Dr. Bramann vom Mittwoch und eines Telegramms desselben von gestern. Danach ist Bramann seit Samstag nicht mehr zum Einblick des Halses des Kronprinzen zugelassen worden und daher außerstande, ein eigenes Urteil über die eingetretene Verschlimmerung abzugeben; er schreibt nur, daß Dr. Krause ihm mitgeteilt habe, die Neubildung sei n i c h t e n t z ü n d l i c h e n Charakters, sondern eine Weiterbildung der vorhandenen bösartigen Wucherung. Atemnot und unmittelbare Gefahr seien nicht vorhanden. Professor von Bergmann hält diese Version für die richtige.

Bei den eigentümlichen Verhältnissen, wie sie sich am kronprinzlichen Hoflager gebildet haben, erscheint es unmöglich, eine wirklich authentische und zuverlässige Nachricht zu erhalten, solange nicht Dr. Bramann wieder zur Untersuchung beigezogen wird — eine Tatsache, die hier in allen Kreisen sehr schwer empfunden wird. [...]

GLA 233/34797 fol. 244 f. Ausf., eingegangen 18. 12.; 49/2016 fol. 102 Konz.

¹ Nach dem Bericht Marschalls an den Großherzog vom 15. Dez. 1887 hatte Radolinsky dem Auswärtigen Amt „mit Bitte um Geheimhaltung" mitgeteilt, „es habe sich ‚neben der alten Stelle eine unbedeutende Neubildung' gebildet. Mackenzie sei ‚aus Vorsicht' telegraphisch berufen, obgleich ‚keine unmittelbare Gefahr' bestehe" (GLA FA Korresp. 13 N 451 Ausf.). — Am 16. Dez. meldete Marschall dem Großherzog, daß nach einer Mitteilung des Korrespondenten der Köln. Zeitung „die aufgetretene Neubildung jeden Zweifel über die krebsartige Natur des Leidens ausschließe, Atembeschwerden [...] voraussichtlich nicht zu befürchten seien" (ebd. Ausf.).

831. Gelzer an Großherzog Friedrich.

Nizza, 29. Dezember 1887.

Ist die Krankheit des Kronprinzen heilbar¹? Wenn diese Aussicht sich nicht erfüllte und wenn dann die ernste Stunde für den Kaiser schlüge, vor der uns bangt — was dürfen wir dann von dem noch so jugendlichen Nachfolger erwarten? Auch diese letzte Eventualität ist ja — wie ich mit Kummer und Widerwillen lese — schon in die verunstaltende Arena des Parteihasses geschleppt worden.

Berlin bedeutet uns jetzt die Frage: Krieg oder Frieden? Wie lange noch wird es möglich sein, den Ausbruch eines europäischen Krieges zu verhüten, der seit neun Jahren (1879) wie ein herannahendes Gewitter immer drohender und aufregender sich ankündigt? [...] 1) Wird man versuchen, das kranke Europa durch Blut und Eisen zu heilen? 2) Und wird dieser Versuch zur Heilung oder zum Tode führen, oder zu keinem von beiden?

Hier breche ich ab. Wer wird diese Sphinx-Frage der kommenden Jahre beantworten? Sie, v. K. H., und ich, wir kennen den Einen, der sie allein zu beantworten vermag, und wir erinnern uns an jenes Wort voll himmlischen heldenmütigen
Mutes, das wir am Kreuze auf Mainau so oft gelesen. *[...]*

GLA FA Korresp. 13 Bd. 24 Nr. 725.

[1] Nach einem Brief Gelzers an den Großherzog aus Nizza vom 21. Dez. 1887 hatte
Gelzer mit Roggenbach in San Remo und Nizza ausgiebig ebenso mit der Kronprinzessin
und „besonders eindringlich mit Prinz Heinrich" gesprochen, den Kronprinzen aber nur
mehrmals vorbeifahren sehen (ebd. Nr. 724).

832. Jagemann an Großherzog Friedrich.

Rom, 30. Dezember 1887.

[...] Über Genua-Pisa (der andere Weg bringt wegen Schnees große Verspä-
tungen) heute vormittag eingetroffen, fuhr ich baldmöglichst zu Kardinal Rampolla[1], welcher mir eröffnete, S. Heiligkeit sei über die Sendung von München aus
unterrichtet und sehr erfreut, und es wünsche Höchstderselbe, — weil die Glückwunschschreiben in feierlicher Audienz vor gegenwärtigem Hofstaat entgegengenommen würden und die mit Übergabe des Geschenks[2] zu verbinden sei, dies alles
aber heute nicht mehr ausführbar sei, — mich einstweilen heute abend in besonderer Privataudienz zu empfangen. *[...]* Der Kardinal fragte mich nach wenigen
Minuten, ob der jetzige Herr Erzbischof befriedige und ob die Kirchenvorlage[3]
durchgehe. Ich antwortete befehlsgemäß und bin überzeugt, daß Herr von Schlözer
bereits früher über das Verhalten des Bischofs von Hohenzollern in der Septennatsfrage geklagt hatte, da keinerlei Erstaunen oder Entschuldigung erfolgte. *[...]*
So wurde ich heute abend vom Papste empfangen, welcher mich sehr gnädig
aufnahm und trotz enormer Strapazen prächtiges Aussehen und die größte Lebhaftigkeit und Heiterkeit zeigte. Die förmliche Beantwortung des Glückwunsches
E. K. H. bis zur feierlichen Audienz verschiebend, dankte S. Heiligkeit für die
Sendung, deren hohen Wert er erkenne, nahm dagegen die Glückwünsche der
durchlauchtigsten Großherzogin mit der Erwiderung entgegen, daß er, sehr ge-
rührt von dieser freundlichen Aufmerksamkeit, sofort durch mich seine herzlichste
Erkenntlichkeit ausdrücken lasse.
Auf den Erzbischof und die Kirchenvorlage übergehend, fragte der Papst, worin
die Schwierigkeiten beständen und wogegen sie sich richteten. Ich führte ungefähr
Folgendes aus: soweit Schwierigkeiten überhaupt beständen, hätte sie der Herr
Erzbischof insofern herbeigeführt, als er, von der Regierung zur Mäßigung einiger ausschreitender Geistlicher in der Septennatsfrage im kirchlichen Interesse aufgefordert, seine Einwirkung versagt habe und seine ungünstige Stellung zur Frage
durch ihn selbst bekannt geworden sei. Dies habe die liberale Partei in ihrer Stellung zur Vorlage im wesentlichen im Auge, während durch eine Manifestation pa-
triotischer Gesinnungen die Lage sehr erleichtert worden wäre. Indes hegten E. K.
H. an der Vorlage das lebendigste und stets bekundete Interesse, die Regierung
tue das Ihrige, ganz wesentliche Teile der Vorlage seien auch von der Opposition
unbeanstandet, der Vorgang von 1880 bezüglich des Examens zeige, wie durch
unwesentliche Änderungen oft spät noch eine völlige Sanierung eintrete, der prin-

zipiell bedeutsamste Punkt der Aufhebung des Staatsgerichtshofs in Kirchensachen scheine ja keine Gegner zu finden. — Der Papst würdigte diesen Punkt sehr, ebenso aber auch den, daß „ein anderer Artikel der Kirche die Freiheit der Erziehung des Klerus wiedergebe", und fragte, ob dieser Artikel wohl durchgehe, was ich nach früheren Informationen seitens S. Exz. des Herrn Geheimerats Dr. Nokk als von der Regierung angenommen bezeichnete. Die Ordensfrage wurde mit keinem Wort berührt. Über die Erziehung des Klerus erörterte der Papst — ohne allen Bezug auf Baden — allgemein in der Weise, daß die Sanctitas vitae mit besonderer Mitwirkung in die charitas und die scientia, da nur ein gebildeter Klerus in der modernen Welt mit Erfolg wirken und seine Stellung behaupten könne, anerzogen werden müsse. Die Äußerung ähnelte sehr der Darlegung in dem 1866er Hirtenbrief an den Perusiner [?] Klerus, den O'Reilly[4] meines Erinnerns wiedergibt. Hinsichtlich des Herrn Roos sagte Seine Heiligkeit, „j'espère du moins qu'il ne m'a pas contrarié"; die Frage war so ursprünglich und lebhaft, daß ich überzeugt bin, daß neben den Jacobinischen Noten abschwächende Begleitschreiben in Freiburg nicht eingegangen sein können. Die Frage konnte ich dahin beantworten, daß jener Vorgang mit der Regierung vor den Noten geschah, die Haltung nachher zwar auch nicht geändert wurde, aber überhaupt wesentlich passiv war und mit Krankheit etwas zu entschuldigen sei, mit Neuheit der Stellung entschuldigt wurde. Auf weitere Fragen konnte ich die Ergebenheit des Erzbischofs an die Person E. K. H. und seine guten Beziehungen mit dem Bemerken — ebenso wie die Sanctitas vitae und den Eifer der Seelsorge — hervorheben, daß ich den ganzen Punkt, keineswegs um irgendeine Klage zu formieren, sondern nur deshalb genannt habe, weil er bei einer wahrheitsgetreuen Darstellung der von Sr. Heiligkeit erfragten Verhältnisse unumgänglich war. Der Erziehung des Klerus legten auch E. K. H. großen Wert bei, und es sei von Interesse zu sehen, daß — wie der erst in wenigen Passagen von mir gelesene Brief an den bayrischen Episkopat zu ergeben scheine — auch in Bayern einzelnes ventiliert werde. Der Papst erwiderte, er habe das Jubiläum, wo die allgemeine Aufmerksamkeit auf religiöse Fragen gelenkt sei, benützt, um auch in Bayern noch etwas zu erreichen. Früher schon hätten ihn Katholiken von dort (vielleicht u. a. der heute hier als Führer der deutschen Pilger eintreffende Fürst zu Löwenstein-Rosenberg)[5] gedrängt, er habe aber auf den Vorgang Preußens warten wollen. Die Macht der Verhältnisse ziehe die andern Staaten nach. Aus Hessen sei ein Baron Birsté (offenbar Fürst Isenburg-Birstein) gekommen, in Bayern habe man gute Hoffnungen (ich schließe daraus, daß es sich um eine schon zugesagte Revalidierung der in der Epistel gelobten Dekrete der Könige Maximilian I. und II. handeln möchte), nun empfehle er seine Sache in Baden wärmstens E. K. H., und wenn seine Wünsche sich erfüllten, „alors le pape sera content".

Nur bleibe noch, fuhren S. Heiligkeit fort, die römische Frage. Über diese erfolgte nun ein interessantes Pourparler, das wohl nur mündlich wiederzugeben ist. Der gnädige Charakter der Audienz erhellt hieraus und aus dem Umstand, daß der Papst mir die heute übergebene Tiara aus einer Pariser Geldsammlung von hohem Kunst- und höchstem materiellen Wert besonders noch zeigen ließ und daß ich — meiner Wahrnehmung nach zu besonderer Befriedigung des heiligen Vaters — aus dessen Gedicht „Auspicatus Ecclesiae Triumphans" (1885) die Stelle zitieren konnte:

„Tuae vetres ceridre irae, tunc pugna quievit,
Jamque fera emollit Pertora dulcis amor"[5a].

Was die Ansprache bei Übergabe von Brief und Geschenk belangt, so habe ich mit dem Herrn Staatssekretär eine Beredung noch vorbehalten und sammle die schon gehaltenen Noten zur Zeit. Diejenige des Grafen Brühl erscheint morgen, vielleicht kann ich sie bei Herrn von Schlözer vorher sehen. Ob ich das Konzept noch nach Karlsruhe schicken kann, ist jedenfalls zweifelhaft, der Akt aber wegen der Publikation wichtig. Ich denke vorläufig von folgendem auszugehen und darf vielleicht untertänigst bitten, daß mir nach dem mit Herrn Geheimerat Nokk vereinbarten Chiffre eine telegrafische Weisung zugeht:

1) Die Frage, ob die Gratulation von I. K. H. der Großherzogin zu erwähnen sei, dürfte nach dem Vorgang bezüglich Ihrer Majestät der Kaiserin zu entscheiden sein. Die Königin der Belgier und das belgische Königshaus, wo wegen der Konfession die Sache anders liegt, ist in den Solemnitätsakt eingeschlossen.

2) Das Heidelberger Jubiläum dürfte in Bezug auf die damalige päpstliche Sendung zu erwähnen sein und gibt zugleich Anlaß, den Papst als fautor der Wissenschaft zu feiern.

3) Die Kirchenvorlage kann meines Erachtens nur erwähnt werden, wenn die Antwort für den Fall der Annahme die päpstliche Zufriedenheit in der Art eines Abschlusses der Ausgleichsbestrebungen einerseits, mit Vermeidung allen Scheins einer Vereinbarung der Gesetze andererseits enthält. Wenn dies glatt erreicht würde, so wäre den Gegnern der Vorlage das Argument, daß der andere Teil unersättlich sei, genommen. Doch kann die Antwort kaum von erwünschter Präzision werden, wenn man nicht hier in Details geht, was ich für schädlich hielte, weil es zunächst den Stand der Information gänzlich ändert und dann allerhand Begehren erzeugen könnte. Ich werde daher in mein Konzept nichts hineinsetzen. Andererseits könnte ich einen etwaigen Wunsch des Kardinals, dem ich übrigens heute bemerkte, daß meine Mission lediglich ein Akt der Courtoisie beziele, doch nicht wohl ohne weiteres abweisen. Je nach der Art des Vorbringens und je nach dem Inhalt der Brühlschen Note wenigstens kann dies schwierig sein. Schlägt der Kardinal selbst etwas Allgemeines vor, das mir zur Förderung der Vorlage dienlich scheint, so würde ich vielleicht sogar zugreifen müssen. Um so mehr ist mir eine Instruktion darüber zuvor nötig, wie weit ich gehen darf, damit ich eventuell so vorbauen kann, daß ein Wunsch nicht ausgesprochen werde.

Den Kardinal Schiaffino[6] traf ich heute abend noch. Er legt Wert darauf, daß das Geschenk zur Eröffnungsfeier da sei, und merkt es zum Katalog vor. *[. . .]*

GLA FA Korresp. 13 N 469.

[1] Mariano Rampolla del Tindaro (1843—1913), 1866 Priester, tätig in der Kongregation für die außerordentlichen kirchlichen Angelegenheiten, 1875 Nuntiaturrat in Madrid, 1877 Sekretär der Propaganda-Kongregation, 1880 der Kongreg. f. außerord. kirchl. Angelegenheiten, 1887—1903 Kardinalstaatssekretär.

[2] Jagemann hatte zum 50. Priesterjubiläum Leos XIII. als Geschenk des Großherzogs ein Exemplar der Richentaler Chronik zu überreichen. Der Prachteinband war bei der Abreise noch nicht fertig und wurde rechtzeitig nach Rom nachgeschickt. Einen Entwurf seines Begleitschreibens sandte der Großherzog am 25. Dez. abends an Turban: „Da ich diesen Anlaß benütze, um das letzte Schreiben des Papstes zu erwidern [vom 16. Juni 1887, im GLA nicht vorhanden; vgl. *Stadelhofer* S. 158], so befindet sich in meinem Entwurf eine Stelle, welche sich auf die dermalige Lage unserer kirchenpolitischen Gesetzgebung bezieht und welche ich Sie bitte, mit Geheimrat Nokk zu prüfen. Es schien mir

nicht wohl möglich, diese Frage ganz zu ignorieren, um so mehr, als der Papst wohl Herrn von Jagemann darüber befragen wird, und es daher zweckmäßiger ist, den gegenwärtigen Stand dieser Angelegenheit näher zu bezeichnen" (GLA FA Korresp. 13 Bd. 36 Nr. 40 eig.). — *Jagemann* über seine Mission in: 75 Jahre S. 97 ff.

[3] Gesetzentwurf die Änderung einiger gesetzlicher Bestimmungen über die rechtliche Stellung der Kirchen und kirchlichen Vereine im Staate vom 7. Dez. 1887 (vgl. *Stadelhofer* S. 140 ff., bes. S. 179 ff.).

[4] B. *O'Reilly*, Leo XIII., Paris 1887, dt. v. Weinandt 1887.

[5] Karl Fürst zu Löwenstein (1834—1921), Organisator der deutschen Katholikentage.

[5a] Leo XIII., Carmina, hg. E. *Beringer* (1887).

[6] Placido Maria Schiaffino (1829—89), 1852 Priester, 1878 Titularbischof von Nisch, 1884 Sekretär der Bischofskonferenz, 1885 Kardinal.

833. Marschall an Turban.

Berlin, 6. Januar 1888.

Ganz vertraulich! Ex. Exz. beehre ich mich über das Befinden S. K. H. des Kronprinzen nachstehendes ergebenst zu berichten:

Nachdem Major von Rabe[1], der vor einigen Tagen von San Remo hier eingetroffen ist, erfreuliche Nachrichten über das Befinden des hohen Herrn überbracht hatte, ist vorgestern auch von Major von Lyncker[2] ein sehr günstiger Bericht an Hofmarschall Grafen Radolinski angelangt. Als Oberstkämmerer Graf Stolberg, der vorgestern zum Diner der Gardehusaren nach Potsdam geladen war, S. K. H. dem Prinzen Wilhelm von diesem Berichte Kenntnis gab, erwiderte Höchstderselbe erstaunt, daß die ihm zugegangenen neueren Nachrichten direkt gegenteiligen Inhalts seien; er habe ein von Dr. Schrader an Dr. Leuthold gerichtetes Telegramm von demselben Tage in Händen, wonach sich eine neue Wucherung zeige, auch die Schwellung des Kehlkopfes wieder im Zunehmen begriffen sei.

Ich habe heute Professor von Bergmann aufgesucht in der Erwartung, daß dieser vielleicht durch Dr. Bramann nähere Information erhalten habe. Herr v. Bergmann teilte mir auf meine Anfrage Folgendes mit: Er sei gestern früh telephonisch nach Potsdam berufen worden; S. K. H. der Prinz Wilhelm habe ihm daselbst einen Bericht des Herrn von Lyncker vorgezeigt, der, sowohl was das Allgemeinbefinden wie die lokalen Zustände betreffe, sehr günstig laute, und ferner ein von Dr. Schrader an Dr. Leuthold gerichtetes Telegramm von vorgestern, in welchem ersterer melde, daß in den letzten Tagen unterhalb des r e c h t e n, bisher gesunden Stimmbandes, eine neue unverkennbare Wucherung aufgetreten sei und infolge von Anschwellung und Schleimansammlung der Einblick in den Kehlkopf wiederum erschwert sei. — Professor von Bergmann sagte mir ferner, er sei im Besitz eines Berichts von Dr. Bramann, der am 23. Dezember — also heute vor 14 Tagen — den Kehlkopf des Kronprinzen wieder untersucht und dabei konstatiert habe, daß die Wucherung seit seiner vorhergehenden Untersuchung in ihrer Gesamtheit Fortschritte gemacht habe und auf das rechte Stimmband überzugreifen beginne; irgendeine Vernarbung sei nicht wahrnehmbar. Vermutlich werde Dr. Bramann in diesen Tagen wieder zum Einblicke zugelassen und werde er (v. Bergmann) mir, sobald er einen Bericht erhalte, davon Kenntnis geben, nur müsse er mich aus naheliegenden Gründen bitten, alles, was aus der Quelle des Dr. Bramann stamme, strengstens vertraulich zu behandeln[3]. Auf meine Anfrage, ob Dr. Bramann irgendetwas über die Möglichkeit eines Irrtums betreffs der im November gestellten

Die in dem heutigen „Medical Journal" enthaltene Mitteilung Mackenzies[4] Diagnose schreibe, erwiderte mir Herr von Bergmann, bei Bramann bestehe in dieser Beziehung keinerlei Zweifel, auch habe Dr. Krause demselben gegenüber keinerlei Äußerung getan, welche darauf schließen ließe, daß dieser in der Annahme eines Carzinoms schwankend geworden sei. —

[...] erklärt sich Professor von Bergmann damit, daß Mackenzie aus Rücksicht auf die Stimmung und das Allgemeinbefinden des Kronprinzen denselben in der Hoffnung zu belassen wünsche, daß die Diagnose vom 11. November eine irrtümliche gewesen sei.

GLA 233/34798 Ausf., dem Großherzog vorgelegt, zurück 9. 1. 88; 49/2017 fol. 7 Konz.

[1] Major v. Raabe, Adjutant des Kronprinzen.
[2] Maximilian Frhr. v. Lyncker (1845—1923), Major, Adjutant des Kronprinzen, Generaladjutant Wilhelms II., kaiserl. Hausmarschall, 1911—14 Chef d. Militärkabinetts.
[3] Dr. Leuthold an Großherzog Friedrich, San Remo 21. Jan. (1888): „Alleruntertänigst erlaube ich mir, die von Schrader dringend ausgesprochene Bitte zu unterbreiten, von dem Inhalt der Telegramme und Berichte in Familienbriefe nichts einfließen zu lassen. Jeder Brief, der auf diese Vorgänge gestützt irgendwelches Bedauern kundgäbe, setzt Unruhe, Mißbehagen und Unzufriedenheit, ja erregt den Verdacht, daß von dortigen Kreisen oder diesseits die streng befohlene Verschwiegenheit und Diskretion nicht bewahrt werde" (GLA FA Korresp. 13 Bd. 37 Fasz. 2a Nr. 26 Abschr.).
[4] *Freund*, Krankheit Kaiser Friedrichs S. 277.

834. Marschall an Großherzog Friedrich.

Berlin, 21./22. Januar 1888.

Ich habe mich heute Abend sofort nach Empfang des Allerhöchsten telegraphischen Auftrags[1] mit Herrn Professor von Bergmann in Verbindung gesetzt und von demselben die Zusage seines Besuchs gegen 10 Uhr erhalten.

Herr von Bergmann, der mich soeben verläßt, hat mir Folgendes mitgeteilt: Dr. Bramann sei seit dem 23. Dezember v. J. nicht mehr zur Untersuchung des Halses S. K. H. des Kronprinzen zugezogen worden. Am 9. d. M. sei Herr Bramann eingeladen gewesen, abends bei den Herrschaften zu speisen und vorher eine Untersuchung vorzunehmen, doch habe die Frau Kronprinzessin ihm mitteilen lassen, daß er infolge eines erfolgten Besuches und angesichts des beschränkten Platzes a n s t a t t   d e s s e n zum Frühstücke am folgenden Tage gebeten werde; an diesem Tage sei S. K. H. der Kronprinz sofort nach dem Frühstück ausgegangen, so daß eine Untersuchung nicht habe stattfinden können. Inzwischen habe Dr. Krause Herrn Bramann eine Bemerkung darüber gemacht, daß seine Anwesenheit nur die eventuelle Vornahme der Tracheotomie, nicht aber regelmäßige Untersuchungen des Kronprinzen bezwecke, und habe Dr. Bramann sich um so mehr vollkommene Reserve auferlegt, als Dr. Krause dabei angedeutet habe, daß er — Bramann — über den Zustand des Kronprinzen „nach Berlin berichte". Herr von Bergmann fügte bei, daß hiernach seine direkten Informationen durch Dr. Bramann sich darauf beschränkten, was dieser aus Hörensagen von den behandelnden Ärzten erfahre. Dagegen habe S. K. H. Prinz Wilhelm ihm heute Kenntnis von drei Telegrammen des Dr. Schrader an Dr. Leuthold gegeben, welche Folgendes besagten: in der Nacht vom Samstag auf Sonntag (14. auf den 15.) sei bei dem Kronprinzen erschwerter und zugleich übelriechender Atem eingetreten, auch habe der hohe Kranke eine gesteigerte Temperatur gehabt und über Kopfweh geklagt. Montag früh hätten die Ärzte einen grauen Körper im Kehlkopf flottieren sehen; die Nacht zum Dienstag sei wiederum schlecht gewesen, an diesem Tage habe dann der Kronprinz ein zwei cm langes und 1/2 cm breites Stück grauer Substanz ausgehustet und danach Erleichterung verspürt. Nach einem Telegramm Schraders von gestern (20.) sei der Atem leichter, dagegen der Kehlkopf wund und noch übelriechend, Dr. Mackenzie werde erwartet. — Heute sei ein Telegramm noch nicht eingetroffen. Dr. Bramann bestätige aus Mitteilungen des Dr. Schrader und des Dr. Hovell diese Nachrichten; die Stimme sei nach dem Auswurf vollkommen verloren gewesen. Dr. Krause stelle die Behauptung auf, dieser Auswurf könne eine Folge der im vergangenen Sommer vorgenommenen Ätzungen sein, während Professor von Bergmann das ausgehustete Stück für ein brandig gewordenes Krebsstück hält und den Vorgang als einen bei Krebsleiden dieser Art häufig beobachteten bezeichnet.

Herr von Bergmann sagte mir ferner, er habe die Absicht gehabt, mir, seiner Zusage entsprechend, von dieser Mitteilung des Prinzen Wilhelm Kenntnis zu geben; weiter erfuhr ich von ihm, daß seit 14 Tagen zwischen Dr. Schrader und Dr. Leuthold eine direkte Chiffre bestehe, die betreffenden Telegramme also das Auswärtige Amt nicht mehr passieren. Daraus erklärt sich, daß alle meine seit dieser Zeit bei dem letzteren angestellten Erkundigungen völlig negativen Ergebnisses waren. Auch Graf Bismarck, den ich vorgestern Abend nach einem Diner beim österreichisch-ungarischen Botschafter[2] befrug, erklärte mir, daß er seit längerer Zeit ohne jede authentische Nachricht über das Befinden des Kronprinzen sei. Dr. Bramann adressiert, wie mir Herr von Bergmann sagte, der Vorsicht wegen seine Briefe nunmehr an eine Wärterin in der Klinik des letzteren. — Herr von Bergmann hat mir auf meine Versicherung, daß ich seine Mitteilungen lediglich E. K. H. melden werde, wiederholt zugesagt, mir alle wichtigeren Nachrichten zukommen zu lassen. [...]

GLA FA Korresp. 13 Bd. 37 Fasz. 2a Nr. 27 Ausf.

[1] Nicht vorhanden. Tgb. Marschall: „21. Jan. 1888. Nach Tisch Telegramm des Großherzogs wegen Kronprinz. Bergmann kommt 10 Uhr. Es geht schlecht." [...] (Oberkirch, Besitz Frau v. Seyfried).
[2] Emerich Szechenyi (1825—98), 1848 Gesandtschaftssekretär in Stockholm, 1859 Legationsrat in Petersburg, 1860 Gesandter in Neapel, 1878—92 Botschafter in Berlin.

835. Marschall an Großherzog Friedrich.

Berlin, 23. Januar 1888.

Ich melde, daß Staatsminister von Goßler, den ich heute wegen der Manessischen Angelegenheit aufgesucht habe, mir auf Befragen die jüngsten Mitteilungen des Herrn von Bergmann vollinhaltlich mit dem Bemerken bestätigt hat, daß die von Dr. Schrader an Dr. Leuthold mittels direkter Chiffre gerichteten Telegramme gegenwärtig die einzige Quelle zuverlässiger Information über das Befinden S. K. H. des Kronprinzen bilden, dieselben werden jeweils direkt S. K. H. dem Prinzen Wilhelm übersendet, so daß auch Herr von Goßler auf Mitteilungen aus dritter Hand angewiesen ist. Der Herr Minister sagte mir, daß nach Auswerfung der

Substanz zwar die Stimme des Kronprinzen schwächer geworden sei und der üble Geruch fortdaure, dagegen sichtliche Erleichterung im Atmen bestehe und das Allgemeinbefinden sich wieder hebe. Welches Urteil die b e h a n d e l n d e n Ärzte über den Vorgang sich gebildet, sei nicht festzustellen. Dr. Schrader sei zur selbständigen Beobachtung und Beurteilung nicht befähigt, Dr. Hovell und Dr. Krause dagegen, die sich untereinander befehdeten, gäben keinerlei Nachrichten hierher. Dr. Bramann habe seit dem 23. Dezember nicht mehr untersucht, und scheine Dr. Krause an seiner völligen Beseitigung zu arbeiten. Dazu werde folgender Vorgang als Handhabe bemüht: es sei nämlich hier bekannt geworden, daß in dem letzten im Reichsanzeiger veröffentlichten Bulletin der Ärzte sich ursprünglich der Passus befand, „daß die Schwellung auf die rechte Seite des Kehlkopfes übergreife"; dieser Passus sei bei der Kontrolle in San Remo gestrichen worden[1]. Nun werde auf Dr. Bramann der Verdacht geworfen, daß er hierüber nach Berlin berichtet habe; dieser Verdacht sei ein durchaus grundloser, da die Kenntnis von der erfolgten Streichung jener Worte aus einer ganz anderen Quelle stamme. Charakteristisch für das Streben Krauses sei auch der Umstand, daß die ausgeworfene Substanz nicht dem Dr. Bramann, der im Besitze ausgezeichneter mikroskopischer Instrumente sei, zur Untersuchung übergeben worden, sondern einem russischen Arzte Dr. Hering, der in San Remo sich aufhalte. Da derselbe nichts gefunden, wurde die Substanz hierher an Virchow gesendet, doch sei es nach ärztlichem Ausspruch unmöglich, daß jetzt noch Krebszellen gefunden würden, die erfahrungsgemäß rasch zerfielen. —

Herr von Goßler teilte mir ferner mit, daß Ihren Majestäten von den neuerlichen Zwischenfällen, so weit er wisse, keine Kenntnis gegeben worden sei.

Fürstbischof Dr. Kopp, welcher S. K. H. den Kronprinzen am vergangenen Mittwoch, den 18. während zwei Stunden sprach, sagte mir, daß er Höchstdenselben in heiterer Stimmung und gutem Aussehen gefunden habe. [...]

GLA FA Korresp. 13 Bd. 37 Fasz. 2a Nr. 28 (Ausf.).

[1] Reichsanzeiger v. 13. Jan. 1888, vgl. Krankheit Kaiser Friedrichs des Dritten (1888) S. 53.

836. Marschall an Großherzog Friedrich.

Berlin, 4. Februar 1888.

Prof. v. Bergmann, nachdem ihm gestern früh ein Bericht des Dr. Bramann zugekommen war, *suchte mich* seiner Zusage gemäß abends auf *und teilte Folgendes mit:*

Dr. Bramann bezeichne den örtlichen Befund als schlechter, wie er bei seiner letzten Untersuchung am 23. Dezember gewesen; es sei nicht richtig, daß die Schwellung am linken Stimmband kleiner geworden, dieselbe sei vielmehr größer als zu jener Zeit; desgleichen zeige die im Januar aufgetretene Schwellung des rechten Stimmbandes bereits einen erheblichen Umfang, auch bewege sich dieses Stimmband nicht mehr. Durch diese Schwellung sei der Raum des Kehlkopfes auf die Hälfte reduziert. Beim Sitzen, Liegen oder bei langsamer Bewegung in der Ebene bestehe zur Zeit keine Atemnot, wohl aber trete dieselbe sofort bei jedem Steigen, z. B. Treppensteigen, ein. Auch klage der hohe Patient, daß ihm jeder

Versuch des Sprechens Anstrengung verursache; die Stimme sei tonlos heiser. Das Allgemeinbefinden erscheine gegenwärtig insofern befriedigend, als die Kopfschmerzen nachgelassen hätten, doch habe der hohe Herr dem Dr. Bramann gesagt, die Ärzte fänden ihn immer besser, er fühle aber wohl, daß es zusehends schlechter gehe. Bei diesem Befunde sei selbstverständlich in erster Reihe die Frage hervorgetreten, ob nicht jetzt schon die Vornahme der Tracheotomie angezeigt erscheine. Dr. Bramann habe an der Konsultation der behandelnden Ärzte nicht teilgenommen, dagegen indirekt erfahren, daß Dr. Krause sich für die sofortige Tracheotomie ausgesprochen, dieselbe jedoch auf den Widerspruch Mackenzies hin bis zum Eintreten größerer Atemnot verschoben worden sei. S. K. H. der Kronprinz scheine selbst der baldigen Vornahme dieser Operation geneigt, nachdem ihm Dr. Krause dargelegt, daß, wenn die Tracheotomie in der nächsten Zeit geschehe, die Perichondritis sich mehr in Ruhe zurückbilden könne, da dann die Atmung nicht mehr durch den Kehlkopf stattfinde, und daß dann größere Chance dafür bestehe, daß die Kanüle wieder entfernt werden könne. Die Ärzte hätten Dr. Bramann die eventuelle Vornahme der Tracheotomie übertragen, der Kronprinz habe sich jedoch gegen Bramann in dem Sinne ausgesprochen, daß er, wenn tunlich, die Operation von ihm — Professor von Bergmann — vollzogen wünsche. —

Was die in den Blättern viel ventilierte Frage einer Änderung der Diagnose betrifft, so sagte mir Herr von Bergmann, Dr. Bramann schreibe, daß er nach der Untersuchung Mackenzie gegenüber das Leiden als Krebs bezeichnet, Mackenzie dies auch nicht widersprochen, sondern nur bemerkt habe, daß a u c h Perichondritis vorliege. Nach Ansicht des Herrn von Bergmann können die in die Blätter lancierten Mitteilungen über die angebliche Konstatierung des Nichtvorhandenseins von Krebs nur den Zweck verfolgen, bei dem hohen Patienten neue Lebenshoffnung zu erwecken. Medizinisch seien die bezüglichen Mitteilungen ganz unhaltbar. Jede bösartige Geschwulst erzeuge, wenn das Leiden den Knorpel erfasse, Knorpelhautentzündung (Perichondritis), dagegen sei noch niemals der Fall beobachtet worden, daß eine gutartige Schwellung des Kehlkopfes zu Perichondritis führe. Was den Zeitpunkt der Vornahme der Tracheotomie betrifft, so glaubt Dr. von Bergmann, daß man damit nicht so lange zuwarten solle, bis förmliche Erstickungsgefahr vorliege, weil dann die Chloroformierung oft unmöglich werde. Die Möglichkeit, die Kanüle später wieder herauszunehmen, sei bei der Natur des Leidens ausgeschlossen, dagegen kenne er Fälle, in denen bei Kehlkopfkrebs nach Vornahme der Tracheotomie vier bis sechs Monate verhältnismäßigen Wohlbefindens eingetreten seien.

Das neuste Gutachten Virchows hält Herr von Bergmann, auch wenn es wiederum negativ laute, für absolut nicht beweisend. Bei 10 anerkannten Krebsfällen habe die mikroskopische Untersuchung erfahrungsgemäß höchstens in einem Falle ein positives Resultat.

Dr. von Bergmann sagte mir schließlich, daß nach seiner Beurteilung des Befundes die Tracheotomie höchstens noch 4—6 Wochen hinausgeschoben werden könne. *[...]*

GLA FA Korresp. 13 Bd. 37 Fasz. 2a Nr. 35 Ausf.

837. Marschall an Großherzog Friedrich.

Berlin, 7. Februar 1888.

[...] Staatsminister von Goßler, mit dem ich heute Mittag eine längere Unterredung hatte, bestätigte mir zunächst auf Grund der Einsicht des Bramannschen Berichtes die mir jüngst gewordenen Mitteilungen des Professors Dr. von Bergmann. Sodann sagte er mir, daß im Laufe des gestrigen Tages wiederum Telegramme über das Befinden des hohen Patienten eingetroffen seien, die ungünstig lauteten; zunächst ein solches des Dr. Bramann an Dr. von Bergmann — welches er, der Minister, gelesen habe — des Inhalts, „die Schwellung nehme stetig zu, auch sei Stridor (Atemgeräusch) eingetreten; Bergmann möge sich zur Reise bereit halten". *[...]* Die von Dr. Leuthold an Herrn von Bergmann übergebenen Telegramme des Dr. Schrader hatte der Minister nicht gelesen und wußte nur, daß sie ähnlich lauten wie die Depesche Bramanns.

Goßler berichtet über ein Gespräch mit Bergmann, wonach die von Krause aufgestellte Hypothese, daß die Tracheotomie eine Heilung der Perichondritis zur Folge haben könne, *unhaltbar sei.* Mackenzie teile offenbar die Ansicht Krauses nicht, indem er sich gegen die sofortige Vornahme der Tracheotomie ausgesprochen habe. Was diese Operation betrifft, so sei sie in vielen Fällen eine einfache und leichte, bei dem Kronprinzen dagegen erachte Bergmann dieselbe für eine schwierige und verantwortungsvolle. Zunächst sei es eine wichtige Frage, ob nach Lage der Atmung der Patient noch chloroformiert werden könne; die Tracheotomie bei einem erwachsenen Mann bei hochgradiger Atemnot sei ohne Chloroformierung selbst für einen geübten Operateur eine ernste und schwere Aufgabe. Abgesehen davon biete sich beim Kronprinzen die Schwierigkeit, daß man nicht wissen könne, wie weit das Leiden bereits nach der Tiefe zu fortgeschritten sei; hieraus ergebe sich die Notwendigkeit besonderer Vorsicht, möglicherweise werde der Schnitt an einer tiefer gelegenen Stelle als sonst vorgenommen werden müssen. Dr. Bramann habe die Operation unter ungünstigen Verhältnissen schon wiederholt und stets mit Glück ausgeführt. Herr von Goßler glaubte, aus den bezüglichen Äußerungen entnehmen zu können, daß Herr von Bergmann zwar bereit ist, die Operation vorzunehmen, dies aber nur auf ausdrücklichen Wunsch der kronprinzlichen Herrschaften oder Befehl S. M. tun wird.

Beschreibung des Zustandes nach vollzogener Tracheotomie. Von dem neuesten Gutachten Virchows hat der Minister erfahren, daß Virchow in dem ihm übersandten Stück zwar, wie vorauszusehen, keine Krebszellen, dagegen „elastische Fasern" vorgefunden, die nach dem Ausspruch der Ärzte nur von den Stimmbändern herrühren können. Durch diese Zerstörung des Stimmbandes — wahrscheinlich des zuerst ergriffenen linken — erklärt sich der unmittelbar nach dem Auswurf eingetretene Verfall der Stimme. *[...]*

GLA FA Korresp. 13 Bd. 37 Fasz. 2a Nr. 45 Ausf.

838. Großherzog Friedrich an Bismarck.

Schloß Baden, 7. Februar 1888.

Erfüllt von dem tiefen Eindruck Ihrer gestrigen Rede im Deutschen Reichstag[1] kann ich nicht widerstehen, Ihnen auszudrücken, wie freudig und dankbar ich die Wohltat Ihrer warmen patriotischen Aussprüche empfinde. Als treuer deutscher Mann fühle ich die Pflicht, Ihnen für die Kraft zu danken, welche Ihre schwerwiegenden Worte nach innen und außen bewirken. Als deutscher Fürst verehre ich Ihre mutigen Aussprüche als eine große, Segen verheißende Tat, die noch in später Zukunft der Nation als Leitstern dienen wird. Die Großherzogin schließt sich dem Ausdruck meiner Gefühle von Herzen an.

GLA nicht vorhanden, gedr. Bismarck, Ges. Werke VIc Nr. 385.

[1] Bismarcks Rede im Reichstag am 6. Febr. 1888 (Ges. Werke XIII S. 326-348), eine große Übersicht über die internationale Politik mit dem berühmten Satz: „Wir Deutsche fürchten Gott, aber sonst nichts in der Welt" (S. 347).

839. Bismarck an Großherzog Friedrich.

Berlin, 7. Februar 1888.

E. K. H. danke ich untertänigst für die huldreichen Worte, mit denen Höchstdero Telegramm[1] mich beehrt, und schöpfe aus demselben die freudige Zuversicht, daß mir im Dienste des Kaisers auch ferner die Förderung und Ermutigung nicht fehlen werden, welche ich der Gnade E. K. H. in jeder Phase der nationalen Entwicklung unseres Vaterlandes bisher zu danken gehabt habe. I. K. H. der Frau Großherzogin bitte ich meinen ehrfurchtvollsten Dank für die mir gewährte Anerkennung zu Füßen legen zu dürfen[2].

GLA FA Korresp. 13 N. 536 (Tel.), gedr. Ges. Werke VIc Nr. 385.

[1] Nr. 838.
[2] Großherzog Friedrich übersandte Bismarcks Tel. an Turban (Karlsruhe, 8. Febr. 1888): „Der Ton der Antwort harmoniert mit den Klängen der Empfindungen, die ich auszudrücken versuchte, und daher liegt mir daran, daß Sie davon Kenntnis erhalten. Das Telegramm wird auch Ihre Herren Kollegen vom Staatsministerium wohl interessieren" (GLA FA Korresp. 13 Bd. 36 Nr. 47 eig.). Turban sandte Bismarcks Telegramm auch an Marschall (Karlsruhe, 9. Febr. 1888): „Ich bin sicher, daß Ew. Hochw. diesen Vorgang mit besonderer Freude begrüßen" (49/2017 fol. 17 f. Ausf.).

840. Eisendecher an Bismarck.

Karlsruhe, 21. Februar 1888.

Großherzog und Großherzogin werden voraussichtlich schon in den nächsten Tagen von Cannes die Rückreise antreten und zunächst in Freiburg bei dem an einer leichten Lungenentzündung erkrankten Prinzen Ludwig verweilen. Die über den Zustand des Prinzen gestern und heute hier eingegangenen Nachrichten lauten den Umständen nach befriedigend. Professor Dr. Bäumler[1], der S. H. behandelt, telegraphierte mir, daß er einen normalen und leichten Verlauf der Krankheit hoffe.

Die Großherzoglichen Herrschaften haben in San Remo nur kurzen Aufenthalt genommen und S. K. H. den Kronprinzen etwa eine halbe Stunde gesehen[2]. Ein gestern von der Frau Großherzogin hier eingegangenes Telegramm bekundet die tieftraurigen Eindrücke, die die hohe Frau bei dem Wiedersehen empfangen hat. *[...]*

510

Bonn, Archiv Ausw. Amt, Baden Nr. 36 Nr. 1 Vol. 1 Ausf. Marginalie: v. S. M. 25. [?] 2.

[1] Christian Gottfried Heinrich Bäumler (1836—1933), 1876—1909 Direktor der medizinischen Klinik in Freiburg.
[2] Am 9. Febr. 1888 war in San Remo von Bramann die Tracheotomie am Kronprinzen vollzogen worden. Seitdem war er ohne Sprache.

841. Bismarck an Großherzog Friedrich.

Berlin, 23. Februar 1888, 4,35 Uhr nachm.

E. K. H. bitte ich untertänigst, den Ausdruck meiner herzlichen und aufrichtigen Teilnahme an dem schweren Verlust, welcher Höchstdero Haus und S. M. den Kaiser betroffen hat[1], in Gnaden entgegenzunehmen[2].

Bonn, Archiv Ausw. Amt, Baden Nr. 36 Nr. 1 Vol. 1.

[1] Prinz Ludwig v. Baden war überraschend am 23. Febr. 1888 morgens 6 Uhr in Freiburg gestorben, bevor das großherzogliche Paar ihn noch lebend traf.
[2] Tgb. Marschall: 14. 2. 1888. „Beim Frühstück Telegramm, daß Großherzog und Großherzogin morgen nach Cannes reisen. Laissez passer. [...] Die Nachrichten vom Kronprinz sind weniger gut." — 20. 2. „[...] Nachricht, daß Prinz Ludwig an der Lungenentzündung erkrankt ist. Arme Großherzogin. [...] Telegramm von Turban, daß Nachrichten von Prinz Ludwig beruhigend." — 23. 2. „Beim Frühstück Telegramm von Turban, daß Krankheit des Prinzen Ludwig sich in der Nacht rapid verschlimmert und tödlicher Ausgang nicht mehr abzuwenden. 1/2 Stunde später Nachricht, daß nach 6 Uhr sanft verschieden ist. Wir [Marschall und seine Frau Maja] sind beide tief erschüttert. Der Gedanke an unsere Herrschaften, die erst 10 Uhr in Freiburg ankommen, beherrscht uns ganz. Ich gehe zu Rottenburg, um es dem Reichskanzler mitzuteilen, der eben Telegramm von Eisendecher bekommen hatte. [...] Besuch von Knesebeck, der außer sich ist, die Kaiserin weiß noch nichts" (Oberkirch, Besitz Frau v. Seyfried).

842. Großherzog Friedrich an Bismarck.

Karlsruhe, 24. Februar 1888.

Ihre so warm ausgedrückte Teilnahme an unserem namenlosen Schmerz ist der Großherzogin und mir unendlich wohltuend. Gott behüte Ihr Vaterherz vor solcher Prüfung.

Bonn, Archiv Ausw. Amt, Baden Nr. 36 Nr. 1 Vol. 1 Ausf.

843. Prinz Wilhelm von Preußen an Großherzog Friedrich.

Berlin, 24. Februar 1888.

Lieber Onkel. In diesen entsetzensvollen Tagen der schwersten Prüfung, die Gott je den Menschen auferlegt hat, habe ich nicht den Mut, die arme, liebe Tante mit einem Brief zu belästigen. Ich bitte Dich daher, mein aus tief innerstem Herzen stammendes, wärmstes Mitgefühl Dir aussprechen zu dürfen. Ich habe den Ludwig wie einen Bruder geliebt[1]; wir standen uns so nahe, unsere Interessen waren ganz dieselben; und war ich voll Bewunderung für seine Willenskraft und Energie, eben-

so wie ich unter dem Zauber seiner Liebenswürdigkeit und kameradschaftlichen
Zuneigung stand. Wir alle, die ganze Armee hat ihn verloren, und schwer ist es
für uns! Menschenwort vermag ja hierbei für Dich und die arme Tante nichts zu
tun. Der Herr, der es für gut fand, Euch und uns allen diesen furchtbaren Schlag
nicht zu ersparen, kann allein durch sein Wort und seinen Trost die schwere Wunde
lindern, die er schlug. Doch aussprechen, was ich fühle und wie ich für Euch fühle,
da ich namentlich auch unter einer drohenden Wolke stehe, das habe ich nicht unterlassen können.

Möge, wenn es denkbar möglich ist, der Gedanke Dir Trost verleihen, daß der
liebe Entschlafene aus dem schweren Leid und Sorgen dieses Lebens zu seligem,
ewigem Heil entrückt ist! Mit vielen innigsten Worten des Mitgefühls für die liebe
Tante Dein treu gehorsamster Neffe Wilhelm.

GLA FA Korresp. 13 Bd. 46 Fasz. 64 I Nr. 3 (eig.).

[1] Marginalie des Prinzen Wilhelm auf dem Bericht Eisendechers vom 23. Febr. 1888
über den Tod des Prinzen: „Ich habe ihn ja geliebt wie meinen Sohn!!" (Bonn, Archiv
Ausw. Amt, Baden Nr. 36 Nr. 1 Vol. 1).

844. Kardinal Hohenlohe an Großherzog Friedrich.

Rom, 25. Februar 1888.

Teilnahme am Tode des Prinzen Ludwig von Baden. Halten wir treu zusammen
am Stamm des Heiligen Kreuzes und arbeiten wir, wie jener fromme Held sagte
—, „wohlan, so arbeite, was Du kannst, wieviel, wie lang, wie treu Du kannst,
— und dann, wenn's Abend wird, leg Dein Arbeitszeug aus der Hand und dem
Gedächtnis und stirb auf Gnade." [...]
Ich habe diese Worte so lieb und habe sie mir in mein Brevier geschrieben, und
je mehr Jammer und Elend ich in dieser Welt erlebe, desto mehr erkenne ich das
Trostvolle dieser Worte; und die Notwendigkeit, t a p f e r weiter zu arbeiten
und sich nicht vom Schmerz vernichten zu lassen. [...]

GLA FA Korresp. 13 N 414 Fasz. 166 (eig.). Vermerk des Großherzogs: „Beantwortet. F."

845. Kaiser Wilhelm I. an Großherzog Friedrich.

Berlin, 26. Februar 1888.

Wie danke ich Dir für die Sendung Deines Adjutanten, mit dem ich mich so
recht aussprechen konnte und die Nachrichten über Euer Befinden entgegennehmen
und die Art, wie Ihr die entsetzliche Nachricht erfuhrt!! Kennt Ihr die Teilnahme
schon, die aus allen Teilen uns rührend zugetragen wird; es würde Linderung in
Euren gerechten Schmerz gießen!
Ich danke Dir, daß Du erlaubst, daß die Kameraden des Regiments, dem der
unvergeßliche Ludwig angehörte, nach Karlsruhe kommen dürfen. Ebenso habe
ich bestimmt, daß mein Enkel Wilhelm auch beim Trauergottesdienst antritt und
von dort nach San Remo auf ein paar Tage gehe! Gott mit Euch!!! Euer tief ge-
beugter Vater Wilhelm.

GLA FA Korresp. 13 Bd. 44 Fasz. 55 Nr. 42 (eig.).

846. Walter Freiherr von Loe an Großherzog Friedrich.

Rom, 6. März 1888.

Als am Vorabende meiner Abreise von San Remo mich die Nachricht traf, daß die Vorsehung über E. K. Hoheiten Leidensfahrten einen so erschütternden Schluß verhängt habe, entsprach es meiner Empfindung tiefsten Jammers und innigster Teilnahme, den Freund, der den schwergeprüften Eltern wie immer treu zur Seite steht, um mündliche Übermittlung zu bitten. Auch heute erfüllt mich das Bewußtsein der Unbegreiflichkeit göttlicher Wege, der Ohnmacht jedes menschlichen Trostes gegenüber dieser entsetzlichen Anhäufung des Unglückes, dessen Beendigung vorläufig unabsehbar ist, aber gleichzeitig auch die Erkenntnis, die uns Menschen immer wieder ins Gedächtnis zurückgerufen werden muß, daß in solchen Momenten die Stärke des Duldens nur in der Annahme höherer Bestimmung liegt. Nach einer Reihe verhältnismäßig glücklicher Jahre hat eine unheilvolle Zeit begonnen. Sollen wir nicht glauben, daß die Vorsehung an den Eingang dieser Zeit ein Vorbild christlicher Ergebung in das schwerste, unverdiente Unglück auf hoher Stelle aufrichten wollte — den Völkern ein weithin erkennbarer Leuchtturm der Rettung in dem Sturm, dem wir entgegengehen? Möge Gott E. K. H. und der Frau Großherzogin, den musterhaft geduldigen Kreuzesträgern, fortgesetzt die Stärke verleihen, welche zu dem schweren Berufe, zu welchem Er Sie ausersehen, unentbehrlich ist — möge das hohe Beispiel segensreich in Nähe und Ferne wirken. Das ist der innigste Wunsch, das tägliche Gebet aller derjenigen, welche mit E. K. Hoheiten um den Verlust des unvergeßlichen Prinzen trauern, dem es leider nur so kurze Zeit vergönnt war, den Sonnenschein seiner unvergeßlichen Persönlichkeit überall dahin zu tragen, wo er erschien.

So groß aber auch der Schmerz um den heimgegangenen Sohn ist, er reicht nicht aus, die Angst und den Kummer um den heldenmütigen Dulder, der noch unter uns weilt, die Sorge um die kaiserlichen Eltern zu unterbrechen. Keine menschliche Empfindung reicht ja aus, allen diesen Jammer zu umfassen. Ich habe San Remo am 24. Februar verlassen — nicht hoffnungsvollen Herzens — aber, wie ich glaube, richtig erkennend, daß unter den obwaltenden Verhältnissen meine Ablösung durch Herrn v. Roggenbach sehr förderlich sein werde. Über meine Beurteilung der Gesamtlage und meine Motive habe ich Herrn v. Roggenbach nach Karlsruhe ausführlich geschrieben. Seine Antwort hat mich benachrichtigt, daß er mit mir völlig einverstanden ist. Seit meiner Abreise habe ich von San Remo einmal direkte Nachricht über das Befinden des Kronprinzen durch Graf Seckendorff erhalten, und zwar v o r der Ankunft des Prinzen Wilhelm. Graf Seckendorff schilderte kurz die fortgesetzten Schwankungen des Zustandes, wie sie sich in immer kürzeren Zwischenräumen wiederholt haben. Nach den letzten Zeitungsnachrichten scheinen die Nächte besser geworden zu sein, auch die Kräfte sich zu heben. Herr v. Roggenbach hat mir die Ansichten der Professoren Kußmaul und Bäumler mitgeteilt, eine Wiederholung alter Ungewißheit. Inzwischen ist durch den Aufenthalt S. K. H. des Prinzen Wilhelm in San Remo wieder eine bedeutungsvolle Phase eingetreten, über welche mir nichts bekannt geworden. Möge sie befriedigend verlaufen sein, mögen die Bemühungen treuer Männer wie Herr v. Roggenbach nicht fruchtlos geblieben sein. Wer in der Lage ist, die drohenden Gefahren der Zukunft zu erkennen, der kann nur wünschen, daß von keiner Seite etwas versäumt werde, dieselbe abzuwenden. [...]

GLA FA Korresp. 13 N 446. Teilw. gedr. bei Leopold v. *Schlözer*, Generalfeldmarschall Frhr. v. Loe. Ein militärisches Zeit- u. Lebensbild (²1914) S. 195.

846a. Aus Marschalls Tagebuch.

[Berlin,] 7.—24. März 1888.

7. März 1888. Morgens 12 Uhr in den Reichstag. Bronsart sagt mir, daß Kaiser schlecht sei, die Ärzte besorgt. *[...]* Auf der Straße treffe ich Holstein, dann Eulenburg, die ernste Nachrichten geben. Telegramm von Gemmingen, daß unsere Herrschaften um 3 Uhr mit Extrazug abgereist sind. *[...]* Um 5,30 Uhr mit Bötticher ins Palais. Lehndorff. Telegramm an Großherzog nach Frankfurt. Nach Tisch wieder ins Palais, wo 1/2 Stunde bleibe, spreche Lauer, dann Leuthold, die nicht viel Tröstliches sagen. *[...]* Um 10 Uhr noch einmal ins Palais *[...]*, ein eigentümlicher Eindruck, dieses Vorzimmer. — Telegramm an den Großherzog nach Erfurt. Wenn nur die Großherzogin nicht zu spät kommt. Gottlob geht es nicht schlechter.

8. März 1888. Zu Minister von Bötticher, die Nachrichten sind schlecht. Große Schwäche. *[...]* Telegramm an Turban. *[...]* Um 2,30 Uhr Staatsministerium. Besuch bei Andlaw, der mir von San Remo erzählt. *[...]* Der Kaiser war um 5 Uhr sterbend, kam aber wieder zu sich. Um 9 Uhr nochmals ins Palais. Viele Leute. *[...]* Der Kaiser ist besser. Aufflackern oder Hoffnung. Reichskanzler geht 10 Uhr fort. Telegramm an Turban. Hofbräu mit den Herren des Großherzogs. Um 12 Uhr nochmals dort. Wenig Hoffnung.

9. März 1888. Früh aufgestanden. Erkundigung bei Lerchenfeld. Steht schlecht. Nach 9 Uhr ins Palais. Kaiser Wilhelm I. um 8,30 Uhr sanft entschlafen. Ich gehe in das Sterbezimmer, wunderschönes Bild der Ruhe und Verklärung. Mit mir geht ein Teil der Dienerschaft hinein, die jeder niederknien und weinen. Kronprinz und Kronprinzeß von Schweden, Großherzog und Großherzogin, die mich zu sich rufen. Tiefe Bewegung unser aller. Sie ist tief dankbar für den gestrigen Tag. *[...]* 12 Uhr Bundesratssitzung, Reichskanzler notifiziert den Tod, tief ergriffen[1]. Dann Reichstag. Historischer Moment. — Wir kollationieren zusammen die Rede des Reichskanzlers[2]. *[...]* Dann zum Großherzog, der mich nach 10,30 Uhr noch empfängt. *[...]* Erzählt mir viel — Friedrich IV!

10. März 1888. Morgens 10 Uhr Eröffnung des Testaments S. M. im kgl. Hausministerium, zu dem ich als Vertreter der Großherzogin befohlen bin. *[...]*

11. März 1888. Um 2,45 Uhr reisen die Minister zum Empfang des Kaisers nach Leipzig. Besuch bei Major Müller[3], der mir eingehend von der Reise der Herrschaften nach San Remo und dem Tode des Prinzen Ludwig erzählt. *[...]* Lerchenfeld sagt mir, daß Bergmann höchstens noch Monate gäbe. Kaiser und Kaiserin kommen nachts 11,05 Uhr an der Westendstation in Charlottenburg an. Eine traurige Reise!

13. März 1888. Von 2,30 bis 4 Uhr beim Großherzog. *[...]* Ich erzähle ihm von Entstehung der Proklamation und Brief (Friedrich III. an Bismarck). Roggenbach. Er spricht über Kaiser, Kaiserin, ersterer hat Fieber, letztere sei jetzt ganz gebrochen.

14. März 1888. Spaziergang gegen das Schloß zu, um die Vorbereitungen für

die via funebris zu sehen. *[...]* Um 10,30 Uhr ins Vestibül der Wendeltreppe gefahren, wohin Bundesrat, Reichstag und Abgeordnetenhaus auf höchsten Befehl eingeladen ist, um in den Dom zu gehen. Wir treffen dort eine große Menschenmasse, die durch weitere verstärkt wird. Entsetzliches Gedränge. Nichts wie hinaus. Durchbruch des Janhagels. Die Damen ohnmächtig. Ich rette mich ins Hofbräu. *[...]* Alles empört.

16. März 1888. *Begräbnis.*

18. März 1888. Morgens langer Besuch bei Turban. Turban ist mit Mittnacht beim Reichskanzler zum Essen. Er besucht mich vor seiner Abreise und ist sehr befriedigt.

20. März 1888. Schnee. Um 11 Uhr zum Großherzog. — Befinden des Kaisers. Jetzt ist Mackenzie Pessimist, sagt Kaiserin, daß zu Ende geht, während Bergmann günstiger auffaßt und die scharfen Mittel Cocawein, Morphium perhorresziert. Der Kronprinz in der Stimmung des Faust auf den Tisch schlagens. *[...]* Um 1 Uhr Reichstag. Adresse. Antrag wegen Denkmals für den Kaiser[4].

23. März 1888. Schönes Wetter. Nach dem Frühstück im Ausschuß, wo ich von Stellvertretung höre. Besuch bei Bötticher, der es bestätigt. Die Sache geht stark nach links. Reichskanzler tief verstimmt. *[...]* Um 4 Uhr zum Großherzog bis 5,15 Uhr. Ich erzähle ihm, was ich weiß, er war dabei, als Reichskanzler der Kaiserin Augusta von den Verhandlungen wegen Stellvertretung Mitteilung machte, erzählt vom Kaiser, Kaiserin, Kronprinzessin, die [er] sehr hoch stellt, König von Rumänien und dessen schwierige Lage wegen Bulgarien, frage ob richtig, daß in Bayern ein gewisses Mißtrauen gegen Reich besteht.

24. März 1888. 10 Uhr Eröffnung letztwilliger Verfügung S. M. Verschiedene Codizills. Für die Großherzogin 1 Million. *[...]* Um 2,15 Uhr zur Cour ins Schloß gefahren. Gespräch mit Minister v. Puttkamer. — Kaiser wollte Sozialistengesetz und Verlängerung der Legislaturperiode nicht unterschreiben, Kronrat, Stöcker. *[...]*

Oberkirch, Besitz Frau v. Seyfried.

[1] Vgl. Nr. 847.
[2] Bismarcks Rede vgl. Ges. Werke XIII S. 348 f. u. *Schultheß* S. 56 ff.
[3] Nicht ermittelt.
[4] Ohne Debatte wurde am 20. März 1888 im Reichstag der Dringlichkeitsantrag angenommen, den Reichskanzler zu ersuchen, dem Hause in der nächsten Session eine Vorlage über die Errichtung eines Denkmals für Kaiser Wilhelm, den Gründer des deutschen Reiches, zu machen (*Schultheß* S. 67).

847. Marschall an Turban.

Berlin, 9. März 1888.

Heute nachmittag halb ein Uhr fand unter dem Vorsitz des Herrn Reichskanzlers eine außerordentliche Bundesratssitzung statt. Bei Beginn der Sitzung ergriff der Herr Reichskanzler das Wort zu nachstehender Mitteilung:

„Ich habe den Herren amtlich von einem Ereignisse Mitteilung zu machen, das Ihnen als Tatsache bereits bekannt ist. S. M. Kaiser Wilhelm hat heute vormittag halb neun Uhr das Zeitliche gesegnet. S. M., der nunmehr regierende König Friedrich, hat als dritter in der Reihe der preußischen Könige dieses Namens die Regierungsgewalt übernommen; er wird morgen früh von San Remo abreisen und zur gegebenen Zeit hier eintreffen. In der deutschen und preußischen Politik wird infolge dieses Ereignisses eine Änderung nicht eintreten, so lange ich die Ehre haben werde, an der Spitze der kaiserlichen und königlichen Politik zu stehen. Ich habe auch keine Veranlassung zu der Annahme, daß eine solche Änderung beabsichtigt sei. Mein Glaubensbekenntnis ist Ihnen bekannt: das gegenseitige Vertrauen unter den deutschen Fürsten, das vertrauensvolle Zusammenwirken der deutschen Souveräne und freien Städte, das unverbrüchliche Festhalten an der Reichsverfassung bildet die festeste Grundlage der Sicherheit und des Fortbestandes des Reichs; von diesem Glaubensbekenntnis werde ich nie um eine Nuance abweichen. Ich bitte Sie, dem Nachfolger meines dahingeschiedenen Herrn Vertrauen entgegenzubringen; daß er an den alten Traditionen festhalten wird, dafür bürge ich.“

Königlich bayerischer Bevollmächtigter Graf von Lerchenfeld: „Ich glaube der Zustimmung der Versammlung sicher zu sein, wenn ich dem tiefen Schmerze Ausdruck gebe, in den das Hinscheiden S. M. des Kaisers Wilhelm den Bundesrat versetzt hat. Gott hat es mit dem Reiche wohl gemeint, daß er seinem ersten Kaiser und Helden ein Lebensalter geschenkt hat, das nur wenigen Sterblichen zu erreichen beschieden ist. Wir alle haben gehofft, daß die Vorsehung das Leben des Kaisers noch um einige Jahre verlängern möchte und daß, wenn die Stunde der Scheidung schlägt, der Nachfolger in voller Kraft und Gesundheit die Zügel der Regierung ergreifen werde. Gott hat es anders beschlossen. Wir bitten ihn, daß er seine Hand gnädig über das Haupt unseres Kaisers Friedrich halte. Wir sind des besten Vertrauens, daß das deutsche Reich, fest gegründet auf die Einigkeit seiner Fürsten und auf die Treue des Volkes, diese Prüfung siegreich überwinden wird. Ich bitte Eure Durchlaucht, S. M. nach seiner Rückkehr den ehrfurchtsvollsten Ausdruck des tiefsten Schmerzes, der den Bundesrat erfüllt, zu unterbreiten.“

Bismarck gibt Kenntnis davon, daß, obwohl Kaiser Wilhelm gestern noch das Auflösungsdekret des Reichstags mit seinem vollen Namen unterzeichnet habe, er davon keinen Gebrauch machen werde. Er, der Reichskanzler selbst, habe das Bedürfnis, über diese Frage mit dem Kaiser Fühlung zu nehmen.

Sodann ging der Herr Reichskanzler, anknüpfend an die Erteilung der Unterschrift am gestrigen Tage, auf die letzten Stunden des dahingeschiedenen Kaisers über. Derselbe habe in seinem 24stündigen Todeskampfe sich als Held bewährt; die erste Schlacht gegen den Tod habe er siegreich gewonnen. Gestern abend habe er neu belebt sich eingehend über politische Beziehungen, Krieg und Frieden, die Bündnisverhältnisse Deutschlands geäußert, ohne den Faden zu verlieren. Hie und da seien Pausen eingetreten. Ferner habe der Kaiser bemerkt, er liebe den Frieden, er wolle den Frieden und werde alles für den Frieden tun, sei aber auch zu jedem Kriege bereit, der im Interesse des Reichs notwendig erscheine. Dieses letzte Aufflackern der Lebensflamme habe den Kaiser etwa um 3 Uhr heute morgen verlassen. Um diese Zeit sei jede Hoffnung geschwunden. Aber noch um halb 4 Uhr, als er, der Reichskanzler, ins Palais gekommen sei, habe er noch Verständnis für Fragen gehabt, die unter anderen der Großherzog von Baden an ihn gerichtet habe; allerdings habe er nur noch mit „ja“ und „nein“ geantwortet. Gestern abend sei noch eine solche Klarheit des Geistes vorhanden gewesen, daß der Kaiser über die französische und russische Armee militärische Urteile abgegeben habe, auch wiederholt auf die Verträge zurückgekommen sei, allerdings mit einer so beunruhigenden

Lebendigkeit, daß die Kaiserin gesucht habe, ihn zu beruhigen. Darauf habe der Kaiser wörtlich geantwortet: „Zum Ausruhen habe ich keine Zeit mehr in dieser Welt."

Der Herr Reichskanzler war sichtlich tief ergriffen; wiederholt schien während der Rede die Gemütsbewegung ihn zu überwältigen. Seine Ausführungen, insbesondere den ersten Teil derselben, den ich in direkter Sprache wiedergebe, habe ich unmittelbar nach der auf die Bundesratssitzung folgenden Reichstagssitzung aufgezeichnet und die Aufzeichnung mit denjenigen einiger Kollegen kollationiert, so daß ich die Richtigkeit der Wiedergabe vollkommen verbürgen kann.

GLA 233/12797 Ausf.

848. Roggenbach an Großherzog Friedrich.

Segenhaus, 13. März 1888.

E. K. H. haben durch meine Nichte mir telegraphisch den Wunsch baldiger Ankunft in Berlin übermitteln lassen. *[...]* Wenn ich dem ungeachtet meine Abreise noch verzögere, so geschieht es aus Gründen, deren Darlegung ich mir in wenigen Worten erlauben darf.

Die ersten Schritte einer neuen Regierung sind stets von argwöhnischer Beobachtung begleitet. Unter den außergewöhnlich ernsten Verhältnissen, unter welchen der Regierungsantritt S. M. des Kaisers Friedrich erfolgt, tritt dieser Umstand naturgemäß besonders mächtig auf. Die Zweifel, ob der Kaiser überhaupt die Pflichten und Aufgaben seines Regentenberufes wegen seines Gesundheitszustandes würde erfüllen können, die bange Frage, wie lange die Vorsehung die Frist für seine Regierungszeit gesetzt hat, alles drängt darauf hin, die ersten Schritte der neuen Regierung und alle Personen, mit denen der Kaiser Beziehungen unterhalten hat und in diesen ersten Regierungstagen unterhält, unter besonders scharfe Kontrolle zu stellen. Ich halte dafür, daß es für den Kaiser von hohem Werte ist, bei der voraussichtlich kurzen, seiner Regentenlaufbahn gesteckten Zeitspanne nicht unter dem Schein zu leiden, als habe er seine Entschließungen nicht als seine ureigenen in freister Selbständigkeit gefaßt. Vor allem aber muß derselbe diese Entscheidungen nur im Einverständnis mit dem Reichskanzler fassen, und alles muß vermieden werden, dessen Mißtrauen und Argwohn in irgend einer Weise zu erregen. Ich will nicht sagen, daß mein Erscheinen in Berlin in diesen ersten Tagen direkt dem Kanzler irgend von Erheblichkeit sein oder scheinen würde. Gewiß ist, daß die sensationsbedürftige Presse dasselbe in Verbindung mit dem Thronwechsel bringen und eine neue Mythenbildung versuchen würde, aus der nur Übles kommen kann. Ich glaube, das müßte im Interesse des ruhigen Verlaufes der ersten Regierungswochen des Kaisers Friedrich, die ja vielleicht den größten Teil seiner Regierungstätigkeit umfassen, vermieden werden. Es darf nicht von demselben gesagt werden, daß in diesen Wochen wilde Intrigen den Thron umgeben, und nur patriotische Entsagung liegt allen ob, welche dem ernsten Gange folgen, welchen das Geschick des Hauses Hohenzollern nach dem Ratschlusse der Vorsehung wandeln muß.

Ich würde meiner Empfindung nach zur Zeit nur nach Berlin kommen, wenn ein E. K. H. oder der Frau Großherzogin zu leistender unaufschiebbarer Dienst es erheischt. Ich füge die fernere Ausnahme bei, wenn eine Ihrer Majestät der Kaiserin Augusta zu erweisende menschliche Hülfleistung es erforderte. Ich vertraue, daß E. K. H. diese Auffassung würdigen werden, und stelle mich den weitern Befehlen, welche E. K. H. nach deren Kenntnis für geboten halten, jederzeit zur Verfügung.

Zu dem Übermaße von schmerzlichen Empfindungen, welche das totwunde Herz Ihrer K. H. der Großherzogin und E. K. H. als Sohn und Patriot bedrükken, versage ich mir, den eigenen Kummer und alle Zukunftssorgen zuzutragen. [...]

GLA FA Korresp. 13 N 500.

849. Marschall an Turban.

Berlin, 13. März 1888.

Vertraulich. Wie ich Ew. Exz. gestern telegraphisch meldete, ist der Herr Reichskanzler, welcher durch den Tod des Kaisers tief ergriffen und durch einzelne Vorkommnisse in den ersten Tagen nach jenem traurigen Ereignisse recht verstimmt war, von dem Empfang, welchen er bei S. M. dem Kaiser Friedrich gefunden, sowie von der längeren Unterredung, die er auf der Fahrt von Leipzig aus mit Allerhöchstdemselben hatte, sehr befriedigt. Als die Minister den Wagen bestiegen hatten, umarmte der Kaiser den Reichskanzler herzlich und begrüßte ebenso die andern Minister. Sodann übergab Allerhöchstderselbe dem Fürsten ein Konvolut Aktenstücke, indem er demselben durch Zeichen zu verstehen gab, daß er am folgenden Tage um 3 Uhr darüber Vortrag wünsche. Demnächst blieb Fürst Bismarck zu einer längeren Unterredung bei dem Kaiser, welcher seinesteils sich schriftlich verständlich machte.

Die dem Fürsten übergebenen, von dem Kaiser mit großer Sorgfalt selbst geschriebenen Aktenstücke bestanden aus einer Proklamation an das deutsche Volk, einem Briefe an den Reichskanzler, einer Botschaft an den Reichstag und einem Schreiben an die verbündeten deutschen Fürsten[1]. Der Herr Reichskanzler hatte selbst Entwürfe für die Proklamation und das Schreiben an die Fürsten mitgebracht[2], unterließ jedoch deren Vorlage an den Kaiser, nachdem er sich von dem Inhalt der ihm eingehändigten Schriftstücke überzeugt hatte, und beschränkte sich darauf, ihm einzelne, für den Fortgang der Geschäfte nötige Dokumente zur Unterschrift vorzulegen. —

Obgleich der Herr Reichskanzler gegen das inzwischen mit der Proklamation veröffentlichte, an ihn gerichtete Schreiben des Kaisers sowohl bezüglich der Opportunität wie einzelner Stellen des Inhalts gewisse Bedenken hegte, hat er sich doch entschlossen, in seiner gestrigen Audienz dieselben zu unterschreiben und gegen die sofortige unveränderte Publikation keine Einwendung zu machen. Man sagt mir, es sei hierfür die Erwägung maßgebend gewesen, daß in dem ganzen programmartig gehaltenen Schreiben auch nicht e i n Punkt enthalten sei, welcher der freisinnigen Partei Anlaß zu irgendwelcher Befriedigung geben kann, sondern im Gegenteil an manchen Stellen, z. B. bezüglich des Besteuerungsrechts der Selbstverwaltungsorgane und der Schulfrage Prinzipien aufgestellt würden, die dem freisinnigen Programm direkt widerstreiten. — Dagegen wird der Herr Reichskanzler in dem Entwurf des Schreibens an die deutschen Fürsten die Einfügung eines Passus beantragen, der die Notwendigkeit des einheitlichen Zusammenwirkens der Fürsten schärfer betont. —

Über den Verfasser der Entwürfe sind verschiedene Kombinationen angestellt worden. Der Herr Reichskanzler dachte zunächst an den Freiherrn von Roggenbach, meinte aber später, das Schreiben an ihn enthalte zu realistische Gedanken, als daß es von diesem Herren herrühren könne. Dann kam er auf den Minister Friedberg als mutmaßlichen Verfasser und hält an diesem Gedanken fest, obgleich ihm mitgeteilt wurde, daß Herr Friedberg selbst an den im Staatsministerium ausgearbeiteten Entwürfen mittätig gewesen sei. Ich muß sagen, daß ich nach dem Inhalt und der Form des Schreibens einen Juristen kaum für den Verfasser erachten kann. —

In Bundesratskreisen wird b e s o n d e r s aliena 6 des Schreibens, in welchem von den verfassungsmäßigen Rechten der verbündeten Regierungen usw. die Rede ist, viel besprochen, und zwar bildet insbesondere der zweite Satz den Gegenstand von Erörterungen. —

An irgendeine Partialversammlung im Staatsministerium scheint nicht gedacht zu werden.

Der Zustand S. M. des Kaisers ist ein sehr trauriger. Auch beim Zuhalten der Kanüle vermag der hohe Herr keinen Ton mehr von sich zu geben. Dazu ist heute Fieber getreten, welches den Monarchen ans Bett fesselt.

GLA 49/2017 fol. 35 f. (Konz.).

¹ Gedr.: Briefe, Reden u. Erlasse des Kaisers u. Königs Friedrichs III., hg. v. G. *Schuster* (1907) Nr. 246, 247, 256; *Schultheß* S. 59 ff., 63, 65. Von einer Proklamation an die deutschen Fürsten ist nichts bekannt.

² Über die im preuß. Staatsministerium beratenen Entwürfe vgl. *Lucius* S. 430.

850. Marschall an Turban.

Berlin, 27. März 1888.

Ganz vertraulich! Die kaiserliche Ordre vom 21. d. M., mittels welcher dem Kronprinzen eine Beteiligung an den Regierungsgeschäften bzw. die Stellvertretung im Falle der Zuweisung von solchen übertragen wird¹, ist, wie ich vernehme, auf die eigene Initiative S. M. zurückzuführen. Der Chef des Militärkabinetts, General von Albedyll, sowie derjenige des Zivilkabinetts, Geheimerat von Wilmowski, hatten schon einige Tage nach der Ankunft des Kaisers in Charlottenburg dem Herrn Reichskanzler die Anschauung ausgesprochen, daß mit Rücksicht auf den Gesundheitszustand des hohen Herrn eine Entlastung von den Geschäften in der nächsten Zeit sich als notwendig herausstellen werde. Fürst Bismarck glaubte jedoch, von einer Anregung dieser delikaten Frage Umgang nehmen und die Initiative S. M. abwarten zu sollen. Erst als der Kaiser im Beginn der letzten Woche den Wunsch einer teilweisen Entlastung ausgesprochen, unterbreitete der Herr Reichskanzler Allerhöchstdemselben zur Auswahl mehrere Entwürfe, welche eine Stellvertretung des Kronprinzen für gewisse Fälle vorsahen. Obgleich sowohl in der Motivierung wie in dem dispositiven Teile von der am 8. d. M. publizierten Ordre des höchstseligen Kaisers vom 17. November v. J. abweichend, unterscheidet sich die Ordre vom 21. d. M. m a t e r i e l l nicht wesentlich von jener; nach der einen wie nach der anderen bleibt es dem Ermessen des Kaisers vorbehalten, den Eintritt und den Umfang der Stellvertretung zu bestimmen, und bedarf es gegebenenfalls zur Vollziehung von Unterschriften einer besonderen Ermächtigung nicht. Die nach dem Wortlaute der neuesten Ordre naheliegende Vermutung, daß im Wege einer Ausführungsbestimmung dem Kronprinzen gewisse Gruppen von Regierungsgeschäften würden „zugewiesen" werden, ist bis jetzt nicht eingetroffen, vielmehr scheint einstweilen die Absicht vorzuwalten, je nach dem Gesundheitszustand des Kaisers einzelne Regierungsgeschäfte im Wege der Stellvertretung erledigen zu lassen.

Die Vollziehung der Gesetzentwürfe über die Verlängerung des Sozialistengesetzes[2] und die Verlängerung der Legislaturperioden des Reichstags[3] ist nicht ohne Schwierigkeiten zu erreichen gewesen. In ersterer Hinsicht hat S. M. dem Herrn Reichskanzler ein längeres Promemoria[4] überreicht, in welchem Allerhöchstderselbe in eingehender Weise die Bedenken gegen das Sozialistengesetz und dessen Verlängerung darlegte und der Prüfung seines ersten Ratgebers unterbreitete. Fürst Bismarck war über dieses Schriftstück, in dem er die Argumente seiner entschiedensten Gegner wiederzufinden glaubte, zunächst nicht wenig verstimmt und hat diesem Gefühle im engsten Kreise dahin Ausdruck gegeben, „man könne ihm nicht zumuten, daß er alles das zerschlage, was er seit 25 Jahren geschaffen habe". Als er jedoch folgenden Tages bei S. M., ohne geradezu die Kabinettsfrage zu stellen, mit ähnlichen Worten das volle Gewicht seiner Persönlichkeit eingesetzt und mit besonderer Schärfe auf die Reichsverfassung hingewiesen hatte, die dem Kaiser gegenüber übereinstimmenden Beschlüssen des Bundesrats und Reichstags ein Veto nicht gewährt, hat der Kaiser ohne weitere Einwendungen die beiden Gesetzentwürfe vollzogen. Dagegen ist der Entwurf wegen Verlängerung der Legislaturperioden für Preußen noch nicht sanktioniert. —

Obgleich dieser Zwischenfall symptomatisch von einer gewissen Bedeutung ist, so glaube ich doch, an der Anschauung festhalten zu müssen, daß erheblichere Friktionen in der innern Politik nicht zu erwarten stehen. Der Reichskanzler ist tief bewegt von dem Heldenmute, mit welchem der Kaiser sein schweres Leiden trägt; er ist durchdrungen von der Aufgabe, welche ihm diese schwere Zeit stellt, und darum bereit, den Wünschen seines allerhöchsten Herrn bis zu den äußersten Grenzen entgegenzukommen — nicht minder aber bekundet der Kaiser dem Fürsten das höchste Maß von Vertrauen, indem er bisher stets auch da, wo Prinzipien in Frage zu stehen schienen, sich den Ratschlägen desselben gefügt hat. Einen Beweis für das Verhältnis zwischen dem Kaiser und dem Reichskanzler liefert unter anderem folgende Tatsache: Schon bei Lebzeiten des Kaisers Wilhelm waren Erhebungen darüber im Gange, ob das agitatorische Treiben des Hofpredigers Stöcker mit dessen geistlicher Stellung im Einklang stehe. Auf den Wunsch des Kaisers Friedrich wurde diese Frage in dem am Freitag stattgehabten Kronrate zur Sprache gebracht. Da erklärte der Herr Reichskanzler freimütig Folgendes: er stehe politisch auf einem anderen Standpunkt wie Stöcker, auch vermöge er die Art, wie derselbe agitiere, nicht zu billigen; dagegen müsse er anerkennen, daß Stöcker immerhin das Verdienst zufalle, hier in Berlin zahlreiche Anhänger um die nationale Sache gesammelt zu haben, und würde er daher aus Gründen der inneren Politik ein brüskes Vorgehen gegen denselben in diesem Augenblick nicht für rätlich erachten. Daraufhin wurde unter Zustimmung des Kaisers beschlossen, ein weiteres Gutachten von dem Oberkirchenrate zu extrahieren — eine Erhebung, die voraussichtlich Monate in Anspruch nehmen wird[5]. —

In der Hauptsache hat der jüngste „Kronrat" — eine neue Bezeichnung für „Ministerconseil" —, dem auch der Kronprinz und Prinz Heinrich beiwohnten, einen formell feierlichen Charakter getragen. S. M. erschien in großer Uniform mit dem Band des Schwarzen Adlerordens, die Minister wurden feierlich beeidigt. —

Der Gesundheitszustand des Kaisers verschlechtert sich, dem Charakter seines Leidens entsprechend, allmählich, ohne daß in diesem Augenblicke eine wesentliche Veränderung zu konstatieren wäre. Die fürstlichen Personen, welche S. M. in letzter Woche empfangen hat, waren zwar durch den völligen Mangel der Sprache schmerzlich ergriffen, fanden dagegen das Aussehen und die Haltung des hohen Herrn über Erwarten gut. Leider müssen die Ärzte bereits zu sehr starken Mitteln, Kokawein, Äthereinspritzungen usw. greifen, um diese Haltung zu ermöglichen, während des Nachts der Schlaf durch Morphium herbeigeführt wird. Sir Morell Mackenzie ist nunmehr der Pessimist unter den Ärzten, er hat sowohl der Kaiserin wie dem Prinzen von Wales die voraussichtliche Lebensdauer des Kaisers als kaum mehr nach Wochen zählend bezeichnet, während Prof. Dr. von Bergmann, falls nicht besondere Komplikationen eintreten, eine Erhaltung des Lebens für zwei bis drei Monate als möglich erachtet. —

Auf Anregung einiger der Kaiserin nahestehenden Damen und des Obersthofmeisters Grafen Seckendorff ist eine Ergebenheitsadresse der hiesigen Damen an Ihre Majestät im Umlauf. Der Herr Reichskanzler hat auf Befragen erklärt, daß die Fürstin diese Adresse nicht unterzeichnen werde, da deren Ergebenheit an die Kaiserin etwas Selbstverständliches sei und der Wert und die Bedeutung der Kundgebung nur leiden könne, wenn durch Beteiligung der Frauen der höchsten Staatsbeamten gleichsam eine Pression zur Unterzeichnung ausgeübt werde. Dementsprechend werden auch die Damen des Bundesrats sich an der Adresse nicht beteiligen[6]. [. . .]

GLA 233/34798 Ausf., erhalten 28. 2.; 49/2017 fol. 37 ff. Konz. erwähnt: E. *Gagliardi,* Bismarcks Entlassung I (1927) S. 47 Anm. 68.

[1] Gedr. *Schultheß* S. 69 u. *Schuster* Nr. 258. *Bismarck,* Ges. Werke VIc Nr. 386. Vgl. dazu Kronprinz Wilhelm an Herzog Ernst II. von Coburg: „Berlin, 24. März 1888. Die heute im Reichsanzeiger publizierte Ordre, welche mich zur Stellvertretung ernennt, ist der Ausfluß von S. M. eigenstem Wunsche gewesen. Die physischen Anstrengungen der vielen Unterschriften sowie das Empfangen von vielen Beamten erschöpften die Kräfte S. M. derart, daß er sich der Anstrengung nicht mehr gewachsen fühlte. Daher ließ er den Reichskanzler ersuchen, ihm eine diesbezügliche Ordre vorzulegen, was auch umgehend geschah. Welcher Zweig der Geschäfte mir übertragen werden soll, ist noch nicht bestimmt, und wird darüber noch einer längeren Instruktion S. M. entgegengesehn. I. M. die Kaiserin scheint mit dieser Wendung der Dinge nicht sehr einverstanden zu sein und markiert das auch im Verkehr. Gestern war die Vereidigung der Minister mit darauffolgendem Kron- oder Minsterrat, bei der die Heinrich und ich anwesend waren, und in dem die Hauptunternehmung ein Vorgehn gegen Dr. Stöcker — eine unserer festesten Säulen der Königstreue und des Patriotismus, — der aus der Reihe der Dompediger hinausgetan werden soll! Er hat in den letzten drei Jahren zwischen 200—300 000 Arbeiter zu königstreuen, konservativen Leuten selbst bekehrt. Der Kanzler eröffnete den Angriff und schimpfte dabei auf die Kreuzzeitungspartei, ein etwas merkwürdiges Beginnen! Diese Verhandlung bitte ich Dich als g a n z v e r t r a u l i c h auffassen zu wollen für Deine persönliche Information! [. . .]" (Coburg, HHStA A I 28b 17 B. 1c Nr. 7 eig.).

[2] Verhandlungen im Reichstag am 27.—30. Jan. und 13.—17. Febr. (vgl. *Schultheß*

S. 12 ff., 45). Sämtliche Änderungen und Verschärfungen wurden abgelehnt und das unveränderte Sozialistengesetz mit einer Gültigkeit von zwei Jahren vom Reichstag am 17. Febr., vom Bundesrat am 1. März angenommen. Kaiser Friedrich unterzeichnete es am 18. März 1888 (vgl. W. *Pack*, Das parlamentarische Ringen um das Sozialistengesetz Bismarcks 1878—90 (1961) S. 175 ff.).

[3] Der Gesetzesantrag der Kartellparteien (Konservative, Deutsche Reichspartei und Nationalliberale) vom 3. Dez. 1887 auf Einführung der fünfjährigen Legislaturperiode im Reichstag statt der bisher dreijährigen wurde am 7. Febr. vom Reichstag, am 23. Febr. vom Bundesrat verabschiedet. Kaiser Friedrich unterzeichnete das Gesetz am 19. März 1888.

[4] Ein solches Promemoria Kaiser Friedrichs ist nicht bekannt. *Lucius* (S. 437) spricht nach dem Bericht Bismarcks davon, der Kaiser habe „auf einem Umschlag alle die Gründe der Fortschrittspartei sich angeeignet, welche diese gegen jene Gesetze vorgebracht habe".

[5] Vgl. *Lucius* S. 439, 443 f.; W. *Frank*, Hofprediger Adolf Stoecker und die christlich-soziale Bewegung (1928) S. 227 ff.

[6] Vgl. *Lucius* S. 439 ff.; Tagebuch der Baronin Spitzemberg, hg. v. R. *Vierhaus* (1960) S. 245 f.

851. Marschall an Turban.

Berlin, 30. März 1888.

Geheim! *[. . .]* Dem Herrn Reichskanzler ist von einem preußischen, an einem deutschen Hofe akkreditierten Gesandten mitgeteilt worden, daß gegenwärtig in Deutschland viele Franzosen sich aufhalten, die sich zweifellos mit der Auskundschaftung unserer militärischen Verhältnisse beschäftigen; auch ist ihm durch einen Bericht des Statthalters in Elsaß-Lothringen zur Kenntnis gekommen, daß sich Ende vorigen Jahres ca. 19 000 Franzosen (incl. der Optanten) im Land befanden, während in einem Bericht des Frhr. von Manteuffel vom Jahre 1884 die Zahl derselben nur auf ca. 15 000 angegeben war. Daraus hat der Herr Reichskanzler Veranlassung genommen, bei dem Fürsten Hohenlohe die Frage anzuregen, ob es sich nicht empfehle, gegen das Eindringen französischer Elemente in Elsaß-Lothringen schärfere Maßregeln als bisher zu ergreifen und „die politische Trennung dieser Leute von Frankreich dadurch tatsächlich zum Ausdruck zu bringen", daß für dasselbe der P a ß z w a n g derart wieder eingeführt werde, daß kein Franzose ohne einen von dem diesseitigen Botschafter in Paris visierten Paß das Reichsland betreten könne. Darauf hat der Herr Statthalter mittels Berichts vom 26. d. M. folgendes ausgeführt: Gegen die Einführung des Paßzwanges für die Reichslande beständen e r h e b l i c h e Bedenken weder auf Grund der französischen noch der deutschen Gesetzgebung (§ 9 des Gesetzes vom 12. Oktober 1867 über das Paßwesen), dagegen müßten gegen die geplante Maßregel erhebliche politische und wirtschaftliche Einwände geltend gemacht werden. Zunächst sei hervorzuheben, daß die von dem Frhr. von Manteuffel im Jahre 1884 angegebene Zahl von 15 000 Franzosen offenbar ungenau und viel zu gering sei; sodann aber bestehe im Reichsland bereits die Einrichtung, daß Franzosen nur auf Grund eines vom Kreisdirektor jeweils nur für kurze Zeit ausgestellten Erlaubnisscheins sich im Lande aufhalten dürften; diese als vollkommen genügend und wirksam anerkannte Maßregel werde durch Einführung des Paßzwangs abgeschwächt werden, da einem Franzosen, der sich im Besitze eines von der deutschen Botschaft visierten Passes befinde, der Aufenthalt im Lande nicht wohl versagt werden könne, und der Botschafter unmöglich in der Lage sei, die Verhältnisse so gut zu kennen wie der Kreisdirektor. (Der Reichskanzler bemerkt dazu am Rande: „trifft nicht zu, der Botschafter darf eben nur nach Korrespondenz mit dem Statthalter visieren.") Sodann aber sei zu beachten, daß, wenn man den Paßzwang wirksam gestalten wolle, derselbe nicht nur gegen Frankreich, sondern gegen alle an Elsaß-Lothringen grenzenden Staaten durchgeführt werden müsse (der Reichskanzler am Rande: „natürlich, sowohl gegen die Schweiz wie gegen Preußen, Bayern, Baden, Luxemburg"); auch müsse ausnahmslos jeder Zureisende demselben unterworfen werden (der Reichskanzler: „natürlich"). Daraus werde sich aber für den Verkehr der Reichslande mit den Nachbarstaaten eine wirtschaftlich sehr unerfreuliche Erschwerung ergeben (der Reichskanzler: „wenn der Verkehr mit Frankreich erschwert wird, so ist das erwünscht"). Durch die Reichslande führe einmal die Hauptroute Paris—Wien—Konstantinopel, welche durch die Orient-Expreßzüge befahren werde; ferner bewege sich der Zug, der vom Westen und Norden aus nach der Schweiz und Italien (via Gotthard) Reisenden, nämlich der Engländer, zu einem großen Teile durch die Reichslande; nach Einführung des Paßzwangs stehe mit Bestimmtheit zu erwarten, daß diese Reisenden sich andrer Routen bedienten und dadurch den Eisenbahnen in Elsaß-Lothringen ein schwerer Verlust zugefügt werde (der Reichskanzler: „fällt nicht ins Gewicht gegenüber dem politischen Zweck, die Reichslande von Frankreich auch tatsächlich zu trennen"). Aus allen diesen Gründen bittet der Herr Statthalter, von der geplanten Maßregel Vorgang zu nehmen und es bei der bisherigen Einrichtung zu belassen. —

Unterm heutigen hat der Herr Reichskanzler dem preußischen Staatsministerium eine Mitteilung zugehen lassen, in der er unter Darlegung des Sachverhalts bemerkt, daß er zwar das Gewicht der Bedenken des Herrn Statthalters nicht verkenne, jedoch aus politischen Gründen die Durchführung des Paßzwangs für Elsaß-Lothringen in dem oben angedeuteten Umfang auf Grund des § 9 des Gesetzes vom 12. Oktober 1867 für angezeigt erachte, und die Frage in einer der nächsten Staatsministeriumssitzungen zur Erörterung gelangen werde. Zugleich werden die kgl. Gesandten in München, Dresden, Stuttgart und Karlsruhe beauftragt, bei den betreffenden Regierungen die Angelegenheit ganz vertraulich zur Sprache zu bringen und sich über deren Auffassung zu vergewissern. —

Da sonach Herr von Eisendecher in den nächsten Tagen die Frage zur Sprache bringen wird, glaubte ich, daß es Ew. Exz. von Interesse sein dürfte, von dem Stand der Vorverhandlungen, insbesondere der Auffassung des Statthalters Fürsten von Hohenlohe Kenntnis zu erhalten. Ohne irgendwie der Entschließung Ew. Exz. vorgreifen zu wollen, möchte ich glauben, daß die Durchführung der geplanten Maßregel ein beklagenswerter Mißgriff wäre, der nicht nur in wirtschaftlicher, sondern auch in politischer Beziehung nachteilig wirken müßte. Angesichts der innigen Wechselbeziehungen, wie sie sich zwischen dem Reichslande und den angrenzenden deutschen Staaten, zumal Baden gebildet haben, würde die strenge Durchführung des Paßzwangs in jenem Lande eine Hemmung des Verkehrs bedingen, die nicht nur wirtschaftlich als ein Nachteil, sondern auch politisch als eine Wiederaufrichtung einer längst gefallenen Schranke sowie als ein Rückschritt gegenüber dem bisherigen Gang der Dinge empfunden werden würde. Zudem vermag ich kaum zu bezweifeln, daß die Erfahrung, die man allerorts mit der Maßregel des Paßzwangs gemacht, sich auch hier wiederholen wird, daß sie nämlich speziell für diejenigen, welche aus unlauteren Absichten ein Land betreten wollen, wohl eine Erschwerung, nicht aber ein Hindernis des Zutritts bildet und demnach bezüglich des eigentlichen Zwecks wirkungslos bleibt.

Da S. K. H. der Großherzog, welchem ich heute vormittag Vortrag erstattete, möglicherweise Gelegenheit finden würde, mit dem Herrn Reichskanzler über die Frage zu konferieren und demselben die bestehenden Bedenken zu unterbreiten, darf ich Ew. Exz. bitten, mich telegrafisch davon zu unterrichten, sobald Herr von Eisendecher die Angelegenheit zur Sprache gebracht haben wird, da die Tatsache der schon vorher bestandenen Information von der beabsichtigten Anregung selbstverständlich geheim gehalten werden wird.

GLA 49/2017 fol. 42-44 Konz.

851a. Aus Marschalls Tagebuch.

[Berlin,] 31. März bis 3. April 1888.

31. März 1888. Morgens um 9 Uhr zum Großherzog, um ihm wegen französischem Botschafter und Paßzwang für Elsaß-Lothringen Meldung zu machen. Sehr interessante Konversation. Er erzählt mir, daß er gestern 1 $^1/_2$ Stunden mit dem Reichskanzler gesprochen. Kaiser hat Albedyll befohlen, mit Reichskanzler Rücksprache zu nehmen wegen hoher Militärstelle an Prinz Alexander v. Battenberg. Reichskanzler macht daraus Frage seines Verbleibens. — General Boulanger kommandierender General in Warschau sei Analogon. — Wenn Haus degradieren wolle, dann gut, aber Reichskanzler macht nicht mit, weil seinen Ruf vor Europa nicht einbüßen will. Wegen einer Liebschaft die deutsche Politik kompromittieren. Wünscht Intervention des Großherzogs. Aber wie? Großherzog von Hessen? Da ist nichts zu holen. Soll Reichskanzler mit Kaiserin sprechen? Reichskanzler wenig kampfeslustig, verstimmt, will gehen. Wer sein Nachfolger? Er glaubt der Prinz Alexander selbst. Echt Bismarck. Ich sehe die Sache nicht so ernst an. — Beim Großherzog bis 11 Uhr.

3. April 1888. [...] Um 4,15 Uhr zum Großherzog [...]. Er erzählt sehr interessant. Hat Samstag nach dem Frühstück erst mit dem Kaiser gesprochen und ihn gewarnt, Bismarck gehen zu lassen. Um 3 Uhr kam letzterer zum Vortrag. Orden Pour le mérite, Korpskommando, Verlobung, Kabinettsfrage. Kaiser gibt nach. Telegramm nach Darmstadt bereits abgegangen, wird widerrufen. Was dann zu Hause vorgegangen, „namenlos".

Oberkirch, Besitz Frau v. Seyfried.

852. Großherzog Friedrich an Bismarck.

Charlottenburg, 31. März 1888.

Durchlauchtiger Fürst. Ich beeile mich, in dieser ungenügenden Form mitzuteilen, daß ich heute Gelegenheit fand, den Kaiser allein zu sprechen. In gestern verabredeter Weise habe ich geschildert, wie ich Ihre Stimmung und Ihr Befinden erkannt habe. Diese Schilderung hat den Kaiser lebhaft impressioniert, und davon zog ich Nutzen, um auf die allgemeine Lage der politischen Dinge in Europa überzugehen und im Hinblicke auf die unter der Regierung von Kaiser Wilhelm gefestigte Stellung Deutschlands den Wirrnissen der Welt gegenüber zu betonen, wie notwendig die Beharrung in den eingeschlagenen Wegen für uns, — für Europa sei! Ich fand freundliche Stimmung beim Kaiser und lebhafte Zustimmung für meine Darlegung[1]. Der Kaiser sieht mit Spannung Ihrem Besuch entgegen — ein tiefer Ernst lag auf seinen Zügen, als ich sagte: Ohne Fürst Bismarck kannst du unmöglich regieren.

Dies in kurzen Zügen das Resultat meiner schwachen Bemühungen. Ihr herzlich ergebener Friedrich Gr. v. Baden.

A Friedrichsruh, Abschr. Hand unbekannt.

[1] Vgl. Nr. 857.

853. Großherzog Friedrich an Kardinal Hohenlohe.

Berlin, 2. April 1888.

Dank für Nr. 844. Der einzige wahre Trost ist aber die Osterverheißung, welche die Grundlage unseres Glaubens an die ewige Liebe Gottes bildet. Dann ist es auch möglich, mit ganzem Glaubensmut zu sagen: — Dein Wille geschehe. — Die Trauer wird damit nicht überwunden, denn unser Heiland hat ja selbst Tränen vergossen und damit den Schmerz geheiligt als das, was er sein soll — eine Läuterung zur Seligkeit.

Gerne schließe ich mich dem schönen Ausspruch an, den Sie mir so freundschaftlich aus ihrem Brevier mitteilen. Wirken, so lange es Tag ist, und wenn es Abend werden will, bereit sein. In diesen schweren prüfungsreichen Wochen habe ich wieder ein wertes Wort als Wegweiser schätzen lernen, das mir stets besonders leuchtend erschien. „Laß dich an meiner Gnade genügen, denn wisse, meine Kraft wird in dem Schwachen mächtig." Diese Kraft versagt nie! *[...]*

GLA FA Korresp. 13 Bd. 53 Fasz. 143 Nr. 5 eig.

854. Kronprinz Wilhelm an Herzog Ernst II. v. Coburg.

Berlin, 3. April 1888.

Lieber Onkel. Erlaube mir zuerst, Dir von ganzem Herzen für Deinen lieben Brief[1] zu danken, der mir die ebenso schmeichelhafte als erfreuliche Gewißheit gibt, daß ich Deines Vertrauens für würdig gefunden bin. Dies ehrt mich sehr und macht mich stolz, daß es mir vergönnt ist, mit einem Manne von politischer Erfahrung und Berühmtheit den Gedankenaustausch führen zu dürfen. Leider kann ich nicht Erfreuliches vermelden. Wohl niemand, außer wenigen eingeweihten hier, dürfte ahnen, daß in den drei letzten Tagen das Reich nur um ein Haar einer Katastrophe entronnen ist, die im Rücktritt unseres eisernen Kanzlers den Gipfelpunkt erreicht hätte. Der Grund dazu ist der Name „Battenberg" und die treibende Kraft Mama mit natürlich England im Hinterhalte. Es war einmal wieder eine recht lebhafte Illustration zu Deinem vortrefflichen „fremde Hände und Mitregenten"[2] — der T....l hole sie — die sich hier abspielte. Ich will sie kurz skizzieren. Mitte voriger Woche bedeutete der Kaiser durch einen Zettel dem Gen. v. Albedyll, der Battenberger wolle wieder in der Preuß. Armee reaktiviert werden und solle der Gen. die nötigen Vorbereitungen dazu tun. Albedyll meldete das sofort dem Kanzler, der in eine sehr bedeutende Aufregung versetzt wurde und erklärte, er ginge, wenn das geschähe. Gegen Abend wurden ihm auch ziemlich sichere Nachrichten, daß der Battenberger in den nächsten Tagen hier eintreffen und aller Wahrscheinlichkeit nach Verlobung[3] feiern solle! Daß die Stimmung und Laune des Kanzlers nicht besser wurde, ist wohl erklärlich, und daß wir alle durch die Nachricht auf das tiefste empört und erschrocken waren, versteht sich von selbst. Am andern Morgen erhielt ich von Hinzpeter einen verzweifelten Brief, in dem er mir meldete, er habe von Mama ein 32 Seiten langes Skriptum erhalten, in dem ihm u. a. befohlen werde, mit Heinrich und mir zu vermitteln in der Batt.-Heiratssache, da sie mit uns direkt nicht darüber sprechen könne, da Heinrich und ich uns zu schlecht in der Sache benommen und durch unsere Auslassungen sie nur zu einem Zornausbruche reizen würden (!).

Ich brachte den Brief sofort zum Fürsten, der erklärte, daß das, was darinnen stehe, für ihn vollkommen maßgebend sei für das faktische Bestehn der ganzen Intrige. Nach Rücksprache mit ihm und Onkel Fritz von Baden leitete letzterer beim Kaiser eine Besprechung politischer Dinge mit dem Kanzler sehr geschickt ein[4] mit dem Erfolg, daß letzterer zum Vortrag bestellt wird. Am Ende des Vortrages schrieb der Kaiser auf einen Zettel auf, er erwarte den „Fürsten von Bulgarien" am Ostermontag und werde ihm den Pour le mérite (!) verleihen! Nun eröffnete der Kanzler seine Batterien mit solchem Erfolge, daß, nachdem er seine D e m i s s i o n im Falle angekündigt, wo irgend e i n e Fühlung mit B. genommen werde, der Kaiser die Idee der Dekoration — die natürlich von England aus eingeblasen — wieder aufgab und sich sehr energisch gegen Heiratsideen mit B. äußerte. Durch irgend einen Umstand kam das Absagetelegramm leider in die Hände der Kaiserin. Diese, so nahe am Ziel sich wähnend, sah ihr ganzes Gebäude wieder zusammenbrechen und geriet außer Fassung. Sie stürmt zu dem kranken Mann herein, und vor Z e u g e n entspinnt sich eine entsetzliche Szene zwischen den beiden Majestäten, wie sie schlimmer noch nie gewesen. Treu- und Wortbruch wurden dem Kaiser vorgeworfen und er in jeder Weise heruntergemacht, bis ihm die Geduld riß und er mit Fäusten auf den Tisch schlug, dabei sich im Atemholen verfing, röchelte, sich vorne alles aufriß und schließlich Mama zur Türe hinaus komplimentierte! Das Telegramm ging ab und B. kam nicht, und der Kanzler blieb. Der arme Papa ist aber seit jenem Tage noch sehr elend, hat schlechte Nächte und lag den nächsten Tag fast ganz zu Bett! Die Kräfte nehmen merklich ab und sieht er noch eingefallener aus wie bisher. In Bezug auf Stellvertretung ist nichts bisher geschehn und könnte die Ordre ebensogut ungeschrieben sein. Nun, leb wohl lieber Onkel, mit 1000 Grüßen bleibe ich Dein Dir stets treu ergebenster Neffe Wilhelm.

Coburg, Herzogl. H. u. StA, A I 28b 17 B Ic Nr. 7 eig.

[1] Vom 27. 3. 88 ebd. Konz.   [2] Vgl. Nr. 701.
[3] Mit Prinzessin Viktoria v. Preußen (1866—1929).
[4] Vgl. Nr. 852.

855. Herzog Ernst II. v. Coburg an Kronprinz Wilhelm.

Gotha, 5. April 1888.

Teuerster Wilhelm! So ist der Konflikt also doch gekommen und die Eventualität „fest opponieren zu müssen" (wie ich in Berlin neulich mit dem Fürsten und Fritz von Baden verabredete) eingetreten. Jetzt gilt es, mutig den Kopf oben zu erhalten und Deinen armen Vater zu unterstützen in dem Kampf gegen die fremden und gefährlichen Einflüsse. Übrigens war der Fürst vorbereitet!

Wenn man auch der B[attenberg]-Angelegenheit (abgesehen von dem Skandal, den sie hervorgerufen hätte) an und für sich keine geradezu welterschütternde Tragweite beimessen kann, so kommt es doch vor allem jetzt darauf an, daß Mama wird genötigt sein, einsehen lernen zu müssen, daß ihren Intrigen eine Grenze gesetzt ist und daß es noch patriotische Männer gibt, welche entschlossen sind, alles Unheil abzuwenden.

Ich bedaure unendlich, daß in der Stellvertretungs-Angelegenheit nicht weiter vorgegangen wurde, verstehe aber, daß nach dem Vorgefallenen man Dich vorerst so fern als möglich zu halten gedenkt. Der Moment muß abgepaßt werden, um auch Deine Angelegenheit in ein besseres Fahrwasser zu bringen. Fritz von Baden darf jetzt noch nicht abreisen, er wird uns allen als V e r m i t t l e r eine wertvolle Stütze sein. Verliere die Geduld nicht und habe die Augen offen! *[...]*

Coburg, Herzogl. H. u. StA, A I 28b 17 B Ic Nr. 7 eig. Konz.

856. Großherzog Karl-Alexander von Sachsen-Weimar an Großherzog Friedrich.

Weimar, 8. April 1888.

Da ich den Zeitpunkt Deiner Abreise von Berlin nahe herbei gerückt vermute, so greife ich zur Feder, um Dich zu fragen: wie Deine Eindrücke über die jetzige Sachlage sind — umsomehr Du dies zu tun mir versprachst. Doch mehr noch, als die Allgemeinheit jener zu erfahren, liegt mir die Notlage auf dem Herzen, welche der Ausdruck „Kanzlerkrise" bezeichnen möge. — Obgleich ich die volle Wahrheit bezüglich derselben noch nicht kenne, muß ich Dich doch fragen: ob Du zur Abwehr derselben geholfen hast? ob Du zu dieser Abwehr, falls es nötig, nicht helfen wolltest? Zur Beruhigung meiner selbst, ja meines Gewissens als Reichsfürst, den Reichsinteressen gegenüber, tue ich dies, denn sie erscheinen doch ernstlich gefährdet. Du bist am Mittelpunkt selbst, leichter als anderen wäre es Dir, dem Kranken wie den Verblendeten die Wahrheit und die Gefahr zu nennen, die man heraufbeschwört für das ganze Vaterland. Ich spreche von G e f a h r , weil — glaube es meinem Ehrenwort — ich die Dinge in Rußland, die persönlichen wie die politischen, zu g e n a u kenne, um nicht p f l i c h t v e r g e s s e n zu handeln, wollte ich schweigen und auf die Gefahr nicht aufmerksam [machen], die man heraufbeschwört. Ich aber beschwöre Dich, das zu bedenken und d a zu bedenken zu geben, wo es vonnöten ist.

Gib mir baldigst Antwort, ich bitte Dich, denn schwer paart Geduld sich mit der Sorge, namentlich wenn letztere so schwer ist wie die Deines treuen Freundes Karl-Alexander.

GLA FA Korresp. 13 Bd. 49 Fasz. 97 Nr. 22.

857. Marschall an Turban.

Berlin, 9. April 1888.

Ganz vertraulich. *[. . .]* Die erste Andeutung, daß die bezüglich des Prinzen Alexander von Battenberg bei einzelnen Mitgliedern der kaiserlichen Familie schon seit geraumer Zeit bestehenden Wünsche mit Rücksicht auf den eingetretenen Thronwechsel nunmehr zur Geltung gebracht werden sollen, erhielt der Chef des Militärkabinetts General von Albedyll, und zwar dadurch, daß S. M. der Kaiser demselben in der vorvergangenen Woche nach Beendigung eines Vortrags einen Zettel überreichte, in welchem der General beauftragt wird, die Verleihung einer hohen militärischen Stelle — Kommando des Gardekorps — an den Prinzen in Erwägung zu ziehen, zuvor aber dem Herrn Reichskanzler davon Kenntnis zu geben. — Fürst Bismarck, davon unterrichtet, hat darauf S. K. H. dem Großherzog, unserem gnädigsten Herrn, in einer am Freitag, den 30. **März stattgehabten langen** Unterredung seinen u n w i d e r r u f l i c h e n Entschluß kundgegeben, von seinem Posten zurückzutreten, wenn die bezüglich des Prinzen von Battenberg bestehenden Absichten in irgendeinem Punkte verwirklicht würden; er führte aus, daß, wenn man in Charlottenburg für die Prinzessin Viktoria eine Mesalliance zugeben wolle, ihn dies nicht berühre, wohl aber gehe es ihn an, wenn ein Prinz von den Antezedentien des Battenbergers, sei es durch eine Verbindung mit einer Prinzessin des kaiserlichen Hauses, sei es in anderer Weise ausgezeichnet und herangezogen werde. Die Verleihung einer hohen Kommandostelle an ihn sei ebenso zu betrachten, als wenn etwa der Zar den General Boulanger zum kommandierenden General in Warschau ernenne. Er würde darin einen Bruch mit der auswärtigen Politik finden, wie er sie seit Jahren geführt und die, auf dem Gedanken unserer Interessenlosigkeit in Bulgarien beruhend, uns das Vertrauen Europas und damit den Frieden gesichert habe; er könne nicht alles das, was er seit Jahren getan, zerschlagen; man könne ihm nicht zumuten, sich vor dem Auslande zu diskreditieren. Die ganze Angelegenheit sei eine hochpolitische englische Intrige, die, schon seit langer Zeit im Werke, dahin ziele, ihn zu beseitigen und die friedliche deutsche Politik durch eine den englischen Interessen dienliche antirussische, d. h. eine Politik zu ersetzen, die zum europäischen Kriege führe, bei dem England natürlich zusehen werde.

Unser gnädigster Herr unternahm es auf Grund dieser Unterredung am folgenden Tage — Sonntag, den 31. v. M. — ohne die Angelegenheit selbst zu berühren, dem Kaiser mitzuteilen, daß er den Fürsten sehr verstimmt und mit Rücktrittsgedanken beschäftigt gefunden habe, und daran die eingehend motivierte Mahnung zu knüpfen, doch ja an dem Reichskanzler festzuhalten, der angesichts der auswärtigen Lage heute weniger als je entbehrt werden könne[1]; zu dieser Darlegung gab S. M. wiederholt durch Zeichen kund, daß er von ihrer Richtigkeit vollkommen durchdrungen sei und an eine Änderung nicht im entferntesten denke. Kurz darauf erschien der Reichskanzler zum Vortrag; als derselbe zu Ende war, übergab ihm der Kaiser einen Zettel, auf welchem die Absicht bekundet war, dem Prinzen Alexander von Battenberg den Orden Pour le mérite zu verleihen. Daraus entnahm Fürst Bismarck die Gelegenheit, dem Kaiser in längerer Ausführung die Gründe zu entwickeln, die es ihm unmöglich machten, irgendeinem der bezüglich des Prinzen von Battenberg bestehenden Wünsche zuzustimmen und die, wenn auch nur einer der letzteren zur Ausführung käme, ihn zur Demission veranlassen würden. Das Resultat dieser Unterredung war, daß S. M. den Befehl gab, ein schon vorher nach Darmstadt abgesandtes Telegramm, welches den Prinzen an das Hoflager in Charlottenburg berief, durch ein zweites Telegramm zu widerrufen. Welche internen Vorgänge sich daran des weiteren geknüpft haben, ist mir nur angedeutet worden. —

Am folgenden Tage hat der Herr Reichskanzler S. K. H. dem Großherzog mitgeteilt, er befürchte, daß auf S. M. neuerdings zugunsten der bekannten Wünsche werde eingewirkt werden, und werde er deshalb Allerhöchstdemselben ein eingehendes Promemoria unterbreiten, welches mit seinem eventuellen Demissionsgesuch schließe. Dieses Memoria ist am Dienstag in die Hände S. M. gelangt[2].

Die Befürchtungen des Fürsten Bismarck waren nicht grundlos. Am Mittwoch, den 4. d. M. mittags, ließ I. M. die Kaiserin den Oberhofmarschall Grafen Radolinski rufen und teilte ihm mit, daß die Verlobung der Prinzessin Viktoria mit dem Prinzen Alexander von Battenberg am 12. d. M. stattfinden werde und er die nötigen Vorbereitungen dazu treffen möge. Auf die Bemerkung des Grafen Radolinski, daß dann der Reichskanzler zurücktreten werde, erwiderte I. M., daß der Kaiser seine Zustimmung zu der Verlobung erteilt habe. —

Durch den Grafen Radolinski in Kenntnis gesetzt, begab sich S. K. H. der Kronprinz noch an demselben Nachmittage, nachdem er vorher unseren gnädigsten Herrn von der Sachlage unterrichtet hatte, zu dem Reichskanzler, um mit diesem über die nunmehr zu ergreifenden Schritte zu beraten. Das Resultat war, daß der Kronprinz unter dem Diktat des Fürsten an den Prinzen von Battenberg ein Schreiben richtete, in welchem er diesem rückhaltslos höchstseine Anschauung über die in Aussicht genommene Verbindung darlegte[3]. Unmittelbar darauf hatte S. K. H. der Großherzog eine Besprechung mit dem Reichskanzler, welche insbesondere d i e Frage zum Gegenstande hatte, ob für den Fall, daß das Schreiben des Kronprinzen eine Wirkung nicht übe, noch weitere Schritte mit Aussicht auf Erfolg vorgenommen werden könnten[4]. Es bestand Einverständnis darüber, daß möglicherweise der Großherzog von Hessen, wenn er von der Situation unterrichtet werde, in der Lage sei, seinen Einfluß bei dem Prinzen von Battenberg zu üben, und wurde, da eine Inanspruchnahme der preußischen Gesandtschaft nach Lage des Falles untunlich erschien, davon gesprochen, daß i c h im Auftrage meines gnädigsten Herrn eine bezügliche Mission nach Darmstadt übernehmen könne.

S. K. H. der Großherzog hatte die Gnade, mir am folgenden Morgen von dem Sachverhalt Mitteilung zu machen und mir zu sagen, daß zunächst noch zugewartet werden könne, da der Herr Reichskanzler nachmittags bei dem Kaiser Vortrag haben werde und die Angelegenheit dabei zur Sprache kommen könne. — Am Freitag, den 7. früh, teilte mir S. K. H. Folgendes mit: Der Herr Reichskanzler habe am Tage zuvor an S. M. die Frage gestellt, ob Allerhöchstderselbe sein Promemoria gelesen; auf die bejahende Geste habe sodann der Fürst nochmals mündlich die Erwägungspunkte dargelegt, die ihn eventuell unwiderruflich zum Rücktritt veranlassen würden. S. M. habe diese Darlegung aufmerksam angehört, ohne jedoch weder schriftlich noch durch eine Gebärde irgendeine Erwiderung zu geben oder eine Entscheidung zu treffen. Beim Weggehen habe dann I. M. die Kaiserin den Fürsten erwartet und ihn dringend im Interesse des Lebensglückes ihrer Tochter gebeten, sich der Verlobung nicht zu widersetzen. Ein Resultat habe diese Unterredung nicht gehabt, da der Fürst selbstredend auf seiner Anschauung verblieben sei. Unser gnädigster Herr befahl mir darauf, nach Darmstadt zu reisen und dem Großherzog von Hessen ein allerhöchstes Handschreiben zu übergeben, welches unter Hinweis auf die Verantwortlichkeit, in die der hohe Herr gezogen werden könnte, mich zu dem Zwecke einführt, denselben über die kritische Situation genau zu informieren.

Ich habe mich infolge dieses Auftrags am Freitag abend nach Darmstadt begeben, wo ich Samstag früh eintraf. Sofort nach meiner Ankunft suchte ich den Staatsminister Finger[5] auf, um denselben der erhaltenen Instruktion entsprechend ebenfalls über die Lage der Dinge zu informieren und um Einführung bei seinem hohen Herrn zu bitten. Der Großherzog empfing mich um 12 Uhr. Nachdem ich ihm das Schreiben S. K. H.[6] übergeben und eingehend den kritischen Stand der Situation dargelegt hatte, bemerkte er mir: Er habe bisher nur von der Idee einer militärischen Verwendung des Prinzen von Battenberg gewußt, die der gegenwärtige Kaiser als Kronprinz demselben wiederholt in Aussicht gestellt habe; daß der Gedanke der Verlobung neuerdings wiederum Gestalt gewonnen, sei ihm und dem Prinzen erst durch das Schreiben des Kronprinzen bekannt geworden, von dessen Inhalt er Kenntnis habe. Der Prinz sei durch dasselbe tief verletzt, da er seinerseits seit dem Tod des Kaisers keinerlei Schritte nach dieser Richtung getan und auch das am Samstag eingetroffene und darauf widerrufene Telegramm nur auf die Militäranstellung bezogen habe; derselbe sei entschlossen, dem Kronprinzen wegen des verletzenden Tons des Briefes nicht zu antworten, sondern das Schreiben dem Kaiser vorzulegen. Der Prinz wolle die Verlobung gar nicht, er wisse genau, wie der Kronprinz und auch Prinz Heinrich darüber denken, und könne daraus entnehmen, wie sich seine Zukunft gestalten würde, wenn es zu der Verbindung käme. Auf meine Frage, wieweit dieses Nichtwollen des Prinzen gehe, erwiderte der Großherzog, der Prinz habe ihm allerdings gesagt, daß, wenn er mit den Herrschaften zusammenkomme und dann, anknüpfend an die Vorgänge von 1884[7], sich eine „Familienszene" entwickle, er nicht „Nein" sagen könne. Daraus nahm ich Anlaß, dem Großherzog eingehend darzulegen, daß diese Familienszene für Deutschland unwiderruflich den Rücktritt des Reichskanzlers bedeute mit allen den Folgen, die sich daraus für unsere auswärtige und unsere innere Lage ergäben. Der hohe Herr hörte meinen Ausführungen aufmerksam zu und wurde zusehends ernster, als er es im Beginn unserer Unterredung gewesen war; er gedachte der offiziösen Angriffe, die seinerzeit gegen den Prinzen von Battenberg gerichtet worden seien, während jetzt die Kölnische Zeitung[8] an seinen Patriotismus als Deutscher appelliere, glaube aber auch, daß die Verlobung unter diesen Umständen nicht stattfinden dürfe. Er habe schon vor 14 Tagen an die Kaiserin geschrieben und sie dringend gebeten, diese Frage doch zu vertagen, aber keine Antwort erhalten; er werde sofort mit Battenberg sprechen.

Der Großherzog verließ mich darauf mit der Bitte, in seinem Kabinett zu warten. Nach einer starken halben Stunde kehrte er zurück und sagte mir Folgendes: er habe mit dem Prinzen gesprochen und demselben vorgeschlagen, er solle dem Kaiser, anknüpfend an den Brief des Kronprinzen, schreiben, daß er angesichts der bestehenden politischen Bedenken auf die Verbindung verzichte. Der Prinz sei sehr erregt gewesen, habe sich beklagt, wie man ihn behandle, er müsse immer nur entsagen. Zudem glaube er, dem Kaiser keinen Verzicht auf eine Verbindung aussprechen zu können, die ihm dieser gar nicht angeboten; er habe nie in seinem Leben mit dem Kaiser ein Wort darüber gesprochen. Auch widerstrebe es seiner Ritterlichkeit, die „dem Mädchen einst gegebene Zusage" zu brechen; jedenfalls müsse er zunächst mit seinem Vater[9] sprechen usw.

Nachdem der Großherzog nochmals die Angelegenheit mit mir besprochen, verabschiedete er mich mit dem Auftrage, S. K. H. dem Großherzog zu sagen, er werde dahin wirken, daß der Prinz von Battenberg den Kaiser schriftlich bitte, mit Rücksicht auf die obwaltenden politischen Bedenken auf den Gedanken einer Verlobung der Prinzessin Viktoria mit ihm entsagen zu wollen, eventuell werde er — der Großherzog — im Namen des Prinzen in diesem Sinne an den Kaiser schreiben. —

Nachdem ich noch den Staatsminister Finger aufgesucht und ihm von dem Resultate meiner Unterredung Kenntnis gegeben hatte, verließ ich Darmstadt und traf gestern — Sonntag — früh wieder hier ein. Ich erstattete vormittags unserem gnädigsten Herrn Bericht über meine Mission, demnächst S. K. H. dem Kronprinzen, der mich zu sich befohlen hatte, und später dem Herrn Reichskanzler. Der Kronprinz sagte mir, er sei vollkommen darauf vorbereitet, daß der Prinz von Battenberg den Brief dem Kaiser vorlegen werde; was darin stehe, vertrete er vollkommen. Um mich vollständig zu informieren, las mir S. K. H. den an den Prinzen gerichteten Brief vor. Der Inhalt ist der: es sei dem Prinzen bekannt, daß der höchstselige Kaiser aus politischen wie anderen Gründen eine Verbindung der Prinzessin Viktoria mit dem Prinzen für unzulässig erklärt habe. Da diese Idee neuerdings wieder aufgetaucht, halte er — der Kronprinz — es für seine Pflicht, dem Prinzen s e i n e Anschauung darüber auszusprechen, und erkläre er ihm, daß er „jeden, der bei dieser Verbindung mitwirke, für einen Feind seines Hauses und des Reiches erachten und danach behandeln werde". In der Hoffnung, daß der Prinz ihm keinen Anlaß dazu geben werde, ihn in eine dieser Kategorien zu rechnen, verbleibe er usw. — Unter dem Ausdruck seines Dankes für den geleisteten Dienst entließ mich der Kronprinz. —

Der Herr Reichskanzler, der meiner Berichterstattung aufmerksam zuhörte, sprach mir mehrmals die Erwägungen aus, die ihn an seiner Auffassung festhalten ließen[10]. Es handle sich nicht um einen Spezialfall, sondern um eine Frage des Programms. Der russische Kaiser habe den Prinzen von Battenberg gleichsam cum infamia kassiert. Jede Auszeichnung des Battenbergers von deutscher Seite, eine hohe militärische Verwendung fast noch mehr als eine Verbindung mit dem königlichen Hause, sei ein Schlag nach russischer Seite hin. Seit Jahren bekämpfe er die englische Politik, die Deutschland mit Rußland verhetzen wolle, weil das im englischen Interesse liege; ziehe diese englische Politik, deren Vertreter Battenberg in Bulgarien gewesen, im königlichen Hause ein, so sei für ihn kein Raum mehr. Er habe stets an dem Grundsatz festgehalten, nur seinem Kaiser und König zu dienen, nicht dem Parlamente, nicht einem anderen Mitgliede des kaiserlichen Hauses, nicht einem fremden Monarchen. Der Königin Viktoria von England könne er nicht dienen. Battenberg sei ein Abenteurer, der wesentlich durch Frauen poussiert werde; weder in seiner Person, noch in seinen Taten liege irgendein Motiv zu einer Hervorziehung unsererseits. Der Reichskanzler sprach dann auch über den Zustand des Kaisers, über die Kaiserin usw. und bemerkte, eine Entscheidung stehe noch aus, sie könne in jedem Augenblick durch Schaffung eines fait accompli eintreten. Sein Amt sei ihm schon längst eine Bürde usw. — Ob der Großherzog von Hessen die Kraft haben werde, seine Autorität in maßgebender Weise gegen die Battenbergerei zur Geltung zu bringen, sei ihm zweifelhaft. In sehr dankbarer Weise sprach er von der Unterstützung, die unser gnädigster Herr ihm gewähre.
[...]

GLA 233/34798 Ausf., erhalten 10. 4. 88; 49/2017 fol. 45 ff. Konz. vgl. die darstellende Auswertung bei *Gagliardi* I S. 261 ff.

¹ Nr. 852 u. Nr. 851a (31. 3. 88).
² Bismarcks Immediatbericht v. 3./4. April 1888 gedr. Große Politik VI Nr. 1331. 1332.
³ Teilweise zitiert E. C. *Conte Corti*, Alexander v. Battenberg (1920) S. 328 f. Das Tgb. Marschalls berichtet in Stichworten seine Darmstädter Mission, ohne dem Bericht an Turban Neues hinzuzufügen. „5. April 1888. Um 9 Uhr ruft mich der Großherzog: es steht schlecht. Kaiserin hat gestern Radolinski gesagt, daß am 12. die Verlobung stattfinde. Radolinski zum Kronprinzen, dieser zum Reichskanzler, der ihm Brief an A. v. Battenberg diktiert. — Bruch angedroht. — Großherzog meint, daß nur noch in Darmstadt etwas zu machen sei; ich solle hingehen. Nutzt das etwas? Erwägung vorbehalten. Kaiser hat gestern nur eine Stunde geschlafen. [...] Ich bin entschlossen zu gehen, wenn der Großherzog auf dem Gedanken bleibt" (Oberkirch, Besitz Frau v. Seyfried).
⁴ Von der Intervention der Großherzogin Luise im Sinne ihres Gatten bei Kaiser Friedrich (E. C. *Conte Corti*, Wenn... (1954) S. 463 f.) fehlen im GLA die Akten.
⁵ Jacob Finger (1825—1904), 1855 Rechtsanwalt, 1872 Ministerialrat im Justizministerium, 1884—98 Staatsminister, Minister des großherzogl. Hauses u. des Äußeren, des Innern u. der Justiz.
⁶ Nicht vorhanden. Auch in Darmstadt finden sich keine weiterführenden einschlägigen Papiere (frdl. Mitt. von Dr. E. Franz).
⁷ Nach *Corti* S. 168 hatte der damalige Kronprinz Friedrich Wilhelm dem Battenberger 1884 erklärt, „daß er ihm als Kaiser seine Tochter geben würde".
⁸ Artikel der Köln. Zeitung vom 5. 4. 1888 bei *Schultheß* S. 73 f.
⁹ Alexander Prinz v. Hessen u. bei Rhein (1823—88), 3. Sohn des Großherzogs Ludwig II. v. Hessen, heiratete 1851 die nicht ebenbürtige Gräfin Julie v. Hanke (1825—95), Tochter des ehem. polnischen Kriegsministers Graf Moritz v. Hanke.
¹⁰ Vgl. Bismarck an Schweinitz am 5. April u. an die Botschafter in Petersburg und Wien am 12. April 1888: Große Politik VI S. 281 f., 289 f. u. 292 ff.

858. Großherzog Friedrich an Turban.

Berlin, 9. April 1888.

[...] Ich will zunächst darzulegen versuchen, warum ich dermalen noch hier bleiben werde. Sie haben aus den Zeitungen¹ entnehmen können, daß ein Rücktritt des Fürsten Bismarck von seinen hohen Ämtern in Frage gekommen ist. Ja, diese Frage ruht in diesem Augenblick, aber sie kann in gleicher Weise wiedererstehen. Wir befinden uns in einer unsagbar schwierigen Lage, die kaum recht zu verstehen ist, wenn man sich nicht inmitten dieser Schwierigkeiten befindet und deren Ursprung und Umfang kennt. Die Krankheit des Kaisers hat auf ihn so nachteilig eingewirkt, daß seine Willenskraft sehr beeinträchtigt ist. Die Unmöglichkeit zu sprechen schließt einen regelrechten Austausch von Ansichten aus und reduziert die Geschäftsbehandlung auf zustimmende oder ablehnende Bewegungen des Kopfes und der Hände, wenn nicht von dem schriftlichen Ausdruck Gebrauch gemacht werden will. Bei laufenden Geschäften kann dies eventuell genügen, aber bei ernsten, prinzipiellen kritischen Angelegenheiten, da tritt die ganze Kalamität dieses peinlichen Zustandes in größter Schärfe und mit allen Nachteilen derselben hervor. Dabei hat sich der Gesundheitszustand des Kaisers im Laufe der letzten Wochen nicht unwesentlich verschlimmert, und es treten Symptome der Zunahme des bekannten unheilbaren Leidens derart hervor, daß eine Verbreitung desselben mit allen ihren traurigen Folgen in naher Zukunft zu befürchten steht. Dieser Umstand wird benützt, um noch rechtzeitig Dinge zustandezubringen, die weder unter der Regierung Kaiser Wilhelms noch unter dem Nachfolger des jetzigen Kaisers als möglich erachtet werden. So erklärt sich der Versuch, die durch alle Zeitungen dermalen besprochene Verbindung einer preußischen Prinzessin mit dem Prinzen Alexander von Battenberg trotz aller Schwierigkeiten, die sich dagegenstellen, zustandezubringen. Mit dieser Angelegenheit in Verbindung steht der Versuch, dem Prinzen Alexander von Battenberg eine aktive Stellung im Heere wiederzugeben. Daß sich der Reichskanzler diesen Unternehmungen aus politischen Gründen entgegenstellt, ist selbstredend. Er hat dem Kaiser seine Bedenken in einer ausführlichen Denkschrift dargelegt und eventuell sein Demissionsgesuch beigefügt[2]. Bis jetzt ist die Hoffnung vorhanden, daß die Bedeutung eines Rücktrittes des Reichskanzlers schwerer wiegt als die Begünstigung des Prinzen Battenberg. Bei der vorhin dargelegten Lage der Geschäftsbehandlung ist aber ersichtlich, daß jedwede Entscheidung auf Schwierigkeiten stößt. Der Kaiser befindet sich zwischen den Anforderungen seiner nächsten Angehörigen und den unabänderlichen Erklärungen des Reichskanzlers. Daß bei einer solchen Lage alle Zwischenwirkungen zugunsten der Abwendung einer politischen Katastrophe in Tätigkeit gesetzt werden müssen, ist wohl selbstredend. Die Zahl derjenigen, die das vermögen, ist aber gering. Daß ich unter diesen Umständen mich der Pflicht nicht entziehen kann, bei dieser Arbeit mitzuwirken, wird auch Ihnen natürlich erscheinen. Da nun seit einigen Tagen zwar ein gewisser Ruhepunkt in dieser Angelegenheit gewonnen zu sein scheint, so hege ich die Hoffnung, daß die wirkliche Gefahr noch beseitigt werden kann; aber es sind immer noch drohende Aussichten vorhanden, die einer sorgfältigen Überwachung bedürfen. Die Eigentümlichkeit der Lage, daß der Reichskanzler auf seine Denkschrift, die ich vorhin erwähnt habe, noch immer keine Entscheidung erhalten hat, sowie der Hinblick auf die Schwierigkeit, überhaupt eine Entscheidung in dieser Angelegenheit zu erlangen, hat mich veranlaßt, im Einverständnis mit dem Reichskanzler einen vertraulichen Schritt zugunsten der Abwendung der Gefahr in dieser Angelegenheit zu tun. Ich habe den Freiherrn von Marschall nach Darmstadt geschickt und ihm ein Schreiben an den Großherzog von Hessen mitgegeben, welches ihn einführt, mit der Bitte, ihn anzuhören, da er über die hiesige Lage der Verhältnisse von mir genau unterrichtet sei, und es mir wichtig erscheine, daß der Großherzog über die ganze Angelegenheit des Prinzen Alexander von Battenberg genau orientiert sei, damit er bewahrt werde vor der Hineinziehung in die Verantwortung für die Folgen, welche daraus erwachsen können. Ich habe Herrn von Marschall beauftragt, über den Vollzug dieses Auftrags, den er mit gutem Erfolg erfüllt hat, Ihnen Bericht zu erstatten[3]. Der Großherzog von Hessen hat die Gefahr der politischen Lage nicht so gekannt und war für die Orientierung sehr dankbar. Er hat mir sagen lassen, daß er den Prinzen Battenberg veranlassen wolle, Schritte zu tun, um den Abbruch der Verbindungen herbeizuführen, eventuell werde der Großherzog selbst diese Schritte tun[4]. Welchen weiteren Erfolg das haben wird, muß abgewartet werden. Dieses Abwarten macht mir die Lage sehr schwer, aber es beweist Ihnen, daß ich mich den Anforderungen nicht entziehen kann, welche sich aus der Mitwirkung in einer so wichtigen Angelegenheit ergeben. [...]

Da Sie mir mitteilen, daß voraussichtlich am 12. d. M. die kirchenpolitische Vorlage[5] in der zweiten Kammer zur Beratung kommt, so muß ich Ihnen kurz die Eindrücke mitteilen, die ich hier über die Auffassung in den maßgebenden Kreisen bezüglich der kirchenpolitischen Fragen gefunden habe. Wenn die jetzige Regierung im Amte bleibt, so wird sich im Laufe der Zeit die Neigung kundgeben, der Kirche eher weiter noch entgegenzukommen, als bis jetzt geschah. Sollte dermalen eine Krise eintreten, dann haben wir mit einer politischen Katastrophe zu tun, deren Folgen unberechenbar sind, die aber vorzugsweise auf dem Gebiet der großen Politik hervortreten werden. Die Dauer einer solchen Lage wird voraussichtlich sehr kurz sein. Die nachfolgende Regierung wird wahrscheinlich mit aller Schärfe dann in die früheren Bahnen einlenken. Immer aber bleiben die drohenden Gefahren bezüglich der Störung des europäischen Gleichgewichts unverändert. Es bleibt also immer die gleiche Aufgabe zu erfüllen: den Frieden im Inneren zu fördern und die friedenstörenden Objekte zu entfernen. Dies war die Grundlage für den Entschluß einer kirchenpolitischen Vorlage an den Landtag. Da diese Grundlage unverändert besteht, aber noch ein weiterer wichtiger Umstand hinzutritt, daß nämlich die Kraft der zentralen Leitung unserer Reichsverhältnisse tatsächlich nicht mehr so wirksam sein kann als unter dem machtvollen Einfluß der ehrwürdigen Persönlichkeit des verstorbenen Kaisers — so ist es doppelt nötig, alle Kräfte zu konzentrieren, welche geeignet sind, eine innere Stärkung der Staatszustände zu bewirken, um so manchen drohenden Erschütterungen sicherer begegnen zu können. Es schiene mir sehr wünschenswert, daß die liberale Partei des Landes diese tatsächliche Lage der Verhältnisse richtig ins Auge faßte und alle kleinlichen Beweggründe, welche auf Neigung und Abneigung beruhen, beiseite ließe, um allein den großen Gesichtspunkten gerecht zu werden. Das wohlverstandene Interesse der Partei geht zweifellos dahin, die geringen Zugeständnisse der kirchenpolitischen Vorlage sich anzueignen und sich dadurch einen festen Boden im Lande zu bewahren. Möchte man doch einsehen, daß ein Zusammengehen mit der Regierung auf dieser Bahn das Land vor weiteren politischen Agitationen bewahren kann. Hoffentlich wird es Ihnen gelingen, diesen oft zwischen uns besprochenen Anschauungen Geltung zu verschaffen. Ich ersuche Sie, auch dem Geheimrat Nokk vertrauliche Mitteilungen von meinen Äußerungen zu machen. *[...]*

Nachschrift: Dieser Brief ist diktiert, da ich meine Augen schonen muß, die durch vieles Lesen und Schreiben und durch ein moralisch sehr bewegtes Leben hier etwas angegriffen sind.

GLA FA Korresp. 13 Bd. 36 Nr. 48 Diktat.
[1] Vgl. die Zeitungspolemik bei *Schulthe*ß S. 73 ff.
[2] Vgl. Nr. 857 Anm. 2.   [3] Nr. 857.
[4] Marschall an Turban, Berlin 10. April. 1888: „Großherzog von Hessen hat an Kaiser der Zusage gemäß geschrieben. Reichskanzler ist heute zum Kaiser befohlen" (ebd. dechiffr. Tel., von Turban unter Nr. 857 geschrieben).
[5] Betr. Revisionsgesetz vom 5. Juli 1888, vgl. *Stadelhofer* S. 140 ff.

859. Großherzog Karl Alexander an Großherzog Friedrich.

Weimar, 11. April 1888.

Wie sehr ich Dir, mein lieber Freund, zufolge Deines heute erhaltenen Briefes[1] danke, wirst Du besser ermessen, als ich Dir auszudrücken vermag. Lohne Dir Gott Dein Bemühen!

Was letzteres betrifft, so laß mich Dich fragen: ob dieses Bemühen nicht durch eine Kollektiv-Bitte bei dem Kranken zu unterstützen wäre, welche, von Albert von Sachsen[2], dem Prinzregenten von Bayern und mir unterzeichnet, die „Nicht-Entlassung" im gegenwärtigen Augenblick verlangte? Ganz ruhig zuzusehen, wie das Reich geschädigt wird, geziemt keinem Reichsfürsten; Du tust bereits das Deinige; ich beabsichtigte bereits, eine Aufforderung in jenem Sinn an die Genannten heute abgehen zu lassen, als ich Deinen Brief von gestern erhielt. Ich entschloß mich hierauf, jene Aufforderung noch zurückzuhalten, bis ich von Dir schriftlich Nachrichten erhielt: ob jene Aufforderung in diesem Augenblick nützen könne? Um diese schriftliche Nachricht muß ich Dich bitten. Die Zeit drängt. Sie tut es umso mehr, als so wichtig es ist, daß der Rücktritt nicht stattfindet, daß auch von Darmstadt aus etwas geschehen ist, das zum Abbruch „der persönlichen Beziehungen führen wird" (ich gebrauche Deine Worte), so wenig glaube ich, daß das Erlangte Bestand haben wird. Die eigensinnige Willensstärke bei dem leitenden Element, bestärkt durch dasjenige, was dieses noch mehr inspiriert, die Willenlosigkeit diesem gegenüber, berechtigt mich nur zu sehr zu dieser Befürchtung. Deshalb diese Zeilen und meine an Dich gerichtete Frage. Sie entspricht meinem Pflichtgefühl, und mit Freuden richte ich sie an Dich, dem in schweren wie glücklichen Zeiten nah zu sein längst gewöhnt ist

Dein treuer Freund

Karl Alexander.

GLA FA Korresp. 13 Bd. 49 Fasz. 97.

[1] Nicht vorhanden.
[2] Über die bereits angelaufene, von Bismarck initiierte, individuelle Aktion des Königs Albert v. Sachsen am 9. Apr. 1888 (Nr. 860) vgl. *Conte Corti,* Warum ... S. 464 f., ebenso die Berichte Hohenthals über die Battenberger Angelegenheit, hg. v. H. *Richter,* Deutsche Allgem. Zeitung 1924 Nr. 470.

860. Großherzog Friedrich an Turban.

Berlin, 12. April 1888.

[...] Der Großherzog von Hessen hat inzwischen an den Kaiser ein Schreiben gerichtet[1], in welchem er im Namen des Prinzen Alexander von Battenberg den Wunsch ausspricht, es möge doch von jeder weiteren Betreibung der nur zu viel genannten Heiratsangelegenheit definitiv Abstand genommen werden. Der Kaiser wisse, daß schon früher seitens des Prinzen von Battenberg eine bestimmte Erklärung abgegeben worden sei, sich nicht um die Hand der Prinzessin bewerben zu wollen. Daß die Frage nun wieder zur Sprache gekommen sei, geschehe ohne sein Zutun, und der Großherzog bitte dringend, ihn und seine Verwandten mit weiteren Anforderungen zu verschonen, da er unmöglich die Mitverantwortung tragen könne für alle die politischen Folgen, die daraus erwachsen müßten. Der Großherzog berührt in seinem Schreiben auch den vom Kronprinzen an den Prinzen von Battenberg gerichteten Brief[2], um dabei zu sagen, daß derselbe unbeantwortet bleiben werde, da er — der Großherzog — es übernommen habe, diese nötige Erklärung dem Kaiser zu unterbreiten. Der Eindruck des Briefes auf den Kaiser ergab sich daraus, daß, da er den Freiherrn von Roggenbach[3] zu sich beschieden hatte, um über die gleiche Angelegenheit mit ihm zu verkehren, er den Brief des Großherzogs an Roggenbach mit der schriftlichen Notiz überreichte: „Sie sehen, die Sache ist vorbei und kein Grund zur Beunruhigung." Es gelang dem Freiherrn von Roggenbach, dem Kaiser alle die Schwierigkeiten nochmals darzulegen, welche sich an den Abgang des Fürsten Bismarck knüpfen würden, und der Kaiser nahm diese Äußerung sehr wohlwollend auf; nur wollte er nicht darauf eingehen, die Denkschrift des Reichskanzlers, die ich in meinem letzten Brief erwähnte, mit dessen eventuellem Entlassungsgesuch[4] formell zu beantworten. Bezüglich dieser Beantwortung machte ich selbst noch in Übereinstimmung mit dem Reichskanzler einen weiteren Versuch dahingehend, es möge der Kaiser lediglich aussprechen, er stimme mit den politischen Darlegungen des Kanzlers in dieser Angelegenheit vollkommen überein, ohne dabei irgendeine Zusage wegen des Heiratsprojekts beizufügen. Momentan blieb auch dieser Versuch erfolglos. Den folgenden Tag wünschte die Kaiserin Viktoria, eine Unterredung mit dem Reichskanzler zu haben, welche am Nachmittag hier in der Stadt nahe an zwei Stunden in Anspruch nahm. Die Auseinandersetzung hatte die Folge einer nachgiebigeren Stimmung der Kaiserin, wenn auch der Reichskanzler selbst sich noch nicht ganz befriedigt darüber erklären konnte, daß es ihm gelungen sei, das Heiratsprojekt zu beseitigen. Gestern nun hatte der Reichskanzler Vortrag beim Kaiser in Charlottenburg, und da endlich erfolgte eine Auseinandersetzung, welche dem Fürsten Bismarck die Überzeugung gab, daß der Kaiser nicht nur sein Verbleiben im Amt wünsche, sondern auch gewissermaßen seine Unterstützung gegenüber den an ihn gestellten Anforderungen als eine tatsächliche Hilfe erwarte. Diese Lage beruhigte den Reichskanzler in der Beziehung, als er nun annehmen konnte, es sei die Übereinstimmung zwischen dem Kaiser und ihm derart hergestellt, daß die bisherige Unsicherheit ihr Ende erreicht habe. Der Reichskanzler kam in einer wesentlich beruhigteren Stimmung zurück und äußerte sich mir gegenüber dahin — „wenn wir auch noch nicht vor allen Überraschungen sicher bewahrt sind, so erachte ich doch die Angelegenheit für derart verschoben, daß sie allmählich ganz beseitigt werden kann". Er soll sofort Auftrag gegeben haben, daß die offizielle Presse die Polemik einstelle[5]. Wir dürfen diesen Stand der Sache als einen wichtigen Abschnitt betrachten, der momentan beruhigt, aber doch immer noch zu sorgfältiger Wachsamkeit mahnt, da noch mancherlei Kräfte in Bewegung gesetzt sind, welche sich bemühen, aus der angerichteten Verwirrung Nutzen zu ziehen.

Zur Beurteilung der ganzen Angelegenheit gehört noch zu wissen, daß Fürst Bismarck die Mitwirkung des Königs von Sachsen sich erbat, um auf den Kaiser in unserem Sinne einzuwirken[6]. Der König schrieb von Dresden aus unmittelbar nach seiner Rückkehr von Riva einen sehr freundschaftlich mahnenden Brief an den Kaiser, der nicht ohne Eindruck geblieben sein soll. Der englische Botschafter[7] dahier erklärte sich dem Reichskanzler gegenüber bereit, wenn er es wünsche, an die Königin von England zu schreiben, um sie zu veranlassen, sich in gleicher mahnender Weise schriftlich an die Kaiserin Viktoria zu wenden. Der Botschafter soll einen vehementen Brief an die Königin geschrieben haben, der die politischen Gefahren in grellstem Lichte schildert und die Königin mahnt, sich doch davor zu bewahren, eine Mitverantwortlichkeit durch den Schein einer Mitwirkung zu übernehmen. Noch manche andere Zwischenwirkungen haben stattgefunden, um diese peinliche Angelegenheit zu einer günstigen Lösung zu bringen. Die große Bewegung, welche durch die Wirksamkeit der Presse entstanden ist, hat leider viele Nachteile im Gefolge gehabt, die dadurch nicht aufgehoben werden, daß man an maßgebender Stelle aufmerksam werden mußte, wie gefährlich eine an sich scheinbar so geringfügige Angelegenheit sich gestaltet hat. Leider werden wir noch lange an den Folgen dieser Mißgriffe zu tun haben, und es wird schwer sein, das wieder aufzubauen, was so mutwillig zerstört worden ist. Sehr beklagenswert ist, daß der Gesundheitszustand des Kaisers in den letzten Tagen sich wesentlich verschlimmert hat[8] und daß die vielen Erregungen eine nachteilige Wirkung auf seine Kräfte ausgeübt haben. Wir haben unsere Abreise vorläufig auf nächsten Montag [16. April] in Aussicht genommen; ob wir aber dabei bleiben können, werde ich wohl erst kurz vorher telegraphisch zu sagen vermögen. Die von Ihnen mir mitgeteilte Verschiebung der kirchenpolitischen Kammerverhandlung[8] scheint mir unter den gegenwärtigen Umständen sehr angemessen.

GLA FA Korresp. 13 Bd. 36 Nr. 49 Diktat.

[1] Vgl. Nr. 858 Anm. 4.
[2] Vgl. Nr. 857 Anm. 3.
[3] Vgl. K. *Samwer,* Zur Erinnerung an Franz v. Roggenbach (1909) S. 157 ff.
[4] Vgl. Nr. 857 Anm. 2.
[5] Großherzog Friedrich sorgte über den ihn begleitenden Legationsrat v. Babo und den in Karlsruhe verbliebenen Ungern-Sternberg dafür, daß besonders wichtige Artikel in der Karlsruher Zeitung abgedruckt wurden (Babo an Ungern-Sternberg, Berlin 7., 11., 15. Apr. 1888, GLA FA Korresp. 13 N 319). — Hugo v. Babo (geb. 1857), Legationsrat, später Chef des Geh. Kabinetts.
[6] Nr. 859 Anm. 2.
[7] Sir Edward Baldwin Malet (1837—1908), seit 1884 britischer Botschafter in Berlin. Über seine diplomatische Aktion vgl. Große Politik VI S. 289 Anm.
[8] Tgb. Marschall: 12. 4. 1888. „Der Kaiser war abends sehr übel. Bergmann mußte gerufen werden." — 13. 4. „Mackenzie, Hovell Schurken, die den Kaiser mißhandeln." — 14. 4. „Kaiser war Donnerstag am Sterben. Bergmann rettete ihn." — 16. 4. „Morgens auf der Wilhelmstraße, wo ich an verschiedenem a et vient bemerke, daß in Charlottenburg etwas los sein muß. [...] Sehe den Kronprinzen rasch nach Charlottenburg reiten. [...] Treffe Schönau, der mir den Befehl der Großherzogin überbringt, an Turban chiffriert zu telegraphieren, daß das Schlimmste zu erwarten. [...] Der Kaiser hat Bronchitis. [...] Es steht schlecht in Charlottenburg." — 18. 4. „Um 5,15 Uhr zum Großherzog. Kronprinz bei ihm, dann kommen Kronprizeß, Großherzogin von Baden und die Kronprinzessin von Schweden. Beim Herausgehen sprechen sie mich an. Der Großherzog ist sehr erregt. Befinden des Kaisers schlechter, die Zustände in Charlottenburg haarsträubend. Die Kaiserin läßt weder den Kronprinzen noch die Großherzogin zum Kaiser." — 20. 4. „Treffe Bergmann, der mir sagt, daß der Kaiser heute entschieden besser und vielleicht noch Wochen dauern kann" (Oberkirch, Besitz Frau v. Seyfried).

861. Marschall an Turban.

Berlin, 13. April 1888.

Ganz vertraulich! *Ich erlaube mir* anzuzeigen, daß die Krisis in den letzten Tagen insofern in ein beruhigenderes Stadium eingetreten ist, als der Herr Reichskanzler von seiner letzten Unterredung mit S. M. dem Kaiser einen günstigeren Eindruck empfangen hat und mindestens an einen vorläufigen „Stillstand" in der Battenbergischen Angelegenheit glaubt. Da eine eigentliche Lösung der Frage durch endgiltigen Verzicht auf die bekannten Wünsche mit Hinsicht auf den Charakter der dabei in erster Reihe treibenden Persönlichkeit ausgeschlossen erscheint, so wird sich Fürst Bismarck aller Voraussicht nach dabei beruhigen, wenigstens die drohende Gefahr eines fait accompli beseitigt zu haben. —

Als Tatsache kann ich bezeichnen, daß S. M., wenn auch dem Prinzen von Battenberg günstig gesinnt, einer Verbindung der Prinzessin Victoria mit demselben von dem Augenblick an abgeneigt war, als der Reichskanzler zuerst mündlich und später schriftlich die gegen eine solche sprechenden politischen Bedenken unter Ankündigung seines eventuellen Rücktrittes dargelegt hatte. Wenn der Kaiser, was bei seinem leidenden Zustand menschlich begreiflich erscheint, einen Augenblick der von weiblicher Seite in den Vordergrund gestellten gemütlichen Seite der Frage dem Gedanken, „das Lebensglück der Tochter nicht der Staatsraison zu opfern", einen weiteren Raum gewährte, als es politisch zu wünschen war, so sind doch in den letzten Tagen eine solche Reihe zusammenwirkender Faktoren bei dem allerhöchsten Herrn zur Geltung gekommen, daß jene Seite notwendig wieder in den Hintergrund treten mußte. Ich darf hier nochmals in erster Reihe der hingebenden und erfolgreichen Tätigkeit unseres gnädigsten Herrn gedenken, welche der Herr Reichskanzler in der Unterredung, die ich jüngst mit ihm hatte, in den Ausdrücken der wärmsten Dankbarkeit anerkannte; nicht minder hat sich Freiherr von Roggenbach ein großes Verdienst dadurch erworben, daß er — zumal am vergangenen Montag gelegentlich der Abwesenheit der Kaiserin in Posen — mit der Offenheit, die ihm seine Eigenschaft als langjähriger Freund des Kaisers gestattete, Höchstdemselben die schweren Folgen dargelegt hat, welche sich aus der Erfüllung der bestehenden Wünsche ergeben würden. Als ein glückliches Moment erscheint es, daß an demselben Tage ein Schreiben des Großherzogs von Hessen eintraf, welcher entsprechend der Zusage, welche er S. K. H. dem Großherzog durch mich bestellen ließ, den Kaiser im Namen des Prinzen von Battenberg bat, von der beabsichtigten Verlobung Abstand nehmen zu wollen. Auch der König von Sachsen, welchem auf Wunsch des Reichskanzlers der Gesandte Graf Hohenthal über den Stand der Krise mündlich Meldung erstattet hatte, richtete ein Schreiben an den Kaiser, in welchem er eindringlich im Sinne des Fürsten Bismarck vorstellig wurde. Endlich scheint auch die Königin von England, die im Jahre 1884 die Protektorin der Verbindung des damaligen Fürsten von Bulgarien mit ihrer Enkelin gewesen war, ihren Einfluß gegen die nunmehrige Verwirklichung des Projekts in die Wagschale gelegt zu haben, dem Vernehmen nach auf Anregung des englischen Botschafters Sir Edward Malet, der seiner Monarchin in einer schriftlichen Vorstellung freimütig dargelegt hatte, daß England unter den obwaltenden Umständen schwere politische Nachteile zu erwarten habe, wenn die geplante Verbindung zustande komme; das deutsche Volk werde die englische Politik für den Rücktritt seines Reichskanzlers verantwortlich machen und daraus eine für England bedauerliche Verstimmung erwachsen.

Die längere Unterredung, welche der Herr Reichskanzler am Dienstag mit Ihrer Majestät der Kaiserin gepflogen hat, ist der Natur der Dinge entsprechend ohne positives Resultat gewesen; man sagte mir, daß dieselbe ruhiger verlief wie die erste, daß aber Ihre Majestät den Versuch nochmals unternahm, den Fürsten von der politischen Harmlosigkeit ihrer Pläne zu überzeugen. Nicht ohne einen gewissen Humor ist die Tatsache, daß der Herr Reichskanzler auf die Bemerkung der Kaiserin, daß ihre Mutter sich jetzt entschieden gegen die Partie ausgesprochen habe, antwortete, daß, wie er höre, auch die Prinzessin Victoria nicht sonderlich dafür portiert sei.

Der Zustand des Kaisers hat sich in den letzten Tagen nicht unerheblich verschlimmert; die Geschwulst im Kehlkopf ist wieder im Zunehmen, auch treten bereits krebsartige Wucherungen an der Kanüle auf, so daß eventuell der Versuch gemacht werden muß, einen neuen Einschnitt behufs Einlegung derselben an einer tieferen Stelle zu machen. Gestern Abend war infolge eines Erstickungsanfalls der Zustand momentan so bedrohlich, daß schleunigst Professor von Bergmann geholt werden mußte. Über den Verlauf der Nacht ist mir zur Zeit noch nichts bekannt. Wie sehr das körperliche Leiden auch die moralische Seite beeinflußt, mag daraus entnommen werden, daß der Herr Reichskanzler aus seiner vorgestrigen Unterredung die Anschauung gewonnen hat, daß der Kaiser in der battenbergischen Frage längst vollkommen überzeugt sei und jetzt eigentlich i n i h m „die Stärkung gegen die weiblichen Einflüsse suche". — Die Ausführungsordre zu dem jüngsten Stellvertretungserlaß ist erschienen; dem Kronprinzen werden dadurch einzelne speziell benannte Materien zur selbständigen Bearbeitung und Erledigung übertragen.

Die Stimmung dahier ist derart, wie ich es vor kurzem in dem monarchischen Preußen für unmöglich erachtet hätte. Die Unzufriedenheit über die große Frage des Tages wird durch Umstände minderer Bedeutung täglich gesteigert; so hat die Verleihung des Großkomturkreuzes des Hausordens von Hohenzollern an Sir Morell Mackenzie — desselben Ordens, den Dr. von Lauer nach 40jähriger Dienstzeit erhielt — tief verstimmt, nicht minder die Tatsache, daß seit einigen Tagen das Charlottenburger Schloß durch a u s E n g l a n d b e r u f e n e Dekorateure und Tapezierer mit e n g l i s c h e n Stoffen, Tapeten pp. neu eingerichtet wird. Zum Glück ist dem in Aussicht genommenen Adressensturm offiziöserseits entschieden abgewunken worden[1].

GLA 233/34798 Ausf., erhalten 14.4.88; 49/2017 fol. 51 f. Konz.

[1] In Leipzig und Breslau wurden Bittschriften an Bismarck bzw. an den Kaiser vorbereitet, der Reichskanzler möge im Amt bleiben (*Schultheß* S. 78).

862. Turban an Großherzog Friedrich.

Karlsruhe, 14. April 1888.

E. K. H. zweite allergnädigste Mitteilung über den Verlauf der Kanzlerkrise[1] ist mir heute mittag zugegangen. Allerhöchstdieselben haben mir damit zwei Aktenstücke[2] anvertraut, welche für späte Zeiten einen hohen historischen Wert für die Geschichte Deutschlands wie auch Ihres Hauses behalten werden. Ich habe ihren Inhalt, der ja vorerst geheim gehalten werden wird, in höchst vertraulicher Weise meinen Kollegen im Staatsministerium mitgeteilt; sie sind mit mir erfüllt von Dankbarkeit für die bedeutsamen und erfolgreichen Schritte, welche E.K. H. unternommen haben, um das Vaterland aus großer Gefahr retten zu helfen. Dieser patriotische Dienst wird E. K. H. bei der ganzen Nation wie bei Ihrem eigenen Volke so unvergessen bleiben wie der hervorragende Anteil, welchen Allerhöchstdieselben an der Gründung des Reichs genommen haben.

Möge nun dem zeitweiligen Beruhen der Krisis ihre völlige Beilegung oder — wenn es vielleicht nicht anders sein kann — ihr allmähliches Erlöschen folgen. Sie wird der trüben Erinnerungen genug zurücklassen auch bei vielen von denen, welche durchaus davon befriedigt sind, daß der Reichskanzler recht behalten hat. Ich kann mir kein Urteil über die Form seines Vorgehens anmaßen; meinem Gefühl, dessen ich mich bis zur Stunde nicht erwehren kann, hätte es eine schmerzliche Beimischung erspart, wenn der ganze Vorgang sich im engsten Kreise abgespielt hätte und nicht so, wie es geschehen, der Öffentlichkeit und damit dem Parteigezänk preisgegeben, auch die kaiserliche Familie auf jene Weise vor der Welt geschont worden wäre. *[...]*

GLA FA Korresp. 13 N 536.

¹ Nr. 860.   ² Nr. 858. 860.

863. Großherzog Friedrich an Turban.

Berlin, 19. April, geschlossen den 20. April 1888.

Ich habe den Freiherrn von Marschall beauftragt, Ihnen in chiffrierter telegraphischer Mitteilung über die mögliche drohende Wendung in dem Leiden des Kaisers Kenntnis zu geben. Zwei Nächte sind nun vorübergegangen, in denen wir jeweils gewärtig waren, wegen sehr hohen Fiebers die Leiden des Kaisers zu Ende gehen zu sehen. Immer traten wieder vorübergehende Wendungen zum Besseren ein, ohne daß damit auf Erhaltung des Lebens auf längere Dauer gerechnet werden kann. Heute habe ich Gelegenheit gehabt, mit der Kaiserin Mutter und der Großherzogin den Kaiser zu besuchen, der zu Bette lag und wohl auch heute nicht aufstehen wird. Seit unserem letzten Besuch hat sich das äußere Aussehen des Kaisers so wesentlich verändert, daß es insbesondere auf Mutter und Schwester den schmerzlichsten Eindruck machte. Das Fieber ist immer noch hoch, und dadurch bleibt die Gefahr immer die gleiche, ohne daß die Ärzte mit Bestimmtheit angeben können, wo sich der eigentliche Fieberherd befindet. *[...]* Ich muß leider sagen, daß eine Erlösung für den Kranken nach und nach ebenso zu wünschen wäre als für die allgemeine Lage der Dinge hier und im Reich. Doch wir müssen uns in das Unvermeidliche fügen. *[...]*

*Denkmalsetzung für Kaiser Wilhelm I. in Baden. Verhandlungen in der zweiten Kammer über die kirchenpolitische Angelegenheit*¹. Ich kann nicht leugnen, daß ich den Ausgang dieser Sache im Interesse einer dauernd liberalen Richtung in den politischen Verhältnissen des Landes beklage. Ich verstehe immer noch nicht, wie die Gegner des Gesetzes von der dermaligen allgemeinen politischen Lage der Verhältnisse Deutschlands und Europas so völlig unberührt bleiben konnten. Es ist dies ein erneuter aber bedauerlicher Beweis mangelnder politischer Einsicht, der uns zeigt, daß die Schulung noch viel zu wünschen übrig läßt. Einstweilen halte auch ich dafür, daß die Regierung dem weiteren Verlauf dieser Angelegenheit ruhig entgegensehen kann, denn, was heute nicht möglich ist, wird mit der Zeit doch erreichbar werden. Ihre Hoffnung, daß durch die erste Kammer ein vermittelnder Weg eingeschlagen werden will, gibt wohl Aussicht auf eine glückliche Lösung dieser Frage. *[...]*

GLA FA Korresp. 13 Bd. 36 Nr. 50 Diktat.

¹ Vgl. Nr. 864 Anm. 2.

864. Großherzog Friedrich an Nokk.

Berlin, 23. April 1888.

Ihr wertes Schreiben¹ wollte ich erst beantworten, nachdem ich die stenographischen Berichte über die von Ihnen geschilderten Verhandlungen der zweiten Kammer über die Kirchenvorlage würde gelesen haben[2]. Die Publikation derselben verzögert sich aber dermaßen, daß ich nicht länger anstehen darf, Ihnen für Ihre Mitteilungen bestens zu danken. Sie geben mir dadurch einen Einblick in die unerkennbare Seite der Sachlage und dadurch die Möglichkeit, mir einen Gesamteindruck zu bilden. — Leider kenne ich den Wortlaut Ihrer Reden immer noch nicht, nur einige wortreiche Auslassungen verschiedener Abgeordneter und des Berichterstatters, die mir als der Ausdruck unpolitischer Wahlreden erscheinen, bei denen nur der einseitige Parteistandpunkt maßgebend ist. Diese leider vorherrschende Einseitigkeit hat denn auch den Sieg erlangt, von dem die Sieger einst werden sagen dürfen, daß sie dem Lande damit einen schlechten Dienst geleistet haben.

Möchte sich das bestätigen, was Sie mir als Ihre Hoffnung ausdrücken, daß die Modifikationen der ersten Kammer dazu führen können, eine Verständigung mit der zweiten Kammer anzubahnen. — Einstweilen rechne ich mit dem Mißerfolg und suche mir zu vergegenwärtigen, wie wir künftig ohne Inanspruchnahme der Gesetzgebungsmaschine einen erträglichen Zustand möglichen Vertrauensverhältnisses mit der Kirchenbehörde werden herstellen können. Das bisherige Verfahren der Herstellung faktischer Zustände hatte sich ja sehr bewährt und wurde nur durch den Optimismus der Freiburger Kurie auf den Weg der Gesetzgebung übergeleitet. Der Erzbischof kann nun praktisch gelernt haben, welchen Wert die Gesetzgebung hat, d. h. der Weg zu derselben. Er sollte sich einmal die Geschichte der Entstehung und des Zustandekommens des Konkordates bis zu dessen Fall recht genau vergegenwärtigen. Es gibt kaum eine lehrreichere Studie, um zu erkennen, mit welchen Faktoren man rechnen muß, um eine Gesetzgebung zustandezubringen. Er würde unter anderem daraus lernen, daß eine frühzeitige vernünftige und vorurteilslose Verständigung, ein modus vivendi viel wertvoller ist als der Sieg einer Parteirichtung, welcher unausbleiblich mit der Zeit zur Reaktion im entgegengesetzten Sinne führt.

Ich habe leider in vielen bewegten Jahren die Erfahrung machen müssen, daß aus den Erfahrungen meist sehr wenig gelernt wird und daß es den Regierenden vorbehalten ist, die besten Erfolge immer wieder in Frage gestellt zu sehen. —

Lassen wir uns dadurch nicht ermüden und bauen wir ruhig weiter unbekümmert um die Hemmungen unserer Arbeitskräfte! Möge Ihnen dabei wie bisher der Mut und die Freudigkeit nicht fehlen! — Ich sage Freudigkeit, denn das gute Gewissen gibt stets die Freudigkeit von Gott, welche uns die Menschen nicht nehmen können. *[...]*

GLA FA Korresp. 13 Bd. 55 Fasz. 157 Nr. 25 eig.

[1] Nokk an den Großherzog, Karlsruhe, 18. Apr. 1888 (ebd. N 469).
[2] In der Verhandlung der II. Kammer vom 17. Apr. 1888 war nach einer Rede Nokks die gegenüber der Regierungsvorlage veränderte Vorlage der Kommission gegen die Stimmen der katholischen Fraktion angenommen worden (*Stadelhofer* S. 186 f.).

864a. Aus Marschalls Tagebuch.

[Berlin,] 24. April bis 11. Mai 1888.

24. April 1888. Um 5 Uhr zum Großherzog. — Interessantes Gespräch, *[...]* französische Zustände, Prinz Napoleon Russenfeind, die badische Kirchenpolitik, er

ist ungehalten über den Gang der Dinge, klagt über mangelnde Einsicht und stimmt zu, als ich ihm darüber spreche, wie die Regierung von der Kammer ignoriert wird [...].

27. April 1888. Nach dem Frühstück zum Großherzog — [...] Reichskanzler über Queen[1] sehr befriedigt, würde losschlagen, wenn er mit ihr und nicht mit den schwankenden Ministern zu rechnen hätte. [...] Dann zur Fürstin Bismarck. [...] Die Fürstin erzählt von ihrer Besprechung mit der Kaiserin Viktoria, fast unglaublich.

30. April 1888. Um 3,30 Uhr zum Großherzog. [...] Bergmann beseitigt, statt seiner Bardeleben[2], spricht sich sehr scharf gegen Radolin aus. [...] Um 8 Uhr Abreise der Herrschaften. Sie ist sehr bedrückt. Dem Kaiser geht es eigentlich nicht gut. Große Schwäche.

11. Mai 1888. Statthalter von Elsaß-Lothringen macht aus Paßzwang Kabinettsfrage. Battenberg rührt sich nicht hier, sondern in Darmstadt.

Oberkirch, Besitz Frau v. Seyfried.

[1] Königin Viktoria v. England war vom 24.—26. Apr. 1888 zu Besuch in Berlin. In den Akten findet sich kein Hinweis darauf, daß der Großherzog mit ihr zusammengetroffen wäre. Fürst Chlodwig berichtet nach einem Besuch in Karlsruhe: „Straßburg, 17. Mai 1888. Über die Battenbergsche Sache erzählt der Großherzog, daß die Krisis ziemlich ernst war. Die Kaiserin hatte gesagt, es sei am Ende kein Unglück, wenn Bismarck abgehe. Das hatte man ihm sofort hinterbracht. Dann der Zeitungskrieg. Malet hat an die Königin Viktoria nach Florenz berichtet, es sei für die englischen Interessen sehr nachteilig, wenn die Königin den Anschein habe, als interessiere sich für die Battenbergsche Heirat. Gerade bei ihrer bevorstehenden Ankunft in Berlin müsse es vermieden werden, daß man glaube, die Königin protegiere die Heirat. Dem schloß sich auch das englische Ministerium an. Darauf schrieb die Königin Viktoria einen groben Brief an die Kaiserin, ihre Tochter, und auch bei ihrer Anwesenheit setzte sie ihre Ansicht in energischer Weise auseinander, was zu peinlichen Tränenszenen geführt hat. Es scheint, daß der Großherzog sehr gut vermittelt hat. Die Beziehungen zwischen der Königin Viktoria und dem Reichskanzler haben sich sehr gut gestaltet. Sie waren beide voneinander enchantiert" (Hohenlohe, Denkwürdigkeiten II S. 435).
[2] Adolf v. Bardeleben (1819—95), Chirurg, 1849 o. Prof. in Greifswald, 1868 an der Berliner Charité.

865. Großherzog Friedrich an Turban.

Berlin, 26. April 1888.

Beratung der Kirchenvorlage in der bad. Kammer[1].

[...] Wenn ich die Rede des Geheimrat Nokk ausnehme, deren Bedeutung durch sich selbst spricht und deren Inhalt der Bedeutung des Mannes entspricht — so muß ich wohl bekennen, daß ich in keiner der übrigen Reden einen Gesichtspunkt finden konnte, der einen weiteren Blick gestattet als in derjenigen des Abgeordneten Winterer[2]. Die Begründungen für Abschwächung der Art. 1 u. 2 und für Verwerfung des Art. 4 sind größten Teils auf kleinlicher Basis ruhend.

Es ist nun leider eine Tatsache, daß die liberale Mehrheit der zweiten Kammer es nicht verstanden hat, die Regierung in der schwierigen Aufgabe zu unterstützen, eine befestigte Stellung sich zu schaffen, in welcher es ihr möglich gemacht wird, sich mit Aussicht auf Erfolg gegen weitere unausbleibliche Forderungen der Kirche und ihrer intransigenten Partei verteidigen zu können. — Daß dieser Teil der Aufgabe garnicht verstanden werden will und daß man im Gegenteil meint, durch Beschränkungen mit Paragraphen und mit ausgesprochener Furcht vor den Wirkungsmitteln der Kirche auf die Dauer eine Position halten zu können, die jetzt schon als isoliert erscheint — das ist für diejenigen traurig, die wie wir, d. h. die Regierung, in dieser Lage ausharren müssen. Die Kurzsichtigkeit aber, mit der gesprochen und gehandelt wurde, ist verhängnisvoll und kann sich wohl noch rächen. *[...]*

GLA FA Korresp. 13 Bd. 36 Nr. 51 eig.

[1] Vgl. Nr. 864 Anm. 2.
[2] Otto Winterer (1846—1915), 1880—1913 Oberbürgermeister von Freiburg, Abgeordneter der 2. bad. Kammer.

866. Marschall an Turban.

Berlin, 15. Mai 1888.

Vertraulich! Unter Bezugnahme auf mein chiffriertes Telegramm vom 11. d. M. beehre ich mich Ew. Exz. ergebenst zu berichten, daß der Statthalter Fürst Hohenlohe, nachdem ihm das Ansinnen des Herrn Reichskanzlers, den Paßzwang gegen Frankreich in Elsaß-Lothringen einzuführen, zugekommen war[1], vor etwa acht Tagen nochmals eingehend die gegen die Maßregel auch in dieser Beschränkung sprechenden Gründe dargelegt und dabei bemerkt hat, „daß er nicht in der Lage sei, die Verantwortung für Durchführung derselben zu übernehmen"[2]. Darauf hat der Reichskanzler unterm gestrigen erwidert, daß er die v o m   e l s a ß - l o - t h r i n g i s c h e n   S t a n d p u n k t aus bestehenden Bedenken keineswegs verkenne, aber vom Gesichtspunkt d e s   R e i c h e s und insbesondere der a u s - w ä r t i g e n   P o l i t i k den Paßzwang gegen Frankreich für notwendig erachte und den Herrn S t a t t h a l t e r um Einführung desselben ersuche[3].

Ich vermute, daß nunmehr, nachdem der Herr Reichskanzler die Maßregel mit der auswärtigen Politik motiviert und damit selbst die Verantwortung dafür übernommen hat, Fürst Hohenlohe die Dinge nicht auf die Spitze treiben, sondern sich dem Ansinnen fügen wird. Die Absicht des Reichskanzlers ist erkennbar die, der steigenden antideutsche Agitation in Frankreich, wie sie sich u. a. auch bei den Vorgängen in Belfort[4], vor allem aber in den kühnen Entwürfen des Boulangismus bekundet, ein Paroli zu bieten, und läßt es sich nicht leugnen, daß die geplante Maßregel, so wirkungslos sie für die ursprünglich gefaßten Ziele erscheint, doch als Antwort auf die Revanchebewegung in Frankreich eines gewissen Effektes sicher sein wird. *[...]*

GLA 49/2017 fol. 53 (Konz.)

[1] Bismarck an Hohenlohe, Berlin, 19. Apr. 1888, gedr. *Rogge*, Holstein u. Hohenlohe Nr. 251. Zur Einführung des Paßzwanges in Elsaß-Lothringen vgl. *Seydler* S. 99 ff. u. oben Nr. 851.
[2] Hohenlohe an Bismarck, Straßburg 9. Mai 1888, gedr. *Rogge* Nr. 255. Vgl. *Hohenlohe*, Dkw. II S. 432 ff. Hohenlohe versuchte, für seine Weigerung, den Paßzwang im Reichsland einzuführen, die Unterstützung des Großherzogs zu gewinnen. Dieser schickte ihm in der Sorge, Hohenlohe habe bereits „die Kabinettsfrage" gestellt (vermutlich das von Marschall zitierte chiffr. Tel. vom 11. Mai), Ungern-Sternberg nach Straßburg (*Rogge* Nr. 256). Mit der Bitte um gelegentliche Rücksendung übersandte Hohenlohe (Straßburg

12. Mai) an Ungern-Sternberg zur Vorlage beim Großherzog sein Schreiben an Bismarck vom 9. Mai und das an Wilmowski vom 10. Mai (*Hohenlohe*, Dkw. II S. 433) mit der Bitte, seine Bedenken beim Kaiser oder beim Kronprinzen zu vertreten (GLA FA Korresp. 13 N 263). Bei der mündlichen Rücksprache Hohenlohes mit dem Großherzog in Karlsruhe am 17. Mai hielt der letztere „die Gelegenheit zum Abgang nicht für günstig" (Dkw. II S. 434).

[3] Bismarck an Hohenlohe, Berlin 14. Mai 1888, gedr. *Rogge* Nr. 258. Die Paßverfügung vom 22. Mai: *Schultheß* S. 86.

[4] Vier Freiburger Studenten waren am 8. Apr. bei einem Ausflug nach Belfort vom Straßenpöbel schwer mißhandelt worden (Große Politik VI Nr. 1282—1284).

867. Großherzog Friedrich an Herzog Adolf von Nassau.

Karlsruhe, 23. Mai 1888.

Ich bin in die Lage versetzt, Dein freundliches Gehör für eine kurze Mitteilung in Anspruch nehmen zu müssen, deren Inhalt für Dich und Dein Haus von hoher Bedeutung ist.

Der K. Preußische Gesandte am hiesigen Hof, Herr von Eisendecher, den ich gestern auf seinen Wunsch empfing, hat mir die folgenden v e r t r a u l i c h e n Eröffnungen gemacht, welche ich nun zur förmlichen Darstellung Dir in der Weise wiedergebe, wie ich sie durch mündlichen Vortrag erfassen konnte[1].

Die Kaiserliche Regierung des Deutschen Reichs hegt den Wunsch, Dir in streng vertraulicher Weise zur Kenntnis zu bringen, wie sie die möglicher Weise nahe bevorstehende Frage der Trennung des Großherzogtums Luxemburg von den Niederlanden und die Sukzession des Herzoglichen Hauses von Nassau beurteile.

Die Kaiserliche Regierung hält es aber für angemessener, keinen direkten Schritt Dir gegenüber zu tun aus Rücksicht für den König der Niederlande[2] und wegen der damit verbundenen delikaten Beziehungen, welche also einen offiziellen Schritt dieser Art widerraten. — Herr von Eisendecher wurde daher beauftragt, mich zu fragen, ob ich die Vermittlung des Ausdrucks der Ansichten und Absichten der Kaiserlichen Regierung an Dich übernehmen wolle. — Ich erklärte mich bereit, diesen ehrenvollen Auftrag zu übernehmen, nachdem mir noch einige Aufklärungen zuteil wurden, die ich zu wissen für nötig fand, wenn ich Dir ein vollständiges Bild der Lage zu geben berufen sei.

Die Gesundheit des Königs der Niederlande soll die Befürchtung nahelegen, daß eine baldige Katastrophe zu erwarten sei, welche die Regierung in die Hände der Königin Regentin überführen werde. Die junge unmündige Königin kann in Luxemburg nicht sukzedieren, und somit kehrt dieses Land zu vollständiger Selbständigkeit zurück. „Die Kaiserliche Regierung sieht die Erbberechtigung Seiner Hoheit des Herzogs von Nassau in Luxemburg als zweifellos an und wird den Herzog eintretenden Falls sofort als Herrscher dieses Landes anerkennen."

Bei Wiedergabe dieses Wortlautes der Ansichten und Absichten der Kaiserlichen Regierung wird es Dir von Wert sein zu wissen, daß die Neutralität Luxemburgs als fest garantiert betrachtet wird und daher im vorgenannten eintretenden Fall außer Frage bleibt.

In der Allgemeinen Zeitung vom 17. d. M. befindet sich ein Aufsatz aus der Feder des Heidelberger Professors Geheimerat Dr. Hermann Schulze über die Niederländisch-Luxemburgische Thronfolge beim Aussterben des Hauses Nassau-Oranien und die Erbfolge des Hauses Nassau-Weilburg. Dieser Aufsatz entspricht vollkommen den Anschauungen der Kaiserlichen Regierung und wurde in der offiziösen ,Post' vom 20. d. M. in diesem Sinne besprochen. — Ich möchte auf diese beiden Aussprüche aufmerksam machen, da sie bedeutungsvoll sind.

Ich glaube, hiermit den übernommenen Auftrag erfüllt zu haben, und stelle mich gerne zu Deiner Verfügung, wenn Du meine Vermittlung in dieser vertraulichen Weise, welche die Öffentlichkeit ausschließt, weiter benutzen wolltest.

GLA FA Korresp. 13 Bd. 41 Fasz. 42 Nr. 17 (eig. Konz.). Die Erklärung der kaiserlichen Regierung in der Anlage in der Hschr. Eisendechers mit dem Zusatz: „Vorstehender Wortlaut der ganz vertraulichen Mitteilung des Staatsministers Grafen Bismarck auf höchsten Befehl untertänigst überreicht. v. Eisendecher". Ebd. der zitierte Artikel der ,Post' vom 20. Mai 1888.

¹ Vgl. die Verhandlung im preuß. Staatsministerium am 13. Mai (*Lucius* S. 452).
² Über die Familienverhältnisse der Nassau-Oranier vgl. Nr. 577 Anm. 4.

868. Herzog Adolf von Nassau an Großherzog Friedrich.

Wien, 26. Mai 1888.

Dank für Nr. 867. Ich hatte zwar nie bezweifelt, daß die Kaiserlich deutsche Regierung die durch europäische Verträge garantierten Erbansprüche meines Hauses auf den Luxemburgischen Thron vorkommenden Falls anerkennen würde, die Gewißheit hiervon zu erhalten ist aber ebenso sehr von hoher Wichtigkeit als im höchsten Grad erfreulich für mich, und werden dadurch, wenn der Moment des Übergangs der Regierung des Großherzogtums aus den Händen des Königs der Niederlande in die meinigen wirklich erfolgt, jeden Falls alle europäischen Komplikationen vermieden werden.

Nicht minder wichtig erscheint mir die bestimmte Zusicherung, daß die auch durch europäische Verträge garantierte Neutralität des Landes ebenso anerkannt und respektiert werden soll; trotzdem bitte ich aber die Kaiserlich deutsche Regierung, nicht zu vergessen, daß ich ein deutscher Fürst bin, daß meine Dynastie eine urdeutsche ist, und bitte ich, die Überzeugung festhalten zu wollen, daß wir niemals aufhören werden, Deutsche zu sein. [...]

GLA FA Korresp. 13 Bd. 41 Fasz. 42 Nr. 18 eig.

869. Herzog Adolf von Nassau an Großherzog Friedrich.

Wien, 26. Mai 1888.

[...] Ich kann meine ostensibele Antwort auf Dein so sehr gütiges Schreiben vom 23. d. M.¹ unmöglich abgehen lassen, ohne Dir noch privatim recht herzlich dafür zu danken sowie für die Vermittlerrolle, die Du ohne Zweifel in dieser ganzen Angelegenheit gespielt hast und wodurch Du mich zu großem Dank verpflichtet.

Du hast durch diese Mitteilung eine große Sorge von mir genommen und durch Deine Vermittlung wahrscheinlich Europa einen großen Dienst geleistet, in dem jetzt alle ernsteren Komplikationen beseitigt sein werden. Ich gebe mich der Hoffnung hin, daß Du mit meiner ostensibelen Antwort einverstanden sein wirst, solltest Du indessen etwas darin anders wünschen, bitte ich, mir dasselbe [!] mit Deinen Bemerkungen zurückzusenden; bist Du dagegen, wie ich hoffe, damit einverstanden, bitte ich mir's durch Hilda sagen zu lassen. *[...]*

GLA FA Korresp. 13 Bd. 41 Fasz. 42 eig.

[1] Nr. 867.

870. Kronprinz Wilhelm an Großherzog Friedrich.

Berlin, 29. Mai 1888.

Lieber Onkel! Mit schwerem Herzen sehe ich mich gezwungen, Deine gewiß so nötige Ruhe zu stören. Allein ich halte es für gut, Dich zu informieren über eventuelle Ereignisse, deren Eintreten ich befürchte. Die Ruhe und der Friede, welche seit der sog. Kanzlerkrisis[1] sich gezeigt hatten, sind leider nur scheinbare gewesen. Während dieser Zeit hat aber umso eifriger die unsichtbare Maulwurfsarbeit ihren Fortgang genommen. De facto entscheidet Mama alles. Da sie nun kein politisches Gefühl, wohl aber starke persönliche Sym- und Antipathien hat, so gibt es fortdauernd kleine Zusammenstöße, Friktionen, Nörgeleien, welche schließlich die Nerven des Ministeriums sowie des Kanzlers doch recht angegriffen haben. Gesetze werden vorgeschlagen, abgewiesen, dann unterschrieben, aber die Vollziehung mit für die Minister beleidigenden Handbillets begleitet; dann die Publikation wieder aufgeschoben. Plötzliche Ordres ohne Kontrasignierung an dritte zur Veröffentlichung geschickt, die nichts damit zu tun haben, und Dekorationen verliehen an solche, die sie nicht erhalten sollten[2]. Kurz, eine lange Litanei von Taten — deren ich einige nur aufgezählt — emaniert aus Charlottenburg, aus denen klar hervorgeht, daß eine Frau am Ruder ist und daß dieselbe leider eben keine Geschäftskenntnis hat. Die Triebfeder aller der Auslassungen ist der freisinnige Abgeordnete Schrader, der zuweilen von Mama empfangen wird, außerdem jedoch durch seine Frau[3] — eine nähere Bekannte von Mama — einen ununterbrochenen Meinungsaustausch mit Mama unterhält[4]. Durch ihn werden die Wünsche des Freisinns und Fortschritts bekanntgemacht, angenommen und der Wechsel dann coram publico durch Richter in seiner Verteidigungsrede in der Kammer[5] für die angeblich verfolgte Kaiserin honoriert. Ich habe es nicht glauben wollen, — aber meine Quelle ist sicher — Mama ist glücklich über die Richtersche Rede und hat begeistert ausgerufen, „endlich sei doch jemand da, der sich ihrer annehme". So weit wären wir nun. Der Fürst, den ich heute sprach, erklärte, er könne dem Getriebe nun auf die Dauer nicht länger Widerstand leisten. Seine Nerven seien völlig fertig, er könne nicht mehr schlafen, da die stete Sorge vor unliebsamen Überraschungen verbunden mit der Angst um seine schwer erkrankte Frau[6] ihm keine Ruhe gewährten. Er werde, wenn der Kaiser die eingeschlagenen Wege fortsetze, vom Amte zurücktreten, da er denn doch zu gut dazu sei, um unter der Regentschaft der Kaiserin und Mme. Schrader zu fungieren; sonst gehe seine Gesundheit völlig zugrunde. Er sprach ernst, aber fest und entschlossen.

Ich befürchte daher, daß wir bald eine zweite und viel schlimmere Krisis erleben werden. Papa ist halt- und macht- und willenlos den obigen Einflüssen gegenüber; ich nach wie vor absolut verhindert an der Möglichkeit, mit ihm auch nur zwei Minuten allein zu sein oder rebus publicis zu sprechen. Er wird streng bewacht, und keiner wird uneskortiert hineingelassen. Dazu kommt, daß Mackenzie die Homburger Frage von neuem aufgebracht und verfochten hat, sodaß die Absicht besteht, am Ende Juni nach dort zu gehen. Das wird von den meisten dahin gedeutet, daß Mackenzie der Boden unter den Füßen brennt und er von Homburg bei der Katastrophe besser entwischen kann. Die Reise nach Homburg wird aber die alten Fragen vom März wieder aufwerfen und die eventuelle Regentschaftsfrage hervorholen. Also da ist auch ein Krach zu befürchten. Ich teile Dir diese facta nur mit, damit Du weißt, wie es hinter den Kulissen hier eigentlich zugeht.

Mit 1000 Wünschen für Deine Besserung und Grüße an Großmama bleibe ich stets Dein treugehorsamster Neffe Wilhelm.

GLA FA Korresp. 13 Bd. 46 Fasz. 64 I Nr. 4 (eig.).

[1] Vgl. Nr. 852 ff.
[2] Vgl. *Bismarck*, Ges. Werke VIc Nr. 391; *Lucius* S. 453 f.
[3] Henriette Schrader geb. Breymann (1827—99), Freundin der Kaiserin Viktoria. Vgl. Mary J. *Lyschinska*, Henriette Schrader-Breymann, 2 Bde. (1922).
[4] In Wirklichkeit handelte es sich um die Verbindung Ludwig Bambergers über Boumilla Freifrau v. Stockmar (1826—1903), eine Vertraute der Kaiserin Friedrich (vgl. Bismarcks großes Spiel. Die geheimen Tagebücher Ludwig Bambergers, hg. v. E. *Feder*, 1932).
[5] Rede vom 26. Mai 1888 in der Schlußsitzung des preuß. Abgeordnetenhauses (vgl. *Schultheß* S. 87 ff.).
[6] Johanna v. Bismarck war an Luftröhrenentzündung erkrankt (Bismarck-Regesten, hg. v. H. *Kohl* [1892] S. 461).

871. Eisendecher an Bismarck.

Karlsruhe, 29. Mai 1888.

Vertraulich! Neuerdings kursieren hier wieder Gerüchte über eine bevorstehende Ministerkrisis und eine Berufung des Herrn von Marschall anstelle des Staatsministers Turban. Obgleich das bisherige Schicksal der badischen Kirchenvorlage einen solchen Wechsel kaum genügend motivieren dürfte, wird der mögliche Rücktritt des Ministerium Turban doch damit in Verbindung gebracht.

Von verschiedenen Seiten ist Herrn Turban seine Haltung in dieser Angelegenheit verübelt worden, auch S. K. H. der Großherzog ist vielleicht mit derselben nicht ganz einverstanden. Die katholische Partei wirft ihm mit einiger Berechtigung vor, daß er nicht schon längst auf irgendwelche unzweideutige Weise entschieden und energisch den Wert betont habe, den die Regierung der Annahme des kirchenpolitischen Gesetzentwurfes beilege. Bei dem heftigen Preßfeldzuge der Badischen Landeszeitung und ihrer liberalen Leiter und Hintermänner gegen etwaige Konzessionen an die Katholische Kirche, welcher schon vor dem Bekanntwerden des fraglichen Gesetzentwurfes seinen Anfang nahm, und angesichts der in liberalen Abgeordnetenkreisen entstandenen Zweifel, ob es der Großherzoglichen Regierung wirklich in der Sache ernst sei, wäre sicher irgendeine rechtzeitige klare Äußerung in der offiziösen Karlsruher Zeitung am Platze gewesen. In diesem farblosen und zu offiziösen Auslassungen auffallenderweise fast nie benutzten Blatte war indessen bis heute keinerlei Andeutung in solcher Richtung zu lesen. Namentlich hatten die Beamten, welche bei den letzten Landtagswahlen kandidierten und ihren Wählern gegenüber bezüglich der erwarteten Vorlage Stellung nehmen mußten, vergebens auf eine derartige vertrauliche Kundgebung der Regierung gewartet.

Die Folge war, daß von 17 im Staatsdienste angestellten Mitgliedern der Zweiten Kammer bei Beschlußfassung über den Entwurf nur drei für die Regierung stimmten.

Andererseits wäre es, wie mir versichert wird, für die Großherzogliche Regierung auch ein Leichtes gewesen, durch ein rein passives Verhalten bei den Wahlen die Parteiverhältnisse in der Kammer so zu gestalten, daß die Annahme des Entwurfes außer Zweifel gestanden hätte. Eine Anzahl unschädlicher gemäßigter Katholiken mehr und verschiedene liberale Eiferer weniger hätten der Regierung keinen Nachteil gebracht.

Im liberalen Lager steht das Ministerium Turban zwar noch in hohem Ansehen, aber die Einbringung der Vorlage überhaupt, speziell des Ordensartikels ist dort naturgemäß ziemlich abfällig beurteilt worden.

Soweit ich Herrn Turban kenne, halte ich ihn für absolut zuverlässig, ehrlich, gewissenhaft, reichstreu und patriotisch[a]. In den vier Jahren unseres geschäftlichen Verkehrs kann ich sein stets freundliches Entgegenkommen nur dankbar anerkennen. Vielleicht ist er bisweilen zu ängstlich und vorsichtig den liberalen Heißspornen gegenüber, auch scheint er bei unwichtigen Ärgerlichkeiten leicht in eine übertriebene Erregtheit und Heftigkeit zu geraten.

Ganz besonders bedauerlich wäre der bei einem Wechsel des Ministeriums zu erwartende Rücktritt des hervorragend fähigen und geschickten Chefs des Kultusdepartements Herrn Nokk.

Abgesehen von der schwachen Konservativen Partei hätte ein Ministerium Marschall sicher zunächst weder in der Kammer noch im Lande auf viele Sympathien zu rechnen, es würde auch selbst der Liebenswürdigkeit und Klugheit des Herrn von Marschall wahrscheinlich nur schwer und langsam gelingen, sich dieselben zu erwerben.

Für notwendig oder auch nur erwünscht kann man unter solchen Umständen derzeit einen Ministerwechsel nicht wohl ansehen — ich zweifle auch vorderhand noch sehr an der Wahrheit der gemeldeten Gerüchte.

Bonn, Archiv Ausw. Amt, Baden Nr. 31 Vol. 6, Ausf. Marginalie: v. S. D. 31. 5.
(a) am Rande: Ja.

872. Marschall an Turban.

Berlin, 31. Mai 1888.

Ganz vertraulich! Während der Zustand S. M. des Kaisers sich seit dem letzten schweren Anfall von Mitte April insoweit gebessert hat, daß der hohe Herr den größten Teil des Tages im Freien zubringen, die Vorträge der Minister entgegennehmen, auch längere Ausfahrten unternehmen kann, geben die innern politischen Verhältnisse mehr und mehr zu der Befürchtung Anlaß, daß sie einer Krisis entgegentreiben. Wenn schon die Battenbergische Angelegenheit zweifellos eine gewisse Verstimmung zurückgelassen hat und die freisinnige Partei anscheinend nicht ohne Erfolg bestrebt ist, die dadurch geschaffene Kluft zu erweitern, so sind neuerdings wiederum Anzeichen hervorgetreten, welche keinen Zweifel lassen, daß am Hoflager in Charlottenburg vielfach Anschauungen vorherrschen, welche der Gesamtpolitik des Ministeriums einschließlich des Herrn Reichskanzlers diametral gegenüberstehen. Man kann es zugestehen, daß die gegenwärtige Regierung an der schroffen, unversöhnlichen Haltung der Freisinnigen Partei, wie sie in erster Reihe durch Richter vertreten wird, nicht schuldlos ist, daß in dieser Beziehung, zumal durch die offiziöse Presse, mancherlei gefehlt wurde; man wird es auch bis zu einem gewissen Grade begreiflich finden, wenn nach einem Thronwechsel das Bestreben hervortritt, in dieser Beziehung mildernd und versöhnend zu wirken; allein bei aller Geneigtheit der gegenwärtigen Minister und speziell des Herrn Reichskanzlers entgegenzukommen besteht doch auf diesem Gebiete eine bestimmte Grenzlinie, deren Überschreitung ohne Personenwechsel in den leitenden Stellen unmöglich erscheint. Der Herr Reichskanzler hat im Staatsministerium die allerhöchsten Orts gewünschte Dekorierung Forckenbecks und Virchows — letzterer erhielt den Stern zum roten Adler, obgleich er erst die dritte Klasse besaß — befürwortet, weil diese Männer, ganz abgesehen von ihrer politischen Tätigkeit, zweifellose Verdienste haben; als dagegen weitere Ordensverleihungen an freisinnige Politiker z. B. Georg von Bunsen[1], den Abgeordneten Schrader u. a. angesonnen wurden — von denen der erstere vor einigen Jahren jene bekannte, von Ausfällen gegen den Reichskanzler strotzende Rede gehalten hat, deren Schluß die Worte bildeten „er ist gerichtet", — hat das Staatsministerium, ohne gerade die Kabinettsfrage zu stellen, sich so entschieden ablehnend verhalten, daß dieser Gedanke sofort wieder fallengelassen wurde[2]. Bedenklicher als diese Momente, die mehr dem persönlichen Gebiet angehören, sind die Divergenzen sachlicher Natur, die sich bereits gelegentlich der Sanktionierung des Sozialistengesetzes und der Verlängerung der Legislaturperiode für den Reichstag gezeigt — vgl. meinen Bericht vom 27. März[3] — und in vergangener Woche bezüglich des Entwurfs der Verlängerung der Legislaturperiode für Preußen[4] wiederholt haben. Es ist Tatsache, daß dem Minister von Puttkamer[5] im persönlichen Vortrag nicht gelungen ist, S. M. zur Unterzeichnung dieses von den konservativen und gemäßigt liberalen Parteien einstimmig gebilligten Entwurfs zu bewegen, die letztere vielmehr erst erfolgte, als Minister Friedberg seinen ganzen persönlichen Einfluß in diesem Sinne bei dem König geltend gemacht hatte. Ob die von freisinnigen Blättern gemeldete Nachricht richtig ist, daß Minister von Puttkamer ein auf die bevorstehenden preußischen Landtagswahlen bezügliches allerhöchstes Handschreiben[6] erhalten habe, vermag ich im Augenblick nicht zu kontrollieren; ich kann nur berichten, daß diese Nachricht geglaubt wird, eben weil sie von freisinnigen Organen gebracht wird. Leider ist unbestreitbar, daß zur Zeit die freisinnige Presse und in erster Reihe die Freisinnige Zeitung des Abgeordneten Richter über alle Vorgänge in Charlottenburg, auch über solche ganz diskreter Natur wie z. B. die beabsichtigten, aber unterbliebenen Ordensverleihungen, die Schwierigkeiten bezüglich des Entwurfs über Verlängerung der Legislaturperioden für Preußen usw. so genau informiert ist, daß der Gedanke einer Verbindung dieser Presse mit dem Charlottenburger Hoflager kaum abgewiesen werden kann[7]. Wie diese Wahrnehmung auf die hiesigen Regierungskreise wirkt, bedarf keiner näheren Darlegung. Auch sind mir, und zwar aus dem Munde eines Ministers Klagen darüber zu Ohren gekommen, daß der Chef des Zivilkabinetts Herr von Wilmowski mehr und mehr in den Hintergrund tritt, und die Verhandlungen der Minister mit S. M. vielfach durch den Fürsten Radolin vermittelt werden, der nach seiner Stellung als Hofbeamter hierzu in keiner Weise berufen ist. Wie sehr alle diese Momente — die natürlich von der freisinnigen Presse in geradezu unglaublicher Weise gegen den Reichskanzler und gegen Herrn von Puttkamer ausgebeutet werden — auf die Stimmung gewisser Kreise influieren, mögen Ew. Exz. daraus entnehmen, daß die jüngste, im Abgeordnetenhaus gehaltene Brandrede Eugen Richters[8], welcher den Reichskanzler im Anschluß an die Battenberger Angelegenheit direkt der strafbaren Verletzung des Amtsgeheimnisses beschuldigte, hier vielfach als „bestellte Arbeit aus Charlottenburg" bezeichnet wird, und zwar von Leuten, die nach ihrer Stellung eigentlich als über den politischen Klatsch erhaben gelten sollten. Ich erwähne diese Tatsache lediglich, weil sie mir symptomatisch für die innere Gesamtlage und für die Unmöglichkeit einer langen Dauer der gegenwärtigen Verhältnisse erscheint. — Ein Glück ist es, daß der Herr Reichskanzler sich sehr wohl befindet und die Dinge eigentlich weniger tragisch nimmt als einzelne seiner Kollegen; er hält die momentane Lage für einen Übergangszustand, den man mit allen seinen Schwierigkeiten ertragen müsse. Wie lange diese Stimmung anhalten wird, ist freilich nicht vorherzusehen.

Über das Befinden S. M. irgendeine vorläufige Mitteilung zu erhalten, ist zur Zeit unmöglich; von Personen, die in den jüngsten Tagen den Kaiser gesprochen, haben mir einzelne sein gutes Aussehen gerühmt, während andere umgekehrt durch die Gesamthaltung des hohen Herrn peinlich berührt waren.

GLA 233/34798 Ausf., erhalten 1. 6. u. dem Großherzog vorgelegt, zurück 2. 6. 88; 49/2017 fol. 58 ff. Konz.

[1] Georg v. Bunsen (1824—96), liberaler Abgeordneter.
[2] Vgl. Nr. 870 Anm. 2.
[3] Nicht aufgenommen.
[4] Das von den Kartellparteien eingebrachte Gesetz betr. Einführung der fünfjährigen Legislaturperiode im preuß. Abgeordnetenhaus wurde am 13. Febr. u. 6.—21. Mrz. beraten und mit Mehrheit angenommen. Die kaiserliche Unterschrift verzögerte sich (vgl. *Lucius* S. 455 f.). In der Presse (vgl. *Schulthess* S. 90) wurde vermutet, daß es an dieser Stelle zu einem Machtkampf zwischen Kaiser und Kanzler gekommen sei. Kaiser Friedrich unterzeichnete am 27. Mai; am 7. Juni wurde das Gesetz im Reichsanzeiger veröffentlicht.
[5] Zu seiner Entlassung vgl. „Authentisches über meinen Abgang", in: A. v. *Puttkamer*, Staatsminister von Puttkamer (1928) S. 182 ff.
[6] Vom 27. Mai 1888, gedr. A. v. *Puttkamer* S. 183.
[7] Vgl. Nr. 870 Anm. 4.
[8] Vgl. Nr. 870 Anm. 5.

873. Marschall an Turban.

Berlin, 1. Juni 1888.

Vertraulich! Ew. Exz. beehre ich mich in Verfolg meines gestrigen vertraulichen Berichts ergebenst anzuzeigen, daß auf Grund der gestern stattgehabten Unterredung S. M. des Kaisers mit dem Herrn Reichskanzler der Entwurf über die Verlängerung der Legislaturperiode für Preußen, obgleich er die Allerhöchste Unterschrift erhalten hat, vorerst nicht publiziert werden wird. Man sagt mir, daß der Herr Reichskanzler, als ihm der Kaiser nochmals die Bedenken gegen diesen Entwurf mitgeteilt, sich mit diesem Modus einverstanden erklärt habe, und scheinen dabei die in dem anliegenden Artikel der offiziösen „Berliner Politischen Nachrichten" angedeuteten Rücksichten auf das Vetorecht der Krone maßgebend gewesen zu sein. —

Das Staatsministerium ist heute nachmittag zur Beratung über die Angelegenheit zusammengetreten. Wenn dabei wirklich die Zurücklegung des Entwurfs beschlossen werden würde, so fürchte ich, daß das Resultat im Publikum viel mehr als ein Triumph der freisinnigen Partei denn als ein Schlag gegen das „parlamentarische" System aufgefaßt werden wird[1].

GLA 233/34798 Ausf., erhalten u. dem Großherzog vorgelegt 2. 6., zurück 4. 6. 88; 49/2017 fol. 62 Konz.

[1] Marschall telegraphierte an Turban, Berlin, 2. Juni 1888: „Reichskanzler gab im Staatsministerium dem Drängen der anderen Minister nach; Entwurf wird publiziert". [...] (GLA FA Korresp. 13 N 536). Vgl. *Lucius* S. 456 f.

874. Marschall an Turban.

Berlin, 4. Juni 1888.

Vertraulich! Ew. Exz. beehre ich mich, über den Verlauf der anläßlich des Entwurfs betreffend die Verlängerung der Legislaturperiode für Preußen entstandenen „Krisis"[1] nachstehende weitere Mitteilungen zu machen.

Nachdem Minister von Puttkamer am Samstag vor 8 Tagen — den 26. v. M. — den fraglichen, von dem Ministerium kontrasignierten Entwurf dem Kaiser vorgelegt, die Unterzeichnung aber nicht erlangt hatte, wurde am folgenden Tage Minister Friedberg nach Charlottenburg berufen, und gelang es diesem nicht ohne Mühe, die Bedenken des Kaisers, welche vornehmlich auf dem Gedanken beruhten, daß der Entwurf einen Eingriff in die Rechte des Volkes enthalte, zu beseitigen und den Monarchen zur Unterzeichnung zu bewegen. Als dann der Herr Reichskanzler nach seiner Rückkehr aus Varzin Mitte der vergangenen Woche in Charlottenburg war, kam S. M. auf den Entwurf zurück und gedachte der Bedenken, die er gegen dessen Sanktionierung gehabt hatte. Darauf bemerkte der Herr Reichskanzler dem Kaiser: er bedaure, daß man Allerhöchstdenselben bei dieser Sachlage zur Unterschreibung des Entwurfs beredet habe; er würde es für sehr nützlich erachtet haben, wenn bei dieser Gelegenheit einmal ad oculos demonstriert worden wäre, daß die Sanktionierung von Gesetzentwürfen für Preußen der vollkommen freien Entschließung des Königs unterstehe und letzterer dabei weder an die Majoritätsbeschlüsse des Landtags noch an die Vorschläge seiner Minster irgendwie gebunden sei. Auf diese Ausführung hin überreichte der Kaiser dem Reichskanzler einen Zettel, auf den er die Worte geschrieben hatte: „Kann man die Publizierung des Entwurfs nicht hinausschieben?" — Der Reichskanzler erklärte sich mit dieser einstweiligen Zurückstellung einverstanden und versprach, die bereits angeordnete Publizierung, falls es noch möglich sei, hintanzuhalten. Die bezügliche Anordnung wurde an demselben Abend getroffen und der Entwurf, der bereits für den Reichsanzeiger gesetzt war, zurückgelegt.

Bei Gelegenheit dieser Audienz gab der Kaiser dem Reichskanzler auch Kenntnis von einem aus Anlaß der Sanktionierung des Entwurfs an den Minister von Puttkamer gerichteten Handschreiben, in welchem letzterem eröffnet wird, daß der Entwurf nur unter der Bedingung unterzeichnet worden sei, daß bei den nächsten Landtagswahlen eine völlige Wahlfreiheit gewährt werde. Der Herr Reichskanzler knüpfte an diese Mitteilung eine längere mündliche Darlegung, in welcher er dem Kaiser versicherte, daß in den 25 Jahren seiner Ministerschaft niemals im

Staatsministerium davon die Rede gewesen sei, irgendwie auf die Wahlen einzuwirken, und daß seitens der Beamten auch niemals ein Druck in dieser Beziehung ausgeübt worden sei. —

Die Zurückstellung des Entwurfs wurde zunächst durch die freisinnige Presse bekannt, welche sich über die stattgehabten Verhandlungen genau orientiert zeigte und nur insofern übertrieb, als sie von einem kaiserlichen „Verbot" der Publizierung redete; demnächst bestätigten die „Berliner Politischen Nachrichten" die Tatsache, die natürlich in allen politischen Kreisen das größte Aufsehen erregte. —

In der am Freitag stattgehabten Sitzung des preußischen Staatsministeriums[2], in welcher die Angelegenheit zur Sprache kam, entwickelte der Herr Reichskanzler zunächst die Gründe, die ihn veranlaßten, dem Kaiser die Zurückstellung des Entwurfs nahezulegen, indem er ausführte, daß damit den Freisinnigen bezüglich der Rechte der Krone eine Lektion gegeben werde, von der er sich gute Früchte erwarte. Diese Auffassung wurde von keinem der Minister geteilt, vielmehr vertraten Minister von Puttkamer, von Friedberg und mit besonderer Schärfe Herr von Scholz den entgegengesetzten Standpunkt, daß die Nichtpublizierung des Entwurfs eine Schwächung des Ansehens der Regierung und der ihr verbündeten Parteien, dagegen eine Stärkung der freisinnigen Partei involviere; im gleichen Sinne hatte sich Herr von Bötticher schon vor der Sitzung zum Herrn Reichskanzler geäußert. Letzterer verfocht darauf nochmals seinen Standpunkt und bemerkte unter anderm gegenüber Herrn von Scholz, der darauf hingewiesen hatte, daß das Verbleiben des Ministeriums im Falle der Nichtverkündung des Entwurfs den Eindruck hervorrufen müsse, als ob die Minister an ihren Portefeuilles hingen, folgendes: Das Ministerium erfülle in der schweren Zeit, da der Kaiser unheilbar krank sei und dadurch auch seine Willenskraft notleide, eine patriotische Pflicht, wenn es verbleibe und ausharre; welchen Eindruck dies nach außen mache, sei vollständig gleichgültig. Trotz alledem gelang es dem Herrn Reichskanzler nicht, seine Kollegen von seiner Anschauung zu überzeugen, so daß er schließlich die Zusage erteilte, den Entwurf „demnächst" publizieren zu lassen. — Er scheint über diese „Majorisierung" etwas mißmutig gewesen zu sein, wenigstens klagte er gestern einem seiner Kollgen darüber, daß man für seine Politik in dieser Angelegenheit kein Verständnis habe; nur e i n e Person habe die Richtigkeit derselben vollständig begriffen, nämlich S. H. der Kronprinz. —

Ich muß freimütig gestehen, daß mir die Taktik des Reichskanzlers in dieser Frage ebenfalls zu fein ist. Hätte man der Sache, nachdem der Kaiser einmal den Entwurf unterzeichnet hatte, ihren Lauf gelassen, so wäre die ganze Preßpolemik, die doch mehr oder weniger an die Person S. M. anknüpft, vermieden und damit, zumal unter den gegenwärtigen Verhältnissen, schon viel gewonnen gewesen. Zudem scheint mir der fragliche Gesetzentwurf am wenigsten geeignet zu sein, um gleichsam als Probierstein für die königliche Prärogative zu dienen. Aus der Nichtverkündung des Entwurfs wäre notwendig in den Kreisen der regierungsfreundlichen Parteien eine Verstimmung entstanden, die für unsere weitere Entwicklung recht betrübliche Auspizien eröffnet hätte.

Wie ich vernehme, hat S. M. der Kaiser die Änderung des preußischen Staatswappens angeregt und den Wunsch ausgesprochen, daß das in dem Adler befindliche Fr. durch einen Schild mit den Hohenzollernschen Farben ersetzt werde. Ein Bericht des Staatsministeriums über diese Frage ist eingefordert.

GLA 233/34798 Ausf., erhalten u. dem Großherzog vorgelegt 5. 6., zurück 6. 6. 88; 49/2017 fol. 64 f. Konz.

¹ Vgl. Nr. 872 Anm. 4; A. v. *Puttkamer* S. 183 ff.
² Vgl. *Lucius* S. 456 ff.

875. Marschall an Turban.

Berlin, 8. Juni 1888.

Ganz vertraulich! *[...]* Als der Herr Reichskanzler vergangenen Dienstag, den 5., bei dem Kaiser in Friedrichskron Vortrag hatte, kam S. M. wiederholt auf Herrn von Puttkamer und dessen behauptete Eingriffe in die Wahlfreiheit zu sprechen. Fürst Bismarck bemerkte darauf, er glaube zu wissen, daß Herr von Puttkamer unter den gegenwärtigen Verhältnissen durchaus nicht an seinem Portefeuille hänge, daß er — der Reichskanzler — aber S. M. bitte, doch noch einige Wochen mit dieser Personenfrage zu warten, da es nicht wünschenswert erscheine, daß dieselbe mit dem Gesetz über die Legislaturperioden in Verbindung gebracht werde. Als der Herr Reichskanzler des weitern Herrn von Puttkamer zu rechtfertigen unternahm, bekam der Kaiser einen sehr heftigen Hustenanfall, so daß die Unterredung auf 1/4 Stunde unterbrochen werden mußte und später nicht wieder auf dieses Thema zurückkam. Der Reichskanzler kehrte damals mit der Überzeugung nach Berlin zurück, daß die Puttkamerfrage einstweilen erledigt sei. Auch das „Berliner Tageblatt", welches bereits am Mittwoch die Nachricht brachte, daß der Rücktritt Puttkamers im Prinzip beschlossen sei, fügte bei, die Ausführung sei auf einen späteren Zeitpunkt verschoben.

Gestern abend erhielt Staatsminister von Puttkamer einen Brief des Kaisers, in welchem Allerhöchstderselbe ihm Folgendes schreibt: er müsse nach Lesung des erstatteten Rechenschaftsberichts auf seiner Mißbilligung der stattgehabten Eingriffe in die Wahlfreiheit beharren und sein Bedauern aussprechen, daß der Minister nicht in der Lage gewesen sei, anläßlich der im Landtag verhandelten Wahlprüfung bezüglich des Abgeordneten von Puttkamer-Plauth[1] den Vorwurf der Konnivenz der Behörden mit solchen Eingriffen zurückzuweisen. Den Entwurf wegen Verlängerung der Legislaturperioden habe er n u r vollzogen, weil „der Reichskanzler und die anderen Minister ihm dies geraten hätten"[2].

Der Herr Reichskanzler, zu welchem sich der Minister gestern abend sofort nach Empfang dieses Briefes begab, war mit demselben darin einverstanden, daß er nur mit sofortiger Einreichung seiner Entlassung antworten könne. Das Entlassungsgesuch ist bereits gestern abend an S. M. abgegangen.

In der heutigen Staatsministerialsitzung[3] vertrat der Herr Reichskanzler mit aller Entschiedenheit den Standpunkt, daß die anderen Minister verbleiben sollten; es sei dies bei der Krankheit des Kaisers, der nach seinen Eindrücken keine volle Willensfreiheit mehr besitze, und angesichts der daraus resultierenden „Krankheit des Staates" eine patriotische Pflicht. Ein Widerspruch wurde dagegen nicht erhoben.

Als möglichen Nachfolger Puttkamers erachte ich den Oberpräsidenten von Posen Grafen Zedlitz[4], doch ist es zweifelhaft, ob derselbe dem Kaiser genehm sein wird.

GLA 233/34798 Ausf., erhalten u. dem Großherzog vorgelegt 9. 6.; 49/2017 fol. 66 f. Konz.

[1] Bernhard Albrecht v. Puttkamer (1838—1906), Bruder des Ministers, Rittergutsbesitzer in Plauth, 1884—90, 1893—1902 Mitglied des Reichstags (konservativ), 1885 des preuß. Abgeordnetenhauses.
[2] A. v. *Puttkamer*, S. 185 ff. Faksimilewiedergabe des Briefes Friedrichs III. an Puttkamer vom 7. Juni 1888 ebd. S. 189 f.
[3] Vgl. *Lucius* S. 460 f.
[4] Robert Graf v. Zedlitz-Trützschler (1837—1914), 1881 Regierungspräsident in Oppeln, 1884 Mitglied des preuß. Staatsrats, 1886 Oberpräsident der Provinz Posen u. Präsident der Ansiedlungskammer, 1891 preuß. Kultusminister, 1892 abgedankt, 1898 Oberpräsident von Hessen-Nassau, 1903—09 von Schlesien.

876. Kronprinz Wilhelm an Großherzog Friedrich.

Marmor Palais, 10. Juni 1888.

Lieber Onkel! Deinen so eingehenden und lieben Brief[1] vermag ich leider erst jetzt zu beantworten, da er mir nicht nachgesandt worden und ich ihn erst hier vorfand. Leider haben sich meine Befürchtungen nur als zu wahr herausgestellt, und die Maulwurfsarbeit hat mit Mamas Unterstützung die erste Bresche in das Staatsministerium gelegt. Mama, und sie ganz allein im Verein mit den Freisinnigen, hat Puttkamer gestürzt, das steht nach allen übereinstimmenden Aussagen im Palais völlig fest. Wer der nächste ist, weiß man nicht, doch scheint es nicht unmöglich, daß noch weitere Stürze kommen werden. Die Herren vom Ministerium, mit denen ich bisher sprach, fühlen sich nicht mehr sicher, und schwankt der Boden ihnen unter den Füßen. Ich fürchte, es wird ein allmähliches débacle geben. Nach dem, was mir der Kriegsminister erzählt — der Papas Brief an Puttkamer gelesen — so ist derselbe so strotzend von Gift und unerhörtem Schimpf und in solch unglaublichem Ton abgefaßt, daß nach seiner Ansicht Puttkamer als gentleman sich so was nicht gefallen lassen dürfte und abgehen müßte. Übrigens sei der Stil und die Form des Schreibens entschieden so abweichend von dem Papas, daß die Quelle schon sehr durchsichtig erkennbar sei und die Seite, von der er komme, resp. die ihn verfaßt und zur Abschrift vorgelegt, leicht zu erraten! Die Konsequenzen dieses letzten Streichs der Kaiserin kannst Du Dir wohl selbst am besten ziehen! Ich sah Papa gestern und fand ihn auffallend verschlechtert seit acht Tagen. Auch soll es de facto schlechter gehen; die Krankheit hat sich endlich seit vorgestern durch- und in die Speiseröhre eingefressen, was eine Schluckbeschwerde hervorruft, die wiederum die Ernährung abnehmen läßt. Ich war kaum zwei Minuten in Papas Zimmer, da erschien auch schon Mackenzie und erklärte dem Kaiser, er sei der Ansicht, daß er Ruhe haben müßte, worauf mich Papa umgehend entließ! Also der Schuft wirft mich bereits kaltlächelnd aus meines Vaters Stube hinaus! Nun leb wohl, lieber Onkel, was noch kommen wird, weiß der Himmel allein in dieser Bekümmernis. Dein treugehorsamer Neffe Wilhelm.

GLA FA Korresp. 13 Bd. 46 Fasz. 64 I Nr. 5 eig.

[1] Nicht vorhanden.

877. Marschall an Turban.

Berlin, 11. Juni 1888.

Ganz vertraulich! *[...]* Bereits nach Empfang des ersten Schreibens des Kaisers, welches den Wunsch nach Achtung der Wahlfreiheit aussprach und am Tage der Vollziehung des Legislaturgesetzes — 27. Mai — geschrieben war, hatte sich Herr von Puttkamer zum Reichskanzler begeben und demselben seine Geneigtheit ausgesprochen zurückzutreten, da er in dem Schreiben einen Vorwurf gegen seine Amtstätigkeit erblicken müsse und er zudem gerne bereit sei, der Krisis durch seine Demission ein Ende zu machen. Der Herr Reichskanzler wollte jedoch, jedenfalls für die nächste Zeit, davon nichts wissen, da unter allen Umständen der Schein zu vermeiden sei, als ob ein Minister den Angriffen der Freisinnigen zum Opfer gefallen sei. Nachdem sodann die in meinem Berichte vom 4. Juni[1] geschilderten Vorgänge, welche an die vorläufige Zurückstellung des fraglichen Gesetzentwurfs anknüpften, sich begeben hatten, erfolgte am vergangenen Dienstag, dem 5. d. M., die Audienz des Reichskanzlers bei S. M. Das Resultat dieser Unterredung, bei welcher der Herr Reichskanzler wiederholt sehr entschieden die Amtstätigkeit seines Kollegen verteidigte, war, wie ich bereits gemeldet, daß der Fürst dem Kaiser anheimstellte, eine Änderung in der Besetzung des Ministeriums des Innern vorzunehmen, aber dringend bat, noch einige Wochen zuzuwarten, und daß S. M. ausdrücklich sich damit einverstanden erklärte. Auf Grund dieser Abrede glaubte der Reichskanzler um so mehr, die Personenfrage vorläufig als vertagt ansehen zu dürfen, als noch an demselben Abende unter Couvert ein von dem Kaiser unterschriebener Zettel des Inhalts an ihn gelangte: „Ich will nunmehr die Verkündung des Gesetzentwurfs genehmigen", und bald darauf Fürst Radolin bei dem Reichskanzler erschien mit der Mitteilung: der Kaiser wünsche, daß gleichzeitig mit der Verkündung des Gesetzes die Norddeutsche Allgemeine Zeitung einen Artikel folgenden Inhalts bringe: S. M. habe aus dem ihm vom Minister des Inneren erstatteten Rechenschaftsberichte entnommen, daß die Behauptungen der stattgehabten Eingriffe in die Wahlfreiheit in ihrer überwiegenden Anzahl unbegründet seien, und auch in denjenigen Fällen, wo einzelnen Beamten eine Unregelmäßigkeit zur Last falle, von der vorgesetzten Dienstbehörde Remedur geschaffen werde. Dagegen habe der Kaiser geglaubt, den Wunsch wiederholen zu sollen, daß volle Wahlfreiheit gewährt werde und die Beamten sich jeden Einflusses auf die Wahlen enthielten. Der Herr Reichskanzler, der darin einen angemessenen Abschluß der ganzen Angelegenheit erblickte, redigierte sofort den befohlenen Artikel und sandte denselben durch Herrn von Rottenburg an den Minister des Innern, um dessen Genehmigung einzuholen. Herr von Puttkamer erklärte Herrn von Rottenburg, daß er zwar den letzten Satz als im Widerspruch mit dem Erlasse des Kaisers von 1882 stehend nicht zu billigen vermöge, allein aus der Veröffentlichung keine Kabinettsfrage machen werde. Fürst Radolin nahm darauf den Entwurf nach Potsdam, um die Genehmigung S. M. einzuholen. — Statt der letzteren traf jedoch am 7. abends zwischen 6 und 7 Uhr der zweite Brief des Kaisers an Herrn von Puttkamer ein, der denselben zur sofortigen Einreichung seiner Entlassung veranlaßte. Der Herr Reichskanzler, dem der Minister vorher Mitteilung von dem Briefe machte, war aufs äußerste durch diese Wendung betroffen, die in direktem Gegensatze zu der Abrede stand, die er am Dienstag mit S. M. getroffen hatte; er gab jedoch ohne weiteres zu, daß Herr von Puttkamer nach dem Inhalt und insbesondere dem Ton des Briefes nur mit seinem Demissionsgesuch antworten könne. Letzteres wurde Freitag früh nach Potsdam expediert, und schon nach 4 Stunden erhielt Herr von Puttkamer ein — nicht kontrasigniertes — Schreiben des Kaisers, in welchem er das Gesuch genehmigt, dem Minister in herzlichen Worten unter Erinnerung an frühere Zeiten, in denen Allerhöchstderselbe mit der amtlichen Tätigkeit des Herrn von Puttkamer in Berührung kam, für seine neunjährigen Dienste als Minister dankt und unter Versicherung seines fortdauernden Wohlwollens den Stern der Großkomtur des Ordens von Hohenzollern verleiht. Der amtliche, kontrasignierte kaiserliche Erlaß ist auf Anregung des Reichskanzlers heute Herrn von Puttkamer zugegangen, dem zugleich der Charakter als Staatsminister belassen wird. —

Ich vermag kaum zu bezweifeln, daß Graf Zedlitz-Trützschler, Oberpräsident von Posen, Nachfolger des Herrn von Puttkamer werden wird[2]. Obgleich Graf Zedlitz mindestens ebenso konservativ ist wie der gewesene Minister, so scheint man doch die Vollziehung dieser Ernennung zu erwarten, von der Annahme ausgehend, daß die Persönlichkeiten, welche zur Zeit auf den schwer kranken Kaiser einen maßgebenden Einfluß ausüben, sich vorläufig an dem Sturze Puttkamers genügen lassen und die Dinge nicht auf die Spitze treiben werden.

Wie ich höre, hat Minister von Friedberg, der vorgestern den Kaiser sprach, von dem Zustande desselben einen tief schmerzlichen Eindruck empfangen, da die Kräfte sichtlich im Abnehmen sind, auch Schlingbeschwerden eingetreten sind, deren Fortdauer die Ernährung bedroht.

GLA 49/2017 fol. 68-69 Konz.

[1] Nr. 874.
[2] Innenminister wurde Ludwig Herrfurth (1830—1900), 1873 vortragender Rat im Ministerium des Innern, 1881 Ministerialrat, 1882 Unterstaatssekretär u. Vorsitzender der auf Grund des Sozialistengesetzes errichteten Reichskommission, 1888—92 Minister des Innern.

878. Marschall an Großherzog Friedrich.

Berlin, 12. Juni 1888.

E. K. H. berichte ich über das Befinden S. M. des Kaisers das Nachstehende:

Nachdem ich vorgestern — Sonntag, den 10. — in Erfahrung gebracht hatte, daß der Herr Reichskanzler, der nachmittags in Potsdam gewesen war, von dem Befinden S. M. einen sehr peinlichen Eindruck empfangen hatte, wandte ich mich brieflich an Professor von Bergmann mit der Bitte, mir womöglich behufs Meldung an E. K. H. nähere Mitteilung über den Zustand des Allerhöchsten Herrn, namentlich auch über die medizinische Bedeutung der inhaltlich des Sonntagsbulletins eingetretenen Schluckbeschwerde zu machen. Bevor mir heute vormittag die Nachrichten über die eingetretene weitere Verschlimmerung zugekommen waren, ließ sich Herr von Bergmann auf vier Uhr bei mir ansagen.

Herr von Bergmann bestätigte mir in allen wesentlichen Punkten die mir bereits mittags durch S. K. H. den Kronprinzen — höchstwelcher die Gnade hatte, mich auf der Straße anzusprechen — gemachten Mitteilungen und fügte folgende Details bei. Er habe im Verlaufe der vorigen Woche infolge eines Briefes des Herrn Geheimen Rates Dr. Tenner[1] bei Professor von Bardeleben Erkundigungen eingezogen und dabei die, wie er jetzt wisse, unwahre Auskunft erhalten, daß in dem Zustande des Kaisers keine wesentliche Veränderung eingetreten sei. Nach Empfang meines vorgestrigen Briefes habe er versucht, durch eine Vertrauensperson mit Dr. Wegener in Verbindung zu treten und auf diese Weise Folgendes erfahren: Bereits anfangs voriger Woche habe der Kaiser darüber geklagt, daß ein Teil der von ihm genommenen — nur flüssigen — Nahrungsmittel in die Luftröhre eindringe; die Ärzte hätten zuerst versucht, dem Kranken dies auszureden, sich aber davon überzeugt, daß in der Tat ein Teil der genossenen Milch in die Kanüle fließe, auch sei ein Durchbruch der zwischen der Speiseröhre und der Luftröhre befindlichen Wand konstatiert worden. Um den hieraus entstehenden Beschwerden abzuhelfen, sei an die Kanüle ein Gummiapparat angebracht worden, der vor dem Speisegenuß aufgeblasen werde, um das Eindringen der Flüssigkeit aus der Speiseröhre zu hindern. Die Schluckbeschwerden hätten jedoch Ende der vorigen Woche derart zugenommen, daß Sir Morell Mackenzie zu dem Versuche geschritten sei, die Ernährung künstlich durch Einführung eines Schlauches in den Schlund zu bewerkstelligen; von diesen Versuchen sei man aber einstweilen wieder abgekommen, da dieselben dem Kaiser zu peinlich und schmerzhaft gewesen seien. Da seit Donnerstag keine ordentliche Ernährung mehr stattgefunden, sei natürlicherweise eine erhebliche Kräfteabnahme eingetreten, zumal sich auch wieder Fieber eingestellt habe. Eine momentane Gefahr sei nicht vorhanden — natürlich abgesehen von unberechenbaren Eventualitäten —; wie lange das Leben dauere, hänge davon ab, ob die künstliche Ernährung erfolgreich durchgeführt werden könne; es sei nicht unmöglich, daß der Kaiser, wenn das Hungergefühl empfindlich werde, schließlich jeder, auch der schmerzhaftesten Manipulation, sich unterwerfe; seit gestern wurden zudem ernährende Einspritzungen gemacht. —

Herr von Bergmann bemerkte ferner, daß S. K. H. der Kronprinz ihn heute habe rufen lassen und demnächst dem Prinzen Heinrich telegraphiert habe, vorerst noch nicht zu kommen. Sobald eine wirkliche Lebensgefahr eintrete, würde ich so zeitig Nachricht erhalten, um E. K. H. in die Lage zu setzen, die erforderlichen Entschlüsse zur rechten Zeit zu fassen. —

Nachdem Herr von Bergmann mich verlassen hatte, erfuhr ich, daß Mr. Mackenzie heute dem Fürsten Radolin gegenüber die mutmaßliche Lebensdauer S. M. auf acht bis vierzehn Tage schätzte. — *[...]*

GLA FA Korresp. 13 N 451 Ausf.

[1] Nicht identifiziert.

879. Marschall an Turban.

Berlin, 14. Juni 1888.

Ganz vertraulich! Ew. Exz. beehre ich mich ergebenst anzuzeigen, daß S. M. der Kaiser trotz seinem hoffnungslosen Zustande gestern den Reichskanzler telegrafisch angewiesen hat, mit dem Oberpräsidenten von Posen Grafen Zedlitz-Trützschler wegen Übernahme des Ministeriums des Innern in Unterhandlung zu treten.

Über die Wiederbesetzung dieses Postens hat der Herr Reichskanzler vorgestern auch mit dem Kronprinzen eine Unterredung gehabt, Höchstwelcher aus eigener

Initiative erklärte, daß er im Falle seiner Thronbesteigung Herrn von Puttkamer nicht zurückrufen wolle und der Ernennung des Grafen Zedlitz zustimme. Ich glaube, daß diese Lösung der Frage sehr zu begrüßen ist: Das Einverständnis des regierenden Kaisers mit der Ernennung des Grafen Zedlitz legt der Freisinnigen Partei gewisse Schranken gegenüber der Person des letzteren auf, während andererseits der jetzige Kronprinz dadurch, daß er nicht gleich zu Beginn seiner Thronbesteigung die Ernennung eines Ministers des Innern vornehmen muß, der Gefahr entgeht, sofort mit seiner Person und seinen Anschauungen in die Preß- und Parteipolemik hineingezogen zu werden, die gegenwärtig beiderseits an Gehässigkeit und Erbitterung alle Grenzen übersteigt. Der freiwillige Entschluß des Kronprinzen, Herrn von Puttkamer, mit welchem er viele politische und persönliche Beziehungen hatte, fallen zu lassen, bekundet meines Erachtens bei dem hohen Herrn eine durchaus zutreffende Beurteilung der inneren Lage und ihrer Forderungen. Man mag über die Verwaltung des Herrn von Puttkamer denken, wie man will, seine Reaktivierung würde im gegenwärtigen Augenblick die Parteigegensätze neuerdings verschärfen, die zu mildern und zu versöhnen eine schöne und dankbare Aufgabe des jungen Monarchen sein wird.

GLA 233/34798 Ausf., erhalten 15. 6., Vermerk Turbans: „Vorlage höchsten Ortes unterblieb mit Rücksicht auf die Reise S. K. H. des Großherzogs nach Berlin, 16. 6.“; 49/2017 fol. 74 Konz.

880. Roggenbach an Großherzog Friedrich.

Schopfheim, 15. Juni 1888.

Auf Grund des wiederholten Wunsches von Friedrichskron reise ich heute nach Berlin. Der gleichen Aufforderung habe ich zu Beginn der Woche keine Folge geleistet, weil ich nicht in die Kombinationen, welche der mir in seinem Zusammenhange vollkommen unbekannte Fall Puttkamer veranlaßt, gemengt sein wollte. Nunmehr, wo die traurigste Katastrophe, die in der Geschichte je vorkam, so nahe bevorsteht[1], glaube ich von diesen Bedenken absehen zu können und zu müssen. *Leider habe ich keine Möglichkeit mehr, die Befehle E. K. H. einzuholen.*

GLA FA Korresp. 13 N 500.

[1] Am 15. Juni 1888 starb Kaiser Friedrich III.

880a. Aus Marschalls Tagebuch.

[Berlin,] 17.—29. Juni 1888.

17. Juni 1888. *Ankunft des großherzoglichen Paares.*

19. Juni 1888. 4—5 Uhr beim Großherzog. *[...]* Er erzählt mir, daß die Battenbergerei wieder losgeht, testamentarisch? an den Kaiser Wilhelm. Intrigen der Prinzeß Viktoria von Battenberg. Brief des Kaisers an Battenberg. Frage, ob nicht die deutschen Fürsten sich bei der Eröffnung des Reichstages beteiligen sollen. Ich will sondieren. *[...]* [Herbert] Bismarck scheint die Idee zu gefallen. Abends Brief von ihm, daß Fürst Bismarck einverstanden. Meldung an den Großherzog.

20. Juni 1888. Ein stürmischer Tag. In der Nacht ein Telegramm vom Großherzog, daß 10,45 Uhr kommt und zum Reichskanzler will. Konferenz mit Graf
Herbert, der seinen Vater fragt. Vergeblicher Gang an den Bahnhof. *[...]* Dann
Telegramm von Großherzog, daß er um 1,28 Uhr kommt und gleich zum Reichskanzler fährt. Ich hole ihn ab und fahre mit ihm zum Reichskanzlerpalais. Über-
gibt mir einen Entwurf seines Schreibens an die Fürsten[1]. *[...]* Um 2,30 Uhr
kommt der Großherzog, der mich gleich in meinem Zimmer in Beschlag nimmt.
Konferenz bis 3 Uhr. *[...]* Abends gegen 10 Uhr kommen noch Lerchenfeld, Hohenthal, Zeppelin[2] und wollen etwas wissen. Ich sage ihnen die Sache, wie sie liegt.

21. Juni 1888. Morgens Telegramm vom Großherzog, wegen vertraulicher Besprechung mit Lerchenfeld, Hohenthal, Zeppelin. *[...]* Auf dem Rückwege nach
der Sitzung [des Bundesrats] begegnet mir der Reichskanzler, der mich vor dem
Hausministerium anspricht und mir sagt, wie dankbar er dem Großherzog sei.

23. Juni 1888. Um 9 Uhr zum Großherzog ins Niederl. Palais. Er ist sehr erfreut
über das Gelingen, erzählt mir interessant über seine gestrige Konversation mit der
Kaiserin-Witwe, die schwer zu überzeugen ist, daß überhaupt nie eine Regentschaft
geplant war. Aufzeichnungen des † Kaisers, die nach England gebracht sind. *[...]*
Kirchenpolitik. Dann zu Lerchenfeld, der mir nicht sehr vergnügt über die gestrige
Sache scheint. *[...]* Besuch von Zeppelin wegen Rang des Prinzen Wilhelm von
Württemberg. An dem Bahnhof um 1 Uhr den Großherzog gesprochen. Er cediert
seinen Rang. Dann zu Zeppelin, nicht zu Hause. Holstein. Besuch von Roggenbach,
der interessant von dem † Kaiser erzählt.

29. Juni 1888. Um 10,30 Uhr vormittags bei Graf Bismarck, der mir sagt, daß
der Fürst wünsche, der Brief des Kaisers an den Großherzog[3] werde nicht veröffentlicht, weil dadurch die Spontaneität des Erscheinens der Fürsten beeinträchtigt werden könne. Der Brief ist aber schon gestern abend in der Karlsruher Zeitung veröffentlicht worden.

Oberkirch, Besitz Frau v. Seyfried.

[1] Nr. 881.
[2] Graf Ferdinand v. Zeppelin (1838—1917), 1882 Kommandeur des Ulmer Ulanenregi-
ments, 1885 Militärbevollmächtigter, dann württ. Gesandter in Berlin, 1890 Brigadekommandeur, 1891 Generalleutnant und vorzeitig verabschiedet. Seit 1873 Erbauer von Luft-
schiffen.
[3] Nr. 888.

881. Großherzog Friedrich an die deutschen Bundesfürsten.

Stadtschloß Potsdam [20. Juni 1888].
Seit dem 11. November 1887 liegt eine schwere Sorge auf dem Kaiserhause,
dem Reiche und weit über die Grenzen desselben hinaus durch den ärztlichen Ausspruch, daß der damalige Kronprinz des Deutschen Reiches, Friedrich Wilhelm, an
unheilbarem Leiden erkrankt sei. Dieser Sorge folgte am 9. März die Trauer um
den Verlust des Kaisers Wilhelm I. — eine Trauer, wie sie wohl niemals in
Deutschland, in Europa erlebt worden ist. Der Regierungsantritt Kaiser Friedrichs
erfolgte unter den sorgenvollsten Umständen, und das Deutsche Reich stand vor
der Frage — wird dieser kranke Kaiser imstande sein, den Wechselfällen der politischen Ereignisse mit Erfolg begegnen zu können! Jeder Tag war eine sorgenvolle

Frage und die Unsicherheit der Lage ergriff mehr und mehr die allgemeine Stimmung in Deutschland, in Europa. Als am 15. Juni der kaiserliche Dulder von seinen Leiden erlöst ward, mußte jeder unbefangene Beobachter des bisherigen Regierungsganges bekennen, daß ein nicht geringer Verlust an Kraft und Ansehen des Deutschen Reiches in den drei Monaten erlitten worden sei.

Der jugendliche Kaiser Wilhelm II. beginnt seine Regierung unter schwierigen Verhältnissen, die ein festes Zusammenstehen der Deutschen Fürsten erfordert, um die Zersplitterung der durch Parteihader gelockerten Bande im Deutschen Reich zur früheren Sicherheit zurückzuführen. Es tut unter diesen Umständen not, dem Reich und Europa ein Bild der ungeschwächten Einigung der Fürsten und Völker Deutschlands zu geben.

Wie bei Begründung des Reiches die persönliche Tätigkeit und Mitwirkung der deutschen Könige und Fürsten einen bedeutungsvollen Faktor für die feste Gliederung des Reichsorganismus bildeten, so tritt auch jetzt wieder das Bedürfnis hervor, den dritten Deutschen Kaiser bei seinem Regierungsantritt sichtbar von den Fürsten des Reichs umgeben zu zeigen und damit kundzugeben, daß der Bund stark geblieben ist und kräftig entwickelt werden soll.

Die erste Reichstagseröffnung durch Kaiser Wilhelm II. ist eine Gelegenheit für die Betätigung dieser Gesinnung. Wenn die Deutschen Könige und Fürsten den Deutschen Kaiser bei diesem wichtigen Staatsakte persönlich umgeben, bekunden sie nach innen und nach außen die Kraft des Reiches und bestätigen, daß der Kaiser auch in ihrem Namen spricht, wenn er Friede verheißt und die Wohlfahrt des Reiches zu fördern gelobt. Jedes bedeutungsvolle Wort, das der Kaiser spricht, wiegt dann um so schwerer in der Wagschale des öffentlichen Gewissens und der europäischen Beurteilung, da die Könige und Fürsten erschienen sind, um ihre Mitverantwortung als Gewähr für die Erfüllung großer Verheißungen feierlich zu bekunden. Die Stärkung, welche daraus für die Könige und Fürsten und für ihre Länder erwächst, ist zwar selbstredend, aber es ist nicht unnötig hervorzuheben, daß die Bedeutung der einzelnen Bundesstaaten und ihrer Regierungen im Reichsorganismus wesentlich erhöht wird, wenn die persönlichen Beziehungen der Fürsten zum Kaiser eine Mitwirkung an der großen gemeinsamen Arbeit der Reichsregierung bekunden und dadurch der Wert des Bundesrates dem Reichstag gegenüber wieder vollberechtigt werden kann. Es ist das der Weg zur Anbahnung einer viel wirksameren Teilnahme der durch die Reichsverfassung berechtigten Staaten an den Entscheidungen der großen politischen Fragen bezüglich der Weltstellung des Reiches und dessen Machtentfaltung.

Die deutschen Könige und Fürsten haben also ein ganz besonderes Interesse daran, das erste Erscheinen des jugendlichen Kaisers vor dem Reichstage als ihre eigene Sache zu bekunden und damit den gewählten Vertretern ihrer Länder die Übereinstimmung der Interessen der Bundesstaaten mit dem Reich unter Wahrung ihrer Rechte zu betätigen. Dieses Beispiel wird dazu beitragen, einem richtigeren Verständnis der Aufgaben des Reiches als einem Staatenbunde mit Volksvertretung Eingang zu verschaffen, und damit vorbeugen, daß etwaige neue Bestrebungen zur Bildung des Einheitsstaates Boden gewinnen werden[1].

Möchte diese einzig sich bietende Gelegenheit benützt werden, aus dem formell gebotenen Staatsakt einer gewöhnlichen Reichstagseröffnung einen großen politischen Akt zu gestalten, der zum europäischen Ereignis sich gestalten muß und damit vielleicht die festere Begründung des Weltfriedens herbeizuführen beiträgt.

Ganz Europa, ja die ganze Welt sieht mit Spannung auf diesen ersten Staatsakt des deutschen Reichs und seines neuen Kaisers. Die deutschen Könige und Fürsten treten damit in die erste Reihe mächtigster Mithülfe an unvergänglichem Ruhm[2].

GLA FA Korresp. 13 Bd. 38 Fasz. 2b Nr. 3 eig. Konz.

[1] Zusatz für den König von Sachsen: „Daß die hier ausgesprochenen Grundsätze bei der bevorstehenden Reichstagseröffnung einen bestimmten Ausdruck finden werden, ist mir zur Gewißheit geworden, da ich Gelegenheit hatte, die Absichten kennen zu lernen, welche dermalen die herrschenden sind. Diese Überzeugung allein konnte mich veranlassen, eine so wichtige Frage zur Sprache zu bringen. Ja, nur die Gewißheit, daß die Anwesenheit der Könige und Fürsten bei der bevorstehenden Reichstagseröffnung stattfinden könne, ohne denselben eine irgendwie nicht angemessene Lage zu bereiten, gab mir den Mut, mit solchem Vorschlag hervorzutreten. Die Rede für Eröffnung des Reichstages und die Schreiben, welche der Kaiser bei seinem Regierungsantritt im Reich an die Könige und Fürsten richten wird, dürften meine Anschauungen rechtfertigen" (ebd. Nr. 5, eig. Konz.).
[2] Zusatz für den König von Sachsen: „Indem ich Dich bitte, diesen meinen wohlgemeinten Ausführungen eine geneigte Betrachtung schenken zu wollen, füge ich noch bei, daß ich an den Prinzregenten von Bayern und an den König von Württemberg die gleichen Ausführungen habe gelangen lassen. Ich beabsichtige, auch an meine Großherzoglichen Kollegen mich in dieser Angelegenheit zu wenden" (ebd. Nr. 5 eig. Konz. Nr. 4 eig. Zusammenstellung der deutschen Bundesfürsten).

882. Großherzog Friedrich Wilhelm von Mecklenburg-Strelitz[1] an Großherzog Friedrich.

Schwerin, 22. Juni 1888.

[...] Dein Vorschlag, daß die sämtlichen deutschen Fürsten den jungen Kaiser umgeben, wenn er zum ersten Male den deutschen Reichstag empfängt und durch ihn zum deutschen Volke spricht, hat mich mit lebhafter Freude erfüllt, und die treffenden, in eine so schöne Form gekleideten Gründe, durch welche Du Deinen Vorschlag unterstütztest, konnten nur das schon von mir gehegte Gefühl bestärken, daß der Augenblick gekommen sei, wo die deutschen Fürsten durch persönliches einhelliges Auftreten dem Kaiser und der Welt nach innen und nach außen beweisen müssen, daß das Deutsche Reich heute wie bei seiner Aufrichtung in voller Kraft, geeinigt und machtbewußt dasteht, und daß die Fürsten wie das Volk mit unverbrüchlicher Treue und festem Vertrauen zu ihrem Kaiser aufblicken. Ich werde darum mit aufrichtiger Freude Deinem Rufe folgen und am 25. Juni in Berlin erscheinen und hoffe, daß Dein schöner Gedanke in den Herzen aller Fürsten denselben freudigen Widerhall finden wird wie in dem meinen.

Aus Deinem soeben eintreffenden Telegramm mit der Nachricht, daß der König von Sachsen sein Erscheinen zugesagt hat, sehe ich, daß obiger Wunsch teilweise schon in Erfüllung gegangen ist. Das Beispiel des Königs wird viele günstig bestimmen und zum Gelingen Deines Werkes bedeutend beitragen. [...]

GLA FA Korresp. 13 Bd. 40 Fasz. 36 Nr. 6 eig.

[1] Friedrich Wilhelm v. Mecklenburg-Strelitz (1819—1904), 1860 Großherzog.

883. Marschall an Großherzog Friedrich.

Berlin, 22. Juni 1888.

Graf Lerchenfeld hat mir heute Nachmittag ganz vertraulich und lediglich zu meiner persönlichen Information mitgeteilt, daß der Prinz-Regent bereit sei, zur Reichstagseröffnung hierher zu kommen, aber die Bedingung stelle, daß ihm der erste Rang, d. h. der Platz zur Rechten S. M. des Kaisers eingeräumt werde. Der Herr Reichskanzler hat, nachdem ihm Graf Lerchenfeld dies mitgeteilt hatte, den Grafen Hohenthal rufen lassen und denselben ersucht, sich sofort nach Dresden zu begeben und seinem Könige neben dem Ausspruche des wärmsten Dankes für die bekundete Bereitwilligkeit des Erscheinens die Bitte zu unterbreiten, in diesem besonderen Falle den Allerhöchstdemselben zweifellos zustehenden ersten Platz dem Prinz-Regenten von Bayern zu zedieren und dadurch die in Aussicht genommene Kundgebung zu ermöglichen.

Graf Hohenthal wird sich heute Abend nach Dresden begeben und mich von dem Resultate seiner Audienz morgen sofort in Kenntnis setzen.

GLA FA Korresp. 13 N 451 Ausf.

884. Marschall an Turban.

Berlin, 22. Juni 1888.

Vertraulich. *Der Großherzog hat mir am 19. Juni in Potsdam seinen Plan eröffnet, das* unverbrüchliche Zusammenhalten der deutschen Fürsten *durch ihr Erscheinen bei der feierlichen Eröffnung des Reichstags zu bekunden*[1]. Dem allerhöchsten Auftrage entsprechend erkundigte ich mich noch an demselben Abend bei Herrn von Boetticher bzw. dem Herrn Reichskanzler über die Aufnahme, welche eventuell dieser Gedanke hier finden würde, und war bereits abends in der Lage, unserm gnädigsten Herrn melden zu können, daß der Herr Reichskanzler mit der Idee völlig einverstanden sei und sehr dankbar begrüßen werde, wenn S. K. H. dieselbe weiter verfolgen werde. Am folgenden Morgen traf dann der Großherzog hier ein und begab sich sofort zu dem Herrn Reichskanzler, welcher in einer etwa 3/4stündigen Unterredung dem hohen Herrn vertrauliche Mitteilung von dem Entwurfe des an die deutschen Bundesfürsten zu richtenden Schreibens S. M.[2] sowie von der Thronrede[3] gab und es als sehr dankenswert bezeichnete, wenn S. K. H. in der gedachten Frage die Initiative bei den größeren deutschen Bundesfürsten ergreifen wollte, da aus naheliegenden Gründen von hier aus in dieser Beziehung volle Zurückhaltung geübt werden müsse. Fürst Bismarck fügte bei, daß S. M. der Kaiser ihm bereits einen bezüglichen Wunsch geäußert, er aber Allerhöchstdemselben erwidert habe, daß von preußischer Seite eine Anregung zur Anwesenheit der deutschen Fürsten bei der Reichstagseröffnung nicht tunlich erscheine.

S. K. H., welcher nachmittags zusammen mit dem Fürsten Bismarck nach Potsdam zurückkehrte, teilte mir unmittelbar nach seiner Unterredung mit dem letzteren Allerhöchstseinen Entschluß mit, sich brieflich an den Prinzregenten von Bayern, den König von Sachsen, den König von Württemberg, die Großherzoge von Mecklenburg, von Sachsen-Weimar und von Hessen zu wenden und unter eingehender Motivierung und insbesondere unter Hinweis auf den in dem erwähnten

Aktenstück sehr scharf zum Ausdruck kommenden Entschluß des Kaisers, die verfassungsmäßigen Rechte seiner Bundesgenossen gegen jede Antastung zu wahren, den hohen Herren zur Erwägung zu stellen, ob sie nicht sich bei der Eröffnung des Reichstags beteiligen wollten. —

Der König von Sachsen hat sein Kommen bereits zugesagt.

GLA 233/34798 Ausf., erhalten 23. 6. 88; 49/2017 fol. 76 f. Konz.

[1] Nr. 881.   [2] Nicht bekannt.
[3] Vgl. *Schultheß* S. 98 ff.

885. Marschall an Turban.

Berlin, 22. Juni 1888.

Ew. Exz. beehre ich mich unter Bezugnahme auf meinen Bericht vom gestrigen ergebenst anzuzeigen, daß der Herr Reichskanzler in der gestrigen Bundesratssitzung nach Verlesung der bereits mitgeteilten Erklärung „ v e r t r a u l i c h " Folgendes beifügte:

„S. M. der Kaiser und König ist nach seinem Regierungsantritt in der Lage, sich in verschiedenen Formen und an verschiedene Adressen auszusprechen, um Kunde von dem Thronwechsel und seiner Regierungsübernahme zu geben. Es ist das einmal und nach unseren preußischen Traditionen zuerst mit militärischer Schnelligkeit geschehen dem Heere und der Marine gegenüber, es ist das zweitemal geschehen in der Proklamation an die preußischen Untertanen, die bestimmte Angaben über ein Regierungsprogramm nicht enthalten konnte. Ich habe aus den öffentlichen Blättern ersehen, daß dies vielfach vermißt wurde, doch offenbar nur von solchen Leuten, die nicht so viel Gedanken haben, daß sie die nächste Woche übersehen, wo Reichstag und Landtag zusammentreten und der Kaiser und König in der Lage ist, sich über seine Regierungsanschauungen zu äußern. Jede solche Äußerung hat ihren besonderen Charakter, Adresse, Beschränkung. Eine vierte Form, in der der Kaiser sich äußert, ist das amtliche Schreiben an seine hohen Bundesgenossen, dessen Inhalt sich ungefähr mit dem decken wird, was ich verlesen habe. Nur die Fassung wird etwas anders sein. Das Bedürfnis S. M. ist: durch beide Aktenstücke seinen hohen Bundesgenossen die Gewißheit zu geben, daß in dem gewohnten Geleise der Politik keine Änderung bevorsteht und daß der jetzt regierende Herr entschlossen ist, auf die politische Linie zu bleiben, wie es sein Herr Großvater getan hat und sein Herr Vater getan haben würde, wenn ihm Gott Gesundheit und eine längere Regierungszeit geschenkt hätte; die Andeutungen und Behauptungen in der Presse, als wenn der hochselige Kaiser weit abweichende Ansichten von denen seines Vaters gehabt hätte, sind tendenziöse Erfindungen und künstlich ausgedachte Lügen. Schon die öffentlichen Kundgebungen des hohen Herrn widerlegen das. Vielleicht waren geringe, mehr formelle Abweichungen vorhanden, nicht aber prinzipielle Gegensätze, und es wäre wohlgetan, wenn jeder in seinem Kreise diesen Fiktionen widerspräche. In den letzten Wochen war der Kaiser infolge seines fortschreitenden Leidens überhaupt nicht mehr in der Lage, eine bestimmte Form und Richtung von Regierungsanschauungen akzentuieren zu können — darüber wird vielleicht eine spätere Zeit Klarheit bringen. So lange er in der Lage war, sich selbständig zu äußern, so habe ich bei ihm — bei ihm persönlich — keine prinzipiellen Abweichungen von der Auffassung seines Vaters gefunden; in den letzten Wochen freilich war er zu selbständigen Willensäußerungen nicht mehr zu jeder Zeit imstande. —

Ihre Souveräne werden ein Schreiben S. M. erhalten, in dem ungefähr dieselben Gedanken enthalten sind wie in dem vorhin verlesenen Aktenstück. Diese Gedanken werden sich auch in der Thronrede wiederholen, da werden noch einige Details hinzugefügt sein. Es wird dies den Beweis liefern, daß alles sowohl in unserer friedlichen auswärtigen wie in unserer innern Politik wie bisher bleiben wird und die Behauptung der ausländischen und unserer oppositionellen Presse, als ob wir von dem heute regierenden Herrn unvorhergesehene Wandlungen zu erwarten hätten, vollständig aus der Luft gegriffen ist. Ich muß Sie bitten, dafür einzutreten, daß eine Identität nicht nur zwischen zwei, sondern zwischen den drei Regierungen besteht, die wir bisher im Reiche gehabt haben."

GLA 233/12801 Ausf.

886. Großherzog Ludwig IV. von Hessen an Großherzog Friedrich.

Stadtschloß Potsdam, 22. Juni 1888.

Mein gütiger Freund! Für das in mich gesetzte Vertrauen bin ich Dir sehr dankbar, und freut es mich, daß ich auch diesmal Deine Ansichten ganz teile und schon selbst die Absicht gehabt hatte, zur Eröffnung des Reichstags hierzubleiben. Dem Auslande gegenüber ist es gut zu zeigen, daß wir Fürsten zum Kaiser stehen, wenn er auch nicht mehr ein Held und Greis, sondern als Jüngling uns an Jahren weit nachsteht.

Ich weiß nicht, welches der Inhalt der Thronrede sein wird, daß sie aber Friede verheißen und die Wohlfahrt des Reiches zu fördern versprechen wird, nehme ich wohl mit Recht an und daran auch gern eine gewisse Mitverantwortung. Könnte durch unseren Schritt der Wert des Bundesrates etwas gehoben werden, so würde es mich sehr freuen. Denn die Neigung trat zu sehr zutage, von ihm nur immer Zustimmung zu erwarten für alles Eingebrachte, selbst wenn es noch unreif war.

Auch ich halte es von hohem Wert, unseren Ländern wieder vor Augen zu führen, daß die Interessen der Bundesstaaten und des Reiches übereinstimmen, daß dieses Reich aber ein Staatenbund, kein Einheitsstaat sein soll.

Ich hoffe, daß in diesen großen historischen Akt keine Dissonanz hineintönen möge durch zu klare Betonung der politischen Richtung der Reichsregierung, es würde doppelt schmerzlich solche berühren, die, wie ich, durch den leider so frühen Verlust Kaiser Friedrichs manche Hoffnungen dahinschwinden sahen, mit denen sie sich seit Jahrzehnten getragen. [. . .]

GLA FA Korresp. 13 Bd. 40 Fasz. 25 Nr. 5 eig.

887. Prinzregent Luitpold an Großherzog Friedrich.

München, 23. Juni 1888.

Lieber Freund! Mit großem Interesse habe ich Deine gütige, gestern erhaltene Zuschrift vom 20. gelesen und bin den darin enthaltenen Erwägungen über die gegenwärtige politische Lage mit Aufmerksamkeit gefolgt. Ich teile vollkommen Deine Ansicht, daß nach dem schnell aufeinander gefolgten Tode von zwei Kaisern, des lieben unvergeßlichen Kaisers Wilhelm und seines so schwer geprüften Sohnes, der Regierungsantritt des im jugendlichen Mannesalter stehenden Kaisers Wilhelm II. unter schwierigen Verhältnissen stattgefunden hat. Doch ich baue auf die Grundsätze und den Charakter des mir sympathischen jungen Kaisers und die treue Mitwirkung des Reichskanzlers, daß sich die fernere Lage des Deutschen Reiches zum Guten gestalten werde.

Überzeugt bin ich, daß treues und festes Zusammenhalten der Bundesfürsten jetzt im eigenen Interesse wie in jenem des Reiches doppelt erwünscht, ja notwendig ist. Daß durch die Beteiligung der Bundesfürsten an dem ersten feierlichen Staatsakte des jetzigen Kaisers die Stellung des Reiches nach innen und außen gekräftigt werde und hierdurch auch die allen so notwendige Erhaltung des Weltfriedens an Wahrscheinlichkeit gewinne, ist sicherlich zu erhoffen.

Mit großer Genugtuung habe ich aus Deinem gütigen Schreiben ersehen, daß die Grundsätze der neu angetretenen Reichsregierung auf föderativer, der allein berechtigten Grundlage beruhen und auf diese Art den unionistischen Bestrebungen ein, so Gott will, fester Damm entgegengesetzt werden wird.

Nach reiflicher Erwägung bin ich entschlossen, mich zur feierlichen Eröffnung des Reichstages nach Berlin zu begeben. [. . .]

GLA FA Korresp. 13 Bd. 40 Fasz. 14 Nr. 1 eig.

888. Kaiser Wilhelm II. an Großherzog Friedrich.

Berlin, 25. Juni 1888.

Der heutige bedeutungsvolle Tag[1] in seinem schönen und feierlichen Ausdruck für die Größe und die Einigkeit des deutschen Vaterlandes hat die stets in mir für E. K. H. lebenden Gefühle aufrichtiger Verehrung und tief empfundener Dankbarkeit ganz besonders warm angeregt.

Mir sind viele Mitteilungen meines teuren in Gott ruhenden Großvaters über E. K. H. so wesentliche Mitwirkung an der Neuerstehung des deutschen Reichs lebhaft in die Erinnerung gekommen — mir steht auch die warme Liebe und Freundschaft meines teuren Großvaters und meines geliebten Vaters für E. K. H. hell vor Augen und ich gedenke in tiefer Dankbarkeit, wie E. K. H. mir jederzeit ein väterlicher, mich so oft nützlich beratender Freund gewesen sind.

Ich habe den lebhaften Wunsch, diesen Empfindungen heute Ausdruck zu geben, und ich bitte E. K. H., dies freundlichst darin erkennen zu wollen, daß ich hierdurch E. K. H. Beförderung zum Generalobersten der Kavallerie mit dem Range eines General-Feldmarschalls verfüge.

Möge — das ist heute der lebendige Wunsch meines Herzens — Gottes gnädiger Wille mir für den vor mir liegenden ernsten Lebensweg E. K. H. Rat und Freundschaft noch recht lange erhalten. [. . .]

GLA 60/1055 Ausf.

[1] Eröffnung des Reichstags in Anwesenheit deutscher Bundesfürsten. — Eisendecher berichtet vertraulich an Bismarck (Karlsruhe, 26. Juni 1888), die Großherzogin habe ihm

ein ausführliches Telegramm des Großherzogs gezeigt. Danach „sind die Eindrücke S. K. H. sowie der sonst anwesenden Bundesfürsten lediglich im hohen Grade erfreuliche. Der Großherzog hebt hervor, wie die Thronrede [*Schultheß* S. 98 ff.] ungeteilten Beifall gefunden habe bei den Bundesfürsten und wie sowohl S. M. der König Albert als auch der Prinzregent von Bayern und der Prinz Wilhelm von Württemberg ihm für seine Anregung dankbar seien. In warmen bewegten Worten gedenkt sodann der Großherzog unseres kaiserlichen Herrn und des festen Zusammenstehens der deutschen Fürsten und Völker um den Kaiserthron" (Bonn, Archiv Ausw. Amt, Baden Nr. 36 Nr. 1 Vol. 1 Ausf.).

889. Marschall an Turban.

Berlin, 1. Juli 1888.

Vertraulich! Ew. Exz. beehre ich mich *[. . .]* zu berichten, daß der bisherige Chef der Admiralität, Generalleutnant von Caprivi[1], im Anfang der vergangenen Woche seine Entlassung eingereicht und bereits seinen Dienst abgegeben hat. Die Genehmigung seines Gesuchs ist bis zur Stunde noch nicht erfolgt, steht aber in den nächsten Tagen mit Sicherheit zu erwarten.

General von Caprivi, mit dem ich heute mittag zufällig zusammentraf, sprach mir mit aller Offenheit und Ruhe von den Gründen seines Rücktritts. Er sagte mir, daß er die Angelegenheiten der Marine stets mit kühlem Verstande betrachtet habe, während bei S. M. dem Kaiser fast mehr noch als bei dem Prinzen Heinrich eine gewisse Passion für diese Einrichtung bestehe und aus dieser verschiedenen Auffassung notwendig Differenzen sich hätten ergeben müssen. S. M. habe denn auch gleich nach Allerhöchstseinem Regierungsantritt Absichten kundgegeben, die mit seinen — Herrn von Caprivis — Anschauungen nicht harmonierten; der Kaiser wünsche eine Trennung der Verwaltung und des Kommandos, eine Maßregel, die er nicht für richtig erachte, und ferner den Bau größerer Panzerschiffe, dem er, wie bekannt, seit seinem Amtsantritt widerstrebt habe. Dazu komme, daß Allerhöchstenseits verschiedene eingreifende Anordnungen bezüglich der Marine gewissermaßen über seinen Kopf weg getroffen worden seien. Aus allen diesen Momenten habe sich ihm die Überzeugung aufgedrängt, daß seine Stellung nicht weiterhin haltbar sei; er fasse die Sache keineswegs tragisch auf, erachte es vielmehr als im Interesse der Marine liegend, daß unter dem jungen Monarchen jüngere Kräfte an maßgebender Stelle einträten; man werde ja seine Erfahrungen machen und, wenn vielleicht in dem einen oder andern Punkte etwas über das Ziel hinausgeschossen werde, doch schließlich wieder zur richtigen Mitte gelangen. Was ihn persönlich betreffe, so habe er vor fünf Jahren sehr ungern die Armee verlassen, und könne es ihm daher nur erwünscht sein, wenn S. M., was er für möglich erachte, ihm ein Korpskommando anvertraue[2]. — Was seinen eventuellen Nachfolger betreffe, so vermute er, daß das Kommando der Marine seinerzeit Prinz Heinrich zugedacht sei und vorläufig durch einen höheren Seeoffizier werde geführt werden.

Herr von Caprivi sagte mir ferner, daß S. M. etwa am 10. Juli die Seereise nach Petersburg anzutreten wünsche; bestimmt sei der Tag noch nicht, da es zweifelhaft erscheine, ob die von dem Kaiser befohlene Neuuniformierung der Seeoffiziere bis dahin fertiggestellt werden könne. Die „Hohenzollern", auf welcher der Kaiser zu fahren beabsichtige, werde von vier Panzerschiffen und vier Schulschiffen begleitet werden. —

566

Wie ich bereits gestern Ew. Exz. telegraphierte, ist der bevorstehende Besuch des Kaisers bei dem Zar auf eine eigene Idee S. M. zurückzuführen. Wenn diese Zusammenkunft auch insofern ihrer Bedeutung nicht entbehrt, als die in der deutschen Thronrede betonten freundschaftlichen, persönlichen Beziehungen der beiden Monarchen einen neuen demonstrativen Ausdruck erhalten, so glaube ich doch nicht, daß daraus irgendeine erhebliche Änderung in der politischen Situation resultieren wird, am allerwenigsten in der von der panslavistischen Partei unablässig verfolgten Richtung einer Lockerung des deutsch-österreichischen Bündnisses. Die Tatsache, daß von hier aus gerade der Generalquartiermeister Graf Waldersee behufs Notifikation des Regierungswechsels nach Wien entsandt wurde[3], dürfte in den maßgebenden Kreisen Petersburgs voraussichtlich in ihrer ganzen Bedeutung gewürdigt werden. —

Sicherem Vernehmen nach wird der Posten eines Ministers des Innern in nächster Zeit nicht besetzt werden — die Vermutung liegt nahe, daß der Gedanke einer eventuellen Rückberufung des Herrn von Puttkamer noch keineswegs definitiv aufgegeben ist.

GLA 233/34798 Ausf., erhalten u. dem Großherzog vorgelegt 3. 7., zurück 4. 7. 88; 49/2017 fol. 78 f. Konz.; teilw. gedr. O. *Gradenwitz*, Bismarcks letzter Kampf (1926) S. 62 f.

[1] Leo Graf v. Caprivi (1831—99), 1849 Eintritt ins preuß. Heer, 1860 Hauptmann im Generalstab, Teilnahme an den Kriegen 1864 u. 1866, 1870/71 Oberstleutnant u. Chef des Stabes des X. Korps, 1871 Abteilungsleiter im Kriegsministerium, 1878 Brigadekommandeur in Stettin, 1882 Divisionär in Metz, 1883 Vizeadmiral u. Chef der Admiralität, 1888 kommandierender General des X. Korps in Hannover, 1890 Reichskanzler u. preuß. Ministerpräsident, Rücktritt 1894.
[2] Am 10. Juli 1888 zum Chef des X. Korps ernannt.
[3] Vgl. *Waldersee*, Denkwürdigkeiten (1922) S. 406 ff.

890. Gelzer an Großherzog Friedrich.

Basel, 1. Juli 1888.

Schon lange vor dem Hinscheiden Kaiser Friedrichs war es mir im Stillen ein ernstes Anliegen: Möchte es Gott doch so fügen, daß der junge Prinz Wilhelm, dessen gesunde Entwicklung und geistiges Heranreifen von so gefährlichen Klippen bedroht ist, ein rechtes Herz gewinnt zu seinem Onkel und daß ihm ein Licht darüber aufgeht, welchen Schatz er heben könnte im vertrauensvollen Anschluß an diesen besten und treuesten Freund und Gewissensrat, den die Vorsehung in seine Nähe stellte. *Ich begrüßte es daher sehr, daß der junge Kaiser Sie nach dem Tode des Vaters ausdrücklich in Potsdam zurückbehielt.*

Als dann Ihre beiden Telegramme vom 25. Juni aus Berlin[1] mir die Gewißheit brachten: wie über alle Erwartung glücklich Ihre Friedens- und Einigungstat gelungen sei und wie schön der junge Fürst seinem Danke öffentlichen und bleibenden Ausdruck gegeben — da erreichte meine dankbare Freude ihren Gipfelpunkt. Der 26. Juni ist einer der glücklichsten Tage meines Lebens. Gottlob, daß es so gekommen ist, das war Ihnen zugedacht aus höherer Hand als der Hand Kaiser Wilhelms II. Indem ich diese Worte schreibe, ist mir's, als ob der Boden unter meinen Füßen brenne; denn wahrlich in solchen Stunden müßte man sich in die Augen schauen und die Hände drücken können; denn nicht jedes Jahr bringt solche

Früchte, nicht jedes zeitigt solche Rosen! Drum frage ich: Wann können, wann werden wir uns sehen?

GLA FA Korresp. 13 Bd. 24 Nr. 733.

[1] Eröffnung des Reichstages in Anwesenheit von 22 Bundesfürsten.

891. Großherzog Karl Alexander von Weimar an Großherzog Friedrich.

Belvedere, 18. Juli 1888.

[...] Mit geteilten Gefühlen, wenn auch ungeteiltem Interesse beende ich die Broschüre der Ärzte über Fritz Wilhelms Krankheit[1]. Handelte es sich hiebei n u r um ärztliche Ehrenrettung, könnte ich ersteres kaum sagen. Allein welches Licht wirft die Veröffentlichung auf Umstände und Personen und unter letzteren!!!! Schon hört man laut und liest in den Zeitungen deutlich die Beweise hievon und dürfte es ferner lesen und hören können. Das aber ist nicht gleichgültig und kann noch böse Früchte bringen, unter anderm die des fortgesetzten Zerwürfnisses. *[...]*

GLA FA Korresp. 13 Bd. 49 Fasz. 97.

[1] Die Krankheit Kaiser Friedrich des Dritten dargestellt nach amtlichen Quellen und den im Kgl. Hausministerium niedergelegten Berichten der Ärzte, Kaiserl. Reichsdruckerei, Berlin 1888.

892. Kaiserin Augusta Viktoria an Großherzog Friedrich.

25. Juli 1888.

[...] Ich erhielt gestern auch die ersten detaillierteren schriftlichen Nachrichten von Wilhelm und seinen Herrn aus Rußland[1]. Der ganze Empfang sowohl als die Tage in Rußland scheinen ja wirklich einen überwältigenden großartigen, dabei dennoch einen sehr herzlichen Eindruck auf alle gemacht zu haben. Wilhelm kann die Freundlichkeit der Majestäten nicht genug rühmen. Ich will einiges aus seinem Brief hier anführen: „Der große Tag ist soeben vorbei. Die Parade war superb, der Kaiser zog den Säbel und führte mir das Korps vor, desgleichen ich mein Regiment. Beim Lucetar [?] stand der Kaiser plötzlich auf und sprach auf die deutsche Armee und mich. Wie erstaunt sah alles aus!" — Darauf hielt Wilhelm seinen russischen Toast, der großen Jubel hervorrief. — Wilhelms letztes Telegramm vor der Abreise lautet: „Reisen eben ab. Es war wunderschön hier. Gestern prachtvoller Anblick von Kavallerie-Manöver unter Onkel Nicis Kommando, welches ganz vortrefflich ausfiel und eine vorzügliche Probe auf die Disziplin der Truppen war."[2] — Ich lege hier noch einen Brief von General Frhr. v. Wittich[3] mit einigen Beschreibungen bei, doch erbitte ich ihn mir später zurück. — Gott Lob, daß alles so verlaufen ist und Wilhelm so befriedigt gestern hat nach Schweden reisen können. Möchte dies wirklich uns den Frieden und gute Beziehungen gesichert haben. Ich kann nur sagen, ich bin dankbar, daß wir so weit sind. *[...]* Mit herzlichen Grüßen an die Tante und nochmaligem Danke für alle mir und Wilhelm erwiesene Güte und aufopfernde Freundlichkeit. *[...]*

GLA FA Korresp. 13 Bd. 46 Fasz. 65 Nr. 1 eig.

[1] Kaiser Wilhelm II. besuchte auf der Yacht Hohenzollern am 19. bis 24. Juli 1888 den Zaren Alexander III. in Petersburg, anschließend die Höfe in Stockholm und Kopenhagen.
[2] Vgl. die Berichte von Kiderlen-Wächter an Holstein vom 19. u. 25. Juli 1888: Die geh. Papiere Friedrich v. Holsteins III (1961) Nr. 272. 273.
[3] Hans Heinrich v. Wittich (geb. 1836), 1866 Hauptmann, zum Großen Generalstab kommandiert, 1868 Lehrer an der Kriegsakademie, 1877 Chef des Stabes des IV. Armeekorps, 1878 Abteilungschef im Kriegsministerium, 1888 Generaladjutant des Kaisers, 1892 Kommandeur des XI. Armeekorps, 1903 Generaloberst.

893. Kaiserin Augusta an Großherzog Friedrich.

Koblenz, 26. Juli 1888.

Geliebter Fritz! *[...]* Gewiß freue ich mich über das Gelingen des russischen Besuchs, aber ich kann nicht leugnen, daß mir manches übertrieben erschien und daß ich befürchte, eine gewisse Richtung Wilhelms durch den Erfolg gestärkt zu sehen. Sehr nützlich sind die Besuche in Schweden und Dänemark. *[...]*

GLA FA Korresp. 13 Bd. 45 Fasz. 60 Nr. 146 Diktat.

894. v. d. Knesebeck[1] an Großherzog Friedrich.

Koblenz, 2. August 1888.

[...] Was der Aufenthalt der Kaiserin Augusta in Babelsberg bringen wird, ist nicht vorauszusehen. Von den Majestäten wohl im allgemeinen nur befriedigende Eindrücke. Weniger, was die übrigen Familienverhältnisse anbelangt und, wie ich fürchte, doch auch wieder neue Spuren des alten unseligen Heiratsprojektes. Es dürfte das eine oder das andere nicht ungefährliche vermächtnisähnliche schriftliche Dokument vorhanden sein, obwohl noch bei dem Besuch der Königin Viktoria[2] der Kaiser Friedrich, wie ich erst kürzlich wieder hörte, unzweifelhafte Beweise seiner Abneigung gegen diese Familie zu erkennen gab. Die von den Zeitungen gebrachte Nachricht einer Anwesenheit der Königin Viktoria im Herbst in Baden-Baden, die ich vorläufig für Kombinationsgerücht halte, wird von Ihrer Maj. gewiß als damit zusammenhängend gedeutet werden. Daß die Stellung S. M. zu der Frage dieselbe wie früher ist, darf wohl angenommen werden. Ob der Reichskanzler noch ebenso denkt, weiß ich nicht bestimmt. Andere Personen sollen immer noch bemüht sein, der Kaiserin Friedrich das Hinhalten und nicht das definitive Aufgeben zu empfehlen. Es ist da noch viel Ärgernis vorauszusehen. Unter den neuen Personen, welche am Hofe eventuell in die Angelegenheit allmählich hineingezogen werden könnten, ist meines Erachtens niemand, der einen sehr festen Standpunkt vertreten wird. Fällt das politische Argument in seinem bisherigen Umfang fort, so geht eine große Stütze für die Gegner des Projektes verloren, denn eine Vertretung des Gesichtspunktes Ihrer Maj. ist, wenn S. M. der Kaiser weniger entschieden werden sollte, nicht mehr vorhanden. Es ist niemand mehr da, der aus Erfahrung und aus Tradition das volle Verständnis dafür hat, was es für das Haus Hohenzollern bedeutet, für alle Zeiten ein Haus Battenberg, und zwar durch eine Persönlichkeit wie die des Prinzen Alexander zu begründen. Es ist niemand da, der aus der Gegenwart das Verständnis für die Bedeutung eines

569

solchen Schrittes erworben haben könnte. S. M. allein können die Entscheidung herbeiführen. Mittlerweile drängt die Zeit, die jüngeren Schwestern wachsen heran, und es wird hie und da behauptet, daß das Temperament der Prinzessin die Schwierigkeiten vermehre. *Reisepläne der Kaiserin, auch Besuch in Mainau.* Möchte bis dahin die Gewißheit vorhanden sein, daß die Opfer, welche I. K. H. gebracht hat, sich wirklich mehr und mehr belohnen. Es bleibt gewiß noch viel Geduld, Vorsicht und Ausdauer erforderlich, um das gehoffte günstige Ergebnis herbeizuführen. *[...]*

GLA FA Korresp. 13 Bd. 45 Fasz. 60 Nr. 62b.

[1] Sekretär der Kaiserin Augusta.
[2] Vgl. Nr. 864 Anm. 2.

895. Herzog Adolf von Nassau an Großherzog Friedrich.

Königstein, 14. August [?] 1888.

Prinz Reuß[1] erschien am Sonntag früh bei mir. Nach einigen einleitenden Phrasen sagte er, er habe den direkten Auftrag des jungen Kaisers, mir zu eröffnen (relata refero), daß ihm mein Kondolenzschreiben *[...]* besonders wohl getan habe, daß er von den besten Intentionen für uns beseelt sei und den dringenden Wunsch hege, im Laufe dieses Sommers mit mir eine Begegnung zu haben und mit meinem Sohn[2] in nähere Beziehungen zu treten. *Zu Überlegungen war nicht viel Zeit,* und formulierte ich die Antwort dahin, daß ich ihn (Reuß) bat, S. M. zu sagen, daß ich für die guten Intentionen, die er für uns hege, sehr dankbar sei und einer Begegnung nicht aus dem Wege gehen würde. Zeit und Ort würden sich ja wohl finden. *[...]* Ehe ich die Antwort formulierte, bat ich Reuß, für einen Augenblick zu vergessen, daß er Botschafter sei, und zu erlauben, daß ich ganz im Vertrauen als zu einem alten Bekannten sprechen könne. *[...]* Ich sehe bei einer solchen Begegnung nur die eine Schwierigkeit, und zwar die, daß ich, wie er wohl denken könne, keine preußische Uniform mehr besitze, die ich anziehen könne, da die letzte, im Jahr 1865 gemacht, als ich noch schlank war, längst verwachsen sei. Doch dies nur im engsten Vertrauen. Seitdem hatte ich nichts gehört bis gestern, *wo Reuß mir in einem Brief mitteilt,* der Kaiser habe ihn beauftragt, mir auszusprechen, daß er sich sehr freuen würde, mit mir und meinem Sohne in Baden-Baden zusammenzutreffen, wo er sich am 29. und 30. September des Geburtstages der Kaiserin Augusta halber aufzuhalten denke. *Ich gedenke mich mit meinem Sohn nach Baden-Baden zu begeben, wenn es Dir recht ist.* Du kennst mich, wie ich hoffe, genug, um überzeugt zu sein, daß ich in meiner bisherigen Haltung nichts geändert und keinen Schritt getan habe, um diesen Wunsch des Kaisers herbeizuführen, die Initiative kommt rein von dort, kommt auf eine sehr höfliche Art von Seite des jungen Herrn, der mir ja selbst Nichts getan hat, und würde ich es für äußerst unklug gehalten haben, namentlich in Berücksichtigung gewisser Eventualitäten, wenn ich hätte Schwierigkeiten machen wollen. *Wenn Dir mein Besuch recht ist,* bin ich überzeugt, daß Du mir bei dieser immerhin sehr peinlichen Begegnung nach Umständen behülflich sein wirst[3]. *[...]*

GLA FA Korresp. 13 Bd. 41 Fasz. 42 Nr. 20 (eig.)

[1] Heinrich VII. Prinz Reuß (1825—1906), 1853 Eintritt in den preuß. diplomatischen Dienst, 1863 Gesandter in Kassel, 1864 in München, 1871 Botschafter in Petersburg, nahm 1876 seine Entlassung, 1877 Botschafter in Konstantinopel, 1878 in Wien, 1894 Abschied.

[2] Wilhelm IV. Alexander v. Nassau (1852—1912), 1905 Großherzog v. Luxemburg.

[3] Am 6. Sept. 1888 sagte sich der Herzog beim Großherzog zur Begegnung mit Kaiser Wilhelm für den 29. Sept. auf der Mainau an (ebd. Nr. 21).

896. Herzogin Alexandrine von Sachsen-Coburg an Großherzog Friedrich.

Schloß Kallenberg, 17. August 1888.

[...] Noch über anderes glaube ich, Euch eine Aufklärung schuldig zu sein, nämlich über den sehr geheim gehaltenen und dann dennoch öffentlich bekannt gewordenen Besuch Eurer Schwägerin, der Kaiserin Friedrich. Sie hatte uns den Wunsch äußern lassen und darüber ausführlich an Marie Edinburg[1] geschrieben, ihren künftigen Wohnsitz im Schloß Tenneberg bei Waltershausen etwa eine Stunde von Reinhardshausen und zwei Stunden von Gotha entfernt zu nehmen.

Das Schloß, das einst Domäne war und stets von der Familie unbenützt blieb, so schön auch seine Lage am Saume des Thüringer Waldes ist, wurde vor vielen Jahren dem Staat zurückgegeben und als Landrats- und Rentamt verwendet. Es würde daher einige Schwierigkeiten haben, dasselbe an Vicky abzutreten. Indessen bot mein Ernst sehr freundlich die Hand dazu, und vorigen Dienstag kam sie direkt von Potsdam auf der Station Waltershausen mit ihrer Tochter Viktoria und kleinerem Gefolge im tiefsten Inkognito an, und mein Ernst fuhr mit ihr nach dem Schloß hinauf und zeigte es ihr in allen Details, worauf er sie nach Gotha fuhr und auf dem Friedenstein mit ihr dinierte. Mit dem Nachtzug 2 Uhr kehrte sie nach Potsdam zurück. Es war alles so schnell und geheimnisvoll gegangen, daß mir die Möglichkeit genommen war, sie zu erreichen. Über ihren Entschluß betreffs Tennebergs ist uns seitdem nichts bekannt geworden; nur die Äußerung ihrer Tochter Viktoria, deren Wille ihr sehr viel gelten soll: „Der Ort sei gar zu l a n g w e i l i g", läßt uns vermuten, daß sie ihren Plan fallen läßt, da ohnehin sehr große Kosten und Veränderungen an das äußerlich gut erhaltene Gebäude gewendet werden müßten, um es comfortable und dem Zweck entsprechend einzurichten. *[...]*

GLA FA Korresp. 13 Bd. 48 Fasz. 91 Nr. 71.

[1] Maria Alexandrowna (1853—1920), Tochter des Zaren Alexander II. v. Rußland, 1874 verheiratet mit Alfred Duke of Edinburgh.

897. Roggenbach an Geffcken.

Schopfheim, 6. September 1888.

[...] Ich möchte vor allem mein Urteil durch die Betrachtung bestimmen lassen, wie wird die Lektion auf den jungen Herrn wirken. Daß vieles mich in den auf bestimmte Gebiete beschränkten „Ausblicken" besonders anzieht, daß nichts darin gesagt ist, dem ich im Ganzen und Einzelnen nicht völlig beistimmte, ist dabei ganz gleichgültig. Worauf es ankommt, ist allein, wird es wirken und wie wird es wirken. Von diesem Gesichtspunkte aus habe ich dieselbe geprüft, und von diesem Gesichtspunkte aus müssen Sie auch meine Bemerkungen auffassen. *[...]*

Ich komme zu dem kirchlichen Passus.

Ich bin ganz mit ihm einverstanden und glaube auch, der Kaiser Wilhelm II. würde es. Ich bezweifle aber sehr, ob der Großherzog die Kritik des Summus episcopus so leicht akzeptieren wird und darin den Kaiser nicht lieber umgekehrt bearbeitet sähe. Wollen wir die Brücke Großherzog, die ich sonst für ganz gut halte, benutzen, so muß es bedacht werden. Sonst möchte man lieber darauf verzichten und eventuell Waldersee oder sonst jemand heranziehen.

Ich bin auch nicht sicher, ob der Großherzog nicht an dem Sozialistengesetz quand même festhalten will und auch jede Attacke auf den Reichskanzler ungern sehen würde.

Sehen Sie darin keine Bedenken, so bin ich bereit, dem Großherzog die Denkschrift vorerst zu persönlicher Kenntnisnahme zu geben und es davon abhängen zu lassen, was er darüber sagt, um dann zu entscheiden, ob man ihm zumuten kann, sie an den Kaiser zu befördern, was nur ginge, wenn er einverstanden wäre. *[...]*

Anklageschrift gegen Geffcken, gedr. Bundesrat-Drucksachen, Session von 1889 Nr. 5 (14. Jan. 1889) Anlage B S. 27 f. (GLA 233/12802)

898. Gelzer an Großherzog Friedrich.

Witwald, 7. September 1888.

Kaiser Wilhelm wird bei Ihnen in Mainau sein. Würde ich jetzt dem jungen Kaiser, dessen riesige Aufgabe mir täglich auf der Seele liegt, dort auf dem reizendsten Eilande Deutschlands begegnen, so müßte ich, wenn ich meiner innern Stimme folgen dürfte, eine ebenso inhaltschwere Mahnung an ihn richten, wie diejenige, die 20 Jahre früher, im Oktober 1868 auf Schloß Baden auf seinen edlen Großvater einen so tiefen Eindruck machte! Dem König Wilhelm hatte ich damals tief überzeugt erklärt: Die nächsten zehn Jahre würden für Preußens und Deutschlands Zukunft von entscheidender Bedeutung auf lange Zeit bleiben. Und die Folge dieser Äußerung war, wie Sie wissen, daß König Wilhelm mir den Auftrag erteilte, eine Denkschrift hierüber für ihn auszuarbeiten. In ganz ähnlicher Weise könnte ich jetzt, zwanzig Jahre später, dem Enkel König Wilhelms gegenüber, die Überzeugung vertreten, die alle meine Zukunftsgedanken beherrscht:

Von den nächsten 12 Jahren, dem Schluß dieses Jahrhunderts, wird wohl die Entscheidung darüber abhängen: ob die neue deutsche Ära von 1870—88 nur (wie unsre Neider und Feinde erwarten und wie die Zaghaften unter uns fürchten) als eine vorübergehende Episode der neueren Geschichte — ähnlich der Napoleonischen Episode von 1852—70 — erscheinen wird? oder ob sie (wie wir allen Gefahren zum Trotz doch zu Gott hoffen) als ein großer grundlegender und bahnbrechender Schritt sich bewähren werde für die erhabene ethisch-politische Aufgabe, deren Ziel Steins sittlicher Heldensinn am 14. Sept. 1813 mit dem Worte weihte: Regeneration Europas. *[...]*

GLA FA Korresp. 13 Bd. 24 Nr. 739.

899. Marschall an Turban.

Ganz vertraulich! [...] Während hiernach die beiden Monarchen[1] das politische Gebiet vermieden, ist von der russischen Kaiserin in allerdings vorsichtiger Weise der Versuch gemacht worden, Kaiser Wilhelm für den Herzog von Cumberland zu interessieren, natürlich ohne Erfolg. S. M. hat in der höflichsten, aber bestimmtesten Weise ein Eingehen auf derartige Wünsche mit dem Hinweis darauf abgelehnt, daß es sich hier lediglich um eine innere deutsche Frage handele. In ähnlicher Weise hat Graf Bismarck, als die Königin von Dänemark[2] ihm gegenüber dieses Thema berührte, geantwortet. Diese Vorgänge sind insofern von Interesse, als schon früher, und zwar sowohl zu Lebzeiten des Kaisers Friedrich wie unmittelbar nach seinem Tode von hoher Seite Einwirkungen zugunsten des Herzogs von Cumberland versucht worden sind. Ich erfahre erst jetzt, daß der Prinz und die Prinzessin von Wales, als sie zum Leichenbegängnis des höchstseligen Kaisers Friedrich hier anwesend waren, den Herrn Reichskanzler zu sich in die englische Botschaft beschieden und da sehr eindringlich für die Sache des Herzogs von Cumberland und die Freigabe des Welfenfonds plädiert haben[3]. Der Reichskanzler war von diesen Vorgängen so beeindruckt, daß er es für angemessen erachtete, dem Grafen Hatzfeldt in London davon vertraulich Mitteilung zu machen; in dem bezüglichen Erlasse ist unter anderem erwähnt, daß der Prinz von Wales auch auf Kaiser Friedrich nicht nur zugunsten des Herzogs von Cumberland, sondern auch für Rückgabe eines Teils von Elsaß-Lothringen an Frankreich einzuwirken versucht habe, und wird der Botschafter beauftragt, Lord Salisbury von den erwähnten Versuchen mit dem Bemerken vertraulich Kenntnis zu geben, daß der Prinz von Wales eine Politik zu treiben scheine, welche mit derjenigen des englischen Ministeriums in Widerspruch stehe. Mit Bestimmtheit ist in diesem Erlasse ausgesprochen, daß, solange noch ein Welfe im Reichstage oder Landtage sei, der Herzog von Cumberland nicht in Braunschweig zugelassen werden könne, und daß die Frage des Welfenfonds, nachdem nunmehr 20 Jahre verflossen, durch Verjährung erledigt sei. Auch ist vor etwa 8 Tagen, als die Nachricht eingelangt war, daß der Prinz von Wales an den Manövern in Österreich-Ungarn teilnehmen werde, diesseits die freundschaftliche Warnung nach Wien ergangen, dem hohen Herrn keine vertraulichen politischen oder militärischen Mitteilungen zu machen. Graf Kálnocky[4] hat dies mit dem Bemerken verdankt, daß Kaiser Franz Josef über die politische Stellung des Prinzen von Wales vollkommen informiert sei. [...]

GLA 233/34798 Ausf., mit Brief dem Großherzog vorgelegt 18. 9., zurück 4. 10. 88; 49/2017 fol. 84 f. Konz.; gedr. *Gradenwitz* S. 30 f.

[1] Besuch Wilhelm II. in Petersburg, vgl. Nr. 892 Anm. 1 u. die politischen Berichte Herbert v. Bismarcks: Große Politik VI Nr. 1345. 1346.
[2] Königin Luise v. Dänemark (1817—98), geb. Prinzessin von Hessen-Kassel, 1842 verh. mit Christian IX. König v. Dänemark (1818—1906).
[3] Über das Eintreten des Prinzen u. der Prinzessin (Alexandra v. Dänemark, 1844—1920), v. Wales für den Herzog v. Cumberland vgl. Bericht Herbert v. Bismarck 25. Juli 1888, Große Politik VI Nr. 1346, bes. S. 330 ff.
[4] Gustav Graf Kálnocky (1832—98), 1874 öster.-ungar. Gesandter in Kopenhagen, 1880 Botschafter in Petersburg, 1881—95 Außenminister.

900. Marschall an Turban.

Berlin, 21. September 1888.

(Rundschau unter Kreuzband.) Ew. Exz. beehre ich mich, das Oktoberheft der Monatsschrift „Deutsche Rundschau" unter Hinweis auf den darin an erster Stelle enthaltenen Auszug aus Kaiser Friedrichs Tagebuch vom Jahr 1870—71 zur hochgeneigten Kenntnisnahme ergebenst zu überreichen, da diese Veröffentlichung nicht verfehlen wird, großes Aufsehen zu machen[1].

Im Auswärtigen Amte ist man der Ansicht, daß die Publikation von freisinniger Seite erfolgt ist, und der sog. Auszug, wenn auch der Hauptsache nach ächt, doch im Detail, für freisinnige Wahlzwecke zugerichtet ist. Die Spitzen, die sich an verschiedenen Stellen gegen Bismarck finden, dem u. a. vorgeworfen wird, daß er die richtige Zeit zur Gründung eines deutschen Kaiserreichs im Sinne des Verfassers versäumt habe, die ungewöhnliche Breite, in welcher ein Auftritt zwischen dem Verfasser und Bismarck geschildert ist (S. 19), die öftere Betonung, daß der Ausbau Deutschlands in freisinniger Richtung erfolgen müsse, das Verlangen verantwortlicher Reichsministerien, das dem Kaiser zugeschriebene Geständnis, daß er gefehlt habe, die Kaiserfrage 1866 gleichgültig behandelt zu haben (S. 15), die Kritik des Berliner Hoflebens gelegentlich der Erwähnung des Geburtstags des damaligen Prinzen Wilhelm, das Lob Twestens[2] und der Volkszeitung usw. — daß alle diese für die Freisinnigen in diesem Augenblicke so erwünschten Dinge in dem 1870/71 abgefaßten Originale auf dem engen Raume von 32 Druckseiten sich vereinigt finden sollten, ist allerdings kaum glaublich. Die Vossische Zeitung ist denn heute schon an der Arbeit, das Tagebuch in ihrem Sinn zu verwerten.

GLA 233/12802 Ausf., 49/2017 fol. 88 Konz.; erwähnt *Gagliardi* S. 286 Anm. 340a.

[1] Zur Sache vgl. Kaiser Friedrich III. Das Kriegstagebuch von 1870/71, hg. v. H. O. *Meisner* (1926). — Pressestimmen bei *Schultheß* S. 133 ff.
[2] Karl Twesten (1820—70), Schleswigholsteiner, 1859 Verfasser der anonym erschienenen klassischen Programmschrift des deutschen Liberalismus „Woran uns gelegen ist", 1866 Mitbegründer der nationalliberalen Partei.

901. Marschall an Turban.

[Berlin,] 24. September 1888.

Auftrag[1] vollzogen. Reichskanzler hält angebliches Tagebuch Kaiser Friedrichs nicht für echt, sondern für nachträgliche Kompilation von wahren und falschen Tatsachen[2]. Norddeutsche wird heute abend bezüglichen Artikel bringen und erklären, daß Mitteilung ohne Wissen des Kaisers erfolgt ist. Reichskanzler trifft heute abend hier ein, um mit Kaiser darüber zu konferieren. Kaiser reist von Stuttgart über Sigmaringen nach Mainau.

GLA 49/2017 fol. 98 (Konz. für chiffr. Tel.). Von Turban dem Großherzog vorgelegt am gleichen Tage (GLA FA Korresp. 13 N 536), teilw. (mit falschem [27.] Datum) gedr. *Gagliardi* I S. 286 Anm. 340a.

[1] Nicht erhalten.
[2] Bismarcks erste Stellungnahme in seinem Immediatbericht vom 23. Sept. (Ges. Werke VIc Nr. 396), der am 27. Sept. im Reichsanzeiger veröffentlicht wurde. Die verschiedenen Fassungen und ihre Diskussion bei O. *Gradenwitz*, Bismarck am Schreibtisch (1932).

902. Marschall an Turban.

Berlin, 26. September 1888.

Geheim! Ew. Exz. beehre ich mich ergebenst anzuzeigen, daß nach einer mir gewordenen vertraulichen Information der Herr Hausminister[1] die Originale des Tagebuchs Kaiser Friedrichs vom Jahre 1870/71 aufgefunden hat; es sind drei solche Tagebücher vorhanden[2]: zwei derselben sind im wesentlichen gleichlautend und enthalten in der Hauptsache nur Tatsachen; das eine ist ersichtlich in der bezeichneten Zeit als wirkliches Tagebuch geschrieben. Dagegen stellt sich das dritte als eine in späterer Zeit erfolgte kritische, mit Anmerkungen versehene Bearbeitung des eigentlichen Tagebuchs dar. Die Veröffentlichung der Deutschen Rundschau stimmt mit keinem der Tagebücher wörtlich überein, vielmehr stellt sich dieselbe als eine neuerliche Bearbeitung dar, deren Verfasser alle drei Originale gekannt haben muß. Daß dabei zahlreiche Auslassungen vorkommen und das Ganze in einer bestimmten Tendenz zugerichtet ist, soll schon bei einer oberflächlichen Vergleichung erkennbar sein.

Darüber, von wem die Veröffentlichung herrührt, ist noch keinerlei Anhaltspunkt gewonnen. Man vermutet, daß der Kaiser einzelne Abzüge von seinen Tagebüchern hat machen lassen und einzelnen näheren Bekannten mitgeteilt hat.

GLA 233/34798 Ausf., erhalten u. dem Großherzog vorgelegt 27. 9., zurück 4. 10. 88; 49/2017 fol. 96 Konz.

[1] Wilhelm v. Wedel-Piesdorf (1837—1915), 1888—1907 Minister des königl. Hauses.
[2] Zur Überlieferungsgeschichte vgl. jetzt: *Meisner* S. VII ff.

903. Gelzer an Großherzog Friedrich.

Witwald, 27. September 1888.

Während unserer August-Konferenzen in Baden habe ich mit Ihnen und der Großherzogin über die Individualität, die Aufgaben und Gefahren Ihres jetzigen hohen Gastes und Neffen gesprochen. Daraus ist der beiliegende Brief entstanden[1]. Er wird nur dann das gewünschte Ziel erreichen, 1) wenn er aus Ihrer Hand an den Kaiser gelangt, 2) wenn Sie den Brief mit dem erforderlichen Kommentar über den Schreiber an den Empfänger begleiten; denn obwohl mich der ehemalige Prinz Wilhelm öfter gesehen und gesprochen, so weiß er doch nichts von meinen intimeren Beziehungen zu seinem Großoheim, Großvater und Vater.

Aus meinem Briefe ersehen Sie, daß ich einen Versuch machte, ob die Empfänglichkeit über die höheren und höchsten Gesichtspunkte seines Berufs und seiner Laufbahn sich wecken lassen. Mir schien, die Stunde eigne sich für das Wagnis eines solchen Versuches; doch rüste ich mich (zu Ihrer Beruhigung sei es gesagt) zum voraus mit der Resignation, wie Leben und Erfahrung sie uns lehren.

GLA FA Korresp. 13. Bd. 24 Nr. 740.

[1] Nicht vorhanden.

904. Gelzer an Großherzog Friedrich.

Witwald, 2. Oktober 1888.

Die unselige Angelegenheit des Tagebuchs von Kaiser Friedrich[1]. *[...]* Nun mußte gerade vor der Reise des Kaisers nach dem Süden, nach Süddeutschland,
Bayern, Österreich und Italien zur bösen Stunde dieser Zündstoff in die Welt geworfen werden durch die Hand eines Mannes, von dem ich fürchte, er steht nicht
weit von der Schwelle des Irrenhauses! Es ist eine Drachensaat, die über dem Grabe des beweinenswerten Kaisers Friedrich nun den ohnehin schon wütenden Par-
teihaß in hellen Flammen zu endlosen Anklagen anfeuert und seinen Charakter
mit seinen Licht- und Schattenseiten nun der rohen Betastung des Streites der
Parteien preisgegeben hat, welche die Leiche des vor wenigen Monaten bestatteten
Dulders im Straßenstaube des politischen Hasses und Zankes herumzerren!
*Tröstlich ist nur, daß die Aufnahme des Kaisers im Süden[2] schon ganz anders
ist als vor 25 Jahren, als wir von dem deutschen Einheitsbund noch weit entfernt
waren. [...] Ein gründliches Gespräch wäre mir jetzt wichtiger als ein Brief.*
Briefe, wie aufrichtig sie auch sein mögen, ersetzen doch nicht von ferne den un-
mittelbaren Gedankenaustausch. Das erfuhren wir wieder auf das überzeugendste
während unsrer ergiebigen Besprechungen zu Baden in den ersten Augusttagen...
[Es] liegt für mich etwas Ergreifendes in der Tatsache, daß die Fragen, die wir in
Bezug auf Kaiser Friedrich in tiefstem Vertrauen in den Gemächern des Schlosses
zu Baden prüften, jetzt vor aller Welt, auf den Dächern (um den Ausdruck des
Evangeliums zu brauchen) verhandelt werden.

GLA FA Korresp. 13. Bd. 24 Nr. 741.

[1] Vgl. Nr. 900.
[2] Wilhelm II. war am 27. Sept. in Stuttgart, am 29.—30. auf der Mainau, am 1. Okt.
1888 in München.

905. Marschall an Turban.

Berlin, 16. Oktober 1888.

Vertraulich! Die gegen Professor Geffken als Urheber der bekannten Veröffentlichung in der Deutschen Rundschau geführte strafgerichtliche Untersuchung hat,
wie ich vernehme, nunmehr festgestellt, daß die inkriminierte Publikation im wesentlichen mit dem einen der drei im Hausministerium aufgefundenen Tagebücher
des höchstseligen Kaisers aus dem Jahr 1870/71, und zwar mit demjenigen identisch ist, welches kritische Bemerkungen enthält und allem Anschein nach erst in
späterer Zeit verfaßt wurde. *[...]*
Die Verteidigung Geffkens gründet sich, wie ich vernehme, einmal auf die Behauptung, daß Kaiser Friedrich ihn bei Gewährung der Einsicht des Tagebuchs zu
der Publikation ermächtigt habe, und außerdem auf die Versicherung seiner bona
fides bezüglich der angeblichen Schädlichkeit des Inhalts. Ein Beweis in ersterer
Hinsicht ist nicht angetreten worden. —
Die gestern erschienene Broschüre Mackenzies[1] ist noch im Laufe der Vormit-
tagsstunden in Beschlag gelegt worden, dem Vernehmen nach auf Grund gerichtlichen Befehls wegen einer darin enthaltenen Majestätsbeleidigung. Worin diese

real [?] gefunden wird, ist mir bei einer allerdings etwas oberflächlichen Durchlesung der Broschüre nicht klar geworden; vielleicht hat die Behauptung Mackenzies, die ihm unmittelbar nach dem Tode des Kaisers aufgetragene Berichterstattung über den Verlauf und die Natur der Krankheit sei „eine Falle" gewesen, in die man ihn locken wollte, Anlaß zu der Beschlagnahme gegeben. Im übrigen enthält die Broschüre neben der allgemeinen Bezeichnung aller bei der Behandlung beteiligten deutschen Ärzte — mit Ausnahme Krauses — als „unfähig", „roh" usw. die direkte Anklage, daß Gerhardt durch seine Behandlung das gutartige Gewächs in einen Krebs verwandelt habe, daß Bergmann und Bramann durch falsche Behandlung nach der Tracheotomie den Kaiser schon geschädigt und Bergmann ihm am 12. April dadurch den Todesstoß gegeben habe, daß er die Kanüle statt in die Luftröhre in die vor derselben befindliche Zellengewebe eingestoßen und dadurch einen tödlich wirkenden Abszeß verursacht habe.

GLA 233/34798 Ausf., erhalten u. dem Großherzog vorgelegt 19. 10., zurück 29. 10. 88; 49/2017 fol. 99 f. Konz.

¹ „Die verhängnisvolle Krankheit Friedrichs des Edlen, Styrum 1888" (15. Okt.).

906. Gelzer an Großherzog Friedrich.

Basel, 17. Oktober 1888.

Heute ist mein 75. Geburtstag. Seit jenem 18. Oktober 1863 auf Mainau haben wir ein volles Vierteljahrhundert hindurch in allen Stürmen, Kämpfen und Umgestaltungen Deutschlands und halb Europas unerschütterlich an den beiden großen Grundgedanken Steins, des geistigen Gründers der Reorganisation Preußens und Deutschlands (1807—13) festgehalten: I. Die Politische Einigung Deutschlands ist unentbehrlich zur Rettung und Erhaltung der deutschen Nation wie zum Heile Europas. II. Diese politische Einigung ruht aber nur dann auf sichern Grundlagen, wenn es gelingt, die innere Einigung, das geistige Einverständnis durch unantastbare sittliche Überzeugungen und durch gemeinsame Ziele einer gesunden Nationalerziehung anzubahnen und zu befestigen.

Daß wir vor 25 Jahren diese beiden Ziele fest ins Auge faßten und daß wir diesen rettenden Zukunftsgedanken auch trotz der schwersten Anfechtungen aller Art treu blieben — das betrachte ich heute dankerfüllt als eine der erhebendsten Erinnerungen Ihres und meines Lebens. Diesen edeln Ruhm soll Ihnen für alle Zukunft niemand streitig machen! *Was Sie geleistet, gelitten, erreicht und verhütet haben, soll heute nicht dargestellt werden.* So Gott will, wird es mir im kommenden Jahr vergönnt sein, hierüber ein öffentliches Zeugnis abzulegen angesichts der deutschen Nation und des politisch gebildeten Europas. *[...]*

Die politische Einigung Deutschlands und Zentraleuropas steht heute vollzogen vor den Augen des erstaunten Europa da. Und sie wurde vollzogen, ohne daß die Gefahr eines furchtbaren zerstörenden europäischen Kriegsgewitters — obwohl fortwährend drohend über unsern Häuptern schwebend — wirklich über uns hereinbrach. *Der erste von Steins Grundgedanken ist demnach verwirklicht.*

In Bezug auf Steins zweite Maxime müssen wir bekennen: Die innere Einigung, das geistige Einverständnis auf dem Grunde großer vereinigender sittlicher Überzeugungen ist in Deutschland und halb Europa durch zunehmende Entfesselung des wildesten Partei-, Rassen-, Klassen- und Sektenhasses schwerer bedroht als seit langer Zeit. Immer seltener wird daher bei der Menge das Verständnis des erhabenen Wortes unsers größten Dichters: „Was ist das Heiligste? Das, was heut und ewig die Geister tiefer und tiefer gefühlt, immer nur inniger gemacht!"

Ist das aber das wahre Bild der Gegenwart, dann dürfen wir uns auch keinen Augenblick länger darüber täuschen, daß die Gefahr eines neuen barbarischen Zeitalters hörbar genug an unsere Türen klopft. [...] Die große Entscheidungsfrage für Deutschland und Europa ist seit dem 2. Sept. 1870[1] und seit dem 15. Juni 1888[2] eine Kulturfrage, in der es sich um nichts Geringeres handelt als um den Kampf zwischen Verwilderung oder Veredlung der Menschheit, zwischen Barbarei und höherer Bildung. Seit 1870 stehen wir in einer folgenschweren Kulturkampfperiode im obigen umfassenden Sinn des Wortes, keineswegs in dem Sinn jenes römisch-preußischen (Kulturkampf genannten) Konflikts, der für die wahrhaft geschichtliche Betrachtung nur als eine verunglückte und verfrühte Episode in jenem großen europäischen Kulturkampf des 18. und 19. Jahrhunderts erscheint, der im 20. Jahrhundert seine Fortsetzung und vielleicht den Anfang einer Lösung finden wird.

Es stand in innigem Zusammenhang mit dieser meiner Grundanschauung des Charakters unsers Zeitalters, wenn ich in der (durch E. K. H. vermittelten) Zuschrift an den jungen deutschen Kaiser zum 30. Sept. 88[3] die ernste Alternative für die Bedeutung seiner Regierungsaufgaben stellte: In den nächsten 12 Jahren ... wird wohl die Entscheidung darüber sich vollziehen, ob die neue deutsche Ära von 1870—88 ... nur als eine vorübergehende Episode ähnlich der napoleonischen Episode von 1852—70 erscheinen wird, oder ob sie ... als ein bahnbrechender Schritt sich bewährt. Für die erhabene ethische und politische Aufgabe, welche Steins Heldensinn (14. Sept. 1813) mit der Losung ankündigte: Regeneration Europas.

GLA FA Korresp. 13 Bd. 24 Nr. 742.

[1] Schlacht bei Sedan.   [2] Tod Kaiser Friedrichs III.
[3] Vgl. Nr. 903.

907. Marschall an Großherzog Friedrich.

Berlin, 22. Oktober 1888.

E. K. H. berichte ich ehrfurchtsvoll, daß nach einer mir gewordenen höchst vertraulichen Information gelegentlich der gegen Geheimrat Geffken auf Grund des § 92 des R.St.G.B. geführten Untersuchung auch die Person des Großherzoglichen Geheimrats Freiherrn von Roggenbach insofern in Mitleidenschaft gezogen ist, als sich bei der in der Wohnung des Angeschuldigten vorgenommenen Durchsuchung verschiedene von der Hand des Freiherrn von Roggenbach herrührende Schriftstücke politischen Inhalts vorgefunden haben, die für die Untersuchung erheblich erscheinen und darum zu den Akten genommen wurden. Diese Schriftstücke sind:

1. Briefe des Freiherrn von Roggenbach an Herrn Geffken, aus denen hervorgehen soll, daß ersterer um die Publikation des Tagebuches gewußt hat;

2. ein Brief des Freiherrn von Roggenbach an Herrn Geffken, in welchem sich scharfe, an das Strafgesetzbuch streifende Ausfälle gegen den jetzigen Kaiser vorfinden;

3. ein Promemoria, in welchem Freiherr von Roggenbach ein Regierungsprogramm für den jetzigen Kaiser in antibismarckischem Sinne entwirft und für den Fall der Befolgung des Programms seine Unterstützung zusagt. —

Eine bei Freiherrn von Roggenbach vorgenommene richterliche Durchsuchung ist ohne Ergebnis geblieben; darüber, ob etwa eine Ausdehnung der Untersuchung auf seine Person in Aussicht genommen ist, bin ich nicht informiert.

Mein Gewährsmann hat mir diese vertraulichen Mitteilungen auf Grund meiner bestimmten Zusicherung gemacht, daß dieselben ausschließlich zur allerhöchstpersönlichen Information E. K. H. würden benützt werden. Bei Wiedergabe derselben ist, wie ich E. K. H. untertänigst versichern darf, lediglich die pflichtmäßige Erwägung maßgebend, daß es E. K. H. von hohem und nicht nur persönlichem Interesse sein wird, von der Sachlage unterrichtet zu sein, zumal sowohl S. M. der Kaiser wie Fürst Bismarck von den fraglichen Schriftstücken Kenntnis genommen haben. Sollten E. K. H. weitere Informationen wünschen, so möchte ich — wenn es mir gestattet ist, unaufgefordert allerhöchstdemselben eine Meinung zu unterbreiten — untertänigst anheimstellen, ob E. K. H. sich etwa direkt an S. M. den Kaiser mit der nach dem Inhalte des Tagebuchs und den bestehenden Beziehungen unauffälligen Anfrage wenden wollten, ob etwa die Person des Freiherrn von Roggenbach gelegentlich der schwebenden Untersuchung zur Sprache gekommen sei. E. K. H. würden auf diesem Wege in die Lage kommen, nicht nur von der Auffassung an hiesiger maßgeblicher Stelle Kenntnis zu erhalten, sondern auch allerhöchstselbst ein Urteil über das Verhalten des Freiherrn von Roggenbach sich zu bilden, während bei den mir gewordenen skizzenhaften Mitteilungen möglicherweise subjektiven Auffassungen ein erheblicher Spielraum gewährt wurde. [...]

GLA FA Korresp. 13 N 451 Ausf. Nach Tgb. Marschall 22. Okt. 1888 war Holstein der Informant.

908. Marschall an Turban.

Berlin, 3. November 1888.

[...] Nicht minder schwer als durch die Wahlen des 30. v. M. ist die freisinnige Partei durch die Worte des Mißfallens betroffen worden, welche S. M. der Kaiser vor acht Tagen an die städtische Deputation gelegentlich der Überreichung einer Huldigungsadresse gerichtet hat[1]. Obgleich der nach der Richtigstellung des Reichsanzeigers ausgesprochenen Vorlage des Kaisers, „daß das fortdauernde Zitieren allerhöchstseines seligen Vaters gegen seine Person endlich unterbleibe", jeden Zweifel über die Adresse jener Worte ausschließt, hat doch die hiesige freisinnige Partei den Versuch gemacht, unter Hinweis auf die Battenbergische Angelegenheit die Kartellgenossen als den schuldigen Teil darzustellen. Um diesem Treiben definitiv ein Ende zu machen, wird heute abend im Reichsanzeiger eine amtliche Mitteilung erscheinen[2], wonach der Kaiser mit jenen Äußerungen lediglich die Berliner freisinnige Presse gemeint und die Ermahnung darum an die städtische Deputation gerichtet habe, weil einzelne Mitglieder der städtischen Behörde mit jener Partei in Verbindung ständen und darum von dieser Seite auch Abhilfe zu erwarten stehe. —

Die Berliner städtischen Behörden werden sich über das entschiedene Vorgehen

S. M. des Kaisers ebensowenig wie die Berliner Presse beklagen können. Wenn die letztere in den Fragen Geffken, Mackenzie usw. durch fortwährendes Zitieren des hochseligen Kaisers Friedrich und durch Verherrlichung des letzteren auf Kosten seines Nachfolgers Unglaubliches an Taktlosigkeit und Illoyalität geleistet, so haben auch die städtischen Behörden in allem den Stadtrat selbst in gleicher Weise gestärkt. Die demonstrativ gefaßten Beschlüsse über Errichtung eines Denkmals für Kaiser Friedrich und die Kaiserin Friedrich-Stiftung — wobei der jetzt regierende Kaiser weder gefragt noch seiner mit einem Worte gedacht wurde — das Telegramm des Oberbürgermeisters von Forckenbeck an den Generaladjutanten des Königs von Italien, um letzterem für den Empfang des Kaisers zu danken — ein mindestens wenig taktvolles Vorgehen — alle diese Dinge zusammengenommen mußten dem Kaiser einen peinlichen Eindruck machen. Wie ich vernehme, hat Allerhöchstderselbe auch in Hamburg bei verschiedenen Gesprächen insbesondere auch bei dem Festmahle[3] seinen Nachbarn (Bürgermeister Versmann[4] und Petersen[5]) gegenüber seinem Unwillen über das Berliner Treiben in sehr scharfen Worten Ausdruck gegeben und eventuell weitere Maßregeln in Aussicht gestellt, wenn seine Ermahnung nichts helfe. —

GLA 49/2017 fol. 106 f. Konz.

[1] Empfang der Berliner Stadtvertretung am 28. Okt. 1888, die den Kaiser um Annahme eines zu errichtenden Monumentalbrunnens ersuchte (*Schultheß* S. 156 ff.)
[2] Gedr. *Schultheß* S. 161.
[3] Anläßlich des Zollanschlusses von Hamburg und Bremen an das deutsche Zollgebiet Feierlichkeiten in Anwesenheit des Kaisers in Hamburg am 29. Okt. 1888 (*Schultheß* S. 153 ff.)
[4] Johannes Versmann (1820—99), 1859 Präses des Hamburger Handelsgerichts, 1861 Senator, seit 1887 neunmal Bürgermeister, von Haus aus Gegner des Zollanschlusses, aber Mitglied der vorbereitenden Kommission.
[5] Karl F. Petersen (1809—92), 1831 Advokat in Hamburg, 1855 Senator, 1876 Bürgermeister.

909. Marschall an Großherzog Friedrich.

Berlin, 7. November 1888.

Freiherr von Roggenbach machte mir heute folgende vertraulichen Mitteilungen und stellte mir anheim, sie E. K. H. mitzuteilen. Der Veröffentlichung des Tagebuches Kaiser Friedrichs stehe er völlig fern, habe auch nie weder dies noch ein anderes Tagebuch des Kaisers zu Gesicht bekommen. Die Nachricht der geschehenen Publikation habe ihn auf der Reise nach der Mainau völlig überrascht. Daselbst angekommen, sei er durch Herrn von dem Knesebeck in den Besitz des Oktoberhefts der Rundschau gelangt, und habe er daraus erstmals Kenntnis von dem Inhalte desselben genommen. Keinen Augenblick sei ihm der Gedanke gekommen, daß Herr Geffken der Urheber der Veröffentlichung sein könne. [...]
Mit den Tatsachen in Widerspruch stehe es, wenn aus der öfteren Zitierung seines Namens in dem Tagebuch irgendwelche Schlußfolgerung gezogen werde, denn darüber, daß die politischen Anschauungen des Kronprinzen über die Gestaltung der deutschen Frage mit den seinigen nicht identisch gewesen seien, könne Niemand im Zweifel sein, der über die damaligen Vorgänge unterrichtet gewesen, am allerwenigsten aber Fürst Bismarck, der genau gewußt, daß er — Freiherr von Roggen-

bach — von Anfang an die föderative Gestaltung Deutschlands als logische Konsequenz des im Bündnisse mit den süddeutschen Staaten geführten Krieges angesehen und darum die Kaiser-Frage im direkten Gegensatz mit dem Kronprinzen als eine mehr dekorative angesehen habe. Daraus ergebe sich schon, daß er um eine Publikation nicht gewußt haben könne, welche für den Uneingeweihten ein falsches Bild seiner Haltung zu geben geeignet sei.

Die Veröffentlichung des Tagebuchs habe er als eine grobe Indiskretion tief bedauert; wie man zu dem Argwohn gelangte, daß er in irgend welcher Weise dabei beteiligt sei, erscheine ihm unerfindlich. Die erste diesbezügliche Mitteilung sei ihm etwa am 13. Oktober in Form eines von dem hiesigen Untersuchungsrichter an den Amtsrichter in Schopfheim gerichteten und von diesem ihm übermittelten Telegramms zugekommen, in welchem er gebeten worden sei, sich nach Fahrnau zu begeben, um einer gerichtlichen Handlung beizuwohnen. Als er am 15. dorthin gekommen, habe die Durchsuchung seiner Papiere bereits stattgefunden gehabt; bei derselben seien etwa 16 für die Untersuchung völlig belanglose Briefe Geffkens aus früherer Zeit gefunden worden. Er habe darauf dem Untersuchungsrichter, der bereits wieder nach Berlin zurückgereist gewesen, schriftlich von dem Sachverhalte Kenntnis gegeben und sich demselben behufs weiterer Information zur Verfügung gestellt. Auf gestern sei er nun zur Einvernahme dahier vorgeladen gewesen. Der Untersuchungsrichter habe ihm dabei zwei von seiner Hand herrührende, an Geffken gerichtete Briefe aus der neueren Zeit vorgezeigt, die gelegentlich der bei letzterem vorgenommenen Haussuchung vorgefunden worden seien, Briefe, die mit dem Tagebuch bzw. der Veröffentlichung in gar keiner Beziehung ständen. In dem einen derselben beleuchte er — Freiherr von Roggenbach — ein ihm von Herrn Geffken zugesendetes Promemoria staatsrechtlichen Inhalts[1]. [...] Das Promemoria beziehe sich unter anderem auf die Stellung der evangelischen Kirche, auf sozialpolitische Aufgaben usw., es fänden sich darin allerdings einige Ausfälle gegen die jetzige Richtung, andererseits werde die auswärtige Politik des Reichskanzlers ausdrücklich gebilligt und das Verbleiben des letzteren als eine Notwendigkeit bezeichnet. Die ursprüngliche Idee sei gewesen, das Promemoria als Broschüre zu veröffentlichen, später habe Geffken angeregt, ob dasselbe nicht direkt S. M. dem Kaiser überreicht werden solle und er — Roggenbach — vielleicht in der Lage sei, die Vermittlung E. K. H. zu diesem Zwecke anzurufen. Auf diese Anregung sei er nicht eingegangen, vielmehr habe er, nachdem er von der Verhaftung Geffkens Kenntnis erhalten, das Promemoria an dessen Verteidiger übersandt unter gleichzeitiger Benachrichtigung des Untersuchungsrichters. Was den Inhalt des zweiten Briefes betreffe, so beziehe sich dieser nicht auf das Promemoria; er enthalte einen Passus, der dem Sinne nach von dem jetzigen Kaiser sage, daß er in ständiger Bewegung sei und manches spreche, was besser ungesprochen geblieben wäre. Genau vermöge er sich des Wortlautes nicht zu erinnern, da er die Briefe bei ihrer Vorzeigung nicht durchgelesen habe. Das sei ein ganz vertrauliches Wort gewesen, von dem er nicht habe annehmen können, daß es jemals in andere Hände gelange.

Die Veröffentlichung des Tagebuches verwerfe er auf das schärfste. Von Stosch, den er — Roggenbach — vor kurzem gesprochen, habe ihm gesagt, er kenne verschiedene metallographierte Tagebücher des Kaisers Friedrich; letzterer habe auch ein Tagebuch von 1870/71 erwähnt, dabei aber bemerkt, das könne er niemandem zeigen, da es zu sehr persönlicher Natur sei.

Herr von Roggenbach sagte mir schließlich, daß er E. K. H. mit dieser, seine Person betreffenden Angelegenheit bisher nicht behelligen wollte, mir aber dankbar sein werde, wenn ich Allerhöchstdenselben über seine Mitteilungen eingehenden Bericht erstatten werde. *[. . .]*

GLA FA Korresp. 13 N 451 Ausf. Tgb. Marschall: 7. Nov. 1888. „Während des Frühstücks 1¹/₂ Stunden dauernder Besuch Roggenbachs, der mir die ganze Angelegenheit von seinem Standpunkt erzählt, damit ich sie dem Großherzog mitteile. Er ist anfangs aufgeregt, dann recht klein, er ist unaufrichtig. Bericht an den Großherzog" (Oberkirch, Besitz Frau v. Seyfried).

¹ Nr. 897.

910. Roggenbach an Großherzog Friedrich.

Segenhaus bei Neuwied, 10. November 1888.

Gestern abend von Berlin zurückgekehrt, erkenne ich es als meine dringendste Pflicht, E. K. H. umfassenden Bericht über die Vorgänge und Maßnahmen zu erstatten, die sich um meine Person abgespielt haben, und den Zusammenhang darzulegen, in welchem dieselben zur Zeit für mein Auge erscheinen.

Ich habe bisher absichtlich unterlassen, es zu tun, einmal, weil ich in der Tat wenig zu sagen hatte, was die E. K. H. unstreitig durch Bericht der großherzoglichen Justiz- und Verwaltungsbehörden bekannt gewordene Tatsache der am 14. v. M. stattgefundenen Haussuchung hätte aufklären können. Dann aber auch, weil ich unter allen Umständen vermeiden wollte, E. K. H. mit einer eigenen Angelegenheit zu befassen, deren Tragweite, Ursache und Zusammenhang mir vollkommen dunkel war und von welcher ich von künftiger Entwicklung selbst alle Aufklärung zu empfangen hatte.

Zudem war ich vollkommen gegen jede auch entfernteste Vermutung, daß ich irgend eine Mitwissenschaft der geschehenen Veröffentlichung der Tagebuchauszüge habe, schon durch den Umstand gesichert, daß ich selbst mit E. K. H. und der Frau Großherzogin mich in Konjekturen über den möglichen Einsender ergangen und dabei auch bestimmt geäußert hatte, mich nicht zu erinnern, von jemand zu wissen, der fragliches Tagebuch gesehen. Das Beste war, ruhig abzuwarten, bis es klar würde, welche Kombinationen dahin geleitet haben, mich mit der ganzen Angelegenheit überhaupt in Verbindung bringen zu wollen.

Dazu hat mein Aufenthalt in Berlin, die Richtung der Vernehmung, vor allem aber ein Gespräch mit Herrn von Marschall einiges Material beigebracht, welches letzteres mich eigentlich zuerst auf die Spur brachte, als welch großen Verbrecher seit lange her ich mich eigentlich hätte fühlen sollen und künftig wohl täte zu betrachten. Es war mir das um so wertvoller, als ich keinerlei Ahnung dieser inhärenten Bösartigkeit hatte, und Herr von Marschall dem Herde des Argwohns nahe genug gestellt ist, um zugleich in den Geheimnissen der Untersuchungsakten wohl bewandert zu sein. Ich bat ihn selbstverständlich, E. K. H. genau über den Inhalt unseres Gespräches zu referieren¹, muß mir aber doch zu bemerken erlauben, daß darnach das „audiatur et altera pars" auch ein Recht hat, zu Wort gelassen zu werden.

Wie es in solchen Vorkommnissen der Fall zu sein pflegt, gibt es immer einige Punkte, wo die Krystalle des Argwohns ansetzen können, und ein gewisses Spiel des verhängnisvollen Zufalls hilft dabei mit. So auch hier. — Daß die Saat des Mißtrauens so üppig emporschoß, kam daher, daß sie auf einen äußerst günstig vorbereiteten Boden fiel. Letzteres namentlich dadurch, daß Geh. Rat Geffcken diesen Sommer hier in Segenhaus auf Besuch war und daß er den törichten und für mich sehr unangenehmen Unfug sich erlaubte, in den Auszügen meinen Namen so oft wiederkehren zu lassen. Ich nehme an, daß er, weil er selbst in kleinlicher Eitelkeit seinen Namen gerne gedruckt sieht, von der Annahme ausging, mir eine angenehme Überraschung zu machen, während ich schon beim Vorlesen an Ihre K. H. nicht nur dadurch auf das peinlichste berührt wurde, sondern sogleich die Empfindung hatte, daß daraus für mich Unannehmlichkeiten entstehen müßten.

Ein richtiger Menschenbeurteiler, noch mehr aber jeder, der mich und meine Neigungen auch nur entfernt kennt, hätte aus der bloßen Tatsache, daß mein Name so oft in den Auszügen vorkommt, den Schluß machen müssen „H. v. R. weiß nichts von der Veröffentlichung, sonst wäre das nicht geschehen"; in Berlin schließt man umgekehrt, weil er sich so oft findet, m u ß er darum gewußt haben. Mir persönlich ist das politische Zeugnis und die Anerkennung Kaiser Friedrichs insbesondere als Kronprinzen keineswegs erwünscht. Ich habe dieselbe nie ambitioniert. Dieselbe ist mir in vielen Punkten unerklärlich, da ich in den meisten Fragen, insbesondere der Reichsbildung, mit demselben in schärfster Differenz war. In Berlin sagt man ganz einfach: Wir wissen zwar, daß H. v. R. in der Zeit sich stets für konföderative Gestaltung der Reichsentwicklung aussprach, allein Kaiser Friedrich hätte ihn nicht so sehr gelobt, wenn er ihm, dem eifrigen Zentralisten, sich nicht anders geäußert hätte, also d o p p e l z ü n g i g gewesen. An die Tatsache meiner scharfen Kontroversen mit dem Kronprinzen über alle diese Punkte glauben sie nicht, und doch waren sie S. Kais. Hoheit so sehr in Erinnerung, daß der hohe Herr noch nach Jahren — ich erinnere mich eines speziellen Falles aus dem Jahre 1884 auf Schloß Mainau — in einem gewissen Unmut ausrufen konnte: „Sie waren ja immer gegen meine Auffassung von Reich und Kaisertum."

Diese Anschauung von meiner Beteiligung an der Veröffentlichung wurzelte in den Tagen unmittelbar nach Erscheinen der Rundschaunummer und v o r der Entdeckung des Einsenders[2] so fest, daß, als ich von Schloß Mainau am 27. Sept. in Frankfurt a. M. ankam, Oberbürgermeister Miquel mich noch denselben Abend auf dieses Berliner mot d'ordre aufmerksam machte und andere an der Versammlung des sozial-politischen Kongresses beteiligte Mitglieder, die dorther kamen, die Tatsache desselben bestätigten.

Am andern Tage drang Miquel von neuem in mich, einen dementierenden Brief in die Nord. Allg. Zeitung zu senden. Ich erwiderte ihm, ich weiß von der ganzen Sache nichts und werde nach der Maxime handeln, qui s'excuse, s'accuse. Den andern Tag gab ich seinem Drängen nach und verfaßte einen solchen Artikel, mit dem er sich einverstanden erklärt hatte. Ehe es aber nach Schluß der Sitzung zur Absendung gekommen, hatte die Nachricht, Geh. Rat Geffcken habe sich als Einsender genannt, denselben unnötig gemacht. Ich nahm an, damit habe der falsche Lärm ein Ende. Keineswegs. — Der Immediatbericht erschien und bald darauf der E. K. H. wohlbekannte Artikel der Norddeutschen Allg. Zeitung gegen die mysteriösen Ratgeber, die sich an den Kronprinzen herandrängten und zu „unehrlicher Gewalttat trieben". Ich war dadurch über die Lage vollkommen klar und verkannte keineswegs deren vollen Ernst. Freilich war so ziemlich alles falsch an dem Artikel. —

Zunächst bin ich mir bewußt, mich niemals an irgend ein Glied des Hohenzollernschen Königshauses und seiner Kaiserlichen Oberhäupter „herangedrängt" zu haben. Ich bin seit Anfang der 50-er Jahre vielleicht 50—100mal in Berlin gewesen. Ich glaube, ich war kaum ein einziges Mal dort, ohne dringend und wiederholt aufgefordert worden zu sein, und kam fast immer nur widerstrebend und mit Hintansetzung eigner Rücksicht und Bequemlichkeit.

Zweitens habe ich in Versailles den Kronprinzen verhältnismäßig wenig gesehen, n i e ihn zu irgend etwas zu veranlassen versucht, einmal, weil dies überhaupt gegen meinen Charakter angeht, dann weil ich, offen gesagt, keinerlei politisches Unternehmen zu keiner Zeit in die Hände des Kronprinzen zu legen versucht oder auf dessen Unterstützung gestellt hätte.

Endlich habe ich nie ein Wort von „unehrlicher Gewalttat und ähnlichen Absichten" fallen hören und hätte nie etwas anderes getan, als solche Ideen zu bekämpfen.

E. K. H. als anwesend in Versailles sind vollkommen in der Lage, in Ihrer eigenen Erinnerung Zeugnis für die Bestätigung dessen zu finden, was ich hier in dieser Hinsicht niederlege. Daß ich mich indessen in der Adresse nicht geirrt, an welche der fragliche Artikel gerichtet war, bestätigte mir ungefragt Herr v. Marschall aus unzweifelhaft bester Quelle. — Weiterer Verlauf konnte mich in der Tat kaum mehr wundern.

Nachdem an einem toten, wehrlosen Helden und Kaiser ein erbarmungsloses historisches Gericht vollzogen, lag es nahe, die Gefolgschaft auf dem Grabe zu opfern und wenn nicht mit physischer, es doch mit moralischer Tötung zu versuchen. Ich habe mich in Berlin überzeugt, daß man damit in gewissen Kreisen schon erheblichen Erfolg gehabt.

Nachdem freilich, wie mir der Untersuchungsrichter sagte und auch der Rechtsanwalt Geh. Rat Geffckens bestätigen soll, letzterer ausgesagt haben soll, daß er ganz allein ohne irgend jemands Wissenschaft seiner Zeit die Auszüge gefertigt und nunmehr veröffentlicht habe, war der direkte Weg nicht gangbar. — Da inzwischen meine unmittelbar auf die Nachricht der Haussuchung gegebene Deposition damit übereinstimmte, so erübrigte nichts als, wie ich H. von Marschall als Notiz verdanke, die Annahme, beides sei nicht wahr. —

Zur Unterstützung dieser Argumentation wird nun der Aufenthalt Herrn Geffckens in Segenhaus im Monat Juli angezogen und auch in der Presse eifrig verwertet. Damit hat es nun folgende Bewandtnis: Während des Aufenthaltes der Frau Fürstin[3] in Königstein erschien daselbst H. Geffcken, der sukzessive alle Kaltwasseranstalten zur Heilung seiner Nervenleiden aufgesucht hatte. Der Ort mißfiel ihm sehr. Die Fürstin, selbst krank, konnte nichts für ihn tun. Er zog verzweifelt nach der Laubach bei Coblenz. Von dort schrieb er flehentlich, die Fürstin möge ihm erlauben, nach eigner Rückkehr hierher zu kommen, einen in der Nähe wohnenden K r ä u t e r a r z t zu gebrauchen, dessen Thee ihm früher allein geholfen. Die Fürstin sagte ihm selbstverständlich und ganz ohne mein Zutun zu. Dies der Ausgangspunkt der zu so gefährlicher Verschwörung geplanten Zusammenkunft. —

Und doch wurde dieselbe eine Veranlassung, ein weiteres Glied in die Kette der Verdachtsgründe einzuschieben. —

E. K. H. werden sich vielleicht entsinnen aus einem Gespräche auf dem Spaziergang auf Mainau, wie sehr ich unter dem Eindrucke des Abreißens aller Tradition durch plötzliches Verschwinden von fast zwei Generationen im kaiserlichen Hause von dem Gedanken beherrscht war, in dem noch jugendlichen Kaiser die weitesten politischen und historischen Gesichtspunkte und Horizonte zu entwickeln, die zur größten Herrscherleistung allein fähig machen. Das gleiche Thema besprach ich, als der Nervenzustand Geh. Rat Geffckens es zu erlauben anfing, auch mit demselben. — Nicht ein Wort gegen den Reichskanzler und die Tagespolitik. Im Gegenteil, beiderseitiges Einverständnis über das seltene Glück, daß Kaiser Wilhelm II. seine Regierung noch unter Beihülfe des Rates des Kanzlers beginnen konnte. — Ich äußerte den Gedanken, eigentlich müsse die staatswissenschaftliche Literatur sich speziell von dem Gesichtspunkte durchdringen, S. M. dem Kaiser nützlich zu sein und demselben die verschiedenen Seiten der wichtigen Fragen, welche sich während der Regierungszeit S. M. notwendig zur Lösung stellen werden, gründlich wissenschaftlich beleuchtet, zugänglich zu machen. Dies dachte und sagte ich ohne den leisesten Wunsch, dadurch Einfluß auf die schließliche Entscheidung üben zu wollen. Am wenigsten lag ein parteipolitischer Gedanke dabei vor. Ich sprach mit einem Mann notorisch extremster konservativer und kirchlicher Richtung und hatte ganz allein die Anregung der Diskussion der unabweisbaren Zukunftsfragen im Auge, gleichgültig, von welcher Seite solche ausgehen würde. Geh. Rat Geffcken griff den Gedanken auf, und bei dessen bald erfolgender Abreise stellte er in Aussicht, während seines Aufenthaltes an der See einen Versuch in der angegebenen Richtung machen zu wollen.

Nach einigen Wochen erhielt ich eine Notiz, ich würde nächstens ein Konzept mit einer solchen Arbeit erhalten. Ich antwortete flüchtig und erhielt, während ich in Heidelberg mit der Hinterlassenschaft meines Vetters[4] beschäftigt war, das voluminöse Manuskript[5].

Dieses Manuskript spielt, wie mir scheint, in dem Argwohnsdrama, das in Szene geht, auch eine Rolle und wird mit der Tagebuch-Veröffentlichung in einen mir unverständlichen Zusammenhang gebracht. Das habe ich allerdings bei der Vernehmung nicht bemerken können, die sich rein auf tatsächliche Feststellung beschränkte; wohl aber bewiesen es die Mitteilungen, die ich Herrn von Marschall verdanke.

Der Verlauf war einfach folgender: Ich las gelegentlich, wie es die Zeit erlaubte, einzelne Abschnitte, deren Überschrift mich anzog. Ehe ich damit zu Ende war, erhielt ich zu meiner völligen Überraschung ein Schreiben des Geh. Rat Geffcken, worin er sagt, es sei ihm in den Sinn gekommen, daß seine Arbeit vielleicht besser verwertet sei, wenn er von der Veröffentlichung im Buchhandel absähe und dieselbe S. M. als Huldigung in Form einer Denkschrift darbrächte, wenn er dazu die Erlaubnis erhalten könne. Er habe sich gedacht, daß vielleicht E. K. H., wenn der Inhalt Billigung fände, ihm diese Allerhöchste Erlaubnis zu erwirken die Gnade haben würden. Ich verwarf den Gedanken nicht sofort, sondern sagte mir, das ist eine so gänzliche Änderung des ursprünglichen Ausgangspunktes, daß dazu eine besondere Prüfung des Konzeptes notwendig ist, und bemerkte nur, da ich grade das Kapitel über die Stellung der evangelischen Kirche im Staate gelesen, daß die darin entwickelten Ansichten mit denen E. K. H. nicht übereinstimmten und daß daher E. K. H. nicht mit der Sache befaßt werden könnten.

Ich las darauf das Manuskript ernstlich durch und erkannte sofort die völlige Unstatthaftigkeit und Unmöglichkeit des neuen Geffckenschen Gedankens. Dies aus drei ganz bestimmten Gründen. Einmal bewies schon die erste Seite die formelle Unzukömmlichkeit, da darin, wenn auch in der ehrfurchtsvollsten und von großen Hoffnungen getragenen Weise von S. M. dem jetzt regierenden Kaiser in der dritten Person referierend gesprochen wird. Dies mußte der Verfasser ganz vergessen haben, als er zu seiner neuen Idee überging. Zweitens blieben bei allgemeiner, objektiver Redaktion und wissenschaftlicher Fassung dennoch viel zu viel kritische Spitzen, welche in die aktuellen politischen Fragen übergriffen, als daß an eine solche Unterbreitung auch nur hätte gedacht werden können. Endlich konnte ich das Bedenken nicht überwinden, daß es überhaupt keinen Weg zur Erfüllung des von Geh. Rat Geffcken gefaßten Wunsches gab, dem nicht der Vorwurf einer Intrige hätte gemacht werden können, der vor allem vermieden werden mußte.

Ich beschloß also, den nahen Zeitpunkt der Generalversammlung des sozialpolitischen Vereins in Frankfurt, wohin Geh. R. Geffcken beabsichtigt hatte zu kommen, abzuwarten, ihm daselbst die völlige Unzukömmlichkeit seines Gedankens darzutun und ihm anheimzugeben, das Manuskript nach gehöriger Durcharbeitung auf dem Wege des Buchhandels zu verwerten. Zu dem Ende nahm ich dasselbe mit, als ich über Mainau nach Frankfurt reiste. Ich glaube, der Tatsache, daß ich ein solches Manuskript bei mir habe, gegen E. K. H. e r w ä h n t zu haben.

E. K. H. werden mir bezeugen, daß ich von dem Wunsche des Geh. Rats Geffcken auf Vermittlung der Einsendungserlaubnis n i c h t s erwähnte, weil ich diesen Wunsch für unpassend hielt. Dagegen habe ich gefragt, ob sich E. K. H. überhaupt Geffckens erinnerten, weil mir nicht gegenwärtig war, daß derselbe jemals in Beziehungen zu E. K. H. gestanden wie z. B. zu dem Fürsten Karl Anton von Hohenzollern, dem Fürsten Leopold oder dem Kaiser Friedrich. Ich tat die Frage wesentlich, um mir zu erklären, welche mir unbekannt gebliebenen Beziehungen denselben veranlaßt haben konnten, von E. K. H. diesen oben erwähnten Vermittlungsdienst haben ins Auge fassen und erwarten zu dürfen.

Als ich in Frankfurt am 27. Sept. abends von Mainau eintraf, sagte mir Herr Prof. Dr. von Schönberg[6] von Tübingen, der Geh. Rat Geffcken würde wegen Unwohlsein nicht zur Generalversammlung kommen. — Ehe ich dann weiter hatte Beschluß fassen können, wie ich nun das fragliche Manuskript an seinen Verfasser zurückgelangen lassen konnte, kamen Schlag auf Schlag die Nachrichten der unseligen Tat, der Verhaftung p.p. und damit für mich die Verlegenheit, was mit dem in Händen habenden Manuskripte beginnen, über welches mir kein Verfügungsrecht zustand. Ich ergriff den Ausweg, sowie der Name des Rechtsbeistandes des verhafteten Geh. Rat G. feststand und ich in Professor Jürgen Bona Meyer[7] jemand fand, der mit ihm in Beziehung stand, das Manuskript durch letztern an diesen rechtlichen Vertreter G.s gelangen zu lassen, damit er dasselbe seinem Klienten zur Verfügung halte.

Damit ist die Episode dieses Manuskriptes genau berichtet, und ich gehe zur Darstellung der Ergebnisse der Haussuchung in Ehnerfahrnau und in Hamburg über.

In Ehnerfahrnau wurden 16 Briefe Geffckens aus verschiedensten, zum Teil frühern Jahren, und einige Postkarten, ferner ein Geffckenscher Programmentwurf des nachmaligen Kaiser Friedrichs aus dem Jahre 1885 gefunden — darunter selbstverständlich, wie der Untersuchungsrichter indessen ausdrücklich bestätigte, nichts auf die Tagebuchsache Bezügliches.

Bei Geh. Rat Geffcken in Hamburg, den ich in meiner Korrespondenz aus Mißtrauen in seine Diskretion sehr karg behandelte, so daß ich nur selten auf seine

Briefe erwiderte, wurden von mir nur zwei Briefe gefunden, und zwar die auf das fragliche Manuskript bezüglichen. So sagte mir der Untersuchungsrichter. — Ich würde glauben, daß sich an diese beiden Schriftstücke die Maßregel der Haussuchung angeknüpft habe, wenn nicht schon v o r der Entlarvung des Geh. Rat Geffcken als Tagebucheinsenders der Angriff in so systematischer Weise ins Werk gesetzt worden wäre.

Meine Vernehmung in Berlin war in Betreff der Tagebuchauszüge nur kurz, da sich meine Aussage, wie's scheint, mit der ebenso bestimmten des Geh. R. Geffcken vollkommen deckte. Sehr weitläufig erstreckte sich dieselbe auf die Programmangelegenheit Kaiser Friedrichs, wiewohl dieselbe mit der Tagebuchangelegenheit nicht zusammenhängt und, ich fürchte, nur gebraucht werden wird, dem unglücklichsten aller Fürsten von neuem Schaden zuzufügen. Ob damit das Ansehen der kaiserlichen Würde und der monarchischen Ordnung unbeschädigt bleibt, enthalte ich mich zu erörtern.

Schließlich kam die Manuskriptsache, in der ich so ziemlich übereinstimmend mit diesem Berichte, das heißt, ganz genau dem sachlichen Verlauf gemäß deponierte. Ich habe selbstverständlich den Rechtsanwalt Dr. Wolfson ersucht, von seinem Klienten die Genehmigung der Abgabe des Manuskriptes an den Untersuchungsrichter zu erwirken, und wird dieselbe wohl inzwischen stattgefunden haben.

In Betreff des weiteren Verlaufes der Angelegenheit sagte mir der Untersuchungsrichter, daß nach der Voruntersuchung vielleicht eine Hauptuntersuchung unterbleiben könne. Ich würde dann zweifelsohne zur Hauptverhandlung in Leipzig als Zeuge vorgeladen. Ob er darin recht unterrichtet ist, möchte ich bezweifeln. Wenn ich die Preßbewegung der aus guter Quelle genährten Organe, ihre Ausstreuungen in Betreff bei mir gefundener Briefe aller möglichen Persönlichkeiten und dgl., alles, was mir in Berlin über die Erbitterung in höchsten Kreisen gesagt wurde, in Betracht ziehe, so glaube ich nicht, daß die Hetzjagd so bald zum Abschluß kommt. Auch die juristische Auffassung meines in Berlin zugezogenen rechtlichen Beirats, daß das vorhandene Material eine Anknüpfung an den Fall Geffcken nicht zulasse, scheint mir nur wenig Garantie zu bieten, denn where is a will, there is a way. Der weitere Verlauf bleibt somit vorerst abzuwarten.

Daß es nicht zu den guten Erfahrungen des Lebens gehört, wenn ein langjähriger Bekannter, den man, wenn auch nicht für einen immer taktvollen, doch stets ehrenwerten Menschen gehalten hatte, sich auf Wegen betreten läßt, welche eine tiefe moralische und rechtliche Verwirrung bekunden und die schließlich zu der unverantwortlichen Tat dieser Veröffentlichung geführt haben, habe ich nicht nötig zu versichern.

Rätselhaft bleibt, was den Kronprinzen, der gerade dieses Tagebuch besonders diskret behandelt zu haben scheint, veranlaßt haben kann, dasselbe grade G. auf Wochen anzuvertrauen, wie nach Aussage des Untersuchungsrichters und übereinstimmenden Zeitungsberichten geschehen ist.

Ich hielt mich vom ersten Augenblick meiner Hereinziehung in diese Sache für verpflichtet, E. K. H. einen umfassenden Bericht über alles abzustatten, was sich mir zu deren Verständnis darbot. Erst durch meinen Aufenthalt in Berlin, die Vernehmung und alles, was ich von Freunden und Gegnern hörte, habe ich mir selbst ein einigermaßen deutliches Bild des ganzen Zusammenhanges machen können. Ich habe dasselbe in Vorstehendem, sobald ich nur irgend konnte, zur gewissenhaften, erschöpfenden Darstellung gebracht.

Ich enthalte mich, auch nur eine einzige Betrachtung beizufügen, wozu die Erwägung, in welche Lage die Gesamtinteressen des Vaterlandes gebracht werden können, wohl Anlaß bieten könnte. *[...]*

GLA FA Korresp. 13 N 500 Fasz. 252 (eig.), gedr. Im Ring der Gegner Bismarcks, hg. v. J. *Heyderhoff* (²1943) S. 296 f. mit einigen kleineren Lesefehlern.

¹ Nr. 909.
² Geffcken stellte sich selbst der Polizei und wurde nach der Rückkehr von Helgoland am 30. Sept. 1888 in Hamburg verhaftet.
³ Marie Fürstin zu Wied (1814—1902), geb. Prinzessin von Nassau, 1842 vermählt mit Hermann Fürst zu Wied (1814—64).
⁴ Frhr. Maximilian v. Roggenbach (1824—88), bad. Kammerherr. Vgl. Roggenbach an Großherzog Friedrich, Heidelberg, 1. Sept. 1888: Durch den Tod des Vetters ist „die Zahl der lebenden Familienglieder auf drei reduziert". Mit dieser Anzeige verbinde ich „die ergänzende Mitteilung, daß von diesen drei der Sturm und Wetter erfahren habende ältere Bruder des Verstorbenen [Karl Ludwig Frhr. v. Roggenbach (1820—94), kaiserl. mexikanischer Major a. D.] gleichfalls keine lange Laufbahn mehr vor sich haben dürfte und von meiner Wenigkeit das Sprichwort sich bewahrheitet: Kann man nicht gehen, so hinkt man. So ist von dieser Dreizahl zur Zeit nur einer zu zählen, der durchaus tüchtige und wackere Hermann von Roggenbach [geb. 1856], zur Zeit Sec. Lieutnant und als Adjutant beim Bezirkskommando Lörrach stationiert. Es ist zu hoffen, daß es ihm vergönnt sei, in der Familiengeschichte sich einen ehrenvollen Platz zu gewinnen. *[...]* Es tritt in solchen Zeiten das Göthesche Wort in sein Recht: ‚Ein fester Grund ist pflichtgemäßes Müssen'. *[...]*" (GLA FA Korresp. 13 N 500 Fasz. 252).
⁵ „Ausblicke auf die Regierung Wilhelms II", in Stichworten zusammen mit der Anklageschrift gegen Geffcken am 16. Jan. 1889 im „Reichsanzeiger" mitgeteilt.
⁶ Gustav Friedrich v. Schönberg (1839—1908), ord. Professor der Nationalökonomie in Tübingen.
⁷ Jürgen Bona Meyer (1829—97), Naturwissenschaftler u. Philosoph, 1856 Dozent in Hamburg, 1862 Privatdozent in Berlin, 1868 Professor in Bonn, seit 1871 führend in der Gesellschaft zur Verbreitung von Volksbildung.

911. Kaiser Wilhelm II. an Großherzog Friedrich.

Potsdam, 15. November 1888.

Lieber Onkel! Soeben erhalte ich den von mir auf Grund Deines Briefes¹ erbetenen Aufschluß über die Haussuchung bei Roggenbach. Der Grund dazu ist folgender.

In den Papieren Geffkens fanden sich Briefe Roggenbachs vom August und September, aus denen sich ein sehr intimer Verkehr ergab zwischen beiden Männern. Ferner stellte es sich heraus, daß Geffcken den Versuch beabsichtigte, bei mir durch die Einreichung einer Denkschrift die Politik des Kanzlers zu diskreditieren, und daß Roggenbach hierzu seine Unterstützung zugesagt hatte in seinen Briefen, in denen er sich dazu auch noch recht abfällig und ungehörig über mich aussprechen soll. Dieses veranlaßte den Untersuchungsrichter beim Reichsgericht, die Beschlagnahme der Geffkenschen Korrespondenz bei Roggenbach vorzunehmen. Er begab sich auf das Schloß Fahrnau und lud Roggenbach ein, der nicht erschien, und darauf ward zur Durchsuchung der Briefschaften geschritten, wobei eine bedeutende Anzahl von Briefen Geffkens gefunden wurden. Dieselben sind von hohem Interesse, da aus ihnen zur Evidenz die wahre Gesinnung des Erzintriganten Geffcken hervorgeht und damit auch die Beweggründe seines Handelns in ein helles Licht stellen. Soweit meine vom Reichsgericht stammende Information. Was ich Unglückswurm dem H. v. Roggenbach zu Leid getan habe, um mir seine Ungnade zuzuziehen, ist mir absolut schleierhaft. Ich habe stets die größte Achtung für ihn gehabt und ihn sehr gern gemocht und bin damals stolz gewesen, ihn überredet zu haben, nach S. Remo zu gehen und damit dem armen Papa eine Freude zu bereiten. Daß er mit Geffcken so intime Beziehungen unterhielt bis zum letzten Augenblick, ist für mich ein Beweis, daß er immer noch dem Kanzler gram ist und seine Größe beneidet.

Übrigens haben wir neulich zum nicht geringen Erstaunen des Fürsten Abschriften von Briefen Geffckens an Staatsmänner einer f r e m d e n Nation erhalten — wo auch Roggenbachs Name genannt war — woraus klar hervorgeht, daß Geffcken das Netz seiner Intrigen auch direkt gegen das Vaterland gesponnen hat und sich nicht scheut, um seinem Kanzlerhaß Befriedigung zu schaffen, sogar fremde Staatsmänner gegen uns anzuhetzen!

Meine Reise[2] ist durch Gottes Fügung in jeder Beziehung gut abgelaufen. Trotz Tagebuch und allen Veröffentlichungen war der Empfang in Süddeutschland so warm wie irgend denkbar. In dem Enthusiasmus der Italiener fühlte man den freudigen Pulsschlag einer ganzen mit dem Herzen die Freundschaft kultivierenden Nation. Der Papst war sehr liebenswürdig, aber doch recht alt und hinfällig. Er sprach sehr lebhaft und viel, aber nur von Rom. Von den deutschen Katholiken oder Zentrum war gar keine Rede. Beim Weggehen empfahl er nur die katholischen Untertanen meiner Huld und Gnade, mit der Bemerkung, daß der jetzige Zustand ihn befriedige et que la situation était très acceptable. Diese Auslassung — welche er Tags darauf an Graf Bismarck wiederholte[3] — ist sehr wichtig für unsere Behandlung des Zentrums und seiner Wünsche.

Zu meiner großen Freude höre ich, daß Großmama sich recht gut macht und es ihr dauernd gut geht. Ich habe fürchterlich viel zu tun und weiß kaum, wie ich alles bewältigen soll. In unserer Familie sind die Verhältnisse schlechter denn je. Der Bruch, den ich seit Jahren kommen sah, ist geschehen, nachdem ich in dem ersten — und vermutlich letzten — Gespräch mit Vicky deren Bitten und Beschwören um Erlaubnis zum Heiraten des B[attenbergers] abgelehnt und ihr sachlich die Unmöglichkeit entwickelt hatte[4]. Schrieb mir tags darauf Mama einen solch fabelhaft groben und beleidigenden Brief, wie ich in meiner Praxis noch nie erhalten. Er endigte damit, daß sie allen Verkehr mit mir hiermit für abgebrochen erachte. Dieses Schriftstück wurde durch einen Wunsch ergänzt, den sie mir durch den Hausminister mitteilen ließ, sie bäte mich, vor ihrer Abreise mich nicht mehr bei ihr sehen zu lassen. Nach eingehender Debatte mit meinen intimsten Freunden und dem Minister ist beschlossen, diesen Wünschen zu willfahren, da sie jetzt absolut — unzurechnungsfähig — ist und so heftig, daß garnichts zu machen ist. Meine arme Frau ist unter aller Würde behandelt worden und ist am Ende ihrer Geduld und Nachsicht! Dies zu Deiner Orientierung; mit 1000 Grüßen an Tante

Dein Dir treu ergebener Neffe Wilhelm.

GLA FA Korresp. 13 Bd. 46 Fasz. 64 I Nr. 7 eig.

[1] Nicht vorhanden. Vgl. die Anregung Marschalls in Nr. 907. *Waldersee*, Denkwürdigkeiten II S. 20 (15. Nov. 1888): „Endlich sprach der Kaiser von der Affäre Geffcken und daß er infolge eines Briefes des Großherzogs von Baden sich bei Herrn Tessendorff über Roggenbach erkundigt habe; danach stehen dessen Beziehungen zu Geffcken fest, ebenfalls das Ziel dieses letzteren, den Kanzler zu stürzen".
[2] Vgl. Nr. 904 Anm. 2; Aufenthalte Wilhelms II. 3.—4. Okt. 1888 in Wien, 4.—10.

in Steiermark, 11.—19. in Rom und Italien (12. Okt. Besuch im Vatikan), 21. Okt. Rückkehr nach Potsdam.

³ Vgl. Herbert v. Bismarck, Privatkorrespondenz hg. v. W. *Bußmann* (1964) S. 529 f.
⁴ Vgl. die Eintragungen der Kaiserin Friedrich in ihrem Tagebuch bei *Conte Corti*, Warum S. 563 f.

912. Großherzog Friedrich an Roggenbach.

Schloß Baden, [24.] November 1888.

Mein verehrter Freund! Es bedarf wohl keiner Versicherung dafür, wie tief mich das Schreiben bewegte, welches Sie so freundlich waren, am 10. d. M. aus Segenhaus an mich zu richten[1]. Von Herzen aber danke ich Ihnen dafür, daß Sie mir in so eingehender Weise dargelegt haben, in welche tief zu beklagende Lage Sie durch die verachtungswürdige Handlungsweise eines Mannes geraten sind, der Ihnen so viel Dank schuldig ist.

Schon zur Zeit, als wir gemeinsam die Publikation des vielgenannten Tagebuchs erfuhren, stimmten wir überein, daß diese Sache noch unberechenbare Folgen herbeizuführen geeignet sei. Als ich einige Tage später den Namen Geffcken erfuhr, mußte ich sofort baldige Komplikationen befürchten, da mir nur zu sehr bekannt ist, wie dieser Mann sich in alle möglichen und unmöglichen Kreise einzudrängen pflegte und ebenso indiskret als unüberlegt, nur von Eitelkeit geleitet, handelte. Ich überzeugte mich bei Gelegenheit der Anwesenheit des Kaisers auf Mainau[2], daß er sowohl wie die gesamte Umgebung desselben von Geffcken so gut wie nichts wußten. Es ist das für die Lage bezeichnend, welche sich ergibt, wenn eine Generation in der Reihenfolge der Arbeit ausfällt.

Von diesem Standpunkt aus muß nun auch z. T. der Prozeß Geffcken beurteilt werden. Daß diese unglückliche Angelegenheit Ihnen eine so herbe Erfahrung gebracht hat, betrifft mich in schmerzlicher Weise.

Meine Erkundigungen durch das Justizministerium ergaben zu meiner Beruhigung, daß der Amtsrichter in Schopfheim streng nach den bestehenden gesetzlichen Bestimmungen gehandelt hat und nach seinem amtlichen Bericht sich keiner Übereilung schuldig machte. Ja die Gesinnung, welche er bei diesem Anlaß kundgab, ist eine ehrenwerte und sein Verfahren dem Reichsgerichtsanwalt gegenüber selbständig und unabhängig.

Immerhin bleibt die traurige Tatsache bestehen, daß Sie in diese trübe Angelegenheit hereingezogen wurden und unter deren Einflüssen und Folgen zu leiden haben.

Alle Ihre freundlichen Mitteilungen zeigen mir, wie nur das Bestreben, einem Kranken zu helfen, Sie in eine so komplizierte Lage brachte. Das gibt mir aber auch die Hoffnung, daß mit der Zeit, d. h. durch eine aufklärende Behandlung der Angelegenheit die Irrtümer beseitigt werden können.

In dieser Absicht schrieb ich noch im vorigen Monat an den Kaiser mit der Bitte, mich über die Ursache der gegen Sie gerichteten harten Maßregel unterrichten zu wollen. Ich erhielt darauf eine vom 15. d. M. aus Potsdam datierte Antwort[3], worin der Kaiser mir sagt, daß er nun infolge erhaltener Information durch das Reichsgericht die Ursache der Haussuchung und den Erfolg derselben erfahren habe. Die Ursache sei die bei Geffcken gefundenen Briefe, deren Inhalt zeige, daß Sie in intimem Verkehr mit ihm gewesen und sich dabei über den Kaiser nachteilig geäußert haben; der Erfolg ist das Auffinden der Briefe von Geffcken bei Ihnen, die darauf hinweisen, daß ein verändertes Regierungssystem durch Diskreditierung des dermaligen Systems von Ihnen und Geffcken erstrebt werde. Die Stimmung dieses Briefs war eine gereizte und zugleich eine trübe, insoferne die Frage gestellt war — was habe ich verbrochen, damit ich [in] solcher Weise beurteilt werde. Der Brief ist sehr vertrauensvoll und enthält noch viele Dinge, die ich hier nicht berühren kann, da sie nicht hierher gehören.

Sie werden gerne ermessen, wie schmerzlich mich diese Antwort berührte, da sie den Bruch zeigt, der aus dem strafbaren Verfahren Geffckens entstanden ist. Wie gut hatten sich damals die Beziehungen gestaltet, als wir uns diesen Sommer in Berlin trennten. Der Kaiser war so vertrauensvoll, und der Reichskanzler sprach mit Dankbarkeit von Ihnen. Nun ist alles das zerstört und so manches andere bedroht! — Dennoch gebe ich die Hoffnung nicht auf, daß diese traurige Sache einen milderen Verlauf nehmen kann und so manche übertriebene Anschauung berichtigt werden wird.

Ich bin noch nicht einig mit mir selbst, wie ich dem Kaiser antworten werde, da ich eine Schwierigkeit empfinde, über die ich mir erst dann ganz klar werden würde, wenn ich mündlich mit Ihnen darüber reden könnte. Es betrifft das die Frage des Entwurfs der Proklamation und des Programms für den Regierungsantritt des Kaisers Friedrich[4]. Hoffentlich geben Sie mir Gelegenheit zu solcher Besprechung, nachdem Sie mir in so freundlicher Weise alle Ihre Sorgen mitgeteilt haben.

Viele Teile der traurigen Angelegenheit, welche uns heute beschäftigt und bewegt, sind für schriftliche Auseinandersetzung nicht geeignet, weil sie sogar zwischen Bekannten wie wir beide zu kompliziert sind, um kurz behandelt zu werden. — Bei mündlichem Verkehr verstehen wir uns mit halben Worten und können daher viel gründlicher zu Werke gehen. Zur Klarstellung der ganzen Lage und zur Beförderung einer Verständigung in maßgebenden Kreisen wäre daher ein mündlicher Verkehr recht wünschenswert. In alter Freundschaft bleibe ich Ihr dankbar ergebener F[riedrich] Gr. v. B[aden].

GLA FA Korresp. 13 Bd. 56 Fasz. 166 eig. Konz. Gedr. Im Ring der Gegner Bismarcks, hg. v. J. *Heyderhoff* (²1943) S. 305 ff.

[1] Nr. 910.
[2] 29.—30. Sept. 1888.
[3] Nr. 911.
[4] Roggenbach wurde als Verfasser vermutet.

912a. Aus Marschalls Tagebuch.

24.—25. November 1888.

24. November 1888. Um 3 Uhr empfängt mich der Großherzog [in Schloß Baden]. *[...]* Dann Roggenbach. Der Großherzog hat dem Kaiser geschrieben, der ihm über Roggenbach das Urteil abgibt, das ich vermutete. Großherzog sucht zu entschuldigen, findet aber doch, daß das Benehmen Roggenbachs unbegreiflich. Verhältnis zwischen dem Kaiser und der Mutter. Battenberg. Prinzeß Viktoria. Abbruch der Beziehungen. — Die Großherzogin kommt, sehr teilnehmend. Der

Großherzog meint, der Prozeß Geffken solle jetzt einschlafen, daran ist nicht zu denken. [...]

25. November 1888. Zu Turban [in Karlsruhe]. Die Affäre Roggenbach ist ihm ganz recht.

Oberkirch, Besitz Frau v. Seyfried.

913. Roggenbach an Großherzog Friedrich.

Segenhaus, 26. November 1888.

Dank für Nr. 912. Die Auffassung, welche an höchster Stelle vorwaltet und für deren Konstatierung ich E. K. H. nicht dankbar genug sein kann, entspricht im Ganzen der Schilderung, die ich in Berlin davon empfangen. Daß mir das Meiste darin vollständig unbegreiflich sein muß, habe ich wohl nicht nötig erst hinzuzufügen. Ich verstehe absolut nicht, wie ein verändertes Regierungssystem durch Diskreditierung des dermaligen Systems von mir und Geffcken erstrebt worden sein soll. Es wird schwer sein, auch nur eine einzige Tatsache beizubringen, daß ich etwas zu diesem Zwecke getan, geschrieben oder gesagt habe, noch auch, daß ich mit Geffcken dafür kooperiert habe.

Auch, worin ich mich über den Kaiser nachteilig geäußert haben soll, ist mir weniger erinnerlich als die unzähligen Male, wo ich gute Hoffnungen, Vertrauen und vor allem aufrichtigste Wünsche laut und rückhaltlos ausgesprochen habe. Ich kann einmal gesagt haben, der Kaiser sollte weniger sprechen, oder das viele Herumfahren, ehe der Kaiser Herr der Situation ist, taugt nichts. Das sind alles Dinge, die ich S. M. ins Angesicht sagen würde.

Doch ich überschreite mit diesen Bemerkungen bereits die Grenzen, die diesem Schreiben gesteckt bleiben müssen, die des ehrerbietigsten Dankes für die gütige Bereitwilligkeit E. K. H., im Interesse der Klärung von Mißdeutungen sich Erwägungen vorzubehalten, und der Bitte, mich über die Zeit meines etwaigen Empfanges in Baden verständigen lassen zu wollen.

Nur eine Versicherung möchte ich nicht unterlassen, ausdrücklich beizufügen, daß von allen Übeln, welche aus dieser unseligen Geschichte hervorgegangen sind und noch ferner hervorgehen können, mir keines so nahe geht als die Sorge um die Rückwirkung auf den Charakter und die Lebensauffassung des Kaisers selbst, für dessen hohen Beruf nichts so wenig förderlich wäre als früh genährtes Mißtrauen, wie es notwendig großgezogen wird durch solche Phantasiegebilde von Dingen, die nie anders existiert haben als in den Träumen krankhaften Argwohns. [...]

GLA FA Korresp. 13 N 500.

914. Großherzog Friedrich an Kaiser Wilhelm II.

Schloß Baden, 27. November 1888.

Mein lieber Wilhelm! Von ganzem Herzen danke ich Dir für Deinen werten Brief vom 15. d. M.[1], der mir ein teurer Beweis Deines freundlichen Vertrauens und als eine erneute Betätigung Deiner wohlwollenden Gesinnung erscheint.

In tiefer Bewegung habe ich aus Deinen vertraulichen Mitteilungen entnommen, welch schmerzliche Erfahrungen Du hast machen müssen und bis zu welchen Grade der Leidenschaft die Handlungen Deiner Mutter sich gesteigert haben. In tiefster Seele fühle ich mit Dir den Schmerz, der sich einer klaffenden Wunde gleich über Dein ganzes Empfinden verbreitet haben muß. Eine längere Abwesenheit Deiner Mutter wird ihren gereizten Gefühlen diejenige Milderung gewähren, welche der natürlichen Empfindung entspricht, d. h. die Erkenntnis, daß ein Mutterherz die Liebe nicht einzubüßen vermag weder dem Sohn gegenüber noch gegenüber der Tochter, deren Glück sie mit Gewalt herbeiführen will gegen alle Ratschläge der Vernunft. Diese Liebe wird doch endlich durchbrechen, und dann werden Dir Mutter und Schwester danken dafür, daß Du sie beide vor den Gefahren bewahrt hast, die unvermeidlich mit dem Battenbergschen Projekt verbunden sind. — Möchte Dir diese Befriedigung zuteil werden.

Nun aber komme ich mit meinem warmen Dank dafür, daß Du die Freundlichkeit hattest, so eingehend meine Frage wegen Herrn von Roggenbach zu beantworten. Ich habe aus Deinen Äußerungen mit großem Bedauern entnommen, daß das Reichsgericht die Haussuchung für notwendig erkannt hat. Der Erfolg derselben im Zusammenhang mit den bei Geffcken gefundenen Papieren ist sehr beklagenswert. Nur eine Tatsache bestätigt meine Hoffnung, daß Roggenbach mit der Publikation des Tagebuchs in keinerlei Zusammenhang war.

Ich kann seinen intimen Verkehr mit Geffcken nur auf die Zeit zurückführen, wo letzterer krankheitshalber sich von der Universität Straßburg zurückzog und sich nun an alle seine alten Bekannten mit lästiger Geschäftlichkeit herandrängte. Er publizierte ja in dieser Ruhezeit mancherlei politische Essays und meinte in seiner großen Nervosität, er sei berufen, der ganzen Welt auf die Beine zu verhelfen. Von Vielen wurde er deshalb als Kranker behandelt, und Roggenbach hat den Fehler gemacht, ihm das nicht kundzugeben, obgleich er ihn ebenfalls für nur halb zurechnungsfähig hielt. Er antwortete also auf die Fragen Geffckens und ließ sich nach Deinen Mitteilungen auf extravagante Projekte ein, die ich mir garnicht als ernst gemeint vorstellen kann. Sehr schmerzlich hat es mich berührt zu erfahren, daß ein Brief Roggenbachs sich in einer unpassenden Weise über Dich ausspricht. Das tut mir besonders leid, da ich im Übrigen immer noch an der Hoffnung festhalte, daß die Beziehungen Roggenbachs zu Geffcken keinen ernsten Hintergrund haben.

Da ich alles, was Du die Güte hattest, mir über diese Angelegenheit zu sagen, nicht kenne, so enthalte ich mich naturgemäß eines eigenen Urteils. Ich darf aber diese Gelegenheit nicht vorübergehen lassen, ohne Dir eine Wahrnehmung aus vergangener Zeit zu unterbreiten, die auf den Inhalt des vielgenannten Tagebuchs Deines Vaters Bezug hat.

Über die ernste Epoche, da die Vorbereitungen getroffen wurden, aus denen das jetzt bestehende Deutsche Reich hervorging, spricht sich Dein Vater in einer Weise aus, die den Widerspruch mit den Ansichten seines Vaters und denen des Fürsten Bismarck dokumentiert. Wenige können aus dieser Zeit in Versailles genauere Auskunft geben als meine Wenigkeit, da Dein Vater wohl täglich mir gegenüber sein Herz ausschüttete.

Wir diskutierten stundenlang über diese Fragen, und ich darf wohl sagen, daß es mir in den meisten Streitfragen gelungen ist, Deinen Vater mit den Ansichten des Fürsten Bismarck zu versöhnen. Ich sage ‚versöhnen‘; denn Dein Vater [stand] oft und lange in sehr hartnäckigem Widerstreit mit den Bestrebungen des Fürsten, der wieder seinerseits große Schwierigkeiten bei Deinem Großvater zu überwinden hatte. Diese Zeit war äußerst schwierig und bot so delikate Lagen, daß nur mit größter Vorsicht verfahren werden konnte, um das Hervortreten der Gegensätze zu vermeiden.

In dieser Zeit hat Herr von Roggenbach im Stillen hervorragende Dienste geleistet, indem er die etwas weitgehenden Anschauungen Deines Vaters ihm gegenüber so energisch bekämpfte, daß wiederholt Dein Vater sich über Roggenbach bei mir beklagte und endlich einmal sagte — er werde nun Roggenbach nur noch in meiner Gegenwart sprechen, denn es sei keine Verständigung mit ihm möglich! Ich mußte dann allerdings Deinem Vater sagen, meine Anwesenheit werde wenig helfen, denn er wisse ja, wie ich über die Lage denke, und da würde er denn nur mit zwei Gegnern zu tun haben. Dein Vater blieb aber dabei und gestattete mir nach wie vor Aufrichtigkeit[2].

Diese Erzählung soll Dir nur zeigen, daß in dem wichtigsten Punkt, der Bildung des Reichs, der Kaiserfrage, der Verständigung mit den süddeutschen Staaten, der Verfassungsfrage und der Stellung des Reichs als erbliches Kaisertum mit der Vertretung nach außen — in allen diesen wichtigen und eingreifenden Fragen stand Herr von Roggenbach auf dem Boden der Realität, von dem aus der Fürst Bismarck die Entwicklung leitete.

Insofern nun das Tagebuch oft den Herrn von Roggenbach nennt, und zwar in einem Zusammenhang, der vermuten läßt, er sei ein eifriger Vertreter der Ansichten Deines Vaters gewesen — dürfte es Dir von Wert sein zu erfahren, daß dies anders zu verstehen ist und daß sein Name nur in dem Zusammenhang genannt wird, als er zu den Personen gehörte, mit denen Dein Vater gerne verkehrte, da er auch in ihm einen warmen Patrioten erkannte.

Ich glaubte, es Dir schuldig zu sein, einen Einblick in die damalige Zeit zu gewinnen, ohne der damaligen peinlichen Lage irgendwie an ihrer Bedeutung dadurch das nehmen zu wollen, was sie Bedauerliches in sich schließt.

Solange ich nun schon Deine kostbare Zeit in Anspruch genommen habe, kann ich doch nicht umhin, noch der letzten Reichstagseröffnung am 22. d. M. zu gedenken. Aus dankbarem patriotischen Herzen darf ich Dir wohl meine Freude über die schöne Rede aussprechen, mit welcher Du dieser neuen Tagung des Reichstags die Richtung gabst[3]. In allen Beziehungen sind Wege eröffnet für eine gesegnete Tätigkeit, und der starke Hinweis auf den Frieden wird den Entschluß erleichtern, für die Erhaltung desselben alles Notwendige zu bewilligen. Im Reiche hast Du viel Befriedigung erweckt und nach außen Zuversicht und Vertrauen hervorgerufen, wie wohl seit langer Zeit nicht gelang zu bekräftigen. Es muß Dir das eine große Befriedigung gewähren und ein reicher Lohn für die viele und schwere Arbeit, welche auf Dir lastet. Die Kraft, welche aus Deinen Worten stammt, wird sich auf die große Mehrheit der Nation übertragen und Dir dadurch ein Stütze für Erhaltung inneren und äußeren Friedens gewähren, dessen wir in Deutschland so bedürftig sind angesichts des Parteihaders, der eine so störende Richtung genommen hatte. Mit Gottes Hilfe wird das alles gelingen und zu gutem Ziele führen!

In aufrichtiger Dankbarkeit und unwandelbarer Anhänglichkeit verbleibe ich

Dein treu ergebener Onkel F.

GLA FA Korresp. 13 Bd. 46 Fasz. 64 II Nr. 2 eig. Konz.

[1] Nr. 911.
[2] Die Versailler Aufzeichnungen des Großherzogs (*Oncken* II S. 159 ff.) enthalten davon nichts. Aufzeichnung 22. Jan. 1871: Ich konnte „wiederholt erfahren, daß der Kronprinz überhaupt kein großes Vertrauen in Roggenbach setzt. Er sagte: Ich finde ihn so schwankend in seinem Urteil und unschlüssig, wenn es gilt, zu handeln" (II S. 336).
[3] Die Thronrede Wilhelms II. gedr. *Schultheß* S. 174 f.; *Bismarck,* Ges. Werke XIII S. 364 ff.

915. Marschall an Turban.

Berlin, 2. Dezember 1888.

In der Fehde zwischen einem Teil der deutschen und der österreich-ungarischen Presse[1] *verriet die Kölnische Zeitung in einem inspirierten, aber ziemlich unge-schickten Artikel* eine gewisse offiziöse Gereiztheit gegen Österreich-Ungarn, die sofort anderen Blättern als Vorbild diente; die Palme trug endlich die „Badische Landeszeitung" davon (1. Blatt vom 30. November Nr. 284), die in gewohnter Takt- und Gesinnungslosigkeit bereits das d e u t s c h - r u s s i s c h e Bündnis anstelle des deutsch-österreichischen proklamierte. Übrigens hat letzterer Artikel insofern wider Willen Gutes gestiftet, als er im hiesigen auswärtigen Amte, wel-ches anfangs geneigt war, die Preßfehde ziemlich gleichgültig zu betrachten, recht drastisch vor Augen stellte, wohin diese Art der Diskussion schließlich führen muß. Ich höre, daß momentan die Absicht bestand, die „Norddeutsche Allgemeine Zei-tung" hochoffiziös gegen die „Badische Landeszeitung" vorgehen zu lassen, der Gedanke aber wieder aufgegeben wurde, weil man kein so grobes Geschütz gegen einen Artikel obskurer Herkunft verwenden wollte und man befürchtete, daß eine hochoffiziöse Einmischung in den Streit eher schaden als nützen könne[2]. Dar-über, daß die Weisheit der badischen Landeszeitung auf dem Gebiete der auswärti-gen Politik ausschließlich von Herrn Peter Schwuchow herrührt, ist man glücklicher-weise hier vollkommen im klaren. Immerhin hielte ich es für recht wünschenswert, wenn jenem Artikel in einem in Süddeutschland gelesenen nationalen Blatte mit einigen Worten entgegengetreten würde. [. . .]

GLA 233/34798 Ausf., erhalten 4. 12., dem Großherzog vorgelegt 5. 12. mit Vermerk Turbans: Das Staatsministerium hält es einstimmig für zweckmäßig, den Abdruck des Artikels der Norddeut. Allgem. Ztg. Nr. 572 in der Karlsruher Zeitung unter der Rubrik „Zeitungsstimmen" anzuordnen; zurück 6. 12. 88; 49/2017 fol. 108 f. Konz.

[1] Über angeblich zwischen Berlin und Wien bestehende Feindseligkeiten vgl. *Schultheß* S. 183 ff.
[2] Marschall an Turban, Berlin 4. Dez. 1888: Ich erfahre, „daß der heutige gegen die Badische Landeszeitung gerichtete Artikel der Norddeutschen Allgemeinen Zeitung auf einen direkten Befehl des Reichskanzlers zurückzuführen ist, der es im Gegensatz zu der Auffassung, die sich hier geltend gemacht hatte, für nötig erachtete, ohne in die Materie des Streits einzugehen, den Übertreibungen jenes Artikels entgegenzutreten" (ebd. Ausf., dem Großherzog vorgelegt 5. 12; 49/2017 Konz.).

916. Anklageschrift des Ober-Reichsanwalts Tessendorff[1] gegen Geffcken.

Leipzig, 16. Dezember 1888.

[. . .] Hand in Hand mit diesem Versuch der ö f f e n t l i c h e n Diskreditie-rung der Reichspolitik, welcher mit dem Antritt der Besuchsreise S. M. des regierenden Kaisers nach Süddeutschland zusammenfiel, ging das Unternehmen des Angeschuldigten, im G e h e i m e n die Politik des Reichskanzlers bei S. M. in Mißkredit zu bringen. Über dieses Unternehmen geben die bei dem Angeschuldigten in Beschlag genommenen Briefe des Freiherrn von Roggenbach vom 24. August und 6. September 1888[2], welche der Anklage als Anlage beigefügt sind, nähere Auskunft. Die Anregung zu der Denkschrift hat der letztere gegeben, jedoch will er später bei genauerer Prüfung derselben sie als ungeeignet zur Unterbreitung an S. M. gefunden, sich dabei auch des Gefühls nicht haben erwehren können, daß die Überreichung der Mißdeutung einer beabsichtigten Intrige ausgesetzt sein würde. Er habe deshalb den Wunsch des Angeschuldigten vor jedermann geheim gehalten und, als er von dessen Verhaftung gehört, den nicht aus seinen Händen gekommenen Denkschrifts-Entwurf an dessen Verteidiger mit dem späteren Ersuchen um Abgabe an den Untersuchungsrichter gesandt. [. . .]

Bezüglich der Stellung des Reichskanzlers wird hervorgehoben, daß mit Ausnahme der militärischen Angelegenheiten alle Fäden der Reichsregierung in seiner Hand zusammenlaufen, daß noch nie ein Untertan eine so allgewaltige Amtsstellung im Staate innegehabt habe, daß nur eine so gewaltige Kraft wie die des Fürsten Bismarck den gestellten Aufgaben zu genügen vermocht habe und daß bei einem Wechsel der Persönlichkeit, wie er im Gange der Dinge unausbleiblich, die Wiederholung der Konzentrierung einer Machtfülle vermieden werden müsse, welche auf die Länge der Autorität der Krone eine schwächende Konkurrenz bereiten und dem föderativen Charakter des Reichs widersprechen würde.

Anlangend die Kirchenpolitik, so hebt die Denkschrift hervor, daß auch jetzt kein dauernder Friede zwischen Staat und Kirche gesichert sei, daß eine gesetzliche Abgrenzung der Rechte des Staates und Roms geboten sei, daß die Maigesetze durch Übergriffe in die inneren Angelegenheiten der Kirche über das Ziel hinausgeschossen hätten, daß Kanzler und Kultusminister im späteren Nachgeben ganz inkonsequent und das Hineinziehen des Papstes in den Kampf um das Septennat unklug gewesen sei, und spricht sich ferner gegen den Summepiskopat sowie für volle Unabhängigkeit der evangelischen Kirche vom Staat aus, als das einzig wirksame Gegengewicht gegen die Unabhängigkeit der katholischen Kirche[3]. [. . .]

GLA 233/12802 Drucksachen des Bundesrats, Session von 1889 Nr. 5.

[1] Hermann Tessendorff (1831—95), 1864 Staatsanwalt in Burg/Magdeburg, 1867 1. Staatsanwalt in Magdeburg, 1873 in Berlin, 1879 Vorsitzender des Zivilsenats in Königsberg u. Naumburg, 1885 Präsident des Strafsenats am Kammergericht Berlin, 1886 Oberreichsanwalt am Reichsgericht in Leipzig.
[2] Nr. 897.
[3] Vgl. Nr. 921.

917. Roggenbach an Großherzog Friedrich.

Segenhaus, 16. Dezember 1888.
Die Zusage, über einige der Verdächtigungen im Zusammenhang mit der Geff-ckenschen Angelegenheit Bericht zu erstatten, kann erst jetzt erfüllt werden; dazu war die innere Schwierigkeit zu überwinden.
Der Angriff, welcher im Immediatberichte des Reichskanzlers an S. M. den Kaiser[1] gegen das historische Andenken des kaum heimgegangenen Kaiserlichen Vaters Sr. M. enthalten ist, ist ein so ungeheuerlicher, daß naturgemäß alle Ver-

hältnisse und Personen in Mitleidenschaft gezogen werden müssen, die zu Kaiser Friedrich in irgend welchen Beziehungen gestanden haben. Das sittliche Ansehen S. M. des jetzt regierenden Kaisers hat durch die Genehmigung der Veröffentlichung mit diesen schweren Anklagen eine tiefe Schädigung erfahren. Ich muß mit wahrem Schmerze konstatieren, daß in allen Kreisen und Parteien gleichmäßig die Klage laut geworden ist, daß es Sr. M. nicht erspart geblieben ist, in den ersten Zeiten der kaum angetretenen Regierung zu einer Maßregel so verhängnisvoller Tragweite veranlaßt worden zu sein.

Was den höhern Klassen Bildung, Religion und Geschichte lehrt, daß die Staaten nur auf Pietät ihrer Angehörigen fest gegründet sind, das sagt dem schlichten Manne ländlicher und arbeitender Bevölkerungsschichten, Gott sei Dank, lebendig genug das gesunde Gefühl. Ich bin noch niemandem begegnet, der eine Ausnahme in dieser bedauernden und verurteilenden Auffassung gebildet hätte. Jedermann sagt, wenn die zerschmetternde Anklage auch w a h r wäre, dürfte dieselbe nicht auf ewige Zeiten in die Geschichte unter Zustimmung des eigenen Sohns geschleudert werden. Millionen Deutsche und ungeteilt die ganze zivilisierte Welt ist in dieser Beurteilung einig und hat sich durch diesen einen, in der Menschengeschichte freilich leider auch fast ohne Beispiel dastehenden Vorgang die Grundansicht für Schätzung des Charakters des unglücklichen jungen Herrn gebildet. Nehmen E. K. H. noch dazu, daß das Volksgemüt, an das die Dissonanzen der Familie oder die Bosheit der Hofkreise nicht herantreten, noch tief erschüttert war von dem tragischen Schicksal des armen Kaisers Friedrich, und es vollendet sich das trübe Bild der traurigen Lage und des schweren Geschickes, das über Deutschland und seine Kaiser gekommen ist.

Ich irre mich wohl nicht, wenn ich annehme, daß alle die verfehlten Versuche, durch sophistische Zeitungsartikel, durch giftige Verleumdungen, durch Schreckgebilde fein angelegter Verschwörungsgerüchte, von deutsch-freisinnigen Intrigen und Diskreditierungswühlerei ihren letzten Ausgangspunkt in dem Bestreben haben, das in einem Augenblick jähzorniger Erregung und Argwohnslaune vollbrachte wahnwitzige Beginnen in den Hintergrund der Betrachtung zu drängen. Bedauernswerterweise wird auch noch heute auf gleichem Wege weitergegangen, ohne daß dadurch, was einmal geschehen ist, ungeschehen gemacht werden kann. Das angerichtete Unheil wird im Gegenteil nur vermehrt.

Für mich erschwert sich nun die Lage dadurch, daß ich die ganze Anklage für überhaupt f a l s c h halte und diese Falschheit bis zu einem hohen Grade grade für den Fall, auf welchen sie sich bezieht, beweisen könnte. Nicht, als ob ich das weitgehende Vertrauen nicht kennte, das der Kronprinz auch während des französischen Krieges seiner hohen Gemahlin bewies, noch auch mancherlei Unklugheit leugnen möchte, deren dieselbe in ihren mündlichen Äußerungen in Folge der unbeherrschten Lebhaftigkeit des Temperamentes fähig war. Was ich aber behaupte, ist, daß, wo es sich um ein wirkliches S t a a t s g e h e i m n i s handelte, der Kaiser Friedrich zu a l l e n Zeiten, auch als Kronprinz, m i t der Kronprinzessin von a b s o l u t e s t e r D i s k r e t i o n war. Diese erstreckte sich freilich nicht auf Punkte, die nach wechselndem Belieben der Kanzler als wichtigstes Staatsgeheimnis dem Kaiser Wilhelm oder dem Kronprinzen bezeichnete, um dieselben zur selben Stunde an seiner Tafelrunde allgemeiner Kenntnis preiszugeben oder Soldschreibern wie Busch[2] zur Vulgarisierung zu überliefern.

Ich halte somit die ganze erhobene Beschuldigung einschließlich der Rolle, die dabei dem höchstseligen Kaiser Wilhelm zugewiesen ist, für eine Verleumdung. Man schändet nicht ungestraft das edle Glied eines hohen Kaiserhauses im Tode. In den härtern Zeiten des Mittelalters hätten alle Freunde des Verstorbenen zum Gottesurteil bis zum Vernichtungskampfe aufgerufen. In unsern Tagen milderer Sitten ergeben sich andere Pflichten.

Die offiziösen Zeitungen und Korrespondenten, die aus der gleichen Quelle schöpfen, haben, seit die Krankheit Kaiser Friedrichs ein sicheres Ende voraussehen ließ, mit unverdrossener Stetigkeit der Welt die Märe meiner „i n t i m e n Freundschaft" zu Kaiser Friedrich verkündigt, die ihnen selbst nur zu dem Zwecke vorgetragen war, bei dem Nachfolger einen bestimmten ungünstigen Eindruck zu erwecken. Ich habe dies Intriguenspiel oft in frischer Tat ertappt. Genug, daß diese Mythe in den öffentlichen Glauben übergegangen ist. Was nun müßte die Welt und alle anständigen Menschen von mir denken, wenn ich, solange die denkbarst schwerste Anklage gegen einen deutschen Fürsten und Kaiser noch u n g e s ü h n t ist, Beziehungen zu irgend jemand aufrecht erhielte oder g a r s u c h t e, der an derselben mitbeteiligt ist. Das ist unmöglich.

S. M. mag von mir glauben, was er geneigt ist zu wollen, und von jedermann zugetragen bekommen, was in das Intriguenspiel des einzelnen paßt; für mich bleibt es durch Selbstgefühl und Ehre durchaus a u s g e s c h l o s s e n, irgend etwas dagegen zu tun.

Nachdem eine beklagenswerte Maßregel unzweifelhaft o h n e E i n s i c h t in deren verhängnisvolle Tragweite zugelassen worden ist, welche das öffentliche Gewissen s o t i e f v e r l e t z t h a t, bleibt nur ein grader Weg aus dem Labyrinth der Irrungen, in dem seither von der offiziellen und offiziösen Welt gewandelt wird. Es ist die Stimmung des Königs David, als der Prophet Nathan ihn zur Erkenntnis des gegen Urias begangenen Unrechtes geführt hatte[3], i n u n z w e i d e u t i g e r K u n d g e b u n g.

Ich schicke diese Betrachtungen mit schmerzlich bewegtem Gefühle voraus, weil ich daran die Folgerungen knüpfen muß, daß alle f o l g e n d e n, sachlichen Erläuterungen n u r f ü r E. K. H. bestimmt sein können.

Es waren drei Punkte, über welche eine aufklärende Darstellung geboten scheinen kann. 1. Die Natur und Gründe meiner Beziehungen zu Geh. Rat Geffcken, die als „intime" bezeichnet worden sind. 2. Angebliche ungünstige Äußerungen über die Allerhöchste Person S. M. des Kaisers in Korrespondenz mit Geffcken. 3. Angeblich systematisch mit demselben verfolgte Ziele der Diskreditierung des gegenwärtigen Regierungssystems. Ich will versuchen, dieselbe in Nachfolgendem zu geben.

Ad. 1. Meine Verbindungen mit Geh. Rat Geffcken, den ich anfangs der 50er Jahre zum erstenmal begegnet habe, waren bis vor wenig Jahren ziemlich lose. Dieselben hatten 20 Jahre hindurch zu gar keiner, auch später niemals zu einer r e g e l m ä ß i g e n Korrespondenz geführt. Ich habe niemals mannigfache Schwächen und das Bedenkliche einzelner durch Neigung zu Eitelkeit und Vielgeschäftigkeit gesteigerten Charaktereigenschaften verkannt. Diese Einsicht ließ mich meinerseits schriftliche Äußerungen gegen denselben bis zu diesem Spätsommer nahezu ganz vermeiden und auch in meinen mündlichen Äußerungen vielfach zurückhaltend sein. Erst in den letzten Jahren, wesentlich veranlaßt durch zufällige Umstände, die Geh. Rat Geffcken seiner Gesundheitsverhältnisse wegen häufiger in meine Nähe führten, begegnete ich demselben häufiger. In dem Maße, als die Personen seltener wurden, die in Deutschland aus der Vergangenheit deutscher und europäischer Verhältnisse durch eigenes Miterleben unmittelbare Kenntnis haben und dadurch die Gegenwart in ihrem Werte und Unwerte beurteilen können, weil sie deren Wurzeln in die Vergangenheit zu verfolgen vermögen, gewann der Ideenaustausch mit Geh. Rat Geffcken vielfach an belehrendem Interesse.

Es kommt dazu, daß über bestimmte Materien, z. B. das ganze Gebiet des Völkerrechts, des Seerechts, zum Teil des Allgemeinen Staatsrechts konföderativer Staatsverhältnisse die wissenschaftlich kompetenten Kenner in Deutschland nahezu ausgegangen sind. Dies wird schon durch die Schwierigkeit bewiesen, völkerrechtliche Lehrstühle auf deutschen Universitäten zu besetzen. Auch der Umstand beweist es, daß nach Heffters[4] Tod die Bearbeitung und französische Ausgabe des Völkerrechts desselben an Geh. Rat Geffcken übertragen werden m u ß t e , und daß in staatswissenschaftlichen Handbüchern nach Bluntschlis Tode die einschlagenden Artikel fast ausnahmslos von demselben verfaßt sind. Die Autorität des Geh. Rat Geffcken auf diesem Gebiete war in Europa durchaus anerkannt. Die Personenkenntnis G.s in Deutschland und Europa war eine sehr große, wie auch dessen sachliches Interesse an einer großen Zahl Tages- und Kulturfragen stets von einer nicht gewöhnlichen Beherrschung deren wissenschaftlichen Seiten getragen wurde.

Mir schien das Maß seiner weniger erwünschten Eigenschaften den Durchschnitt der Standesfehler, die bei manchen deutschen Gelehrten zu beklagen sind, in keiner Weise zu übersteigen. Gravierende Tatsachen, wie solche z. B. ein angeblich in die Contemporary Review geschriebener Artikel enthalten s o l l oder auch ein zu tadelndes Verhalten im Elsaß, sind mir unbekannt geblieben.

Wohl hatte ich umgekehrt Gelegenheit, die große Wohltätigkeit des Geh. R. Geffcken, seine stete Bereitwilligkeit zu aufopfernder Hülfeleistung zu beobachten. Dieselbe ist inzwischen durch die Tatsache bestätigt worden, daß die Familie auf deren Maßlosigkeit zum Teil die Begründung des gestellten Entmündigungsantrages zu stützen versucht hat.

Alles, was seither von Berlin aus über dessen angebliche prinzipielle Feindschaft gegen die deutsche Reichsentwicklung, speziell gegen Preußen, von sog. „welfischen Tendenzen" und dgl. mehr verbreitet worden ist, können ohnedies nur die glauben, denen alle eigene Kenntnis von Personen und Verhältnissen fehlt. Diese Verdächtigung widerlegt sich indessen auch schon dadurch, daß von derselben Seite auch die Anschuldigung verbreitet wurde, Geh. Rat Geffcken habe fest gerechnet, bei einiger Dauer der Regierung Kaiser Friedrichs Unterstaatssekretär im Auswärtigen Amt zu werden.

Alle diese Ausstreuungen konnten für mich kein Moment abgeben, den Verkehr mit Geh. Rat Geffcken zu meiden.

Soviel mir aus Erfahrung bekannt war, hatte derselbe unentwegt zu den Vorkämpfern der sog. Kleindeutschen Partei, insbesondere des „Preußischen Wochenblattes"[5] gehört. Er ist meines Wissens nur in der Frage der „Augustenburgschen Erbansprüche" und der Behandlung der Schleswig-holsteinischen Angelegenheit mit dem Reichskanzler seiner Zeit in offnen Gegensatz gekommen. Dieselben vertrat er allerdings, wie damals auch der Kronprinz, mit großer Wärme. Weil ich diesen Gegensatz kannte, war ich später, im Jahre 1871, als Geffcken sich um die Professur des Völkerrechtes in Straßburg bewarb, veranlaßt, den Reichskanzler zu fragen, ob ihm diese Berufung nicht unangenehm sein würde, was derselbe aber einfach v e r n e i n t e . Eine spätere Entfremdung ergab sich durch Veröffentlichung des Geffcken-Buches „über Staat und Kirche" und die darin enthaltene Kritik des Kulturkampfes[6]. Diese Kritik hält sich indessen durchweg in sachlichen Grenzen. In alle dem konnte für mich auch nicht der leiseste Anlaß gegeben sein, die Beziehungen zu Geffcken zu lösen.

Den Gedanken, die wichtigsten in der Regierungszeit S. M. des Kaisers Wilhelm zur Lösung stehenden, zum Teil eminent schwierigen Fragen einer vorgängigen gründlichen wissenschaftlichen Bearbeitung zu unterziehen, teile ich vollständig. Ich halte denselben für eminent n ü t z l i c h und p r a k t i s c h . Die Auffassung, daß damit eine illegitime Einmischung versucht werde, kann nur in einem Gesichtskreis entstehen, der alle Verhältnisse vom Standpunkte unumschränkter Alleinherrschaft zu betrachten gewohnt ist und alles Denken in der Nation als Eingriff in die eigene Machtsphäre empfindet. Dieselbe ist ein Symptom durchaus anormaler Verhältnisse.

Nachdem dieser Gedanke zu einer Abfassung einer schriftstellerischen Arbeit geführt, ist mein Interesse an derselben ein durchaus natürliches und selbstverständliches. Freilich zunächst und vor allem im Interesse von S. M. dem Kaiser selbst, der mit eignem u n a b h ä n g i g e m freiem Urteil an die Entscheidung solcher Staatsfragen ersten Ranges muß herantreten können. Vor wie nach werde ich bestrebt sein, dafür das Material zu vermehren. Nur wer den Kaiser u n s e l b s t ä n d i g wünscht und wer denselben gradezu hülflos in seiner höchsten und letzten Entscheidung fertigen Ratschlägen zuführen will, kann gegen diese legitimste und nützlichste patriotische Geistesarbeit etwas einwenden. Ich betrachte jeden Versuch, alles politische Denken in der Wilhelmstraße zu monopolisieren, als ein schweres Unrecht gegen S. M. den Kaiser, indem dadurch jede Grundlage für Betätigung einer freien Willensmeinung zerstört wird.

Wenn ich im einzelnen auch durchaus nicht mit allen Ausführungen des Geh. Rats Geffckens in dieser Arbeit einverstanden bin, so bleibt der Versuch derselben ein durchaus anerkennenswerter, und es bleibt zu bedauern, daß die darauf verwandte Mühe und deren Resultate in dem moralischen Schiffbruche des Verfassers durch die unselige Tagebuchveröffentlichung rettungslos in den Gerichtsakten verloren gegangen ist. Zu bedauern vor allem für S. M. den Kaiser, da in Deutschland überhaupt nur wenige Staatsrechtskundige sind, welche den behandelten Fragen nahetreten können und künftig gewiß keiner geneigt sein dürfte, das gleiche Wagnis zu machen, welches, wiewohl nur im Interesse der Krone und der Monarchie unternommen, als ein strafwürdiges Attentat zu entstellen versucht wird.

Soviel von meinen Beziehungen zu Geh. Rat Geffcken.

Ad. 2. Angeblich ungünstige Äußerungen über S. M. den Kaiser.

Da ich mich nicht erinnere, auf was diese Anschuldigung Bezug nehmen kann, vermag ich mich zu deren Abwehr nur in Allgemeinheiten zu äußern. Zunächst spreche ich die Überzeugung aus, daß S. M. nach dem Beispiele aller hervorragenden Regenten sich ohne Zweifel alle Denunziation grundsätzlich fernhalten wird, da es klar ist, wie auf der einsamen Höhe des Thrones es unvermeidlich wird, der Intrige zum Opfer zu fallen, wenn überhaupt gewagt werden d ü r f t e , mit Denunziationen zu nahen. Dann kann die inkriminierte Äußerung unter keinen Umständen etwas enthalten haben, was ich nicht S. M. bei sich ergebender Gelegenheit offen ins Angesicht zu bemerken mir erlaubt haben würde. Endlich kann dieselbe unter keiner Bedingung etwas gegen die Person S. M. enthalten haben, deren Schritte seit dem Regierungsantritte ich von erster Stunde mit steter Sorge und

Herzensteilnahme verfolgte, nicht ohne begleitende bange Befürchtung irgend einer in ihren Folgen nicht richtig übersehenen Entscheidung.

Allerdings machte mich diese Stimmung auch feinfühlig für alle Vorgänge, und da gestehe ich, daß ich manche Äußerungen lieber nicht berichtet gefunden hätte. Ich erinnere mich nicht, diesem Gefühle dem Geh. Rat Geffcken gegenüber Ausdruck gegeben zu haben. Auch eine weitere Empfindung habe ich gehabt. Ich hatte gehofft, daß das Ergebnis aller anstrengenden Reisen für S. M. den Kaiser noch ein anderes sein würde als der von den besuchten Höfen gleichmäßig zurückstrahlende Eindruck eines liebenswürdigen hoffnungsreichen jungen Fürsten. Die europäische Lage ist wohl darnach angetan, daß der Regierungsantritt eines tatkräftigen Regenten nach längerer Periode notgedrungenen vorsichtigen Lavierens die Hoffnung auf endliche Erlösung aus einer stets gefährlicher werdenden Lage rechtfertigen könnte und daß die Einwirkung eines bestimmten eigenen Willens an den entscheidenden Zentren europäischer Politik zum Bewußtsein gekommen wäre. Eine Äußerung in dieser Hinsicht habe ich schwerlich Herrn Geh. Rat Geffcken gegenüber getan, da die beiden beschlagnahmten Briefe in die Zeit von Anfang September gefallen sein müssen.

Ad. 3. Was den Vorwurf systematischen Zusammenwirkens mit Geh. Rat Geffcken auf tendenziöse Diskreditierung des gegenwärtigen Regierungssystems betrifft, so muß ich denselben rundweg zurückweisen. Zunächst ist es unerfindlich, wie solcher sich aus früheren, vor langen Jahren geschriebenen Briefen Geffckens, ohne alle Rückantwort meinerseits und ohne alle als Folge eingetretenen Handelns ergeben soll. Daß in diesen Briefen Stellen vorkommen mögen, in denen Geh. Rat Geffcken einzelne Regierungsmaßregeln oder auch einzelne Betätigungen der Regierungsmethode des Reichskanzlers einer scharfen Kritik unterworfen hat, ist sehr wahrscheinlich. Ich erinnere mich dieser vor Jahren geschriebenen Briefe und ihres Inhaltes auch mit keiner Silbe. Gewiß ist, daß die meisten unbeantwortet geblieben sind, und daß mein Standpunkt aus meinen Handlungen beurteilt werden muß, nicht aus den Worten eines andern. Dieser mein Standpunkt ist aber die ganze Zeit hindurch ein vollkommen durchsichtiger und korrekter gewesen.

Im Jahre 1871/72 trat der Reichskanzler mit der Anfrage an mich heran, ob ich wohl eine Stellung in den Reichslanden annehmen würde[7]. Ich habe v e r n e i - n e n d geantwortet unter Beifügung folgender nahezu wörtlichen Motivierung: „Eure Durchlaucht haben mit großem Erfolge nach Ihren Gesichtspunkten und Zielen die Einheit des Deutschen Reiches geschaffen. Ich freue mich dessen als deutscher Patriot aus ganzer Seele, wie auch an a l l e n I h r e n k ü n f t i g e n Erfolgen. Allein Ihre Methode der Geschäftsbehandlung und Mittel und Wege, welche Sie dafür für geeignet halten, sind so durchaus von meiner Art und Weise verschieden, daß ich gänzlich ungeeignet bin, bei derselben tätig und behülflich zu sein. Was ich verspreche, ist, in keiner Weise etwas dagegen zu tun, da Sie fair play bis zum Ende haben müssen. Ich werde mit großer Befriedigung auch ferner glückliche Resultate Ihrer Bestrebungen begleiten und alle Ehre davon neidlos Ihnen zufallen sehen."

Dies Engagement habe ich stets vollkommen loyal gehalten, und als im Verlaufe des wunderlichen Kulturkampfes es unmöglich ward, nicht oppositionell zu werden, ließ ich mich nicht mehr in den Reichstag wählen[8] und betrachte seither vollkommen objektiv die Kreuz- und Querzüge dieser wechselvollen und nervösen Staatsleitung. Ich habe derselben niemals die geringsten Schwierigkeiten gemacht oder auch nur Versuchung empfunden, es zu tun. Meine Empfindung war stets, jedes Ding will seine Zeit haben, also auch d i e s e vorübergehende Phase. Im Gegenteil habe ich stets zu Zeiten des höchstseligen Kaisers Wilhelm gesagt: „Das deutsche Volk will zweifelsohne von dem Kanzler seine Geschäfte und die Leitung des Reiches geführt haben. Außerdem besitzt derselbe unzweifelhaft das Vertrauen seines Allerhöchsten Herrn. Wie könnte man unter solchen Umständen und bei dem hohen Alter des Monarchen auch nur an die Möglichkeit eines Wechsels denken dürfen."

Während der kurzen Regierungszeit Kaiser Friedrichs, deren Tage von Anfang gezählt waren, stand nichts so fest, als daß auch der entfernteste Gedanke eines Wechsels bei keinem Verständigen aufkommen konnte oder auch a u f g e k o m m e n   i s t ; am wenigsten bei dem unglücklichen Kaiser selbst. Zu allem Überflusse habe ich dem Kanzler in diesen Tagen persönlich versichert, wie ich es für eine besondere Gunst der Vorsehung halte, daß derselbe in dieser schweren Krisis rascher Thronübergänge noch am Steuer des Staates stehe und Kraft und Leben bewahrt habe, die Geschicke des Vaterlandes in die neuen Bahnen zu leiten. Wie sollte ich die geringste Versuchung gehabt haben, von dieser ausgesprochenen Ansicht seit dem Regierungsantritte Kaiser Wilhelms II. abzuweichen. Ich muß es daher als ein reines von Argwohn und Mißtrauen erzeugtes Phantasiegebilde bezeichnen, wenn von systematisch betriebener Diskreditierung eines angeblich bestehenden Regierungssystems gesprochen werden will. Dabei muß außerdem ausdrücklich betont werden, daß es bisher ein bestimmtes Regierungssystem überhaupt nicht gibt, sondern nur ein höchst persönliches Regiment des Reichskanzlers und einzelne von ihm aus den verschiedensten Motiven und Stimmungen beliebte Maßregeln.

Von einer feindseligen Haltung gegen die Person des Kanzlers wird niemand imstande sein, mir irgend einen haltbaren Nachweis zu liefern, da ich stets davon durchdrungen war, daß nach den zurückliegenden historischen Verdiensten desselben derselbe in seiner Stellung bleiben müßte, so lange er lebe oder sich selbst unmöglich mache. Ich habe in dieser Hinsicht unzählige Mal ausgesprochen, daß jeder Versuch, o h n e oder gar g e g e n d e n s e l b e n die Regierung zu führen, bei der Stellung desselben im Glauben der Nation notwendig zu einem Fiasko kläglichster Art führen müsse. Was dagegen die einzelnen Maßregeln betrifft, so boten dieselben vielfach einer berechtigten Kritik manche Blöße. Es braucht dabei nur an die wechselnden Phasen des Kulturkampfes und der Kirchengesetzgebung erinnert zu werden. Ich beabsichtige auch k e i n e s w e g s z u l e u g n e n , daß ich nie die schweren Schäden verkannt habe, welche die exorbitante Machtvereinigung in der Kanzlerinstitution für Krone und Nation mit sich bringt. In der Schätzung des Wertes der einzelnen Maßregeln wird sich auch künftig nicht vermeiden lassen, daß deren Beurteilung sich durch alle Grade von scharfem Tadel bis zu aufrichtiger Bewunderung durchbewegt. Das wird so bleiben, so lange nicht alles intellektuelle Leben der Nation erstorben ist. Ebenso wenig werde ich meinerseits mich in der Auffassung über die notwendigen Folgen erschüttern lassen, wenn die dermalige Institution des „Reichskanzlers" in Verfassung und Gesetzgebung d a u e r n d in die Hände so willensstarker Träger kommen sollte, wie es zur Zeit Fürst Bismarck ist. Es ist nicht meine Aufgabe, darüber eine Erörterung zu beginnen, bei wem heutzutage im Reiche die r e e l l e Macht und bei wem der ä u ß e r e S c h e i n der Herrschaft ruht. Eine anscheinend ministerielle Stellung, welche g l e i c h z e i t i g eine V e r f a s s u n g s i n s t i t u t i o n ist, und welche außerdem in zahlreichen Gesetzen in absoluter Selbständigkeit neben der Krone fundamentiert ist, bleibt für jeden, der einen Rest monarchischer Gesinnung bewahrt hat, eine Anomalie, deren Gefahren durch das trügerische Vorrecht des Souveräns, die Person des Trägers so außergewöhnlicher Machtfülle in d e r   T h e o r i e wechseln zu können, kaum verhüllt wird.

Die Frage, wie darin Wandel geschaffen werden könne, nicht bei Lebzeiten des Reichskanzlers — denn für dessen Lebensdauer ist sie überhaupt nicht praktisch — sondern nach dem unvermeidlichen Verschwinden dessen mächtiger Persönlichkeit, bleibt die schwierigste, die sich im politischen Leben stellen kann. Dieselbe beschäftigt alle denkenden Köpfe. Sie muß notwendig vor allem S. M. den Kaiser beschäftigen. Einfach mit dem Willen, selbst in erheblicher Weise in die Geschäfte des Pflichtenkreises der Kanzlerinstitution einzugreifen, ist dieselbe nicht zu lösen, da dieselbe eine Verfassungsordnung ist, an der die verbündeten Regierungen ein unbestreitbares Recht und kein geringes Interesse haben.

Wenn S. M. der Kaiser jemand zur Verfügung hat, dem derselbe für gut findet, die Machtfülle, welche heute der Kanzler in seinen Händen vereinigt, zu überliefern, wer könnte etwas dawider haben. Im monarchischen Interesse könnte man versucht sein zu wünschen, daß die Wahl auf eine unbedeutende Persönlichkeit falle, wenn andersеits nicht grade die Fülle der auf die Schultern des Kanzlers gehäuften Rechte und Pflichten nicht umgekehrt eine Kraft von ungewöhnlichem Maß verlangen würde. Wenn S. M. dagegen innerhalb der bestehenden Reichsverfassung eine Verbesserung der unfreien Lage anstreben sollte, in welche die Krone zur Zeit gebracht ist, und welche sogar ein von so großem Ruhme und stützender Volkstümlichkeit getragener Regent wie der höchstselige Kaiser Wilhelm bei den sich wiederholenden Kanzlerkrisen und Friktionen schwer empfunden hat, so liegen kaum zu überwindende Schwierigkeiten vor. Ich bezweifle, ob S. M. Zeit und Mühe auf deren Erkenntnis verwenden kann in Mitte der erdrückenden Last von hohen Pflichten.

Ich wiederhole, in der Untersuchung des Geh. Rates Geffcken war diese ernste Frage von manchen Seiten erörtert. Seine Lösung ist nicht die meinige. Ich halte einen andern Weg für empfehlenswerter, wenn ich auch in der absoluten Verwerfung der Idee von Reichsministerien seit der ersten Begründung des Reiches ganz mit demselben übereinstimme. Will man das Interesse, welches ich dem Studium dieser wichtigsten aller deutschen politischen Fragen entgegenbringe, nun einen Versuch der Diskreditierung des gegenwärtigen Regierungssystems nennen, so muß ich mir das freilich gefallen lassen. Ich meinerseits rechne mir denselben zur Ehre an, denn ich werde immer suchen, die Kaiserkrone des Reiches deutscher Nation in eine würdigere Lage zu bringen, mag auch freiwillige Anbequemung an die Ratschläge eines bewunderten und erfolgreichen Staatsmannes augenblicklich über die Realität der wechselseitigen Stellungen täuschen.

Ich habe nichts hinzuzufügen als die Bitte, E. K. H. möge in keiner Weise S. M. irgend eine Mitteilung meiner Anschauungen machen. Es würde unvermeidlich sein, daß E. K. H. dadurch ähnlicher Verdächtigung ausgesetzt würde, wie ich solche erfahren und gewiß jeder erfahren würde, der die Hand auf diese brennende Wunde unserer Staatszustände legt. Es könnte nur Schaden daraus kommen. Weit besser, die Geschicke des Reiches haben ihren Lauf unter dem Schutze der Vorsehung, als daß das in seinen Folgen unübersehbare Eingreifen menschlichen Tuns sich ohne pflichtmäßige Nötigung geltend macht.

Was ich selbst persönlich nach Abschluß des Geffckenschen Prozeßverfahrens[9] zu tun veranlaßt sein werde, um gegen die mir angetane, nach meinem Ermessen durch k e i n e r l e i T a t s a c h e gerechtfertigte Unbill eine mir genügende Genugtuung zu nehmen, muß ich mir zur Zeit noch vorbehalten. *[...]*

GLA FA Korresp. 13 N 500.

[1] Nr. 901 Anm. 2.
[2] Moritz Busch (1821—1899), 1870—71 Pressebearbeiter im Auswärtigen Amt, 1875—90 freier Schriftsteller und offiziöser Publizist in Leipzig und Berlin.
[3] 2. Sam. 11 u. 12.
[4] August Wilhelm Heffter (1796—1880), Rechtsgelehrter, 1823—30 Professor an der Universität Bonn, dann in Halle, 1861 Kronsyndikus u. Mitglied des preuß. Herrenhauses. Sein berühmtestes Werk: Das europ. Völkerrecht der Gegenwart (1844).
[5] Preuß. Wochenblatt zur Besprechung politischer Tagesfragen (1851—61), Organ der durch Abspaltung von der preuß. konservativen Partei entstandenen Gruppe um den Bonner Professor M. A. v. Bethmann-Hollweg.
[6] Über Staat u. Kirche (1875).
[7] Andeutungen im Tagebuch Großherzogs Friedrich (*Oncken* II S. 250, 367), ebenso bei K. *Samwer*, Roggenbach (1907) S. 129 u. 162. Das Kriegstagebuch Kaiser Friedrichs berichtet (S. 441), daß der am 6. März 1871 vorgetragene Vorschlag, Roggenbach zum Statthalter im Elsaß zu ernennen, bei Bismarck „gänzlich" durchgefallen sei.
[8] Roggenbach war Mitglied des Zollparlaments und des Reichstages in der 1. Legislaturperiode 1871—74 als Vertreter des Wahlkreises Lörrach.
[9] Vgl. Nr. 921.

918. Roggenbach an Großherzog Friedrich.

Segenhaus, 17. Dezember 1888.
In der Anlage ein Artikel der Kölnischen Zeitung Nr. 349 vom 16. Dez. 1888[1]. Es ist ungewöhnlich, daß ein Angriff auf einen fremdländischen Diplomaten an einem fremden Hofe überhaupt und gerade jetzt erscheint. Alle Einzelheiten sind beachtenswert, besonders der Versuch, eine Verbindung mit dem Geffcken-Prozeß herzustellen.

Er bildet unstreitig ein wichtiges Glied in dem häßlichen Unternehmen, einerseits alle Personen, die mit Kaiser oder Kaiserin Friedrich Verkehr hatten, in irgend einer Weise unpatriotischer und reichsfeindlicher Gesinnung zu bezichtigen und dann wieder die Anklage gegen den unglücklichen Fürsten d u r c h d e n U m g a n g m i t s o l c h e n P e r s o n e n zu fundamentieren und n a c h t r ä g - l i c h zu rechtfertigen.

E. K. H. ist gewiß nicht entgangen, wie die tatsächlichen Begründungen im „Immediatbericht"[2] sofort nach Erscheinen desselben in der Presse in den wesentlichsten Punkten eine a k t e n m ä ß i g e, zum Teil auf e i g e n e Ä u ß e r u n g e n des Reichskanzlers gestützte Widerlegung gefunden haben. Das war bei einem Aktenstücke solcher welthistorischen Bedeutung schon ein ernstes Mißgeschick. Mit dem in dem anliegenden Artikel begonnenen neuen Feldzuge wird eine gleiche m o r a l i s c h e Niederlage für die Unternehmer notwendig eingeleitet. Zugleich illustriert derselbe aber auch in belehrendster Weise das ganze verwerfliche Treiben, zu dem ein bis h a r t a n d i e G r e n z e d e s „ V e r f o l g u n g s - w a h n s " gesteigerter argwöhnischer Sinn sich verführen lassen kann. Die Lage wird dadurch kaum weniger ernst, daß ich dem Reichskanzler dabei gerne Vermutung eigenen „guten Glaubens" zugestehen will. Im Gegenteil liegt darin erst recht die Gefahr derselben. Während dem höchstseligen Kaiser Wilhelm und auch Kaiser Friedrich diese bedenklichen Seiten des Charakters des Kanzlers durchaus bekannt waren und beide hohen Herrn die Erfahrung, Ruhe und Gewandtheit hatten, solchen Ansturm von Mißtrauen und Argwohn abzuwehren und in ruhigere objektive Anschauung überzuleiten, liegt die Gefahr vor, daß die Lebhaftigkeit und der patriotische Eifer des jungen Herrn auch künftig zu Mißgriffen verführt werden kann. Grade der neue, in dem Artikel der „Kölnischen Zeitung" inszenierte Angriff würde für S. M. in dieser Hinsicht sehr instruktiv sein, wenn der Kaiser denselben in allen Einzelheiten zu durchschauen in den Stand gesetzt wäre. Hochderselbe würde dann wie seiner Zeit der höchstselige Kaiser Wilhelm bei solchen Argwohnskrisen des Kanzlers beim ersten Auftreten beschwichtigende Remedur versuchen, statt daß ein alles verheerender Brand angefacht wird. Der Kanzler k a n n bei seiner nervösen Reizbarkeit und seinem mißtrauischen Charakter einfach nicht r e g i e r e n o h n e beständigen M o d e - r a t o r , wie es der von hohem Ansehen, Erfahrung und Jahren getragene verehrungswürdige Kaiser Wilhelm war. Er kommt sonst ganz in die Irre. Das muß S. M. der regierende Kaiser sich jeden Tag sagen und sich auf die Höhe dieser für seine Jugend unendlich schweren Aufgabe stellen. Nur so kann er sich die D i e n - s t e d e s K a n z l e r s e r h a l t e n . Sonst macht derselbe sich in kurzem u n - m ö g l i c h , wie er sich schon durch den „Immediatbericht" schwer beschädigt hat.

Was die Absicht Moriers betrifft, den Botschafterposten in Berlin zu erhalten: Ich kann dabei als positiv v e r s i c h e r n , daß mir Morier persönlich nach dem Tode Lord Ampthills[3] sagte, daß er jeden andern Posten dem Berliner grade w e g e n seiner Beziehungen zu dem kronprinzlichen Hofe und dem dadurch wachgerufenen Mißtrauen des Kanzlers v o r z i e h e n würde, weil seine Stellung dadurch in Berlin zu einer absolut unmöglichen werden würde. *Ich wundere mich, daß es Bismarck unbekannt geblieben ist, daß Morier als Gegner der Battenbergischen Verbindung bei Königin Viktoria in Ungnade war, so lange sie sich für die Sache interessierte; betr. die über Darmstadt nach London und von da nach Paris ins französische Hauptquartier gegangene Meldung des Vormarsches der deutschen Armee ist am Schlusse des Artikels gesagt: Wir werden auf die Angelegenheit nach genauerer Kenntnis der Lage zurückkommen und dann uns unser Urteil bilden.*

Diese Kenntnis hat man h e u t e s c h o n . Man will entdecken, daß Mitteilungen des Kronprinzen an die Frau Kronprinzessin und von da von Hamburg an Morier zum Verrate über London nach Paris befördert sein sollen. Ich habe E. K. H. bereits mündlich gesagt, wie diese Anklage auf angebliche Äußerungen Bazaines gestützt werden sollen, und wie die s c h r i f t l i c h e L e u g n u n g des Marschalls vorliegt, je solche getan zu haben — dem ungeachtet scheint auf dieser Fährte weiter gegangen werden zu wollen, offenbar um von neuem die Anschuldigung gegen Kaiser Friedrich zu begründen, er habe durch Mitteilungen an seine hohe Gemahlin Staatswohl und Wohl der von ihm so glorreich geführten Armee kompromittiert. Das soll den Strohhalm abgeben, an den die Verleumdungen des Immediatberichtes sich zu ihrer Rettung anheften können.

Auch die deutsche Armeeleitung hat wertvolle Informationen aus englischen Zeitungen und den Berichten englischer Reporter hinter der französischen Linie gezogen, ebenso die französische. Man wußte sehr vieles im Rücken der deutschen Armee besser als in der Frontlinie. *Wenn man die Daten des Moselüberganges, die Abgabe des Oberkommandos an Bazaine, der Ankunft der Kronprinzessin in Hamburg und angesichts* des Umstandes, daß über den Moselübergang gar nichts mitzuteilen war, was sich nicht nach Wörth und Spichern von selbst verstand, *so ergibt sich, daß dieser Verleumdungsplan zu einem noch schlimmeren Ende kommen wird als der Immediatbericht.*

Freilich nicht ohne neuen Schaden für Staat und Reich, Kanzler und, was das schlimmste ist, S. M. den Kaiser. Dessen leider schon so schwer erschüttertes Ansehen kann einen zweiten Angriff auf das Andenken von Vater und Mutter nicht ertragen. *[...]*

GLA FA Korresp. 13 N 500, ebd. Köln. Ztg. v. 16. Dez . 1888.

[1] Gedr. *Schultheß* S. 198: Sir Robert Morier, z. Zt. britischer Botschafter in Petersburg, habe 1884 den in Berlin frei werdenden Botschafterposten trotz seiner guten Beziehungen zum kronprinzlichen Hof aus guten Gründen nicht erhalten. In deutschfeindlichen russischen Kreisen erfreue er sich großer Beliebtheit. „Aus Anlaß des Geffckenschen Prozesses war es notwendig geworden, Ermittelungen über die Beziehungen des jetzigen englischen Botschafters am russischen Hofe zu innern deutschen Verhältnissen anzustellen. Bei dieser Gelegenheit ist eine Äußerung des Marschalls Bazaine zur Sprache gekommen, wonach derselbe im August 1870 die erste Nachricht über den Vormarsch der deutschen Heere über die Mosel auf Meldung des damaligen englischen Geschäftsträgers in Darmstadt, desselben Morier, über London und Paris erhalten habe." — Sir Robert Morier (1826—93), brit. Diplomat, 1853—66 Attaché in Wien u. Berlin, 1866—76 Geschäftsträger in Darmstadt, Stuttgart und München, 1885—93 Botschafter in Petersburg. — François Achille Bazaine (1811—88), 1870 Führer der französ. Rheinarmee, von deutschen Truppen in Metz eingeschlossen, kapitulierte im Okt. 1870. — Morier ließ sich von dem in Madrid lebenden Bazaine sofort ein kategorisches Dementi schicken, das er auch Bismarck zuleitete. Als die deutsche Seite nicht reagierte, veröffentlichte Morier den Briefwechsel mit Bazaine und Bismarck.
[2] Vgl. Nr. 901 Anm. 2.
[3] Odo William Leopold Russell (seit 1881:) Lord Ampthill (1829—84), 1871—84 brit. Botschafter in Berlin.

919. Herzog Adolf von Nassau an Großherzog Friedrich.

Königstein, 18. Dezember 1888.

Unserer neulichen Absprache gemäß teile ich Dir mit, daß mein Sohn zum beurlaubten Generalmajor ernannt worden ist. Es ist das eine mir bisher neue Form, die ich daher auch nicht ganz verstehe. Ob es unter diesen Umständen möglich sein wird, ihn à la suite eines Regiments zu setzen, kann ich natürlich nicht beurteilen. Ich lege auch nicht den hauptsächlichen Wert darauf, da es mir besonders darauf ankommt, dem jungen Kaiser zu explizieren, daß meine damalige, wie ich eingestehen muß, sehr ungeschickte Antwort keine Ablehnung sein sollte, und wenn Du das freundlich übernehmen willst, werde ich Dir sehr dankbar dafür sein. *[...]*

GLA FA Korresp. 13 Bd. 41 Fasz. 42 Nr. 22 eig.

920. Eisendecher an Herbert Bismarck.

Karlsruhe, 20. Dezember 1888.

Da S. K. H. der Großherzog von Baden von morgen ab etwa drei Wochen in Berlin sein wird und sich vielleicht in dieser Zeit Gelegenheit bietet, Höchstdemselben über Herrn von Roggenbach einige nähere Andeutungen zu machen, erlaube ich mir, Ew. Exz. nachstehendes ganz vertraulich und privatim gefl. zu berichten.

Das Vertrauen des Großherzogs zu dem Genannten ist bis jetzt unerschüttert, und meine leise und sehr vorsichtige Warnung in Baden, die ich allerdings mit Tatsachen nicht belegen konnte, scheint keinen dauernden Eindruck hinterlassen zu haben. Roggenbach war seitdem einige Tage Gast der Herrschaften im Schlosse zu Baden, wo es ihm offenbar gelungen ist, sich mehr oder minder reinzuwaschen. Diese Besuche des Freiherrn am hiesigen Hofe wiederholen sich zwei bis drei Mal im Jahre; es ist ihm dabei verstattet, oft und eingehend mit S. K. H. sowohl wie mit der Frau Großherzogin allein zu sprechen, ein Umstand, der von manchen einsichtsvollen und wohlmeinenden Personen am Hofe lebhaft bedauert wird. In der Regel verlautet über derartige Unterredungen nach außen hin sehr wenig, den Herrschaften nahestehende Beobachter glaubten aber, nachher an höchster Stelle fast jedesmal eine Art von politischer Abkühlung in der Richtung Berlin oder Friedrichsruh bemerkt zu haben. Roggenbach ist meines bescheidenen Dafürhaltens ganz der Mann, eine solche Abkühlung mit Geschick und scheinbar unabsichtlich zu erzeugen; er versteht es, wie ich glaube, meisterhaft, gelegentlich die bekannten kleinen Insekten in die Ohren seiner hohen Gönner zu praktizieren. Die edle patriotische Gesinnung des hiesigen Gnädigsten Herrn ist ja über allem Zweifel erhaben, bei dem besonderen Vertrauen aber, das Roggenbach bei ihm seit Jahren genießt, werden dessen Darlegungen doch wohl einen gewissen Eindruck machen und den Anschein der Glaubwürdigkeit so lange bewahren, als nicht von kompetenter Seite eine Widerlegung erfolgt.

Da der hohe Herr sich über die mit Roggenbach besprochenen Dinge überhaupt nicht äußert, ist dazu hier niemand in der Lage. Niemand kann auch mit Bestimmtheit behaupten, daß der Genannte Ansichten entwickelt, die dem Reichsinteresse zuwiderlaufen oder etwa eine Art von Antagonismus gegen S. D. den Herrn Reichskanzler verraten; nicht allein ich, sondern ebenso andere dem Hofe sehr nahe stehende Personen hegen indessen die Überzeugung, daß der Freiherr nicht immer im guten Sinne wirkt und daß die erwähnten Unterredungen unter vier Augen nachteilig und schädlich sind. Es wäre deshalb sehr erwünscht, durch geeignete Aufklärung S. K. H. in Zukunft womöglich eine Beseitigung oder wenigstens Beschränkung der Roggenbachschen Besuche am hiesigen Hofe herbeizuführen. Wenn es gelänge, den Großherzog zu überzeugen, daß der mehrerwähnte Herr sein Vertrauen nicht verdient, so wäre damit dieser Zweck wohl erreicht, und zwar würde es meines Erachtens nützlicher sein, zuerst nicht den Großherzog, sondern die Frau Großherzogin entsprechend über Roggenbach zu informieren.

Ich darf noch bemerken, daß kürzlich ein langjähriger, treu bewährter Diener des Gr. Hauses dem Erbgroßherzog auf eine Äußerung des Bedauerns über die Haussuchung in Fahrnau antwortete: Man habe kaum Grund, sich darüber zu wundern, ein Mann, den man nie fragen dürfe, ob er verheiratet sei, woher er komme oder wohin er gehe, der überhaupt stets seine Person und seine Tätigkeit

mit einem geheimnisvollen Dunkel umhülle, setze sich eben derartigen Verdrieß-
lichkeiten aus und erwecke vielfach Mißtrauen.

Ew. Exz. wird bekannt sein, daß der kommandierende General Frhr. v. Loe mit
Roggenbach besonders nahe befreundet ist und mit ihm brieflich wie persönlich
viel verkehre. Der General hielt sich im vergangenen Herbst längere Zeit zur Kur
in Baden auf und traf während dieser Zeit bald nach der Haussuchung in Fahrnau
mit Roggenbach in Offenburg zusammen; er besuchte mich häufig und sprach von
dieser Begegnung und von der Haussuchung wie auch von Roggenbach im allgemeinen, den er sehr zu schätzen scheint. Am Gr. Hofe ist Herr von Loe ein oft und
gern gesehener Gast, die Herrschaften würdigen ihn eines ähnlichen Vertrauens,
wie es sein Freund Roggenbach genießt. Der General zeigte sich mir gegenüber
stets maßvoll in seinem Urteil, diskret und wohlgesinnt, ich habe aber hier am
Hofe schon Äußerungen über ihn gehört, die nicht ganz so günstig klingen. Jedenfalls scheinen ihm einzelne Leute in der Umgebung der Herrschaften nicht zu
trauen und seinen intimen Verkehr am Hofe für unerwünscht zu halten.

DZA Merseburg Rep. 81 Karlsruhe V Nr. 38 Kirche u. Staat, Konz. (Frdl. Mitteilung
von J. *Becker*).

921. Eisendecher an Turban.

Karlsruhe, 10. Januar 1889.

Vertraulich! Wie Ew. Exz. aus den Zeitungen ersehn haben werden, hat das
Reichsgericht in der Strafsache gegen den Geheimen Justizrat Dr. Geffcken durch
Beschluß vom 4. d. Mts. den Beschuldigten außer Verfolgung gesetzt. Das Gericht
ist von der Voraussetzung ausgegangen, daß „zwar nach dem Ergebnis der Voruntersuchung hinreichende Verdachtsgründe für die Annahme vorliegen", daß der
Beschuldigte durch seine Publikation der Deutschen Rundschau Nachrichten, deren
Geheimhaltung anderen Regierungen gegenüber für das Wohl des Deutschen Reiches erforderlich war, öffentlich bekannt gemacht habe, daß jedoch für die Annahme des Bewußtseins des Beschuldigten von der Strafbarkeit seiner Handlung genügende Gründe nicht vorhanden seien.

Als Chef der Justizverwaltung im Reiche legt der Herr Reichskanzler Wert darauf, daß die Bundesregierungen in die Lage gesetzt werden, sich über das Verhalten der Reichsjustizverwaltung ihr Urteil auf aktenmäßiger Unterlage zu bilden.
Zu diesem Zwecke bin ich beauftragt worden, der Großherzoglichen Regierung
eine Abschrift der Anklage, welche das Ergebnis des in der Voruntersuchung erhobenen Beweises wiedergibt, zu vertraulicher Kenntnisnahme zuzustellen[1]. [...]

GLA 233/12802 Ausf.; Anlage ebd.

[1] Vgl. Nr. 916.

922. Bismarck an Großherzog Friedrich.

Berlin, 11. Januar 1889.

Nachdem E. K. H. schon im Laufe des Sommers die Gnade gehabt haben, S. H.
den Herzog von Nassau über die Stellung S. M. des Kaisers zur Luxemburger

Erbfolge zu informieren[1], erlaube ich mir, im Auftrage S. M. die untertänigste Bitte an E. K. H. gelangen zu lassen, angesichts der scheinbar unmittelbar bevorstehenden Auflösung S. M. des Königs der Niederlande S. H. dem Herzog von Nassau huldreichst schreiben zu wollen, daß die Anerkennung S. H. als Großherzog von Luxemburg seitens S. M. des Kaisers sofort nach Erledigung des Luxemburger Thrones durch offizielle Sendung erfolgen würde. Das gleiche Verfahren werde ich mit allerhöchster Ermächtigung bei der kgl. Belgischen Regierung und im Haag anregen.

GLA FA Korresp. 13 N 252.

[1] Nr. 867.

923. Großherzog Friedrich an Herzog Adolf von Nassau.

Berlin, 12. Januar 1889.

Deinem Wunsche entsprechend habe ich S. M. dem Kaiser die Anschauungen dargelegt, welche Du mir bezüglich einer Ernennung Deines Sohnes à la suite eines preußischen Regimentes anvertraut hast[1]. Der Kaiser hat diese meine Darlegung sehr gut aufgenommen und sich genau nach der dermaligen militärischen Stellung Deines Sohnes erkundigt. Ich habe ihm darüber diejenigen Aufklärungen gegeben, welche mein Sohn mir hierher gebracht, und dazu konnte ich mitteilen, daß auch der Kaiser Franz Joseph mit einer Stellung à la suite in der preußischen Armee einverstanden sei. Der Kaiser hat geäußert, er werde nun bald zur Ausführung des Dir auf Mainau gemachten Vorschlages[2] schreiten.

Ich bin nun aber ferner in der Lage, Dir abermals in Bezug auf Luxemburg eine Äußerung der Reichsregierung zu übermitteln. Die zunehmend schlechten Nachrichten über das Befinden des Königs der Niederlande lassen den Kaiser wünschen, alle Vorbereitungen zu treffen, damit Dein Regierungsantritt in Luxemburg die kräftigste Stütze von Seiten des Deutschen Reiches erfahre und dieses Beispiel andere Regierungen auffordere, das gleiche zu tun. Die Eröffnungen, welche mir darüber in den letzten Tagen zuteil wurden, haben mich veranlaßt zu wünschen, es möge mir der Reichskanzler das Wesentliche in einem Schreiben zukommen lassen, damit ich imstande sei, Dir ein Dokument zu übergeben. Der Kaiser war damit einverstanden, und so erhielt ich gestern abend ein Schreiben des Fürsten Bismarck[3], das ich in Abschrift anliegend Dir übergebe.

Du wirst daraus entnehmen, daß nicht nur der deutsche Kaiser Dir sogleich nach Deinem Regierungsantritt eine außerordentliche Mission zur Anerkennung und Beglückwünschung zugedacht hat, sondern auch die Anregung geben will, daß das gleiche von anderer Seite, besonders von Belgien aus erfolge. Diese wichtige Anknüpfung von guten Beziehungen im ersten Augenblick eines Regierungsantrittes ist so bedeutungsvoll für den weiteren Verlauf Deiner künftigen Stellung in Europa, daß wohl jede Bemerkung darüber zu unterlassen ist. Ich kann Dich nur beglückwünschen dafür, daß Dir ein so lebhaftes Interesse und Entgegenkommen jetzt schon betätigt wird, und knüpfe ich die besten Hoffnungen für Euch daran. Alle Wahrnehmungen, welche ich hier machen konnte, geben mir die sichere Aussicht, daß der Thronwechsel in Luxemburg ohne Komplikationen verlaufen wird, da man wohl allerseits bemüht sein wird, die Tatsache sobald wie möglich zu befestigen.

GLA FA Korresp. 14 N 252 eig.

[1] Nr. 919.
[2] Nr. 895 Anm. 3.
[3] Nr. 922.

923a. Aus Marschalls Tagebuch.

[Berlin,] 12.—22. Januar 1889.

12. Januar 1889. Besuch von Babo wegen Brief des Reichskanzlers an Großherzog (Luxemburg)[1]. —

13. Januar 1889. Besuch von Legationssekretär v. Below[2], der im Auftrag von H. Bismarck ein Telegramm aus dem Haag bringt, wonach König von Holland sterbend. Zum Großherzog, bei dem 1/2 Stunde bleibe. Auf der Straße nimmt mich H. Bismarck in seinen Wagen, läßt mich den Entwurf eines kaiserlichen Schreibens an den Herzog von Nassau lesen.

15. Januar 1889. Zu Hause die Aktenstücke wegen Geffken gelesen. Korrespondenz Roggenbach-Geffken unglaublich. „Politischer Hochstapler".

16. Januar 1889. 11,30 Uhr zum Großherzog, er ist sehr erregt wegen der Publikation, spricht von Abreise, Rücksichtslosigkeit usw. Ich spüre den Einfluß der Kaiserin Augusta und beruhige, spreche sehr offen über Geffken-Roggenbach, „politischer Unfug". [...] Abends im Reichsanzeiger die Anklageschrift veröffentlicht[3].

17. Januar 1889. 4,30 Uhr bei der Großherzogin, die sehr erregt wegen der Veröffentlichung ist. Natürlich mehr gegen Bismarck wie gegen Roggenbach.

18. Januar 1889. Um 9,15 Uhr zum Großherzog, um einen Bericht Alvenslebens zu bringen. Er ist beruhigter, schätzt Roggenbach immer noch. Die Großherzogin kommt.

20. Januar 1889. [...] Nach Tisch spricht der Kaiser mit mir über die Roggenbach-Geffken-Sache und glaubt, die Publikation habe einen guten Eindruck gemacht.

22. Januar 1889. Morgens nach 10 Uhr beim Großherzog. Die Großherzogin anfangs auch anwesend. Brief des Herzogs von Nassau[4]. Dann Geffken-Roggenbach. Erzählt mir seine Unterredung mit Bismarck. Hat ihm die . . . Stelle der Korrespondenz vorgelesen. Kaiser frug Großherzog auf der Cour wegen Eindruck der Veröffentlichung. M u ß t e , weil Bismarck bei guter Laune zu erhalten war.

Oberkirch, Besitz Frau v. Seyfried.

[1] Nr. 922.
[2] Nicht ermittelt.
[3] Die Anklageschrift wurde am 17. Jan. 1889 im Reichsanzeiger veröffentlicht. Eine Verhandlung gegen Geffcken hat nie stattgefunden. — Zur Nachwirkung der Geffcken-Affäre vgl. *Waldersee*, Denkwürdigkeiten II S. 31 (21. Jan. 1889): Die Kölnische Zeitung berichtet heute aus dem Briefwechsel Geffcken-Roggenbach. „Der Großherzog von Baden, der übrigens auch in der ,Kölnischen' genannt wird, ist neulich lange beim Kanzler gewesen und hat ihn ungewöhnlich erregt gefunden; ich glaube schon, daß die Nervosität groß ist." — Hohenlohe, Denkwürdigkeiten II S. 450 (25. Jan. 1889): Erwägungen Bismarcks, Geffcken als Professor der Universität Straßburg zu entlassen. „Der Reichskanzler erging sich dann in ausführlichen Äußerungen über die Geffcken-Affäre, meinte, daß man die Sache nicht ruhen lassen dürfe, und erzählte verschiedenes, um nachzuweisen, daß Kaiser Friedrich keineswegs der liberale Mann gewesen sei, als den ihn die Fortschrittspartei hinstellen wolle. Diese Legende sei für die ganze Dynastie ge-

fährlich und müsse zerstört werden. Er hat sich augenscheinlich in die Sache verbissen und will sie nicht loslassen. [...] Er machte mir den Eindruck eines geistig nicht ganz gesunden Mannes. Die Erbitterung in allen Klassen wächst, und Fürst Bismarck schadet sich mehr als dem toten Kaiser. Der Großherzog von Baden, der mich heute besuchte, erzählte mir, daß der Kaiser die Veröffentlichung der Angabe, daß Geffcken den Aufruf des Kaisers Friedrich gemacht habe, verhindern wollte. Es war aber schon zu spät. Auch meinte der Großherzog, daß es nicht unmöglich sei, daß der Kaiser mit Bismarck hintereinander kommen werde, wenn er merke, daß man ihm nicht alles mitteile. Vorläufig will der Kaiser alles vermeiden, weil er den Fürsten Bismarck für die Bewilligung der Militärvorlage braucht."

⁴ Nr. 927.

924. Herzog Adolf von Nassau an Großherzog Friedrich.

Königstein/Taunus, 14. Januar 1889.

Nr. 923 ist mir schon am Abend desselben Tages zugekommen, und sage ich Dir meinen verbindlichsten Dank dafür sowie für Übersendung des Schreibens des Fürsten Bismarck. [...] Aus meiner Antwort wirst Du ersehen haben, daß ich die Absicht habe, zuerst nach dem Loo¹ oder Haag zu gehen, die Königin aufzusuchen, denn ehe die junge Königin der Niederlande nicht als solche proklamiert ist, kann der Luxemburger Thron nicht als erledigt betrachtet werden, da die Königin Emma in der Hoffnung sein **k ö n n t e** . Es wird nicht sein — es könnte aber, jedenfalls ist die Möglichkeit nicht ausgeschlossen. Dorthin wollte ich mir den luxemburgischen Minister² kommen lassen, um das Nötigste zu veranlassen, um dann nach Luxemburg zu eilen. [...]

GLA FA Korresp. 13 N 252.

¹ Het Loo, das königliche Lustschloß bei Apeldoorn.
² Paul Eyschen (1841—1915), 1889—1915 luxemburgischer Ministerpräsident.

925. Großherzog Friedrich an Herzog Adolf von Nassau.

Berlin, 16. Januar 1889¹.

Dankend für Nr. 924 glaube ich anschließend an einige Deiner Äußerungen Dir einige Gesichtspunkte darlegen zu sollen, welche ich Deiner Erwägung empfehlen darf.

Du sprichst die Absicht aus, nach dem Haag und vielleicht nach dem Loo zu reisen, wenn die Katastrophe des Ablebens des Königs der Niederlande eingetreten sein wird. Demgegenüber wird hier und in Wien die Ansicht geltend gemacht, daß Dein Regierungsantritt in Luxemburg möglichst beschleunigt werden sollte, um jedwedem Versuch einer Störung zuvorzukommen. Es wird eben aus diesem Grund die Mission des Kaisers sich auch sofort nach Luxemburg begeben, um den Akt der Anerkennung so rasch zu vollziehen, daß von anderer Seite keine Frage mehr darüber entsteht. Diese außerordentliche Mission würde Dich auch im Haag oder im Loo aufsuchen, um Dir das Schreiben des Kaisers zu überbringen. — Eine gleiche Sendung wird von Wien aus erfolgen, und habe ich heute von dem hiesigen österreichischen Botschafter erfahren, daß man sehr wünscht, diese Sendung in Luxemburg vollzogen zu sehen. Daher wird empfohlen, Du mögest so zeitig wie immer tunlich in Luxemburg erscheinen und die Thronbesteigung vollziehen. —

Bezeichnend für die Lage kann ich Dir in engstem Vertrauen mitteilen, daß die belgische Regierung Anstand nimmt, Deine Anerkennung durch eine Mission zu bekunden, da in Belgien die Parteianschauungen über die künftige Stellung von Luxemburg sehr verschiedenartig sind und daher die sehr schwache Regierung es nicht wagt, so bestimmt hervorzutreten. — Der schriftliche Weg wird wohl für ungefährlicher gehalten. —

Von französischer Seite wird sehr gewünscht, in Luxemburg Schwierigkeiten zu provozieren, und es wäre ihnen sehr lieb, es zu einer republikanischen Erhebung zu bringen oder doch wenigstens zu einer turbulenten Kundgebung in diesem Sinne. Man hofft in Paris, dadurch eine Intervention zu provozieren und damit den Konflikt vom Zaun zu brechen.

Demgegenüber wäre eine rasche Besitzergreifung das richtige. Im Haag ist man ja auch damit ganz einverstanden, und daher ließe sich wohl die Frage, welche Du bezüglich der Königin anregtest, jetzt schon in einer vertraulichen Weise konstatieren, die dann keiner besonderen Formalität nach dem Ableben des Königs erfordern würde.

Könntest Du nicht Deinen Sohn nach dem Loo oder Haag schicken, damit er die Verbindung mit Dir herstellte und Du selbst Dich gleich nach der Katastrophe in Luxemburg festsetztest, um dort die Thronbesteigung offiziell zu vollziehen, sobald Dein Sohn Dir telegrafiert, daß die Regentin die Regentschaft angetreten hat. Die Besitzergreifung ist die Hauptsache und kann rechtlich erfolgen, auch ohne die besondere Deklarierung über eine vorhandene oder nicht bestehende Schwangerschaft der jetzigen Königin. *[...]*

GLA FA Korresp. N 252 eig.

[1] Großherzog Friedrich an Turban, „Berlin, 15. Jan. 1889 nachts: *[...]* Wir hatten die Absicht, am 18. abends von hier abzureisen, als gestern Abend der Kaiser meine früher gestellte Frage, wie er seinen Geburtstag zu begehen gedenke, dahin beantwortete, es seien von höchsten Herrschaften so viele Fragen gekommen, ob sie zum Geburtstag hier zum Besuch erscheinen dürften, daß er sich nun entschlossen habe, die Besuche anzunehmen, obgleich er eigentlich beabsichtigt hatte, diesen ersten Geburtstag als Kaiser im engsten Kreise zu begehen. — Daraufhin sind wir gebeten, bis zum 27. hier zu bleiben und beabsichtigen nun, am 28. heimzureisen. Es gibt hier so Vielerlei zu tun, daß die Verlängerung unseres Aufenthaltes wohl für manche Zwecke nützlich werden kann. Immerhin stört es mich sehr, so lange von zu Hause abwesend zu sein. *[...]*" (GLA FA Korresp. 13 Bd. 36 Nr. 54 eig.)

926. Großherzog Friedrich an Herzog Adolf von Nassau.

Berlin, 19. Januar 1889.

Die schwierige und ernste Aufgabe, welche Dir bevorsteht, veranlaßt mich zur Fortsetzung meiner Mitteilungen über diejenigen Wahrnehmungen, welche mir wichtig scheinen, von Dir gekannt zu sein.

Wie ich Dir schon vertraulich schrieb, hat die belgische Regierung Bedenken, der von ihr aus ergangenen Anregung zu folgen, Deinen Regierungsantritt in Luxemburg durch eine außerordentliche Mission zu begrüßen. Es ist nun offiziell berichtet worden, daß der belgische Ministerrat dem König[1] geraten hat, von einer solchen Mission abzusehen. Die Begründung sagt, daß in Belgien weite Kreise eine Einverleibung Luxemburgs in das Königreich Belgien gewünscht haben und daher eine Gestaltung dieses Landes als selbständiger neutraler Staat mit wenig Sympathie betrachtet werde. Bei der Schroffheit der Parteistandpunkte in Belgien bildet diese Frage natürlich einen Gegenstand lebhafter Gegensätze und veranlaßt die Regierung zur Vorsicht. Diese Zurückhaltung hat aber noch den Hintergrund der Furcht vor Frankreich und vor den republikanischen und sozialistischen Einflüssen, welchen Belgien von französischer Seite ausgesetzt ist. Die belgische Regierung wird daher eine durchaus abwartende Haltung einnehmen und wenn auch keine Schwierigkeiten, so doch keinerlei Stütze für die zu erwartende luxemburgische Regierung bieten.

Diese nur zu gewiß eingetretene Lage führt naturgemäß zu der wiederholt von mir betonten gebieterischen Notwendigkeit, im gegebenen Moment rasch einen tatsächlichen Zustand in Luxemburg herzustellen, der jedweden Zweifel ausschließt und allen Versuchen, einen ruhigen Verlauf zu stören, energisch zuvorkommt.

Von solchen Erwägungen ausgehend, wollen die deutsche Reichsregierung, die österreichisch-ungarische Regierung durch rasche Anerkennung das gewünschte fait accompli schaffen. Die beiden Kaiser wünschen daher Deinen Regierungsantritt in Luxemburg durch Spezialsendungen, und zwar in Luxemburg selbst zu begrüßen. Diesem Beispiel werden in Deutschland die Höfe von München, Dresden usw. sich sofort anschließen.

Von allen diesen Seiten wünscht man daher jetzt schon zu wissen, wo Dich diese Sendungen zu treffen vermögen. Insolange ich hier bin, werde ich gerne Deine bezüglichen Wünsche und Mitteilungen vermitteln; wenn ich aber in Karlsruhe mich befinde, ist der Umweg zu groß und zeitraubend. — Ich mache Dir daher den Vorschlag, meinen hiesigen Gesandten und Bundesratsbevollmächtigten für die Zeit bis zu Deinem Regierungsantritt und bis zur Herstellung geregelter direkter Beziehungen als Deinen Vertreter zu betrachten. Freiherr von Marschall ist dazu bereit und könnte Dir jedwede gewünschte Auskunft bieten oder besondere Aufträge vermitteln. Er hat hier die Möglichkeit, alle, auch auswärtige Beziehungen zu pflegen.

Ich möchte Dich bitten, mich in die Lage zu setzen, dem Kaiser Wilhelm sowohl als dem Kaiser Franz Joseph evtl. dem König von Sachsen und dem Prinz-Regenten von Bayern ganz vertraulich [Nachricht] zukommen zu lassen, ob Du die beabsichtigten Sendungen etwa in Luxemburg oder an welchem Orte entgegenzunehmen beabsichtigst, und ob dieselben Dir überhaupt genehm sind.

Ich brauche wohl nicht zu sagen, daß diese Sendungen von der Absicht getragen sind, Dir die Aufgabe zu erleichtern, indem sie Dir einen starken Rückhalt bieten, ohne welchen die schwierige Lage kaum mit Erfolg zum Ziele wird geführt werden können. [...]

GLA FA Koresp. 13 N 252 eig.

[1] Leopold II. (1835—1909), 1865 König der Belgier.

927. Herzog Adolf von Nassau an Großherzog Friedrich.

Königstein, 19. Januar 1889.
Dank für Nr. 925. Daß ich bei den beiden Höfen von Wien und Berlin eine so lebhafte Unterstützung finde, kann ich ja nur sehr dankbar anerkennen, und wenn

man dort wirklich einen großen Wert darauf legen sollte, daß ich den von mir aus Gründen des Herzens gewünschten Abstecher nach dem Loo, der meine Ankunft in Luxemburg um höchstens 24 Stunden verzögern würde, unterlasse, würde ich natürlich darauf eingehen, obgleich ich der Königin, mit der ich in sehr intimen Beziehungen stehe, bereits Mitteilung davon gemacht habe und auch nach den mir gewordenen Informationen dieser kleine Umweg gerade im Luxemburger Land einen vortrefflichen Eindruck machen und vielleicht sogar meine zukünftige Stellung im Lande in mancher Beziehung erleichtern würde. Bisher hatte ich es aus Rücksicht auf den König mit großer Sorgfalt vermieden, in Luxemburg Verbindungen anzuknüpfen, jetzt aber, wo die Nachrichten aus dem Loo so schlecht waren, habe ich einen meiner Herrn dorthin gesandt, um mit dem dortigen Minister in direkte Relation zu treten, was jetzt auch wohl nicht mehr unterbrochen werden wird. Nach den Nachrichten, die mir derselbe mitgebracht hat, herrscht im Augenblick eine so vollständige Ruhe dort, daß beim Regierungswechsel garkeine Schwierigkeiten irgend welcher Art und von irgend welcher Seite her zu fürchten sind. Die Nachrichten aus dem Loo sind, Gott sei Dank und unberufen, in den letzten Tagen so viel besser, daß wirklich wieder eine Frist von einigen Monaten gegeben zu sein scheint. In der Zeit können sich die Verhältnisse allerdings ändern, so daß ein ganz bestimmtes Programm jetzt kaum festgestellt werden könnte. Sollte aber trotz des oben Gesagten in Berlin der bestimmte Wunsch existieren, daß ich den Abstecher nach dem Loo unterlasse, bitte ich nochmals um Benachrichtigung, und würde ich mich dann danach richten. [...]

GLA FA Korresp. 13 Bd. 41 Fasz. 42 Nr. 23 eig.

928. Herzog Adolf von Nassau an Großherzog Friedrich.

Frankfurt, 22. Januar 1889.

Dank für Nr. 926. Für die in Deinem Schreiben enthaltenen Mitteilungen bin ich sehr dankbar, und werde ich, Deinem Rat folgend, so schnell als möglich, d. h. so schnell, wie es der Anstand irgend erlaubt, in Luxemburg erscheinen und die besonderen Missionen nur an diesem Ort empfangen. Nach den Mitteilungen, die mir von dort direkt zugekommen sind, teile ich zwar die Befürchtungen durchaus nicht, es ist aber genug, daß man sie in Berlin hegt, um keine Schuld auf mich nehmen zu wollen. Der Gang, wie er jetzt verabredet ist, wird der sein, daß immediat nach dem Ableben des Königs, welches Gott noch möglichst lang verhüten wolle, der Minister eine Proklamation erläßt und kraft meines guten Rechtes dem Land und den Behörden meine Thronbesteigung verkündet (mich als Großherzog proklamiert), womit die Besitzergreifung erfolgt ist. Hiervon wird er mich telegraphisch benachrichtigen und meine Befehle einholen. Dann muß ich natürlich auf kürzestem Wege hineilen und den Eid auf die Verfassung leisten, sodaß sich innerhalb zwei bis drei Tagen alles abgespielt haben wird, und daß alles korrekt sein wird, d a f ü r   g a r a n t i e r e   i c h . Du bist so sehr gütig, mir bis zur Herstellung geregelter direkter Beziehungen Deinen Gesandten Baron Marschall zur Disposition zu stellen; und ich nehme das mit großer Dankbarkeit an und werde den Chef meiner Verwaltung Bardungen beauftragen, sogleich in direkte Beziehungen mit Dir zu treten. Die Nachrichten, die ich gestern aus dem Loo durch die Königin hatte,

waren zwar von wieder etwas mehr Aufregung, bezeichnen aber den Kräftezu-
stand als s e h r befriedigend, die Nahrungsaufnahme als befriedigender. Am
nächsten Donnerstag, den 24., denke ich zu einem kurzen Besuch nach Segenhaus
zu gehen, aber Sonntag, den 27. abends wieder hier zu sein und am nächsten
Morgen in Königstein.

Durch die Succialmissionen komme ich in die eigentümliche Verlegenheit, nicht
recht zu wissen, auf welche Art ich denjenigen Höfen meine Thronbesteigung notifizieren soll, die mir schon ihre Anerkennung ausgesprochen haben. Eine Verlegenheit, über die übrigens ziemlich leicht hinauszukommen sein wird. *[. . .]*

GLA FA Korresp. 13 Bd. 41 Fasz. 42 Nr. 24 eig.

929. Großherzog Friedrich an Kaiser Wilhelm II.

Berlin, 24. Januar 1889.

Bei Gelegenheit der Trauerfeier für den verstorbenen kommandierenden Admiral Grafen von Monts[1] habe ich mir erlaubt, Dir einen Gedanken auszusprechen,
den Du sehr wohlwollend aufgenommen hast. Meine kurz gefaßten Äußerungen
veranlaßten mich zur Erwägung, es sei meine Pflicht, etwas genauer darzulegen,
wie der Gedanke sich ausführen ließe. Ich habe daher einen Entwurf gefertigt, in
welchem die Zusammenfassung einer Gedankenreihe sich befindet, welche vielleicht
sich eignen dürfte, die Grundlage für einen kaiserlichen Ausspruch zu bilden. Ich
habe die vorwiegend militärischen Seiten mit einigen allgemeinen politischen Gedanken und historischen Erinnerungen zu vereinigen gesucht, um Gelegenheit zu
finden, die Gemeinsamkeit des Wirkens der beiden Kaiser hervorheben zu können.
Immerhin bleibt der Akt der Überführung der Fahnen und Standarten ein hochbedeutsames Ereignis für die Armee, und so könnte vielleicht ein allerhöchster
Tagesbefehl an das Generalkommando des Gardekorps die beste Adresse sein, unter welcher ein kaiserlicher Ausspruch erscheinen dürfte. Die Unscheinbarkeit der
Adresse schließt alle politischen Tendenzen aus und läßt solchen Ausspruch in der
ganzen Reinheit der Empfindung erscheinen.

Wolle diesen Ausdruck meiner Meinung mit der Nachsicht und Güte aufnehmen,
welche mich bisher verwöhnte und ermutigte, Dir heute mit diesem Vorschlag zu
nahen. *[. . .]*

Anlage

Der Kaiser wählt seinen ersten Geburtstag als Deutscher Kaiser und König von
Preußen zur feierlichen Überführung der Fahnen und Standarten der Garnison
Berlin aus dem Palast weiland Kaiser Wilhelms I. in die Wohnung S. M. des Kai-
sers und Königs Wilhelm II.

Die ehrwürdige Stätte, da diese Ehrenzeichen des Gardekorps während der langen Regierungszeit des Kaisers und Königs Wilhelm I. zu weilen den Vorzug hatten, vergegenwärtigt einen der bedeutungsvollsten Abschnitte deutscher Geschichte,
da sich Ereignisse daran knüpften, welche den Charakter weltgeschichtlicher Wen-
depunkte darstellen. Die glorreiche Regierung Kaiser Wilhelms I. ist in ihren Taten
und Erfolgen so tief eingegraben in das Bewußtsein des deutschen Volkes, daß

dieses geheiligte Andenken als ein unantastbares Gut der Nation fest und sicher bewahrt bleiben wird. Es vermag kein menschliches Lob die Einfachheit und Größe dieses mächtigen Kaisers, dieses edlen Herrschers, dieses christlich demütigen Mannes zu erhöhen. Die Bedeutung dieses großen Kaisers wird aber mehr und mehr wachsen und den kommenden Generationen ein helleuchtender Leitstern bleiben auf den rauhen Pfaden des Lebenskampfes.

Treu und fest stand zu Kaiser Wilhelm I. sein edler Sohn Kaiser Friedrich, seit er unter diesen Fahnen diente, bevorzugt unter den Augen seines Vaters, des trefflichsten Lehrmeisters der Armee, bis zur höchsten militärischen Würde emporzusteigen. Kaiser Friedrich konnte durch seine hohen militärischen Gaben dazu beitragen, seinem ehrwürdigen Vater den seltenen Namen des „Siegreichen" zu erkämpfen. Seine Taten sind in unvergänglicher Flammenschrift auf die Geschichtstafeln des Deutschen Volkes eingeschrieben, und die Weltgeschichte feiert in ihm den großen Feldherrn, dessen Siege und Erfolge von ihm selbst stets nur in bescheidener Zurückhaltung beurteilt wurden. Er wollte jeden Erfolg seiner Feldherrentätigkeit zur Ehre der Nation verwertet wissen und strebte früh schon nach Erreichung des Zieles, das am 18. Januar 1871 seinen begeisterten Ausdruck fand. So wie er kniend in dieser feierlichen Stunde die Hand seines kaiserlichen Vaters küßte und als Erster im siegreichen Heere dem Kriegsherrn des Deutschen Reiches huldigte, so erfüllte die große Aufgabe der Entwicklung des deutschen Kaisertums seinen strebsamen Geist bis zu seinem frühen Lebensende.

Diese Fahnen waren Zeugen der Tapferkeit und entschlossenen Kriegführung des Kaisers Friedrich, dessen ganzes Streben nach schwer erkämpftem Frieden darauf gerichtet war, ihn zu sichern und zu bewahren, aber dabei die Kraft des Reiches durch ein starkes Heer unantastbar zu erhalten. Heute, da ich an seiner Stelle berufen bin, die Ehren des Kriegsherrn in Anspruch zu nehmen, übernehme ich diese Fahnen und Standarten in dankbarem Aufblicke zu Gott, dessen Gnade mich würdigt, der Nachfolger zweier so großer und edler Kaiser sein zu dürfen.

Ich erfülle insbesondere eine werte Pflicht des Dankes als Sohn und Enkel dafür, daß mir das kostbare Gut der Liebe des Volkes zum Erbe ward, erworben durch die Segnungen meines Großvaters und Vaters, deren Leben dem Wohle des Vaterlandes gewidmet war. Ich trachte danach, diese Wege auch fortan zu beschreiten und stets des Vorbildes eingedenk zu sein, daß die beiden geliebten Kaiser mir bieten.

Wie vor 18 Jahren durch die Taten dieser siegreich geführten Fahnen und Standarten der Friede erkämpft ward, so mögen diese Ehrenzeichen den kommenden Geschlechtern das Vorbild der Tugenden sein, die Heer und Volk auszeichnen sollen, um die Macht und Größe des Vaterlandes mit Erfolg verteidigen zu können[2].

GLA FA Korresp. 13 N 279 eig.

[1] Alexander Graf. v. Monts (1832—89), 1884 Vizeadmiral, 1888 kommandierender Admiral u. Stellvertreter des Chefs der Admiralität.
[2] Vgl. den Tagesbefehl Kaiser Wilhelms II. vom 27. Jan. 1889 gedr. *Schultheß* S. 24 f.

930. Großherzog Friedrich an Herzog Adolf von Nassau.

Berlin, 29. Januar 1889.

Dein gütiger Brief vom 19.[1] hat sich mit dem meinigen vom gleichen Tag[2] gekreuzt, und bald darauf ist Dein zweiter Brief[3] als Antwort auf meine Mitteilung mir zugekommen. Ich danke Dir für beide Briefe und freue mich, daß es mir gelungen ist, Dich von der Notwendigkeit zu überzeugen, rasch in Luxemburg festen Fuß zu fassen. Ebenso freue ich mich darüber, daß Du meinen Vorschlag, den Freiherrn von Marschall als Deinen Vertreter am hiesigen Hofe zu betrachten, angenommen hast. Wir reisen morgen abend wieder nach Hause, und so beginnt nun die Zeit, in der ein direkter Verkehr mit Marschall eintritt. Immerhin bin ich jederzeit bereit, die Vermittlung aller Deiner Wünsche, besonders etwa ganz vertrauliche Fragen, zu übernehmen.

Meine bisherigen Wahrnehmungen ergeben das Resultat, daß der Übergang der Regierung in Luxemburg in befriedigender Weise verlaufen wird. Von Seite der niederländischen Regierung wurde hierher mitgeteilt, daß nach dem evtl. Ableben des Königs-Großherzogs die Königin-Regentin sofort die Erledigung des luxemburgischen Thrones Dir notifizieren werde. Diese Notifikation werde durch eine besondere Mission vollzogen, welche sich sofort nach Luxemburg begebe, um damit Deinen Regierungsantritt zu bewirken. Man nimmt dort an, daß auf die Todesnachricht Deine Abreise nach Luxemburg erfolge und gleichzeitig die königliche Mission sich dorthin begebe, so daß ein Zusammentreffen an dem entscheidenden Punkt erwartet werde. Diese Auffassung der niederländischen Regierung und somit der Königin wird Dir, wie ich hoffe, den Entschluß erleichtern, gleich nach Luxemburg zu reisen. Du wirst es mir hoffentlich zugutehalten, wenn ich sage, daß Dir für Befriedigung Deines persönlichen Gefühls immer noch erübrigt, zur Beisetzung der Königsleiche nach Loo oder Haag Dich zu begeben. Dann wird in Luxemburg schon eine feste Lage erlangt sein, welche nach innen und außen Beruhigung gewährt. Möchte Dir noch Zeit vergönnt sein, bevor diese neue und schwierige Aufgabe an Dich herantritt.

GLA FA Korresp. 13 N 252 eig.

[1] Nr. 927.   [2] Nr. 926.   [3] Nr. 928.

930a. Aus Marschalls Tagebuch.

[Berlin] 30. Januar bis 2. Februar 1889.

30. Januar 1889. Um 2,30 Uhr zum Großherzog. Hatte gestern Unterredung mit dem Kaiser, der sehr antirussisch und für Österreich ist, findet, daß B[ismarck] die Beziehungen dahin nicht so betreibt, wie er es wünscht. Vorurteile wegen gewissen Erzherzögen und Koburger Verwandtschaft[1]. Boulanger, Bonapartisten. Herzog von Aosta[2]. Prinz Victor[3]. Kaiser f ü r. Wie merkwürdig. Gr[oßherzog] soll, wenn er V[ictor?] sieht, zusagen. Will nach Unterredung dem Kaiser schreiben und mir Nachricht geben. — [...]

31. Januar 1889. Um 3 Uhr zum Großherzog, wo ich bis nach 4 Uhr bleibe. Nichts Neues, aber ich finde doch Gelegenheit, ihm manches zu sagen. Dann zu Holstein, erzähle ihm von gestern. Standard Artikel, er glaubt, daß B[ismarck] ent-

schieden gegen die Bonapartisten ist, weil dann die Allianz zwischen Deutschland und Italien in die Brüche ginge. Chi lo sa? Um 7 Uhr Abreise der allerhöchsten Herrschaften von Bahnhof Friedrichstraße nach 6-wöchentlicher Anwesenheit.

2. Februar 1889. Abends zu Bötticher, er und sie allein, bis nach 11 Uhr. Vielerlei gesprochen. Der Kanzler wird alt.

Oberkirch, Besitz Frau v. Seyfried.

[1] Ferdinand I. (1861—1948), 1887 erwählter Fürst von Bulgarien.
[2] Amadeus Herzog v. Aosta (1845—18. 1. 1890), Bruder des Königs Humbert (1844 bis 1900) von Italien.
[3] Viktor Emanuel (1869—1947), 1900 König von Italien.

931. Herzog Adolf von Nassau an Großherzog Friedrich.

Königstein, 1. Februar 1889.

Nachdem ich vorgestern Nr. 930 erhalten habe und Dich jetzt in die Heimat zurückgekehrt vermute, ist es mir ein wahres Bedürfnis, Dir für die viele Mühe, die Du Dir in letzter Zeit in meinem Interesse, und die vielen Beweise von Freundschaft, die Du mir gegeben hast, meinen tiefgefühlten herzlichen Dank zu übersenden. Nach den authentischen Nachrichten, die ich aus Luxemburg habe, sind bei Gelegenheit des Regierungswechsels nicht die geringsten Störungen zu erwarten, und wäre die große Eile nicht nötig gewesen, die mir auch deshalb unangenehm ist, weil ich den Schein auf mich lade, als sei ich gar so begierig auf die Erbschaft, wo es doch im Gegenteil ein großes Opfer ist, welches ich der Zukunft meines Hauses bringe, daß ich in meinem Alter bereit bin, neue Pflichten zu übernehmen und ein neues Leben zu beginnen; nachdem mir aber die beiden Höfe von Wien und Berlin den Wunsch nach größter Eile in gleicher Weise zu erkennen gegeben haben, darf ich die Verantwortung, daß eine Komplikation herbeigeführt werden könnte, nicht auf mich nehmen, und werde mich vorkommendenfalls schleunigst hinbegeben. *[...]*

En attendant ist, Gott sei Dank und unberufen (ich wage kaum, es auszusprechen), im Befinden des Königs der Niederlande eine solche, wenn auch nur momentane Besserung eingetreten, daß wohl noch auf eine längere Frist zu rechnen sein dürfte. Die Ärzte im Loo, die ich direkt befragen ließ, haben mir sagen lassen, auf eine Frist von 14 Tagen könne ich wohl mit ziemlicher Sicherheit rechnen, w a h r s c h e i n l i c h werde es aber, wenn der Verlauf ein normaler sei, noch Monate lang dauern. Dies gibt mir den Mut, morgen nach Wien abzureisen, weil es mir sehr wichtig ist, mich auch dort mit einigen maßgebenden Personen zu verständigen, habe aber im Loo die Verabredung getroffen, daß ich regelmäßig Nachrichten bekomme und von allen allenfallsigen Zwischenfällen schleunigst benachrichtigt werde, und würde ich, wenn eine bedenkliche Verschlimmerung eintritt, die Gott noch lange verhüten wolle, in einer Nacht in Frankfurt resp. hier sein, um die Katastrophe abzuwarten. Das inzwischen in Wien eingetretene tragische Ereignis[1] hat mich *[...]* auf das tiefste erschüttert, meine Reise wird dadurch natürlich nicht zu einer heitern Erholungsfahrt, wie ich es gehofft hatte.

GLA FA Korresp. 13 Bd. 41 Fasz. 42 Nr. 25 eig.

932. Großherzog Friedrich an Turban.

Karlsruhe, 19. Februar 1889.

Aus einem Blatt des Mannheimer „General Anzeiger" entnehme ich, daß Herr
Ministerialrat Frech als Abgeordneter in einer Wählerversammlung zu Schwetzin-
gen sich veranlaßt sah, über seine Tätigkeit im Landtag eine Darlegung zu geben,
welche bezüglich der kirchenpolitischen Vorlage seine gegnerische Auffassung des
§ 4 rechtfertigen soll.

Es ist außer allem Zweifel, daß den Herrn Beamten aller Grade ungehemmte
Freiheit gewährt wird, als Abgeordnete im Landtag ihren Überzeugungen zu folgen. Diese Freiheit haben wir schon bis zum Übermaß kennen gelernt und mit
dem daraus folgenden Schaden gründlich zu erfahren Gelegenheit gehabt.

Daß aber ein Ministerialrat in seinem Bezirk als Landeskommissär die Taktlosigkeit begeht, die Streitfrage des vorigen Landtags zum Gegenstand einer Auseinandersetzung zu machen und damit nochmals der Regierung den Vorwurf aufzu-
bürden, mit dem bewußten § 4 dem Lande eine Gefahr bereitet zu haben — das
war, mindestens gesagt, unnötig. — In der gespannten Lage der öffentlichen Angelegenheiten ist es aber geradezu eine mutwillige Provokation, die doch ein Ministerialrat nicht sich zu schulden kommen lassen sollte. Herr Frech wird doch genügend wissen, wie ernst und schwierig die Lage der Regierung ist, und seine Stellung
weist ihm den Weg der Vorsicht an.

Ich bringe diese Frage zur Sprache, weil ich Sie bitten möchte, zu prüfen, wie
dieser Vorgang möglichst unschädlich gemacht werden könnte. Eventuell sollte die
Sache totgeschwiegen werden, also z. B. in der Karlsruher Zeitung keine Aufnahme
finden, um damit die unvermeidliche Polemik abzuschneiden. Wie Sie Herrn
Frech sonst belehren werden, gebe ich natürlich ganz anheim.

GLA FA Korresp. 13 Bd. 36 Nr. 55 eig. Kanzleivermerk: „Anl. zurück mit Abschr.
meines bez. Briefes an Frech, d. d. 20. 2.".

933. Turban an Ministerialrat Frech.

Karlsruhe, 20. Februar 1889.

Für den Landtagsabgeordneten, der zugleich ein Regierungsamt bekleidet, ist
und bleibt es ein niemals vollkommen zu lösendes Problem, nach jeder Seite hin
den Erwartungen zu entsprechen, welche zu ihm gehegt werden. Er befindet sich
daher in einer besonders schwierigen Stellung, welche ihm mehr als jedem anderen
Vorsicht und Zurückhaltung auferlegt. Ich sage Ihnen damit nichts, was Sie nicht
schon sich selbst gesagt und oft genug an sich selbst erlebt haben; ich darf und muß
es aber, in der Hoffnung, nicht mißverstanden zu werden, und in der aufrichtig
freundschaftlichen Gesinnung, welche uns verbindet, Ihnen aus einem jüngsten Anlaß als wohlgemeinten Rat ins Gedächtnis rufen.

Es hat Ihnen keinen Tadel zugezogen, daß Sie auf dem letzten Landtag bei der
Verhandlung über den kirchenpolitischen Gesetzentwurf — ihrer Überzeugung

folgend — gegen den von der großherzoglichen Regierung vorgeschlagenen Artikel IV gestimmt haben; es hat aber jetzt unangenehm berührt und wird mißbilligt, daß Sie — laut dem in Nr. 49 des Mannheimer „General-Anzeigers" enthaltenen Referat — in der Schwetzinger Versammlung vom 17. d. M. ohne zwingende Notwendigkeit den Gegenstand nochmals ausführlich und in einer Weise behandelt haben, welche gegenüber der großherzoglichen Regierung immerhin den Vorwurf in sich schließt, daß durch Ihren Vorschlag der konfessionelle Friede des Landes gefährdet worden wäre. Ein Abgeordneter, der lediglich Volksvertreter ist, mag ja, wenn er nach geschlossenem Landtag über seine dort eingenommene Haltung vor der Öffentlichkeit sich vernehmen läßt, sich frei gehen lassen; der Regierungsbeamte aber ist außerhalb der Kammertagung in einer anderen Stellung als derjenigen des bloßen Volksvertreters, und von ihm erwartet die Regierung eine vorwiegende Rücksichtnahme auf das zwischen ihr und ihm bestehende Verhältnis.

GLA FA Korresp. 13 N 537.

934. Marie Prinzessin von Preußen[1] an Großherzog Friedrich.

Braunschweig, 26. Februar 1889.

[...] Es kommt mir in dieser Zeit wirklich m e h r als unbescheiden vor, wenn ich Dir mit meinen Angelegenheiten nahe!! Aber Deine u n e n d l i c h e Güte für mich gibt mir den Mut, Dir in Fortsetzung der in Berlin begonnenen Gespräche mitzuteilen, wie die Dinge jetzt bei uns stehen. Dein Wort, ich d ü r f e mich wieder zu Dir flüchten, es e r m u t i g t mich, ich bin in gar großer Bedrängnis. Abbats Stimmung war diese ganze letzte Zeit über die allerbeste, die schönen wohlgelungenen Konzerte in Braunschweig erfreuten ihn, überhaupt war es eine w o h l t u e n d e friedliche Zeit. Da u r p l ö t z l i c h vor wenigen Tagen, in einer Nacht änderte sich seine Stimmung, und er erklärte unumwunden, er wolle dem Kaiser mitteilen, daß er nicht bleiben könne. Ich suchte ihn zu beruhigen, aber er erregte sich s e h r und meinte, die Beschimpfung, die er vom Landtag erlitten, könne er sich nicht gefallen lassen. V e r g e b e n s sagte ich, wie das ganze Land doch a n d e r s denke als diese paar Leute im Landtag. Mit einem Wort, es sieht recht traurig aus, und in diesem Moment starb der alte Minister[2], der allerdings jetzt bald abgehen wollte. Ich habe so Angst, daß etwas geschieht, was unglücklich ist. Vielleicht wird es wieder besser, er reist übermorgen wieder auf drei Wochen zur Massage nach Dresden. — Ich bitte Dich i n s t ä n d i g s t, teurer Vetter, Abbat n i e m a l s von diesen Zeilen etwas zu sagen. Ich möchte nur, daß Du au courant bleibst, denn die Sachen sind ein wahrer Jammer.

Ich schrieb Dir dies im aller a l l e r tiefsten Vertrauen in Sorge meines Herzens. G o t t s e g n e D i c h für Deine treue Teilnahme. *[...]*

GLA FA Korresp. 13 Bd. 46 Fasz. 69 eig.

[1] Marie Prinzessin v. Preußen (1854—98), geb. Prinzessin v. Sachsen-Altenburg, seit 1873 verh. mit Prinz Albrecht (Abbat) v. Preußen, 1885 Regent des Herzogtums Braunschweig.
[2] Hermann Graf v. Görtz-Wrisberg, vgl. Nr. 608 Anm. 1.

935. Marie Prinzessin von Preußen an Großherzog Friedrich.

Braunschweig, 7. März 1889.

Dank für Brief[1]. Es ist eine Eigentümlichkeit meines lieben Abbat, daß seine Stimmung u r plötzlich meist ins gerade Gegenteil umschlägt. Der Tod des Grafen Görtz affizierte ihn wohl auch. Zum Glück war General Winterfeld[1a] und der Gesandte Graf Eulenburg[2] gerade hier in den stürmischen Tagen. Graf Eulenburg ist ein s e h r ernster und verständiger Mann, der eine große Klarheit und Milde des Urteils und große Diskretion besitzt, und den v e r e i n t e n Bemühungen dieser beiden Herrn gelang es, Abbat zu beruhigen. Ich kann Dir nicht sagen, w i e diese beiden Herrn sich bewährten! Der arme Graf Eulenburg ist jetzt in Berlin, wo sein Vater starb. Vielleicht könntest Du ihn sprechen, freilich müßtest Du ihm sagen, daß ich Dich ins Vertrauen gezogen und Du der e i n z i g e seist, der den Stand der Dinge wisse. (Abbats Zorn auf den Landtag rührt noch von damals her, er vergißt dergleichen nicht.) *[...]*

GLA FA Korresp. 13 Bd. 46 Fasz. 69 eig.

[1] Nicht vorhanden.
[1a] General Hugo v. Winterfeld († 1898), Korpskommandeur in Hannover.
[2] Philipp Graf (1900: Fürst) zu Eulenburg-Hertefeld (1847—1921), 1881 Legationssekretär in München, 1887 Gesandter in Oldenburg u. Braunschweig. Vgl. Aus 50 Dienstjahren, Erinnerungen, hg. v. Joh. *Haller* (1925) S. 208 ff. — Der Briefwechsel zwischen Großherzog Friedrich und Philipp Eulenburg wird hier nicht berücksichtigt, da er in einer gesonderten Publikation der Hist. Kom. bei der Bayer. Akad. d. Wiss. von John C. G. *Röhl* publiziert wird.

936. Marschall an Turban.

Berlin, 27. März 1889.

Ew. Exz. beehre ich mich ergebenst anzuzeigen, daß nach einem Berichte des kaiserlichen Gesandten im Haag, Freiherrn vor Saurma[1], vom 24. d. M. der Ministerrat beschlossen hat, eine Regentschaft zu errichten und daß die Erklärung der Regierungsunfähigkeit des Königs voraussichtlich am nächsten Freitag erfolgen soll[2]. Sobald das letztere geschehen ist, wird die niederländische Regierung diejenige des Großherzogtums Luxemburgs mit dem Anheimstellen entsprechend verständigen, auch ihrerseits nach Maßgabe der dortigen Verfassung zur Errichtung der Regentschaft zu schreiten. Bezüglich der Bestallung des Herzogs von Nassau als Regenten[3] haben bereits zwischen dem Herzog und dem luxemburgischen Minister Dr. Eyschen Verhandlungen stattgefunden, deren Ergebnis einen durchaus glatten Verlauf der Angelegenheit in sichere Aussicht stellte.

S. M. der Kaiser hat auf Antrag des Reichskanzlers beschlossen, den Herzog, sobald er die Regentschaft übernommen haben wird, mittels eines sehr freundlich gehaltenen Telegramms als Regenten zu begrüßen, während die Entsendung einer außerordentlichen Mission für den Fall des Ablebens des Königs der Niederlande bzw. den eigentlichen Regierungsantritt des Herzogs als Großherzog von Luxemburg vorbehalten bleibt.

GLA 49/58 fol. 180 Ausf.; 49/2018 Konz.

¹ Johann Anton Frhr. Saurma von der Jeltsch (1836—1900), seit 1885 Gesandter im Haag.
² Am 3. Apr. 1889 wurde die Einsetzung einer Regentschaft beschlossen. Anfang Mai übernahm König Wilhelm die Regierung wieder.
³ Am 11. Apr. 1889 leistete Herzog Adolf v. Nassau den Eid als Regent des Großherzogtums Luxemburg, verließ das Land aber wieder am 4. Mai, nachdem König Wilhelm die Regierung wieder übernommen hatte. — Vgl. dazu Marschall an Turban, [Berlin] 10. Apr. 1889: „S. M. der Kaiser wird morgen mittag den Herzog von Nassau telegraphisch als Regenten begrüßen" (ebd. fol. 181 Tel.).

937. Großherzog Friedrich an Nokk.

Stockholm, 15. April 1889.

[...] Noch habe ich Ihnen zu danken dafür, daß Sie in so liebevoller Weise meinem Wunsche entsprachen und die Lehrer meines verstorbenen Sohnes aufgefordert haben, ihre Erinnerungen aufzuzeichnen. Alle diese Zeugnisse wohlwollenden Andenkens sind uns von unschätzbarem Werte. Ich werde gerne auf Ihren freundlichen Vorschlag eingehen, diese Aufzeichnungen als Manuskript drucken zu lassen¹, wenn mein Sohn sie gelesen haben wird. [...] [Briefe des Prinzen Ludwig an Nokk und ihre Rückgabe]

GLA FA Korresp. 13 Bd. 55 Fasz. 158 Nr. 31 (eig.)

¹ Obwohl solche Erinnerungen einzelner Lehrer vorliegen (z. B. von F. X. Kraus), ist der Druck offenbar unterblieben; er ist bisher nicht aufgefunden worden.

938. Turban an Großherzog Friedrich.

Karlsruhe, 17. April 1889.

Nach Empfang des gnädigsten Telegramms E. K. H. vom 14. d. M. in Betreff der Drucksache Nr. 35 des Bundesrats über Abänderung von Bestimmungen des Strafgesetzbuches und des Preßgesetzes¹ berichte ich: [...]
Ich hatte noch während meines jüngsten Aufenthaltes in Berlin Gelegenheit gehabt, von dem Inhalt der Vorlage Kenntnis zu nehmen, und dieselbe sofort zum Gegenstand einer Besprechung mit dem Gesandten Frhr. v. Marschall gemacht, wobei ich der Auffassung des letzteren darin beigestimmt habe, daß der Gesetzesentwurf zu schwerwiegenden Bedenken Anlaß gebe und eine Annahme von Seite des Reichstags in der vorliegenden Form kaum erwartet werden könne, zugleich aber dem Frhr. v. Marschall als seine Aufgabe bezeichnet, bei den Beratungen tunlichst dahin zu wirken, daß dem Entwurf eine Gestalt gegeben werde, welche diese Bedenken zu mindern oder zu beseitigen vermöchte und ihn für den Reichstag nicht als völlig unannehmbar erscheinen lasse. Der Entwurf war von der Kgl. Preuß. Regierung selbst als ein Versuch bezeichnet, unter Beseitigung derjenigen Bestimmungen des Sozialistengesetzes, welche vorzugsweise den Stempel des Ausnahmegesetzes tragen, die übrigen so zu verallgemeinern und auszugestalten, daß sie unter den Vorschriften des gemeinen im Reich geltenden Rechts einen Platz finden. Würde sich nun aber in der Folge ergeben, daß dieser Weg, auf welchen bereits durch frühere Verhandlungen des Reichstags hingewiesen worden, ungangbar sei, so werde damit einer Verlängerung des Sozialistengesetzes die Bahn geebnet. Dar-

um erschien es mir vorerst, ungeachtet der gegen den Inhalt des Entwurfs bestehenden Bedenken, aus politischen Gründen nicht ratsam, von vornherein der Absicht der Kgl. Preuß. Regierung, diesen Versuch zu machen, hindernd entgegenzutreten.

Inzwischen war vor meiner Rückkunft nach Karlsruhe der Gesetzentwurf von Seite der Ministerien der Justiz und des Innern geprüft worden. Von beiden Seiten sind tiefgreifende Bedenken erhoben und dem Staatsministerium mitgeteilt worden. Ich habe geglaubt, auch hiernach die oben dargelegte Auffassung wenigstens vorerst festhalten zu sollen. [...]

Das Ministerium des Innern war in seinem Gutachten zu der Ansicht gelangt, daß die im Entwurf aus dem Sozialistengesetze übernommenen Verschärfungen des sonst geltenden Rechts zur nachdrücklichen Bekämpfung der gemeingefährlichen Bestrebungen der Sozialdemokratie nicht ausreichen, daß hierzu außerordentliche Befugnisse der Staatsgewalt nötig seien, welche mit der erforderlichen Wirksamkeit nur durch die Polizeibehörde, nicht aber durch die Gerichte und nicht lediglich im Anschluß an die Bestrafung bestimmter Straftaten gehandhabt werden können. Auf der anderen Seite habe sich im diesseitigen Staatsgebiete ein Bedürfnis zur Ausdehnung der fraglichen Verschärfungen auf andere gegen den Staat und die Gesellschaftsordnung gerichtete Ausschreitungen als die sozialdemokratischen bis jetzt nicht geltend gemacht.

Insbesondere wünscht das Ministerium des Innern, daß neben den § 131a bis c im Art. 1 des Entwurfs, welcher gegen Vereine ein Verbot nur aufgrund gerichtlicher Bestrafung zuläßt, eine ausdrückliche Bestimmung in das Gesetz aufgenommen werde, wonach die Bestimmungen der Landesgesetze, durch welche den Polizeibehörden die Befugnis zum Verbot von Vereinen eingeräumt wird, unberührt bleiben sollen.

Abgesehen von der Möglichkeit vorläufiger polizeilicher Beschlagnahme von Druckschriften aufgrund der §§ 23 und 24 des Preßgesetzes, wenn die Druckschrift den Tatbestand b e s t i m m t bezeichneter strafbarer Handlungen enthält, soll durch den Art. II., § 28a den Polizeibehörden erst dann die Befugnis erteilt werden, das Verbot des ferneren Erscheinens periodischer Druckschriften definitiv oder vorläufig auszusprechen, wenn nach vorangegangener gerichtlicher Verurteilung einer Druckschrift wegen gewisser Vergehen eine zweite Verurteilung erfolgt bzw. wegen solcher die Eröffnung des Hauptverfahrens gerichtlich beschlossen ist. Das Ministerium des Innern besorgt, daß mittelst dieses schwerfälligen Verfahrens eine wirksame Bekämpfung der sozialdemokratischen Presseagitation vereitelt und eine übermäßige Häufung von Preßprozessen herbeigeführt werde, welche für das Großherzogtum besonders in das Gewicht falle, wo dieselben wesentlich den Schwurgerichten zur Aburteilung zugewiesen sei. Hiernach und nach einigen speziellen zum Teil redaktionellen Bemängelungen gelangt das Ministerium von seinem Standpunkt aus zu der Ansicht, daß dem Gesetzentwurf von Seite der Gr. Regierung nicht zugestimmt werden sollte.

Auch das Justizministerium ist der Meinung, daß die Zustimmung der Gr. Regierung zu dem Gesetzentwurf zu vermeiden sei. Nach dem Eingang der Motive werde als Zweck des Gesetzes bezeichnet: auf dem Gebiete des gemeinen Rechts Schutzmittel gegen die Gefahren zu schaffen, welche das Sozialistengesetz vom 21. Oktober 1878 zu bekämpfen bestimmt war. Es bestehe dabei die Schwierigkeit, einerseits Vorschriften zu vermeiden, welche zumal bei ihrer unvermeidlichen Dehnbarkeit in das gemeine Recht nicht passen, andererseits die jetzt bestehenden

Vorschriften gegen die Bestrebungen der Sozialdemokratie nicht, bloß um sie in das gemeine Recht aufnehmen zu können, so sehr abzuschwächen, daß sie diesem ihrem Zweck nicht mehr genügen. Die Überwindung dieser Schwierigkeit ist nach Ansicht des Justizministeriums dem Entwurfe nicht gelungen, ja es ist nach seinem Dafürhalten diese Aufgabe überhaupt nicht lösbar. Das Auftreten der sozialdemokratischen Bestrebungen sei eine unserer Zeit so eigentümliche und außerordentliche Erscheinung, daß ihre Bekämpfung Ausnahmegesetze erfordere und rechtfertige. Das gedachte Ministerium würde deshalb einer Verlängerung des Sozialistengesetzes — aber auf eine größere Zeitdauer — oder auch einer Erneuerung desselben ohne Zeitbeschränkung, so daß dessen Wiederaufhebung nur auf dem Wege eines neuen Gesetzes zu erfolgen hätte, den Vorzug geben.

Evtl. machte das Justizministerium im einzelnen eine Reihe von Vorschlägen auf Beseitigung oder Abänderung von Bestimmungen des Entwurfs, von denen es gleichwohl selbst anerkannte, daß dadurch seine Brauchbarkeit für den beabsichtigten Zweck noch mehr eingeschränkt werde, die aber zugleich geeignet seien, die Unmöglichkeit darzutun, diesen Zweck auf dem Gebiete des gemeinen Rechts überhaupt zu erreichen.

Abgesehen von der Beseitigung allzu unbestimmter Tatbestände im Art. I § 130 Abs. 1 und § 131 schlägt das Justizministerium namentlich noch vor, im § 131a die Befugnis der Schließung der Vereine von den Gerichten an die Polizeibehörden, welche für diese Funktion besser vereigenschaftet seien, zu übertragen, und hält den Art. II § 28a (des Preßgesetzes) für unannehmbar, weil darin die Voraussetzungen des polizeilichen Verbots des ferneren Erscheinens einer periodischen Druckschrift der sozialdemokratischen Presse gegenüber zu schwerfällig geordnet, gegenüber der gesamten übrigen Presse aber der Polizeibehörde zu weitgehende Befugnisse eingeräumt seien.

Der Gesandte Frhr. v. Marschall hatte schon vor Beginn der Ausschußberatung der Novelle Gelegenheit genommen, bei Herrn Staatsminister von Bötticher die Ansicht zu vertreten, daß die Einbringung eines Entwurfs von solcher politischen Bedeutung, welcher eine Diskussion über die ganze soziale Frage hervorrufen müsse, vor Erledigung des Gesetzes über die Alters- und Invaliditätsversicherung[2] das Zustandekommen des letzteren zu gefährden drohe. Im gleichen Sinne haben sich nach dem Bericht des Gesandten die Reichstagsabgeordneten von Bennigsen und von Helldorf ausgesprochen und zugesagt, in dieser Richtung bei dem Herrn Reichskanzler vorstellig zu werden, nachdem Herr von Bötticher Zweifel darüber geäußert hatte, ob derselbe zu einer Verschiebung der Vorlage sich verstehen werde.

In einer am 3. und 4. d. M. stattgehabten Bundesrats-Ausschußsitzung wurde der Entwurf erstmals durchberaten, die Fortsetzung der Verhandlungen sodann bis nach Ostern vertagt. Der Referent Kgl. Sächsische Bevollmächtigte Geheimrat Held wies beim Eintritt in die Verhandlung darauf hin, daß durch den Entwurf der Nutzen verlorengehe, welchen der Sozialdemokratie gegenüber der polizeiliche Zugriff gewähre, daß er aber allerdings in seinen Bestimmungen sich gegen deren am häufigsten vorkommende Ausschreitungen wende; dabei werde sich empfehlen, für alle in der Novelle vorgesehenen Delikte, soweit sie durch die Presse begangen werden, neben den Freiheitsstrafen kumulativ Geldstrafen anzudrohen; der Mangel eines Kautionssystems für periodische Druckschriften und die Möglichkeit, erkannte Freiheitsstrafen durch einen vorgeschobenen sogenannten Sitzredakteur verbüßen zu lassen, vereitele ein wirksames Vorgehen gegen die Presse, welche gerade im Geldpunkt am empfindlichsten getroffen werden könne. Geheimrat Held brachte auch eine Reihe von wesentlichen in diesem Sinne gefaßten Anträgen ein.

Frhr. v. Marschall entwickelte die Bedenken der beiden obengenannten Ministerien. In ähnlich kritischer Weise äußerte sich der Kgl. Württembergische Bevollmächtigte[3]. Der Kgl. Bayerische Bevollmächtigte, welcher einige Verbesserungsanträge schriftlich eingebracht hatte, bemerkte im allgemeinen, daß seine Regierung zwar Bedenken hege, aber geneigt sei, dem Entwurfe zuzustimmen, ähnlich sprach sich der Gr.-Hessische und der Hanseatische Bevollmächtigte aus. In der Spezialdiskussion wurden die Abänderungsvorschläge der diesseitigen Ministerien, wiewohl mehrfach von dem Württembergischen Bevollmächtigten unterstützt, bis zu Art. I § 130 im wesentlichen abgelehnt. Von da ab wurde von Abstimmungen Umgang genommen. Es stellten sich Mängel und Lücken in der Redaktion heraus, welche nicht sofort durch neue Formulierungen beseitigt werden konnten. Insbesondere wurde eine Entscheidung der Frage vermißt, wie es mit den aufgrund des seitherigen Sozialistengesetzes verbotenen Schriften und Vereinen nach dem Inkrafttreten des neuen Gesetzes zu halten sei. Es wurden bezügliche Vorschläge von dem Regierungskommissär Geheimrat Lucas[4] zugesagt, welche denn auch inzwischen eingekommen sind.

Frhr. v. Marschall hält [...] die Einbringung der Strafgesetznovelle an den Reichstag noch in dieser Session für sehr unwahrscheinlich, da der Reichstag nach Ostern voraussichtlich noch drei bis vier Wochen mit dem Gesetzentwurf über die Alters- und Invaliditätsversicherung beschäftigt sein werde und die Strafgesetznovelle unter allen Umständen erst nach Erledigung jenes Entwurfs in den Reichstag gelangen soll. Auch gibt er die Hoffnung nicht auf, daß man schließlich dem Reichstag die Verlängerung des Sozialistengesetzes mit gewissen Abschwächungen ansinnen und auf den seines Erachtens ganz unbrauchbaren Entwurf verzichten werde[4a].

Für den Moment glaube ich aus dem bisherigen Gang der Beratungen keinen Anlaß zu einer Änderung der den Gr. Bevollmächtigten gegebenen Direktiven entnehmen zu sollen, vielmehr zunächst noch den weiteren Verlauf der Beratungen abwarten zu dürfen. Ich werde jedenfalls nicht ermangeln, vor der endgültigen Stellungnahme E. K. H. untertänigsten Vortrag zu erstatten[5].

GLA FA Korresp. 13 N 537.

[1] Großherzog Friedrich an Turban, Stockholm 16. Apr. 1889: „Wie stellt sich Staatsministerium zu Bundesratsvorlage Nr. 35? Zeitungen sagen, Baden habe Gegenvorschlag eingebracht. Bitte um Nachricht, da in Berlin Antrag delikate Sache für Kaiser und Kanzler ist" (GLA 233/13982 Abschr.). — Zur Vorgeschichte dieser gegen Bismarcks Intensionen (vgl. Ges. Werke VIc Nr. 407) vom preuß. Staatsministerium auf Drängen der Kartellparteien unternommenen Vorlage mit dem Ziel, das Sozialistengesetz in ein allgemeines Gesetz aufgehen zu lassen, vgl. (auf Grund der Akten des Bundesarchivs Koblenz, aber unter Aussparung der hier wiedergegebenen internen Vorgänge im Bundesrat) W. *Pack*, Das parlamentar. Ringen um das Sozialistengesetz Bismarcks 1878—90 (1961) S. 194 ff.

[2] Entsprechend der Zusage Wilhelms II. in seiner Thronrede bei der Eröffnung des Reichstags am 22. Nov. 1888, die Sozialgesetzgebung fortzuführen, ging dem Reichstag am 27. Nov. der Entwurf zur Alters- und Invalidenversicherung zu. Die dazu eingesetzte Reichstagskommission unter dem Vorsitz des Frhr. v. Franckenstein arbeitete unter Mitwirkung Boettichers den Entwurf stark um. Am 29. Mrz. 1889 begann die zweite Beratung der umgearbeiteten Vorlage (*Schultheß* S. 43 ff.).

³ Ferdinand Graf v. Zeppelin (1838—1917), Generalmajor, 1887—91 württ. Bundes-ratsbevollmächtigter.
⁴ Theodor Lucas (1821—99), preuß. Regierungskommissär beim Bundesrat.
⁴ᵃ Marschalls Urteil über das neue Sozialistengesetz: „Juristisch horrend!" (Tgb. 22. 3. 1889, Oberkirch. Besitz Frau v. Seyfried).
⁵ Großherzog Friedrich an Turban, Stockholm 22. Apr. 1889: Auf Grund von Nr. 938 „bin im wesentlichen mit Darlegung und Ansichten einverstanden. Hoffe, daß es gelingt, Vorlage zurückzuhalten oder in Spezialgesetz umzuwandeln" (GLA 233/13982 Tel.).

939. Großherzog Friedrich an Turban.

Stockholm, 28. April 1889.

Stand der preußischen Vorschläge im Bundesrat über Verlängerung oder verän-derte Neuauflage des Sozialistengesetzes. Ich hatte noch in Berlin Gelegenheit, mit Herrn von Marschall über diesen Versuch einer Änderung des Preß- und Strafge-setzes zu reden, ehe mir noch die Vorlage selbst genau bekannt war, und schon damals war Marschalls Urteil darüber sehr ungünstig. Was mir aber mehr auffiel, daß sogar Minister von Boetticher sich sehr abfällig über diesen Vorgang aussprach und bemerkte, es werde wohl beim Versuch bleiben und dann doch zu einem modi-fizierten und verbesserten Sozialistengesetz kommen, aber nicht mehr mit be-schränkter Geltungsdauer. Dabei sagte mir v. Boetticher, der Reichskanzler wolle absolut diesen Versuch, und ich selbst überzeugte mich, daß auch der Kaiser großen Wert auf diese Vorschläge einer Gesetzesänderung lege. Als ich Ihnen nun die Frage vorlegte, wie diese Angelegenheit dermalen stehe[1], hatte ich besonders im Auge, daß wir uns nicht zu sehr auf den glatten Boden wagen, auf dem bekannt-lich gar oft rasche Wechsel eintreten und, je nach dem die Dinge laufen, eventuell aus einer edeln Absicht einem der Lohn zuteil wird, als Prügeljunge behandelt zu werden. Ein gewisses Temporisieren ist da immer angezeigt, und so scheint es nun auch zu werden. —

Eine Erneuerung des Sozialistengesetzes in verbesserter Gestalt ist vorerst doch noch unentbehrlich. Der Reichstag wird sich dieser Notwendigkeit nicht entziehen können, wenn er auch nur am Sitze seiner Tätigkeit sich unbefangen zu unterrich-ten sucht; aber bei weiterer Umschau wird sich die Berechtigung stark aufdrängen, daß Staat und Gesellschaft eines Schutzes gegen die Überwucherung des frechsten Anarchismus bedarf.

Sollte es nicht möglich sein, daß die Regierungen von Bayern, Sachsen, Württem-berg, Baden, Hessen sich vereint in diesem Sinn im Bundesrat erklären und der Preußischen Regierung vorschlagen, auf ihren Entwurf zugunsten eines verbesser-ten Sozialistengesetzes zu verzichten? Die Gemeinschaft solchen Vorschlags würde den kräftigen Willen repräsentieren, für ein illimitiertes Schutzgesetz ganz und voll einzutreten. *[...]*

GLA FA Korresp. Bd. 36 Nr. 57 eig.

¹ Nr. 938 Anm. 1.

940. Marschall an Großherzog Friedrich.

Berlin, 1. Mai 1889.

Reichskanzler sagte mir gestern abend, er erbitte unter Bezug auf eine an Eisendecher gesandte Instruktion meine Intervention bei der Großherzoglichen Regierung in folgender Frage: Die Aargauer Polizei habe deutschen Polizeibeamten in eine Falle gelockt und ihn wegen angeblicher Aufreizung ohne Recht verhaftet[1]. Derselbe habe sich törichterweise fangen lassen. Die causa peccans liege nicht in Bern, sondern im Aargau. Er habe in Bern Repressalien androhen lassen, nicht gegen die Schweiz, sondern gegen den Kanton, wo die Polizei sozialdemokratisch sei; mit ersterer wolle er freundnachbarlich leben. Er bitte die großherzogliche Regierung dringend, ihm bei diesem Vorgehen behülflich zu sein und insbesondere bei Rheinfelden strengste Kontrolle zu üben, eventuell Aargauer, insbesondere Beamte, welche die Grenze passieren, zu verhaften und auszuweisen. Er glaube damit der Schweizer Regierung einen Gefallen zu tun, die selbst machtlos gegen die Kantone sei. *[. . .]*

GLA FA Korresp. 13 N 451 Abschr.

[1] Der Polizeiinspektor August Wohlgemuth (56 Jahre alt) aus Mülhausen/Elsaß, mit der Überwachung der Sozialdemokraten beauftragt, war am 21. April 1889 beim Versuch, mit schweizerischen Sozialdemokraten Kontakt aufzunehmen, in Rheinfelden verhaftet und nach zehn Tagen über die Grenze abgeschoben worden. Das Protokoll seiner anschließenden Vernehmung im Ausw. Amt wurde im Reichsanzeiger Nr. 109 vom 7. 5. 1889 veröffentlicht (vgl. *Schultheß* S. 56 ff.) und löste einen, in der Öffentlichkeit leidenschaftlich diskutierten Konflikt zwischen Reichsregierung und Eidgenossenschaft aus (ebd. S. 67 ff.; in GLA 233/13242 Beiheft sind die Pressestimmen gesammelt). Vgl. Rich. *Hertz*, Der Fall Wohlgemuth, Hist. Vjschr. 31 (1937) S. 734 ff.; E. *Bonjour*, Gesch. d. schweiz. Neutralität II (1965) S. 461 ff.; H. *Renk*, Bismarcks Konflikt mit der Schweiz. Der Wohlgemuth-Handel von 1889, Basler Beitr. z. Gesch.wiss. 125 (1972); alle diese Arbeiten verwerten keine badischen Akten.

941. Großherzog Friedrich an Turban.

Stockholm, 2. Mai 1889.

[. . .] Der anliegende rückfolgende Bericht von Marschalls bietet des Interessanten sehr vieles — leider auch den Durchfall des preußischen Finanzministers mit seinem Entwurf einer Einkommensteuer[1]. Das gehört, wenn man die Ursachen kennt, zu den bedauerlichsten Erscheinungen als Signatur für die dermalige Regierungsmethode.

Fast in den gleichen Bereich gehört eine Frage, über welche ich Sie bitte, sich unterrichten zu wollen, wenn nicht schon Berichterstattung von Marschalls darüber vorliegt. Die Schweizer Bundesregierung hat bekanntlich den Vorschlag einer internationalen Konferenz zur Beratung einer allgemeinen Arbeiter-Schutz-Gesetzgebung gemacht[2], und sind bereits von verschiedenen Seiten zustimmende Antworten erfolgt. — Wie stellt sich die Preußische Regierung dazu und wie denkt man sich die etwaige Beteiligung Deutschlands an dieser Konferenz?

Sollte nicht versucht werden, im Bundesrat diese Frage zur Sprache zu bringen, d. h. etwa eine Einigung einer Anzahl B[undes-]regierungen zu versuchen, damit ein gemeinsamer Antrag auf Beteiligung des Deutschen Reiches an dieser Konferenz eingebracht werde! — Bekanntlich besteht bei den meisten B[undes-]Regierungen Geneigtheit, diesen wichtigen Teil der Gesetzgebung nach Wunsch des Reichstags zur Lösung zu bringen. Dennoch wurden die bisherigen Reichstagsanträge jeweils abgelehnt. — Nun liegt die Frage so, daß eine Entscheidung unvermeidlich geworden ist — davon sollte Nutzen gezogen werden, um den vorhandenen Widerstand zu überwinden. — Ich meine, wir sollten vertraulich mit Bayern, Sachsen und Württemberg diese Frage vorbereiten, wenn nicht inzwischen in Berlin eine andere Einsicht Platz gegriffen hat. [...]

GLA FA Korresp. 13 Bd. 36 Nr. 58 eig.

[1] Nach *Lucius* S. 495 war bereits am 20. Apr. im preuß. Staatsministerium beschlossen worden, das in der Thronrede des Kaisers angekündigte Einkommensteuergesetz wegen der bevorstehenden Wahlen nicht mehr einzubringen und den Landtag zum 30. Apr. 1889 zu schließen. Vgl. Bismarcks Votum an das Staatsministerium vom 22. Jan. 1889 Ges. Werke VIc Nr. 406.
[2] Schreiben des Schweizer Bundesrats an die europ. Mächte vom 15. Mrz. 1889: Einladung zu einer im Sept. 1889 in Bern zu haltenden Konferenz, auf der die Begrenzung von Sonntags-, Frauen- und Kinderarbeit beraten werden soll.

942. Vertrauliche Notiz statt mündlicher Mitteilung von Eisendecher.

Karlsruhe, 2. Mai 1889.

Durch die erfolgte Haftentlassung des Polizeiinspektors Wohlgemuth ist die Angelegenheit für das Reich nicht erledigt. Die Verhaftung erfolgte auf Anordnung des Bezirksammann Brunner[1] in Rheinfelden, welcher sich durch seine Zugehörigkeit zur sozialdemokratischen Partei vom Gastwirt in seine jetzige amtliche Stellung aufgeschwungen hat. Der Schneider Lutz[2], welcher den p. Wohlgemuth nach Rheinfelden gelockt hat, ist ein Gesinnungsgenosse des Bezirksammanns. Der Umstand, daß der deutsche Beamte sofort bei seinem Eintreffen in Rheinfelden, noch ehe er die Verhandlungen mit Lutz begonnen hatte, auf Befehl des p. Brunner verhaftet wurde, stellt es außer Zweifel, daß d i e s e r als Agent provocateur oder als „Lockspitzel" der deutschen Polizei gegenüber gehandelt hat. Wohlgemuth hat weder ein Gesetz des Kantons Aargau noch ein Gesetz des Bundes übertreten; seine Festnahme wie die Fortdauer der Verhaftung nach der ersten Vernehmung entbehren daher des Rechtsgrundes.

Nach Ansicht des Herrn Reichskanzlers kann diese Ruchlosigkeit, welche der ehemalige Gastwirt im Parteiinteresse der Sozialdemokratie gegen einen deutschen Beamten verübt hat, nicht ungesühnt bleiben, namentlich dem K a n t o n A a r - g a u gegenüber, welcher, da die Tat von seinem Beamten begangen ist, schuldiger erscheint als die Schweizer Zentralregierung.

Bis die Schweiz solche Genugtuung gewährt, ist es wünschenswert, einen Schweizer Polizisten, wenn möglich den p. Brunner selbst, sobald er sich auf deutschem Boden betreffen läßt, zu verhaften und über das Verfahren gegen Wohlgemuth zu verhören, ihn auch als Geisel für Genugtuung festzuhalten.

GLA 233/13242 fol. 2 f. Randbemerkung: „Durch den K. Preuß. Gesandten H. v. Eisendecher persönlich übergeben Karlsruhe, 3. Mai 1889. Turban."

[1] In den ersten Tagen der Wohlgemuth-Affäre schwanken die Bezeichnungen für den Rheinfeldener Ammann; richtig ist: Baumer.
[2] Balthasar Anton Lutz, geb. 1855 in Fort/Pfalz, seit 1881 Schneider in Basel.

943. Turban an Marschall.

Karlsruhe, 5. Mai 1889.

Nr. 940 und Nr. 942 habe ich zum Gegenstand eingehender Erwägung *gemacht.* Dabei ist erschwerend entgegengetreten, daß wir ohne ausreichende Kenntnis der näheren Umstände des Falles sind, um von hier aus das Benehmen der dabei beteiligten Personen und die nunmehr bekannt gewordene Verfügung des schweizerischen Bundesrats zu beurteilen, und daß auch die Mitteilungen des Herrn Reichskanzlers hierzu keinen vollen Anhalt bieten. Indessen habe ich den letzteren hauptsächlich zu entnehmen, daß Wohlgemuth in der Schweiz ungerechtfertigterweise von dem Bezirksammann Brunner (oder Baumer) in Haft genommen wurde und daß eine Genugtuung hierfür seitens der Schweiz bisher nicht geleistet, aber auch nicht abgelehnt worden ist.

Um dem Wunsche des Herrn Reichskanzlers zu entsprechen, daß der Baumer oder ein anderer schweizerischer Beamter verhaftet, verhört und ausgewiesen oder in Haft behalten werde, mußte vor allem geprüft werden, ob den Gr. Behörden ein hierauf gerichteter Auftrag erteilt werden kann. Das Ergebnis dieser Prüfung ist folgendes[1]: Wenn auch — noch weitergehend als zuvor — angenommen wird, daß die Verhaftung des Wohlgemuth in b e w u ß t r e c h t s w i d r i g e r Weise erfolgt sei und daß Baumer — obwohl jener keine nach schweizerischem Recht strafbare Tat verübt hat, denselben dennoch festnehmen ließ, so würden zwar a n s i c h auf sein Vorgehen die § 239, 341 des Reichsstrafgesetzbuchs Anwendung finden; allein die Tat wäre verübt von einem Ausländer im Auslande, könnte also im Inlande nicht strafgerichtlich verfolgt werden, obwohl sie gegen einen Deutschen begangen wäre; die Sache würde anders liegen, wenn § 4 des Reichsstrafgesetzbuchs die Fassung hätte, die Preußen in der Drucksache des Bundesrats Nr. 42 beantragt. Wenn hiernach die Möglichkeit strafgerichtlichen Einschreitens gegen Baumer nicht besteht, so entfällt damit auch die Zulässigkeit einer gerichtlichen Verhaftung im Falle der Betretung desselben. Dies gilt natürlich in gleichem oder höherem Maße bezüglich anderer bei der Verhaftung Wohlgemuths beteiligten oder nicht beteiligten schweizerischen Beamten.

Bei dieser juristischen Lage des Falles liegt daher Anhalt und Anlaß für ein strafrechtliches Vorgehen nicht vor und würde auch ein etwa zu solchem Zweck verfügter einstweiliger polizeilicher Verhaft von den Gerichten nicht aufrechtgehalten werden.

Wenn somit ein Eingehen auf die Anregung des Herrn Reichskanzlers auf dem angedeuteten Wege durch die Lage der Gesetzgebung verhindert ist, hege ich den dringenden Wunsch, daß es gelingen möge, den Fall Wohlgemuth, auch wenn die völkerrechtlichen Voraussetzungen der Anwendung tatsächlicher Gegenmaßregeln vorliegen sollten, in Güte zur Erledigung zu bringen, denn welcher Art immer diese Maßregeln sein möchten, so würden sie die diesseitigen Landesinteressen, und zwar unter Umständen sehr empfindlich schädigen. Erschwerungen oder Unterbrechungen des Grenzverkehrs und etwaige entsprechende Schritte auf schweizerischer Seite sowie die dadurch bewirkte Störung des freundnachbarlichen Verhältnisses würden in erster Linie und vorzugsweise der badischen Bevölkerung und dem badischen Staate zahllose Ungelegenheiten und Nachteile bereiten.

Die Konfiguration der Grenze bringt es mit sich, daß die Verkehrs- und wirtschaftlichen Interessen beider Seiten vielfach auf das innigste ineinandergreifen.

Neben der Bewegung von Personen und Gütern, die durch die badische Eisenbahn — welche die Kantone Basel und Schaffhausen durchschneidet — vermittelt wird, bestehen fast auf der ganzen Linie — auf Straßen, Bahnen, Brücken und Fähren — lebhafte Verkehrsbeziehungen. Die gewerblichen Betriebe des Wiesenthals, in Säckingen, Konstanz, Waldshut usw. arbeiten großenteils Hand in Hand mit der benachbarten schweizerischen Industrie, teilweise in unmittelbarer Verwendung schweizerischer Arbeitskräfte.

Die persönlichen Beziehungen unter den Grenzbewohnern sind im allgemeinen freundschaftlich und fördersam. Nicht minder besteht unter den beiderseitigen Behörden an der Grenze ein befriedigendes Verhältnis; im allgemeinen erweisen sich die schweizerischen Beamten gegenüber diesseitigen Wünschen und Anträgen in schriftlicher wie in dem nicht selten unvermeidlichen persönlichen Benehmen entgegenkommend und behülflich.

Die Innigkeit und Häufigkeit der gegenseitigen Beziehungen der Grenzbevölkerung erklärt sich neben der Gestaltung der Grenzlinie aber auch durch die gemeinsame Stammesangehörigkeit und beruht zudem zum Teil darauf, daß eine große Anzahl Deutscher, insbesondere Badener, in der Schweiz wohnen und ihren dauernden Unterhalt finden.

Es liegt auf der Hand, daß jede Trübung der gewöhnlichen nachbarlichen Beziehungen, jede Verstimmung, geschweige eingreifendere Störungen mehr oder weniger die badischen Interessen benachteiligen müßten. Sollten dieselben etwa zu Verkehrshemmungen oder gar Verkehrsunterbrechungen längs der Grenze und zumal auf den badischen Bahnhöfen in Basel und Schaffhausen führen, so würden — abgesehen von den Einbußen der Staatsbahnen — weitgehende Verluste eintreten.

Namentlich wäre von einer allgemeineren Animosität gegen die Deutschen in der Schweiz zu besorgen, daß letzteren vielfach der Verdienst gekürzt oder entzogen, der Aufenthalt erschwert oder verwehrt und damit eine Menge brotloser und auch unlauterer Personen nach Deutschland und zunächst nach Baden zurückgedrängt würde.

Ich vermöchte die aus einer Störung der freundnachbarlichen Beziehungen zu erwartenden Nachteile noch weiter darzulegen; es werden die angeführten genügen.

Ich darf nicht zweifeln, daß der Herr Reichskanzler die allgemeineren Folgen, welche Zwangsmaßnahmen herbeiführen könnten oder müßten, ins Auge gefaßt hat, und kann mich jeden Eingehens darauf enthalten. Ich muß aber Wert darauf legen, daß Seine Durchlaucht auf die Bedeutung der freundnachbarlichen Beziehungen zwischen Baden und der Schweiz und auf die Folgen etwaiger Maßnahmen ausdrücklich aufmerksam gemacht werde, welche Baden insbesondere treffen würden. Fürst Bismarck hat Ew. Hochw. gegenüber betont, daß er mit der Schweiz in Freundschaft zu leben wünsche; ich vertraue, daß Seine Durchlaucht in diesem Wunsche geneigt sein wird, auf den Wert, den die Erhaltung dieser Freundschaft für uns hat, noch besondere Rücksicht zu nehmen.

Ich ersuche deshalb Ew. Hochw. ergebenst, den Inhalt der vorstehenden Erwägungen auf mündlichem Wege zur Kenntnis des Herrn Reichskanzlers bringen zu wollen.

¹ Turban verwertet hier ein von ihm angefordertes Gutachten des Justizministeriums (Nokk), Karlsruhe 3. Mai 1889 (ebd. fol. 5 Ausf.).

944. Turban an Marschall.

Karlsruhe, 5. Mai 1889.

Vertraulich! *In dem Schreiben Nr. 943,* welches ich so abgefaßt habe, daß Sie sich für ermächtigt erachten können, davon Einsicht nehmen zu lassen oder Auszug mitzuteilen, habe ich aus naheliegenden Gründen vermieden, auf völkerrechtliche Betrachtungen über die Behandlung dieses Falles und die gestellten Ansinnen einzutreten. Jedenfalls erscheint mir geboten, daß erst alle gütlichen Mittel erschöpft werden müßten, ehe tatsächliche Repressalien — deren Folgen voraussichtlich nach beiden Seiten schwer und unerwünscht ausfallen würden — in Frage kommen.

Ebensowenig bin ich auf die angeregte Beschränkung etwaiger Maßnahmen gegen den Kanton Aargau eingegangen. Es wäre nicht zu hoffen, daß durch eine solche Beschränkung die von jeder Repressalie zu erwartende Aufregung des schweizerischen Selbstgefühls hintangehalten werden könnte. Ich vermag mich darum auch der Meinung nicht anzuschließen, daß ein tatsächliches Vorgehen gegen Aargau dem schweizerischen Bundesrat die Leistung der geforderten Genugtuung erleichtern würde. Derselbe könnte sich dem lauten Anrufen seiner eidgenössischen Pflicht, im Teil das Ganze zu schützen, nicht entziehen.

Die Fassung der Mitteilung des Herrn von Eisendecher¹ und des damit wesentlich übereinstimmenden neuerlichen Artikels der Norddeutschen Allgemeinen Zeitung läßt zum Teil den Zweifel zu, ob derselben eine richtige Auffassung schweizerischer Verhältnisse zugrunde liegt. Wenn Sozialdemokratie das Bestreben nach dem Umsturz der bürgerlichen und gesellschaftlichen Ordnung bedeutet, so dürfte dieselbe in der eigentlichen schweizerischen Bevölkerung und namentlich in der Grenzbevölkerung, auch der aargauischen, wenig Boden haben. Es würde deshalb auch eine etwaige Stellungnahme aufgrund einer abweichend vorgefaßten Meinung eine verfehlte sein.

Wenn bei der Erwähnung von Kontrollmaßregeln etwa an einen Paßzwang oder dergleichen, wie in Elsaß-Lothringen an der französischen Grenze, gedacht wird, so würde man den kleinen Grenzverkehr, welchen man gerade im Auge hat, aus naheliegenden Rücksichten — wie dort — freilassen müssen, den großen internationalen Reiseverkehr in Basel, Konstanz usw. würde man nicht hemmen wollen.

Eine auf rein politische Rücksichten gestützte polizeiliche Verhaftung des Baumer oder anderer Schweizer anzuordnen, scheint mir gegenüber den obwaltenden schweren Bedenken nicht genügend motiviert zu sein; dieselbe würde mindestens den Schein des Unrechts haben. Wenn bereits dem untergeordneten schweizerischen Beamten aus einer rechtlich nicht begründeten Verhaftung ein schwerer Vorwurf gemacht wird, welchem Urteil würde sich eine zu gleichem Mittel greifende Staatsregierung aussetzen? Nachdem Wohlgemuth aus der Haft entlassen, würde darin auch nicht mehr eine notgedrungene Gegenmaßregel erblickt werden können.

Was die in der Unterredung des Herrn Reichskanzlers mit Ew. Hochw. angeregte Ausweisung oder Zurückweisung des Baumer anbelangt, so würde dieselbe eventuell wohl in Betracht gezogen werden können, sofern dessen Anwesenheit als die eines Agent provocateur oder wegen daraus zu besorgender Aufregung in die innere Sicherheit gefährdend erschiene.

Weiter möchte ich noch in Betreff der guten Beziehungen unter den beiderseitigen Behörden bemerken, daß auf deren Erhaltung nicht nur im speziell badischen, sondern auch im allgemeinen Interesse besonderer Wert zu legen ist. Ich weise beispielsweise darauf hin, daß (neben vielfachen sonstigen Berührungsgegenständen) eine erfolgreiche Überwachung der schweizerischen Grenze gegen den Übertritt gefährlicher fremder Elemente nur durch das Zusammenwirken der badischen mit den schweizerischen Behörden ermöglicht wird.

Ew. Hochw. werden selbst ermessen, welche Wirkung die Ausübung eines tatsächlichen Druckes, die Ergreifung von Zwangsmaßregeln zur Erlangung einer (bisher noch gar nicht definierten) Genugtuung in der gesamten Schweiz haben würde und welche weittragenden Folgen — neben den besonderen Nachteilen für Baden — daraus erwachsen könnten, daß deshalb nicht nur in unserem engeren, sondern im deutschen Interesse die Vermeidung aller derartigen Schritte dringend wünschenswert ist. Diese Betrachtung ist so naheliegend, daß ich sie in meinem ersten heutigen Schreiben nicht besonders ausgesprochen, sondern nur allgemein angedeutet habe, daß sie aber auch die Verantwortung deutlich fühlen läßt, welche mit bezüglichen Anordnungen verbunden sein würde.

Durch die von dem schweizerischen Bundesrat gemachten Entschließungen und abgegebenen Erklärungen oder Informationen, von denen die neuesten Tagesblätter berichten, dürfte der Gegenstand in ein anderes Stadium eintreten und möglicherweise bei der Reichsregierung die Beurteilung des Verhaltens des Wohlgemuth, wie auch des Baumer, eine Abänderung erfahren.

Ich darf deshalb dem umsichtigen Ermessen Ew. Hochw. anheimgeben, nach dem dermaligen Stadium der Angelegenheit Ihre Sprache einzurichten und in vertraulicher Weise auch die Erwägungen dieses zweiten Schreibens zu verwenden. Dabei überlasse ich Hochdenselben, die Vorstellung an den Herrn Reichskanzler durch solche an andere Persönlichkeiten tunlichst zu unterstützen. *[...]*

GLA 233/13242 fol. 9-15 Reinkonz.

[1] Nr. 942.

945. Turban an Großherzog Friedrich.

Karlsruhe, 6. Mai 1889.

[...] Die Frage der Arbeiterschutz-Gesetzgebung beschäftigt neuerdings wieder das Ministerium des Innern im Rahmen der Landesgesetzgebung. Ich werde aber auf die Allerhöchste Anregung hin[1] jetzt auch wieder die Erlassung reichsgesetzlicher oder mit unseren Nachbarstaaten gleichmäßig gestalteter Normen zum Gegenstand einer Erhebung und Berichterstattung durch unseren Gesandten in Berlin machen lassen. Die Verfolgung des durch die Schweizer Bundesregierung eingebrachten Vorschlags einer internationalen Konferenz wird vielleicht augenblicklich Schwierigkeiten begegnen, welche die wegen der Verhaftung des Mülhauser Polizeiinspektors Wohlgemuth in Rheinfelden schwebende Differenz im Gefolge haben kann, wenn diese zu einem ernsten Zerwürfnis sich entwickeln sollte.

Leider sind auch wir in diese Sache verwickelt worden *durch Nr. 940 u. Nr. 942.* Es ist nun in Gemäßheit des in gestriger Staatsministerialsitzung gefaßten einstimmigen Beschlusses Herr v. Marschall beauftragt worden, dem Herrn Reichskanzler Gegenvorstellung zu machen. Eine kategorische Entschließung, welche ohnehin nur mit E. K. H. Zustimmung abgegeben werden könnte, schien noch nicht angezeigt. *[. . .]*

Im Laufe des gestrigen Tages war weiter eine förmliche Note des Kgl. Preuß. Gesandten vom 4. Mai eingegangen, welche das Ersuchen stellt, gegen den Sozialdemokraten Schneider Lutz (aus Forst in Rheinbayern), welcher in dem Wohlgemuthschen Falle eine Hauptrolle gespielt hat, wegen Einschmuggelung sozialdemokratischer Schriften und Drucksachen Fahndung und strafgerichtliche Verfolgung einzuleiten. Gegen dieses Ersuchen ließen sich keine Bedenken geltend machen; es ergingen daher sofort an die beiden Ministerien der Justiz und des Innern die entsprechenden Aufforderungen. *Akten sind noch keine angefallen; man ist einstweilen auf die widersprechenden Mitteilungen der Zeitungen angewiesen.* Ich darf auch hoffen, daß Allerhöchstdieselben die diesseitige Behandlung, welche uns einesteils durch die in Frage stehenden hohen Interessen, andererseits aber durch die Klugheit geboten schien, nicht mißbilligen werden. *[. . .]*

GLA FA Korresp. 13 N 537; 233/13242 fol. 17–19 Konz.

[1] Nr. 941.

946. Marschall an Turban.

Berlin, 8. Mai 1889.

[. . .] Aus meiner Unterredung mit dem Staatsminister Grafen Bismarck, den ich gestern früh sofort nach Empfang der erwähnten Erlasse[1] aufsuchte, habe ich den Eindruck gewonnen, daß derselbe den Bedenken, welche die Gr. Regierung gegen die ihr angesonnenen Maßregeln hegte, im allgemeinen zugänglich war und die ganze Angelegenheit viel ruhiger auffaßte als der Herr Reichskanzler zur Zeit, da er mich zu einer Intervention bei Ew. Exz. aufforderte[2]. Ich sagte dem Grafen Bismarck auf seine Bemerkung, daß Herr von Eisendecher den Auftrag habe, eine formelle Ablehnung des Gesuchs um Ergreifung von Repressalien zu exzitieren[3], daß nach meiner Instruktion von einer Ablehnung in diesem Augenblicke gar nicht die Rede sei, sondern es sich vorläufig nur darum handle, die ganze Angelegenheit nach allen Seiten hin zu prüfen und zu diesem Zwecke vor allem notwendig sei, der Gr. Regierung eine genauere Information über die Sachlage zu geben, als dies bisher geschehen. Als der Herr Reichskanzler mit mir gesprochen, sei Wohlgemuth noch in Haft gewesen, inzwischen sei dieser freigelassen und zur Vernehmung hierher gerufen, so daß erst jetzt die Angelegenheit nach allen Richtungen hin übersehen und beurteilt werden könne. Angesichts der großen wirtschaftlichen und politischen Bedenken, die speziell für Baden die Ergreifung von Repressalien gegen die Schweiz involviere — ich legte diese Bedenken eingehend dar — werde die Gr. Regierung mit Recht beanspruchen können, ihre Entschließung nur auf Grund einer genauen causae cognitio zu treffen. Daß die Gr. Regierung, wenn es sich um Anforderungen der Reichspolitik auf dem innern und auswärtigen Gebiete handle, stets bereit sei mitzuwirken, habe sie seit Gründung des Reichs genugsam bewiesen;

man werde ihr gerechter Weise aber nicht verargen können, wenn sie auf Grund ihrer Kenntnisse der lokalen Verhältnisse die Opportunität der in Aussicht genommenen Schritte vorläufig entschieden bezweifle. Graf Bismarck legte mir darauf — in Übereinstimmung mit den Ausführungen, die inzwischen in der Norddeutschen Allgemeinen Zeitung erschienen sind — die Rechtsauffassung des Auswärtigen Amtes dar, indem er bemerkte, daß er persönlich dagegen sei, die Berner Zentralregierung zu rigoros zu behandeln, da der Fehler vornehmlich in der Kantonsregierung liege, gegen welche der Bundesrat in vielen Dingen machtlos sei. Die diplomatische Lage sei die, daß man deutscherseits von der Schweiz eine Genugtuung in Form einer Entschuldigung der Aargauer Regierung verlangen wolle; der Entwurf eines bezüglichen Erlasses an Herrn von Bülow[4] sei in Ausarbeitung[5]. Ich erwiderte darauf, daß, solange die Genugtuungsfrage nicht entschieden, mir die Ergreifung von Repressalien nicht nur bedenklich, sondern eigentlich unmöglich erscheine, da die Selbsthilfe doch erst dann Berechtigung habe, wenn der Anspruch auf Genugtuung zurückgewiesen sei. Graf Bismarck räumte dies ein und verabredete mit mir, daß die Angelegenheit einstweilen beruhen solle[6]; je nach der Antwort, die von Bern einkomme, werde er mir weitere Mitteilung machen. Unsere Unterredung trug einen durchaus freundschaftlichen Charakter und schien mir Graf Bismarck namentlich die aus unseren Grenzbeziehungen hergeleiteten Bedenken durchaus zu würdigen.

Nachdem ich gestern Nachmittag mit dem Referenten Geheimen Legationsrat Kayser[7] konferiert hatte, der mir aus den Akten detaillierte Mitteilungen über den Sachverhalt machte, aber nichts Wesentliches zu eröffnen vermochte, was nicht schon gegenwärtig in den Zeitungen steht, ließ mir Graf Bismarck soeben durch Herrn Kayser Folgendes mitteilen: er gedenke nach Rücksprache mit seinem Vater von der Forderung einer Genugtuung vorerst Umgang zu nehmen, und solle Herr von Bülow unter Mitteilung des Vernehmungsprotokolls Wohlgemuths nur beauftragt werden, Herrn Droz[8] Folgendes zu erklären: Die Anschuldigung gegen Wohlgemuth würde diesseits für widerlegt und andererseits für erwiesen erachtet, daß Bezirksammann Baumer in Rheinfelden an der Falle, welche der Sozialdemokrat Lutz dem Wohlgemuth stellte, beteiligt war; die Tatsache, daß die deutsche Sozialdemokratie in der Schweiz ihren Sammelpunkt habe, daselbst ihre Parteitage abhalte und von dort aus nach Tausenden verbotene Druckschriften ins Land werfe, lasse es als einen Akt der Notwehr erscheinen, wenn die deutsche Polizei danach strebe, sich auf Schweizer Boden Information zu holen. Die Notwehr gründe sich auf die Duldung, welche die Kantonalregierungen den Sozialdemokraten gewährten; mit dem Asylrecht habe die ganze Angelegenheit nichts zu tun. Es sei dankbar anzuerkennen, daß der Bundesrat, so weit er zuständig gewesen, uns entgegengekommen sei, wenn er aber außerstande sei, einen Druck auf die Kantonalregierungen zu üben, die aus Gesinnungsgenossen der Sozialdemokratie beständen, so würde Deutschland zu seinem Bedauern sich gezwungen sehen, selbst Maßregeln zu ergreifen, um die Verbindung der deutschen Sozialdemokraten zwischen ihrer Heimat und der Schweiz zu verhindern.

Graf Bismarck ließ mir ferner mitteilen, daß die an den Statthalter Fürsten Hohenlohe ergangene Instruktion, Aargauer, speziell Rheinfelder aufzugreifen, einstweilen aufrecht erhalten bleibe, bezüglich der Baden angesonnenen Maßregeln aber in Übereinstimmung mit unserer gestrigen Unterredung die Sache einstweilen beruhen solle.

Vertraulich sagte mir der Referent, daß Fürst Hohenlohe nach Empfang der Instruktion geltend gemacht habe, man werde in Elsaß-Lothringen schwerlich in der Lage sein, einen Aargauer aufzugreifen, während dies in Baden sehr leicht bewerkstelligt werden könne. D a r a u f h i n habe der Herr Reichskanzler sich an Baden gewendet.

GLA 233/13242 fol. 32-35 Ausf., pr. 9. 5., vom Großherzog aus Stockholm zurück erhalten 20. 5. 89.

[1] Nr. 943. 944.   [2] Nr. 940.

[3] Aus dem Voraustel. Marschalls an Turban, Berlin 7. Mai 1889: „Herr v. Bismarck sagte mir, daß Herr v. Eisendecher [...] nunmehr beauftragt sei, dieselbe [die Gr. Regierung] um formelle Ablehnung zu bitten, damit das Aktenstück mit dem übrigen Material dem Reichstag vorgelegt werden könne" (GLA ebd. fol. 20 f. Turbans Abschr. eines teilw. chiffr. Tel.). Da der Reichstag bereits am 24. Mai geschlossen wurde, kam der Fall Wohlgemuth dort erst am 22. Nov. 1889 in der Etatdebatte zur Sprache (vgl. Renk S. 402 ff.).

[4] Otto v. Bülow (1827—1901), 1857 Hilfsarbeiter im Auswärtigen Amt, 1862 Legationsrat, 1867 Vortr. Rat, 1881 Gesandter in Stuttgart, 1882 in Bern, 1892—98 beim Päpstl. Stuhl.

[5] Vgl. Renk S. 147 ff. Der Notenwechsel Berlin-Bern wurde in den einzelnen Phasen abschr. nach Karlsruhe mitgeteilt (GLA 233/13242).

[6] Aus dem Voraustelegramm Marschalls (Anm. 3): Graf Bismarck „erteilte dem Referenten die Ermächtigung, mir Einsicht der Akten zu gewähren, wovon ich heute nachmittag Gebrauch mache". — Marschall an Turban, Berlin 7. Mai 1889: „Referent ist ebenfalls gegen scharfe Maßregeln und würdigt die Bedenken der Gr. Regierung" (ebd. fol. 22 Turbans Abschr. eines teilw. chiffr. Tel.).

[7] Paul Kayser (1845—98), 1875 Stadtrichter in Berlin, 1880 Reg. Rat im Reichsjustizamt, 1885 Geh. Reg. Rat im Reichsversicherungsamt sowie Wirkl. Leg. Rat und Vortr. Rat im Ausw. Amt, 1888 Geh. Leg. Rat, 1890 Dirigent, 1894 Direktor der Kolonialabt. des Ausw. Amtes, 1896 Senatspräsident am Reichsgericht.

[8] Numa Droz (1844—99), Graveur, Lehrer, Redakteur, 1869 Großrat des Kanton Neuenburg, Staatsrat u. Erziehungsdirektor, 1872 Ständerat, 1875 Präsident des Ständerats, 1875 Bundesrat, 1887—92 Leiter des Außendepartements, 1892 Direktor des Internationalen Eisenbahntransportamtes.

947. Marschall an Turban.

Berlin, 12. Mai 1889 abends.

Eisendecher soll beauftragt werden, vertraulich anzufragen, ob die Gr. Regierung Grenzsperre gegen Kanton Aargau eventuell für durchführbar erachte, wobei selbstverständlich anerkannt werde, daß Umgehung nicht zu verhindern sei und auch Schuldlose getroffen würden. *Reichskanzler las gestern Roth Erlaß an Bülow vor*[1], sagte ihm, daß eventuell strenge Kontrolle wegen Eingang von Personen, Waren einführen müsse; Verständigung mit Rußland, Österreich, Italien sei vorhanden. Unterredung trug übrigens freundschaftlichen Charakter, und sprach sich Reichskanzler anerkennend über Bundesrat aus. Roth reist heute Abend nach Bern zur mündlichen Berichterstattung, hofft Verständigung, für die ich warm bei ihm eingetreten.

GLA 233/13242 fol. 41 Abschr. eines teilw. chiffr. Tel.

[1] Arnold Roth (1836—1904), Oberst, Dr., 1861-68 Sekretär der schweizerischen Gesandtschaft in Berlin, 1869—70 des politischen Departements in Bern, 1877—1904 schweizerischer Gesandter in Berlin. — Die deutsche Note vom 10. Mai: vgl. Renk S. 160 ff. — Roths Unterredung mit Bismarck: ebd. S. 157 ff.

948. Großherzog Friedrich an Turban.

Stockholm, 12. Mai 1889.

Wenn auch nur mit wenigen Zeilen, liegt es mir doch am Herzen, Ihnen zu sagen, daß ich aus Ihren letzten Sendungen, die Angelegenheit Wohlgemuth betreffend, mit wahrer Befriedigung ersehen habe, daß es Ihnen und Herrn von Marschall gelungen ist, eine sehr bedenkliche Forderung der Reichsregierung von uns abzuwenden. Ich hoffe, daß nun andere Wege eingeschlagen werden.

Mein Vorschlag, die Absetzung des Aargauischen Landammann der Bundesregierung vorzuschlagen[1], lautet auch etwas stark — aber ich habe das entschiedene Vorgehen der Bundesregierung gegen den Kanton Tessin in Erinnerung, wo das Einschreiten mit großer Energie erfolgte. Hier liegt der Fall vor, daß ein ungesetzliches Vorgehen eines Kantonalbeamten die gesamte Bundesgemeinschaft in eine schwierige Lage versetzt, und da wird die Bundesregierung keinen Anstand nehmen, den Kanton zu desavouieren.

Diese Forderung wird um so leichter gestellt werden können, wenn vermieden wird, sogenannte Repressalien zu ergreifen. Das wäre ein so großer politischer Fehler, daß wir, d. h. das Reich sich einer Blamage vor ganz Europa aussetzen würde. Es war offenbar eine jugendliche Übereilung, mit der wir es zu tun hatten.

Nun sehe ich aber aus den Zeitungen, daß es doch nicht ganz klar ist, ob Wohlgemuth nicht doch sehr unvorsichtig gehandelt hat. Er muß irgendeinen Fehler gemacht haben, wodurch er in diese Gefahr hineingeraten ist. — Wenn das Verhalten Wohlgemuths irgendeinem Zweifel ausgesetzt werden kann — sollte man mit den Forderungen an die Bundesregierung nicht zu weit gehen. So ungerecht das Verfahren der Kantonalbehörde auch ist — wird der Fall hoffentlich eine gute Lehre für die Zukunft sein. Ein ominöser Name für eine so ungemütliche Angelegenheit. *[. . .]*

GLA FA Korresp. 13 Bd. 36 Nr. 59 eig.

[1] Großherzog Friedrich an Turban, Stockholm, 10. Mai 1889: „Konnte man nicht Absetzung des Kantonsbeamten von Bundesregierung erlangen, da widerrechtliche Behandlung stattgefunden und Bundesregierung allein Genugtuung geben kann" (GLA 233/13242 fol. 39 Turbans Abschr. eines teilw. chiffr. Tel.).

949. Vertrauliche Notiz Eisendechers.

Übergeben 13. Mai 1889.

Zu dem persönlich übergebenen Erlaß an Herrn von Bülow vom 11. d. Mts.

Wenn die Schweiz uns wegen der erhobenen Beschwerden nicht zufriedenstellt, wird ein Vorgehen nach Maßgabe des Erlasses notwendig werden. Dasselbe soll aber nicht gegen die Schweiz im allgemeinen, sondern nur gegen den Kanton Aargau gerichtet sein. Die Schweizer Bundesregierung hat uns gegenüber auch bei Fragen der vorliegenden Art den besten Willen gezeigt, allein sie ist den Kantonalregierungen gegenüber mit unzureichenden Befugnissen versehen und angesichts der in diesen herrschenden demokratischen Strömungen nicht mutig genug, um denselben mit Erfolg entgegenzutreten. Bei der in Rede stehenden Frage trifft das ausschließliche Verschulden den Kanton Aargau, dessen Beamte mit dem vollen Bewußtsein der von ihnen geübten Übergriffe in boshafter Weise sich an dem Polizeiinspektor Wohlgemuth von dem Schneider Lutz und von dessen sozialdemokratischen Gesinnungsgenossen beteiligt und den deutschen Beamten ohne Grund 10 Tage in Haft gehalten haben.

Über die Frage der Begrenzung der in dem Erlasse nach Bern angedeuteten Maßnahmen auf den Kanton Aargau wünscht der Herr Reichskanzler die Auffassung der Gr. badischen Regierung kennen zu lernen; da Baden von Deutschland aus allein an diesen Kanton grenzt, so würde die Ausführung der ersteren der badischen Regierung zufallen. Wenn auch die eventuell von der Gr. Regierung gegen den Kanton Aargau durchzuführende Grenzsperre immerhin eine Umgehung derselben zuläßt, so werden doch durch Sperrmaßregeln an der Rheinfelder Brücke vorzugsweise die Schuldigen, d. h. die Aargauer bestraft werden. Ein solches Vorgehen würde außer Zweifel stellen, daß deutscherseits nicht die Absicht besteht, die Schweiz im Allgemeinen zu schädigen, sondern nur den vom Kanton Aargau verübten Übergriff durch Erschwerung seiner Grenzbeziehungen zu ahnden.

GLA 233/13242 fol. 43 f. Ausf.

950. Vertrauliche Notiz Turbans.

Karlsruhe, 13. Mai 1889.

Statt mündlicher Mitteilung. *Staatsminister Turban spricht dem preußischen Gesandten für seine vertrauliche Mitteilung*[1] *seinen Dank aus* und bemerkt, nach seinem persönlichen Erachten werde die Gr. Regierung einem im Namen und Interesse des Reiches an sie gestellten Ansinnen, gewisse Sperr- bzw. Kontroll-Maßregeln im Personen- und Güter-Verkehr an der Grenze zwischen Baden und Aargau auszuführen, sich nicht entziehen, und werde er alsbald nach der in den nächsten Tagen zu erwartenden Rückkehr S. K. H. des Großherzogs aus Stockholm bezüglichen Vortrag höchsten Orts erstatten. Zu diesem Behufe und wegen der eventuellen Organisation des Dienstes werde es ihm von besonderem Werte sein, den Umfang und die Art der in Aussicht zu nehmenden Maßregeln kennen zu lernen, insbesondere auch zu vernehmen, ob dieselben auf den Brückenübergang bei Rheinfelden zu beschränken oder über weitere auf der ca. 70 Kilometer langen Grenze zwischen Baden und Aargau bestehenden Rheinübergänge (noch drei Straßenbrücken bei Säckingen, Laufenburg und Kaiserstuhl, die Eisenbahnbrücke bei Waldshut und eine größere Anzahl Fähren) zu erstrecken sein würden.

GLA 233/13242 fol. 49 eig. Konz. Turbans, abgegeben abends 9 Uhr.

[1] Nr. 949.

951. Turban an Marschall.

Karlsruhe, 14. Mai 1889.

Auf Eisendechers Mitteilung Nr. 949 habe ich mich darauf beschränkt, Nr. 950 abzugeben und im mündlichen Gespräch auf seine bezügliche Frage anzuführen, daß an Personal zur Durchführung von Sperr- und Kontrollmaßregeln uns die an der Aargauer Grenze postierte Zollschutz- und Gendarmerie-Mannschaft, welch letztere erforderlichen Falles noch etwas verstärkt werden könnte, zu Gebote stünde.

Sollten Ew. Hochw. in die Lage kommen, zur Beantwortung der in meiner Notiz gestellten Fragen dort in Anspruch genommen zu werden, so bitte ich, tunlichst auf die gelindeste Gestaltung und die engste Begrenzung der in Aussicht zu nehmenden Maßregeln hinzuwirken. Denn wie sie auch immer beschlossen werden mögen, sie werden uns selbst mehr schädigen als die Schuldigen in Rheinfelden[1].

GLA 233/13242 fol. 50 eig. Konz.

[1] Am 15. Mai 1889 sandte Turban an Marschall detaillierte Angaben über die Länge des Rheins auf der Grenze zwischen Baden und dem Kanton Aargau, über die Zahl der Deutschen in der Schweiz und die badische Fabrikindustrie in nächster Nähe der Grenze (ebd. fol. 60 ff. Konz.).

952. Turban an Großherzog Friedrich.

Karlsruhe, 16. Mai 1889.

Auf Grund der gestern abend erhaltenen Nachricht, daß E. K. H. wegen Erkrankung der Kronprinzessin von Schweden die Heimreise verschieben müssen, habe ich mir erlaubt, die in der gestrigen Staatsministerialsitzung behandelten Anträge nach Stockholm zu senden. [...]

Der von E. K. H. *[...]* angeregte Vorschlag, die Absetzung des aargauischen Bezirksammanns Baumer vom schweizerischen Bundesrat als Sühne zu erwirken[1], hätte in der durch den Erlaß an Herrn v. Bülow geschaffenen Sachlage nicht mehr angebracht werden können, er würde aber auch voraussichtlich als ein verfassungswidriger Eingriff der Bundesregierung in die Kantonal-Souveränität abgelehnt worden sein, selbst wenn feststünde — was mir zweifelhaft scheint — daß Baumer ganz auf eigene Faust ohne Gutheißen oder Vorwissen der Kantonal-Regierungsmänner gegen Wohlgemuth vorgegangen sei.

Darüber, daß von seiten des Reichs eine Grenzsperre beschlossen und zu deren Durchführung ein einzelner Bundesstaat in Anspruch genommen werden kann, besteht prinzipiell kein Zweifel; ebenso wenig darüber, daß in einem konkreten Fall bezüglich der Zweckmäßigkeit oder der Modalitäten einer solchen Maßregel remonstriert und die Entscheidung des Bundesrats angerufen werden könnte. Mit welchem Erfolg, ist freilich eine andere Frage. *Aus Nr. 950* werden E. K. H. gnädigst ersehen, daß zu einer endgültigen Entschließung der Gr. Regierung die Wege noch offengehalten sind. Für die weiteren diesseitigen Schritte wird nun zunächst abzuwarten sein, was auf den zweiten Teil meiner Erwiderung vom 13. d. M. durch Herrn v. Eisendecher oder direkt aus Berlin uns mitgeteilt wird. Meine Herren Kollegen, mit welchen ich die Angelegenheit in der gestrigen Staatsministerialsitzung besprochen habe, sind mit der bisherigen Behandlung einverstanden. *[...]*

GLA FA Korresp. 13 N 537 Ausf.; 233/13242 fol. 63 ff. eig. Konz.

[1] Vgl. Nr. 948.

953. Herzog Adolf von Nassau an Großherzog Friedrich.

Freiburg, 17. Mai 1889.

Dank für Dein Schreiben vom 8. d. M.[1]. Dasselbe hat mich tief gerührt und hoch erfreut, wie ich denn überhaupt nicht leugnen kann, daß die Anerkennung, die von allen Seiten meinem Auftreten in Luxemburg zuteil wird, mir zur großen Genugtuung gereicht. Der so unerwartet rasche Abschluß meiner dortigen Tätigkeit[2] hatte ja manch Unangenehmes und viel Peinliches im Gefolge, zwei große Erfolge sind indessen durch mein Hinkommen erzielt, und damit muß ich mich trösten: Der erste ist der, daß ich bei meiner Ankunft das Glück hatte, in den rechten Momenten das rechte Wort zu finden, wodurch ich das dortige Volk, welches ein vorwiegend gemütliches ist, schnell gewonnen habe, und das wird mir oder, wenn ich nicht mehr hinkommen sollte, meinem Sohn bleiben. Der zweite und vielleicht wichtigere ist, daß, übrigens ungerufen, die sogenannte Luxemburger Frage für die Zukunft aus der Welt sein dürfte, so daß man allen Eventualitäten so ziemlich beruhigt entgegensehen kann. Darüber, wie es dem König w i r k - l i c h geht, weiß ich nichts, da mir seit meiner Abreise von dort jede Nachricht fehlt, ich habe aber von hier aus an die Königin geschrieben und sie um solche gebeten, habe indessen noch keine Antwort. *[...]*

GLA FA Korresp. 13 Bd. 41 Fasz. 42 Nr. 28 eig.

[1] Nicht vorhanden.
[2] Nachdem die Ärzte König Wilhelm der Niederlande am 2. Apr. als regierungsunfähig bezeichnet hatten, erklärte Herzog Adolf durch eine in der luxemburgischen Kammer verlesene und von ihr gebilligte Erklärung seine Übernahme der Regentschaft, leistete am 11. Apr. den Eid auf die Verfassung und übersandte den europäischen Regierungen entsprechende Notifikationen. Am 1. Mai teilte König Wilhelm dem Regenten mit, daß er am 3. Mai die Regierungsgewalt in Luxemburg wieder übernehme. Am 3. Mai erklärte die Kammer die Regentschaft als beendet. Herzog Adolf verließ das Land am folgenden Tage (*Schultheß* S. 266 ff.).

954. Großherzog Friedrich an Turban.

Stockholm, 20. Mai 1889.

[...] Ihre Sendung bezüglich der unglücklichen Angelegenheit Wohlgemuth habe ich gestern erhalten — vorher aber das dechiffrierte Telegramm von Marschall, in dem die Aussicht einer Verständigung gegeben wird. — Ich finde die an Bülow gerichtete Note[1] geradezu schauderhaft für eine deutsche Reichsregierung, die sich als mächtige Schützerin des Rechts und der internationalen Gerechtigkeit erweisen sollte. Wie kann man mit der Schweizer Bundesregierung gute Beziehungen erhalten, wenn man den niedrigen Standpunkt eines Aargauer Landammanns zum Vorbild nimmt und mit Erwiderung des Unrechtes droht, als dazu berechtigt, weil der Kanton im Unrecht gehandelt hat. Ich bedaure, daß die Note einen Ton anschlägt, der nicht würdig ist. Wenn daraus eine Verständigung hervorgehen soll, so wird das Verdienst dem Herrn Roth zuzuschreiben sein.

Sehr einverstanden bin ich mit allen Schriftstücken, welche Sie in dieser Angelegenheit haben ergehen lassen. — Die projektierte Grenzsperre dem Kanton Aargau gegenüber kann ja der Reichsregierung nicht wohl abgelehnt werden —

der Rekurs an den Bundesrat wäre erfolglos und könnte eine Exekution zur Folge haben — aber, wenn die Maßregel ausgeführt wird, so müssen wir den Vollzug in der Hand behalten und mit eigenen Kräften durchführen. Daher habe ich Ihnen vorgeschlagen, für diesen Fall einen besonderen Kommissär, etwa den Landeskommissär, mit dem Vollzug zu beauftragen und etwa den Major von Stabel[2] zur Unterstützung beizugeben, um das Verfahren der Gendarmerie und Grenzzollwachen zu kontrollieren. Bei dem regen Verkehr, den wir gerade an diesem Teil der Schweizer Grenze haben, ist die Überwachung einer Grenzsperre wegen der Milde des Verfahrens gegenüber derjenigen Bevölkerung erforderlich, welche um des täglichen Verdienstes willen die Grenze überschreiten muß. Bei solcher Milde wird man dann gegen politischen Schmuggel um so strenger verfahren können. Aber immerhin bleibt es eine sehr belästigende, schädigende Maßregel, die für den Kanton Aargau keine Strafe ist und deren ganzer Nachteil auf uns fällt.

Ich erkenne gerne, daß mein Vorschlag in seiner telegraphischen Kürze[3] als verfassungswidrig erscheint. — Meine Meinung ist aber, daß die Schweizer Bundesregierung wohl berechtigt wäre, die Kantonalregierung zu veranlassen, ein Verfahren gegen den hier in Frage kommenden Landammann einzuleiten, dessen Folge seine Absetzung durch den Kantonalrat sein müßte, da er rechtswidrig gehandelt hat. Das entschiedene Vorgehen der Bundesregierung gegen die Kantonalregierung von Tessin und gegen die Lokalbehörden in Lugano berechtigen zur Annahme, daß auch in dem Fall Wohlgemuth das Recht besteht, die Gesetzlichkeit herzustellen. [...]

GLA FA Korresp. 13 Bd. 36 Nr. 60 eig.

[1] Vgl. Nr. 947 Anm. 1.
[2] Reinhard Friedrich v. Stabel (1842—1906), preuß. Major, Sohn des gr. Obersthofmeisters u. Kammerherrn v. Stabel.
[3] Vgl. Nr. 948 Anm. 1.

955. Marschall an Turban.

Berlin, 20. Mai 1889.

Heute Frühstück beim Reichskanzler für die Bevollmächtigten des Bundesrats, die preußischen Staatsminister und etwa 250 Reichstagsabgeordnete vornehmlich der konservativen, der nationalliberalen Partei und des Zentrums. Gegen Ende der Vereinigung saß der Herr Reichskanzler neben dem Herrn Hausminister von Wedell und dem nationalliberalen Abgeordneten von Fischer[1] an einem Tische, an dem noch die Abgeordneten Dietze-Barby[2], Fieser[3], Delbrück[4] sowie ich Platz genommen hatten. Der Fürst erging sich in allgemeinen Betrachtungen über Monarchie, Republik, über parlamentarisches System usw., wobei er zu mir gewendet auch den Fall Wohlgemuth behandelte: Die Zentralbehörde in Bern sei gut gesinnt, die Schwierigkeit liege in der Kantonswirtschaft, welche die Neutralität der Schweiz gefährde. Mit der Schweiz wolle er keinen Krieg führen, wohl aber mit dem Kanton Aargau, wo der „Ochsenwirt" Baumer antideutsche Politik treibe. Er wünsche, daß man eventuell gegen Aargau eine Grenzsperre in der Weise einführe, daß man die Postsendungen untersuche, den Eingang von Personen und Waren streng kontrolliere. Dabei hatte ich Gelegenheit, die lokalen Verhältnisse und die Schwierigkeiten, die für Baden aus einer solchen Sperre entstehen würden, darzulegen. Der Herr Reichskanzler ging später auf die sozialdemokratische Bewegung im allgemeinen über, wobei ich unter Zustimmung der Herren von Fischer und Fieser die Ansicht vertrat, daß die Bekämpfung der Sozialdemokratie auf dem Boden des gemeinen Rechtes unmöglich sei und ich die Erklärung des Staats, die implicite in einer bezüglichen Vorlage enthalten sei, daß der Staat der außerordentlichen Gewalten gegen die Sozialdemokratie entbehren könne, für bedenklich erachte. Fürst Bismarck erklärte sich damit einverstanden, glaubte aber, daß er für eine dauernde Verlängerung des Sozialistengesetzes in irgendeiner Form eine Majorität im Reichstage zur Zeit nicht habe[5] und namentlich die nationalliberale Partei in dieser Beziehung verschiedener Ansicht sei. Die Abgeordneten Fieser und von Fischer nahmen hierbei Gelegenheit, der Überzeugung Ausdruck zu geben, daß die nationalliberale Partei gegenwärtig in ihrer großen Mehrheit von der Unmöglichkeit der Bekämpfung der Sozialdemokratie auf dem Boden des gemeinen Rechts überzeugt sei und die Mehrheit des Reichstags in diesem Sinne entscheiden werde. — Unsere Unterredung schloß, nachdem bereits die große Mehrzahl der Gäste den Saal verlassen hatte, erst gegen halb drei Uhr.

GLA 233/34798 Ausf., erhalten 21. 5. 89; 49/2018 Konz. Die direkte Äußerung Bismarcks: gedr. *Gradenwitz* S. 70.

[1] Ludwig Friedrich Alexander v. Fischer (1832—1900), Bürgermeister von Augsburg, 1871—74 u. 1884—90 Mitglied des Reichstags (Reichspartei).
[2] Gustav Adolf Dietze (1825—1910), Rittergutsbesitzer in Barby, 1866—73 Mitglied des preuß. Abgeordnetenhauses, 1867—78 u. 1881—90 des Reichstags (Reichspartei).
[3] Emil Fieser (1835—1904), Landgerichtspräsident in Karlsruhe, 1887—90 Mitglied des Reichstags (nationalliberal).
[4] Hans Delbrück (1848—1929), Universitätsprofessor in Berlin, 1882—85 Mitglied des preuß. Abgeordnetenhauses, 1884—90 des Reichstags (Reichspartei).
[5] Vgl. Bismarcks Votum an das preuß. Staatsministerium vom 13. Febr. 1889, Ges. Werke VIc Nr. 407.

956. Ellstätter an Großherzog Friedrich.

Karlsruhe, 21. Mai 1889.

[...] Inzwischen haben E. K. H. Kenntnis erhalten, daß unsere Bestände an Kohlen für die nächsten Wochen und Monate ausreichen[1], und wird auch die Hoffnung begründet sein, daß die Arbeitsunterbrechungen in den Kohlenrevieren ihrem Ende zuneigen. Wenn über diesen Vorgang hinaus E. K. H. sich mit der Frage beschäftigen, wie für die Zukunft ähnlichen Kalamitäten vorzubeugen sei, so wird ja wohl zunächst die Technik nach einem Ersatz für die bewegende Kraft, soweit sie durch die Kohle hervorgebracht wird, zu suchen haben. Sie wird darauf schon durch die allmähliche Erschöpfung der Kohlenlager hingewiesen sein. Ob aber die Ausbeutung von Torflagern, ob Petroleum oder Elektrizität einen genügenden Ersatz werden beschaffen können, darüber steht mir ein Urteil nicht zu. Diese Frage zu beantworten, wird die Aufgabe der technischen Forschung sein, und es ist sicher nicht zu bezweifeln, daß sie damit auch schon gründlich sich befaßt hat. Was speziell die in unserem Land befindlichen Torflager betrifft, so ist deren nachdrücklichere Ausbeutung bekanntlich zum Zweck der Förderung landwirtschaftlicher Interessen in Anregung gekommen, und steht das Domänenamt im Begriff, auf seine Rechnung ausgedehntere Versuche auf dem Kaltenbronn zu unternehmen.

Soweit die vorliegende Kalamität eine technische Seite darbietet, wird sich die Frage verhältnismäßig leicht lösen lassen. Sie ist aber zugleich und vorzugsweise eine wirtschaftliche Erscheinung, deren nachteilige Folgen eine Abhilfe zum Bedürfnis macht, eine Abhilfe dagegen, daß nicht wichtige, für weit verbreitete Privatinteressen unumgänglich nötige, ja für die Befriedigung höchster Staatsinteressen unentbehrliche Produktionen plötzlich versiegen. Was würden z. B. der Staatsverwaltung die weitestreichenden Kohlenbestände oder Torfvorräte nützen, wenn eines Tages das Eisenbahnpersonal, speziell Maschinenführer und Heizer, ihren Dienst versagen? Nach dieser Richtung erscheinen die Arbeitseinstellungen als die Ergebnisse einer wirtschaftlichen Gestaltung, über deren Wert oder Unwert die Meinungen ebenso auseinandergehen, wie über die Mittel, den damit verknüpften Übelständen abzuhelfen. Wie weit es gelingen wird, zwischen dem Prinzip der individualistischen und der rein sozialistischen Produktionsweise gesetzgeberisch zu vermitteln, muß die Zukunft lehren. Meines Erachtens verbleiben einer vernünftigen Sozialpolitik noch hinreichend wichtige Sorgen, ohne die Gefahren einer der Folgerungen des Sozialismus in sich bergenden Gesetzgebung heraufzubeschwören. Welche Entwicklung die Anfänge einer solchen Gesetzgebung nach sich ziehen werden, läßt sich zur Zeit nicht übersehen. Sie zu verhüten oder zu hemmen, wird nicht mehr in der Kraft des Einzelnen stehen. Wofür wir zunächst werden zu sorgen haben, das ist: Uns jederzeit für eine absehbare Zeit mit den entsprechenden Vorräten und sonstigen Verteidigungsmitteln versehen zu halten, damit wir von keiner Ungelegenheit überrascht werden. [...]

GLA FA Korresp. 13 N 376.

[1] Wegen des am 2. Mai 1889 im Ruhrgebiet begonnenen Streiks von über 100 000 Bergarbeitern, der sich auf Schlesien, Sachsen und das Saargebiet ausdehnte.

957. Marschall an Turban.

Berlin, 5. Juni 1889.

Auf Befehl des Reichskanzlers hat mir Geh. Legationsrat Kayser heute nachmittag Einsicht in die schweizerische Note vom 31. Mai und in den Begleitbericht des Herrn v. Bülow[1] gegeben. [...]

In dem Begleitberichte des Herrn von Bülow ist bemerkt: Herr Droz habe bei Übergabe der Note mündlich bemerkt: der Bundesrat halte sich in derselben lediglich auf der Defensive gegenüber den Behauptungen der deutschen Note. Der Rechtsauffassung der letzteren vermöge er sich nicht anzuschließen, ebensowenig sei er in der Lage, irgend eine Maßregel zu ergreifen oder eine Erklärung abzugeben, welche den Charakter einer Genugtuung trage. Vertraulich wolle er bemerken, daß der Bundesrat zur wirksameren Bekämpfung der revolutionären Elemente mit dem Gedanken umgehe:

1. einen Bundesanwalt zu bestellen, welcher selbständig gegen diese Elemente einschreiten solle;
2. eine eidgenössische, von der kantonalen unabhängige Polizei zu errichten, der ausschließlich die Überwachung der Anarchisten und Sozialdemokraten obliege;
3. gehe man davon aus, daß die in der Schweiz gewährleisteten Freiheiten ins-

besondere des Versammlungsrechts nur dem Schweizer Volk zugute kommen solle, nicht aber den Ausländern.

Was die Informationen fremder Polizisten betreffe, so vermöge er eine bindende Zusage nicht zu geben. Es sei das eine „affaire de pratique, de tolérance et de convenance." Im Allgemeinen würden Detektivs, die sich als solche legitimierten, jede wünschenswerte Unterstützung erhalten.

Zu der Note wie zu den Erklärungen des Herrn Droz hat der Herr Reichskanzler seine üblichen Randbemerkungen gemacht, u. a. an einer Stelle „kindisch", an der anderen „frech".

Geheimer Legationsrat Kayser sagte mir ferner im Auftrage des Herrn Reichskanzlers Folgendes: Bereits aus Anlaß der Züricher Bombenaffaire[2] habe der russische Gesandte in Bern die Instruktion gehabt, Herrn Droz amtlich zu erklären, daß das Verhalten der Schweiz nicht im Einklange mit der ihr gewährleisteten Neutralität stehe und die russische Regierung die Frage prüfe, ob unter den dermaligen Umständen die Neutralität der Schweiz aufrechterhalten werden könne. Diese Erklärung sei wegen inzwischen veränderter Verhältnisse amtlich der Schweizer Regierung noch nicht mitgeteilt worden. Auf Grund der neueren Ereignisse sei nunmehr eine Einigung mit Rußland dahin erzielt, daß der russische Gesandte mittels einer Note an den Bundesrat, von der Abschrift zu hinterlassen sei, offiziell diesen Schritt tue. Herr von Bülow werde ebenfalls eine Note überreichen, in der ausgeführt werde, daß Deutschland den Verhältnissen insolange ruhig zugesehen habe, als es möglich gewesen sei, den Gang der Dinge durch eigene Beamten zu beobachten; jetzt aber, nachdem die Schweizer Behörden das Einholen von Informationen nicht mehr gestatteten, wir gezwungen seien, einerseits die Maßregeln zu treffen, die erforderlich schienen, uns auf unserem eigenen Gebiete zu schützen, andererseits mit den Mächten die Frage zu prüfen, ob die Neutralität der Schweiz noch aufrecht erhalten werden könne[3]. Inzwischen sei auch Österreich-Ungarn ersucht, in gleicher Weise vorzugehen, und habe Graf Kálnoky die Geneigtheit hierzu kundgegeben.

Der Herr Reichskanzler ließ mir ferner mitteilen, er halte an dem Gedanken von Grenzmaßregeln gegen den Kanton Aargau fest und bitte mich, an meine Regierung zu berichten, daß dieselben nach seiner Ansicht bestehen sollten: einmal in einer strengen P a ß k o n t r o l l e an der deutsch-aargauischen Grenze gegen jeden aus dem Aargau kommenden Reisenden und außerdem in einer m i n u - t i ö s e n U n t e r s u c h u n g aller Güter, die an den Z o l l s t e l l e n aus dem Kanton Aargau eingingen. Meine Frage, ob es in der Intension des Herrn Reichskanzlers liege, daß diese Maßregeln nun s o f o r t eingeführt werden, verneinte Herr Kayser mit dem Bemerken, daß es sich zunächst nur um die Beantwortung der von Ew. Exz. laut Herrn von Eisendecher übergebener Notiz[4] gestellten Anfrage über die Modalitäten der in Aussicht genommenen Grenzmaßregeln handle; die Gr. Regierung würde hiernach in der Lage sein, zu ermessen, ob sie mit den ihr zur Verfügung stehenden Kräften und von welchem Zeitpunkte an sie diese Maßregeln ins Leben treten lassen könne.

Ich bemerkte Herrn Kayser, daß ich sofort über den Inhalt seiner Mitteilungen berichten würde und über den letzten Punkt meiner Regierung eine Rückäußerung vorbehalten müsse, da ich es für selbstverständlich erachte, daß in einer derartigen internationalen Angelegenheit seitens eines Bundesstaates nur im vollen Einverständnis mit dem Auswärtigen Amte sowohl über die Details der Ausführung wie den Zeitpunkt des Inslebentretens vorgegangen werde. Herr Kayser stimmte mir darin vollkommen bei.

Ich würde Ew. Exz. nunmehr bitten, mir weitere Mitteilungen darüber zukommen zu lassen, in welcher Weise die Gr. Regierung auf Grund der obigen Andeutung eventuell die gewünschten Maßregeln zur Ausführung zu bringen gedenkt, damit ich mit dem Auswärtigen Amte in weiteres Benehmen trete. Ich habe eigentlich den Eindruck, daß für den Reichskanzler der Schwerpunkt in der diplomatischen Aktion mit Rußland und Österreich liegt und die Grenzmaßregeln gegen Aargau — über deren völlige Wirkungslosigkeit er keinen Zweifel haben kann — mehr einen demonstrativen Charakter haben sollen. Ich würde daher unmaßgeblich glauben, daß der unsererseits zu machende Vorschlag der Ausführung sich möglichst eng an die obige — von mir wörtlich notierte — Direktive halten sollte. Daß jede Gegenmaßregel in dem Sinne, wie der Reichskanzler sie wünscht, praktisch erfolglos sein und nur das Resultat einer Verstimmung haben wird, habe ich wiederholt dem Grafen Bismarck und erst heute wieder Herrn Kayser gesagt.

GLA 233/13242 fol. 73 ff. Ausf., dem Großherzog vorgelegt 6. 6. 89.

[1] Vgl. *Renk* S. 168 ff.
[2] Unbeabsichtigte Explosion einer von russischen Studenten gebastelten Bombe am 6. März 1889 in Peterstobel bei Zürich. Vgl. *Renk* S. 125 ff.
[3] Zur deutsch-russischen Intervention und der sich anschließenden österreichischen Demarche in Zürich am 12. u. 13. Juni 1889 vgl. *Renk* S. 174 ff. Zur Diskussion der schweizerischen Neutralität in der deutschen Note vom 31. Mai berichtet Marschall an Turban, Berlin 27. Mai 1889: „Der Passus über die Verletzung der Pflichten der Neutralität hat in dem Entwurf des Referenten nicht gestanden, sondern ist von dem Herrn Reichskanzler selbst hineingeschrieben worden. Der Herr Reichskanzler hat außerdem Auftrag gegeben, ihm eine Zusammenstellung der Rechte und Pflichten zu fertigen, welche nach völkerrechtlichen Grundsätzen die N e u t r a l i t ä t involvieren. Der Referent sagte mir vertraulich, er glaube, daß mit dem Begriffe der „Neutralität" hier nicht viel anzufangen sei, da dieser Begriff seine Bedeutung nur für den Kriegsfall habe; eher würde man sich auf die der Schweiz außerdem garantierte „inviolabilité du territoire" beziehen können, da diese auch für die Friedenszeit gewisse Pflichten gegen die Garanten bedinge" (GLA 233/13242 fol. 68 f. Ausf., dem Großherzog vorgelegt).
[4] Nr. 949.

958. Turban an Großherzog Friedrich.

Karlsruhe, 8. Juni 1889.

Eisendecher teilt mit, daß S. M. der Kaiser und König beabsichtigen, *[...]* Frhr. v. Marschall in Anerkennung seiner Verdienste um das Zustandekommen des Reichsgesetzes über die Invaliditäts- und Altersversicherung[1] den Roten Adlerorden I. Klasse zu verleihen *[...]. Ich erwiderte sofort mündlich,* daß mir keine Bedenken bekannt seien, welche diesseits gegen die von S. M. beabsichtigte Gnadenbezeugung geltend zu machen wären und daß ich insbesondere auch glaubte, mich versichert halten zu dürfen, daß E. K. H. die Ausführung dieses Vorhabens mit Freude vernehmen werden. *[...]*

GLA FA Korresp. 13 N 537.

[1] Das Gesetz wurde am 24. Mai 1889 im Reichstag mit 185:165 Stimmen angenommen, der Reichstag anschließend geschlossen (*Schultheß* S. 92 f.).

959. Turban an Marschall.

Karlsruhe, 11. Juni 1889.

Ew. Hochw. beehre ich mich unter Bezug auf den Bericht vom 5. d. Mts. betreffs der von dem Herrn Reichskanzler im Auge behaltenen Grenzmaßregeln gegen den Kanton Aargau[1] ergebenst in Kenntnis zu setzen, daß seitens der Gr. Regierung alle Vorbereitungen, so weit dieselben von ihr aus zu treffen wären, eingeleitet sind, um diese Maßregeln nach der bezüglichen formellen Aufforderung der Reichsregierung alsbald in Vollzug setzen zu können.

Was insbesondere die Einführung einer Paßkontrolle an der deutsch-aargauischen Grenze betrifft, so ist die Gr. Regierung in der Lage, dieselbe unverzüglich zur Durchführung zu bringen, sobald auf Grund des § 9 des Reichsgesetzes über das Paßwesen vom 12. Oktober 1867 (Bundes-Gesetzblatt S. 33) die kaiserliche Verordnung betreffend die Paßpflichtigkeit der aus dem Kanton Aargau kommenden Reisenden erlassen worden ist.

Behufs der Verschärfung der Zollkontrolle würden die Zollstellen angewiesen werden, alle bei denselben aus dem Kanton Aargau eingelenden Güter der schärfsten Untersuchung zu unterziehen. Diese Untersuchung ist bereits in den letzten Jahren gegenüber der früher bestandenen Übung im Hinblick auf die vielfachen Versuche der Einschmuggelung von Taschenuhren, noch mehr aber im Hinblick auf die Versuche der Einführung sozialdemokratischer Schriften wesentlich verschärft worden; dieselbe würde aber, sobald das desfallsige Verlangen seitens des Herrn Reichskanzlers erfolgt, noch weiter verschärft und zu einer minutiösen Untersuchung aller Güter ausgestaltet werden, die an den Zollstellen aus dem Kanton Aargau eingehen. [...]

Da das längs der badisch-aargauischen Grenze schon jetzt stationierte Grenzaufsichtspersonal auch für eine minutiöse Kontrolle ausreicht, eventuell auch unverzüglich durch Personal aus den angrenzenden Hauptsteueramtsbezirken verstärkt werden kann, so würde die Gr. Regierung die angeregte Verschärfung der Zollkontrolle **b i n n e n   k ü r z e s t e r   F r i s t**, d. h. innerhalb höchstens zweier Tage nach der an sie ergangenen Aufforderung vollständig durchzuführen in der Lage sein.

Wenn hiernach die Gr. Regierung [...] zur Ausführung der in Frage stehenden Grenzsperre vollkommen bereit ist, so kann ich mich doch der Pflicht nicht entziehen, auf die ebenfalls bereits dargelegten schweren Nachteile, welche dieselbe unter allen Umständen, insbesondere aber für das Großherzogtum Baden im Gefolge haben wird und welcher die diesseitige Bevölkerung mit ernster Besorgnis entgegensieht, nochmals hinzuweisen und im Namen der Gr. Regierung den Wunsch auszusprechen, daß zumal im Hinblick auf die von dem schweizerischen Bundesrat zur wirksameren Bekämpfung der in der Schweiz befindlichen revolutionären Elemente in Aussicht genommenen Maßregeln die Reichsregierung zu dem Entschlusse gelangen möge, von der Grenzsperre Umgang zu nehmen. [...]

GLA 233/13242 fol. 78 ff. Konz.

[1] Nr. 957.

960. Turban an Marschall.

Von Nr. 959 können Sie auf Verlangen im Auswärtigen Amt Abschrift hinterlassen. Bezüglich der in Nr. 957 enthaltenen weiteren Mitteilungen will ich nicht unterlassen, zunächst der Hoffnung und dem dringenden Wunsche wiederholten Ausdruck zu geben, daß es gelingen möge, eine gütliche Lösung der schwebenden Differenz herbeizuführen, ohne eine wichtige Grundlage des gegenwärtigen europäischen Völkerrechts in Frage zu stellen. In dem Vorschlage des Bundesrats, in eine nochmalige gemeinschaftliche Untersuchung des Falles einzugehen[1], dürfte zunächst ein solcher Weg zu erblicken sein. Aber auch die von Herrn Droz dem kaiserlichen Gesandten gegenüber vertraulich entwickelten Gedanken des Bundesrats, deren Verwirklichung einer erfolgreichen Bekämpfung der revolutionären Elemente dienen soll, scheinen mir einer ernsten Beachtung würdig zu sein und den schon früher der Schweiz gegenüber geltend gemachten Wünschen der kaiserlichen Regierung in wichtigen Beziehungen Rechnung zu tragen. Insbesondere dürfte die Errichtung einer eidgenössischen, von der kantonalen unabhängigen Polizei, der ausschließlich die Überwachung der Anarchisten und Sozialdemokraten obliegen soll, geeignet sein, die Macht und den Einfluß der schweizerischen Zentralgewalt bezüglich der Bekämpfung der revolutionären Propaganda gegenüber den demokratischen Einflüssen zugänglicheren Kantonsregierungen wesentlich zu erhöhen. Ich glaube diesen Punkt umso mehr betonen zu sollen, weil der Herr Reichskanzler in der am 30. April stattgehabten Unterredung mit Ew. Hochw.[2] gerade auf die Machtlosigkeit der schweizerischen Regierung den Kantonen gegenüber hingewiesen hat.

Den allerschwersten Bedenken begegnet aber der Gedanke, die fernere Aufrechterhaltung der Neutralität der Schweiz in Frage zu stellen. Die Schweiz hat in dem deutsch-französischen Kriege ihre Neutralität strenge und in einer Deutschland wohlwollenden Weise gewahrt. S. K. H. der Großherzog, unser allergnädigster Herr, welcher dem Gange der Angelegenheit von Anbeginn das eingehendste Interesse zugewendet hat, glaubt allen Grund zu der Annahme zu haben, daß die Schweiz auch in einem künftigen Kriege ihren Neutralitätsverpflichtungen in einem Deutschland günstigen Sinne werde gerecht werden. Es dürfte sich dies schon aus der Tatsache ergeben, daß die Schweiz, welche bisher keine Gefahr von seiten des deutschen Reichs glaubte besorgen zu müssen, gegenüber der deutschen Grenze keinerlei Verteidigungsmaßregeln getroffen hat, während sie den anderen Grenzstaaten gegenüber bald mehr, bald weniger ausgedehnte Befestigungswerke teils bereits angelegt hat, teils anzulegen im Begriffe ist. Fraglich kann wohl erscheinen, ob die Haltung Rußlands gegenüber der Aufhebung der Neutralität der Schweiz lediglich auf die Bekämpfung des Nihilismus und nicht in hohem Maße auf die Unterstützung Frankreichs in einem Feldzuge gegen Deutschland gerichtet ist.

Die Bedenken, welche einer Aufhebung der Neutralität der Schweiz entgegenstehen, wiegen aber am schwersten in dem Lande, welches allein von allen deutschen Staaten unmittelbar an die Schweiz grenzt und bei dem Mangel einer Befestigung am Oberrhein den von dort aus zu erwartenden Einfällen in erster Reihe ausgesetzt ist.

Ich vermag nicht zu ermessen, ob und eventuell in welcher Weise Ew. Hochw. in die Lage kommen, diese zunächst für Ihre persönliche Orientierung bestimmte Mitteilung der hier bestehenden Anschauung dem Auswärtigen Amte gegenüber oder sonstwie geeignet zu verwerten. Ich mußte aber, einer unmittelbaren Anregung unseres gnädigsten Herrn folgend, Wert darauf legen, Ew. Hochw. auch von denjenigen Erwägungen zu unterrichten, zu welchen der politische Inhalt Ihres Berichts vom 5. d. Mts. Anlaß gegeben hat.

GLA 233/13242 fol. 79 ff. Konz.

[1] In der schweizerischen Note vom 31. Mai 1889.
[2] Nr. 940.

961. Marschall an Turban.

Berlin, 12. Juni 1889.

Vertraulich! Ew. Exz. beehre ich mich ergebenst zu berichten, daß der schweizerische Bundespräsident Herr Hammer[1] vor einigen Tagen dem Gesandten Herrn von Bülow vertraulich erklärt hat, er lasse den Herrn Reichskanzler dringend bitten, von weiterer Pression auf die Schweiz abzusehen; die Affaire Wohlgemuth sei in der Tat zu unbedeutend, um das freundliche Einvernehmen Deutschlands und der Schweiz stören zu dürfen. Für Deutschland liege der Schwerpunkt offenbar darin, daß die Schweiz, wie Herr Droz amtlich erklärt habe, für die Zukunft die Garantie einer intensiveren Überwachung der anarchistischen und sozialdemokratischen Elemente zu geben entschlossen sei. Wenn Deutschland weiter auf die Schweiz drücke, so werde seine — Hammers — Stellung eine sehr schwierige, wenn nicht unhaltbare; würde aber er und Herr Welti aus dem Bundesrate ausscheiden, so gewänne das französische bzw. antideutsche Element darin die Oberhand, was er, bei seinen bekannten Gesinnungen, tief beklagen würde. Der Herr Reichskanzler hat darauf Herrn von Bülow beauftragt, Herrn Hammer vertraulich mitzuteilen, daß er dessen freundliche Gesinnungen für Deutschland in vollem Maße würdige und es bedaure, ihn betrüben zu müssen; er erkenne an, daß der Fall Wohlgemuth für sich keine Bedeutung habe; er gewinne sie erst dadurch, daß er typisch sei für das Verhalten der Schweiz gegen ihre Nachbarn. Deutschlands Geduld sei zu Ende; es könne fernerhin nicht zulassen, daß die Schweiz Elemente in ihrem Territorium dulde, welche von dort aus den innern Frieden und die Ordnung Deutschlands bedrohten. Erst wenn von schweizerischer Seite de facto Remedur geschaffen worden sei, werde er seine Aktion einstellen können.

GLA 233/13242 fol. 88 Ausf., hat dem Großherzog vorgelegen 14. 6. 89.

[1] Bernhard Hammer (1822—1907), 1868—75 schweizerischer Gesandter in Berlin, 1877 Mitglied des Bundesrats, Vorsteher des Finanzdepartements, 1889 Bundespräsident, 1890—1906 Nationalrat.

962. Marschall an Turban.

Berlin, 14. Juni 1889.

Vertraulich! Nachdem ich bereits vorgestern, entsprechend der telegraphischen Instruktion Ew. Exz. vom 11. d. M., vorläufig im Auswärtigen Amt die Stellung der Gr. Regierung zu der geplanten Grenzsperre gegen den Kanton Aargau dargelegt hatte, habe ich gestern Gelegenheit gehabt, sowohl mit dem Referenten Geheimen Legationsrat Kayser wie mit dem Wirklichen Geheimen Legationsrat von Holstein, der ebenfalls die Sache bearbeitet, die nunmehrige Sachlage eingehend zu besprechen. Beide Herren haben mir dabei nicht nur volles Verständnis für die von der Gr. Regierung gehegten Bedenken bekundet, sondern ziemlich deutlich zu verstehen gegeben, daß sie von einer entschiedenen Geltendmachung dieser Bedenken eine Einwirkung auf den Herrn Reichskanzler erhofften, der eigentlich a l l e i n den Gedanken der Grenzmaßregeln betreibe.

Herr Kayser sagte mir, daß, wenn der Fürst auf der Ergreifung von Maßregeln gegen die Schweiz absolut bestehe, die Kündigung des Niederlassungsvertrags vom Jahre 1876 eventuell ins Auge gefaßt werden könne — damit würden direkte Schädigungen deutscher Untertanen, die bei einer Grenzsperre unausbleiblich seien, vermieden. Die Schweiz werde wohl kaum die in ihrem Territorium auf Grund jenes Vertrags ansässigen Deutschen belästigen, auch schließe sich diese Kündigung gleichsam an die gegenwärtige Lage des Streits an, da die Auslegung des § 2 jenes Vertrags[1] strittig geworden und Herr von Bülow den Auftrag gehabt habe, auch in der letzten Note, in welcher er die Erfolglosigkeit der aus Anlaß des Falles Wohlgemuth geführten Verhandlungen zu konstatieren hatte, nochmals geltend zu machen, daß Deutschland die schweizerische Auffassung, wonach § 2 der Schweiz nur Rechte gewähre, nicht aber auch Pflichten auferlege, nicht zu teilen vermöge, vielmehr schon aus dem Wortlaut, insbesondere dem dispositiven „müssen" auch eine bezügliche Verpflichtung der Schweiz zu folgern sei. — Er — der Referent — wolle daher bei Übermittlung der badischen Rückäußerung auch diesen Gedanken anregen, auf den der Reichskanzler vielleicht eingehen werde, zumal ihm die kaiserliche Verordnung für den Paßzwang sehr unbequem sein würde.

Mit dem mir befreundeten Herrn von Holstein habe ich auch die Frage einer Beilegung der bestehenden Differenz erörtert und, anknüpfend an den Meinungsaustausch zwischen dem Herrn Reichskanzler und Herrn Hammer, die Anschauung vertreten, daß, nachdem beide Herren darin übereinstimmten, daß der Fall Wohlgemuth an sich irrelevant sei und es wesentlich auf die Schaffung von Garantien für eine bessere Fremdenpolizei bzw. Überwachung der gefährlichen Elemente ankomme, die Lösung wohl darin zu finden sei, daß der Schweizer Bundesrat bestimmte Zusicherungen in dem Sinn gebe, wie sie Herr Droz Herrn von Bülow gegenüber mündlich und in unverbindlicher Weise getan habe[2]. Der Herr Reichskanzler wolle ja, wie er Herrn Hammer habe antworten lassen, anstelle der Worte Taten sehen, als eine solche Tat werde es aber zu betrachten sein, wenn der Bundesrat formell erkläre, daß er nach den drei Richtungen hin, wie sie Herr Droz angedeutet, eine intensivere Überwachung der Fremden sicherstellen und, soweit nötig, entsprechende Vorlage an die Bundesversammlung machen wolle. Den schicklichen Anlaß zu dieser Erklärung biete die Beantwortung der deutschen und der russischen Note[3]. Herr von Holstein war damit einverstanden und glaubte auch, daß der Reichskanzler sich damit befriedigt geben werde, da dann alles erreicht sei, was billigerweise zu erwarten gewesen, zumal Rußland in der ganzen Angelegenheit als ein sehr unzuverlässiger Bundesgenosse erscheine[4].

Ich habe mich darauf zu Herrn Minister Roth begeben, um ihm vertraulich zu sagen, daß nach meinen persönlichen Eindrücken ich eine Beilegung der Differenz in der angedeuteten Weise für tunlich erachte, ohne natürlich irgendeine Garantie übernehmen zu können. Herr Roth, der — obgleich mit der Angelegenheit nicht offiziell befaßt — doch wiederholt in vermittelndem Sinn in Bern eingetreten ist, und, wie er mir sagte, erst vor einigen Tagen seiner Regierung in einer längeren Ausführung dargelegt hat, daß der gegenwärtige Zustand der Fremdenpolizei in der Schweiz unhaltbar und nur die Quelle fortwährender Verlegenheiten sei — glaubte, daß man in Bern auf die Abgabe einer solchen Erklärung wohl eingehen könne: Die Bestellung eines Bundes-Generalanwalts behufs Einschreiten gegen anarchistische und sozialdemokratische Elemente sei ohne weiteres nach der Prozeßordnung möglich, die Frage, inwieweit man verfassungsmäßige Freiheiten auch den Fremden zugute kommen lassen solle, sei mehr Sache der Interpretation als der Gesetzgebung; Schwierigkeiten mache nur Punkt 2, nämlich die Schaffung einer e i d g e n ö s s i s c h e n Fremdenpolizei, da hier kantonale Rechte in Frage kämen und diese Angelegenheit unmöglich innerhalb weniger Tage gesetzgeberisch geordnet werden könne. Ich erwiderte, daß auch bezüglich dieses Punktes die Zusage einer demnächstigen Vorlage an die Bundesversammlung genügen werde — letztere werde sich dann wohl besinnen, ob sie bei der gegenwärtigen Sachlage durch Ablehnung den Konflikt von neuem hervorrufen wolle. Die Tatsache allein, daß die Neutralität der Schweiz von einzelnen Mächten d i s k u t i e r t werde, sei doch, zumal für einen etwaigen Kriegsfall, eminent bedenklich für die Schweiz. Herr Roth dankte mir sehr und sagte mir, daß er sofort in diesem Sinne nach Bern telegraphieren und dringend dazu raten werde, den angedeuteten Weg zu beschreiten. Ich fügte noch bei, daß es mir sehr nützlich erschiene, wenn nunmehr auf eine weitere Diskussion des Falles Wohlgemuth nicht mehr zurückgekommen würde, da hierüber die Unmöglichkeit einer Verständigung genugsam konstatiert sei; es handle sich für die Schweiz einfach darum, bezüglich der Fremdenpolizei einen Zustand zu beseitigen, den sie nach den Erfahrungen der letzten zwei Jahre in der Tat für einen haltbaren nicht mehr betrachten könne.

Im Verfolg der gestern Nachmittag mir zugekommenen Instruktion habe ich heute Vormittag, da Graf Bismarck seit gestern beurlaubt ist, dem Grafen Berchem Mitteilung von dem hohen Erlaß vom 11. d. M.[5] gemacht und ihm auf sein Verlangen eine Abschrift hinterlassen. Dabei habe ich mündlich nochmals den Wunsch der großherzoglichen Regierung, daß, wenn irgend möglich, von den Grenzmaßregeln Umgang genommen werde, ausgesprochen und unter Hinweis auf die materielle Schädigung wie die daraus zu befürchtende Verstimmung, welche zweifellos die Opposition zu ihren politischen Zwecken ausbeuten werde, näher begründet. Graf Berchem erwähnte sodann den Gedanken, eventuell statt der Grenzsperre den Niederlassungsvertrag vom Jahre 1876 zu kündigen, eine Maßregel, die er für wirksamer und auch für würdiger erachte als die Repressalien gegen einen Kanton, welche zu der großen diplomatischen Aktion in Bern in einem Mißverhältnis stehen; übrigens glaube er, daß der Herr Reichskanzler zunächst die schweizerische Antwort auf die Kollektivdemarche abwarten werde, bevor er weiteren Entschluß fasse. Von dem Inhalt des zweiten Erlasses vom 11. d. M.[6] habe ich in vorsichtiger Weise und ganz vertraulich Herrn von Holstein gegenüber Gebrauch gemacht, der mir sagte, daß die darin enthaltenen Anschauungen über das deutsche Interesse an der Erhaltung der Schweizer Neutralität von maßgebender militärischer Seite d u r c h a u s g e t e i l t würden, der Herr Reichskanzler aber seine eigenen Wege gehe. Ich habe aus den bezüglichen vertraulichen Mitteilungen des Herrn von Holstein den Eindruck gewonnen, daß, wenn die diesbezügliche Auffassung S. K. H.

des Großherzogs, unseres gnädigsten Herrn, an einflußreicher militärischer Stelle in entsprechender Weise zur Geltung gebracht würde, dies für den weiteren Verlauf der Angelegenheit nützlich sein könnte, zumal nach meinen Informationen S. M. der Kaiser kein besonderes Wohlgefallen an dem Verlauf der Sache haben soll[7].

GLA 233/13242 fol. 90 ff. Ausf., gedr. *Reichert* S. 218 ff.

[1] Art. 2 des Niederlassungsvertrags von 1876: „Um in der Schweiz Wohnsitz zu nehmen oder sich dort niederzulassen, müssen die Deutschen mit einem Heimatscheine und einem von der zuständigen Heimatbehörde ausgestellten Zeugnisse versehen sein, durch welches bescheinigt wird, daß der Inhaber im Vollgenusse seiner bürgerlichen Ehrenrechte sich befindet und einen unbescholtenen Leumund genießt".
[2] Vgl. Nr. 957.
[3] Vgl. Nr. 957 Anm. 3.
[4] Vgl. Holstein an Eisendecher, 5. Juli 1889: Die geh. Papiere Fr. v. Holsteins III S. 279 ff.
[5] Nr. 959.   [6] Nr. 960.   [7] Vgl. Nr. 964.

963. Turban an Marschall.

Karlsruhe, 19. Juni 1889.

Dank für die Berichte Nr. 961 und Nr. 962. Es dürfte demnach Hoffnung bestehen, daß der Zwischenfall beigelegt wird. Ich würde es natürlich mit lebhafter Befriedigung begrüßen, wenn die Angelegenheit entschieden in diese Bahn einlenken und damit nicht nur die augenblickliche Verwicklung gehoben, sondern auch für die Zukunft eine Gewähr für die kräftigere Handhabung der Fremdenpolizei in der Schweiz bzw. Überwachung und Unschädlichmachung dortiger Umtriebe gegen die Ordnung und Ruhe der Nachbarstaaten gewonnen würde.

Dagegen kann ich mir nicht verhehlen, daß die Kündigung des Niederlassungsvertrages namentlich dann, wenn sie auf die Aufhebung desselben gerichtet sein oder dahin führen sollte, zu gewichtigen Bedenken Anlaß gibt. Der Wert dieses Vertrages scheint in Berlin doch unterschätzt und verkannt zu werden, wenn von dessen Aufhören keine direkten Schädigungen und Belästigungen der Deutschen in der Schweiz besorgt werden. Seiner Zeit ist der Abschluß des Niederlassungsvertrags zwischen Baden und der Schweiz vom 31. Oktober 1863 seitens der Gr. Regierung und der Bevölkerung lebhaft begrüßt worden, weil er manchen Auflagen und verschiedenen Erschwerungen des Aufenthaltes in der Schweiz ein Ende machte und an die Stelle einer unsicheren und nicht ausnahmslosen Duldung einen rechtlich gesicherten Zustand setzte.

Wenn diese Sicherheit schon damals, wo eine weit geringere Anzahl von Fremden als jetzt sich in der Schweiz aufhielt, als besonders wertvoll erachtet wurde, um wie viel mehr wird sie nun und weiterhin zu schätzen sein. Damals hielten sich (nach der Zählung von 1860) 114 000 Ausländer in der Schweiz auf, dermalen 238 000; unter jenen waren 28 000, unter letzteren sind etwa 110 000 Deutsche. Ich will keineswegs unterstellen, daß in der Schweiz auch bei etwa eintretender allgemeinerer Verstimmung eine planmäßige Agitation zur Belästigung der dortigen Deutschen erfolgen möchte; es scheint mir aber in der Natur der Verhältnisse zu liegen, daß bei den Konkurrenzen in Gewerbe und Arbeit, welche mit der wachsenden Fremdenzahl entstanden sind, und bei der größeren Zahl von mittellosen und zweifelhaften fremden Elementen unwillkürlich in den Einzelfällen eine strengere Handhabung der Aufenthalts- und Niederlassungsbestimmungen der Armen- und Sicherheitspolizei wie der gemeindlichen und staatlichen Besteuerung sich einstellen würde.

Insbesondere würde zu besorgen sein, daß die Gemeinden von dem etwa bestehenden Rechte der Erhebung von Einzugs-(Einsassen)geldern oder sonstiger stärkerer Beiziehung zu den Gemeindesteuern sowie der Auflegung von Sicherstellung (Kautionsgeld) mannigfach Gebrauch machten.

Inwieweit etwa sonst u n m i t t e l b a r e Schädigung der Deutschen eintreten könnte, vermag ich augenblicklich nicht zu übersehen. Es dürften aber die vorstehenden Hinweise sowie die Hervorhebung der in den §§ 7 und 10 hinsichtlich der Hilfsbedürftigen und der Kranken getroffenen Bestimmungen genügen, um darzutun, daß in der Tat mit dem Aufhören des Vertrags für die Deutschen in der Schweiz d i r e k t e und i n d i r e k t e Nachteile zu besorgen sind.

Sollte aber etwa die Meinung sein, daß die Kündigung lediglich zum Zweck der Revision bzw. der Erneuerung des Vertrags geschehen sollte, sei es um diesen zu verbessern oder um Zeit zur ruhigen Beilegung der Angelegenheit zu gewinnen, so würden für den Fall des Erfolgs jene Besorgnisse natürlich nicht begründet sein — wenn schon Nachteile aus der entstehenden Unsicherheit und etwaigen Verstimmung nicht ausbleiben würden — und wäre die Ergreifung der Maßregel wesentlich dem verantwortlichen Ermessen der Reichsregierung vom Standpunkt der politischen Zweckmäßigkeit anheimzustellen.

Ob aber jener Erfolg mit einiger Sicherheit zu gewärtigen wäre, scheint mir nicht außer Zweifel zu sein, namentlich dann nicht, wenn auf eine Änderung des § 2 in der neuerdings angeregten Weise — daß aus dem R e c h t e der Ausweis-Forderung eine P f l i c h t gemacht würde. Es ist nicht zu erwarten, daß die Schweiz auf jene Auffassung bzw. Änderung einginge, und sprechen auch vom allgemeinen Standpunkt und im diesseitigen Interesse gewichtige Gründe gegen eine derartige Bestimmung, welche im Gegensatz zu dem naturgemäßen Ziele dieses wie aller Niederlassungs-Verträge, Erleichterung des Verkehrs und der Niederlassung zu schaffen, zahlreiche Belästigungen und Hindernisse verursachen müßte.

Die versuchte Auslegung des § 2 steht übrigens im Widerspruch mit der bisherigen b e i d e r seitigen Anwendung (denn auch in Deutschland wird schwerlich irgendwo der Aufenthalt oder die Niederlassung von Schweizern a l l g e m e i n von den fraglichen Nachweisen abhängig gemacht worden sein); sie widerspricht aber auch der in der Denkschrift zu Nr. 55 der Reichstagsdrucksachen IV. Session 1876 niedergelegten authentischen Interpretation, indem dort (auf S. 8) Akt davon genommen ist, daß die Ausweisschriften von Deutschen nur a u f E r f o r d e r n beizubringen sind bzw. nur in der gleichen Weise wie von Angehörigen anderer Kantone.

Ew. Hochw. kennen und teilen meinen lebhaften Wunsch, daß es gelingen möge, den entstandenen Zwischenfall ohne besondere Schädigung der freundnachbarlichen und der wirtschaftlichen Beziehungen mit der Schweiz zu erledigen. Indem ich dieserhalb auf die näheren Ausführungen meiner früheren Mitteilungen Rückbezug nehme, gebe ich Ihrem gef. und umsichtigen Ermessen anheim, Gelegenheit zu suchen, um auch die obigen Darlegungen und Betrachtungen an geeigneten Stellen zur besseren Information und zur Veranlassung weiterer Erwägung zu verwenden. [...] Der weiteren Berichterstattung über die Angelegenheit und Ihre bezügliche Veranlassung wie nicht minder über die zu Ihrer Kenntnis gelangende

Auffassung anderer gleich uns vornehmlich beteiligter Bundesregierungen, namentlich Württembergs und Bayerns sehe ich mit besonderem Interesse entgegen.

Anlage: Statistische Notiz über die Zahl der Fremden in der Schweiz (insgesamt, Deutsche und Badener) in den Jahren 1850—88 und die Zahl der Schweizer in Deutschland in den Jahren 1871—85 (im Ganzen, in Baden, Elsaß-Lothringen, Württemberg, Bayern).

Die Zahl der Ausländer hat sich seit 1850 stetig und erheblich vermehrt [...] derart, daß jeder 12. Einwohner ein Fremder (bzw. jeder 27. ein Deutscher) ist. [...] Angaben über das Alter, den Familien-, Berufs- und Erwerbsstand der Ausländer in der Schweiz und in Deutschland liegen für das Jahr 1880 vor. [...] Es läßt sich darnach und aus sonst Bekanntem annehmen, daß unter den Deutschen in der Schweiz ein großer Teil aus wenig bemittelten Personen untergeordneter Berufs- und Lebensstellung sich befindet (landwirtschaftliche und gewerbliche Arbeiter, Knechte, Mägde u. a. Dienstboten, kleine Handwerker, Kellner etc.) und daß in ähnlicher Weise auch von den Schweizern in Deutschland solche Personen einen ansehnlichen Teil ausmachen; im Ganzen dürften die Schweizer in Deutschland auf einer etwas höheren Stufe stehen als die Deutschen in der Schweiz. [...]

Für Deutschland, namentlich für die süddeutschen Staaten, kann es nur vorteilhaft und willkommen erscheinen, daß eine größere Zahl Angehörige in der Schweiz dauernd oder vorübergehend ihr Fortkommen finden; falls der Aufenthalt alldort gestört oder erschwert werden sollte, würde voraussichtlich teils der überseeischen Auswanderung ein weiteres Kontingent zugeführt werden, teils eine Menge unbemittelter Personen — und mutmaßlich nicht die besten — in die Heimat zurückkommen, wo sie schwierig Arbeit und Verdienst finden bzw. der Armenpflege zur Last fallen würden.

Es ergibt sich aus obigen Zahlen und Andeutungen, daß Deutschland ein weit größeres Interesse an der Erhaltung des vertragsmäßigen Zustandes hat als die Schweiz.

Aus den Zahlen betreffend die Fremden in der Schweiz läßt sich aber auch entnehmen, daß dieselbe ein bedeutsames Interesse an einer geregelten und wirksamen Aufsicht über das Fremdenwesen haben muß und daß aller Grund vorhanden ist, an die ernste Aufrichtigkeit der eidgenössischen Regierung zu glauben, wenn sie die zentrale Ordnung und Handhabung der Fremdenpolizei als ihr Ziel sich setzt bzw. bezeichnet und ebenso versichert zu sein, daß sie hiefür allgemein oder doch in weiten Kreisen Verständnis und Unterstützung finden wird.

GLA 233/13242 fol. 95—104 Konz.

964. Großherzog Friedrich an Waldersee.

Karlsruhe, 21. Juni 1889.

Ich habe den Major Hugo beauftragt, sich bei Ihnen zu melden, da ich kaum imstande wäre, Ihnen schriftlich mitzuteilen, was er nach mündlicher Instruktion Ihnen vorzutragen imstande sein wird. Ich habe allen Grund, auf die ehrenwerte Gesinnung des Majors von Hugo und somit auf seine Diskretion zu bauen, so daß Sie ihm eventuell auch mündliche Aufträge zu geben vermögen.

Zu diesem ungewöhnlichen Schritt habe ich mich entschlossen, weil die Lage, in der wir uns dermalen befinden, eine ungewöhnliche ist und der Ernst derselben mich wohl bei Ihnen rechtfertigen wird. Die Angelegenheit „Wohlgemuth" ist in ein Stadium getreten, daß schwere Gefahren über uns, d. h. über Deutschland hereinzubrechen drohten, wenn nicht noch rechtzeitig innegehalten wird. Wir verlieren die Schweiz als n e u t r a l e n F r e u n d und verwandeln denselben in einen gefährlichen Gegner, in den Freund Frankreichs. Wir leisten Rußland einen Dienst, indem wir mit der Schweiz brechen und Rußlands Bundesgenossen Frankreich in die Arme treiben.

Weiß der Kaiser, wie diese Frage steht? Weiß er, daß die Schweizer Bundesregierung sehr befriedigende Anerbietungen gemacht hat bezüglich einer Verbesserung der Gesetzgebung über die Fremdenpolizei? Weiß der Kaiser, daß die Schweiz Rußland gegenüber große Konzessionen gemacht hat, damit russische Agenten ganz frei gegen die Anarchisten schalten konnten?

Noch ist es Zeit, die Freunde in der Schweiz wieder zu festigen und zu versöhnen. Wenn aber so fortgewirtschaftet wird, wie der neueste Artikel der „Norddeutschen Allg. Zeitung", so verlieren wir die deutschfreundlichen Elemente und die demokratischen Franzosenfreunde gewinnen die Oberhand. Bisher hat Graf Bismarck mäßigend auf seinen Vater zu wirken gesucht — manchmal mit Erfolg. Nun ist er erschöpft abgereist, und niemand hat den Mut, die Wahrheit zu sagen als v. Boetticher, der aber auch nicht mehr gehört wird. Wir treiben einem Abgrund entgegen, und da fand ich es nötig, Ihnen meine Wahrnehmungen anzuvertrauen, damit Sie eventuell Allerhöchsten Ortes davon Gebrauch machen können[1].

GLA: nicht auffindbar, gedr. Briefwechsel Waldersee I Nr. 186.

[1] Hohenlohe über die Anschauung des Großherzogs: „Baden. 24. Juni 1889. [...] Der Großherzog war beunruhigt durch die politische Lage und erbittert über die Zumutung Bismarcks, die Grenze gegen den Kanton Aargau zu sperren (Sache Wohlgemuth). Wenn man das wolle, so solle man eine kaiserliche Verordnung erlassen, dann werde sich Baden fügen. Aus eigner Initiative werde er nicht vorgehen. Überhaupt tadelt er, daß man die Sache in Berlin so weit getrieben habe. Die Schweiz habe Vorschläge gemacht, die man habe annehmen können: Anstellung eines Staatsanwalts für den Bund, Reorganisation der Polizei u. a. In Berlin habe man aber auf der Rücknahme der Ausweisung Wohlgemuths und auf Schuldbekenntnis bestanden. Selbst Herbert Bismarck sage, er verstehe seinen Vater nicht mehr, und viele Leute fangen an zu glauben, daß er nicht mehr richtig im Kopfe sei. Die Schweizer Sache sieht der Großherzog vom militärischen Standpunkt als sehr gefährlich an. Alle unsre Kriegspläne basieren auf der wohlwollenden Neutralität der Schweiz. Ein Zerwürfnis mit der Schweiz, welche diese am Ende in die Arme Frankreichs treiben könne, stelle unsre linke Flanke bloß. Die ganze Kampagne Bismarcks habe die Schweiz tief verletzt und Mißtrauen gegen Bismarck erweckt, das nicht mehr zu beseitigen sei. Nur der Kaiser werde Vertrauen gewinnen, wenn er jetzt ein Machtwort einlege und den Streit beendige. Ob das nicht zum Rücktritt Bismarcks führen könne? Das schien dem Großherzog zwar bedenklich, aber doch kein ausschlaggebender Grund, um in dieser Sache Bismarck zu folgen. Er wird in diesem Sinne in Sigmaringen mit dem Kaiser sprechen. Was dem Großherzog auch bedenklich vorkommt, ist der von Bismarck ausgesprochene Gedanke, ob es nicht besser sei, wenn Österreich allein angriffsweise gegen Rußland vorgehe, und zwar aus eignem Entschlusse, so daß dann der casus foederis nicht gegeben sei und Deutschland abseits stehen bleiben könne. Ich erinnerte daran, daß Bismark diese Politik stets verworfen habe. Der Großherzog meinte aber, Bismarck lasse sich jetzt nur von egoistischen Motiven leiten und er wolle keinen Krieg mehr. Deshalb mache er den Russen allerlei Avancen, lanciere mitunter Artikel gegen Österreich und verwirre die Geister. Es ist möglich, daß es demnächst zu einem Zusammenstoß zwischen Kaiser und Kanzler kommt. Das wäre schlimm trotz alledem" (Denkwürdigkeiten II S. 456 f.).

965. Vertrauliche Notiz Eisendechers.

(Statt mündlicher Mitteilung.) Nach Artikel 2 und 3 des Deutsch-Schweizerischen Niederlassungs-Vertrages vom 27. April 1876 — RGBl 1877 S. 3 — müssen die Angehörigen des einen Teils, wenn sie im Gebiete des anderen Teils Wohnsitz nehmen oder sich dort niederzulassen beabsichtigen, mit einem Heimatsscheine und einem von der zuständigen Behörde des Heimatstaats ausgestellten Zeugnis versehen sein, durch welches bescheinigt wird, daß der Inhaber im Vollgenuß der bürgerlichen Ehrenrechte sich befindet und einen unbescholtenen Leumund genießt.

Dem Herrn Reichskanzler ist es von Interesse, baldigst zu erfahren, ob seitens der gr. Landesbehörden Schweizern gegenüber nach Maßgabe dieser Artikel verfahren ist und von Schweizern, welche sich innerhalb des badischen Landesgebiets niedergelassen oder daselbst Wohnsitz genommen haben, vorher die in Artikel 2 des Vertrages vorgesehenen urkundlichen Nachweise gefordert worden sind[1].

GLA 233/13242 fol. 107 Ausf.

[1] Die im Staatsministerium als Antwort ausgearbeitete „Notiz behufs Zustellung an den k. preuß. Gesandten" vom 27. Juni 1889 gibt keine Antwort auf die gestellte Frage, wiederholt vielmehr die Beweisführung, daß von einer Kündigung des Niederlassungsvertrages die deutsche Seite die größeren Nachteile habe. „Während in der Schweiz jeder 27. Einwohner ein Deutscher ist, ist in Deutschland noch nicht jeder 1000. ein Schweizer" (ebd. fol. 115 ff. Konz.). — Marschall wurde am 27. Juni eine Abschr. der Notiz zugestellt mit dem Bemerken, „daß nunmehr auch für Sie kein Grund mehr vorliegt, in Betreff des Niederlassungsvertrags mit den in meinem Schreiben vom 19. d. M. [Nr. 963] enthaltenen Ausführungen zurückzuhalten" (ebd. fol. 118 Konz.).

966. Marschall an Turban.

Berlin, 21. Juni 1889.

Die schweizerische Antwortnote[1] ist heute um 1 Uhr nach Varzin expediert worden. Graf Berchem sagte mir, sie sei keineswegs so entgegenkommend, wie der telegraphische Auszug des Herrn von Bülow es habe vermuten lassen. Die Schweiz bleibe nicht nur auf ihrem Rechtsstandpunkte überall stehen, sondern lasse auch durchblicken, daß die jetzt vorbereiteten Maßregeln bezüglich der Fremdenpolizei Deutschland eigentlich nichts angingen und es eine besondere Gefälligkeit sei, wenn sie dieselben der deutschen Regierung auf Verlangen offiziös mitteile.

Den hohen Erlaß Ew. Exz. vom 19. d. Mts.[2] habe ich heute empfangen und werde ich zur gegebenen Zeit von dem Inhalte desselben Gebrauch machen. Einstweilen glaube ich davon absehen zu sollen, weil [. . .] die Frage noch immer dahin steht, „Aufkündigung des Vertrags o d e r Grenzmaßregeln" und die Angelegenheit daher zunächst von dem Gesichtspunkte des geringeren Übels zu behandeln ist. Sobald die Entschließung des Herrn Reichskanzlers auf die Antwortnote eingetroffen ist, was für übermorgen zu erwarten steht, werde ich Ew. Exz. telegraphisch davon Mitteilung machen. Ich habe Grund zu der Annahme, daß der Reichskanzler von den Grenzmaßregeln überhaupt absehen wird — auf Einführung des Paßzwanges scheint er, wie ich aus einer Randbemerkung in dem Vorlagebericht über meine Unterredung mit Graf Berchem vom 13. d. M. schließe, bereits verzichtet zu haben — dagegen fürchte ich, daß er auf der Auslegung des § 2 des Niederlassungsvertrages bestehen und zum mindesten eine Änderung des Vertrages anstreben wird.

GLA 233/13242 fol. 111 Ausf.

[1] Vom 17. Juni 1889, in Abschr. der bad. Gesandtschaft in Berlin ebd. fol. 112 f. Vgl. *Renk* S. 206 f.
[2] Nr. 963.

967. Gelzer an Großherzog Friedrich.

Basel, 22. Juni 1889.

[...] Sie fühlen es meinem Gedankengange wohl an, daß ich jetzt als einer zu Ihnen spreche, der sich berufen und gemahnt weiß, mit den entscheidenden Resultaten seines Lebens abzuschließen, indem er Gott und sich und seinen Gesinnungsverwandten Rechenschaft ablegt über das, was Gottes Führungen in einer langen Prüfungsschule ihn lehrten. *Den notwendigen mündlichen Kommentar hoffe ich Ihnen im Spätjahr zu geben.*

GLA FA Korresp. 13 Bd. 24 Nr. 761.

968. Marschall an Turban.

Berlin, 28. Juni 1889.

Kayser ließ mich eine vormittags eingegangene, von dem Kanzler selbst diktierte Note an Herrn von Bülow[1] lesen. *Bis zur Androhung der Kündigung des Niederlassungsvertrages wegen Nichterfüllung seitens der Schweiz ist die Note* ziemlich schroff gehalten. *Dann aber* nimmt sie plötzlich einen höflichen Ton an, der deutlich erkennen läßt, daß der Reichskanzler den Faden der diplomatischen Verhandlungen nicht zerschneiden will, sondern auf dem Gebiete der angekündigten Maßregeln bezüglich der Fremdenpolizei die Verständigung sucht[2].
Herr Kayser sagte mir weiter, der Herr Reichskanzler habe ferner den Auftrag gegeben, es solle das Reichsschatzamt davon verständigt werden, daß eine „strengere Zollrevision der aus der Schweiz eingehenden Güter" wünschenswert und diesbezüglich mit den Landeszollbehörden der an die Schweiz grenzenden Bundesstaaten ins Benehmen zu treten sei. Auf besondere Anfrage erklärte mir Herr Kayser, daß der Gedanke einer Grenzmaßregel gegen Aargau demnach fallen gelassen sei, daß aber andererseits der Ausdruck „strengere Zollrevision" dem Ermessen der Landeszollbehörde den weitesten Spielraum gewähre — als Zweck sei nach der Begründung dabei vornehmlich die schärfere Kontrolle gegen Einschmuggelung verbotener Schriften anzusehen. —
Ich habe dem Herrn Referenten in Gemäßheit des hohen Erlasses vom gestrigen nochmals mündlich das Bedenken der gr. Regierung gegen die Aufkündigung des Niederlassungsvertrags dargelegt. Er bemerkte mir, daß für den Reichskanzler bei seiner Stellungnahme auch das Moment in Rücksicht gekommen sei, daß die Franzosen auf Grund der Meistbegünstigungsklausel die Niederlassungsfreiheit in Elsaß-Lothringen in gleicher Weise wie die Schweizer beanspruchten und dieser Anspruch in früherer Zeit diesseits als begründet anerkannt worden sei.

Dem Vernehmen nach hat Bayern sich in derselben Richtung geäußert und hervorgehoben, daß die Aufrechterhaltung des Vertrags vornehmlich im deutschen Interesse liege, Bayern aber, wenn höhere politische Motive die Kündigung des Vertrags erheischten, selbstverständlich keinen Einspruch gegen die Kündigung erheben werde.

GLA 233/13242 fol. 153 ff. Ausf., dem Großherzog vorzulegen.

[1] Vom 26. Juni 1889, vgl. *Renk* S. 208 ff.
[2] Noch am Vortage hatte Marschall an Turban telegraphiert: „Man hat im Auswärtigen Amt den Eindruck, daß Reichskanzler durch Fortsetzung des prinzipiellen Kriegs Schweiz zu möglichst großen Konzessionen wegen Fremdenpolizei bewegen will und Grenzmaßregeln in Hintergrund getreten sind" (ebd. fol. 127 Abschr. Turbans eines chiffr. Tel., dem Großherzog vorgelegt 27. 6.).

969. Reichsschatzamt an das badische Staatsministerium.

Berlin, 29. Juni 1889.

Aus politischen Gründen erscheint es notwendig, der Schweiz gegenüber eine Verschärfung der Zollkontrolle eintreten zu lassen und alle von dort eingehenden Güter einer minutiösen Durchsicht unter Ausschluß jeder probeweisen Revision zu unterwerfen. Auf die durch die Schweiz transitierenden Waren nicht schweizerischen Ursprungs ist die Maßregel für jetzt nicht zu erstrecken. *[...]*

Es bedarf wohl keiner besonderen Erwähnung, daß die Angelegenheit eine soweit möglich vertrauliche Behandlung erfordert[1].

GLA 233/13242 fol. 120 Ausf.

[1] Turban ersuchte Marschall am 2. Juli 1889 um tel. Bericht, „ob gleiches Ersuchen an das K. Preußische Finanzministerium und an die andern deutschen Bundesstaaten ergangen ist" (ebd. fol. 124 eig. Konz.).

970. Scherer an Ellstätter.

Berlin, 1. Juli 1889.

Ew. Exz. beehre ich mich geziemend zu berichten: Nach Schluß der heutigen Ausschußsitzungen nahm der Herr Schatzsekretär[1] die Vertreter von Württemberg, Baden und Elsaß-Lothringen auf die Seite und teilte ihnen vertraulich mit, daß der Zollkrieg gegen die Schweiz nunmehr losgehe. Er habe infolge einer vom Herrn Reichskanzler veranlaßten Note des Auswärtigen Amts gestern an die Regierungen der beteiligten deutschen Grenzstaaten wegen der zu erlassenden Anordnungen (peinlichste Revision, Ausschluß von Probeermittelungen) geschrieben. Hierbei sei er davon ausgegangen, daß die gleichen Erschwerungen auch im I n n e r n des Zollgebiets einzutreten haben, und er habe diese Auffassung auch zur Kenntnis des derzeitigen Leiters des Auswärtigen Amtes (Graf Berchem) gebracht mit der Anfrage, ob auch an die Bundesstaaten im Innern geschrieben werden solle; Graf Berchem habe aber erwidert, daß er in dieser Beziehung keinen Auftrag vom Reichskanzler erhalten habe. *Die Regierungen im Innern haben das Schreiben daher nur als Mitteilung, nicht als Ersuchen erhalten.* Der Herr Schatzsekretär schien übrigens Wert darauf zu legen, daß seine Auffassung von mir und meinen Herren Kollegen nach Hause berichtet werden möge. In Preußen — dies nehme er als sicher an — werde darnach verfahren werden. Es sei im übrigen ganz recht, wenn ein rechter Spektakel entstehe; nur wünsche er nicht, daß es heiße, die Anordnungen seien auf Veranlassung des Herrn Reichskanzlers ergangen (!!!). Da hört freilich aller Humor auf, und ich habe trotz der Zwecklosigkeit nicht unterlassen, dem Herrn Schatzsekretär die unheimlichen Schattenseiten dieses unglückseligen Zollkrieges vor Augen zu führen. Er ist mit mir der Meinung, daß wir voraussichtlich den Kürzeren ziehen werden, kann aber nichts machen. — [...]

GLA 233/13242 fol. 127 „in Eile!" Von Ellstätter vertraulich zu den Staatsministerialakten gegeben 2. 7. 89.

[1] Hellmuth Frhr. v. Maltzahn (geb. 1840), 1888 Staatssekretär des Reichsschatzamtes, 1899 Oberpräsident von Pommern.

971. „Vorläufige, ohne Material gefertigte eiligste Niederschrift".

[Karlsruhe, Anfang Juli 1889.]
Die gegenwärtige Maßnahme ist eine andere als diejenige, zu welcher die Großh. Regierung sich bereit erklärt hat. Jene war ausdrücklich als eine schärfere Kontrolle an den Zollstellen an der Grenze im Zusammenhang mit Grenz-Paßkontrolle bezeichnet und konnte in der Beschränkung auf Maßnahmen gegen den Kanton Aargau eine andere Bedeutung gar nicht haben. Es dürfte deshalb zu erwägen sein, ob nicht von vorneherein grundsätzlich zu remonstrieren wäre.

Sollte dies aber auch zu verneinen sein, so könnte nunmehr die Maßregel nur eine generelle, auf alle Bundesstaaten und Zollstellen der Grenze und des Innern gleichmäßig auszudehnende sein. Denn wenn Maßnahmen an der Grenze selbstverständlich nur von dem Grenzstaate vollzogen werden können und den ihnen hieraus erwachsenden Nachteil im allgemeinen Interesse tragen müssen, so liegt bezüglich der Maßnahmen im Innern die Sache anders. Es liegt zunächst kein Grund vor, die Maßnahmen auf die Grenzstaaten oder überhaupt auf einzelne Staaten zu beschränken, weil damit die Maßnahme ihren Effekt zum größeren oder kleineren Teil verlieren müßte; es liegt darin aber auch eine ungerechtfertigte Schädigung bzw. Bevorzugung einzelner Bundesstaaten. Sollte z. B. Baden die innere Kontrolle ausüben, Bayern oder Preußen z. B. nicht, so würde natürlicher Weise das Mannheimer Zollamt in Anspruch genommen werden, dasjenige von Ludwigshafen, Frankfurt etc. dagegen nicht, zugleich aber die schweizerische Ausfuhr und die schweizerischen Handelsbeziehungen von Mannheim ab nach Ludwigshafen, Frankfurt etc. gedrängt werden; in Baden würden die Einheimischen im Allgemeinen beim Verkehr — Warenbezug, Gepäcksendung, Postpakete etc. — mit der Schweiz gegenüber den nicht kontrollierenden Staaten mehr belästigt und geschädigt.

Die Maßnahme steht außerdem in Widerspruch mit dem Art. 7 des Handelsvertrags vom 23. Mai 1881: Zur Förderung der gegenseitigen Handelsbeziehungen werden die vertragschließenden Teile die Zollabfertigung im wechselseitigen Verkehr so weit erleichtern, als sich dies mit der Zollsicherheit verträgt.

Nach Schlußprotokoll VII zu Art. 7 können Ursprungszeugnisse im wechselseitigen Verkehr nicht verlangt werden — es kann also auch, abgesehen von Transitgut — der Ursprung nicht als unterscheidendes Merkmal für die Behandlung aus der Schweiz kommender Waren gelten.

Der Art. 7 schließt Maßnahmen aus allgemeinen politischen Gründen aus; er gibt der Schweiz das Recht der Beschwerde und der Retorsion. Maßnahmen besonderer polizeilicher oder politischer Art wie z. B. die Fahndung auf sozialdemokratische Schriften und Nihilisten-Bomben berechtigt höchstens zur vernünftigen und zweckentsprechenden Kontrollierung verdächtiger oder möglicherweise gefährlicher Sendungen. Der Vertrag gilt bis 1. Februar 1892 und kann nicht auf einen früheren Termin gekündigt werden.

Es dürfte sich hiernach unter allen Umständen eine Gegenbemerkung empfehlen; dieselbe könnte vielleicht die inneren Kontrollen — abgesehen von den polizeilich bzw. vertragsmäßig zulässigen — vermeiden helfen (vgl. Paßzwang gegen Elsaß), würde aber jedenfalls der Gr. Regierung nach allen Seiten hin für jetzt oder später zur Deckung dienen.

Es wäre auch wohl zu prüfen, ob die Maßnahme — in der nunmehrigen Ausdehnung, z. B. allgemeines Verbot von Probeuntersuchung verweigern etc. — mit den bundesrätlichen Beschlüssen vereinbar ist bzw. bundesrätliche Zustimmung erfordert.

GLA 233/13242 fol. 161. Marginal Turbans: „Zu den Staatsministerialakten zu heften. 3. 7. 89".

972. Aufzeichnung Ellstätters.

Karlsruhe, 4. Juli 1889.

S. K. H. dem Großherzog[1] heute persönlich über den neuesten Stand der Frage wegen Einführung einer verschärften Zollkontrolle gegen die Schweiz Vortrag erstattet, desgleichen über die Art des beabsichtigten, im Staatsministerium gestern besprochenen Vorgehens. S. K. H. billigte die Absicht, daß in der Sache nur etwas geschehe, wenn feststehe, daß Bayern und Württemberg gleichfalls die gewünschte Maßnahme durchzuführen entschlossen seien.

Dagegen waren S. K. H. der Meinung, daß eine einfache Mitteilung an den Reichskanzler, daß die angesonnenen Maßregeln diesseits getroffen seien, etwa noch mit dem Hinzufügen, daß dieses Ansinnen über das frühere Verlangen einer verschärften Kontrolle gegen den Kanton Aargau doch erheblich hinausgehe — nicht genügend sei, um die Aktionsfreiheit der Gr. Regierung und deren Verantwortlichkeit sicherzustellen, daß HöchstSie vielmehr des Dafürhaltens seien, es sollte der Mitteilung eine entsprechende Restriktion s o f o r t beigefügt werden.

Diese würde etwa dahin lauten können, daß die Gr. Regierung dem Ersuchen, soweit es mit vertragsmäßigen Bestimmungen und den Anforderungen eines geordneten Verkehrs vereinbar sei, entsprochen habe (vgl. Deutsch-schweizerischer Handelsvertrag vom 23. Mai 1881 Art. 4 u. 7 nebst Anlage B § 3 im Eingang und VII des Schlußprotokolls) oder vielleicht: „unbeschadet aller der Gr. Regierung bezüglich der Zollverwaltung reichsverfassungsmäßig zukommenden Zuständigkeiten" (vgl. Art. 36 der Verf. d. Deutschen Reichs).

Ich erwiderte, daß ich hierwegen mit dem Herrn Staatsminister ins Benehmen treten würde.

¹ Nach einem Bericht Eisendechers vom 30. Juni hatte sich der Großherzog in einer Unterredung sehr kritisch über das Vorgehen der Reichsregierung geäußert und angedeutet, daß er „zum erstenmal der Politik der Reichsregierung in ihren Motiven und Beweggründen nicht zu folgen vermöge". Einen Bericht vom 3. Juli schloß Eisendecher mit der Bemerkung, daß in Süddeutschland der größte Teil der Presse und der wohlgesinnten Bevölkerung Maßregeln gegen die Schweiz nicht verstehe (nach den Akten des Ausw. Amts: Die geh. Papiere Fr. v. Holsteins IV S. 281 Anm. 8).

973. Badisches Staatsministerium an das Reichsschatzamt.

Karlsruhe, 5. Juli 1889.

Nr. 969 geht erheblich über diejenige [Maßregel] hinaus, welche bisher bei den bezüglichen Verhandlungen mit dem Auswärtigen Amt in Frage stund und zu welcher die diesseitige Bereitschaft erklärt wurde. Denn bei letzterer handelte es sich lediglich um Einfuhren aus dem Kanton Aargau und wären nur die Zollstellen an der Grenze gegen diesen Kanton (vornehmlich Rheinfelden, Säckingen, Laufenburg, Waldshut) in Anspruch genommen worden, während nunmehr die gesamte schweizerische Einfuhr bzw. sämtliche diesseitige Zollstellen, also namentlich auch die weiteren, z. T. sogar erheblich bedeutenderen Haupteingangsstellen Basel, Schaffhausen, Singen und Konstanz in Betracht kommen.

Gleichwohl wird die Gr. Regierung dem durch politische Erwägungen der Reichsregierung motivierten Ersuchen um die erweiterte Maßnahme nachkommen, selbstverständlich soweit es mit vertragsmäßigen Bestimmungen und mit den Anforderungen eines geordneten Verkehrs vereinbar ist. Sie vermöchte jedoch die entsprechende Anordnung nicht für sich allein, sondern erst dann zu treffen, wenn festgestellt sein wird, daß auch in den anderen Staaten, namentlich in Bayern und Württemberg gleichzeitig dieselbe Behandlung der schweizerischen Einfuhren eintritt, da andernfalls die ohnehin am schwersten auf Baden fallenden Nachteile eine, wie das unterzeichnete Staatsministerium vertraut, auch von dem Herrn Reichskanzler durchaus nicht beabsichtigte Verschärfung erfahren würden.

Hierüber wird dasselbe *[...]* zunächst noch einer geneigten Mitteilung ganz ergebenst entgegensehen dürfen.

GLA 233/13242 fol. 163 f. Konz. Turbans. „Auf meinen untertänigsten mündlichen Vortrag haben S. K. H. der Großherzog zu diesem Antwortschreiben allerhöchst Ihre Zustimmung gnädigst auszusprechen geruht. 5. 7. Turban."

975. Reichsschatzamt an das badische Staatsministerium.

Berlin, 7. Juli 1889.

Auf Nr. 973: Nr 969 ist auch an Bayern, Württemberg und den Statthalter von Elsaß-Lothringen gegangen. Im Reichsland sind die Behörden bereits mit Anweisungen versehen, Bayern und Württemberg werden soeben telegraphisch um ihre Antworten ersucht.

Mit Bezug auf die Bemerkung, daß in den bisherigen Verhandlungen eine Beschränkung der Maßregel auf die Aargauer Grenze in Aussicht genommen sei, erwidere ich, daß auch hier am 22. v. Mts. die Möglichkeit einer Beschränkung der

Sperrmaßregeln auf die Grenze gegen Aargau und Basel als möglich bezeichnet, unter dem 28. Juni d. J. jedoch seitens des Herrn Reichskanzlers angeordnet ist, die Verschärfung der Zollkontrolle bezüglich der aus der Schweiz nach Deutschland gehenden Güter an der ganzen Schweizer Grenze in Vollzug zu setzen.

Auch dem preußischen Finanzminister ist Nr. 969 mitgeteilt worden, der meines Wissens diesem Ersuchen sofort entsprochen hat[1].

GLA 233/13242 fol. 168 f. Ausf.

[1] Nachdem feststand, daß auch Bayern und Württemberg die Kontrollmaßnahmen in Kraft gesetzt hatten, erging am 9. Juli 1889 entsprechende Weisung des bad. Finanzministeriums an die Zollbehörden.

974. Vertrauliche Notiz Eisendechers statt mündlicher Mitteilung.

Karlsruhe, 5. Juli 1889.

Ganz vertraulich! Der Herr Reichskanzler glaubt seinerseits nicht an die Vorteile, welche der Aufenthalt der Deutschen im Auslande nach Ansicht der badischen inneren Behörden für Deutschland und speziell für Baden haben soll. Er würde es für nützlicher halten, wenn die deutschen Arbeits- und Kapitalkräfte, welche das wirtschaftliche Gedeihen der Schweiz, Frankreichs und Rußlands dort fördern helfen, dem eigenen Vaterlande erhalten blieben. Er würde dieser seiner persönlichen wirtschaftlichen Überzeugung, wenn sie von der Gr. Regierung nicht geteilt wird, nicht so viel Gewicht beilegen, um in dem vorliegenden Falle gegenüber dem Widerspruch der zunächst beteiligten Regierungen danach zu verfahren. Aber abgesehen von dem Bedürfnis, die Konsolidation deutscher staatsfeindlicher Elemente auf Schweizer Gebiet nach Möglichkeit zu hindern, hält er die Kündigung des Deutsch-Schweizerischen Niederlassungsvertrages für geboten wegen der Rechte, die Frankreich vermöge der Meistbegünstigungsklausel aus demselben herleitet. Die Auslegung, daß Frankreich Anspruch nur auf die Meistbegünstigung im Gebiete der H a n d e l s beziehungen habe, hält Seine Durchlaucht nach dem Text und nach der Vorgeschichte der Deutsch-Französischen Verabredungen nicht für zutreffend; jedenfalls würde sie von Frankreich nicht als eine ehrliche zugegeben werden. Diese seine Ansicht ist in Beurteilung der französischen Rechte in Elsaß-Lothringen bisher für ihn maßgebend gewesen, und wie er glaubt, auch nicht anfechtbar, ohne zu sophistischen Interpretationen Zuflucht zu nehmen. Außerdem sind nach den Mitteilungen der Statthalterschaft in Straßburg auch die schweizerischen Staatsangehörigen im Elsaß eine Gefahr und ein Hindernis für den Anschluß der Bevölkerung an Deutschland. Von dort wird ferner darüber geklagt, daß die Bestimmungen des Zusatzprotokolls zum Niederlassungs-Vertrage eine Begünstigung der deutschen Staatsangehörigen enthalte, welche sich der Militärpflicht dadurch entziehen, daß sie im Besitz der schweizerischen Staatsangehörigkeit in die Reichslande zurückkehren. Es fehlen Seiner Durchlaucht Nachrichten, ob ähnliche Erscheinungen in den rechtsrheinischen deutschen Bundesstaaten stattfinden. Jedenfalls ist das Bedürfnis, den Franzosen nicht dieselben Zugeständnisse zu machen, welche der Niederlassungsvertrag den Schweizern gewährt, an sich ein ausreichender politischer Grund, um die Kündigung des Deutsch-Schweizerischen Vertrages geboten erscheinen zu lassen. Der jetzige Streit mit der Schweiz läßt sich zu diesem

Zwecke benutzen, ohne daß die Kündigung den Charakter eines gegen Frankreich gerichteten Schachzuges und insofern einer Provokation annimmt; sie wird als ausschließlich durch die schweizerische Verstimmung motiviert erscheinen. Die Kündigung schließt neue Verhandlungen mit der Schweiz über einen anderen analogen Vertrag nicht aus. Doch werden in einem solchen alle Bestimmungen, welche, auf Frankreich angewandt, unbequem werden könnten, mit Sorgfalt fernzuhalten sein.

Der diplomatische Feldzug, den wir der Schweiz gegenüber begonnen haben, hat, wie der Herr Reichskanzler bemerkt, nicht den Zweck, Händel zu suchen oder die Schweiz zu schikanieren, sondern nur den, die Freiheit und die Operationsfähigkeit zu v e r m i n d e r n , deren die deutsche Sozialdemokratie sich bisher vermöge ihrer Stellung in der Schweiz auf Grund des Niederlassungs-Vertrages und der Schweizer Gepflogenheiten erfreute. Die Bereitwilligkeit der Schweiz, eine Verbesserung ihrer Fremdenpolizei herbeizuführen, dürfen wir schon jetzt als ein Ergebnis unserer diplomatischen Einwirkung ansehen, und wenn die Berner Regierung uns von ihrer Absicht in dieser Richtung mit demselben Entgegenkommen in Kenntnis gesetzt hätte, welches sie Rußland gegenüber betätigt hat, so würden auch unsere Eröffnungen nach Bern in einem freundlicheren Stil gehalten worden sein. Solange wir kein sicheres Ergebnis dieser antisozialdemokratischen Wendung in der inneren Politik der Schweiz besitzen, kann Seine Durchlaucht es für das erstrebte Resultat unseres Verfahrens nicht für dienlich halten, unsererseits Neigung zur Verständigung kundzugeben. Unser diplomatischer Feldzug ist nicht gegen die Schweiz an sich, sondern gegen die dort eingenistete deutsche Sozialdemokratie und deren Förderung gerichtet.

GLA 233/13242 fol. 188 f. Ausf. Vermerk Turbans: „Persönlich übergeben 5. 7. 89".

976. Eisendecher an Bismarck.

Karlsruhe, 13. Juli 1889.

Der bekannte katholische Theologe und Kunsthistoriker Professor F. X. Kraus aus Freiburg, der unlängst von einer archäologischer Forschungen halber unternommenen italienischen Reise zurückkehrte, ist während seines Aufenthaltes in Rom vom Papste empfangen und dabei von S. Heiligkeit eindringlichst ersucht worden, bei S. K. H. dem Großherzog vertraulich dahin zu wirken, daß Höchstderselbe sich bei S. M. dem Kaiser und Könige sowie bei E. D. für die Verbesserung seiner Lage und die Herstellung seiner weltlichen Herrschaft verwende. Nach Kraus' vertraulichen Mitteilungen an den Kultusminister Nokk soll der Papst während des Empfanges von nichts anderem gesprochen, auch die speziell badischen Angelegenheiten — die Kloster- und Ordensfrage — mit keinem Worte berührt haben[1].

Kraus wünschte, dem erhaltenen Auftrage persönlich nachzukommen, wenngleich er einsah, daß an irgendwelche vom Papste vielleicht erhoffte Folgen nicht zu denken sei; der Großherzog konnte ihm indessen die erbetene Audienz bisher nicht gewähren. [...]

DZA Merseburg Rep. 81 Karlsruhe V Nr. 97, Kirche u. Staat, Konz. frdl. Mitteilung von J. *Becker*.

¹ Kraus über seine Audienz bei Leo XIII. am 3. April 1889 in seinen „Tagebüchern"
S. 551.

977. Vertrauliche Notiz Turbans.

Karlsruhe, 14. Juli 1889.

Der Wunsch, daß die einheimischen Arbeitskräfte und Kapitalien dem Inlande tunlichst erhalten werden, vermag nur lebhaft geteilt zu werden. Die badische Regierung läßt es an eifrigen Bemühungen in diesem Sinne nicht fehlen, indem sie das Gedeihen von Industrie, Verkehr und Landwirtschaft nach Kräften zu fördern sucht. Wenn desungeachtet bei der starken Bevölkerung des Landes überschüssige Arbeitskräfte vorhanden sind, wird auch der Wunsch nicht ungerechtfertigt sein, daß dieselben anderwärts unter tunlichst gedeihlichen Verhältnissen Verwendung finden, und zwar möglichst in Gegenden, von wo hinaus eine wohltätige Rückwirkung auf den inländischen Wohlstand erfolgen kann und die Abziehenden bei Bessergestaltung ihrer Lage oder des inländischen Arbeitsfeldes umsomehr in die Heimat zurückkehren können.

Bei dermaligen Umständen wird deshalb die in der Schweiz sich bietende Arbeits- und Erwerbsgelegenheit für Baden als ein Vorteil erachtet und in deren etwaiger Verminderung, namentlich in einem etwaigen Rückstau ein empfindlicher Nachteil erblickt. Daß dieser Nachteil von einer Aufhebung des Niederlassungsvertrags zu besorgen wäre, ist im früheren des Näheren erörtert worden.

Was die geneigtest mitgeteilte Rücksichtnahme auf die Mängel anbelangt, welche nach den Angaben aus Elsaß-Lothringen sich aus dem Niederlassungsvertrage mit der Schweiz ergeben, so darf zunächst bemerkt werden, daß dahier nichts darüber bekannt geworden ist, daß Franzosen aus demselben besondere Rechte kraft der Meistbegünstigungsklausel in Anspruch nehmen. Sollte dies etwa anderweit der Fall sein, so dürfte sich daraus bei dem sehr geringen Zuzug von Franzosen nach Deutschland ein erheblicher Mißstand nicht ergeben. Zudem aber möchte auch in Elsaß-Lothringen in der durch den Vertrag nicht beseitigten Ausweisungsbefugnis im Interesse der Staatssicherheit und in einer etwaigen strengen Anwendung der Vertragsbestimmungen in § 1 Abs. 1 Satz 2, § 3 und § 8 vorkommenden Falls sowohl gegen Franzosen wie gegen Schweizer selbst eine hinlängliche Gegenwehr geboten sein.

Was sodann insbesondere die Zusage des Schlußprotokolls zu dem Niederlassungsvertrag betrifft, daß vormalige Deutsche, welche bona fide Schweizer geworden sind, wegen der Nichtableistung der überhaupt nicht eingetretenen Militärpflicht der Aufenthalt in Deutschland nicht versagt werden soll, so sind auch hierwegen in Baden besondere Beschwerden nicht bekannt geworden. Falls in Elsaß-Lothringen mala fide Nationalitätswechsel zur Umgehung der Militärpflicht häufiger vorkommen sollte, so scheint doch die Zusage des Schlußprotokolls eine besondere Erschwerung oder gar ein Hindernis der Anwendung des § 8 nicht abzugeben.

Die geneigten Darlegungen des Wunsches nach einer Beschränkung der Niederlassung und der Agitation deutscher Sozialdemokraten auf schweizerischem Gebiet werden als wohl begründet erkannt und kann sich die Gr. Regierung diesem Wunsch nur aufrichtig anschließen, ohne aber die Überzeugung zu gewinnen, daß der gegenwärtige Vertrag dieser Beschränkung entgegensteht; ebenso wenig könnte man von einem Ausfall jeden Vertrags die Förderung einer solchen Beschränkung erwarten; es scheint deshalb auch die Kündigung und Aufhebung des Vertrags kein Mittel zu jenem Zweck, bzw. an sich nicht geeignet zu sein, die Ansammlung und den Verbleib deutscher Sozialdemokraten in der Schweiz zu hindern.

Es liegt natürlich nahe, für den Fall der Kündigung und auch des Erlöschens des Vertrags die Verhandlung eines neuen Vertrags nicht als ausgeschlossen zu betrachten. Ob solche aber zu einem Erfolg und namentlich einem vollen Erfolg führen würden, dürfte sehr fraglich erscheinen. Der gegenwärtige Vertrag bietet den Deutschen, wie früher darzutun versucht wurde, überwiegend Vorteile, während die Schweiz kein besonderes Interesse an der Erneuerung eines Vertragsverhältnisses erkennen oder nehmen möchte und dasselbe, wenn es grundsätzlich mit Rücksicht auf Frankreich abgeschwächt werden sollte, auch wohl einen Teil jener Vorteile einbüßen dürfte.

Die an dem Vertrage gemachten Aussetzungen und die auf seine Aufhebung oder Kündigung gestützten Erwartungen erscheinen hiernach nicht vollkommen zutreffend und auch nicht genügend erheblich, um die Vorteile des Vertrags und die gegen eine Kündigung gehegten Bedenken und Besorgnisse aufzuwiegen, und kann deshalb nur dem Wunsche, daß von derselben Umgang genommen werden möge, erneuerter Ausdruck geliehen werden[1].

GLA 233/13242 fol. 190 ff. Konz.

[1] Der deutsch-schweizerische Niederlassungsvertrag wurde am 20. Juli 1889 gekündigt und am 31. Mai 1890 neu geschlossen. Vgl. *Renk* S. 406 ff.

978. Scherer an das Staatsministerium.

Berlin, 24. Juli 1889.

Nr. 970 ließ mir die in der Tagespresse verbreitete Nachricht, daß die Reichsregierung bei den Zollmaßregeln gegenüber der Schweiz nicht beteiligt sei, bisher keineswegs auffällig erscheinen.

Heute nun begegnete ich dem Herrn Schatzsekretär auf der Straße und benützte die Gelegenheit, um ein Gespräch mit ihm anzuknüpfen, welches er demnächst selbst auf den Zollkrieg hinüberleitete. Anschließend *[...]* meinte er, man sei bei uns wohl recht unglücklich über den Zollkrieg, und als ich erwiderte, dies scheine mir allerdings der Fall zu sein, setzte er hinzu, in Bayern beschwere man sich darüber, daß bei uns weniger scharf vorgegangen werde. Ich hielt dem entgegen, es sei inhaltlich einer Zeitungsnachricht darüber geklagt worden, daß am badischen Bahnhof in Basel die Zollbehandlung der Reisenden viel strenger sei als am elsässischen Bahnhof daselbst, und man habe infolgedessen den Reisenden geraten, statt der badischen Bahn die Reichseisenbahn zu benützen. Herr von Maltzahn antwortete, er habe die betreffende Notiz ebenfalls gelesen; übrigens hoffe er, daß man in Bälde dazu kommen werde, langsam abzuwiegeln. Er habe hierwegen mit dem Grafen Herbert von Bismarck vor dessen Reise nach Varzin gesprochen und wolle denselben noch heute aufsuchen, um das Ergebnis der bezüglichen Unterredung mit dem Herrn Reichskanzler zu erfahren.

Als ich schließlich auf die oben erwähnte Zeitungsnachricht betreffend die angebliche Nichtbeteiligung der Reichsregierung an den Zollmaßregeln mit dem Bemerken hinwies, daß mir dieselbe inspiriert vorgekommen sei, entgegnete Herr von Maltzahn, er glaube nicht, daß meine Vermutung zutreffe. Von ihm selbst rühre die Nachricht nicht her, er habe vielmehr angefragt, ob er nicht dagegen vorgehen solle; Graf H. v. Bismarck sei damals verreist gewesen und vom Grafen Berchem sei doch nicht wohl anzunehmen, daß er auf eigene Verantwortung hin inspiriert habe. Im Reichstage werde die Sache ja zur Sprache kommen und dort werde man die Beteiligung der Reichsregierung zugeben. Freiherr von Maltzahn brach die weitere Erörterung dieses heiklen Punktes durch freundliche Verabschiedung kurz ab, und ich kann, da es auch außerhalb Berlins Schreibutensilien gibt, nicht gerade behaupten, daß ich von der Unbegründetheit meines Verdachtes völlig überzeugt worden sei.

GLA 233/13242 fol. 210 f. Ausf., dem Großherzog vorzulegen.

978a. Aus Marschalls Tagebuch.

19. August bis 22. September 1889.
19. August 1889. [Während eines Urlaubs] Besuch bei Turban. Eisendecher (Schweizer Frage: er hat eine Nase wegen seiner Haltung). 12 Uhr zum Großherzog bis 1,30 Uhr. Er ist ziemlich pessimistisch, namentlich bezüglich der Schweiz, der Mobilmachung usw. Korrespondenz mit dem Kaiser wegen seinem Kommen. [...] Langes Gespräch mit Waldersee, der sehr offen ist, er glaubt, daß es mit dem R[eichs]K[anzler] nicht mehr geht, Schweiz, England usw., er verhetze alle Parteien. [...]
23. August 1889. Ich interessiere mich für die in den Kartellblättern, namentlich in der Köln. Ztg. energisch geführte Opposition gegen den Reichskanzler wegen der schwächlichen Haltung bezüglich unserer Kolonien und England. [Am 17. Sept. wieder in Berlin.]
18. September 1889. 3,30 Uhr bis 5 Uhr bei Holstein. (Verhältnis des Kaisers zum Reichskanzler, G[ra]f Herbert usw. [...]).
22. September 1889. Abends bei Bötticher. Bei ihm allein bis 11 Uhr (R[eichs] K[anzler] und Waldersee, Verdy, Kolonialfragen, Scholz). Interessant.

Oberkirch, Besitz Frau v. Seyfried.

979. Marschall an Turban.

Berlin, 1. Oktober 1889.
Vertraulich! Heute Nachmittag habe ich den Kgl. Staatsminister des Innern Herrn Herrfurth [...] aufgesucht, um nähere Informationen bezüglich der rubrizierten Angelegenheit [die Verlängerung des Sozialistengesetzes[1] betreffend] einzuziehen; der Herr Minister hat mir dabei Folgendes mitgeteilt:
Mit Rücksicht auf die im Reichstage von nationalliberaler und freikonservativer Seite ausgesprochenen Bedenken gegen eine nochmalige Verlängerung des Sozialistengesetzes habe er — der Minister — im vorigen Herbste in seinem Ministerium

den Versuch unternommen, einen gegen die sozialdemokratische Agitation gerichteten Gesetzentwurf auf dem Boden des gemeinen Rechts auszuarbeiten. Nachdem dieser Versuch mißglückt, habe er sodann dem Staatsministerium ein Gutachten des Inhalts unterbreitet: daß der Charakter des bestehenden Gesetzes als eines Ausnahmegesetzes wesentlich auf zwei Momenten beruhe, einmal darauf, daß es eine Fristbestimmung enthalte und sodann, daß an Stelle des geordneten Instanzenzuges eine Ausnahmeinstanz — die Reichskommission — vorgesehen sei. Beseitige man diese letztere und lasse man gegen die betreffenden Polizeiverfügungen den regelmäßigen Instanzenzug zu — was formell sehr einfach durch Streichung der auf die Reichskommission bezüglichen Stellen zu bewerkstelligen sei, streiche man außerdem die Fristbestimmung — so sei in der Hauptsache dem Gesetze der Ausnahmecharakter genommen. So wenig die besonderen forst- und feldpolizeilichen Gesetze, welche zum Schutze der Landwirtschaft bestünden, Ausnahmegesetze seien, so wenig seien es die gesetzlichen Vorschriften, die man zum Schutze der menschlichen Gesellschaft gegen die sozialdemokratischen Gefahren erlasse, sofern nur die Anfechtung der betreffenden Polizeiverfügungen auf dem regelmäßigen Wege zugelassen würde. Außerdem könne man den im Reichstage bestehenden Bedenken dadurch gerecht werden, daß man das Gesetz mildere und insbesondere diejenigen drakonischen Bestimmungen eliminiere, von denen niemals oder doch sehr selten Gebrauch gemacht werde. Dieses Votum sei damals im Staatsministerium insofern auf Widerspruch gestoßen, als die große Mehrheit seiner Kollegen den Wegfall der Reichskommission nicht für zulässig erachtet habe; als gewichtigstes Argument sei geltend gemacht worden, daß zumal bei den Verboten von Vereinen und Preßerzeugnissen eine reichseinheitliche Instanz nicht zu entbehren sei, daß überdies das Verwaltungsstreitverfahren nicht überall durchgeführt sei und es daher beispielsweise vorkommen könne, daß das Ministerium eines kleinen Staates, z. B. von Reuß ä. L. definitive Entscheidungen treffe, die für das ganze Reichsgebiet maßgebend seien. Er — der Minister — habe diesen Einwand nicht beseitigen können; auch der Gedanke, einen Senat des Reichsgerichts mit diesen Entscheidungen zu betrauen, sei aufgetaucht, aber wieder fallen gelassen worden, da man auf diese Weise nur eine Ausnahmeinstanz für die andere substituieren würde und hierzu schon darum kein Grund vorliege, weil irgend ein besonderes Mißtrauen gegen die Reichskommission bis jetzt nirgends zu Tage getreten sei. —

Der Gedanke, das bestehende Sozialistengesetz mit gewissen Modifikationen und ohne Fristbestimmung verlängern zu lassen, sei übrigens schließlich an dem Widerspruch des Herrn Reichskanzlers gescheitert, welcher aus politisch-taktischen Gründen sich für die Vorlage eines auf dem Boden des gemeinen Rechts stehenden Entwurfs — entsprechend dem Wunsche der nationalliberalen und der freikonservativen Partei — entschieden habe. An der Ausarbeitung dieses späterhin dem Bundesrate vorgelegten Entwurfs habe das Ministerium des Innern fast gar keinen Anteil.

Als in der letzten Staatsministerialsitzung vor etwa sechs Wochen die Frage des Sozialistengesetzes wiederum zur Sprache gekommen, habe der Herr Reichskanzler eine seinem früheren Standpunkte entgegengesetzte Anschauung kundgegeben und sich mit Rücksicht auf die bevorstehenden Wahlen g e g e n die Weiterbetreibung des dem Bundesrate vorliegenden Entwurfs und f ü r die Verlängerung des bestehenden Gesetzes ohne Fristbestimmung ausgesprochen. Die Frage, ob und welche Abmilderung an demselben zulässig, sei ex professo nicht behandelt worden, nur habe der Herr Reichskanzler sich dahin geäußert, daß zur tunlichsten Vermeidung materieller Diskussionen im Reichstag möglichst wenig Veränderungen an dem Gesetze vorgenommen werden sollten — worauf er, der Minister, entgegnet habe, daß die Beratung im Reichstag unter allen Umständen zu der eingehendsten materiellen Beratung in einer Kommission führen werde und die Chancen für eine Vorlage ohne Fristbestimmung um so besser sein würden, je mehr man mit drakonischen und unnützen Einzelbestimmungen aufräume.

So stehe die Sache im gegenwärtigen Augenblick; voraussichtlich werde das Staatsministerium sich noch in dieser Woche mit der Angelegenheit weiter befassen. Zunächst sei eine formelle Frage zu erledigen. Herr von Bötticher halte es nicht für wünschenswert, daß der preußische Entwurf formell zurückgezogen und demnächst eine neue, die Verlängerung des Gesetzes vorsehende Vorlage im Bundesrat eingebracht werde, da sich an diesen kaum geheim zu haltenden Vorgang wieder unliebsame Erörterungen in der Presse knüpfen würden; — zweckmäßiger erscheine ihm der Modus, daß der Justizausschuß auf Anregung Preußens den ihm zur Beratung vorliegenden Entwurf mit kurzer Motivierung als zur Zeit inopportun zurücklege und demnächst dem Plenum den Vorschlag auf Verlängerung des bestehenden Gesetzes in irgend einer Form unterbreite. Da der in Beratung stehende Entwurf ausdrücklich an das Sozialistengesetz anknüpfe und an dessen Stelle treten solle, so würde sich geschäftsordnungsmäßig gegen dieses Verfahren wohl kein Bedenken erheben lassen. —

Des weiteren sagte mir der Herr Minister: er stehe, abgesehen von der Frage der Beseitigung der Reichskommission, die er als erledigt erachte, immer noch auf dem Standpunkte, daß man das Gesetz ohne Fristbestimmung einbringen, dagegen eine Reihe von Abmilderungen vorsehen solle. Als solche habe er folgende im Auge:

Zunächst glaube er, daß in § 11 Abs. 2 ein Verbot des ferneren Erscheinens einer Druckschrift erst dann zulässig sein solle, wenn z w e i m a l das Verbot einer einzelnen Nummer erfolgt sei. Die Polizeibehörden machten von der bestehenden Befugnis des § 11 Abs. 2 vielfach einen zu rigorosen Gebrauch [...]. Damit werde nicht nur böses Blut gemacht, sondern auch insofern Schaden angerichtet, als die Arbeiter, wenn wegen eines verhältnismäßig harmlosen Artikels das von ihnen gelesene Blatt dauernd verboten werde, dann zur weit schlechteren und gefährlicheren Lektüre des „Sozialdemokrat" usw. übergingen. Aus diesen Erwägungen habe er den Polizeibehörden neuerdings zur Pflicht gemacht, keine periodische Druckschrift ohne vorherige Anfrage beim Ministerium dauernd zu verbieten.

Die §§ 22 und 23[1] könnten gestrichen werden, da sie seit acht Jahren überhaupt nicht mehr und auch vorher sehr selten Anwendung gefunden hätten.

Zu § 28 (kleiner Belagerungszustand) sei er der Ansicht, daß die Ziffern 1, 2 und 4 gestrichen werden können. Die Bestimmung der Ziffer 1 sei neben § 9 Abs. 2 nicht nötig und enthalte eine große Belästigung; Ziffer 2 und 4 könnten gleichfalls wohl entbehrt werden.

Was Ziffer 3 — Ausweisungen — betreffe, so stehe er dieser Bestimmung ziemlich skeptisch gegenüber. Er erkenne an, daß die in der Möglichkeit der Ausweisung liegende Drohung einen gewissen Eindruck mache, er gebe auch zu, daß die Ausweisung hervorragender Agitatoren die Zirkel der Sozialdemokratie an dem betreffenden Orte empfindlich zu stören imstande sei, auf der anderen Seite könne aber darüber kein Zweifel bestehen, daß die hierdurch bewirkte Verbreitung sozialdemokratischer Agitation im Lande der Sozialdemokratie bezüglich der Extension der Bewegung das ersetze, was ihr an lokaler Intensivität genommen werde. Letzteres Übel werde noch dadurch gesteigert, daß die Polizeibehörden von dem Ausweisungsrecht vielfach einen maßlosen und geradezu törichten Gebrauch machten. Statt einige wenige Rädelsführer auszuweisen, habe man aus einzelnen Orten alles ausgewiesen, was überhaupt irgend einer Verbindung mit der Sozialdemokratie überwiesen war. Auch in dieser Beziehung habe er einschreiten müssen und den Polizeibehörden zur Pflicht gemacht, keine Ausweisung ohne vorherige Anfrage beim Ministerium vorzunehmen. Aus den einlaufenden Anfragen überzeuge er sich, wie weit man mit dieser Maßregel zu gehen gewohnt sei; erst kürzlich habe man in Altona sechs ganz untergeordnete Personen nur deshalb ausweisen wollen, weil dieselben wegen Verbreitung sozialdemokratischer Schriften mit einigen Tagen Gefängnis bestraft worden seien. Er habe das mit Hinweis auf die in dieser Strafe liegende Sühne abgelehnt, überhaupt sei seit seinem Amtsantritt noch keine Ausweisung vorgekommen. Am allerärgsten treibe man es in dieser Beziehung in Hamburg. Bezüglich Stettins habe er nunmehr eine Verlängerung des Belagerungszustandes nicht beantragt; er sei gespannt, ob der Versuch gelinge, denn es würden über 30 Ausgewiesene nunmehr dorthin zurückkehren. Er hätte auch für Frankfurt die Aufhebung gewünscht, habe sich aber durch den entschiedenen Widerspruch des Oberpräsidenten und des Polizeipräsidenten zur Verlängerung bewegen lassen. Dort seien 59 Personen ausgewiesen worden, von deren Rückkehr die genannten Beamten Gefahr für die Ordnung befürchteten. — Der Herr Minister sagte mir schließlich, daß, wenn in dem Gesetze eine Bestimmung getroffen werden könne, wonach nach Aufhebung des Belagerungszustandes die Ausgewiesenen noch einige Zeit eventuell 2—3 Jahre nach dem Gutdünken der Polizeibehörde von dem Orte ferne gehalten werden dürften, er — abgesehen von Berlin, wo besondere Verhältnisse vorlägen — sich mit der Abschaffung des § 28 würde befreunden können, dessen Nutzen vielfach durch schädliche Wirkungen nach anderer Richtung hin aufgehoben würde. So wie die Dinge lägen, glaube er aber kaum, daß weitgehende Milderungen des Gesetzes im Staatsministerium Annahme finden würden.

GLA 233/12722 fol. 1—4 Ausf.

[1] Der Entwurf des neuen Sozialistengesetzes gedr. *Schultheß* S. 137 f.

980. Marschall an Turban.

Berlin, 7. Oktober 1889.

Streng vertraulich! Ew. Exz. beehre ich mich ergebenst zu berichten, daß nach einer mir gewordenen höchst vertraulichen Mitteilung Staatsminister Graf Bismarck in den letzten Tagen dem Reichskanzler den Vorschlag unterbreitet hat, mit der Ernennung des schweizerischen Bundesanwalts — d. h. vom 15. Oktober ab — die gegen die Schweiz ergriffenen Zollmaßregeln einzustellen. Ich habe Grund zu der Annahme, daß Graf Bismarck hierbei einer Anregung des Geheimen Rats von Holstein gefolgt ist, mit welchem ich bereits im vorigen Sommer wie auch in jüngster Zeit die schweizerische Angelegenheit eingehend vertraulich besprochen habe. Daß Graf Bismarck, nachdem er schon einen erfolglosen Versuch gemacht, die Zollmaßregel zu beseitigen — bei der bezüglichen Konversation haben, wie mir ein Augenzeuge bestätigte, Vater und Sohn „rote Köpfe" bekommen — abermals in diesem Sinne eintritt, bekundet, wie entschieden er von der Verkehrtheit der Maßregeln überzeugt ist. —

Charakteristisch für die Stellung S. M. des Kaisers und zugleich auch des Grafen Bismarck ist folgender Vorgang, der mir ganz vertraulich mitgeteilt worden ist: während der Lofotenreise des Kaisers hat der Herr Reichskanzler in Form eines Immediatvortrages eine Art Beschwerdeschrift gegen die Haltung Badens in der Schweizer Frage unterbreitet, in der unter Hervorhebung der Schwierigkeiten, welche von dieser Seite aus ihm gemacht worden seien, zwar nicht expressis verbis, so doch dem Sinne nach die allerhöchste Intervention erbeten wird[1]. Auf diese vom Geheimen Legationsrat von Kiderlen[2] vorgetragene Schrift hat S. M. nur befohlen, daß Graf Bismarck nach seiner Rückkehr aus [dem] Urlaub „über diese Angelegenheit mit Herrn von Marschall geeignete Rücksprache nehmen solle". — Herr von Kiderlen hat diesen Befehl aktenmäßig gemacht, auch sind die Akten dem Herrn Staatsminister Grafen von Bismarck sofort nach seiner Rückkehr — d. h. vor circa 14 Tagen — vorgelegt worden. Eine Vollziehung des Befehls ist jedoch bis zur Stunde nicht erfolgt.

GLA 233/34798 Ausf., dem Großherzog vorgelegt 8. 10., zurück 11. 10. 89; 49/2018 Konz.; gedr. *Gradenwitz* S. 68 f.

[1] Nicht bekannt. Nach den geh. Papieren Fr. v. Holsteins IV S. 281 Anm. 2 hatte Bismarck bereits am 4. Juli 1889 in einem Erlaß an Eisendecher geschrieben: „Ich kann die Politik nur so leiten, wie ich sie verstehe, und bin ihrer überhaupt herzlich müde. Ich habe bereits bei S. M. dem Kaiser Gegeneinflüsse in der Richtung der Auffassung S. K. H. des Großherzogs spüren können, und meine Kräfte reichen nicht aus, wenn ich die Beratung bei S. M. mit entgegenstehenden Einwirkungen zu teilen habe" (aus den Akten des Ausw. Amts).
[2] Alfred v. Kiderlen-Waechter (1852—1912), 1879 Eintritt ins Auswärtige Amt, 1881 Sekretär an der Botschaft in Petersburg, 1884 in Paris, 1886 Botschaftsrat in Konstantinopel, 1888 vortragender Rat im Ausw. Amt, 1894 Gesandter in Hamburg, 1895 in Kopenhagen, 1900 in Bukarest, 1908 stellvertr. Leiter des Ausw. Amts, 1910 Staatssekretär.

981. Marschall an Großherzog Friedrich.

Berlin, 9. Oktober 1889.

[...] Nachdem ich schon vorgestern erfahren hatte, daß Graf Bismarck bei seinem Vater neuerdings die Aufhebung der gegen die Schweiz ergriffenen Zollmaßregeln in Anregung gebracht, ließ mich heute vormittag Geheimer Legationsrat v. Holstein, mit dem ich auch in jüngster Zeit wiederholt über die Angelegenheit gesprochen hatte, rufen und sagte mir, daß soeben aus Friedrichsruh die Genehmigung des Reichskanzlers zur sofortigen Einstellung der Zollmaßregeln eingetroffen sei; die amtliche Motivation an die Bundesstaaten werde alsbald erfolgen[1], auch solle Herr v. Bülow in Bern den Auftrag erhalten, der Schweizer Regierung vertraulich Kenntnis von der Aufhebung der Grenzmaßregeln zu geben. Eine öffentliche Bekanntmachung dieser Entschließung werde nicht erfolgen, da ja amtlich die Anwendung jener Maßregel niemals eingeräumt worden sei.

Auf meine Bemerkung, daß die günstige Erledigung nach meiner Überzeugung auf seine Intervention zurückzuführen sei und ich ihm hierfür lebhaft danke, erwiderte Herr v. Holstein, daß er allerdings aufgrund unserer jüngsten Unterredungen Anlaß genommen habe, dem Grafen Herbert vorzustellen, wie nunmehr nach dem Scheitern des Referendums[1a] und der Durchführung des neuen fremdenpolizeilichen Gesetzes der Moment gekommen erscheine, die Zollmaßregeln aufzuheben, daß es jedoch keinerlei besonderer Mühe bedurft habe, um den Grafen von der Richtigkeit dieser Anschauung zu überzeugen, letzterer vielmehr sofort bereit gewesen sei, dem Herrn Reichskanzler mit eingehender Motivierung von neuem die Einstellung der Maßregeln zu empfehlen. Es sei dies umso anerkennenswerter, als Graf Herbert wegen dieser Angelegenheit mit seinem Vater schon einmal eine unangenehme Viertelstunde gehabt habe. Überhaupt müsse er rühmend hervorheben, daß in allen wichtigen Fragen der letzten Zeit derselbe trotz seines lebhaften Charakters stets auf der Seite der Mäßigung gestanden und auch die nötige Energie gezeigt habe, diesen Standpunkt gegenüber seinem Vater zu vertreten. — Auf meine Frage, ob bei der nunmehrigen Entschließung S. M. der Kaiser mitgewirkt habe, antwortete Herr v. Holstein dahin, daß dies aktenmäßig zwar nicht feststehe, er jedoch keinen Zweifel hege, daß Graf Bismarck die Genehmigung höchstdesselben extrahiert habe.

Wenn es mir gestattet ist, E. K. H. unaufgefordert eine Anregung zu unterbreiten, so würde ich untertänigst anheimstellen, ob Allerhöchstdieselben nicht geneigt wären, S. M. dem Kaiser in gut findender Weise die Befriedigung über die nunmehrige Erledigung der Angelegenheit auszusprechen, wobei ich auf die E. K. H. bekannte Tatsache hinweise, daß es vornehmlich der maßvollen und versöhnlichen Stellungnahme S. M. zuzuschreiben ist, wenn die an die Schweiz grenzenden Bundesstaaten vor weitergehenden Belästigungen verschont blieben und das deutschschweizerische Verhältnis allmählich in normale Bahnen zurückgekehrt ist. Wollten E. K. H. dabei Gelegenheit nehmen, in einigen freundlichen Worten des jüngsten kaiserlichen Ausspruchs über das Kartell[2] zu gedenken, so würde eine solche Anerkennung nach meiner Überzeugung von S. M. um so dankbarer empfunden werden, als höchstdieselbe dem politischen Urteile E. K. H. das größte Vertrauen entgegenbringt und es sich hier — wie ich bereits berichtet habe[3] — um ein Vorgehen aus der eigensten Initiative S. M. handelt. Endlich möchte ich E. K. H. um die Erlaubnis bitten, dem Grafen Bismarck gelegentlich höchstderen Befriedigung über die Einstellung der Zollmaßregel auszusprechen[4].

GLA FA Korresp. 13 N. 451 Ausf.

[1] Das Reichsschatzamt teilt dem badischen Staatsministerium, Berlin, 12. Okt. 1889, mit, „daß die Gründe, welche seiner Zeit eine Verschärfung der Zollkontrolle über die aus der Schweiz eingehenden Güter notwendig gemacht haben, nunmehr in Wegfall gekommen sind und es sich empfiehlt, diese Kontrolle tatsächlich wieder auf den früher üblich gewesenen Fuß zu setzen. Ich darf daher ersuchen, in diesem Sinne das Weitere gefälligst anordnen zu wollen. Dabei ist diesseits großer Wert darauf zu legen, daß das Erforderliche durch s t r e n g v e r t r a u l i c h e Weisungen an die in Betracht kommenden Behörden und Beamten veranlaßt werde, eine offizielle Bekanntgabe der verfügten Wiederherstellung des früheren Maßes der Zollkontrolle aber, dem Verfahren bei deren seiner Zeit verfügten Verschärfung entsprechend, unterbleibe" (GLA 233/13242 fol. 252 Ausf.).
[1a] Das besonders von den Sozialdemokraten in der Schweiz befürwortete Referendum gegen einen Bundesanwalt galt wegen mangelnder Stimmen nach Ablauf der gesetzlichen Frist am 27. Sept. 1889 als gescheitert (Renk, Bismarcks Konflikt mit der Schweiz S. 295 ff.).
[2] Ende Sept. 1889 brachte die Kreuzzeitung eine Artikelreihe, betitelt „Die Monarchie und das Kartell", in der sie sich in scharfer Form gegen den seit den Wahlen von 1887

bestehenden Zusammenschluß der beiden konservativen Parteien mit den Nationalliberalen wandte. Die Presse einschließlich der deutsch-konservativen Zeitungen widersprachen. Am 2. Okt. 1889 brachte der Reichsanzeiger einen Bericht über den Artikel der Kreuzzeitung vom 26. Sept., wonach der Kaiser seine allerhöchste Mißbilligung gegen die Angriffe ausgesprochen habe. „S. M. sieht in dem Kartell eine den Grundsätzen seiner Regierung entsprechende politische Gestaltung und vermag die Mittel, mit denen die Kreuzzeitung dasselbe angreift, mit der Achtung der allerhöchsten Person und vor unseren verfassungsmäßigen Institutionen nicht in Einklang zu bringen" (*Schulteß* S. 120 ff.).

³ Marschall an Turban, Berlin 7. Okt. 1889: „Der jüngste, die Stellung des Kaisers zu dem Kartell bzw. die Haltung der Kreuzzeitung betreffende Artikel des Reichsanzeigers [ist] auf direkte Initiative S. M. zurückzuführen. Anlaß hierzu hat der anliegende Artikel der Kölnischen Zeitung, 2. Blatt vom 27. Sept. ds. Js. Nr. 268 geboten, welcher an das Auswärtige Amt, wie ich mich heute persönlich überzeugen konnte, mit folgendem Bleistift-Marginale des Kaisers zurückkam: „Herr Geheimer Legationsrat Lindau wird beauftragt, die Kreuzzeitung in einem Artikel zu verständigen, daß S. M. aufs höchste darüber entrüstet ist zu sehen und zu hören, daß das Kartell von ihr in so unliebenswürdiger Weise angegriffen wird, indem S. M. das Kartell als eine glückliche und segensreiche Einrichtung anerkannt und geachtet zu sehen wünscht." Lindaus mit Zustimmung Bismarcks entworfenen Artikel hat der Kaiser als „vortrefflich" genehmigt und den Wunsch ausgedrückt, „es möge bekannt werden, daß der Artikel ‚auf seinen Befehl' erschienen sei. Zur richtigen Würdigung des für unsere inneren Verhältnisse wichtigen Vorganges scheint mir die Tatsache, daß der Kaiser ohne jede Anregung des Reichskanzlers in so entschiedener Weise sich für die Aufrechterhaltung des Kartells ausgesprochen hat, von hervorragender Bedeutung zu sein" (*Gradenwitz* S. 76). — Rudolf Lindau (1825—1910), 1871 Presseattaché an der Pariser Botschaft, 1878 Legationsrat im Ausw. Amt, 1885 Geh. Legationsrat.

⁴ Vgl. den inhaltlich gleichen kürzeren Ber. Marschalls an Turban vom gleichen Tage (GLA 233/34798 Ausf., dem Großherzog vorgelegt 10. 10., zurück 11. 10. 89; 49/2018 Konz.) gedr.: *Gradenwitz* S. 69 (mit falschem Datum). — Tgb. Marschall: „11. 10. 1889. Telegramm des Großherzogs, daß er dem Kaiser schreiben wird" [nicht vorhanden] (Oberkirch, Besitz Frau v. Seyfried).

982. Marschall an Großherzog Friedrich.

Berlin, 13. Oktober 1889.

Graf Bismarck bedankt sich für die Anerkennung E. K. H. betreffend Aufhebung der Zollmaßregeln gegen die Schweiz. [...]

Der Besuch des russischen Kaisers¹ verläuft programmäßig und unter dem Zeichen der gegenseitigen Zurückhaltung, wie sie die politische Situation auferlegt. Der Herr Reichskanzler, der am Freitag eine mehr als einstündige Audienz bei dem hohen Herrn hatte, hat sich zu seiner Umgebung befriedigt über das Ergebnis derselben ausgesprochen: Der Zar habe mit ihm de omnibus et quibusdam aliis geredet, seine eifrigste Sorge sei gewesen, ob mit England irgendeine bestimmte Vereinbarung getroffen worden sei. Er — der Reichskanzler — habe nicht nur diese Frage verneinen können, sondern als besonderen Beweis der Loyalität und der Friedensliebe Deutschlands hervorgehoben, daß auch mit Österreich-Ungarn und Italien keine andern Vereinbarungen beständen als die der russischen Regierung bekannten. Er habe den Eindruck gehabt, daß der Zar seinen Darlegungen Glauben geschenkt habe; inwieweit diese günstige Stimmung vorhalte, sei eine andere Frage². *[...]*

GLA FA Korresp. 13 N 451 Ausf.; 49/2018 Konz.

¹ Besuch des russischen Zaren in Berlin 11.—13. Okt. 1889. Die ausführliche Bericht-

erstattung Marschalls besonders über die Vorstadien dieses Besuches bleiben hier unberücksichtigt.

² Gespräch zwischen Großherzog Friedrich und Hohenlohe in der Eisenbahn zwischen Metz und Straßburg (24. August 1889): „Er [der Großherzog] hatte mir allerlei zu erzählen. Zuerst kam er wieder auf das schon früher Erwähnte, daß Fürst Bismarck eigentlich wünsche oder bis auf die neueste Zeit gewünscht habe, die Allianz mit Österreich aufzulösen, sich ganz an Rußland anzuschließen und Österreich seinem Schicksal zu überlassen. Da er aber gesehen habe, daß Rußland alles akzeptiere und nichts leiste und so feindlich wie zuvor verbleibe, so habe er seine Politik wieder geändert, halte wieder an Österreich und sehe den Krieg, den er bisher um jeden Preis vermeiden wollte, nun doch als unvermeidlich an. Diese Schwankungen des Kanzlers hätten den Kaiser stutzig gemacht, dagegen sein eignes Selbstgefühl gehoben. Dazu merke der Kaiser, daß man ihm hie und da etwas verschweige, und werde mißtrauisch. Es hat schon einen Zusammenstoß zwischen dem Kaiser und Kanzler gegeben, und der Großherzog meint, man müsse die Eventualität ins Auge fassen, daß der Kanzler einmal gehe. Was aber dann? Der Kaiser denke sich wahrscheinlich, daß er selbst die auswärtige Politik führen könne, das sei aber sehr gefährlich" (*Hohenlohe,* Denkwürdigkeiten II S. 458).

983. Marschall an Turban.

Berlin, 14. Oktober 1889.

[...] Man sagt mir, daß der Herr Reichskanzler zu der Zeit, als der Zarenbesuch in Frage stand, sich dahin geäußert habe, er würde vom politischen Gesichtspunkte eigentlich das Unterbleiben des Besuchs nicht ungern sehen, da der Abstand von dem Empfang des Zaren gegenüber demjenigen, welchen Berlin dem italienischen König¹ und dem Kaiser von Österreich² bereitet, ein zu gewaltiger sein werde, um nicht eine gewisse Bitterkeit auf russischer Seite zu erwecken. In der Tat war die Haltung des Publikums eine außerordentlich kühle; wenn trotzdem der Zar verhältnismäßig befriedigt von hier geschieden ist, so ist es wesentlich ein Verdienst S. M. des Kaisers, der in seinen Toasten beim Galadiner und bei dem Frühstück des Alexanderregiments³ — wohl in der Absicht, den Eindruck des Empfangs zu verwischen — die wärmsten Akzente zur Begrüßung seines hohen Gastes zu finden wußte und während des ganzen Besuchs mit seiner hohen Gemahlin in der liebenswürdigsten Weise den Pflichten des Gastgebers nachkam; nicht minder hat sich Fürst Bismarck bemüht, dem Zaren von den friedlichen Intensionen der deutschen Politik, wie auch davon zu überzeugen, daß er nicht der alternde Mann sei, dem allmählich die Leitung der Geschäfte entfällt, sondern im Vollbesitz seiner geistigen Kraft und des Vertrauens S. M. sich befinde. Es war wohl nicht ohne politischen Hintergrund, daß der Reichskanzler — seit vielen Jahren zum ersten Male wieder — der Galaoper im Opernhause anwohnte, auch bei dem Cercle im Foyer anwesend war und einem Herrn, der ihn begrüßte, als den Grund seines Erscheinens den bezeichnete, er wolle zeigen, „daß er nicht der hinfällige Greis sei, wie man ihn neuerdings gern hinstelle".

Die Tendenz des Fürsten Bismarck, dem Zaren gegenüber als der leitende Staatsmann zu erscheinen, der in der auswärtigen Politik ausschließlich das Vertrauen S. M. besitzt, wird um so begreiflicher, wenn man weiß, daß der Zar in der fast 5/4stündigen Unterredung mit dem Fürsten gerade in dieser Beziehung gewisse Besorgnisse kundgegeben hat. Der Herr Reichskanzler hat leider keine Aufzeichnung von seiner Unterredung angefertigt, so daß ich bei meiner Information auf das angewiesen war, was er nach und nach seiner nächsten Umgebung erzählt hat.

Im strengsten Vertrauen erfahre ich auf diesem Wege *die Gesprächsthemen: Graf Waldersee, Reise des Kaisers nach Konstantinopel⁴, Verhältnis zu England⁵, zu Österreich-Ungarn und Italien, russenfeindliche Haltung der deutschen Presse.* Als den Gesamteindruck der Unterredung bezeichnete am folgenden Tage der Reichskanzler zu seiner Umgebung, daß der Zar ihm persönlich vollen Glauben schenkte, auch Vertrauen zu seiner Friedensliebe hege, daß er aber zweifle, ob dieser Eindruck ein nachhaltiger sein werde. —

Die Stimmung in der Umgebung des russischen Kaisers wird am besten charakterisiert durch eine Äußerung, die der General Tscherewin⁶ nach dem Galadiner in etwas angetrunkenem Zustande getan hat; er hatte einem hochgestellten Herrn bemerkt, daß er den Reichskanzler in den letzten zwei Jahren doch wesentlich gealtert finde, und sagte dann auf die Erwiderung des Herrn, daß der Kanzler aber vollkommen frisch sei und noch 10 Jahre die Geschäfte werde führen können, wörtlich: „tant mieux, car il me semble que c'est le seul chez vous qui ne veut pas la guerre." — *[...]*

GLA 233/34798 Ausf. vollständig gedr. *Gradenwitz* S. 64 ff. Ebd. S. 66 f. ein weiterer Bericht Marschalls vom 16. Okt. 1889 mit weiteren Einzelheiten über das Gespräch Bismarcks mit dem Zaren. Vgl. *Gagliardi* II S. 42 ff.

¹ Besuch des Königs von Italien in Berlin 21.—26. Mai 1889.
² Besuch Kaiser Franz Josephs in Berlin 12.—15. Aug. 1889.
³ Die Toaste des Kaisers bei *Schultheß* S. 125.
⁴ Besuch des Kaiserpaares in Konstantinopel 2.—6. Nov. 1889.
⁵ Besuch Wilhelms II. am englischen Hof 1.—7. Aug. 1889.
⁶ Pjotr Alexandrowitsch Tscherewin (Cerevin) (1837—96), russischer General.

984. Frau Julie Gelzer an Großherzog Friedrich.

Basel, 14. Oktober 1889.

Verehrte K. H. möchte ich um Erlaubnis bitten, zwei persönliche Anliegen auszusprechen.

Seit vergangenen Dienstag abend habe ich das einsame Haus wieder betreten, wo ein neues und schweres Leben für mich beginnt. Meine erste Beschäftigung wird sein, den Nachlaß meines Teuersten zu ordnen — eine wehmütige Arbeit! — Vor allem werde ich mich bemühen, den Lebensschatz meines Heimgegangenen¹ — die Briefe E. K. H. sowie diejenigen I. K. H. der Frau Großherzogin zu sammeln und in Ihre hohe Hand zurückzulegen. Darf ich mir hierfür wohl etwas Zeit ausbitten? Da die Briefe in verschiedenen Kästen sind und ich nicht die physische Kraft besitze, anhaltend mich dem Ordnen zu widmen.

Mein zweites Anliegen betrifft die Steinstiftung. Schon bei ihrer Gründung hat mein Mann mir den hohen Zweck derselben ausgesprochen, dem er mit Begeisterung sich hingegeben und den auch ich mit Dank und Freude erfaßte. Lange Jahre hindurch war dieser Zweck Mittelpunkt seines Denkens und Strebens, sowie er auch wiederholt, besonders in den letzten Jahren, die Absicht aussprach, in „einem Vermächtnis an die Nation" die Erfahrungen niederzuschreiben, welche er auf politischem und religiösem Gebiet gesammelt hatte. Leider verhinderten die von Jahr zu Jahr zunehmenden neuralgischen Schmerzen die Ausführung dieses Lieblingsgedankens, wofür er schon Beträchtliches gesammelt hatte.

Dann sagte mein Mann auch schon zur Zeit der Gründung, daß K. H. die äußeren Mittel zur Stiftung derselben gegeben hätten, ohne mir jemals eine Ziffer auszusprechen. Es gehörte mit zu seiner Eigentümlichkeit, über gewisse Dinge zu schweigen; er liebte das Geheimnisvolle. Am unliebsten sprach er über äußerliche und irdische Dinge, was ich mir durch sein jenseitliches Wesen erkläre. Hierin liegt nun auch der Grund, weshalb ich der Gegenwart unklar gegenüberstehe. Unmöglich wäre es mir aber, irgendeine Mittelperson um Rat anzufragen. Ich hätte sogar das Gefühl eines Unrechtes meinem Mann gegenüber. Deshalb wage ich es, mich direkt an E. K. H. zu wenden und bitte um Verzeihung, wenn ich mich unrichtig ausdrücke[2].

Meines geliebten Mannes tägliche Aufzeichnungen enthalten beinahe ausschließlich Ewigkeitsgedanken, Mahnungen und Hoffnungen für Gegenwart und Zukunft. [...]

GLA FA Korresp. 13 Bd. 52 Fasz. 135 Nr. 6.

[1] Heinrich Gelzer gest. 15. Aug. 1889.
[2] Die Antwort des Großherzogs wurde bisher nicht ermittelt.

984a. Marschall an Turban.

Berlin, 17. Oktober 1889.

In der gestrigen Sitzung des Justizausschusses gab der Kgl. preußische Staatsminister des Innern Herr Herrfurth folgende Erklärung ab:

Schon bei der Aufstellung des preußischen Entwurfs, welcher die Bekämpfung der Sozialdemokratie auf dem Boden des gemeinen Rechts versuchte, sei man sich der Schwierigkeiten bewußt gewesen, welche die Beschreitung dieses Weges mit sich führe; dieselben seien nach Möglichkeit beseitigt worden, vollständig sei dies nicht gelungen, ja man habe sich fragen müssen, ob man nicht vor einem unlöslichen Dilemma stehe, wenn man auf der einen Seite gegen die Umsturzbestrebungen der Sozialdemokratie vorgehen wolle, auf der anderen Seite aber ein Spezialgesetz vermeide und den Boden des gemeinen Rechts nicht verlasse und damit naturgemäß die Gefahr schaffe, daß entweder der Zweck nicht erreicht werde, oder Parteien und Bestrebungen mitgetroffen würden, die man nicht treffen wolle. Auch die Verhandlungen im Bundesratsausschuß hätten keinen Ausweg aus diesem Dilemma gezeigt. Unter diesen Umständen habe man erwägen müssen, ob es nicht zweckmäßig erscheine, die Entscheidung der Frage, ob und in welcher Weise auf dem Boden des gemeinen Rechts gegen die Sozialdemokratie vorgegangen werden könne, vorläufig zu vertagen. Jedenfalls sei die Frage nicht so weit gereift, um dem Reichstag irgend einen Vorschlag zu unterbreiten, der Aussicht auf Annahme habe. Auch ein politisch-taktisches Moment spreche für die Vertagung: die Reichstagswahlen stünden bevor, schon jetzt werde von den oppositionellen Parteien in einer Weise gewühlt, daß man sich auf einen schweren Wahlkampf gefaßt machen müsse. Dazu komme, daß die Opposition die nicht wegzuleugnende Steigerung der Lebensmittelpreise mit großem Geschick benutze; um so mehr müsse man sich hüten, ihr die zweite Wahlparole zu geben, daß die Regierungen eine Zwangsjacke für alle freiheitlichen Bestrebungen in der Presse, den Vereinen, Versammlungen usw. zu schaffen gedenke. Die Kgl. preußische Regierung sei aus diesem Grunde der Ansicht, daß man den in dem preußischen Entwurfe betretenen Weg nicht weiter gehe und späterer Erwägung vorzubehalten sei, ob man den Versuch erneuern solle.

Nun gehe die Gültigkeitsdauer des Sozialistengesetzes mit dem 30. September 1890 zu Ende; es müsse daher rechtzeitig Sorge getragen werden, daß die verbündeten Regierungen nicht mit Umlauf jenes Termins der sozialdemokratischen Bewegung machtlos gegenüber stünden. Wenn behauptet worden sei, daß das Sozialistengesetz die Sozialdemokratie nicht allein nicht hemme, sondern stärke und ein willkommenes Mittel für die Agitation biete, so seien dies Rodomontaden. Im großen und ganzen habe das Gesetz seinen Zweck erfüllt. Nur bezüglich e i n e r Bestimmung treffe jener Vorwurf zu, und das sei die Fristbestimmung für die Geltung des Gesetzes. Diese biete willkommenen Stoff zu immer neuer Agitation; bei allen Wahlen werde die Frage aufgeworfen, „wie wird der einzelne Deputierte stimmen?" und später bilde die geschehene Abstimmung der Deputierten neuen Stoff zur agitatorischen Verwertung. Für die Wirksamkeit des Gesetzes werde es darum einen erheblichen Fortschritt bedeuten, wenn diese Frist wegfalle. Die Tatsache allein werde eine beruhigende Wirkung üben. Es erscheine dies als eine so wesentliche Verbesserung, daß man sie selbst mit erheblichen materiellen Konzessionen erkaufen könne. Immerhin müsse man dabei mit der Eventualität rechnen, daß die Abschwächungen vorgenommen würden und die Frist doch bleibe; daher sei es geraten, sich auf die Änderungen zu beschränken, die akzeptabel seien, auch wenn die Fristbestimmung wieder hineinkomme.

Das Sozialistengesetz sei ein Spezialgesetz, in seinem materiellen Inhalte sei es so wenig ein Ausnahmegesetz wie diejenigen Gesetze, welche polizeiliche und strafpolizeiliche Bestimmungen zusammenfaßten, um gewisse Erwerbsarten z. B. die Land- und Forstwirtschaft, gegen die ihnen drohenden besonderen Gefahren zu schützen. Einen Ausnahmecharakter trügen — abgesehen von der Fristbestimmung — nur die Bestimmungen, welche anstelle des geordneten Instanzenzuges gewisse ausnahmsweise Instanzen vorsähen.

Die Abänderungen des Gesetzes würden hiernach in zwei Gruppen einzuteilen sein, e i n m a l in solche bezüglich des Instanzenzugs, und hier werde sich fragen, ob man nicht bezüglich der Verfügungen, deren Wirkung nicht über den einzelnen Bundesstaat hinausgehe, zu dem geordneten Instanzenzug zurückkehren könne, und ob nicht die Beschwerdeinstanz der Reichskommission sowohl bezüglich ihrer Zusammensetzung wie ihres Verfahrens mit größerer Rechtsgarantie ausgestattet werden könne — zum a n d e r e n werde man materielle Abänderungen bezüglich solcher Bestimmungen vorsehen können, die entweder gar nicht oder nur sehr selten zur Anwendung gelangt seien, oder nach dem Gutachten der Behörden ohne Schwächung der Wirksamkeit des Gesetzes entbehrt werden können.

Der Herr Minister ging hierauf zur Erläuterung der [...] Änderungen über; in dieser Beziehung kann ich mich im wesentlichen auf meinen Bericht vom 1. d. M. beziehen. —

Die Bestimmungen in den letzten Absätzen der §§ 7, 10, 14 und 16 — so führte der Minister aus — seien seiner Zeit hauptsächlich aus dem Grunde in das Gesetz aufgenommen worden, weil damals die Rechtskontrolle gegenüber derartigen Polizeiverfügungen in Preußen noch nicht durchgeführt gewesen und der Instanzenzug sich deshalb in den einzelnen Provinzen verschieden gestellt haben würde. Vom 1. April 1890 an sei die Durchführung der Rechtskontrolle beendigt, und werde daher gegen landespolizeiliche Anordnungen, wie sie die gedachten Paragraphen enthielten, allgemein in der Monarchie zunächst die Beschwerde an die Aufsichtsbehörde und dann die Klage an das Oberverwaltungsgericht zulässig sein. Letzteres habe nur zu prüfen, ob eine Verletzung von Rechtsgrundsätzen vorliege oder ob etwa die tatsächlichen Voraussetzungen, von denen die Polizeiverfügung ausgegangen, nicht vorhanden seien; eine Prüfung, ob die Maßregel zweckmäßig sei oder nicht, unterliege nach der feststehenden Praxis des Oberverwaltungsgerichts der Kognition des letzteren nicht. Der Strich jener Ausnahmebestimmungen, wonach die Beschwerde nur an die Aufsichtsbehörde gehe, erscheine daher für Preußen ganz unbedenklich. —

Die Frage, ob nicht für die Verbote der §§ 8 und 13 der gleiche Weg gangbar, habe verneint werden müssen, denn hier handle es sich um Verbote, deren Wirkung sich über die Grenze des Einzelstaates hinaus erstrecke und nur an der Grenze des Reichsgebietes ihre Beschränkung finde. Man sei der Frage näher getreten, ob etwa die Senate des Reichsgerichts, die den Staatsgerichtshof bilden, geeignet erschienen, anstelle der Reichskommission zu treten, habe aber davon abgesehen, weil die Übertragung derartiger Beschwerden mit der Stellung und den sonstigen Aufgaben des Reichsgerichts nicht wohl verträglich sei. Man habe darum geglaubt, an der Reichskommission festhalten und nur insoweit umgestalten zu sollen, als man dieselbe lediglich aus Richtern der höchsten Gerichte bzw. Verwaltungsgerichte zusammensetze und ein kontradiktorisches Verfahren obligatorisch einführe. Den Wünschen derjenigen Parteien, welche „auf Rechtsgarantien" besonderen Wert legten, würde durch diese Umwandlung der Reichskommission in eine Art Oberverwaltungsgericht Rechnung getragen werden.

Die neue Fassung des § 28 — jetzt § 24 — lasse nur die Ausweisung bestehen; in dieser Beziehung enthalte sie im Absatz 3 eine Verschärfung, die aber gleichzeitig eine Milderung sei. Er könne offen aussprechen, daß, wenn die Polizei die hier vorgesehene Fakultät bezüglich der Ausgewiesenen jetzt schon hätte, der kleine Belagerungszustand in Frankfurt a.M. aufgehoben sein würde, da nur der gleichzeitige Rückfluß einer großen Anzahl von Ausgewiesenen, der auf Grund der gegenwärtigen Fassung des Gesetzes eintrete, zur Aufrechterhaltung der Maßregel geführt habe. Ob die vorgeschlagene Bestimmung nicht insofern zu rigoros sei, als sie der Polizei f o r t d a u e r n d das Recht gebe, die Ausgewiesenen fernzuhalten, könne dahingestellt bleiben; es sei taktisch jedenfalls richtiger, die Einsetzung einer Frist — etwa drei Jahre — dem Reichstage zu überlassen. —

Schließlich habe sich die formelle Frage aufgeworfen, ob die neuen preußischen Vorschläge als Novelle zum Sozialistengesetz oder als neues Gesetz dem Reichstag eingebracht werden solle; die preußische Regierung sei für den ersteren Modus, weil der letztere dazu führe, daß jeder einzelne Paragraph im Reichstag diskutiert werden müsse. Eine formelle Zurückziehung des preußischen Entwurfs — Nr. 35 der Drucksachen — erscheine schon im Interesse der Beschleunigung nicht wünschenswert, vielmehr sei der Ausschuß in der Lage, die neuerlichen Vorschläge anstelle des preußischen Entwurfs dem Bundesrat zur Annahme zu empfehlen.

Eine Diskussion fand nicht statt. Der Referent, Geheimerat Held, bemerkte nur, daß die Streichung der letzten Absätze der §§ 7, 10—14 und 16 für Sachsen keine Änderung involviere, da dort gegen derartige Polizeiverfügungen nur die Beschwerde an die Aufsichtsbehörde zugelassen sei und es daher wünschenswert erscheine, in den Motiven das Moment der „Rechtsgarantie" hier nicht zu betonen.

Der kgl. bayerische und der kgl. württembergische Bevollmächtigte waren telegraphisch instruiert, vorbehaltlich der Prüfung der Einzelvorschläge die prinzipielle Zustimmung ihrer Regierungen zu dem Gedanken der neuen Vorschläge auszusprechen. *Ich erbitte Instruktion bis zum 22. Okt.*

GLA 233/12722 fol. 33 ff. Ausf.

985. Großherzogliches Ministerium des Innern an das Gr. Ministerium der Justiz, des Kultus und Unterrichts.

Karlsruhe, 19. Oktober 1889.

Wir erlauben uns mitzuteilen, daß wir mit den preußischen Abänderungsvorschlägen zu dem Reichsgesetze vom 21. Oktober 1878 im allgemeinen uns vollkommen einverstanden erklären können und daß uns nur in einer Hinsicht eine erläuternde Ergänzung wünschenswert erschiene:

Die Beschwerdekommission nach § 22 der Abänderungsvorschläge wird ausschließlich aus Richtern zusammengesetzt sein und überhaupt den Charakter eines für das ganze Reichsgebiet zuständigen Spezial-Verwaltungsgerichtshofs haben; mit Rücksicht hierauf sollte unseres Dafürhaltens ihre Aufgabe auch durch das Reichsgesetz ausdrücklich auf die Rechtskontrolle beschränkt werden, wie sie nach preußischen und im wesentlichen übereinstimmend nach badischem Rechte dem Verwaltungsgerichte gegenüber polizeilichen Verfügungen zusteht, so daß die Klage nur darauf gegründet werden könnte, daß die angefochtene Verfügung auf einer unrichtigen Anwendung des Gesetzes beruht oder daß die tatsächlichen Voraussetzungen nicht vorhanden sind, welche die Polizeibehörde zum Erlasse der Verfügung berechtigt haben würden. Da die Einsetzung der Kommission an Stelle der landesgesetzlich zuständigen Instanzen nur durch die über die Grenze des Einzelstaates hinausgehende Wirkung der angefochtenen Verfügungen begründet ist, so wird kein Grund vorliegen, die Prüfung durch die Kommission in weiterem Umfange, als dies durch die einzelstaatlichen Verwaltungsgerichte geschehen könnte, zuzulassen. Anderseits wird aber auch die Beifügung der Beschränkung nicht überflüssig sein, zumal in den Abänderungsvorschlägen die Kommission nicht ausdrücklich als ein Gericht oder Verwaltungsgericht bezeichnet und dermalen nach § 26 des Reichsgesetzes vom 21. Oktober 1878 die Zuständigkeit der Beschwerdekommission vermöge des administrativen Charakters dieser Behörde und des an sie zulässigen Rechtsmittels nicht in gleicher Weise beschränkt ist. *Der Gesandte sollte in diesem Sinne eine Ergänzung der preußischen Vorschläge anregen.*

GLA 233/12722 fol. 38 f. Ausf.

986. Großherzogliches Ministerium der Justiz, des Kultus und Unterrichts an das Staatsministerium.

Karlsruhe, 20. Oktober 1889.

[...] Wir können uns mit den seitens Preußens gemachten Vorschlägen ebenfalls in allen Punkten einverstanden erklären und haben insbesondere schon in

unsern früheren Erklärungen für das Wegfallen der jetzt dem Gesetz vom 21. Oktober 1878 beigefügten Zeitbeschränkung uns ausgesprochen.

Bezüglich des vom Gr. Ministerium des Innern gemachten Vorschlags, die Kognition der sog. Beschwerdekommission in der Weise zu beschränken, wie dies bezüglich der Verwaltungsgerichte gegenüber polizeilichen Verfügungen der Fall ist (§ 4 Abs. 2 Ziffer 1, 2 des bad. Ges. vom 14. Juni 1886) möchten wir für zweifelhaft erachten, ob es nötig und zweckmäßig sei, eine derartige Beschränkung durch die Gr. Bevollmächtigten in Anregung bringen zu lassen[a]. Sie würde möglicherweise, falls sie Zustimmung im Bundesrat fände, die Behandlung der Angelegenheit im Reichstage erschweren und würde wohl kaum (bei den sehr dehnbaren Bestimmungen des Gesetzes hinsichtlich des r e c h t l i c h e n Tatbestandes) eine erhebliche praktische Bedeutung haben. Sie wäre auch, hinsichtlich des V e r - b o t s   v o n   D r u c k s c h r i f t e n namentlich, nicht mit dem Hinweis darauf zu begründen, daß jene Beschränkung der Verwaltungsgerichte gegenüber polizeilichen Anordnungen die Regel sei, weil eben ein polizeiliches Druckschriften-Verbot selbst eine auf positiver Gesetzesvorschrift beruhende Ausnahme-Maßregel ist. Wir glauben endlich auch, da jene beschränkende Bestimmung auch im preußischen verwaltungsgerichtlichen Verfahren Platz greift, daß sie schon in den preußischen Vorschlägen Aufnahme gefunden haben würde, wenn man sie von jener Seite für besonders wirksam und angemessen erachtet hätte.

GLA 233/12722 fol. 40 f. Ausf. (a) Randbemerkung Turbans: „Einverstanden".

987. Turban an Marschall.

Karlsruhe, 20. Oktober 1889.

Ihre letzten Berichte[1] *und die Nr. 985. 986* habe ich allerhöchstenorts mit dem Antrage vorgelegt, daß S. K. H. der Großherzog die diesseitige Zustimmung zu den Vorschlägen gnädigst genehmige. Ich glaube nämlich, daß es sich nicht empfehlen würde, das vom Gr. Ministerium des Innern erhobene Bedenken bei dermaliger Sachlage weiter zu verfolgen bzw. bei den dortigen Verhandlungen von hier aus anzuregen. Bestimmtere Weisung bezüglich der diesseitigen Stellungnahme behalte ich mir bis nach Einkunft der Allerhöchsten Entschließung vor.

GLA 233/12722 fol. 42 Konz.

[1] Nr. 983, 984a.

988. Marschall an Großherzog Friedrich.

Berlin, 10. November 1889.

Nachdem E. K. H. jüngst die Gnade gehabt haben, mit mir eingehend über die Gestaltung des Verhältnisses zwischen S. M. dem Kaiser und dem Herrn Reichskanzler zu sprechen[1], halte ich mich verpflichtet, E. K. H. von einer Angelegenheit Kenntnis zu geben, deren Verlauf für die Beurteilung jenes Verhältnisses charakteristisch ist und deren Einzelheiten mir gegen die Zusage, nur allerhöchst denselben darüber zu berichten, vertraulich mitgeteilt worden sind:

Bereits im Frühjahre d. J. wurde von dem bekanntlich gemäßigten Zentrumsmitgliede Grafen Conrad Preysing sowohl bei Staatsminister von Boetticher wie Herrn von Rottenburg die Rückberufung der Redemptoristen unter Hinweis darauf in Anregung gebracht, daß diese Konzession die Stellung der konservativen Katholiken Bayerns in erwünschter Weise stärken werde. Nachdem damals dieser Anregung eine weitere Folge nicht gegeben worden war, wurde die Angelegenheit in Unterredungen des Papstes mit Herrn von Schlözer wie auch durch vertrauliche Schritte des Nuntius Agliardi[2] und endlich in Besprechungen des Freiherrn von Crailsheim mit dem Gesandten Grafen Rantzau wieder aufgenommen und dabei die Geneigtheit der bayerischen Regierung, eventuell einen bezüglichen Antrag im Bundesrat zu stellen, kundgegeben. Nunmehr wurde ein Gutachten des Kultusministers von Goßler erhoben, der sich sehr entschieden gegen die Wiederzulassung des Ordens aussprach und hiernach S. M. Vortrag erstattete, allerhöchstwelcher sich in einer eigenhändigen Randbemerkung dahin äußerte, daß, nachdem Zweifel darüber beständen, ob die Redemptoristen den Jesuiten affiliert seien oder nicht, dieser Zweifel ihm allein genüge, um die Rückberufung des Ordens abzulehnen. Statt nun infolge dieser kaiserlichen Entscheidung in München abzuwiegeln, gab der Herr Reichskanzler dem Auswärtigen Amte Befehl, den Ausspruch S. M. nach außen hin nicht kundzugeben, und richtete gleichzeitig ein eigenhändiges Schreiben an Minister von Lutz[3], dessen Konzept dem Auswärtigen Amte nicht mitgeteilt wurde, sondern versiegelt auf der Reichskanzlei in Verwahrung blieb. Die Vermutung, die auf Grund früherer Vorgänge im Auswärtigen Amte sofort gehegt wurde, daß der Herr Reichskanzler Herrn von Lutz in entgegenkommendem Sinne geschrieben und von dem kaiserlichen Ausspruche keine Kenntnis gegeben habe, fand demnächst darin ihre Bestätigung, daß nicht nur Freiherr von Crailsheim weiterhin mit dem Grafen Rantzau verhandelte, sondern auch Graf Lerchenfeld sofort nach seiner Rückkehr aus dem Urlaub die Angelegenheit von neuem zur Sprache brachte und bei Herrn von Bötticher sich über die Chancen eines etwaigen Antrags Bayerns im Bundesrate erkundigte. Herr von Bötticher — der mir schon damals, vor etwa vier Wochen, über die Sache sprach und der Besorgnis Ausdruck gab, daß sich aus der Angelegenheit ein Konflikt zwischen Kaiser und Kanzler entwickeln könne — hielt sich nunmehr, um dieser Gefahr vorzubeugen, nach Rücksprache mit dem damaligen Leiter des Auswärtigen Amtes Herrn von Holstein, für verpflichtet, den Grafen Lerchenfeld — entgegen dem ergangenen Befehle des Reichskanzlers — von dem ablehnenden Ausspruch S. M. behufs Berichterstattung an die bayerische Regierung vertraulich Kenntnis zu geben. Graf Lerchenfeld hat dann auch sofort in diesem Sinne nach München geschrieben.

Vergangenen Mittwoch, den 6., traf nun folgendes Telegramm des Kaisers — datiert Yldiz Kiosk — an den Herrn Reichskanzler ein:

„Ich entnehme der Nationalzeitung und der Kölner Zeitung, daß gegenwärtig in München mit Aussicht auf Erfolg im Bundesrate die Frage der Rückberufung der Redemptoristen besprochen wird. Ich beauftrage Euer Durchlaucht, dem Bundesrate von mir aus mitzuteilen, daß ich in die Rückberufung dieses Ordens niemals willigen kann und werde, welches auch die Umstände seien. Ich habe den Grafen Rantzau telegraphisch behufs Mitteilung an die bayerische Regierung verständigt. Erbitte Antwort Corfu." —

Gleichzeitig kam ein Telegramm des Grafen Bismarck an seinen Vater des Inhalts: „S. M. habe auf Grund ihm vorgelegter Zeitungsausschnitte das Telegramm wegen der Redemptoristen dem Chiffreur selbst diktiert. Er — Graf Bismarck — habe sodann S. M. darauf aufmerksam gemacht, daß er ja schon früher über diese Angelegenheit Vortrag erstattet habe, der Reichskanzler auch die Anschauung des Kaisers kenne, das Telegramm also gegenstandslos sei, worauf der Kaiser erwidert habe, daß er sich freue zu hören, daß der Reichskanzler seine Anschauung teile." —

Ein drittes Telegramm endlich, von Herrn von Lucanus[4] an Herrn von Bötticher gerichtet, beauftragte letzteren, im Bundesrate nach Maßgabe der dem Reichskanzler erteilten Instruktion zu verfahren. —

Auf das kaiserliche Telegramm hat sodann der Herr Reichskanzler, durch den z. Z. in Friedrichsruhe als Chef der Reichskanzlei fungierenden Herrn von Brauer[5] dem Auswärtigen Amte den Befehl zugehen lassen, den Grafen Rantzau von dem Inhalte des Telegramms mit der Maßgabe zu verständigen, daß er k e i n e I n i t i a t i v e zu einer amtlichen Äußerung ergreifen solle; desgleichen sei Herrn von Bötticher mit dem Bemerken Kenntnis zu geben, daß eine Anregung im Bundesrate zunächst abzuwarten sei. — Dem Kaiser wurde nach Corfu telegraphiert, „daß Graf Rantzau und Herr von Bötticher von dem Inhalte des Telegramms verständigt seien." —

Wenn ich auch annehme, daß infolge des klugen Vorgehens des Herrn von Bötticher die bayerische Regierung nach Kenntnisnahme des ersten kaiserlichen Ausspruchs von einer weiteren Betreibung der Redemptoristenfrage Umgang nehmen[6] und dadurch der Möglichkeit eines Konflikts zwischen Kaiser und Kanzler die Grundlage entzogen sein wird, so sind doch die erwähnten Vorgänge nach zwei Richtungen hin sehr charakteristisch: einmal für die Art, wie der Herr Reichskanzler mit kaiserlichen Befehlen umzugehen pflegt — Graf Rantzau hat den kaiserlichen Befehl, der bayerischen Regierung amtliche Mitteilung zu machen, und die kanzlerische Weisung, keine diesbezügliche Initiative zu ergreifen — ferner aber dafür — und dieses Moment scheint mir das wenigst erfreuliche zu sein — daß der Kaiser bezüglich der Befolgung seiner Befehle kein volles Vertrauen zum Reichskanzler hat. Da S. M. sich sicherlich des früher erstatteten Vortrags und seiner damaligen Äußerung erinnert hat, so kann das jüngste Telegramm nur dem Mißtrauen entspringen, daß der Reichskanzler die Angelegenheit nicht im Sinne jener kaiserlichen Äußerung behandelt habe. In diesem Sinne hat, nach dem Inhalte seines Telegrammes zu urteilen, auch Graf Bismarck das Vorgehen S. M. beurteilt. —

E. K. H. muß ich ferner berichten, daß in den Kreisen höherer Militärs das Verhalten des Grafen Waldersee bei den jüngsten Kaisermanövern vielfach einer ernsten Kritik unterzogen wird; man wirft dem Grafen vor, daß er selbst bei augenfälligen Fehlern, die S. M. bei der Truppenführung begangen, kein Wort der Kritik gefunden habe und daß er sogar in seiner Konnivenz gegen den Kaiser so weit gegangen sei, daß er, wenn er wahrnahm, daß eine Operation des Kaisers scheitern werde, die Gegenpartei durch Ordonnanzen veranlaßt habe, die darauf gerichteten Bewegungen zu unterlassen. Ein höherer Offizier soll dieses Verfahren des Grafen Waldersee als „die Organisation der Niederlage" bezeichnet haben. Mein Gewährsmann, der dem Grafen Waldersee befreundet ist und ihn hoch schätzt, hat es für seine Pflicht gehalten, ihn auf diese Dinge rückhaltlos aufmerksam zu machen; er sagt mir, daß Graf Waldersee über diese Mitteilungen sehr ernst gewesen sei und mit Entschiedenheit die Richtigkeit seiner Kritiken verteidigt, dabei allerdings eingeräumt habe, daß er ein oder das andere Mal Bewegungen, die der Kaiser geleitet, dadurch habe gelingen machen, daß er der feindlichen Partei entsprechende Weisungen habe zugehen lassen[7].

Über die Folgen des jüngsten Zarenbesuchs[8] auf die russische Stimmung äußert sich, wie ich höre, der hier anwesende Militärbevollmächtigte Graf York[9] — ein nach meinen Wahrnehmungen sehr scharfsichtiger Beurteiler — sehr ungünstig: Die russischen Herren seien nach Petersburg mit einem Chauvinismus und einem Hochmute zurückgekehrt, der alle Grenzen übersteige; es werde ganz offen und sogar an der kaiserlichen Hoftafel davon gesprochen, daß Deutschland demütig und reumütig wegen seiner bisherigen Politik um Verzeihung gebeten und Zusicherungen besseren Verhaltens für die Zukunft gegeben habe. — Ich kann mich bei aller Bescheidenheit doch des Eindrucks nicht erwehren, daß der Herr Reichskanzler nicht wohl daran getan hat, indem er S. M. den Kaiser dazu bewogen hat, anstelle der kühlen Zurückhaltung eine Wärme des Entgegenkommens treten zu lassen, die der Zar in keiner Weise erwidert hat und die nach allen Erfahrungen bei den Russen kein Verständnis findet. Auch hat meines Erachtens die Unterredung zwischen dem Zaren und dem Herrn Reichskanzler die Sachlage einigermaßen auf den Kopf gestellt: Während w i r in der Lage gewesen wären, Aufklärungen und Zusicherungen über die russische Politik und besonders über die militärischen Vorbereitungen an der Grenze zu verlangen, erhält jene Unterredung dadurch ihr charakteristisches Gepräge, daß man diesseits bemüht war, den Zaren zu beruhigen und ihm Zusicherungen über die Friedensliebe Deutschlands zu geben, während von seiner Seite nur die wertlose Zusage erteilt wurde, daß er niemals Deutschland angreifen werde. Ich bin weit entfernt davon zu beabreden, daß die durch jene Unterredung erzielte — vorrübergehende — Beruhigung des Zaren an sich ein Erfolg ist, ich fürchte aber, daß die Steigerung des russischen Chauvinismus, welche durch das Gesamtbild der Begegnung bereitet worden ist, diesen Erfolg weitaus aufwiegt. — [. . .]

GLA FA Korresp. 13 N 451 Ausf., 49/2018 Reinkonz. Aus dem letzten Absatz zitiert bei *Gagliardi* II S. 56 Anm. 362 r.

[1] Vgl. Hohenlohe über ein Gespräch mit Großherzog Friedrich in Baden-Baden (26. Okt. 1889): „Nach Tisch hatte ich ein längeres Gespräch mit dem Großherzog, der sich über Bismarck beklagte. Dieser sei gegen ihn erbittert, weil er dem Kaiser Gelegenheit gegeben habe, sich über die Schweiz günstig auszusprechen, und noch wegen andrer Dinge. Der Großherzog sagte dann: ‚Der Kaiser hat den Fürsten auch bis hierher' — dabei zog er die Linie nicht am Hals, wie dies gewöhnlich bei dieser Redensart geschieht, sondern an den Augen. Ebenso sei ihm Herbert zuwider. Ich meinte: ‚Ja, er hat ihn ja nach Athen mitgenommen' [18. Okt. bis 15. Nov. 1889 Reise des Kaiserpaares nach Athen und zum Sultan, 26.—31. Okt. Vermählung der Prinzessin Sophie von Preußen (1870—1932) mit Kronprinz Konstantin von Griechenland (1868-1923)], — worauf der Großherzog sagte: ‚Ja, er ist nun einmal da!' Der Kaiser wolle sich jetzt, so lange er ihn noch für die Bewilligung der Militärvorlage brauche, nicht mit ihm überwerfen. Später werde er ihn nicht mehr halten" (Denkwürdigkeiten II S. 458 f.).
[2] Antonio Agliardi (geb. 1832), Kardinal, 1884 apostol. Bevollmächtigter für Indien, 1887 Sekretär der Kongregation für außerordentl. kirchl. Angelegenheiten, 1889 Nuntius in München, 1892 in Wien.
[3] Bismarck an Lutz, 6. Aug. 1889: Ges. Werke VIc Nr. 415.
[4] Hermann v. Lucanus (1831—1908), 1859 im preuß. Kultusministerium Hilfsarbeiter, 1866 Reg. Rat, 1871 vortrag. Rat, 1878 Min. Direktor, 1881 Unterstaatssekretär, 1888 Chef des Zivilkabinetts Wilhelms II. unter Erhebung in den erblichen Adelsstand.

[5] Arthur v. Brauer (1845—1926), 1872—90 im Dienst des Ausw. Amtes, 1890 bad. Bundesratsbevollmächtigter, 1893 bad. Minister d. grhgl. Hauses u. des Äußeren, 1901—05 Staatsminister.

[6] Am 13. Nov. 1889 wird im bayerischen Landtag der Antrag des Zentrums auf Rückberufung der Redemptoristen angenommen (*Schultheß* S. 135 f.).

[7] Der letzte Absatz gedr. *Gagliardi* I S. 246 f. Anm. 310a. Zur Sache: *Eulenburg, Aus 50 Jahren* S. 284 ff.

[8] Vgl. Nr. 982 Anm. 1 u. Nr. 983.

[9] Maximilian Graf York v. Wartenburg, Hauptmann beim Militärbevollmächtigten bei der Botschaft in Petersburg.

989. Marschall an Turban.

Berlin, 19. November 1889.

In der gestrigen Sitzung der Sozialistenkommission des Reichstags wurde § 24 — früher § 28 — des Gesetzes einer eingehenden Beratung unterzogen. Seitens der Nationalliberalen gab der Abgeordnete Dr. Buhl die bestimmte Erklärung ab, daß die nationalliberale Partei nicht in der Lage sei, die im § 24 vorgesehene Ausweisung in einem dauernden Gesetze zu votieren, während der Abgeordnete von Helldorff namens seiner Freunde die Annahme des Paragraphen nach der Regierungsvorlage mit dem Bemerken befürwortete, daß seine Partei nicht in der Lage sei, einem Gesetze zuzustimmen, welches der Regierung diese wirksamste Waffe gegen die Sozialdemokratie entziehe. Minister Herrfurth verteidigte die Regierungsvorlage, indem er zugab, daß von der Ausweisung in früherer Zeit ein zu ausgiebiger Gebrauch gemacht wurde; dieselbe sei jedoch in den größeren Städten unentbehrlich, um ernsteren Vorgängen vorzubeugen. Nachdem noch der Abgeordnete Reichensperger, der Abgeordnete Singer[1] und der Abgeordnete Carolath (Reichspartei), letzterer für seine Person, gegen die Ausweisung gesprochen hatten, wurde die Fortsetzung der Beratung auf Donnerstag, den 21. d. M. abends vertagt.

Ich habe mich noch gestern abend nach der Sitzung gegenüber Herrn Staatsminister von Bötticher dahin ausgesprochen, daß es meines Erachtens angesichts der bestimmten und, wie ich wüßte, unwiderruflichen Erklärung der Nationalliberalen in erster Reihe darauf ankomme zu verhindern, daß die zwischen den Kartellparteien unter sich bzw. den Nationalliberalen und der Regierung bestehende Differenz im Plenum zum Austrag komme. Schon aus den in der Kommission gefallenen polemischen Äußerungen und Gegenäußerungen zwischen Nationalliberalen und Konservativen könne man sich ein ungefähres Bild des Verlaufs der Angelegenheit im Plenum machen; — für den Bestand des Kartells und damit für den Ausfall der Wahlen werde es aber geradezu verhängnisvoll sein, wenn die letzte Session des Reichstags damit abschließe, daß in der wichtigsten aktuellen Frage der innern Politik die Kartellparteien sich gegenseitig bekämpfen und das Sozialistengesetz mangels einer Einigung unter denselben verworfen werde. Wenn also bis zur zweiten Lesung eine Verständigung nicht erreicht werde, die, wenn die Regierung das Gesetz ohne § 24 nicht annehmen wolle, vielleicht dahin möglich erscheine, daß man den § 24 nur mit Beschränkung auf eine bestimmte Geltungsfrist votiere, so müßte ich es für besser erachten, auf die weitere Beratung des Gesetzes in irgend einer Form zu verzichten und den Reichstag nach Erledigung des Etats und des Bankgesetzes[2] zu schließen, als dem deutschen Volke jetzt das

Schauspiel zu geben, daß Nationalliberale und Konservative sich in den Haaren liegen und zunächst die Ausweisung mit den Stimmen der Nationalliberalen, des Zentrums und der Freisinnigen gegen die Konservativen, schließlich aber das ganze Gesetz mit den Stimmen der Konservativen, des Zentrums und der Freisinnigen gegen die Nationalliberalen zu Falle komme. Die Reichstagswahlen würden sich angesichts der ungelösten Frage des Sozialistengesetzes günstiger vollziehen als nach einem Eklat wie der vorstehend geschilderte.

Staatsminister von Bötticher versprach mir, die Sachlage zu erwägen; soeben teilte er mir mit, daß er in meinem Sinne an den Herrn Reichskanzler geschrieben und seine Entschließung erbeten habe. Ich hoffe, daß der Herr Reichskanzler auf Grund dieser Mitteilung die schroffe Haltung, die er bei seiner jüngsten Unterredung mit Herrn von Bötticher eingenommen, aufgeben und sich zu einem Einlenken bereit zeigen wird. Persönlich würde ich ein dauerndes Gesetz für akzeptabel erachten auch ohne die Ausweisung, die selbst Herr Staatsminister Herrfurth als ein zweischneidiges Schwert bezeichnet und überhaupt sehr matt verteidigt hat; eventuell wäre es nicht allzu schwer, auf anderer Grundlage zu einem Kompromiß zu gelangen. Jedenfalls ist die gegenwärtige Zeit zu einer Kraftprobe der Regierung gegenüber den Nationalliberalen die denkbar ungünstigste.

GLA 233/12722 fol. 115 f. Ausf., dem Großherzog vorgelegt.

[1] Paul Singer (1844—1911), 1884—1911 sozialdemokratischer Reichstagsabgeordneter (Wahlkreis 4 Berlin).
[2] Betr. Reichsbank am 6. 12. 1889 (*Schultheß* S. 147).

990. Marschall an Turban.

Berlin, 21. November 1889.

Ich erlaube mir anzuzeigen, daß mich Staatsminister von Bötticher heute Nachmittag im Reichstag in sein Zimmer rufen ließ und mir daselbst Kenntnis von einem heute früh eingegangenen Schreiben des Herrn Reichskanzlers gab des Inhalts, daß die verbündeten Regierungen in der dem Reichstage gemachten Vorlage bereits bis an die Grenzen der zulässigen Konzessionen gegangen seien, daß daher an der unveränderten Annahme des § 24 festzuhalten, die Beifügung einer Geltungsfrist für diesen Paragraphen abzulehnen und auf der Durchberatung des Gesetzes im Plenum, welches auch das voraussichtliche Ergebnis sein möge, zu bestehen sei.

Ich habe darauf nochmals Anlaß genommen, sowohl Herrn von Bötticher wie dem bei unserer Unterredung anwesenden Grafen Herbert Bismarck meine Anschauung dahin auszusprechen, daß die von den Nationalliberalen inzwischen in Aussicht gestellte Bewilligung des Ausweisungsrechts auf etwa vier Jahre, bei Annahme der übrigen Gesetzesbestimmungen auf Dauer seitens der Regierung akzeptiert werden könnte, unter allen Umständen aber eine Durchberatung der Vorlage im Plenum ohne vorhergegangene Verständigung zu einem Kampf unter den Kartellparteien führen müsse, der den Bestand des Kartells für die nächste Wahl aufs äußerste gefährden würde, zumal die der konservativen Partei angehörigen Kartellgegner — Herr von Hammerstein[1] und Genossen — die Gelegenheit mit Freuden ergreifen würden, um die Kluft zu erweitern und ihre Sonderzwecke zu fördern. Herr von Bötticher ließ sodann Herrn von Bennigsen zu sich rufen.

GLA 233/12722 fol. 118 Ausf., dem Großherzog vorgelegen.

[1] Wilhelm v. Hammerstein (1838—1904), konservativer Abgeordneter 1876—93 des preuß. Abgeordnetenhauses, 1881—90 u. 1892—95 des Reichstags, Führer der um die Kreuzzeitung gruppierten antisemitisch-christlich Konservativen, 1896 wegen betrügerischer Manipulationen zu drei Jahren Zuchthaus verurteilt.

991. Großherzog Friedrich an Gustav Freytag.

Schloß Baden, 22. November 1889.

Empfangen Sie meinen herzlichen Dank für die freundliche Zusendung Ihrer neusten Publikation „Der Kronprinz und die deutsche Kaiserkrone". Mit besonderer Dankbarkeit habe ich aus Ihrem werten Begleitschreiben[1] die Motive entnommen, welche Sie zur Veröffentlichung Ihrer Erinnerungen aus bewegter Zeit veranlaßten, und mit Interesse konnte ich wahrnehmen, daß S. M. der Kaiser seine Beistimmung zu der Schrift Ihnen kundgegeben hat.

Sie schließen Ihr freundliches Schreiben mit dem Ausdruck Ihres Wunsches — ich möge aus der Durchsicht Ihrer Schrift die Ansicht erhalten, daß der Verfasser nach dem Maße seiner Einsicht ehrlich und loyal geurteilt hat. —

Mit diesem Schlusse fange ich nun an, denn darauf kommt es im Leben doch hauptsächlich an, daß man sich versteht, daß man sich ganz und ehrlich erkennt und an die Lauterkeit der Absichten eines alten guten Bekannten gerne glaubt.

Darüber herrscht kein Zweifel zwischen uns, und mit dieser Überzeugung habe ich Ihre Schrift gelesen. Ich gehöre wohl zu denjenigen, welche den „Kronprinzen" zu beurteilen vermögen, und sage Ihnen daher — Ihre Erzählungen und Schilderungen machen mir den Eindruck photographischer Aufnahme[n] der Persönlichkeit in Wesen und Geist. — Ich bedaure nur, daß Ihre Erzählungen über den wichtigen Gegenstand, den Sie zum Titel Ihrer Schrift nahmen, in einem Zeitpunkt abbrechen, da diese Fragen erst recht in den Zug der Entwicklung eintraten. — Da ich diese Entstehungsgeschichte miterlebte und in täglichem Verkehr mit dem „Kronprinzen" die fortschreitende Reife beobachten konnte, welche aus dem geistigen Kampfe mit dem praktischen Leben erstand, so möchte ich wohl wünschen, daß das Urteil über den teueren Verstorbenen noch vervollständigt werden könnte! Das muß wohl einer späteren Zeit vorbehalten werden. [...]

GLA 60/196 eig. Konz. Kanzleivermerk: „Abg. am 23. 11. 89 z. Unterschrift (mit Datum 22. 11. 89)".

[1] Nicht vorhanden.

992. Großherzog Friedrich an Philipp zu Eulenburg.

Schloß Baden, 23. November 1889.

Dank für Schreiben aus Oldenburg, 30. Okt. und die Begründung eines festen Vertrauensverhältnisses nach der letzten Besprechung. Wegen Redemptoristenfrage[1] habe ich Nachforschungen angestellt; sie muß zu einer trennenden Entscheidung führen wegen Nichtbeachtung kaiserlicher Befehle durch Bismarck. Noch ernster ist Zerfall des Kartells wegen Ablehnung des Ausweisungsparagraphen im Sozialistengesetz durch die Nationalliberalen gegen Bismarcks Willen. Der Reichs-

kanzler treibt uns in einen schweren Konflikt, für den er selbst nicht mehr die Kraft besitzt, die seiner früheren Autorität entsprach. *Wichtiger als der Ausweisungsparagraph ist die Erhaltung einer starken Ordnungspartei, die die Autorität des Kaisers kräftig zu unterstützen versteht. Ihr Einfluß als Freund des Kaisers ist größer als der meine. Es wäre wünschenswert, wenn beim Kaiser endlich eine ruhige stetige Arbeitszeit einträte.*

GLA FA Korresp. 13 Bd. 51 Fasz. 123 Nr. 1 eig., gedr. *Röhl* (vgl. oben Nr. 935).

¹ Vgl. Nr. 988.

993. Marschall an Turban.

Berlin, 23. November 1889.

Ganz vertraulich! Ew. Exz. beehre ich mich *[. . .]* ergebenst zu berichten, daß der Führer der Konservativen, Herr von Helldorff, nachdem er gestern früh durch Herrn von Rottenburg von der Entschließung des Reichskanzlers bezüglich des Sozialistengesetzes Kenntnis erhalten und demnächst mit Herrn von Bennigsen Rücksprache genommen hatte, nach der Reichstagssitzung den Grafen Bismarck aufgesucht und ihm Folgendes erklärt hat: Er vernehme zu seinem Bedauern, daß der Herr Reichskanzler sich angesichts der bezüglich des Sozialistengesetzes bestehenden Differenz dahin entschieden habe, auf der unveränderten Annahme des § 24 der Regierungsvorlage zu bestehen und in eine Hinausschiebung der Erledigung des Gesetzes bis nach den Wahlen nicht zu bewilligen. Die zur Zeit zwischen der konservativen und der nationalliberalen Partei bestehende Differenz ins Plenum zu bringen, würde zu einer schweren Schädigung des Kartellgedankens führen. Wolle der Herr Reichskanzler von seiner 15 Jahre lang verfolgten und durch die große staatsrechtliche Aktion von 1887 mit Erfolg gekrönten Politik abweichen und andere Bahnen gehen, so glaube er — Herr von Helldorff — sich verpflichtet, offen auszusprechen, daß die konservative Partei ihm dabei nicht zu folgen vermöge. Die konservative Partei erachte den unveränderten Fortbestand des Kartells gerade jetzt für eine absolute Notwendigkeit und werde aus dieser Anschauung bei der weiteren Beratung des Sozialistengesetzes die Konsequenz ziehen. Beharre der Herr Reichskanzler auf dem Entschluß, weder einem bezüglich des § 24 leicht erreichbaren Kompromisse noch einer Verschiebung der Erledigung des Gesetzes zuzustimmen, so werde die Konservative Partei eine Verständigung mit der Nationalliberalen Partei suchen, das Gesetz nach Maßgabe derselben votieren und der Regierung überlassen, dasselbe anzunehmen oder abzulehnen. Graf Bismarck gab das große Gewicht der ihm vorgetragenen Gründe zu und versprach Herrn von Helldorff, sofort an seinen Vater in diesem Sinne zu schreiben. Die Antwort wird Montag oder Dienstag erwartet.

Nach allem, was ich in den letzten Tagen vernommen habe, kann ich nicht daran zweifeln, daß der Herr Reichskanzler gegenwärtig nicht nur durch seinen Ärger auf die Nationalliberalen, sondern auch dadurch influiert wird, daß S. M. der Kaiser in jüngster Zeit wiederholt mit einer dem Kanzler unerwünschten Selbständigkeit in die innere Politik eingegriffen und speziell, ohne vorher seinen Rat einzuholen, für das Kartell eingetreten ist (vgl. meinen Bericht vom 7. Oktober¹). Je größer hiernach die Gefahr der augenblicklichen Situation erscheint, um so mehr dürfte die Tatsache zu begrüßen sein, daß die Führer der nationalliberalen und konservativen Partei in voller Erkenntnis der Schwierigkeit der Lage zu einem Zusammengehen selbst gegen den Willen des Reichskanzlers entschlossen sind. Es handelt sich darum, zu zeigen, daß der Kartellgedanke stärker ist als der Reichskanzler; in dieser Beziehung wird die entschiedene Haltung Helldorffs nicht ohne Wirkung bleiben, da dem Herrn Reichskanzler nach allen Erfahrungen ein entschlossener Widerstand am ehesten imponiert.

Ich hoffe daher, daß der Herr Reichskanzler sich doch noch besinnen wird, ehe er die Dinge auf die Spitze treibt. Bleibt er bei seinem Entschlusse, so wird mit der Eventualität zu rechnen sein, daß er zur zweiten oder dritten Lesung im Plenum erscheint und eine große Rede hält. Der Gefahr, welche daraus dem Zusammenhalt unter den Konservativen drohen würde, könnte nur dadurch vorgebeugt werden, daß die konservativen Führer in der Lage wären, den auf Erhaltung des Kartells gerichteten kaiserlichen Willen zur Geltung zu bringen. Wie ich vernehme, ist auch die Frage, in welcher Weise eventuell S. M. von der Sachlage informiert werden soll, von Herrn von Bennigsen und Herrn von Helldorff in den Kreis ihrer Erwägungen gezogen worden.

GLA 233/34798 Ausf., erhalten u. dem Großherzog vorgelegt 24. 11., zurück 26. 11. 89; 49/2018 Konz.; gedr. *Gradenwitz* S. 79 f.

[1] Nr. 981 Anm. 3.

994. Marschall an Turban.

Berlin, 26. November 1889.

Ganz vertraulich! *[...]* Herr von Helldorff erzählte mir über die Unterredung, die er mit dem Herrn Reichskanzler gepflogen, Folgendes[1]: Er habe zunächst dem Fürsten ganz offen seine Anschauung dahin ausgesprochen, daß die Aufrechterhaltung des Kartells eine gebieterische Notwendigkeit sei und alles vermieden werden müsse, dasselbe zu schädigen; auch sei zu beachten, daß die bezüglich des Sozialistengesetzes schwebende Differenz in keiner Weise geeignet sei, bei den Wahlen verwertet zu werden, denn es handle sich nicht um das Sozialistengesetz im Ganzen, sondern um eine spezielle Maßregel, über deren Nützlichkeit bis in die konservative Partei hinein eine verschiedenartige Auffassung bestehe. Auf diese Darlegung habe der Reichskanzler zunächst ziemlich schroff seinen Standpunkt dahin gekennzeichnet, daß niemand der Regierung eine weitere Nachgiebigkeit zumuten könne, dieselbe würde sich etwas vergeben, wenn sie noch weitere Konzessionen machte; er werde selbst in den Reichstag kommen und seine Stellung klarlegen. Dabei beabredete er die Absicht, das Kartell zu brechen, ohne jedoch näher auf die Anschauungen des Herrn von Helldorff einzugehen, vielmehr kam er stets wieder darauf zurück, daß die Regierung sich etwas vergebe und daß sie das zugkräftigste Mittel für die Wahlen aus der Hand gebe. Jeder Wähler, der sich 10 Mark gespart, habe ein Interesse an der Bekämpfung der Sozialdemokratie, die ihm diesen Besitz nehmen wolle. Die Regierung dürfe in diesem Kampfe „nicht schlapp" werden, sie sei bereits an die äußerste Grenze gegangen. Wenn Herr von Helldorff sich mit den Nationalliberalen verständigen wolle, so möge er dies tun. Wenn schließlich nur noch eine geringe Differenz übrig bleibe, so werde der Bundesrat entscheiden, ob er das Gesetz annehmen oder ablehnen wolle. Herr von

Helldorff bemerkte darauf, daß, wenn bei den Wahlen das g a n z e Gesetz zur Diskussion stehe, „das Pferd besser ziehen werde" als jetzt und es sich daher fragen werde, ob man nicht am besten das Gesetz ajourniere. Der Herr Reichskanzler möge doch überlegen, welche Stimmung entstehen werde, wenn er im Reichstage in dem von ihm angedeuteten Sinne spreche und gegen die Nationalliberalen vorgehe; ein Teil der Rechten werde über die Schläge jubilieren, die er den Nationalliberalen versetze, während die linke Seite der letzteren wieder eine starke Attraktionskraft nach den Deutsch-Freisinnigen verspüren werde. Fürst Bismarck erwiderte nochmals, die Konservativen möchten sich doch mit den Nationalliberalen verständigen, er habe nichts dagegen; ob die Regierung einen Kompromiß annehmen werde oder nicht, werde sich später im Bundesrate entscheiden. Das Ajournieren des Gesetzes würde er für eine „Feigheit" der Regierung halten, er müsse vom Reichstag seine Quittung haben. Dabei kritisierte er in sehr scharfen Äußerungen die jüngste Bemerkung des Abgeordneten von Bennigsen bezüglich eines Reichsfinanzministers[2]; es sei ihm unbegreiflich, wie dieser Mann eine solche Forderung aufstellen könne. Demnächst sprach er sich über die jüngste Erklärung des Kriegsministers auf die Anfrage des Abgeordneten Richter bezüglich des Grafen Waldersee aus; er würde ganz anders erwidert haben wie Herr von Verdy und sein Sohn[3]. Die Anfrage entspreche der bekannten demokratischen Art; Richter sei Republikaner, seine Tendenz sei, den Kaiser zu diskreditieren. Ihm — dem Reichskanzler — könne es nur erwünscht sein, wenn der Kaiser sich öfters mit einem so klugen Manne wie Graf Waldersee bespreche. Endlich sprach sich der Fürst noch tadelnd über den Staatsminister von Lucius aus.

Kurz vor Tisch frug der Reichskanzler Herrn von Helldorff nochmals scherzend: „Sie wollen mich also nicht in Berlin?" worauf Helldorff bestimmt erwiderte „Nein". Am späten Abend fand letzterer noch Gelegenheit, die Sache zu einem gewissen Abschluß zu bringen, indem er den Kanzler frug: Die Regierung gibt also nicht nach? Antwort „Nein". „Dann werde ich", fuhr Herr von Helldorff fort, „in der Überzeugung von der unbedingten Notwendigkeit des Kartells eine Verständigung mit den Nationalliberalen suchen", worauf Fürst Bismarck entgegnete, daß er dies tun könne, denn ihm sei „die Erhaltung des Kartells wichtiger als das ganze Sozialistengesetz".

Herr von Helldorff sagte mir, daß die letztere Äußerung ihn einigermaßen erstaunt habe, da der Fürst während der Unterredung am Nachmittage einer bestimmten Zusicherung in diesem Sinne ausgewichen sei[4].

Während der heutigen Reichstagssitzung ist Herr von Helldorff mit Herrn von Bennigsen dahin übereingekommen, daß seitens der Kartellparteien die Beratungen der heute abend beginnenden II. Lesung in der Kommission etwas dilatorisch behandelt werden sollten, damit, bis die Beratung zum § 24 vorgeschritten ist, Raum für eine Verständigung geschaffen werde. Leider ist, wie ich glaube, unter dem Einflusse des Abgeordneten Miquel, der gestern hier eingetroffen ist, bei den Nationalliberalen eine starke Strömung gegen Bewilligung der Ausweisung selbst mit begrenzter Geltungsdauer vorhanden, und liegt im Augenblick von jener Seite nur das Angebot vor, der Regierung gegen völligen Verzicht auf die Ausweisung die Fakultät zu geben, solchen, die auf Grund des bisherigen Gesetzes ausgewiesen sind, während eines gewissen Zeitraums die Rückkehr zu verweigern. Da für eine so weit gehende Änderung der Vorlage die Konservativen nicht zu gewinnen sein werden, so ist die Lage immer noch recht unsicher, zumal eine Verständigung unter den Parteien, wenn das placet der Regierung nicht in Aussicht gestellt werden kann, naturgemäß große Schwierigkeit bietet. Dazu kommt, daß — wie Herr von Brauer dem Abgeordneten von Helldorff auf eine bezügliche Anfrage erklärt hat, der Reichskanzler auf Herrn von Bennigsen dermalen so schlecht zu sprechen ist, daß ein direkter Meinungsaustausch zwischen beiden unmöglich erscheint.

GLA 233/34798 Ausf., erhalten u. dem Großherzog vorgelegt 27. 11., zurück 30. 11. 89; 49/2018 Konz.; gedr. *Gradenwitz* S. 81 ff.

[1] Vgl. die Parallelberichte: v. *Helldorff-Bedra,* Der Fall des Sozialistengesetzes, Deutsche Revue 25 (1900), I S. 273 ff. (Helldorffs Darstellung lag 1900 dem Kaiser zur Stellungnahme vor; vgl. H. *Rothfels,* Zur Bismarck-Krise 1890, HZ 123 (1921), S. 188 f.); des sächs. Gesandten Grafen Hohenthal an Staatsminister v. Fabrice vom 27. Nov. 1889: H. *Richter,* Aus kritischen Tagen, Deutsche Rundschau 190 (1922) S. 152 f.; die Erklärung des ursprünglich als Begleiter Helldorffs vorgesehenen Abg. Wilh. v. Kardorff vom 6. Okt. 1898: Fr. *Thimme,* Bismarck u. Kardorff, Deutsche Revue 42 (1917) S. 79 f. — Wilhelm v. Kardorff (1828—1907), Vertrauensmann Bismarcks, 1868—76 Mitglied des preuß. Abgeordnetenhauses, 1868—1906 des Reichstags. — Tgb. Marschall: „26. 11. 89. Helldorff erzählt mir, daß er gestern in Friedrichsruhe war. (Die Haltung des Reichskanzlers eigentümlich.)" (Oberkirch, Besitz Frau v. Seyfried).
[2] Bennigsens Rede im Reichstag am 30. Okt. 1889 (*Schultheß* S. 140).
[3] Anfrage des Abg. Richter bei der Beratung des Etats des Auswärtigen Amts im Reichstag am 22. Nov. 1889, ob Graf Waldersee als Chef des Generalstabs der Armee die auswärtige Politik Bismarcks durchkreuze (*Schultheß* S. 142 f.).
[4] Das Wahlkartell der Freikonservativen, der Deutschen Reichspartei und der Nationalliberalen kam in der Besprechung ihrer Delegierten am 28. Nov. 1889 zustande; der Wortlaut bei *Schultheß* S. 145.

995. Großherzog Peter von Oldenburg an Großherzog Friedrich.

Oldenburg, 27. November 1889.

Sehr lange habe ich Dir nicht geschrieben, nicht daß ich nicht oft in Gedanken bei Euch geweilt hätte. Mit lebhafter Teilnahme haben wir immer alles verfolgt, was die Zeitungen über Euch berichteten, und uns gefreut, daß sie im allgemeinen Günstiges brachten, vor allem die Genesung Eueres Sohnes. Heute ist es nun ein äußerer Anlaß, der mir die Feder in die Hand gibt, da ich gerne Deine Ansicht vernehmen möchte über eine Angelegenheit von prinzipieller Wichtigkeit, die dieser Tage an mich herangetreten ist. Das Generalkommando in Hannover hat in vertraulicher Weise angefragt, ob die kürzlich erlassenen „Bestimmungen über die S. M. dem Kaiser und König sowie anderen fürstlichen Personen bei Reisen in den preußischen Staaten seitens des Militärs zu erweisenden Ehrenbezeugungen" auch hier im Lande Anwendung finden sollten.

Ich würde nun gar keine Bedenken haben, für den Kaiser und die Kaiserin, auch für die preußischen Prinzen diese Bestimmungen auch hier zur Geltung zu bringen. Ich bin aber der Ansicht, daß es unzulässig wäre, die übrigen Bestimmungen auch anzunehmen. Meiner Ansicht nach müßte es ausdrücklich ausgesprochen werden, daß dem Landesherrn im eigenen Land ganz dieselben Ehrenbezeugungen zu erweisen wären, die in Preußen dem Kaiser und den Mitgliedern des königlichen Hauses erwiesen werden. Wenn dies nicht geschieht, würden wir Großherzöge auf die Stufe der preußischen Prinzen herabgedrückt und die Prinzen des Hauses würden einfach nach Nummer IX 1 X ganz ignoriert. Bei Besuch von fremden Fürsten

687

würden wir Großherzöge gleich den preußischen Prinzen Ehrenbezeugungen geben, Herzöge und Fürsten bekämen nicht mal eine Ehrenwache. Meiner Ansicht nach müßte man sich vorbehalten, in dieser Hinsicht in jedem Fall Bestimmungen zu treffen.

Die ganze Sache hat wesentlich eine prinzipielle Seite. Es wäre geradezu eine capitis diminutio für die regierenden Landesherren, besonders aber im eigenen Lande, wenn ihnen dort geringere Ehrenbezeugungen erwiesen würden wie dem Kaiser. Für mich hat die Sache praktisch geringe Bedeutung, weil ich mir auf Reisen immer allen Empfang verbitte und außer Oldenburg keine Garnison im Lande ist. Bei fürstlichen Besuchen muß man aber doch weitergehende Ehrenbezeugungen erweisen können, falls ein offizieller Empfang stattfindet.

Es wäre mir sehr erwünscht, Deine Auffassungen zu kennen. *[...]*

GLA FA Korresp. 13. Bd. 42 Fasz. 46 Nr. 39.

996. Marschall an Turban.

Berlin, 29. November 1889.

Ew. Exz. beehre ich mich ergebenst zu berichten, daß an die gestern Abend stattgehabte Besprechung über Erneuerung des Kartells sich ein vertraulicher Meinungsaustausch zwischen den Abgeordneten von Bennigsen, von Helldorff, Dr. Buhl und von Kardorff über die brennende Frage des Sozialistengesetzes geknüpft hat. Nachdem der Abgeordnete von Helldorff über seine Unterredung mit dem Herrn Reichskanzler referiert hatte, zeigte sich Einverständnis darüber, daß zunächst eine sachliche Verständigung über die Frage der Ausweisung anzustreben und, wenn eine solche möglich, den verbündeten Regierungen die Annahme oder Ablehnung des Gesetzes zu überlassen sei, daß im übrigen bei der zu verfolgenden Taktik zwei Gesichtspunkte als ausschlaggebend zu erachten seien, einmal, daß zur Vermeidung einer Schädigung des Kartells jeder Kampf zwischen den Kartellparteien im Plenum zu unterbleiben habe, und zweitens, daß, wenn der Reichskanzler mit dem Sozialistengesetz die Wahlen zu beeinflussen gedenke, die Wahlparole nicht lauten dürfe „Ausweisung oder nicht", sondern „dauerndes Sozialistengesetz oder kein Sozialistengesetz". Darüber, daß mit der ersten Parole, ganz abgesehen von der unter den Kartellparteien bestehenden Differenz, bei den Wählern nichts anzufangen sein werde, bestand volle Übereinstimmung.

In sachlicher Beziehung bemerkte sodann Herr von Bennigsen, daß für eine Bewilligung der Ausweisungsbefugnis auf ca. zwei Jahre die Hälfte der nationalliberalen Fraktion, vielleicht auch etwas mehr, zu haben sein werde, ein starker Bruchteil dagegen entschlossen sei, den § 24 unbedingt abzulehnen, während eine Übergangsbestimmung des Inhalts, daß der Regierung während einiger Jahre die Befugnis verbleiben solle, die auf Grund des bestehenden Gesetzes Ausgewiesenen von dem Orte der Ausweisung fernzuhalten, akzeptabel erscheine. Auf der anderen Seite versicherte Herr von Helldorff, daß seine Fraktion angesichts der Haltung der Regierung ein Gesetz, welches die Ausweisung völlig beseitige, in ihrer großen Mehrheit nicht votieren werde; dabei regte er den Gedanken an, ob man nicht die Einrichtung des kleinen Belagerungszustandes fallen lassen, dagegen analog der Bestimmung des gegenwärtigen § 22 des Sozialistengesetzes die Befugnis statuieren solle, solchen Personen, welche sich aus der sozialistischen Agitation ein Gewerbe machten und bereits auf Grund des Sozialistengesetzes oder nach §§ 128, 129 des Strafgesetzbuches bestraft seien, den Aufenthalt an bestimmten Orten zu versagen; eine „Ausweisung" auf dieser Grundlage werde vielleicht manche gegen den § 24 bestehenden Bedenken beseitigen.

Nachdem man sich davon überzeugt hatte, daß eine materielle Verständigung zur Zeit nicht möglich sei, die Angelegenheit aber in der für Mittwoch, den 4. Dezember anberaumten Kommissionssitzung zu einem formellen Abschluß gebracht werden muß, einigte man sich unter Vorbehalt der Zustimmung der Fraktionen vorläufig dahin, daß in der Kommission keine Anträge zu § 24 eingebracht werden, die Redner der Kartellparteien sich vielmehr darauf beschränken sollten, die Frage der Ausweisung in mehr akademischer Weise zu erörtern, wobei seitens der Nationalliberalen auf die Möglichkeit einer Übergangsbestimmung in obigem Sinne, von seiten der Konservativen der Gedanke einer anderweitigen Konstruierung der Ausweisung zur Sprache gebracht werden könne. Bei der Schlußabstimmung sollten dann die Konservativen — unter dem Vorbehalt einer anderweiten Stellungnahme im Plenum — f ü r den ganzen Entwurf trotz Beseitigung der Ausweisung stimmen, um zu verhindern, daß die Kommsssion mit einem negativen Resultate vor das Plenum trete. Herr von Helldorff sagte zu, in diesem Sinne auf die konservativen Kommissionsmitglieder einzuwirken. Außerdem wird schriftlicher Bericht beschlossen werden, so daß die zweite Lesung im Plenum jedenfalls erst nach Weihnachten möglich sein wird.

GLA 233/34798 Ausf., erhalten 27. 11., dem Großherzog vorgelegt 30. 11., zurück 2. 12. 89.; 49/2018 Konz.; gedr. *Gradenwitz* S. 83 f.

997. Marschall an Turban.

Berlin, 3. Dezember 1889.

Vertraulich! *[...]* Der Abgeordnete von Helldorff hatte am Sonntag Gelegenheit, S. M. dem Kaiser die gegenwärtige Situation darzulegen und seine von den Führern der nationalliberalen Partei geteilte Anschauung dahin zu präzisieren, daß der politische Gesichtspunkt der ungeschwächten Erhaltung des Kartells im Vordergrund stehe und die Detailfrage des Sozialistengesetzes weitaus überwiege; daß zweitens für die konservative Partei die unentwegte Verfolgung der bisherigen Politik um so notwendiger sei, als dadurch allein die divergierenden konservativen Elemente im Zaume gehalten werden könnten. S. M. billigte diese Anschauung vollkommen und bemerkte: Er glaube, nachdem er sich in so bestimmter Weise für das Kartell ausgesprochen habe, erwarten zu dürfen, daß auch jene Elemente sich nun beruhigten und unterließen, seine Politik zu durchkreuzen. Auf eine direkte Frage des Herrn v. Helldorff ermächtigte der Kaiser denselben, diese Äußerung vertraulich den in Frage stehenden Herren seiner Partei — v. Hammerstein, v. Kleist-Retzow[1] usw. — mitzuteilen. —

Der in dem Beiblatt zur heutigen „Post" enthaltene offiziöse Artikel über die gegenwärtige Lage läßt mich glauben, daß der Reichskanzler das Gesetz schließlich auch ohne Ausweisung annehmen wird — eine Haltung, die nach meiner Überzeugung auf die Zustimmung der großen Mehrheit der verbündeten Regierungen

— vielleicht mit Ausnahme von Königreich Sachsen und Hamburg — zu rechnen
hätte. Solange aber der Herr Reichskanzler mit seiner Meinung hinterm Berge
hält, ist in der konservativen Partei eine erhebliche Abschwächung des Entwurfs
nicht durchzusetzen. Unter diesen Umständen findet bei den Kartellparteien der
Gedanke nach und nach Anklang, den Entwurf in der gegenwärtigen Session ver-
sumpfen zu lassen².

GLA 233/12722 fol. 133 f. Ausf., dem Großherzog vorgelegt 5. 12. 89; 49/2018 Konz.;
gedr. *Gagliardi* I S. 47 f. Anm. 68.

¹ Hans v. Kleist-Retzow (1814—92), 1851—58 Oberpräsident der Rheinprovinz, Mitbegründer der Kreuzzeitung, Mitglied 1845—52 des preuß. Abgeordnetenhauses, 1858
des Herrenhauses, 1872 Bruch mit Bismarck wegen Kreisordnung, seit 1878 wieder Annäherung.
² Tgb. Marschall: „3. 12. 89. Um 10 Uhr zu Gf. Herbert. Gespräch mit Holstein und
Waldersee, letzterer verstimmt und tadelt das Vorgehen des Kaisers zu Gunsten des
Kartells" (Oberkirch, Besitz Frau v. Seyfried).

998. Marschall an Turban.

Berlin, 10. Dezember 1889.

Vertraulich! Ew. Exz. beehre ich mich ergebenst anzuzeigen, daß der Kgl. sächsische Gesandte Graf Hohenthal mir heute mitgeteilt hat, er sei auf Grund eines
Beschlusses des kgl. Gesamtministeriums ermächtigt, den Staatsminister von Bötticher vertraulich davon zu verständigen, daß die kgl. sächsische Regierung geneigt
sei, dem Entwurf eines Sozialistengesetzes auch ohne die Ausweisung zuzustimmen,
falls eine Übergangsbestimmung, wie sie die nationalliberale Partei in Aussicht
gestellt habe, aufgenommen werde.

Die gleiche Ermächtigung hat auch Graf Lerchenfeld seitens seiner Regierung
erhalten.

GLA 233/12722 fol. 36 Ausf., dem Großherzog vorgelegt 12. 12. mit dem Antrag
„genehmigen zu wollen, daß die Gr. Bevollmächtigten zu der Erklärung ermächtigt werden, die Gr. Regierung sei geneigt, dem Entwurfe eines Sozialistengesetzes auch ohne die
Ausweisungsbefugnis zuzustimmen, falls eine Übergangsbestimmung, wie sie die nationalliberale Partei in Anregung gebracht hat (Zurückhaltung der Ausgewiesenen auf einige
Jahre) darin aufgenommen wird". Paraphe des Großherzogs und sämtlicher Mitglieder
des Staatsministeriums (fol. 138).

999. Aus Marschalls Tagebuch.

Berlin, 21. bis 31. Dezember 1889.

21. Dezember 1889. 10,45 Uhr kommen Großherzog und Großherzogin. *[...]*
5 Uhr zum Großherzog bis 6,15 Uhr. Ich erzähle ihm viel. Kaiser und Kanzler,
Zarenentrevue mit ihren Folgen. Innere Politik, Waldersee, Liebenau, August Eu-
lenburg¹

31. Dezember 1889. 12—1,30 Uhr beim Großherzog (Huene war gestern bei
ihm. Reichskanzler, Morphiumsucht. Liebenau. Russische Sympathien. Geist im
Heere anläßlich der Dislokationen). *[...]* Um 5,30 Uhr zu Holstein (York war bei

ihm. Unzufriedenheit in der Armee. Brief von Reuß über H. Bismarck? gegen Österreich sei ganz unbegründet).

Oberkirch, Besitz Frau v. Seyfried.

[1] Wilhelm v. Liebenau, Hauptmann im 1. Gardergt., 1888—90 Oberhofmarschall des Kaisers, abrupt entlassen (vgl. Eulenburg, Aus 50 Jahren S. 225, 246 f.). Sein Nachfolger: August Graf zu Eulenburg (1838—1921), 1868 Hofmarschall des preuß. Kronprinzen Friedrich Wilhelm, 1883 Oberzeremonienmeister, 1890—1914 Oberhof- und Hausmarschall, 1907—13 Hausminister.

1000. Großherzog Friedrich an Großherzog Peter von Oldenburg.

Berlin, 26. Dezember 1889.

Antwort auf Nr. 995. Bevor ich Deine wichtigen Fragen beantworten konnte, mußte ich manche Vorprüfung veranlassen, und erst am Tag meiner Abreise von Karlsruhe wurde mir ein eingehender Vortrag über diese Angelegenheit erstattet. Die Ausführlichkeit dieses Vortrags macht es mir nun möglich, Dir die Lage der Dinge sehr kurz schildern zu können und doch hoffentlich genügend für Deine Bedürfnisse.

Die für die preußische Armee erlassenen allerhöchsten Bestimmungen sind ausdrücklich für die preußische Monarchie bestimmt und werden nur dort zur Geltung kommen. Die Staaten, welche mit dem Königreich Preußen Militärkonventionen geschlossen haben, behalten die Vorschriften, welche sich auf die dem Landesherrn und seiner Familie zukommenden Ehrenerweisungen beziehen. Der Landesherr kann ebenso frei bestimmen, wie er souveräne oder sonstige fürstliche Gäste innerhalb seines Landes empfangen wissen will. Es sind das innere Angelegenheiten, bei denen der Landesherr über die in seinem Lande befindlichen Truppen verfügt, wie etwa bei Gelegenheit eines Einschreitens im Interesse der öffentlichen Ruhe und Sicherheit. Auf dieser Grundlage werde ich nun Bestimmungen erlassen, die mit dem Generalkommando des XIV. Armeekorps vereinbart und dem Militärkabinett mitgeteilt werden. Demnach sind alle internen Angelegenheiten im Lande von mir zu bestimmen, und der Landesherr nimmt die Ehrenerweisung in Anspruch, welche ihm bisher zuteil wurde. Wenn Du wünschest, so werde ich Dir nach Abschluß dieser Prinzipienfrage das Nähere mitteilen. Ich hoffe auf Dein Einverständnis in der Darlegung der hier in Frage stehenden Grundsätze.

Güldenstein, Erbgrhgl. Archiv I B II Bd. 2. eig.

1000a. Aus Marschalls Tagebuch.

4. bis 13. Januar 1890.

4. Januar 1890. *[Auf kurzem Urlaub nach Freiburg Besuch in Karlsruhe.]* 3 Uhr zu Turban (Von direkten Wahlen zum Gewerbegericht will er nichts hören).

5. Januar 1890. 5—6,30 Uhr zum Großherzog (Kaiser ist gegen Vermehrung der Garnison[1]. Klagen der Militär über den R. Kanzler. Artillerie, Kaiser weiß, daß ihm vieles vorenthalten wurde)[2].

6. Januar 1890. Um 10 Uhr zu Holstein, ihm von gestern erzählt. Dann zu

Bötticher, zum Geburtstag gratuliert. Er geht heute nach Friedrichsruh. Kaiser hat mit ihm wegen Arbeiterschutz gesprochen und will einen Passus in der Thronrede[3]. *[...]* Um 8,30 sollen wir zu den großherzoglichen Herrschaften. 8,15 Uhr wird abgesagt *[wegen sterbender Kaiserin Augusta]*. Es geht ganz schlimm. Starke Abnahme der Kräfte und Atembeschwerden.

7. Januar 1890. Morgens Nachricht, daß die Kaiserin Augusta im Sterben liegt. Um 10 Uhr ins Palais bis 12 Uhr mit vielen Herren und Damen im Vorzimmer (General v. Loë, H. Bismarck usw. *[...]*). Zu Hause Nachricht, daß Kaiserin Augusta 4,15 Uhr verschieden ist. *[...]*

9. Januar 1890. *[...]* Hohenthal sagt mir, daß Bötticher in Friedrichsruhe keinen Erfolg gehabt. Kanzler will weder von Arbeiterschutz noch Verzicht auf die Ausweisung etwas hören. Besuch bei Bötticher, der mir das bestätigt[4].

10. Januar 1890. Zu Holstein. Kaisererklärung wegen Kreuzzeitung bevorstehend, Gf. Bismarck wollte in Norddeutsche Allgemeine. Reichskanzler befahl „politische Nachrichten"[5]. Unerhört. Gestriger Artikel aus St. Petersburger Zeitung in Norddeutschen Allgemeinen auf Befehl des Kanzlers aufgenommen[6]. 4 bis 5,45 Uhr zum Großherzog. Er ist sehr beeindruckt und glaubt, daß der Reichskanzler auf einen Konflikt hinarbeitet. Schwierige Lage des Kaisers.

12. Januar 1890. Nach dem Frühstück zu Holstein, ihm erzählt, daß König von Sachsen dem Kaiser die Einbringung eines Arbeiterschutzantrags versprochen hat[7]. *[...]* Dann zu Hohenthal, er erzählt mir Näheres über die Unterredung des Kaisers mit seinem König (H. Bismarck antiösterreichisch, „ich habe es ihm aber gesteckt").

13. Januar 1890. Dann zum Großherzog (Kaiser hat Artikel in Norddeutschen Allgemeinen gelesen, auf sein Anraten ließ H. Bismarck kommen und befahl Widerlegung. Kaiser hat Wochenschau der Köln. Ztg. bestellt).

Oberkirch, Besitz Frau v. Seyfried.

[1] Vgl. Bismarck an Verdy 7. 1. 1890, Ges. Werke VI c Nr. 425. Über die seit Herbst 1889 bestehende Absicht, die Garnison Berlin zu verstärken, vgl. W. *Pöls,* Sozialistenfrage u. Revolutionsfurcht in ihrem Zusammenhang mit den angeblichen Staatsstreichplänen Bismarcks, Hist. Stud. 377 (1960) S. 45.

[2] Der Verdacht wurde hinsichtlich der russischen Pressestimmen besonders von Waldersee geschürt. Wilhelm II. äußerte wiederholt Klagen über mangelhafte Unterrichtung (vgl. *Waldersee,* Dkw. II S. 85, 88 f., 93 f., 99, 117 ff.; Briefwechsel S. 319).

[3] Vgl. Nr. 1002 Anm. 3.

[4] Vgl. *Eppstein* S. 33 f.

[5] Der Vorwurf der Kartellblätter, der konservative Frhr. v. Hammerstein habe noch vor Aufstellung seiner Reichstagskandidatur in Bielefeld sich der dortigen katholischen Wähler versichert, wurde von der „Kreuzzeitung" zugegeben; angeblich habe der Kaiser die Kandidatur gebilligt. Nach den „Polit. Nachrichten" habe eben diese Unterstellung das Mißfallen des Kaisers erregt, der deshalb den Befehl gegeben habe, „wonach die ‚Kreuzzeitung' in den kgl. Schlössern überhaupt nicht mehr aufliegen oder gehalten werden soll" (*Schultheß* S. 1 ff., 6 f.; vgl. *Waldersee,* Dkw. II S. 88 ff.; Staatssekretär Herbert v. Bismarck. Aus seiner polit. Privatkorrespondenz, hg. v. W. *Bußmann* (1964) S. 554). — Wilhelm Frhr. v. Hammerstein (1838—1904), 1876 Mitglied d. preuß. Abgeordnetenhauses, 1881 des Reichstags, Chefredakteur der „Kreuzzeitung".

[6] Betr. den Gegensatz Waldersee-Bismarck (*Schultheß* S. 3 f.; *Lerchenfeld,* Erinnerungen u. Denkwürdigkeiten S. 354.

[7] Der Kaiser benutzte die Feierlichkeiten anläßlich der Beisetzung von Kaiserin Augusta, um den Großherzog und König Albert von Sachsen für seine Bestrebungen betr. Arbeiterschutz zu interessieren und König Albert um Vorlage eines Gesetzentwurfs beim Bundesrat zu bitten (*Lerchenfeld,* Er. u. Dkw. S. 355; vgl. unten Nr. 1002).

1001. Marschall an Turban.

Berlin, 13. Januar 1890.

Ew. Exz. beehre ich mich ergebenst anzuzeigen, daß der Herr Reichskanzler dem Staatsminister von Bötticher während dessen in voriger Woche stattgehabten Anwesenheit in Friedrichsruh kategorisch erklärt hat, daß er auf der „Ausweisung" entschieden bestehe und die preußischen Vertreter sich in diesem Sinne im Reichstag zu äußern hätten.

Nach dem Eindruck, den ich heute im Reichstag empfangen habe, halte ich eine Durchberatung des Sozialistengesetzes für unmöglich; die Tatsache, daß der ganze Militäretat heute in einer Sitzung von vier Stunden fast ohne Diskussion vor einem beschlußunfähigen Hause in zweiter Lesung durchberaten wurde — ein noch niemals vorgekommener Fall — zeigt, daß der Reichstag sich in der Agonie befindet und für eine so ernste Aufgabe wie das Sozialistengesetz nicht mehr befähigt ist; die Zahl der Anwesenden betrug kaum 100 Abgeordnete, und es besteht absolut keine Aussicht, fünf Wochen vor den Wahlen die Beschlußfähigkeit dauernd wiederherzustellen. Zudem haben die Sozialdemokraten im voraus erklärt, daß sie vor jeder Abstimmung beim Sozialistengesetz die Auszählung des Hauses beantragen wollen; endlich stimmen die Führer der Kartellparteien darin überein, daß mangels eines Einverständnisses über die Ausweisung die Durchberatung des Gesetzes höchst inopportun sei und keinen andern Erfolg haben könne, als das Kartell zu schädigen und den Sozialdemokraten Gelegenheit zu geben, von der Tribüne des Reichstags ihre Brand- und Wahlreden zu halten.

GLA 233/12722 fol. 166 f. Ausf., der zweite Absatz eig. als P. S.

1002. Marschall an Turban.

Berlin, 15. Januar 1890.

Ganz vertraulich! Ew. Exz. beehre ich mich, ergebenst anzuzeigen, daß die Erlassung eines auf die Frauen-, Kinder- und Sonntagsarbeit bezüglichen Arbeiterschutzgesetzes demnächst durch einen Antrag von Königreich Sachsen im Bundesrate in Anregung gebracht werden wird.

Über die Vorgeschichte dieses Antrags vermag ich Ew. Exz. g a n z   v e r t r a u - l i c h Nachstehendes zu melden: S. M. der Kaiser interessiert sich seit längerer Zeit für die Erlassung eines solchen Gesetzes, welches bekanntlich im Reichstag wiederholt von fast sämtlichen Parteien als eine notwendige Ergänzung unserer sozialpolitischen Gesetzgebung gefordert wurde, bisher aber stets und ausschließlich an dem Widerspruche des Herrn Reichskanzlers gescheitert ist. Ich glaube, in der Annahme nicht irrezugehen, daß auf die Anschauungen S. M. sowohl Unterredungen mit S. K. H. dem Großherzog, unserem gnädigsten Herrn[1], wie in der letzten Zeit namentlich auch gutachtliche Äußerungen des Geheimen Rats Hinzpeter von Einfluß gewesen sind. Als nun Staatsminister von Boetticher vor etwa zehn Tagen Vortrag über die Thronrede zum preußischen Landtage hielt, verlangte der Kaiser, daß in dem Passus, der von den jüngsten Bergwerksstreiks handelt, auch eine ausdrückliche Zusage bezüglich der demnächstigen Ausdehnung der Arbeiterschutzgesetzgebung aufgenommen werde, und beauftragte, als ihm Herr von

Boetticher die entschiedene Gegnerschaft des Reichskanzlers gegen diesen Gedanken dargelegt hatte, den Minister, dem Reichskanzler mündlich und eventuell persönlich von Allerhöchstseinem Wunsche in Kenntnis zu setzen bzw. die Zustimmung zu einem solchen Passus in der Thronrede zu erwirken. Die bezüglichen Schritte des Herrn von Boetticher sind jedoch erfolglos geblieben; wie er mir vertraulich mitteilte, hat ihm der Herr Reichskanzler bei seiner jüngsten Anwesenheit kategorisch erklärt, daß, wenn S. M. Arbeiterschutzgesetze wünsche, er sich einen anderen Ministerpräsidenten suchen müsse; er — der Reichskanzler — sei stets ein Gegner eines derartigen Eingriffs in das Recht des Arbeiters, seine Arbeitskraft nach Belieben auszubeuten, gewesen, man könne ihm nicht die Heuchelei zumuten, für eine Maßregel einzutreten, die er mißbillige[2]. Auf bezüglichen Vortrag des Herrn von Boetticher hat sich S. M. sodann — um eine Krisis in diesem Augenblicke zu vermeiden — damit einverstanden erklärt, daß in die Thronrede der ganz allgemeine — allerdings auch nichtssagende — Passus aufgenommen werde: „daß auch weiter hervortretende Bedürfnisse sorgfältig zu beachten und deren Befriedigung anzustreben sei"[3]. —

Inzwischen hat S. M. sowohl unserem gnädigsten Herrn wie auch dem König von Sachsen bei seiner jüngsten Anwesenheit in Berlin[4] sein unentwegtes Festhalten an der Durchführung eines Arbeiterschutzgesetzes ausgesprochen, mit Lebhaftigkeit den von dem Könige von Sachsen angeregten Gedanken, einen bezüglichen sächsischen Antrag beim Bundesrat einzubringen, begrüßt und sich eine ausdrückliche, dahingehende Zusage von dem Könige geben lassen. Wie mir Graf Hohenthal mitteilt, ist das Erforderliche bereits in die Wege geleitet, und wird der sächsische Antrag vermutlich auf der Grundlage eines früher von Herrn Geheimen Rat Lohmann ausgearbeiteten Entwurfs gestellt werden.

Herr von Boetticher sagte mir heute ganz vertraulich, daß ihm der Kaiser von dem Resultate seiner Unterredung mit dem Könige von Sachsen mit dem Anfügen Kenntnis gegeben habe, er wünsche, daß die preußische Stimme für diesen Antrag abgegeben werde. Dabei habe S. M. bemerkt, er glaube nicht, daß der Herr Reichskanzler wegen dieser Angelegenheit seine Entlassung nehmen werde. —

Auch bezüglich des Sozialistengesetzes hat der Kaiser Herrn von Boetticher Allerhöchstseine — der Ansicht des Herrn Reichskanzlers direkt entgegenstehende — Anschauung dahin kundgegeben, daß, wenn eine Einigung unter den Kartellparteien nicht möglich sei, es besser erscheine, die Beratung des Entwurfs nicht weiter fortzusetzen; unter allen Umständen möge Herr von Boetticher dahin wirken, daß der Herr Reichskanzler bei dieser Gelegenheit keine große Rede halte, welche die Eintracht der Kartellparteien zu schädigen vermöchte.

GLA 233/34798 Ausf., erhalten 16. 1. 90; 49/2019 fol. 3 f. Konz.; gedr. *Gradenwitz* S. 120 f.

[1] Vgl. Bericht Hohenthals an Fabrice, 15. Jan. 1890: „S. K. H. der Großherzog von Baden interessiert sich, wie mir Herr von Marschall gesagt hat, gleichfalls lebhaft für die Angelegenheit und würde jeden Antrag, welcher zur Regelung der Frage im arbeiterfreundlichen Sinne beitragen würde, lebhaft unterstützen" (H. *Richter* S. 153 f.).

[2] Boettichers Aufzeichnung über das Gespräch mit Bismarck in Friedrichsruh am 7. Jan. 1890: G. Frhr. v. *Eppstein*, Fürst Bismarcks Entlassung (3. Aufl. 1920), S. 34 ff. u. 120 f.

[3] Thronrede zur Eröffnung des preuß. Landtags am 15. Jan. 1890 (von Boetticher verlesen): *Schulthess* S. 4 ff.

[4] Nach Berichten des österreich-ungarischen Botschafters Grafen Széchényi gingen die Unterredungen, in die neben dem badischen Großherzog auch Großherzog Karl Alexander

von Weimar einbezogen wurde, auf die Initiative des Kaisers zurück (E. v. *Wertheim,
Bismarcks Sturz*, Preuß. Jahrbücher 184 (1921) S. 310). — Aufzeichnung *Waldersee,*
12. Jan. 1890: „Ich sah einen Augenblick den Großherzog von Baden. Er sagte mir mit
Bezug auf einen vor drei Tagen erschienenen Artikel der ‚Norddeutschen‘, die russische
Preßstimmen bringt und damit wieder die Frage Bismarck-Waldersee aufwärmt: ‚Der
Angriff gegen Sie ist abgeschlagen. Ich habe dem Kaiser den Artikel, der ihm natürlich
vorenthalten war, gezeigt, dieser erkannte bald, daß er vom Hause Bismarck stammt und
im Grunde genommen doch gegen ihn gerichtet ist. Er hat nun sehr energisch verfügt, daß
die Zeitung revozieren soll. Man windet sich und behauptet, sich nichts Böses gedacht zu
haben.‘ Als ich ihm erklärte: ‚Ich habe überhaupt den Eindruck gewonnen, daß der Kaiser nun gründlich klar zu sehen, wie er von Bismarck betrogen wird, und glaube, daß
E. K. H. dazu wesentlich beigetragen haben‘, erwiderte er: ‚Ich habe allerdings mit
dem Kaiser gründlich gesprochen. Er ist völlig entschlossen, den Kanzler zu behalten,
a u c h g e g e n d e s s e n W i l l e n , er will aber mehr Einsicht in die Geschäfte nehmen,
um ihrer Herr zu bleiben.‘ Gleich darauf sprach ich den Kriegsminister. Er erzählte mir,
daß er den König von Sachsen sehr besorgt gefunden habe, der ebenso klar in die Zustände
hineinsähe wie der Großherzog von Baden" (*Waldersee*, Denkwürdigkeiten II S. 89 f).
— Philipp Eulenburg an Waldersee, Oldenburg 17. Jan. 1890: „Ich hoffe jetzt in der so
schwierigen Situation, daß der Kaiser einen engeren Anschluß an den König von Sachsen
und den Großherzog von Baden nimmt und in ihnen, unterstützt von Boetticher, eine
Art Äquivalent für den Ausfall seiner Kabinettschefs findet. Das würde in der Tat die
einzige Kombination sein, mit der eine Bekämpfung der den Interessen und Absichten des
Kaisers zuwiderlaufenden inneren Politik des Kanzlers denkbar ist. Allerdings glaube ich,
daß selbst mit so mächtigen Bundesgenossen ein ‚Krach‘ schwer zu vermeiden sein wird!"
(ebd. II S. 92). — Aufzeichnung Waldersees, 18. Jan. 1890: „Nachmittags hatte ich einen
langen Besuch vom Großherzog von Baden. Auch er hat den Eindruck, daß der Kaiser
jetzt klarer sieht und sich von der Allmacht des Kanzlers losmachen möchte. Wir waren
darin einig, daß Lucanus fort müsse, weil er nicht Vertrauensmann des Kaisers, sondern
des Kanzlers sei. Der Großherzog bestätigte mir, daß man im Reiche anfängt, unsere Zustände mit Besorgnis anzusehen und daß bei längerer Dauer derselben nachteilige Folgen
für den Bestand des Reiches gar nicht ausbleiben könnten. Es herrscht eben bei uns eine Art
chaotischer Zustand, der nicht geändert wird, weil niemand vorhanden sein soll, der den
Reichskanzler ersetzen könnte! Der Kanzler will alles beherrschen und hat dazu nicht mehr
die Kraft. Er ist Minister des Auswärtigen und greift in jedes der Reichsämter hinein
ohne Rücksicht auf die Ansichten der Chefs; er ist preußischer Ministerpräsident und
Handelsminister und betrachtet die einzelnen Minister als seine Untergebenen. Dazu sitzt
er in Friedrichsruh, ist also schwer zu erreichen. Weder ein Minister noch einer der Chefs
der Reichsämter wagt ihm zu widersprechen. Sie klagen sämtlich über Mangel an Instruktionen, Unsicherheit in den Entscheidungen, auch namentlich über das Lügen des Kanzlers
und kommen in Zeiten wie jetzt, wo Reichstag und Landtag versammelt sind, oft in
größte Verlegenheit. Daß diese Zustände weiterhin bekannt werden, ist gar nicht zu
vermeiden; schon im Bundesrat werden sie oft genug gefühlt. Ich glaube, es drängt zu
einer Entscheidung" (ebd. S. 94 f.).

1003. Großherzog Friedrich an Turban.

Berlin, 20. Januar 1890.

Die göttlichen Fügungen haben unsere Absichten bezüglich der Rückkehr in die
Heimat verändert, und wir sind genötigt, noch hier zu bleiben. Erst vorgestern
konnte uns eine Abschrift des Testaments der hochseligen Kaiserin Augusta[1] zugestellt werden — gestern habe ich es der Großherzogin vorgelesen — es beträgt
113 Großfolioseiten und war daher eine lange, sehr schmerzliche, wenn auch erhabene Aufgabe für das viel geprüfte Kindesherz. — Die Kaiserin betraut ihre
Tochter mit so vielen Aufträgen und Besorgungen, daß von nun an eine vielseitige
Arbeit zu vollziehen sein wird. — Wir standen natürlich vor der Frage, ob diese
Arbeit nicht zu verschieben sei — aber ich hielt es für besser, jetzt zum Abschluß

zu kommen, so lange noch das ganze orientierte Personal vereinigt ist und die alten lieben Räume warm und benützbar sind. So werden wir denn die herbe Arbeit möglichst bald zu Ende zu bringen suchen — ich sage w i r — denn ich bin der Großherzogin unentbehrlich und auch von dem Verstorbenen zum Vollzug gewisser Teile des Testamentes berufen, z. B. der schriftliche sehr bedeutende Nachlaß, für dessen Sicherung! ich verantwortlich gemacht bin. Sie wissen, was das heutzutage bedeuten! —

Ich bedauere sehr diese Lage der Dinge — denn es drängt mich, heimzukehren und meinen Pflichten ganz und voll obzuliegen! Also hoffentlich auf baldiges Wiedersehen! *[...]*

GLA FA Korresp. 13 Bd. 36 Nr. 63 eig.

[1] Kaiserin Augusta gest. Berlin 7. Jan. 1890

1003a. Aus Marschalls Tagebuch.

[Berlin] 18. bis 24. Januar 1890.

18. Januar 1890. Holstein läßt mich früh rufen. Jahresbericht von Schweinitz usw. Nach dem Frühstück in den Reichstag (Initiativanträge[1]). 4,30 Uhr zu Holstein (neue Bergarbeiterstreiks in Aussicht?). 5 Uhr zum Großherzog, Meldung über Geburtstagsfeier, Frage der Erhöhung der Reichsbeamtengehälter[2], Niederlassungsvertrag mit Schweiz, Eskarpins, Arbeiterschutz, gereizte Stimmung des Kaisers gegen den Kanzler.

19. Januar 1890. Beim Diner (bei Hohenthal) neben G[ra]f Bismarck und Maltzahn. Ersterer klagt über die Situation. Bötticher erzählt mir von Erhöhung der Gehälter der Reichsbeamten. 9—10 Uhr bei Holstein. Der Kaiser darf nicht nachgeben. Neujahrsgratulation an den Zar[3] (!).

20. Januar 1890. Morgens zum Großherzog. *[...]* Ich drücke ihm die Befürchtung aus, daß der Kanzler, der Mittwoch kommen soll, den Kaiser überrennen will. Der Kaiser muß jetzt die Schlacht gewinnen. Großherzog beauftragt mich, auf morgen H. Bismarck zu bestellen. *[...]* 5,30 Uhr mit Maja zur Großherzogin. Der Großherzog kommt auch (Artikel der Freisinnigen Zeitung)[4]. Abends 9 Uhr noch Besuch von Holstein.

22. Januar 1890. Zwischen 11 und 12 Uhr zum Großherzog. *[...]* Der Großherzog erzählt mir von seiner gestrigen Unterredung mit Herbert Bismarck und Bötticher. Von ersterer unbefriedigt. Gewaltmaßregeln gegen die Arbeiter. Abends war er beim Kaiser, der festhält. Schande für die Armee, ich meinen Namen zum Blutvergießen hergeben? — Dann macht B[ismarck], was ich jetzt will. Um 2 Uhr Reichstagssitzung. 2. Lesung des Sozialistengesetzes. *[...]*

23. Januar 1890. 2 bis 2,30 Uhr Bundesratssitzung. Auf dem Heimweg erzählt mir Bötticher, daß er sich jetzt genug geärgert und der Sache ihren Lauf lasse. Die Konservativen wollen eine entgegenkommende Erklärung[5], sonst lehnen sie das Gesetz ab.

24. Januar 1890. 1 Uhr Reichstag. Bötticher sagt mir, daß R[eichs]K[anzler] absolut keine Erklärung abgeben will. Ich schreibe dem Großherzog und gehe noch zu ihm, da 6 Uhr Kronrat[6]. Fürst Bismarck ist 1 Uhr angekommen, hat die Minister auf 3 Uhr zu einer vertraulichen Besprechung bestellt. Kaiser hat dem Großherzog

gesagt, daß er eine Verständigung über das Gesetz wolle und an der Arbeiterschutzfrage unbedingt festhalte, „unabänderlicher Wille". [. . .] Um 10 Uhr gehe ich zum
Kaiserhof, um Helldorff zu sprechen, der beim Reichskanzler war. Kaiser hat nachgegeben, keine Erklärung, Scheitern des Gesetzes. Morgen feierlicher Schluß des
Reichstages. Sehr beeindruckt. Wie soll das enden?

Oberkirch, Besitz Frau v. Seyfried.

¹ Der Reichstag genehmigte in 3. Lesung den Antrag Windthorsts auf Aufhebung des
Expatriierungsgesetzes und lehnte die Anträge von Windthorst und die entgegengesetzten
von Stoecker betr. die Mission in den deutschen Schutzgebieten ab (*Schultheß* S. 8).
² Vgl. *Schultheß* S. 7 ff.
³ Alexander III. hatte trotz Glückwünschen des Kaisers entgegen der bisherigen Ge-
pflogenheit dem Kaiser keine Neujahrswünsche übermittelt.
⁴ Vgl. die „Freisinnige Zeitung" vom 28. 1. 1890: „Auch die Konservativen und
Nationalliberalen schütteln den Kopf über die Art, wie jetzt die Staatsgeschäfte geleitet
werden. Ihr persönliches Vertrauen zu Bismarck ist in rapidem Schwinden" (W. *Mommsen,* Bismarcks Sturz u. die Parteien [1924] S. 34).
⁵ D. h. eine Erklärung der Reichsregierung, daß sie das Sozialistengesetz auch ohne
den Ausweisungsparagraphen annehmen werde.
⁶ Vgl. Nr. 1004.

1004. Kaiser Wilhelm II. an Großherzog Friedrich.

Berlin, 24. Januar 1890¹.

Lieber Oheim. Innigen Dank für Deine beiden Billets. Die Sitzung — zwei
Stunden — ist soeben vorüber². Der Fürst geht n i c h t in den Reichstag und
wird n i c h t reden. Das Sozialistengesetz durch die in Erwägungnahme des
§ [24] der Ausweisung hat das gesamte Ministerium Mann für Mann zu amendieren sich glatt geweigert. Als ich nun wieder darauf zurückkam und alles ins
Feld führte, was gesagt werden konnte, und auch den Fürsten zu überreden versuchte, bot er sofort seine Entlassung an. Ich nahm noch einmal jeden Einzelnen
vor, ihn zur Meinungsäußerung auffordernd, das Resultat blieb dasselbe, sie
erklärten sich alle einmütig dagegen, den Paragraphen weder in Erwägung zu
ziehen noch ihn ganz fallen zu lassen³. Ich konnte daher nichts machen, damit
fällt das Gesetz. Mein Programm für die Arbeiterschutzgesetzgebung machte tiefen Eindruck⁴; es wird sofort darüber beraten werden und ein Erlaß an das Ministerium vorgelegt werden; manche wie der Fürst waren darüber erstaunt. Dein
treuer Neffe Wilhelm.

GLA FA Korresp. 13 Bd. 46 Fasz. 64 I Nr. 8 eig.

¹ Im Org. steht fälschlich: 22. Jan. 1890.
² Zum Kronrat vom 24. Jan. vgl. Boetticher bei *Eppstein* S. 39 ff.; das Protokoll ebd.
S. 133 ff. u. *Lucius* S. 506 ff. Zu Lucius vgl. die Richtigstellungen auf Grund der 1900
zwischen ihm und Lucanus geführten Korrespondenz über die Fassung seines Tagebuchs:
H. *Rothfels,* Zur Bismarck-Krise 1890, HZ 123 (1921) S. 290 ff. und E. *Zechlin,* Staatsstreichpläne Bismarcks u. Wilhelms II. 1890. 1894 (1929) S. 157 Anm. 21.
³ Nach Boettichers späterer Erinnerung soll Wilhelm II. zum Großherzog im Zusammenhang mit dem Kronrat geäußert haben: „Die Minister sind ja nicht meine Minister,
sie sind die Minister des Fürsten Bismarck" (*Eppstein* S. 42).
⁴ Zwei von den insgesamt drei Memoranden des Kaisers gedr. *Eppstein* S. 125 ff.
Nach Rothfels (Anm. 2) sind die bei Eppstein gedr. Memoranden irrtümlich vertauscht
und nach Abschr. wiedergegeben, während die Orig. von Bismarck mit Randbemerkungen
versehen worden sind (S. 268 Anm. 1).

1005. Großherzog Peter von Oldenburg an Großherzog Friedrich.

Oldenburg, 24. Januar 1890.

[...] Was die Lippesche Frage[1] betrifft, so bin ich mit dem preußischen Antrag einverstanden. Vielleicht führt er zu einer Verständigung oder doch wenigstens zu einer solchen über eine Austrägalinstanz. — Im Laufe der Verhandlungen findet sich vielleicht Gelegenheit, die Frage anzuregen, eine dauernde Austrägalinstanz für Erbfolgestreitigkeiten zu schaffen, in einer Zusammensetzung, wie wir sie in Mainau besprachen. Wenn bestimmt würde, daß diese Instanz nur dann zur Geltung kommt, wenn der Bundesrat ihr eine Sache zur Entscheidung zuweist, kann sich dagegen kein Bedenken geltend machen. Frivole und rhetorische Prozesse sind dann ausgeschlossen.

Sollte sich vielleicht die Gelegenheit bieten, den Reichskanzler oder gar den Kaiser auf die Broschüre betreffend Braunschweigische Angelegenheit hinzuweisen? Das muß ich Deinem weiseren Ermessen überlassen. *[...]*

GLA FA Korresp. 13 Bd. 42 Fasz. 46 Nr. 41.

[1] Fürst Woldemar zu Lippe (1824—95) sah 1890 nach seinem Tode eine Regentschaft für seinen geisteskranken Bruder Alexander vor, mit dem die Hauptlinie des Hauses Lippe ausstarb. Der dem Landtag Ende 1889 zugeleitete Gesetzentwurf, wonach der Landtag einen Regenten ernennen sollte, scheiterte an der Forderung nach einem Regentschaftsrat. Woldemar ernannte durch Verordnung vom Okt. 1890 den Prinzen Adolf von Schaumburg-Lippe zum Regenten nach seinem Ableben.

1006. Marschall an Großherzog Friedrich.

Berlin, 24. Januar 1890.

E. K. H. melde ich ehrfurchtsvoll, daß der Reichstag soeben einstimmig folgende Resolution zum Etat des Reichsamts des Inneren angenommen hat:

„Die verbündeten Regierungen zu ersuchen, dem Reichstag den Entwurf eines Nachtragsgesetzes zur Gewerbeordnung vorzulegen betreffend die weitere Ausbildung der Arbeiterschutzgesetzgebung in Ansehung der Sonntagsarbeit sowie der Frauen- und Kinderarbeit ."

Die dritte Lesung des Sozialistengesetzes findet morgen statt. Das Schicksal desselben ist bis zu diesem Augenblick ungewiß. Gibt die Regierung die Erklärung ab, daß sie die Annahme des Entwurfs trotz Ablehnung der Ausweisung in Erwägung ziehen werde, so wird das Gesetz angenommen werden, wird diese Erklärung nicht abgegeben, so ist die Ablehnung des Gesetzes sicher[1].

GLA FA Korresp. 13 N 541.

[1] Das Sozialistengesetz wurde im Reichstag am 25. Jan. 1890 in 3. Lesung mit 167:98 Stimmen abgelehnt. Die Konservativen votierten gegen das Gesetz.

1006a. Aus Marschalls Tagebuch.

[Berlin] 25. bis 30. Januar 1890.

25. Januar 1890. Um 10 Uhr in den Reichstag. Große Erregung. Niemand versteht den Reichskanzler. 3. Lesung des S[ozialisten]gesetzes. *[...]* Ablehnung des

Gesetzes mit 169 gegen 98 Stimmen, quod deus bene vertet. Ich halte es für einen verhängnisvollen Fehler. Bötticher ist sehr deprimiert. 4,30 Uhr zu Holstein, wo Launay ist. 6 Uhr feierlicher Schluß des Reichstages[1]. Alles macht Köpfe. Bei Webers ist Gf. Bismarck, auch er ist schlechter Laune, schimpft über die Thronrede.

26. Januar 1890. Ich um 4 Uhr zum Großherzog. Kaiser hat ihm am Freitag abend geschrieben[2], daß er lebhaft die Abgabe einer entgegenkommenden Erklärung vertreten, der Reichskanzler aber erklärt habe, daß er um seine Entlassung bitte, da er die Verantwortung nicht tragen könne. Die Minister hätten sich auf Seite des Reichskanzlers geschlagen, sodaß er habe nachgeben müssen. In der Arbeiterfrage sei der Reichskanzler konniventer gewesen. Ich fahre zu Holstein, um ihm das zu erzählen. Kiderlen kommt.

27. Januar 1890. 6 Uhr Diner beim Reichskanzler. Vormittags strömender Regen. Ich gehe zu Holstein, er erzählt mir, daß Lerchenfeld triumphiere. [...] Von 2,30 bis 4 Uhr beim Großherzog. [...] Der Kaiser hat in der Arbeiterfrage gesiegt trotz Ablehnung des R[eichs]k[anzlers]. Letzterer hat nach dem Kronrat über allzu große Belastung geklagt. Kaiser will, daß er sich auf A[uswärtiges] Amt beschränkt, das Innere abgibt, aber das ging nicht. Mit Lerchenfeld gebummelt. Beim Reichskanzler neben L. und dem Perser gesessen. Berchem spricht mir im kanzlerischen Sinn.

28. Januar 1890. Drei Besuche bei Holstein. [...] Um 8,30 Uhr bei Bötticher, wo eben Holstein war. [...] 11,15 Uhr hält mich Bötticher zurück. Er ist sehr deprimiert, glaubt, daß der Kaiser ihm seine Haltung übelgenommen; erzählt mir alles. Ich beruhige ihn, bitte ihn, sich nicht allzu sehr mit dem R[eichs]k[anzler] zu identifizieren. Bötticher erachtet die Situation ebenfalls für unhaltbar. [...]

29. Januar 1890. Erzähle Großherzog die Bekümmernisse Böttichers. Sagt mir, daß er dem Kaiser die Haltung der Minister begreiflich gemacht habe. Schätzt Bötticher sehr. Ich gehe zu Bötticher, den ich sehr erregt finde. Reichskanzler hat mit Hinzpeter eine Unterredung gehabt. „Sie werde ich als Reichskanzler vorschlagen." R[eichs]k[anzler] tadelt den Kaiser. „Sie verachten also meinen Kaiser." Ideale und Thron. Außerdem hat Reichskanzler verlangt, daß an Hohenthal geschrieben werde, Antrag Sachsen solle vorerst nicht eingebracht werden[3]. Wie soll das enden? Besuch Holsteins. [...] Ich nenne heute dem Großherzog Caprivi als Reichskanzler[4].

30. Januar 1890. Zu Holstein. Er ist beruhigt und sagt mit Recht, nur vor den Wahlen keinen Konflikt. 2 Uhr Bundesratssitzung. Hohenthal sagt mir, der R[eichs]k[anzler] habe ihn rufen lassen und ihm erklärt, die Einbringung des Arbeiterschutzantrages durch Sachsen werde er mit seiner Entlassung beantworten. Raisonniert über Kaiser. Hohenthal besucht mich 4 Uhr und erzählt mir ausführlich. Dann zum Großherzog. Ich sage ihm, nur jetzt keinen Bruch. Er hatte morgens Bötticher gesehen, schätzt ihn, aber keine selbständige Initiative von ihm zu erwarten. [...] 12—1 Uhr mit Lerchenfeld gebummelt. Er ist noch ganz kanzlerisch. Ich sehr vorsichtig.

Oberkirch, Besitz Frau v. Seyfried.

[1] Thronrede des Kaisers ohne Erwähnung des Sozialistengesetzes: *Schultheß* S. 15 ff.
[2] Nr. 1004.
[3] Vgl. Nr. 1009 Anm. 4.
[4] Caprivi wurde am 1. Febr. vom Kaiser empfangen (Dt. Revue 47, 2 [1922] S. 142).

1007. Kaiser Wilhelm II. an Großherzog Friedrich.

[Berlin] 30. Januar 1890.

Lieber Onkel. Herzlichsten Dank für Deinen lieben Brief mit freundschaftlichem Vorschlag[1]. Ich habe die Überzeugung gewonnen, daß die Sache noch nicht so schlimm steht, und danke Dir für Deine Absicht zu bleiben[2]; was aber vorläufig nicht notwendig ist. Dein treu dankbarer Neffe Wilhelm.

GLA FA Korresp. 13 Bd. 46 Fasz. 64 I Nr. 9 eig. mit Bleistift.

[1] Nicht vorhanden. In den gleichen Zusammenhang dürfte gehören: Philipp zu Eulenburg an Bernhard v. Bülow, Oldenburg, 29. Jan. 1890: *[...]* „Der Kaiser hatte sich entschlossen, näher an die Bundesfürsten, speziell den König von Sachsen und Großherzog von Baden, zu treten, um nachdrücklicher seine Wünsche in inneren Fragen zur Geltung zu bringen. Ich freute mich über diesen Gedanken der Anlehnung an erfahrene Regenten. Der erste Versuch war ein Mißerfolg, und ich beklage das tief. Der Kaiser wird in diesen Anlehnungsbestrebungen enttäuscht sein, und die Gegensätze zwischen ihm und dem Fürsten werden jetzt völlig unausgleichbar sein. Der Fürst will, wie mir scheint, in der sozialen Frage einen Bruch herbeiführen. Er kennt nicht die Persönlichkeit des Kaisers, die, wenn es einmal geknallt hat, die ihn jetzt beherrschenden reformatorischen Gedanken völlig aufgibt" (Aus 50 Jahren. Erinnerungen des Fürsten Ph. zu Eulenburg-Hertefeld, hg. v. Joh. *Haller* (1925) S. 290).
[2] Nach Großherzog Friedrich an Turban, Berlin 28. Jan. 1890, hatte der Großherzog die Absicht, am 31. Jan. nach Karlsruhe zurückzukehren (GLA FA Korresp. 13 Bd. 36 Nr. 64 eig.).

1008. Marschall an Großherzog Friedrich.

Berlin, 31. Januar 1890.

Bezüglich des Verlaufs des heutigen Ministerrates erfahre ich, daß der Reichskanzler verhältnismäßig „coulant" gewesen sei. Die Kaiserliche Ordre betreffend den Arbeiterschutz soll zwar spärlich ausgefallen sein[1], dagegen wird eine diesseits zu berufende internationale Konferenz behufs Regelung des Arbeiterschutzes ins Auge gefaßt. *[...]*

GLA FA Korresp. 13 N 451 Ausf.

[1] Auf Grund der im Kronrat vom 24. Jan. 1890 vorgelegten kaiserlichen Memoranden (vgl. Nr. 1004 Anm. 4) von Bosse entworfen, nach dem Vortrag im Staatsministerium am 31. Jan. aber von Bismarck abgelehnt. — Julius Robert Bosse (1832—1901), 1876 Referent im preuß. Kultusministerium, 1878 im Staatsministerium, 1881 Direktor, 1889 Unterstaatssekretär im Reichsamt des Innern, 1891 im Reichsjustizamt, 1892—99 Kultusminister.

1009. Marschall an Turban.

Berlin, 31. Januar 1890.

Ganz vertraulich! *Im Anschluß an Nr. 1002 erlaube ich mir zu berichten, daß die* angedeuteten Differenzen zwischen S. M. dem Kaiser und dem Herrn Reichskanzler bezüglich der Arbeiterschutzfrage inzwischen nicht nur keinen Ausgleich gefunden, sondern sich im Gegenteil noch gesteigert haben.

Nachdem der Kaiser bei dem am letzten Freitag stattgehabten Kronrate mit seiner auf Abgabe einer entgegenkommenden Erklärung bezüglich des Sozialistengesetzes gerichteten Anschauung infolge des energischen Widerstands des Herrn Reichskanzlers, dem die übrigen Minister beitraten, unterlegen war, gab Allerhöchstderselbe mit großer Wärme und Entschiedenheit den Entschluß kund, auf dem Gebiete des Arbeiterschutzes vorzugehen und zunächst in einem an das Staatsministerium gerichteten zu veröffentlichenden Erlasse diesen Gedanken kundzugeben[1]. Obgleich Fürst Bismarck auch in dieser Beziehung Widerspruch einlegte, wurde doch beschlossen, auf den kaiserlichen Gedanken einzugehen und der Aufstellung des Entwurfs eines solchen Erlasses näherzutreten. Vergangenen Sonntag fand sodann eine Sitzung des Staatsministeriums statt[2], in welcher ein solcher Entwurf aufgestellt wurde, der, wie ich höre, ganz allgemein gehalten ist, und den Punkt, auf welchen es dem Kaiser vornehmlich ankömmt, nämlich den Arbeiterschutz im Sinne einer Beschränkung der Frauen-, Kinder- und Sonntagsarbeit, nicht erkennen läßt.

Nachdem inzwischen die Kgl. sächsische Regierung die amtliche Mitteilung gemacht hatte, daß sie demnächst einen Arbeiterschutzantrag in obigem Sinne beim Bundesrat einbringen werde[3], ließ der Herr Reichskanzler g e s t e r n v o r - m i t t a g den Grafen Hohenthal zu sich rufen und eröffnete ihm, daß, falls die sächsische Regierung mit einem solchen Antrag hervortrete, er das Einbringen desselben im Bundesrat sofort mit seinem Entlassungsgesuch beantworten werde; der Kaiser interessiere sich für den Antrag und werde ihm den Befehl geben, für denselben zu stimmen; da ihm seine Überzeugung dies verbiete, so wolle er einer solchen Situation durch vorherige Einreichung seines Demissionsgesuchs zuvorkommen. Gleichzeitig entwickelte er dem Grafen Hohenthal eingehend seine bekannten Gründe gegen den „Arbeiterschutz". Nachmittags ließ er sodann den Grafen Lerchenfeld zu sich rufen, machte ihm die gleiche Mitteilung und erbat die Unterstützung der bayerischen Regierung in dieser Angelegenheit[4].

Im Laufe des heutigen Tages wird ein Ministerrat bzw. Kronrat stattfinden, in welchem die Feststellung des kaiserlichen Schreibens an das Staatsministerium erfolgen soll. Ob der Herr Reichskanzler, der am Sonntag, wenn auch mit Widerstreben, sich mit einem ganz farblosen Entwurf einverstanden erklärt hatte, nicht im letzten Augenblicke auf den Standpunkt des prinzipiellen Widerspruchs gegen jede Aktion zurückkehrt, ist mir bei seinen wechselnden Stimmungen und insbesondere nach den Vorgängen des gestrigen Tages einigermaßen zweifelhaft. Daß das persönliche Verhältnis zwischen Kaiser und Kanzler durch die neuesten Ereignisse schwer Not gelitten hat, liegt auf der Hand.

GLA 233/34798 Ausf., erhalten 1. 2., dem Großherzog vorgelegt 4. 2., zurück erhalten 5. 2. 90; 49/2019 fol. 5 f. Konz.; gedr. *Gradenwitz* S. 121 ff.

[1] Marschall vertauscht in der Reihenfolge die Verhandlungspunkte des Kronrats vom 24. Jan. 1890.
[2] Das Protokoll bei *Eppstein* S. 141 f.; vgl. *Gagliardi* I S. 53 f.
[3] Am 28. Jan. bei Boetticher, vgl. *Eppstein* S. 44.
[4] Vgl. Bericht Hohenthal an Fabrice vom 30. Jan. 1890: H. *Richter* S. 155 ff. Der sächsische Antrag war bereits in einer Unterredung des Königs Albert v. Sachsen — vermutlich am 27. Jan. — mit Bismarck angekündigt worden, ohne daß Bismarck Einwendungen gemacht hätte (vgl. *Gagliardi* I S. 70 Anm. 83). Bericht Lerchenfeld vom 30. 1. 1890: Er. u. Dkw. S. 357 f.

1009a. Aus Marschalls Tagebuch.

Berlin, 31. Januar bis 1. Februar 1890.

31. Januar 1890. Morgens Brief von Holstein, daß heute Ministerrat bzw. Kronrat stattfindet. Brief an den Großherzog. [...] Brief von Großherzog, ich solle mitteilen, wann der Ministerrat beginnt. Ich gehe auf der Wilhelmstraße, Kati Douglas[1] begegnet. 1,55 Uhr die Minister beim Reichskanzler eintreten sehen. Brief an Großherzog. [...] Holstein begegnet und ihn besucht. Er ist sehr besorgt. Sprach gestern Abend mit Herbert. Fürchtet Absicht des Bruchs vor den Wahlen. 5 Uhr zum Großherzog, sehe vorher den Kaiser in den Ministerrat fahren. Großherzog sagt mir, daß Kaiser sehr erbittert, habe alles erfahren, was Kanzler von ihm gesagt. (Äußerung Lerchenfelds gegen ihn[2].) Chance des Bruchs, wer Nachfolger? Kaiser will dann neu organisieren. „Schütze den Kaiser gegen diese Situation". Bötticher, Puttkamer, dann nennt Großherzog Caprivi! Ja, das ist der Mann (wenn nicht Marine und Kolonien). Will ihn kommen lassen. Rücktritt des Reichskanzlers vom Präsidium in Preußen. Brief des Kaisers, daß nicht so schlimm steht[3]. Nach Tisch kommt Hohenthal. Kaiser hat ihn rufen lassen, frug, was mit Reichskanzler gesprochen. Hochverräter, konspiriert, werde ihn wegen Ungehorsam entlassen. König von Sachsen soll Antrag einbringen (!!)[4]. Dann Holstein, der mir sagt, daß vorläufig Ausgleich: Einberufung einer Konferenz zur internationalen Regelung. Ein merkwürdiger Tag! Was erlebt man nicht alles hier!

1. Februar 1890. Holstein mit der Nachricht, daß gestern zwei Erlasse des Kaisers beschlossen werden sollen, einen an den Reichskanzler wegen internationaler Konferenz, der andere an Minister für Handel und Gewerbe sowie Arbeitsministerium wegen Prüfung der Arbeiterschutzfrage[5]. Holstein meint, der Kaiser soll nehmen, was zu haben. Meine Ansicht auch. 12,05 Uhr Abreise der Herrschaften. Schwerer Abschied, dann zu Hohenthal, dem ich das gestrige Resultat erzähle. [...] Besuch bei Bötticher, er ist noch nicht beruhigt, denn die Fassung steht noch nicht fest, und der Reichskanzler macht fortwährend Sprünge?

Oberkirch, Besitz Frau v. Seyfried.

[1] Katharina Gräfin v. Douglas (geb. 1873), Tochter von Hugo Sholto Graf v. Douglas (vgl. Nr. 1015 Anm. 7).
[2] Bericht Lerchenfeld 30. Jan. 1890: vgl. Nr. 1009 Anm. 4.
[3] Nr. 1007.   [4] Vgl. Nr. 1009.
[5] Vgl. Nr. 1009, 1010.

1010. Marschall an Turban.

Berlin, 1. Februar 1890.

Ganz vertraulich! Ew. Exz. beehre ich mich, in Ergänzung meiner chiffrierten Depesche vom heutigen ergebenst anzuzeigen, daß in der gestrigen Sitzung des preußischen Ministerrats[1], bei welcher sich S. M. der Kaiser unerwartet eingefunden hatte, ein vorläufiger Ausgleich der bestehenden Differenzen dahin erzielt wurde, daß S. M. demnächst zwei Ordres erlassen wird, die eine an die Minister für Handel und Gewerbe und für öffentliche Arbeiten, in welcher die Minister aufgefordert werden, der Frage näherzutreten, ob nicht die auf die Fabrikarbeiter bezüglichen Vorschriften der Gewerbeordnung einer Ergänzung in der Richtung bedürften, daß einer übermäßigen Ausbeutung der Arbeitskraft der Arbeiter mehr wie bisher vorgebeugt werde — die andere an den Herrn Reichskanzler mit der Anregung, demnächst eine Konferenz der Mächte zu berufen, um eine internationale Regelung der Arbeiterfrage anzubahnen. S. M. der Kaiser gab zu diesem modus procedendi seine Zustimmung, und auch der Herr Reichskanzler, der nach wie vor sich gegen jede weitere Einschränkung der Frauen-, Kinder- und Sonntagsarbeit aussprach, erklärte sich im Prinzip mit diesem Vorgehen einverstanden. An der Redaktion der beiden Erlasse wird gegenwärtig im Auswärtigen Amt und im Reichsamt des Innern gearbeitet, und wäre es dringend zu wünschen, daß nicht über die Fassung neue Differenzen entstehen. Der Herr Reichskanzler wird natürlich bestrebt sein, für beide Erlasse eine so allgemeine Form zu finden, daß seiner Anschauung über Arbeiterschutz in keiner Weise präjudiziert wird. —

Nachdem S. M. in Erfahrung gebracht hatte, daß der Herr Reichskanzler den sächsischen Gesandten vorgestern empfangen, ließ er gestern den Grafen Hohenthal zu sich rufen und bat ihn um eine Mitteilung über den Inhalt seiner Unterredung mit dem Reichskanzler; Graf Hohenthal konnte unter diesen Umständen nicht umhin, dem Kaiser von der ihm gemachten Eröffnung — vgl. Bericht vom gestrigen[2] — Kenntnis zu geben, worauf Allerhöchstderselbe ihn beauftragte, nach Dresden zu melden, daß er den König von Sachsen dringend bitte, die Arbeiterschutzanträge möglichst bald beim Bundesrat einzubringen. Graf Hohenthal ist diesem Auftrage nachgekommen, sagte mir aber heute, daß vor den Wahlen die Fertigstellung des Antrags nicht mehr möglich sein werde[3].

GLA 233/34798 Ausf., erhalten 2. 2., dem Großherzog vorgelegt 4. 2., zurück erhalten 5. 2. 90; 49/2019 fol. 7 f. Konz.; gedr. *Gradenwitz* S. 123 f.

[1] Der Parallelbericht Boettichers bei *Eppstein* S. 45.
[2] Nr. 1009.
[3] Bericht Hohenthals vom 31. Jan. 1890 über seine Audienz beim Kaiser: *Richter* S. 158 ff.

1011. Marschall an Turban.

Berlin, 6. Februar 1890.

Ganz vertraulich! Die beiden auf die Arbeiterfrage bezüglichen Erlasse S. M. des Kaisers, welche in dem Reichsanzeiger von gestern abend veröffentlicht worden, erregen selbstverständlich in allen Kreisen außerordentliches Aufsehen[1]. Obgleich über die Vorgänge der letzten zehn Tage nur sehr wenig transpiriert hatte, war doch die Divergenz, welche zwischen dem Kaiser und dem Reichskanzler bezüglich der Arbeiterschutzfrage besteht, durch eine Reihe von Tatsachen, durch den Passus in der jüngsten Thronrede, durch die Ernennung des Freiherrn von Berlepsch zum Handelsminister[2] und nicht zum mindesten durch Äußerungen des Reichskanzlers selbst so weit in politische Kreise gedrungen, daß als nächster und mächtigster Eindruck jener Erlasse der eines Sieges der kaiserlichen Anschauung über die kanzlerische bezeichnet werden darf. —

Wie ich Ew. Exz. mittels Berichts vom 1. d. M.[3] angezeigt habe, war am Freitag, den 31. v. M. in einem teilweise in Anwesenheit S. M. stattgehabten Ministerrate ein Ausgleich dahin gefunden worden, daß der Kaiser zwei Erlasse ergehen lassen sollte, den einen an den Reichskanzler wegen Anregung einer internationalen Konferenz, den anderen an die Minister für Handel und Gewerbe und für öffentliche Arbeiten mit dem Auftrage, eine Kommission zur Prüfung der für Besserung der Lage der arbeitenden Klassen etwa erforderlichen Änderungen der Gewerbeordnung zu bestellen. Als ausgemacht galt damals, daß der Herr Reichskanzler den ersten Erlaß und Herr von Boetticher den zweiten Erlaß kontrasignieren sollte.

Im Laufe des Samstags wurden die bezüglichen Entwürfe, derjenige an den Reichskanzler im Auswärtigen Amt, der andere im Reichsamt des Innern, ausgearbeitet; während des Sonntags nahm sodann der Herr Reichskanzler persönlich ohne irgendeine Rücksprache die Umarbeitung der Entwürfe vor und unterbreitete dieselben am Montag dem Kaiser. Über seine an diesem Tag stattgehabte Unterredung mit S. M. hat Fürst Bismarck seiner Umgebung nur soviel mitgeteilt, daß über die Redaktion eine Einigung erzielt worden sei, eine Kontrasignierung der Erlasse jedoch nicht stattfinden werde; er hat weiterhin erzählt, daß die Frage seines Rücktritts von dem Amte als preußischer Ministerpräsident bis nach den Wahlen vertagt worden sei. Eine eigentliche Klärung der Situation ist offenbar auch bei dieser Unterredung nicht erzielt worden.

Eine Vergleichung der nunmehrigen Fassung mit derjenigen der ursprünglichen Entwürfe[4] ergibt — abgesehen von dem Wegfall der Kontrasignierung, der natürlich an sich den Charakter der Kundgebungen ganz wesentlich alteriert — folgende wesentlichen Änderungen: was zunächst den Erlaß an den Reichskanzler betrifft, so ist hier von dem ursprünglichen Entwurfe fast nichts übrig geblieben: gleich der Eingang, der in den Worten „ich bin entschlossen" die persönliche Anschauung des Kaisers in den Vordergrund stellt, ist neu; die Notwendigkeit, im Interesse der Konkurrenzfähigkeit der deutschen Industrie die Arbeiterfrage international zu regeln, ist viel schärfer betont als in dem Entwurfe; neu ist ferner die Bezugnahme auf „die internationalen Verhandlungen, welche die Arbeiter dieser Länder unter sich führen" — ein Hinweis auf die Bestrebungen der roten Internationale, die in einem kaiserlichen Erlaß etwas befremdet —, von dem Reichskanzler eingefügt ist endlich die Aufforderung, zunächst „Frankreich, England Belgien und die Schweiz" wegen ihrer Geneigtheit zur Beschickung der Konferenz zu befragen. Worauf sich die Beschränkung der vorläufigen Anfrage an diese vier Länder gründet, darüber fehlt es selbst im Auswärtigen Amte an jeder Erklärung; bekannt ist, daß Frankreich sich der vorjährigen Schweizer Einladung gegenüber kühl verhielt, daß England seine Beteiligung an der Konferenz damals von dem Ausschluß der Diskussion über die Beschränkung der Arbeitszeit (Normalarbeitstag) abhängig machte, und daß in Belgien für Verbesserung der Lage der Arbeiter auf gesetzlichem Wege die denkbar geringste Neigung besteht. Daß endlich die Schweiz, die, wie mir Minister Roth erzählte, vor wenigen Tagen zu einer internationalen Konferenz auf den 5. Mai eingeladen hat, durch das unerwartete Dazwischentreten Deutschlands nicht sehr erfreut sein wird, liegt auf der Hand. Warum man sich in erster Reihe nicht der Zustimmung Österreich-Ungarns und Italiens versichern will, die der Sache freundlich gegenüberstehen, ist ganz unverständlich. — Weniger materielle Änderungen weist der zweite Erlaß gegenüber dem ursprünglichen Entwurf des Reichsamts des Innern auf. Auch hier ist die Person des Kaisers mehr in den Vordergrund geschoben; der Satz, der es als „Aufgabe der Staatsgewalt" bezeichnet, „die Zeit, die Dauer und die Art der Arbeit zu regeln" usw., der ursprünglich nur von Frauen- und Kinderarbeit sprach, ist merkwürdigerweise jetzt so allgemein gefaßt, daß er auch den „Normalarbeitstag" umfaßt; bedeutsam ist endlich die Änderung, daß die bezügliche Vorberatung nicht durch eine ad hoc zu bestellende Kommission, sondern durch den Staatsrat erfolgen soll. Wie der Staatsrat, der jetzt schon in die 70 Personen zählt und noch durch Berufung weiterer Personen verstärkt werden soll, — wie eine so zahlreiche Körperschaft, ohne positive Vorschläge als Grundlage der Beratung zu haben, die schwierige Arbeiterfrage in dem umfassenden Sinne, wie sie hier gestellt ist, in fruchtbarer Weise „vorberaten" soll, ist mir einstweilen unerfindlich. —

Ich kann mich des Eindrucks nicht erwehren, daß der Reichskanzler d a s M i ß l i n g e n d e r k a i s e r l i c h e n A k t i o n erwartet und daß er seine Kontrasignatur deshalb unterlassen hat, weil er an dem Mißerfolg keine Verantwortung haben will. Seine Drohung nach Dresden, daß er die Einbringung des harmlosen, auf Frauen-, Kinder- und Sonntagsarbeit beschränkten sächsischen Antrags mit seiner sofortigen Entlassung beantworten werde, während er nunmehr den Kaiser eine Aktion unternehmen läßt, die sich viel weitere und umfassendere Ziele steckt, läßt bei seiner prinzipiell ablehnenden — erst durch die jüngste Poscher sche Veröffentlichung[4a] scharf beleuchteten — Stellung zu der ganzen Arbeiterschutzfrage, ja sogar zu dem Institut der Fabrikinspektoren, keine andere Deutung zu, als daß er wohl von dem sächsischen Antrage, nicht aber von dem Vorgehen S. M. einen praktischen Erfolg erwartet. Vor drei Tagen noch hat er, anschließend an seine Unterredung mit dem Grafen Hohenthal, an die sächsische Regierung eine Note gerichtet, in welcher er dringend bittet, die Einbringung ihres Antrags jedenfalls bis nach den Wahlen zu verschieben, da er von dem Versuche, „den Arbeiter in der Freiheit zu beschränken, seine und seiner Angehörigen Arbeitskräfte nach Gutdünken zu verwerten", die allerungünstigste Wirkung auf die Wahlen befürchtet[5]; danach ist nicht ausgeschlossen, daß die offiziöse Presse nach dem 20. Februar die Gelegenheit ergreifen wird, das Thema von der ungünstigen Wirkung der Arbeiterschutzideen auf die Wahlen nach einer anderen Adresse hin des weiteren zu entwickeln. — Die Tatsache, daß die öffentliche Meinung die jüngsten Erlasse als einen Sieg des Kaisers über den Kanzler ansieht, und die Presse dies offen ausspricht, wird, so wie ich den Reichskanzler kenne, seine Empfindlichkeit und damit seine Rücksichtslosigkeit steigern.

Für S. M. den Kaiser wird, meines unmaßgeblichen Erachtens, alles davon abhängen, daß Allerhöchstderselbe die begonnene Aktion, für die er keinerlei Unterstützung bei seinem ersten Minister zu erwarten hat, in ruhiger, maßvoller Weise fortsetzt und bei allem Festhalten an den größeren Zielen doch zunächst sich mit den bescheidenen praktischen Erfolgen begnügt, die schon jetzt ohne allzugroße Schwierigkeiten zu erreichen sind. Auf diese Weise wird am sichersten die Gefahr vermieden, daß ein im großen Stile unter ausschließlicher kaiserlicher Autorität begonnenes Werk scheiterte, und schließlich der Kanzler den Triumph erlebte, als Retter in der Not auftreten zu können.

GLA 233/34798 Ausf., erhalten u. dem Großherzog vorgelegt 8. 2., zurückerhalten 12. 2. 90; 49/2019 fol. 9 ff. Konz.; gedr. *Gradenwitz* S. 125 ff.

[1] *Schultheß* S. 19 f., *Eppstein* S. 142-145. Pressestimmen: *Schultheß* S. 20 f.; W. *Mommsen*, Bismarcks Sturz u. die Parteien S. 44 ff. — Tgb. Marschall: „4. 2. 90. Besuch von Holstein. Kaiser hat sich gestern mit Kanzler über Fassung der Entwürfe verständigt" (Oberkirch, Besitz Frau v. Seyfried).

[2] Hans Hermann Frhr. v. Berlepsch (1843—1926), 1884 Regierungspräsident in Düsseldorf, 1889 Oberpräsident der Rheinprovinz, 1890 (1. Febr.) — 96 preuß. Handelsminister.
[4] Vgl. die Analysen bei *Gagliardi* I S. 93 ff. und weiterführend bei K. E. *Born,* Staat u. Sozialpolitik seit Bismarcks Sturz (1957) S. 7 ff.
[4a] H. v. *Poschinger,* Fürst Bismarck als Volkswirt, 2 Bde. (1889/90).
[5] Note vom 30. Jan. 1890 gedr. *Richter* S. 158.

1012. Marschall an Großherzog Friedrich.

Berlin, 7. Februar 1890.

Im Anschlusse an meinen gestrigen an Herrn Staatsminister Turban erstatteten Bericht[1] erlaube ich mir E. K. H. nachstehende Bemerkungen ehrfurchtsvoll zu unterbreiten:

Nachdem es dem Herrn Reichskanzler gelungen ist, die ursprünglich verabredete Kontrasignatur der beiden kaiserlichen Erlasse vom 4. d. M. zu vermeiden, dieselben also z. Zt. lediglich durch die kaiserliche Autorität gedeckt sind, scheint es mir von der allergrößten Wichtigkeit, daß bei den Schritten, die nunmehr zur Ausführung der von S. M. dargelegten Grundsätze zu ergreifen sind, das höchste Maß von Sorgfalt angewendet werde, um einen Mißerfolg oder auch nur einen échec zu vermeiden. Nach dieser Richtung aber erscheint mir der in letzter Stunde gefaßte Beschluß, die Kommission, welche nach den ursprünglichen Entwürfen die bezügliche Frage zunächst prüfen sollte, zu beseitigen und die Vorbereitung sofort im Staatsrat unter dem Vorsitze des Kaisers vorzunehmen, schweren Bedenken zu unterliegen. Der Rahmen für diese Vorberatung ist ein außerordentlich weiter: neben dem Ausbau der Arbeiterversicherungsgesetze sollen die gesamten Vorschriften über die bezüglich der Verhältnisse der Fabrikarbeiter bestehenden Bestimmungen der Gewerbeordnung einer Prüfung unterzogen werden, es soll geregelt werden „die Zeit, die Dauer, die Art der Arbeit", um Gesundheit, Sittlichkeit, die wirtschaftlichen Bedürfnisse der Arbeiter und ihren Anspruch auf gesetzliche Gleichberechtigung zu wahren; des weiteren sind organische Einrichtungen zur Pflege des Friedens zwischen Arbeitgebern und Arbeitnehmern sowie zur Regelung ihrer gemeinsamen Angelegenheiten in Aussicht genommen — mit einem Wort, es ist weit über den Rahmen der eigentlichen Arbeiterschutzgesetzgebung hinaus die ganze soziale Frage, d. h. die Versöhnung der großen Gegensätze zwischen Kapital und Arbeit zur Lösung gestellt. Wer nur einigermaßen mit dem Gange parlamentarischer Verhandlungen vertraut ist, der weiß, daß es nichts Unfruchtbareres gibt, als derartige Probleme in großen Körperschaften zu diskutieren, insolange nicht eine sorgfältig vorbereitete konkrete Unterlage in der Form einer Gesetzesvorlage oder von bestimmten Fragen, Thesen usw. vorhanden ist. Wollte man es unternehmen, in nächster Zeit den Staatsrat einzuberufen und mit dieser an die hundert Köpfe zählenden Körperschaft auf alleiniger Grundlage der beiden Erlasse in eine Vorbereitung einzutreten, so wäre meines unmaßgeblichen Erachtens eine Enttäuschung nach den verschiedensten Seiten hin die unausbleibliche Folge. Man würde tagelang de omnibus et quibusdam aliis diskutieren, lange Reden halten und schließlich unter allgemeiner Ermüdung zu dem Resultate kommen, eine Kommission zur Vorberatung dieser zu bestellen, diese Kommission aber würde mangels einer Direktive seitens des Plenum nicht viel weiteres leisten als höchstens einige allgemein gehaltene Resolutionen. Dieses negative Ergebnis müßte trotz der Geheimhaltung der Verhandlungen bald in die weitesten Kreise dringen und als das Fiasko einer im großen Stile begonnenen politischen Aktion gelten.

Wenn es mir gestattet ist, E. K. H. meine Anschauung ehrfurchtsvoll darzulegen, so möchte ich dieselbe dahin präzisieren: Vor Einberufung des preußischen Staatsrats ist die Bestellung e i n e r K o m m i s s i o n zur Vorbereitung der weiteren Beratung e i n e g e b i e t e r i s c h e N o t w e n d i g k e i t ; dieselbe wäre im preußischen Handelsministerium zu bilden, sie hätte aus mindestens sieben Personen zu bestehen, unter denen sich auch Arbeitgeber und Arbeitnehmer (auch aus der Montanindustrie) befinden müßten. Als die nächste Aufgabe dieser Kommission bezeichne ich: Genaue Präzisierung und Begrenzung der Fragen, welche Gegenstand der internationalen Konferenz bilden sollen, also: Einschränkung der Kinderarbeit (Altersgrenze), der Frauenarbeit (Schwangere, Wöchnerinnen) und der Sonntagsarbeit, wobei die Frage des Normalarbeitstages d. h. die Einschränkung der Arbeitszeit überhaupt zwar erwähnt, aber offengelassen werden kann. Dieses Programm, das man sich in Form von Fragen, Thesen oder wie sonst denken kann, wäre sodann dem preußischen Staatsrate zum Zwecke der einstigen Instruierung der preußischen Stimmen im Bundesrat vorzulegen, eventuell auch zur Wahrung des reichsverfassungsmäßigen Standpunktes den Bundesregierungen zur gutachtlichen Äußerung mitzuteilen. Alle diese Fragen sind bereits in dem Maße liquid, daß in wenigen Wochen diese Stadien durchlaufen sein würden und die Einberufung der Konferenz aufgrund eines positiven Programms erfolgen könnte[2]. Einer internationalen Beratung auf der Grundlage eines so maßvollen Programms würde sich schon mit Rücksicht auf die öffentliche Meinung kein Staat entziehen können. Damit wäre aber das Zustandekommen der Konferenz gesichert und — was mir als nächstes Ziel vorschwebt — für die Initiative S. M. ein erster praktischer Erfolg erreicht. Die weitere Aufgabe der Kommission liegt dann in der Vorberatung der in den kaiserlichen Erlassen an den Handelsminister angeregten weiteren Fragen, die ihrer Natur nach preußische Angelegenheit sind, wie die Neuordnung des Bergwerkswesens, oder der Reichsgesetzgebung angehören, wie die Errichtung von Gewerbegerichten, Einigungsämtern, Arbeiterausschüssen usw.

Geht man anstelle dieses Weges denjenigen, welchen der kaiserliche Erlaß an den preußischen Minister vorsieht, werden demgemäß alle die darin angeregten Fragen ohne jede Sichtung und Präzisierung sofort dem Staatsrat unterbreitet, so wird einmal die internationale Konferenz wenn nicht gefährdet, so doch unabsehbar verzögert und außerdem dem deutschen Volke der peinliche Eindruck geschaffen, daß die kaiserliche Autorität nicht stark genug sei, um für die Durchführung des kaiserlichen Willens die Wege zu ebnen[3].

E. K. H. bitte ich, meine freimütige Äußerung allergnädigst entschuldigen zu wollen; dieselbe entspringt der Erkenntnis, daß der praktischen Betätigung des in so feierlicher Form verkündeten kaiserlichen Willens Hindernisse entgegenstehen, die nicht nur in der Sache liegen, sie gründet sich auf die politische Überzeugung, daß, nachdem die Dinge so weit gediehen sind, nicht nur sozialpolitische, sondern auch nationale und monarchische Interessen auf dem Spiele stehen.

GLA FA Korresp. 13 N 451 Ausf. Zur Entstehung dieses Berichts: Tgb. Marschall: „7. 2. 90. Holstein getroffen, der mich aufs Amt nimmt, wohin Geheimrat Kayser kommt. Wir sind einig darüber, daß die Sache so nicht geht, sondern ein bestimmtes Programm nötig ist vor der Einberufung des Staatsrates. Ich bin überzeugt, der Reichskanzler will ein Fiasko. Langer Brief an den Großherzog" (Oberkirch, Besitz Frau v. Seyfried).

¹ Nr. 1011.
² Über die tatsächliche Organisation vgl. H. *Schneider*, Der preußische Staatsrat 1817—1918 (1952) S. 280 f.
³ Vgl. Nr. 1016.

1013. Marschall an Turban.

Berlin, 9. Februar 1890.

Vertraulich! Ew. Exz. beehre ich mich ergebenst zu berichten, daß der Herr Reichskanzler gestern S. M. bezüglich der demnächstigen Einberufung des Staatsrats Vortrag erstattet hat, und heute eine Sitzung des preußischen Staatsministeriums stattfindet, um das Weitere zu veranlassen. Wie ich höre, ist der Gedanke, den Staatsrat schon vor den Reichstagswahlen einzuberufen, dem Widerspruche des Freiherrn von Berlepsch begegnet, der gewisse Vorarbeiten, wenigstens die Aufstellung eines Fragebogens als Grundlage der Beratung, für unumgänglich nötig hält. Zum Staatssekretär des Staatsrats an Stelle des verstorbenen Herrn von Möller¹ soll der Unterstaatssekretär Dr. Bosse ernannt werden. —
Bereits vorgestern hat der Herr Reichskanzler den Referenten im Auswärtigen Amte beauftragt, eine Note zum Zwecke der vorläufigen Anfrage wegen Geneigtheit zur Teilnahme an einer Konferenz zu entwerfen; auf ausdrücklichen Befehl soll diese Note nicht nur an die vier in dem kaiserlichen Erlaß genannten Staaten, sondern an alle europäischen Staaten, auch Österreich-Ungarn, Italien, Schweden, Dänemark usw. gerichtet werden.

GLA 233/34798 Ausf., erhalten u. dem Großherzog vorgelegt 10. 2., zurück erhalten 12. 2. 90; 49/2019 fol. 13 Konz.; gedr. *Gradenwitz* S. 127.

¹ Ernst Gustav Friedrich v. Moeller (1834—86), 1870 Geh. Finanzrat u. Vortr. Rat, 1877 Mitglied des Patentamtes u. Vorsitzender des Oberseeamtes, 1881 Unterstaatssekretär im Ministerium für Handel u. Gewerbe, Bevollmächtigter beim Bundesrat.

1014. Marschall an Turban.

Berlin, 9. Februar 1890.

Reichskanzler erklärte heute im Ministerrat¹, daß er sich gleich nach den Wahlen aus dem Preußischen Staatsministerium zurückziehen werde; wünsche auch innere Reichsangelegenheiten abzugeben. Staatsrat auf Freitag einberufen.

GLA FA Korresp. 13 N 537 (Tel.), dem Großherzog zur Kenntnisnahme vorgelegt.

¹ Vgl. Nr. 1015.

1015. Marschall an Turban.

Berlin, 11. Februar 1890.

Ganz vertraulich! In Bestätigung meines chiffrierten Telegramms vom 9. d. M.¹ beehre ich mich, Ew. Exz. ergebenst anzuzeigen, daß der Herr Reichskanzler beim

Beginne der vorgestrigen Staatsministerialsitzung[2] die Eröffnung machte, daß er auf Grund einer Verabredung mit S. M. dem Kaiser am 20. d. M. seine Stelle als preußischer Ministerpräsident niederlegen und sich auch von dem preußischen Ministerium der auswärtigen Angelegenheiten zurückziehen werde. Desgleichen sprach er den Wunsch aus, zwar Reichskanzler zu bleiben, aber auch die innern Reichsangelegenheiten abzugeben; eine hierüber geführte kurze Diskussion, bei der unter Hinsicht auf die Bestimmungen des Stellvertretungsgesetzes die Frage beleuchtet wurde, ob der Reichskanzler allgemein auf die im § 3 dieses Gesetzes eingeräumte Befugnis, jede Amtshandlung auch während der Dauer der Stellvertretung selbst vorzunehmen, verzichten könne, führte zu keinem positiven Resultat. Den Gedanken, den Wechsel im Präsidium des preußischen Staatsministeriums gerade am Tage der Reichstagswahl vorzunehmen, begründete Fürst Bismarck damit, daß sein Rücktritt zu einem früheren Zeitpunkt möglicherweise die Wahlen beeinflussen könne, n a c h den letzteren aber den Anschein erwecken könne, als ob derselbe mit dem Wahlausfall in Beziehung stehe. Staatsminister von Boetticher sprach darauf das tiefe Bedauern des Ministeriums über den Entschluß des Fürsten, zugleich aber die Hoffnung aus, daß auch fernerhin der Regierung der weise Rat desselben nicht fehlen werde. —

Im weiteren Verlauf der Sitzung wurde trotz der Bedenken, die Freiherr von Berlepsch geäußert hatte, beschlossen, S. M. die Einberufung des Staatsrats auf Freitag, den 14. d. M. vorzuschlagen, und demnächst die Bezeichnung der neu zu berufenden Mitglieder vorgenommen[3]. Darunter befinden sich u.a. Freiherr von Stumm[4], Geheimrat Krupp[5], Geheimrat Jenke (Geschäftsführer Krupps)[6], Geheimrat Hintzpeter, Graf Douglas[7], Fürst Pleß[8]. Als Grundlage seiner Beratungen sollten dem Staatsrate bestimmte Fragen unterbreitet und nach der Generaldiskussion die einzelnen Materien zur näheren Beratung in die Abteilungen verwiesen werden, deren Aufgabe es sein wird, Sachverständige[9], namentlich auch aus dem Stande der Arbeitnehmer, zu hören. Die Eröffnung des Staatsrats soll in feierlicher Weise durch eine Rede des Kaisers erfolgen[10]. Staatsminister von Boetticher hat gestern Abend die Genehmigung S. M. zu diesen Beschlüssen erwirkt. Daß unter den neuzuberufenden Mitgliedern der Name des Geheimrats Lohmann fehlt — des in Arbeiterschutzfragen weitaus sachkundigsten Mannes, den wir in Deutschland haben — wird in weiten Kreisen Befremden erregen. —

Der Kgl. bayerische Gesandte Graf Lerchenfeld sagte mir heute, der Herr Reichskanzler habe ihn gestern rufen lassen und ihm Folgendes gesagt[11]: es läge ihm daran, daß die verbündeten Regierungen die Gründe kennten, warum — entgegen der bisherigen Übung — die beiden kaiserlichen Erlasse ohne vorheriges vertrauliches Benehmen mit den Regierungen ergangen seien; es rühre dies daher, daß, als er nach Berlin gekommen, der Kaiser ihn gedrängt habe, auf dem Gebiete der Arbeiterschutzgesetzgebung vorzugehen; obgleich er — Fürst Bismarck — prinzipieller Gegner der ganzen Sache sei, habe er [um] des Friedens willen nachgegeben, die Sache sei aber mit solcher Eile vor sich gegangen, daß eine vorherige Mitteilung an die Regierungen unmöglich gewesen; übrigens werde auch bei der ganzen Sache nichts herauskommen. Er bäte den Grafen Lerchenfeld, in diesem Sinne seinen Kollegen Mitteilung zu machen. Ferner erklärte er dem Herrn Gesandten seinen Willen, aus dem preußischen Ministerium auszutreten und sich auf sein Amt als „Reichskanzler" zurückzuziehen. Graf Lerchenfeld entwickelte darauf dem Fürsten die Bedenken, welche diesem Austritt entgegenstehen; der Reichskanzler werde dann, zumal wenn er sich auch aus dem preußischen Ministerium der auswärtigen Angelegenheiten zurückziehe, welches ressortmäßig die Abgabe der preußischen Stimme im Bundesrat vermittle, in die peinliche Lage kommen, alle preußischen Vota erst, nachdem sie festgestellt seien, zu erhalten, so daß er unter Umständen die preußischen Stimmen gegen seine innere Überzeugung werde abgeben müssen. Der Fürst erging sich darauf, wie mir Graf Lerchenfeld erzählte, in einer Reihe von Klagen über die gegenwärtige Situation, wobei er natürlich auch die Personen nicht schonte. —

Heute Nachmittag begegnete ich auf der Wilhelmstraße Herrn von Boetticher, der in großer Erregung mich bat, ihm in seine Wohnung zu folgen[12]; daselbst erzählte er mir, daß er eben von dem Kanzler komme. Der Reichskanzler habe ihn rufen lassen und ihm erklärt, daß er unter keinen Umständen aus dem preußischen Staatsministerium austreten werde; er sei vollkommen gesund und bedanke sich dafür, „lebendig begraben zu werden". Er werde niemals die Stellung annehmen, daß Herr von Boetticher als preußischer Ministerpräsident im Bundesrate neben ihm sitze und ihm befehle, wie er zu votieren habe. Kein einziger Minister habe neulich im Ministerrat gegen seinen Rücktritt Widerspruch erhoben; der Kaiser wolle nichts mehr von ihm wissen, darum liefen jetzt die Minister dem Kaiser nach usw. Sodann habe er ihm — Herrn von Boetticher — persönlich Vorwürfe gemacht, ihm die Rede im Reichstag wegen Erhöhung der Beamtengehälter vorgehalten, auch die Kontrasignierung des Gesetzes wegen der Wehrpflicht der Theologen als einen Eingriff in seine — des Fürsten — Kompetenz bezeichnet usw. Herr von Boetticher sagte mir, daß er auf diesen Ausbruch in aller Ruhe und unter anderem auch Folgendes geantwortet [habe]: Die Stellung eines preußischen Ministerpräsidenten ambiere er wahrhaftig nicht, da er wohl wisse, daß er nicht nebenbei noch Staatssekretär des Innern und als solcher Untergebener des Reichskanzlers bleiben könne; gerade die mit dem letzteren Amte verbundenen sozialpolitischen Aufgaben seien ihm aber so sehr an das Herz gewachsen, daß es ihm aufs höchste widerstrebe, diese Tätigkeit aufzugeben, um Ministerpräsident ohne Portefeuille zu werden. Herr von Boetticher erzählte mir von seiner Unterredung noch weitere Details, die sich zur schriftlichen Wiedergabe nicht eignen; ich suchte ihn zu beruhigen unter Hinweis darauf, daß es sich bei dem Fürsten um krankhafte Erscheinungen handle, die vielleicht morgen schon einer ganz anderen Stimmung Platz machen würden. Was meinen persönlichen Eindruck betrifft, so kann ich nur sagen, daß meine Überzeugung von der Unhaltbarkeit der jetzigen Situation durch das, was mir Herr von Boetticher sagte, noch verstärkt worden ist.

S. M. der Kaiser hat am vergangenen Samstag den schweizerischen Gesandten aus eigener Initiative zur kaiserlichen Mittagstafel gezogen[13] und ihm vor Tisch gesagt: er bedaure zu hören, daß die Schweiz bereits zu einer internationalen Konferenz wegen der Arbeiterschutzfrage eingeladen habe, die deutsche Einladung also mit der schweizerischen konkurriere. Er hoffe aber nichtsdestoweniger, daß die Schweiz und Deutschland in dieser Frage zusammengehen würden, da die Bestrebungen der Schweiz und die seinigen in ihren Grundgedanken zusammenfielen. Des weiteren sprach sich S. M. in sehr warmen Worten im Sinne der Ausbildung der Arbeiterschutzgesetzgebung aus, für deren internationale Regelung die Schweiz schon im vorigen Jahre in dankenswerter Weise die Initiative ergriffen habe.

Minister Roth, der von den Mitteilungen des Kaisers sehr befriedigt war, erzählte mir weiter vertraulich, der schweizerische Bundesrat sei durch die kaiserlichen Erlasse insofern in eine etwas peinliche Lage gekommen, als am 4. Februar abends bereits die Einladungen an die verschiedenen Regierungen abgegangen seien. Er selbst habe die für die deutsche Regierung bestimmte Einladung am 5. abends erhalten; nach Einholung weiterer Instruktion habe er, da die Schweiz irgendeine offizielle Mitteilung deutscherseits noch nicht erhalten, die Einladung am 7. übergeben, aber gleichzeitig in einer Note bemerkt, dieselbe sei eine Konsequenz des vorjährigen Vorgehens der Schweiz, inzwischen habe der Bundesrat aus den Zeitungen von den kaiserlichen Erlassen Kenntnis genommen und mit Befriedigung daraus ersehen, daß Deutschland im Prinzip mit der Schweiz einverstanden sei, es erscheine um so mehr die Hoffnung begründet, daß das Vorgehen der beiden Staaten zu einem praktischen Ziele führen werde. Graf Bismarck habe ihm — dem Minister Roth — am Samstag mündlich erklärt, daß Herr von Bülow entsprechende Weisungen wegen Behandlung der formellen Frage erhalten werde. —

Die vorläufige Anfrage an die verschiedenen europäischen Regierungen wegen Geneigtheit zur Beschickung der internationalen Konferenz sind, wie ich vernehme, abgegangen.

Graf Kálnoky hat sofort nach dem Erscheinen der kaiserlichen Erlasse dem Prinzen Reuß seine Befriedigung über die hochherzige Initiative des deutschen Kaisers und die Bereitwilligkeit Österreich-Ungarns ausgesprochen, die darin gestellten Ziele zu fördern, gleichzeitig aber auch aus der Anschauung kein Hehl gemacht, daß bei der prinzipiellen Abneigung Englands und Belgiens gegen derartige Übereinkommen und bei der Stellung, die Frankreich gegenüber allen von Deutschland ausgehenden Schritten einnehme, ein praktischer Erfolg nicht zu erwarten stehe.

Dies ist auch meine unmaßgebliche Ansicht, zumal ich mich mehr und mehr davon überzeuge, daß man an der Stelle, die berufen ist, die kaiserliche Politik zu führen, ihr ganz offen entgegenarbeitet.

GLA 233/34798 Ausf., erhalten 12. 2. abends, dem Großherzog vorgelegt 13. 2.; 49/2019 fol. 15 ff. Konz.; gedr. *Gradenwitz* S. 129 ff.

[1] Nr. 1014.

[2] Vgl. *Lucius* S. 515 f.

[3] Vgl. *Schneider* S. 282 f.

[4] Karl (1888: Frhr. v.) Stumm-Halberg (1836—1901), saarländischer Industrieller, 1867—70 Mitglied des preuß. Abgeordnetenhauses, 1867—81, 1889—1901 des Reichstags (Reichspartei).

[5] Friedrich Alfred Krupp (1854—1902), Industrieller, Geh. Rat mit dem Prädikat Exzellenz, 1893—98 Mitglied des Reichstags.

[6] Hans Jencke (1843—1910), sächsischer geh. Finanzrat, 1879 Vorsitzender des Procura-Kollegiums der Firma Krupp, 1888 Mitglied des Direktoriums, 1902 aus der Firma ausgeschieden (frdl. Mitt. d. Krupp-Archivs, Essen).

[7] Hugo Sholto Graf v. Douglas (1837—1912), Bergwerksbesitzer in Aschersleben, 1882—1906 Mitglied des preuß. Abgeordnetenhauses.

[8] Hans Heinrich Fürst zu Pless (1833—1907), 1867—78 Mitglied des Reichstags, 1897 Kanzler des Schwarzen Adler-Ordens, 1905 persönlich: Herzog.

[9] Ihre Namen bei *Schneider* S. 283 Anm. 1.

[10] *Eppstein* S. 146 ff.

[11] Vgl. den vollständigeren Bericht Lerchenfelds vom 10. Febr. 1890: K. A. v. *Müller*, Südd. Monatshefte 12 (1915) S. 149 ff.; *Lerchenfeld*, Er u. Dkw. S. 359 ff.; *Gagliardi* I S. 116 ff.; Bericht Hohenthals vom 11. Febr.: H. *Richter*, S. 162 f.

[12] Boettichers Darstellung bei *Eppstein* S. 47 f.

[13] Vgl. *Gagliardi* I S. 132 u. Exkurs S. 321 ff., Tel. u. Bericht Roths vom 9. Febr. ebd. S. 327 ff.

1016. Großherzog Friedrich an Kaiser Wilhelm II.

Karlsruhe, 12. Februar 1890.

Aus treuem Herzen bringe ich Dir meine wärmsten Glückwünsche dafür, daß Dein fester Wille gesiegt hat und der Ausdruck dieses Sieges in den beiden kaiserlichen und königlichen Erlassen vom 4. Februar dem deutschen Volke und der zivilisierten Welt kundgegeben wurde. Es ist das ein hoch bedeutsames Ereignis, dessen Tragweite sich kaum ermessen läßt. Aber erkennen läßt sich schon jetzt, daß die brennenden Punkte unseres politischen und sozialen Lebens klar bezeichnet sind, und daß für mindestens ein Menschenalter eine Richtung der Gedanken eröffnet ist, welche die ganze geistige Kraft der Nation und ihre schärfste geistige Arbeit noch für lange in Anspruch nehmen wird. Es ist ja selbstverständlich, daß so große Ziele, wie die hier in Frage stehenden, nicht ohne Gefahren und Schwierigkeiten zu erreichen sind. Die Prüfung derselben hat mich daher veranlaßt, eine Reihe von Gedanken niederzuschreiben, in denen ich versuche, mir die Wege zu vergegenwärtigen, auf denen die großen Aufgaben zu sicherem Erfolg gelangen könnten. — Ich erlaube mir, diese Aufzeichnung in ihrer ursprünglichen Formlosigkeit Dir vorzulegen und um eine nachsichtige Aufnahme derselben zu bitten. Meine Bemerkungen sind ein lautes Denken und ein rückhaltloses Aussprechen von Erwägungen, wie Du mir das schon oft mündlich erlaubt hast.

Ich bin so sehr von dem Wunsche erfüllt, Deine vortrefflichen Absichten siegen zu sehen, daß Du meinen Befürchtungen zugutehalten mußt, die mich bezüglich des Gegenteils beherrschen. Das Bewußtsein, daß widerstrebende, einflußreiche Kräfte Dir hemmend entgegenwirken werden, läßt mich nur darüber nachdenken, wie diese Wirkungen am sichersten paralysiert werden können. So bitte ich Dich, die Anlage zu lesen und zu beurteilen. [. . .]

Anlage[1]

Karlsruhe, 12. Februar 1890.

Die beiden kaiserlichen und königlichen Erlasse vom 4. Februar sind weder durch den Reichskanzler, noch durch den Präsidenten des preußischen Staatsministeriums kontrasigniert, dieselben sind also zur Zeit lediglich durch die kaiserliche Autorität gedeckt. Es ist daher von allerhöchster Wichtigkeit, daß bei den Schritten, die nunmehr zur Ausführung der von S. M. dem Kaiser dargelegten Grundsätze zu ergreifen sind, das höchste Maß von Sorgfalt angewendet werde, um einen Mißerfolg oder auch nur einen vorübergehenden Rückschlag zu vermeiden. — Nach dieser Richtung erscheint die beabsichtigte Vorberatung der bezüglichen Fragen im Plenum des Staatsrates unter dem Vorsitz des Kaisers ohne vorausgehende kommissorische Prüfung und Bearbeitung eines Entwurfes ernsten Bedenken zu unterliegen. Der Rahmen für diese Vorberatung ist ein außerordentlich weiter: neben dem Ausbau der Arbeiterversicherungsgesetze sollen die gesamten Vorschriften über die bezüglich der Verhältnisse der Fabrikarbeiter bestehenden Bestimmungen der Gewerbeordnung einer Prüfung unterzogen werden, es soll geregelt werden „die Zeit, die Dauer, die Art der Arbeit", um Gesundheit, Sittlichkeit, die wirtschaftlichen Bedürfnisse der Arbeiter und ihren Anspruch auf gesetzliche Gleichberechtigung zu wahren; des weiteren sind organische Einrichtungen zur

Pflege des Friedens zwischen Arbeitgebern und Arbeitnehmern sowie zur Regelung ihrer gemeinsamen Angelegenheit in Aussicht genommen. Es ist somit weit über den Rahmen der eigentlichen Arbeiterschutzgesetzgebung hinaus die ganze soziale Frage, d. h. die Versöhnung der großen Gegensätze zwischen Kapital und Arbeit zur Lösung gestellt.

Der Gang parlamentarischer Verhandlungen lehrt, daß es nichts unfruchtbareres gibt, als derartige Probleme in großen Körperschaften zu diskutieren, insolange nicht eine sorgfältig vorbereitete konkrete Unterlage in der Form einer Gesetzesvorlage oder von bestimmten Fragen und Thesen usw. vorhanden ist.

Der Staatsrat ist eine nach hundert Köpfen zählende Körperschaft, welche zur Vorbereitung der genannten Fragen nicht geeignet ist und daher selbst zum Resultat der Bildung von Kommissionen gelangen wird. Da der Staatsrat bereits berufen ist, so möchte es geraten sein, demselben lediglich Gelegenheit zum Ausspruch über die großen Aufgaben zu leihen und eine Beschlußfassung auf die Zeit zu vertagen, da a l l e Vorarbeiten reif zur Diskussion sein werden. Die konsultative Tätigkeit des Staatsrates sollte in ihrem Ergebnis unbedingt geheimgehalten werden.

Es wird nun sehr schwer sein, aus dem Staatsrat e i n e Kommission zu bilden, da wohl die Neigung sich bekunden wird, mehrere Kommissionen abzuzweigen[2]. Allein dennoch erscheint es mir als eine gebieterische Notwendigkeit, eine im großen Stile begonnene politische Aktion von so weittragender Bedeutung vor den Gefahren zu schützen, welche kommissorische Beratungen in sich schließen, wenn nicht die Leitung der Arbeiten aus einheitlichen Gedanken hervorgeht. — Es müßte, um diesen Erfolg zu erzielen, eine kleine Zahl Personen, etwa 7, ausgesucht werden, unter denen sich auch Arbeitgeber und Arbeitnehmer (auch aus der Montan-Industrie) befinden, welche eine unter Leitung des Handelsministers zu berufende Kommission bilden. Als die nächste Aufgabe derselben möchte ich bezeichnen: — genaue Präzisierung und Begrenzung der Fragen, welche Gegenstand der internationalen Konferenz bilden sollen, also: Einschränkung der Kinderarbeit (Altersgrenze), der Frauenarbeit (Schwangere, Wöchnerinnen) und der Sonntagsarbeit, wobei die Frage des Normalarbeitstages, d. h. die Einschränkung der Arbeitszeit überhaupt, zwar erwähnt, aber offengelassen werden kann[3]. Solches Programm, das man sich in Form von Fragen, Thesen oder wie sonst denken kann, wäre dann dem Staatsrate zum Zweck der Instruierung der preußischen Stimmen im Bundesrat vorzulegen, evtl. auch zur Wahrung des reichsverfassungsmäßigen Standpunktes den Bundesregierungen zur gutachtlichen Äußerung mitzuteilen. Alle diese Fragen sind so liquid, daß in wenigen Wochen diese Stadien durchlaufen sein würden und die Einberufung der Konferenz aufgrund eines positiven Programmes erfolgen könnte. Einer internationalen Beratung auf Grundlage eines so maßvollen Programmes würde sich schon mit Rücksicht auf die öffentliche Meinung kein Staat entziehen können. Damit wäre aber das Zustandekommen der Konferenz gesichert und für die Initiative des Kaisers ein erster praktischer Erfolg erzielt. Dieses Ziel muß allen Gegenbestrebungen zum Trotz erreicht werden, da ja die Gefahr eines Scheiterns der Konferenz oder der Vorschläge i n der Konferenz die ganze große Aufgabe hinfällig machen müßte. Die internationale Seite der Frage muß daher unabhängig bleiben von den Zielen, die sonst noch zu verfolgen sind.

Die weitere Aufgabe der Kommission liegt dann in der Vorberatung der in den kaiserlichen Erlassen an den Handelsminister angeregten weiteren Fragen, die ihrer

Natur nach preußische Angelegenheiten sind wie die Neuordnung des Bergwerk-wesens, oder der Reichsgesetzgebung angehören wie die Einrichtung von Gewerbe-gerichten, Einigungsämtern, Arbeiterausschüssen usw. —

Diese Trennung der Aufgaben bezüglich der Inanspruchnahme des Staatsrates ist wohl geboten, sowohl um das Programm für die internationale Konferenz zu beschränken und dadurch einen Erfolg derselben zu fördern, als auch andererseits den ganzen Erfolg der kaiserlichen Initiative und Autorität zu sichern. Es muß im deutschen Volke der Eindruck geschaffen werden, daß die Durchführung des kaiserlichen Willens in die rechten Wege geleitet ist, und daß die Gegner dies nicht stören können.

Nicht genug kann ich vor der Gefahr warnen, welche von Seite der internatio-nalen Behandlung der vorliegenden Fragen droht. Da kann das ganze Unterneh-men stillgestellt oder wenigstens stark gehemmt werden. Deshalb ist es absolut nötig, diesen Teil der Aufgaben in bescheidenen Grenzen zu erhalten.

Die im Anfang dieser Aufzeichnung berührte Frage der mangelnden Gegen-zeichnung der Allerhöchsten Erlasse ist ein bedeutsames Symptom dafür, daß die Verantwortlichkeit gerne dem Kaiser allein zugeschrieben werden will — eine Si-tuation, die in ihren Konsequenzen nicht gestattet, durchgeführt zu werden, da jedenfalls eine verantwortliche Persönlichkeit vorhanden sein muß, welche als Vertreter der kaiserlichen Initiative den gesetzgebenden Körperschaften gegenüber sich geltend machen muß. Wer das also nicht zu tun geneigt ist, der muß sich überhaupt der Mitwirkung enthalten.

Der Kaiser muß aufopfernde Helfer haben, die ganz und voll für ihn eintreten! Das walte Gott!

GLA FA Korresp. 13 N 302 Abschr. von der Hand Babos.

[1] Vgl. die Empfehlungen Marschalls in Nr. 1012.
[2] Über die Kommissionsberatungen des Staatsrats vgl. *Schneider* S. 283 ff. und die Protokolle ebd. S. 314.
[3] Vgl. den von Th. Lohmann aufgestellten Fragenkatalog zur Sitzung der Kommissio-nen vom 26. Febr. 1890 *Schneider* S. 326 ff.

1017. Marschall an Turban.

Berlin, 12. Februar 1890.

Ganz vertraulich! *In der Anlage übersende ich die mir vertraulich vom schwei-zerischen Gesandten mitgeteilte* Abschrift des Diskussionsprogramms der von der Schweiz angeregten internationalen Konferenz betreffend Arbeiterschutz. [...] Ich habe Grund zu der Annahme, daß S. M. dem Kaiser bis zu diesem Augenblicke von diesem Schriftstücke keine Kenntnis gegeben worden ist, obgleich es dem Aus-wärtigen Amte mit der schweizerischen Einladung übergeben worden ist.

Graf Lerchenfeld hat sämtliche Bundesratskollegen von seiner Unterredung mit Bismarck unterrichtet[1]. Leider scheint sich der Herr Reichskanzler auch anderwärts in ähnlicher Weise geäußert zu haben, wenigstens höre ich, daß der englische Bot-schafter, welcher sich besonders intimer Beziehungen zu dem Herrn Reichskanzler erfreut, heute einem anderen Diplomaten sein Erstaunen über das Vorgehen des Kaisers in den Worten ausgedrückt habe: „c'est extraordinaire de faire une démar-che aussi importante sans conseiller le meilleur de ses serviteurs"[2]. *Der erkenn-*

bare Zweck des angeschlossenen Artikels der „Täglichen Rundschau"[3] *von heute ist es,* alle Verantwortlichkeit für den Inhalt der Erlasse von dem Kanzler auf den Kaiser zu schieben und Stimmung dafür zu machen, daß bei der ganzen Sache nichts herauskommt. — Man kann sich danach bei dem großen Prestige, welches der Reichskanzler im Auslande besitzt, im voraus ein Bild machen von dem Eifer und dem guten Willen, der auf der Konferenz herrschen wird.

In dem an die europäischen Staaten abgegangenen vorläufigen Schreiben hat der Reichskanzler an der Stelle, wo von der Frage der Beschränkung der Arbeitszeit Erwachsener die Rede ist (Normalarbeitstag), die konditionelle Fassung, welche der Referent in seinem Entwurfe gewählt hatte, gestrichen und diese Frage positiv als einen Teil des Konferenzprogramms bezeichnet. *England hatte im vorigen Jahr den Ausschluß dieser Frage als conditio sine qua non für seine Teilnahme an der Schweizer Konferenz bezeichnet*[4].

GLA 233/34798 Ausf., erhalten u. dem Großherzog vorgelegt 13. 2.; 49/2019 fol. 19 f. Konz.; gedr. *Gradenwitz* S. 131 f.

[1] Vgl. Nr. 1015 Anm. 11.
[2] Ebenso Malet zu dem schweizerischen Gesandten Roth, *Gagliardi* I S. 134 u. 335.
[3] Vgl. *Schultheß* S. 24.
[4] Hohenthal (Bericht vom 25. Febr. 1890: *Gagliardi* I S. 135 Anm. 164) teilte die Auffassung, daß diese Wendung die Absicht verfolgte, die Arbeiten der Konferenz illusorisch zu machen.

1018. Turban an Großherzog Friedrich.

Karlsruhe, 12. Februar 1890.

[...] Der Kgl. Preuß. Gesandte Herr v. Eisendecher hat mich heute abend mündlich davon in Kenntnis gesetzt, daß ihm heute ein vom gestrigen datierter Erlaß des Kgl. Preuß. Staatsministers der Auswärtigen Angelegenheiten Grafen H. Bismarck in Betreff der zur Beratung der wichtigeren, das Wohl der Arbeiter angehenden Fragen zu berufenden internationalen Konferenz zugegangen, folgenden Inhaltes:

Es sei zunächst eine Anfrage an die Regierungen der hauptsächlicheren Industriestaaten darüber ergangen, ob sie im Prinzip geneigt seien, in eine solche Beratung einzutreten, die sich vorzugsweise auf die Gewährung der Sonntagsruhe, die Einschränkung der Frauen- und Kinderarbeit und auf die Frage einer Regelung der täglichen Arbeitsdauer erstrecken soll. Im Fall einer zustimmenden Antwort würde das Programm der Beratung und der Tag des Zusammentritts der Konferenz näher festgesetzt werden. Bisher seien Antworten auf die Anfragen noch nicht eingegangen. Wenn die Konferenz stattfindet, wäre es der Kgl. Regierung erwünscht, daß auch die Regierungen der anderen Bundesstaaten und des Reichslandes sich an der Beratung beteiligten. Voraussichtlich würden die Verhandlungen in französischer Sprache stattfinden, und es sei deshalb für das Kgl. Ministerium von Interesse zu erfahren, ob der Gr. Regierung Persönlichkeiten zur Verfügung stehen, welche einerseits mit der Arbeiterfrage vertraut, andererseits des Französischen oder Englischen ausreichend mächtig sind.

Dem erhaltenen Auftrage gemäß bat mich Herr v. Eisendecher, die hiernach gewünschte Auskunft mit tunlichster Beschleunigung erteilen zu wollen, worauf ich ihm erwiderte, daß ich nicht säumen werde, die erforderliche Erwägung herbeizuführen und deren Ergebnis ihm mitzuteilen.

Ich glaubte nicht unterlassen zu dürfen, unverweilt E. K. H. von diesem Vorgang Kenntnis zu geben, obgleich ich bedauern muß, bei der Kürze der Zeit nicht auch imstande zu sein, Allerhöchstdenselben mitteilen zu können, wie meine Kollegen sich zu der Frage stellen. Ich werde alsbald die Angelegenheit mit denselben zu besprechen suchen; vorläufig geht meine persönliche Meinung dahin, daß die Gr. Regierung sich bereit erklären könnte und sollte, an der Konferenz sich zu beteiligen, auf welcher sie sich durch ihren Gesandten Frhr. v. Marschall, welchem ein weiterer sprachkundiger Sachverständiger etwa Ministerialrat Dr. Schenkel[1] oder Regierungsrat Wörishofer[2] beigegeben werden, würde vertreten lassen.

Ich werde, sofern E. K. H. mir keine andere Weisung zu erteilen geruhen, mir gestatten, über das Ergebnis der obgedachten Besprechung demnächst weiter zu berichten[3].

GLA FA Korresp. 13 N 537; 233/11637 fol. 9 f. Konz.

[1] Karl Schenkel (1845—1909), 1876 Ministerialrat im Handelsministerium, 1881 im Ministerium des Innern verantwortlich für Gewerbepolizei, Arbeiterfragen, Fabrikinspektion, Verkehrswesen, 1900 Innenminister.
[2] Friedrich Woerishoffer (1839—1902), 1879 erster bad. Fabrikinspektor, mit der Durchführung der Arbeiterschutzgesetzgebung beauftragt.
[3] Turban an Großherzog Friedrich, 14. Febr. 1890: Ich übersende den Entwurf einer Staatsministerialentschließung, die mich zu der Erklärung an den preuß. Gesandten ermächtigen würde, „daß die Gr. Regierung sich an den Beratungen einer internationalen Konferenz über die Arbeiterfrage zu beteiligen und daß sie mit ihrer Vertretung den Gr. Gesandten Frhr. v. Marschall nebst dem Gr. Fabrikinspektor Wörishoffer zu betrauen gedenke. Für die Wahl des letzteren als den am meisten geeigneten Spezial-Sachverständigen zum Beigeordneten hat auch Ministerialrat Schenkel sich ausdrücklich ausgesprochen" (GLA FA Korresp. 13 N 537; Marginal des Großherzogs: „Nach Antrag erledigt. F.").

1019. Marschall an Großherzog Friedrich.

Berlin, 13. Februar 1890.

E. K. H. bitte ich ehrfurchtsvoll mir zu erlauben, im Anschlusse an die an Herrn Staatsminister Turban erstatteten Berichte über die gegenwärtige politische Situation nachstehende Bemerkungen vorzutragen:

Nach den Vorgängen der letzten Tage nehme ich keinen Anstand auszusprechen, daß der Herr Reichskanzler mit Entschiedenheit und mit allen Mitteln das Ziel verfolgt, S. M. mit höchstderen arbeiterfreundlichen Tendenzen ad absurdum zu führen, um aus der Niederlage seines kaiserlichen Herrn sich selbst einen Triumph zu bereiten. Leider muß ich sagen, daß dem Gelingen dieses Planes nach verschiedener Richtung bereits die Wege geebnet sind. Wäre es bei den Beschlüssen der Staatsministerialsitzung am 31. v. M. geblieben, inhaltlich deren zur Anbahnung einer internationalen Konferenz über die Arbeiterschutzfrage eine gemischte Kommission im Handelsministerium behufs Festsetzung eines Programms zusammentreten und der Kaiser in kontrasignierten Erlassen an den Reichskanzler bzw. die Ressortminister diese Maßnahme befehlen sollte[1], so würde einmal die Person des Monarchen nicht allzu sehr in den Vordergrund geschoben, vor allem aber eine Gewähr dafür geboten worden sein, daß unter der Leitung des neuen Handelsministers in fachkundigster Weise die einschlägigen Fragen geprüft würden und nur diejenigen konkreten Punkte zur Diskussion gelangten, die spruchreif sind. Dieser einen sofortigen praktischen Erfolg versprechende Modus war natürlich nicht nach dem Geschmack des Herrn Reichskanzlers, — mit Recht konnte er darum nach seiner am 3. d. M. stattgehabten einhalbstündigen Besprechung mit dem Kaiser[2] zu seiner Umgebung sagen, daß er unter vier Augen immer leicht mit dem hohen Herrn fertigwerde, denn in der Tat hat er S. M. unter dem Scheine, Konzessionen zu bringen, die wichtigsten Konzessionen abgerungen: Die Kontrasignierung kam in Wegfall, so daß die ganze Aktion eine höchst persönliche des Kaisers wurde; an die Stelle der Kommission, auf welche der neue Handelsminister den maßgebenden Einfluß geübt hatte, trat der Staatsrat, eine Körperschaft, welche die denkbar ungeeignetste ist für die Überleitung abstrakter Probleme in konkrete praktisch verwertbare Formen — endlich, was mir als das Schlimmste erscheint: An die Stelle eines konzisen klaren, mit der Übereinstimmung der ganzen Nation getragenen Arbeiterschutzprogramms trat der gefährliche Satz, „daß es die Aufgabe der Staatsgewalt sei, die Zeit, die Dauer und die Art der Arbeit so zu regeln, daß die Erhaltung der Gesundheit, die Gebote der Sittlichkeit, die wirtschaftlichen Bedürfnisse der Arbeiter, ihr Anspruch auf Gleichberechtigung gewahrt bleibt." Man muß diesen Satz öfters lesen, um sich klar zu werden, mit welcher Feinheit hier die Sedes materiae des Arbeiterschutzes — die Fürsorge für die Erhaltung der Arbeitskraft der schwächeren Elemente — umgangen und stattdessen ein abstraktes Prinzip aufgestellt wird, welches mit dem Wahren, das es enthält, Irrtümer verbindet, die in ihren letzten Konsequenzen bis an die Grenze der Sozialdemokratie führen.

Während ein offenes Eintreten des Kaisers für den Arbeiterschutz in dem begrenzten Sinne der Reichstagsbeschlüsse die einstimmige Billigung der Nation gefunden hätte, ist jetzt der Eindruck der kaiserlichen Kundgebung ein ganz anderer: Demonstrativ begeisterte Zustimmung der gesamten Opposition, die bereits den Sturz „des herrschenden Systems" verkündet, auf Seiten der regierungsfreundlichen Parteien dagegen zwar die Anerkennung des idealen Zugs und des edlen Wollens, aber die denkbar größte Zurückhaltung verbunden mit der Warnung vor den Gefahren, die auf dem Wege der „Umschmeichelung der besitzlosen Massen" liegen. Mir selbst haben hervorragende Männer, entschiedene Freunde des Arbeiterschutzes, ihre Bedenken über das Vorgehen des Kaisers und ihr Bedauern ausgesprochen, daß der hohe Herr sich gegen den Rat des Reichskanzlers soweit auf diesem Gebiete vorgewagt habe. Um diese Stimmungen bemüht, geht Fürst Bismarck nun urbi et orbi zu verkünden, daß er ein prinzipieller Gegner der kaiserlichen Aktion sei; er läßt dies durch den Grafen Lerchenfeld den Bundesratsbevollmächtigten sagen[3]; heute schon werden die Berichte überall eingetroffen sein, welche den Zweck verfolgen, bei den verbündeten Regierungen Stimmung zugunsten des Reichskanzlers gegen den Kaiser zu machen. Dabei nimmt, wie ich positiv weiß, Fürst Bismarck keinen Anstand, sich auch zu den Botschaftern in demselben Sinne zu äußern! So entsteht nun in Deutschland und anderwärts das Bild, daß der Kaiser, seinem jugendlichen Temperamente folgend, in himmelstürmenden Ideen danach strebt, die großen besitzlosen Massen für sich zu gewinnen, ein „Arbeiterkönig" — wie die Daily News sich ausdrückt — zu werden, den weisen Rat seines großen Ministers mißachtend, während d i e s e r als der Hort der Besitzenden erscheint, der geschehen läßt, was er nicht hindern konnte, aber auf der Wacht steht, um die Gesellschaft zu retten. Mit welcher Perfidie diese Dinge betrieben werden, mögen E. K. H. aus dem anliegenden weiteren Artikel der „Täglichen Rundschau"[4] entnehmen, der dem Kaiser aufgrund der Stelle in dem Erlasse, wo von der Gleichberechtigung der Arbeiter die Rede ist, als Gegner des Sozialistengesetzes darstellt und das Scheitern desselben dem Monarchen zuschreibt! — Hand in Hand mit dieser Stimmungsmacherei geht eine für die Sache selbst schädliche Überstürzung der Dinge, die vom Reichskanzler ausgeht, aber von der öffentlichen Meinung auf Rechnung der Jugend S. M. gesetzt wird.

Nach alledem muß ich E. K. H. freimütig sagen, daß die Sache des Kaisers, die vor 14 Tagen auf Gewinn stand, heute auf Verlust steht. Der Reichskanzler hat es verstanden, seine Differenz mit dem Kaiser zu seinen Gunsten dahin zu wenden, daß e r als die feste Schutzwehr der Besitzenden gegen weittragende unklare sozialpolitische Velleitäten erscheint; sein Widerstand gegen einen begrenzten Arbeiterschutz im Sinne des sächsischen Antrags würde niemand verstanden haben, seine Gegnerschaft gegen die kaiserlichen Erlasse mit ihren unbestimmten Zielen hat die große Mehrheit der Besitzenden hinter sich; wenn es heute über diese Fragen zur Krisis käme, würde sich das erweisen. Mit dieser Tatsache muß S. M. rechnen; ein Bruch mit dem Reichskanzler — so sehr sich der Gedanke jedem monarchisch Gesinnten aufdrängen muß — ist in diesem Augenblicke ganz unmöglich. Zunächst muß der Kaiser — darauf kommt alles an — durch ruhiges maßvolles Vorgehen das Bild zerstören, welches der Kanzler und sein Anhang von seinem Vorgehen entwerfen. Das ist heute noch tunlich, wenn S. M. allerhöchst ihren Einfluß im Staatsrate benutzt, um die ganze Aktion zunächst auf den Ausgangspunkt zurückzuführen, auf den Arbeiterschutz im Sinne einer Beschränkung der Frauen-, Kinder- und Sonntagsarbeit, wenn auf dieses Programm hin zur internationalen Konferenz eingeladen würde und die übrigen weitergehenden Fragen vorläufig eine dilatorische Behandlung fänden. Dabei ist allerdings mit dem Umstande zu rechnen, daß der Reichskanzler auf Überstürzung treiben wird. Aber ich glaube doch, daß S. M. einem Rate, der, den Tadel für Vergangenes, unwiderruflich Geschehenes vermeidend, auf die großen Gefahren der Zukunft aufmerksam macht und zu einem ruhigen allmählichen Vorgehen mahnt, gerne Gehör schenken würde.

GLA FA Korresp. 13 N 451 Ausf., gedr. *Reichert* S. 220 f. — Zur Entstehungsgeschichte dieses Berichts: Tgb. Marschall: „12. 2. 90. Um 10,30 Uhr bis 12 Uhr bei Minister von Goßler. Einige Geschäfte. Gespräche über Klöster und deren Zunahme in Preußen. Konfessionelle Verhältnisse. Nach dem Frühstück auf die Wilhelmstraße. Roth getroffen, der mir von seiner Unterredung mit Malet spricht. Reichskanzler scheint nach allen Richtungen hin seine Unschuld an der kaiserlichen Aktion zu verkünden. Ein starkes Stück. [...] 5,15 Uhr Holstein; er gibt mir Gedanken für einen Brief an den Großherzog. Kaiser der himmelstürmende Idealist, Kanzler der Hort der besitzenden Klassen. Ich konzipiere den Brief abends nach dem Essen. Schlecht geschlafen. — 13. 2. 90. Morgens den Brief an den Großherzog abgeschrieben" (Oberkirch, Besitz Frau v. Seyfried).

[1] Vgl. Nr. 1010.   [2] Vgl. Nr. 1011.   [3] Vgl. Nr. 1015.
[4] Vgl. Nr. 1017 Anm. 3.

1020. Marschall an Turban.

Berlin, 15. Februar 1890.

Ganz vertraulich! *Von dem schweizerischen Gesandten erfahre ich, daß die Schweiz bereit ist, an der von Deutschland angeregten Konferenz über Arbeiterschutz teilzunehmen, aber darum bittet, daß Deutschland auch die schweizerische Konferenz beschickt.* Der von S. M. dem Kaiser gegenüber dem Gesandten bekundete Wunsch einer Verständigung mit der Schweiz ist hiernach durch die seitens des Auswärtigen Amtes an Herrn von Bülow gegebene Instruktion vorläufig durchkreuzt worden, da der Schweiz angesichts der Priorität ihres Vorgehens kaum zugemutet werden kann, auf ihre Einladung zu verzichten, wenn nicht von Deutschland ein amtlicher Schritt nach dieser Richtung hin geschieht[1]. —

Inzwischen hat der Herr Reichskanzler aus eigener Initiative eine weitere Note an Frankreich, England und Belgien gerichtet, worin die Frage angeregt wird, ob nicht die Verhältnisse der Arbeiter der Kohlenbergwerke auf der Konferenz einer gesonderten Behandlung unterzogen werden sollen. Ob damit eine Vereinfachung der Konferenzverhandlungen bezweckt wird, ist mir sehr zweifelhaft.

S. M. dem Kaiser ist vorgestern abend, und zwar erst nachdem ein direkter allerhöchster Befehl an das Auswärtige Amt ergangen war, ein Exemplar des schweizerischen Diskussionsprogramms übersendet worden.

Die gestrige Eröffnungsrede im Staatsrat[2] macht einen guten Eindruck, da sie ersichtlich dahin strebt, die angeregten Fragen aus dem Gebiet der abstrakten Grundsätze auf den konkreten Boden des Arbeiterschutzes in technischem Sinne zurückzuführen und ein maßvolles Vorgehen in Aussicht stellt. Wie ich höre, hat der Kaiser Herrn Staatssekretär Bosse erklärt, daß der Normalarbeitstag nicht zur Beratung gestellt werden solle. Auch die Tatsache, daß S. M. jüngst mit Herrn Geheimrat Lohmann konferierte, scheint mir erfreulich zu sein.

GLA 233/34798 Ausf., erhalten 17. 2., am gleichen Tage in einer Audienz von Turban dem Großherzog überreicht, zurückerhalten 18. 2. 90; 49/2019 fol. 21 f. Konz.; gedr. *Gradenwitz* S. 132 f.

[1] Bülow hatte bei der Übergabe der deutschen Einladung zu einer internationalen Konferenz über Arbeiterschutz keine Instruktion, sich zu der schweizerischen Initiative zu äußern. Vgl. die Einzelheiten bei *Gagliardi* I S. 135 f. u. 336 ff. — Tgb. Marschall: „16. 2. 90. 1,30 Uhr mit Holstein und Geheimrat Kayser bei Borchardt gefrühstückt. Wir sprechen von der Lage. Sache mit der Schweiz ist ernst. Kaiser muß das wissen. Um 3 Uhr kommt Gf. Philipp Eulenburg, er hat mit Majestät gesprochen, der sehr gegen Reichskanzler ist (Hochverrat) [vgl. *Eulenburg*, Aus 50 Jahren S. 229]. Wir sprechen bis gegen 4,30 Uhr" (Oberkirch, Besitz Frau v. Seyfried).
[2] *Eppstein* S. 146 ff.

1021. Marschall an Turban.

Berlin, 17. Februar 1890.

Ganz vertraulich! Die gegenwärtige innere Situation, über die ich Ew. Exz. schon mehrfach berichtete, kann in ihrer Eigenart nicht schärfer beleuchtet werden als dadurch, daß die gesamte hiesige Presse bei einer Vergleichung der Eröffnungsrede zum Staatsrate[1] mit dem Inhalt der kaiserlichen Erlasse in der ersten eine gewisse Konzession des Kaisers an den Kanzler erblickt; man hatte ganz allgemein in den Erlassen die jugendlich ideale Auffassung des Kaisers gefunden, der sich über den Kopf seines ersten Ministers hinweg die weitesten Ziele steckt, ohne sich der großen Schwierigkeiten und Gefahren bewußt zu sein, die auf dem Wege dahin liegen — während man nun in der konkreteren begrenzteren Fassung der Eröffnungsrede den weisen Rat des Reichskanzlers wieder zu erkennen glaubt, den man in den ersten Kundgebungen vermißt hatte. Tatsächlich liegt die Sache genau umgekehrt. Wie Ew. Exz. aus meinen früheren Berichten wissen, waren die Ziele S. M. von Anfang an durchaus konkrete, nämlich Arbeiterschutz im Sinne der Reichstagsbeschlüsse, d. h. in Begrenzung auf die Sonntags-, Frauen- und Kinderarbeit; nach dieser Richtung waren die ursprünglichen Entwürfe der kaiserlichen Erlasse ausgearbeitet, u n t e r   d e r   F e d e r   d e s   R e i c h s k a n z l e r s haben sie die spätere, viel weitere Fassung erhalten. Und umgekehrt ist die Eröffnungsrede genau nach der Direktive des Kaisers und ohne jede Mitwirkung des Reichskanzlers ausgearbeitet worden. S. M. hat damit den Staatssekretär des Staatsrats Herrn Dr. Bosse betraut, dem er ein Exemplar Allerhöchstseines jüngst im Ministerrat verlesenen Promemorias[2] mit der ausdrücklichen Bemerkung übergab, daß der Normalarbeitstag keine Erwähnung darin finden dürfe — dem Herrn Reichskanzler ist sodann der Entwurf zur Prüfung vorgelegt worden, derselbe hat solche jedoch mit dem Anfügen abgelehnt, daß er von diesen Dingen nichts mehr wissen wolle — wörtlich ist die Äußerung nicht wohl zu zitieren[3]. Glücklicherweise übersieht S. M. die Situation nunmehr vollkommen; Allerhöchstderselbe hat vor zwei Tagen einem nahestehenden Freunde gesagt: der Normalarbeitstag sei ihm als Prügel zwischen die Füße geworfen worden, er wisse genau, daß man seine Intentionen auf alle mögliche Weise durchkreuzen wolle. Dabei bewahrt der Monarch in der ungewöhnlich schwierigen Lage die vollste Ruhe und Selbstbeherrschung.

Die schweizerische Antwort auf die deutsche Einladung ist heute hier eingetroffen[4]. In einem vertraulichen Erlasse an Herrn Minister Roth, von dem mir dieser vertraulich Kenntnis gab, führt Herr Droz aus, daß der Bundesrat gerne eine Verständigung mit Deutschland suchen, eventuell sogar auf die Einladung verzichten werde, allerdings aber verlangen müsse, daß man zuvor deutscherseits einen dahin gerichteten Wunsch kundgebe, was bisher nicht geschehen sei.

Heute nachmittag hat Graf Bismarck Roth rufen lassen und ihm gesagt: S. M. glaube, daß die Berliner Konferenz etwa schon Mitte März zusammentreten könne; da ein gleichzeitiges Tagen der Konferenzen bei der Gleichheit der Ziele nicht wohl möglich sei, so möchte Allerhöchstderselbe der Schweiz anheimstellen, ob sie nicht zugunsten der hiesigen Konferenz verzichten oder die schweizerische Konferenz auf einen späteren Termin verschieben wolle. *Roth bat um die Intervention des Grafen Bismarck, daß auch die österreichische und italienische Regierung in diesem Sinne in Bern eintrete, da Österreich sich schon durch seine frühere Zusage an die Schweiz für gebunden erachte.* Ganz vertraulich sagte mir Herr Roth noch, daß die französische Regierung in Bern dahin wirke, de maintenir à tout prix l'invitation.

Heute Nachmittag hat S. M. der Kaiser mich mit dem Grafen Philipp Eulenburg — dem Gesandten in Oldenburg, Höchstseinem langjährigen Freunde — zur Mittagstafel befohlen und mich vorher zu einer etwa 20 Minuten lang dauernden Unterredung in sein Arbeitszimmer rufen lassen[5]. Über den Inhalt derselben habe ich S. K. H. in chiffriertem Telegramm vorläufig berichtet. S. M. sind entschlossen, zunächst im Staatsrate nur Entwürfe über die Frauen-, Kinder- und Sonntagsarbeit festzustellen und diese Entwürfe unabhängig von dem Ergebnisse der internationalen Konferenz in dem neuen Reichstag zur Vorlage zu bringen. Der Maximalarbeitstag soll nicht behandelt und die Prüfung der weiteren Fragen hinausgeschoben, jedenfalls nicht überstürzt werden. Der Zusammentritt der Konferenz ist auf Mitte März vorgesehen. Der Kaiser sagte mir ferner, daß er dem Grafen Bismarck kategorisch befohlen habe, sich mit Herrn Roth behufs einer Verständigung mit der Schweiz ins Benehmen zu setzen. Ein praktisches Resultat erwarte er von der Konferenz nicht; auf den latenten oder offenen Widerstand des Reichskanzlers bei seinem Vorgehen sei er gefaßt, er werde sich aber nicht irre machen lassen, das zu tun, was er für seine Pflicht erachte. Ob die Wahlen gut oder schlecht ausfielen, werde für ihn bezüglich dieser Frage nicht maßgebend sein.

GLA 233/34798 Ausf., erhalten 18. 2., dem Großherzog vorgelegt, zurück erhalten 19. 2. 90; 49/2019 fol. 23 ff. Konz.; gedr. *Gradenwitz* S. 133 ff.

¹ Vgl. Nr. 1020 Anm. 2.
² Vgl. Nr. 1004 Anm. 4.
³ Boetticher berichtet (*Eppstein* S. 53), Bismarck habe geäußert, „er habe dies andauernde Verhandeln über den Gegenstand satt."
⁴ Vgl. *Gagliardi* I S. 140 u. 349 f.
⁵ Vgl. die erweiterte Fassung in Nr. 1022.

1022. Marschall an Großherzog Friedrich.

Berlin, 18. Februar 1890.

E. K. H. gestatte ich mir in Bestätigung meines chiffrierten Telegramms[1] über meine gestrige Audienz Nachstehendes zu berichten, indem ich vorausschicke, daß ich vor einigen Tagen eine längere Unterredung mit dem kgl. Gesandten in Oldenburg Grafen Philipp Eulenburg hatte, dem ich mit aller Offenheit die gegenwärtige Situation und meine Anschauung über dieselbe darlegte.

Der Kaiser empfing mich um 1 Uhr in seinem Arbeitszimmer, indem Allerhöchstderselbe mir zunächst in sehr gnädigen Worten den Dank aussprach für das warme Interesse und die Unterstützung, welche ich seinen Bestrebungen auf sozialpolitischem Gebiete entgegenbringe. Er müsse damit rechnen, daß er bei allem, was er in dieser Beziehung tue, auf den latenten oder offenen Widerstand des Reichskanzlers stoße; was letzteren zu dieser Stellung veranlasse, sei eigentlich unbegreiflich. Anfangs habe er geglaubt, daß es Mangel an genügender Information über die bezüglichen Fragen sei, nunmehr neige er sich aber auch der Auffassung Miquels zu, der die wirkende Ursache in der durch das Alter prädominierend gewordenen Herrschsucht finde[2]. Übrigens glaube er nicht, daß Fürst Bismarck wegen der Arbeiterschutzfrage gehe; derselbe würde sich doch klar machen, daß er in seiner Haltung ganz isoliert sei und kein Mensch verstehen werde, wenn er sich deswegen zurückziehe. Ich bemerkte darauf S. M., daß der Reichskanzler natürlich den Moment wählen werde, der ihm günstig erscheine; es müsse mit der Tatsache gerechnet werden, daß schon gegenwärtig vielfach die Anschauung verbreitet sei, der Kaiser habe sich auf dem Gebiet der Arbeiterfrage in einem gewissen Idealismus sehr weite Ziele gesteckt, um die besitzlosen Massen für sich zu gewinnen, ohne die Gefahren zu kennen, die mit diesem Vorgehen verbunden, während der Reichskanzler als Hort der Besitzenden erscheine, der vergeblich zur Mäßigung rate. Hier unterbrach mich der Kaiser mit den Worten: „Die Sache liegt gerade umgekehrt, aber ich weiß, dieses Bild wird geflissentlich verbreitet, am emsigsten von unserem gemeinsamen Freunde Herbert". — Auf meine weitere Bemerkung, daß dieses Bild am sichersten zerstört werde, wenn zunächst nur die Fragen behandelt würden, die spruchreif seien und bezüglich deren S. M. der Übereinstimmung der ganzen Nation sicher sei, nämlich die Einschränkung der Frauen-, Kinder- und Sonntagsarbeit, entgegnete der Kaiser, dies sei bereits beschlossene Sache; Herr von Berlepsch habe den Auftrag, mit Herrn Lohmann einen diesbezüglichen Gesetzentwurf auszuarbeiten; während der Kanzler glaube, daß dies Monate in Anspruch nehme, versicherten die Herren, daß der Entwurf bereits zu der ersten Abteilungssitzung zum 26. fertiggestellt sein werde. Der Kaiser kam dann auf den sächsischen Antrag zu sprechen, dessen Einbringung der Kanzler in ganz willkürlicher Weise durch Androhung seiner Entlassung verhindert habe[3]. Die Verabredung mit dem König von Sachsen sei bereits im letzten Herbst getroffen und in diesem Jahr nur erneut worden. Auf meine Bemerkung, daß die Einladung an die Regierungen auch die Regelung der Dauer der täglichen Arbeitszeit als eines Teils des Arbeiterschutzprogramms vorsehe, erwiderte der Kaiser, daß vom Normalarbeitstag überhaupt niemals die Rede gewesen sei und diese Worte sich höchstens auf die Festsetzung einer Maximalarbeitszeit beziehen könnten; aber auch hierüber soll im Staatsrat nicht verhandelt werden; derselbe werde zunächst nichts anderes tun, als jenen Entwurf über Arbeiterschutz und sodann den in den Ausschüssen des Bundesrats bereits vorberatenen Entwurf wegen Einführung von Gewerbegerichten und Einungsämtern prüfen, so daß diese beiden Entwürfe bereits in der Frühjahrssession dem Reichstage vorgelegt werden könnten. Daß dies geschehe, sei sein bestimmter Wille. An die anderen Fragen wegen Arbeiterausschüssen usw., bezüglich deren eine Klärung der Ansichten noch nicht eingetreten sei, könne man dann später herantreten. Ich sagte darauf S. M., daß, wenn in dieser Weise vorgegangen werde, damit alle Befürchtungen, wie sie in der Presse, namentlich in einem Artikel der „Post"[3a], zu Tage getreten seien, verschwinden würden und der Kaiser einen großen Erfolg verzeichnen werde, ohne daß es auf die internationale Konferenz ankomme, worauf der Kaiser bemerkte, daß er sich dieses Vorgehen ganz unabhängig von der Konferenz denke, bei der doch nichts herauskomme. Notwendig sei allerdings, daß dieselbe, nachdem Deutschland sie einmal angeregt habe, zusammentrete. Er habe heute Herbert vorgehabt und ihm kategorisch befohlen, obgleich er sich gewendet und gekrümmt habe, noch heute den schweizerischen Gesandten kommen zu lassen und ihm in seinem Auftrag zu sagen, daß er eine Verständigung mit der Schweiz wünsche und letztere darum bitte, entweder zu Gunsten unserer Konferenz auf die schweizerische zu verzichten oder doch mindestens die letztere zu vertagen[4]. Er habe jüngst schon dem Minister Roth dasselbe gesagt[5], allein in Bern sei nicht geschehen, was er gewollt habe. Auf meine Bemerkung, daß die Schweiz nichts weiteres verlange als einige freundliche Worte, sagte S. M.: „Natürlich, und statt dessen hat man ihr Grobheiten gemacht." Der Kaiser fügte bei, er sei gar nicht darüber informiert gewesen, daß die Schweiz im vorigen Jahre schon zu einer solchen Konferenz eingeladen habe, wisse auch nicht, welche Antwort Deutschland gegeben habe. Da aber die Priorität auf jener Seite liege, sei es selbstverständlich, daß man diesseits eine Verständigung mit der Schweiz suche. Der Kaiser sagte dann, er wisse wohl, daß er durch sein Vorgehen die Leute nicht zufrieden machen werde, das sei unmöglich, er folge nur seiner Pflicht als König, die ihm gebiete, alles zu Gunsten der arbeitenden Klasse zu tun, was möglich sei. Ich bemerkte darauf, daß wir erst dann eine feste unangreifbare Position gegenüber den unberechtigten Bestrebungen der Arbeiter, insbesondere der Sozialdemokraten haben würden, wenn zuvor die berechtigten Forderungen der Arbeiter erfüllt seien. Der Kaiser sprach sich zustimmend aus und fügte bei, der Ausfall der Wahlen werde ihn in keiner Weise beeinflussen; sein Vorgehen stehe außer allem Zusammenhang mit den Wahlen. Die Schwierigkeit der Situation liege für ihn besonders darin, daß die Haltung des Kanzlers in der Beamtenwelt alles durcheinander bringe; insbesondere die Minister würden demoralisiert, da sie nicht mehr wüßten, ob sie zu ihm oder zum Kanzler halten sollten. Schließlich beauftragte mich der Kaiser, E. K. H. den wärmsten Dank für das ihm mitgeteilte Exposé[6] zu übermitteln, dessen Inhalt sich durchaus mit seinen Anschauungen und Intentionen decke; er bitte zu entschuldigen, daß er nicht geantwortet, allein die Last der Geschäfte sei in diesem Augenblick eine sehr große. [...]

Ich kann E. K. H. nur nochmals aussprechen, daß ich von der Unterredung mit S. M. einen sehr günstigen Eindruck und die Überzeugung gewonnen, daß in voller Klarheit die Erkenntnis von der Notwendigkeit eines ruhigen maßvollen Vorgehens, allerdings aber auch die ganze Entschiedenheit besteht, die Schwierigkeiten, an denen es nach wie vor nicht fehlen wird, zu überwinden. In sehr warmen Worten hat mir Graf Philipp Eulenburg des wirksamen und segensreichen Einflusses gedacht, welchen E. K. H. in der gegenwärtigen schwierigen Lage ausgeübt haben.

GLA FA Korresp. 13 N 451 Ausf., gedr. *Reichert* S. 221 f.

[1] Ausf. v. 17. Febr. 1890, nachm. 6,30 Uhr (GLA FA Korresp. 13 N 451); eig. dechiffr. Abschr. des Großherzogs für Turban vom 19. Febr. (ebd. Bd. 36 Nr. 65).
[2] Der Kaiser hatte Miquel unmittelbar nach der Eröffnung des Staatsrats das Oberpräsidium der Rheinprovinz angeboten, das Miquel ablehnte (*Herzfeld* II S. 172 f.).
[3] Vgl. Nr. 1009. 1010.
[3a] „Post" vom 8. 2. 90, vgl. *Mommsen* S. 54.
[4] Vgl. Nr. 1021.   [5] Nr. 1015.   [6] Nr. 1016.

1023. Marschall an Turban.

Berlin, 18. Februar 1890.
Ganz vertraulich! *Ich beehre mich zu berichten,* daß der Rücktritt des Herrn Reichskanzlers aus den preußischen Geschäften, obgleich er bereits offiziell im Staatsministerium verkündet war, anscheinend wieder aufgegeben ist; wenigstens hat Graf Herbert Bismarck seiner näheren Umgebung vor einigen Tagen versichert, daß sein Vater die preußische Ministerpräsidentschaft beibehalten werde, da Herr von Boetticher sich weigere, das Staatssekretariat des Innern aufzugeben und Ministerpräsident zu werden. Ich kann mich unter diesen Umständen des Eindrucks nicht erwehren, daß die Szene, welche der Herr Reichskanzler am 11. d. M. Herrn von Boetticher gemacht hat[1], darauf berechnet war, von letzterem diese Weigerung zu extrahieren, die demnächst dazu benutzt wurde, um S. M. die Unmöglichkeit der von Allerhöchstdemselben in Aussicht genommenen Kombination darzulegen. Andererseits mehren sich die Anzeichen dafür, daß der Herr Reichskanzler den

Gedanken seines völligen Rücktritts von den Geschäften ernstlich in Erwägung zieht und einen günstigen Moment abwartet, um denselben zu bewerkstelligen.

Dem Vernehmen nach soll der Reichstag um den 10. März zusammentreten. Eine der wichtigsten Vorlagen wird die neue Militärvorlage sein.

GLA 233/34798 Ausf., erhalten u. dem Großherzog vorgelegt 19. 2., zurück erhalten 20. 2. 90; 49/2019 fol. 27 Konz.; gedr. *Gradenwitz* S. 135 f.

[1] Nr. 1015.

1024. Marschall an Turban.

Berlin, 19. Februar 1890.

Ganz vertraulich! *Roth hat mir gestern abend in strengstem Vertrauen mitgeteilt:* Der Reichskanzler habe ihn nachmittags rufen lassen und mit ihm eine einstündige Unterredung gehabt. Zunächst habe derselbe seine prinzipielle Gegnerschaft gegen jede Beschränkung des Arbeiters in der Ausnützung seiner und der Seinigen Arbeitskraft, wie sie bezüglich der Sonntags-, Frauen- und Kinderarbeit geplant werde, scharf ausgesprochen; man nenne das „Arbeiterschutz", er nenne es „Arbeiterzwang", der zu dem Resultate führen müsse, die ökonomische Lage des Arbeiters zu verschlechtern. Was die Konferenz angehe, so befinde sich die Schweiz in einem Irrtum, wenn sie glaube, daß es sich um eine „diplomatische" handle; sie sei deutscherseits lediglich als eine „technische" gefaßt; das Auswärtige Amt werde sich an den Beratungen gar nicht beteiligen, vielmehr würden nur technische Beiräte aus dem Handels- und Arbeitsministerium als Vertreter bestellt werden; in gleicher Weise solle auch die Vertretung der deutschen Bundesregierungen geordnet werden. Es handle sich bei der Konferenz eigentlich nur um die „Kohlenfrage", d. h. um den Versuch einer internationalen Vereinbarung zur Verhinderung von Streiks der Kohlenbergwerkarbeiter, wie sie im letzten Jahre mehrfach stattgefunden hätten. Alles, was sonst in den kaiserlichen Erlassen behandelt werde, sei Nebensache. Darum habe ursprünglich die Absicht bestanden, nur England, Frankreich und Belgien einzuladen; später sei auch die Einladung der Schweiz beschlossen worden, die stets ein lebhaftes Interesse für Arbeiterfragen bekundet habe. Die Kohlenfrage sei eine brennende, da möglicherweise im Mai schon wieder Ausstände vorkommen könnten. Aus diesem Grunde sei die hiesige Konferenz bereits für Mitte März in Aussicht genommen. Seines Erachtens könnten die deutsche und die schweizerische Konferenz sehr wohl nebeneinander bestehen, nur die Zeitfrage bedürfe einer Lösung. Er glaube, daß die Schweiz gar nicht nötig habe, auf ihre Konferenz zu verzichten, sondern daß es genüge, wenn sie dieselbe auf Juni oder Juli verschiebe, auf eine Zeit also, wo jedermann gern in die Schweiz gehe. —

Minister Roth entgegnete darauf, daß ihm den Tag zuvor Graf Herbert Bismarck den Wunsch S. M. des Kaisers ausgesprochen habe, daß die Schweiz entweder auf ihre Konferenz verzichte oder dieselbe auf unbestimmte Zeit verschiebe; er sei auch bereits in Bern lebhaft dafür eingetreten, daß dem kaiserlichen Wunsche Rechnung getragen werde, zumal er die Verschiebung auf unbestimmte Zeit auch aus praktischen Gründen für ratsam erachte; man könne ja im voraus gar nicht wissen, wie lange die hiesige Konferenz tagen werde. —

Der Herr Reichskanzler erklärte darauf, er könne sich auch mit der Vertagung der schweizerischen Konferenz auf unbestimmte Zeit einverstanden erklären: er sei ein treuer Diener seines kaiserlichen Herrn — wie lange noch, wisse er nicht — und wolle ihm gern glatte Bahn machen, obgleich er in dieser Frage gegenteiliger Ansicht wie S. M. sei.

Auf bezügliche Frage des Ministers Roth erwiderte Fürst Bismarck: Österreich-Ungarn nehme die deutsche Einladung an, wenn auch ungern, da es sich an seine Zusage in Bern gebunden erachte, Italien wolle nach Berlin und nach Bern gehen. England habe unter dem früheren Vorbehalt (keine Beschränkung der Arbeitszeit Erwachsener) angenommen; von ihm sei nichts zu erwarten, da England prinzipiell abgeneigt sei, sich bezüglich einer Beschränkung seiner Produktionskraft irgendwie zu binden, auch habe man dort von unseren vorjährigen Kohlenstreiks großen Vorteil gezogen. In Frankreich errege der angeblich diplomatische Charakter der Konferenz Bedenken; er habe Herrn Herbette bereits über diesen Irrtum aufgeklärt. Die anderen Staaten hätten angenommen; Rußland und Spanien seien nicht eingeladen.

Minister Roth hat den Inhalt dieser Unterredung heute Nacht bereits nach Bern telegraphiert[1] und dabei bemerkt, daß er den Eindruck von dem Bestehen tiefgehender Differenzen zwischen Kaiser und Reichskanzler habe und er nicht glaube, daß der letztere ernstlich an die Möglichkeit des Nebeneinanderbestehens der beiden Konferenzen glaube.

Persönlich bemerkte mir Herr Roth, er habe den peinlichen Eindruck gewonnen, daß der Reichskanzler ihn bewegen wollte, in Bern in einem dem ihm am Tage zuvor von dem Grafen Herbert Bismarck ausgesprochenen kaiserlichen Wunsche entgegengesetzten Sinne einzuwirken; erst nachdem er dies unter Hinweis auf jene Besprechung abgelehnt, habe der Reichskanzler eingelenkt[2].

GLA 233/34798 Ausf., erhalten u. dem Großherzog vorgelegt 20. 2., zurück erhalten 21. 2. 90; 49/2019 fol. 29 f. Konz.; gedr. *Gradenwitz* S. 136 ff.

[1] Vgl. den Bericht *Roths* in Zschr. f. schweiz. Gesch. Bd. 4 (1924) S. 190 ff. in bemerkenswerter Übereinstimmung mit dem vorliegenden Bericht Marschalls.
[2] Tgb. Marschall: „18. 2. 90. *[...]* Abends kommen Roths, die sich ansagen. Roth erzählt mir, daß Kanzler ihn heute rufen lassen und ihm sagte, die Schweiz solle doch bei ihrer Konferenz bleiben. Roth benimmt sich vortrefflich. Es ist ein unglaublicher Zustand. — 19. 2. 90. Holstein bei mir, dem ich erzähle. Er ist ebenfalls betroffen, glaubt aber mit mir, daß kein Bruch eintreten darf, bevor der Kaiser etwas Positives geleistet hat" (Oberkirch, Besitz Frau v. Seyfried).

1025. Marschall an Turban.

Berlin, 21. Februar 1890.

Ganz vertraulich! *Wie bereits heute telegrafiert[1], will die schweizerische Regierung als Beweis ihrer freundschaftlichen Gesinnung ihre Einladung zur Konferenz zurücknehmen, wenn Graf Bismarck in amtlicher Form eine solche Bitte ausspricht.*

Dieser Erfolg ist ausschließlich dem energischen Auftreten des Herrn Roth zu verdanken, der anschließend an *[...]* seine Unterredung mit Fürst Bismarck in einem Schreiben an Herrn Droz die gebieterische politische Notwendigkeit für die Schweiz darlegte, sich durch die Äußerungen des Reichskanzlers nicht irre machen zu lassen, sondern dem Wunsche des deutschen Kaisers zu entsprechen. Wie notwendig dieser Schritt des Gesandten war, ergibt sich daraus, daß gestern mittag folgende telegraphische Instruktion an Herrn Roth eingetroffen war[2]: Er möge dem Grafen Bismarck erklären, der Bundesrat freue sich, mit dem Fürsten Bismarck darin übereinzustimmen, daß die beiden Konferenzen nebeneinander tagen könnten, dies sei um so mehr der Fall, als die deutsche Konferenz sich auf dem begrenzten Gebiete des Kohlenbergbaues bewege, während die schweizerische sich auf die ganze Industrie beziehe und Fragen behandle, welche der Fürst als Nebensache bezeichne. Der Bundesrat glaube daher, einerseits die deutsche Einladung annehmen, andererseits auf seiner Einladung zum 5. Mai beharren zu können. *Die Ankündigung Roths, heute nach Bern zu reisen, und sein inzwischen dort eingetroffener Bericht haben dann die Wendung herbeigeführt,* nachdem noch gestern abend Herr von Bülow als Resultat einer Unterredung mit Herrn Droz telegraphisch bezeichnet hatte, daß die Schweiz zu ihrem Bedauern sich in der Unmöglichkeit befinde, dem Wunsche des Kaisers nachzukommen.

Bosse erzählte mir gestern, das Programm für die Konferenz sei ausgearbeitet und behandle eingehend die Fragen des Arbeiterschutzes in einem umfassenderen Sinne, als dies in der Vorlage geschehe, welche für den Staatsrat in Vorbereitung sei. Die letztere Vorlage sei von dem Resultate der internationalen Konferenz unabhängig, da sie in den Schutzmaßregeln für Frauen-, Kinder- und Sonntagsruhe nicht weiter gehe, als es im Interesse des Wettbewerbes der Industrie für zulässig erachtet werde. Übrigens hat Fürst Bismarck sich die Prüfung jenes Programms ausdrücklich vorbehalten.

GLA 233/34798 Ausf., erhalten u. dem Großherzog vorgelegt 22. 2.; 49/2019 fol. 31 f. Konz.; gedr. *Gradenwitz* S. 138 f.

[1] GLA FA Korresp. 13 N 537.
[2] Gedr. *Gagliardi* I S. 354 ff.

1026. Marschall an Turban.

Berlin, 23. Februar 1890.

Ganz vertraulich! *Aus Dankbarkeit für das Entgegenkommen der Schweiz überreichte der Kaiser vorgestern Herrn Roth seine Photographie mit eigenhändiger Unterschrift*[1].

Das im Handelsministerium aufgestellte Programm für die internationale Konferenz ist in je einem Exemplar an den Kaiser und den Reichskanzler gegangen. Wie ich höre, hat letzterer sich sehr ungehalten darüber ausgesprochen, daß die Mitteilung an den Kaiser ohne seine vorherige Genehmigung erfolgte[2]. —

Über die Zeit der Einberufung des Reichstags ist eine Entscheidung noch nicht getroffen. Der Kaiser hat den Willen ausgesprochen, daß demselben als erste Vorlage der im Staatsrat durchberatene Entwurf über die Arbeiterschutzgesetzgebung unterbreitet werde — dies Vorgehen würde den Zusammentritt des Reichstags vor Ostern ausschließen; andererseits scheint der Herr Reichskanzler jetzt auf die möglichst [rasche Einbringung] der Militärvorlage zu drängen. Über letztere schweben noch die Verhandlungen; nach neuen Informationen muß ich befürchten, daß die finanziellen Anforderungen, die sich an dieselben knüpfen, weit erheblicher sein werden, als ich in meinem jüngsten Berichte vermutete. —

726

Als sicher betrachte ich, daß das Sozialistengesetz in unveränderter Form dem Bundesrate demnächst wieder vorgelegt werden wird.

GLA 233/34798 Ausf., erhalten u. dem Großherzog vorgelegt 24. 2., zurückerhalten 25. 2. 90; 49/2019 fol. 33 Konz.; gedr. *Gradenwitz*, S. 139 .

[1] Der Bericht Roths: *Gagliardi* I S. 361 ff.
[2] Vgl. Bismarck an Berlepsch 21. Febr. 1890, Ges. Werke VIc Nr. 434.

1027. Marschall an Großherzog Friedrich.

Berlin, 24. Februar 1890.

E. K. H. bitte ich meinen untertänigsten Dank für das gnädige Schreiben vom 22. d. M.[1] und zugleich die wiederholte Versicherung entgegennehmen zu wollen, daß es allezeit mein höchstes Streben sein wird, das Vertrauen E. K. H. zu rechtfertigen.

Die hiesige Situation ist nicht wesentlich verändert; so erfreulich das feste und doch maßvolle Vorgehen des Kaisers erscheint und so sicher bei Beharren auf dem bisherigen Wege seine Bestrebungen von Erfolg gekrönt sein werden, so muß doch noch immer auf das sorgfältigste mit der Tatsache gerechnet werden, daß der Herr Reichskanzler alle Mittel aufwendet, um die Pläne S. M. zu durchkreuzen. Während der Kaiser dahin strebt, schon jetzt im Staatsrate diejenigen Fragen praktisch zu lösen, die auf dem Gebiete des Arbeiterschutzes heute spruchreif und einer autonomen Regelung ohne Gefahr für den Wettbewerb unserer Industrie fähig sind, tritt der Reichskanzler mit Entschiedenheit für die Priorität der internationalen Konferenz in dem Sinne ein, daß die Gesamtheit aller auf den Arbeiterschutz bezüglichen Fragen, wie sie in den kaiserlichen Erlassen angeregt sind, zunächst der Konferenz unterbreitet wird und der Staatsrat definitive Beschlüsse insolange vertagt, als nicht die Konferenz zu einem positiven oder negativen Resultat gelangt ist. Gleichzeitig drängt der Reichskanzler auf möglichst baldige Einberufung des Reichstages zur Beratung der Militärvorlage, während der Kaiser als erste Vorlage den Entwurf des Arbeiterschutzgesetzes dem Reichstage zu unterbreiten wünscht. Ich bin nachgerade dazu gelangt, dem Reichskanzler Dinge zuzutrauen, die ich früher für unmöglich gehalten hätte, und so neige ich der Ansicht zu, daß die in ausländischen Blättern vielfach ausgesprochene Befürchtung, Kaiser Wilhelm werde sich durch die infolge der Wahlen[2] geschaffenen Schwierigkeiten der Lage verleiten lassen, kriegerische Wege zu gehen, nicht unerwünscht kommt und er in einer gleich zu Beginn des Reichstages geführten größeren Debatte über die auswärtige Politik, wie sie eine Militärvorlage bedingt, nicht nur eine sehr zeitgemäße Diversion gegenüber den sozialreformatorischen Arbeiten der Konferenz und des Staatsrates, sondern vor allem eine günstige Gelegenheit erblicken würde, s e i n e Friedenspolitik und seine Unentbehrlichkeit ins richtige Licht zu setzen.

Nach meiner Überzeugung ist der Reichskanzler in diesem Augenblick weiter als je entfernt, an seinen Rücktritt zu denken. Wie er es bewerkstelligte, um seine bereits mit dem Kaiser verabredete Niederlegung der preußischen Geschäfte wieder rückgängig zu machen, habe ich schon berichtet. Am Sonntag, den 9. Februar, verkündete er seinen Austritt amtlich im Ministerrate, worauf Herr v. Bötticher sich verleiten ließ, ihm einen Nachruf zu halten; am folgenden Tage ließ er sich den Grafen Lerchenfeld kommen, extrahierte von ihm den Ausdruck der Befürchtung, daß die Bundesregierungen einen Reichskanzler, der nicht zugleich preußischer Ministerpräsident sei, als eine Gefahr für ihre verfassungsmäßige Stellung betrachten könnten, am dritten Tage endlich — Dienstag — berief er Herrn v. Boetticher, um ihm über seine Kandidatur zur Ministerpräsidentschaft solche Grobheiten zu machen, daß dieser den entschiedenen Willen bekundete, nicht Ministerpräsident zu werden, sondern Staatssekretär des Innern zu bleiben, mit diesem Material ausgestattet, war es dann unschwer, den Kaiser von der Undurchführbarkeit der vorher verabredeten Kombination zu überzeugen.

Nach meinen Informationen geht der Herr Reichskanzler im gegenwärtigen Augenblicke damit um, seine Stellung neu zu befestigen oder, wie man sich in seiner nächsten Umgebung ausdrückt, sich mit dem Kaiser zu „verständigen". Diese Verständigung soll darin bestehen, daß Fürst Bismarck dem Kaiser auf dem Gebiete des Arbeiterschutzes gewisse — natürlich minimale — Konzessionen macht, von dem Kaiser dagegen einen „Systemwechsel" in der Richtung verlangt, daß der Monarch es unterläßt, sich künftighin in politischen und sozialen Fragen von anderen Leuten beraten zu lassen als von seinen ersten Ministern. Damit soll dann ein partieller Ministerwechsel gefunden sein, d. h. es sollen diejenigen Minister entfernt werden, die während der jüngsten Krisis das Mißfallen des Kanzlers erregt haben. Dieses Programm hat vor einigen Tagen Graf Herbert Bismarck dem Grafen Philipp Eulenburg entwickelt. Ich habe dem letzteren, der mich um meine Meinung befrug, dieselbe ganz offen dahin ausgesprochen, daß ich darin einen Versuch erblicke, den Kaiser zu demütigen und die Kanzlerdiktatur in unumschränkterer Form wieder herzustellen, als sie bis heute bestanden hat. Graf Eulenburg ist derselben Ansicht und überzeugt, daß der Kaiser auf solche Insinuationen nicht eingehen wird. Diese Überzeugung teile ich, nur wird damit zu rechnen sein, daß die Tendenz des Programms, die in der derben Ausdrucksweise des Grafen Herbert unverhüllt hervortritt, für S. M. hinter allerlei staatsrechtlichen und diplomatischen Redensarten verborgen werden wird.

Daß der Reichskanzler bleiben will, ergibt sich auch aus der Tatsache, daß er den Leuten, von denen er weiß, daß sie die Dinge nicht für sich behalten, ganz offen von seinem demnächstigen Rücktritt spricht. So ließ er sich gestern den Associé Bleichröders, Geheimen Kommerzienrat Schwabach[3] kommen, den er sonst sehr selten sieht, und erzählte ihm, daß er die Absicht habe zu gehen. Offenbar ist Fürst Bismarck beunruhigt darüber, daß die Presse die Nachricht von seinem Austritt ganz kaltblütig aufgenommen hat und auch die Börse sich darüber kaum alterierte. Nach dieser Richtung hin soll nun nachgeholfen werden.

Der Ausfall der Reichstagswahlen ist in der Tat ein trauriges Spiegelbild der Verwirrung, welche das systematische Spiel mit den Parteien und die durch die offiziöse Presse geschürte allgemeine Verhetzung gezeigt hat. Wenn man selbst den Kampf gegen den politischen Gegner mit der Waffe der Verdächtigung und der Anzweiflung ehrlicher Gesinnungen führt, so hätte man sich mindestens selbst frei erhalten müssen von dem Verdachte, daß auch persönliche Interessen bei dem Gange unserer Gesetzgebung in die Waagschale gefallen sind, die Tatsache, daß man sich erhöhte Kornzölle und die Branntweinsteuer bewilligen ließ, während der fertiggestellte Einkommensteuerentwurf in den Papierkorb fiel, die Schlüsse, die man leider in weitesten Volkskreisen aus dieser Antithese und nicht zumindesten auch aus der negativen Haltung zu der Arbeiterschutzfrage gezogen hat, sie weisen darauf hin, daß das Emporschnellen der sozialdemokratischen Stimmen nicht nur in der Volksverhetzung durch gewissenlose Agitatoren, sondern auch an anderer Stelle seine Ursache findet. Von Herzen freue ich mich darüber, daß S. M. der Kaiser das Wahlergebnis unter dem Gesichtspunkt auffaßt, daß es einen Mahnruf bildet zurückzukehren zu einer ruhigen, stetigen, aber maßvollen und reformatorischen Politik und einen Sporn auf dem Wege weiterzuschreiten, der mit den kaiserlichen Erlassen betreten ist.

Der Schweizer Gesandte Dr. Roth war durch die gnädigen Worte E. K. H., welche ich ihm übermittelte, hocherfreut und bat mich, E. K. H. seinen untertänigsten Dank dafür auszusprechen. *[...]*

GLA FA Korresp. 13 N 451 Ausf., gedr. *Reichert* S. 223 ff.

¹ Nicht vorhanden.
² Die Reichstagswahlen ergaben einen Sieg der Oppositionsparteien, besonders eine starke Zunahme der sozialdemokratischen Stimmen, Zunahme auch für die Freisinnigen, dagegen starke Verluste bei den Nationalliberalen und bei der Reichspartei. W. *Mommsen,* Bismarcks Sturz u. die Parteien (1924) S. 66 ff. vertritt die These, Bismarck habe die Erklärung, aus dem preußischen Staatsministerium austreten zu wollen, als „Appell an die öffentliche Meinung" gerichtet, aber nicht das entsprechende Echo gefunden. — Auf Bismarcks Absicht, anstelle der Kartellparteien sich auf eine Koalition von Konservativen und Zentrum stützen zu wollen, verweist auf Grund der Papiere Philipp Eulenburgs J. C. G. *Röhl,* The Disintegration of the Kartell and the Politics of Bismarck's Fall from Power, 1887—90, The Historical Journal 9 (1966) S. 60 ff.
³ Paul Hermann v. Schwabach (geb. 1867), Mitinhaber des Bankhauses S. Bleichröder, britischer Generalkonsul in Berlin, Geh. Kommerzienrat, oder Julius Leopold Schwabach, Teilhaber des Bankhauses Bleichröder, Haupt der Firma nach dem Tode Bleichröders 1893.

1027a. Aus Marschalls Tagebuch.

[Berlin] 26. bis 28. Februar 1890.

26. Februar 1890. Um 12,30 Uhr mit Helldorf und Fischer — Kölnische Zeitung¹ — bei Holstein gefrühstückt. Große Politik. Präsidentenwahl im Reichstag. Festhalten am Kartell² usw. Dann lange auf der Wilhelmstraße spazierengegangen (Kardorff). Der Staatsrat tagt unter Vorsitz des Kaisers seit 11 Uhr. Kanzler auch dabei. Gestern soll große Verständigung zwischen beiden gewesen sein³. Besuch bei Holstein. Der Kanzler hat sich im Staatsrat mit den Ministern der Abstimmung enthalten⁴. *[...]* 9,30 Uhr zu Bötticher, Skat mit dem neuen Handelsminister von Berlepsch und Käte Douglas. Bleibe dann noch. Bötticher sehr deprimiert, Reichskanzler hat ihn wieder beschimpft, glaubt nicht an Verständigung.

27. Februar 1890. Vor dem Frühstück bei Holstein. Brief von Reuß aus Wien⁵ und Pourtalès aus Petersburg⁶ (Bismarck Stütze des Throns, den Kaiser sich untergräbt). *[...]* Später noch zu Szechenyi. Er spricht mir über die Lage, findet, daß Einbringung der Vorlage während der Konferenz eine Verstimmung der Mächte hervorrufen könnte. Da haben wir's. Die Herren sind bereits instruiert⁷.

28. Februar 1890. Abends gehe ich zu Bötticher, wo große Herrengesellschaft *[...].* Bosse erzählt mir, daß der Staatsrat geschlossen über alle Punkte Verständigung. Die Haltung des Kaisers außerordentlich. Seine Entgegnung gegen Jenke⁸. Sein Gespräch mit dem Sozialdemokrat Buchholz. Reichskanzler verlangt Priorität für die Konferenz. Kaiser lehnt dies ab. Bosse und ich beruhigen Bötticher, der fortwährend sehr deprimiert ist. Erst gegen 12 Uhr nach Hause.

Oberkirch, Besitz Frau v. Seyfried.

[1] Franz Fischer (1847—1904), Dr. iur., Rechtsanwalt, Korrespondent der Köln. Zeitung in Berlin.

[2] Die bei den Wahlen vom 20. 2. 1890 in die Minderheit geratenen Kartellparteien (Konservative, Freikonservative u. Nationalliberale) beschlossen, sich an der Bildung des Reichstagspräsidiums nicht zu beteiligen, aber am Kartell festzuhalten.

[3] Vgl. Nr. 1028 Anm. 2.

[4] *Eppstein* S. 51 ff.

[5] Prinz Reuß an Holstein, Wien 25. 2. 1890: Geh. Papiere Holsteins III S. 293.

[6] Pourtalès an Holstein, Petersburg 22. 2. 1890: ebd. III S. 292 ff. — Graf Friedrich v. Pourtalès (1853—1928), 1886 kommissarischer Hilfsarbeiter im Ausw. Amt, 1888 1. Botschaftssekretär in Petersburg, 1899 Gesandter im Haag, 1903 in München, 1907—14 Botschafter in Petersburg.

[7] Ausführlicher Nr. 1028.   [8] Vgl. Nr. 1028 Anm. 3.

1028. Marschall an Turban.

Berlin, 27. Februar 1890.

Ganz vertraulich! *Wie gestern chiffriert gemeldet*, ist in der längeren Unterredung, welche S. M. der Kaiser vorgestern mit dem Herrn Reichskanzler gepflogen hat[1], eine „Art von Verständigung" — ich bediene mich absichtlich dieses vorsichtigen Ausdrucks — über die obwaltende Differenz erzielt worden. Über den Inhalt dieser Verständigung erfahre ich aus zwei Quellen, deren eine auf den Reichskanzler, die andere auf den Geheimen Rat Hintzpeter, also den Kaiser, zurückzuführen ist, daß Fürst Bismarck, unter Hinweis auf den Ausfall der Wahlen, die Einstellung seines aktiven Widerstandes gegen die Arbeiterschutzgesetzgebung unter der Bedingung zugesagt habe, daß S. M. sich bereit erkläre, für den Fall, daß die von dem Fürsten daraus befürchteten unheilvollen Folgen eintreten würden, Gewalt anzuwenden und schießen zu lassen. Der Kaiser soll dies als selbstverständlich bezeichnet und dem Reichskanzler bemerkt haben, er werde doch nicht glauben, daß er wie Friedrich Wilhelm IV. handeln werde, worauf der Reichskanzler erwiderte: „Nein, aber ich fürchtete, daß E. M. ein Louis Philippe werden würden." Der weitere Verlauf der Unterredung scheint ein friedlicher gewesen zu sein, wenigstens hatte S. M. den Eindruck, daß der Reichskanzler sich vorläufig beruhigt habe. —

Die wichtige Frage, ob der Kaiser für die Beruhigung des Kanzlers noch einen weiteren Preis hat zahlen müssen als die ziemlich selbstverständliche Zusage, im Notfalle schießen zu lassen, möchte ich nach einer inzwischen eingezogenen Information verneinen; ich habe im Gegenteil den Eindruck, daß der Reichskanzler weitere Konzessionen, und zwar auf dem Gebiete der Personenfrage, begehrt hat, damit aber nicht durchgedrungen ist. Ich gründe diese Anschauung auf die Tatsache, daß der Reichskanzler gestern womöglich noch schlechterer Laune gewesen ist als an irgendeinem der früheren Tage. Als gestern Herr von Boetticher ihn zur Staatsratssitzung abholen wollte, machte er ihm wiederum eine heftige Szene[2], überhäufte ihn mit Vorwürfen und sprach von der Arbeiterschutzfrage in Ausdrücken, welche auf alles andere als auf eine eingetretene Beruhigung und Verständigung schließen ließen. Im Staatsrat[3] verhielt er sich während der Diskussion schweigend und ergriff nur das Wort, um vor der Abstimmung über die Anträge des Referenten in Betreff der Sonntagsruhe zu erklären, daß er es der Stellung der Minister nicht entsprechend erachte, sich an der Abstimmung zu beteiligen. Bei dem darauf von Herrn von Boetticher gegebenen Frühstück war der Reichskanzler so einsilbig, daß der Kaiser Herrn von Boetticher frug, was denn der Fürst wieder habe, nachdem die Sache doch am Tage zuvor geordnet worden sei. Nach dem Frühstück kehrte der Reichskanzler nicht mehr in die Sitzung zurück, sondern verblieb längere Zeit bei Frau von Boetticher, welcher er wiederholt sagte, daß er im April oder Mai von den Geschäften zurücktreten werde. Eine gleiche Äußerung tat er im Laufe des Nachmittags zu verschiedenen Beamten des Auswärtigen Amtes.

Ich muß unter diesen Umständen annehmen, daß die vorgestern angeblich erzielte „Verständigung" den Reichskanzler nicht befriedigt hat und er fortfahren wird, dem Vorgehen des Kaisers Hindernisse in den Weg zu legen. —

Die Abteilungen des Staatsrats sind mit der Beratung über die Sonntags-, Kinder- und Frauenarbeit bereits heute zu Ende gekommen; die gefaßten Beschlüsse bewegen sich, wie ich vernehme, im wesentlichen auf der Grundlage der jüngsten Reichstagsbeschlüsse; obgleich bezüglich einzelner Detailfragen in Ansehung der Kinder- und Frauenarbeit noch weitere Erhebungen stattfinden sollen, scheint doch das Zustandekommen einer Vorlage für den Reichstag gesichert, sofern es nicht in letzter Stunde dem Reichskanzler noch gelingt, irgendeinen Stein in den Weg zu werfen und etwa die Einbringung der Vorlage von dem Resultat der internationalen Konferenz abhängig zu machen. [...]

Inzwischen hat der Herr Reichskanzler einen Ukas an die Staatssekretäre der Reichsämter erlassen, daß von nun an alle an den Kaiser gerichteten Immediatberichte sowie alle an den Bundesrat und den Reichstag gehenden Mitteilungen ihm zur Unterschrift vorgelegt werden müssen[4]. Herr von Boetticher sagte mir, daß diese Maßregel nicht nur für den Reichskanzler eine enorme Geschäftsvermehrung bedeute, da sich unter den betreffenden Aktenstücken eine Unmasse ganz geringfügiger Dinge befänden, sondern daraus notwendigerweise eine außerordentliche Erschwerung der Geschäfte resultieren müsse, da der Reichskanzler nunmehr erst recht in alles hineinreden und an allem herumkorrigieren werde. Die erwähnte Maßnahme ist übrigens ein neuer Beweis dafür, wie sehr der Reichskanzler an seiner Macht hängt und wie wenig aufrichtig sein öfter ausgesprochener Wunsch nach Entlastung ist.

GLA 233/34798 Ausf., erhalten u. dem Großherzog vorgelegt 28. 2., zurück erhalten 1. 3. 90; 49/2019 fol. 35 f. Konz.; gedr. *Gradenwitz* S. 140 ff.

[1] Erinnerung u. Gedanke, Ges. Werke XV 508.
[2] Die Erzählung Boettichers bei *Eppstein* S. 48 ff.
[3] Die bisher bekannt gewordene Niederschrift (*Schneider* S. 314 ff.) betrifft nur die Sitzung vom 26. Febr. 1890.
[4] Vom 18. Febr. 1890, Ges. Werke VIc Nr. 432.

1029. Marschall an Turban.

Berlin, 1. März 1890.

Ganz vertraulich! Die Abteilungen des Staatsrats haben gestern abend nach dreitägigen Sitzungen [...] ihre Arbeiten beendet[1], und ist in allen zur Beratung stehenden Punkten eine erfreuliche Übereinstimmung erzielt worden. Während sich — wie ich bereits berichtet habe — die Beschlüsse bezüglich der Sonntags-,

Frauen- und Kinderarbeit im wesentlichen auf dem Boden der jüngsten Reichstagsbeschlüsse bewegen, ist bezüglich der Arbeiterausschüsse eine Verständigung dahin erzielt worden, daß dieselben nicht obligatorisch, sondern fakultativ eingeführt werden, überall da aber, wo sie bestehen, ihnen gewisse Funktionen, z. B. die Anhörung über die Fabrikordnung, zustehen sollen; nur bei den staatlichen Bergwerken, aus welchen der Kaiser Musteranstalten zu machen wünscht, soll die Bildung der Arbeiterausschüsse obligatorisch sein. Desgleichen ist für die Fabriken der Erlaß einer „Fabrikordnung" als allgemeine Vorschrift vorgesehen. —

Auf Befehl S. M. wird nunmehr sofort eine Gesetzesvorlage über Arbeiterschutz in Beschränkung auf die Frage der Sonntags-, Frauen- und Kinderarbeit ausgearbeitet werden; dieselbe würde, da sie als preußische Vorlage gedacht ist, zunächst noch das preußische Staatsministerium zu passieren haben und dann erst an den Bundesrat gelangen können. Schon in dem jetzigen Stadium macht jedoch der Herr Reichskanzler, der an den beiden letzten Tagen den Staatsratssitzungen nicht mehr beigewohnt hatte, neue Schwierigkeiten. In einem gestern vormittag während der Staatsratssitzung S. M. übergebenen Immediatberichte des Fürsten[2] wird die Frage der Einberufung des Reichstags erörtert und dabei nach Aufzählung der demselben zu unterbreitenden Vorlagen ausgeführt, daß eine Arbeiterschutzvorlage erst nach Abschluß der Konferenzberatungen an die gesetzgebenden Faktoren gelangen könne. Der Kaiser zeigte Herrn von Boetticher diese Stelle des Berichts mit dem Bemerken, daß sie im direkten Widerspruche mit der Abrede vom letzten Dienstag stehe, und schrieb dann an den Rand, daß er die entgegengesetzte Auffassung habe und die Vorlage sofort in die Wege geleitet werden solle. —

Ich habe den Eindruck, daß über diese Prioritätsfrage wiederum eine ernste Differenz entstehen und der Kaiser Mühe haben wird, Allerhöchstseinen Willen durchzusetzen. Auf einer vorgestern stattgehabten Soirée in der österreich-ungarischen Botschaft frug mich Graf Széchényi, ob es richtig sei, daß schon vor Abschluß der Konferenzarbeiten eine Arbeiterschutzvorlage an den Reichstag gelange. Auf meine Erwiderung, daß mir darüber nichts bekannt, ich es aber wohl für denkbar erachte, daß ein solches Vorgehen geplant sei, entgegnete der Botschafter mit einem gewissen Eifer, dies scheine ihm unmöglich, denn die zur Konferenz geladenen Mächte würden gerechten Grund zur „Verstimmung" haben, wenn in dieser Weise ihren Beschlüssen vorgegriffen werde. Ich bemerkte, daß mir dies nicht verständlich sei, sondern im Gegenteil diejenigen Staaten, welche wie Österreich-Ungarn, England und die Schweiz auf dem Gebiete des Arbeiterschutzes uns bereits überflügelt hätten, es als ganz selbstverständliche Konsequenz der deutschen Einladung betrachten müßten[3], wenn Deutschland so rasch wie möglich vorgehe, um auf autonomem Wege das Niveau der Arbeiterfürsorge zu erreichen, welches in jenen Staaten bestehe. Dem Botschafter war dieser Gedanke anscheinend ganz neu; er gab zu, daß man verschiedener Ansicht sein könne, machte aber keinen Versuch, die von ihm behauptete „Verstimmung" näher zu begründen. Mir selbst war diese Unterredung aus dem Grunde interessant, weil ich weiß, daß Graf Herbert Bismarck bereits vor einigen Tagen zu einem Mitgliede des Auswärtigen Amts geäußert hatte, die Einbringung einer Vorlage vor Abschluß der Konferenz sei unmöglich, weil sie die Mächte „verstimmen" würde. Es ist danach nicht schwer zu ermessen, auf welche Quelle die Information und die Befürchtung des Grafen Széchényi zurückzuführen sind.

Die Haltung des Herrn Reichskanzlers gegen Herrn von Boetticher ist eine andauernd schroffe, um nicht zu sagen beleidigende. Ich fürchte, daß die üble Laune nach dem günstigen Ergebnisse des Staatsrats noch steigen wird.

Von allen Seiten wird der Tätigkeit S. M. im Staatsrat die höchste Anerkennung gezollt. Der Kaiser soll mit ganz ausgezeichneter Sachkenntnis, Ruhe und Würde die Verhandlungen von Anfang an bis zu Ende geleitet und da, wo er in die Diskussion eingriff, mit voller Klarheit und Sicherheit seine Ziele dargelegt haben, ganz besonders dem Korreferenten Kommerzienrat Jencke gegenüber, der eine Kritik an den kaiserlichen Erlassen insofern übte, als er von der Beunruhigung sprach, die in weiten Kreisen durch dieselben hervorgerufen worden, und die Befürchtung aussprach, daß daraus bei den Arbeitern eine Begehrlichkeit geschaffen werde, die üble Früchte zeitigen könne. Darauf legte, wie ich höre, der Kaiser in voller Ruhe die Bedeutung und Ziele der Erlasse dar; sie beruhten auf der Erkenntnis, daß für die Arbeiter durch die Gesetzgebung nicht alles geschehen sei, was sie gerechterweise beanspruchen könnten, und auf seiner Pflicht, allen Untertanen dasjenige Maß von Fürsorge angedeihen zu lassen, welches auf dem Boden der heutigen Ordnung möglich sei. Der Gedanke, die Sozialdemokratie damit zu vernichten, liege ihm fern. Die Sozialdemokratie als solche zu bekämpfen, sei seine Sache. Er werde in dieser Beziehung seine Pflicht tun, wenn die Zeit dazu gekommen sei[4]. [...]

GLA 233/34798 Ausf., erhalten und dem Großherzog vorgelegt 2. 3., zurück erhalten 3. 3. 90; 49/2019 fol. 38 ff. Konz.; gedr. *Gradenwitz* S. 142 ff.

[1] Marschall an Turban, 1. Mrz. 1890: „Staatsrat hat gestern Arbeiten beendet, auch über Arbeiter-Ausschüsse Verständigung erzielt. Vorlage über Arbeiterschutz soll sofort aufgestellt werden. Reichskanzler verlangt Vertagung bis nach Konferenz; Kaiser hat dies abgelehnt" (GLA FA Korresp. 13 N 537).
[2] Ges. Werke VIc Nr. 436.
[3] Am Rande: Fragezeichen.
[4] Das Referat Jenckes in der Niederschrift Bosses: *Schneider* S. 316. Das Protokoll verzeichnet nichts von einem Eingreifen des Kaisers.

1030. Marschall an Großherzog Friedrich.

Berlin, 2. März 1890.

E. K. H. gestattete ich mir heute nachmittag nachstehendes in Chiffre zu telegrafieren:

„Reichskanzler konzediert dem Kaiser sofortige Vorlage des Arbeiterschutzgesetzes, wenn Kaiser in Vorlage eines schärferen Sozialistengesetzes mit Landesverweisung willigt. Letzteres würde nach meiner Überzeugung alle günstigen Resultate der kaiserlichen Aktion vernichten. Heutiger Ministerrat beschließt voraussichtlich, wie Reichskanzler will, der dann wahrscheinlich morgen Sanktion verlangt. Kaiser unsicher, da ganz isoliert. Könnten E. K. H. nicht Majestät zu seinem großen Erfolge im Staatsrat beglückwünschen und die Nützlichkeit der Befragung desselben bei allen die Arbeiterbewegung und deren Bekämpfung betreffenden Entwürfe hervorheben? Zunächst telegrafisch, vorbehaltlich Briefs, dessen rechtzeitige Ankunft, wenn heute abend von Karlsruhe abgeht, zweifelhaft."[1]

Diese Mitteilung entspringt der Tatsache, daß S. M. gestern nach dem Staatsratsdiner im Schlosse einem der beim Staatsrat beschäftigten — mir bekannten — Herrn erzählte, daß der Reichskanzler nunmehr bereit sei, die sofortige Einbringung der Arbeiterschutzvorlage im Reichstage zu konzedieren, wenn gleichzeitig ein verschärftes Sozialistengesetz, welches die Landesverweisung der Agitatoren vorsähe, demselben vorgelegt werde. Damit verband der Kaiser die Aufforderung an den Herrn, sich darüber zu äußern. Der letztere — der nach seiner amtlichen Stellung sich einer besonderen Vorsicht befleißigen muß — erwiderte, daß mit der Vorlage eines derartigen Sozialistengesetzes ein großer Teil des durch das Vorgehen des Kaisers in der Arbeiterfrage erzielten günstigen Resultats mit verloren gehe. Der Kaiser soll darauf ernst geworden sein; Allerhöchstderselbe machte den Eindruck, daß er sich der Wichtigkeit der Entscheidung bewußt, aber noch schwankend gewesen sei, welche Entscheidung er treffen solle. Inzwischen ist der Reichskanzler nicht müßig gewesen; er hat auf heute den Ministerrat berufen, der natürlich nach seinem Willen beschließen wird, wie ich vermute, daß er bereits morgen um die kaiserliche Sanktion zur Einbringung des Sozialistengesetzes mit dem gedachten Inhalte nachsuchen wird.

Nach meiner festen Überzeugung hat der Reichskanzler keine andere Absicht, als die kaiserliche Aktion in der Arbeiterfrage zu paralysieren und die bisher gewonnenen Resultate zu vernichten. Die Einbringung eines derartigen Sozialistengesetzes würde nicht nur in der Presse, sondern in dem neuen Reichstage einen solchen Sturm entfachen, daß daneben eine ruhige nutzbringende Beratung der Arbeitervorlage ganz unmöglich erscheint. Hat dabei der Reichskanzler, wie ich bestimmt annehme, den Hintergedanken, im Falle der sicheren Ablehnung der Vorlage den Reichstag aufzulösen, so würden wir zu einer Wahlbewegung kommen, die fast notwendig zu gewaltsamen Ausbrüchen führen müßte. Und dahin will Fürst Bismarck den Kaiser bringen.

Die Frage, ob und mit welchem Inhalte man dem Reichstag ein Sozialistengesetz vorlegen will, bedarf der ruhigsten und sorgfältigsten Erwägung. Völlig klar scheint mir einstweilen nur der Punkt zu sein, daß nach dem kaiserlichen Vorgehen die Arbeiterschutzvorlage in erster Reihe durchberaten werden muß. Unter diesen Umständen und bei der hohen Dringlichkeit der Sache habe ich mir gestattet, E. K. H. zur Erwägung zu stellen, ob Allerhöchstdieselben nicht mit einer Beglückwünschung des Kaisers zu seinem wirklich großen allgemein anerkannten Erfolge die Anregung verbinden wollten, auch die Frage des Sozialistengesetzes dem Staatsrate zu unterbreiten. Der Gedanke würde einmal S. M. sympathisch sein, und jedenfalls Zeit gewonnen werden, um Allerhöchstdemselben eingehend die Gefahren darzulegen, welche aus einer Verwirklichung der Absicht des Reichskanzlers notwendig entstehen müßten[2].

Indem ich mich wegen des bevorstehenden Postschlusses auf diese Bemerkungen beschränke, bitte ich E. K. H. untertänigst, mein etwas rasches Vorgehen sowie die Eile dieses Berichtes allergnädigst entschuldigen zu wollen.

GLA FA Korresp. 13 N 451 Ausf., gedr. *Reichert* S. 224 f.

[1] Ausf. des Tel. vom 2. März 1890, 4,22 Uhr nachm. und eig. Dechiffr. des Großherzogs ebd. — Zur Entstehungsgeschichte des Telegramms und dieses Berichts Tgb. Marschall: „2. 3. 90. Gegen 3 Uhr kommt Holstein zu mir und sagt mir, Reichskanzler habe gestern vom Kaiser die Einbringung eines verschärften Sozialistengesetzes (Expatriierung)

verlangt. Der Kaiser sei schwankend, habe gestern beim Staatsratsdiner einige ?? Herren gefragt. Holstein und ich chiffrieren ein Telegramm an den Großherzog. Davor muß man den Kaiser retten. *[...]* Nach dem Nachtessen kommen Roths. Telegramm vom Großherzog, ich solle mich beim Kaiser melden und ihm sagen, was ich telegraphierte [Nr. 1031]. Ich gehe zu Holstein, nach Hause, warte auf ihn vor dem Hause bis 12,30 Uhr. Er ist einverstanden" (Oberkirch, Besitz Frau v. Seyfried).

² Vgl. Nr. 1031.

1031. Großherzog Friedrich an Marschall.

2. März 1890.

Wollen Sie Vermittlung übernehmen und heute noch bei Adjutant vom Dienst sich zu einer Audienz bei Kaiser melden zu mündlichem Vortrag eines von mir gewordenen dringenden Auftrages. Wenn Audienz erteilt wird, so sagen Sie Kaiser, was Ihr Telegramm mir gesagt, und bitten Sie ihn dringend in meinem Namen, diesen verhängnisvollen Antrag zu versagen oder zu vertagen. Ich habe das Vorhaben in Zeitung gelesen.

GLA FA Korresp. 13 N 451 chiffr. Tel. eig. Konz., gedr. *Reichert* S. 225.

1032. Marschall an Turban.

Berlin, 2. März 1890.

Vertraulich! Der kgl. sächsische Gesandte Graf Hohenthal hat mir heute den Entwurf eines Antrags Sachsens betreffs des Arbeitsschutzes mit dem Bemerken übergeben, daß der König von Sachsen denselben vorige Woche S. M. dem Kaiser zur Kenntnisnahme und mit der Bitte um Mitteilung darüber übersandt habe, ob und zu welcher Zeit Allerhöchstderselbe die Einbringung dieses Antrags im Bundesrat wünsche.

Ich beehre mich, Ew. Exz. den gedachten Entwurf ergebenst zu überreichen.

GLA 233/34798 Ausf., 49/2019 fol. 43 Konz., gedr. *Gradenwitz* S. 145.

1033. Marschall an Großherzog Friedrich.

Berlin, 3. März 1890 1 Uhr 50 Nachm.

Kaiser dankt E. K. H. herzlich. Sagte mir, er habe Ablauf des Sozialistengesetz gewünscht. Reichskanzler sei aber anderer Ansicht. Mit Mühe habe er erreicht — daß zuerst Arbeiterschutz, dann Militärvorlage und dann erst schärferes Sozialistengesetz dem Reichstag vorgelegt. Reichskanzler macht aus jeder Frage Kabinettsfrage. Solle er es in diesem Augenblick auf Konflikt ankommen lassen? Ich legte dar eingehende Bedenken, die Kaiser vielfach begründete. Er kam wiederholt darauf zurück, daß er froh sein müsse, die Arbeiterschutzvorlage zu retten. — Ministerrat beschloß gestern Sozialistengesetz mit Landesverweis und Beschränkung des Wahlrechts für Agitatoren[1].

GLA FA Korresp. 13 N 451 chiffr. Tel., eig. Dechiffr. des Großherzogs. — Tgb. Marschall: „3. 3. 90. Früh Besuch bei Holstein, der mir sagt, daß Ministerrat gestern verschärfte Sozialistenvorlage mit Aberkennung des Wahlrechts und Expatriierung beschlossen habe. Reichskanzler sagt, ‚es sei spezieller Wunsch des Kaisers'. Ich gehe 10,30 Uhr ins Schloß *[. . .]*. Ich sage dem Kaiser, was ich auf dem Herzen habe, er sieht alles ein, aber die Kanzlerfrage. Konflikt unmöglich. Ich telegraphiere dem Großherzog [Nr. 1033]. 1 Uhr mit Helldorf und Holstein bei Borchardt. Helldorf teilt ganz unsere Ansichten, er muß zum Kaiser, das macht Eindruck. Er ist entschlossen dazu. Bericht an den Großherzog [Nr. 1034]. (Oberkirch, Besitz Frau v. Seyfried).

¹ Gekürztes Protokoll gedr. E. *Zechlin*, Staatsstreichpläne Bismarcks u. Wilhelms II. 1890—1894 (1929) S. 178 ff.

1034. Marschall an Großherzog Friedrich.

Berlin, 3. März 1890.

Im Verfolg des gestern abend erhaltenen telegrafischen Befehls¹ habe ich sofort die zur Erlangung einer Audienz bei dem Kaiser erforderlichen Schritte eingeleitet. S. M. empfing mich heute vormittag 3/4 11 Uhr im königlichen Schlosse, noch bevor das heutige Telegramm E. K. H.² mir zugegangen war.

Ich sagte S. M. zunächst, daß E. K. H. mich beauftragt hätten, Allerhöchstdemselben den herzlichsten Glückwunsch zu dem im Staatsrate errungenen Erfolg auszusprechen und zugleich der Genugtuung darüber Ausdruck zu geben, daß Allerhöchstderselbe in dieser Körperschaft einen Faktor gefunden habe, welcher auch auf anderen Gebieten in fruchtbarer und nutzbringender Weise verwertet werden könnte. Der Kaiser unterbrach mich hier mit der Bemerkung, daß dies auch seiner bestimmten Absicht entspräche; er gedenke fernerhin sich des Staatsrats zu bedienen, um sich über wichtige Fragen der Gesetzgebung zu informieren. Auf meine Äußerung, daß E. K. H. bei der aus den Zeitungen entnommenen Nachricht, daß dem neuen Reichstage ein verschärftes Sozialistengesetz vorgelegt werden solle, sich der Besorgnis nicht entschlagen könnten, es möchte durch die Beratung desselben der günstige Eindruck des kaiserlichen Vorgehens auf dem Gebiete der Arbeiterfrage wenn nicht vernichtet, so doch wesentlich beeinträchtigt werden, entgegnete S. M.: Es habe ihn schwere Mühe gekostet, den Reichskanzler endlich dazu zu bringen, seinen Widerstand gegen Einbringung des Arbeiterschutzentwurfs aufzugeben; derselbe habe durchaus gewollt, daß vor Einbringung das Resultat der Konferenz abgewartet werde. Was das Sozialistengesetz betreffe, so sei er der Ansicht gewesen, daß man nunmehr den Ablauf der Gültigkeitsfrist herankommen lassen und dann vor Ergreifung weiterer Schritte zusehen solle, wie die Dinge sich weiter entwickeln. Der Reichskanzler sei entgegengesetzter Anschauung gewesen und [habe] auf der alsbaldigen Einbringung eines Entwurfs im neuen Reichstage bestanden. Wie die Dinge nachgerade in jeder Unterredung zu verlaufen pflegten, die er mit dem Fürsten habe, habe letzterer auch hier damit gedroht, ihm „den Stuhl vor die Tür zu stellen". Vorläufig sei nun verabredet, daß als erste Vorlage der Arbeiterschutzentwurf, sodann die Militärvorlage und als dritte erst der Entwurf wegen des Sozialistengesetzes an den Reichstag gelange. Dabei habe er — der Kaiser — selbst angeregt, daß an die Stelle der ganz mangelhaften Bezirksausweisung die Landesausweisung trete. Er müsse froh sein, endlich wenigstens die Arbeiterschutzvorlage gerettet zu haben, die der Reichskanzler auf das äußerste und mit allen Mitteln bekämpfte. Zu der Beratung des Sozialistengesetzes werde es übrigens gar nicht kommen, da der Reichstag zweifellos die Militärvorlage ablehnen [werde] und er dann entschlossen sei, den Reichstag aufzulösen, da er eine Antastung der Wehrkraft Deutschlands nicht dulden könne. Ich sagte S. M. sodann etwa Folgendes: Die Priorität der Einbringung der Arbeiterschutzvorlage schütze in keiner Weise davor, daß schon vorher die Absichten der Regierung wegen des Sozialistengesetzes publik würden: Ich müßte sogar glauben, daß man gerne Anlaß nehmen werde, diese Absichten baldigst in die Presse zu bringen. Der Sturm aber, der aus dem Gedanken der Expatriierung und gar der Beschränkung des Wahlrechtes für Agitatoren sich entfesseln würde, drohe alles das, was S. M. auf dem Gebiete der Arbeiterfrage geleistet habe und noch leisten wolle, in den Hintergrund zu bringen und den hoffnungsvollen Ansatz zu einer ruhigen, maßvollen und reformatorischen Politik zu zerstören, deren wir heute nach dem Ausfall der Wahlen mehr wie je bedürfen. Der Kaiser entgegnete: „Gewiß bedürfen wir einer solchen, aber sagen Sie das einmal dem Reichskanzler, der war stets ein entschiedener Gegner einer solchen! Was soll ich machen? Ich bin nachgerade in allen Fragen entgegengesetzter Ansicht wie der Kanzler, nicht zum mindesten auch in der Kolonialfrage[3]. Sooft der Kanzler zum Vortrag zu mir kommt, weiß ich, daß er zwei- oder dreimal die Kabinettsfrage stellt. Gegenüber den Machinationen, mit denen er mich bekämpft, bin ich machtlos; gegen die ehrlosen Mittel, die er anwendet, indem er sogar mit Botschaftern gegen mich konspiriert, kann ich nichts machen. Ich bin gar nicht sicher, ob er nicht eine europäische Konflagration herbeiführen wird, um meine Pläne zu durchkreuzen. Und in diesem Augenblick kann ich keinen Konflikt brauchen, denn die Konfusion in Deutschland würde dann noch größer werden; ich weiß auch nicht, ob ich den Kanzler nicht in späterer Zeit wieder brauchen würde." Ich entgegnete, daß man im Volk nicht verstehen würde, wenn auf die kaiserlichen Erlasse hin ein verschärftes Sozialistengesetz vorgelegt würde, zumal man in der letzten Session das dauernde Gesetz, das man haben konnte, aus der Hand gegeben — der Kaiser: „Daran sind meine Minister schuld, die mich im Stich gelassen" — man werde nicht ohne Aussicht auf Erfolg die kaiserlichen Erlasse insbesondere da, wo von der „Gleichberechtigung der Arbeiter" die Rede sei, in Gegensatz stellen mit der Beschränkung des Wahlrechtes und der Expatriierung, man werde in dem ersteren Punkt einen Angriff auf das allgemeine direkte Wahlrecht finden und daraus eine gewichtige Waffe gegen die Regierung und deren Anhänger schmieden; eine Auflösung endlich wegen dieser Frage werde im Volke eine Wahlbewegung erzeugen, die fast mit Notwendigkeit zur gewaltsamen Repression führen müsse. Der Kaiser glaubt, daß es dahin nicht kommen werde, weil der Reichstag schon vorher wegen Ablehnung der Militärvorlage werde aufgelöst werden; auf meine Bemerkung, daß die Opposition nach ihrer Erfahrung beim Septennat wohl vorsichtiger sein dürfe, bemerkte S. M., daß es sich diesmal um eine Mehrausgabe von 70 Millionen j ä h r - l i c h handle. Ich entgegnete, daß bei einer Auflösung unter allen Umständen a l l e s vorhandene Material gegen die Regierung verwendet werde — an eine ruhige fruchtbare Beratung des Arbeiterschutzgesetzes sei gar nicht zu denken, wenn man dieselbe mit dem Schwergewichte einer in Aussicht stehenden verschärften Sozialistenvorlage belaste, und ich wiederholte, daß der günstige Eindruck, welchen die kaiserliche Aktion in weiten Kreisen hervorgerufen, vernichtet werden müsse, wenn in der gedachten Weise vorgegangen werden wolle. Der Kaiser kam immer wieder auf die Kanzlerfrage zurück, die er zur Zeit als ein unüberwindliches Hindernis betrachte; er habe die unendlichste Mühe gehabt, seine Arbeiterschutzfrage durchzusetzen: Hier habe der Reichskanzler endlich nachgegeben, nachdem ihm auch von der konservativen Partei geradezu der Gehorsam gekündigt worden sei, wenn er in dieser Beziehung auf seinem Widerstand beharre. Als schließlich S. M. von einer möglichen Vertagung der Sozialistenvorlage sprach, ging ich lebhaft auf diesen Gedanken ein, indem ich hervorhob, daß damit mindestens eine sachliche und ruhige Durchberatung des Arbeiterschutzgesetzes gesichert werde. Schließlich sagte mir der Kaiser, er habe entschieden seine Ansicht dahin ausgesprochen, daß die Konservativen keine Präsidentenstelle im Reichstag annehmen dürften; der Zusammentritt des letzteren werde gleich nach Ostern erfolgen. S. M. entließ mich sehr gnädig, indem er mich beauftragte, E. K. H. seinen herzlichsten Dank für die ihm gewordene Mitteilung und die nochmalige Entschuldigung zu übermitteln, daß er den längst in Aussicht genommenen Brief an E. K. H. nicht geschrieben habe.

Ich erlaube mir zu bemerken, daß ich der geschilderten Unterredung mit S. M. den Charakter zu geben suchte, daß ich beauftragt war, die schweren Bedenken E. K. H. gegen die geplante Sozialistenvorlage im allgemeinen darzulegen, daß jedoch im einzelnen, wie dies Rede und Gegenrede mit sich bringt, auch meine subjektive Anschauung zur Geltung kam. Mein Gesamteindruck ist, daß S. M. jene Bedenken vollauf würdigt, dagegen im Augenblick besonders stark durch die Gefahr einer Kanzlerkrisis beeinflußt ist und in seiner Isolierung einen entscheidenden Schritt nach dieser Richtung hin nicht tun will. In Ergänzung des obigen Berichtes füge ich noch bei, daß ich auch den Gedanken der Vorberatung des Sozialistengesetzes durch den Staatsrat anregte, der Kaiser jedoch darauf hinwies, daß er am Schlusse der Staatsratsberatung die Bekämpfung der Sozialdemokratie ausdrücklich sich vorbehalten habe, eine Verbindung dieser Frage mit der sonstigen Arbeiterfrage ihm auch nicht wünschenswert erschiene.

Der gestrige Ministerrat[4] nahm folgenden Verlauf: Zunächst erklärte Fürst Bismarck, daß er in Übereinstimmung mit dem Kaiser die Absicht seines Rücktritts aus dem preußischen Staatsministerium wieder aufgegeben habe[5]; demnächst verlas er eine frühere Kabinettsordre[6], wonach alle Immediatberichte an den König aus allen Ressorts durch die Hände des Ministerpräsidenten gehen sollten, und erklärte, daß angesichts des Ausfalles der Wahlen eine einheitliche Leitung der Geschäfte mehr wie je nötig falle und er daher eine strikte Durchführung dieses Erlasses verlange. Sollten darüber Meinungsverschiedenheiten bestehen, so werde er entweder seine Entlassung erbitten oder sich von S. M. den Auftrag geben lassen, ein neues Kabinett zu bilden. Ein Widerspruch erfolgte nicht. Sodann machte er dem Kriegsminister Vorwürfe, daß die Militärvorlage noch nicht fertiggestellt sei, tadelte den Minister des Innern wegen ungenügender Vorbereitung der Wahlen und erklärte endlich, daß es der spezielle Wunsch S. M. sei, daß ein neues verschärftes Sozialistengesetz vorgelegt werde. Nach längerer Diskussion wurde sodann im Prinzip die Aufnahme der Expatriierungsbefugnis und die Beschränkung des Wahlrechtes für sozialistische Agitatoren angenommen[7].

GLA FA Korresp. 13 N 451 Ausf., gedr. *Reichert* S. 225 ff.

1 Nr. 1031.
2 Nicht vorhanden.
3 Vgl. z. B. *Waldersee*, Denkwürdigkeiten II S. 100 f.
4 Vgl. Nr. 1033 Anm. 1.

⁵ Im amtlichen Protokoll (*Zechlin* S. 178 ff.) ist von der Absicht, den Rücktritt vom preuß. Ministerpräsidium wieder rückgängig zu machen, nicht die Rede, wohl aber bei *Lucius* (S. 518), der an der Sitzung nicht teilgenommen hatte.

⁶ Die Kabinettsordre vom 8. Sept. 1852 gedr. bei *Eppstein* S. 153. Vgl. den einschränkenden Satz im Begleitschreiben Bismarcks vom 4. Mrz. 1890, mit der er die Abschr. der Ordre von 1852 übersandte (*Gradenwitz* S. 113).

⁷ Turban an Großherzog Friedrich, 3. Mrz. 1890: In der Anlage sende ich Marschalls Bericht vom 3. Mrz. 1890 zurück, „ein auch für spätere Zeiten ganz besonders wertvolles Aktenstück. [...] Ich teile vollkommen die von Allerhöchstdenselben ausgesprochene Auffassung, daß Frhr. v. Marschall den erhaltenen Auftrag richtig und taktvoll vollzogen hat, und ich kann es nur mit Gedanken und Empfindungen ernster Sorge bedauern, daß die herrschende Situation, auf welche er gestoßen ist, den Erfolg seiner Geschicklichkeit und seiner nachdrücklichen Benützung aller verfügbaren Argumente paralysiert hat" (GLA Korresp. 13 N 537).

1035. Marschall an Turban.

Berlin, 4. März 1890.

Ganz vertraulich! Nachdem gestern der sächsische Gesandte dem Herrn Staatsminister von Boetticher den Entwurf des sächsischen Antrags mit der entsprechenden vertraulichen Mitteilung — vgl. meinen Bericht vom 2. d. M.¹ — übergeben hatte, ließ der Herr Reichskanzler heute früh den Grafen Hohenthal zu sich berufen und eröffnete ihm Folgendes². Nach § 15 der Reichsverfassung stehe der Vorsitz im Bundesrate und die Leitung der Geschäfte dem Reichskanzler zu; mit dieser Bestimmung stehe es im Widerspruch, daß der sächsische Entwurf S. M. dem Kaiser und Herrn von Boetticher, nicht aber ihm, dem Reichskanzler, mitgeteilt worden sei. Auf die Bemerkung des Grafen Hohenthal, daß bisher immer derartige Mitteilungen an Herrn von Boetticher gegangen seien, entgegnete der Herr Reichskanzler, daß die Dinge eben von nun an anders gehen müßten; früher habe er Vertrauen zu Herrn von Boetticher gehabt, welches er jetzt verloren habe. Er werde daher nunmehr entsprechend der Bestimmung der Reichsverfassung und der ihm nach dem Stellvertretungsgesetze zustehenden Befugnis alle Geschäfte des Reichskanzlers an sich ziehen, auch künftig den Bundesrat präsidieren und eventuell an den Ausschußberatungen teilnehmen. Was den sächsischen Antrag betreffe, so sei es ihm jetzt, nachdem der Schaden geschehen, gleichgültig, ob derselbe im Bundesrat eingebracht werde oder nicht. Er habe früher gehofft, den Kaiser umzustimmen, dies sei ihm aber nicht gelungen. Der Herr Reichskanzler erging sich sodann wiederum in der bekannten abfälligen Kritik gegen den Arbeiterschutz und diejenigen Personen, welche sich für denselben interessieren. Endlich bemerkte er auch dem Grafen Hohenthal, daß S. M. entschieden gegen Einbringung des Sozialistengesetzes gewesen sei, er — der Reichskanzler — jedoch die Ansicht habe, daß dieselbe durchaus nötig sei.

In der vorgestrigen Sitzung des preußischen Ministerrats eröffnete Fürst Bismarck zunächst, daß er das Präsidium des Staatsministeriums mit Rücksicht auf den Ausfall der Wahlen nicht niederlegen werde. Da gegenwärtig eine einheitliche Leitung der Geschäfte mehr wie je notwendig falle, so müsse er verlangen, daß entsprechend einer Kabinettsordre von 1852 alle von den einzelnen Ressorts an den König zu erstattenden Immediatberichte zunächst ihm vorzulegen seien, auch die Minister, wenn sie dem König mündlich Vortrag erstatten wollten, zuvor ihn als Ministerpräsidenten davon benachrichtigen, damit er eventuell dem Vortrage beiwohnen könne³. Sodann teilte er mit, es sei „der spezielle Wunsch S. M.", daß ein durch Aufnahme der Expatriierungsbefugnis und der Zulässigkeit der Aberkennung des aktiven und passiven Wahlrechts für Agitatoren verschärftes Sozialistengesetz dem nächsten Reichstage vorgelegt werde. Der Ministerrat beschloß dementsprechend.

GLA 233/34798 Ausf., erhalten u. dem Großherzog vorgelegt 5. 3., zurückerhalten 6. 3. 90; 49/2019 fol. 45 f. Konz.; gedr. *Gradenwitz* S. 145 f.

¹ Nr. 1032.
² Zu der reichsrechtlichen Diskussion vgl. Hohenthals Bericht vom 4. März: H. *Richter* S. 163 ff.
³ Waldersee berichtet unter dem 4. März 1890: Dem Kaiser „ist von mehreren Seiten, z. B. vom Großherzog von Baden, gesagt worden, er möge doch gerade die Minister öfter sprechen, und der Monarch hat auch die Absicht, es zu tun" (Denkwürdigkeiten II S. 111).

1036. Marschall an Großherzog Friedrich.

Berlin, 4. März 1890.

E. K. H. berichte ich ehrfurchtsvoll, daß mich Staatsminister v. Boetticher heute nachmittag nach Schluß der Bundesratssitzung zu sich rufen ließ und mir vertraulich die in der vorgestrigen Staatsministerialsitzung stattgehabten Vorgänge erzählte¹; ich habe diesbezüglich meiner gestrigen Meldung nur nachzutragen, daß der Herr Reichskanzler nicht nur die Vorlage aller Immediatberichte an ihn befohlen, sondern auch verlangt hat, daß die Minister, wenn sie bei S. M. Vortrag erstatten, ihm jeweils zuvor Mitteilung davon machen, damit er eventuell dem Vortrage beiwohnen könne.

Herr v. Boetticher sagte mir ferner, die von dem Reichskanzler aufgestellte Behauptung, es sei der spezielle Wunsch des Kaisers, daß ein verschärftes Sozialistengesetz vorgelegt werde, sei nach seiner Überzeugung falsch, da S. M. nach dem jüngsten Staatsratsdiner ihn darüber angesprochen und unter Hervorhebung, daß der Reichskanzler eine solche Absicht hege, allerhöchst seine Bedenken dagegen geltend gemacht habe. Ich erwiderte Herrn v. Boetticher, daß mir in dieser Beziehung die Tatsache bekannt sei, daß der Fürst heute vormittag dem Grafen Hohenthal erklärt habe, der Kaiser sei entschieden gegen die Einbringung des Sozialistengesetzes gewesen².

Bei unserer weiteren Unterredung ergab sich, daß Herr v. Boetticher ebenfalls die Einbringung des erwähnten Gesetzes als einen verhängnisvollen Fehler erachtet und nur das e i n e Resultat mit Sicherheit erwartet, daß nämlich die kaiserliche Aktion auf dem Gebiete der Arbeiterfrage von Grund aus ruiniert würde. Auf meine Bemerkung, ob er nicht bei S. M. vorstellig werden wolle, erwiderte er, daß ihm dies unmöglich sei: Der Reichskanzler habe ihm kraft seiner verfassungsmäßigen Befugnis direkt verboten, dem Kaiser in seiner Eigenschaft als Staatssekretär des Innern einen Vortrag zu halten, und als Vizepräsident des preußischen Staatsministeriums habe er zu einem Vortrag keinen Anlaß, da ihm kein Portefeuille übertragen sei. Auf meinen Einwurf, daß hiernach der Kaiser ohne zuverlässigen Berater sei, entgegnete Herr v. Boetticher, daß es nur e i n e Persönlichkeit gebe, die hier S. M. beraten könne, und das sei E. K. H.; soviel er wisse, würden E. K. H. in den nächsten Tagen hier eintreffen, und er hoffe und glaube, daß nur auf diesem Wege eine Einwirkung auf den Kaiser möglich sein werde.

Ich sprach gestern abend Herrn v. Helldorff-Bedra; da ich ihn seit zwölf Jahren als einen durchaus zuverlässigen und wohlgesinnten Mann kenne, den auch der Kaiser hoch schätzt, erzählte ich ihm vertraulich, welche Pläne der Herr Reichskanzler bezüglich des Sozialistengesetzes hegt. Er war aufs äußerste betroffen darüber, erkannte sofort die ganze Tragweite dieses Vorhabens nicht nur bezüglich der kaiserlichen Aktion in der Arbeiterfrage, sondern auch hinsichtlich der konservativen Partei und des Kartells; er entschloß sich, den Versuch zu machen, eine Audienz bei S. M. zu erwirken, um höchstdemselben Vortrag über die Stellung der konservativen Partei im neuen Reichstage zu erstatten. Auf diese Weise glaubte er mit Sicherheit zu einer Besprechung der Frage des Sozialistengesetzes zu gelangen.

Wie ich soeben vernehme, ist die Meldung von Erfolg gewesen: Herr v. Helldorff ist auf heute zur Audienz und demnächst zur kaiserlichen Frühstückstafel befohlen. Sobald ich von dem Inhalte der Unterredung Kenntnis erhalte, werde ich nicht verfehlen, E. K. H. eventuell telegrafisch Bericht zu erstatten .

GLA FA Korresp. 13 N 451 Ausf., gedr. *Reichert* S. 227. — Tgb. Marschall: „4. 3. 90. Holstein schreibt mir, daß Helldorf beim Frühstück zum Kaiser ist. Nach dem Bundesrat bei Bötticher, erzählt mir vom Staatsministerium, ist ganz meiner Ansicht, glaubt, daß nur der Großherzog helfen könne. Graf Hohenthal war beim Reichskanzler, letzterer offenbar senil, glaubt, daß die Kaiserin Friedrich an allem Schuld. Ich gehe zu Helldorff, der mir seine Unterredung mit Majestät erzählt. Kaiser ist fest zum Bruch bereit. Chiffriertes Telegramm an Großherzog. [...] 9 Uhr fahre ich zu Borchardt, wo Holstein und Helldorff. Reichskanzler hat nachgegeben. Kaiser schreibt dies Helldorff. Große Genugtuung" (Oberkirch, Besitz Frau v. Seyfried).

¹ Vgl. Nr. 1034.   ² Vgl. Nr. 1035.

1037. Marschall an Großherzog Friedrich.

4. März 1890.

Helldorff war heute beim Kaiser, beschwor ihn, die Vorlage nicht zu konzedieren; es sei dies eine ganz nutzlose Provokation der Wähler, eine Politik, die auf Skandale ziele, während Ruhe nötig, und alles zerstöre, was Kaiser anstrebe. Helldorff hat Eindruck, daß Kaiser fest ist und keine Konzession machen wird. Heute nachmittag hat Reichskanzler Audienz.

GLA FA Korresp. 13 N 451 Ausf., 7,45 Uhr nachm., dechiffr. vom Großherzog eig.; 49/2019 fol. 49 Konz.; nach Konz. gedr. *Gagliardi* I S. 204 Anm. 245.

1038. Marschall an Großherzog Friedrich.

Berlin, 5. März 1890, 12,45 Uhr nachm.

Kaiser ließ mich soeben rufen und beauftragte mich, E. K. H. zu melden: Reichskanzler hat, nachdem Kaiser seinen bestimmten Willen dargelegt, unerwartet nachgegeben und konzediert, daß keine Gesetzvorlage. Letzten Samstag hatte Reichskanzler die Vorlage für absolut notwendig erklärt. Kaiser war fest entschlossen, nicht nachzugeben und an Caprivi zu telegraphieren, wenn Reichskanzler Kabinettsfrage gestellt hätte. Eingehender Bericht folgt.

GLA FA Korresp. 13 N 451 Ausf., eig. Dechiffr. des Großherzogs; 49/2019 fol. 50 Konz.; nach Konz. gedr. *Gagliardi* I S. 207 Anm. 250.

1039. Turban an Großherzog Friedrich.

Karlsruhe, 5. März 1890.

Durch den kgl.-preuß. Gesandten sind mir im Auftrag seiner Regierung einige bei der Staatsanwaltschaft in Mainz erwachsene Aktenstücke vertraulich in Abschrift zugestellt worden, aus welchen sich ergibt, daß dem evangelischen Geistlichen des Provinzial-Arresthauses in Mainz von einem dort z. Zt. verhafteten gefährlichen Verbrecher, welcher in Paris, New York und Chikago an anarchistischen Verbindungen und Umtrieben sich beteiligt haben will, beachtenswerte Eröffnungen gemacht worden sind. Die gedachte Staatsanwaltschaft bemerkt in ihrem bezüglichen Bericht an das Gr.-Hess. Ministerium des Innern und der Justiz, wenn auch die Aussagen des verkommenen Menschen — Gebhard ist sein Name — mit großer Vorsicht aufzunehmen seien und zum großen Teil sich als unglaubhaft darstellen, so sei doch nicht zu verkennen, daß derselbe mitten im anarchistischen Getriebe gestanden und in die Lage gekommen sei, manche nicht unwichtige Aufschlüsse zu erteilen, nachdem er wegen eingetretener körperlicher Unbrauchbarkeit von der Partei aufgegeben worden. Unter der Aufzeichnung des Mainzer Anstaltsgeistlichen über die Mitteilungen Gebhards findet sich dessen Angabe, er habe sich in Paris an einen früheren Bekannten, Buchbinder Ueberneck, angeschlossen, welcher eine einflußreiche und eingeweihte Stellung in der Anarchistengruppe einnehme, und habe von diesem noch zu Neujahr 1890 Folgendes mitgeteilt erhalten:

„Im März 1890 solle ‚Großartiges‘ vorgehen; da komme das Verderben über die Tyrannen; besonders seien Mordanschläge geplant gegen die Königin von England und gegen den Deutschen Kaiser in Berlin. Aber auch nach München, Stuttgart, Karlsruhe, Darmstadt u. a. werden Vollstrecker gehen, auch nach Rom seien acht Mann bestimmt, da der Papst ein Hindernis sei in der sozialen Bewegung. Das nötige Dynamit werde von London unter falscher Deklaration über die deutsche Grenze gebracht.“

Ich habe nun nicht gesäumt, das mir zugegangene Material zur weiteren Behandlung an die Ministerien der Justiz und des Innern gelangen zu lassen, wollte aber auch nicht verfehlen, E. K. H. diese untertänigste Voranzeige zu erstatten, indem ich mir fernere Berichterstattung geziemendst vorbehalte.

GLA FA Korresp. 13 N 537.

1040. Marschall an Großherzog Friedrich.

Berlin, 5. März 1890.

E. K. H. berichte ich in Bestätigung meiner chiffrierten Depeschen von gestern[1] und heute untertänigst Nachstehendes: Herr v. Helldorff, der gestern mittag Gelegenheit hatte, mit S. M. die Lage zu besprechen, erzählte mir über den Inhalt seiner Unterredung folgendes: Da der Kaiser sofort auf die Frage des Sozialistengesetzes gekommen sei, habe er Gelegenheit gehabt, mit aller Schärfe und Offenheit die schweren Bedenken darzulegen, die gegen Einbringung eines verschärften Sozialistengesetzes und überhaupt eines solchen im gegenwärtigen Augenblick sprechen; er habe unter anderem gesagt: Ein solches Vorgehen würde verhängnisvoll sein; man wolle ein Geschwür schneiden, bevor es reif sei. Seit der letzten Vorlage sei kein Moment eingetreten, welcher die Verschärfung rechtfertige. Die Einbringung eines solchen Entwurfes bezeichne er als eine ganz nutzlose Provokation des Reichstages und der Wähler. Die Kartellparteien würden einen Selbstmord begehen, wenn sie in diesem Augenblicke dafür stimmten. Eine derartige Politik gehe darauf aus, Skandale hervorzurufen, es sei mit einem Worte eine „Radaupolitik", bei der nur Schlimmes herauskommen könne, ganz besonders jetzt, wo ruhiges besonnenes Handeln nötiger sei als je. Der Kaiser sei mit diesen Ausführungen vollkommen einverstanden gewesen und habe ihn gefragt, ob er sich dem Reichskanzler gegenüber auf ihn berufen dürfe; auf die Bejahung dieser Frage habe S. M. sodann seine Bedenken gegen die Kanzlerfrage geäußert; die bezüglichen Äußerungen decken sich genau mit denen, welche der hohe Herr vorgestern mir gegenüber gemacht hat[2]. Darauf erwiderte v. Helldorff: Es handle sich hier um eine politische Frage von so großer Tragweite, daß jede Personenfrage, auch wenn es sich um die Entlassung des Fürsten Bismarck handle, zurücktreten müsse. Noch vor sechs Wochen würde er einen Bruch für unmöglich gehalten haben, jetzt aber sei er der Ansicht, daß, wenn der Kaiser in der Frage des Sozialistengesetzes nicht nachgebe, und der Kanzler darum gehe, die öffentliche Meinung und nicht zumindest auch die Kartellparteien auf Seiten des Kaisers stehen würden. Auch werde der Mann sich finden, der an die Stelle des Fürsten trete. Der Kaiser frug: „Wen meinen Sie?", worauf Herr v. Helldorff den General v. Caprivi nannte, der sich im Reichstage eine ausgezeichnete Stellung gemacht habe. Der Kaiser erwiderte: „Das ist auch mein Mann." Am Schlusse sagte S. M., er werde fest bleiben, nachmittags komme der Reichskanzler, und abends werde er Herrn v. Helldorff noch Nachricht geben.

Abends 8 Uhr überbrachte ein Adjutant Herrn v. Helldorff ein eigenhändiges Schreiben S. M. folgenden Wortlauts: „Unterredung gehabt, Kanzler ist m i t m i r endgültig entschlossen, auf j e d w e d e Einbringung irgendeines Sozialistengesetzes jetzt und später zu verzichten. Hurra!"[3] Herr v. Helldorff antwortete darauf: „Ew. Majestät sage ich untertänigsten Dank. Gottlob ist der Kaiser oben geblieben, und das war die Hauptsache!"

Heute früh ließ mich gegen 10 der Kaiser rufen und sagte mir folgendes: Er wolle mir erzählen, was inzwischen geschehen sei. Von großem Werte sei es ihm gewesen, das Urteil des Herrn v. Helldorff gestern zu hören, der, seit Jahren mitten im parlamentarischen Leben stehend, sich in den Strömungen und Stimmungen des öffentlichen Lebens genau auskenne. Derselbe sei in der Hauptsache ganz meiner Ansicht: Er habe die innere Politik, die der Reichskanzler jetzt treiben wolle, zutreffend als „Radaupolitik" bezeichnet und ihn insbesondere darüber beruhigt, daß, wenn es wegen dieser Sache zum Bruche komme, man nicht etwa im Volke sage, „der junge Mann habe in seinem Übermute den alten verdienten Kanzler an die Luft gesetzt." Bedeutsam sei ihm auch gewesen, daß ihm Helldorff den entschiedenen Widerstand selbst der „königstreuen" Parteien gegen eine verschärfte

Sozialistenvorlage in Aussicht gestellt habe. So sei in ihm der feste Entschluß gereift, nicht nachzugeben, und wenn der Kanzler die Kabinettsfrage stelle, noch abends Caprivi, „den mir Ihr Großherzog genannt hat", telegrafisch rufen zu lassen.

Der Kaiser fuhr dann fort: Er habe vorgestern, gleich nachdem ich bei ihm gewesen, durch Herrn v. Lucanus dem Reichskanzler verbieten lassen, irgendetwas bezüglich des Sozialistengesetzes in die Presse zu bringen. Gestern abend sei nun der Reichskanzler zu ihm gekommen[4], habe zuerst lange von anderen Dingen geredet. Endlich habe er von dem Sozialistengesetz angefangen und bemerkt, den Befehl wegen der Presse könne er nicht ausführen. Wenn man ein Sozialistengesetz wolle, müsse man nicht nur den Entwurf für den Bundesrat vorbereiten, sondern auch die Frage zur öffentlichen Diskussion stellen; es gebe nur zwei Alternativen, entweder auf diese Weise vorzugehen oder auf die Einbringung zu verzichten. Darauf habe er — der Kaiser — erwidert, er entscheide sich für die zweite Alternative, indem er eingehend die Gründe dafür entwickelte: die Haltung des vorigen Reichstags zur Sozialistenvorlage, die Tatsache, daß ein so guter Reichstag nicht einmal die einfache Ausweisung angenommen habe, den Umstand endlich, daß bei der letzten Wahl viele bürgerliche Elemente für die Sozialdemokraten gestimmt hätten, all das beweise, daß die Zeit für ein scharfes Sozialistengesetz noch nicht gekommen sei. Darum solle man einfach die Geltungsfrist des gegenwärtigen Gesetzes ablaufen lassen und dann zusehen, wie die Dinge sich entwickeln; erst dann, wenn sich unter den besitzenden Klassen das Bedürfnis nach einem Gesetze geltend mache, wenn man aus dem Volke die Regierung um Schutz gegen die Agitatoren angehe, dann habe es einen Sinn, eine solche Vorlage zu machen. Im gegenwärtigen Augenblick habe die Vorlage gar keinen praktischen Zweck, man provoziere damit, wie ihm Herr v. Helldorff gesagt habe, unnütz den Reichstag und schädige die Kartellparteien; man gebe der Opposition die Handhabe, um Skandal zu machen und die positiven Arbeiten zu hindern.

Der Kaiser erzählte mir weiter, er sei wie aus den Wolken gefallen gewesen, als der Reichskanzler auf diese Ausführungen noch nicht einmal den Versuch einer Entgegnung gemacht, sondern nur bemerkt habe, „wenn der Kaiser es wünsche, könne man ja auf die Einbringung der Vorlage verzichten". Das sei seine Antwort gewesen, während er am letzten Samstag auf dieselben Gründe hin mit aller Bestimmtheit die Einbringung für eine absolute Notwendigkeit erklärt habe. Ob diese Schwenkung auf Altersschwäche beruhe, oder was sonst dahinter steckte, sei ihm — dem Kaiser — nicht klar geworden. Allerdings habe der Reichskanzler gleich darauf seiner Gewohnheit gemäß, wenn er mit seiner Ansicht nicht durchdringe, die gegenteilige Anschauung ins Extrem zu führen, bemerkt: „Dann werden Ew. M. auch gleichzeitig den Truppen befehlen, falls Sozialdemokraten Fenster und Läden demolieren, ruhig zu sein oder sich zurückzuziehen", — auf die Entgegnung aber, daß er — der Kaiser — eintretendenfalls die Befehle geben werde, die er für nötig und zweckmäßig erachte, habe der Fürst sich beruhigt und davon gesprochen, daß man die Nichteinbringung des Sozialistengesetzes dann auch in der Thronrede verkünden müsse, schließlich sei er zu dem beliebten Thema übergegangen, auf die Minister zu schimpfen, die kein Rückgrat besäßen usw. Dann habe er angefangen, von einzelnen Personen zu sprechen, zuerst von Herrn v. Helldorff, den er außerordentlich hochschätze, dann von mir, obgleich mein Name nicht genannt worden sei. Der Kaiser sagte mir, ich scheine beim Kanzler einen großen Stein im Brett zu haben, denn er habe mich außerordentlich gelobt und davon gesprochen, daß er meinen Eintritt in ein Reichsamt oder ins preußische Ministerium wünsche. Ich sagte S. M. lächelnd, er habe ja auch schon Herrn Hinzpeter die Stelle als Reichskanzler angeboten. Der Kaiser fuhr fort, es sei ihm vorgekommen, wie wenn der Reichskanzler eine Ahnung davon gehabt habe, daß er zum Bruche entschlossen sei, wenn die Kabinettsfrage gestellt werde, ganz besonders habe das Hereinziehen verschiedener Personen in das Gespräch den Eindruck gemacht, als ob der Reichskanzler herausbringen wolle, wer als sein Nachfolger in Aussicht genommen sei. Schließlich sei der Kanzler wieder auf die Minister zu reden gekommen. Da habe er — der Kaiser — ihn dringend gebeten, sich zu Herrn v. Boetticher freundlicher zu stellen, der diese Behandlung wahrhaftig nicht verdiene. Der Kanzler sei aber sehr aufgebracht gegen denselben, weil er angeblich seine Instruktionen nicht ausgeführt habe. Der Kaiser meinte ferner, daß der Kanzler gewiß wieder neue Zettelungen gegen ihn veranstalten werde, die Hauptsache aber sei, daß er in der Arbeiterschutz- und in der Sozialistengesetzfrage den Kanzler „unten" habe. Dabei erzählte S. M., welche Schwierigkeiten ihm der letztere bezüglich der Konferenz und der Staatsratsberatungen gemacht habe.

Endlich beauftragte mich S. M., E. K. H. von diesen Mitteilungen Kenntnis zu geben; ich bemerkte, daß E. K. H. dafür sehr dankbar seien und sich lebhaft über den Erfolg des Kaisers in dieser wichtigen Frage freuen würden. S. M. entließ mich aufs gnädigste.

Ich komme mehr und mehr zur Überzeugung, daß der Reichskanzler etwas an Altersschwäche leidet, die sich in Potenzierung aller seiner Fehler äußert. Gestern hat er z. B. dem Grafen Hohenthal des weiteren auseinandergesetzt, daß an allem Übel die Kaiserin Friedrich schuld sei, welche den Kaiser gegen ihn aufbringe und den Kaiser in die ganze Arbeiterschutzgeschichte hineingetrieben habe. Dabei werde sie von Sir Paul Morell Mackenzie unterstützt, der in London die Artikel in die englische Presse liefere, in denen der Kaiser wegen seines sozialpolitischen Vorgehens auf Kosten des Kanzlers verherrlicht werde. — Das sind doch schon mehr krankhafte Erscheinungen.

Für das gnädige Telegramm E. K. H. von gestern[5] spreche ich meinen untertänigsten Dank aus.

GLA FA Korresp. 13 N 451 Ausf., gedr. *Reichert* S. 228 ff. — Tgb. Marschall: „5. 3. 90. [...] Er [der Kaiser] gefällt mir wieder sehr gut. [...]" (Oberkirch, Besitz Frau v. Seyfried).

[1] Nr. 1038.   [2] Nr. 1034.
[3] Marschall an den Großherzog (s. d.): „Kaiser schreibt soeben an Helldorff: Kanzler mit mir endgültig entschlossen, auf jedwede Einbringung irgend eines Sozialistengesetzes jetzt vor Eintritt [?] zu verzichten. Hurrah!" (GLA 49/2019 fol. 51 Konz.; gedr. *Gagliardi* I S. 207 Anm. 250).
[4] Über die Unterredung Wilhelms II. mit Bismarck vgl. den Bericht Hohenthals vom 5. März nach Informationen aus nicht genannter Quelle (Marschall?): H. *Richter* S. 165 ff.
[5] Nicht vorhanden.

1041. Großherzog Friedrich an Turban.

Karlsruhe, 6. März 1890.
Anliegend übersende ich eine Aufzeichnung, die ich nicht zur Veröffentlichung geben will, ohne sie Ihnen vorher zur Prüfung mitgeteilt zu haben. Die Wieder-

legung der hier besprochenen Verdächtigung halte ich für nötig, da die Times aus dem Berliner Preßbureau bedient wird und der Umweg über Wien eine geläufige Täuschung ist. Wenn möglich möchte ich diese Berichtigung heute noch in die Zeitung bringen. Sollten Sie mir noch darüber etwas sagen wollen, so bitte ich etwa um 1/2 1 Uhr zu mir zu kommen.

GLA FA Korresp. 13 Bd. 36 Nr. 67 eig.

Karlsruher Zeitung Nr. 65 vom 7. März 1890.

Der Wiener Korrespondent der „Times" weiß auf Grund von Privatnachrichten zu melden, es heiße, daß der Großherzog von Baden S. M. dem Kaiser bedeutet habe, daß er nicht völlig mit Allerhöchstdemselben in seiner Politik gegenüber dem Sozialismus harmoniere.

Wir sind ermächtigt auszusprechen, daß S. K. H. der Großherzog schon zu einer Zeit, da die Fragen der Arbeiterschutz-Gesetzgebung sich in den ersten Stadien der Besprechung befanden und zum ersten Mal den Reichstag beschäftigten, die Inangriffnahme dieser Fragen durch die Regierungen lebhaft befürwortete. — Es ergibt sich hieraus, mit welchen Gesinnungen S. K. H. die energische Initiative S. M. begrüßten und wie gerne Höchstdieselben mitwirken werden, diese höchstihre eigenen Absichten zu verwirklichen.

Diese Fragen sind zu ernst, als daß man dem Irrtum die Wege zur Verwirrung offen lassen darf, wie der Berichterstatter der „Times" dies beabsichtigt hat.

1042. Marschall an Turban.

Berlin, 6. März 1890.

Ganz vertraulich! Ew. Exz. beehre ich mich ergebenst anzuzeigen, daß S. M. der Kaiser in seiner vorgestrigen Besprechung mit dem Herrn Reichskanzler mit Entschiedenheit auf der Ansicht bestand, daß in der nächsten Session ein Sozialistengesetzentwurf dem Reichstag n i c h t vorgelegt werden solle, und der Herr Reichskanzler sich dieser Anschauung gefügt hat. Wie ich höre, hat der Kaiser die Nichteinbringung vornehmlich damit motiviert, daß die Vorlage eines durch Aberkennung des Wahlrechts und Expatriierung verschärften Sozialistengesetzes in diesem Augenblicke keinerlei politischen Erfolg verspreche, sondern der Opposition nur Gelegenheit gebe, Skandal zu machen; erst wenn unter den besitzenden Klassen das Bedürfnis nach einer stärkeren Repression der sozialdemokratischen Agitation wiederum zur Geltung komme, werde es an der Zeit sein, dieser Frage näher zu treten. Einstweilen sei es richtiger, die Geltungsfrist des Gesetzes ablaufen zu lassen und abzuwarten, wie die Dinge sich weiter entwickelten.

GLA 233/34798 Ausf., erhalten 7. 3., über den Inhalt wurde dem Großherzog vor der Abreise nach Berlin mündlich Bericht erstattet 7. 3.; 49/2019 fol. 47 Konz.; gedr. *Gradenwitz* S. 146.

1042a. Aus Marschalls Tagebuch.

[Berlin] 6. bis 15. März 1890.

6. März 1890. Abends bei Maja, dann zu Bötticher, wo ich [...] Skat spiele. Nachher Besprechung mit Bötticher, er ist auch der Ansicht, daß die Situation unhaltbar ist.

7. März 1890. Besuch bei Holstein, nichts Besonderes.

8. März 1890. Morgens 7,15 Uhr die großherzoglichen Herrschaften mit Maja am Bahnhof abgeholt. Um 9,30 Uhr zum Großherzog, zu dem eben der Kaiser gefahren war. 10,15 bis 12,30 Uhr beim Großherzog. Er ist dankbar. Der Kaiser sei zuversichtlich, daß der Reichskanzler jetzt pariere. Sprach günstig von mir. Reichskanzler habe ihm gesagt, er solle mich zum Ministerpräsidenten machen. Militärvorlage. Ich sage, daß Kaiser die kommandierenden Generale hören solle. Badische Verhältnisse. Großherzog will an das Land appellieren, wenn die nationalliberalen Führer frech werden. 2—3 Uhr Bundesratssitzung. Dann bei Bötticher, erzählt mir von einem Gespräch von Bleichröder mit Bismarck (8 Kinder, bleibt darum)! Ich soll bei Großherzog intervenieren. Gehe gleich zu ihm. Die süddeutschen Staaten mit Ausnahme von Hessen, Bayern, Elsaß sind von der Konferenz wieder abbestellt[1]. Um 5,30 Uhr Brief von Bötticher, daß Kaiser ihm mit eigenhändigem Brief Schwarzen Adlerorden verliehen. Große Freude.

9. März 1890. Um 2 Uhr Besuch Holsteins, nachdem ich vorher bei Boetticher war und den schönen Brief las, den der Kaiser an ihn geschrieben[2]. [...] Dann Lerchenfeld und Fürst Pless. Bei letzterem mit Lerchenfeld eine Zigarre geraucht und Arbeiterschutz besprochen. Holstein besucht mich und sagt mir, daß Staatsministerium ruhig verlaufen und Kanzler H[errn] v. B[ötticher] kalt gratulierte.

10. März 1890. Die Sachsen sind ärgerlich wegen Abbestellung ihrer Vertreter. [...] Besuch von Eisendecher, der sehr harmlos von der Versöhnung des Großherzogs mit dem Reichskanzler spricht.

11. März 1890. Um 4 Uhr zum Großherzog, der mir von seiner Unterredung mit Verdy und Waldersee wegen der Militärvorlage spricht[3]. Was sind das für Männer, 2-jährige Dienstzeit, jährliche Festsetzung der Präsenzstärke ist ihnen alles feil! Brief Miquels an Waldersee. Besuch bei Holstein. [...] Holstein kommt noch einmal, hat an Eulenburg geschrieben[4].

12. März 1890. Morgens Telegramm von Eulenburg; er bittet um briefliche Nachricht. [...] Auf der Wilhelmstraße Holstein getroffen, dann Boetticher, der mir vom heutigen Ministerrat erzählt. Militärvorlage in den Grundzügen genehmigt, jährlicher Mehrbedarf anfangs 48, später 117 Millionen! Besuch bei Holstein. Ich schreibe einen langen Brief an Eulenburg, informiere ihn[5].

13. März 1890. Besuch von Helldorf. Kanzler hat gestern Windhorst empfangen und im Staatsministerium pro Redemptoristen und Schulanträge des Zentrums gesprochen. Goßler dagegen. Ich erzähle Helldorff von der Militärvorlage, er ist sehr betroffen, will heute Ausschuß haben, dann zum Kaiser. Um 4 Uhr zum Großherzog, dem alles erzählt. Er ist auf 6,30 Uhr zum Kaiser bestellt. Wir sind ganz einverstanden. Er hat mit Hahnke gesprochen, der anfangs die Sache leicht nahm, dann doch ernst.

14. März 1890. 12,30 Uhr mit Holstein und Helldorff bei Borchardt gefrühstückt, bis 3,30 Uhr. Wir sprechen nur Politik. Helldorff hat gestern abend im

konservativen Ausschuß Beschlüsse nach Wunsch exzitiert. Gegen Militärvorlage mit verkürzter Dienstzeit oder jährlicher Bewilligung der Präsenzstärke; gegen Konzessionen an das Zentrum. *[...]* 9 Uhr mit Maja zu Großherzog und Großherzogin zu 4. Er sagt mir, der Kaiser wolle Militärvorlage verschieben, Generale hören. Sehr aufgeregt über Kanzler-Windhorst. Aber Sturz Tisjas[6]. Unzuverlässigkeit Österreichs. 10,30 Uhr kommt Holstein, dann Helldorff, bestätigt, daß Kaiser fest ist, hat ihm alles gesagt. B. sieht ein, daß unhaltbar. Bis 1,30 Uhr.

15. März 1890. Holstein erzählt mir, daß morgens ein Krach zwischen Kaiser und Kanzler stattgefunden. Abends allein bei Herrfurth. Dann zu Bötticher, wo Holstein und Helldorff. Wir besprechen die Lage. Der Kaiser hat gestern Abend noch den Reichskanzler zu einer Unterredung zu heute früh 9,30 Uhr befohlen.

16. März 1890. Langer Besuch von Holstein, ich sage ihm, daß es nicht mehr gut · geht und je früher, je besser. Er zaudert noch, neigt sich aber meiner Ansicht zu. *[...]* 11,30 Uhr nach Hause gegangen. Mit Lerchenfeld noch gebummelt, die Lage besprochen. Telegramm von Philipp Eulenburg, daß morgen kommt.

Oberkirch, Besitz Frau v. Seyfried.

[1] Vgl. Nr. 1018.
[2] Gedr. *Eppstein* S. 149 f.
[3] Vgl. *Waldersee*, Dkw. II S. 113.
[4] Der Großherzog ließ über Holstein Eulenburg bitten, umgehend nach Berlin zu kommen (vgl. J. C. C. *Röhl*, Staatsstreichplan oder Staatsstreichbereitschaft. Bismarcks Politik während der Entlassungskrise, HZ 203 [1966] S. 618).
[5] Zitiert aus Marschalls Brief: ebd. Der Brief wurde von Eulenburg dem Kaiser vorgelegt.
[6] Am 13. 3. 1890 nimmt Kaiser Franz Josef die Entlassung von Coloman Tiszas an. (*Schultheß* S. 194). — Coloman Tisza v. Borojenoe (1830—1902), 1861 Abgeordneter in der ungar. Kammer, Führer der liberalen Partei, Minister des Innern, 1875 Präsident des Staatsrats, 1887—90 Finanzminister.

1043. Großherzog Friedrich an Waldersee.

[Berlin] 11. März 1890.

Mit wärmstem Dank gebe ich Ihnen den Brief Miquels[1] wieder zurück. Seine Auffassung der gegenwärtigen Lage ist so außerordentlich interessant und das Stimmungsbild ist so zutreffend geschildert, daß ich nur wünschen möchte, der Kaiser nehme Kenntnis davon. — Miquels Konsequenzen sind vielleicht zu ideal gezogen, aber der Weg, den er bezeichnet, um mit dem neuen Reichstag arbeiten zu können, ist reich an schätzbaren Ratschlägen. Freilich geht auch er von der naturgemäßen Voraussetzung aus, daß eine feste, einheitliche Leitung, eine wohlwollende Gesinnung die Regierungstätigkeit beherrsche.

Jedenfalls wird der Kaiser aus dem Brief Miquels teilweise ganz neue Gesichtspunkte kennenlernen, dafür ist es schon sehr wertvoll, wenn er Kenntnis davon erhält. Nicht wahr?![2]

gedr. Aus dem Briefwechsel des Generalfeldmarschalls Alfred Grafen von Waldersee, hg. v. H. O. *Meisner,* Bd. I (1928) Nr. 225.

[1] Zum Brief Miquels (nicht im Nachlaß Waldersee) vgl. *Herzfeld,* Miquel II S. 182 ff.
[2] Aufzeichnung *Waldersees* vom 10. März 1890: „Ich hatte einen langen Besuch vom

Großherzog von Baden. Er überblickt den völligen Riß zwischen Kaiser und Kanzler; jener hat auch ganz offen darüber gesprochen. Der Großherzog ist nun der richtigen Ansicht, daß dieser Zustand nicht lange anhalten darf, daß es nicht gut ist, wenn allmählich die ganze Welt sieht, daß der Kaiser Komödie spielt. Sehr besorgt ist der Großherzog über die Wahlen; er sagt, in Süddeutschland habe sich eine ganz auffallende Reichsfeindschaft herausgebildet" (Denkwürdigkeiten II S. 113).

1044. Marschall an Turban.

Berlin, 15. März 1890.

Ganz vertraulich! Im Verfolg meiner früheren Berichte beehre ich mich, Ew. Exz. über die gegenwärtige politische Situation Nachstehendes ergebenst mitzuteilen:

Nachdem der Herr Reichskanzler mit dem Versuche, S. M. den Kaiser zur Genehmigung einer verschärften Sozialistengesetzvorlage zu bewegen, gescheitert war, hat er sich mit großem Eifer der im Werden begriffenen Militärvorlage zugewendet und die baldige Einbringung derselben lebhaft betrieben; dabei ließ er die Tendenz unzweideutig erkennen, den Entwurf möglichst weitgehend zu gestalten. In der am vergangenen Dienstag stattgehabten Staatsministerialsitzung[1] sind bereits die Grundzüge der Vorlage genehmigt worden; dieselbe erheischt — abgesehen von den erheblichen einmaligen Ausgaben — zunächst einen jährlichen Mehrbedarf von 48 Millionen Mark, der in wenigen Jahren auf ca. 117 Millionen ansteigen wird. Bei den Vorbesprechungen, welche über die finanzielle Seite zwischen Herrn von Scholz und Staatssekretär von Maltzahn geführt wurden, vertrat letzterer die Anschauung, daß mit Rücksicht auf den geplanten Termin der Inkraftsetzung des Gesetzes, d. i. 1. Oktober d. J., eine gleichzeitige Steuervorlage unmöglich sei, da sonst die bereits festgestellten Budgets der Einzelstaaten aus dem Gleichgewicht kommen müßten, während der Herr Reichskanzler, von Herrn von Scholz unterstützt, sich gegen die Einbringung einer Steuervorlage von dem Gesichtspunkte aus erklärte, daß damit das Zustandekommen des Gesetzes im Reichstage gefährdet werden würde. Herr von Scholz war der Ansicht, daß den Schwierigkeiten der einzelnen Staaten dadurch Rechnung getragen werden könne, daß man den Mehrbedarf für das erste Halbjahr auf Anleihe nähme.

Der wesentliche Inhalt der Vorlage geht, abgesehen von der längst geplanten Vermehrung der Feldartillerie, dahin, daß die bisher wegen hoher Losnummer der Ersatzreserve I. Klasse zugewiesenen Wehrpflichtigen ebenfalls eingestellt werden sollen — die Vermehrung der Friedenspräsenzstärke würde nach einigen Jahren ca. 80 000 Mann betragen. Die Regierung würde mit dieser Vorlage von dem Septennate abgehen, ja ich glaube sogar, daß Herr von Verdy[2], um die freisinnige Partei und das Zentrum dadurch für die Vorlage günstiger zu stimmen, bereit ist, die jährliche Bewilligung der Friedenspräsenzstärke zu bewilligen.

Ein aktiver preußischer Minister, mit dem ich sonst sehr wenig zusammenkomme, hat mir vor einigen Tagen gelegentlich eines Gesprächs über die Lage gesagt: „Die Politik des Reichskanzlers ist durchsichtig; nachdem der Kaiser ein Veto gegen das Sozialistengesetz eingelegt hat, soll die Militärvorlage dazu herhalten, um den Reichstag in die Luft zu sprengen, um die sozialpolitischen Pläne des Kaisers zu vereiteln und dasjenige Maß von Verwirrung in Deutschland herbeizuführen, dessen Fürst Bismarck bedarf, um sich für unentbehrlich zu halten."

Ich bedaure, sagen zu müssen, daß ich dieses harte Wort vollinhaltlich für richtig halte. Glücklicherweise scheint S. M. der Kaiser auch diesmal die Gefahren zu erkennen, welche eine Nachgiebigkeit gegen die Intention des Reichskanzlers herbeiführen müßte. Wie ich zuverlässig vernehme, hat Allerhöchstderselbe gestern seine Anschauung dahin kundgegeben, daß dem nächsten Reichstage nur die Artillerievorlage vorzulegen, der weitergehende Teil aber zunächst durch eine Konferenz der kommandierenden Generale zu prüfen und daher bis auf weiteres zu vertagen sei. Der Kaiser geht dabei von der Erwägung aus, daß eine Auflösung des Reichstags in diesem Sommer aus Anlaß der Militärvorlage zu der größten Verwirrung führen, daß notwendigerweise bei dem Wahlkampfe die Frage der Dienstzeit — einjährige, zweijährige oder dreijährige — eine entscheidende Rolle spielen und dabei die Regierungsparteien zweifellos noch mehr zu Schaden kommen würden. Außerdem fürchtet S. M., daß die Einbringung einer so weitgehenden Militärvorlage nicht nur die Arbeiterschutzfrage in den Hintergrund drängen, sondern Anlaß geben könne, Allerhöchstseine in den jüngsten Erlassen ausgesprochenen reformatorischen Gedanken im Volke zu diskreditieren.

Inzwischen ist durch die bekannten, die konservativ-klerikale Allianz befürwortenden offiziösen Artikel der Norddeutschen Allgemeinen Zeitung, durch die jüngste Unterredung des Reichskanzlers mit dem Abgeordneten Windthorst und durch einige andere Momente, welche die Absicht des Kanzlers erkennen lassen, die Willfährigkeit des Zentrums durch Konzession bezüglich der Redemptoristen und auf dem Gebiete der Schule zu sichern — eine weitere erhebliche Spannung zwischen dem Reichskanzler und dem Kaiser eingetreten, Allerhöchstwelcher eine solche Politik auf das Entschiedenste perhorresziert. Vielleicht werden schon die nächsten Tage die Entscheidung bringen.

GLA 233/34798 Ausf., erhalten 16. 3. 90; 49/2019 fol. 52 f. Konz.; gedr. *Gradenwitz* S. 147 f.

[1] Vgl. *Lucius* S. 520 unter dem 12. März (nicht wie Marschall: 11. März).
[2] Julius v. Verdy du Vernois (1832—1910), 1876 Generalmajor, 1879 Direktor im Kriegsministerium, 1887 Gouverneur in Straßburg, 1889—90 Kriegsminister.

1044a. Aus Marschalls Tagebuch.

[Berlin] 17. März 1890.

9,30 Uhr zum Großherzog. Er erzählt mir, was ihm der Kaiser über die vorgestrige Katastrophe mitgeteilt. R[eichs]k[anzler] hat alle Fassung verloren. Ultimatum durch Hahnke sollte heute morgen bestellt werden. Die Großherzogin kommt. Zu Hause Besuch von Holstein, ich erzähle ihm auch, was der Kaiser über den Zaren gesagt, der ihn für verrückt halte. Besuch von Philipp Eulenburg, er ist sehr verständig. [...] Nach Frühstück auf die Wilhelmstraße, wo ich Eulenburg treffe, der mir sagt, daß Reichskanzler und Gf. Bismarck ihre Entlassung eingereicht. Besuch des Großherzogs, der mir sagt, daß Ultimatum ablehnend beantwortet. Ich gehe zu Holstein, der mir sagt, daß Entlassung im Ministerrat mit auswärtiger Politik begründet worden sei. Ich fahre zum Großherzog, um Kaiser warnen zu lassen. Es handelt sich um einen Bericht des Generalkonsuls in Kiew wegen russischer Rüstung, auf welchen der Kaiser Bemerkungen gemacht hatte[1]. 7 Uhr Diner bei Fürstenberg[2].

[...] Gespräch mit Fürstenberg, der den Abschied nehmen will. Ich fahre zum Wedellschen Rout, wo die Sache schon bekannt, dann zu Boetticher, wo ich Lerchenfeld, Berlepsch, Verdy treffe. Mit letzterem über Militärvorlage diskutiert. Dann Gespräch mit Lerchenfeld und Böttidher über die Lage. L[erchenfeld] sagt, daß H[erbert] Bismarck geht, auch Kaiser seine Entlassung nicht annimmt. Wer sein Nachfolger? Bis 1,30 Uhr. Ich schreibe noch an den Großherzog.

Oberkirch, Besitz Frau v. Seyfried.

[1] Betr. Berichte des Konsuls Raffauf in Kiew; Wilhelm II. an Bismarck 17. 3. 90 und dessen Antwort: Große Politik VI Nr. 1360—62.
[2] Fürstenberg war Major. Zu seinem Abschied vgl. Tgb. der Baronin Spitzemberg, hg. v. R. *Vierhaus* (1960) S. 274.

1045. Marschall an Großherzog Friedrich.

Berlin, 17. März 1890 nachts.

[...] Wie ich vermutete, hat der Herr Reichskanzler in der Tat im heutigen Ministerrat[1] sein Demissionsgesuch mit Vorkommnissen in der auswärtigen Politik begründet und die von S. M. zu einem die Rüstungen Rußlands betreffenden Bericht unseres Konsuls in Kiew gemachten Bemerkungen verlesen, wonach der Kaiser die vielfache Vorenthaltung von Berichten tadelt und die Ansicht ausspricht, daß er auf die Reise nach Krasnoe Zelo verzichte und eventuell die Ergreifung von Gegenmaßregeln als notwendig bezeichnet. Der Herr Reichskanzler bemerkte hierzu, daß diese Auffassung im Widerspruch mit der bisher von ihm verfolgten Politik stehe. *[...]*

GLA FA Korresp. 13 N 451 Ausf.

[1] Das Protokoll gedr. *Eppstein* S. 151 ff., *Bismarck*, Ges. Werke XV S. 570 f.; vgl. *Lucius* S. 522 f.

1046. Großherzog Friedrich an Kaiser Wilhelm II.

Berlin, 17. März 1890.

Mein teurer Neffe! In aller Eile die kurze Notiz, daß im Auswärtigen Amt die Nachricht verbreitet wird, der Reichskanzler und der Staatsminister Graf Bismarck hätten ihre Entlassung eingereicht — weil ein kaiserliches Handschreiben an den Reichskanzler ergangen sei, das benachrichtige, der Kaiser wolle die russischen Gardemanöver nicht besuchen, verlange aber gegenüber den russischen Truppenansammlungen an der Grenze Gegenmaßregeln auf deutscher Seite[1].

Diese politische Frage wird als Grund des Rücktritts von Fürst Bismarck kolportiert und den Journalisten anvertraut.

Die daraus drohende Verwirrung legt mir die Pflicht der sofortigen Meldung auf. Dein treuer Onkel Friedrich.

GLA nicht auffindbar, gedr. *Gradenwitz* S. 167 Anm. 2; *Ders.*, Bismarck am Schreibtisch (1932) S. 63.

[1] Vgl. Nr. 1044a Anm. 1. Faksimile des kaiserl. Billets in der Abschr. Bismarcks: *Gradenwitz* (vor dem Titelblatt).

1047. Marschall an Turban.

Vertraulich! Nach meinen früheren Berichten, in denen ich den Verlauf der schon seit Wochen bestehenden Kanzlerkrisis geschildert habe, dürfte meine gestrige telegraphische Mitteilung, daß der Herr Reichskanzler und Graf Bismarck ihre Entlassung eingereicht haben, Ew. Exz. nicht unerwartet gekommen sein. Die Dinge waren eben bis auf einen Punkt gediehen, wo eine weitere Verschiebung der Entscheidung unmöglich erschien.

Die direkte Veranlassung zum Bruche zwischen S. M. und dem Herrn Reichskanzler war folgende: Nachdem der Kaiser im Laufe des vorigen Freitags in Erfahrung gebracht, daß der Herr Reichskanzler nicht nur mit dem Abgeordneten Windthorst konferiert hatte, sondern im Ministerrat vom Mittwoch für die Wiederzulassung der Redemptoristen und für Konzessionen an das Zentrum bezüglich der Schulfrage eingetreten war, S. M. auch davon Kenntnis erhalten hatte, daß der Reichskanzler auf Grund einer wieder ausgegrabenen Kabinettsordre — vgl. meinen Bericht vom 4. d. M.[1] — ohne eine vorherige Befragung ein Art Ministersperre gegen ihn eingeführt, ließ der Monarch am Samstag früh den Herrn Reichskanzler zu sich entbieten; auf den Vorhalt, daß die Verhandlungen mit Windthorst gegen direkten Befehl erfolgt, und auf die bestimmte Weisung, daß die fragliche Kabinettsordre sofort wieder aufgehoben werden müßte, suchte Fürst Bismarck in sehr lebhafter Weise sein Verhalten zu rechtfertigen, ohne jedoch eine bestimmte Antwort auf die Befehle S. M. zu geben. Nachdem sodann der Kaiser bis Sonntag abend gewartet hatte und irgendein Schritt des Fürsten bis zu diesem Augenblicke nicht erfolgt war, entsandte der Kaiser gestern früh den General von Hahnke[2] zu dem Herrn Reichskanzler mit dem Auftrage, von ihm eine bestimmte Erklärung zu verlangen, ob er in die Aufhebung der Kabinettsordre von 1852 willigen und sich in der innern Politik den Anschauungen des Kaisers fügen wolle. Da die Antwort ausweichend lautete, entsandte S. M. abermals den General von Hahnke mit einer Art Ultimatum zum Herrn Reichskanzler, jedoch ohne anderes Resultat. Darauf berief Fürst Bismarck nachmittags die Minister und eröffnete ihnen, daß er S. M. seine Demission einreichen werde; als Motive dafür gab er merkwürdigerweise Vorgänge in der auswärtigen Politik, namentlich das Verhältnis zu Rußland an, bezüglich dessen er sich im Widerstreit mit dem Kaiser befinde. Staatsminister Graf Bismarck bekundete gleichfalls seinen Entschluß, zurückzutreten. Die Minister erklärten darauf — mit Ausnahme der Herren von Maybach und von Scholz — daß sie gesonnen seien, im Amte zu bleiben. —

Die formellen Demissionsgesuche des Fürsten[3] und des Grafen Bismarck[4] werden im Laufe des heutigen Tages in die Hände S. M. gelangen. Daß dasjenige des Fürsten Reichskanzlers angenommen werden wird, gilt als zweifellos, während S. M. vermutlich das Gesuch des Grafen Bismarck ablehnen wird.

Die heutigen Morgenblätter beurteilen das Ereignis des Rücktritts des Fürsten Bismarck mit großer Ruhe.

GLA 233/34798 Ausf., erhalten 19. 3.; 49/2019 fol. 54 f. Konz.; gedr. *Gradenwitz* S. 149 f.

[1] Nr. 1035.
[2] Karl Wilhelm v. Hahnke (1833—1912), General, 1888—1901 Chef des Militärkabinetts.

³ Vom 18. März 1890, gedr. Ges. Werke VIc Nr. 440, XV S. 522 ff.
⁴ Vom 21. März 1890: Politische Privatkorrespondenz hg. v. W. *Bußmann* Nr. 405.

1047a. Aus Marschalls Tagebuch.

[Berlin] 18. bis 20. März 1890.

18. März 1890. Zwischen 1,30 und 2 Uhr setzt sich Herbert Bismarck zu mir, gegen mich sehr freundschaftlich, aber unglaublich verblendet; will absolut gehen, auch keinen Posten annehmen, da er nur seinem Vater dienen kann. Bötticher sei Octavio Piccolomini. Ich fürchte, er geht einer schweren Zukunft entgegen, was mir leid tut, da ich ihn gern habe. Erst 3 Uhr zu Bett.

19. März 1890. Morgens auf der Wilhelmstraße. Holstein getroffen, auch Ph. Eulenburg. Zu Bötticher, der beim Kaiser war. Er zeigt mir das Abschiedsschreiben, das der Kaiser an den Kanzler richten soll¹. Nach dem Frühstück wieder gebummelt. Besuch von Ph. Eulenburg, der mir sagt, daß der Kaiser mich als Nachfolger Herbert Bismarcks haben will. [...] Besuch von Lerchenfeld. Herbert will nicht bleiben. Abends Defiliercour. Bötticher spricht von meiner Ernennung. [...] Telegramm an Kaiser von Österreich².

20. März 1890. Morgens 10,30 Uhr zum Großherzog. Der Kaiser hat gestern abend ihm gesagt, er wünsche mich als Staatssekretär des Auswärtigen. Ich entwickle ihm meine Bedenken. Wir sprechen noch über die Militärfrage bis 12 Uhr. Nach dem Frühstück sage ich es Maja, die recht vernünftig ist. Besuch Holsteins, der mir entschieden zuratet. Er will mich unterstützen. [...] Besuch von Minister Roth. Dann Großherzog und Großherzogin. [...] Großherzogin spricht Maja gegenüber ihre Bedenken aus. [...] Abends mit Maja allein, ich tröste sie, denn sie ist ein wenig deprimiert.

Oberkirch, Besitz Frau v. Seyfried.

¹ Gedr. *Schultheß* S. 44 f. und öfter.
² Nicht bekannt.

1048. Rücktritt des Fürsten von Bismarck.
Mitteilungen S. K. H. des Großherzogs von Baden,
gemacht am 20. März 1890, niedergeschrieben am Abend
dess[elben] Tags.

Fürst B[ismarck] hatte für die Mitglieder des preuß[ischen] Staatsministeriums eine A[ller]H[öchste] Kabinettsordre v. 1852 in Erinnerung gebracht, wonach die Staatsminister verpflichtet sind, bevor sie sich zum Vortrag beim König melden, dem Ministerpräsidenten Kenntnis vom Inhalt ihrer Mitteilungen zu geben, damit dieser die Gesamtpolitik in der Hand zu behalten in der Lage ist und ev. sich zum Mitvortrag bei S. M. melden kann.

S. M. dem Kaiser hatte der Fürst von dieser Erneuerung der früheren Maßnahme nicht Kenntnis gegeben. Der Großherzog, der mit anderen den Vorgang kannte, hat es vermieden, S. M. davon zu sprechen in der Befürchtung, daß ein Zusammenstoß zwischen Kaiser und Kanzler die Folge sein könnte. Inzwischen hatte der Kaiser von anderer Seite von der Maßnahme des Fürsten

753

erfahren. Er war — wie der Großherzog es vollkommen verständlich findet — der Ansicht, daß die alte Ordre nur aus Mißtrauen gegen ihn — den Kaiser — vom Kanzler wieder angewendet werde.

Am 15. März vormittags begab sich S. M. nach dem Spaziergang im Tiergarten zum Auswärtigen Amt, um sich den üblichen Vortrag des Grafen Herbert Bismarck halten zu lassen. Später ließ der Kaiser den Kanzler bitten, aus seinem in nächster Nähe befindlichen Palais zu einer Besprechung sich ebendaselbst einzufinden. Der Kaiser hatte die Absicht, vom Fürsten Aufklärung zu erlangen über mehrere Angelegenheiten, die vom Reichskanzler ohne vorherige Genehmigung durch den Kaiser behandelt worden waren — wie S. M. erfahren hatte. Der Kaiser brachte die Ausgrabung der Ordre von 1852 zur Sprache. Der Kanzler erklärte eine solche Vorschrift für unentbehrlich im Interesse der einheitlichen Geschäftsbehandlung. Der Kaiser hielt mit seiner Ansicht nicht zurück, es erfolgte eine heftige Auseinansersetzung, bei welcher Fürst B[ismarck] seine Fassung verlor, während der Kaiser ruhig blieb. S. M. lenkte in der Sache ein, erklärte sich mit einer ähnlichen, zu erlassenden neuen Vorschrift einverstanden, bestritt aber die Weitergeltung der alten Ordre und erhob den Vorwurf, daß der Fürst es absichtlich unterlassen habe, dem Kaiser von der Einschärfung der Ordre Kenntnis zu geben. Der Ton der Rede des Fürsten war derart gereizt, daß der Kaiser die Besprechung abbrach in der Erkenntnis, daß im gegebenen Moment nichts zu erreichen sei. Er erbat sich vom Fürsten weitere Mitteilung nach nochmaliger Erwägung.

Die Lage blieb derart gespannt bis Montag, den 17. An diesem Tage nahm der Kanzler die vom Kaiser an den Rand eines Rußland betreffenden, diplomatischen Schriftstücks geschriebene Bemerkung zum Anlaß, um die Krisis zu beenden. Er berief nachmittags einen Ministerrat ohne Vorwissen des Kaisers und erklärte darin, daß er mit der Auffassung S. M. in der betr[effenden] russischen Frage nicht übereinstimme und demissioniere. Der Kaiser hatte am gleichen Tage vergeblich auf weiteren Vortrag des Fürsten in der Angelegenheit der Ordre gewartet. Er erfuhr sodann vom Ministerrat, schickte zum Kanzler, ihn erinnernd, der Abgesandte wurde vom Fürsten übel angelassen mit der Versicherung, daß an seinem Rücktritt nichts mehr zu ändern sei.

Am Dienstag, den 18. abends kam an S. M. das Entlassungsgesuch des Reichskanzlers. Dieses Gesuch war eingehend in der Richtung motiviert zu zeigen, daß der Fürst in allen Dingen im Recht war und es nicht auf sich nehmen konnte, die Wünsche des Kaisers zu erfüllen. Der Kanzler verlangte die Publizierung dieses Schriftstückes. Es folgten weitere Erörterungen, in denen dem Fürsten die Untunlichkeit des letzteren Begehrens vorgehalten wurde, des weiteren über die dem Fürsten beim Rücktritt zuzuweisenden Ehren etc., das Schreiben des Kaisers betr[effend] die Entlassung u. a. Man soll sich darüber geeinigt haben.

Graf Herbert Bismarck hat gleichzeitig seine Entlassung genommen, er sei ganz furios, will sich unter allen Umständen zurückziehen und erklärt, es sei ihm unmöglich, unter einem anderen als seinem Vater zu dienen.

General von Caprivi wird zu sämtlichen Ämtern des scheidenden Kanzlers ernannt. Eine Teilung der Gewalten weist S. M. als Schwächung zurück.

Der Großherzog betonte noch besonders, daß der Kaiser im ganzen Konflikt gegenüber dem heftigen Auftreten des Fürsten mit großer Ruhe und Nachgiebigkeit verfahren sei und es an nichts habe fehlen lassen, um einen Ausgleich zu ermöglichen.

Der Großherzog bedauert, daß Fürst Bismarck hier wie so oft sich von persönlichem Interesse habe fortreißen lassen und es unterlassen habe, mit der Erfahrung des Alters auf den jugendlich stürmischen Kaiser zu wirken.

Konstanz-Egg, Archiv Babo. Bleistiftvermerk: „Gut einschließen. v. B."

1049. Großherzog Friedrich an Großherzog Carl Alexander von Sachsen-Weimar.

Berlin, 20. März 1890.

Verehrter Freund. Deine werten Zeilen[1] sind mir gestern zugekommen, ich konnte aber nicht sofort antworten, da noch keine Entscheidung getroffen war, und so komme ich heute erst zu Dir mit dem, was ich sagen kann.

Seit Deiner Abreise von hier sind manche Fragen entstanden, deren Lösungsversuche sich zu Trennungen in den Anschauungen und Zielen zwischen dem Kaiser und dem Fürsten Bismarck gestalteten. Ich bin nicht befugt, die näheren Verhältnisse zu schildern und den Verlauf der Differenzen darzustellen; ich kann nur von den Wirkungen reden, die daraus hervorgingen. — Die Gegensätze schärften sich mehr und mehr, und es kam zu einer persönlichen Auseinandersetzung zwischen dem Kaiser und dem Fürsten Bismarck, in welcher einige wichtige Prinzipienfragen über die Staatsleitung und die Handhabung der Regierungsgewalt zu einer sehr lebhaften Diskussion führten. Der Fürst verlor dabei die Fassung so vollkommen, daß eine ruhige Besprechung unmöglich wurde und der Kaiser, welcher keinen Augenblick die Ruhe verlor, sich genötigt sah, abzubrechen. Der Inhalt und Verlauf dieser Unterredung, über die ich mehr nicht zu sagen vermag, war entscheidend für das, was nun eingetreten ist. Fürst Bismarck beharrte auf seinem Willen, und trotz vieler Versuche, welche seit vorigen Samstag, dem Tag der Unterredung, gemacht wurden, um diesen scharfen Gegensatz zu mildern, gelang dies nicht. Fürst Bismarck erklärte am Dienstag dem versammelten Ministerrat, er wolle von allen seinen Ämtern zurücktreten und vom Kaiser seine Entlassung erbitten.

Das Entlassungsgesuch kam noch am späten Abend des Dienstag in die Hände des Kaisers, und die genehmigende Beantwortung desselben wird heute im Reichsanzeiger erscheinen. Ich kenne das Schreiben nicht, aber es soll eine äußerst gnädige Verabschiedung sein, verbunden mit vielen äußeren Ehren und sonstigen gehaltvollen Vorzügen.

Ich erfülle eine werte Pflicht, wenn ich diese Zeilen mit der Versicherung schließe, daß der Kaiser während dieser schweren Krisis mit großer Ruhe, Geduld und Selbstbeherrschung gehandelt hat und keinen Versuch scheute, dem Fürsten Bismarck einen Rückweg anzubahnen.

Ich unterlasse jedwede Betrachtung der gegenwärtigen schwierigen Lage und beschränke mich darauf, Deinen Wunsch, so gut ich's vermag, zu erfüllen — Dir die Sachlage zu schildern[2].

In alter bekannter Gesinnung Dein treuer Freund Friedrich.

Thüring. Landeshauptarchiv Weimar, Großherzgl. Sächs. Hausarchiv, Carl Alexander A XXVI Nr. 32b (eig); gedr. F. *Pischel*, Um Bismarck, 20 Briefe aus dem Weimarer Staatsarchiv, Die Grenzboten Jg. 81 (1922) S. 291.

¹ Nicht vorhanden. Carl Alexander war am 18. 3. 1890 bei Bismarck (*Gagliardi* II S. 137 Anm. 399.
² Vermutlich hat Großherzog Friedrich in ähnlichem Sinne auch an König Albert v. Sachsen geschrieben (vgl. O. *Kaemmel*, Eine Unterredung mit Fürst Bismarck, Grenzboten 66 I [1907] S. 121—125). Danach äußerte König Albert auf Grund der Darstellung des Großherzogs: „Ich habe mich überzeugt, der Kaiser konnte nicht anders, wenn er die Zügel in der Hand behalten wollte." — Vgl. die Darstellung Wilhelms II. im Bericht Hohenthals vom 24. März 1890: *Richter* S. 167 ff..

1049a. Aus Marschalls Tagebuch.

[Berlin] 21. bis 28. März 1890.

21. März 1890. 9,30 Uhr parlamentarischer Abend bei Maltzahn. *[...]* Minister v. Wedell spricht mich auf den Staatssekretär an. Wir sprechen über eine Adresse an den Reichskanzler, d e s s e n E n t l a s s u n g m o r g e n s i n d e n Z e i t u n g e n. Gespräch mit Verdy, der wie immer taktlos. Boetticher sagt mir, daß H. Bismarck vom Kaiser einen Urlaub erhalten soll. Ich finde das ein schlechtes Expediens.

22. März 1890. Gegen 3 Uhr kommt Holstein etwas erregt, er hörte, daß H. Bismarck Urlaub bekommen solle, letzterer hat ihm Gf. Limburg-Stirum als Stellvertreter genannt. Russisch-deutscher Vertrag. 1887. Gf. Schuwaloff und der Kanzler. Ersterer holte neue Instruktion, worauf Antwort, daß Zar nicht verlängern wolle, weil neuer Reichskanzler ihm unbekannt. 4,30 Uhr zum Großherzog, weiß nicht viel Neues, ich plädiere für Hatzfeldt. *[...]* Abends bei Bötticher, er erzählt, daß Ministerdiner beim Kanzler steif, letzterer und die Fürstin gegen ihn unglaublich. Wir sprechen über mich. Bötticher sehr damit einverstanden.

23. März 1890. 12 Uhr Ordensfest im kgl. Schloß. *[...]* Beim Cercle sagt mir der Kaiser: „Ich werde mich wahrscheinlich Ihrer Person bemächtigen." *[...]* Vergeblicher Besuch beim Großherzog, nachdem ich Holstein vorher gesagt, was mir der Großherzog beim Cercle mitgeteilt hatte, daß der Kaiser H. Bismarck Urlaub gebe, Hatzfeldt als Stellvertreter berufen und ich dann dran kommen solle.

24. März 1890. Um 2,30 Uhr zur Großherzogin, die mir Bedenken geltend macht, aber eher zurät, es ist, als ob sie Maja Donnerstag zu viel gesagt habe¹. Besuch bei Hohenthal, der mir erzählt, was der Kaiser ihm gesagt. Nichts Neues. Kaiser will Herbert nicht loslassen. Abends kommt Holstein mit der Meldung, daß alles anders ist. Herbert Bismarck geht, und Alvensleben in Brüssel wird sein Nachfolger. Holstein ist etwas decontenanciert darüber, hätte mich lieber gehabt. Maja sehr vergnügt. Später noch vertrauliches Gespräch mit ihm. Ich gehe 10 Uhr zu Bötticher. *[...]* Später noch vertrauliches Gespräch mit ihm. Er hätte mich auch vorgezogen.

25. März 1890. Morgens auf der Wilhelmstraße spazieren gegangen und Holstein getroffen (Alvensleben kommt heute Abend). *[...]* Reichskanzler v. Caprivi besucht mich, gefällt mir von neuem ausgezeichnet. Um 4 Uhr zum Großherzog bis 6 Uhr. Er erzählt mir von seinem heutigen Besuch beim Fürsten Bismarck, der in unglaublicher Laune war und dem Großherzog vorwarf, daß er den Kaiser in der Arbeiterschutzfrage aufgestiftet habe². Dann erzählt mir der Großherzog von der römischen Frage. Galimberti und Bismarck, nichts Neues. *[...]* Abends bei Hof. *[...]* Der Kaiser spricht mich an, will mich nicht loslassen, sondern zu einer anderen Stelle haben. Ausgezeichneter Jurist! Wer hat ihm das beigebracht?

26. März 1890. 2 Uhr mit Maja an den Anhalter Bahnhof, wo die großherzog-

lichen Herrschaften abreisen. Sie sind sehr gnädig, fahren nach Weimar. *[...]* Vor Tisch Holstein, der mir sagt, daß Alvensleben absolut nicht will. Das ist mir bedenklich.

27. März 1890. Morgens 8 Uhr Brief von Caprivi, daß er um 9 Uhr zu mir kommen wolle. Ich ahne, was es ist. Er bietet mir im Auftrag des Kaisers die Stellung eines Staatssekretärs im Auswärtigen Amt an. Ich akzeptiere. Es ist Pflicht. Maja ist sehr ordentlich. Besuch Holsteins, der sehr vergnügt. Brief Berchems. Bundesratssitzung. Nach der Sitzung bei Bötticher, der sehr erfreut. *[...]* Besuch von Fürstbischof Kopp, ein feiner Mann, spricht von Windhorst usw.

28. März 1890. Morgens bei Graf Berchem, wo ich Alvensleben finde. Ersterer erzählt nur von Bulgarien und von seiner Person. Viele Telegramme. *[...]* Besuch von Helldorff. *[...]* Dann gehe ich zu Fürst Bismarck, wo ich fast eine Stunde bleibe. Er macht mir einen traurigen Eindruck, sagt die Unwahrheit, schimpft auf Großherzog, König von Sachsen, die Minister. Sagt, ich hätte ablehnen sollen, ich ginge in den Akten unter. Er sei daran Schuld, denn er habe mich dem Kaiser als Justizminister genannt. Später Besuch von Holstein, er glaubt, daß Bismarcks fürchten, es ginge mit mir[3].

Oberkirch, Besitz Frau v. Seyfried.

[1] Vgl. Nr. 1047a (20. 3. 1890).
[2] Vgl. Nr. 1048.
[3] Vgl. Tgb. Spitzemberg S. 274.

1050. Großherzog Friedrich an Turban.

Berlin, 23. März 1890.

[...] Über die Lage der Dinge, die sich hier zugetragen haben und noch zutragen[1], muß ich mir vorbehalten, Ihnen mündliche Mitteilungen zu machen.

GLA FA Korresp. 13 Bd. 36 Nr. 68 eig.

[1] Vgl. die Mitteilungen Hohenlohes: „Berlin, 26. März 1890. Der Großherzog von Baden, bei dem ich gestern früh war, weiß sehr viel über die letzte Krisis, aber auch nicht alles. Er behauptet, daß die Ursache des Bruchs zwischen dem Kaiser und Bismarck eine Machtfrage sei und daß alle andern Meinungsverschiedenheiten, über soziale Gesetzgebung und andres, nebensächlich gewesen seien. Der Hauptgrund war die Frage der Kabinettsorder vom Jahre 1852, welche letztere Bismarck den Ministern ohne Wissen des Kaisers einschärfte und ihnen damit die Möglichkeit nahm, dem Kaiser Vortrag zu halten. Der Kaiser wollte, daß diese Kabinettsorder aufgehoben werde, während Bismarck sich dagegen erklärte. Auch die Unterredung mit Windthorst hätte nicht zum Bruch geführt. Bei der Besprechung des Kaisers mit Bismarck soll dieser so heftig geworden sein, daß der Kaiser nachher erzählte: ‚Daß er mir nicht das Tintenfaß an den Kopf geworfen hat, war alles.‘ — Dazu kam das Mißtrauen des Kaisers in die auswärtige Politik des Fürsten. *[...]*“ (*Hohenlohe*, Denkwürdigkeiten II S. 465).

1051. Marschall an Turban.

Berlin, 27. März 1890.

Ew. Exz. beehre ich mich, in Bestätigung meines heutigen chiffrierten Telegramms Nachstehendes ergebenst zu berichten.

Bereits bei Ausbruch der Kanzlerkrisis, nämlich Mittwoch, den 19. d. M., ließ mir S. M. der Kaiser durch seinen Freund, den Gesandten in Oldenburg Graf Philipp Eulenburg, sagen, daß er, wenn Graf Herbert Bismarck auf seinem Rücktritt bestehe, mich als Nachfolger in Aussicht genommen habe; eine gleiche Mitteilung machte mir S. K. H. der Großherzog am folgenden Tage, nachdem der Kaiser mit Allerhöchstdemselben über die Frage gesprochen hatte. Ich habe damals unserm gnädigsten Herrn bemerkt, daß bei allem persönlichen Widerstreben gegen Verlassen des badischen Staatsdienstes doch in diesem Augenblick der Gedanke überwiegen müßte, den Kaiser zu unterstützen, der sich in einer schwierigen Lage befinde; wenn also S. M. das Vertrauen hege, daß ich ihm einen Dienst leisten könne, so würde ich eventuell zur Übernahme des Amts bereit sein, nur müßte ich zwei nicht unerhebliche Bedenken geltend machen, einmal daß mir die Traditionen des auswärtigen Amts unbekannt seien und Herr von Caprivi daher zunächst keine erhebliche Stütze an mir haben werde, und ferner, daß die älteren Beamten des auswärtigen Amts die Versetzung eines jungen Nichtpreußen übel aufnehmen könnten. Ich habe danach in den folgenden Tagen nichts Weiteres erfahren, als daß am Montag Graf Alvensleben[1] aus Brüssel behufs Übernahme des Staatssekretärpostens hierher berufen wurde; ich glaubte daher, daß meine Bedenken für begründet erachtet worden seien und man von meiner Person Abstand nehmen werde.

Heute früh kam nun der Herr Reichskanzler General von Caprivi zu mir und teilte mir mit, daß er im Auftrag S. M. des Kaisers mir die Übernahme der Stellung eines Staatssekretärs des Auswärtigen Amts anzubieten habe. Die Sache liege folgendermaßen: nachdem er bei seinem Dienstantritt dahier die Unmöglichkeit des weiteren Verbleibens des Grafen Bismarck erkannt, sei ihm von S. M. zunächst mein Name als der des eventuellen Nachfolgers genannt worden; er habe darauf mit S. K. H. dem Großherzog Rücksprache genommen; zwei Bedenken seien im Laufe dieser Besprechungen zur Geltung gekommen, einmal, daß ich Nichtpreuße sei, und ferner, daß mir die Tradition des Auswärtigen Amtes sowie die Übung in den Geschäften der auswärtigen Politik fehlten. Er habe sich daher mit dem Fürsten Bismarck ins Benehmen gesetzt und mit ihm die Liste derjenigen Personen durchgenommen, die von deutschen Diplomaten in Betracht kommen könnten; dabei habe sich ergeben, daß Fürst Bismarck nur drei Personen, nämlich den Gesandten in Bukarest, Herrn von Bülow, den früheren Gesandten Grafen Limburg-Stirum[2] sowie den Gesandten in Brüssel Grafen Alvensleben als mögliche Nachfolger seines Sohnes betrachte. Da nun aber sowohl Graf Berchem wie Herr von Holstein, auf deren Mitwirkung er — Caprivi — in erster Reihe zählen müsse, bestimmt erklärt hätten, daß sie weder mit Herrn von Bülow noch mit dem Grafen Limburg-Stirum zusammenarbeiten könnten, außerdem auch Graf Bismarck den ersteren als einen wenig zuverlässigen Mann gekennzeichnet habe, sei Graf Alvensleben hierher berufen worden. Bei einer Unterredung, die er — General von Caprivi — gestern mit demselben gehabt, habe er jedoch den Eindruck gewonnen, daß Graf Alvensleben nervös und überhaupt gesundheitlich dermaßen „niedergebrochen" sei, daß von seiner Ernennung keine Rede sein könne. Unter diesen Umständen wünsche S. M. mit ihm dringend, daß ich die Stellung übernehme. Das Bedenken, daß ich noch nicht eingearbeitet sei, werde durch den Vorteil aufgewogen, daß die Wahl eines Mannes, der sich bisher noch in keiner Weise in der auswärtigen Politik engagiert habe, im Auslande einen beruhigenden Eindruck hervorrufen und die Überzeugung verstärken werde, daß der Kaiser keine kriegerische Politik anstrebe; das Bedenken meiner Landsmannschaft sei bereits dadurch beseitigt, daß e r die Leitung der preußischen auswärtigen Angelegenheiten übernommen habe. Endlich habe sich auch Graf Berchem sehr entschieden zu meinen Gunsten geäußert. Der Herr Reichskanzler sprach darauf in sehr anerkennenden Worten von meiner Person, betonte, daß auch Fürst Bismarck mich sehr hoch schätze, und bat schließlich dringend darum, ihm meine Unterstützung in der gegenwärtigen schwierigen Lage nicht zu entziehen, sondern mit ihm zum Zweck einer ehrlichen, friedlichen Politik zu arbeiten.

Ich erwiderte dem Herrn Reichskanzler, ich sei bisher fest entschlossen gewesen, in dem badischen Dienste zu verbleiben, in welchem ich das Vertrauen meines Landesherrn zu besitzen und meinem Lande mögliche Dienste leisten zu können glaubte; wenn aber in diesem schwierigen Momente S. M. der Kaiser an meine Mitwirkung im Interesse des Reichs appelliere, müßte ich es für meine Pflicht erachten, dieser Aufforderung zu entsprechen, zumal ich wüßte, daß ich hierin auch die Billigung meines gnädigsten Herrn annehmen dürfe. Herr von Caprivi dankte mir in herzlichen Worten und bat mich dringend, meinen Eintritt tunlichst zu beschleunigen, da jetzt alles darauf ankomme, daß im Auswärtigen Amte wieder ein geordneter Geschäftsgang eintrete, der in den letzten acht Tagen durch das Verhalten des Grafen Bismarck schwer not gelitten habe[3].

Ich habe darauf dem Herrn Reichskanzler bemerkt, daß ich es selbstverständlich meiner Regierung überlassen müsse, inwieweit sie dem Wunsch auf Beschleunigung der Angelegenheit Rechnung tragen könne. —

GLA 49/2019 fol. 56—59 Konz.

[1] Friedrich Johann Graf. v. Alvensleben (1836—1913), 1872 1. Botschaftsrat in Petersburg, 1876 Generalkonsul in Bukarest, 1879 Gesandter in Darmstadt, 1884 in Washington, 1886 in Brüssel, 1901—05 Botschafter in Petersburg.
[2] Friedrich Wilhelm Graf zu Limburg-Stirum (1835—1912), 1871—1905 Mitglied des preuß. Abgeordnetenhauses, 1893—1905 des Reichstags, 1875—80 Gesandter in Weimar, 1880—81 interimistischer Leiter des Ausw. Amts, 1884 Mitglied des preuß. Staatsrats, 1889 Wirkl. Geh. Rat (frdl. Mitt. von Dr. Sareyko, Ausw. Amt Bonn).
[3] Ein identisches Schreiben Marschalls an den Großherzog vom 27. März 1890 ab: „Heute früh kam nun der Herr Reichskanzler..." mit einem neuen Schlußabsatz: Entschluß, die Stellung anzunehmen (GLA FA Korresp. 13 N 451 Ausf.; Marginalie des Großherzogs: „pr. Weimar 27. 3. 90 abends").

1052. Graf Széchényi an Graf Kálnoky.

Berlin, 30. März 1890.

Vertraulich. Die gestern Nachmittag 5,40 [Uhr] erfolgte Abreise des Fürsten Bismarck nach Friedrichsruh gestaltete sich zu einer großartigen Ovation. Schon gestern 3 Uhr fingen sich die Menschen an in den Straßen und auf den Plätzen zu sammeln, welche der Fürst von der Wilhelmstraße bis zum Lehrter Bahnhofe bei Moabit zu passieren hatte. Als aber dann nach 5 Uhr der Wagen, in welchem er sich befand, vom Reichskanzlerpalais abfuhr, stand bereits die Menge fast Kopf an Kopf längst [!] des ganzen Weges bis zum Bahnhof, und ihr Scheidegruß erklang in brausenden Rufen von „Hoch Bismarck" und von „Wiederkommen" begleitet vom Winken der Taschentücher und dem Werfen von Blumen.

In der Halle des Bahnhofes, in welcher eine Ehrenschwadron von den Garde-Kürassieren mit Standarte und Musik aufgestellt war, hatten sich außer dem näheren Freundeskreise der Bismarckschen Familie die Beamten des auswärtigen Amtes und der Reichskanzlei sowie sämtliche Botschafter mit ihren Frauen versammelt. Auch der neue Reichskanzler General von Caprivi fand sich ein.

Der Kaiser hatte Seinen Abschiedsgruß durch den Generaladjutanten Wittich entsendet, zugleich wurde dem Fürsten im Namen S. M. ein auf einem Blumenkissen ruhender Lorbeerkranz und der Fürstin ein prächtiger Blumenkorb überreicht.

Als der Fürst auf dem Perron der Halle erschien, ertönten von seiten des Publikums, welches dicht gedrängt in derselben stand, ein lautes tausendstimmiges „Hoch", worauf das Absingen der „Wacht am Rhein" und von „Deutschland, Deutschland über alles" folgte. Bemerkenswert ist es, daß der Text des letzteren der Melodie unseres „Gott erhalte" unterlegt ist. Bei dem Ertönen dieser so vertrauten hehren Klänge gerade in diesem historischen Momente war mir ganz eigentümlich zu Mute. Es war überhaupt ein für alle Anwesenden sehr ergreifendes Schauspiel.

Fürst Bismarck war selbst sehr bewegt, doch General von Caprivi war es nicht minder, was sich bei ihm, als er von dem Scheidenden Abschied nahm, durch ein leises Erzittern des Unterkiefers verriet. Auch Graf Herbert war auf eine Weise weich gestimmt, wie ich ihm dies nicht leicht zugetraut haben würde.

Als die Abfahrtsstunde endlich schlug, dampfte unter nicht endenwollenden Zurufen der Zug, welcher den großen Staatsmann, durch dessen Politik Preußen so groß und mächtig geworden ist, für lange, wenn nicht für immer aus Berlin hinausführte, aus der Halle hinaus.

Der Abreise des Fürsten Bismarck war noch ein Auftritt, welchen er mit dem Großherzoge von Baden hatte, vorangegangen. Als sich nämlich vorgestern der Fürst bei dem Hohen Herrn von demselben verabschiedete, warf er ihm vor, sich in Dinge gemischt zu haben, die ihn garnichts angingen. Auf eine gereizte Entgegnung folgte nun ein heftiges Wort nach dem anderen, so zwar, daß die beiden Männer das Gespräch plötzlich abbrachen und, ohne daß sie voneinander Abschied genommen und sich die Hände gereicht hätten, von einander gingen[1].

Als Erklärung des Vorstehenden erlaube ich mir zu erwähnen, daß der genannte Großherzog, der sich eines gewissen Einflusses bei Kaiser Wilhelm erfreuen soll, wie hier allgemein geglaubt wird, S. M. in dem Vorhaben, mit dem Fürsten Bismarck zu brechen, bestärkt habe. Der König von Sachsen hingegen hat, wie ich aufs zuverlässigste weiß, entschieden davon abgeraten. [...]

Wien, HHStA, PA III/138 Ausf. „Durch sichere Gelegenheit". Kanzlei-Zusatz mit Bleistift: Min. Rat Baron Weigelsperg. Pr. 30. IV. 90.

[1] Vgl. die Erzählung Hohenlohes: Straßburg, 21. April 1890. Besuch Hohenlohes mit Gemahlin in Karlsruhe. Der Großherzog führte beide zur Großherzogin. „Hier wurde von allerlei gesprochen und auch vom Rücktritt des Reichskanzlers, über den der Großherzog seine besondere Befriedigung zu erkennen gab. Er sagte, es habe sich zuletzt nur darum gehandelt, ob die Dynastie Bismarck oder die Dynastie Hohenzollern regieren solle. Hätte der Kaiser diesmal nachgegeben, so hätte er jede Autorität verloren, und alles würde lediglich nach Bismarck geblickt und ihm gehorcht haben. Das sei nicht mehr zum Aushalten gewesen. [...] Ich fragte den Großherzog, wie seine letzte Unterredung mit dem Fürsten Bismarck verlaufen sei. Er erzählte, er sei eingetreten und habe dem Fürsten gesagt, er komme, um Abschied zu nehmen und zu sagen, daß er sich stets der Zeit, in

welcher sie gemeinschaftlich für das Wohl Deutschlands gearbeitet hätten, mit Dankbarkeit erinnern werde. Der Fürst sagte dann, daß es die Schuld auch des Großherzogs sei, wenn er jetzt abgehe, denn die Befürwortung der Arbeiterschutzgesetzgebung durch den Großherzog bei dem Kaiser habe zum Bruche zwischen dem Kaiser und Bismarck beigetragen. Dies bestritt der Großherzog, indem er darauf hinwies, daß es preußische Angelegenheiten gewesen seien, die die Meinungsverschiedenheit zum Bruch geführt hätten, und in preußische Angelegenheiten habe er sich nie eingemischt. ‚Hierauf wurde Bismarck grob‘, — was er gesagt hat, teilte der Großherzog nicht mit — und da stand denn der Großherzog auf und sagte, er könne sich das nicht gefallen lassen, wolle in Frieden von ihm scheiden und gehe mit dem Ruf, in den auch der Fürst einstimmen werde: ‚Es lebe der Kaiser und das Reich!‘ Damit war die Besprechung zu Ende" (*Hohenlohe*, Denkwürdigkeiten II S. 466 f.).

1053. Marschall an Großherzog Friedrich.

Berlin, 31. März 1890.

Verabschiedung. Ich kann nur wiederholen, daß ich tief bewegten Herzens aus dem badischen Staatsdienste scheide, in voller Erkenntnis alles dessen, was ich damit verliere; in diesem Augenblick hält mich nur das Bewußtsein aufrecht, daß ich nicht anders handeln konnte und ich nicht zurückbleiben durfte, wenn in ernster Zeit meine Tätigkeit für Kaiser und Reich beansprucht wurde. Hätte es für mich noch einer Bestärkung dafür bedurft, daß ich das mir angesonnene Opfer zu bringen hatte, so würde ich sie aus einer Unterredung geschöpft haben, die ich vorgestern mit dem Fürsten Bismarck gepflogen; ich habe ihn ruhig angehört, als er seiner hochgradigen Verstimmung durch die ungerechtesten Angriffe gegen Personen und durch schiefe Darstellung des Sachverhalts Ausdruck gab, als er aber den Versuch unternahm, mich unter Hinweis auf die Arbeitslast des Auswärtigen Amtes einzuschüchtern und mich zur Ablehnung zu bestimmen, habe ich ihm in aller Ruhe gesagt, daß ich mich in meinem Alter und bei der Arbeitskraft, die ich in mir fühle, niemals dazu verstehen würde, in ernster Zeit dem Rufe des Kaisers die Folge zu versagen. *[...]*

GLA FA Korresp. 13 N 451 Ausf.

1879	Juli	9	Leo XIII. an Wilhelm I.	Nr. 360	Anm. 2	S. 5
	Aug.	18	Wilhelm I. an Leo XIII.	Nr. 360	Anm. 2	S. 5
	Dez.	19	Kard. Hohenlohe an Bischof Schreiber v. Bamberg	Nr. 363	Anm. 3	S. 12
1880	Jan.	5	Kübel an die bad. Regierung	Nr. 368	Anm. 4	S. 16
	Jan.	7	Stösser an Kübel	Nr. 368	Anm. 7	S. 16
	Jan.	9	Stösser an Ghg. Friedrich	Nr. 368	Anm. 7	S. 16
	Jan.	17	Bismarck an Leo XIII.	Nr. 446	Anm. 2	S. 107
	Jan.	29	Stösser an Ghg. Friedrich	Nr. 372	Anm. 2	S. 20
	Febr.	4	Stösser an Kübel	Nr. 380	Anm. 2	S. 26
	Febr.	6	Kübel an Stösser	Nr. 382	Anm. 1	S. 28
	Febr.	8	Turban an Ghg. Friedrich	Nr. 382	Anm. 3	S. 28
	Febr.	9	Turban an Ghg. Friedrich	Nr. 383	Anm. 2	S. 29
	Febr.	9	Stösser an Kübel	Nr. 382	Anm. 1	S. 28
	Febr.	18	Bismarck an Flemming	Nr. 389	Anm. 1	S. 36
	Febr.	28	Bad. Staatsministerium an Ghg. Friedrich	Nr. 389	Anm. 1	S. 36
	März	6	Aktennotiz Hardeck	Nr. 390	Anm. 1	S. 39
	April	6	Bismarcks Entlassungsgesuch	Nr. 394	Anm. 1	S. 46
	April	24	Gelzer an Ghg. Friedrich	Nr. 402	Anm. 1	S. 56
	Mai	7	Kraus an Bismarck	Nr. 402a	Anm. 3	S. 58
	Mai	23	Kraus an Leo XIII.	Nr. 402a	Anm. 3	S. 58
	Nov.	22	Tgb. Gelzer	Nr. 422	Anm. 1	S. 80
	Nov.	25	Ungern-Sternberg an Baumstark	Nr. 421	Anm. 5	S. 80
	Dez.	15	Kard. Hohenlohe an Ghg. Friedrich	Nr. 425	Anm. 1	S. 83
	Dez.	16	Stösser an Ghg. Friedrich	Nr. 424	Anm. 1	S. 82
	Dez.	24/25	Gelzer an Cotta	Nr. 416	Anm. 2	S. 70
1881	Jan.	9	Tgb. Gelzer	Nr. 430	Anm. 1	S. 86
	März	11	Gelzer an Ghg. Friedrich	Nr. 434	Anm. 10	S. 92
	März	18	Leo XIII. an Wilhelm I.	Nr. 449	Anm. 8	S. 110
	März	26	Wilhelm I. an Leo XIII.	Nr. 449	Anm. 8	S. 110
	April	21	Flemming an Bismarck	Nr. 442	AV*	S. 99
	[April	24]	Aufzeichnung Ghg. Friedrich	Nr. 443	Anm. 7	S. 102
	Mai	1	Nokk an Kraus	Nr. 449	Anm. 5	S. 110
	Mai	11	Wilhelm I. an Ghg. Friedrich	Nr. 443	Anm. 8	S. 102
	Mai	11	Bismarck an Mittnacht	Nr. 449	Anm. 7	S. 110
	Mai	27	Tgb. Gelzer	Nr. 454	AV	S. 117
	Mai	30	Tgb. Gelzer	Nr. 454	AV	S. 117
	Juni	1	Tgb. Gelzer	Nr. 454	AV	S. 117
	Juni	2	Tgb. Gelzer	Nr. 454	AV	S. 117
	Aug.	9	Gelzer an Ghgin Luise	Nr. 459	Anm. 1	S. 122 f.
	Aug.	10	Gelzer an Kraus	Nr. 459	Anm. 2	S. 123
	Aug.	13	Ghg. Friedrich an Gelzer	Nr. 459	AV	S. 122
	Aug.	17	Kronprinz Friedrich Wilhelm an Bismarck	Nr. 463	Anm. 3	S. 129
	Aug.	29	Turban an Ghg. Friedrich	Nr. 473	Anm. 5	S. 138

* AV = Aktenvermerk

	April 12/20	Tgb. Marschall	Nr. 860	Anm. 8	S. 537
	April 15	Babo an Ungern-Sternberg	Nr. 860	Anm. 5	S. 537
	April 18	Nokk an Ghg. Friedrich	Nr. 864	Anm. 1	S. 541
	Mai 12	Hohenlohe an Ungern-Sternberg	Nr. 866	Anm. 2	S. 543 f.
	Juni 2	Marschall an Turban	Nr. 873	Anm. 1	S. 551
	Juli 26	Eisendecher an Bismarck	Nr. 888	Anm. 1	S. 565 f.
	Sept. 1	Roggenbach an Ghg. Friedrich	Nr. 910	Anm. 4	S. 588
	Okt. 22	Tgb. Marschall	Nr. 907	AV	S. 579
	Nov. 7	Tgb. Marschall	Nr. 909	AV	S. 582
	Dez. 4	Marschall an Turban	Nr. 915	Anm. 2	S. 595
1889	Jan. 15	Ghg. Friedrich an Turban	Nr. 925	Anm. 1	S. 612
	April 10	Marschall an Turban	Nr. 936	Anm. 3	S. 622
	April 16	Ghg. Friedrich an Turban	Nr. 938	Anm. 1	S. 625
	Mai 3	Gutachten d. bad. Justizminist.	Nr. 943	Anm. 1	S. 631
	Mai 7	Marschall an Turban	Nr. 946	Anm. 3	S. 635
	Mai 10	Ghg. Friedrich an Turban	Nr. 948	Anm. 1	S. 636
	Mai 15	Turban an Marschall	Nr. 951	Anm. 1	S. 638
	Mai 27	Marschall an Turban	Nr. 957	Anm. 3	S. 644
	Mai 27	Turban an Marschall	Nr. 965	Anm. 1	S. 654
	Juni 27	Bad. Staatsministerium an Eisendecher	Nr. 965	Anm. 1	S. 654
	Juni 27	Marschall an Turban	Nr. 968	Anm. 2	S. 656
	Juli 2	Marschall an Turban	Nr. 969	Anm. 1	S. 656
	Aug. 1	Tgb. Gelzer	Nr. 775	Anm. 1	S. 441
	Sept. Ende	Kreuzzeitung. Artikelserie: Die Monarchie u. das Kartell	Nr. 981	Anm. 2	S. 669 f.
	Sept. 26	Reichsanzeiger	Nr. 981	Anm. 3	S. 670
	Okt. 7	Marschall an Turban	Nr. 981	Anm. 3	S. 670
	Okt. 9	Marschall an Turban	Nr. 981	Anm. 4	S. 670
	Okt. 11	Tgb. Marschall	Nr. 981	Anm. 4	S. 670
	Okt. 12	Reichsschatzamt an Bad. Staatsministerium	Nr. 981	Anm. 1	S. 669
	Okt. 16	Marschall an Turban	Nr. 983	AV	S. 672
	Nov. 26	Tgb. Marschall	Nr. 994	Anm. 1	S. 687
	Dez. 3	Tgb. Marschall	Nr. 997	Anm. 2	S. 690
1890	Jan. 28	Freisinnige Zeitung	Nr. 1003a	Anm. 4	S. 697
	Jan. 28	Ghg. Friedrich an Turban	Nr. 1007	Anm. 2	S. 700
	Febr. 4	Tgb. Marschall	Nr. 1011	Anm. 1	S. 705
	Febr. 7	Tgb. Marschall	Nr. 1012	AV	S. 707 f.
	Febr. 12	Tgb. Marschall	Nr. 1019	AV	S. 718
	Febr. 14	Turban an Ghg. Friedrich	Nr. 1018	Anm. 3	S. 716
	Febr. 16	Tgb. Marschall	Nr. 1020	Anm. 1	S. 719
	Febr. 18/19	Tgb. Marschall	Nr. 1024	Anm. 2	S. 725
	März 1	Marschall an Turban	Nr. 1029	Anm. 1	S. 733
	März 2	Tgb. Marschall	Nr. 1030	Anm. 1	S. 734 f.
	März 3	Tgb. Marschall	Nr. 1033	AV	S. 735 f.
	März 3	Turban an Marschall	Nr. 1034	Anm. 7	S. 739
	März 4	Tgb. Marschall	Nr. 1036	AV	S. 741
	März 5	Tgb. Marschall	Nr. 1040	AV	S. 745
	[März 5]	Marschall an Ghg. Friedrich	Nr. 1040	Anm. 3	S. 745
	März 27	Marschall an Ghg. Friedrich	Nr. 1051	Anm. 3	S. 759

Großherzog Friedrich I. von Baden, Reichskanzler Fürst Otto von Bismarck und Kaiser Wilhelm II. wurden nicht aufgenommen. Briefe bzw. Berichte an den Großherzog und an Staatsminister Ludwig Turban blieben ebenso unberücksichtigt wie die Berichte des Berliner Gesandten Adolf Hermann Frhr. Marschall von Bieberstein. Ziffern im Fettdruck bedeuten den Ort der Kommentierung.

Einsiedeln 429 f.
Eisenbahnen 232, 236, 300. Vgl. Arlberg-Bahn, Baden, Bayern, Elsaß-Lothringen, Main-Neckar-Bahn, Reichseisenbahn, Württemberg. — Südwestbahn 236. — Eisenbahnfrachttarif 307
Elberfelder Attentat 249
Elektrizität 641
Elsaß 599
Elsaß-Lothringen (Reichsland) 46, 468 f., 471, 476, 478, 573, 601, 635, 652, 655 f., 659 f. — Eisenbahn 230, 523. — Landesausschuß 475 f. — Militärpflicht 660, 662. — Ministerium 475. — Paßzwang 522—24, 542 f., 631, 658. — Statthalter 475, 604. — Vertretung im Bundesrat 43—47, 49 f.
Ems 355
England 13 f., 32, 86 f., 105, 194, 206, 226, 299, 301, 325, 376, 440, 465, 523, 525 f., 528, 531, 538 f., 559, 664, 670, 704. — Arbeiterschutzkonferenz 711, 715, 719, 724 f. 732
Enzyklika vgl. Rom, apost. Stuhl
Epirus 13
Erbschaftssteuer 92, 103
Ettenheim 474
Europa 13, 57, 61—63, 75, 77, 84, 86—88, 90 f., 104, 116, 124, 128, 160, 163, 203, 221, 223, 307, 358, 376, 435, 461, 468, 479, 497, 500, 524 f., 528, 545, 559—61, 572, 599, 601, 609, 636. — Gleichgewicht 534. — Konföderation 87. — Mitteleuropa 222
Expatriierungsgesetz 290 f., 697

Fabrikarbeiter vgl. Arbeiter
Fabrikgesetzgebung, internationale 307
Fabrikinspektoren 705
Fabrikordnung 732
Fahrnau vgl. Ehnerfahrnau
Florenz 169
Flotte vgl. Marine
Föderalismus 565, 581, 599
Frankfurt 236, 284, 425, 430, 583, 586, 618, 667, 675. — Zentralbahnhof 230 f. — Zollamt 657
Frankreich 13 f., 32, 40, 56 f., 84, 87 f., 90 f., 105, 116, 181, 194, 199, 205, 223, 226, 286, 299, 301, 306, 440, 466 f., 469, 476 f., 480, 522 f., 612 f., 646, 653, 660—63, 704. — Arbeiterschutzkonferenz 711, 719 f., 724 f. — Boulangismus 543. — Mittelmeerpläne 478. — Revanchebewegung 543
Freiburg (Erzbistum, Erzdiözese, erzbischöflicher Stuhl, Kurie, Ordinariat) 3—6, 17, 19, 24—30, 32, 61 f., 75 f., 113, 123, 126, 218, 242, 326, 363, 374, 410—15, 424, 427, 541. — Domdekan 178, 364 f. —

Domkapitel 1, 12, 19, 29, 36, 78, 120 —22, 127, 129 f., 137, 150, 152, 159, 162, 171, 174 f., 177—80, 184, 189 f., 326, 374, 386, 410 f., 413, 415, 417, 419—31, 434. Br. an: 146. — Kanonikat 425. — Kapitelsvikariat 7 f., 36, 411, 418 f. Br. an: 10. — Koadjutor 127, 183, 186, 364—66, 413 f. — Weihbischof 1, 126, 134, 171, 175 f., 178, 187, 189—91, 245, 326, 364 —66, 386. — Wiederbesetzung 1—4, 6, 9—12, 16, 37, 39 f., 59, 61, 63, 78, 80— 82, 85, 88, 91, 107 f., 112, 129—32, 136 —38, 142 f., 145—47, 149, 157—62, 168 f., 175—78. — Wahl 109, 117—27, 179 f., 184 f., 407, 416—31, 435. — Staatseid des Erzbischofs 1 f., 4, 61, 81, 441—43
Freiburg (Stadt) 31, 37, 90, 95, 131, 234, 325, 380, 415, 421, 445, 472, 474 f. — Presse 133
Freiburg (Universität) 87, 111 f., 133, 359, 544. — Konvikt 32, 125, 189, 423. — Theologische Fakultät 3, 10, 23, 125, 130
Freiersbach 442 f.
Freihandel 14, 114, 329
Freiheiten 124, 300 f., 306, 368, 673. — Rede—: 620
Freimaurer 33, 294
Friede 66, 84, 90, 115, 119, 124, 126, 137, 214, 217, 240, 253, 298, 301, 316, 322, 463—66, 468, 481, 516, 528, 560, 564, 568, 594, 596, 616, 620, 647, 670 f. — Vgl. Bismarck
Friedrichschule 209, 246 f.
Friedrichskron 553, 558
Friedrichsruh 65, 227, 235, 433, 456, 480, 607, 668, 679, 687, 692—95
Fürsten, deutsche 128, 224, 270, 283, 288, 293 f., 309, 362, 374, 463, 510, 516, 518 f., 545, 559, 562, 564. — Austrägalinstanz 698. — Ehrenbezeugungen 687, 691. — Fürstenrecht 339, 357, 361 f., 563. — Hausgesetze 278. — Reichstagseröffnung (1888) 561. — Vgl. Bundesfürsten
Fulda 380, 383, 391, 397, 413

Gaggenau 474
Gardekorps 615
Gastein 444
Geldmarkt 435
Generalstab, großer 455
Genfer Konvention 307
Germanen 116, 206
Germanicum 49
Gesellschaft, moderne 76—78, 80, 88, 124, 160, 165, 223, 240, 299 f., 449, 623, 626, 631, 665, 718
Getreidesteuergemeinschaft 396. — Vgl. Zölle

*Veröffentlichungen der Kommission für geschichtliche Landeskunde
in Baden-Württemberg
im Verlag W. Kohlhammer, Stuttgart*

WOLFGANG VON HIPPEL

Friedrich Landolin Karl von Blittersdorf 1792–1861.
Ein Beitrag zur badischen Landtags- und Bundespolitik im Vormärz

Reihe B Forschungen Band 38. 1967. XVI, 152 S. Kart. DM 16,80. ISBN 3-17-070074-X
Dank seiner geopolitischen Lage im Wetterwinkel zwischen Frankreich und der Schweiz
sah sich das in der Ära Napoleons zusammengewachsene und territorial abgerundete Großherzogtum Baden beizeiten all jenen politisch vorwärtsstrebenden Kräften ausgesetzt, die
sich in diesen Nachbarstaaten unter dem Richtwort „Volkssouveränität" mehr und mehr
Geltung zu verschaffen wußten. Es konnte kaum überraschen, daß von der Basis dieses
zweit- oder gar drittrangigen Territorialstaates die relativ stärksten Impulse auf das übrige
Deutschland ausgegangen sind, was die Entwicklung eines konstitutionellen Bewußtseins
und den Übertritt in eine neue Ära staatsbürgerlichen Selbstverständnisses betrifft. ...
Vor dem Hintergrund dieser Tatsachen legt Wolfgang von Hippel einen Beitrag zur vormärzlichen badischen Landtags- und Bundespolitik vor, in deren Mittelpunkt Friedrich
von Blittersdorf steht, der, uraltem rheinischen Adel entsprossen, bereits als Achtundzwan-
zigjähriger das Großherzogtum beim Frankfurter Bundestag vertritt und von 1835 bis 1843
auch die Außenpolitik seines Landes selbst verantwortlich leitet. ... Aus dem ungewöhnlich reichen archivalischen Material aus Karlsruhe, Wien, München und Stuttgart erarbeitet er ein Bild von der politischen Gedankenwelt und der politischen Tagespraxis eines
Mannes, der innerhalb der Grenzen seiner eigenen Persönlichkeit und der Möglichkeiten
des Großherzogtums die Kräfte des Beharrens repräsentierte und mit einer Gruppe Ge-
sinnungsverwandter die Positionen eines landesherrlichen Patriarchalismus gegen die liberalen Kräfte des bürgerlichen Fortschritts zu verteidigen suchte, ohne sich dabei der viel-
schichtigen Problematik einer Bundesreform zu verschließen, wobei er nicht zuletzt auch
seine Hoffnungen auf Preußen setzte.   *Historisches Jahrbuch*

HEINRICH KÖHLER

Lebenserinnerungen des Politikers und Staatsmanns 1878 bis 1949.
Unter Mitwirkung von Franz *Zilken* hg. von Josef *Becker.*
Mit einem Geleitwort von Max *Miller*

Reihe A Quellen Band 11. 1964. 51*, 412 S., 16 Tafeln. Leinen DM 27,—.
ISBN 3-17-070041-3

„Vom Karlsruher Zeitungsausträger zum Zentrumspolitiker, badischen Staatspräsidenten
und Reichsfinanzminister" könnte als Untertitel für die bis 1932 reichenden Aufzeichnungen Heinrich Köhlers gewählt werden. Aber man würde damit weder dem Manne noch
dem Buch gerecht, obwohl Köhler selbst sein Manuskript mit einer ähnlichen Überschrift
versah. Denn es handelt sich hier keineswegs um eine saloppe Reportage, sondern um
einen gewichtigen Beitrag zur Geschichte des Zentrums, Badens und des Reichs. Josef Becker
hat die während des zweiten Weltkrieges niedergeschriebenen Erinnerungen Köhlers gekürzt, mit nützlichen Anmerkungen und einem biographischen Vorwort versehen und durch
Bildtafeln und Dokumente über Köhlers Wirken in den Jahren 1945—49 ergänzt und be-
reichert. ...
Aus kritischer Sicht heraus schrieb dieser aktive Politiker seine Erinnerungen in einer Zeit
nieder, da ihn das Dritte Reich zur Zurückhaltung zwang. Im Vordergrund seines Interesses steht die Zentrumspolitik in Baden und im Reich sowie die Entwicklung der badischen Verhältnisse. Darüber hinaus ergibt sich ein aufschlußreiches Bild des Weges vom
Kaiserreich bis zum Hitlerregime. Besonderes Interesse verdienen auch die Charakter-
skizzen führender Persönlichkeiten, die sich im Text eingestreut oder in besonderen Kapi-
teln finden, vor allem von Wirth, Hindenburg und Pacelli.   *Das Parlament*

GEORG H. KLEINE

Der württembergische Ministerpräsident Freiherr
Hermann von Mittnacht (1825–1909)

Reihe B Forschungen Band 50. 1969. XVI, 184 S. Kart. DM 21,—. ISBN 3-17-070103-7

Freiherr Hermann von Mittnacht gehört zu den profiliertesten deutschen Politikern der Bismarckzeit. Er hat nicht nur während dreißig Jahren die Geschicke Württembergs bestimmt, sondern ihm auch ein weit über die Bedeutung des kleinen Mittelstaats hinausreichendes Gewicht im Reich verschafft. Ursprünglich großdeutsch und partikularistisch gesinnt, hat Mittnacht, der große Taktiker und Meister des politischen Spiels, den durch die Politik Bismarcks geschaffenen Realitäten Rechnung getragen, wobei aber stets die Interessen Württembergs, die Wahrung der weitgehenden Selbständigkeit des Königreichs im Rahmen des unter preußischer Hegemonie stehenden Bismarckschen Reichs seinem Handeln Richtung und Ziel gaben. ... Wesentlich seinem Geschick ist es zuzuschreiben, wenn dem Land heftige parlamentarische Auseinandersetzungen, überhaupt starke innenpolitische Erschütterungen wie der Kulturkampf erspart blieben, wenn sich Landtag und Regierung in sachlicher Art zusammenfanden und wenn fortschrittliche politische Kräfte Raum zur Entfaltung erhielten. Die partikularistischen Empfindlichkeiten von König Karl und Königin Olga verstand er in sein politisches Kalkül einzubeziehen und zu überspielen, so daß sie seine Intentionen und Zielsetzungen nicht beeinträchtigten, andererseits aber sein Vertrauensverhältnis zu den Trägern der Krone nicht in Frage stellten.

Das Urteil Kaiser Wilhelms II., der Mittnacht einen verkappten roten Demokraten nannte, der spezifisch schwäbische Partikularpolitik betrieben habe, ist ebenso böswillig wie falsch. Mittnacht war ein Konservativer, der in den Kategorien des konstitutionellen Rechtsstaats dachte; ihm war mehr gegeben zu bewahren, als neue Wege zu gehen oder konstruktive zukunftsweisende Ideen zu entwickeln. *Zeitschrift für die Geschichte des Oberrheins*

HANS PHILIPPI

Das Königreich Württemberg
im Spiegel der preußischen Gesandtschaftsberichte 1871–1914

Reihe B Forschungen Band 65. 1972. V, 202 S. Kart. DM 23,—. ISBN 3-17-258031-8

Nach der Reichsgründung 1871 blieben die diplomatischen Beziehungen der deutschen Gliedstaaten untereinander und auch mit dem Ausland teilweise erhalten. Dies ist die Voraussetzung für die Entstehung einer interessanten Quelle für die Geschichte Württembergs innerhalb des Deutschen Reiches. Es ist wesentlich Innenpolitik im veralteten Kostüm der Außenpolitik, über die hier berichtet wird, wenn auch die Versuche ausländischer Mächte nicht fehlten, die Spätfesten des deutschen Partikularismus in ihrem Sinne zu nutzen. Den Gesandten Preußens am württembergischen Hof fiel in diesem Spiel eine Schlüsselrolle zu. Das wird besonders deutlich an der Person des intriganten Philipp von Eulenburg-Hertefeld, der durch seine Machenschaften der württembergischen Regierung Mittnacht ernsthafte Schwierigkeiten bereitete. In späteren Jahren versachlichte sich das Verhältnis zwischen Stuttgart und Berlin wieder, und die Gesandtenberichte werden zu einer ergiebigen Quelle zur politischen und sozialen Entwicklung Württembergs vor dem Ersten Weltkrieg.